SOUS LA DIRECTION DE

Jean-François Sirinelli

# Histoire des droites en France

## 1. Politique

Avant-propos de Jean-François Sirinelli

Gallimard

Le lecteur trouvera en fin de chacun des trois volumes de *L'Histoire des droites en France* un index recensant personnages, organisations et mouvements. Nous l'invitons à le consulter systématiquement, afin qu'il puisse saisir, par une lecture transversale, les mêmes réalités historiques selon des approches différentes – politique, cultures, sensibilités.

Les notes, regroupées en fin de volume, sont appelées dans le texte par des exposants ; les chiffres entre crochets dans le texte renvoient aux ouvrages référencés dans les bibliographies figurant à la suite de chaque chapitre.

# AVANT-PROPOS A L'ÉDITION TEL

La réédition d'un livre relevant de la discipline historique suscite toujours chez son ou ses auteur(s) un réel bonheur, mêlé d'appréhension. Les raisons de ce bonheur sont évidentes : une nouvelle parution constitue, assurément, une seconde vie et la possibilité de repartir dans un nouveau cycle d'insertion dans la production scientifique et le débat intellectuel. Mais cela ne garantit ni la validité des hypothèses émises ni la pérennité des conclusions dégagées. Le temps écoulé entraîne forcément, pour un livre, un phénomène d'usure intellectuelle et sa réédition constitue donc aussi pour lui une sorte de test d'effort : jusqu'à quel point cette usure a-t-elle érodé sa vigueur scientifique et affaibli ses attendus comme ses acquis ? Le livre n'a-t-il pas été porté davantage par l'importance de son objet que par la profondeur de son apport ?

C'est au lecteur de juger et aux spécialistes d'histoire ou de science politique de trancher. Encore faut-il rappeler, auparavant, ce qu'était le projet initial, sur le plan épistémologique comme sur celui du contenu intrinsèque. Sur le premier aspect, on ne s'étendra pas ici, renvoyant le lecteur aux introductions des trois volumes. On rappellera cependant qu'un tel dispositif ternaire, ainsi que les titres donnés à ces trois volumes, proposaient explicitement une certaine idée de l'histoire politique. Longtemps celle-ci avait paru confinée sur des terres ingrates, à l'écart de sols supposés plus riches où auraient prospéré l'histoire économique et l'histoire sociale. Il y avait, à coup sûr, une large part d'injustice dans une telle vision, mais celle-ci se nourrissait d'une donnée indéniable : les percées les plus novatrices s'opéraient le plus souvent ailleurs qu'en histoire politique.

La renaissance de cette dernière à partir des années 1970 et 1980 a modifié le contexte historiographique mais sans mettre cette histoire à l'abri d'une critique majeure : elle demeurait surtout attentive aux phénomènes historiques de courte durée, ceux précisément qui étaient

liés aux luttes et aux tensions qui accompagnent la dévolution du pouvoir dans un groupe humain. Les grandes perspectives de la longue et de la moyenne durée historique et les fructueuses réflexions sur l'entrecroisement des multiples temporalités au sein desquelles vivent ces groupes humains s'en trouvaient singulièrement absentes. L'un des partis délibérément adoptés dans ces trois tomes est venu de ce constat de carence et du souhait, de ce fait, de contribuer à l'extraction de l'histoire politique de ce confinement chronologique.

Mais une telle levée d'écrou induisait un autre présupposé historiographique : luttes et tensions sont, certes, des objets essentiels, et par là même légitimes, mais qui doivent eux aussi être désenclavés. En d'autres termes, l'acteur politique doit demeurer au cœur du champ d'investigation de l'historien mais dans sa double dimension, tout à la fois sujet agissant et pensant, la seconde facette contribuant de surcroît à éclairer la première. La plus-value en intelligibilité historique était considérable, car le sujet pensant ne renvoyait pas seulement au domaine des théories et des programmes mais, bien plus largement et profondément, à celui des « cultures » et des « sensibilités ». On ne reviendra pas ici sur le sens donné à ces deux mots, longuement explicité dans l'introduction des volumes 2 et 3. Globalement, c'est bien une histoire culturelle du politique qu'il s'agissait ainsi de mettre en œuvre. Si une telle démarche peut paraître courante aujourd'hui, tant sa pratique s'est entre-temps répandue dans l'école historique française, il convient, pour en mesurer la portée, de la replacer dans le contexte du début des années 1990, moment de publication et de réception de cette entreprise éditoriale qu'a été alors l'*Histoire des droites en France*. À l'époque, c'est en fait le tome 2, *Cultures*, plus encore que le tome 3, au titre, *Sensibilités*, pourtant susceptible de déconcerter davantage, qui entraîna chez certains critiques une réelle incompréhension.

Aujourd'hui, en revanche, de telles réticences n'ont plus lieu d'être. La plupart des grands projets collectifs en histoire politique ont, du reste, revendiqué explicitement ou implicitement une part, au moins, d'histoire culturelle dans leurs démarches respectives [1]. De fait, l'hypothèse de 1992 était bien que la fameuse division entre la droite et la gauche mais aussi les failles au sein des deux camps qu'elle dessinait étaient le produit d'une alchimie complexe où le socio-culturel jouait un rôle essentiel. N'éludons pas le test d'effort. On observera, à cet égard, que si les hypothèses forgées et les démarches mises en œuvre en 1992 ont largement fait souche dans le milieu des historiens depuis cette date tout en ayant parfois sur-

---

1. Ainsi, l'*Histoire des gauches en France*, publiée sous la direction de Jean-Jacques Becker et Gilles Candar (Paris, La Découverte, 2004), posait d'emblée que « l'histoire de la gauche (ou de la droite) doit être pensée comme relevant autant de l'histoire des mentalités, des représentations, des genres ou des styles de raisonnement, que de l'histoire politique ou sociale ».

pris ou irrité à l'époque, c'est qu'elles induisaient alors plusieurs conclusions qui prenaient à rebrousse-poil quelques fausses évidences que portait l'air du temps, la principale étant que le clivage droite-gauche avait fait son temps et se trouvait en voie de fossilisation. Constater, au contraire, qu'un tel clivage venait de loin et, par là même, conservait sa prégnance avait de quoi déconcerter à l'heure où la dernière compétition présidentielle, celle de 1988, s'était faite à gauche sur le thème de « la France unie » avec, en toile de fond, la réconciliation de cette gauche avec l'économie de marché et, à droite, avait été marquée par la présence d'un candidat, Jacques Chirac, qui venait d'être durant deux années un Premier ministre de cohabitation à la tête d'un gouvernement où le libéralisme avait largement imprégné le néogaullisme. Symboliquement, du reste, on observera que cette *Histoire des droites* a été mise en chantier durant l'année 1988, où l'on vit le président sortant entretenir à dessein tous ces effets de brouillage apparent et être réélu après avoir fait campagne sur le thème du « ni ni ». Cette concomitance n'était pas une coïncidence : même si ce n'était assurément pas son objectif premier, qui demeurait purement scientifique, cette *Histoire des droites* s'inscrivait bien *de facto* en faux contre cette sorte de négation du clivage droite-gauche qui devenait alors de plus en plus perceptible aussi bien dans une partie du discours politique que chez beaucoup d'observateurs autorisés, et dont le « ni ni » était la caricature, au demeurant efficace. Force est pourtant de constater, aujourd'hui, que la mort annoncée de ce clivage s'est trouvée démentie : même si le coup de tonnerre du 21 avril 2002 a paru rompre la structure binaire qu'a toujours été, depuis 1965 et à la seule exception de 1969, l'élection présidentielle sous la V$^e$ République, toutes les échéances électorales nationales depuis 1992 n'ont cessé d'être placées sous le signe de l'antagonisme gauche-droite : défaite historique du PS aux législatives de 1993 et retour en force subséquent de la droite, duel Chirac-Jospin lors des présidentielles de 1995, revanche du second sur le premier aux législatives de 1997 consécutives à la dissolution, victoire de la gauche aux élections régionales de 2004, constituant là encore une manière de revanche après la défaite de Lionel Jospin en 2002. Et, sans préjuger des résultats du premier tour de l'élection présidentielle du printemps 2007, la fin de l'été 2006 a été rythmée essentiellement, sur le plan politique, par les procédures de désignation des candidats au sein des deux grands partis français, dominants sur leurs versants respectifs, le PS et l'UMP.

C'est, du reste, dans le constat de cette réelle continuité que réside, me semble-t-il, la raison d'être de la réédition de ce livre. Certes, un choix a été fait, dans cette réédition, celui de garder le texte de 1992 en l'état, sans tenter de le prolonger artificiellement jusqu'en 2006. On pourrait penser que les années écoulées depuis lors sont absentes de ce livre. Elles le sont dans le récit positif des faits, mais elles demeurent présentes dans

la lumière que jettent sur elles tous les autres chapitres et volumes de
l'entreprise.

Qu'on en juge sur quelques points essentiels de cette vie politique, et
d'abord sur la question de l'extrême droite. Le résultat de Jean-Marie Le
Pen en 1995 et, plus encore, bien sûr, celui de 2002 ont contredit l'analyse, qui prévalait encore largement en 1992, d'une poussée circonstancielle de cette extrême droite, seulement un peu plus longue que lors des
flambées précédentes sous les III^e et V^e Républiques. Aujourd'hui, le
parti de Jean-Marie Le Pen est toujours présent en position haute dans le
paysage politique, et bien des chapitres consacrés aux « cultures » et aux
« sensibilités » fournissent des clés pour mieux percevoir ce qui, dans un
tel phénomène, relève du conjoncturel et ce qui paraît aussi, pour
l'heure, en faire un élément structurel de ce paysage. Seule une approche
culturelle du politique, en effet, permet de démêler ce qui l'emporte, pour
ce qui concerne un précipité aussi complexe que l'extrême droite française, de l'inattendu et du prévisible. Ces quinze dernières années ont
confirmé la validité de notre entreprise : loin d'avoir constitué un cimetière pour le clivage droite-gauche ou pour l'extrême droite, elles ont été
une période propice à leur perpétuation.

Mais l'ouvrage posait également, et plus largement, la question de la
diversité des droites qui était au cœur d'un projet que son titre général
aussi bien que les titres particuliers des tomes 2 et 3 plaçaient d'emblée
sous le signe de la pluralité. C'est une question posée à l'intelligence historique que de tenter de lui donner sens sans en altérer la complexité,
tant il est vrai que le rôle premier de l'historien est de rendre compte de
cette complexité du réel et de ses perceptions. Ainsi, les lignes de failles
du référendum de mai 2005 n'auront pas surpris les historiens, mais à
formuler en pareils termes un tel constat, on poserait comme principe
que de telles lignes ont été tracées une fois pour toutes. La réalité, là
encore, est singulièrement plus complexe. Le lecteur des tomes 2 et 3 ne
trouvera donc pas une visite guidée des champs de failles successives qu'a
été, à bien des égards, l'histoire des droites françaises. En revanche, il y
disposera d'un panorama des sensibilités et des connivences partagées.

Ce qui, *in fine*, nous fait revenir à quelques considérations épistémologiques, tant l'*Histoire des droites*, tout en visant naturellement à une plus-
value en connaissance historique, se voulait aussi une sorte de laboratoire
d'expérimentation historiographique. Faire de l'histoire politique, en
définitive, c'est tenter l'analyse de ces sensibilités et de ces connivences et,
dans une telle démarche, le tournant épistémologique a bien été, on l'a
déjà souligné, le retour au sujet agissant et pensant. L'acteur politique, en
effet, est tributaire, dans ses agissements, des opérations mentales de saisie du monde qui l'entoure. On comprend mieux, ainsi, la dimension
anthropologique dont le projet, en 1992, entendait rendre compte, en
abordant le domaine de l'être-ensemble : pas seulement l'agora, donc, où

se déploient les luttes politiques et s'éploient les cultures politiques, mais aussi, plus largement, la Cité, où s'organise, de façon conflictuelle ou consensuelle, la coexistence sociale. Si les cultures politiques relèvent davantage de données immédiates de la conscience politique, avec les sensibilités on sort du discursif pour toucher à l'inexprimé. Inexprimé qui interfère avec les faits et gestes du plus grand nombre et contribue ainsi au fonctionnement de la Cité et à la coexistence quotidienne de soi avec les autres. Ces observations étaient déjà faites explicitement en 1992. Il ne semble pas qu'elles aient perdu leurs vertus d'intelligibilité historique aujourd'hui.

Jean-François Sirinelli, octobre 2006.

Ont contribué à ce volume :

François Bourricaud (†), Université de Paris IV.
Philippe Burrin, Institut universitaire de hautes études internationales,
    Genève.
Jean Charlot (†), Institut d'études politiques de Paris.
Michel Denis, Institut d'études politiques de Rennes.
Jean-Marie Donegani, Institut d'études politiques de Paris.
Jean El Gammal, Université de Nancy II.
Yves-Marie Hilaire, Université de Lille III.
Gilles Le Béguec, Université de Paris X.
Philippe Levillain, Université de Paris X.
Bernard Ménager, Université de Lille III.
Pierre Milza, Institut d'études politiques de Paris.
Jean-Luc Pinol, Université de Lyon II.
Jacques Prévotat, Université de Lille III.
Marc Sadoun, Institut d'études politiques de Paris.
Jean-François Sirinelli, Institut d'études politiques de Paris.

# INTRODUCTION GÉNÉRALE

# Des droites et du politique

Une double conjoncture, politique et scientifique, a présidé en 1986 à la gestation de cette Histoire des droites.

Dès le milieu de la décennie 1980, en effet, l'historien du temps proche ne pouvait que remettre sur le métier la question de la nature exacte des droites françaises : montée en puissance d'une droite extrême, mise en avant des idées libérales au sein des formations de la droite parlementaire, échec électoral au seuil de la décennie, autant d'éléments qui appelaient analyse et mise en perspective historique. Plus largement, du reste, au fil des ans, d'autres questions donnèrent à l'étude des droites françaises une incontestable résonance : interrogation sur la postérité du gaullisme, constat de la division apparemment intrinsèque des courants de droite, maintien en profil électoral haut de la droite extrême, conversion de la gauche socialiste au libéralisme économique.

## I. UNE APPROCHE GLOBALE DES PHÉNOMÈNES POLITIQUES

Dans le même temps, paradoxalement, nombre d'observateurs commençaient à formuler un diagnostic et à hasarder un pronostic : le clivage droites-gauches serait en train de s'estomper et un tel phénomène serait appelé à s'amplifier. Et les hebdomadaires politiques de répercuter et d'élargir cette analyse — « refus du clivage droite-gauche » de la part des Français (*Le Point,* novembre 1987), « frontière estompée » (*Le Nouvel Observateur,* avril 1988), « droite-

gauche : c'est dépassé ! » (*L'Express,* novembre 1989) —, arguant, nous le verrons, d'une production historiographique qui défendait et illustrait alors la thèse de la fin tant des guerres civiles froides en France [39] que de la partition idéologique droites-gauches héritée de la Révolution française [41]. On aurait certes tort de repousser d'emblée ces miroirs tendus, et l'image ainsi reflétée n'est pas totalement fausse. A plusieurs remarques près, et essentielles. D'abord, ces reflets, par essence, sont forcément fugitifs et ne rendent pas toujours compte d'une tendance de fond. A cet égard, l'historien dira un jour si la campagne de François Mitterrand en 1988, placée sous le signe de « la France unie », était seulement tactique ou bien si elle provenait de l'intuition d'une mutation politique jusque-là souterraine. Et la « dépolitisation » proclamée par certains observateurs après 1988 consistait-elle en une perte des points de repère jusque-là fondamentaux du débat politique ou découlait-elle plus simplement d'un effet de saturation après plusieurs années d'échéances politiques importantes ?

Pour l'historien, toujours enclin à replacer les phénomènes étudiés dans la perspective du moyen et du long terme et toujours attentif à démêler l'éphémère du structurel ou, pour le moins, du durable, cette mort annoncée du clivage droites-gauches ne pouvait qu'entraîner défiance méthodologique et donner par là-même à une approche raisonnée de l'histoire des droites une indéniable actualité ! Certes, en novembre 1989, pour 56 % des Français, ce clivage apparaissait dépassé[1], chiffre exactement confirmé en appel l'année suivante[2]. Mais, outre que ces relevés survenaient en années non électorales — tout au moins au plan national, mis à part les élections européennes —, ils constituaient moins un miroir exact qu'une glace déformante, le sondé exprimant davantage son impression sur l'état supposé de l'opinion de ses concitoyens que son sentiment politique propre. Si l'on ajoute que ces années venaient clore une décennie qui avait vu les socialistes français, à l'épreuve du pouvoir, opérer une sorte de mue qui ne pouvait qu'entraîner un brouillage, au moins partiel, du débat politique traditionnel, ces sondages étaient peut-être davantage le reflet de ce

---

1. Olivier Duhamel et Jérôme Jaffré, « Huit leçons de 1988 », SOFRES, *L'état de l'opinion, 1990,* Paris, Le Seuil, 1990, p. 235-242. Sauf indications contraires, le lieu d'édition dans les notes de cette introduction est Paris.

2. Enquête de la SOFRES réalisée en octobre 1990 (*Le Monde,* 30 novembre 1990). Ils sont 55 % à penser de même en avril 1991 (cf. Roland Cayrol, « La droite, la gauche et les références idéologiques des Français », SOFRES, *L'état de l'opinion,* Le Seuil, 1992, p. 57-72).

brouillage — encore amplifié, au début de la décennie suivante, par l'implosion des régimes communistes dans les démocraties populaires puis en Union soviétique — que les faire-part du décès du clivage droites-gauches.

Décès au demeurant annoncé un peu vite. Un sondage d'avril 1991 réalisé par la SOFRES confirmait l'ambiguïté de telles perceptions. Certes, à cette date, seul un tiers des Français estimait les notions de droite et de gauche « valables pour comprendre les prises de position des partis et des hommes politiques », tandis que 55 % les jugeaient dépassées, confirmant les taux des deux années précédentes. Mais comme le soulignaient les exégètes de ce sondage[1] « si 2 Français sur 3 ne trouvent pas ces notions valables, 2 sur 3 n'en acceptent pas moins de se classer à gauche ou à droite (64 %). Autrement dit, la division droite-gauche a beau être refusée, elle reste un formidable système de repérage et d'identification ». Et telle est bien la double fonction que joue cette division dans notre vie politique. Elle demeure, d'une part, la rose des vents de notre paysage politique, et peu importe, pour l'instant, de savoir si les directions que celle-ci indique ont encore une réalité dans cette dernière décennie du siècle. Car, d'autre part, elle reste largement intériorisée par la plupart des membres de notre communauté nationale, d'autant que le tiers qui ne se classe ni à droite ni à gauche ne réfute pas forcément le clivage mais se contente de constater qu'il ne peut ou ne veut y trouver sa place. Ce clivage est donc un fait de culture politique débouchant, pour le plus grand nombre, sur un principe d'identité. Pour cette raison, il a été et reste la *summa divisio* de notre histoire politique, pour reprendre la formule de René Rémond.

Somme toute, comme le soulignait Alain Lancelot en 1985, « l'axe droite-gauche structure les attitudes et les comportements » [31, p. 375]. Et si l'observation s'appuyait sur des données recueillies en 1966, 1978 et 1983, une enquête réalisée en 1988 confirme que cet axe droite-gauche est demeuré une réalité [49].

Cela étant, l'interrogation sur la réalité ou la dissolution de cet axe a été également nourrie par le débat intellectuel récent, où ont été entendues plusieurs pavanes pour un clivage politique supposé défunt. En 1988, notamment, un livre remarqué et signé par trois clercs à forte influence, François Furet, Jacques Julliard et Pierre Rosanvallon, plaçait sous le titre explicite de *République du centre* une étude de la France contemporaine et concluai., en sous-titre, à « la

---

1. Olivier Duhamel et Jérôme Jaffré, *L'Express*, 18 avril 1991.

fin de l'exception française ». Certes, pour les trois auteurs, cette
« fin » portait non pas sur le comblement du fossé droites-gauches
mais sur la disparition de l'ombre portée de la Révolution française
qui fut longtemps en toile de fond du débat civique [1]. Mais Pierre
Rosanvallon, en diagnostiquant un « déclin des passions politiques » et un « effondrement des points de repère politiques usuels
après 1983 » [41], pouvait paraître pencher vers la thèse du
comblement. Thèse qu'il défendra en tout cas, trois ans plus tard,
en déclarant qu'« il n'y a plus le grand affrontement droite-
gauche » [51, p. 94][2].

Attaché à la mise en perspective chronologique et attentif aux
rythmes, l'historien pourra faire valoir qu'à supposer même qu'il y
ait bien eu ces dernières années affaissement ou brouillage du
clivage droites-gauches, la question essentielle est, en fait, de savoir
s'il s'est agi d'un phénomène conjoncturel ou structurel. Car, dans
le premier cas, gauches et droites ont encore de beaux jours devant
elles. René Rémond remarquait, en effet, à la même date que Pierre
Rosanvallon, que l'histoire de notre vie politique « obéit à un
rythme à deux temps qui fait se succéder des moments de politisation intense et de grande tension idéologique et des passages à vide :
nous vivons présentement dans une phase de ce second type. Mais
on ne prend pas un grand risque en pariant que resurgiront tôt ou
tard des controverses où gauche et droite puiseront des occasions de
se refaire une identité » [51, p. 64]. Au reste, dans la première
édition de *La droite en France,* en 1954, le même auteur citait ce
diagnostic formulé l'année précédente par Jean-Jacques Servan-
Schreiber à propos du clivage droites-gauches : « A part les parlementaires, plus personne ne comprend ce que cela veut dire. En
vérité, c'est une langue morte » (*Le Monde,* 24 janvier 1953). Avant
les années 1980, de fait, le clivage a déjà été enterré à plusieurs
reprises mais chaque fois prématurément.

En tout état de cause, l'existence même d'un débat implicite sur

1. Sur les précisions et éclaircissements donnés par les auteurs après la publication du livre, cf. *Le Débat,* n° 52, novembre-décembre 1988, p. 4-10, entretien avec
Jacques Julliard sous le titre « Droite, gauche, centre. L'exception française : fin ou
recommencement ? », et remarques de François Furet, « Sur quelques objections »,
p. 11-14. Cf. aussi *infra* note suivante.
2. Un autre auteur de *la République du centre,* Jacques Julliard, à partir de
prémisses identiques à celles de ses deux co-auteurs, ne conclut pas, dans un texte
récent sur lequel nous reviendrons, à une disparition du clivage droites-gauches :
« Il ne semble pas d'ailleurs que l'apaisement des passions politiques, qui est la
caractéristique majeure des dernières années, tende à mettre en question le bipar-
tisme fondamental de l'électorat français » [50, p. 345].

la pérennité de ce clivage, la nécessité aussi, pour éclairer ce débat, de le replacer dans la longue durée, ne pouvaient que confirmer l'actualité de cette Histoire des droites. Actualité qui, toutefois, n'aurait pas suffi à justifier l'ampleur de l'entreprise : trois tomes, une cinquantaine de collaborateurs. C'est, en fait, le contexte historiographique qui lui a également conféré sa raison d'être, avec la réhabilitation, parmi les centres d'intérêt de l'historien, de l'objet politique. Cette réhabilitation a été favorisée, entre autres, par le retour en grâce de l'histoire politique.

Destin singulier, à bien y regarder, que celui de cette histoire politique. Longtemps « épine dorsale » [32] d'une histoire jugée par la suite trop événementielle, elle avait subi de plein fouet le changement des priorités épistémologiques de l'école historique française. De colonne vertébrale, elle devint organe périphérique et même, sous quelques plumes, membre mort.

Ce temps n'est plus. Et une histoire politique revivifiée est en train de se réinstaller dans l'œkoumène de l'historien. Mais il ne s'agit pas, à la faveur d'un changement de paradigme scientifique, d'une sorte de retour des émigrés qui n'auraient rien oublié et rien appris. Comme on a pu l'écrire à juste titre, pour l'histoire politique, en effet, « *reconquista* n'est pas *restauration* » [47, p. 364]. Cette nouvelle histoire politique s'est, au contraire, assigné de nouveaux objets[1] et entend forger, pour les étudier, de nouvelles méthodes. Dans ce contexte, les anciennes querelles d'écoles historiques autour de l'histoire politique — guerres picrocholines à l'échelle des convulsions du siècle mais débats et enjeux qui, somme toute, ne manquèrent ni de dignité ni de portée — ont perdu de leur acuité, notamment au sein des nouvelles générations d'historiens. Il y aurait, du reste, quelque chose de dérisoire, pour ces générations, à camper l'arme au pied, des décennies durant, dans l'attente d'attaques qui ne viendront plus, sauf à transformer la discipline historique en autant de fortins aux confins du désert des Tartares. Et à ériger la fièvre obsidionale en démarche scientifique.

Cela dit, la nouveauté, répétons-le, est moins le retour en grâce de l'histoire politique que la réhabilitation de l'objet politique. Et si la levée d'écrou historiographique qui a rendu à cette histoire politique son autonomie est déjà ancienne[2], l'objet politique n'en a pas pour autant retrouvé immédiatement toute sa légitimité aux yeux de l'ensemble de la corporation[3].

1. Cf. l'inventaire de certains de ces objets dans [43].
2. Jacques Julliard, « La politique », et Pierre Nora, « Le retour de l'événement » [18, t. II, p. 229-250; t. I, p. 210-228].
3. A cet égard, la sortie en 1987 et 1988 des trois premiers volumes de *l'Histoire de*

Ce retard, du reste, aurait pu être préjudiciable à l'ensemble de la discipline historique. Si l'approche historique doit être multiforme et diversifier ses angles d'analyse, celui qui privilégie le politique est parmi les plus riches[1] car, au même titre que d'autres objets, l'objet politique doit lui aussi déboucher sur une histoire globale. Entendons, en effet, par objet politique l'étude tridimensionnelle de la dévolution et de la répartition de l'autorité et du pouvoir, défini dans son aire, au sein d'une communauté donnée; des tensions et des conflits qui en découlent; de la configuration de forces visibles ou souterraines, d'idées explicitées et de sensibilités informulées qui affleurent à travers ces tensions et conflits.

Ce devoir d'histoire globale est souvent proclamé[2] et demeure légitimement « la visée »[3], mais seuls d'amples objets — politiques ou non — peuvent relever d'une telle approche. Et parmi eux, le couple droites-gauches.

Car telle est bien, en définitive, l'une des ambitions de cette histoire des droites. A partir d'un phénomène qui, par essence, relève du politique, il s'agit, pour l'éclairer, de mobiliser toutes les facettes des curiosités et des méthodes de l'historien. Ainsi, la coupure — hélas — classique entre histoire politique et histoire sociale apparaît, dans cette perspective, non seulement artificielle mais néfaste. De même, l'histoire culturelle, longtemps tenue en marge de l'histoire contemporaine, nous semble essentielle pour l'analyse du politique. Il y a probablement là, d'ailleurs, une composante générationnelle, cette histoire culturelle connaissant

*France* (Paris, Hachette), sous les plumes de Georges Duby, Emmanuel Le Roy Ladurie, et François Furet (le quatrième volume sera dû en 1990 à Maurice Agulhon), attesta le reflux de cet ostracisme mais aussi le caractère tardif d'un tel reflux. Bien entendu, durant les décennies de marée basse de l'histoire politique, celle-ci avait continué à être féconde. Ce n'est qu'apparemment paradoxal : c'est moins la réalité de l'histoire politique qui était en cause — elle existait bel et bien et a donné alors certains de ses plus beaux surgeons, sur le XIXe siècle comme sur le XXe siècle — que son statut au miroir de la corporation et par rapport aux canons dominants de l'époque.

1. Comme l'a écrit récemment Louis Dumont [48, p. 257], « le politique est mieux reconnu aujourd'hui comme catégorie fondamentale ».

2. Les réfutations explicites sont rares : ainsi celle de Michel Foucault dans *L'Archéologie du savoir* (Paris, Gallimard, 1969, p. 17) : « le thème et la possibilité d'une *histoire globale* commencent à s'effacer... », qui est à replacer dans le contexte d'une époque et la logique d'une œuvre. Au terme d'histoire *totale*, dont il a été souligné à plusieurs reprises l'impossibilité pratique (cf. par exemple, Jean-Claude Perrot, « Rapports sociaux et villes au XVIIIe siècle », *Annales ESC*, mars-avril 1968, p. 241-267, plus précisément p. 267), on préférera ici celui d'histoire *globale*.

3. Jacques Le Goff [20, p. 16].

actuellement un essor en histoire du XXᵉ siècle. Et l'on verra que l'histoire des sensibilités est également largement requise dans la démarche générale de cette entreprise.

Que l'on ne s'étonne pas, dès lors, de ces sources historiographiques apparemment éloignées les unes des autres : on voudra bien y voir, moins une motion nègre-blanc de fausse synthèse, dictée par la diplomatie ou l'œcuménisme, que le manifeste, assumé par ses auteurs, d'une approche multiforme délibérément métissée. C'est, du reste, la raison pour laquelle il a été demandé aux différents auteurs de ce livre de conserver leur sensibilité historiographique propre et leur tempérament particulier. C'est, en effet, la palette de ces sensibilités et de ces tempéraments qui rend le mieux compte de la richesse et de la diversité de l'école historique française et ce sont bien toutes les facettes de cette école qui doivent être mobilisées pour tenter une approche globale du phénomène des droites.

Encore faut-il ajouter que nous entendons ici approche globale dans le sens d'approche globale *historique*. Le point est fondamental. Car l'étude des droites ne relève pas de la seule discipline historique, et d'autres sciences humaines ou sociales ont aussi dans ce domaine un rôle essentiel à jouer, notamment la science politique [52] et la sociologie politique [53]. A cet égard, un autre livre, pluridisciplinaire, aurait été également concevable sur le même sujet. Mais le propos, ici, est autre et pourrait se résumer dans cette question : quelles lumières peut apporter à nos citoyens la réinscription des droites dans l'histoire de la vie politique, des structures sociales et des évolutions culturelles ? Toute collaboration — nécessaire — entre les disciplines ne sera féconde que si chacune d'entre elles, préalablement, recense ses apports spécifiques et ses démarches propres. Le métissage n'est donc pas entendu ici comme le brassage des différentes sciences humaines et sociales, et l'on trouvera avant tout dans ces trois tomes une *histoire* des droites françaises et non un précis de science politique. Tout le débat, par exemple, entre politologues sur les fondements du comportement électoral ne sera pas au cœur de l'analyse, alors qu'il s'y serait trouvé — légitimement — dans une entreprise dont le centre de gravité aurait été politologique. Mais, répétons-le, cette reconnaissance première de la spécificité de chaque discipline dans la découpe des savoirs est précisément fondée sur le sentiment qu'aucune d'entre elles n'a de dignité éminente et, d'autre part, sur la conscience de la nécessaire pluridisciplinarité pour mieux comprendre les phénomènes relevant du politique. Ces trois

volumes, somme toute, sont d'une certaine façon un inventaire —
non exhaustif, assurément — de la contribution de la discipline
historique à un chantier commun[1].

## II. L'INVENTION DE LA DROITE

Encore faut-il, auparavant, définir l'objet de ce chantier : les
droites françaises. Avec, d'emblée, une difficulté : est-il légitime de
remonter deux siècles d'histoire avec une définition qui, forgée en
1992, serait exogène aux périodes étudiées ? Pour tenter de
répondre à une telle question, un long détour s'impose. Car, avant
même de définir, en déclinant une identité, encore faut-il établir les
niveaux d'existence de l'objet.

Les droites existent : d'une part, dans l'autoperception des
acteurs du politique, c'est-à-dire les Français eux-mêmes; d'autre
part, dans les mots du débat civique et de la mémoire collective;
enfin, dans la production savante, qui, le plus souvent, a entériné
cette autoperception et confirmé le sens de ces mots.

Autoperception ? Le clivage droites-gauches a été perçu comme
réel par des générations successives de Français, qui l'ont vécu
comme tel. Peu importe ici l'aspect sémantique qu'a revêtu sur le
moment la perception de ce clivage. Maurice Agulhon a rappelé à
juste titre que « pour la période qui va de 1815 à 1870, l'application
des mots droite et gauche est assez nettement rétroactive... Les
hommes qui luttaient pour la démocratie dans les années 1860 se
pensaient et se disaient du parti de la liberté, de la République,
voire de la Révolution, plutôt que "de la gauche" » [40, p. 217].

Ce qui compte à cet endroit de notre propos, c'est que, par delà
les problèmes — importants — d'appellation historiquement
contrôlée, une sorte de noria de la mémoire a relayé au fil des
décennies la perception de ce clivage droites-gauches, cet aspect

---

1. Il aurait été toutefois intellectuellement et scientifiquement peu satisfaisant de
pousser cette logique à l'extrême : dans quelques cas et parce que le sujet traité était
en copropriété avec d'autres disciplines, il a été fait appel, en connaissance de cause,
et ce dès le tome I, à des non-historiens. On voudra bien y voir, parallèlement à
l'inventaire nécessaire de l'apport de la discipline historique, une première pierre
apportée à ce chantier commun.

continu relevant de ce qu'on pourrait appeler la tradition politique[1] et contribuant en même temps à l'entretenir.

Par là-même, la division droites-gauches est donc non seulement profondément ancrée dans notre mémoire collective — qui, elle aussi, entretient et se nourrit tout à la fois du clivage qu'elle véhicule — mais elle est devenue un élément constitutif de notre culture politique nationale. D'autant que cette division a été, de surcroît, profondément intériorisée par l'école historique française. L'inventaire de la production savante sur le sujet est, nous le verrons, significatif. Mais — et c'est là un autre élément de la mémoire collective et de l'autoperception —, par-delà la diversité des traditions historiographiques qui irriguent cette école, la lecture en termes d'antagonismes de notre histoire nationale semble dominante. Ainsi, la notion de « guerres franco-françaises » est apparue chez certains historiens dans les années 1980, à une époque où l'intelligence redécouvrait les problèmes de définition de la nature de la démocratie et de sa culture politique nécessairement de division, puisque fondée sur l'expression libre et argumentée des intérêts divergents. Si elle suscite des débats[2] et si elle accuse peut-être les angles en insistant davantage sur ce qui divise — et parfois oppose, y compris par les armes — que sur ce qui réunit, cette notion n'en a pas moins rencontré un écho et une portée indéniables. Il n'y a là, du reste, rien que de très normal. D'une part, la densité de ces deux derniers siècles d'histoire nationale se prête à une telle lecture. D'autre part, l'histoire politique, nous l'avons déjà souligné, s'assigne notamment pour objet l'étude d'antagonismes et de conflits : c'est donc par une pente naturelle — et justifiée — qu'elle met ceux-ci en avant[3].

De fait, l'invention du couple droite-gauche est française. Tout au moins sur le plan sémantique. Le terme apparaît, en effet, au

1. « Tout phénomène de permanence à travers le temps d'un système relativement cohérent d'images et de représentations, de souvenirs et de comportements, d'allégeance et de refus », pour reprendre la définition de Raoul Girardet [38, p. 6].

2. On se reportera, par exemple, aux textes de teneur très contrastée rédigés par Jean-Pierre Azéma et René Rémond pour le numéro spécial de *Vingtième siècle. Revue d'histoire* consacré aux « guerres franco-françaises » (n° 5, janvier 1985).

3. La leçon inaugurale de Maurice Agulhon, dans sa chaire d'Histoire de la France contemporaine, en avril 1986, aura pour titre dans les *Annales ESC* (mai-juin 1987, p. 595-610), puis dans *Histoire vagabonde* (Gallimard, 1988), « Conflits et contradictions dans la France d'aujourd'hui ». Et dans la récente *Histoire de la France* (Le Seuil), le tome III, sous la direction de Jacques Julliard, est consacré tout entier à *L'État et les conflits* et insiste sur la fréquence — tout au moins jusqu'aux années proches — d'une « culture du conflit » [50, p. 331 sq].

début de la Révolution française, et la concomitance des deux phénomènes n'est assurément pas fortuite.

L'épisode fondateur est bien connu. Le vendredi 28 août 1789, l'Assemblée nationale constituante, dans le cadre de sa réflexion sur les institutions dont il convient de doter le royaume, en arrive à la question du veto royal. A droite du bureau du président se groupent les constituants favorables à ce veto, en d'autres termes les partisans de pouvoirs étendus dévolus au souverain dans le cadre de cette monarchie constitutionnelle en gestation; à gauche se retrouvent ceux qui sont hostiles à une telle extension. D'autant que le problème est explicité de façon très claire, à travers la question du veto suspensif.

Trois remarques, d'emblée, s'imposent. Tout d'abord, la date du 28 août a certes valeur de symbole, mais cette mise en situation bipolaire s'est en fait opérée dès le début de l'été, au sein des États généraux. Dans les derniers jours de juin, en effet, le processus est enclenché par le rapprochement de quelques nobles et du bas clergé avec le Tiers État et leur installation à gauche de la salle, tandis qu'à sa droite se placent le reste du clergé et la noblesse.

C'est, en fait, toute la disposition initiale du 5 mai, date de l'ouverture des États généraux, qui se trouvait ainsi bouleversée. Et le glissement topographique, dans une assemblée qui ignore encore l'architecture en hémicycle, prend, à bien y regarder, valeur de symbole. A la société en trois ordres et au protocole qui en découle succède, dans le cadre parlementaire naissant et durant une phase historique aiguë où des choix tranchés s'imposent, un jeu très largement bipolaire. Certains textes contemporains reflètent, du reste, une acculturation rapide, tout au moins en termes parlementaires[1], du couple droite-gauche, alors au singulier. Un texte de

---

1. Il semble bien, sous bénéfice d'inventaire, que seule cette acception parlementaire ait prévalu pendant une large partie du XIXe siècle. La sixième édition du *Dictionnaire de l'Académie française*, qui date de 1835 (tome I, A-H, Firmin-Didot), signale, sans plus de commentaires, « le côté droit d'une assemblée délibérante », « la droite d'une assemblée », « un membre de la droite » (*op. cit.,* p. 587) et l'édition suivante reprend en 1878 les mêmes exemples (Firmin-Didot, tome I, A-H, p. 579). Entre-temps, en 1863, Émile Littré signalait à propos de « la droite » : « Dans nos assemblées parlementaires, les membres qui siégeaient au côté droit et qui, opposés aux idées révolutionnaires, soutenaient les choses et les personnes attaquées par la Révolution » (Émile Littré, *Dictionnaire de la langue française*, tome premier, seconde partie, D-H, Librairie Hachette, 1863, p. 1244). Et le « Supplément » de 1878 n'apporte, à cet égard, aucune modification. En 1870, Pierre Larousse, de son côté, écrivait : « Politiq. *Côté droit.* Partie d'une assemblée délibérante qui siège à la droite du président » (*Grand dictionnaire universel du XIXe siècle*, tome VI, 1870, p. 1290). Ces indices recoupent l'observation de Maurice Agulhon signalée plus haut, sur l'usage en fait rétroactif — sauf pour cette acception parlementaire — du couple droite-

*l'Ami des patriotes* daté du 27 août 1791, par exemple, parle de
« droite » et de « gauche » au sein de l'Assemblée constituante, et le
*Mercure de France* du 1er octobre 1791, au moment du passage de
l'Assemblée constituante à l'Assemblée législative, situe lui aussi
les différents groupes de l'Assemblée par rapport à une échelle
droite-gauche [23, p. 49-51].

Une troisième remarque s'impose donc. On perçoit dès l'époque,
sinon une réalité déjà pleinement constituée et sortie tout armée de
1789, tout au moins les balbutiements d'un ordre bipolaire et les
prémices d'une autoperception[1] appelée à se développer. Mais le
rôle de la Révolution française ne s'arrête pas à une fonction
d'enfantement de cette disposition duale du débat de la Cité.

En effet, à travers la question du droit de veto dévolu au roi,
c'était la nature même du pouvoir monarchique qui se trouvait
mise en débat. Dire que le monarque aurait le droit de s'opposer à
certaines décisions de la représentation nationale, c'était lui
reconnaître une autorité supérieure sur le corps politique, c'est-à-
dire l'ensemble de la nation organisée pour faire les lois. Or, tout
l'enjeu de la Révolution française fut bien de savoir si la société, à
travers la volonté nationale, incarnée dans la représentation des
Assemblées, pouvait s'organiser d'elle-même en trouvant en son
sein ses propres principes ou si, au contraire, elle devait continuer,
comme sous l'Ancien Régime qui incarnait le corps politique en la
personne du roi de droit divin, à adosser son organisation, à puiser
ses règles, à emprunter son sens à une puissance qui lui serait tout à
la fois extérieure et transcendante. On verra que des réponses
apportées à cette question dépendirent les grands môles des idéologies, cultures et sensibilités des droites, déterminant la place de
Dieu et de la religion, l'émancipation de l'individu ou son identité
communautaire, la nature et les limites de la sphère politique
comme de l'espace qui devait échapper à celle-ci, qu'on l'appelât
société, société civile, espace privé ou univers de l'individu. Penser
l'identité des droites, comme des gauches, revient à penser en

gauche pour la période 1815-1870. Et René Rémond parvient à des conclusions
proches quand il écrit qu'une acclimatation définitive n'interviendra qu'« à partir
des débuts de la IIIe République » [25, p. 390].

1. En tout cas pour ce qui concerne le personnel politique et nombre d'observateurs (cf., par exemple, un article de la *Revue des Deux Mondes* commentant des
« statistiques parlementaires » de 1837, où les deux termes sont utilisés : *loc. cit.*,
1837, p. 93-109, cité *in* [23], p. 237). En précisant à nouveau que l'usage de ces deux
termes est surtout à prendre, jusqu'aux premières décennies de la troisième
République, dans son acception parlementaire.

même temps le double legs révolutionnaire : la division de l'espace politique, au sens de sphère strictement institutionnelle de la conquête et de l'exercice du pouvoir, et la séparation proclamée, et depuis lors jamais abolie, même par les diverses tentatives de restaurations monarchique ou impériale, de l'État et de la société. Dans cette concomitance résident la force et la perpétuation de l'axe droites-gauches en France, dans toutes ses dimensions politiques, sociales, culturelles.

De fait, c'est bien par rapport à cet héritage révolutionnaire, aussi bien ses acquis que sa mémoire, que vont ensuite s'articuler, souvent, les luttes politiques et les enjeux idéologiques. Et cet effet différé est probablement aussi important que le rôle obstétrical immédiat.

A cet égard, on le voit, le problème de savoir si la droite française aurait existé sans la séance du 28 août 1789 est un faux problème. On connaît ce procédé de la science-fiction appelé *chronoclasme,* qui consiste à modifier le passé pour infléchir le cours de l'histoire et, à l'arrivée, bouleverser notre présent. Dans le cas précis, même sans les débats de l'Assemblée sur le veto royal, en l'été 1789, le clivage droite-gauche serait apparu. Se serait-il appelé ainsi ? C'est assurément une autre affaire.

Toujours est-il que tel fut bien le cas et que, de surcroît, le couple droite-gauche connut ensuite, au fil du XIXe siècle, une fortune politique hors de nos frontières comme vocabulaire exporté. Ainsi, au sein de régimes parlementaires naissants ou confirmés, l'acculturation se fera progressivement : au Danemark, par exemple, les appellations gauche et droite apparaissent en 1870 et il en est de même en Norvège en 1882, en Suède en 1910, avec la création d'un parti dit de droite, tout comme au Luxembourg en 1914 [23, p. 54].

Cette acculturation, il est vrai, fut essentiellement sémantique. Car si l'invention du couple droite-gauche est, dans ce domaine, bien française, la notion d'alternance et la bipolarité en découlant sont plus largement le fait de la plupart des démocraties parlementaires. Il serait donc excessif, dans ce domaine, de revendiquer pour la France un quelconque principe d'antériorité et le cas britannique par exemple, avec le clivage whigs-tories, est bien là pour le rappeler. Cela dit, ce qui fait la spécificité — au moins relative — du cas français et l'intérêt de son étude est moins cette bipolarité droites-gauches que la densité de l'opposition qu'elle recouvre : ni l'histoire strictement parlementaire ni même l'histoire dite des idées ne suffisent à rendre compte d'un phénomène devenu

structurel, et dont nous avons vu de surcroît qu'il était profondément intériorisé par la communauté civique, à la fois dans son
comportement électoral, dans sa mémoire collective et dans sa
production savante.

## III. LE SUBSTRAT HISTORIOGRAPHIQUE

Cette dernière, il est vrai, tout en ayant véhiculé de longue date
une vision duale des débats nationaux, a tardé à s'interroger sur les
causes et la signification d'un tel dualisme.

En France, nous le verrons, c'est au début du XX$^e$ siècle que les
droites françaises se structurent autour de partis, entendus ici au
sens moderne du terme. Et c'est à la même époque qu'historiens et
politologues commencent à se pencher sur ce qu'eux-mêmes ressen-
taient alors comme le clivage principal des débats civiques nationaux.

Le seuil du XX$^e$ siècle est donc, à cet égard, essentiel, avec une
historiographie nourrie d'histoire immédiate. Les années tournantes se situent probablement entre 1900 et 1913. A la première de
ces deux dates, Georges Weill publie son étude du « parti républicain » [1]. Cet historien utilise déjà les mots « droite » et
« gauche », mais ceux-ci, le plus souvent, restent cantonnés à la
topographie parlementaire — tout comme, du reste, pour Charles
Seignobos dans son étude écrite à chaud sur « la situation électorale
en France en 1902 » dans *l'Européen* du 26 avril 1902 [7, p. 301-308]
— et leur utilisateur ne se pose pas, par exemple, la question de la
place du « parti républicain » par rapport au *limes* droite-gauche.
Ou, plus précisément, cette place va de soi à ses yeux et quand
s'achève l'étude en 1870, la cause est entendue : c'est, à cette date,
l'attitude des uns et des autres face à la République qui trace la
frontière.

S'il n'y avait donc pas chez Georges Weill d'usage réellement
rétrospectif, pour l'ensemble de l'histoire du XIX$^e$ siècle, de la
notion de droite[1], cet usage savant était pourtant, en ce début de

---

1. Tel n'était pas, du reste, le propos de Georges Weill. Ce qui n'empêche pas
*l'Histoire du parti républicain* d'avoir été, à sa manière, novatrice et d'avoir placé, avant
la lettre, l'histoire politique dans une sorte de « temps long » séculaire. De façon
significative, René Rémond, dans l'Introduction de *Pour une histoire politique*, a replacé
Georges Weill dans l'arbre généalogique de l'histoire politique actuelle [43, p. 24].

siècle, imminent. Car étaient alors en gestation les travaux d'André Siegfried.

Ceux-ci constituent, pour notre sujet, un jalon doublement significatif. D'une part, il faut noter que, dès cette époque, la notion de droite va se retrouver en copropriété entre l'histoire et la science politique. Le point a son importance, on le verra. D'autre part, les notions de droite et de gauche apparaissent cette fois de plain-pied et si le *Tableau politique de la France de l'Ouest,* publié en 1913, se veut une étude de 14 départements[1] — en fait, plus du cinquième du territoire français — depuis les élections de 1871 et surtout de 1876 jusqu'à celles de 1910, le regard tourné vers l'amont qui constitue l'essence même du livre — à travers la recherche d'éventuelles continuités comme principes d'explication — fait opérer indirectement à ces notions une remontée bien plus haut dans le temps, et celle-ci est importante, même si elle ne nous renseigne pas directement sur l'origine et l'essence des droites françaises.

D'autant plus importante, en fait, qu'au détour d'une note de son introduction, André Siegfried proposait une définition implicite de la droite et de la gauche : « C'est une opération délicate et, je l'avoue, parfois arbitraire, que de tracer la limite entre la coalition de droite et la coalition de gauche. Voici la règle générale que j'ai suivie pour répartir les voix entre les deux groupements. Appartient à la coalition de droite, tout ce qui s'appuie directement ou indirectement sur l'église et le château. Appartient au contraire à la coalition de gauche, tout ce qui est combattu, directement ou indirectement, par l'église et le château. L'idée directrice est de chercher toujours sur qui on s'appuie et par qui on est combattu. Voilà, en politique, où réside la suprême réalité. »

Définition, il est vrai, qu'il tempérait et enrichissait tout à la fois, à la fin de la même note : « J'ajoute qu'il y aurait lieu de concevoir une autre division, entre la coalition de droite et la coalition de gauche, basée celle-ci sur l'attitude des partis au point de vue social. Cette division n'aurait aucun rapport avec la première, la vraie Gauche sociale en France étant extrêmement réduite. Dans plusieurs parties de la France, c'est cette division sociale qu'il faudrait envisager. Mais pour l'Ouest, c'est sans aucun doute la division politique qui est essentielle » [2, n. 1, p. XXIV].

Du livre d'André Siegfried, il faut donc retenir, outre, et nous y reviendrons, l'affirmation d'une « continuité » dans les « manifes-

---

1. A la Bretagne et la Normandie s'ajoutent ce que Siegfried appelle « l'Ouest intérieur » (Vendée, Anjou, Maine) et ses abords.

tations de l'opinion », idée essentielle de l'ouvrage, soulignée dès l'introduction [2, p. V] et qui fera souche, le balancement entre la clé de « la division sociale » et celle qui place en avant l'approche par les idées et les cultures politiques : l'historiographie des grands courants politiques se trouvera désormais souvent partagée entre ces deux approches. D'autant que l'histoire politique, vers la même date, met également en avant ces deux facteurs. Ainsi, quand Charles Seignobos publie en 1921-1922 les tomes VI à IX de *l'Histoire de France contemporaine depuis la Révolution jusqu'à la Paix de 1919*, dernier tronçon de l'*Histoire de France* dirigée par Ernest Lavisse[1], il s'interroge au tome VI, qui étudie la période 1848-1859, sur « la distribution régionale des partis en France », et sa — brève — conclusion est que cette distribution et donc, en toile de fond, ce comportement électoral s'expliquent à la fois par « la structure économique de la société » et « le degré d'influence du clergé catholique » [3, p. 185].

La production universitaire sur le clivage droites-gauches va continuer à se nourrir de l'observation de l'histoire immédiate. Certes, quand l'historien ou le politologue passe de l'exploration du passé immédiat à une projection vers le futur proche, il s'expose au démenti de l'histoire[2], mais quand il en reste à ce passé immédiat, ses observations résistent mieux au verdict de l'histoire. Celles-ci sont, en outre, très précieuses pour le chercheur, constituant un bon indicateur de l'assimilation des notions de droite et de gauche dans leurs propres travaux par ces universitaires réfléchissant sur l'histoire de leur temps. D'autant que ces derniers commencent alors, à l'image d'un André Siegfried dès avant la Première Guerre mondiale, à faire un usage rétrospectif des notions de droite et de gauche. Charles Seignobos, par exemple, dans un article de *l'Année politique française et étrangère* de juillet 1928, analysant l'histoire de la troisième République de la chute de Thiers en 1873 jusqu'au retour de Poincaré en 1926, conclut à une forte prédominance de la gauche

1. Sur cette entreprise de 27 volumes, cf. Pierre Nora, « L'*Histoire de France* de Lavisse. Pietas erga patriam », *Les Lieux de Mémoire*, t. II, *La Nation*, vol. 1, Gallimard, 1986, sous la direction de Pierre Nora, p. 317-375. Ces volumes étaient initialement programmés entre 1907 et 1909 (*ibid.*, p. 344). En 1917, apparemment, Charles Seignobos a déjà livré une première version (cf. sa correspondance avec Lucien Herr, dans les archives de ce dernier déposées à l'Institut d'études politiques de Paris : *Ibid.*, p. 373-374).

2. Ainsi Charles Seignobos écrivant, dans le *New York Herald* du 24 avril 1927, « quelqu'un peut-il garantir dix années d'existence aux dictatures en Espagne, en Italie, ou même en Russie ? », et concluant : « la dictature appartient au passé, non à l'avenir » [7, p. 386].

durant ces cinquante-trois ans, une gauche qui aurait été au pouvoir pendant la plus grande partie de la période sous les noms successifs de « concentration républicaine », « défense républicaine », « Bloc des gauches » et « Cartel des gauches ». La remarque est significative. Car cette vision d'un contemporain, historien de surcroît, justifie par avance la démarche adoptée ici, qui est d'une part d'éviter de forger en 1992 une définition toute faite et globale de la droite, véritable concept à remonter le temps, et qui consiste d'autre part, pour se garder précisément de telles dérives intemporelles, à s'en tenir aux critères de l'époque. En première lecture, le citoyen de notre fin de siècle pourrait être tenté de réfuter en doute cette analyse de Charles Seignobos sur la force de la gauche dans la première partie de la troisième République — et donc sur la faiblesse de la droite —, car elle induit que la République « opportuniste » des années 1880 se situait à gauche, ce qui est contraire à la perception politique moyenne que nous pouvons en avoir un siècle plus tard ; l'historien, en revanche, en s'en tenant comme il se doit aux critères du temps[1], ne peut que conclure, comme Seignobos, à la prédominance de la gauche jusqu'en 1914. René Rémond remarque qu'« on aurait bien surpris la droite du temps en lui révélant que la gauche n'était pas au pouvoir ». A partir de cette « règle qui s'impose absolument », celle des critères du temps et de « l'appréciation des contemporains » [37, p. 395 et 396], le même auteur concluait dès lors que, de 1879 à 1914, la gauche a gouverné sans interruption[2].

Il y a toutefois probablement discussion, sur ce point, à propos de la période 1893-1899 : pour François Goguel, par exemple, à l'exception des gouvernements Bourgeois et Brisson, cette période voit « le parti de l'Ordre établi » occuper le pouvoir [8, p. 543] ; il est possible aussi de placer cette période sous le signe du centre[3]. Mais l'analyse globale sur la place dominante de la gauche de 1871 à 1914 a, depuis, été ratifiée par l'école historique française. Celle-ci, plus largement, a admis désormais que l'historien du

1. Ce qui ne veut pas dire pour autant, on l'aura compris, qu'il faille s'en remettre à l'auto-appellation des intéressés eux-mêmes : à partir de la fin du XIXe siècle, on le verra, le mot droite se porte peu.

2. Cf. [29], où René Rémond écrit : « la gauche a gouverné continûment entre 1879 et 1914 » ; cf. aussi, bien sûr, [25, p. 22].

3. Au reste, dans un autre texte, déjà cité, René Rémond nuance son analyse pour cette période 1893-1899 et conclut qu'il y a « doute » et « hésitation » à trancher [37, p. 398]. Et dans *Notre siècle* [54, p. 51], il estime que c'est alors « la conjonction des centres » qui a gouverné.

politique, dans sa remontée chronologique et pour ce qui concerne le clivage droites-gauches, doit — et l'entreprise, du reste, n'est pas toujours aisée — se fonder sur les enjeux de l'époque, qui sont à cette date les marqueurs de ce clivage. Rien n'illustre mieux cette nécessité et les — apparentes — surprises qu'elle ménage que la position sur l'axe droite-gauche assignée à Adolphe Thiers par Maurice Agulhon : « ... le Thiers des dernières années, qui cautionnait Gambetta, soutenait la campagne électorale des "363", et que le Paris républicain allait solennellement accompagner au Père-Lachaise en septembre 1877, doit être classé à gauche. Thiers à gauche ? Voilà une assertion propre à horrifier aujourd'hui l'immense majorité des gens de gauche de notre siècle. Mais elle caractérise pourtant fort bien une époque où n'existait aucun lien entre l'idée de gauche et celle d'un programme socialiste[1] ».

### « *Idées* », « *intérêts* » *et* « *tempéraments* »

Cela dit, et pour revenir aux trois premières décennies de notre siècle, il n'y aura pas, mis à part le *Tableau politique de la France de l'Ouest*[2], d'autre œuvre majeure pour notre sujet avant le début des années 1930. En 1932, Albert Thibaudet se penche sur *Les idées politiques de la France* [5]. L'ouvrage est, pour notre propos, triplement significatif. D'abord, c'est dès la première phrase de son introduction qu'est formulée cette sentence : « La politique, ce sont des idées. » Observons, à cet égard, que la date de publication n'est pas indifférente. A quelques mois près, elle correspond à celle de la parution du livre de Daniel Mornet, *Les origines intellectuelles de la Révolution française*, dont l'idée directrice tient dans cette observation : « Mon étude aboutit à cette conclusion que ce sont, pour une part, les idées qui ont déterminé la Révolution française[3]. » Ce

---

1. [46, p. 32]. Maurice Agulhon, il est vrai, ajoute un peu plus loin : « Mais le Thiers du printemps 1871, en ordonnant, en laissant faire, ou en couvrant la répression versaillaise, avait indéniablement inscrit dès l'origine dans la construction républicaine une redoutable fragilité. La cruauté militaire et bourgeoise d'alors a sapé durablement la République en la compromettant, et en empêchant que le soutien des forces populaires lui fût jamais complet » (*ibid*, p. 36).

2. Œuvre qui, du reste, n'eut guère de portée pendant une trentaine d'années, période durant laquelle « le *Tableau* fut quasiment oublié » [44, p. 286] ; sa postérité s'en trouva, de ce fait, « différée » (*ibid*).

3. [6, p. 3]. Attendu confirmé en conclusion du livre : les « causes politiques n'auraient sans doute pas suffi pour déterminer, du moins aussi rapidement, la Révolution. C'est l'intelligence qui a dégagé, organisé les conséquences » (*Ibid.*, p. 477).

disciple de Gustave Lanson parvenait donc à des conclusions identiques, et de surcroît sur l'événement fondateur. Cette rencontre, ou pour le moins cette concomitance, entre l'histoire littéraire dans sa variante lansonienne et la critique littéraire matinée de politologie qu'incarne Albert Thibaudet laissera un sillon profond. A tel point, du reste, qu'elle féconda et risqua d'appauvrir tout à la fois l'histoire des idées, en insistant certes sur le rôle historique de ces idées mais en s'attachant également à leur généalogie plus qu'à leur signification historique propre et en prêtant davantage attention à leur production qu'à leur réception[1].

Mais l'intérêt du livre d'Albert Thibaudet réside aussi dans l'importance que l'auteur attribuait à la césure de 1815 : ce n'est qu'à partir de cette date, en effet, que se mettent en place « quelques données fondamentales », telle « l'opposition d'une ancienne France et d'une nouvelle », et que désormais apparaîtront « les familles d'idées politiques ». Une telle analyse n'est en aucun cas contradictoire avec le rôle fondateur de la Révolution française. Car la période napoléonienne revêt ou entend revêtir un aspect syncrétique qui amortit momentanément les effets de la grande fracture et dissimule pour un temps la faille en train de naître.

Enfin, troisième aspect historiographiquement important de l'ouvrage, Albert Thibaudet y brosse une sorte d'inventaire, en opérant une « coupe sommaire dans le temps présent ». Ce temps présent n'étant, du reste, à ses yeux que le prolongement du passé. Car il y a aussi, exprimée dans ce livre, cette idée essentielle à tout un courant historiographique que dans notre « spirituel politique », la continuité l'emporte largement sur l'évolution. Albert Thibaudet, qui affectionnait les métaphores géographiques, précise ainsi sa pensée : « si les crues et les sécheresses de leurs cours d'eau dépendent du climat saisonnier, s'ils paraissent tantôt lacs et tantôt filets, ces cours d'eau subsistent, et le visage du pays ne change que lentement » [5, p. 9].

Et — autre métaphore — dans ce « Parlement idéologique » de la France de 1932, il distingue « six travées » : le traditionalisme, le libéralisme, l'industrialisme, le catholicisme social, le jacobinisme et le socialisme. Certes le propos de Thibaudet est ici de taxinomie et non de géodésie : il ne s'agit pas pour lui de localiser la ligne de clivage droite-gauche puis de situer par rapport à cette ligne les six

1. Cf. le dialogue, serré, mené par Roger Chartier avec l'œuvre de Daniel Mornet dans un livre au titre significatif, *Les origines culturelles de la Révolution française*, Le Seuil, 1990.

familles énumérées. Mais l'analyse est explicite et il apparaît bien que les quatre premières se situent à droite du « Parlement idéologique ». Au détour d'une des dernières pages, du reste, l'auteur note que « traditionalisme, libéralisme, industrialisme fonctionnent plus ou moins à droite », tandis que la « démocratie chrétienne », si elle « démarre vers la gauche », éprouve quelque difficulté à s'y maintenir. Dès lors, « restent à gauche » le courant qui demeure dépositaire de la Révolution française et celui qui prend en charge « la Révolution sociale » [5, p. 249 et 253].

Assurément, les analyses d'Albert Thibaudet sont typées — il juge en « bon radical bourguignon » avait noté Jean Touchard [13, p. 7] — et datées — comme Alain, d'une certaine manière, il analyse la France des années 1930 à l'aune des combats républicains de la fin du siècle précédent. Elles n'en constituent pas moins un jalon important, aussi bien par la mise en perspective de courants s'étirant sur le long terme de l'histoire française depuis 1815 que par l'affirmation de la diversité de ces courants.

A peu près à la même date, André Siegfried brossait, de son côté, un *Tableau des partis en France*, à la lueur d'un siècle et demi d'histoire. Il y constatait lui aussi une grande permanence des principales forces politiques : « sous des épithètes changeantes, qui trompent l'observateur superficiel, ces tendances de fond constituent l'axe solide de l'évolution politique » [4, p. 52]. L'ouvrage était important et, comme celui de Thibaudet, il inspirera bien des œuvres ultérieures. Mais l'un et l'autre insistaient moins sur la structure binaire du paysage que sur les détails du modelé, et, de ce fait, ni la droite ni la gauche n'étaient, en tant que telles, au cœur de l'analyse.

C'est au contraire une vision binaire qui nourrit, en 1946, *La politique des partis sous la III*ᵉ *République,* où François Goguel déclinait sept décennies d'histoire nationale à travers les rapports entre « le parti de l'Ordre établi » et celui du « Mouvement ». Le livre, en fait, se situait à la croisée de l'histoire et de la science politique. Preuve, du reste, que le statut de la droite en copropriété entre les deux disciplines, loin de stériliser le sujet, l'enrichissait. Car le livre de François Goguel était le premier à aborder de façon aussi explicite la disposition bipolaire de notre vie politique. Le propos de l'ouvrage était, en effet, de faire l'histoire de la « division chronique de l'esprit public français en deux familles opposées de tempéraments politiques... le parti du Mouvement et celui de l'Ordre établi », termes préférés « à ceux, plus communément employés, de gauche et de droite[1] ». Et le phénomène. précisait

---

1. [8, p. 17 : « Avertissement »].

François Goguel, est à replacer en perspective historique. D'une part, parce que l'auteur, comme Thibaudet et Siegfried, insistait sur les éléments de permanence, soulignant la « stabilité extraordinaire de la force respective des partis » [8, p. 18]. D'autre part, parce que François Goguel introduisait dans son analyse la notion de *tempérament* politique. Dans une introduction intitulée « idées et tempéraments politiques », il prenait, de fait, explicitement le contre-pied d'Albert Thibaudet pour ce qui concerne le rôle attribué aux « idées » et il affirmait : « La politique, ce ne sont pas seulement des idées et des intérêts, mais aussi des *tempéraments*. » Car derrière le « premier plan » des idées et des intérêts, « il y a un arrière-plan des sentiments, des affirmations presque instinctives, en tout cas irrationnelles, sur le sens de la vie, la nature de l'homme, les fins des sociétés. Cet arrière-plan est beaucoup plus stable et beaucoup moins contingent que le plan des idées » [8, p. 26].

Dans le procès en archaïsme parfois fait, avant et après la Seconde Guerre mondiale, à l'histoire politique, il y a assurément, on le voit, une large part d'injustice. Car, à travers cette notion de tempérament politique — terme déjà utilisé, au demeurant, par André Siegfried[1] —, apparaît une démarche consistant à dépasser les seuls registres des pensées politiques élaborées — les « idées » — ou des paramètres socio-économiques — les « intérêts » — pour sonder ces « tempéraments » qui correspondent « à des attitudes simples, souvent inconscientes et toujours irrationnelles » et qui ne sauraient « se confondre avec l'idée politique, notion plus nette, plus facile à comprendre clairement, mais peut-être moins significative » [8, p. 28]. Les « mentalités » et les « représentations » ne sont pas loin et nous ne sommes pourtant qu'en 1946 !

Cela dit, une partie de la science politique française laissera ce champ en jachère au cours des années suivantes, au profit, trop souvent, de la seule sociologie électorale, et la science historique ne prendra pas réellement le relais dans l'immédiat après-guerre. De surcroît, et plus largement, ni en histoire ni en science politique ne sera tentée, des décennies durant, une véritable greffe entre histoire politique et histoire socio-culturelle.

Pour l'heure, en 1946, l'acquis et la portée du livre de François Goguel étaient fondamentaux : d'une part, le couple droite-gauche se trouvait dûment estampillé, et ce sur les sept décennies d'histoire

---

1. Il l'utilise dès la première page de son introduction du *Tableau* de 1913 (p. V) et y revient notamment p. XXVI.

de la troisième République; d'autre part, les phénomènes de grande stabilité des traditions politiques étaient également mis en lumière. De ces deux points découlaient deux pistes, que René Rémond allait explorer en pionnier : par-delà le couple droite-gauche, qu'en était-il de la nature de la droite? Était-elle une ou plurielle? Par ailleurs, et précisément pour répondre à ces questions, la mise en perspective chronologique devait remonter en amont, bien avant les débuts de la troisième République.

*La droite en France* de René Rémond fut publié en 1954, et ce livre allait marquer profondément et durablement l'historiographie de la question. Dans sa réflexion sur les origines et l'identité de la droite, l'auteur mettait en lumière la pluralité des droites, à travers trois familles — le légitimisme, l'orléanisme, le bonapartisme —, et il proposait aussi une généalogie insistant sur des continuités, deux aspects bien résumés dans le sous-titre de l'ouvrage : « continuité et diversité d'une tradition politique » [10].

Jusque-là, la notion de droite, quoique historiquement reconnue, n'avait fait l'objet d'aucune étude spécifique. Il était donc moins question, dans les pages qui précèdent, de brosser une fresque historiographique que de localiser des étapes. Mais cette reconstitution serait trompeuse si elle se réduisait au constat d'objets successifs dont l'empilement aurait contribué un peu mécaniquement à la progression du savoir historique. En fait, parallèlement à cette progression, ce sont tout de même, dès André Siegfried, des analyses implicites du clivage droite-gauche et donc, en filigrane, des explications avancées sur nos divisions nationales qui affleuraient au fil des livres évoqués.

Avec en toile de fond, nous l'avons déjà relevé, ces différences de priorité dans l'approche, les uns privilégiant la veine des « idées » et des cultures politiques, les autres plaçant en avant les corrélations sociales. Aux premiers on peut rattacher Albert Thibaudet et son observation déjà citée : « La politique, ce sont des idées. » Lui fait écho l'analyse d'André Siegfried : « L'essentiel de notre politique se dispute autour de principes. » Dès lors, pour cet auteur, parallèlement au rôle déterminant de « démarcation » joué par l'approbation ou non de « l'esprit de 1789 », l'attitude à l'égard de la religion et de sa place dans la société dessine également une frontière essentielle : « L'anticléricalisme marque donc une frontière, frontière si importante qu'elle constitue sans doute la ligne de partage dominante de toute notre politique » [4, p. 54, 57 et 62]. L'observation, on le verra, est largement fondée, et le paramètre de la religion — en termes d'adhésion ou, inversement, de rejet — est,

sans nul doute, fondamental, en tout cas jusqu'à une période récente.

Mais relevons surtout, pour l'instant, la place accordée aux « idées » et « principes » dans la hiérarchie des éclairages du débat politique des deux derniers siècles. Elle est aux antipodes de l'analyse marxiste qui ne voyait dans ces « idées » ou « principes » que des superstructures, simples concrétions issues du soubassement constitué par les modes de production et animé par la dynamique de la lutte des classes[1].

Ce serait toutefois déformer le débat que de le ramener à la seule alternative approche sociologique ou histoire des « idées ». D'autant que les tenants de cette seconde histoire n'ont jamais oublié, dans leurs analyses, de scruter les éventuelles corrélations sociologiques. André Siegfried, on l'a vu, évoque le paramètre de la « division sociale » dès 1913 dans son *Tableau politique de la France de l'Ouest*. Et dix-sept ans plus tard, dans son *Tableau des partis en France*, il insistait sur le rôle essentiel de la Révolution française à la fois comme événement fondateur du clivage droites-gauches et comme référent, dès lors, des affrontements civiques, mais il rappelait également qu'à travers la question — politique — du régime c'était aussi le problème — sociologique — du poids des « autorités sociales » qui était ainsi posé. La date de publication du livre d'André Siegfried n'est pas indifférente. En ce début des années 1930, la mouvance constituée autour de la jeune revue des *Annales* prend le relais d'une offensive déjà engagée depuis le début du siècle contre « l'idole politique », pour reprendre l'expression de François Simiand en 1903[2], et instruit le procès d'une histoire politique accusée notamment d'être davantage une chronique — royale ou parlementaire, selon les époques — « événementielle » qu'une approche raisonnée et multiforme de la vie de la cité. Certes, le constat était en partie fondé et des dérives s'étaient, de fait, opérées. Cela étant, on vient de le voir, même au sein de la science

---

1. On mesure bien l'écart entre les lignées historiographiques à l'accueil hostile et au traitement toujours réticent qui furent réservés au livre de René Rémond par l'historiographie marxiste : Cf., par exemple, le numéro des *Cahiers d'histoire de l'Institut Maurice Thorez* consacré, en 1977, à « classe, pouvoir, État : la droite » [19]. On se reportera aussi à la réponse implicite de René Rémond dans sa nouvelle préface de l'édition de 1982, p. 10 et 20-21. Les critiques des *Cahiers d'histoire* portaient autant, il est vrai, sur le pluralisme des droites décrit par René Rémond que sur l'articulation « idées »-« classes ».

2. François Simiand, « Méthode historique et science sociale », 2ᵉ partie, *Revue de synthèse historique*, 1903, t. VI, nº 17, p. 129-157, plus précisément p. 154.

politique, par essence davantage « politique » encore que la discipline historique, il n'y avait pas eu systématiquement découplage avec l'histoire sociale.

D'ailleurs, André Siegfried figura dès 1929 au comité de rédaction des *Annales* aux côtés des pères fondateurs, Marc Bloch et Lucien Febvre[1]. A cet égard, l'histoire intellectuelle demeure à écrire de cette rencontre ratée et de cette greffe avortée entre science politique et histoire des *Annales*. Car si la chronologie d'un tel échec est complexe, le résultat est là : à la génération suivante, les descendants des deux mouvances se retrouveront sur des positions antagonistes. En 1955, par exemple, Robert Mandrou, l'un des disciples les plus proches de Lucien Febvre, rend compte dans les *Annales* en des termes très critiques de *La droite en France* de René Rémond, ouvrage dont bien des aspects, on l'a vu, se situent dans la postérité d'André Siegfried : il s'agit d'un « curieux livre », composé d'un « exposé cursif » suivi d'« une série de mises au point » qui sont « trop rapides et souffrent surtout de n'avoir pas été intégrées à l'exposé principal » ; bref, un « livre rapide », et un compte rendu qui ne l'est pas moins, puisqu'il comporte exactement quinze lignes[2]. En revanche la *Revue française de science politique* salue à la même époque[3], sous la plume de Stanley Hoffmann, cette « contribution originale, brillante et profonde à la science politique française », cette « œuvre-pionnier » qui s'intègre dans une généalogie puisqu'elle « prend place entre les essais classiques de Thibaudet et d'André Siegfried, et les études plus récentes de MM. Goguel, Chevallier et Duverger ». A travers cette dernière triade, ce sont en fait les directions principales de la science politique française des années 1950 qui sont ainsi invoquées et au sein desquelles l'ouvrage de René Rémond est ainsi intégré : les « tempéraments » et la sociologie électorale (Goguel), les idées (Chevallier) et les partis (Duverger). Mais les génies tutélaires, André Siegfried et Albert Thibaudet, sont également cités et la filiation ainsi proclamée est assurément, dans une revue éditée par la Fondation nationale des sciences politiques, plus qu'un compliment[4].

1. [44, p. 295]. André Siegfried, il est vrai, n'a pas écrit dans la revue.
2. *Annales ESC*, tome X, n° 4, octobre-décembre 1955, p. 606-607.
3. *Revue française de science politique*, volume IV, numéro 3, juillet-septembre 1954, p. 624-626.
4. Quand la deuxième édition du livre de René Rémond est publiée en 1963, la *Revue française de science politique* lui consacre à nouveau un compte rendu : c'est François Goguel lui-même qui évoque ce « beau livre ». Sur les liens bonapartisme-gaullisme, il exprime, il est vrai, des réticences explicites (vol. XIV, 2 avril 1964, p. 354-356).

Si la greffe n'avait donc pas eu lieu entre École des *Annales* naissante et science politique cherchant ses marques au fil des années 1930, et si le malentendu était devenu désaccord au sein de la génération suivante, on aurait tort pourtant, répétons-le, de conclure à une coupure entre histoire politique et histoire sociale. L'étude des « grands notables » par André-Jean Tudesq, par exemple, ou celle des vies politiques régionales au XIXᵉ siècle ont profondément enrichi au fil des années 1950 et 1960 le patrimoine historiographique français. Or, si elles se situaient pour la plupart, explicitement ou implicitement, dans le droit fil de l'école « laboussienne » — au centre de gravité essentiellement économique et social —, ces études s'appuyaient également sur les travaux et interrogations des historiens politistes et des politologues des générations précédentes, avec notamment l'attention portée aux résultats électoraux.

Les titres des thèses alors soutenues ainsi que la teneur des débats de soutenance constituent de bons indicateurs de cette prégnance de l'histoire économique et sociale mais aussi de cette présence de l'histoire politique. Ainsi André Armengaud, soutenant le 21 juin 1958 une thèse consacrée aux *Populations de l'Est-Aquitain au début de l'époque contemporaine,* précise à son jury que dans sa troisième partie il « a voulu étudier comment l'évolution économique et sociale a influencé l'évolution politique ». Six mois plus tôt, le 14 décembre 1957, Georges Dupeux avait placé plus directement le propos de soutenance de sa thèse sur le Loir-et-Cher sous le signe du politique, son objectif étant « d'étudier la prise de conscience politique, éclairant l'analyse du comportement électoral par l'étude des structures sociales et des fluctuations économiques qui déterminent les variations des revenus ». Et le titre résumait bien l'approche : *Aspects de l'histoire sociale et politique du département du Loir-et-Cher, 1848-1914.* Ainsi, un élève d'Ernest Labrousse — mais qui, il est vrai, avait très tôt placé une part de sa recherche sous le signe des études électorales, avec, du reste, un bilan de *Sociologie électorale* publié avec François Goguel dès 1951 [9] — inscrivait au cœur de l'analyse les « aspects » politiques de son sujet et le comportement électoral devenait un matériau essentiel de l'approche départementale ou régionale alors en vogue[1].

Par une curieuse inversion, la thèse d'André Armengaud, à

1. Vogue qui entraîna de larges et féconds débats (cf., par exemple, Jacques Rougerie, « faut-il départementaliser l'histoire de France ? », *Annales ESC,* XXI, 1ᵉʳ janvier-février 1966, p. 178-193).

teneur davantage démographique et économique, était, elle, dirigée par Charles H. Pouthas, pourtant lui-même davantage tourné vers l'histoire politique — ses thèses, en 1923, avaient été consacrées à « Guizot pendant la Restauration » — et religieuse. Par-delà ce clin d'œil malicieux de l'histoire, une réalité demeure : même au temps du rayonnement d'Ernest Labrousse et de l'apogée d'une certaine forme d'histoire économique et sociale, l'histoire politique n'est pas oubliée. Au reste, à la soutenance de Georges Dupeux, Ernest Labrousse précise que « si l'on peut rechercher dans quelle mesure le milieu social peut permettre de présumer l'option idéologique, [lui-même] pense que milieu social et moment économique sont simplement des "chances offertes" à une idéologie : le rôle des propagandes et des propagandistes reste essentiel ».

Et si Paul Bois soutient deux ans et demi plus tard, le 25 juin 1960, sa thèse consacrée aux *Paysans de l'Ouest* et précise que, sous l'influence des travaux d'Ernest Labrousse, il se propose notamment de rechercher des « relations économiques et sociales », cette recherche est là encore à forte teneur politique, explicitée par le sous-titre de la thèse, *Des structures économiques et sociales aux options politiques depuis l'époque révolutionnaire dans la Sarthe*. On pourrait, du reste, multiplier les exemples de thèses qui, à la même date, marient, avec des proportions qui peuvent varier selon les sensibilités historiographiques de leurs auteurs, l'approche socio-économique et politique : ainsi Pierre Barral présentant en Sorbonne le 17 janvier 1959 une recherche sur *Le département de l'Isère sous la IIIᵉ République (1870-1940), histoire sociale et histoire politique* et indiquant, dans son exposé de soutenance devant un jury dont le rapporteur est... Ernest Labrousse, « son souci d'une histoire totale dans le cadre départemental », ou Philippe Vigier soutenant le 11 avril 1959 une thèse consacrée à *La seconde République dans la région alpine : étude politique et sociale*. Peu importe que dans ce dernier cas, ce soit à nouveau Charles H. Pouthas qui rapporte sur le travail. Tout au contraire, c'est bien le signe d'un consensus sinon sur la hiérarchie des paramètres de l'explication historique et sur les liens de causalité — Pierre Barral, par exemple, prête davantage attention que ses collègues aux « forces de l'esprit » —, tout au moins sur la place qu'il convient de conserver au politique[1].

---

1. Cf. *Revue historique*, t. CCXXI, 1959, p. 214 (Georges Dupeux), t. CCXXII, 1959, p. 265 (André Armengaud), t. CCXXIII, 1960, p. 239 (Pierre Barral) et p. 481 (Philippe Vigier), t. CCXXV, 1961, p. 253 (Paul Bois). Les thèses de Paul Bois, André Armengaud et Georges Dupeux ont été publiées chez Mouton, respectivement en 1960, 1961 et 1962 ; la thèse de Pierre Barral a été éditée en 1962 chez A. Colin et celle de Philippe Vigier en 1963 aux PUF.

Peu importe aussi, en définitive, de savoir si l'approche par le social et l'économique puise alors ou non à la seule historiographie marxiste, dont l'influence fut importante, directement ou indirectement, au cours des décennies d'après-guerre et explique, parallèlement à l'influence et au charisme d'Ernest Labrousse, l'ampleur prise à cette époque par l'histoire sociale. La lecture de la plupart des thèses qui viennent d'être évoquées conduit plutôt à conclure à des sources beaucoup plus variées que le seul courant marxiste. Ce qui compte davantage ici c'est, répétons-le, que la coupure ne s'était pas opérée, dans la plupart des recherches, entre histoire sociale et histoire politique. Les historiens « sociaux » rencontraient le plus souvent le politique, par l'analyse des paramètres du vote et par l'étude de mouvements autant « politiques » que sociaux, telle la grève. Inversement, les historiens davantage « politistes » et les politologues ne négligeaient pas non plus le poids de l'économie et les effets de ses retombées sociales. Dans la gerbe des thèses évoquées, certains auteurs se considéraient du reste, probablement, essentiellement comme des politistes. Et, en science politique, un homme comme André Siegfried insistait, dans son *Tableau des partis en France,* sur le phénomène de relais entre les effets politiques de la Révolution française et ceux, à la fin du siècle suivant, de la « Révolution industrielle » [4, p. 80 sq]. Il n'en demeure pas moins un dosage contrasté entre ces deux paramètres, qui était souvent un facteur discriminant entre diverses « spécialités » au sein de l'histoire contemporaine. Or c'est précisément l'un des aspects de cette Histoire des droites que de dépasser une telle alternative. Car l'étude des comportements et des sensibilités politiques ne se ramène pas au tout-idéologique ni au tout-sociologique. Il est vrai que les grands courants idéologiques constituent autant de lignes de partage qui donnent à une époque ses points de repère et d'ancrage et aident à délimiter les différentes mouvances de la vie politique. Mais peut-on écrire pour autant une histoire des débats et des luttes politiques qui ne serait qu'une histoire des « idées » ? Ou, pour poser la question autrement, les acteurs du politique ne sont-ils mus que par des analyses et des doctrines — et ne proposent-ils que des programmes — dérivant directement des grandes masses idéologiques placées au-dessus d'un groupe humain à une date donnée ? La réponse est bien évidemment négative. Assurément, ces grandes masses idéologiques induisent en partie l'état de l'univers et du climat politiques. Mais, de même qu'elles excèdent la sphère politique dans leur quête d'explications plus ou moins globales pour tenter d'organiser le social comme le

culturel, leur hégémonie dans l'univers politique est contestée par les effets indirects des cultures politiques — par exemple, la rémanence dans le long terme des grands événements fondateurs qui survivent à leur captation interprétative par les idéologies contemporaines — et des sensibilités, qui organisent la Cité et non plus seulement la conquête et l'exercice du pouvoir. Dans cette perspective réapparaît l'objet, déjà signalé, d'histoire globale, où tout autant que « les productions de l'esprit les plus méditées » (Marcel Gauchet) comptent les « mentalités » [42, p. 169], terme auquel nous préférerons pour notre part — dans le cas de l'histoire politique — celui de sensibilités.

Avec une telle triade, horizons idéologiques-cultures politiques-sensibilités, il est possible d'affiner l'analyse, en multipliant les plans de coupe nécessaires à l'étude des phénomènes politiques. A deux conditions, toutefois. D'une part, là encore, il convient de ne pas ignorer le substrat sociologique de ces trois plans d'analyse. Une histoire sociale et culturelle de l'affinité politique est à ce prix. D'autre part, l'historien, en redonnant l'épaisseur du temps aux phénomènes qu'il étudie, débouche forcément sur la question de la *socialisation politique*. Les sensibilités politiques ne sont pas fixées de toute éternité, et l'une des questions essentielles est bien celle de leur apparition dans un groupe donné. Dans cette perspective, du reste, la triade idéologies-cultures politiques-sensibilités est également précieuse car, en distinguant plusieurs niveaux d'analyse, elle pose implicitement la question — complexe — des phénomènes éventuels de capillarité entre les trois niveaux. Pour le XIXe siècle français, c'est, pour reprendre la formule de Maurice Agulhon, tout le problème de « la descente de la politique vers les masses » [15, p. 259] qui est posé. C'est aussi celui du sens de ces mouvements de capillarité : s'il est ainsi des moments, tel celui de la Révolution française, où, comme l'a écrit Michel Vovelle, « l'idéologie envahit les mentalités, les pénètre et les subvertit » [34, p. 8], inversement quelle est la part des « mentalités », plus anciennes et par là même plus stables, dans l'alchimie qui débouche sur l'élaboration de systèmes et doctrines nouveaux?

Le jalonnement historiographique qui précède, outre qu'il permet déjà de signaler l'esprit de cette Histoire des droites, ses dettes, mais également en quoi elle se veut neuve, fournit aussi des éléments de réponse à la question posée plus haut : les droites existent-elles, et cette Histoire a-t-elle sa raison d'être?

Dès 1930, André Siegfried formule une réponse catégorique : « Les doctrinaires des salons raillent ces termes de droite et de

gauche qui, disent-ils, n'ont pas de sens : à Paris peut-être, mais ils n'en sont pas moins, dans le reste du pays, la ligne de partage dominante de la politique française. » Et, dans ces conditions, le centre n'est qu'une « zone de partage des eaux, comportant deux pentes divergentes : l'une vers la gauche, déjà radicale par l'anti-cléricalisme et la discipline républicaine ; l'autre vers la droite, déjà sujette à l'attraction du catholicisme, des autorités sociales, du grand capital organisé » [4, p. 125 et 173]. Charles Seignobos, à peu près à la même époque, dans un article déjà signalé de *l'Année politique française et étrangère* de juillet 1928, constate cette bipolarisa-tion, accrue par la discipline républicaine mais relevant surtout de « deux conceptions inconciliables de la vie sociale et politique » [7, p. 312]. Il souligne, par ailleurs, un mouvement du jeu politique français vers la gauche, mouvement également constaté par André Siegfried [4, p. 73-74] et qualifié par Albert Thibaudet de « mouve-ment sinistrogyre » dans *Les idées politiques de la France* en 1932 [5, p. 19]. D'où cette question qui, à partir de cette date, sera au cœur de toutes les tentatives d'étude historique de la droite comme de la gauche : est-il possible — et légitime — d'identifier des courants stables dans un paysage politique mouvant au fil des décennies ? Le point est essentiel et, quelle que soit l'approche retenue, on le retrouve toujours au cœur de l'analyse de la notion de droite.

C'est, du reste, pour cette raison notamment que l'ouvrage de René Rémond marqua en 1954 un tournant. Malgré le « sinis-trisme » — autre expression d'Albert Thibaudet [5, p. 23] pour désigner l'apparition de nouvelles tendances politiques par la gauche de la scène politique et la déportation concomitante vers la droite d'autres courants nés à gauche[1] —, il sembla possible à l'auteur d'identifier trois familles de droite marquées par les condi-tions historiques de leur naissance respective et qui en conserve-ront, au cours des XIXe et XXe siècles et malgré l'évolution des situations et des enjeux, des traits spécifiques : de là, cette vision tripartite, déjà évoquée, de droites « légitimiste », « orléaniste » et « bonapartiste ».

1. On connaît la boutade attribuée « vers 1930 », dans ses cours à la faculté de droit, à Joseph Barthélemy, universitaire et, à cette date, ancien député de la droite parlementaire et futur ministre de Vichy : « un républicain de gauche était un homme du centre que le malheur des temps obligeait à siéger à droite » (témoignage de François Goguel dans 14, p. 32). D'autres sources attribuent le mot à Henry de Jouvenel, sous une forme légèrement différente : « je suis un homme de gauche que le malheur du temps oblige à siéger à droite. » Dès 1880, Émile Littré avait analysé le phénomène du « sinistrisme » — sans utiliser le mot —, ainsi que l'a établi Claude Nicolet dans son beau livre sur *L'idée républicaine en France* [24, p. 203, note 3].

En proposant cette grille de lecture, René Rémond ne débloquait pas seulement le verrou constitué par le constat de la mobilité du paysage politique et la difficulté, de ce fait, d'y localiser des tendances stables. Il insistait aussi sur la diversité des droites françaises. Et si l'inventaire en trois familles a pu être remis en cause[1] ou amendé [35], aucun courant historiographique sérieux ne conteste aujourd'hui que le tronc de la droite, s'il existe en tant que tel dans la structure duale de la vie politique, n'en est pas moins ramifié. Au reste, dès 1930, André Siegfried, dans son *Tableau des partis en France*, avait notamment distingué à droite, entre autres, des « absolutistes » et un « bonapartisme ». A ce dernier courant, dont l'essence est de tendre à « établir l'autorité dans le cadre de la démocratie », se rattachaient aussi bien le boulangisme que « toutes les formes d'antiparlementarisme » [4, p. 199 sqq].

A la même époque que *La droite en France* de René Rémond, Raymond Aron évoquait d'ailleurs, dans *L'opium des intellectuels*, une gauche également diverse. L'ouvrage, sorti en 1955, avait été rédigé entre 1952 et 1954[2], au moment même où René Rémond terminait et publiait *La droite en France*, commencé en 1951[3]. Apparemment, les conclusions de l'un et de l'autre étaient opposées : alors que le second localisait dans le tissu historique français plusieurs traditions de droite, le premier rangeait au rang de « mythe » l'existence de « la gauche[4] », et donc indirectement celle du couple droites-gauches. Mais, à y regarder de plus près, les deux ouvrages allaient dans le même sens, car ce que niait, en fait, Raymond Aron, c'était le postulat d'une unité intrinsèque de la gauche. Son propos, à resituer du reste dans une polémique (*les Temps modernes* publient peu de temps après, au printemps 1955, un numéro spécial consacré à « la gauche », où Simone de Beauvoir écrit dans un article intitulé : « La pensée de droite, aujourd'hui » : « la vérité est une, l'erreur est multiple. Ce n'est pas un hasard si la droite professe le pluralisme[5] »), enterrait moins la notion de gauche — et donc, indirectement, celle de droite — qu'il ne concluait à sa diversité, et par là même à son existence.

A travers le livre de René Rémond, à travers aussi certaines des thèses d'histoire régionale déjà signalées, l'école historique fran-

---

1. Cf., par exemple, [26], [27] et [33].
2. Cf. Raymond Aron, *Mémoires*, Julliard, 1983, p. 319.
3. Cf. la préface de [25], p. 9.
4. [11], p. 16 sq. Cf. aussi le texte de Raymond Aron sur la droite dans *Espoir et Peur du siècle. Essais non partisans*, Calmann-Lévy, 1957, p. 11-121.
5. *Les Temps modernes*, n° 112-113, mai 1955, p. 1539.

çaise commençait donc, en ce milieu des années 1950, à mieux
éclairer l'histoire de la droite française. Et si, à cette date, la
copropriété de la notion avec la science politique était toujours
évidente, le centre de gravité semblait être passé progressivement
du côté des historiens. Car, après la Seconde Guerre mondiale, la
science politique française allait consacrer une partie de ses forces
vives à l'étude de la sociologie électorale. D'une certaine façon,
s'exerçait alors la « postérité différée » d'André Siegfried. Mais
c'est aussi le rôle d'« initiateur » [44, p. 302] de François Goguel
qui se trouvait ainsi affirmé. François Goguel, dont l'évolution est,
à cet égard, significative : un an après son retour de captivité, il
avait publié, on l'a vu, *La politique des partis sous la III⁰ République,*
qui, globalement, était au moins autant un ouvrage d'histoire
qu'une étude de science politique; mais dès la même époque, il
s'orientait vers la sociologie électorale, d'abord pour *Esprit* puis
dans les *Cahiers* de la Fondation nationale des sciences politiques[1].

Cette veine scientifique de la sociologie électorale française
connaîtra dès lors un rayonnement mérité[2]. Mais, en même temps,
la recherche des « tempéraments » chers à François Goguel s'en
trouvera, pour ce qui concerne la science politique, un peu placée
en dérivation, au profit de l'analyse du vote et de ses facteurs
explicatifs[3]. Cette analyse est assurément essentielle[4]. Notre pro-

1. François Goguel commence par un article consacré aux élections du 21 octobre 1945 dans *Esprit* de décembre 1945. Les élections de 1946 et 1951 seront encore
étudiées dans *Esprit,* puis celles de 1956 feront l'objet d'un *Cahier* de la Fondation
nationale des sciences politiques (cf. les études rassemblées par François Goguel
dans le tome I de ses *Chroniques électorales,* Presses de la Fondation nationale des
sciences politiques, 1981, 171 p. ; cf. également l'« avant-propos » du même livre où
l'auteur évoque son passage à « la géographie électorale », elle-même matrice de « la
sociologie électorale »).

2. Rayonnement dans lequel les historiens auront leur part : cf. René Rémond,
« L'apport des historiens aux études électorales » *in* [30, p. 35-48].

3. Deux ouvrages notamment, à douze ans de distance, constituent à cet égard
de bons états des lieux à leurs dates de parution respectives et, quoique de teneur et
d'approche assez contrastées, leurs titres sont significatifs : *Le comportement électoral en
France,* analysé par Philippe Braud en 1973 [17] et *Explication du vote. Un bilan des
études électorales en France,* brossé en 1985 sous la direction de Daniel Gaxie (30)
(reprend les travaux du deuxième congrès de l'Association française de science
politique de janvier 1984). Nous renvoyons à ces deux ouvrages, d'autant qu'ils
reflètent et se font l'écho tout à la fois des débats sur ce thème de la science politique
américaine.

4. Plus large d'approche semble toutefois, à cet égard, la notion d'« attitude
politique », développée par Jean Meynaud et Alain Lancelot, qui intègre non
seulement le comportement électoral, mais aussi les processus d'agrégation à une
organisation partisane ou, plus encore, d'adhésion à une cause politique (cf. leur très
utile synthèse [12] et surtout [31], essentiel).

pos, toutefois, est autre. Et ce pour deux raisons au moins. D'une part, comme René Rémond le soulignait dès 1954, « géographie politique ou géographie religieuse, il s'agit toujours d'ensembles territoriaux d'un seul tenant, d'unités régionales limitées »; or, la question posée par la droite à la réflexion historique « concerne la continuité chronologique d'une tendance de l'esprit français, représentée sur l'ensemble du territoire » [10, p. 10]. Assurément, l'étude de ces « unités régionales » a été et demeure importante[1], mais seule une perspective nationale peut permettre de répondre à la plupart des questions posées dans ce livre, perspective que ne peut en aucun cas remplacer un agrégat d'études géographiquement discontinues.

D'autant — et c'est une seconde différence d'approche avec la sociologie électorale — que si « l'élection est le point focal des démocraties occidentales » [45, p. 8] et si elle demeure le moment où droites et gauches se comptent et où cristallisent sur leurs candidats respectifs des aspirations, des sensibilités et des cultures politiques, le maître mot de l'approche électorale reste bien comportement[2] et n'induit pas forcément, même dans la démarche explicative, une large remontée vers l'amont. D'où la place que doit tenir la discipline historique et qui est, notamment, on l'a vu, de redonner l'épaisseur du temps aux phénomènes politiques.

Impératif que soulignait déjà, du reste, le géographe Paul Vidal de la Blache rendant compte, dans les *Annales de géographie*, du *Tableau politique de la France de l'Ouest* publié l'année précédente et aiguillant dès cette époque vers le domaine de la « mentalité » : « il faut que l'on aussi, écrivait-il, faire la part d'habitudes ou de souvenirs légués par l'histoire. Les anciens Pays d'États ont laissé trace de leur influence : la gabelle, la taille, les douanes intérieures, sont des

1. D'où, du reste, l'apport, pour l'histoire politique, de la géographie, dans son versant « géopolitique » développé par Yves Lacoste : cf., sous la direction de ce dernier, *Géopolitiques des régions françaises*, trois tomes, Fayard, 1986.
2. Terme que l'on retrouve, par exemple, dans cette belle synthèse que fut en 1964 *La Politique en France* de François Goguel et Alfred Grosser [14], où la politique est définie comme « l'ensemble des comportements et des institutions qui concernent la gestion des affaires publiques... » (la droite et la gauche y sont, en revanche, peu évoquées en tant que telles). Cela étant, l'ouvrage est ici mal choisi comme contre-exemple qui ne donnerait pas de l'épaisseur au temps, tant François Goguel aussi bien qu'Alfred Grosser ont au contraire toujours replacé les phénomènes étudiés dans leur perspective historique (pour le second, cf., entre autres, sur ce point, [16]). Pour une vision plus « horizontale » du « comportement politique », cf., par exemple, le numéro spécial de la *Revue française de sociologie* consacré à ce thème (vol. VII, 1966).

faits qui se prolongent encore par un retentissement obscur dans la mentalité des habitants. Le régime politique actuel met en jeu, non seulement des passions et des intérêts, mais des réminiscences plus ou moins défigurées, des préjugés, des légendes[1] ». André Siegfried, d'ailleurs, avait évoqué cette trace du passé dès l'introduction de son *Tableau* : « Quel est donc le secret de cette géographie électorale, où l'histoire — une histoire peut-être singulièrement lointaine — a dessiné des rivages, tracé des frontières et laissé subsister des massifs résistants qu'aucune tempête n'ébranle? » [2, p. VI]

C'est à la recherche de ces rivages et des mouvements de l'histoire qui les ont modelés que s'est donc lancée l'équipe d'historiens, de sociologues et de politistes réunie ici. Ces rivages ont-ils été, pour autant, jusqu'ici des rivages oubliés? Peut-on conclure, en effet, avec Pierre Chaunu, que la droite serait, en 1992, un « sujet neuf, paradoxalement » car son histoire se situerait « sur la face habituellement cachée de notre planète[2] »? Les choses, assurément, sont plus complexes et le propos, d'une certaine façon, est polémique puisque cette histoire censée être occultée l'est d'autant plus à tort, pour Pierre Chaunu, qu'elle est celle de « cette large moitié de la France, souvent la plus active, la plus intelligente, au XIXᵉ siècle, sans nul doute la plus capable ».

Par-delà cette définition personnelle de la droite française, restent le thème de la « face cachée » et le problème d'un éventuel déséquilibre dans l'historiographie de la droite par rapport à celle de la gauche. Et, de fait, malgré la portée et la postérité de *La droite en France* de René Rémond, et en dépit d'ouvrages ou de thèses plus ponctuels[3] qui ont été autant d'apports importants, il existe bien,

1. Paul Vidal de La Blache, *Annales de géographie,* nᵒ 129, XXIIIᵉ année, 15 mai 1914, p. 261-264, citation p. 264.
2. Pierre Chaunu, dans sa « Préface » à Victor Nguyen, *Aux origines de l'Action française. Intelligence et politique à l'aube du XXᵉ siècle,* Fayard, 1991, p. 8-9.
3. Comme il a été déjà indiqué, les pages qui précèdent n'avaient pas d'ambition d'exhaustivité. Nombre d'œuvres marquantes se retrouveront au fil des bibliographies des différentes contributions, ce qui permettra de préciser leur apport. Citons tout de même ici, car ils furent publiés dans ces années 1980 qui passent pour avo. ᵉ celles de l'atténuation du clivage droites-gauches, le livre d'Alain-Gérard Slama, ᵕsacré en 1980 aux *Chasseurs d'absolu* [22], qui analysait des contrastes de « tempérament politique », ainsi que celui, en 1986, de François Bourricaud, *Le retour de la droite* [35], qui est doublement important pour notre propos : l'auteur — que l'on retrouvera dans ce tome I — y développait, d'une part, l'hypothèse d'une histoire cyclique des rapports de force idéologiques entre droite et gauche (hypothèse déjà avancée par lui en 1980 dans *Le bricolage idéologique,* Paris, PUF) et y proposait, d'autre part, une approche plurielle des droites différente de celle de René Rémond : il distinguait, pour sa part, les conservateurs, les modérés et les populistes.

très probablement, un déficit historiographique global entre les droites et les gauches. Car si ces dernières n'ont pas fait l'objet d'une remontée aux origines identique à celle représentée par le livre de René Rémond, elles n'en ont pas moins suscité, à travers l'histoire du mouvement ouvrier, par exemple, ou celle des partis qui s'y sont rattachés, une production autrement plus abondante. Et même en laissant de côté la teneur épique ou lyrique et le ton édifiant de certains des ouvrages sur le sujet, subsistent un socle à forte densité scientifique et des œuvres majeures. Pour la droite, en revanche, le bilan est globalement plus limité[1].

D'autant que depuis François Goguel, en 1946, aucun ouvrage relevant de la discipline historique n'a réellement pris pour objet central de son étude le clivage droites-gauches lui-même[2].

Mais si elles sont moins fournies que celles portant sur l'histoire de la gauche française, nos connaissances des droites ont tout de même largement progressé au fil des décennies, et les textes qui suivent dans les trois tomes se veulent aussi, de ce fait, une somme

Inversement, un autre livre remarqué de la fin des années 1980, celui de François Furet, Jacques Julliard et Pierre Rosanvallon, *La République du centre* [41], déjà évoqué plus haut, soutenait la thèse, débattue, de « la fin de l'exception française ». Au fil des années 1980 furent également développées les thèses d'Emmanuel Todd et Hervé Le Bras sur le rôle des structures familiales dans l'affinité politique (du dernier cité, cf., par exemple [36], avec l'adéquation constatée entre gauche et résistance des « familles complexes du Sud »).

1. Comme l'écrivait en 1978 Guy Rossi-Landi, dans un essai brillant et topique : « je m'apprêtais à dépouiller une énorme littérature. A ma grande surprise, la bibliographie du sujet tient en une dizaine de titres. Encore s'agit-il essentiellement de pamphlets ou de recueils de textes sans aucun effort critique... » [21, p. 62]. Il faut faire, bien sûr, dans un tel constat, la part du procédé d'exposition. Une réalité demeure : les « titres » sur le sujet étaient, de fait, peu nombreux en 1978, et la situation ne s'est guère modifiée en quatorze ans. A peu près à la même date Roger Martelli formule, du reste, un diagnostic identique dans les *Cahiers d'histoire de l'Institut Maurice Thorez* [19, p. 16].

2. Il est révélateur, à cet égard, que ce clivage occupe, somme toute, une place relativement marginale dans l'*État et les conflits* (1990), ouvrage dont nous avons déjà souligné l'intérêt conceptuel et historiographique et qui, de surcroît, place au cœur de l'analyse une « culture du conflit » qui « prévalut dans la France postrévolutionnaire » [50, p. 334]. Un système « bipartisan », « fondé sur l'opposition de la gauche et de la droite » [50, p. 343] est certes évoqué mais son étude, ni en place ni en volume, ne semble être essentielle dans le dispositif général de l'ouvrage et dans la démonstration qui le sous-tend. Quelques années plus tôt, d'ailleurs, dans son « lexique illustré de la France contemporaine », fine et pertinente étude de la France des dernières décennies du siècle, Gérard Vincent consacrait moins d'une page et demie à « Droite et gauche » [28, p. 87-88]. Dans les deux cas, en fait, la faible place accordée aux notions de droite et de gauche n'était que le reflet d'un stock historiographique bien maigre sur le sujet.

des acquis récents de l'école historique française. Avec l'espoir, pour tous les auteurs de l'entreprise, d'avoir ainsi contribué, à travers le prisme du politique, à une pesée plus précise de nos deux derniers siècles d'histoire nationale.

## IV. POLITIQUE, CULTURES, SENSIBILITÉS

Pour ce faire, cette Histoire des droites s'écrit donc sur trois registres.

Le premier est celui de la *politique*, c'est-à-dire l'émergence puis la consolidation des diverses droites en rapport avec la conquête et l'exercice du pouvoir et avec les institutions qui les organisent. Les droites se saisissent dans leur mise en situation historique et dans les formes qu'elles revêtent au sein de la sphère institutionnelle — associations, mouvements, partis —, mais également à travers les identités propres dont elles se dotent explicitement grâce à leurs programmes et discours qui définissent, par emprunts aux grands systèmes d'idées, leurs horizons d'attente en termes de visions du monde plus ou moins argumentées : ce sont les horizons idéologiques[1].

Il y a, en effet, toujours quelque ambiguïté, voire un risque d'anachronisme, à étudier les idées politiques telles qu'en elles-mêmes : les formulations propres à un théoricien particulier ne deviennent historiquement des idées politiques qu'à partir du moment où elles essaiment et sont à leur tour reprises, reformulées par des groupes ou des partis qui nécessairement les simplifient, les dépersonnalisent, les infléchissent et les insèrent dans des discours

---

1. Notre notion d'horizon idéologique s'inspire de la distinction posée par Reinhart Koselleck, qui définit la dynamique historique par la tension-agencement entre « le champ de l'expérience », c'est-à-dire « le passé actuel », « dont les événements ont été intégrés et peuvent être remémorés », et « l'horizon d'attente », futur actualisé « qui tend-à-ce-qui-n'est-pas-encore », « ligne derrière laquelle va s'ouvrir un nouveau champ d'expérience » dont on ne peut encore avoir pleinement connaissance (« "Erfahrungsraum" und "Erwartungshorizont" - zwei historische Kategorien », dans U. Engelhardt, V. Sellin, H. Stuke (ed.), *Soziale Bewegung und politische Verfassung. Beiträge zur Geschichte der modernen Welt*, Stuttgart, Klett, 1975, notamment p. 15-17 (repris dans *Vergangene Zukunft. Zur Semantik geschichtlicher Zeiten*, Francfort, Suhrkamp, 1979, trad. française, *Le Futur passé. Contribution à la sémantique des temps historiques*, Éditions de l'Ecole des hautes études en sciences sociales, 1992, p. 311-313).

antérieurement construits. Il en va des idées politiques, en quelque sorte, comme des progrès techniques : une invention individuelle n'a proprement d'effet que dans la mesure où elle devient une innovation, où elle est prise en charge par une collectivité qui lui porte sa marque identitaire, où elle est mise au compte d'une famille politique ou d'un parti qui la socialisent, la propagent, l'enracinent dans un corpus qui fasse credo. L'étude des cultures, dans le tome II, dira quels furent les tamis et les canaux qui filtrèrent, diffusèrent et instillèrent notions et doctrines formulées par ces grands noms sur lesquels les manuels d'histoire des idées focalisent leurs lumières, mais qui parvinrent à l'opinion sous d'autres plumes, non pas celles du premier cercle des inventeurs, mais celles du second cercle des médiateurs : journaux, revues, salons, maisons d'édition, historiens et érudits...

Ce ne sont donc pas les idées politiques développées au ciel pur de la théorie qui permettent d'identifier les droites, mais les horizons idéologiques, ces visions de la Cité qui fondèrent un ensemble hiérarchisé de questions-nœuds et de valeurs-clés au principe de toutes les réflexions individuelles et collectives : la société est-elle une production des hommes ou l'œuvre de Dieu ? L'homme existe-t-il comme abstraction universelle ou comme individu particularisé par l'histoire et le milieu ? Quelle est la nature du lien social : les solidarités essentielles sont-elles communautaires et emboîtées dans une construction hiérarchisée, ou horizontales et égalitaires ? L'homme a-t-il des droits ou n'a-t-il que des devoirs ? Tels sont quelques éléments, entre autres, des horizons idéologiques des droites au XIXᵉ siècle. Retracer ces horizons revient finalement à repérer les cadres généraux et épurés au sein desquels se nouèrent et se dénouèrent idées individuelles, programmes partisans et pratiques collectives.

Pour cela, il convient de conjuguer deux approches : l'une, première, est génétique, qui détermine la part et le rôle de l'événement structurant. Ainsi, la fracture de 1789 est le creuset de mémoires historiques opposées mais également le matériau premier des débats du XIXᵉ siècle, essentiels l'un et l'autre à l'intelligence des grandes constructions idéologiques qui nourrirent depuis lors la vie politique et civique. La deuxième approche est généalogique, montrant comment, avec une intensité variable, les constructions systématiques font souche, s'amendent, s'infléchissent, se ramifient, déterminent des legs et dessinent des lignées. Le premier XXᵉ siècle peut être analysé dans cette perspective : comment l'héritage idéologique du siècle précédent s'acclimate-t-il aux nou-

veaux défis d'un monde en évolution et aux tensions inédites d'une société en mutation ? Les horizons idéologiques prennent à l'aube du XXᵉ siècle et au cours de ses premières décennies d'autres teintes qu'accentuera ou effacera la Seconde Guerre mondiale, événement qui, pour ne pas être aussi tellurique que 1789-1794, n'en a pas moins dessiné de nouveaux horizons et creusé de nouvelles failles. Replacer dans le temps long les courants idéologiques permet de cartographier notamment des sources pérennes ou vauclusiennes auxquelles pourront venir tour à tour puiser, selon leur crise identitaire ou les bouleversements contextuels, des partis et des mouvements que discours et propagandes semblaient pourtant différencier dans le temps.

Ces horizons ont été marqués par de grands événements fondateurs, telles la Révolution française ou la Seconde Guerre mondiale, mais aussi, dans une moindre mesure, par la consolidation de la République à la fin du siècle dernier, non plus seulement comme régime, mais également comme idéologie socialement dominante visant à marquer les domaines des croyances, de la foi, des savoirs et de la science. Aussi, aux droites nées des principes monarchique et impérial en legs de la Révolution et des combats du XIXᵉ siècle, se sont alors ajoutées d'autres droites : libérale après la lente acceptation du pacte républicain par de larges fractions de l'orléanisme au fil des premières décennies de la troisième République ; révolutionnaire fin-de-siècle qui développa une culture plébiscitaire, organique, populiste et antidémocratique ; à une échelle nettement moindre, fasciste dans les années trente de ce siècle ; gaulliste, enfin, après la Libération. Certaines de ces droites ont connu une longue postérité partisane et organisationnelle ; d'autres ont laissé en héritage non des partis, mais des réflexes survivant aux crises politiques et civiques qui leur donnèrent naissance. Pour mieux marquer dans le long terme les héritages, les rémanences et les nouveautés — ce qui, somme toute, est le travail même de l'historien —, nous avons arrêté l'image sur trois grands cas où le politique a rencontré le culturel : le fascisme, le gaullisme et, à travers l'étude du Front national, l'extrême droite et le populisme.

L'étude de ces droites ouvre ainsi à l'analyse des *cultures* — deuxième registre qui excède la stricte sphère de la vie institutionnelle. En effet, *le* politique n'est pas réductible au seul domaine des institutions (il n'est plus alors que ce qu'il est convenu d'appeler *la* politique). Il irrigue, hors des limites de ce dernier, l'espace social. Les droites doivent donc être également saisies à ce niveau des cultures, celui des instruments et des ancrages des idées et des

valeurs partagées, tenues pour identitaires, sans pour autant que leur nature commune manifeste forcément ni ne traduise obligatoirement un engagement militant ou une adhésion à un parti. On peut témoigner de son attachement à des valeurs ou idées politiques par l'achat régulier d'un quotidien, la lecture suivie d'une revue ou sa préférence marquée pour telle manière de mettre l'histoire en récit. C'est dans ces médiations propageant des références communes et les agrégeant dans l'espace comme dans le temps que se découvre et se mesure l'enracinement des cultures.

La presse et les revues, le salon et le livre, l'écriture de l'histoire académique ou érudite et la mémoire collective sont autant de médiations qui diffusent, et par là même consolident, des visions interprétatives du monde. Ces médiations devraient être étudiées en soi, sur le plan qui est le leur. Chacune d'entre elles, lorsqu'elle prétend expliciter la chaîne causale du cours des choses, a, en effet, son propre mode d'énonciation de la vérité du politique : la presse est assertive, la revue réflective, le salon exclusif — qui distingue les minces élites chargées d'éclairer l'opinion —, la ligue fusionnelle — qui assemble les citoyens dans le moule éphémère d'un credo et d'une aspiration immédiatement communs —, l'historien narratif — qui construit le récit et la généalogie finalistes des temps présents —, la mémoire amnistiante et structurante qui, par l'élection calendaire des bonnes et des mauvaises morts, détermine dans la tradition et le passé fabriqués l'échelle des mérites au regard des grands principes.

Enfin, quand bien même le politique ne serait que la conquête et l'exercice du pouvoir déterminés par l'organisation des institutions, guidés par des principes idéologiques et jouant des appartenances collectives, il référerait toujours, en dernière instance, à des citoyens, c'est-à-dire des individus, vivant hors du strict champ de la vie politique militante ou représentative mais mobilisés régulièrement pour l'expression de leurs opinions et de leurs suffrages. Cette distinction entre l'individu et le citoyen, posée aux premières heures de la Révolution française, afin, dans l'impossibilité d'exercer une démocratie directe, de fonder la délégation légitime et légitimante des pouvoirs de la volonté nationale, a donné lieu à une construction idéale départageant la sphère du politique et l'univers social, délimitant les souverainetés respectives de l'État et de l'individu. Cette construction est au principe de 1789. Aussi a-t-elle été longuement combattue par d'autres constructions idéologiques concurrentes qui toutes eurent en commun de refuser la scission de

XL                    *Introduction générale*

l'individu et du citoyen en deux entités nécessairement abstraites afin que puisse s'établir et s'exercer l'universalité de leurs droits, au profit d'une particularisation déterministe d'individus exaltés comme autant de membres indissociables du groupe : organicisme contre-révolutionnaire, catholicisme social, nationalisme intégral, fascisme, populisme. Surtout, cette distinction dégagea un espace d'activités propres à des agents — individu, famille, associations, communautés — qui n'étaient pas l'État. Cet espace, au fil des XIXe et XXe siècles, a dû subir concurremment la croissance de la part que l'administration y prit ou voulut y prendre — dans l'organisation du marché, de l'éducation, dans l'élaboration et la conduite d'une politique familiale, etc. — et son investissement périodique par le politique. Cet investissement a pu s'opérer, par exemple, lorsque des partis et des mouvements connurent, dans la sphère du pouvoir institutionnel, insuccès, échecs ou défaites et cherchèrent à titre compensatoire un réarmement idéologique dans l'espace social par la mobilisation de la littérature ou des arts, voire des sciences, par le recours à la religion ou par la redéfinition, à des fins de restructuration, des espaces d'appartenance de l'individu (famille, région, patrie).

L'espace idéalement tracé hors de l'État est souvent désigné d'un terme — société civile — aujourd'hui galvaudé et dénué de signification après qu'il eut pourtant été un des piliers de la réflexion politique occidentale qui tour à tour l'opposa à l'état naturel, à la Cité de Dieu, à l'État[1]. Or, pour l'intelligence des droites et de la perpétuation de l'axe gauches-droites en France, l'essentiel dans cet espace est moins sa délimitation formelle que sa contamination, son infiltration par le politique, à travers les activités économiques, sociales, culturelles des individus. On ne saurait oublier, en effet, que ces derniers sont aussi — qu'ils exercent ou pas leurs droits — des citoyens, c'est-à-dire des individus politiques mus dans leur existence et leurs faits quotidiens par des idées, par des croyances et par des valeurs ou principes qui sont ceux-là mêmes qui façonnent, par ailleurs, l'expression de leurs suffrages.

Pour circonscrire ce domaine d'activités, de commerce de soi à l'autre, d'intersubjectivité, du domestique et du plus intime, nous

---

1. De nombreux auteurs ont rappelé, ces derniers temps, la signification historiquement déterminée du concept de société civile, dont la richesse des diverses acceptions est sans commune mesure avec l'usage démonétisé qui en est aujourd'hui fait. On pourra, à titre d'exemple, retrouver ces acceptions précises et leur évolution dans l'ouvrage de Dominique Colas, *Le glaive et le fléau. Généalogie du fanatisme et de la société civile*, Paris, Grasset, 1992, particulièrement les chapitres I, II et VIII.

avons parlé de Cité[1]. La Cité, c'est l'être-ensemble, la coexistence sociale, conflictuelle ou consensuelle. Elle est le domaine des *sensibilités*. Nous sommes ici dans l'univers du vécu, individuel et collectif.

Les sensibilités, en effet, sont les façons d'être, d'agir, de concevoir et de percevoir, façonnées par les idées, les convictions et les croyances dictées par les horizons idéologiques, transmises par le milieu, l'éducation, et moulées par l'expérience individuelle ou collective. C'est le domaine privilégié de la délicate articulation des idées argumentées aux valeurs telles qu'elles sont intériorisées et aux déterminations de l'homme de droite qui demeurent le plus souvent cachées à ce dernier. Ce domaine est donc celui, toujours dédaigné sous le prétexte qu'il serait infra-politique, du réactif et du semi-conscient, des hantises et des rejets. Ainsi, lorsqu'un principe énoncé par un auteur bat monnaie, qu'il devient discours (horizon idéologique), puis références collectivement propagées et assumées (cultures), pour atteindre — sous la forme d'une valeur et après avoir perdu en cours de diffusion toute marque de paternité d'auteur et d'origine de parti — le plus grand nombre dans l'intimité de leur conviction, il entre dans l'univers des sensibilités. Ce type de cheminement conduira, par exemple, de la définition ontique de la Cité comme liée causalement à Dieu par l'établissement du lien social entre des créatures singularisées et non pas entre des hommes universellement égaux, au respect des recommandations politiques du clergé et aux mystères communs de la dévotion et du pèlerinage. S'il fallait le dire autrement, et métaphoriquement, les horizons idéologiques, c'est la théologie de la justification par la grâce sanctifiante, les cultures, le culte organisé des saints intercesseurs, les sensibilités, les ex-voto et les médailles miraculeuses. Les sensibilités réfèrent ainsi aux principes les plus ontologiques du politique qui ne cessent de légiférer dans les domaines essentiels de l'être-ensemble que sont la morale, les usages de la raison, la justice, le semblable ou le beau, alors même qu'ils demeurent indicibles ou ignorés par nombre de ceux qui les

---

1. Notre emploi du terme « Cité » est, bien évidemment, inspiré de l'usage conceptuel que Luc Boltanski et Laurent Thévenot font de ce dernier. Il s'agit, chez ces deux auteurs, de spécifier les registres dans lesquels des personnes, au niveau du groupe, de l'entreprise ou de la collectivité, définissent les principes, les équivalences, les valeurs de référence auxquels elles en appellent lorsqu'elles veulent manifester leur désaccord sans recourir à la violence et se justifier dans des situations de litige, afin de préserver la coexistence avec autrui. Voir Luc Boltanski et Laurent Thévenot, *De la Justification. Les économies de la grandeur*, Paris, Gallimard, 1991.

partagent après les avoir reçus médiatement sous la forme d'argumentations simplifiées, voire de simples propositions consécutives.

Les sensibilités, ce sont les formes édulcorées, retravaillées, gauchies, sous lesquelles doctrines et systèmes parviennent à l'individu social, et travaillent, à travers les faits et gestes du grand nombre, l'espace de la Cité.

Cette Histoire des droites ne vise donc pas à segmenter une réalité politique en un tableau à triple entrée (politique, cultures, sensibilités) dans les rubriques duquel elle ventilerait les systèmes, les idées, les croyances, les valeurs ; elle ambitionne plutôt d'esquisser la dynamique historique du politique par la restitution des formes, propres à chaque acteur — partis et mouvements, instances et cercles de médiation, individus et opinion —, d'élaboration ou d'appropriation des doctrines et des idéologies. C'est dire qu'elle portera une attention particulière aux ruptures de charge, de sens et de temporalité de la circulation entre les trois plans.

On voit donc combien, en surplomb des sensibilités, mais le plus souvent oubliés, se tiennent les grands débats originaires et les idéologies héritées, formalisant les uns et les autres l'organisation de la Cité. Aussi, lorsque au terme d'une longue marche, les droites passent, au plan idéologique, de la communauté hiérarchisée selon une source d'autorité qui lui demeure extérieure à la société pluraliste et indéterminée qui trouve en elle-même ses fondements propres, il convient de repérer comment la Cité vécue par l'homme de droite est comprise, délimitée, arrêtée dans sa pluralité constitutive. On peut, à droite, accepter la démocratie, mais vouloir la maîtriser en réservant à certaines catégories sociales l'exercice des droits et des devoirs politiques ; on peut accepter la pluralité politique, mais définie selon des acceptions préalables et identitaires qui seront politiques, sociales, voire biologiques. Les grandes questions politiques de l'universalité du suffrage, de la définition mouvante du corps électoral, de l'étranger et de l'ennemi, voire la hantise des classes dangereuses, sont vécues dans la Cité sur le mode d'une identification de l'autre et de soi qui s'exprimera, c'est selon, sur un registre raisonné ou instinctif.

Par leur nature le plus souvent semi-consciente parce qu'intériorisées comme des évidences dans une grille de lecture immédiate qui permet à chacun de justifier sa conduite, de définir des règles, d'exprimer accords et désaccords, les sensibilités permettent d'expliquer nombre des observations faites par les historiens et les politologues : un individu nourrit une conception de droite de la Cité et peut voter néanmoins pour des partis de gauche, ou bien

encore, il vote pour des partis de gauche et, au nom même d'une certaine nature du politique — collective, autoritaire, disciplinée — présentant nombre de zones de contact avec des valeurs de droite, votera parfois ensuite, et sans même marquer de transition, pour l'opposé politiquement symétrique (on le vit récemment, par exemple, avec l'évolution dans différents milieux populaires ou modestes de voix de gauche vers le vote lepéniste) ; enfin, de larges pans consensuels dans la vision de la Cité peuvent être communs aux droites et aux gauches alors même que le clivage entre ces deux camps perdure sur le plan politique des partis.

Parce que les sensibilités ne sont pas partagées par l'ensemble d'une société, nous avons évité le terme de mentalités; parce qu'elles ne sont pas des données immédiates de la conscience politique, nous les avons distinguées des cultures. Nous sommes ici dans la sphère subjective de ce qui excède le politique et le discursif, mais définit au plus près un art de vivre dans la Cité, la coexistence quotidienne de soi avec les autres.

JEAN-FRANÇOIS SIRINELLI, ERIC VIGNE

## Bibliographie

[1] GEORGES WEILL, *Histoire du parti républicain en France de 1814 à 1870*, Paris, Alcan, 1900, reprint, Genève, Slatkine, 1980.

[2] ANDRÉ SIEGFRIED, *Tableau politique de la France de l'Ouest sous la troisième République*, Paris, A. Colin, 1913, 2ᵉ édition chez le même éditeur, sous le patronage de la Fondation nationale des sciences politiques, en 1964.

[3] CHARLES SEIGNOBOS, *La Révolution de 1848. Le second Empire (1848-1858)*, Paris, Hachette, 1921.

[4] ANDRÉ SIEGFRIED, *Tableau des partis en France*, Paris, Grasset, 1930.

[5] ALBERT THIBAUDET, *Les idées politiques de la France*, Paris, Stock, 1932.

[6] DANIEL MORNET, *Les origines intellectuelles de la Révolution française (1715-1787)*, Paris, A. Colin, 1933.

[7] CHARLES SEIGNOBOS, *Études de politique et d'histoire*, Paris, PUF, 1934.

[8] FRANÇOIS GOGUEL, *La politique des partis sous la IIIᵉ République*, Paris, Le Seuil, 1946.

[9] FRANÇOIS GOGUEL et GEORGES DUPEUX, *Sociologie électorale. Esquisse d'un bilan. Guide de recherches*, Cahiers de la Fondation nationale des sciences politiques, nº 26, Paris, A. Colin, 1951.

[10] RENÉ RÉMOND, *La droite en France de 1815 à nos jours. Continuité et diversité d'une tradition politique,* Paris, Aubier, 1954.

[11] RAYMOND ARON, *L'opium des intellectuels,* Paris, Calmann-Lévy, 1955, rééd., Gallimard, coll. « Idées », 1968.

[12] JEAN MEYNAUD et ALAIN LANCELOT, *Les attitudes politiques,* Paris, PUF, 1962, 2ᵉ éd. revue, 1964.

[13] JEAN TOUCHARD, *Le mouvement des idées politiques dans la France contemporaine,* Institut d'études politiques de Paris, 1962-1963, dact.

[14] FRANÇOIS GOGUEL et ALFRED GROSSER, *La politique en France,* Paris, A. Colin, 1964.

[15] MAURICE AGULHON, *La République au village,* Paris, Plon, coll. « Civilisations et mentalités », 1970, rééd. 1979, Paris, Le Seuil, coll. « L'univers historique ».

[16] ALFRED GROSSER, *L'explication politique,* Cahiers de la Fondation nationale des sciences politiques, n° 183, Paris, A. Colin, 1972.

[17] PHILIPPE BRAUD, *Le comportement électoral en France,* Paris, PUF, coll. « Le Politique », 1973.

[18] PIERRE NORA et JACQUES LE GOFF *(s.d.), Faire de l'Histoire,* 3 t., Paris, Gallimard, 1974.

[19] « Classe, Pouvoir, État : La Droite », *Cahiers d'histoire de l'Institut Maurice Thorez,* n° 20-21, 1ᵉʳ trimestre 1977.

[20] JACQUES LE GOFF, ROGER CHARTIER et JACQUES REVEL *(s.d.), La Nouvelle Histoire,* Les Encyclopédies du savoir moderne, Paris, Retz, 1978.

[21] GUY ROSSI-LANDI, *Le chassé-croisé. La droite et la gauche en France de 1789 à nos jours,* Paris, Lattès, 1978.

[22] ALAIN-GÉRARD SLAMA, *Les chasseurs d'absolu,* Paris, Grasset, 1980.

[23] J.A. LAPONCE, *Left and right. The topography of political perceptions,* University of Toronto Press, 1981.

[24] CLAUDE NICOLET, *L'idée républicaine en France (1789-1924). Essai d'histoire critique,* Paris, Gallimard, 1982.

[25] RENÉ RÉMOND, *Les droites en France,* Paris, Aubier-Montaigne, 1982.

[26] FRÉDÉRIC BLUCHE et STÉPHANE RIALS, « Fausses droites, centres morts et vrais modérés dans la vie politique française contemporaine », *Revue de la recherche juridique,* 1983, n° 3 (p. 611 sq.).

[27] ZEEV STERNHELL, *Ni droite ni gauche, L'idéologie fasciste en France,* Paris, Le Seuil, 1983.

[28] GÉRARD VINCENT, *D'Ambition à Zizanie. Lexique illustré de la France contemporaine,* Paris, Presses de la Fondation nationale des sciences politiques, 1983.

[29] RENÉ RÉMOND, « Droite-gauche : division réelle ou construction de l'esprit? », *Bulletin de la société d'histoire moderne,* n° 2, 1984 (p. 7-13).

[30] DANIEL GAXIE *(s.d.), Explication du vote. Un bilan des études électorales en France,* Paris, Presses de la Fondation nationale des sciences politiques, 1985.

[31] ALAIN LANCELOT, « L'orientation du comportement politique » *in* MADELEINE GRAWITZ et JEAN LECA, *Traité de science politique,* t. III, *L'action politique,* Paris, PUF, 1985, p. 367-428.

[32] JACQUES LE GOFF, « L'histoire politique est-elle toujours l'épine dorsale de l'histoire? », dans *L'imaginaire médiéval,* Paris, Gallimard, 1985 (p. 333-349).

[33] STÉPHANE RIALS, « La droite ou l'horreur de la volonté », *Le Débat,* n° 33, janvier 1985 (p. 34-48).

[34] MICHEL VOVELLE, *La mentalité révolutionnaire,* Paris, Messidor-Éditions Sociales, 1985.

[35] FRANÇOIS BOURRICAUD, *Le retour de la droite*, Paris, Calmann-Lévy, 1986.

[36] HERVÉ LE BRAS, *Les trois France*, Paris, Éd. Odile Jacob-Le Seuil, 1986.

[37] RENÉ RÉMOND, « Sur une idée fausse : la gauche écartée du pouvoir », dans *Droit, institutions et systèmes politiques (Mélanges en hommage à Maurice Duverger)*, DOMINIQUE COLAS et CLAUDE ÉMERI *(s.d.)*, Paris, PUF, 1987, p. 393-403.

[38] « La tradition politique », *Pouvoirs*, n° 42, 1987, avec, notamment, les contributions de RAOUL GIRARDET (« Autour de la notion de tradition politique. Essai de problématique »), RAYMOND HUARD (« La tradition politique : émergence, contenus, devenir », ODILE RUDELLE (« La tradition républicaine ») et ANNICK PERCHERON (« Socialisation et tradition : transmission et invention du politique »).

[39] MICHEL WINOCK, *La fièvre hexagonale. Les grandes crises politiques de 1871 à 1968*, Paris, Calmann-Lévy, 1986, rééd., Points-histoire, 1987.

[40] MAURICE AGULHON, « La droite et la gauche : lutte de classes ou lutte d'idées ? » dans *Histoire vagabonde*, t. II, Paris, Gallimard, 1988, (p. 209-243).

[41] FRANÇOIS FURET, JACQUES JULLIARD et PIERRE ROSANVALLON, *La République du centre*, Paris, Calmann-Lévy, 1988.

[42] MARCEL GAUCHET, « Changement de paradigme en sciences sociales ? », *Le Débat*, n° 50, mai-août 1988 (p. 165-170).

[43] RENÉ RÉMOND *(s.d.)*, *Pour une histoire politique*, Paris, Le Seuil, 1988.

[44] PIERRE FAVRE, *Naissances de la science politique en France 1870-1914*, Paris, Fayard, 1989.

[45] MARC ABÉLÈS, *Anthropologie de l'État*, Paris, Armand Colin, 1990.

[46] MAURICE AGULHON, *La République, de Jules Ferry à François Mitterrand (1880 à nos jours)*, Paris, Hachette, 1990.

[47] PASCAL BALMAND, « Le renouveau de l'histoire politique » *in* GUY BOURDÉ et HERVÉ MARTIN, *Les écoles historiques*, Paris, Le Seuil, édition de 1990.

[48] LOUIS DUMONT, *Homo aequalis, II. L'idéologie allemande France-Allemagne et retour*, Paris, Gallimard, Bibliothèque des sciences humaines, 1991.

[49] *L'électeur français en questions*, CEVIPOF, Paris, Presses de la Fondation nationale des sciences politiques, 1990.

[50] JACQUES JULLIARD *(s.d.)*, *L'État et les conflits*, t. III de *l'Histoire de la France*, ANDRÉ BURGUIÈRE et JACQUES REVEL *(s.d.)*, Le Seuil, 1990.

[51] MARC ABÉLÈS *(s.d.)*, *Faire la politique. Le chantier français*, *Autrement*, n° 122, mai 1991, avec notamment un article de RENÉ RÉMOND, « Les identités de la droite » (p. 56-64), et un entretien de PIERRE ROSANVALLON avec MARC ABÉLÈS, « Le déclin des passions » (p. 94-105).

[52] NONNA MAYER, « Permanence et fondements du clivage gauche-droite », dans *Histoire politique et sciences sociales*, DENIS PESCHANSKI, MICHAEL POLLAK et HENRY ROUSSO *(s.d.)*, *Les Cahiers de l'IHTP*, n° 18, juin 1991 (p. 95-102), repris, Bruxelles, Complexe, 1991.

[53] JACQUES LAGROYE, *Sociologie politique*, Paris, Presses de la Fondation nationale des sciences politiques-Dalloz, 1991.

[54] RENÉ RÉMOND, *Notre siècle (1918-1991)*, 2ᵉ éd., Paris, Fayard, 1991.

# Première partie

# LES DROITES
# DANS LA VIE POLITIQUE
## 1815-1992

# CHAPITRE I

## 1815-1848
### *Que faire de la Révolution française?*

C'est en 1815, lors des Cent-Jours puis dans les premiers mois de la seconde Restauration, qu'on voit se dessiner de façon durable les contours d'une droite organisée. Non sans raison, on a coutume de faire naître celle-ci au début de la Révolution[1], mais elle n'a, en réalité, vécu jusqu'alors qu'en pointillé, parfois même réfugiée au sein d'étroites coteries.

## I. L'ENFANTEMENT DE LA DROITE

La toute première manifestation politique d'une opinion préfigurant la droite se situe au sein de la seconde Assemblée des notables, réunie par Necker à la fin de 1788, lorsque le « parti des aristocrates », qu'on oppose au « parti patriote » (ou « national »), réussit à faire repousser le doublement du Tiers et le vote par tête aux prochains États généraux : derrière des questions techniques, ce sont deux conceptions de la société qui s'affrontent, les vainqueurs souhaitant conserver un monde compartimenté en ordres tenus pour égaux entre eux et rejetant la conception individualiste qui sous-tend la loi du nombre, selon laquelle la majorité doit l'emporter sur la minorité [22, p. 44-45].

Mais c'est sans doute à l'occasion des votes intervenus à la Constituante, dès le 28 août puis les 10 et 11 septembre 1789, pour savoir si le roi aurait le droit de veto sur les lois votées par le

pouvoir législatif (et par conséquent la possibilité de paralyser les décisions des représentants du peuple) et s'il y aurait une seconde chambre nommée par le monarque (comparable à la Chambre des lords britannique), que les députés se sont groupés par affinités, de part et d'autre du président de séance, les partisans d'un pouvoir royal fort se plaçant à sa droite. Dès lors le mot *droite* prend une signification politique. Ce clivage qui a permis l'émergence du Parti des anglomanes ou Monarchiens, particulièrement actif en 1791, s'est prolongé sous la Législative : la droite, qui fréquente alors le Club des Feuillants, regroupe les sympathisants de La Fayette et ceux des Triumvirs (Du Port, Barnave, Alexandre de Lameth) qui se disputent les faveurs de la cour[2], sans pour autant renoncer à l'illusion constamment renaissante de l'unanimité nationale et de la réconciliation générale.

Dès la réunion de la Convention et la proclamation de la République, en septembre 1792, on chercherait en vain au sein de la nouvelle assemblée les prolongements de cette droite monarchienne ou même l'affirmation d'une droite républicaine, tant les députés manifestent d'ardentes convictions révolutionnaires et ne s'affrontent que conjoncturellement, plus pour des querelles de personnes et par divergences d'attitudes que par opposition de doctrines : les girondins, si bourgeois et si légalistes soient-ils, ne peuvent pas être considérés comme une droite à moins d'ôter au mot toute signification politique profonde[3]. C'est uniquement dans les rangs de l'émigration et dans les bandes armées de la guerre civile que, par-delà les convictions individuelles souvent inexprimées, la droite se retrouve et se manifeste en l'an I et en l'an II, à tel point qu'elle semble se confondre avec le « complot aristocrate » dénoncé par les patriotes depuis 1789.

Il est vrai que sous le Directoire, à l'occasion du premier renouvellement partiel des Conseils, au printemps de 1797, les royalistes — évidente résurgence de la droite initiale — remportent auprès des électeurs censitaires un succès massif, mais le coup d'État de Fructidor, qui annule le scrutin dans 49 départements, les élimine une nouvelle fois du jeu politique régulier.

Bientôt l'avènement de Bonaparte entraîne même une tentative, momentanément réussie, de réconciliation du passé et du présent et d'effacement du clivage gauche-droite : en cherchant à combiner les héritages opposés de l'Ancien Régime et de la Révolution, c'est-à-dire la monarchie — en théorie absolue mais surtout administrative et réformatrice — et le jacobinisme appuyé sur le consentement populaire mais débarrassé des aventures démocratico-

utopiques, le régime napoléonien « finit » la Révolution française :
les aspects monarchiques du système (sacre, création d'une nouvelle noblesse et d'une cour, ou mariage avec l'archiduchesse
Marie-Louise) ne doivent pas faire oublier son ancrage à gauche,
avec l'acceptation des acquis de 1789, notamment l'égalité de tous
devant la loi, l'abolition des privilèges, la propriété libérée des
droits féodaux[4]. La volonté de fusion nationale au-dessus des
« partis » aboutit au retour de la plupart des émigrés et à la
réintégration de nombreux ci-devant dans leurs carrières traditionnelles, l'armée et le service de l'État; même dans l'Ouest,
l'aristocratie terrienne consent à partir de 1808 à accepter les
fonctions de maire et à faire rentrer dans le rang les conscrits
réfractaires [76, p. 95-98]. A partir de l'attentat de la rue Saint-
Nicaise (24 décembre 1800), la droite est réduite aux complots et à
la sociabilité des salons[5].

Grâce à l'intelligence de Louis XVIII, plus sage que son entourage et plus avisé que dans ses proclamations antérieures (notamment celle de Vérone en 1795) [34, p. 211-213], la première
Restauration tente elle aussi, à sa façon, une réconciliation des deux
France en 1814[6] : tandis que les anciens Brumairiens se rallient à
l'idée d'une monarchie constitutionnelle, le roi garantit les principales conquêtes de la Révolution dans sa déclaration de Saint-
Ouen (2 mai) et dans la Charte octroyée (4 juin) qui établit une
monarchie limitée[7]. La droite reste alors squelettique, appuyée sur
les derniers émigrés et sur ceux qui ont refusé tout concours aux
gouvernements antérieurs; mais elle déploie une activité intense,
multipliant vexations et menaces au point de susciter dans le pays
un large mécontentement, bourgeois et libéral, militaire et patriote,
paysan et populaire [30, p. 161-173].

Ces maladresses et ces faux pas facilitent le retour de Napoléon
de l'île d'Elbe et poussent l'empereur à tenter pendant les Cent-
Jours une expérience de bonapartisme constitutionnel fondé sur le
libéralisme, avec un Acte additionnel aux constitutions de l'Empire
dont l'article 67 interdit toute proposition tendant au rétablissement des Bourbons, de l'ancienne noblesse, des droits seigneuriaux,
des dîmes, d'un culte dominant, ou à la révocabilité des ventes de
biens nationaux. Cette fois, pour les royalistes c'en est trop : leur
opposition et leur résistance s'organisent.

*L'héritage organisationnel*

La droite de 1815 ne sort pas du néant[8], même si une simple nébuleuse de dévouements et de complicités anciennes ne peut suffire à constituer les cadres d'un parti.

Elle peut d'abord compter sur les anciens émigrés, et notamment sur ceux qui ne sont rentrés en France qu'en 1814. Convaincus avec le comte Ferrand qu'ils ont suivi « une ligne droite sans jamais en dévier » et que le dernier quart de siècle n'a été troublé que par une poignée d'agitateurs et de révolutionnaires dont il conviendrait finalement de se débarrasser physiquement, ils ont la nostalgie de la proclamation de Vérone qui excluait du pardon royal les régicides et qui promettait le retour à l'Ancien Régime, c'est-à-dire le rétablissement des parlements comme gardiens des lois, la reconstitution des trois ordres, la réunion sur décision royale des États généraux habilités seulement à voter les impôts et à formuler des vœux [2, p. 183]. Autour du comte de Bruges, encore plus intransigeant que le duc de Blacas, quelques éléments de la petite cour réfugiée à Gand profitent du retour de « l'usurpateur » pour soutenir, sur la suggestion ou avec les encouragements du comte d'Artois — frère de Louis XVIII —, qu'il conviendrait d'admettre l'échec de la Charte et de durcir le régime au retour en France [32, p. 104]. Par ailleurs ces émigrés continuent, comme au temps de Calonne, à placer leurs espoirs dans l'intervention militaire des puissances alliées, même s'ils ont le souci de ne pas faire rentrer Louis XVIII dans les fourgons de l'étranger ; la petite troupe de volontaires et de débris de la Maison militaire réunis par le duc de Berry n'est toutefois qu'une pâle imitation de l'armée des princes constituée jadis à Coblence.

Qu'ils aient franchi la frontière ou qu'ils soient restés en France, ces anciens émigrés relèvent d'autant plus courageusement la tête que leurs intérêts personnels sont concernés. D'une part, le retour du Corse compromet les reconstitutions de carrière qu'ils ont sollicitées du ministère de la Guerre et qui — au moment où on met en demi-solde les officiers de la Grande Armée[9] — doivent ajouter pensions et honneurs militaires aux titres ou aux décorations déjà arrachées ; d'août à décembre 1814, n'a-t-on pas « délivré plus de lettres de noblesse, accordé plus de titres de comtes et de barons que durant les deux derniers siècles de la monarchie » [29, t. I, p. 156] ? D'autre part, l'éloignement de Louis XVIII compromettrait définitivement l'indemnisation attendue pour la confiscation

des biens nationaux de seconde origine, alors que les émigrés n'ont encore réussi qu'à faire voter la loi du 5 décembre 1814 leur restituant les biens non vendus mais espèrent toujours faire rendre gorge aux acquéreurs [37, t. I, p. 104]. Les honneurs, les revenus et les biens sont en cause; cela ne peut que revivifier les principes.

Les convictions sont toutefois moins ardentes chez les vétérans des guerres de l'Ouest. D'abord, comme on le souligne depuis quelques années en distinguant l'antirévolution de la contre-révolution[10], parce qu'il n'est pas évident que tous ceux qui ont chouanné aient été mus par le regret de l'ancienne monarchie. Si leur mouvement a été habilement récupéré par les royalistes, notamment lors des ultimes campagnes de l'époque directoriale, les causes de leur soulèvement initial ont été très complexes et l'une d'entre elles au moins — le coup porté à la religion traditionnelle — a disparu depuis le Concordat; or, bien des révoltés avaient partagé l'insouciance politique dénoncée par ce chef royaliste du Bas-Maine en 1797 : « Pourvu que nous ayons notre religion et qu'on la laisse exercer librement, peu importe que nous ayons un Roy ou une République » [76, p. 54]. Ensuite il faut tenir compte des inévitables déceptions éprouvées en 1814 : la froideur des princes, le caractère dérisoire des récompenses, l'absence de programme réformateur permettant aux paysans d'espérer une vie tranquille, sans vexations, sans service militaire et sans trop d'impôts. Malgré le plaidoyer publié en 1922 par Émile Gabory, le procès de l'ingratitude des Bourbons dressé au XIXe siècle par Jacques Crétineau-Joly garde toute sa force : « La Vendée leur fut toujours étrangère, un apanage inconnu, une terre *in partibus infidelium* » [17, p. 506]. Dans ces conditions, on comprend que la cause royaliste ne puisse guère compter sur tous les anciens capitaines de paroisse et sur leurs hommes, mais qu'elle dispose par contre de l'imposant réseau des chefs aristocrates mis en place lors de la guerre des Mécontents de 1799.

Anciens émigrés et anciens chefs des guerres intérieures partagent, pour la plupart, la conviction, plus ou moins ancienne dans leur esprit, que la Révolution est essentiellement le fruit d'un complot. Dès 1789 tel était déjà le point de vue que soutenait à la Constituante l'abbé Maury, selon lequel les émeutiers des journées révolutionnaires étaient payés par les spéculateurs et les financiers véreux pullulant à gauche [2, p. 35]; c'était aussi l'idée de Ferrand, exposée dans une brochure intitulée *Les conspirateurs démasqués* — dirigée contre le duc d'Orléans, Necker et La Fayette; c'était surtout le thème des ouvrages de l'abbé Barruel, notamment de ses

*Mémoires pour servir à l'histoire du jacobinisme*, publiés à Hambourg en 1798, réédités à Paris en 1803, et appelés à un succès extraordinaire : « [...] dans cette Révolution française, tout, jusqu'à ses forfaits les plus épouvantables, tout a été prévu, médité, combiné, résolu. Tout a été l'œuvre de la plus profonde scélératesse ». Là se situe le point de départ de la thèse du complot maçonnique, si souvent reprise jusqu'à nos jours.

De ces prémisses découle une double conséquence. D'une part, il vaudrait mieux s'en tenir au rétablissement pur et simple de l'ancienne monarchie absolue plutôt que de se laisser happer par l'engrenage des réformes ; à la suite de Sénac de Meilhan qui, dans un livre publié à Londres dès 1790, *Des principes et des causes de la Révolution française*, considérait les aristocrates comme les vrais auteurs de l'affaiblissement du roi car « par leurs discours et leurs exemples, ils ont enflammé les esprits du peuple et plus tard ils ont été incapables d'arrêter ou de ralentir le mouvement qu'ils ont stimulé », on juge sévèrement la révolte nobiliaire de 1787, même lorsqu'on y a applaudi dans sa jeunesse. D'autre part, on ne fait guère confiance qu'à la force et à une politique répressive pour enrayer le mal ; dans ces milieux-là on ne désavoue ni la « Compagnie de Jésus », qui en 1795 a attisé la Terreur blanche à Lyon, ni les intrigues londoniennes de Puisaye qui ont abouti au débarquement et au désastre de Quiberon ; et, au cours de la première Restauration, on a lu avec plaisir l'éphémère *Journal royal* qui, malgré la censure imposant un certain adoucissement de ton, célébrait l'émigration, défendait le droit pleinier à la restitution des biens, soutenait que le monarque était le dépositaire sans partage de l'autorité et qu'un ordre de la noblesse, muni de solides privilèges, se justifiait [84, p. 37].

Toutefois, l'alliance du zèle monarchique et de l'attachement aux libertés constitutionnelles, qui, au même moment, avait d'emblée caractérisé *Le Journal des Débats* des frères Bertin, avait mieux convenu à une autre composante de la droite en formation, les anciens membres des Instituts philanthropiques créés par le chevalier Despomelles qui, dans soixante-dix départements au moins, avaient, à l'époque du Directoire, sous des prétextes charitables, réuni toutes les personnes favorables au mouvement royaliste, désireuses de ramener la monarchie en France par le jeu des institutions existantes. Il y a là un réseau d'« honnêtes gens » qu'il est possible de réactiver en 1815 par l'intermédiaire des anciens « affidés » placés jadis à la tête des cantons pour préparer les élections. Si le groupe le plus secret, composé des « fils légitimes »,

est plutôt de sensibilité absolutiste, la fraction la plus nombreuse de l'ancienne organisation — les « amis de l'ordre » — est plutôt modérée [2, p. 307-308].

Ce sont des hommes qui ont sans doute apprécié la fougue de Cazalès à la Constituante et son attachement aux vieilles coutumes du royaume qui limitent les pouvoirs du souverain, plutôt que l'intransigeance de l'abbé Maury ; ils ont peut-être lu le comte de Montlosier qui préconisait des réformes raisonnables, notamment en confiant le vote des impôts à deux chambres, ou les brillants articles de Mallet du Pan dans *Le Mercure de France*, entre 1789 et 1792 ; ils ont sûrement mis leurs espoirs dans le succès des Monarchiens puis, en 1797, dans l'action des Clichyens qui, à partir d'un hôtel parisien de la rue de Clichy, ont coordonné les monarchistes constitutionnels pour faire battre les Jacobins aux élections. Ils sont probablement les seuls à avoir apprécié l'*Essai sur les révolutions* publié par Chateaubriand à Londres en 1797 : comme René, et à la différence de l'abbé Barruel, ils se refusent à rendre la philosophie des Lumières seule responsable des événements et à ne voir dans la Révolution que du mauvais ; puis en 1802, avec beaucoup d'autres, ils se sont souvent enthousiasmés pour *Le Génie du christianisme* et en ont retenu qu'il n'est pas de gouvernement libre possible sans la religion. Bref, ils pensent avec Bruno de Boisgelin que « pour redonner à la légitimité la place naturelle qu'elle doit occuper dans les idées, il faut la purger de ce vernis de soumission sans bornes des sujets à leur monarque. Il faut la faire entrer dans les libertés des peuples et la placer parmi leurs droits. En un mot substituer la forme monarchique constitutionnelle au sceptre absolu qu'avaient porté ses ancêtres » [30, p. 11-12].

Mais comment en 1815 remettre en activité tout ce réseau qui, même dans le Midi où il s'est survécu jusqu'au Consulat, est entré en sommeil ? Les « agences » des princes qui avaient fonctionné à Paris à la même époque n'existent plus. C'est donc une impulsion nouvelle qui s'impose : une société secrète, née en 1810 à l'initiative de Ferdinand de Bertier, fils du dernier intendant de Paris massacré après la prise de la Bastille, se donne pour mission de coordonner les actions dirigées contre le régime des Cent-Jours et réactive l'esprit de parti. Bertier a d'abord appartenu à la Congrégation fondée par le père Delpuits, ancien jésuite, sans autre pensée que d'apostolat ; et c'est là qu'il a noué les relations qui lui ont ensuite permis d'agir avec succès. Son idée était de créer un ordre, sur le modèle de la franc-maçonnerie à laquelle il s'est fait initier momentanément pour en étudier le fonctionnement, afin de trans-

poser au service de l'Église et du roi l'organisation qu'il considérait, selon les vues de Barruel, comme l'initiatrice de la Révolution.

Toute une hiérarchie secrète, couronnée par le grade suprême de Chevalier de la Foi qui impose des pratiques religieuses très strictes (comme la communion fréquente ou le jeûne pour l'anniversaire de la mort de Louis XVI), mais permet de connaître le double but politique et religieux de l'Ordre, obéit à un conseil supérieur de neuf membres, avec un grand-maître, Mathieu de Montmorency, tandis que Bertier — un peu jeune — se contente d'être grand chancelier. Les instructions sont transmises du sommet vers les « sénéchaux », responsables chacun d'une division militaire, et vers les « chevaliers bannerets » qui sont à la tête d'une « bannière » départementale; ordres et nouvelles ne sont communiqués que par oral, par crainte de la police, mais avec une rapidité qui l'emporte souvent sur les courriers officiels [32, p. 17-19].

L'efficacité de l'institution s'était révélée ponctuellement dès 1814. A Bordeaux Ferdinand de Bertier était parvenu à fédérer la bannière présidée par le chevalier de Gombault avec l'ancien Institut philanthropique du comte de Lur-Saluces et la « Garde royale » commandée par Taffard de Saint-Germain, qui seul pouvait se prévaloir de pouvoirs de Louis XVIII; il avait aussi réussi à s'assurer la complicité de la municipalité de Jean-Baptiste Lynch. Ce travail porta ses fruits avec l'accueil enthousiaste qui fut réservé au duc d'Angoulême le 12 mars et qui joua un rôle déterminant dans la restauration des Bourbons.

En 1815, après le retour de Napoléon de l'île d'Elbe, les Chevaliers de la Foi sont les meilleurs instigateurs de la guerre sourde menée dans le domaine de l'opinion publique pour compenser l'échec politique du duc de Bourbon qui avait appelé à l'insurrection générale en Vendée, l'échec militaire du duc d'Angoulême et de ses volontaires — les miquelets — dans la vallée du Rhône, et la défaite finale de Vitrolles dans l'organisation d'une résistance toulousaine. On multiplie les placards, les chansons, les caricatures, on diffuse des nouvelles fausses ou alarmantes; on conseille de ne pas obéir aux ordres de conscription, de refuser l'impôt à l'usurpateur et de n'exercer aucune fonction publique. On peut compter sur le réseau d'agents réactivé en 1814 par le « petit bureau » de Monsieur, dirigé par l'ancien ministre de Louis XVI Terrier de Montciel et le marquis de Maisonfort. Dans beaucoup de cas, on s'appuie sur le clergé; ainsi en Franche-Comté les vicaires généraux chargés de l'administration du diocèse de Besançon à la suite de la mort de Mgr Le Coz, ancien jureur et ancien

député à la Législative, entretiennent-ils un véritable esprit de rébellion que soutient, de la Suisse où il s'est réfugié, le comte de Scey ; grâce aux pamphlets largement diffusés des abbés Lamare et Lafon — deux anciens complices du général Malet lors de la conspiration de 1812 —, une véritable droite franc-comtoise s'organise [30, p. 225]. Désormais l'opinion est partout irrémédiablement divisée ; c'est la conséquence la plus durable des Cent-Jours.

### La droite révélée par la Terreur blanche

Bien davantage que la nouvelle chouannerie déclenchée en mai dans l'Ouest, ce sont les troubles et les événements consécutifs à la défaite de Waterloo qui font prendre conscience de l'importance de la coupure entre Français.

Le rétablissement de la conscription par Napoléon entraîne le renouveau de l'insoumission chez les ruraux de Bretagne, du Maine, de l'Anjou et de la Vendée. Les jeunes réfractaires reçoivent des anciens chouans des armes, des caches et des conseils ; puis la gentilhommerie de ces provinces s'emploie à canaliser, à organiser et à développer le mouvement insurrectionnel, avec des états-majors pléthoriques et dédaignant « les chefs expérimentés quoique sortis de la charrue ». Mais le soulèvement est un échec militaire, souligné par la mort de Louis de La Rochejaquelein, général en chef des armées royales, et par l'accord de pacification signé à Cholet le 26 juin : l'élan a manqué, la motivation religieuse a été cette fois absente, les chefs ont été divisés, l'appui extérieur a été insuffisant. L'échec est également politique car le mouvement n'a pas réussi à mobiliser l'ensemble de la droite royaliste ; on le voit bien, par exemple, à Mayenne où se disputent le commandement de la ville deux hommes que tout devrait rapprocher, le chef de la légion royaliste Bidault de Glatigné et l'ancien garde du corps de Louis XVI Tanquerel de Vaucé, dont le père a été égorgé à Versailles pour la défense du roi le 5 octobre 1789, qui a lui-même servi en émigration dans l'armée des princes, mais qui — principal propriétaire du lieu — continue à y commander la garde nationale plutôt bonapartiste [76, p. 69-71].

Mais dans les semaines qui suivent la seconde abdication de Napoléon, un ensemble de phénomènes — les uns spontanés, les autres réguliers — révèle brusquement la droite, sa force et son unité. C'est ce qu'on appelle la Terreur blanche, avec des formes

populaires d'abord, légales ensuite. Ulcérés par les trahisons, les parjures et les palinodies dont ils ont été témoins, les royalistes sont exaspérés face aux hommes de la France nouvelle, et ils jugent désormais impossible et imprudent tout nouvel essai d'entente avec eux ; l'idée d'une épuration systématique des rouages administratifs comme de l'armée et d'une sanction exemplaire à l'encontre des traîtres s'impose à leur esprit. La droite va être traversée par un grand élan passionnel.

Là où l'occupation alliée est absente ou peu contraignante et là où les tempéraments sont les plus volcaniques — c'est-à-dire dans le Midi —, il souffle comme un vent de vengeance. « Malheur à ceux qui avaient acclamé le second règne de Napoléon ! », écrit Agricol Perdiguier, dont le père, ancien capitaine de volontaires de 1792, doit se cacher pendant six mois [24, p. 218]. A Marseille, 200 « bonapartistes » et les Égyptiens ramenés quinze ans plus tôt avec les Français sont massacrés. Les bagarres entre fédérés et volontaires royaux ensanglantent les Cévennes, prenant l'allure d'une guerre de religion ; à Nîmes les « miquelets » et « verdets » (ainsi appelés parce qu'ils portent la cocarde verte et blanche du comte d'Artois, symbole du royalisme pur) cultivent le mythe du complot bonaparto-protestant et tuent plusieurs dizaines de « bleus ». A Avignon, des prisonniers sont égorgés et le maréchal Brune est tué, traîné ignominieusement dans les rues puis précipité dans le Rhône. A Toulouse, c'est le général Ramel, un ancien de la conspiration de Pichegru mais suffisamment modéré pour refuser de cautionner les excès de la droite, qui est assassiné sans que les autorités, le maire Villèle ou le préfet Rémusat, aient voulu ou pu intervenir.

Pendant quelques semaines le Midi glisse même vers le séparatisme. Louis Pons de Villeneuve, mis à la tête de 26 départements avec le titre d'« administrateur général civil », mesure bien l'importance de l'appui populaire dont disposent ses amis et jette les bases d'une sorte de « vice-royauté » autour du duc d'Angoulême qui, arrivé d'Espagne, nomme lui-même des préfets choisis parmi les chefs des organisations secrètes de la région, en ignorant ceux qui sont désignés par le gouvernement de Talleyrand. C'est un moment essentiel dans l'apparition de l'une des divergences les plus nettes qu'on relève bientôt entre la droite et le roi, et que le député nîmois Jules de Calvière résume ultérieurement ainsi : « J'ai combattu mes amis politiques à Paris en soutenant que la restauration de la monarchie devait commencer par la famille, la commune et la province et que, par sa Charte, Louis XVIII avait gardé ce qu'il

aurait dû donner, l'administration locale, et abandonné ce qu'il aurait dû garder, le gouvernement » [48, p. 170].

Poussées par l'opinion, les autorités s'engagent également dans la répression, comme si les Cent-Jours n'avaient été, eux aussi, que le fruit d'une vaste conspiration dont il suffirait de châtier les auteurs. « Un pardon trop général attristerait la vertu, encouragerait la scélératesse qui, renouvelant sans cesse ses coupables projets, ne tarderait pas à nous replonger dans l'abîme affreux d'où nous sommes à peine sortis », dit l'adresse du Conseil général de l'Oise. *Les Débats*, journal pourtant modéré, réclame chaque jour l'épuration [34, p. 411]. A Bordeaux, un conseil de guerre fait fusiller deux généraux républicains, les frères Faucher, sans qu'aucun avocat ait voulu les défendre ; à Paris, c'est Labédoyère qui est exécuté pour avoir assuré l'entrée de Napoléon à Grenoble, en attendant que soit condamné à mort le maréchal Ney par la Chambre des pairs.

Puisqu'il a promis de réunir les assemblées, le roi exclut préalablement 29 personnages de la Chambre haute des Cent-Jours puis il désigne 94 nouveaux pairs, au nombre desquels figurent des hommes de cour comme Blacas et Jules de Polignac et des royalistes « purs » comme Chateaubriand, mais aussi quelques amis des ministres du moment, Talleyrand et Fouché ; en même temps, la pairie devient héréditaire. Pour désigner les députés, on garde les collèges électoraux, très restreints, tels qu'ils ont été constitués sous l'Empire, en autorisant cependant les préfets à procéder à des remaniements, et on fixe le scrutin aux 14 et 21 août 1815.

En apprenant les résultats, Louis XVIII fait un bon mot : « C'est une chambre introuvable », dit-il, ravi mais inquiet à l'avance des exigences qu'elle risque de manifester, car les neuf dixièmes de l'effectif sont des royalistes convaincus et ardents, sans grande expérience politique et très souvent issus de la robe et de la petite noblesse provinciale[11]. L'envoi dans les départements de présidents de collèges électoraux pondérés et habiles n'a pas suffi à faire prévaloir la modération. Ainsi, à Rennes qu'il a autrefois si dignement représentée à la Constituante puis à la Convention, ayant tenu tête courageusement aux Montagnards comme il s'est opposé ensuite aux excès de Bonaparte, Jean-Denis Lanjuinais — comte d'Empire, pair de France, ancien président de la Chambre des représentants pendant les Cent-Jours, contre le vœu de Napoléon — n'a recueilli que clameurs désapprobatrices lorsqu'il a souhaité, au nom du roi, des députés voulant « la justice pour tous, l'égalité de tous devant la loi, et qui sachent embrasser dans leur

affection non pas seulement quelques individus, quelques familles, mais tous leurs concitoyens[12] ». Le scrutin a abouti à l'élection de l'avocat Corbière, fils d'un juge de seigneur, scrupuleux mais raide, et à celle de Louis Duplessis de Grenédan, ex-conseiller au Parlement de Bretagne, qui par ses outrances et ses appels à la contre-révolution cherche à se faire pardonner d'avoir été le premier maire républicain de Rennes. Ailleurs c'est la même chose, avec un Villèle, modeste gentilhomme du Lauraguais, à Toulouse, ou un La Bourdonnaye, ivre d'exécutions et de vengeances, à Angers. La forte participation électorale qui tranche avec les habitudes antérieures, jointe à l'abstention des bonapartistes inquiets, suffit à expliquer ce retournement de tendance chez les notables censitaires.

C'est Fouché, première victime de ce raz de marée, qui appelle ultra-royalistes ces monarchistes dont les exigences outrepassent celles de leur souverain, mais qui ne se désignent eux-mêmes que sous le nom de royalistes. On découvre leur programme immédiat dans l'Adresse qu'en réponse au discours du trône ils votent à l'ouverture de la session parlementaire, en octobre 1815 : « Nous vous supplions, au nom de ce peuple même, victime des malheurs dont le poids l'accable, de faire enfin que la justice marche où la clémence s'est arrêtée; que ceux qui, aujourd'hui encore encouragés par l'impunité, ne craignent pas de faire parade de leur rébellion, soient livrés à la juste sévérité des tribunaux [...] Nous ne parlerons pas, Sire, à Votre Majesté de la nécessité de ne confier qu'à des mains pures les différentes branches de votre autorité » [30, p. 315]. Autrement dit, c'est la légalisation de la Terreur blanche qu'on réclame du nouveau ministère présidé par le duc de Richelieu, ancien émigré fort digne qui sait se tenir à l'écart des outrances.

L'élaboration de quatre lois pour lesquelles les ministres sont contraints sans cesse de refréner la surenchère des députés répond à l'attente de cette droite et donne corps à la Terreur blanche légale. Une loi de sûreté générale autorise la détention sans jugement de toute personne prévenue de complot contre la sûreté de l'État : c'est une menace pour la liberté individuelle et une réédition de la loi des suspects de 93, soutient vainement Lanjuinais devant les pairs. Une loi contre les cris et écrits séditieux limite la liberté d'expression en soumettant les périodiques à l'autorisation préalable et à la censure, en même temps qu'elle enrichit la liste des délits politiques : le fait d'arborer un autre drapeau que le drapeau blanc et celui d'annoncer l'annulation de la vente des biens nationaux ou le

rétablissement de la dîme sont désormais condamnables. Une loi organisant des cours prévôtales rétablit une juridiction exceptionnelle permettant d'appliquer aux civils des peines plus rigoureuses, sans possibilité d'appel[13]. Une loi d'amnistie, promise par la proclamation royale de Cambrai (28 juin 1815), n'intéresse les députés de droite, et notamment le rapporteur Corbière, que pour l'établissement de la liste des exceptions qu'ils cherchent à multiplier; elle se transforme ainsi en loi de proscription à l'encontre des dirigeants des Cent-Jours et des régicides (parmi d'autres, Carnot, Fouché, Cambacérès, le peintre David sont contraints à l'exil).

A l'occasion de la discussion de ces textes législatifs, pour lesquels Louis XVIII refuse plusieurs amendements — ce qui conduit M. de Béthisy à proférer le fameux « Vive le roi *quand même*! » —, les ultras traduisent l'état d'esprit du moment par des propos d'une violence extrême. Sans prendre soin d'expliquer que la France royale devrait renoncer à la guillotine en raison de la mort de Louis XVI, comme la chrétienté a renoncé à la crucifixion, Duplessis de Grenédan propose de rétablir le gibet en se félicitant de la honte qui en rejaillirait sur la famille du condamné : « Heureux le peuple chez lequel la tache d'un seul crime se transmet du père jusqu'à la postérité la plus reculée, et auquel on n'a point encore appris qu'on peut marcher la tête levée quand on a un fils parjure, un frère homicide, une mère incestueuse! » C'est lui également qui évoque « ce malheureux Labédoyère qui, au fond de sa tombe, vous demande raison de cette partialité qui n'a fait tomber que sur lui la peine d'un crime dans lequel il a eu tant de complices. Il vous crie que la justice qui n'ose atteindre que lui est dès lors une justice révoltante ». Et le comte de La Bourdonnaye — « le premier grenadier des royalistes » selon Chateaubriand — s'écrie contre les coupables, avec une véhémence à la Saint-Just : « Il faut des fers, des bourreaux, des supplices. La mort, la mort seule, peut effrayer leurs complices et mettre fin à leurs complots... Défenseurs de l'humanité, sachez répandre quelques gouttes de sang pour en épargner des torrents. » Toutefois l'appareil répressif mis en place fonctionne plutôt avec prudence, mais avec des variations considérables d'un département à un autre : en un an les tribunaux ordinaires prononcent environ 5 000 condamnations politiques, et pendant leur existence les cours prévôtales connaissent 2 280 affaires dont 1 560 sont de droit commun [32, p. 133-134].

A ce bilan il faudrait ajouter la vague d'épurations qui sévit dans toutes les administrations. Ce sont les sociétés secrètes royalistes et

les comités royaux de toutes sortes qui se chargent de dénoncer les fonctionnaires qui ont prêté serment pendant les Cent-Jours et de recommander les royalistes « purs ». Quelques dizaines de milliers de personnes sont ainsi soit rejetées soit fidélisées : le quart ou le tiers des cadres de l'État.

## La droite se structure en parti

Si les ultras ont un programme immédiat, qu'ils réalisent tant bien que mal, ils ont aussi une ambition plus vaste — faire triompher la contre-révolution —, dans laquelle ils échouent d'emblée. Réunis en vertu de la Charte qu'il ne leur appartient pas de modifier, mis en présence d'un texte constitutionnel qui avalise nombre des acquis révolutionnaires, ils se trouvent, en effet, conduits à n'être qu'un parti : la politique l'emporte sur le politique [18, p. 104-105]. Bien qu'il ne s'agisse évidemment pas d'un parti au sens moderne du mot, c'est-à-dire d'une association disposant d'adhérents, et bien que le terme ait plutôt à cette époque un sens péjoratif, on assiste à la formation d'un groupe défini d'hommes politiques défendant une certaine idéologie, avec l'appui d'une fraction de l'opinion publique (où ne compte, il est vrai, qu'une infime minorité, les électeurs censitaires, qui sont majoritairement des propriétaires terriens).

Au départ, les royalistes de la Chambre introuvable n'ont pas conscience de ne représenter que la droite du pays; ils prétendent exprimer le sentiment de la nation tout entière dont ne s'excluent d'eux-mêmes que quelques esprits dévoyés. Ils n'admettent pas davantage la notion de majorité qui implique une opposition : quand le député Feuillant évoque la majorité avec laquelle il a coutume de voter, il est interrompu par des murmures et le président lui signifie qu'il n'y a de majorité qu'à l'issue de chaque scrutin, sans que rien n'autorise l'engagement de se lier pour voter comme tel ou tel autre [31, p. 141]. Mais la pratique contredit très vite les principes.

Dès le début de la session de 1815, les élus de cette nuance prennent l'habitude de se réunir rue Thérèse, dans le salon et la salle à manger du député Piet — un avocat du Mans — dont l'insignifiance interdit qu'on puisse lui prêter des ambitions. C'est là qu'on se concerte et qu'on arrête des positions communes selon une tactique qui en 1789 a si bien réussi aux patriotes du Club breton. « On prédiscutait les matières, on réglait les ordres du jour,

on votait, on distribuait les rôles, et le vote résolu devenait le mot d'ordre de tout le parti », écrit le baron de Frénilly dans ses *Souvenirs*. Chateaubriand, qui, pendant un certain temps, est l'un des animateurs de ce club dont l'effectif oscille entre 80 et 150, laisse un témoignage spirituel mais fielleux concernant le rôle de Villèle qui, peu à peu, se révèle le vrai chef parlementaire des ultras : « Nous nous asseyions en rond autour d'un salon éclairé d'une lampe qui filait. Dans ce brouillard législatif, nous parlions de la loi présentée, de la motion à faire, du camarade à porter au secrétariat, à la questure, aux diverses commissions. On ramponnait de toutes parts. Nous ne ressemblions pas mal aux assemblées des premiers fidèles peintes par les ennemis de la foi : nous débitions les plus mauvaises nouvelles... M. de Villèle écoutait, résumait et ne concluait pas : c'était un grand aideur d'affaires; marin circonspect, il ne mettait jamais en mer pendant la tempête et, s'il entrait avec dextérité dans un port connu, il n'aurait jamais découvert le nouveau monde » [42, p. 124-126].

Derrière cette réunion il y a les Chevaliers de la Foi qui forment dans la Chambre même une bannière avec, pour banneret, le marquis de Puivert qui est questeur. Ce sont eux qui arrêtent la tactique en comité secret, assurant à la Chambre la cohésion du parti qui étonne Molé : « On le voyait se lever, s'asseoir, parler et se taire comme un seul homme. » Les opposants prennent bientôt conscience de cette action occulte et en créditent à tort la Congrégation qui reste une société pieuse animée par des jésuites. Une autre organisation royaliste, celle des Francs régénérés, qui est née d'une dissidence de la maçonnerie, à l'initiative d'un substitut parisien, Agier, et dont fait partie un futur ministre de Polignac, Guernon-Ranville, cherche aussi un moment à jouer un rôle mais, trop bruyante malgré ses prétentions au secret, elle doit se dissoudre sur ordre du gouvernement. Duvergier de Hauranne, fils d'un député libéral, soupçonne également deux autres sociétés — la Société de l'Anneau et les Bandouliers.

On prête aux ultras un chef, le comte d'Artois — le propre frère du roi —, qui réside avec sa famille dans une partie du Louvre, le Pavillon de Marsan, où ses familiers, le baron de Vitrolles, le comte de Bruges, Jules de Polignac, Mathieu de Montmorency et quelques autres grands noms, sont accusés, par Richelieu lui-même, de constituer autour de Monsieur un « gouvernement occulte » : « Le Pavillon de Marsan souffle et anime tout. » Mais en réalité l'héritier du trône n'a pas assez d'étoffe pour définir lui-même une politique; il ne dit rien d'autre que ce que pense son état-major

auquel il sert de porte-drapeau et de paravent, faute de pouvoir servir de porte-parole auprès de Louis XVIII qui interdit à ses parents toute allusion aux affaires du jour [36, p. 119-124].

Par contre, le futur Charles X étant à la tête des gardes nationales de tout le royaume, avec le droit de désigner tous les officiers, ses amis profitent de la situation pour mettre en place une véritable armée intérieure au service du parti. Le « cabinet vert » noue ainsi des relations confiantes avec les groupements royalistes de province, les « cercles », les « salons », les « sociétés », les « chambres » qui affectent l'apolitisme mais coordonnent en réalité l'action locale des ultras[14]. A Nîmes, dès la fin de l'été 1815, une Société royale (dite parfois Société Bolze, du nom du café qui abrite ses réunions) réunit deux cents notables qui vont jusqu'à entretenir des « permanents » dans la population catholique la plus pauvre [48, p. 170]. En Mayenne, où le goût et l'usage des sociétés d'hommes remonte au XVIIIe siècle, on voit renaître les « jardins » qui permettent aux royalistes de se retrouver et de commenter les gazettes dont on vient prendre connaissance.

Les journaux constituent en effet entre les royalistes le lien le plus important. Il y a non seulement le plus puissant organe de l'époque avec ses 27 000 abonnés, *Le Journal des Débats*, où les Bertin calquent leur attitude sur celle de leur ami Chateaubriand, mais aussi *La Gazette de France* et *La Quotidienne* de Michaud, l'historien des croisades, puis à partir de 1819 *Le Drapeau blanc* que dirige Martainville. Pour échapper à une législation contraignante, des semi-périodiques ne paraissant pas à date fixe cultivent hardiment la polémique : de 1816 à 1819 *La Correspondance politique et administrative* permet à Joseph Fiévée de manifester son esprit frondeur, puis de 1818 à 1820 *Le Conservateur*, voulu par Chateaubriand pour faire de la droite le « parti de l'intelligence », réunit les admonestations fougueuses des hommes de pensée et des polémistes les plus brillants de l'époque contre les écrits libéraux et contre le ministre Decazes, « l'homme qui sert de levier au parti révolutionnaire » [84, p. 53-65]. En province même, des feuilles franchement royalistes apparaissent : ainsi à Bordeaux *La Ruche d'Aquitaine* déborde sur sa droite, à partir de 1819, *Le Mémorial bordelais* trop constitutionnel ; à Caen *L'Observateur neustrien* parvient à tuer *Le Journal du Calvados*, libéral.

Quand les élections législatives d'octobre 1816, qui suivent la dissolution de la Chambre introuvable par Louis XVIII, soucieux de rassurer les puissances étrangères, dégagent un parti « constitutionnel » qui soutient les ministres contre les outrances des ultras,

et à plus forte raison quand, au cours de l'été 1817, un parti des « indépendants » réunissant les adversaires de la monarchie ose se détacher du précédent, il est clair que les ultra-royalistes ne représentent bon gré mal gré qu'un parti et que ce parti est la droite. Du côté du centre sa limite est assez facile à dessiner[15] : il est certain qu'elle laisse à l'extérieur les modérés qu'inspire la pensée des « doctrinaires » (Royer-Collard, le jeune duc de Broglie, François Guizot, Charles de Rémusat et quelques autres), mais elle est capable d'englober — en cas de crise, face à la menace révolutionnaire — un duc de Richelieu ou un comte de Serre qui, en temps ordinaire, désavouent les méthodes des ultras mais partagent leurs préoccupations [1, p. 46-47].

## Un programme pour la droite

C'est à travers les propositions et les débats de la Chambre introuvable, en 1816 — une fois mis en place l'arsenal répressif —, que se précise le programme de la droite. S'il faut le résumer en peu de mots, on peut dire avec Louis de Bonald, élu de l'Aveyron et penseur le plus profond de la majorité, que les royalistes ont en commun la conviction qu'avec la Révolution « l'enfer fut sur la terre », alors que la société française du XVIIIe siècle avait accédé à « l'état le plus fort, le plus spirituel, le plus moral, le plus parfait qui ait jamais été » [36, p. 135]. On souhaite donc un roi paternel mais ferme, rétablissant la constitution sous laquelle la monarchie a resplendi pendant quatorze siècles, un clergé retrouvant sa place et son influence, et une noblesse de nouveau opulente et au sommet de la hiérarchie sociale.

Dans ce but la droite s'en prend systématiquement aux institutions héritées de la Révolution et de l'Empire. A l'initiative de Bonald, elle obtient l'abolition du divorce car avec l'Église elle considère le mariage comme irrévocable, mais les pairs s'opposent à ce qu'on rende l'état civil au clergé; elle propose de supprimer l'Université en tant que corps, mais se heurte au gouvernement et à Royer-Collard; elle suggère à l'État de ne pas reconnaître les dettes de Napoléon, à l'encontre du principe de probité, et elle s'oppose à l'aliénation des forêts qui sont souvent d'origine ecclésiastique, avec l'arrière-pensée de revenir sur la vente des biens nationaux. Ces premières initiatives ancrent pour longtemps dans l'opinion quelques idées simples : la confusion de la notion de droite avec celle de réaction — au sens étymologique du mot —, l'incompatibi-

lité entre la droite et la science, l'existence d'un parti-prêtre qui cherche à rétablir l'Ancien Régime avec son double fondement social et religieux.

Cette dernière impression est confortée par la simultanéité de deux préoccupations qui additionnent leurs effets. D'un côté, l'Église donne un brusque élan à son œuvre de reconstruction et de reconquête des consciences : par exemple les congrégations renaissent ; les missions, ébauchées sous l'Empire, sont relancées par l'abbé Rauzan, chapelain du roi, ainsi que par les jésuites qui, pour ce faire, créent une maison à Laval avec l'aide matérielle de l'aristocratie locale, connue pour ses sentiments ultras, et les cérémonies « expiatoires » pour les « crimes de la Révolution » se multiplient. D'autre part, les royalistes, même s'ils sont loin d'être tous d'une piété exemplaire et d'afficher la ferveur nouvelle du comte d'Artois, identifient avec ostentation la cause de l'Église et celle de la monarchie : dès 1814 une loi a rendu obligatoire l'observation du dimanche et la fermeture des cafés pendant les offices ; en 1816 une ordonnance assure le contrôle du clergé sur l'enseignement primaire, et la loi de finances augmente sensiblement les traitements ecclésiastiques. La notion de cléricalisme, c'est-à-dire d'immixtion des prêtres dans les affaires publiques, prend tout à coup un sens, dans le sillage d'une politique de droite, avec des risques graves pour l'un et l'autre alliés.

Afin d'écarter définitivement du pouvoir la bourgeoisie qui est perçue comme le fourrier de la Révolution, la Chambre introuvable, dont plus de la moitié des députés sont nobles, met en chantier une loi électorale qui abaisserait le cens de 300 à 50 francs au premier degré (l'assemblée de canton). Villèle propose même de descendre à 25 francs avec ce raisonnement : « Si vous voulez que la première classe arrive dans vos assemblées, faites-la nommer par les auxiliaires qu'elle a dans la dernière, descendez aussi bas que vous voudrez et annulez ainsi la classe moyenne, qui est la seule que vous ayez à redouter » [72, p. 189-192]. Il est évident que la proposition a un aspect tactique et circonstanciel, en particulier pour le rapporteur : dans une société encore largement rurale, on croit pouvoir compter — et on n'a pas tort — sur la majorité des paysans propriétaires[16] ; mais, en même temps, nombre de royalistes, bien que fortement traumatisés et radicalisés par les Cent-Jours, sont demeurés attachés à l'idée de représentation nationale. Dans un débat qui pourtant tourne court, on voit donc ainsi poindre la diversification à venir de la droite : pour les uns il faut se contenter de tirer le meilleur parti possible de la Charte — une

innovation qu'on n'a pas souhaitée — et tenir les élections pour un pis-aller ; d'autres, qui ne nient pas l'unité du pouvoir d'État au profit du roi, pensent que le monarque peut trouver avantage à élargir au plus grand nombre possible de gouvernés une certaine expression politique — le suffrage est alors considéré comme une fonction — ; mais certains vont jusqu'à regarder le suffrage comme un droit, comme l'expression d'une souveraineté originaire du peuple, extérieure au roi — c'est alors l'acceptation de l'un des principes fondamentaux de 1789 [48, p. 153-160].

La confusion et l'ambiguïté sont encore plus nettes, au cours de la même session, lorsque les ultras revendiquent le droit pour la Chambre de renverser le gouvernement et par conséquent réclament la reconnaissance du régime parlementaire. C'est l'ultra Clausel de Coussergue qui s'écrie à la tribune : « Consacrons comme les Anglais l'alliance perpétuelle de la majorité des chambres avec le ministère. » C'est le baron de Vitrolles qui, dans sa brochure *Du ministère dans le gouvernement représentatif*, soutient que « dans les gouvernements représentatifs l'opinion est souveraine, et le ministère doit être pris nécessairement parmi les hommes que les Chambres désigneraient si elles étaient appelées à le choisir librement[17] ». C'est surtout Chateaubriand qui publie *De la monarchie selon la Charte* où sont exposés la théorie et le programme d'un gouvernement parlementaire appliqué par une majorité royaliste ; les ministres ont une responsabilité qui est non seulement pénale mais aussi politique : « On peut tout examiner sans blesser la majesté royale, car tout découle d'un ministère responsable. »

Si l'arrière-pensée tactique de l'ouvrage est évidente, son contenu n'en est pas moins à la fois libéral et contre-révolutionnaire. « Les choses politiques de la Révolution mais non les hommes de la Révolution, écrit Chateaubriand, voilà tout mon système. » Comme il croit à l'évolution des sociétés humaines — peut-être même à leur progrès indéfini —, il juge chimérique toute tentative de retour à l'Ancien Régime. La liberté est une bonne chose, mais c'est « la royauté légitime constitutionnelle [qui est ] le chemin le plus doux et le plus sûr » pour y conduire. A deux conditions : rendons à l'aristocratie l'administration du pays pour qu'elle le royalise, et rétablissons une Église indépendante dans sa gestion, moralement liée à l'État (comme l'Église anglicane à l'État anglais), et chargée de l'assistance et de l'instruction populaire. Même si Benjamin Constant peut ironiser sur « cette Charte selon l'aristocratie », il y a là l'amorce d'un libéralisme hors de la gauche libérale, et la preuve que la droite peut ne pas tout entière partager

la vision figée et immuable des choses que tendent à imposer alors ses théoriciens les plus en vogue [61, p. 267-271; 60, p. 53-58].

*Une doctrine pour la droite*

Au moment où ils se constituent un parti, les ultras découvrent, à travers divers ouvrages théoriques qui pour la plupart sont déjà anciens mais dont la diffusion a parfois été jusque-là entravée, une doctrine contre-révolutionnaire relativement cohérente dans laquelle ils se reconnaissent d'emblée et dont ils nourrissent leur pensée.

Voilà qu'on réédite, du Britannique Edmund Burke — l'inspirateur durable du traditionalisme —, les *Réflexions sur la Révolution de France* qui, dès 1790, ont contesté l'idée qu'on puisse bâtir une nouvelle cité d'une manière abstraite. Contre Rousseau, Burke soutient qu'il n'y a jamais eu de contrat social et qu'en conséquence, on ne peut pas en définir un nouveau; contre Sieyès, il soutient que la notion de souveraineté nationale est inconciliable avec celle de gouvernement car elle oublie les problèmes concrets (la force publique, la discipline militaire, l'exactitude des paiements, la sûreté des propriétés, etc.); contre la Déclaration des droits de l'homme, il vante les droits concrets qui sont fonction des circonstances de temps et de lieu — par exemple les Droits des Anglais. Il ne croit pas aux institutions dépersonnalisées : comment pourrait-on aimer un roi constitutionnel? Il « deviendra un homme comme un autre, et la reine simplement une femme, or une femme n'est qu'un animal, et encore n'est-il pas du premier ordre ».

La Nature, si chère aux philosophes du XVIII<sup>e</sup> siècle, est également rejetée par Burke comme concept abstrait; elle n'est, à une époque donnée, que le résultat d'un long développement historique. La nature, c'est l'histoire, c'est l'expérience, c'est une somme d'habitudes créées par le déroulement des siècles. Ainsi les Anglais « regardent leurs franchises et leurs droits les plus sacrés comme un héritage... Par cette politique constitutionnelle, nous recevons, nous possédons, nous transmettons notre gouvernement et nos privilèges de la même manière que nous recevons, nous possédons et nous transmettons nos propriétés et la vie ». Les préjugés eux-mêmes entrent dans cet ordre naturel. Burke n'accepte pas qu'à l'ouverture des États généraux le Chancelier de France ait déclaré que toutes les occupations sont honorables : « les occupations d'un perruquier ou celles d'un chandellier ne peuvent être

source d'honneurs. L'État ne doit exercer aucune oppression sur des hommes de cette classe, mais l'État en aurait une très grande à souffrir si, tels qu'ils sont, on leur permettait de gouverner ». Burke soutient une conception aristocratique de la société, rejette la démocratie — la loi du nombre[18] — qui lui semble antinaturelle, et pense avec les utilitaristes[19] que l'intérêt des masses veut qu'on remette la gestion des affaires qui les touchent, non pas à elles-mêmes, mais à ceux qui savent.

Il est également horrifié par la confiance que philosophes et révolutionnaires accordent à la raison individuelle alors que dans l'ordre privé des hommes ne sont pas toujours capables de gérer leurs propres affaires. Il lui oppose la raison collective, c'est-à-dire la manière de pensée traditionnelle de tous les habitants d'un pays. Lorsqu'il défend l'ordre hiérarchique, lorsqu'il fait l'éloge de la chevalerie, il ne se fonde pas sur une simple nostalgie pour le passé féodal mais il éprouve plutôt une inquiétude toute moderne devant les effets de la rationalisation des relations sociales [2, p. 56-74; 6, p. 112-120].

Dans ce merveilleux arsenal où toutes les droites à venir puiseront des armes, figure également Joseph de Maistre, qui jusqu'en 1814 n'est guère connu que des anciens émigrés (Maistre représente jusqu'en 1817 son souverain, le roi de Piémont-Sardaigne, à la cour de Saint-Pétersbourg). Grâce à la Restauration, ses *Considérations sur la France* de 1797 connaissent une « grande explosion »[20]. Ses idées, d'inspiration religieuse[21], reposent sur la conviction qu'il existe un ordre providentiel en vertu duquel tout se déroule[22]. Dieu a puni la France par la Révolution pour avoir trahi sa mission chrétienne et avoir démoralisé l'Europe au temps des Lumières impies, mais Dieu n'a pas voulu qu'elle fût démembrée par la coalition de l'Europe monarchique et l'a sauvée par les jacobins : la Terreur était « à la fois un châtiment épouvantable pour les Français et le seul moyen de sauver la France ». Dès lors, que peut faire l'homme dans l'ordre politique? D'une part, s'allier à la religion qui peut seule fonder les choses humaines : ainsi le providentialisme maistrien débouche sur la théocratie. D'autre part, s'abstenir de toute construction préalablement définie par l'esprit : c'est une illusion notamment de vouloir écrire une constitution. Joseph de Maistre constate qu'il n'a jamais existé que deux modes de formation des constitutions : ou bien celles-ci ont « germé d'une manière insensible », par la réunion de circonstances que nous appelons fortuites parce que nous ignorons les lois de la Providence; ou bien elles ont un auteur unique qui « se fait obéir[23] ».

Enfin, de Maistre s'insurge lui aussi dans un passage célèbre contre la notion d'homme en soi : « Il n'y a point d'*homme* dans le monde. J'ai vu dans ma vie des Français, des Italiens, des Russes, etc. ; je sais même, grâce à Montesquieu, qu'on peut être persan ; mais quant à l'homme, je déclare ne l'avoir rencontré de ma vie ; s'il existe, c'est bien à mon insu » [6, p. 501-506].

Mieux encore, les députés ultras de la Chambre introuvable découvrent dans leurs rangs Louis de Bonald qui, en 1796, a publié en Suisse la *Théorie du pouvoir politique et religieux*, mise au pilon par le Directoire, mais ils lui accordent plus de déférence que de faveur politique. Chez cet impitoyable logicien, à la pensée austère mais profonde, au style pesant, la Révolution est condamnée en bloc comme découlant de l'hérésie protestante. Tout pouvoir bien constitué doit être indépendant des hommes, et par conséquent absolu, car le pouvoir préexiste à toute société ; il est primitivement de Dieu qui en a mis la nécessité dans la nature des êtres. « Déclarer le peuple souverain dans la crainte hypothétique qu'il ne soit opprimé comme sujet[24], présupposer l'oppression pour justifier la résistance, c'est imiter un insensé qui bâtirait sa maison au milieu d'un torrent pour avoir de l'eau en cas d'incendie » [5, p. 509-510].

Bonald condamne l'individualisme révolutionnaire. L'individu n'a pas de droits, il n'a que des devoirs : il n'existe que pour la société, il est formé par elle et ce n'est pas lui qui la forme. D'où un refus radical de la morale du bonheur : « L'État doit faire peu pour les plaisirs des hommes, assez pour leurs besoins, tout pour leurs vertus. » La société moderne qui, conséquemment à la Révolution, n'est plus qu'une poussière d'individus est « inconstituée », à la différence du Moyen Age ou de l'Ancien Régime, sociétés consti- tuées composées de corps. Tout tend à « faire corps » dans le monde social, en passant par la famille et les professions. Il n'y a d'individus socialement valables qu'encadrés, à travers les métiers notamment (cette vision des choses est à la racine de tous les mouvements dits corporatistes[25]).

En fin de compte, trois grandes idées communes à ces théoriciens séduisent les royalistes. D'abord l'opposition des leçons de l'expé- rience aux rêves universalistes et aux prétentions rationalistes : « Je reconnais en politique une autorité incontestable qui est celle de l'histoire », écrit Bonald. En deuxième lieu, la société et par conséquent l'État l'emportent sur l'individu : les individus n'existent que dans et pour la société, ils n'ont pas de droits mais des devoirs envers elle. Enfin l'ordre est plus important que le

progrès : l'ordre traditionaliste est essentiellement hiérarchique, le gouvernement le plus naturel à l'homme est la monarchie. A la pensée libérale qui croit pouvoir construire un monde à partir des seules ressources de l'esprit humain, la pensée de droite oppose l'acceptation d'une harmonie préétablie.

Cependant ne gommons pas trop les nuances qui existent entre ces fondateurs de la pensée de droite, car elles annoncent les diversités ultérieures : ainsi, quand Burke estime qu'en 1789 la France aurait dû choisir une voie de développement politique différente, il accepte implicitement des réformes qui sont inacceptables pour d'autres théoriciens de la contre-révolution; ou bien quand de Maistre, obsédé par le péché originel « qui explique tout et sans lequel on n'explique rien », développe une mystique, il tourne le dos à ceux qui cherchent une nouvelle scientificité et croient, avec Bonald, que la volonté divine est lisible.

Au début de la Restauration, d'autres auteurs enrichissent la doctrine. Retenons surtout Lamennais — au premier stade de sa pensée; l'*Essai sur l'indifférence en matière de religion* (1817), qui assure d'emblée au prêtre breton une place éminente dans l'Église du temps, vise essentiellement à arracher les esprits à l'agnosticisme en présentant le christianisme comme « l'extension, la dilatation » d'une révélation primitive dont toutes les sociétés humaines sont dépositaires, mais on y trouve aussi exaltées les nations constituées par la tradition, où les lois et les mœurs sont en harmonie avec la morale chrétienne. C'était le cas de l'Ancien Régime : « Il existait, il y a trente ans, une nation gouvernée par une race antique de rois d'après une constitution la plus parfaite qui fût jamais et selon des lois qu'on aurait pu croire à plus juste titre celles des anciens Romains descendues du ciel, tant elles étaient sages, pures, bienfaisantes et favorables à l'humanité. » Lamennais milite quelques années dans le journalisme ultra[26], il soutient que le régime français devrait être une théocratie, que toutes les couronnes devraient être solidaires les unes des autres, que les nations chrétiennes ont pour souverain unique le pape, les rois n'apparaissant que comme les ministres temporaires du pontife dans les nations considérées. Mais Lamennais perd vite toute illusion concernant les possibilités et la volonté des Bourbons de créer un ordre nouveau [61, p. 299-301].

## Une culture pour la droite

Les députés ultras de 1815-1816 et leurs amis politiques sont sans doute loin d'avoir tous lu les essais doctrinaux auxquels se

réfèrent avec fierté les plus intellectuels d'entre eux, mais ils en partagent du moins une certaine culture et le respect de valeurs communes.

Vient en tête l'attachement à la propriété foncière auquel le Mayennais Le Clerc de Beaulieu accorde un caractère sacré et monarchique : « Voyez depuis les bénéfices militaires distribués par Clovis jusqu'au cens électoral fixé par Louis XVIII la monarchie française appuyée sur la propriété, et les deux légitimités, celle du trône et celle de la propriété, traversant ensemble les siècles » [76, p. 156]. Ceux qui ont émigré outre-Manche ont été séduits par l'Angleterre verte où — explique le vicomte de Walsh — le gentilhomme fait « hisser sur ses tours son pavillon armorié » pour prévenir de son retour de Londres ; et cela parce que les nobles anglais ont su faire de leur « influence » et de leur « patronage » un bienfait pour le pays qu'ils occupent huit mois par an, et parce que leurs voisins plus humbles, ignorant la « haine de supériorité », « ne s'irritent point de la hauteur de leurs tours ou de l'étendue de leurs parcs » [83, p. 55]. La terre seule assure la continuité des familles et la stabilité de la société, tandis que l'économie commerciale est par essence corruptrice. La pensée économique de cette droite est sommaire : malthusienne, fermée à l'innovation capitaliste, elle se limite souvent à la réflexion fiscale et rêve d'une communauté de petits producteurs et d'artisans indépendants.

Avant qu'il ne dépeigne avec férocité ce qu'est réellement la France de la Restauration, Balzac — dans son introduction à *La comédie humaine* — explique son aspiration à un accord entre le roi et l'Église. Comme lui, la droite voudrait que les principes l'emportent sur les intérêts, « comme l'âme doit commander au corps, pour que l'homme soit véritablement heureux », écrit le marquis de Bailly [76, p. 170]. A cette époque où les thèmes du romantisme coïncident avec la difficulté d'être, la solitude, le malaise qu'éprouve l'aristocratie[27], on s'accroche encore plus par sentiment que par raison aux deux piliers de l'ordre social. La vénération pour la monarchie remplace souvent le moindre essai de justification : le garde du corps Georges de La Broise — futur député légitimiste de 1849 — gardera toute sa vie « les gants qui avaient touché les mains royales », celles de la duchesse de Berry, lors d'un bal à l'Élysée ! Pour les royalistes, le modèle est plutôt Henri IV ou Saint Louis que Louis XIV, avec une pointe de nostalgie pour un Moyen Age artificiellement et sentimentalement reconstitué. Quant à la religion, elle est habilement mise au service du régime grâce au patronage des nobles, à l'élitisme du clergé

régulier et au populisme des séculiers qui savent encadrer les masses croyantes à un moment où elles connaissent une certaine disponibilité.

Enfin les ultras sont tous convaincus qu'il leur appartient d'assumer les responsabilités, et notamment la direction des municipalités. A Argentré (Mayenne), quand le maire Sébastien de Berset meurt, son fils, châtelain d'Hauterive, le remplace tout naturellement : « J'ai désiré vous transmettre un titre héréditaire », lui écrit le préfet, sans grand souci de la réglementation en vigueur. Contre la multiplication des fonctionnaires considérés comme coûteux, on vante les avantages du « propriétaire administrateur ». « J'aime à rencontrer un magistrat allant à sa maison de campagne et passant ses vacances à faire ses récoltes au lieu de les passer à Paris à demander de l'avancement », dit Le Clerc de Beaulieu qui, par ailleurs, redoute que le préfet n'écrase le grand propriétaire : « Vous ne sauriez avoir la prétention d'ériger en autant de vice-royautés vos 86 préfectures », lance-t-il aux ministres [76 ; p. 172].

Propriété, tradition, respect des hiérarchies naturelles, mais aussi toute-puissance du père, méfiance à l'égard de l'argent et des villes, esprit de soumission, éducation du peuple plutôt que son instruction, appel constant au bon sens, ces notions simples mais cohérentes suffisent à mobiliser beaucoup d'électeurs dans les terres de fidélité : l'Ouest, de la Bretagne à la Vendée, l'Aquitaine, le Languedoc, la Provence, le Lyonnais et la Franche-Comté [1, p. 60-63]. Ajoutons-y un pessimisme profond et une certaine démesure dans la dénonciation, et on comprendra mieux qui est l'ultra.

## II. LA VRAIE DROITE :
## DE L'ULTRACISME AU LÉGITIMISME

A la suite de la dissolution de la Chambre introuvable, au sein de laquelle la majorité de droite n'a pu que très partiellement faire prévaloir ses vues sur celles des ministres du roi, les élections d'octobre 1816 se traduisent par l'échec de nombreux sortants. Les adversaires du régime, renonçant cette fois à leur abstentionnisme, se coalisent avec les modérés, stimulés par les préfets, pour faire élire des « constitutionnels » contre les ultras. Malgré le soutien des

agents du pavillon de Marsan, la droite n'a pas plus de 90 sièges
sur 238. On imagine aisément sa colère contre le gouvernement du
duc de Richelieu, et plus précisément contre Decazes qui a dirigé
l'opération; elle entre pour trois ans et demi dans une opposition
irréductible.

## Sous l'empire du ressentiment

Certains royalistes renouent avec la stratégie imaginée dès 1789
par leurs devanciers, le coup de force. On en parle couramment :
Bonald écrit en 1819 « qu'il faudra incessamment finir par un coup
d'État »; Vitrolles voudrait en 1820 qu'on se décide à se donner
pour de bon « tout à coup un roi » en concentrant « un grand
pouvoir dans une seule main »; l'avocat Berryer et un député ultra
échafaudent un jour un vrai « manifeste de Brunswick en dialogue », au dire de Charles de Rémusat; Madame de Damas « ne
rêve que coup d'État... Rien ne m'arrête, rien ne m'effraie » [36,
p. 139-140]. Quelques impatients poussent au crime ou
commencent même à passer à l'acte : en 1817 on se demande si le
général Canuel, commandant à Lyon la région militaire, n'a pas
organisé lui-même le mouvement insurrectionnel qui a endeuillé la
ville pour faire échec à la politique de réconciliation et de pacification du ministère; en 1818 une « Conspiration du bord de l'eau »,
nouée lors de conversations imprudentes sur la terrasse des Tuileries, aurait eu pour but de saisir les ministres, d'en imposer de
meilleurs à Louis XVIII et, en cas de refus, de le déposer, voire de
le traiter « à la Paul Ier » au bénéfice du comte d'Artois. Que
Decazes ait gonflé ces affaires pour achever de brouiller le roi avec
son frère, c'est probable[28], mais il n'en reste pas moins que la droite
nourrit continûment des projets violents.

A la Chambre des députés, elle se lance dans une opposition
systématique mais confuse. D'abord, en 1817, contre la loi électorale du ministre Laîné qui prévoit la réunion annuelle des électeurs
à 300 francs de cens au chef-lieu du département, pour le renouvellement par cinquième des députés. Villèle reprend son idée d'élargissement du suffrage aux « auxiliaires naturels des possesseurs de
grandes propriétés et de grandes fortunes »; l'intention est claire,
noyer la bourgeoisie sous la masse de la paysannerie, ce qui
souligne le caractère équivoque d'une proposition apparemment
généreuse. Bonald demande que la commune devienne la base de la
représentation, mais il se garde de déposer un contre-projet. La

droite se contente finalement de soutenir sans succès l'amendement étriqué Barthe-Labastide qui aurait instauré deux degrés pour les contribuables à 300 francs. Quand en 1819 les effets de la loi Laîné se révèlent désastreux, c'est à la Chambre des pairs que la droite entraîne les « cardinalistes » — le centre droit qui a l'habitude de se concerter chez le cardinal de Bausset — à réclamer un nouveau débat : Decazes brise cette majorité en faisant nommer par Louis XVIII une fournée de 59 pairs, « comme on verse, dit un plaisant, une pinte d'eau dans du bouillon » [31, p. 162-163 et 169].

Une seconde loi importante, soumise aux Chambres, alarme la droite en 1818 : la loi militaire du maréchal Gouvion Saint-Cyr (qui reste en vigueur dans ses grandes lignes pendant un demi-siècle). Non seulement le tirage au sort d'un contingent annuel rappelle la conscription honnie de l'époque impériale, alors que les royalistes prônent l'armée de métier, non seulement l'existence d'une « vétérance » implique le recours pour la réserve aux anciens soldats de la Grande Armée — c'est-à-dire, selon un ultra, aux hommes « qui aspirent au renversement » —, mais surtout l'établissement de règles strictes pour l'avancement — à la place du libre choix du roi — met en cause l'un des derniers privilèges de l'aristocratie nobiliaire. Monsieur adresse à son frère une protestation plus véhémente que jamais; Louis XVIII y répond par une claire formulation de son programme d'union : « Le système que j'ai adopté et que mes ministres suivent avec persévérance est fondé sur cette maxime qu'il ne faut pas être le roi de deux peuples, et tous les efforts de mon gouvernement tendent à faire que ces deux peuples, qui n'existent que trop, finissent par en former un seul. »

Enfin, en 1819, les lois fort libérales sur la presse présentées par le comte de Serre, et fondées sur la liberté de publication et sur la compétence du jury en cas de procès, embarrassent grandement la droite qui reste pratiquement silencieuse : elle se refuse à soutenir un ministère et des principes qu'elle désavoue, mais elle pense déjà aux facilités qu'elle en attend pour ses propres périodiques.

Dans leur effort pour revenir au Concordat de Bologne de 1516, les royalistes ne sont pas plus heureux. Leurs prétentions et leur désir de rétablir l'Église d'Ancien Régime comme base de la monarchie alarme les libéraux. Pour faire ratifier par la Chambre le nouveau traité signé à Rome par Blacas en 1817, le ministère croit devoir multiplier les concessions aux gallicans; mais alors ce sont les ultras qui s'indignent de sorte que Laîné retire le projet. Le comte de Marcellus, Chevalier de la Foi, avait consulté le Saint-

Siège pour savoir si la droite pouvait faire des concessions, et il en avait reçu une réponse négative : l'ultramontanisme tend à l'emporter sur les traditions gallicanes [89, p. 329-334].

En politique étrangère, les royalistes, insensibles au désir du duc de Richelieu d'obtenir rapidement la libération du territoire pour garantir l'indépendance nationale, semblent préférer en 1818 la poursuite de l'occupation du pays par les vainqueurs de 1815, tant ils craignent le renouvellement des troubles populaires et des atteintes à la propriété qui ont accompagné la crise frumentaire de 1816-1817 [23, p. 51-54]. Vitrolles a même l'imprudence d'adresser aux Alliés une note qui présente la France dans une situation si critique qu'elle devrait les dissuader de l'évacuer. Malgré le désaveu de Villèle, la droite semble ainsi faire prévaloir ses intérêts égoïstes de parti sur le patriotisme et sur l'intérêt national [32, p. 149-150].

Chez les électeurs censitaires, ce bilan politique provoque le découragement ou le désespoir. La droite perd une douzaine de sièges de députés au renouvellement partiel de 1817, au profit du parti ministériel, puis elle en perd 15 en 1818, au profit des « indépendants », et elle en perd encore 10 en 1819. A ce dernier scrutin, ses rancunes sont si fortes contre les amis modérés du gouvernement qu'une partie des royalistes se jette dans la politique du pire : à Grenoble, des ultras contribuent à l'élection de l'ancien évêque constitutionnel Grégoire en espérant discréditer ainsi toute l'opposition. Pour Bonald, le retour du conventionnel outrage à la fois « la société dans la personne de son chef, les mœurs politiques et la nature elle-même ».

Le chef du gouvernement, Decazes — favori du roi —, cherche alors à se rapprocher de la droite pour une révision de la loi Laîné si défavorable à l'un et à l'autre. Mais les ultras se divisent sur la tactique à suivre. Les « impatients », conduits par La Bourdonnaye et même Corbière, voudraient se venger du centre droit en mêlant leurs voix à celles de la gauche contre les ministres ; ils ont l'appui de Chateaubriand qui se déchaîne contre une politique royaliste menée sans les royalistes, « sorte d'escroquerie où on espère tantôt dérober un homme, tantôt filouter une majorité » [31, p. 180]. Par contre les « circonspects », conduits par Villèle — qui finalement l'emporte au conseil supérieur des Chevaliers de la Foi —, préfèrent laisser Decazes opérer le revirement envisagé pour qu'il en porte l'odieux auprès de ses anciens alliés [32, p. 162]. Mais l'assassinat du duc de Berry, le 14 février 1820, change tout : le meurtrier est un isolé, toutefois les royalistes les plus exaltés accusent et

menacent le président du Conseil qui est contraint de se retirer et de laisser la place à Richelieu. « Le pied lui a glissé dans le sang », écrit Chateaubriand. L'essai de tiers parti a échoué; le centre se disloque et ses membres doivent choisir entre la droite ragaillardie et les libéraux.

### La droite au pouvoir, en fin de règne

Affaibli par la vieillesse et la maladie et soumis de plus en plus à l'influence d'une nouvelle favorite, Madame de Cayla, qui le neutralise — « l'Esther et la Maintenon du parti dévot », selon Sainte-Beuve -, Louis XVIII laisse faire désormais : un second ministère Richelieu de centre droit (1820-1821) dans lequel l'homme fort est Hercule de Serre — qui tourne le dos à ses anciens amis doctrinaires —, puis un ministère ultra-royaliste dominé par la personnalité de Villèle, placé d'abord aux Finances avant d'accéder à la présidence du Conseil en 1822, développent une politique de répression et de réaction.

Ministériels et droite unis font passer de justesse trois lois antilibérales dès 1820. Un texte suspend la liberté individuelle en autorisant la détention sans jugement des personnes prévenues de complot contre le roi ou sa famille; c'est la Charbonnerie, société secrète de gauche alors en plein essor, qui en fait les frais. Une loi sur la presse rétablit l'autorisation préalable et, à titre temporaire, la censure, malgré la désapprobation de Chateaubriand et de Fiévée. Une nouvelle loi électorale, dite du double vote, qui continue à réserver le droit de suffrage à une marge étriquée de citoyens[29], permet au quart des électeurs les plus imposés d'élire au scrutin départemental 172 députés, en plus des 258 élus par tous les électeurs censitaires au scrutin d'arrondissement, de sorte que les riches votent deux fois; or, ce sont les plus riches qui votent le plus à droite[30]. Les élections sont dès lors très favorables aux ultras qui se réjouissent avant tout de l'échec des constitutionnels : « On sait maintenant ce que veut la France », écrit *Le Défenseur* qui, en mars 1820, a pris la succession du *Conservateur*, « elle veut qu'il n'y ait plus dans la Chambre que deux partis et qu'on ne s'obstine plus à chercher un milieu entre la religion et l'athéisme, entre l'ordre et la licence, entre la fidélité et la trahison » [24, p. 282]. 75 anciens de la Chambre introuvable sont réélus, dont beaucoup de « pointus », de ceux que Villèle appelle maintenant les « excités », les « exagérés », les « fous » (comme Béthisy, Duplessis de Grenédan

ou Vaublanc) : c'est de justesse qu'on les empêche de former une « réunion » capable de concurrencer le vénérable salon de Piet et de « lever un étendard à l'extrême droite » [42, p. 181-183].

Dès lors la droite se montre plus exigeante que jamais en matière de places. Elle avait déjà fait révoquer de nombreux préfets, fait destituer de son poste d'inspecteur général de l'infanterie le général Foy — vétéran de l'Empire et député libéral —, fait remplacer le banquier Laffitte comme gouverneur de la Banque de France, fait sanctionner les doctrinaires en les excluant du Conseil d'État et des directions de ministère. Cette fois, elle exige des portefeuilles ministériels ; le duc de Richelieu accepte de faire entrer dans son cabinet Villèle et Corbière, mais sans attribution précise. Très vite la solution se révèle inconfortable ; la « faction des impatients » regrette notamment qu'en politique étrangère le gouvernement ne soutienne pas hardiment l'interventionnisme de la Sainte-Alliance contre les mouvements libéraux italiens, si bien que Richelieu, lâché par le comte d'Artois et ses amis, doit démissionner.

Villèle, assisté de Corbière à l'Intérieur et de Montmorency aux Affaires étrangères, donne du premier passage de la droite au pouvoir une image nuancée et plutôt décevante. Sans doute est-il bon financier et bon administrateur, capable de présenter des budgets excédentaires et bien bâtis, mais c'est au prix d'une centralisation renforcée, contraire aux espérances des ultras. « Cet homme au caractère méticuleux, aux allures étroites, à l'esprit arithmétique, se concentrait dans la contemplation de sa caisse », note Frénilly qui pourtant le soutient. Sans doute aussi Villèle brise-t-il l'opposition libérale, mais c'est souvent à l'aide de petits expédients et de petites vengeances : épuration des fonctionnaires, distribution sélective des faveurs du pouvoir (attribution de bureaux de tabac, de décorations, promesses de chemins vicinaux, etc.), listes électorales établies de mauvaise foi par les préfets. « Il ne voyait jamais les affaires par le côté élevé », dit Pasquier qui, il est vrai, ne l'aime pas [32, p. 179]. En particulier de nouvelles lois sur la presse (1822) cherchent à bâillonner sournoisement l'opposition en aggravant le texte de 1820 et en inventant le « délit de tendance », sous des rubriques aussi vagues que « l'atteinte à la paix publique, au respect dû à la religion d'État, à l'autorité du roi, à la stabilité des institutions » ; par ailleurs, le ministère s'efforce de racheter les journaux qui le gênent, à l'aide d'une « caisse d'amortissement » imaginée par Sosthène de La Rochefoucauld [84, p. 74-77].

Villèle, qui n'est personnellement qu'un tiède chrétien d'habi-

tude, accepte également de satisfaire les Chevaliers de la Foi dans leur désir de renforcer l'influence de l'Église : c'est le début de « l'alliance du trône et de l'autel » derrière laquelle la gauche voit bientôt — à tort — la main de la Congrégation qu'elle dénonce. Les autorités officielles s'associent aux missions en participant aux cérémonies, en interdisant les bals et carnavals, en prêtant les musiques militaires et en punissant les fonctionnaires qui ne pavoisent pas. Le Panthéon est rendu au culte, débarrassé des dépouilles de Voltaire et de Rousseau. Mgr Frayssinous est nommé grand-maître de l'Université, avec le projet d'unir l'éducation et la religion, de recruter un personnel enseignant religieux et de confier au clergé la surveillance des établissements ; des cours universitaires sont suspendus, de nouveaux séminaires — qui grignotent le monopole — sont ouverts, l'épiscopat reçoit le pouvoir d'autoriser les maîtres du primaire. Cependant certains catholiques, poussés par les articles virulents de Lamennais dans *Le Drapeau blanc* et des abbés Salinis et Gerbet dans *Le Mémorial catholique*, jugent ces mesures insuffisantes ; ils demandent que les congrégations religieuses seules se consacrent à l'enseignement : c'est l'amorce d'un parti catholique.

La politique étrangère entraîne des dissentiments encore plus profonds pour l'immédiat. Alors qu'en Espagne la monarchie absolue de Ferdinand VII est tenue en échec par les libéraux, Montmorency préconise une intervention militaire de la France au nom de la Sainte-Alliance. Mais Villèle hésite, craignant à la fois l'infidélité des militaires, l'opposition anglaise et le coût financier de l'opération ; il désavoue son ministre, Montmorency, qui démissionne en décembre 1822 : le gouvernement s'aliène du même coup l'opinion des salons aristocratiques et du parti dévot. Un nom prestigieux semble nécessaire pour calmer les esprits, et c'est Chateaubriand qui est appelé aux Affaires étrangères. Encore plus interventionniste, dans le souci de donner à la France royaliste l'éclat d'une victoire militaire, l'illustre écrivain fait décider une expédition qui réussit très facilement. Villèle en profite pour provoquer des élections générales qui lui donnent un succès écrasant : les libéraux, partis 110, ne reviennent que 19 ; c'est la « Chambre retrouvée », qui s'empresse de supprimer le renouvellement annuel par cinquième et de porter à sept ans la durée de son mandat. Puis, jaloux de son collègue, Villèle fait renvoyer Chateaubriand « comme un laquais », sous prétexte qu'il n'a pas soutenu auprès des pairs ses projets financiers (juin 1824). Faute énorme, car la victime ne songe plus qu'à se venger ; Chateaubriand dit à

Berryer, en montrant son écritoire : « Avec cela j'écraserai le petit homme » [32, p. 192-193].

Au moment où meurt Louis XVIII qui depuis longtemps ne gouverne plus (16 septembre 1824), la droite, si dominante à la Chambre, est en réalité entravée par des oppositions de personnes qui recouvrent aussi des divergences de stratégie. Les « pointus », conduits par La Bourdonnaye, constituent une « contre-opposition » de plus en plus marquée qui s'en tient à l'esprit de la Chambre introuvable et au rêve d'une monarchie aristocratique, étrangère à la Charte et au présent; ils réclament avant tout des places pour leurs amis [42, p. 207-211], non pas par goût du pouvoir ou pour des raisons d'intérêt pécuniaire, mais avec la conviction que seuls des royalistes irréprochables peuvent faire une bonne politique; selon eux, l'action est moins affaire de compétence que de morale et de vertu. Les Chevaliers de la Foi sont aisément sensibles à leurs indignations contre la prudence et la modération de Villèle, surtout après la brouille de celui-ci avec Mathieu de Montmorency; aussi le président du Conseil compte-t-il sur la vigilance du comte de Rougé, chez lequel se tiennent les réunions de l'Ordre, pour s'assurer de la fidélité des 120 députés qui y sont affiliés. Par contre *La Quotidienne* est irrémédiablement perdue pour le gouvernement, maintenant que Michaud a compris qu'on a cherché à le déposséder de son journal.

Par ailleurs Chateaubriand, soutenu par *Le Journal des Débats*, inspire la « défection » qui représente pour Villèle une menace encore plus forte car elle est capable de séduire les jeunes générations, en défendant sincèrement les libertés publiques, la liberté de la presse, l'extension du droit de suffrage, contre la politique autoritaire et centralisatrice du ministère. Clausel de Coussergues et Hyde de Neuville parmi les députés, le duc de Fitz-James parmi les pairs partagent cette conviction que la monarchie légitime n'a rien à craindre de la liberté. Cette sensibilité de droite récuse une politique qui s'arc-boute sur des positions rétrogrades car, si elle juge dangereux de vouloir accélérer le mouvement spontané du progrès, il lui semble vain de vouloir arrêter le cours de l'histoire. Elle trouve son expression doctrinale dans l'œuvre complexe et difficile de Pierre-Simon Ballanche, pour qui la fidélité est vaine si elle refuse l'esprit d'émancipation. Ballanche objurgue les ultras d'abandonner leurs « théories de désuétude » et leurs « rêves d'autrefois », d'acquiescer à la marche progressive du peuple : « Hâtez-vous de vous identifier avec nos destinées, car il est de la nature de nos destinées d'être éternelles » [14, p. 18].

En fin de compte, ces différents courants tendent à réduire au Palais-Bourbon l'appui dont dispose à coup sûr Villèle aux 120 ou 140 « ventrus » sensibles aux faveurs du pouvoir. Quant à la Chambre des pairs, elle comporte trop de membres nommés à l'époque constitutionnelle pour être aisément acquise au gouvernement, sans compter que les « cardinalistes » risquent de se laisser entraîner par Chateaubriand. Ainsi l'ultracisme, au moment de son apogée, est moins homogène que jamais : le « parti » fait place à une juxtaposition de coteries.

## La droite sous un roi de rêve

« Le nouveau règne commence sous les plus heureux auspices », écrit Molé avant de déchanter; « toutes les paroles du roi ne tendent qu'à réunir » [36, p. 306]. A soixante-sept ans Charles X sait toujours plaire, mais derrière d'indéniables qualités de cœur et des convictions religieuses ferventes il n'y a qu'une intelligence médiocre et surtout une incompréhension totale de la France nouvelle. Foncièrement absolutiste mais sans goût pour l'apparat, il rêve d'une monarchie patriarcale soutenue par une noblesse à laquelle on aurait rendu ses droits. Dans la pratique, il laisse dire et faire ses amis qu'il cautionne et dirige fort peu : une aubaine pour la droite ultra, et une déception rapide pour les modérés. « L'œuvre des royalistes n'est pas finie, elle commence », lit-on dans *La Quotidienne*.

Le sacre de Charles X (29 mai 1825) dans la cathédrale de Reims selon le rite ancien donne le ton : le roi prosterné devant l'archevêque, l'homélie imprudente du cardinal de La Fare contre la Charte et contre la liberté des cultes, le maintien de la tradition des rois thaumaturges donnent l'impression que triomphe le « parti-prêtre[31] ». L'État va-t-il devenir le bras séculier de l'Église? La question se pose avec d'autant plus d'à-propos que le gouvernement de Villèle, sans doute plus contraint que convaincu, vient de faire voter la loi du sacrilège qui prévoit la peine du parricide (le poing coupé avant la mise à mort) pour les profanateurs d'hosties qui agiraient « en haine de la religion ». Royer-Collard a soutenu en vain que la justice civile ne saurait punir un geste qui n'est un crime que pour les croyants et que l'État ne doit pas « faire descendre la religion au rang des institutions humaines ».

L'affrontement entre Bonald et Chateaubriand est particulièrement éclairant. Le premier soutient que « la religion ordonne à

l'homme de pardonner mais en prescrivant au pouvoir de punir...
D'ailleurs, en punissant le sacrilège, que fait-on si ce n'est de le
renvoyer devant son juge naturel? ». La circonstance le conduit
également à redonner vigueur au vieil antisémitisme chrétien, en
évoquant le châtiment « divin » étendu « sur tout un peuple qui,
sans chef, sans territoire et sans autel, traîne partout l'anathème
dont il est frappé ». Par contre l'auteur du *Génie du christianisme*
s'indigne : « Vous sortez des mœurs du siècle pour remonter à des
temps que nous ne connaissons plus... La religion que j'ai présentée
à la vénération des hommes est une religion de paix, qui aime
mieux pardonner que punir, qui doit ses victoires à ses miséricordes
et qui n'a besoin d'échafaud que pour le triomphe de ses martyrs »
[24, p. 288; 32, p. 375-377; 42, p. 330-332].

L'entrée de Mgr Frayssinous au gouvernement comme ministre
des Affaires ecclésiastiques, le vote d'une loi donnant aux congrégations religieuses des possibilités inconnues jusque-là sur les plans
administratif et financier, le rôle croissant des jésuites dans l'encadrement des diverses catégories sociales, à travers les œuvres qui se
multiplient à cette époque, depuis la Société des bonnes études
(pour les étudiants) jusqu'à l'Association de Saint-Joseph (pour
procurer aux ouvriers du travail chez des maîtres chrétiens), la
présence du roi en costume violet aux manifestations du jubilé de
1826 qui conduit le peuple à croire qu'il est devenu évêque, les
propos exaltés entendus lors de prédications apocalyptiques qui
font craindre la reconstitution d'un ordre du clergé avec ses
privilèges, tout cela crée — bien au-delà des milieux de la gauche
libérale — une impression de réaction religieuse que l'on croit, à
tort, orchestrée par les jésuites, la Congrégation, le parti-prêtre. La
publication, en 1826, du *Mémoire à consulter sur un système religieux et
politique tendant à renverser la religion, la société et le trône* du comte de
Montlosier, gentilhomme auvergnat connu comme représentatif de
la réaction nobiliaire[32], prouve qu'une droite gallicane et anticléricale existe à côté du parti dévot : en dénonçant, en tant que
royaliste, les agissements ultramontains d'une partie du clergé et la
sympathie agissante de certains ministres envers les jésuites, il
ravive chez les héritiers de l'esprit des anciens parlements les
inquiétudes les plus vives, de sorte que des tribunaux s'empressent
d'acquitter des journalistes poursuivis pour leurs attaques contre
les fils de Loyola.

Parallèlement à la réaction religieuse, la droite donne l'impression de s'engager sur la voie de la réaction sociale. La loi dite du
« milliard des émigrés » (avril 1825) en est la plus fameuse mani-

festation. Pourtant Villèle, activement secondé par le rapporteur de son projet, Martignac — qui est issu du centre droit —, vise moins à la revanche qu'à la réconciliation : il pense qu'en indemnisant en titres de rente à 3 % les victimes de la confiscation des biens nationaux de seconde origine — c'est-à-dire au moment de la Terreur —, on revalorisera les propriétés des nouveaux acquéreurs des biens de 1790 — désormais reconnues et acceptées unanimement par l'opinion publique — et qu'en même temps on permettra aux indemnisés de reconstituer de vastes patrimoines fonciers, indispensables à la stabilité d'une société [42, p. 311-319]. Mais les débats parlementaires font prévaloir des images différentes : la subordination de la droite aux intérêts de clans, représentés par l'Association pour le soulagement des victimes de la Révolution ou l'Association constitutionnelle pour la défense des intérêts légitimes ; la préférence donnée par la droite aux biens immobiliers qui la conduit à négliger les pertes des paysans vendéens ou des négociants marseillais de 1793 ; la condamnation en bloc de la Révolution par l'extrême droite, conduite par La Bourdonnaye qui conteste toujours l'irrévocabilité de la vente des biens nationaux inscrite dans la Charte et qui juge le texte insuffisant, au point de ne pas le voter. La gauche en profite pour dénoncer l'indemnité comme un injuste tribut levé sur la nation, au profit d'une minorité avide de privilégiés, tandis que la droite se divise davantage.

En 1826 Villèle propose une loi relative aux héritages qui est interprétée comme une tentative pour ressusciter le droit d'aînesse. L'objectif est clairement défini dans l'exposé des motifs : « Que la règle générale des successions soit l'égalité dans les républiques, cela se conçoit ; dans les monarchies, ce doit être l'inégalité... La conservation des terres, outre qu'elle inspire des idées d'ordre, de modération et de prévoyance, maintient la famille dans le rang où elle est déjà parvenue et fournit sans cesse à l'État des gardiens et des protecteurs. » C'est comme un manifeste qui lie la terre, la famille et l'État, selon la mentalité de l'aristocratie foncière [24, p. 285]. Le président du Conseil est tout à fait convaincu que la stabilité politique et sociale dans une monarchie réside dans la pérennité des grandes familles terriennes. Or, la suppression du droit d'aînesse par la Révolution conduit au morcellement des terres et à la désorganisation des familles à chaque génération nouvelle : « Si nos lois sur la division de la propriété ne sont pas modifiées, écrit Villèle à Polignac le 26 octobre 1824, la France finira par devenir une nation de mendiants aisés, toujours prêts à se vendre ou à se révolter » [42, p. 321-322]. Il faut donc réformer le

Code, mais dans la limite du possible pour tenir compte des habitudes acquises : le projet prévoit que, dans les successions correspondant à 300 francs d'impôt foncier au moins, le fils aîné recevrait automatiquement une plus forte part quand le père n'en aurait pas disposé autrement. La mesure envisagée est donc très limitée, mais c'est le principe d'inégalité des conditions qui indigne les pairs les plus modérés, en même temps que les « exagérés » désapprouvent l'excès de prudence dans la tactique ; et il en résulte que la Chambre haute rejette le texte.

Désarçonnée, la droite désigne la presse comme responsable de cet échec. Écoutons le comte de Salaberry, devenu bien oublieux de son ancienne collaboration au *Conservateur* : « La presse est une baliste perfectionnée qui lance des torches et des flèches empoisonnées, la presse est l'arme chérie du protestantisme, de l'illégitimité, de la souveraineté du peuple. Redoutons les fléaux de l'imprimerie, seule plaie dont Moïse oublia de frapper l'Égypte » [24, p. 283]. Le gouvernement soumet aux chambres, en mars-avril 1827, un projet de loi qualifié par ironie « de justice et d'amour », en raison des termes imprudemment utilisés par Peyronnet, ministre de la Justice, pour le présenter : il s'agirait d'aggraver les peines pour les délits de presse, d'alourdir le droit de timbre, de rendre les imprimeurs aussi responsables que les éditeurs et d'exiger le dépôt des articles cinq jours avant leur parution. Ce texte répressif déchire plus que jamais la droite. Dans une lettre aux *Débats*, Chateaubriand dénonce la loi « vandale » : « On sent que les partisans de ce projet anéantiraient l'imprimerie s'ils le pouvaient, qu'ils briseraient les presses, dresseraient des bûchers et élèveraient des gibets pour les écrivains... Les insensés qui prétendent mener le passé au combat contre l'avenir sont les victimes de leur témérité : les siècles, en s'ébranlant, les écrasent » [42, p. 248]. La violence des oppositions contraint le ministère à retirer son projet.

Le parti ultraroyaliste — force coordonnée sinon homogène — a dès lors cessé d'exister. Les Chevaliers de la Foi, déchirés entre une fraction plus religieuse qui désavoue Villèle et un groupe plus politique qui le soutient, préfèrent dissoudre leurs « bannières ». Quand le ministère rétablit la censure, sous la houlette de Bonald, Chateaubriand crée une Société des amis de la liberté de la presse qui accueille chaleureusement les libéraux, et des tenants d'une gauche redevenue légaliste dans son opposition à la suite de l'échec des tentatives insurrectionnelles de 1820-1821. De leur côté, des hommes de la contre-opposition participent activement à la société Aide-toi, le ciel t'aidera qu'anime Guizot, en vue de contrôler

l'établissement des listes électorales laissé trop souvent à l'arbitraire des préfets. Le changement est encore accentué par le fait que des mutations profondes sont en train de s'accomplir dans le pays et que la vie politique, jusque-là restreinte à un monde très limité de notables, tend à se répandre dans de nouvelles couches de la société (illuminations parisiennes après les échecs de Villèle, cris hostiles contre Villèle et les ministres de la garde nationale qui est dissoute, etc.). Le roi et son entourage commencent à perdre la confiance aveugle qu'ils avaient dans le gouvernement, sans pour autant être capables d'imaginer d'autre solution que le coup de force : lors de son voyage dans l'Ouest en 1828, la Dauphine a soin de désigner secrètement des chefs appelés à commander si nécessaire [76, p. 204].

I¹ est vrai qu'à cette date les ultras ont perdu tout espoir de redressement par des voies légales. En effet, en novembre 1827, Villèle a joué son va-tout : il a préparé une fournée de 76 nouveaux pairs pour s'assurer la Chambre haute et il a dissous la Chambre des députés. Mais les élections législatives, marquées par l'union des oppositions contre les candidats ministériels, n'ont renvoyé que 150 à 180 villélistes contre un nombre équivalent de libéraux et 60 à 80 royalistes de la contre-opposition. Villèle se retire en janvier 1828.

### La stratégie du coup de force

Le ministère Martignac, remanié à plusieurs reprises, ne séduit ni le roi ni la Chambre : formé de techniciens, de nuance centre droit, il essaie en vain d'amadouer la gauche[33] tout en s'appuyant principalement sur « la défection Agier » — c'est-à-dire une trentaine de députés de la contre-opposition qui suit les inspirations de Chateaubriand —, tandis que les amis de La Bourdonnaye font plutôt cause commune avec les villélistes. La droite n'a plus d'organisation susceptible de peser sur la vie publique; elle en est réduite à des jeux d'influence auprès de Charles X. Un petit escalier secret qui, aux Tuileries, conduit jusqu'au cabinet du roi cache les visites de ceux qui croient détenir la solution miracle : ainsi Ferdinand de Bertier propose un ministère dominé par le prince Jules de Polignac — ami personnel du roi depuis toujours — et La Bourdonnaye, avec des représentants de la défection, tandis que Sosthène de La Rochefoucauld imagine une combinaison Chateaubriand-Polignac-La Bourdonnaye-Bertier [36, p. 395-

398]. Ce sont ces conseillers qui fragilisent le gouvernement et jugent indispensable un coup d'arrêt au parlementarisme pour sauver la monarchie et, avec elle, l'aristocratie, les grands domaines et la tutelle d'un riche clergé sur le peuple. Presque seul, parmi les ultras de la veille, Lamennais qui amorce une évolution majeure tire une conclusion radicalement différente : il juge la monarchie perdue mais veut sauver l'Église en prenant en compte le libéralisme, « ce sentiment qui, partout où règne la religion du Christ, soulève une partie des peuples au nom de la liberté » (*Des progrès de la Révolution et de la guerre contre l'Église*, 1829). C'est un pas de plus vers l'émergence d'un parti strictement catholique.

La coterie croit triompher en août 1829. Charles X confie les Affaires étrangères à Polignac, la Guerre au général de Bourmont et l'Intérieur à La Bourdonnaye : choix désastreux pour la droite royaliste. D'abord parce que les hommes choisis manquent d'envergure alors qu'elle dispose de talents réels : Polignac est « redoutable par son incapacité » — juge le baron de Damas — et son caractère profondément religieux le rend plutôt téméraire, La Bourdonnaye est plus doué pour les incartades que pour l'administration et Bourmont a eu une carrière trop cahotante pour pouvoir s'imposer. Pendant des mois ce gouvernement s'en tient d'ailleurs à l'inaction. Ensuite, la combinaison n'a pas de majorité à la Chambre puisque les amis de Chateaubriand n'en sont pas. Enfin, les réactions de la presse et du public sont désastreuses : alors que *La Gazette de France* et *Le Drapeau blanc* brandissent la menace, *Le Journal des Débats* dénonce « Coblence, Waterloo, 1815 », c'est-à-dire Polignac l'émigré, Bourmont soupçonné, par sa défection, d'avoir permis la victoire alliée à Waterloo et La Bourdonnaye chargé de tous les excès de la seconde Restauration et de la Terreur blanche.

La stratégie choisie est évidente. On a persuadé Charles X que le moment est venu pour lui de se réapproprier tous les pouvoirs qui lui ont été dérobés — « Le principe de ce ministère est tout entier dans la volonté royale », écrit Genoude à Villèle. Désormais on ne nommera plus aux emplois publics que des hommes au dévouement éprouvé. Si la Chambre est hostile, on la dissout ; le roi lance alors un appel aux électeurs, et si par malheur il n'est pas compris, il prend « les mesures nécessaires à la sûreté de l'État » en vertu de l'article 14 de la Charte. Alors le peuple obéira avec joie... (Charles X a cru retenir d'un voyage en Alsace son extrême popularité.) Dans son entourage on prête au roi ces propos : « Ceci est mon dernier ministère : s'il ne peut s'entendre avec la Chambre,

j'en appellerai une autre. Si comme on m'en menace on m'envoie une assemblée de jacobins, la révolution sera à découvert, je ne reculerai pas devant elle; j'ai *quarante ans* et je puis monter à cheval » [36, p. 408-409].

Scènes finales mises à part, le scénario prévu par les uns et redouté par les autres se réalise. A un discours du trône menaçant — « Si des coupables manœuvres suscitaient à mon gouvernement des obstacles que je ne veux pas prévoir, je trouverais la force de les surmonter... » — répond au Palais-Bourbon l'Adresse des 221 : « La Charte fait du concours permanent des vues politiques de votre gouvernement avec les vues de votre peuple la condition indispensable de la marche régulière des affaires... Sire, notre loyauté, notre dévouement nous condamnent à vous dire que ce concours n'existe pas. »

Charles X proroge la Chambre puis la dissout; il engage la couronne dans la lutte électorale. « C'est votre roi qui vous le demande, c'est un père qui vous appelle. Remplissez vos devoirs, je saurai remplir les miens. » Mais les 221 reviennent 274, tandis que le ministère ne peut plus compter que sur 143 députés. Loin de se soumettre ou de chercher un arrangement, Charles X et Polignac croient pouvoir profiter de la prise d'Alger le 4 juillet par les troupes expéditionnaires de Bourmont visant à détruire la piraterie en Méditerranée. Sans même avoir réuni la nouvelle Chambre, ils publient le 26 juillet 1830 quatre ordonnances qui prévoient de nouvelles élections, selon une nouvelle loi électorale, et qui suspendent la liberté de la presse. Les députés ne seraient élus que par les collèges de départements (qui restent composés du quart le plus imposé) tandis que les collèges d'arrondissements se contenteraient de formuler des propositions, et la patente (payée par la bourgeoisie industrielle et commerçante) cesserait d'entrer dans le calcul du cens : au lieu d'élargir le droit de suffrage et de noyer dans la masse l'influence de la bourgeoisie libérale qu'on redoute, on choisit de restreindre à la grande propriété terrienne le droit de vote [32, p. 444]. C'est braver à l'extrême l'opinion publique.

La protestation des journalistes, l'intervention du peuple de Paris lors des « Trois Glorieuses » (27, 28 et 29 juillet), l'échec du maréchal de Marmont dans la tentative de répression, l'abdication de Charles X et du duc d'Angoulême au profit du duc de Bordeaux (fils posthume du duc de Berry), la confiscation de la Révolution par le duc d'Orléans, reconnu par les deux chambres le 9 août « roi des Français », sur la base d'une Charte révisée, puis le départ du vieux roi et de sa famille pour l'Angleterre : en quelques jours, tout s'écroule.

De la droite royaliste, il ne reste debout qu'une valeur, la fidélité.
Le député Hyde de Neuville l'exprime d'emblée, en refusant de
voter pour Louis-Philippe : « Je n'ai point trahi la fortune de ceux
que j'ai servis depuis mon enfance avec un zèle que rien n'a pu
décourager ; je ne trahirai pas leur malheur... Je ne peux rien contre
un courant qui déborde ; je n'opposerai donc à des actes que je ne
peux ni seconder ni approuver que mon silence et ma douleur »
[35, p. 305]. L'ancien préfet de Martignac, Charles de Lézardière,
insiste sur le principe de légitimité : « De grands crimes ont été
commis ; les indignes conseillers de la Couronne ont légitimé
peut-être les événements, mais je crois que la France est menacée
d'interminables malheurs si le droit de détrôner le roi et de changer
la forme du gouvernement établi devient notre droit public : c'est
une désorganisation sociale » [76, p. 202]. Devant les pairs Chateaubriand est sublime : « Inutile Cassandre, j'ai assez fatigué le
trône et la pairie de mes avertissements dédaignés, il ne me reste
qu'à m'asseoir sur les débris d'un naufrage que j'ai tant de fois
prédit... Après tout ce que j'ai fait, et écrit sur les Bourbons, je
serais le dernier des misérables si je les reniais au moment où, pour
la troisième et dernière fois, ils s'acheminent vers l'exil... Je ne vois
de vacant qu'un tombeau à Saint-Denis et non un trône » [35,
p. 308]. Ainsi, en ce mois d'août, est né le légitimisme. Ne parlons
pas d'un parti, car il s'agit seulement de l'accord sur une revendication dynastique d'une fraction non négligeable de l'opinion, malheureusement impossible à évaluer, et divisée pour l'immédiat en
trois fractions fort inégales.

La grande majorité, découragée et comme séduite par le goût
romantique du malheur et de la mort, choisit de se retirer dignement dans la sphère de la vie privée : c'est « l'émigration de
l'intérieur » [1, p. 76]. Pour ne pas sanctionner le fait accompli,
53 députés démissionnent ; chez les pairs le refus de serment puis
l'exclusion des personnalités nommées par Charles X entraînent
175 radiations. Dans la fonction publique de nombreux officiers
« brisent leur épée » en faisant prévaloir le sens de l'honneur sur
l'idée de la gloire et, avec des variantes régionales importantes, des
magistrats sacrifient carrière et traitement à leur fidélité dynastique ; le gouvernement accentue le mouvement en révoquant
presque tous les fonctionnaires d'autorité. L'épuration s'ajoutant
au refus, la droite royaliste est évincée de tous les postes où elle
aurait encore pu jouer un rôle ; et désormais, pour des raisons de
conscience qui lui interdisent le serment exigé dans de multiples
cas, elle se tient souvent à l'écart de la vie publique. Si un petit

nombre s'exile momentanément à l'étranger, la majorité des grands propriétaires légitimistes, soucieuse de ne pas rencontrer les nouveaux fonctionnaires du roi-citoyen et de ne pas risquer des humiliations d'amour-propre, vend ses hôtels urbains et se retire entièrement à la campagne où débute une longue et ultime période de reconstruction des châteaux, ou bien elle se regroupe dans des quartiers très délimités qu'on défend comme des fortins pour éviter des voisinages désagréables. A Paris le « noble faubourg » — le faubourg Saint-Germain —, cantonné dans une grande bouderie, se console à l'aide de brocards et de railleries, que relaye la satire de revues comme *La Mode*[34].

Une minorité, conduite par l'avocat Berryer, ne désespère pas d'un retournement de situation par la voie parlementaire. Elle prête le serment par tactique et mène activement le combat d'opinion, en multipliant les brochures et les violents articles de presse. Ainsi *La Quotidienne* dénonce le contresens perpétuel dans un régime qui, à la fois, proclame le principe de la souveraineté populaire — quitte à le violer sans cesse — et veut par ailleurs la monarchie — sans accepter le droit monarchique originel. Le résultat de tant d'illogisme est désastreux : « A l'extérieur on immole sa dignité, à l'intérieur on ne fait preuve que de faiblesse et d'indécision... Aussi la défiance est partout... Ce n'était pas la peine de *sauver* la France pour l'abaisser et la ruiner » [82, p. 129-130]. Le gouvernement réplique par une véritable persécution : procès de presse, visites domiciliaires, procès des ministres de Charles X, tracasseries de toutes sortes. Tout cela se révèle bien inutile car, aux élections législatives de 1831, le caractère massif de l'abstentionnisme légitimiste, auquel s'ajoute l'élargissement du corps électoral au bénéfice de la bourgeoisie moyenne, entraîne la déroute : les légitimistes n'ont que deux élus. Dans le Languedoc, *Le Mémorial* qui voulait combattre l'adversaire par l'exercice contre lui du droit de vote n'a plus qu'à s'intégrer à *La Gazette* et à disparaître.

L'heure semble alors venue des partisans de la troisième attitude — le recours à la force. En 1830 c'est Charles X qui n'a pas voulu se diriger vers l'Ouest, comme le lui proposait de Marmont, ou se replier au sud de la Loire afin de reprendre Paris militairement, mais l'idée d'une action violente avait d'emblée ses défenseurs, par exemple chez les catholiques de Nîmes. Dès septembre, l'infatigable Ferdinand de Bertier entreprend de préparer un soulèvement de l'Ouest en faveur du duc de Bordeaux ; il crée à Paris un comité central légitimiste — où l'on trouve Clausel de Coussergues et le duc de Lévis —, avec des représentants en province et une organi-

sation en divisions militaires. Des sociétés secrètes dont on mesure
mal l'ampleur et l'efficacité se constituent, comme cette pyramide
des Amis regroupés en « dizaines » et en « centuries » locales
cloisonnées : Les Amis de l'ordre versent une cotisation pour la
presse, Les Amis de la fidélité donnent 5 % du montant de leurs
impôts pour aménager l'exil royal, et Les Amis de la légitimité, qui
ne regroupent que les ardents, sont prêts à agir par tous les moyens
[48, p. 269]. On connaît aussi à Toulouse une Association légitimiste dirigée par un Grand Prieuré qui se réunit chez le marquis
d'Hautpoul ou chez Villèle; on estime à 1200 les affiliés qui
mettent sur pied une organisation paramilitaire secrète de sept
compagnies, recrutées parmi les anciens verdets et parmi les
étudiants [42, p. 404-405]. Bertier demande avec insistance aux
exilés royaux d'Holyrood qu'on envoie en France la duchesse de
Berry. Le vieux roi, proche de l'aboulie, met désormais toute sa
confiance dans le duc de Blacas qui ne favorise nullement l'entreprise et que Chateaubriand traite d'« entrepreneur des pompes
funèbres de la monarchie ». Toutefois, la princesse arrache de son
beau-père le titre de régente — pour le cas où elle réussirait — et se
lance courageusement dans l'aventure.

La mère du prétendant entreprend une folle équipée : débarquement en Provence le 29 avril 1832 mais, à Marseille, Des Cars ne
réunit que peu de conjurés; traversée de la France sous un déguise-
ment; insurrection prématurée dans l'Ouest où ordres et
contrordres jettent le trouble; belles actions isolées mais inutiles,
comme le siège de la Pénissière; arrestation de la duchesse à Nantes
le 8 novembre puis incarcération[35] s'achevant dans le ridicule
d'une grossesse « non légitime ». Pourtant Marie-Caroline avait en
elle « de quoi faire vingt rois », affirme Berryer qui est contre le
soulèvement mais n'y fait pas obstacle. Le manque de chance
explique partiellement l'échec que favorisent aussi les divisions du
« parti » : l'attentisme de certains chefs contre-révolutionnaires de
l'Ouest que les activistes nomment « pancaliers », du nom vendéen
d'un chou dépourvu de cœur; l'opposition entre conservateurs
« carlistes » et modernistes « henriquinquistes » (partisans du
jeune Henri V); l'abandon de la stratégie violente à partir de la fin
de 1831 par la vénérable *Gazette de France*; les jalousies entre chefs
provinciaux et état-major parisien, dans le droit fil des principes
décentralisateurs qu'on affiche [48, p. 179-183]. La déroute de
1832 contraint à l'abandon de la solution militaire et ouvre la voie
à la stratégie parlementaire, après cinq années d'imprudences, de
manœuvres occultes et de violences qui n'ont apporté que désillu-
sions.

*Le légitimisme, parti d'opposition parlementaire*

Dès les élections locales de 1833 l'abstentionnisme légitimiste décline; sur 2405 conseillers généraux, les royalistes enlèvent 187 sièges. C'est moins dû à l'action du comité national de coordination désigné par Charles X lui-même cette année-là et présidé par le général de Latour-Maubourg — mais dont l'efficacité est faible car ses membres sont dispersés — qu'à l'influence des journaux décidés à la participation, et à l'activité des comités locaux. Le parti prépare activement les législatives de 1834 dans les régions autres que l'Ouest (où l'on s'entête dans la bouderie), et il enlève 29 sièges grâce à des alliances tactiques nouées soit avec l'opposition orléaniste soit avec les républicains : dans un cas on parle de coalition réformiste, et dans l'autre d'alliance carlo-républicaine. Berryer est même élu dans quatre circonscriptions, et opte pour Marseille; son autorité s'affirme peu à peu sur les instances internes du parti qui renforcent leur autonomie vis-à-vis de l'autorité royale.

En 1836 un comité d'union et de correspondance, de sept membres issus du Parlement et de la presse, est désigné par un congrès légitimiste clandestin — réunion de délégués des comités locaux — qui se contente de faire avaliser par le roi ses choix; plus actif que son prédécesseur, aidé par un secrétaire général (Léo de Laborde), et assisté de commissions spécialisées, il stimule ses interlocuteurs provinciaux et les convainc de multiplier les candidatures aux élections de 1837. Un *Avis électoral* est publié dans la presse sympathisante, appelant au vote et ébauchant un programme, mais on n'obtient que 16 élus. En 1839 on retrouve 25 sièges, puis en 1842 28 grâce à la participation de l'Ouest qui compte désormais 7 représentants. Toutefois on ne décolle pas : c'est dû sans doute à l'inanité de l'action parlementaire d'une minorité isolée — malgré les réunions régulières qui ont lieu chez Berryer pour les députés et chez le duc de Noailles pour les pairs —, mais aussi aux divisions croissantes du parti [49, p. 14-17].

La configuration sociale du monde légitimiste est plus complexe qu'on ne l'imagine. La noblesse terrienne y occupe assurément une place écrasante, mais il y figure également des bourgeois que l'on souhaite d'ailleurs de plus en plus nombreux si on veut gagner les collèges électoraux : fabricants de savon de Marseille aussi bien que gens de robe ou journalistes. On ne peut pas ignorer non plus,

même s'ils ne votent pas, les royalistes des campagnes de l'Ouest ou des villes du Midi. Dans cette masse hétérogène, les différentes générations ont des sensibilités qui s'entrechoquent : les jeunes sont encore plus tentés que leurs aînés par l'irrationalisme, le romantisme, la nostalgie et le thème de la décadence, et par le rapprochement de l'action politique avec la défense de l'Église et de la religion. Cela conduit à l'émergence du mouvement Jeune France qui emprunte son nom à une école littéraire en vogue : contre la « vieille France », on développe autour du jeune duc de Bordeaux un climat de ferveur à travers une soixantaine de « comités littéraires » qui diffusent la revue créée en avril 1833 par l'avocat Forfelier et le brillant journaliste Alfred Nettement ; *L'Écho de la jeune France*, qui allie religion, royauté, libertés et romantisme, atteint 9 500 abonnés en 1834 [48, p. 265].

Cet « henriquinquisme » irrite l'entourage de Charles X, réfugié maintenant au château de Prague. La venue de quelques fidèles, à l'occasion de la majorité royale (13 ans) du jeune Henri (29 septembre 1833), inquiète le duc de Blacas qui non seulement conteste la validité juridique des abdications de Rambouillet mais surtout redoute l'abandon de l'absolutisme carliste. C'est pourquoi il encourage, contre *La Gazette de France*, la création du quotidien *La France* qui s'en tient à la monarchie traditionnelle mais garde un tirage limité. A la mort de Charles X en 1836, la « vieille France » reconnaît pour roi Louis XIX (le duc d'Angoulême)[36], et il faut attendre le décès de celui-ci en 1844 pour que cesse l'irritante question de la personnalité royale à restaurer. Dès lors, pour tout légitimiste, le roi est Henri V ; il a renoncé en exil au titre de duc de Bordeaux pour celui de comte de Chambord, en souvenir de la souscription nationale qui lui a offert ce château après sa naissance.

« Les comités électoraux de M. Berryer, les affiliations secrètes de M. Des Cars obsédaient l'oreille du prince de leurs réclamations contraires », note Alfred de Falloux qui se lance à cette époque dans l'action politique [39, p. 209]. C'est une présentation dichotomique du mouvement qui est sans doute simpliste. A côté de la tendance absolutiste qui, avec le duc Des Cars — « vieux gentilhomme qui se plaisait à tout risquer chaque jour sur les enjeux les plus compromettants » —, s'en tient au legs de l'Ancien Régime et privilégie l'action militaire, il y a la tendance « légitimiste pure » qui reste étrangère au jeu politique, aux alliances électorales et même encore à la participation, mais n'exclut pas l'idée d'une insurrection populaire. A côté de la tendance libérale parlementaire qui, avec Berryer (lequel « se peint tout entier dans la grandeur de

sa parole »), conteste modérément le régime de Juillet en s'alliant au besoin avec la gauche orléaniste, il y a la tendance conservatrice parlementaire qui est favorable à l'entente avec la droite orléaniste. Et, fort critique à l'égard de toutes les autres, il y a la tendance « royaliste nationale » qui, avec l'abbé de Genoude et sa *Gazette de France*, « fit remonter la politique de la droite aux cahiers de 89, blâma la Restauration de s'en être écartée et, poussant la logique jusqu'au bout, réclama quotidiennement le retour au suffrage universel, à deux degrés il est vrai » [39, p. 207-208, 219; 49, p. 18].

Ces dissensions fragilisent le comité de Paris qui est renouvelé en 1841, à partir d'une liste d'électeurs dont le dévouement à la cause royaliste est notoire. C'est Léo de Laborde qui organise le scrutin : Berryer est désigné à la quasi-unanimité, suivi du marquis de La Rochejaquelein que soutient *La Gazette*; la tendance libérale parlementaire et la tendance royaliste nationale semblent d'accord pour résister aux efforts du comte Molé en faveur d'un conservatisme à l'anglaise, réunissant toutes les tendances constitutionnelles ou pas. Mais très vite c'est l'éclatement : « Nos pouvoirs n'étaient pas assez définis, notre origine n'était pas assez régulière, notre base assez large pour que nous eussions une grande confiance en nous-mêmes et une grande autorité sur les départements, explique Falloux. Nous étions un expédient plutôt qu'une organisation sérieuse... Nous nous éclipsâmes sans bruit » [39, p. 309-310].

En 1843 éclate une crise grave : face à la ligne Berryer qui apparaît terne et sans avenir, Genoude radicalise *La Gazette*, réclame une politique extérieure audacieuse et une large réforme électorale, ce qui le rapproche encore des républicains. Avec l'appui d'Arago mais aussi de personnalités orléanistes de gauche (Laffitte et son Comité réformiste, Odilon Barrot et son Comité oriental), il crée le quotidien *La Nation*, placé sous le patronage de Chateaubriand, dans l'espoir de réconcilier la légitimité monarchique et la liberté démocratique. Le mouvement est alors déchiré entre deux pôles. D'un côté, le groupe parlementaire qui est réduit à 19 membres aux élections de 1846 et qui reste dominé par Berryer, malgré la nomination de Genoude à Toulouse, a tendance à considérer qu'il bénéficie d'une sorte d'onction propre et qu'il est fidèle au prince légitime par surcroît [48, p. 266]. D'autre part la presse influencée par Genoude et Lourdoueix — depuis *La Gazette* jusqu'aux feuilles départementales comme *L'Indépendant de l'Ouest* à Laval, confié par quelques notables, dont Charles de Bourmont (fils du maréchal), au bouillant polémiste Charles Muller —

prétend définir elle-même la politique du parti et se concerte dans ce but en janvier 1846 lors d'un congrès de la presse réformiste de droite. La création de *L'Union monarchique* en 1847, par la fusion de *La Quotidienne*, de *L'Écho français* et de *La France*, sous la direction de Laurentie, avec l'intention de s'en tenir aux instructions du prétendant, contrebalance difficilement le poids du véritable groupe de presse créé, au prix de sacrifices financiers considérables, par les royalistes nationaux.

Dans de telles conditions le mouvement royaliste n'est à aucun moment capable de se structurer en véritable parti, au sens plein du mot : trop de divergences doctrinales, un désaccord persistant entre les parlementaires, influencés par le climat des chambres, et toutes les autres instances, un localisme inefficace et frileux dû au poids des notables, un activisme plus ou moins marginal, un financement très irrégulier entravent l'intégration partisane [48, p. 262]. Et pourtant il existe dans le pays une somme de convictions et d'actions qui vivifient et rajeunissent la droite, notamment dans les années 1840.

## Le légitimisme populaire

Le « pèlerinage de Belgrave Square » est sans doute le moment décisif pour le renouveau de la confiance chez les fidèles du mouvement. A la fin de 1843, au moment où Louis XIX se meurt, le comte de Chambord, qui, à 23 ans, a achevé d'apprendre consciencieusement son métier de roi, convoque à Londres ses partisans. En présence du vieux Chateaubriand, dont on a pensé pouvoir se servir mais dont la présence empêche la venue de Villèle, un millier de « pèlerins » viennent saluer Henri V et entendre ses consignes qui visent à atténuer les heurts de tendances. « Si je rentre en France, je ne veux être le roi ni d'un parti ni d'une classe, mais le roi de tous », répète-t-il à ses visiteurs [76, p. 268]. Il y a là des pairs de France, des députés qui à leur retour sont frappés de « flétrissure » par leurs collègues mais qui se font réélire triomphalement; on rencontre surtout des représentants de l'aristocratie provinciale, mais également quelques délégations d'ouvriers et, bien entendu, des journalistes qui laissent des récits hagiographiques. C'est une étape essentielle dans le développement du « chambordisme », cette attitude populaire qui délaisse le terrain du raisonnement pour celui de la dévotion : « Il est impossible de trouver une physionomie plus spirituelle et plus expressive, plus

pleine de douceur et de majesté tout à la fois », écrit à sa sœur le chevalier de La Broise. « Jamais je n'ai vu de figure plus belle et plus éblouissante... Sa peau est d'une finesse et d'une transparence que pourrait envier la femme la plus jalouse de sa beauté » [76, p. 267].

Si Henri V se garde bien de trancher entre les lignes, ses déclarations qui mettent sur le même plan les « principes monarchiques » et les « libertés nationales » semblent autoriser une conception dualiste du pouvoir, avec une royauté qu'on ne croit plus guère de droit divin mais qu'on fonde plutôt sur des considérations historiques — voire sur la volonté nationale qui devrait s'exprimer à travers l'« appel au peuple » préconisé par La Rochejaquelein —, et avec un droit populaire à l'expression — appuyé sur tout ou partie des principes de 1789 [49, p. 52-55]. Cela revient à admettre les audaces que dès 1833 *La Gazette du Bas-Languedoc* formulait à l'intention du peuple gardois, pour le détourner du régime étriqué de Juillet : « Dans la monarchie tous les citoyens doivent concourir dans la proportion de leur importance sociale à l'exercice des droits publics. Le problème est résolu par le double principe de l'inviolabilité du trône héréditaire et du vote des impôts par les contribuables » [48, p. 173]. Cela encourage un Gabriel de Charnacé, ancien chouan mayennais de 1832, à renverser en 1847 les préjugés : « Nous acceptons avec fierté comme nôtre le patrimoine de gloire que la Révolution nous a transmis... Il ne faut pas chercher à légitimer les torts de la génération royaliste qui nous a précédés... Le malheur de Polignac fut de croire que le vice est dans le système représentatif alors qu'il était dans le régime censitaire imposé à Louis XVIII par les doctrinaires et repoussé par les ultras » [76, p. 271].

Pratiquement ce légitimisme populaire accepte le suffrage universel pour l'élection des assemblées locales et des députés, mais avec la médiatisation du vote à deux ou trois degrés, le suffrage s'exerçant dans la commune et les élus communaux désignant des délégués au niveau du canton, de l'arrondissement ou du département. On ne veut pas aller au-delà de ce que Louis XVI avait prévu pour les États généraux, au moment même où on prétend reprendre le grand « mouvement national » de 1788. Pourtant, on pressent que les classes populaires seraient plus favorables que les couches moyennes : les convictions et la tactique, à des doses variables, vont donc dans le même sens [49, p. 50-51].

L'espoir mis dans les classes populaires est particulièrement sensible dans l'Ouest rural. Les grands propriétaires, repliés sur

leurs terres et privés des traitements liés aux fonctions publiques, sont attirés par les bénéfices élevés qui découlent du chaulage, de sorte qu'ils s'engagent personnellement dans le développement de l'agriculture. En substituant le métayage au fermage, ils cessent d'être de simples percepteurs de revenus pour rivaliser avec la bourgeoisie traditionnelle comme entrepreneurs fonciers : on se dispute la direction du mouvement agronomique et notamment la présidence des tout nouveaux comices agricoles. Les aristocrates nouent des contacts étroits avec la paysannerie ; en donnant personnellement l'exemple pour l'adoption des nouvelles méthodes culturales et l'amélioration de l'élevage, en ordonnant la modernisation des bâtiments d'exploitation, en faisant établir des chemins, défricher les dernières landes, dessécher les marais, ils renforcent les liens qui les unissent à ceux qui travaillent la terre. Le colonat partiaire évolue, revêtant de nouveaux aspects psychologiques et moraux : désormais, le métayage fait figure d'antidote contre le socialisme naissant. Le châtelain royaliste découvre le peuple — le vrai, aux antipodes de la populace des villes, et notamment de la capitale (« Paris, je le hais maintenant à mort », écrit l'Angevin Édouard de Champagné en 1837). Il ne reste plus qu'à en tirer la conclusion politique : que chaque commune — car « c'est dans la commune que la patrie a ses racines » (Muller) — choisisse ses délégués. Comment la commune ne réserverait-elle pas faveurs et suffrages aux cadres de la vie réelle, à ces grands propriétaires redevenus ses protecteurs naturels, non plus du fait de droits ancestraux difficilement défendables, mais par leurs capacités et leurs talents dont ils font quotidiennement la preuve dans l'administration, dans la charité publique, dans l'économie privée ? Alors se substitueront, petit à petit, aux attachements impopulaires à l'Ancien Régime et à la contre-révolution, un usage raisonné des principes de 1789 et la critique d'une société conçue comme une somme d'individus indépendants à laquelle on opposera bientôt l'imbrication naturelle des groupes et le respect des supériorités naturelles [75, p. 132-133].

### La concurrence possible d'un Parti catholique

Jusqu'aux alentours de 1840, les catholiques militants, comme la grande majorité du clergé, restent fidèles au légitimisme, compte tenu de l'anticléricalisme des bourgeois voltairiens qui soutiennent la monarchie de Juillet. Mais la recherche par Louis-Philippe de

« l'appui moral de tous ceux qui veulent le maintien de l'ordre et le règne des lois justes » — selon les termes qu'il emploie devant Mgr Affre, remplaçant à l'archevêché de Paris du très aristocrate Mgr de Quélen — [89, p. 451] et la prudence politique du nouvel épiscopat qui se cantonne dans sa tâche spirituelle enhardissent les laïcs. Ceux-ci ont été séduits naguère par le libéralisme catholique du baron d'Eckstein — qui a rédigé presque seul *Le Catholique* de 1826 à 1829, avant d'inspirer le premier *Correspondant* —, puis les audaces libérales du mouvement mennaisien à l'époque de *L'Avenir* (1830-1831). Si la revendication de la liberté pour tous et l'acceptation du suffrage universel et de la démocratie que Lamennais tire de sa philosophie du sens commun préparent une postérité populiste de gauche, la liberté revendiquée uniquement comme une méthode permettant à l'Église de fonder une nouvelle chrétienté et la priorité donnée par Lacordaire à la restitution de « son rang social à l'Église, par un système de corporations qui enchaîne toutes les classes dans les droits et les devoirs d'une communauté forte », facilitent également l'ancrage de l'héritage catholique à droite [93, p. 29-30] ; le Parti catholique de Montalembert en est la preuve.

C'est en 1843 qu'un pair de France, sincèrement rallié au régime de Juillet et soucieux de séparer catholicisme et légitimité, le comte Charles de Montalembert, lance le projet de Parti catholique auquel il rêve depuis 1838 pour arracher la liberté de l'enseignement secondaire[37]. Sa brochure *Du devoir des catholiques* est un long cri de guerre contre « l'athéisme officiel » et une invitation à un changement de méthode : « Il ne manque [aux catholiques] qu'une seule chose, c'est le courage »; qu'ils imitent donc leurs frères belges et irlandais, en utilisant toutes les armes qu'offre le régime actuel, les élections, les journaux, les pétitions, comme cela se fait couramment en Angleterre. La part faite au catholicisme par la philosophie éclectique de Victor Cousin — philosophie quasi officielle de la Monarchie de Juillet — est jugée inacceptable; on n'est pas catholique « après tout » mais « avant tout ». D'où la proposition d'organiser un parti confessionnel, se plaçant sur le terrain politique pour défendre la seule cause religieuse. Le projet comporte des risques évidents de cléricalisme, c'est-à-dire d'intervention directe du clergé dans les affaires publiques, mais il aurait aussi l'avantage de dégager les catholiques français d'une formule qui unit leurs intérêts à ceux d'un régime déchu.

A la Chambre haute, Montalembert use d'une éloquence pathétique : « Nous sommes les successeurs des martyrs; nous ne trem-

blons pas devant les successeurs de Julien l'Apostat. Nous sommes les fils des Croisés ; nous ne reculerons pas devant les fils de Voltaire » [88, p. 329]. Auprès de l'opinion, il bénéficie alors de l'efficace soutien du quotidien *L'Univers* que dirige désormais un autodidacte fraîchement converti, Louis Veuillot, polémiste redoutable qui force la main aux évêques hésitants en publiant leurs circulaires internes et qui se sert de son journal comme d'une caisse de résonance où l'on fait « peu de cas de l'habileté humaine » [98, p. 68-69]. *Le Correspondant*, qui publie de solides études destinées aux élites, renaît de son côté comme revue mensuelle. En juin 1844, Lacordaire peut écrire à Mme Swetchine : « Aujourd'hui tout le monde s'embrasse, les évêques parlent de liberté et de droit commun, on accepte la presse, la Charte, le temps présent. M. de Montalembert est serré dans les bras des jésuites ; les jésuites dînent chez les dominicains ; il n'y a plus de cartésiens, de mennaisiens, de gallicans, d'ultramontains, tout est fondu et mêlé ensemble » [86, p. 77].

Créé en août 1844, à partir d'un comité de défense de la liberté d'enseignement, un Comité électoral pour la défense de la liberté religieuse, qui s'appuie dans les départements sur des comités locaux, est dénoncé par le garde des sceaux comme « parti catholique » ; Montalembert et ses amis, qui ne l'ont pas proposé, acceptent ce titre pour leur groupement. Si le pétitionnement qu'ils organisent n'obtient qu'un succès relatif — « Vous n'avez pas l'Irlande derrière vous », lance le ministre de l'Instruction publique Villemain —, on réussit cependant à faire passer aux élections de 1846 146 députés qui se sont engagés par écrit à faire voter la suppression du monopole universitaire. Mais il s'agit plutôt d'un groupe de pression que d'un parti, car les signataires gardent leurs préférences dynastiques qui sont divergentes ; au mieux, on peut y voir une préfiguration du parti de l'Ordre de 1849, dont la meilleure illustration serait Falloux qui se veut disciple à la fois de Montalembert et de Berryer.

Albert du Boÿs, qui appartient à l'aile libérale du légitimisme, perçoit clairement les effets à terme du nouveau mouvement sur son parti d'origine. Il cherche à en détourner la jeunesse aristocratique et entend s'en démarquer systématiquement : « Quand il était au berceau, [le Parti catholique] eut le tort de poursuivre par d'outrageantes paroles, par des attaques violentes et injustifiées, les vieilles traditions de la France, les souvenirs plus récents de la Restauration et de blesser par là profondément les sympathies de l'ancien parti royaliste. Il croyait se faire ainsi beaucoup de prosélytes dans

les rangs du libéralisme... Il finit par reconnaître qu'il devait chercher ses meilleures recrues non pas dans les rangs de la jeune gauche, mais dans la jeune droite » [48, p. 199]. D'ailleurs, en s'engageant eux-mêmes pour la plupart dans les comités de Montalembert, malgré les réticences de *La Quotidienne* et de la gallicane *Gazette de France*, les légitimistes neutralisent la concurrence qu'aurait pu provoquer le « séparatisme » nouveau du politique et du religieux, de la même façon qu'en investissant au même moment les œuvres catholiques, notamment la Société de Saint-Vincent-de-Paul lancée par Frédéric Ozanam en 1833 ou la Société d'économie charitable fondée en 1846 par Armand de Melun, ils gardent la haute main sur le premier catholicisme social.

De façon indirecte, ils bénéficient également des réticences de l'épiscopat français — mis à part Mgr Parisis, évêque de Langres — à l'égard des initiatives de laïcs : l'archevêque de Rouen propose à ceux-ci de se contenter de « prier pendant que les évêques réclament ». L'attitude conciliante de la papauté qui accepte de réduire en France le nombre des maisons de jésuites, et qui, de ce fait, éteint les passions, brise également dans son élan l'initiative originale de Montalembert. Ajoutons-y enfin, pour comprendre le caractère éphémère de l'union, les incompatibilités de tempérament qui occultent provisoirement les dissentiments doctrinaux à venir : comment Veuillot, cet ouvrier abrupt, pourrait-il sympathiser longtemps avec les rédacteurs un peu ternes du *Correspondant*, avec l'aristocrate Montalembert, au verbe chaud mais à la pensée modérée, ou avec l'abbé Dupanloup, gâté par la fréquentation des mondains ?

Si l'expérience du Parti catholique de 1844-1846 ouvre, sur la pertinence d'une défense exclusive des intérêts religieux, un débat qui pendant des décennies va diviser les croyants de France, elle n'entraîne pas encore la dilution du royalisme au sein d'un vaste courant catholique et elle n'entame pas pour l'immédiat la confiance de la droite légitimiste pure et dure dans la justesse de sa cause.

### III. LE CONSERVATISME ORLÉANISTE,
### PREMIÈRE DROITE SITUATIONNELLE

On a coutume d'estimer que la révolution de 1830 fait surgir en France de façon durable un second courant de droite, l'orléanisme[1]. En effet, les libéraux de la veille, comme Casimir Perier ou le duc de Broglie, qui dès le 2 novembre 1830 quittent le ministère du 11 août, se jettent dans une opposition qui menace le gouvernement du banquier Laffitte sur sa droite, jusqu'au moment où le roi Louis-Philippe leur confie le 13 mars 1831 les rênes de l'État qu'ils conservent jusqu'au 24 février 1848. Ceux qui jusque-là constituaient un centre, et même un centre gauche, se tenant à mi-chemin des extrêmes, se rangent désormais résolument à droite. Les raisons d'un tel changement tiennent moins à une situation dans l'hémicycle du Palais-Bourbon, où l'ancien centre doit laisser sa place ancienne à la nouvelle opposition antidynastique du parti républicain tout en demeurant flanqué de quelques légitimistes à son extrême droite, qu'à un élément nouveau qui détermine désormais toute sa politique, le conservatisme.

*Être à droite et non la droite*

Les orléanistes qui arrivent aux affaires en 1831 entendent avant tout limiter la portée des journées de Juillet et en stabiliser les résultats. Comme les ultras de la période précédente, ils sont essentiellement soucieux du respect de l'ordre naturel, mais avec une différence majeure toutefois : à leurs yeux, le cours naturel de l'histoire a été interrompu non pas en 1789 mais par la Restauration de 1814-1815, jusqu'à ce qu'il soit rétabli par la révolution de 1830 [1, p. 84-85]. Cela empêche à jamais une véritable fusion des deux droites et autorise Stéphane Rials à soutenir que l'orléanisme « rejeté *à* droite — ou mieux *sur la droite* — n'est pas pour autant *de* droite ». Il en voit notamment la preuve dans l'analyse de l'électorat censitaire qui fournit à l'orléanisme sa base la plus sûre et la plus constante, le monde des propriétaires ruraux de Normandie : ils n'appartiennent nullement à la France *traditionnelle*, c'est-à-dire à une France faiblement alphabétisée et attachée à la religion, qui

refuse l'immigration et, d'ailleurs, où les immigrants sont peu enclins à s'installer, dont l'habitat est dispersé, où l'on divorce très peu, où les communications sont difficiles et les techniques rudimentaires. L'électorat orléaniste est celui de la France *modérée*, fortement attachée aux valeurs matérielles, de sorte que loin d'être *la* droite il est seulement à droite de la gauche, c'est-à-dire que l'orléanisme est une droite *situationnelle* [48, p. 44-52].

C'est avant tout dans l'idée qu'on se fait de la monarchie que réside la différence entre la droite traditionnelle et la droite situationnelle. A la majesté quasi sacrée de l'héritier d'un millénaire de monarchie, lieutenant de Dieu, s'oppose le contrat bilatéral — le « pacte d'alliance » — passé dans la séance du 9 août entre le candidat au trône et les députés représentant le pays légal : le serment prêté à la Charte révisée a remplacé le sacre, la formule juridique a supplanté le rite liturgique, la monarchie s'est laïcisée. D'ailleurs ses partisans ont plus de sympathie pour le régime que pour le souverain : ils préfèrent se qualifier de « constitutionnels » ou de « conservateurs » que de monarchistes. Sans doute la personnalité du duc d'Orléans a-t-elle facilité la chose. Fils du conventionnel régicide Philippe Égalité, il a combattu à Valmy et à Jemmapes sous Dumouriez et, conduit à émigrer, il s'est contenté de donner en Suisse des leçons de mathématiques pour vivre ; sous la Restauration il a mené une vie discrète et simple au Palais-Royal dont il a fait le point de ralliement de la haute bourgeoisie libérale. Mais, ne nous y trompons pas, Louis-Philippe reste, malgré la simplicité de son habit et de son train de vie, un Bourbon autoritaire, conscient et fier de sa naissance, matois et obstiné. Alexis de Tocqueville en dresse un portrait féroce : « Quoique le prince fût issu de la race la plus noble de l'Europe, qu'au fond de son âme il en cachât tout l'orgueil héréditaire, il possédait cependant la plupart des qualités et des défauts qui appartiennent plus particulièrement aux rangs subalternes de la société. Il était rangé dans sa conduite, simple dans ses habitudes, mesuré dans ses goûts, humain sans être sensible, cupide et doux ; point de passions brûlantes, point de faiblesses ruineuses, point de vices éclatants ; une seule vertu de roi, le courage » [25, p. 333]. L'image du roi bourgeois souligne mieux que tout l'ambiguïté du régime, à tel point que sous Guizot on voit se développer, de façon artificielle, la thèse de la « quasi-légitimité » de Louis-Philippe, fondée sur l'adoption de la formule *parce que Bourbon*, opposée à celle de la gauche, *quoique Bourbon*. En réalité la Monarchie de Juillet résulte d'une double usurpation : pour les monarchistes le duc d'Orléans a pris la place de la branche

légitime, et pour les républicains il a privé le peuple du bénéfice de ses victoires. Aussi n'est-il pas surprenant que l'orléanisme soit moins à l'aise pour se définir positivement que pour critiquer ses adversaires. « Il ne représentait pas une idée; il n'était que contre les idées », a dit de lui Albert Thibaudet.

Cette droite orléaniste se distingue également de la droite légitimiste par son attachement au parlementarisme à l'anglaise que Royer-Collard, contre le ministère de Polignac, avait défini comme le nécessaire accord entre ceux qui gèrent les intérêts du pays (c'est-à-dire les ministres) et ceux qui sont chargés de contrôler cette gestion (les représentants). Louis-Philippe en respecte *grosso modo* l'esprit, veillant à ne jamais garder de ministres privés de la confiance des chambres, mais il réussit souvent à imposer sa propre politique en utilisant de petits moyens; ainsi il sait jouer des rivalités de personnes et user les hommes qu'il n'aime pas, à tel point que la première décennie du règne est marquée par une forte instabilité ministérielle voulue par lui[38], et il n'hésite pas à se servir fréquemment de l'arme de la dissolution pour obtenir au Palais-Bourbon un « parti de la couronne », truffé de députés-fonctionnaires à l'indépendance douteuse [26, p. 226-228]. Au demeurant ce parlementarisme n'implique nullement la reconnaissance de la souveraineté populaire, exaltée par la gauche : « Derrière le gouvernement de Juillet il y a la contre-révolution, et devant, l'anarchie », déclare Thiers en 1842 lors du débat sur la Régence. D'où la désignation moqueuse donnée au régime par ses adversaires, le « juste milieu », selon le mot de Dupin.

## La Résistance contre le Mouvement

Au lendemain des Trois Glorieuses, l'orléanisme hésite entre deux orientations qui se focalisent dans le parti du Mouvement et dans le parti de la Résistance (sans que le terme de parti corresponde à la moindre organisation structurée). Et c'est finalement le second qui l'emporte sur le premier, dont les membres les plus convaincus, comme Dupont de l'Eure ou Armand Carrel, n'ont bientôt d'autre issue que de rallier les rangs républicains.

Le parti du Mouvement voudrait garder le contact avec le peuple pour éviter le danger d'une contre-révolution à l'intérieur et à l'extérieur (car il est sensible aux aspirations des peuples opprimés qui se soulèvent ici et là en Europe contre la Sainte-Alliance). Il ne voit dans la révolution de Juillet qu'un point de départ vers une

plus grande démocratisation des institutions, en souhaitant une extension des libertés et un abaissement progressif du cens électoral. Il s'appuie sur les sentiments démocratiques et patriotiques, voire chauvins, de la petite bourgeoisie des grandes villes et de l'Est, c'est-à-dire d'une population généralement exclue des scrutins, de telle sorte qu'il est définitivement minorisé au Palais-Bourbon à partir de 1834.

Par contre, le parti de la Résistance, qui se définit à l'époque du ministère Laffitte et contre lui, considère 1830 comme « le point final d'une évolution historique aboutissant à l'avènement de la classe moyenne », ce que Guizot résume par la formule : « La révolution de Juillet a-t-elle voulu plus que la Charte? Personne, que je sache, n'oserait le soutenir[39]. » De cette conception découle, en politique intérieure, la recherche d'un équilibre entre l'ordre et la liberté. Le libéralisme orléaniste repose sur une certaine interprétation de la liberté; celle-ci, conçue comme autonomie de l'individu, est invoquée pour justifier des situations et des intérêts, de sorte que « libéral » signifie bientôt « conservateur ». Aussi est-ce l'autre terme du programme qui tend à l'emporter : l'accent est mis sur le maintien de l'ordre et la nécessité de réprimer sévèrement l'agitation républicaine, faute de quoi le gouvernement s'en ferait involontairement le complice. En politique extérieure, on se méfie de toute initiative qui pourrait conduire à la guerre, source d'aventures et de troubles dans les affaires, en même temps que prétexte à une croisade idéologique révolutionnaire en Europe[40]. En d'autres termes, la Résistance n'est pas loin de déplorer que le régime soit né d'une révolution, heureuse dans ses effets mais malheureuse dans sa forme; il faut veiller à en faire une fin et non pas un commencement. Aussi le duc de Broglie propose-t-il de « n'admettre que le strict nécessaire, de n'introduire que le strict minimum et ce qu'exigerait impérieusement l'état des choses et des esprits ».

La Résistance, plus chanceuse que le Mouvement aux chefs brouillons, dispose à la fois de penseurs solides et de praticiens du gouvernement. Les doctrinaires et leurs héritiers formulent les principes, avec notamment François Guizot dont le calvinisme relaie le jansénisme de Royer-Collard dans la lutte contre le « génie du mal », cette passion posthume d'aventures et de conquêtes qui survit à l'époque révolutionnaire. Si l'explosion de Juillet, provoquée par le souci de défendre les lois et les libertés, était légitime, le régime a eu « le malheur de naître d'une révolution, et d'une révolution accomplie aux dépens du principe essentiel de la monar-

chie, avec le concours de partis et de passions qui dépassaient de beaucoup son but », si bien que la mission du nouveau gouvernement doit être de « faire le départ entre ces idées et les forces déployées autour de son berceau » [60, p. 121]. De ses travaux d'historien Guizot a tiré la conclusion que toute l'histoire de la France est un long effort de la bourgeoisie à la conquête de la liberté, jusqu'au couronnement de 1789 qui a assuré le triomphe des classes moyennes[41]; s'il est opposé aux ultras de la Restauration, avec notamment *Des moyens de gouvernement et d'opposition dans l'état actuel de la France* (1821), c'est parce qu'alors « les choses sont hors de leur assiette naturelle, le pouvoir n'est pas à qui il appartient... La France nouvelle n'a pas encore déployé ses ailes, n'est pas encore montée au rang visible que lui assigne sa force véritable ». Mais 1830 permet de fonder un nouvel ordre constitutionnel dans le double refus de l'Ancien Régime et de ce que Guizot appelle « les illusions du credo populaire en matière de gouvernement » [6, p. 301-303].

En tête de ces illusions, l'affirmation de la souveraineté populaire. Guizot lui oppose la souveraineté de la raison[42] que personne ne peut prétendre incarner mais que certains individus sont plus capables que d'autres d'assurer. « Il existe dans toute société une certaine somme d'idées justes..., dispersée dans les individus et inégalement répartie entre eux... Le problème est de recueillir partout les fragments épars et incomplets de ce pouvoir, de les concentrer et de les constituer en gouvernement... Ce qu'on appelle la représentation n'est autre chose que d'arriver à ce résultat. Ce n'est point une machine arithmétique destinée à recueillir et à dénombrer les volontés individuelles. C'est un procédé naturel pour extraire du sein de la société la raison publique qui seule a le droit de gouverner. » Cela rejoint ce que Victor de Broglie déclarait en 1820 : « Le propre du gouvernement représentatif, c'est d'extraire du milieu de la nation l'élite de ses hommes les plus éclairés, de les réunir au sommet de l'édifice social, dans une enceinte sacrée, inaccessible aux passions de la multitude, et là de les faire délibérer à haute voix sur les intérêts de l'État » [68, p. 121].

Il en résulte au moins trois conséquences qui ancrent clairement la Résistance à droite. D'abord c'est la négation de l'égalité des droits politiques pour tous (à la différence des droits sociaux) : pour conjurer la peur du nombre, on fait de l'électorat une fonction et non un droit, on invente le citoyen capacitaire à la compétence présumée[43]. En second lieu on nie — comme les légitimistes hostiles à tout volontarisme — la possibilité pour les hommes de se

construire un avenir : les lois ne font qu'enregistrer et traduire un état social déterminé ; elles n'instituent rien qui n'existait déjà ; elles ne font que révéler, pour les garantir, les règles implicites qui se dégagent de la société et qui résultent de son fonctionnement naturel [68, p. 45-46]. En troisième lieu, on rejette l'idée de gouvernement modeste : le pouvoir n'a pas à être humble mais il doit être le « chef de la société », et cela grâce moins à « des préfets, des percepteurs, des soldats..., disposés en réseau sur la face du pays... mais qui n'ont point de racines dans ses entrailles », qu'à l'établissement de liens solides avec la société qu'il faut « trouver » et « fouiller sans cesse », grâce à la publicité des débats parlementaires, à la liberté de la presse et au système des élections [6, p. 303-304].

Du côté des hommes de gouvernement, c'est un riche banquier, originaire du Dauphiné, Casimir Perier, qui dans le feu de l'action se révèle « une volonté » avec ce programme simple : « Il faut que la sécurité et la tranquillité renaissent. » Pas de moyens exceptionnels — ce recours des gouvernements faibles —, mais « toute la Charte, rien que la Charte ». Homme à poigne, dur et cassant, Perier impose à Louis-Philippe la doctrine whig (« Le roi règne et ne gouverne pas ») en le tenant à l'écart du conseil des ministres ; il assure le maintien de la paix extérieure avec une politique de non-intervention (ralliement à la solution anglaise de l'élection de Léopold de Saxe-Cobourg — plutôt que du duc de Nemours, fils de Louis-Philippe comme roi de la Belgique indépendante, refus de soutenir les révolutionnaires italiens), et il s'attache à rétablir, sans ménagements, l'ordre dans la rue en résistant à toute demande de réforme profonde ou d'intervention dans le domaine économique et social (répression du mouvement des canuts de Lyon en novembre 1831).

Pour faire cesser l'agitation politique et pour renforcer la popularité du régime auprès de la bourgeoisie, Perier fait voter tambour battant les lois qui accordent les réformes au-delà desquelles il lui semble impossible d'aller : celle du 21 mars 1831 prévoit l'élection des conseils municipaux par les notables (conformément à une idée déjà agitée sous Martignac), mais les maires continueront à être nommés par le roi ; le 22 mars, la garde nationale est pratiquement ouverte à tous ceux qui paient l'impôt personnel et peuvent s'équiper à leurs frais, ce qui fait des boutiquiers encadrés par la moyenne et la grande bourgeoisie les meilleurs auxiliaires de la police[44] ; le 19 avril le nombre des électeurs à la Chambre des députés est porté de 90 000 à 166 000

grâce à l'abaissement du cens à 200 francs (et à 500 francs pour l'éligibilité); enfin le 29 décembre 1831 la pairie cesse d'être héréditaire [25, p. 336]. Serait-ce donc le règne de la bourgeoisie[45]?

## Les notables au pouvoir

Tocqueville écrit dans ses *Souvenirs* : « En 1830 le triomphe de la classe moyenne avait été définitif, et si complet que tous les pouvoirs politiques, toutes les prérogatives se trouvèrent renfermés et comme entassés dans les limites étroites de cette seule classe, à l'exclusion en droit de tout ce qui était en dessous d'elle et en fait de tout ce qui avait été au-dessus. » Même quand elles la nuancent, toutes les études historiques confirment cette opinion qui était déjà celle des contemporains, comme le prouvent les romans de Balzac et de Stendhal, les dessins de Daumier ou le fameux portrait de Bertin, propriétaire des *Débats*, peint par Ingres. Cependant, depuis certains travaux [73], on préfère parler d'un régime de notables pour prendre en compte la double présence dans les sphères dirigeantes d'une fraction de la noblesse ralliée à Louis-Philippe et de quelques capacités militaires, administratives ou intellectuelles encore étrangères au monde de l'économie capitaliste.

Ce milieu des notables fonde d'abord sa puissance sur la richesse, étant entendu que la richesse héritée est plus respectée que la richesse acquise : Rastignac demeurera un parvenu[46]. En 1840 les imposés de plus de 1 000 francs — qui peuvent être considérés comme les grands notables — sont environ 18 000 en France; s'il n'y a parmi eux que 16 % de négociants et d'industriels, c'est l'influence de ces derniers qui frappe l'opinion de la même façon qu'on évoque souvent à la suite de Karl Marx le « règne des banquiers », bien que sur la soixantaine de ministres qu'a utilisés le régime les représentants des milieux d'affaires soient venus loin derrière les professions libérales et surtout les hauts fonctionnaires. Ensuite ce sont les traditions familiales qui définissent les notables orléanistes : on est influent parce qu'on est un héritier, le fils ou le gendre d'un homme qui compte, parce qu'on appartient à ces « dynasties bourgeoises » décrites par le légitimiste Emmanuel Beau de Loménie. Le notable vit dans un temps social de longue durée qui permet de dominer ceux dont la condition de vie n'est assurée qu'à la journée, à la semaine ou au mois [23, p. 157].

Enfin la notabilité repose également sur la capacité personnelle

et sur l'influence exercée à travers des fonctions publiques ou représentatives : le notable cumule les rôles de direction, et par conséquent dirige l'opinion, dans une société où prédominent les relations interpersonnelles, mais avec le risque de voir les préoccupations locales l'emporter sur l'esprit national. Ainsi le maire de Lille (1834-1848), Bigo-Danel, aîné des six enfants d'un riche négociant en fil, parent ou allié des plus grandes familles du patronat textile, intéressé dans l'exploitation de mines près de Lens aussi bien que dans la société d'assurances Le Nord, membre du tribunal puis de la chambre de commerce, est plus préoccupé de l'assainissement ou de l'éclairage au gaz de sa ville que de la politique gouvernementale [73, t. I, p. 273].

Le régime censitaire accentue la corrélation entre les différentes formes de pouvoir, économique, social et politique : sur les quinze censitaires les plus fortunés des années 1840 (imposés à plus de 15 000 francs), il y a dix titulaires de fonctions publiques (dont quatre pairs de France) et dix nobles. Joseph Perier, qui arrive en tête, est à la fois député d'Épernay, banquier à Paris, régent de la Banque de France, administrateur de la compagnie des mines d'Anzin [73, t. I, p. 431]. Plus de la moitié des pairs sont de hauts fonctionnaires en exercice ou retraités ; sur 29 conseillers d'État on compte 11 députés et 9 pairs ; la fortune est considérée comme un gage d'indépendance, de capacité et aussi de solidarité avec le système [23, p. 158].

Si c'est en province que prend naissance la puissance des notables, c'est à Paris qu'on défend le mieux les intérêts de sa région, de sorte que la maîtrise des institutions politiques, administratives, économiques et même intellectuelles est recherchée par des hommes moins préoccupés des idées politiques que des intérêts de leur milieu d'origine. Au Palais-Bourbon, où il n'y a pas de groupes structurés, les 253 députés conservateurs de 1840 — qui ne devraient rien craindre des 15 radicaux (républicains) et des 22 légitimistes, ni même des 104 députés de la « gauche dynastique », des 43 membres du centre gauche (qui suivent Adolphe Thiers) et des 22 membres du Tiers-parti fluctuant au gré des événements — sont souvent indifférents aux options idéologiques mais sensibles à la défense des droits protecteurs pour les uns, du sucre de betterave pour d'autres, ou de la viticulture pour certains. Ainsi la grande bourgeoisie d'affaires, même si elle demeure représentée par un petit nombre de personnalités, arrive en fait à imposer sa politique en matière économique quand elle surmonte ses divisions internes (comme l'opposition entre le protectionnisme

des maîtres de forges, des industriels du textile ou des éleveurs et le libre-échangisme des régions viticoles ou des ports de Marseille et Bordeaux).

Deux exemples permettent de comprendre comment le parti conservateur, et par conséquent l'État qu'il dirige, facilitent la révolution économique des décennies 1830 et 1840. Considérons d'abord le refus opposé par les gouvernements successifs à certains juristes du Conseil d'État qui s'inquiètent de la prolifération des sociétés en commandite par actions (dans lesquelles la gestion appartient au commandité, responsable sur sa fortune, alors que les commanditaires, c'est-à-dire les actionnaires, ont une responsabilité limitée) et qui voudraient les surveiller : apparemment, l'attitude du gouvernement est en contradiction avec l'esprit du Code du commerce de 1807 qui prévoit enquête et approbation gouvernementale préalable pour les sociétés anonymes afin d'empêcher la spéculation ; mais, en laissant faire, la Monarchie de Juillet favorise le développement et la concentration des entreprises. Contrairement à ce qui se passe en Grande-Bretagne ou en Allemagne, il n'y a pas ici d'obstacle institutionnel à la croissance [28, p. 49-50 et 82].

Mieux encore, l'intérêt porté par le régime au développement des voies de communication, dans des conditions avantageuses pour la bourgeoisie, illustre parfaitement la connivence souvent dénoncée. A l'encontre de l'avis de Lamartine pour lequel les chemins de fer devraient être un service public, l'État prévoit, par la loi de 1842, un réseau ferroviaire en étoile autour de Paris, en se chargeant lui-même des infrastructures coûteuses (achat des terrains, construction des ponts, tunnels, ballasts), puis en concédant à des compagnies privées l'exploitation des lignes (après qu'elles ont aménagé les superstructures : rails, gares, signalisation). Ainsi l'État débourse 80 millions de francs pour le Paris-Lille et, afin de ne pas augmenter l'impôt auquel est hostile la bourgeoisie censitaire, renonce à la politique d'équilibre budgétaire ; en 1845 il concède aux Rothschild les chemins de fer du Nord qui permettent de distribuer aux actionnaires, entre 1851 et 1867, 323 millions de francs pour un capital initial de 160 millions. Ces « beaux dividendes » prouvent que les orléanistes ont jeté les bases du grand capitalisme français [28, p. 67-76]. Alors qu'entre 1820 et 1824 les dépenses à but économique et social représentaient 6,8 % du budget de l'État, elles passent entre 1840 et 1844 à 15,3 % (dont 9,35 % pour les travaux publics), puis entre 1845 et 1849 à 18 % (pour ne pas dépasser 23,8 % en 1910-1913). Sur le plan social,

un personnage nouveau apparaît, l'ingénieur ; Julien Sorel s'efface devant Lucien Leuwen : le premier avait été formé au séminaire, le second à l'École polytechnique [25, p. 361].

N'en concluons pas toutefois au matérialisme strictement intéressé de cette bourgeoisie conservatrice. Si Joseph Prudhomme — le personnage inventé par Henri Monnier — entasse écu sur écu et écrase de son indifférence le petit tailleur qui habite l'une des mansardes de son immeuble parisien, il sait aussi se laisser charmer par les sermons de Lacordaire à Notre-Dame et il est ému aux larmes par les poètes romantiques, même si le bourgeois louis-philippard a laissé la réputation d'être obtus et fermé aux beautés de l'art. C'est Guizot qui fait voter en 1833 la loi contraignant les communes à ouvrir des écoles primaires et les départements des écoles normales, sous le contrôle des notabilités locales — il permet, il est vrai, aux congréganistes d'y enseigner aussi bien qu'aux laïques ; il en résulte un grand pas en avant dans l'alphabétisation du pays, même si le développement de l'instruction primaire est davantage conçu comme un facteur de moralisation des classes populaires ou de promotion individuelle que de promotion et de mobilité sociale. Le juriste de Salvandy organise en 1847 dans le secondaire un enseignement « spécial », avec l'étude des « sciences et de leur application à l'industrie, des langues vivantes, de la théorie du commerce et du dessin », afin de donner aux milieux d'affaires les cadres dont ils ont besoin — et cela malgré l'indignation de Lamartine : « L'homme est-il une machine, un outil exclusivement façonné à gagner le plus de salaire..., l'homme n'a-t-il qu'une fin mercantile, industrielle, terrestre ? » Au niveau supérieur on crée des facultés des sciences et des facultés des lettres en province, on fonde l'École d'Athènes et l'École des chartes, si bien que les universitaires — même s'ils sont rarement présents dans les collèges électoraux censitaires — acceptent plus aisément le régime que certains opposants ne le font croire [24, t. III, p. 47].

En raison du rôle éminent joué par la presse lors des Trois Glorieuses, les journaux, qui bénéficient — au début du moins — d'une totale liberté, se développent de façon remarquable, en province comme à Paris ; mais le maintien du cautionnement, et surtout son augmentation par la loi de 1835, réservent la propriété des journaux politiques aux détenteurs d'une certaine richesse. *Le Journal des Débats*, aisément rallié au régime, reflète les idées de Molé et de Guizot mais combat « l'attitude guerrière » de Thiers ; il défend la paix et l'ordre intérieur sur un ton très académique, grâce à la collaboration de Villemain, Saint-Marc Girardin, Silvestre de

Sacy, Jules Janin, Berlioz, Cuvillier-Fleury. Mais Émile de Girardin, qui soutient la droite orléaniste jusqu'en 1847, innove en fondant en 1836 le premier vrai journal moderne d'information, *La Presse*, dont le très fort tirage et le recours systématique aux annonces permettent la réduction de moitié du prix de l'abonnement. En province, des feuilles gouvernementales, tenues en tutelle par le préfet qui leur réserve les annonces officielles et judiciaires, et aidées par le Bureau de l'esprit public qui — du ministère — leur adresse des articles, luttent contre les gazettes cléricales, légitimistes ou démocratiques [84, p. 111-126, 174-184]. Ainsi, note Tocqueville, la bourgeoisie orléaniste « ne dirige pas seulement les affaires ; elle dirige aussi les opinions, elle donne le ton aux écrivains et de l'autorité aux idées » (ce qui, ajoute-t-il, n'était plus le cas de la noblesse française à la fin du XVIIIᵉ siècle).

Sur le plan intellectuel l'ancienne école libérale éclate. Les conservateurs trouvent un fondement idéologique dans les philosophies intermédiaires qui fleurissent sous Louis-Philippe, avec un souci de compromis, et notamment dans l'éclectisme de Victor Cousin qui cherche à accorder les croyances du sens commun avec les règles que fournit la raison, en vue de consolider les valeurs traditionnelles : Dieu, l'immortalité de l'âme, l'ordre, l'autorité. Ce relativisme ne peut satisfaire l'Église catholique, mais il traduit les aspirations profondes des notables, convaincus de leur valeur intellectuelle et de l'excellence de leurs principes.

Le même dogmatisme se manifeste dans le domaine économique : la doctrine du « laissez-faire » engendre le conservatisme social. Disciples de Jean-Baptiste Say, les publicistes et professeurs qui collaborent au *Journal des Économistes* veulent en finir avec les réglementations et les contraintes collectives, libérer l'entrepreneur et pousser à la diminution des raretés par la croissance dans la concurrence intégrale ; admirateurs de l'Angleterre, ils sont conquis par un libéralisme global, économique, politique, religieux et culturel. Pour Charles Dunoyer — qui croit à l'utilité de « l'enfer social » —, le rôle de l'État se borne à celui de « producteur de sécurité » ; il faut diminuer le nombre des fonctionnaires, supprimer le monopole des postes et faire disparaître les douanes (mais c'est en vain que Frédéric Bastiat lance sa *Pétition des marchands de chandelles sur la concurrence du soleil...*) [60, p. 140-145].

Au total il existe un « style Louis-Philippe », art conformiste et respectable pour classes moyennes. Les conservateurs lisent les feuilletons de leur quotidien favori, comme *Les mystères de Paris* d'Eugène Sue qui permettent la relance du *Journal des Débats* en

1843. Ils applaudissent au théâtre les drames de Casimir Dela-
vigne, comme *Don Juan d'Autriche* (1835) ou *Une famille au temps de
Luther* (1836), qui combinent habilement les audaces shakespea-
riennes et le goût classique. Ils écoutent à l'opéra *Les huguenots* de
Meyerbeer, qui s'inspirent du massacre de la Saint-Barthélemy.
Leur peintre préféré est Horace Vernet, dont les tableaux, en
particulier la *Smalah* (1845), rendent palpable ce que les récits des
journaux ont fait connaître[47]. Dans le mobilier comme en architecture, c'est le pastiche qui domine : le néo-gothique triomphe
avec la reconstruction de l'église Saint-Nicolas de Nantes [25,
p. 394]. Mais la religion, toujours considérée comme « une affaire
de bonnes femmes », n'intéresse guère personnellement les notables
orléanistes qui restent encore « fils de Voltaire »; leur anticléricalisme est immortalisé dans la littérature par Flaubert sous les traits
du pharmacien Homais qui « croit à un créateur, mais n'a pas
besoin d'aller dans une église baiser des plats d'argent et engraisser
un tas de farceurs » [94, p. 76-79]. Au total on peut donc soutenir
qu'il existe bien une culture orléaniste comme il existe une culture
légitimiste.

## L'ordre avant tout

Dans la pratique, les hommes politiques de la droite orléaniste se
manifestent d'abord comme des hommes d'ordre. Alors que le parti
du Mouvement, peu soucieux de compromettre sa popularité,
n'avait pas su contenir l'agitation lors du procès des ministres de
Charles X (dont les émeutiers réclamaient la tête, en
décembre 1830), et lors du service religieux organisé à Saint-
Germain-l'Auxerrois pour l'anniversaire de la mort du duc de
Berry, le 14 février 1831 (ce qui avait conduit au sac de l'archevêché), Casimir Perier fait reconquérir Lyon militairement, de l'extérieur, en décembre 1831, à la suite de la révolte des canuts qui, en
conflit avec les marchands-fabricants, ne songent pourtant pas
alors à en découdre avec le gouvernement. Il dépêche le maréchal
Soult, ministre de la Guerre, et le jeune duc d'Orléans avec
20 000 soldats et 150 canons, et il a soin d'attendre l'achèvement
de la « pacification » avant d'engager des poursuites, de faire
annuler le « tarif » minimal arraché par les ouvriers et de faire
renouveler tous les livrets afin de purger la ville des contestataires.
Le gouvernement prend ouvertement parti pour le patronat contre
les prolétaires, pour la classe qui possède contre celle qui ne possède

pas. C'est un moment essentiel dans le divorce entre les droites et la classe ouvrière, assimilée désormais à l'ennemi : « Les Barbares qui menacent la société ne sont point dans le Caucase, ni dans les steppes de la Tartarie; ils sont dans les faubourgs de nos villes manufacturières », écrit Saint-Marc Girardin dans *Les Débats* [24, t. II, p. 349].

Après la mort de Perier, victime de l'épidémie de choléra (16 mai 1832), la même dureté s'exerce à l'encontre des manifestants qui profitent des obsèques du général Lamarque — député libéral, ami de La Fayette — pour affirmer leur républicanisme et dresser des barricades; le 6 juin, 25 000 soldats et la garde nationale commandée par Lobau reconquièrent le terrain perdu et enlèvent au canon le cloître Saint-Merry. Tout en pensant que les révolutionnaires « effraient l'honnête bourgeois qui devient féroce du contrecoup (et) font de la République un épouvantail », Victor Hugo parle de « folies noyées dans le sang ». On dénombre, en effet, 800 morts ou blessés; mais quand le préfet de police Gisquet ordonne aux médecins de « déclarer le nom et la demeure de tous les blessés auprès desquels ils auront été appelés », il se trouve un chirurgien du bureau central des hôpitaux pour rappeler que sa « vocation est de guérir et non de dénoncer » [24, t. II, p. 353-354]. En province ce sont les grèves ouvrières qui sont brisées par des poursuites judiciaires multipliées et par une innovation, l'appel aux soldats pour remplacer les grévistes : ainsi les orléanistes donnent de l'armée et de la justice, aux yeux du peuple ouvrier, l'image d'auxiliaires du capital.

Au début de 1834, le ministère qui est alors dominé par le triumvirat de Broglie-Thiers-Guizot (« Casimir Perier en trois personnes », se lamente le roi) cherche à enrayer la propagande républicaine en faisant voter une loi qui soumet à une autorisation préalable toujours révocable la profession de crieur de journaux; puis il se retourne contre les associations, même partagées en sections de moins de vingt personnes, en les interdisant, en rendant responsables leurs adhérents autant que leurs dirigeants, et en transférant les infractions des jurys de cours d'assises — généralement indulgents — aux tribunaux correctionnels — toujours plus stricts. C'est Lyon qui donne en avril le signal de la résistance, car les canuts y sont maintenant largement convertis aux idées républicaines; mais avec 13 000 hommes de troupe le gouvernement noie le soulèvement dans un bain de sang qui entraîne 642 morts et 600 blessés. Les Parisiens cherchent à soutenir les Lyonnais en dressant des barricades, mais Thiers — ministre de l'Intérieur — est

impitoyable, aidé du général Bugeaud qui veut « tout tuer... point de quartier » : cela conduit au massacre de la rue Transnonain, immortalisé par Daumier, puis au procès spectaculaire de 164 militants devant les Pairs. Le 28 juillet 1835 l'attentat de Fieschi contre le roi, qui provoque la mort du maréchal Mortier et de 17 autres personnes, émeut suffisamment l'opinion pour décider les chambres à voter les lois dites « de septembre » : elles réduisent à 7 (au lieu de 8) jurés sur 12 la majorité nécessaire pour une condamnation, imposent la censure préalable pour les dessins, relèvent le cautionnement et multiplient les délits (« offense au roi », attaque contre le « principe ou la forme du gouvernement »). Ainsi la droite renforce l'arsenal répressif de l'État [24, t. II, p. 368-369].

Après un bref ministère Thiers qui n'a ni programme précis ni majorité solide, Louis-Philippe fait appel en septembre 1836 au comte Molé, descendant d'une vieille famille de robe, qui a servi tous les régimes sans jamais se compromettre par trop de zèle. Prêt à laisser la direction effective des affaires au roi, il bénéficie d'abord de l'appui de Guizot, puis doit se contenter en 1837 des « séides du château » qui aiment mieux « calmer les passions que d'avoir à les vaincre ». Quand Louis-Napoléon Bonaparte tente un soulèvement à Strasbourg, on étouffe l'affaire en embarquant de force le neveu de l'Empereur pour l'Amérique. Si on ne parvient pas à faire voter une imposante dotation pour certains enfants du roi, on réussit par contre à marier l'héritier du trône, le duc d'Orléans, à une princesse allemande, ce qui rend quelque prestige au père usurpateur. Mais il se forme bientôt contre Molé une « coalition » — c'est-à-dire une union des dirigeants de la droite, du centre gauche et même de la gauche — qui proteste contre l'abus de la prérogative royale et reproche à ce « ministère de laquais » de n'être soutenu que par des députés fonctionnaires ou avides de faveurs, ce « Ventre législatif » cruellement caricaturé par Daumier.

Un publiciste bordelais, Henri Fonfrède, vient au secours de Molé en soutenant en 1839 que « ce n'est plus la couronne qui doit subir un gouvernement de la chambre; c'est la chambre qui doit attendre un gouvernement de la couronne ». Les assemblées ne peuvent pas être « la source directrice et dominatrice du gouvernement de l'État, mais elles doivent en être le soutien » [56, p. 148-149]. Une telle doctrine a pour conséquence d'encourager le jeu personnel de Louis-Philippe, de rabaisser la vie parlementaire à des querelles de chefs, d'étouffer la confrontation des partis, et d'accentuer le divorce entre pays légal et pays réel. Il en résulte une sorte de

démoralisation de la nation : « Il me semble que la France n'a plus rien à donner, écrit Royer-Collard; elle dort d'un sommeil qui n'a même pas de rêves. » Molé doit finalement se retirer en mars 1839, à la suite des attaques de la « coalition » et d'un échec électoral consécutif à une dissolution. Guizot, qui mène le centre droit, n'a pas été le moins virulent des opposants : « Vous êtes trop étrangers au pays et à ses représentants; vous ne les représentez pas vous-mêmes assez véridiquement, assez fermement auprès de la couronne. Les intérêts, les sentiments, toute la vie morale et politique du pays n'arrivent pas, fidèles et entiers, par votre organe, auprès du trône » [56, p. 155].

Pendant plus de deux mois les chefs de la nouvelle majorité prouvent leur incapacité à s'entendre. Il faut une tentative de soulèvement révolutionnaire — le complot de la Société des Saisons, en mai 1839 — pour que se forme un ministère Soult, avec des personnalités de second plan : « Maréchal, l'eau se trouble, il faut pêcher des ministres », aurait déclaré le souverain au militaire si on en croit Victor Hugo [25, p. 344]. Bientôt une nouvelle affaire de dotation en faveur du duc de Nemours, qui illustre l'extraordinaire avidité du roi, contraint Soult à la démission; et c'est Thiers qui le remplace en février 1840. Les partis sont alors émiettés : comme l'écrit Victor de Broglie à Guizot, il faut « se fabriquer tous les matins une majorité artificielle par des concessions ou des compliments, par des promesses ou des caresses, en pesant, dans des balances de toiles d'araignées, la quantité de bureaux de poste qu'on a donnés d'un côté, la quantité de bureaux de tabac qu'on a donnés de l'autre ». Pour faire oublier à la gauche et à la petite bourgeoisie son refus d'envisager une réforme électorale — malgré l'importance du pétitionnement —, pour tenter de faire oublier aux ouvriers la sévérité avec laquelle sont réprimées les grèves qui mobilisent 20 000 à 30 000 Parisiens et entraînent 409 arrestations, Thiers se jette dans une politique belliqueuse à l'extérieur à propos de la question d'Orient jusqu'au moment où le risque de guerre contre l'Angleterre, la Russie, l'Autriche et la Prusse convainc Louis-Philippe de le renvoyer (octobre 1840). Sous la direction nominale de Soult jusqu'en 1847, c'est un gouvernement dominé par Guizot et conforme aux vues du roi qui est alors mis en place.

## Les « conservateurs-bornes »

Alors que les orléanistes du centre gauche, conduits par Thiers, préconisent un conservatisme social allié à la glorification du patriotisme révolutionnaire et impérial, alors que la gauche dynastique d'Odilon Barrot souhaite un dynamisme réformiste élargissant peu à peu les libertés et les droits, le grand parti de centre droit dont Guizot s'emploie à réunir les morceaux au sein des chambres rêve d'un ordre statique et pacifique, sacrifiant le panache à la prospérité [61, p. 327]. C'est Lamartine qui, en 1842, au moment où lui-même passe de la chimère légitimiste au lyrisme démocratique, dénonce brillamment ces « hommes intimidés » qui forment le gouvernement : « On dirait à les entendre que le génie des hommes politiques ne consiste qu'en une seule chose, à se poser là sur une situation que le hasard ou une révolution leur a faite et à y rester, immobiles, inertes, implacables à toute amélioration... Si c'était là tout le génie de l'homme d'État, il n'y aurait pas besoin d'homme d'État, une borne y suffirait. » Guizot, qui se donne effectivement pour vocation de « rétablir l'ordre, l'ordre vrai, la prédominance des gens de bien sur les mauvais sujets, des gens sensés sur les brouillons », travaille à la constitution d'un parti libéral, conservateur et antirévolutionnaire : il ne s'agit pas d'un parti structuré au sens actuel du mot, mais d'un groupement de députés qui se définit par sa solidarité de vote en faveur du Cabinet. En se disant libéral et antirévolutionnaire, Guizot suit la tradition doctrinaire, mais en mettant l'accent sur le conservatisme il s'en éloigne ; il prétend résoudre les problèmes d'évolution par des règles statiques qui dans la pratique se confondent vite avec l'immobilisme [60, p. 153-154]. Erreur fatale qui éclate aux yeux en 1848 : les transformations de la société, notamment sur le plan économique, entraînent chez un nombre toujours croissant d'individus le besoin de participer à la vie politique. Il ne suffit donc pas de vouloir guider l'opinion comme le croit Guizot, il faut parfois la suivre.

Pour consolider sa majorité, Guizot n'hésite pas à utiliser de petits moyens, de la flatterie à la distribution des places. Il réserve sa sollicitude et ses faveurs aux circonscriptions qui lui envoient de bons députés et aux représentants qui le soutiennent régulièrement. C'est ce qu'il appelle gouverner par des « conquêtes individuelles », tandis que ses adversaires dénoncent la corruption parlementaire. Les places de fonctionnaires, les bourses de collège, les concessions

de mines ou de chemins de fer, les marchés de travaux publics, les décorations, l'argent même entrent en jeu pour séduire[48]. Les préfets multiplient les pressions lors des élections, et les candidats les plus aisés font assaut de générosité : ainsi en 1846, à Quimperlé, le banquier Drouillard consacre 150 000 francs à acheter son électorat, comblant les églises de tableaux et d'objets de piété dont sont friands curés et dévots, souscrivant des prêts sans intérêt, achetant des immeubles au-dessus de leur valeur [61, p. 329]. L'étroitesse de l'électorat censitaire facilite évidemment la chose : les fonctionnaires, qui ne sont pas alors assurés de la stabilité de l'emploi, ne peuvent qu'être sensibles aux pressions, que ce soit à la base lorsqu'ils constituent comme à Embrun les deux tiers du collège électoral, ou que ce soit à la Chambre lorsqu'ils apprennent la révocation d'un diplomate, Drouyn de Lhuys, parce qu'il a osé déposer une boule noire contre l'indemnité versée par Guizot après l'expulsion de Tahiti, par l'amiral Dupetit-Thouars, du missionnaire anglais Pritchard, indemnité qui, selon le diplomate, sacrifie « l'honneur et les intérêts de la France à l'alliance anglaise ».

Guizot refuse tout élargissement du droit de suffrage jusqu'à la dernière heure de la monarchie. Convaincu que seuls les plus riches, qui sont aussi les plus « éclairés », peuvent « représenter » la raison du corps social, il se contente d'un lent recrutement au compte-gouttes de nouveaux éléments dans la classe dominante. Son fameux discours de 1843 est de ce point de vue éclairant : « Vous voulez avancer à votre tour, vous voulez faire des choses que n'aient pas faites vos pères. Vous avez raison ; ne poursuivez donc plus, pour le moment, la conquête des droits politiques ; vous la tenez d'eux, c'est leur héritage. A présent, usez de ces droits ; fondez votre gouvernement, affermissez vos institutions, éclairez-vous, enrichissez-vous, améliorez la condition morale et matérielle de notre France ; voilà les vraies innovations. » La pensée est claire : la révolution politique a été faite et réussie en 1789 ; close, elle ne pouvait être rouverte ; c'est désormais sur le terrain économique qu'il faut déployer son ardeur  Que ceux qui veulent voter s'enrichissent par le travail et par l'épargne[49], comme l'ont fait ceux qui votent déjà, et ils feront ainsi la preuve de leur capacité. En constatant que le nombre des électeurs approche en 1846 de 250 000 alors qu'il n'était que de 166 000 après le vote de la loi de 1831, la droite orléaniste — qui, de toute façon, exclut par principe le suffrage universel — exclut aussi tout abaissement du cens et toute adjonction des « capacités » (entendons par là des personnes pourvues d'un diplôme), qui auraient entraîné une démocratisation

relative du corps censitaire. Le refus de la réforme électorale, et en particulier le rejet en 1847 de la proposition Duvergier de Hauranne (qui est à la recherche d'une « transaction entre les partis ») d'abaissement du cens à 100 francs, font du conservatisme de Guizot le paravent d'une nouvelle aristocratie, celle de l'argent.

L'obstination du ministère à rejeter également toute réforme parlementaire tendant à moraliser les relations entre l'exécutif et le législatif aggrave le discrédit de la droite orléaniste dans l'opinion. En 1847, Charles de Rémusat ne parvient pas à trouver une majorité pour interdire l'avancement des fonctionnaires pendant qu'ils sont députés et pour accepter quelques incompatibilités entre fonction publique et mandat électif. L'échec est d'autant plus choquant qu'on apprend bientôt, à l'occasion d'un procès, qu'un pair de France, Teste, a vendu, alors qu'il était ministre des Travaux publics, la concession d'une mine de sel à un autre pair, le général Cubières, et qu'un scandale privé — le crime du duc de Choiseul-Praslin, assassinant sa femme et s'empoisonnant — éclabousse bientôt toute la Chambre haute dans laquelle siègent les principales notabilités du régime. Alexis de Tocqueville, élu au Palais-Bourbon depuis 1839, se fait accusateur dans ses *Souvenirs* : « J'ai passé dix années de ma vie dans la compagnie de très grands esprits qui s'agitaient constamment sans pouvoir s'échauffer, et qui employaient toute leur perspicacité à découvrir des sujets de dissentiments graves sans en trouver... Maîtresse de tout comme ne l'avait jamais été et comme ne le sera jamais aucune aristocratie, la classe moyenne, devenue le gouvernement, prit un air d'industrie privée... La postérité ne saura peut-être jamais à quel degré le gouvernement d'alors avait sur la fin pris les allures d'une compagnie industrielle où toutes les opérations se font en vue du bénéfice que les sociétaires en peuvent retirer » [56, p. 315].

L'impopularité rejaillit sur le roi car, professant à l'encontre de Thiers que « le trône n'est pas un fauteuil vide », Guizot laisse Louis-Philippe prendre une part importante à la direction des affaires. Le souverain, en vieillissant, devient de plus en plus autoritaire. « Il n'y a plus de ministres, leur responsabilité est nulle, tout remonte au roi seul..., qui a faussé nos institutions constitutionnelles », écrit en novembre 1847 le propre fils du monarque, le prince de Joinville [57, p. 119]. Et depuis la mort accidentelle du duc d'Orléans en 1842, on ne peut même plus espérer un règne salvateur, vraiment libéral et patriotique; le ministère a fait désigner comme régent éventuel, en attendant la majorité du jeune comte de Paris, le duc de Nemours, son oncle, qui passe pour franchement conservateur.

**La** politique extérieure elle-même manque de grandeur. Sans doute Bugeaud poursuit-il la conquête de l'Algérie : le gouvernement voudrait se limiter à l'occupation d'une frange côtière, où il favorise la colonisation européenne avec plus de 100 000 âmes, mais la résistance d'un jeune chef arabe, l'émir Abd el-Kader, entraîne les colonnes légères du gouverneur général à s'emparer de l'intérieur du pays, en pratiquant la tactique de la terre brûlée et une guerre atroce qui n'épargne ni les biens ni les personnes. Ailleurs Guizot, qu'impressionne la domination de l'Angleterre sur le monde, a pour souci premier de ne jamais déplaire à Londres; pour faire oublier la révolution qui a porté Louis-Philippe au pouvoir et qui a entraîné au début un certain ostracisme de la part des autres souverains, le ministère est davantage porté à l'esprit de concession qu'à l'esprit de revendication. L'« entente cordiale » avec la reine Victoria heurte le sentiment national, resté plutôt anglophobe, surtout lorsque la France doit s'incliner en Méditerranée ou aux colonies[50]. Quand en 1846 le mariage de la reine d'Espagne et de sa sœur avec les candidats de la France — dont un fils de Louis-Philippe —, et non pas avec les candidats de l'Angleterre, brise cette entente, le gouvernement de Guizot a l'étrange idée de se rapprocher de l'Autriche, c'est-à-dire d'une puissance absolutiste qui symbolise l'esprit de la Sainte-Alliance en Europe, ce qui ne fait qu'accentuer le caractère droitier de l'orléanisme. Lamartine peut s'indigner de voir la France « gibeline à Rome, sacerdotale à Berne, autrichienne au Piémont, russe à Cracovie, française nulle part, contre-révolutionnaire partout ! » [56, p. 380].

Dans les derniers temps du ministère Guizot, quelques parlementaires inquiets de l'anéantissement de la pensée conservatrice dans l'immobilité stérile tentent son rajeunissement : ce sont les « conservateurs progressistes » ou « néo-conservateurs » qui, autour de Tocqueville, de Billault, de Dufaure et de Faucher, réfléchissent à un programme réformateur. Ils pensent avec l'auteur de *De la démocratie en Amérique*[51] que la « passion mère » des citoyens français s'est déplacée de la liberté vers l'acquisition des biens, de sorte qu'en faisant continuellement peser sur le pays un chantage au danger révolutionnaire le pouvoir fonde sur une peur imaginaire l'accroissement de ses prérogatives, avec une réduction des libertés individuelles et publiques. Comment y remédier? Non pas en proposant, comme le fait la gauche, des bouleversements spectaculaires susceptibles d'effrayer davantage le pays, mais en restaurant les libertés acquises en 1789 et réaffirmées en 1830 : « L'opposition doit faire voir chaque jour davantage qu'elle ne conserve rien

des habitudes révolutionnaires, mais jamais il ne lui a été plus nécessaire de rester étroitement fidèle aux nobles et glorieux principes de la Révolution » [27, p. 362-366]. Une brochure publiée par Tocqueville en octobre 1847 (*De la classe moyenne et du peuple*) montre la vie politique éteinte dans la bourgeoisie — la seule classe qui a le droit d'en avoir une — et vivante partout ailleurs ; les intérêts de la classe dominante sont trop homogènes pour créer un choc d'idées : « Dans un monde politique ainsi fait, on ne peut guère trouver de véritables partis, c'est-à-dire qu'on ne saurait rencontrer ni variété, ni mouvement, ni fécondité, ni vie ; car c'est des partis que ces choses viennent dans les pays libres » [56, p. 320-321].

S'il est trop tard pour empêcher que la conjonction de la crise économique de 1847 et de la campagne des banquets organisée par les républicains en faveur de la réforme électorale n'aboutisse en février 1848 à la chute du ministère puis à celle du roi devant la défection de la garde nationale et l'émeute populaire, c'est toutefois dans ce dernier avatar du conservatisme orléaniste — bien plus que dans la politique de Guizot, définitivement marginalisé — que réside le germe d'une certaine droite à venir, celle pour laquelle tout régime politique est acceptable à la condition qu'il respecte les libertés personnelles et le pluralisme sous toutes ses formes, politique, social, économique, intellectuel.

MICHEL DENIS

## Bibliographie

L'ouvrage de base, publié en 1954, mais dont la dernière édition a l'avantage de fournir une bibliographie complétée, à laquelle on se reportera, est évidemment :

[1] RENÉ RÉMOND, *Les droites en France*, Paris, Aubier, 1982.

*La généalogie de la droite de 1815.*

La meilleure synthèse reste :

[2] JACQUES GODECHOT, *La contre-révolution, 1789-1804*, Paris, PUF, 1961.
A compléter, pour l'histoire des idées, par de grands manuels comme :

[3] JEAN-JACQUES CHEVALLIER, *Les grandes œuvres politiques*, Paris, A. Colin, 1949.

[4] JEAN TOUCHARD, *Histoire des idées politiques*, t. II, Paris, PUF, 1959.

[5] MARCEL PRÉLOT, *Histoire des idées politiques*, Paris, Dalloz, 1961.

[6] FRANÇOIS CHÂTELET, OLIVIER DUHAMEL, ÉVELYNE PISIER, dir., *Dictionnaire des œuvres politiques*, Paris, PUF, 1986.

Mais le panorama le plus éclairant sur le mouvement des idées à l'époque qui nous a retenu demeure l'ouvrage inégalé de :

[7] PAUL BÉNICHOU, *Le temps des prophètes. Doctrines de l'âge romantique*, Paris, Gallimard, 1977.

On dispose aussi de choix de textes particulièrement commodes :

[8] EDMUND BURKE, *Réflexions sur la Révolution française*, éd. Philippe Raynaud, Paris, Hachette, 1989.

[9] JOSEPH DE MAISTRE, *Considérations sur la France*, éd. Jean Tulard, Paris, Garnier, 1980.

[10] LOUIS DE BONALD, *Théorie du pouvoir politique et religieux*, éd. Colette Capitan, Paris, UGE, 1966.

[11] LOUIS DE BONALD, *Démonstration philosophique du principe constitutif de la société*, éd. François Azouvi, Paris, Vrin, 1985.

[12] JOSEPH DE MAISTRE, *Textes choisis*, éd. E.M. Cioran, Monaco, éd. du Rocher, s.d.

[13] *Politique de Chateaubriand*, éd. G. Dupuis, J. Georgel, J. Moreau, Paris, A. Colin, 1967.

[14] PIERRE-SIMON BALLANCHE, *Le vieillard et le jeune homme*, éd. Arlette Michel, Paris, Garnier, 1981.

On peut y ajouter quelques études particulièrement suggestives :

[15] PHILIPPE BÉNÉTON, *Le conservatisme*, Paris, PUF, 1988.

[16] *Romantisme et politique*, Colloque de l'ENS de Saint-Cloud, Paris, A. Colin, 1969.

[17] *Colloque Vendée, Chouannerie, Littérature*, Angers, Presses de l'Université, 1986.

[18] GÉRARD GENGEMBRE, *La contre-révolution ou l'histoire désespérante*, Paris, Imago, 1989.

Pour l'action des opposants à Napoléon, préparatoire à la révélation des clivages politiques de 1815, on peut se contenter de

[19] LOUIS DE VILLEFOSSE et JANINE BOUISSOUNOUSE, *L'opposition à Napoléon*, Paris, Flammarion, 1969.

## La période 1815-1848.

Parmi les ouvrages généraux relatifs à cette période on retiendra :

[20] FÉLIX PONTEIL, *La monarchie parlementaire*, Paris, A. Colin, 1949.

[21] PAUL BASTID, *Les institutions politiques de la monarchie parlementaire française*, Paris, Sirey, 1954.

[22] RENÉ RÉMOND, *La vie politique en France*, t. I, *1789-1848*, Paris, A. Colin, 1965.

[23] ANDRÉ JARDIN et ANDRÉ J. TUDESQ, *La France des notables*, t. I, Paris, le Seuil, 1973.

[24] JEAN ELLEINSTEIN, dir., *Histoire de la France contemporaine*, t. II et III, Paris, Éd. sociales, 1979.

[25] JEAN TULARD, *Les révolutions*, Paris, Fayard, 1985.

[26] GUY ANTONETTI, *Histoire contemporaine politique et sociale*, Paris, PUF, 1986.

[27] FRANÇOIS FURET, *La Révolution, 1770-1880*, Paris, Hachette, 1989.

Pour les relations entre la vie économique et la politique, on trouve les mises au point nécessaires dans :

[28] FRANÇOIS CARON, *Histoire économique de la France, XIX^e-XX^e siècles*, Paris, A. Colin, 1981.

## La Restauration.

Cette période est bien connue grâce à de copieux ouvrages anciens comme :

[29] ACHILLE DE VAULABELLE, *Histoire des deux Restaurations*, Paris, Perrotin, 8 vol., 1855-1856.
Mais on préférera :

[30] FÉLIX PONTEIL, *La chute de Napoléon I^er et la crise française de 1814-1815*, Paris, Aubier, 1943.

[31] MARQUIS DE ROUX, *La Restauration*, Paris, Fayard, 1930.

[32] GUILLAUME DE BERTIER DE SAUVIGNY, *La Restauration*, Paris, Flammarion, 1955.

[33] PHILIP MANSEL, *Louis XVIII*, trad. fr., Paris, Pygmalion, 1982.

[34] ÉVELYNE LEVER, *Louis XVIII*, Paris, Fayard, 1988.

[35] JEAN-PAUL GARNIER, *Charles X, le roi, le proscrit*, Paris, Fayard, 1967.

[36] JOSÉ CABANIS, *Charles X, roi ultra*, Paris, Gallimard, 1972.
Sur un point particulier on aura recours à

[37] ANDRÉ GAIN, *La Restauration et les biens des émigrés*, Nancy, 2 vol., 1928.

## L'ultracisme et le légitimisme.

Ces deux courants peuvent être découverts d'abord à travers des mémoires ; on retiendra ici seulement :

[38] BARON DE VITROLLES, *Mémoires*, éd. Forgues et Farel, Paris, Gallimard, 2 vol., 1951-1952.

[39] ALFRED DE FALLOUX, *Mémoires d'un royaliste*, Paris, Perrin, t. I, 1925.
Des biographies restent fondamentales :

[40] ÉDOUARD LECANUET, *Berryer, sa vie et ses œuvres*, Paris, Bloud, 1893.

[41] GUILLAUME DE BERTIER DE SAUVIGNY, *Le comte Ferdinand de Bertier et l'énigme de la Congrégation*, Paris, Presses continentales, 1948.

[42] JEAN FOURCASSIÉ, *Villèle*, Paris, Fayard, 1954.

[43] PIERRE ROBIN-HARMEL, *Le prince Jules de Polignac, ministre de Charles X*, Avignon, Aubanel, s.d.
Les idées et la pratique politique de la droite ultra ont été d'abord étudiées par :

[44] DOMINIQUE BAGGE, *Les idées politiques en France sous la Restauration*, Paris, PUF, 1952.

[45] JEAN-JACQUES OESCHLIN, « Sociologie, organisation et stratégie de l'ultraroyalisme », in *Politique, revue internationale des doctrines et des institutions*, juill.-sept. 1958, p. 231-259.

[46] JEAN-JACQUES OESCHLIN, *Le mouvement ultra-royaliste sous la Restauration. Son idéologie et son action politique*, Paris, 1960.

[47] GUILLAUME DE BERTIER DE SAUVIGNY, *La conspiration des légitimistes et de la duchesse de Berry contre Louis-Philippe, 1830-1832*, Paris, Hatier, 1951.
Mais ces travaux ont été largement renouvelés par

[48] STÉPHANE RIALS, *Révolution et contre-révolution au XIX^e siècle*, Paris, DUC/Albatros, 1987.

[49] STÉPHANE RIALS, *Le légitimisme*, Paris, PUF, 1983.

[50] HUGUES DE CHANGY, *Le soulèvement de la duchesse de Berry, 1830-1832*, Paris, DUC/Albatros, 1986.

[51] HUGUES DE CHANGY, *Le parti légitimiste sous la Monarchie de Juillet*, Paris, DUC/Albatros, 1986.

## Les conséquences politiques de la révolution de 1830.

Un article a posé le problème de la « rupture »;

[52] CHARLES H. POUTHAS, « La réorganisation du ministère de l'Intérieur et la reconstitution de l'administration préfectorale par Guizot », in *Revue d'histoire moderne et contemporaine*, 1962, p. 241-263.

Des études récentes élargissent le débat :

[53] *Romantisme, revue du dix-neuvième siècle*, n° 28-29, 1980.

[54] JOHN M. MERRIMAN, dir., *1830 in France*, New York, Franklin Watts, 1975.

[55] DAVID H. PINKNEY, *La révolution de 1830 en France*, trad. fr., Paris, PUF, 1988.

Le règne de Louis-Philippe a été présenté de façon précise par :

[56] SÉBASTIEN CHARLÉTY, *La Monarchie de Juillet*, Paris, Hachette, 1921; à actualiser grâce à la synthèse de

[57] PHILIPPE VIGIER, *La Monarchie de Juillet*, Paris, PUF, 1962.

Sur l'orléanisme et ses origines, on dispose de :

[58] JEAN LHOMME, *La grande bourgeoisie au pouvoir (1830-1880). Essai sur l'histoire sociale de la France*, Paris, PUF, 1960.

[59] GABRIEL DE BROGLIE, *L'orléanisme, la ressource libérale de la France*, Paris, Perrin, 1981.

[60] LOUIS GIRARD, *Les libéraux français, 1814-1875*, Paris, Aubier, 1985.

[61] ANDRÉ JARDIN, *Histoire du libéralisme politique de la crise de l'absolutisme à la constitution de 1875*, Paris, Hachette, 1985.

Parmi les mémoires, on privilégiera :

[62] CHARLES DE RÉMUSAT, *Mémoire de ma vie*, éd. Charles Pouthas, Paris, Plon, 5 vol., 1958-1967.

Parmi les biographies, on retiendra :

[63] FÉLIX PONTEIL, *Un type de grand bourgeois sous la monarchie parlementaire, Georges Humann, 1780-1842*, Paris, Ophrys, 1978.

Pour comprendre Guizot, on peut partir de :

[64] FRANÇOIS GUIZOT, *Mémoires pour servir à l'histoire de mon temps*, éd. abrégée de Michel Richard, Paris, Robert Laffont, 1971.

[65] PIERRE MARIE-CARDINE, « Sur Monsieur Guizot », in *L'information historique*, 1975, p. 170-176 et 217-222.

A compléter par :

[66] *Actes du colloque François Guizot*, Paris, Société de l'histoire du protestantisme français, 1976.

[67] JEAN-FRANÇOIS JACOUTY, « Guizot et la liberté, 1815-1830 », in *Bulletin du Centre d'histoire de la France contemporaine* (Université Paris X-Nanterre), n° 5, 1984, p. 9-26.

[68] PIERRE ROSANVALLON, *Le moment Guizot*, Paris, Gallimard, 1985.

[69] JEAN WALCH, *Les maîtres de l'histoire, 1815-1850*, Paris-Genève, Champion-Slatkine, 1986.

## Les milieux sociaux marqués par les droites.

Parmi les nombreux ouvrages permettant d'appréhender ces milieux on consultera :

[70] EMMANUEL BEAU DE LOMÉNIE, *Les responsabilités des dynasties bourgeoises. De Bonaparte à Mac-Mahon*, Paris, Denoël, 1943.

[71] JEAN FOURCASSIÉ, *Une ville à l'époque romantique, Toulouse. Trente ans de vie française*, Paris, Plon, 1953.

[72] JEAN BÉCARUD, « La noblesse dans les chambres, 1815-1848 », in *Revue internationale d'histoire politique et constitutionnelle*, juill.-sept. 1953, p. 189-205.

[73] ANDRÉ-JEAN TUDESQ, *Les grands notables en France (1840-1849). Étude historique d'une psychologie sociale*, Paris, PUF, 2 vol., 1964.

[74] DAVID HIGGS, *Ultraroyalism in Toulouse from its origins to the revolution of 1830*, Baltimore, The John Hopkins University Press, 1972.

[75] MICHEL DENIS, « Reconquête ou défensive : la stratégie de la noblesse de l'Ouest au XIXe siècle », in *Noblesse française, noblesse hongroise, XVIe-XIXe siècles*, Budapest, Akademiai Kiado, 1975.

[76] MICHEL DENIS, *Les royalistes de la Mayenne et le monde moderne, XIXe-XXe siècles*, Paris, Klincksieck, 1977.

[77] MAURICE AGULHON, *Le cercle dans la France bourgeoise, 1810-1848. Étude d'une mutation de sociabilité*, Paris, A. Colin, 1977.

[78] BRIAN FITZPATRICK, *Catholic royalism in the department of the Gard, 1814-1852*, Cambridge, Cambridge University Press, 1983.

[79] DAVID HIGGS, *Nobles in Nineteenth-Century France. The practice of inegalitarism*, Baltimore-Londres, The John Hopkins University Press, 1987.

[80] CHRISTIAN DE BARTILLAT, *Histoire de la noblesse française, 1789-1989*. 1. *Les aristocrates, de la Révolution au second Empire*, Paris, Albin Michel, 1988.

[81] ADELINE DAUMARD, *Les bourgeois et la bourgeoisie en France depuis 1815*, Paris, Aubier, 1987.

On aura un tableau de la presse de droite grâce à :

[82] CHARLES LEDRÉ, *La presse à l'assaut de la monarchie, 1815-1848*, Paris, A. Colin, 1960.

[83] RAYMOND DENIEL, *Une image de la famille et de la société sous la Restauration. Étude de presse catholique*, Paris, éd. ouvrières, 1965.

[84] CLAUDE BELLANGER, JACQUES GODECHOT, PIERRE GUIRAL et FERNAND TERROU, dir., *Histoire générale de la presse française*, t. II, Paris, PUF, 1969.

## Les rapports des catholiques avec les droites.

On peut encore recourir à :

[85] ÉDOUARD LECANUET, *Montalembert*, Paris, Poussielgue, 2 vol., 1898-1900.

[86] GEORGES WEILL, *Histoire du catholicisme libéral en France*, Paris, Félix Alcan, 1909.

[87] FERNAND MOURRET, *Le mouvement catholique en France de 1830 à 1850*, Paris-Barcelone, Bloud et Gay, 1917.

Mais la vision d'ensemble a été renouvelée par :

[88] ADRIEN DANSETTE, *Histoire religieuse de la France contemporaine*, Paris, Flammarion, 1948.

[89] JEAN LEFLON, *La crise révolutionnaire, 1789-1846*, Paris, Bloud et Gay, 1949.

[90] ANDRÉ LATREILLE, JEAN-RÉMY PALANQUE, ÉTIENNE DELARUELLE, RENÉ RÉMOND, *Histoire du catholicisme en France*, t. III, Paris, Spes, 1962.

[91] JEAN-BAPTISTE DUROSELLE, *Les débuts du catholicisme social en France, 1820-1870*, Paris, PUF, 1951 ; à compléter par

[92] KATHERINE A. LYNCH, *Family, class and ideology in early industrial France. Social policy and the working-class family, 1825-1848*, Madison (Wisconsin), The University of Wisconsin Press, 1988.

[93] JEAN-MARIE MAYEUR, *Des partis catholiques à la démocratie chrétienne*, Paris, A. Colin, 1980.

[94] GÉRARD CHOLVY et YVES-MARIE HILAIRE, *Histoire religieuse de la France contemporaine*, t. I, Toulouse, Privat, 1985.
Sur quelques points particuliers, on tirera grand profit de :

[95] LOUIS LE GUILLOU, *L'évolution de la pensée religieuse de Lamennais*, Paris, A. Colin, 1966.

[96] LOUIS LE GUILLOU, *Lamennais*, Bruxelles, Desclée de Brouwer, 1969.

[97] MARCEL PRÉLOT et FRANÇOISE GALLOUÉDEC GENUYS, *Le libéralisme catholique*, Paris, A. Colin, 1969.

[98] BENOÎT LEROUX, *Louis Veuillot, un homme, un combat*, Paris, Téqui, 1984.

CHAPITRE II

# 1848-1871
## *Autorité ou liberté*

La révolution de 1848 ouvre une nouvelle période dans l'histoire des droites, bousculées par l'événement, confrontées à une situation imprévue, pleine de dangers et d'incertitudes pour l'avenir, et à une démocratisation de la vie politique susceptible de ruiner la prépondérance des notables. Il en résulte un effort d'adaptation, de rapprochement des diverses droites au sein d'un parti au vocable nouveau — le parti de l'Ordre —, dont le programme est dicté par les préoccupations du moment. Il traduit une évolution notable, parfois proche d'un bouleversement culturel par rapport aux options antérieures.

Puis, à peine débarrassées de la menace d'une révolution sociale, les droites se trouvent confrontées à un nouveau courant politique. Inclassable idéologiquement au départ, le bonapartisme complique le jeu politique en lui donnant une configuration triangulaire et finit par dissocier le parti de l'Ordre, incapable d'élaborer une stratégie politique cohérente.

Les droites, qui refusent le coup d'État du 2 décembre et les nouvelles institutions qui en résultent, se trouvent rejetées dans l'opposition. Mais le ralliement de nombreux notables légitimistes et orléanistes et la résistance du Parti républicain font du bonapartisme une nouvelle droite même si une frange notable de ce parti se situe incontestablement à gauche. Dès lors le clivage essentiel au sein des droites oppose ceux qui se réclament de l'héritage libéral de la monarchie constitutionnelle et les partisans d'un régime d'ordre. Le dilemme « autorité ou liberté » domine l'histoire des droites sous la deuxième République et le second Empire.

## I. LE PARTI DE L'ORDRE
## SOUS LA DEUXIÈME RÉPUBLIQUE

L'expérience du parti de l'Ordre est intéressante à plus d'un titre. Sa genèse nous renvoie au phénomène nouveau de la *peur sociale*. Le souci d'efficacité face aux données nouvelles de la vie politique conduit à un effort d'organisation. Pour autant, ce parti a-t-il vraiment intégré ou fédéré des droites jusque-là rivales?

### *Peurs et refus*

La soudaineté de la révolution de février 1848 engendre une peur que l'on peut retracer désormais sous ses multiples aspects [76, p. 992-1028]. La peur est d'autant plus vive qu'à la différence des précédents changements de régime, le vide politique est total. Il n'y a plus de constitution, de dynastie de recours, ni même d'assemblée élue assurant la transition et la transmission régulière du pouvoir [1, p. 99-100]. Encore convient-il de distinguer la peur physique qui fait craindre pour sa sécurité et la peur sociale qui rassemble une classe dans la crainte que dommage soit fait à ses intérêts. On peut aussi juxtaposer la peur de la rue et celle d'une législation révolutionnaire qui recoupe partiellement le clivage précédent. Il convient donc de préciser la nature de la peur, son contenu affectif et idéologique, sa chronologie, ses variantes géographiques et ses manifestations extérieures.

La situation n'est pas identique à Paris et en province. Dans la capitale, la panique est immense à l'annonce de la chute de la Monarchie de Juillet et tous les témoignages concordent. Selon Tocqueville, elle est imputable à la disparition de toute force publique gouvernementale. Seul le peuple est armé. Aussi « la terreur de toutes les autres classes fut-elle profonde et comparable à celle des Romains devant les invasions barbares » [36, p. 104]. Rémusat note que Paris est abandonné aux ouvriers : « Jamais ordre social n'a été plus abandonné à lui-même » [35, t. III, p. 257]. Tout le monde est terrifié, note la fille du comte de Ségur, et de Barante constate un effet identique [76, p. 993]. Le calme apparent des rues de Paris, le climat politique « d'illusion lyrique et

de fraternité » rassure ensuite les esprits avant que l'inquiétude sociale ne prenne le relais.

La province au contraire accueille avec plus d'étonnement que d'effroi la révolution de février ; mais, dès la seconde quinzaine de mars, les alarmes se manifestent en raison des troubles sociaux — qui éclatent dans plusieurs régions où l'on ne retrouve pas le climat d'unanimisme de la capitale —, des nominations par Ledru-Rollin de clubistes à la tête de certaines préfectures et de l'épuration administrative qui réveille les mauvais souvenirs de la Convention montagnarde, surtout lorsque des descendants d'anciens conventionnels sont envoyés dans les départements. S'y ajoutent la peur du Paris révolutionnaire, l'inquiétude engendrée par l'aggravation de la crise économique. Le traumatisme provoqué par la Terreur de 1793 serait plus sensible en province qu'à Paris en raison d'une vie politique moins fertile en événements. Cette hantise du passé apparaît plus forte au sud de la Loire tandis que les craintes des nouvelles doctrines sociales sont plus présentes dans les régions industrielles du Nord [76, p. 1004-1006].

Les manifestations extérieures de la peur sont multiples. La panique incite les notables parisiens à déserter la capitale. Montalembert entend quitter la capitale pour Rouen. La fuite se manifeste également dans la vie politique : Tocqueville évoque la résignation et le défaitisme de l'ancien personnel politique, à commencer par Rémusat qui, dit-il, prêchait l'abstention et ne fut candidat en Haute-Garonne qu'après maintes hésitations. Il juge Victor de Broglie « timoré », Thiers en retrait et proférant des avis contradictoires [36, p. 114-117]. La pusillanimité explique le sacrifice des convictions monarchistes, l'adhésion à la République, voire parfois des gestes de servilité comme le versement de dons aux victimes de la révolution de février et l'éloge des nouvelles autorités administratives [76, p. 1010-1013]. La peur engendre enfin la fuite des capitaux. La panique boursière relance la crise économique.

On peut distinguer des moments intensifs de peur et l'inquiétude latente. L'angoisse des premières heures de la deuxième République a été évoquée. Il faut y ajouter celle que suscite la journée du 15 mai lorsqu'une manifestation en faveur de la Pologne s'achève par l'occupation du Palais-Bourbon. Les parlementaires ont craint pour leur sécurité, notamment Odilon Barrot qui s'estimait recherché [37, t. II, p. 194] et Rémusat qui redoutait d'être l'objet de pressions en cas de votes effectués sous le contrôle du peuple [35, p. 307]. Il avoue un sentiment de lâche soulagement à l'annonce de

la dissolution de la Chambre prononcée par les organisateurs de la manifestation. L'humiliation ressentie, lorsque le soir même l'ordre fut rétabli, ne peut que générer un ressentiment durable et la volonté d'en finir avec les révolutionnaires parisiens. L'événement accroît la perception des dangers. Tocqueville s'effraie au défilé de la Garde nationale lors de la fête de la Concorde du 21 mai : « Jamais tant d'armes n'avaient été remises dans les mains du peuple » [36, p. 199].

La peur intensive atteint son apogée lors des journées de juin suite à la fermeture des Ateliers nationaux : l'issue des combats demeure quelque temps incertaine. Tocqueville craint la victoire des insurgés le soir du 22 juin [36, p. 220]. Thiers conseille l'évacuation de Paris. Falloux s'épouvante des sentiments de haine sociale chez les blessés [31, p. 333-334]. La province, qui n'avait eu qu'une frayeur rétrospective à l'annonce de la journée du 15 mai dont elle avait appris en même temps le déclenchement et le dénouement, vit cette fois dans l'attente des informations du télégraphe tout en manifestant sa résolution en envoyant dans la capitale des compagnies de gardes nationaux volontaires. La détermination de ne plus subir la loi du Paris révolutionnaire marque en réalité un recul de la peur. Elle explique un certain décalage entre l'état d'esprit des notables parisiens et ceux des provinces. Rémusat reproche à ces derniers de sous-estimer le péril encouru et les services rendus par les républicains modérés tel Cavaignac : « ils leur savaient moins gré d'avoir sauvé l'État qu'ils ne leur en voulaient d'avoir établi le gouvernement qui avait amené le péril » [35, p. 345].

Quand ces peurs prirent-elles fin ? Celle de la rue est dissipée après l'écrasement des insurgés de juin 1848. Encore faut-il préciser qu'elle ne disparaît pas dans les départements, où elle ne cesse de hanter la population devant laquelle les notables continuent à l'agiter, telle une arme politique [76, p. 1015]. La peur du suffrage universel s'atténue après la victoire des républicains modérés en avril 1848, impression confirmée par les succès des notables aux élections de l'été. Mais les progrès des démocrates socialistes aux élections législatives de 1849 ravivent les craintes surtout lorsqu'ils s'affirment dans les départements ruraux du Centre et du Midi. Un an après la répression de juin 1848, six mois après la défaite de la Montagne aux élections présidentielles de décembre, ce succès relatif semble préfigurer un raz de marée national faute d'une connaissance rationnelle des données structurelles de la géographie électorale française [11, p. 92]. Les élections partielles du 10 mars

1850 qui virent le succès de 21 députés d'extrême gauche sur 30 confirment ces appréhensions. Les démocrates socialistes n'enlèvent-ils pas la totalité des sièges en Saône-et-Loire, tandis que Paris a élu un collaborateur de Louis Blanc et un condamné de juin 1848? Et quelques semaines plus tard la ville récidive en portant à la députation le romancier Eugène Sue, bête noire de la bourgeoisie. Les droites croient trouver, en mai 1850, la réplique en modifiant les règles du suffrage universel par l'obligation pour tout électeur d'être un contribuable inscrit depuis trois ans dans sa commune : un tiers des 9 millions d'électeurs sont rayés. Les droites ne sont pas pour autant rassurées. L'échéance électorale de 1852 hante les esprits. La peur sociale et politique est devenue une constante dans les mentalités des droites sous la deuxième République.

Leur idéologie s'en ressent directement. Le parti de l'Ordre est d'abord celui de la peur [76, p. 113]. Son credo tient dans la triade des principes adoptée par le comité de l'union électorale créé par la réunion de la rue de Poitiers avant les élections de 1849 : « Ordre, propriété, religion. »

Le concept d'ordre est ambigu. Les républicains ne le récusent pas et l'article 4 du préambule de la Constitution de 1848 stipule que la République a pour base l'ordre public (tout comme le travail, la famille et la propriété). Par ordre public il faut entendre l'obéissance à la loi. Les droites ont une conception plus extensive. Il s'agit avant tout de l'ordre social reposant sur une organisation traditionnelle, sur le maintien de la hiérarchie et de la prépondérance des notables, même si les positions des légitimistes et des orléanistes divergent. Cela suppose la suppression des ferments de révolte et de désorganisation : la liberté de réunion, génératrice des multiples clubs parisiens (450) où la société était remise en cause dans ses fondements ; la liberté de la presse qui allume et attise les passions popu'aires ; la liberté d'association source de complots. Les droites vivent dans la hantise des sociétés secrètes mais n'entendent pas les légaliser car tout groupement leur est *a priori* suspect de conspiration [11, p. 117]. L'ordre social implique aussi l'exclusion des droits politiques des indigents et des migrants considérés comme des marginaux et des fauteurs de désordre. Le propos de Thiers relatif à « la vile multitude » lors de la discussion de la loi électorale du 31 mai 1850 traduit un état d'esprit largement partagé.

La défense de la propriété est une notion non moins ambiguë. Elle se rattache à une longue tradition depuis la Déclaration des

droits de l'homme de 1789. La diffusion des doctrines socialistes, la phrase aussi célèbre que paradoxale de Proudhon, « la propriété c'est le vol », redonnent à cette défense une actualité indéniable. Mais là encore les républicains modérés et les droites n'ont pas la même vision. Pour les premiers, il s'agit de s'opposer à l'appropriation collective des moyens de production. Les droites vont au-delà et entendent défendre les droits des propriétaires contre toute atteinte extérieure, telle l'intervention de l'État dans les rapports entre patrons et ouvriers et dans l'organisation de la production. Le droit au travail, décrété par le gouvernement provisoire puis écarté du préambule de la Constitution de 1848 mais repris dans le programme de la Montagne, est considéré comme une atteinte directe au droit de propriété. Celui-ci se confond avec un libéralisme économique et social absolu qui, jusqu'en 1848, était plutôt le fait des orléanistes, mais auquel se rallie la droite légitimiste sous la pression des événements [76, p. 1052]. La défense de la propriété implique aussi le refus des réformes démocratiques, même si celles-ci ne s'attaquent pas à son principe, tant elles sont génératrices de désordres politiques et sociaux qui constituent des menaces pour les propriétaires. Les conservateurs vont jusqu'à confondre dans une commune réprobation les malfaiteurs et les adeptes des doctrines socialistes [11, p. 118].

La défense de la religion paraît moins actuelle. La révolution de février n'est pas anticléricale à la différence de celle de 1830. Nulle menace ne pèse sur la situation du clergé et du culte catholique. Là encore le concept est extensif. Par défense de la religion, il faut entendre celle du rôle social de l'Église catholique considérée comme un rempart de l'ordre. On connaît le mot de Victor Cousin : « Courons nous jeter dans les bras des évêques. Eux seuls peuvent nous sauver. » Pour les orléanistes dont le libéralisme était souvent proche de l'anticléricalisme, il s'agit d'une véritable révolution culturelle qui s'amorce dès le printemps 1848[1]. Elle se précise pendant l'été avec l'exigence du départ du ministre de l'Instruction publique, Hippolyte Carnot, qui s'était attiré l'hostilité des droites par sa circulaire invitant les instituteurs à soutenir la République, mais aussi celle des catholiques en raison de son projet d'enseignement primaire gratuit, obligatoire et laïc. Les orléanistes concèdent l'abandon du monopole universitaire en acceptant le principe de la liberté religieuse dans le préambule de la Constitution. Cette révolution culturelle trouve sa concrétisation dans la loi Falloux de 1850 qui va au-delà en donnant à l'Église d'importants moyens de contrôle sur l'enseignement public. « La peur des jacobins l'a

emporté sur celle des jésuites », pour reprendre la formule de l'historien Pierre de La Gorce [1, p. 103].

Cette conversion s'explique certes par la conscience du péril social. Face à la diffusion des idées socialistes, l'Église doit pouvoir enseigner la résignation aux pauvres, combattre l'esprit de libre examen. Montalembert fait sur le sujet un éloquent plaidoyer qui convainc ceux qui ne partagent pas sa foi religieuse. Mais l'instauration du suffrage universel oblige les droites à repenser le problème de l'instruction primaire. Les enfants du peuple, futurs électeurs, doivent être éduqués dans le respect de l'ordre social, ce qui implique le contrôle des programmes et du personnel. De fait la gauche et l'extrême gauche sont surtout influentes dans les zones déchristianisées ou de dissidence religieuse.

Les réflexes nés de la peur et l'idéologie conservatrice qui en découle ont donc contribué à rapprocher les droites unies dans un combat commun. L'effort d'organisation lié à l'adaptation aux nouvelles conditions de la vie politique va-t-il dans le même sens?

## Un début d'organisation

Dans le vocabulaire historique, le parti de l'Ordre se confond le plus souvent avec le comité de la rue de Poitiers, preuve de la reconnaissance dans la mémoire collective de l'effort d'une structuration des droites sous la deuxième République qui contraste avec leur réputation traditionnelle d'individualisme dans la vie politique française.

La naissance de l'organisation est assez obscure. Elle remonterait à la seconde quinzaine de mai 1848 [76]. Les nouveaux députés de province hostiles à la remise en cause du système économique et social par le gouvernement provisoire, puis par la commission exécutive, prennent l'habitude de se réunir dans les locaux de l'Académie de médecine, rue de Poitiers. La réunion s'élargit ensuite aux anciens élus de la Monarchie constitutionnelle après le renforcement de leur influence consécutif aux élections complémentaires du 4 juin[2] [76, p. 1095-1096]. Thiers y joue dès lors un rôle prédominant. Mais, à l'origine, il ne s'agit pas d'une organisation de droite. Certes, le président du bureau, le général Baraguay de Villiers, est lié par sa famille au monde orléaniste — il est le frère de la comtesse Danrémont —, mais on trouve à ses côtés, pour vice-présidents, des républicains de la veille, tel le député d'Agen Baze, qui doit sa carrière à la révolution de février, ou le questeur

de la Chambre, Degousée, qui s'était signalé par son sang-froid lors de la journée du 15 mai 1849. La rue de Poitiers évolue ensuite dans un sens de plus en plus conservateur en raison de l'ascendant de Thiers, de l'élection de nouveaux députés de droite en septembre 1848 et du départ des partisans de Cavaignac — dont Dégousée — lors de la campagne présidentielle. Les anciens députés, bien que minoritaires, y exerçaient une influence croissante, en raison de leur expérience politique et parlementaire. En septembre, Falloux, Fould et Léon Foucher entrèrent au bureau de la réunion ainsi que l'ex-pair de France, Rulhières. Mise à part cette instance, l'organisation était peu structurée, certains députés gardant une double appartenance avec la réunion du Palais national où se trouvaient les fidèles de Cavaignac.

L'effectif global fait l'objet d'estimations variables, allant de 300 à 400 députés, ce qui dépasse quelque peu celui des républicains du lendemain. Il peut être divisé en trois catégories. L'ancien personnel de la Monarchie de Juillet inspire les décisions importantes. On y trouve tout l'éventail politique depuis les légitimistes (Berryer, Falloux, La Rochejaquelein) jusqu'à la gauche dynastique (Odilon Barrot), en passant par les conservateurs guizotistes (Fould, Bugeaud, Dupin aîné) et le centre gauche (Thiers, Rémusat, Tocqueville, Dufaure, Duvergier de Hauranne...). La deuxième catégorie est celle d'un personnel, le plus souvent légitimiste, qui est revenu à la vie politique et qui est composé de nouveaux députés élus de l'Ouest, anciens officiers ou magistrats de la Restauration. La troisième regroupe des notabilités locales qui émergent à la faveur des troubles consécutifs à la révolution de février [76, p. 1142-1144].

La réunion de la rue de Poitiers joue d'abord le rôle d'un groupe parlementaire prenant position sur les votes importants de l'Assemblée constituante : élection du Bureau, dispositions constitutionnelles — notamment les modalités et la date de l'élection du président de la République —, rejet de l'impôt sur le revenu, maintien du remplacement militaire. Après le succès de Louis-Napoléon auquel elle a contribué, elle négocie la formation du cabinet Odilon Barrot. Toujours minoritaire à l'Assemblée constituante, elle se concerte avec le nouveau ministère et son action aboutit notamment au vote de la proposition Rateau en faveur de la dissolution prochaine de l'Assemblée.

Rémusat note toutefois qu'elle s'isole de plus en plus pendant les dernières semaines de son mandat [35, p. 202]. La réunion de la rue de Poitiers ne se cantonne pas, en effet, dans les attributions

d'un groupe parlementaire. Dès le mois de septembre 1848 elle intervient dans le mouvement préfectoral [76, p. 1144]. Ce dernier prend de l'ampleur avec l'arrivée de Léon Faucher à l'Intérieur. L'épuration administrative chasse les préfets et les sous-préfets républicains au profit des notables monarchistes. Les problèmes de personnes accaparent une grande partie de l'activité des parlementaires. Il faut enfin préparer les élections législatives de mai 1849. La réunion de la rue de Poitiers crée à cette fin un comité central composé de 60 à 80 membres, baptisé « comité de l'Union électorale » mais que l'on continue d'appeler du nom précédent. On y retrouve les dirigeants des principales familles politiques du parti de l'Ordre dont les bonapartistes représentés par Persigny, Morny, le duc de Padoue, Murat, le général Piat. Les républicains modérés ont la portion congrue avec Bonjean et Lacazes. L'Union électorale n'intervient pas dans le choix des candidats, sauf à Paris[3]. En province, elle coordonne l'action des comités provinciaux ou départementaux composés généralement de conseillers généraux. Elle les conseille, les informe, les encourage à pratiquer l'union, elle distribue des brochures de propagande et contribue ainsi à diffuser les grands thèmes du parti de l'Ordre contenus dans le Manifeste du 25 avril[4].

Doté d'un groupe parlementaire, d'un comité électoral, d'un programme et de moyens de propagande, le parti de l'Ordre apparaît comme un véritable parti, moins structuré certes que les formations politiques modernes mais cependant adapté à la démocratisation de la vie politique, et son efficacité se manifeste lors des élections législatives de mai 1849.

Les efforts d'organisation de la presse et des moyens de propagande vont dans le même sens. Le comité de la rue de Poitiers diffuse des brochures à bon marché destinées à un public populaire grâce à une souscription de 200 000 francs. Le tirage avait atteint 550 000 exemplaires. Après les élections de mai 1849, il formera une Association pour la propagande antisocialiste — laquelle consistait en diatribes et dialogues vulgaires, où se mêlaient insultes et plaisanteries grossières contre les démocrates et les socialistes auxquels étaient assimilés par amalgame tous ceux qui ne se rangeaient pas sous la bannière du parti de l'Ordre — et une commission de diffusion des « bons livres » [23, p. 16]. Rémusat jugeait la propagande du parti malhabile et de surcroît inutile en raison des dispositions préalables de l'électorat [35, p. 405-406]. Maurice Agulhon estime que les notables de droite n'égalent pas les militants de gauche dans l'art de parler aux humbles. Le conserva-

tisme paysan est davantage le résultat de préjugés séculaires que l'effet de doctrines propagées. Mais les brochures ont pu conforter les opinions des citadins et des bourgeois [11, p. 123]. Il en est de même des journaux et les efforts de coordination de la presse conservatrice méritent d'être signalés.

Les premiers efforts se situent à Paris au lendemain des journées de juin, en réaction contre les mesures de suspension de journaux prises par Cavaignac et qui touchent même quelques titres de droite tels *L'Assemblée nationale*, *La Presse* et *La Gazette de France*. Un front commun s'esquisse en cette occasion entre les adversaires de droite et ceux de gauche du chef du pouvoir exécutif [76, p. 1145]. La presse conservatrice de province est cependant la première à s'organiser sérieusement à l'initiative du rédacteur en chef du *Courrier de la Somme* qui propose à ses confrères la tenue d'un congrès. Celui-ci se tient à Tours du 15 au 18 septembre 1848, rassemblant les représentants de 40 journaux. Un comité des cinq y est constitué. On y trouve, outre *Le Courrier de la Somme*, deux journaux conservateurs guizotistes, un organe légitimiste et la future feuille bonapartiste *L'Opinion du Gers* de Cassagnac. Mais si l'éventail politique du parti de l'Ordre est bien représenté, il n'en est pas de même pour l'ensemble des départements. Ceux du Nord, du Centre-Ouest et du Sud-Ouest l'emportent sur les autres. Les décisions prises lors du congrès sont approuvées par d'autres journaux. Elles sont d'ordre idéologique — adhésion à la cause de l'ordre et de la liberté, décentralisation (le choix d'une ville provinciale comme lieu du congrès est révélateur) —, d'ordre tactique — refus de reconnaître tout gouvernement issu d'une émeute parisienne, opposition à l'élection du président de la République par l'Assemblée nationale, publicité du vote des élus —, d'ordre pratique enfin — création d'un office de correspondance alimentant la presse provinciale en informations diverses et, réciproquement, publication d'un Annuaire de la presse départementale. Le comité désigné par le congrès intervient dans la campagne présidentielle. Il convoque un nouveau congrès à Angoulême le 15 mars 1849 [76, p. 1194-1195]. Peu après, les journaux parisiens s'organisent en vue des prochaines élections et créent un comité de la presse modérée constitué par 16 journaux. La presse légitimiste tient de son côté un congrès de journaux provinciaux le 18 novembre 1848 dominé par la tendance de *La Gazette de France* et révélateur des divisions du parti, les divergences portant sur le choix du candidat à l'élection présidentielle. En janvier 1850, un nouveau congrès réunit cette fois des journaux légitimistes de Paris et de province. Il

trouve son unité dans la dénonciation du Paris révolutionnaire et la défense de la décentralisation. Il se prononce pour le transfert du gouvernement à Versailles et manifeste par ailleurs une certaine défiance à l'égard de la loi Falloux et une hostilité vigoureuse à toute tentative d'organisation du crédit [24, p. 231].

La coordination des journaux de droite était utile mais les maillons demeuraient lâches. Les cadres administratifs offrent un relais plus efficace. L'arrivée au pouvoir de l'équipe d'Odilon Barrot permet une vaste épuration administrative qui chasse les préfets et les sous-préfets républicains au profit des notables du parti de l'Ordre. De nombreux préfets de la Monarchie de Juillet révoqués après le 24 février sont réintégrés dans le corps préfectoral, tels Crévecœur, Besson et Vaisse, d'opinions orléanistes (les deux derniers se rallieront à Louis-Napoléon); le vicomte de Suleau est un ancien préfet de la Restauration[5] [28, p. 196]. Parmi les nouveaux préfets nommés en 1849, le parti de l'Ordre peut s'appuyer sur les légitimistes, Dugué, Grouchy, Mahler, Rivaud de La Raffinière, Vallon, et sur les orléanistes, Combes-Sieyès, Ferlay, Masson, Sohier; ces deux derniers démissionneront après le coup d'État du 2 décembre[6]. La nuance bonapartiste s'affirme davantage après le renvoi du cabinet Barrot sans pour autant se distinguer nettement de l'ensemble du parti de l'Ordre. Préfets et sous-préfets épurent à leur tour le personnel des maires, engagent la lutte dans leur circonscription contre les journaux et les associations républicaines d'extrême gauche, adressent au gouvernement des rapports périodiques sur l'état de l'opinion publique, qui sont corroborés par ceux de la gendarmerie et des procureurs généraux placés à la tête de parquets eux aussi fortement épurés. Le parti de l'Ordre peut donc s'appuyer sur un réseau de fonctionnaires dociles prêtant leur concours aux élections. Les notables conservateurs ont préparé ainsi l'avènement de la candidature officielle, qu'un certain nombre d'entre eux combattront ensuite sous le second Empire.

### Parti de l'Ordre et Parti catholique

L'adoption de thèmes rassembleurs et mobilisateurs, la manifestation de convergences idéologiques récentes sur la place de la religion dans la société ou la défense du libéralisme économique, la participation à des organisations communes signifient-elles la réunification des droites au sein du parti de l'Ordre? Cela supposerait une réconciliation des légitimistes et des orléanistes. Émergent par

ailleurs, au sein du parti, de nouveaux courants qui tendent à le diversifier.

L'observation des comportements électoraux permet une première appréciation sur les relations entre légitimistes et orléanistes. On peut négliger la consultation d'avril 1848, non qu'elle ne soit pas riche d'enseignements mais le parti de l'Ordre n'est pas encore constitué. Il en va différemment lors des élections locales de l'été 1848 et des élections législatives de mai 1849, tant aux élections municipales que départementales. L'entente entre les deux partis royalistes est assez bonne en Picardie, en Haute-Normandie. L'extrême gauche est redoutée à Rouen. Les rivalités sont vives au contraire dans le département du Nord. A Lille, les légitimistes préfèrent s'allier aux démocrates contre les orléanistes conservateurs. Une vive compétition oppose les deux formations pour l'élection du président du Conseil général. Dans l'Ouest, les légitimistes ne refusent pas l'entente a priori ; mais ils ont tendance à confisquer à leur profit les candidatures, comme à Rennes et à Nantes lors des élections municipales. Les orléanistes, par tradition du pays « bleu » et par crainte de l'extension de l'influence légitimiste consécutive à l'instauration du suffrage universel, sont hésitants et adoptent des comportements variables. Ils se prêtent à des accords dans le Morbihan, les Deux-Sèvres, le Maine-et-Loire, où le préfet juge « monstrueuse » l'alliance du « moine soldat » Quatrebarbe, proche lieutenant du comte de Chambord, et d'Augustin Giraud, « le plus incroyant des hommes » [76, p. 1132]. Mais en Ille-et-Vilaine et en Loire-Atlantique ils préfèrent, comme aux élections à l'Assemblée constituante, l'alliance avec les républicains modérés. En Aquitaine, l'hostilité aux républicains et à l'extrême gauche prime à Toulouse et dans la vallée de la Garonne, mais à Bordeaux les oppositions locales persistent et les accords n'ont qu'un caractère limité. Dans le Languedoc, le légitimisme, exacerbé par les divisions religieuses, fait cavalier seul, confisque les municipalités de Nîmes et Montpellier tandis que la coalition orléano-républicaine l'emporte pour la présidence du Conseil général de l'Hérault. On observe une intransigeance semblable dans le Vaucluse et les Bouches-du-Rhône. A Marseille, où les légitimistes avaient récusé Thiers en avril 1848, l'accord municipal est désavoué par une fraction du parti fidèle à la tradition du légitimisme populaire hérité de la Monarchie de Juillet. A Lyon, l'indiscipline des notabilités locales est responsable de l'échec des droites lors du renouvellement du Conseil général. On peut ajouter à ce tableau les désaccords persistants des partis monarchistes sur la bordure du

Massif central et sur la Loire moyenne [76, p. 1118-1121 et 1128-1139].

Les élections législatives de mai 1849, soigneusement préparées par un parti de l'Ordre mieux structuré, devaient offrir normalement un meilleur exemple d'unité. D'autant que le mode de scrutin majoritaire à un tour ne pouvait que l'encourager. Et, de fait, la fusion progresse dans la France septentrionale. Sous l'influence des états-majors parisiens, les particularismes régionaux s'atténuent et les divergences idéologiques cèdent la place à une entente entre détenteurs du pouvoir économique [76, p. 1219]. Mais partout ailleurs, en dépit de quelques atténuations locales, on observe les mêmes antagonismes entre légitimistes et conservateurs orléanistes. Dans la plupart des départements de l'Ouest, les légitimistes confisquent la représentation parlementaire et ne concèdent des candidatures à leurs rivaux que lorsque l'opinion républicaine garde une certaine force comme dans le Finistère et les Côtes-du-Nord. On enregistre les mêmes rivalités sur le pourtour du Massif central où la force des démocrates socialistes, sous-estimée il est vrai, devrait inciter les droites à s'unir. Le climat n'est pas meilleur dans le sud du Bassin parisien. Dans le Loir-et-Cher, la division entre légitimistes et orléanistes est avivée par les bonapartistes qui concluent un accord avec ces derniers. En Alsace, en Haute-Saône et dans le Jura, la gauche pourtant minoritaire l'emporte grâce à la désunion des monarchistes. On constate toujours le même contraste entre le Midi aquitain où les droites sont dans l'ensemble unies, qu'il s'agisse des Basses-Pyrénées, du Gers ou de la Haute-Garonne, et le Languedoc où elles continuent de s'affronter au bénéfice parfois des républicains, comme dans l'Hérault. Les ententes conclues demeurent fragiles. Dans le Vaucluse une partie des orléanistes dénonce un accord léonin et préfère l'alliance républicaine [86, t. I, p. 294].

Ainsi, malgré les pressions des états-majors parisiens, l'alliance entre légitimistes et orléanistes demeure médiocre en dépit de quelques progrès, ce qui favorise le jeu de Louis-Napoléon et des bonapartistes. Ce constat est peut-être une des causes du désarroi des chefs du parti de l'Ordre après les élections, tout autant que la prise de conscience de la force relative de la Montagne. Les rivalités de personnes, le poids des traditions régionales expliquent en partie la situation. Mais on ne saurait ignorer la profondeur des divisions idéologiques au-delà de l'accord sur quelques thèmes communs. Légitimistes et orléanistes s'opposent sur la conception de la société que les premiers veulent organique, hiérarchisée, figée, dotée d'une

monarchie traditionnelle, unie étroitement à l'Église catholique
romaine, tandis que les seconds la conçoivent individualiste,
mobile, rationnelle, encadrée par un État laïc, une monarchie
reposant sur un contrat entre le souverain et la représentation
nationale. La peur sociale de 1848 ne fait pas disparaître ce clivage
en dépit de certains rapprochements.

D'autant que trois fractions divisent le Parti légitimiste à la fin de
la Monarchie de Juillet, sans que le comte de Chambord ait arbitré
entre elles. L'aile droite refuse tout compromis avec la société
moderne et défend un légitimisme absolutiste et contre-révolutionnaire. Elle est influente dans la petite cour gravitant autour du
Prince, dominée par le duc de Levis, mais elle manque de troupes
malgré les rêves de seconde chouannerie du duc Des Cars. La
deuxième tendance menée par Berryer prône l'action légale et
parlementaire. Les légitimistes du droit national, enfin, veulent
réconcilier le trône et le peuple, position défendue par _La Gazette de
France_ dont le marquis de La Rochejaquelein est le chef de file. La
proclamation de la deuxième République relance les controverses.
Les partisans de Berryer se sentent encouragés par la suppression
de l'obligation du serment et les nécessités de la cause de l'Ordre.
L'avènement du suffrage universel donne du poids aux arguments
des défenseurs du légitimisme populaire. Les tenants de l'orthodoxie traditionnelle résistent à ces pressions. La fusion de plusieurs
journaux légitimistes en une nouvelle feuille, _L'Union_, en 1847 leur
permet de contrebalancer le poids de _La Gazette de France_. _L'Union_
boude le congrès de la presse légitimiste de France en
novembre 1848. Les légitimistes populaires répugnent à un front
commun des conservateurs. Leurs positions ne sont, en revanche,
pas si éloignées de celles des orléanistes fusionnistes qui s'activaient
depuis la révolution de février, tels Guizot, de Broglie, de Salvandy.
Or, la mort de Louis-Philippe le 26 août 1850, l'amorce d'une
réconciliation familiale qui s'ensuit[7], incitent le comte de Chambord à lever toute ambiguïté. Dans sa déclaration de Wiesbaden
datée du 20 septembre, il condamne le principe de l'appel au
peuple comme contraire au droit monarchique fondé sur l'hérédité.
Ce faisant il ne condamne pas le légitimisme parlementaire et les
efforts des fusionnistes. Saint-Marc Girardin tire argument de
l'embarras des légitimistes pour opposer la souveraineté nationale
indirecte d'origine parlementaire à la démocratie directe [31, t. II,
p. 18]. L'initiative du prince est cependant maladroite car sa
condamnation du légitimisme populaire ne s'accompagne d'aucune
proposition précise sur le processus de restauration monarchique ; il

se contente d'évoquer « le vœu du pays ». Il passe sous silence le problème de la fusion et surtout, en faisant savoir aux légitimistes qu'ils doivent désormais se soumettre à un comité de cinq membres nommés par lui et dépositaire de ses instructions, il place le parti sous la coupe de la faction absolutiste représentée de surcroît par des personnalités dépourvues de mandat électif. Seul Berryer échappe à l'ostracisme[8]. Il obtient un élargissement du comité plus proche de l'opinion publique[9]. Par ailleurs, afin d'apaiser les esprits, le comte de Chambord adresse le 22 décembre une réponse modérée et conciliante à Guizot qui avait rédigé une note sur la fusion, posant comme conditions de la réussite la double reconnaissance du droit monarchique et de la légalité de l'expérience de la Monarchie de Juillet et la renonciation par les légitimistes à leur prétention à restaurer l'Ancien Régime. Dans le même souci Chambord exprime à Berryer son approbation après le discours prononcé à l'Assemblée le 15 janvier 1851 en faveur de la restauration de la monarchie héréditaire à la fois traditionnelle et moderne et il donne son accord à une politique de fusion et de conciliation [31, t. II, p. 25-26]. Ce souci d'apaisement est trop tardif et l'opinion reste sous l'impression de la déclaration de Wiesbaden.

L'attitude du prince ne peut que confirmer la méfiance des orléanistes antifusionnistes, craignant l'absorption du courant orléaniste au sein du royalisme traditionaliste, ce qui eût laissé aux bonapartistes le monopole de l'héritage révolutionnaire de 1789 [41, p. 314]. Le 5 mars 1851 le duc d'Aumale, le plus hostile à la fusion parmi les princes d'Orléans, critique la politique légitimiste qui veut, dit-il, non la fusion mais la soumission [33]. La duchesse d'Orléans n'avait pas abandonné toute espérance dynastique entretenue par un groupe qualifié de « régentistes ». Les orléanistes antifusionnistes, notamment Thiers et Rémusat, songent alors à une candidature du prince de Joinville à la présidence de la République, solution d'attente permettant le fonctionnement d'une république conservatrice sans républicains[10]. Mais les légitimistes, en s'opposant à plusieurs reprises à la proposition Creton d'abrogation des lois d'exil des princes[11], rendent aléatoire la combinaison que seul un coup de force pourrait faire triompher[12]. Les régentistes ripostent en faisant échouer le projet de révision constitutionnelle défendu par les orléanistes fusionnistes comme Victor de Broglie. Ainsi l'échec de la fusion contribue à l'éclatement du parti orléaniste en factions rivales, à la dislocation du parti de l'Ordre sur les ruines duquel le parti élyséen tisse sa trame.

Le Parti catholique constitué dans les dernières années de la

Monarchie de Juillet offrait, il est vrai, un terrain de rencontre entre légitimistes et orléanistes conservant leurs préférences dynastiques. D'autant qu'il était difficile de parler encore à son propos de simple groupe de pression après la révolution de février. Apparemment, la conjoncture politique n'est guère propice à l'unité d'action et au regroupement des catholiques de France. Elle divise, en effet, les catholiques libéraux. Ceux qui suivent Montalembert, qui se réconcilie avec Veuillot, n'acceptent la République qu'à condition de voir garanties la liberté religieuse, la famille et la propriété. Lacordaire, Ozanam et l'abbé Maret prônent au contraire un ralliement sans équivoque, veulent réconcilier l'Église et la démocratie — « passons aux barbares », s'était écrié Ozanam à la veille de la révolution de février —, et fondent en avril *L'Ère nouvelle*. Mais les événements jouent contre eux. Lacordaire démissionne de l'Assemblée constituante au lendemain de la journée du 15 mai, tandis que l'étoile de Montalembert grandit, après son discours du 22 juin contre le projet de nationalisation des compagnies ferroviaires. Les journées de juin et la réaction conservatrice qui s'ensuit sont une déception pour le groupe de *L'Ère nouvelle* abandonné par Lacordaire le 1ᵉʳ septembre et dont la ligne politique se gauchit, ce qui lui vaut, jusqu'à sa disparition, de vives attaques de Montalembert et de Veuillot. La place est désormais libre pour ces derniers. Le Parti catholique a rompu tout lien avec l'esprit de 48 démocrate et révolutionnaire et il constitue une des composantes du parti de l'Ordre au point de se confondre avec lui [54, p. 84]. Son influence tient au talent et à la notoriété de ses dirigeants, mais aussi à l'antériorité des structures mises en place sous la Monarchie de Juillet. Dès le 26 février 1848, Montalembert transforme le comité électoral de la liberté religieuse en un comité électoral des libertés politiques, civiles et religieuses où figurent l'ancien secrétaire Henri de Riancey, Veuillot, Falloux, de Mérode [76, p. 1040]. Il intervient dans les élections à l'Assemblée constituante en se mettant en rapport avec les évêques pour le processus de désignation des candidats favorables aux revendications catholiques et en invitant les curés à les soutenir. Les comités locaux de l'organisation sont mis à leur disposition. Le clergé est ainsi amené à intervenir dans la campagne électorale, le suffrage universel lui donnant un rôle accru dans la vie politique au risque de susciter des réactions anticléricales. La position de Montalembert s'affirme rapidement au sein de la réunion de la rue de Poitiers, dont Falloux devient un des vice-présidents le 29 septembre 1848 : Montalembert coordonne, en effet, l'action du comité pour la liberté religieuse avec celle du

comité directeur de l'Union électorale de la rue de Poitiers où il siège avec de Riancey parmi les quinze membres qui le composent. Dès lors, la quasi-totalité du parti de l'Ordre est acquise au programme du Parti catholique qui inspire les grands thèmes de la campagne électorale du printemps 1849.

Le parti dispose par ailleurs d'organes de presse influents à commencer par *L'Univers* de Louis Veuillot, défenseur du catholicisme intégral et de l'ultramontanisme. Les articles du talentueux pamphlétaire sont très prisés chez les curés de campagne. Le parti prend en outre le contrôle de *L'Ami de la Religion*, vieille feuille légitimiste, dirigée à partir d'octobre 1848 par l'abbé Dupanloup qui en confie la rédaction à Henri de Riancey, qui s'associe de prestigieux collaborateurs dont le père de Ravignan, Dom Pitra, Falloux et de Montalembert [54, p. 86]. Un troisième journal est fondé en décembre 1849, *Le Messager de la Semaine*, « organe hebdomadaire de l'Association pour la propagande antisocialiste et pour l'amélioration du sort des populations » formée le 21 juillet 1849 où, aux côtés de chefs du parti de l'Ordre non membres du Parti catholique — les Thiers, de Broglie et Fould —, figurent les notabilités les plus marquantes du catholicisme libéral et social : Montalembert, Armand de Melun, Charles et Henri de Riancey, Cochin, Baudon, président de la Société de Saint-Vincent-de-Paul. *Le Messager de la Semaine* associe les diatribes antisocialistes aux articles s'inspirant du catholicisme social des légitimistes. Il faut enfin ne pas négliger l'important réseau des journaux de province acquis aux thèses du Parti catholique, tels *La Liberté* de Lille et d'Arras, *La Gazette de Lyon*, *La Sentinelle de Toulon* qui mobilisent l'électorat catholique.

Remarquablement organisé, le Parti catholique joue le rôle d'un groupe de pression particulièrement efficace. L'éviction d'Hippolyte Carnot du gouvernement Cavaignac le 5 juillet 1848 lui est essentiellement imputable. Montalembert a compris par ailleurs le tournant institutionnel de 1848 et l'importance de l'élection présidentielle. Il met aux enchères auprès des deux principaux candidats les deux revendications essentielles du Parti catholique : la liberté d'enseignement et la restauration du pouvoir temporel du pape. Après avoir obtenu des assurances auprès de Louis-Napoléon, il s'engage sans équivoque en sa faveur et mobilise les comités catholiques. La nomination de Falloux dans le cabinet Barrot est le gage de la bonne volonté présidentielle.

Paradoxalement les deux grandes victoires du Parti catholique sous la deuxième République ont provoqué sa mise à l'écart et sa

dislocation. L'entrée du corps expéditionnaire français à Rome le 3 juillet 1849 et la proclamation du rétablissement du pouvoir temporel du pape ne règlent pas la question romaine. La réaction menée par les cardinaux n'a pas l'appui du chef de l'État, ni celui du président du Conseil et du ministre des Affaires étrangères, Tocqueville. Dans une lettre adressée au colonel Ney, aide de camp à Rome, datée du 18 août 1849, Louis-Napoléon exprime son désaveu de la politique poursuivie dans les États pontificaux et se prononce en faveur de réformes libérales. Mais le document n'a fait l'objet que d'une communication officieuse et non d'une délibération en conseil. Aussi Barrot, par juridisme et par souci de ménager sa majorité, ainsi que Tocqueville se désolidarisent-ils du prince-président, tandis que Falloux offre sa démission[13]. La lettre à Ney provoque un tollé dans le monde catholique. Le chef de l'État ne peut réagir au *motu proprio* pontifical du 18 septembre qui constitue une fin de non-recevoir et qui est défendu par les chefs du parti de l'Ordre lors du débat parlementaire d'octobre sur le vote des crédits supplémentaires couvrant les frais de l'expédition et de l'occupation romaines. Le conflit précipite la décision présidentielle de remplacer le cabinet Barrot par le ministère de « commis » du 31 octobre 1849 où le Parti catholique n'a plus de représentant officiel.

Le Parti s'abstient cependant de protester contre ce remaniement au moment où sa seconde revendication est sur le point d'être satisfaite. Le projet de loi sur la liberté de l'enseignement était déposé sur le bureau de l'Assemblée depuis le 18 juin. Falloux l'avait habilement préparé avec le concours d'une commission extra-parlementaire parvenant à rassembler l'ensemble du parti de l'Ordre et à rallier les représentants de la bourgeoisie orléaniste anticléricale. Le Parti catholique obtenait la fin du monopole universitaire et l'extension de son influence dans l'Université, ouverte aux contrôles des autorités sociales et religieuses. La loi Falloux votée le 15 mars 1850 ne satisfait pas toutefois les catholiques intransigeants, qui réclament avec Veuillot la disparition de l'Université ou tout au moins une indépendance totale de l'enseignement catholique. La majorité de l'épiscopat se montre réservée et seule une minorité (32) signe le mémoire justificatif de l'abbé Dupanloup au pape. Ce dernier clôt la controverse en recommandant l'application de la loi et l'union entre les catholiques. Mais ceux-ci sont désormais scindés en deux fractions antagonistes. Montalembert perd sa position de chef incontesté. Le fossé entre intransigeants et libéraux se complique de l'opposition ancienne

entre ultramontains et gallicans. L'attitude à adopter face aux ambitions napoléoniennes achève de disloquer le Parti catholique, qui a perdu par ailleurs sa raison d'être après la satisfaction de ses revendications principales, et au moment où les conservateurs vident de leur contenu les projets de réforme des catholiques sociaux[14].

## L'irruption du bonapartisme

L'irruption du bonapartisme sur la scène politique introduit une nouvelle donne dans l'histoire des droites, qu'il contribue à diversifier et à désunir encore plus.

Peut-on le ranger toutefois à droite ? Sous la Restauration, il constituait un courant populaire de contestation de la monarchie des Bourbons à la fois libéral — au sens d'héritier de la Révolution française — et monarchique [63, p. 15-61]. Le passé de Louis-Napoléon le rattache à cette tradition qui défend les nationalités opprimées, l'égalité civile, la souveraineté populaire comme source du droit constitutionnel[15], le progrès social. Pour beaucoup il est l'insurgé des Romagnes en 1831, le comploteur brouillon contre le régime de Juillet, l'homme de *L'extinction du paupérisme*. Sa rentrée sur la scène politique en 1848 le situe plus que jamais à gauche, qu'il s'agisse de la signification populaire donnée aux élections partielles multiples de juin et de septembre [76, p. 1181] ou des manifestations tumultueuses des ouvriers parisiens en sa faveur en juin 1848, au point que la propagande bonapartiste fut accusée d'avoir poussé les ouvriers à s'insurger. Comme le note Rémusat, « à cette époque c'est d'en bas que monte comme la marée le flot impérial et la bourgeoisie, encore moins les classes cultivées, n'avaient point gagné le mal du bonapartisme » [35, p. 355].

Les réactions populaires n'impliquent pourtant pas automatiquement la version d'un bonapartisme de gauche. Elles ont en province une coloration fréquemment antirépublicaine, qui s'exprime notamment à l'annonce de l'insurrection parisienne de juin [63, p. 93 et 97]. Elle s'accompagne d'un désir d'ordre et d'autorité[16], ressort essentiel du bonapartisme qui n'est pas encore en 1848 un principe de droite [1, p. 107]. Mais l'hostilité à la République, aux rouges, aux « partageux » confère une tonalité droitière à ce bonapartisme populaire bien différent de celui de la Restauration et que les notables peuvent dès lors exploiter lors de l'élection présidentielle du 10 décembre. Certes, ils se divisent sur

le choix du candidat. La grande majorité se rallie néanmoins à Louis-Napoléon par hostilité à Cavaignac, et faute d'avoir trouvé un candidat au sein du parti de l'Ordre [76, p. 1186-1198].

Le parti de l'Ordre ne peut confisquer à son profit l'héritier prestigieux de la dynastie napoléonienne qui repousse le projet de manifeste que Thiers voulait lui imposer [38, p. 283-301]. Mais les soutiens apportés par les légitimistes et les orléanistes en de nombreuses régions donnent à l'élection du 10 décembre une signification conservatrice encore exagérée par la presse de droite [76, p. 1201-1203]. L'analyse géographique de la répartition des suffrages révèle une percée dans des régions orientées à droite et jusque-là rebelles aux bonapartistes, telles la Picardie occidentale, la Normandie, les marges armoricaines et, pour une bonne part, l'Est aquitain. Globalement, on observe un glissement vers l'Ouest de la frontière bonapartiste et un recul symétrique en proportion dans la France de l'Est [59, p. 268], cela à une époque où le dualisme gauche-droite est encore orienté est-ouest et malgré l'existence de départements où le bonapartisme de gauche est vivace comme le Centre, la Bourgogne, la région lyonnaise et le Dauphiné. La comparaison des résultats des élections présidentielles et des législatives qui suivent a permis d'estimer à plus du quart les voix d'extrême gauche dans l'électorat napoléonien, ce qui ne rejette pas automatiquement à droite la masse des autres électeurs mais situerait le point de gravité de la coalition entre le centre et le centre droit [59, p. 273].

Le bonapartisme est considéré dès lors comme une composante du parti de l'Ordre et il est représenté au comité directeur de l'Union électorale de la rue de Poitiers par le général Piat, président du comité napoléonien, Persigny et Morny. Son poids demeure cependant négligeable dans la désignation des candidats, faute d'une implantation réelle dans le pays. Aussi les bonapartistes doivent-ils le plus souvent s'effacer derrière les notables monarchistes qui fréquemment confisquent à leur profit les candidatures, et ils se contentent, le cas échéant, de substituer un nom ou deux sur les listes. Cette réserve est aussi notable dans les départements où la menace de l'extrême gauche impose l'union au parti de l'Ordre. Les candidatures concurrentes de bonapartistes de gauche suscitées par le prince Jérôme sont désavouées dans plusieurs circonscriptions, notamment en Moselle, en Côte-d'Or, dans le Puy-de-Dôme et plusieurs départements du Sud-Ouest. Les bonapartistes font parfois des concessions imprudentes à leurs alliés, comme en Isère où elles provoquent la victoire républicaine [86,

t. II, p. 196], ou inutiles, comme en Moselle où ils sous-estiment leurs forces [81, p. 434-435]. Ils manifestent davantage leurs ambitions en Île-de-France, là où il n'y a pas de menace d'extrême gauche [1, p. 105]. Dans le Loir-et-Cher, ils exploitent les divisions entre légitimistes et orléanistes. La lutte contre les notables traditionnels n'a pas toujours une signification politique. Elle est aussi un moyen de promotion politique pour les nouvelles notabilités économiques [76, p. 1223].

La collaboration entre le prince-président et le parti de l'Ordre, accrue par la répression contre la Montagne après l'insurrection ratée de juin 1849, accentue l'insertion du bonapartisme au sein des droites. C'est au lendemain de cette insurrection que le chef de l'État prononce la phrase souvent reprise par les contemporains pour justifier la répression : « il est temps que les méchants tremblent et que les bons se rassurent » [1, p. 108]. C'est alors, nous l'avons vu, qu'on réintègre dans l'administration d'anciens préfets de la Monarchie de Juillet, comme Besson et Vaisse, qui deviendront de fidèles serviteurs de Louis-Napoléon, et qu'on assiste à la promotion de notables connus pour leurs sentiments conservateurs, tel Ferlay dans la Drôme. Les organisations et les journaux républicains sont l'objet de mesures répressives. Le renvoi du cabinet Barrot en octobre 1849 ne modifie pas la situation car le prince-président poursuit la même politique avec des ministres plus obscurs. Il les laisse se concerter avec les chefs du parti de l'Ordre pour amputer le suffrage universel et prendre de nouvelles dispositions répressives après le succès de la Montagne aux élections complémentaires de mars 1850. Les voyages présidentiels de l'été 1850 soulignent un certain ancrage à droite du bonapartisme. Le chef de l'État est l'objet de manifestations hostiles de la part des démocrates dans les villes de l'Est, à Strasbourg, Besançon et Lyon, tandis qu'il est acclamé par les paysans normands.

Le bonapartisme conserve toutefois son originalité au sein des droites. Il tient un langage différent, plus proche des problèmes économiques et des préoccupations de la vie quotidienne que les notables traditionnels. Aux élections partielles, les préfets ne soutiennent pas toujours les candidats du parti de l'Ordre. Certains savent concilier le bonapartisme des notables et le bonapartisme populaire, tels Piétri dans l'Ariège et Chapuys Montlaville dans l'Isère [63, p. 107-108]. Le prince-président parvient à rallier des républicains modérés, attachés à la cause de l'Ordre et qui auraient eu une place dans la coalition si les exclusions des partis monarchiques ne les avaient pas réduits à une certaine marginalité[17]. Par

crainte de la réaction monarchiste, ces républicains se rangent dans le camp bonapartiste.

La version jacobine et démocratique du bonapartisme n'est pas définitivement écartée. La rupture de Louis-Napoléon et du parti de l'Ordre à partir de la destitution de Changarnier, commandant légitimiste de la division militaire de Paris, modifie la conjoncture politique. En conflit avec la majorité de l'Assemblée, le prince-président fait appel au pays pour dénoncer dans le discours de Dijon du 1er juin 1851 ceux qui disposent de la France sans son consentement et l'empêchent de faire le bien; son administration appuie le pétitionnement pour la révision de la Constitution et la prolongation du mandat présidentiel. La notion d'appel au peuple au milieu du siècle est davantage un héritage de la démocratie jacobine qu'une doctrine de la droite autoritaire. Quelques semaines plus tard, Louis-Napoléon prend position pour l'abrogation de la loi du 31 mai 1850 et le rétablissement du suffrage universel, et il y gagne une image de démocrate dans le peuple. Tout concourt donc, en cette année 1851, à une nouvelle dimension du bonapartisme à gauche. Mais l'opposition irréductible du Parti républicain qui ne pardonne pas au chef de l'État sa double défaite aux élections présidentielles et législatives et qui se manifeste tant à l'Assemblée que dans le pays, où les sociétés secrètes préparent la revanche de 1852, oblige Louis-Napoléon à lutter sur deux fronts, ce qui ramène théoriquement au centre le bonapartisme. En réalité, la grande peur de l'échéance de 1852, exploitée par la propagande élyséenne et qu'illustre la brochure *Le Spectre rouge* de Romieu, favorise un bonapartisme conservateur auquel se rallient des notables à nouveau affolés. Le Parti élyséen ne cesse de grossir à l'Assemblée parmi les orléanistes alarmés par l'absence de véritables perspectives politiques. Les scrutins de l'année 1851 révèlent tout à la fois cette progression et la dislocation du parti de l'Ordre.

Ce dernier, victorieux en mai 1849, est avant tout monarchiste, soucieux au-delà des clivages dynastiques de restaurer la prépondérance des droites. Après avoir su reconquérir par les urnes un pouvoir dont la rue l'avait temporairement privé, il n'a pas su conserver son unité. On peut mettre en avant le rôle dissolvant du bonapartisme. Mais l'antagonisme des légitimistes et des orléanistes ne doit pas être sous-estimé. En réalité, le bonapartisme tire avant tout sa force du suffrage universel; si les droites classiques sont incapables de l'affronter lors de l'élection présidentielle, elles s'efforcent, par le biais de la désignation des candidatures, de le contrer lors des consultations partielles, afin d'endiguer la défaite

électorale probable de 1852. Notables et électeurs du parti de l'Ordre, préoccupés par cette échéance de 1852, remettent leur destin entre les mains d'un homme en sacrifiant leurs convictions libérales, à l'exception de ceux qui demeurent fidèles à leurs principes libéraux et à leurs convictions dynastiques. La notion d'Ordre est désormais confisquée par les bonapartistes au détriment cette fois des prérogatives parlementaires. Le bonapartisme devient, pour longtemps, l'élément moteur de droites divisées et impuissantes à concilier l'Ordre et la Liberté.

## II. LE BONAPARTISME CONSERVATEUR SOUS LE SECOND EMPIRE

Maître du pouvoir depuis le coup d'État du 2 décembre 1851, le bonapartisme domine l'histoire des droites sous le second Empire en réduisant à l'impuissance les oppositions légitimistes et orléanistes.

Si le bonapartisme a vocation à gouverner au centre et au-dessus des partis, son orientation politique est incontestablement conservatrice alors que persiste en son sein un courant démocrate et jacobin et que l'empereur aspire à préserver sa dimension populaire... Le bonapartisme, faute d'une doctrine clairement définie[18], demeure d'abord une force composite et il ne saurait se réduire à une force politique de droite, comme le légitimisme et l'orléanisme. Comment expliquer la prépondérance du bonapartisme conservateur dans la politique intérieure du régime, qu'il s'agisse des années de l'Empire autoritaire ou du processus de libéralisation entamé après 1860, ce qui n'a pas été sans conséquences sur une érosion manifeste du bonapartisme populaire?

### Les raisons d'une domination

Afin d'éviter d'avoir recours essentiellement aux partis conservateurs, Louis-Napoléon aurait dû bénéficier de la neutralité, sinon de l'appui, des républicains. L'opposition irréductible de ceux-ci au régime impérial rend aléatoire toute politique d'équilibre.

L'antagonisme ne date pas du coup d'État du 2 décembre 1851, mais de l'élection présidentielle du 10 décembre 1848 considérée dans le pays comme un désaveu de la République de 1848, battue en la personne de son représentant Cavaignac. L'élection a livré le pouvoir exécutif aux adversaires de la République. De surcroît, Louis-Napoléon a détourné en sa faveur un grand nombre de suffrages des républicains. Ces derniers, victimes de l'épuration administrative et de diverses mesures répressives, ont campé dans une opposition systématique au gouvernement. La rupture survenue entre le prince-président et le parti de l'Ordre au début de l'année 1851 n'a pas suscité un véritable rapprochement malgré les rumeurs persistantes parmi les conservateurs d'entente occulte entre le chef de l'État et la gauche. La conjonction des votes lors de la proposition de restaurer le suffrage universel et du rejet de la proposition des questeurs[19] est purement fortuite.

Les suites du coup d'État du 2 décembre creusent un fossé désormais infranchissable entre bonapartistes et républicains. Les décisions prises le 2 décembre ne sont pourtant pas a priori dirigées contre ces derniers : la dissolution de l'Assemblée frappe prioritairement la majorité monarchiste, la restauration du suffrage universel leur redonne une part de leur clientèle, l'appel au peuple pour trancher le différend entre le chef de l'État et l'Assemblée, s'il est contraire à la tradition parlementaire, ne contredit pas l'héritage jacobin. Ces mesures s'accompagnent d'une dénonciation des intrigues monarchistes et présentent le coup de force comme une mesure préventive de sauvegarde de la République[20]. Assurément, les chefs du Parti montagnard sont arrêtés, mais ils se retrouvent en compagnie des notabilités du parti de l'Ordre. Ainsi le coup d'État du 2 décembre peut apparaître comme une revanche du peuple sur les notables [2, t. II, p. 106], ce qui explique la passivité des ouvriers parisiens et des milieux populaires dans la plupart des départements. D'ailleurs certains insurgés crurent le chef de l'État trahi et appelèrent le peuple à venir lui porter aide [63, p. 112].

L'ampleur de la résistance en province change cependant la signification du coup d'État. Elle provoque une nouvelle peur dans les milieux conservateurs et accrédite le mythe de la jacquerie qui aurait dû se produire en 1852 et que le coup d'État a prise de vitesse. La circulaire de Morny datée du 10 décembre officialise cette thèse. Le coup d'État, au lieu d'apparaître comme une solution à un différend constitutionnel, devient une mesure préventive de sauvegarde de la société. Le pouvoir y gagne le ralliement de la plupart des notables conservateurs et se trouve de ce fait déporté vers la droite.

La rigueur de la répression de l'insurrection de décembre 1851 va dans le même sens. Les arrestations (27 000) dépassent de beaucoup le nombre des individus compromis dans les troubles et atteignent les militants du Parti républicain avancé, soupçonnés pour la plupart d'avoir participé à des sociétés secrètes. Ils sont condamnés à l'exil, à la déportation en Algérie, à l'internement administratif dans un autre département que leur lieu de résidence ou, dans le meilleur des cas, à une surveillance administrative. Les arrestations sont si nombreuses qu'il faut bientôt libérer les individus considérés comme peu dangereux pour l'ordre public et juger les autres selon la procédure expéditive des commissions mixtes. L'électorat populaire fournit le tribut essentiel [11, p. 237]. L'arbitraire administratif est tel que dans le Midi les légitimistes règlent leurs comptes avec leurs adversaires orléanistes ralliés aux bonapartistes en les dénonçant comme républicains et en les faisant arrêter. La sensibilité de Louis-Napoléon est heurtée par les souffrances engendrées par cette répression impitoyable qui fut pour lui, selon le mot de l'Impératrice, une « tunique de Nessus ». Il prescrit dans le courant de l'année 1852 des mesures de clémence et dépêche à cet effet trois conseillers d'État pour procéder à la révision des décisions des commissions mixtes. Mais seul Quentin Bouchart dans le Sud-Est procède à de nombreuses mesures de grâce : « Vous seul avez compris ma pensée », lui dira le chef de l'État, alors que Canrobert et d'Espinasse ont limité au minimum les gestes d'apaisement. Louis-Napoléon est prisonnier des violences répressives qu'il a déclenchées.

Diverses mesures symboliques expriment un bonapartisme essentiellement conservateur : effacement de la devise « liberté, égalité, fraternité » des frontons des bâtiments officiels en raison de leurs liens « avec les époques de troubles et de guerre civile », abattage des derniers arbres de la Liberté, interdiction de commémorer l'avènement de la République. D'autres mesures ne sont pas moins significatives : mise en sommeil de la Garde nationale, retour à la législation de la Monarchie de Juillet pour les réunions et les associations qui sont de nouveau soumises à l'autorisation administrative, droit pour les préfets de fermer et d'ouvrir les cabarets, dissolution des coopératives ouvrières. Le régime de la presse instauré par le décret du 17 février 1852 supprime la presse d'opposition républicaine, tandis qu'un certain nombre de feuilles monarchistes sont tolérées tout en étant contrôlées, ce qui introduit un déséquilibre supplémentaire dans le rapport des forces.

Cette politique ne fait pas disparaître la bonapartisme de gauche,

comme en témoignent les scores obtenus lors des plébiscites de 1851 et 1852 par Louis-Napoléon dans les départements « rouges » de la France du Centre, de la Bourgogne et du Dauphiné [63, p. 113-116]. Mais la progression spectaculaire du vote bonapartiste dans l'Ouest armoricain en décembre 1851 est un indice de l'ancrage d'un bonapartisme conservateur que l'on retrouve dans le Centre-Ouest et les campagnes du Sud-Ouest. Et surtout, le bonapartisme de gauche n'a pas de relais dans le personnel politique, à l'exception de quelques individualités marginales. Louis-Napoléon est, pour de longues années, prisonnier de l'alliance des conservateurs. L'absence d'un véritable parti bonapartiste organisé l'oblige à faire appel aux anciens partis. Ce constat vaut tout autant pour le personnel gouvernemental, parlementaire et administratif. Les ministres de stricte obédience bonapartiste, tels Persigny et Abatucci, sont très minoritaires. La plupart ont été parlementaires sous la Monarchie de Juillet, conservateurs guizotistes (Morny, Fould, Rouher) ou membres de la gauche dynastique (Baroche, Billault, Ducos) ; d'autres ont servi ce régime dans l'administration (Magne, Drouyn de Lhuys, Delangle), l'armée (Saint-Arnaud, Vaillant, d'Espinasse). Ces bourgeois préoccupés avant tout d'ordre politique et social défendent pour la plupart l'Empire autoritaire, à l'exception de l'ondoyant Morny qui poussera ultérieurement à la libéralisation.

La dominante orléaniste se retrouve chez les conseillers d'État, faite à la fois de libéralisme politique et de conservatisme social. Les conseillers gênent l'empereur dans sa politique répressive mais aussi dans ses initiatives sociales considérées comme utopiques. Le Conseil d'État s'oppose à la fixation du prix du pain, aux assurances pour les travailleurs agricoles, à la suppression du livret ouvrier [18, p. 67], et l'empereur se plaindra à juste titre des freins apportés à sa politique sociale.

La composition du Corps législatif est plus diversifiée. Mais les bonapartistes se retrouvent là encore en minorité et aux environs d'un tiers. La majorité appartient aux droites ralliées. Les légitimistes sont environ une trentaine. Certains préfets sont allés jusqu'à investir des protestataires après le coup d'État du 2 décembre, tels Louis de Jouvenel en Corrèze [82, p. 862], le comte de Saint-Germain dans la Manche [63, p. 202]. Les orléanistes, encore une fois, constituent l'élément dominant avec surtout des membres de la gauche dynastique, plus nombreux que les 17 anciens guizotistes.

Cette prépondérance des anciens partis est la résultante du choix

opéré en 1852 lorsque Louis-Napoléon, contrairement aux souhaits de Persigny, refuse de créer un véritable parti bonapartiste à partir du vivier des comités locaux. Ce refus s'expliquerait par une méfiance à l'égard de leur composition socio-professionnelle, leurs adhérents étant jugés de trop basse extraction [17, p. 22-26]. Sous l'influence de Morny, Louis-Napoléon préfère rallier les grands notables. Il ne souhaite pas non plus s'embarrasser d'une structure politique susceptible de lui créer quelque embarras. La solution de l'encadrement du suffrage universel par l'administration lui paraît préférable. Mais, pour éviter le retour aux hommes des anciens partis, il eût fallu sélectionner des hommes nouveaux. C'est ce que Morny tente de faire par sa circulaire aux préfets où il leur demande de désigner des hommes « ayant fait fortune par le travail, l'industrie et l'agriculture » et dont les compétences techniques feront, juge-t-il, de bons mandataires. Les efforts du corps préfectoral n'ont pas porté de fruits, car les nouveaux notables ne dépassent pas le chiffre de 40.

« Nous qui n'avons nos amis qu'en bas, nous avons livré le Corps législatif aux classes élevées », notait mélancoliquement Persigny. Quelques divisions locales au sein des bonapartistes montrent que les choix opérés n'ont pas toujours été bien compris et acceptés. En Côte-d'Or, le comité bonapartiste récuse la candidature du premier avocat à la Cour, jugé trop lié à la Monarchie de Juillet, et lui préfère un ancien adjoint au maire de Dijon [84, p. 424-425]. En Creuse, un ancien partisan de Napoléon en 1815 refuse de s'effacer devant un ex-préfet peu populaire. Dans le Puy-de-Dôme, le comité bonapartiste soutient le prince Jérôme et une notabilité locale contre les nobles, candidats monarchistes ralliés du jour, du Miral et de Pierres. Partout la machine administrative broie les résistances locales en imposant un bonapartisme conservateur au détriment de candidats locaux plus progressistes.

L'Empereur est désormais prisonnier d'une majorité conservatrice qui ne reflète pas l'opinion moyenne de l'électorat bonapartiste, davantage orientée à gauche dans les villes et dans certaines régions rurales. Sur le plan parlementaire, cette situation n'engendre pas de réelles difficultés dans les années 1850, quoique certains projets de loi rencontrent les réserves de nombreux conservateurs, tel celui de 1854 sur l'instruction qui remet en cause plusieurs dispositions de la loi Falloux ou encore la loi militaire de 1855.

Les conseillers généraux ne diffèrent pas du personnel parlementaire. La majorité est considérée par les préfets comme « apoli-

tique ». La collaboration avec l'administration impériale traduit davantage une convergence d'intérêts qu'une adhésion politique. Le poids des notables traditionnels issus des rentiers du sol (34 %) n'a pas diminué entre 1840 et 1870 [19, p. 71-72]. On compte parmi les conseillers généraux de l'Empire 24 % de « ralliés » ayant appartenu à d'autres familles politiques. Le poids des légitimistes est surévalué par rapport à leur influence réelle dans le pays [27, p. 139-146].

Les préfets portent la responsabilité principale dans la désignation des candidats officiels aux élections législatives et départementales[21]. Or, une fraction notable d'entre eux a commencé la carrière sous la Monarchie de Juillet (70 sur 220). On connaît désormais l'origine orléaniste de nombreux préfets [28, p. 198]. Le ralliement au bonapartisme est naturel chez la plupart d'entre eux, même si les autorités suspectent le dévouement du marquis de Crèvecœur dans les Bouches-du-Rhône. Mais ils contribuent à orienter la politique impériale dans un sens conservateur comme d'ailleurs leurs collègues de sympathies légitimistes qui hésitent à entrer en lutte contre leur famille d'origine[22] et visitent plus fréquemment les châteaux que les salons bourgeois. Ils servent fidèlement l'Empereur mais n'en contribuent pas moins à l'orientation droitière du bonapartisme, malgré des adhésions venues des rangs des républicains [28, p. 199-201].

Deux historiens [28] ont classé les préfets impériaux en quatre catégories. Les deux dernières peuvent être considérées comme « de gauche ». Il s'agit des démocrates autoritaires partisans de réformes sociales et des démocrates de gauche conciliant liberté et progrès social. Elles sont nettement minoritaires par rapport aux deux catégories inhérentes au bonapartisme de droite : les conservateurs traditionnels et les démocrates de droite. Les premiers jugent que l'Empire doit reposer sur les principes fondamentaux du parti de l'Ordre en 1849 : autorité, religion, famille, propriété; ils rejettent toute innovation sociale hardie, toute libéralisation des institutions, manifestent une certaine méfiance à l'égard du suffrage universel : on peut citer parmi ces derniers le vieux compagnon de Louis-Napoléon, Laity, le préfet de police Boitelle, le futur député de la troisième République Jolibois. Les démocrates de droite partagent les mêmes convictions et une commune hostilité au parlementarisme, mais pensent que l'Empire tire sa force du peuple et souhaitent un renouvellement des élites : tels apparaissent Janvier de La Motte, le célèbre préfet de l'Eure, Chapuys Montlaville, qui sut concilier bonapartisme populaire et bonapartisme des

notables en Isère et en Haute-Garonne, Sencier-Mouzard et Levert, artisans de la progression du bonapartisme dans le Nord et le Pas-de-Calais, Bouville qui obtient des résultats similaires en Gironde. Leurs services sont plus appréciés que ceux de leurs collègues étiquetés « à gauche » et qui sont parfois victimes des dénonciations des notables locaux [63, p. 127-128].

Le corps préfectoral n'a pas le monopole du conservatisme au sein de l'administration. La magistrature est, elle aussi, suspectée de sympathie orléaniste et elle contrecarre parfois l'action des préfets. Ces derniers mettent quelquefois en doute le loyalisme des fonctionnaires. Ainsi les préfets de la Vienne et de l'Hérault se plaignent-ils que les principaux d'entre ces fonctionnaires soient légitimistes. En Haute-Garonne leur collègue dénombre avec précision 629 légitimistes et 241 orléanistes parmi les 983 fonctionnaires départementaux [28, p. 82-83]. En 1866 le ministre de l'Intérieur, déçu par le concours, jugé trop peu zélé, des fonctionnaires lors des élections, prescrit une enquête confidentielle sur l'attitude de chacun d'eux. Et les sympathies légitimistes et orléanistes l'emportent nettement sur les inclinations républicaines.

Ainsi, d'un bout à l'autre de la chaîne, le régime impérial apparaît dominé par les forces conservatrices. Le génie de l'Empereur sera de préserver dans ces conditions un bonapartisme populaire que les facteurs sociologiques ne favorisent pas.

## Le bonapartisme néo-légitimiste

Si le bonapartisme conservateur se distingue nettement du bonapartisme d'inspiration jacobine et démocrate, il n'est pas lui-même homogène et l'on peut distinguer en son sein un courant néo-légitimiste distinct de l'orléano-bonapartisme. Napoléon III rendait compte indirectement de cet état de choses par sa célèbre boutade : « Quel gouvernement que le mien! (...) l'Impératrice est légitimiste, Napoléon-Jérôme républicain, Morny orléaniste, je suis moi-même socialiste. Il n'y a de bonapartiste que Persigny, mais il est fou. »

Certains auteurs [18, p. 113 ; 60, p. 95-96] distinguent l'existence d'un bonapartisme légitimiste, dont l'état d'esprit serait proche de la branche aînée des Bourbons. Si d'autres se contentent [17] de distinguer diverses nuances à l'intérieur du bonapartisme conservateur, il nous apparaît possible de caractériser les traits principaux de ce néo-légitimisme bonapartiste.

En premier lieu, il faut insister sur l'intensité du sentiment monarchiste et l'ombrageuse fidélité à la dynastie napoléonienne. L'un des chefs de ce courant, le député du Miral, pestait à l'idée que l'Empire ait quelque chose à voir avec la démocratie et la République couronnée, selon l'interprétation du sénateur juriste Trolong[23]. C'est une monarchie véritable : « la quatrième dynastie » a renoué le lien traditionnel entre le monarque et le peuple brisé par la Révolution de 1789. Le plébiscite dans cette perspective remplace l'ancienne désignation médiévale. Il n'y a pas de contrat révocable, de remise en cause éventuelle du mandat délivré en 1852. Cette conception paraît contradictoire avec l'article 5 de la Constitution sur le droit d'appel au peuple du souverain, mais les modalités de cet article ne sont guère précises. Pour l'Empereur, qui en fit usage en 1870, ce droit concerne l'exercice du pouvoir constituant. Sa circulaire du 22 avril fait état d'une autre finalité : faciliter sa succession en renouvelant la confiance de la nation. Les bonapartistes autoritaires, en plaçant le débat sur le plan dynastique, paraissent s'orienter vers la notion de contrat renouvelable; mais il s'agit de contrer tout à la fois l'offensive républicaine et l'interprétation libérale du plébiscite par Émile Ollivier et le Tiers parti. L'idée de renouveler l'adhésion populaire à chaque changement de souverain est en réalité postérieure à 1870, et sous l'Empire elle est considérée comme hérétique chez les bonapartistes néo-légitimistes.

Ces derniers nourrissent également une conception restrictive du suffrage universel, étranger à l'héritage napoléonien et associé, dans leur esprit, à la révolution de février 1848, malgré son acceptation antérieure par Louis-Napoléon. Les frayeurs du parti de l'Ordre sous la deuxième République ne sont pas oubliées. La crainte est entretenue par la résistance d'un Parti républicain « plus contenu que corrigé », selon le mot de Napoléon III. Le résultat des élections législatives de 1857 provoque un mouvement d'inquiétude, bien que le rapport de force entre le gouvernement et l'opposition n'ait pas été modifié depuis 1852. Mais les républicains sont devenus la principale force agissante de l'opposition. Parmi les ministres, Fould, que l'on ne peut ranger parmi les bonapartistes néo-légitimistes mais qui se range dans le camp des partisans de l'autorité, va jusqu'à proposer la suppression du suffrage universel. Sans aller aussi loin, d'autres ministres souhaitent une politique intérieure plus répressive afin de mieux contrôler cet exercice obligé de la démocratie. L'attentat d'Orsini quelques mois plus tard leur permet de faire triompher leur point

de vue. Bien avant les élections de 1857, des fonctionnaires, par exemple dans le Nord, arguant du taux d'abstention élevé, remettent en cause le suffrage universel [85, p. 255]. L'administration, à qui incombe le choix des candidats officiels à tous les niveaux, est tentée de se débarrasser du fardeau.

En réalité, aux yeux des bonapartistes néo-légitimistes, la politique ne concerne pas les masses : pour le baron David, l'un des principaux chefs de cette sensibilité, le peuple n'a que faire des secrets de cabinet, et il perd son temps lorsqu'il écoute des jeunes gens inexpérimentés développer de grandes perspectives au lieu de rechercher un travail utile. Les masses doivent se contenter d'élire des responsables politiques et de leur laisser carte blanche pour régler les affaires de l'État [17, p. 46]. Comme elles sont incapables d'opérer elles-mêmes le bon choix, elles doivent s'en remettre à l'administration. Cette justification de la candidature officielle va au-delà de celle que développe le gouvernement : éclairer les électeurs sur les opinions politiques réelles des candidats et transformer chaque combat électoral en un plébiscite pour ou contre le régime. La légitimité ne saurait être remise en cause pour les bonapartistes néo-légitimistes; la candidature officielle n'est ni une propédeutique des masses ni une forme spécifique de la démocratie directe, mais avant tout une délégation de souveraineté.

Pour les contemporains, l'extrême droite bonapartiste se confond avec le qualificatif d'« autoritaire ». Son usage se répand dans les dernières années de l'Empire en réaction contre son évolution libérale. L'affirmation du principe d'autorité n'est pas spécifique du bonapartisme conservateur, elle caractérise tout autant le césarisme démocratique; mais pour les légitimistes ce principe garantit l'ordre moral et les valeurs traditionnelles. Il n'est pas antinomique avec l'exercice des libertés pour autant que ces dernières présupposent une société consolidée au préalable dans ses fondements. La conception impériale du « couronnement de l'édifice[24] », par l'exercice de procédures démocratiques, n'est pas repoussée a priori. Si l'initiative impériale de promulguer le 1er janvier 1867 deux projets de loi sur la liberté de presse et de réunion suscite un désaccord, c'est d'abord sur son opportunité. Dans un vibrant plaidoyer pour le statu quo prononcé à la Chambre le 31 janvier 1868, qui faillit entraîner le retrait du projet, Granier de Cassagnac prédisait : « La loi ne sera pas votée depuis quarante-huit heures que la presse tournera contre le gouvernement les forces nouvelles qu'elle y aura puisées. » Au-delà des appréhensions immédiates, on peut s'interroger sur la compatibilité de la liberté de la presse et de l'arbitraire

administratif, support de la candidature officielle à laquelle la droite bonapartiste demeure attachée. La demande d'ajournement dissimule un réflexe d'autorité.

Les bonapartistes autoritaires préfèrent, en effet, les libertés civiles aux libertés politiques. Ils sont plutôt attachés à l'égalité devant la loi [17, p. 22-26]. Une exception toutefois concerne les libertés locales. Les néo-légitimistes, issus pour une bonne part de la noblesse provinciale du XVIIIe siècle ou de la noblesse d'Empire, souhaitent combiner monarchie et aristocratie et demeurent partisans du rôle des corps intermédiaires et des notables locaux considérés comme les piliers et la force morale de la société. En 1870 plus du quart des conseillers généraux en exercice sont issus de la noblesse. Bien que la centralisation administrative remonte à l'Ancien Régime, elle est plutôt tenue pour un héritage du jacobinisme. Sous le second Empire, associée au suffrage universel, elle devient, lorsque les préfets s'y prêtent, un moyen d'affranchissement des masses à l'égard des notables, surtout dans les régions pauvres grâce à une politique de faveurs et de subventions [62, p. 189-205]. Par ailleurs, les notables bonapartistes toutpuissants dans leur département supportent difficilement la tutelle des préfets et des bureaux parisiens. Granier de Cassagnac, champion de l'Empire autoritaire, déclare à ses électeurs du Gers : « Il n'y a ici ni préfet ni Empereur, l'Empereur, c'est moi ! » Belmontet dénonce l'autoritarisme des préfets (28, p. 156). Paradoxalement les néo-légitimistes, soucieux d'éviter toute contamination des institutions impériales par les idées de leurs adversaires, ont des aspirations qui ne sont pas si éloignées du programme de Nancy, dénominateur commun des légitimistes, des orléanistes et des républicains sur la question de la décentralisation et c'est pour satisfaire ces aspirations que l'Empereur fait voter en 1866 et 1876 deux lois non négligeables accroissant les prérogatives des conseils généraux et des communes.

Si les bonapartistes néo-légitimistes ont une attitude ambiguë à l'égard des libertés, leur rejet du parlementarisme et de ses méfaits supposés est sans équivoque : nulle concession n'est envisageable, visant à l'extension des prérogatives parlementaires. La justification par Granier de Cassagnac des réformes libérales de 1860 — le Corps législatif discutera chaque année une adresse en réponse au discours du Trône — dans la brochure *L'Empereur et la démocratie* ne reflète pas ses sentiments réels [60, p. 96]. Tous les ministres, à l'exception de deux, avaient réservé un accueil défavorable à l'ouverture libérale. A l'hostilité de principe s'ajoute le sentiment

que les ténors parlementaires siègent dans les rangs de l'opposition. Le sénateur de Heeckeren ne déclare-t-il pas : « L'Empereur est fini ; il veut se battre à coups de langue avec Monsieur Thiers ; son affaire est réglée, il n'en a pas pour cinq ans » [18, p. 188] ? De fait, les débats lors de la discussion de l'adresse permirent surtout aux grands noms de l'opposition de se faire entendre. Dès lors, les néo-légitimistes ne cesseront de s'opposer aux initiatives ultérieures, de retarder le vote des réformes et ils constituent à la fin de l'Empire l'opposition de Sa Majesté au nouveau cours qui a prévalu.

### Gloire nationale et religion

L'ambition de la gloire nationale est au cœur du bonapartisme. Sur ce point les néo-légitimistes se situent dans la tradition du parti. L'héritage de la dimension nationaliste du bonapartisme a été assumé pendant la première moitié du siècle par la gauche jacobine porteuse d'un messianisme révolutionnaire sur le continent européen. Ce courant ne disparaît pas totalement sous le second Empire comme en témoigne l'adhésion des républicains à la guerre de Crimée et plus encore à l'intervention en Italie. Mais il s'atténue nettement dans les années suivantes sous l'influence de l'antimilitarisme, du pacifisme humanitariste et de l'internationalisme. La nouveauté réside plutôt dans l'adhésion des bonapartistes néo-légitimistes à une politique extérieure active et à l'engagement de la France dans un certain nombre de conflits. Ils se différencient en cela des orléano-bonapartistes fidèles au respect des promesses du discours de Bordeaux en 1852 : « L'Empire c'est la paix », dans la pure tradition de la Monarchie de Juillet. Ce nationalisme est lié aussi au souci de valoriser l'armée, modèle et ciment de l'ordre social, et il constitue par ailleurs une diversion aux problèmes de politique intérieure.

La guerre de Crimée offre une première occasion d'exprimer ces tendances. Les néo-légitimistes, les premiers, approuvent un conflit dirigé contre un État schismatique. Les mandements des évêques et le journal *L'Univers* prêchent la guerre sainte contre la Russie orthodoxe, ce qui compense l'autre dimension de la guerre : la lutte du libéralisme contre l'État autocrate [15, t. II, p. 125].

La droite bonapartiste eût souhaité cependant une alliance avec l'Autriche catholique plutôt qu'avec la Grande-Bretagne protestante. Car elle ne se rallie pas à la guerre révolutionnaire ni au

principe des nationalités. La revanche de Waterloo et les modifications du statu quo européen doivent ménager le principe dynastique et les intérêts de la catholicité. C'est pourquoi le consensus se rompt lors des initiatives italiennes de l'Empereur. Tout l'entourage impérial est hostile à l'idée d'une guerre en faveur du Piémont et, si la brièveté du conflit le satisfait, les conséquences de l'intervention française suscitent une réprobation qui demeure feutrée chez tous ceux qui refusent de se commettre avec les adversaires du régime mais n'en approuvent pas moins le réquisitoire de Keller au Corps législatif. Le vote des 91 députés « cléricaux » contre le texte de l'adresse et la politique romaine de Napoléon III en 1861 traduit cet état d'esprit.

Les néo-légitimistes approuvent en revanche l'intervention française en faveur des catholiques maronites du Liban en 1860 ou des missionnaires en Chine et en Indochine (prise du Palais d'été à Pékin, occupation de Saigon) en 1862-1863, et surtout l'expédition désastreuse du Mexique de 1863 à 1866 destinée à fonder un empire latin en Amérique centrale au profit da la dynastie des Habsbourg. Si dans la guerre austro-prussienne ils sont partisans de la neutralité en 1866, c'est par crainte d'une alliance avec la Prusse et l'Italie. Les « Mameluks » ne cessent depuis de dénoncer l'abaissement de la position internationale de la France et ils sont les véritables responsables de la guerre de 1870 qui répond, certes, à des préoccupations de politique intérieure, mais également au souci de laver l'orgueil national de l'humiliation de Sadowa le 3 juillet 1866 qui vit la victoire de la Prusse sur l'Autriche et l'unification allemande au profit de celle-là.

Le souci de défendre à l'extérieur les intérêts religieux est le signe d'une volonté d'alliance entre le trône et l'autel. Les impérialistes néo-légitimistes tirent la leçon de la chute du premier Empire, jugé victime non seulement de la défaite militaire mais aussi de sa rupture avec l'Église catholique. Sont-il enclins à l'oublier que les mandements des évêques pendant les années suivantes le leur rappellent. Les néo-légitimistes souhaitent de surcroît consolider l'ordre social en développant l'influence de l'Église sur la société civile. Ce cléricalisme est renforcé par l'adhésion de Louis Veuillot et des catholiques ultramontains au coup d'État du 2 décembre, considéré par plusieurs évêques comme un événement dicté par la Providence divine. Le directeur de *L'Univers* le juge dirigé essentiellement contre l'orléanisme boutiquier et protestant [15, t. II, p. 124]. Ce ralliement empressé est destiné à obtenir de multiples faveurs du pouvoir impérial, lequel s'en montre peu avare sous

l'Empire autoritaire, mais il vise aussi à imposer les conceptions des néo-légitimistes à l'Église de France, à l'heure où le gallicanisme recule, où Pie IX condamne le catholicisme libéral [52, p. 230]. Ces « chevau-légers » sont des alliés quelque peu encombrants qui condamnent la Déclaration des droits de l'homme de 1789 à laquelle le préambule de la Constitution de 1852 fait pourtant référence. Le gallicanisme de certains ministres favorables par ailleurs à l'Église, tels Rouland ou Baroche, incite ces derniers à réagir. La conjoncture des années 1860 leur permet de mettre en œuvre une politique nouvelle limitant les empiétements des clercs sur le pouvoir civil. Le catholicisme ultramontain et intransigeant critique la politique gouvernementale, mais ne rompt pas avec l'Empire. Il compte sur l'appui de l'impératrice. La montée des périls lors des dernières années de l'Empire le rapproche du gouvernement qui, par l'expédition romaine en 1867, donne un nouveau gage de bonne volonté. Les bonapartistes autoritaires jugent indispensable la bonne entente entre le pouvoir temporel et le pouvoir spirituel. Ce souci conduit Rouher au célèbre « jamais » prononcé le 4 décembre 1867 au Corps législatif[25] sous la pression des droites antibonapartistes mais aussi de bonapartistes autoritaires tel Jérôme David [16, t. III, p. 97].

Monarchisme indéfectible, méfiance à l'égard des libertés publiques, de la démocratie et plus précisément du suffrage universel, refus de toute évolution vers le parlementarisme, défense du catholicisme romain, nationalisme à l'extérieur caractérisent donc ce courant néo-légitimiste dont les contours sont difficiles à préciser. Le clan autoritaire affirme progressivement sa personnalité au fur et à mesure de l'évolution libérale de l'Empire autour de quelques notabilités : Rouher, « le vice-empereur sans responsabilité » comme l'appelait Émile Ollivier, Jérôme David, le chef parlementaire du groupe des Arcadiens, Granier de Cassagnac et son journal *Le Pays*. L'Impératrice sert de point de ralliement, et le prince impérial porte les espoirs d'un courant qui perdure au-delà de 1870 et contribue plus que les autres à l'orientation droitière du bonapartisme après la mort de Napoléon III en 1873.

## L'orléano-bonapartisme

Adrien Dansette distingue, parmi les divers bonapartismes du second Empire, un bonapartisme libéral formé, pendant les années soixante, de la conjonction de quelques républicains modérés ralliés

et de nombreux conservateurs libéraux de tendance orléaniste. Ce courant, parvenu au pouvoir en 1870, alliera les contraires, le plébiscite et le libéralisme parlementaire [18, p. 112-113]. Cet orléano-bonapartisme est, pour Frédéric Bluche [60, p. 96], une hérésie bonapartiste car il en trahit les idées. Theodore Zeldin insiste au contraire sur la filiation commune de l'orléanisme et du bonapartisme réunis dans l'opposition libérale sous la Restauration et dans le culte impérial sous la Monarchie de Juillet. Napoléon Ier n'a-t-il pas fondé la société censitaire et laissé en legs à l'orléanisme le capitalisme libéral ? Un legs que Louis-Napoléon a modifié dans la mesure où, pour parvenir au pouvoir, il a dû s'allier aux républicains et accepter le suffrage universel [62, p. 172-173]. Louis Girard, de son côté, souligne que le centrisme politique est commun à l'orléanisme et au bonapartisme, qui récusent aussi bien la réaction que la Révolution [15, t. II, p. 113]. L'orléano-bona-partisme, au Tiers parti, repose sur le ralliement de la bourgeoisie libérale à Napoléon III, dicté, note Dansette, par les mêmes mobiles qui, en 1830, firent accepter la Monarchie de Juillet : la crainte de la République mais aussi celle du retour à l'Ancien Régime. Ce ralliement n'implique pas une adhésion à l'idéologie libérale. Les hommes de tempérament autoritaire n'éprouvent pas de difficultés à s'adapter au nouveau régime [18, p. 109-110]. Le poids des conservateurs orléanistes va cependant peser de façon déterminante dans l'évolution libérale de l'Empire en raison des traditions et des habitudes contractées sous la Monarchie de Juillet.

Le contrôle budgétaire est une de ces habitudes. Dès l'Empire autoritaire, un groupe de parlementaires entend freiner les dépenses publiques en nette croissance du fait de la politique des grands travaux. Ce sont les « budgétaires », que l'on retrouve à la commission du budget et qui, à la différence de leurs collègues, connaissent les comptes de la nation. Ils n'ont guère de pouvoir et ne peuvent qu'émettre des recommandations. On note parmi eux la présence de bonapartistes bon teint, tels Chasseloup-Laubat, Devink et Alfred Leroux. Leur action discrète n'est pas toujours sans effet. En 1856 ils obtiennent que la procédure des crédits extraordinaires sans autorisation préalable du Corps législatif ne puisse être engagée qu'en dehors des sessions parlementaires.

La paix est un autre legs de la Monarchie de Juillet et, à leurs yeux, la guerre est à la fois source de dépenses et facteur d'incerti-tude et d'insécurité pour les transactions commerciales et finan-cières. Si la guerre de Crimée n'a guère suscité d'inquiétude, il en va tout autrement lors de la guerre d'Italie de 1859 en raison des

risques de conflagration européenne. La fin rapide des hostilités ne dissipe pas toutes les appréhensions par suite de l'instabilité politique de l'année 1860 et des succès des révolutionnaires italiens et, à cause aussi des petites expéditions françaises (Chine, Syrie). Par ailleurs la croissance économique des années 1850, l'essor des intérêts matériels renforcent l'attachement à la paix. La libéralisation douanière consécutive au traité de commerce franco-anglais du 24 janvier 1860 rompt avec une dernière tradition de la Monarchie de Juillet attachée au dogme protectionniste.

Les conditions d'une opposition pacifiste, budgétaire et protectionniste sont donc réunies au cours de la session parlementaire de 1860, émaillée de divers incidents dont Napoléon III tire la leçon par le décret du 24 novembre complété par le senatus-consulte du 31 décembre 1861[26]. Le Tiers parti ne se constitue pas immédiatement : nombre de bonapartistes conservateurs, en effet, se satisfont alors des concessions impériales, lesquelles profitent avant tout aux oppositions qui retrouvent une tribune au Parlement. A l'approche des élections de 1863, il convient plus que jamais de serrer les rangs et la menace d'un retrait du patronage officiel est une arme efficace pour imposer la discipline gouvernementale. Mais les orléano-bonapartistes, soucieux d'accroître les prérogatives du Parlement, constituent désormais une fraction non négligeable du Corps législatif, qu'ils bénéficient ou non du soutien gouvernemental aux élections de 1863. Celles-ci permettent à l'administration de se débarrasser de la majorité des cléricaux[27]. Malgré cela, le Tiers parti se constitue au cours de la législature nouvelle, dans un contexte politique où se retrouvent les grandes données : les expéditions lointaines et onéreuses (Mexique) critiquées par le Tiers parti; l'instabilité politique en Europe qui fait craindre une nouvelle guerre surtout après Sadowa, les séquelles de la politique italienne avec l'évacuation du corps expéditionnaire français de Rome en 1866, et les initiatives sociales de l'Empereur comme la loi autorisant les coalitions ouvrières. La majorité du groupe en gestation dès 1865 se compose avant tout de candidats officiels tels Chévandier de Valdrome, Segris, Louvet, auxquels s'ajoutent d'anciens élus indépendants tels Brame et Plichon ou de nouveaux opposants dynastiques (Lambrecht, Buffet). Sur sa gauche, le Tiers parti n'est guère alimenté que par le ralliement spectaculaire d'Émile Ollivier qui n'est pas suivi par ses amis politiques à l'exception de Darimon. Aussi l'évolution générale de l'Empire ne s'est pas faite dans un sens démocratique comme l'auraient souhaité le chef de cabinet de l'Empereur, Mocquart, le cousin de

l'Empereur, le prince Napoléon, Émile Ollivier et sans doute Morny malgré ses anciennes attaches orléanistes. L'opposition résolue de la gauche, la disparition successive de Mocquart à la fin de l'année 1864, de Morny le 10 mars 1865[28] et le désaveu du prince Napoléon après le discours d'Ajaccio le 15 mai 1865[29] laissent libre cours à la tendance conservatrice orléano-bonapartiste [18, p. 263-264]. En 1865, les députés du Tiers parti déposent des amendements lors de la discussion de l'adresse sur la liberté de la presse, la nomination des maires au sein des conseils municipaux, le pouvoir temporel du pape. Réunissant de 25 à 33 voix, ils préfigurent l'amendement des 44 pendant la session de 1866 qui demande une nouvelle série de mesures libérales dans le prolongement du décret du 24 novembre 1860 et qui constitue l'acte officiel de la naissance du Tiers parti[30]. La stratégie faite d'empirisme et de prise en compte de ce qui existe et est possible s'inscrit, selon certains, dans le droit fil de l'orléanisme [1, p. 118].

Les échecs du régime en 1866 obligent l'empereur à accorder au début de 1867 ce qu'il refusait encore en 1866. Mais le succès du Tiers parti a suscité la réaction des Mameluks, défenseurs de l'Empire autoritaire qui parviennent à retarder l'application des réformes. Une lutte d'influence constante oppose désormais les partisans des réformes et du statu quo. Pour parvenir à un orléano-bonapartisme intégral, il restait à obtenir de l'Empereur une concession de taille : la responsabilité parlementaire. L'idée est dans l'air depuis plusieurs mois en raison de la position ambiguë des ministres, qui se font parfois les défenseurs sans conviction de projets imposés par les Tuileries et qui s'abritent derrière l'Empereur. La victoire électorale du Tiers parti est totale en 1869. Non pas que le Tiers parti l'ait à lui seul emporté : les conservateurs indépendants et partisans de réformes ne sont guère plus d'une cinquantaine. Mais la majorité des candidats officiels ou « agréés » sont partisans d'une évolution des institutions vers le parlementarisme et les Mameluks ne sont plus, selon les estimations, qu'une tendance minoritaire[31]. C'est pourquoi le Tiers parti prend l'initiative immédiate en déposant l'interpellation des 116 qui aboutit au senatus-consulte du 8 septembre, véritable « révolution parlementaire » au terme de laquelle le Corps législatif récupère l'initiative des lois, le vote du budget par chapitres et l'approbation des tarifs douaniers [ 20, p. 435]. L'orléanisme a pris sa revanche sur le 2 décembre ; il a reconquis ses positions grâce au suffrage universel [1, p. 120].

Le succès est malgré tout limité, car le nouveau chef du gouver-

nement, Émile Ollivier, est d'origine démocrate et ne se rattache aucunement à la rue de Poitiers. Ses ministres sont en majorité de tendance centre droit, bonapartistes libéraux, tandis que le centre gauche, formé des défenseurs intransigeants du parlementarisme, est minoritaire. Les ministres sont encore responsables devant l'Empereur qui garde le droit de faire appel au peuple. Le recours au plébiscite le 8 mai 1870 visant à faire approuver et le régime impérial et son évolution libérale provoque une cassure dans une majorité centriste combattue de plus en plus énergiquement par les bonapartistes légitimistes. L'orléano-bonapartisme constitue bien une tendance nouvelle qui se prolonge au-delà de l'effondrement du régime le 4 septembre, parmi certains conservateurs soucieux de concilier régime parlementaire, conservatisme social et appel au peuple. Mais, avant même la chute de l'Empire, l'élimination de plusieurs démocrates autoritaires, partisans du progrès social, constitue une revanche des droites sur le bonapartisme démocratique.

### III. L'IMPUISSANCE DES DROITES MONARCHISTES

Le coup d'État du 2 décembre et le rétablissement de l'Empire relèguent dans l'opposition les droites demeurées fidèles à leurs préférences dynastiques et hostiles au despotisme bonapartiste comme à ses penchants démocratiques.

Ceux que la propagande officielle qualifie dédaigneusement d'« anciens partis » se révèlent incapables de s'unir et cessent de constituer une menace pour le nouveau régime dont nombre de notables de l'ancien parti de l'Ordre, tel Falloux, avaient trop rapidement conclu du coup d'État que le régime ne serait qu'une brève parenthèse [31, t. II, p. 168]. Toutefois, l'influence culturelle et politique de ces « anciens partis » est réelle dans les classes supérieures de la société où le pouvoir nouveau a besoin de disposer d'appuis. Aussi le poids des légitimistes et des orléanistes ne saurait-il pas être ignoré même si ni les uns ni les autres n'offrent de véritables perspectives d'alternance politique.

*Les légitimistes : une abstention mal supportée*

Le Parti légitimiste, déjà divisé avant le coup d'État, l'est encore plus à son lendemain. La peur sociale dans les départements où l'extrême gauche est influente, et que l'insurrection de décembre 1851 ravive, incite un certain nombre de notables à se ranger, fût-ce à titre provisoire, dans le camp du prince-président dont ils admirent l'audace et l'autorité. Beaucoup se réjouissent aussi de la défaite des orléanistes libéraux, défaite que ces derniers partagent avec le Parti républicain. Certains croient pouvoir conclure que le terrain est déblayé pour le comte de Chambord lorsque le nouveau régime s'effondrera. Enfin les légitimistes populaires, partisans d'une monarchie nationale fondée sur le vœu du peuple, ne sont pas insensibles à la procédure du plébiscite. A l'inverse, les défenseurs des institutions libérales et parlementaires, tels Berryer et Falloux, réprouvent l'arbitraire et le despotisme du régime du 2 décembre et les contre-révolutionnaires hostiles par principe à la famille napoléonienne ne sont nullement enclins à coopérer avec les nouveaux dirigeants.

Le comité légitimiste de Paris, divisé sur la tactique, prône à l'unanimité l'abstention afin de maintenir une unité de façade. Des divisions qui tournent au règlement de comptes interne[32] aboutissent à la suppression du comité et à son remplacement par le Bureau du Roi, composé de douze membres cantonnés dans une mission de renseignements et présidé par le duc de Levis. Ces membres appartiennent désormais tous à la fraction contre-révolutionnaire et absolutiste du parti.

Le comte de Chambord paraît avoir modifié, en effet, son attitude au lendemain d'un coup d'État qui semble l'avoir fasciné. Il refuse désormais d'écouter les avis des légitimistes libéraux et parlementaires pour ne plus soutenir que l'aile intransigeante du parti hostile à toute acceptation des conquêtes révolutionnaires. Le culte de la force et de l'autorité l'emporte désormais sur l'action politique légale et parlementaire [31, t. II, p. 196-197; 15, t. II, p. 135]. Il demande à ses fidèles de démissionner de leurs fonctions administratives et de ne pas se présenter aux élections. Cette stratégie fut maintenue sans concession aucune tout au long du second Empire.

Éloigné des réalités françaises, le prince encourait le risque de ne pas être obéi. Reprendre le chemin de l'émigration intérieure, après une interruption de quelque trois ans, n'était pas un choix dont

l'évidence s'imposait immédiatement à tous ceux qui conservaient leur fidélité dynastique. D'autant que l'abstention était plus dangereuse désormais que sous la Monarchie de Juillet, puisque le suffrage universel avait été rétabli. L'influence locale que les légitimistes avaient préservée en certaines régions risquait de s'effacer si on abandonnait le terrain aux adversaires tant le risque était grand que les paysans se tournassent vers les élus officiels et l'administration pour assurer la défense de leurs intérêts. Au mieux, c'est le clergé qui risquait de se substituer à la noblesse légitimiste. En conséquence de ces analyses, un certain nombre de légitimistes se présentent, dès 1852, aux élections du Corps législatif avec ou sans le patronage officiel. Trois opposants réussissent à se faire élire dans l'Ouest. L'exemple de la Mayenne est éclairant. Les candidats officiels l'emportent partout, mais les légitimistes ont passé outre aux consignes d'abstention en se présentant contre eux dans deux circonscriptions [34, p. 324-326]. Ceux qui acceptent le patronage officiel se rallient, en fait, à l'Empire sans le proclamer et en conservant parfois une secrète fidélité au comte de Chambord. « Le corps est aux Tuileries, mais le cœur à Frohsdorf » [20, p. 246]. Ils profitent, on l'a vu, des ouvertures parfois imprudentes de certains préfets. Le Corps législatif de 1852 compte ainsi une trentaine de députés officiels légitimistes.

Mais c'est surtout aux élections locales que la tentation est grande de passer outre aux instructions de Frohsdorf; car il est plus facile de collaborer avec l'administration départementale tout en maintenant ses distances sur le plan politique. La moitié des élus légitimistes dans les anciens conseils généraux décidèrent, semble-t-il [62, p. 63] de se représenter en 1852 et 500 sur 2 500 furent réélus. Ce n'est pas le cas dans la Mayenne, mais afin de sauvegarder les positions acquises les sortants sont remplacés par des personnalités de la même tendance [34, p. 324-326]. De nombreux légitimistes acceptent le patronage officiel et ils forment en 1860 le tiers des effectifs du Conseil général et des conseils d'arrondissements [34, p. 338]. Dans le département du Nord, presque tous les légitimistes, ralliés ou non, demeurent au Conseil général et collaborent avec l'administration, le préfet mettant toutefois en doute la sincérité des ralliements [85, t. I, p. 94-95]. Dans les Basses-Pyrénées où s'affrontent anciens et nouveaux notables, les premiers, après avoir formé le parti de l'Ordre, se rallient, légitimistes compris, au nouveau pouvoir pour consolider leurs positions locales [87]. Le poids des conseillers généraux d'origine légitimiste demeura important pendant tout l'Empire et

l'enquête de 1870 révèle leur sur-représentation [27, p. 139-146].
Il en est de même dans les mairies que l'administration doit épurer
après les élections de 1863.

Le rétablissement de l'Empire en novembre 1852 a favorisé chez
les légitimistes une attitude d'opposition en les confortant dans le
sentiment que le bonapartisme n'était qu'une perpétuelle usurpation au regard de la légitimité plus ancienne des Bourbons : les trois
élus de l'opposition de 1852 et un député officiel donnent leur
démission comme un certain nombre de membres des assemblées
locales. Mais le dilemme du parti — obéir à ses convictions ou
sauvegarder les positions acquises — demeure.

Les légitimistes disposaient de moyens d'action non négligeables.
Ils avaient sauvé la plupart de leurs journaux. Trois feuilles
parisiennes se disputaient l'influence. *L'Union* représentait la tendance la plus réactionnaire et la plus hostile à l'Empire. Elle était
opposée à la guerre de Crimée, tout comme *L'Assemblée nationale,*
antilibérale elle aussi et victime d'une mesure de suspension en
1857. *La Gazette de France* continuait de prôner la réconciliation de
la monarchie légitime et de la souveraineté nationale. En province
le parti disposait de 24 journaux, chiffre constant, surtout publiés
dans l'Ouest et le Nord, le Midi paraissant moins représenté
malgré l'importance locale de feuilles comme *La Guienne de Bordeaux*
et *La Gazette du Midi* [24, p. 339]. La presse légitimiste recevait une
orientation politique par l'intermédiaire de *La Correspondance Saint-
Chéron* fondée en 1848 et dont les services furent étendus à tous les
journaux du parti, grâce à l'aide de quelques souscripteurs à la fin
de l'Empire.

Les moyens d'influence locale dépendaient de la sociologie du
parti. Dans l'Ouest armoricain, celui-ci est avant tout rural et fondé
sur une aristocratie de grands propriétaires encadrant une masse de
tenanciers, fermiers ou métayers que la survivance d'habitudes
féodales, l'influence du clergé et les souvenirs historiques de la
chouannerie rattachent étroitement à leurs maîtres. Le retour des
propriétaires sur les grands domaines après 1830 n'a pu qu'accentuer cette emprise. La dépolitisation sous le second Empire a les
mêmes effets. Dans le département de la Mayenne, qui se range
parmi les quatre départements où le pourcentage des maires ayant
un nom à particule dépasse 10 % [62, p. 64], il a été démontré
comment le métayage, facteur de progrès agricole contrairement
aux idées reçues, permet la solidarité des intérêts. C'est la belle
époque des *gentlemen farmers* profitant des derniers beaux jours de la
rente foncière et dont le modèle est l'Angleterre verte. Le patronage

des notables royalistes s'exerce aussi sur les classes les plus pauvres par les institutions charitables. Cette structure sociale incite ses bénéficiaires à refuser l'industrialisation, l'urbanisation et la modernisation économique à l'exception des progrès de l'agronomie [34, p. 343-358].

Dans le Midi, en revanche, le légitimisme est plutôt un phénomène urbain. La noblesse des villes trouve des alliés parmi la bourgeoisie des professions libérales à Toulouse ou des hommes d'affaires à Marseille, voire à Nîmes et Montpellier, chez les catholiques hostiles à la bourgeoisie protestante. Ces notables disposent d'une clientèle chez les catholiques et dans les milieux populaires parmi les artisans, les boutiquiers et les domestiques. A Toulouse, ils encadrent les catholiques par la puissante Société de Saint-Vincent-de-Paul, dont le recrutement est en partie populaire, et par une société de secours mutuel tandis que leur influence sur la bourgeoisie s'exerce par l'Académie des jeux floraux [78, p. 408-410]. La vigilance de la police impériale a mis fin, en revanche, aux sociétés secrètes qui fleurissaient dans certains départements comme la Haute-Garonne ou le Vaucluse à la fin de la Monarchie de Juillet.

Ce type d'implantation, le rôle en particulier de la Société de Saint-Vincent-de-Paul se retrouve dans d'autres grandes villes où les légitimistes sont plus ou moins influents, notamment à Lille et à Lyon. Le Parti légitimiste rencontre malgré tout un certain nombre de handicaps qui tendent à terme à l'affaiblir. L'Empire se révèle d'abord plus durable que ne l'escomptaient certains chefs et il se consolide au fur et à mesure de ses succès extérieurs et intérieurs. L'administration étend son emprise sur la paysannerie au détriment des notables légitimistes grâce à une politique d'investissements dans les campagnes qui porte sur la construction de chemins vicinaux et l'amélioration de l'infrastructure administrative. La croissance des revenus agricoles permet à la paysannerie aisée d'acquérir des terres et de se libérer de la tutelle des propriétaires fonciers en Bretagne, en Vendée et dans le Val de Loire. Et l'administration choisit habilement quelques maires parmi ces nouveaux propriétaires. Le voyage triomphal des souverains en Bretagne en 1858 illustre la fin de l'attachement traditionnel de la région à la branche aînée des Bourbons [63, p. 248-250].

Le Parti légitimiste avait jusqu'alors bénéficié d'une étroite alliance avec le clergé. Or, celui-ci se rallie dans son immense majorité à Louis-Napoléon en qui il voit un nouveau Constantin. Plusieurs prélats rivalisent dans le dithyrambe. Ceux qui mani-

festent un légitimisme de combat sont très minoritaires, tels Mgr Bailles contraint de démissionner de son évêché de Luçon en 1856, Mgr Dreux-Brezé peu influent dans l'Allier, et surtout Mgr Pie, le très puissant évêque de Poitiers qui mène dans son diocèse une guérilla constante contre l'Empire et dont le rôle devient national lorsque la question romaine passe au premier plan de l'actualité.

Le bas clergé qui lit *L'Univers* est rallié dans son immense majorité, sauf dans le Midi. Dans l'Est aquitain il conserve d'étroites relations avec les légitimistes [78, p. 409], tout comme dans le Languedoc par aversion des protestants bonapartistes ou républicains. Dans les marges armoricaines, il ménage les légitimistes mais acquiert progressivement une autonomie au point de former en Mayenne un véritable Parti catholique indépendant tout à la fois du pouvoir impérial et des légitimistes [34, p. 392].

La rupture de l'alliance traditionnelle du clergé et des légitimistes a pour conséquence un net affaiblissement de ces derniers particulièrement lorsque le légitimisme est de nature religieuse plutôt que politique et qu'il ne s'appuie donc pas sur un réseau de châteaux. C'est le cas dans la Flandre où la très grande majorité des notables légitimistes se rallient dès 1853 en s'efforçant d'obtenir le maximum d'avantages pour les œuvres et les associations catholiques [85, t. I, p. 324].

Afin de sortir de leur isolement et d'offrir une perspective d'alternance politique, les légitimistes se devaient de réussir la fusion monarchique. Les circonstances étaient propices malgré les griefs réciproques sur les responsabilités de l'échec de l'automne 1851. Les protagonistes disposaient de temps pour mener à bien leurs négociations. La famille d'Orléans était favorable à la réconciliation, à l'exception de la duchesse d'Orléans. Le clan fusionniste avait progressé chez les orléanistes avec l'adhésion de militaires comme Changarnier, ou de politiques tels qu'Odilon Barrot et Alexis de Tocqueville[33]. Les princes d'Orléans décidèrent dans ces conditions de reprendre l'initiative et de tenter une réconciliation familiale en reconnaissant les droits de la branche aînée des Bourbons, moyennant quelques garanties exprimées dans une note datée du 22 juin 1853 : maintien du drapeau tricolore, d'un gouvernement constitutionnel et consultation du pays lors de la restauration. Bien que le comte de Chambord ait répondu évasivement, le duc de Nemours lui rendit visite et fit acte d'allégeance le 17 novembre 1853. La réconciliation familiale était opérée mais la portée politique en demeurait limitée : seul, en effet, le premier point de la note du 22 juin fit l'objet de discussions, le comte de

Chambord se refusant à prendre tout autre engagement hors de France. Chambord n'en considérait pas moins la fusion comme acquise. Devant l'émoi des orléanistes libéraux, le duc de Nemours fit une mise au point le 25 janvier 1857, précisant que sa démarche antérieure, qui n'engageait pas ses frères, n'impliquait pas un soutien inconditionnel et qu'un accord préalable sur les trois garanties demandées était nécessaire. Les pourparlers prirent fin et tout demeura en l'état jusqu'en 1870. Cet échec n'avait pas de portée immédiate, l'Empire étant alors à son apogée. Il handicapa tout de même la propagande monarchiste dans les années 1860.

Le Parti légitimiste menacé de léthargie devait néanmoins tirer profit de l'évolution de la politique extérieure et intérieure du régime. La question italienne lui offrit un terrain de contestation, tandis que la libéralisation de la vie politique ouvrait de nouvelles perspectives d'action.

La noblesse légitimiste se mobilise très tôt pour le pape Pie IX et la défense de ses États. Elle souscrit au Denier de Saint-Pierre et ses fils s'enrôlent dans l'armée des zouaves pontificaux, commandée par le général Lamoricière, qui compte un demi-millier de Français. Plusieurs de ses soldats sont tombés à Castelfidardo le 18 septembre 1860, défaits par les troupes de Cavour et les oraisons funèbres prononcées lors de leurs obsèques tournent à des manifestations légitimistes qui s'inscrivent dans un climat de grande émotion sentimentale et religieuse. Le parti retrouve à ses côtés un clergé combatif pour dénoncer la politique romaine de l'empereur, qualifié de Ponce Pilate dans un célèbre mandement de Mgr Pie. Ce dernier réplique en prononçant la dissolution de la Société de Saint-Vincent-de-Paul dénoncée comme une officine légitimiste, ce qui donne une occasion supplémentaire de se mobiliser et de dénoncer l'arbitraire gouvernemental.

Le réveil de la vie politique incite les légitimistes libéraux à reprendre le combat. Dès 1861 des réunions de concertation entre anciens élus se tiennent chez le comte Daru. Berryer et Falloux tentent en vain d'obtenir du comte de Chambord l'autorisation de se présenter aux prochaines élections en arguant des nécessités de la défense religieuse et du retour des orléanistes sur la scène politique. L'année suivante, une démarche semblable est tentée par les dirigeants lors d'une rencontre à Lucerne rassemblant 3 400 légitimistes venus exprimer leur fidélité. Berryer céda finalement aux instances des prédicateurs de Carême à Notre-Dame, les pères de Ravignan et Félix, et posa sa candidature à Marseille, tout comme son ami Falloux à Segré. Dans l'Ouest et dans le Midi

notamment, le clergé incita des légitimistes à tenter leur chance. Ils participèrent dans certains cas aux coalitions de l'Union libérale aux côtés des orléanistes et des républicains : l'élection de Berryer à Marseille en est le meilleur exemple, qui s'inscrit dans la tradition de l'alliance légitimo-républicaine apparue sous la Monarchie de Juillet. Ce fut malgré tout le seul succès légitimiste, l'administration usant avec succès de l'arme du bonapartisme populaire contre ceux qu'on accusait de vouloir restaurer l'Ancien Régime et les droits seigneuriaux. La défaite de Kerdrel à Fougères fut saluée par une manifestation populaire antilégitimiste [63, p. 206].

Le parti dispose toutefois, sinon d'un porte-parole officiel, du moins d'un talentueux avocat au Corps législatif. Pierre Berryer — ancien avocat de Napoléon III lorsque celui-ci fut poursuivi sous la Monarchie de Juillet après la lamentable tentative de Boulogne — défend aux côtés de Thiers les libertés nécessaires et le pouvoir temporel du pape (il arrachera à Rouher le célèbre « jamais ») [32, p. 458-459]. Sa disparition en 1868 laisse un grand vide dans le parti qui voit échouer aux élections de 1869 ses principales personnalités : Falloux une fois de plus en Vendée, de Vogüé dans le Cher, de Larcy dans l'Hérault, Barthélemy dans les Bouches-du-Rhône. L'heure n'est plus à l'Union libérale. L'insuccès parallèle des orléanistes n'est qu'une médiocre consolation car les légitimistes disposaient d'une clientèle électorale, à la différence de leurs rivaux, et ils se révèlent incapables de profiter du déclin de la candidature officielle. Tout autant que les consignes persistantes de Frohsdorf qui empêchent la mobilisation de l'électorat, le courant légitimiste apparaît victime de la multiplication des candidatures catholiques qui constituent des réseaux d'influence distincts et parviennent à triompher dans un certain nombre de circonscriptions. Ainsi, malgré les avis clairvoyants de certains chefs légitimistes, la direction imprimée par le comte de Chambord aboutissait à l'effacement progressif de la scène politique d'un parti que seule une catastrophe nationale pouvait replacer au centre de l'échiquier politique.

*L'opposition orléaniste : l'éclat de la pensée, l'impuissance électorale*

Le libéralisme orléaniste est le grand vaincu du 2 décembre. Le coup d'État était dirigé contre ses représentants à l'Assemblée et il donna naissance à un régime antiparlementaire. Rien n'illustre plus l'humiliation du Parti orléaniste que la confiscation des biens

de la famille d'Orléans qui provoque des démissions dans les rangs gouvernementaux parmi les ralliés. Le problème dynastique est en réalité secondaire par rapport à celui des institutions. Les notables du parti font le constat amer de l'adhésion du pays au nouveau cours. Rémusat sent un climat de réaction plus unanime qu'en 1815 [42, p. 171]. Les troupes se désagrègent, poursuivant un mouvement engagé, il est vrai, avant le 2 décembre. Le nouveau Corps législatif compte 17 orléanistes et 18 conservateurs de nuance politique moins tranchée parmi les députés officiels [17, p. 33]. L'état-major résiste et se retire de la vie politique. Ce désarroi explique, on l'a vu, la progression des partisans de la fusion avec le Parti légitimiste — ce que continuent de refuser les orléanistes qui n'accordent aucune confiance au comte de Chambord, tels Thiers et Rémusat.

La retraite est l'occasion d'un retour aux études et d'une réflexion sur l'histoire, qui est une forme de continuation de la politique. Albert de Broglie dénonce les pièges de la protection des princes dans son *Histoire de l'Église du IVe siècle*. Dans *L'Ancien Régime et la Révolution* paru en 1856 et qui connut un net succès de librairie, Tocqueville fait le procès de la centralisation administrative génératrice de révolution. Rémusat montre la supériorité des institutions britanniques sur celles de la France dans *L'Angleterre au XVIIIe siècle*, pays qui sut acclimater la liberté, et Rémusat de conclure à un nécessaire retour en France à la philosophie du XVIIIe siècle.

La droite orléaniste dispose, pour distiller ses idées, de relais importants dans la société cultivée. Le *Journal des Débats* réunit une pléiade remarquable de journalistes, d'écrivains et surtout d'universitaires sous la direction de Silvestre de Sacy (il se rallia dans les années suivantes) : Cuvillier Fleury, ancien précepteur du duc d'Aumale, Saint-Marc Girardin, Laboulaye, Taine, Renan, Littré, — cette équipe se vit rejoindre par le talentueux Prévost-Paradol en 1857. L'opposition du *Journal des Débats* demeure toutefois feutrée pour ne pas encourir la censure et elle se borne à la défense de l'Université et de la liberté des cultes. Le journal n'en est pas moins une puissance morale au début de l'Empire [24, p. 271-272].

Revue littéraire et non politique, la prestigieuse *Revue des Deux Mondes* incarne l'esprit de la Monarchie de Juillet. Elle tire à 10 000 exemplaires en 1858, 15 000 en 1868, ce qui constitue un record pour un hebdomadaire. Elle s'engage dans la défense des principes de 1789 contre le catholicisme ultramontain [42, p. 174].

L'orléanisme bénéficie du réveil des catholiques libéraux. Leur

chef, Montalembert, a vite pris ses distances avec le nouveau pouvoir, dès 1852. Il publie cette même année une brochure intitulée *Les intérêts catholiques au XIXᵉ siècle* où il démontre que la renaissance catholique en France et en Europe est le fruit de la liberté. L'ouvrage scelle sa réconciliation avec Lacordaire mais provoque sa rupture définitive avec Veuillot et *L'Univers*. C'est pour combattre l'influence de ce dernier sur le clergé que Montalembert entreprend de relever l'ancienne revue *Le Correspondant*. Il s'assure le concours de Mgr Dupanloup, de Lacordaire, de Foisset et celui, très précieux, du légitimiste Falloux. Le comité directeur mis en place en octobre 1855 compte, en outre, Albert de Broglie et Augustin Cochin. Le nouveau *Correspondant* bénéficie du concours d'illustres écrivains, universitaires et journalistes, tels Villemain, de Barante, Saint-Marc Girardin, Henri Wallon, de Laprade. Il sait aussi attirer de jeunes collaborateurs : le vicomte de Meaux, Beslay, Henri et C. Lacombe, Ernest Daudet. *Le Correspondant* soutient de longues polémiques avec *L'Univers*, mais défend aussi la cause de la liberté contre le pouvoir. L'article de Montalembert sur « l'Angleterre et l'Inde », paru le 25 octobre 1858, lui vaut une saisie par la police impériale et des poursuites judiciaires contre son auteur condamné à six mois de prison et 3000 francs d'amende pour avoir fait l'éloge de la liberté en Angleterre. La sévérité de la sanction montre que le gouvernement ne sous-estimait pas l'influence du *Correspondant*[34].

Les orléanistes, à la différence des légitimistes, sont demeurés à Paris, la vie de société leur étant indispensable. Ils y mènent une opposition de salon faite de bons mots, d'épigrammes, de traits saillants contre le régime qui affecte de dédaigner cette fronde spirituelle [1, p. 113]. Les salons les plus prestigieux sont ceux de la duchesse de Broglie, de Thiers — rue Saint-Georges —, de Guizot, de Mme Swetchine. Les orléanistes se protègent aussi du poison de l'oisiveté qui guette leurs rivaux légitimistes retirés dans leurs châteaux [41, p. 335].

Les élections à l'Académie française consacrent tout à la fois le prestige intellectuel des dirigeants du parti et la fronde d'une institution officielle qui y trouve un regain de notoriété. Si les légitimistes peuvent s'enorgueillir de l'élection de Berryer (1852) et de Falloux (1855), le Parti orléaniste et les libéraux collectionnent les succès : Montalembert (1852), Silvestre de Sacy (1854), Victor de Broglie (1855), Victor de Laprade (1858), Lacordaire (1860); Albert de Broglie (1862), Dufaure (1863), Prévost-Paradol (1865), Cuvillier-Fleury (1866), d'Haussonville (1869). L'Acadé-

mie est devenue un salon orléaniste et les discours de réception, bien que sérieusement contrôlés, laissent filtrer des allusions politiques et tiennent lieu d'éloquence parlementaire, faute de parlement où débattre réellement. Ainsi l'orléanisme apparaît-il comme un conglomérat formé autour de quelques salons, revues et journaux, cercles et académies où gravitent les mêmes notabilités [1, p. 114].

Les années 1860 sont cependant marquées par une nette évolution. Le réveil de la vie politique, consécutif au tournant de la politique intérieure, conduit le Parti orléaniste à orienter ses activités dans des perspectives plus immédiates. Les ouvrages théoriques portent davantage sur la doctrine orléaniste et visent à influencer l'opinion publique dans le court terme. La propagande s'intensifie. La reprise des joutes parlementaires remobilise le parti qui redescend dans l'arène politique.

La conjoncture de 1860 est en effet favorable. Le traité de commerce franco-anglais alarme l'ancienne clientèle protectionniste des orléanistes, tout comme les initiatives extérieures de l'Empire, et les atteintes portées au pouvoir temporel du pape en faveur duquel se mobilise l'équipe du *Correspondant*. « Si nous ne faisons rien, tout ce monde va passer aux Orléans », s'inquiète Morny (16, t. III, p. 38). Le comte d'Haussonville, responsable de la propagande, ne désespère pas de reconquérir la bourgeoisie à défaut des suffrages populaires. Dès 1858, afin de remplacer *Le Spectateur*, supprimé après l'attentat d'Orsini, le 14 janvier, il a fondé *Le Courrier du Dimanche*, hebdomadaire non politique auquel collaborent de jeunes orléanistes et républicains : Prévost-Paradol, Hervé, Weiss, Pelletan. Il envisage ensuite une campagne de pétitions au Sénat et de brochures dont la première est signée par Prévost-Paradol en 1860. Sous le titre *Les Anciens Partis*, ce « manifeste de l'Union libérale » [42, p. 185] tente de faire justice de l'accusation bonapartiste d'archaïsme et il connaît une notable diffusion. Il en est de même de la *Lettre sur l'histoire de France* du duc d'Aumale, écrite en réplique au discours jugé insultant du prince Napoléon lors de la discussion de l'adresse au Sénat en 1861. Violente diatribe contre les Bonaparte, elle a le temps de circuler avant la saisie. Par dépit, le gouvernement fait saisir des exemplaires lithographiés de l'ouvrage de Victor de Broglie, *Vues sur le gouvernement de la France*, qui ne sera publié qu'en 1870.

La propagande orléaniste se développe les années suivantes. Le duc d'Aumale publie anonymement dans *L'Étoile belge* une série de onze lettres appelées *Photographies politiques de Verax*, qui passent en

revue les différentes forces politiques et les solutions constitutionnelles possibles et concluent que la monarchie constitutionnelle
est la meilleure des républiques [42, p. 196]. Le duc d'Aumale
s'intéresse beaucoup à la presse et il est le bailleur de fonds de
divers journaux qu'il contrôle indirectement : *Le Journal de Paris*
devient en 1867, sous la direction de Hervé et de Weiss, un journal
orléaniste de combat. *Le Temps* subit les influences orléanistes, tout
comme *La Presse libre*, *Le Courrier de l'Eure* et plusieurs journaux
belges [41, p. 338]. Ces organes de presse n'entrent pas dans la
statistique de la presse départementale en 1867 faisant apparaître
8 journaux de province orléanistes et 10 autres feuilles libérales,
contre 24 se rangeant dans le camp légitimiste [24, p. 339].

L'intensité des luttes politiques conduit les chefs et les intellectuels à préciser leur pensée. L'idéologie libérale connaît un renouveau qui prélude à la Constitution de 1875 [42, p. 188]. Les
contributions se succèdent en ces années 1860 : *Politique libérale* de
Rémusat (1860), *Vues sur le gouvernement de la France* de Victor de
Broglie (1861), *Le Parti libéral* de Laboulaye (1864), *Mémoires de ma
vie* de Rémusat (5 volumes, 1858-1867), *Mémoires pour servir à
l'histoire de mon temps* de Guizot (8 volumes, 1858-1868), surtout *La
France nouvelle* de Prévost-Paradol (1868) qui fut la bible de l'orléanisme, enfin l'*Histoire du gouvernement parlementaire* de Duvergier de
Hauranne [10 volumes, 1857-1872]. Il se dégage de l'ensemble
une philosophie politique quelque peu rénovée : un certain indif-
férentisme en matière de régime malgré les préférences monarchiques de la majorité, l'essentiel étant la garantie des libertés
individuelles et sociales; l'acceptation du suffrage universel comme
fait irréversible mais que l'on veut dégagé des pressions du pouvoir
et pondéré par le bicamérisme; le ralliement — sauf chez Thiers —
à la décentralisation, sujet à la mode entre 1860 et 1865 et que l'on
considère comme un moyen de lutter à la fois contre l'arbitraire
administratif et les excès de la démocratie; une philosophie du juste
milieu étendue au plan religieux avec le double refus du cléricalisme ultramontain et du voltairianisme; une formation scolaire et
universitaire que l'on souhaite tolérante, apaisée et moderne [41,
p. 330-334; 42, p. 188-199]. L'approfondissement de la doctrine
orléaniste est réel malgré certaines insuffisances dans le domaine
social.

Mais la presse, la propagande et la réflexion ne serviraient guère
si elles ne nourrissaient ni ne relayaient le combat parlementaire.
Celui-ci reprend dès le décret du 24 novembre 1860 avec le réveil
de la vie politique qui s'ensuit. Les orléanistes ont leur place dans

une Chambre où le débat a retrouvé vie et il n'est pas question qu'ils laissent au groupe des républicains modérés le monopole de l'opposition libérale et parlementaire. La question du serment prêté à la constitution impériale ne les retient guère, Thiers ayant déclaré que la Constitution était de toute façon révisable (Dufaure, un des rares orléanistes à préconiser l'abstention, se rallia à la majorité). Le problème fondamental est celui de la stratégie. Les orléanistes sont conscients que la majorité des électeurs conservateurs est encore dans le camp bonapartiste. Il est donc illusoire de recréer le parti de l'Ordre et préférable de regrouper les opposants dans une Union libérale réunissant orléanistes, républicains modérés favorables à une république libérale et parlementaire et légitimistes. L'alliance suppose que l'on mette entre parenthèses la question du régime, ce qui est possible compte tenu de l'évolution de la pensée orléaniste sur ce point et de la conjoncture politique, le régime impérial étant solidement établi.

L'Union libérale se heurte cependant à plusieurs difficultés. Elle ne fait pas disparaître les divisions sur la question romaine et la place de la religion dans la société, divisions que le gouvernement ne manque pas d'exploiter. Elle subit par ailleurs la concurrence de candidatures indépendantes protectionnistes et cléricales soutenues par le clergé. Aussi les élections de 1863 sont-elles une déception pour le parti, victime de la candidature officielle et de l'arme du bonapartisme populaire. L'Union libérale n'a que dix élus [41], dont un seul orléaniste, Thiers, qui passe à Paris grâce aux républicains mais échoue à Aix et Valenciennes. L'Union profite donc avant tout aux républicains. Tous les chefs orléanistes sont battus : Rémusat en Haute-Garonne, Casimir Perier dans l'Isère, Montalembert dans le Doubs et les Côtes-du-Nord, Dufaure dans les Charentes et à Bordeaux, Prévost-Paradol en Dordogne et à Paris. Persigny, préoccupé en premier lieu par l'offensive orléaniste, n'avait pas tort de parler d'une grande victoire bonapartiste que les succès républicains à Paris ont occultée. Ludovic Halévy note dans son carnet : « il y a incompatibilité entre le suffrage universel et ces gens-là ». Avec le recul du temps, Albert de Broglie reconnaît dans ses Mémoires que les orléanistes avaient oublié le suffrage universel parce qu'il était domestiqué par l'Empereur et qu'ils raisonnaient dans le cadre du régime censitaire [41, p. 257]. On peut ajouter que le scrutin d'arrondissement, qui avait leurs préférences, les gêne plus que le scrutin de liste départemental conçu par les républicains, car il leur impose un contact direct avec les électeurs, auquel ils ne sont pas préparés alors qu'y excelle l'administration impériale.

Les orléanistes peuvent malgré tout se consoler avec le retour de Thiers au Corps législatif, car « le petit homme vaut bien une armée » [42, p. 186]. Sa parole est redoutée par les ministres et le discours sur « les libertés nécessaires » de 1864 a un grand retentissement. Les orléanistes peuvent aussi compter sur des alliés parmi le petit groupe des conservateurs indépendants élus en 1863. De l'extérieur, ils favorisent la décomposition de la majorité gouvernementale et l'avènement du Tiers parti auquel Thiers demeure cependant étranger malgré les calembours de l'époque.

Les élections de 1869 se présentent dans une conjoncture différente. Les orléanistes redoutent moins la pression administrative d'un régime affaibli. Ils sont en revanche plus isolés, les républicains ayant repris leur liberté d'action. Sous la pression de l'aile radicale, ils durcissent leur opposition et posent la question du régime. L'Union libérale se restreint donc à des candidatures monarchistes étendues à des personnalités indépendantes. Par ailleurs, l'étiquette libérale est de plus en plus empruntée par des candidats gouvernementaux.

L'insuccès des candidatures antidynastiques confirme l'impuissance électorale des orléanistes. Seul, encore une fois, Thiers échappe à la défaite en étant difficilement réélu à Paris. L'état-major est une fois de plus défait : Audiffret-Pasquier dans l'Orne, Cornélis de Witt, gendre de Guizot, dans le Calvados, Albert de Broglie dans l'Eure, Decazes en Gironde, Prévost-Paradol en Loire-Inférieure, Lambrecht dans le Nord, Casimir Perier en Isère, Charles de Rémusat en Haute-Garonne. Le prince Napoléon se réjouissait de voir les députés monarchistes antidynastiques réduits à quatre ou cinq [41, p. 431]. Gabriel de Broglie, reprenant d'autres estimations, estime à 45 l'effectif orléaniste du Corps législatif de 1869 [41, p. 342]. Mais il annexe les candidatures d'opposants dynastiques tels Buffet et Daru, d'esprit orléaniste. Ces derniers ont, il est vrai, nettement progressé depuis 1863. En fait, l'insuccès de l'opposition antidynastique est dû à la victoire du Tiers parti et de ses idées au sein de la majorité bonapartiste. Les principes orléanistes triomphent avec le sénatus-consulte du 8 septembre 1869 qui établit *de facto* un régime parlementaire consacré par la formation du gouvernement Ollivier.

L'Empire libéral fut, selon Rémusat, l'épreuve la plus pénible pour les orléanistes qui perdaient avec le monopole du libéralisme leur mot de ralliement, leur titre unique au pouvoir et peut-être leur âme [18, p. 364]. En l'absence d'une restauration monarchique des Orléans des plus hypothétiques, que devenait leur raison d'être? De fait, Guizot, Odilon Barrot, Prévost-Paradol se rallient

et fréquentent les réceptions ministérielles. D'anciens préfets orléanistes rentrent dans l'administration, comme Masson dans le Nord. Les orléanistes seraient-ils de nouveau au pouvoir ? L'initiative du plébiscite de 1870 prouve le contraire. Les défenseurs d'un parlementarisme orthodoxe récusent la responsabilité du chef de l'État devant la nation. Buffet et Daru quittent le ministère Ollivier. Thiers, Rémusat et Dufaure recommandent de voter non ou de s'abstenir mais ils ne sont pas suivis par les nouveaux ralliés. L'initiative impériale divise donc le parti et le met une fois de plus en porte-à-faux devant l'opinion publique. L'orléanisme n'a pu éliminer les dernières traces du bonapartisme originel [1, p. 120].

A la veille de la guerre de 1870, les droites légitimistes et orléanistes divisées, sans perspectives dynastiques, se trouvent confrontées à un bonapartisme revigoré par le suffrage populaire ; elles ne paraissent plus avoir d'avenir. Seul le désastre de 1870 les a replacées brutalement au premier rang. Jamais contraste ne fut plus brutal. L'histoire des droites sous le second Empire a cependant des prolongements au-delà de la défaite de Sedan : l'échec de la fusion entre les deux courants est confirmé en 1873, le ralliement des orléanistes à la République est avéré lors du vote des lois constitutionnelles de 1875.

Le bonapartisme fait exception. La catastrophe de 1870 n'a pas permis à l'expérience de l'Empire libéral de s'enraciner durablement : le balancier repart donc vers les champions de l'Empire autoritaire et les néo-légitimistes. La tendance conservatrice du bonapartisme, freinée par Napoléon III, mais cause de son déclin définitif sous la troisième République, était pourtant elle aussi inscrite dans les faits sous le second Empire.

BERNARD MÉNAGER

*Bibliographie*

*Ouvrages généraux.*

[1] RENÉ RÉMOND, *Les droites en France*, Paris, Aubier, 1982.
[2] RENÉ RÉMOND, *La vie politique en France*, Tome II : 1848-1879, Paris, Colin, 1969.

[3] FRANÇOIS CARON, *La France des patriotes*, Paris, Fayard, 1985.

[4] FRANÇOIS FURET, *La Révolution (1778-1880)*, Paris, Hachette, 1989.

[5] JEAN-JACQUES CHEVALLIER, *Histoire des institutions et des régimes politiques de la France de 1789 à nos jours*, Paris, 1981.

Plus précisément sur les idées politiques, des introductions générales :

[6] JEAN TOUCHARD, *Histoire des idées politiques*, t. II, Paris, PUF, 1959, et PASCAL ORY, *Nouvelle histoire des idées politiques*, Paris, Hachette, 1987.

Et, bien sûr, les désormais classiques :

[7] PAUL BÉNICHOU, *Le temps des prophètes. Doctrines de l'âge romantique*, Paris, Gallimard, 1977 et *Les mages romantiques*, Paris, Gallimard, 1988.

## Sur la deuxième République.

On peut toujours se référer à :

[8] PIERRE DE LA GORCE, *Histoire de la seconde République*, 2 vol., Paris, Plon-Nourrit, 1887 (point de vue des monarchistes sur les événements).

Mais les synthèses les plus récentes et les plus exhaustives sont celles de :

[9] PHILIPPE VIGIER, *La seconde République*, Paris, PUF, 1967.

[10] LOUIS GIRARD, *La seconde République*, Paris, Calmann Lévy, 1968.

[11] MAURICE AGULHON, *1848 ou l'apprentissage de la République*, Paris, Le Seuil, 1973.

[12] INÈS MURAT, *La deuxième République*, Paris, Fayard, 1987.

## Sur le second Empire.

Comme pour la seconde République, on citera l'ouvrage de :

[13] PIERRE DE LA GORCE, *Histoire du second Empire*, 7 vol. Paris, Plon, 1894-1904 (même optique que l'histoire de la seconde République).

On peut lire toujours avec intérêt la synthèse de :

[14] MAURICE BLANCHARD, *Le second Empire*, Paris, A. Colin, 1950 (nouvelle édition 1966).

L'historiographie du second Empire a été profondément renouvelée depuis une trentaine d'années. Les principales synthèses sont celles de :

[15] LOUIS GIRARD, *Problèmes politiques et constitutionnels du second Empire*, Paris, CDU, 1964 (s'arrête en 1857).

[16] LOUIS GIRARD, *Questions politiques et constitutionnelles du second Empire*, Paris, CDU, 1965 (de 1857 à 1870).

[17] THEODORE ZELDIN, *The political system of Napoleon III*. Londres, 1958.

[18] ADRIEN DANSETTE, *Du 2 décembre au 4 septembre*. Paris, Hachette, 1972.

[19] ALAIN PLESSIS, *De la fête impériale au mur des Fédérés (1852-1871)*, Paris, Le Seuil, 1973.

[20] LOUIS GIRARD, *Napoléon III*. Paris, Fayard, 1986.

On peut aussi consulter la mise au point de :

[21] ALICE GÉRARD, *Le second Empire. Innovation et réaction*. Paris, PUF, 1973.

## Ouvrages portant sur des événements ou des aspects plus particuliers de l'histoire politique.

[22] PAUL BASTID, *Doctrines et institutions politiques de la seconde République*, Paris, Hachette, 1945.

[23] GASTON GENIQUE, *L'élection de l'Assemblée législative. Essai d'une répartition géographique des partis en France*, Paris, 1921.

[24] CLAUDE BELLANGER, JACQUES GODECHOT, PIERRE GUIRAL et FRAN-ÇOIS TERROU, *Histoire générale de la presse en France*, t. II, Paris, PUF, 1969.

[25] R. BELLET, *Presse et journalisme sous le second Empire*, Paris, A. Colin, 1967.

[26] LOUIS GIRARD, dir., *Les élections de 1869*, Paris, Rivière, 1960.

[27] LOUIS GIRARD, ANTOINE PROST et RENÉ GOSSEZ, *Les conseillers généraux en 1870*, Paris, PUF, 1967.

[28] BERNARD LE CLERE et VINCENT WRIGHT, *Les préfets du second Empire*, Paris, A. Colin, 1973.

## La droite légitimiste.

Hormis les livres de :

[29] STÉPHANE RIALS, *Le légitimisme*, Paris, PUF, 1973.

[30] STÉPHANE RIALS, *Révolution et contre-révolution au XIX<sup>e</sup> siècle*. Paris, DUC/Albatros, 1987, il n'existe pas de synthèse sur la droite légitimiste sous la seconde République et le second Empire.

Il convient de se reporter aux Mémoires de :

[31] ALFRED DE FALLOUX, *Mémoires d'un royaliste*, Tomes II et III, Paris, 1925, et à la biographie de :

[32] ÉDOUARD LECANUET, *Berryer, sa vie et ses œuvres*, Paris, Bloud, 1893.

Sur le problème de la fusion :

[33] DESJOYAUX, *La fusion monarchique (1848-1873)*. Paris, 1913.

Une thèse d'histoire régionale a une portée générale :

[34] MICHEL DENIS, *Les royalistes de la Mayenne et le monde moderne (XIX<sup>e</sup>-XX<sup>e</sup> siècles)*, Paris, Klincksieck, 1977.

## La droite orléaniste et libérale.

La bibliographie est beaucoup plus riche. Citons tout d'abord les nombreux Mémoires :

[35] CHARLES DE RÉMUSAT, *Mémoires de ma vie*, t. IV et V, Paris, Plon, 1967.

[36] ALEXIS DE TOCQUEVILLE, *Souvenirs*, t. XII des *Œuvres complètes*, Paris, Gallimard, 1964.

[37] ODILON BARROT, *Mémoires posthumes*, t. II et IV, Paris, 1873.

[38] DOSNE (Mme), *Mémoires de Mme Dosne, l'égérie de M. Thiers*, t. II, Paris, 1928.

[39] ALBERT DE BROGLIE, *Mémoires*, 2 vol., Paris, 1938-1941.

[40] O. D'HAUSSONVILLE, « Mémoires », *Revue des Deux Mondes*, octobre-novembre 1923.

Sur l'orléanisme *stricto sensu* nous disposons d'une synthèse récente :

[41] GABRIEL DE BROGLIE, *L'orléanisme. La ressource libérale de la France*, Paris, Perrin, 1981.

Sur la droite libérale on retiendra :

[42] LOUIS GIRARD, *Les libéraux français (1814-1875)*, Paris, Aubier, 1985 (qui englobe la gauche libérale).

[43] ANDRÉ JARDIN, *Histoire du libéralisme politique de la crise de l'absolutisme à la Constitution de 1875*, Paris, Hachette, 1985.

Les biographies de chefs orléanistes sont également nombreuses :

[44] PIERRE GUIRAL, *Adolphe Thiers*, Paris, Fayard, 1986.

[45] PIERRE GUIRAL, *Prévost-Paradol, pensée et action d'un libéral sous le second Empire*, Paris, PUF, 1955.

[46] ANDRÉ JARDIN, *Alexis de Tocqueville : 1805-1859*. Paris, Hachette, 1984.

[47] CHARLES ALMÉRAS, *Odilon Barrot avocat et homme politique*, Paris, PUF, 1951.
Sur l'opposition orléaniste sous l'Empire :

[48] ROBERT REICHERT, « Antibonapartist elections in Académie française (1852-1870) » *Journal of Modern History*, mars 1963.

[49] LOUIS GIRARD, « Les photographies politiques de Verax, un manifeste de l'Union libérale (1865) », *Revue Historique*, avril-juin 1963.

## Parti catholique et droite catholique.

Il existe une série d'ouvrages généraux classiques :

[50] ADRIEN DANSETTE, *Histoire religieuse de la France contemporaine*, Paris, Flammarion, 1948.

[51] ANDRÉ LATREILLE, JEAN-RÉMY PALANQUE, ÉTIENNE DELARUELLE, RENÉ RÉMOND, *Histoire du catholicisme en France*, t. III, Paris, Spes, 1962.
Mais l'histoire religieuse a été renouvelée par :

[52] GÉRARD CHOLVY, YVES-MARIE HILAIRE, *Histoire religieuse de la France contemporaine*, t. I, 1800-1880, Toulouse, Privat, 1985.
Sur des points plus particuliers :

[53] MARCEL PRÉLOT et FRANÇOISE GALLOUEDEC-GENUYS, *Le libéralisme catholique*, Paris, A. Colin, 1969.

[54] PIERRE PIERRARD, *1848, les pauvres, l'Évangile et la Révolution*, Paris, Desclee, 1977.

[55] ÉDOUARD LECANUET, *Montalembert*, Paris, Poussielgie, 2 vol., 1898-1900.

[56] BENOIT-LEROUX, *Louis Veuillot, un homme, un combat*, Paris, 1984.

[57] CHARLES DE MONTALEMBERT, *Catholicisme et liberté. Correspondance inédite avec le Lacordaire, Mgr de Merode et A. de Falloux (1852-1870)*, Paris, éd. du Cerf, 1970.

[58] JEAN MAURAIN, *La politique ecclésiastique du second Empire de 1852 à 1869*, Paris, Alcan, 1930 (concerne aussi bien l'attitude des catholiques que celle des légitimistes).

## La droite bonapartiste.

Les sources de la tradition bonapartiste ont été étudiées par :

[59] FRÉDÉRIC BLUCHE, *Aux origines de la droite autoritaire (1800-1850)*, Paris, Nouvelles Éditions Latines, 1980.
L'analyse du bonapartisme est ultérieurement poursuivie dans :

[60] FRÉDÉRIC BLUCHE, *Le bonapartisme*, Paris, PUF, 1981.
Le problème de l'orientation politique du bonapartisme a été débattu lors du colloque franco-allemand d'Augsbourg publié sous le titre :

[61] *Le bonapartisme, phénomène historique et mythe politique*, Munich, 1977.
Une excellente synthèse sur le bonapartisme se trouve dans :

[62] THEODORE ZELDIN, *Histoire des passions françaises*, t. IV : *Colère et politique* (p. 169-243). Paris, Le Seuil, 1981 (on peut trouver une analyse plus rapide des partis monarchistes, p. 45-63).
Sur l'ambivalence du bonapartisme :

[63] BERNARD MÉNAGER, *Les Napoléon du peuple*, Paris, Aubier, 1988. (L'ouvrage est consacré au bonapartisme populaire, mais traite indirectement du bonapartisme de droite en analysant les facteurs de freinage.)
Pour le bonapartisme sous la seconde République :

[64] ADRIEN DANSETTE, *Louis Napoléon à la conquête du pouvoir*, Paris, Hachette, 1961.

[65] ANDRÉ-JEAN TUDESQ, *L'élection présidentielle de Louis Napoléon Bonaparte*, Paris, A. Colin, 1965.

Les biographies de personnalités bonapartistes de droite sont nombreuses :

[66] ROBERT SCHNERB, *Rouher et le second Empire*, Paris, A. Colin, 1969.

[67] JEAN MAURAIN, *Un bourgeois français au XIX^e siècle : Baroche ministre de Napoléon III*, Paris, Alcan, 1936.

[68] GERDA GROTHE, *Le duc de Morny*, Paris, Fayard, 1968.

[69] J. DURIEUX, *Le ministre Pierre Magne, d'après ses lettres et ses souvenirs*, Paris, H. Champion, 1929.

La lecture de quelques ouvrages de souvenirs est aussi enrichissante, notamment :

[70] GRANIER DE CASSAGNAC, *Souvenirs du second Empire*, 3 vol., Paris, 1979-1982.

[71] E. C. DE MAUPAS, *Mémoires sur le second Empire*, Paris, 1884.

Sur l'évolution libérale de l'Empire et l'orléano-bonapartisme :

[72] ÉMILE OLLIVIER, *L'Empire libéral*, 14 volumes, Paris, Garnier, 1895-1913.

[73] ÉMILE OLLIVIER, *Journal (1844-1869)*, Paris, Julliard, 1961.

[74] THEODORE ZELDIN, *Émile Ollivier and the liberal Empire of Napoleon III*. Oxford, Clarendon Press, 1963.

[75] A. TROISIER DE DIAZ, *Regards sur Émile Ollivier*, Paris, publ. de la Sorbonne, 1985.

## *Le parti de l'Ordre et les forces sociales conservatrices.*

L'ouvrage fondamental est celui de :

[76] ANDRÉ-JEAN TUDESQ, *Les grands notables en France (1840-1849). Étude historique d'une psychologie sociale*, t. II, Paris, PUF, 1964.

Sur une période plus large :

[77] ADELINE DAUMARD, *Les bourgeois et la bourgeoisie en France depuis 1815*, Paris, Aubier, 1987.

## *Études régionales.*

De nombreuses thèses d'histoire régionale éclairent la connaissance des forces politiques sur la seconde République et le second Empire :

[78] ANDRÉ ARMENGAUD, *Les populations de l'Est aquitain au début de l'époque contemporaine. Recherches sur une région moins développée (1845-1875)*. Paris, Mouton, 1961.

[79] MAURICE AGULHON, *La République au village. Les populations du Var de la Révolution à la seconde République*, Paris, Plon, 1970.

[80] LOUIS CHEVALIER, *Les fondements économiques et sociaux de l'histoire politique de la région parisienne (1848-1870)*, thèse dactylographiée.

[81] HENRY CONTAMINE, *Metz et la Moselle de 1814 à 1870*, Nancy, Soc. d'impression typographique, 1932.

[82] ALAIN CORBIN, *Archaïsme et modernité en Limousin (1845-1880)*, Paris, Rivière, 1975.

[83] GEORGES DUPEUX, *Aspects de l'histoire politique et sociale du Loir-et-Cher (1815-1914)*, Paris, Mouton, 1962.

[84] PIERRE LÉVÊQUE, *Une société en crise. La Bourgogne au milieu du XIX^e siècle*, Paris, éd. de l'EHESS, 1983.

[85] BERNARD MÉNAGER, *La vie politique dans le département du Nord sous le second Empire et les débuts de la troisième République*, 3 vol., Dunkerque, éd. des Beffrois, 1983.

[86] PHILIPPE VIGIER, *La seconde République dans la région alpine. Étude politique et sociale*, 2 vol., Paris, PUF, 1963.

[87] VINCENT WRIGHT, *The Basses-Pyrénées, 1848-1870 : a study in departmental politics*, Londres, dact., 1965.

CHAPITRE III

# 1871-1898
## Les droites en République

> *Formez vos bataillons, vous dirai-je avec la*
> *chanson des Jacobins...*
> *Voulez-vous continuer à parler sans agir ? Dans*
> *cinquante ans, il n'y aura plus en Europe que des*
> *présidents de la République, et pas un roi. Et avec*
> *ces trois lettres R, O, I, s'en vont les prêtres et les*
> *gentilshommes. Je ne vois plus que des candidats*
> *faisant la cour à des majorités crottées.*
>
> Le Rouge et le Noir, *chapitre XXII.*

Au lendemain de la défaite militaire et politique la plus humi-
liante subie par la France au XIXᵉ siècle, parce qu'elle était suivie
d'une amputation territoriale quasi charnelle lui laissant un territoire national plus étroit qu'à la fin de l'Ancien Régime, parce que
aucun automatisme institutionnel dans un pays riche de trois
monarchies constitutionnelles, deux régimes impériaux et deux
républiques n'avait joué pour incarner l'État souverain face aux
vainqueurs (à la différence de la Restauration en 1814 et 1815),
quatre cents députés monarchistes, flanqués d'une trentaine de
bonapartistes, se retrouvèrent le 12 février 1871, ébahis et sérieux,
au Grand Théâtre de Bordeaux, construit par Victor Louis à la fin
du XVIIIᵉ siècle.

« Majorité de ruraux, honte de la France », devait s'écrier
Adolphe Crémieux, ancien membre du Gouvernement provisoire et
député de Nîmes. L'apostrophe, destinée à devenir scolaire, ferait
naître ultérieurement en République des vocations d'épingleurs. Le
propos était trop général pour être vrai, trop cinglant pour ne pas
être l'effet de l'amertume. Mais il revenait à répondre par le dédain
politique à une question pertinente. L'Assemblée nationale, élue le

8 février 1871, en vertu de la loi du 15 mars 1849, au suffrage universel de liste, était-elle le reflet des aspirations politiques réelles d'électeurs traumatisés par la défaite? En effet, que valaient des élections ordonnées par la convention d'armistice du 28 janvier, organisées sans aucune campagne contradictoire, quarante-trois départements étant occupés, de nombreux réfugiés n'ayant pu regagner leur domicile? Que valaient des élections faites pour pacifier un pays qui, malgré la défaite impériale et la proclamation de la République et d'un gouvernement de la Défense nationale, le 4 septembre 1870 à l'Hôtel-de-Ville de Paris, bénéficiait d'une existence suspendue au bon vouloir d'un vainqueur acharné, tablant sur la division de son adversaire dominé? Que valaient des élections conduisant à établir comme arbitres du futur régime politique de la France des mandataires dont la majorité ressemblait à s'y méprendre à celle de l'Assemblée réactionnaire de 1849, expression d'une France rurale inquiète chassant le péril rouge, de la province contre Paris, de l'Ordre contre le Progrès?

Certes, les enjeux n'étaient plus les mêmes : rouge était en 1871 la dignité nationale; du côté de l'Ordre se situait la transaction nationale. Mais la dignité n'avait pas d'autorité (Bismarck l'avait savamment refusée à tous les interlocuteurs du Gouvernement de la Défense nationale) et la transaction jouissait de l'influence de notables circonspects et calculateurs.

Les voici donc rassemblés dans un théâtre à l'italienne, chef-d'œuvre de la composition entre le voir et le paraître dans deux décors complémentaires : la salle; la scène. Dans la salle où ils siègent, les députés de droite se sont naturellement placés à la droite du bureau établi sur la scène et les députés de gauche à sa gauche. Mais les voisinages étaient déterminés par le lieu autant que par les affinités et le fond de la salle rassemblait, dans une position rappelant la Montagne sous la Convention, représentants de droite et de gauche. Beaucoup d'élus étaient absolument dénués d'expérience en matière de vie parlementaire et observaient avec un mélange d'admiration et d'agacement les gloires du savoir-faire sur les tréteaux du suffrage universel, plus éloquentes à gauche qu'à droite où la rhétorique parlementaire avait des odeurs de champ de foire.

Cette majorité de droite était une addition de tempéraments, d'héritages, de références qui était le facteur d'une idée commune : la paix. Elle était l'effet d'un itinéraire dramatique du 19 juillet 1870 au 28 janvier 1871, de la déclaration de la guerre à la signature de l'armistice, où l'union nationale contre la Prusse, dès

lors que la République était proclamée, fut cassée en deux sur la question suivante : rétablir l'ordre pour donner à la France des institutions légales capables de négocier aux moindres frais avec Bismarck ; organiser la Défense nationale, résistance à la défaite fracassante de Sedan, et opposer un front jacobin au raz de marée allemand. On ne dira jamais assez, dans le débat sans fin qui oppose patriotisme et nationalisme, en termes sémantiques et généalogiques, qu'en 1870 le patriotisme n'était ni de gauche ni de droite. Mais, à gauche, il était vécu d'après le mythe de la levée en masse dont la République était la charte galvanisatrice ; à droite, il était l'effet d'un conglomérat, réflexe de défense, soulevant des bonapartistes déshonorés, des libéraux, tel Thiers, repris par leurs convictions de l'excellence du modèle politique français, des traditionalistes convaincus que la monarchie équivalait à un rétablissement de parité avec les autres cours européennes, indépendamment du système social qu'elle impliquait.

Les trois familles de droite définies par René Rémond — légitimistes ; orléanistes ; bonapartistes [32] — avaient également en commun, dans l'expression de ce patriotisme, de défendre, aussi transmué soit-il, l'héritage de régimes qui, tous défaits, par le peuple ou par les armes, appartenaient à l'Histoire et pouvaient constituer une référence institutionnelle.

Si le patriotisme des bonapartistes se situait à mi-chemin entre la nostalgie et l'affirmation d'un modèle impérial anhistorique, en revanche, légitimistes et orléanistes, massivement représentés, ne s'accordaient pas sur le sens du mot monarchie. La monarchie en 1871 désignait à la fois un système politique analysé depuis Platon — le pouvoir d'une seule personne, *stricto sensu* — et une somme d'expériences françaises qui avaient conféré à l'archétype un style original. De la monarchie absolue, descellée en 1789, décapitée en 1793, à la monarchie selon la Charte ramenée en 1830 vers la monarchie parlementaire, elle-même écartée en 1848 par l'insurrection en faveur d'une République démocratique et sociale, il n'existait pour les uns que l'histoire d'un déclin à surmonter et pour les autres celle d'un progrès à valoriser. Les sensibilités n'étaient pas affaire de système politique mais de qualifications des intermédiaires pour faire fonctionner celui-ci. Entre 1814 et 1871, on était passé de l'ultracisme marqué au populisme suffragant, de la légitimité traditionnelle à la légitimité *a populo*, de la caution établie à l'inspiration régulée, et les sujets de la monarchie étaient devenus, dans tous les cas de figure, des citoyens-électeurs.

Chaque droite avait sa référence monarchique et son profil

d'électeur. Par une bizarrerie qui relève de la transfiguration de l'échec en espoir, il était convenu que les royalistes étaient les légitimistes, fidèles au comte de Chambord, parce qu'ils postulaient deux choses : l'aînesse dynastique par rapport aux Orléans et surtout une monarchie populaire à propos de laquelle Henri V parla peu et ne fut jamais cru. Cette allégeance au comte de Chambord rassemblait des partisans oscillant de la dévotion au cynisme, partagés entre le darwinisme politique et l'aristotélisme social, que seule une image — celle d'un exilé s'exprimant envers et contre tout en dehors des moments opportuns — pouvait mobiliser. L'exil volontaire et digne du comte de Chambord, qui mourut le 24 août 1883, permit, en France, à un esprit monarchique abstrait de fermenter avant Maurras selon le principe du Dieu lointain, opérant la transformation du sentiment en idéologie, ce que n'avait jamais été la monarchie par définition dynastique, donc personnelle.

Royalistes, en revanche, les députés orléanistes n'étaient pas supposés l'être, parés d'une étiquette derrière laquelle étaient massés, outre les partisans de la dynastie, « la famille libérale » et ses multiples avatars : quelques régicides bon teint, intellectuels s'entend, pour qui la royauté n'était pas une religion mais la perruque politique d'un individualisme à rayon variable, selon que l'ordre garantissait le progrès ou que le progrès pouvait changer la nature de l'ordre ; des défenseurs d'un État de droit plus explicite dans le domaine économique que dans le domaine social ; des nostalgiques du « Moment Guizot » (1840-1848), c'est-à-dire d'un équilibre glacé entre le mouvement inéluctable et la prudence nécessaire, dans une conviction royaliste — en faveur des Orléans — qui n'importait nullement, en revanche, à quelqu'un comme Adolphe Thiers.

Le label monarchiste constituait donc le plus grand dénominateur commun entre les droites, accepté qu'il était même par des bonapartistes sans illusion sur une restauration impériale, ou par des conservateurs écartelés entre la crainte envers une République radicale et celle d'un retour de l'ultracisme. Le flottement dans les relations exactes entre les termes « royalistes » et « monarchistes » tenait à l'incertitude des temps.

Il faudrait les élections de février et mars 1876, c'est-à-dire le triomphe des républicains, pour que les élus monarchistes se retrouvent, même au théâtre de Versailles, parce que moins nombreux, mieux rassemblés à la droite du président de la Chambre. Mais jusque-là ils devaient rester majoritaires, largement, en dépit

d'insuccès croissants aux élections partielles appelées par les décès ou les démissions.

Ces élus monarchistes se sentaient-ils davantage de droite quand ils siégèrent vraiment à droite? Rien n'est moins sûr. Ils étaient avant tout antirépublicains en vertu d'une synthèse politique dans laquelle l'esprit de 1849 s'alliait à une relecture de la Révolution à la lumière de l'histoire de la France monarchique et impériale jusqu'en 1870. Minoritaires jusqu'aux élections de 1876, les républicains scellaient l'unité apparente des monarchistes en les stigmatisant comme réactionnaires, donc déterminés par un passéisme qui ôtait toute légitimité à un conservatisme même libéral. Disséminés entre les monarchistes et les républicains, les bonapartistes, incarnant à la fois un principe d'autorité et la garantie des principes révolutionnaires, et auxquels faisait désormais cruellement défaut la carte de la gloire nationale, avaient vocation à troubler le jeu et ne devaient pas s'en priver : sorciers du suffrage universel, démocrates autoritaires, plaideurs des libertés contrôlées, ils cassaient en deux l'affrontement gauches-droites, qu'eussent souhaité les gauches et que ne voulaient pas les monarchistes, persuadés que le temps, la vaillance et leurs rois... Toutefois, à partir des élections du 8 février 1871, monarchistes et bonapartistes rêvèrent en commun : la légitimité en pointillé du régime politique dont la France se doterait pour maintenir son existence historique au sein de la nouvelle Europe viendrait des élus, d'une majorité plaçant en équation légitimité institutionnelle et légitimité parlementaire, et non pas du droit ou de l'habileté des princes. Techniciens du coup d'État (les bonapartistes), captateurs du désordre au nom de la juste capacité des classes dirigeantes (les orléanistes), fervents de la stabilité politique par la référence à la branche aînée de la Couronne (les légitimistes), tous se retrouvèrent sur un dénominateur commun : être les artisans mandatés par le suffrage universel d'une restauration en faveur de leur prétendant. Chaque famille antirépublicaine avait le sien, qui ne ressemblait pas à l'autre. Les bonapartistes, le prince héritier Eugène Louis, fils unique de Napoléon III et d'Eugénie de Montijo, qui mourut témérairement en juin 1879 dans les rangs de l'armée britannique au Zoulouland, puis son oncle, le prince Napoléon-Jérôme, lequel vit ses droits disputés très rapidement par son fils aîné, le prince Victor, jusqu'à sa mort en 1891 ; les orléanistes, le comte de Paris, alias Philippe VII, petit-fils de Louis-Philippe I<sup>er</sup> ; les légitimistes, le comte de Chambord, fils posthume du duc de Berry, alias Henri V. Les prétendants n'étaient pas des fantoches, mais n'étaient pas des

aigles. Ils avaient vécu loin des affaires, soit qu'ils fussent en exil (le comte de Chambord depuis 1830, à l'âge de sept ans), soit qu'ils appartinssent à la dynastie sans avoir exercé la moindre responsabilité (le prince Napoléon Jérôme), soit qu'ils eussent choisi les paisibles bonheurs privés (le comte de Paris). Leurs représentants à l'Assemblée ne leur demandaient que d'acquiescer, tout en leur faisant valoir par émissaires interposés de plus ou moins bonne foi (phénomène propre à la cour) qu'ils favorisaient ou valorisaient leurs idées. Les prétendants parlaient, se contredisaient, se taisaient. Les années 1871-1890 furent pour les droites dynastiques celles des paroles heureuses ou malheureuses venant des prétendants rarement en harmonie ou souvent en rupture de ton, émanant d'élus tantôt congratulés tantôt remis dans le rang. Exilés de l'intérieur (jusqu'à la loi d'expulsion des Princes en 1886) ou vrais exilés (le comte de Chambord) jouant sur un cabinet fantôme qui alimentait leur cauchemar (le comte de Chambord) ou leurs rêves, sûrs de leurs droits, ils dépendaient d'une assemblée où la discussion de ces droits se fit sous les yeux vigilants d'une minorité détestée : les républicains, qui, avec le mot honni de République, ratissaient large.

Les monarchistes et les bonapartistes (ceux-ci de façon moindre après la disparition du prince Eugène Louis) purent penser selon leurs tempéraments que leur force était confortée par la faiblesse de leurs adversaires, lesquels, précisément, n'avaient pas de prétendant puisque leurs aspirations politiques passaient par une assemblée organiquement souveraine. Grâce à la longanimité d'une Assemblée très tôt prise au piège de ses pouvoirs constitutionnels, l'idée d'une monarchie nouvelle cheminant, jamais les droites ne furent paradoxalement plus en paix avec les gauches que de 1871 à 1875. Les élections de 1876 et la victoire des républicains constituèrent un coup de tonnerre. Les droites entrèrent alors dans la zone des tempêtes.

## I. LE FANTÔME DE L'OPÉRA : LA MONARCHIE (1871-1885)

Les années 1871-1885 furent celles au cours desquelles s'exprima, *de jure*, une droite monarchiste à trois têtes, mais au sein

de laquelle se manifestèrent, en tuiles, des courants qui, ultérieurement, se détachèrent les uns des autres et se reclassèrent pour
s'organiser en partis. Elles constituent donc un critère des degrés et
des modes d'appartenance à la droite, qui expliquent, bien au-delà
de 1885, les crises et reclassements de ces familles politiques
jusqu'à la Grande Guerre.

## *Légitimistes, orléanistes, bonapartistes*

Avec la révolution de 1830 et la Monarchie de Juillet, les
partisans des Bourbons firent une assez bonne affaire sémantique :
l'ultracisme belliqueux des débuts du règne de Louis XVIII et des
deux dernières années de celui de Charles X fut noyé dans l'appellation généalogique de légitimisme, par distinction à l'égard des
orléanistes et pour évoquer un rassemblement, au demeurant
factice, des détrônés de 1830. Le retour en force des fidèles de la
branche aînée à l'Assemblée de février 1871 constitua une « divine
surprise » pour les élus : confondus dans le groupe des 41 représentants royalistes au sein du Corps législatif en 1869, ils étaient
presque 200, séparés des 200 élus orléanistes par leur référence au
petit-fils de Charles X. Nombre de légitimistes étaient des néophytes. Certains, tel Joseph de La Bouillerie, député de la Sarthe,
seraient appelés à faire carrière au gouvernement[1]. Il y eut, en
1871, un phénomène d'entrée en politique sous les couleurs de la
résurrection nationale par dévouement à une personnalité qui n'est
pas sans rappeler les élections de 1958. Les légitimistes offraient
une cohérence extérieure que l'examen attentif de leur comportement ne confirme pas. Ils se répartirent en deux groupes : les
chevau-légers ; les légitimistes modérés, ceux-là se définissant par
rapport à ceux-ci. Mais le nombre exact de chevau-légers et de
modérés n'est pas sûr[2]. D'une certaine façon, que les premiers aient
été plus ou moins de 80 peut apparaître de peu d'importance. Mais,
en fait, entre les chevau-légers extrémistes (10), un noyau central
votant en bon ordre (45) et une aile modérée (25) se mouvant avec
l'aile droite des légitimistes modérés, l'examen des nuances, qui
furent fortes, démontre que le légitimisme issu du suffrage universel
fut handicapé par l'expression de tempéraments dont aucune
personnalité ne parvint à réussir l'alchimie unitaire. La raison en
est simple. Contrairement à l'image d'Épinal véhiculée par nombre
d'historiens [13, 14, par exemple], les légitimistes n'étaient pas
tous des « hobereaux campagnards, gentilshommes,... vieillards

qui depuis 1830 n'avaient pas quitté leur château ». Et la noblesse absolue des chevau-légers est un cliché : quarante-huit d'entre eux étaient indiscutablement nobles (dont quarante-cinq appartenant à la noblesse d'Ancien Régime et trois à celle de la Restauration) ; neuf relevaient de la noblesse pontificale ou inachevée ou douteuse. Si les deux tiers possédaient un patrimoine foncier et vivaient de la rente foncière, ils n'étaient pas pour autant des bénéficiaires passifs d'un statut d'Ancien Régime prolongé dans le XIX$^e$ siècle. Certains étaient membres de la Société d'agriculture de leur département (et deux d'entre eux — Diesbach et Saint-Victor — fondèrent la Société des agriculteurs de France). Enfin, dans le tiers restant, une forte minorité, appartenant à la bourgeoisie et n'ayant pas choisi de faire carrière dans le Barreau, était tournée vers le commerce, l'industrie ou les techniques. 14 chevau-légers en 1871 exerçaient ou avaient exercé la profession d'avocat, preuve que l'appartenance au barreau ne déterminait pas nécessairement une option orléaniste, voire républicaine.

En revanche, l'âge jouait un rôle fondamental dans la répartition des chevau-légers. L'abdication de Charles X en juillet 1830 n'avait brisé la carrière que de 7 d'entre eux, dont 5 seulement faisaient partie des intransigeants. La moyenne d'âge de l'Assemblée était de 53 ans, en foi de quoi elle était plus marquée par le souvenir de 1848 et du second Empire que par celui des Trois Glorieuses. Celle des chevau-légers s'établissait à 52 ans (28 avaient moins de 10 ans en 1830, 40 moins de 14 ans et 13 n'étaient pas nés). On ne peut donc pas dire que les légitimistes « étaient complètement étrangers à la réalité profonde du pays ». Et 8 chevau-légers seulement avaient appartenu précédemment à des Assemblées[3].

Il n'est pas possible, dans l'état actuel des connaissances, de procéder à une radiographie du même type pour les légitimistes modérés, majoritaires numériquement au sein de la famille, et divisés à l'instar des chevau-légers entre une aile droite et un groupe plus souple. Ces légitimistes modérés furent contraints par les chevau-légers à accepter la radicalisation de l'activité parlementaire sur des sujets de tri politique ou de détermination constitutionnelle. Ils furent écartelés, au fil des années, entre le soutien au bélier constitué par les droites dans l'affirmation de l'ordre moral monarchique (chute de Thiers le 24 mai 1873), le soutien à l'ordre moral présidé par un orléaniste grand teint (le duc de Broglie) et les tentatives de rétablissement de la monarchie (15 juin 1874 ; 15 décembre 1875).

La faiblesse intrinsèque des légitimistes tint à leur absence de leaders. Ni le duc de La Rochefoucauld-Bisaccia, ni François Dahirel, ni le général Changarnier ne s'imposaient à une représentation parlementaire considérée d'un œil jaloux par le comte de Chambord. Au-dessus des élus qui avaient sa confiance, celui-ci avait ses lieutenants : le marquis de Dreux-Brézé, le duc de Blacas, le comte de Monti de Rezé, animant des comités royalistes sur lesquels les responsables veillaient jalousement, refusant tout lien entre la représentation parlementaire et les trésors dont ils avaient le dépôt : France légitimiste plus légitime que des élus légitimistes. Un homme comme Albert de Mun, élu du Morbihan, non sans difficultés, en 1876, devait l'apprendre à ses dépens, lui qui avait toutes les qualités d'un dirigeant royaliste et que les chefs de l'armée des ombres du comte de Chambord entravèrent constamment dans sa position montante et son action éclairée [46].

L'Assemblée de 1871 constituait pour le comte de Chambord la version contemporaine de la première Assemblée législative et le petit-fils de Charles X devait passer son temps, de 1873 jusqu'à sa mort en août 1883, à appliquer le veto, en écolier consciencieux de son grand-oncle Louis XVI et en vertu d'arrière-pensées dont deux sont claires : régner sans transaction ; gouverner dans la dignité de ses droits pour arbitrer selon sa conception de la « modernité ».

Les orléanistes, aussi puissants en nombre que les légitimistes, bénéficiaient de deux avantages : des chefs ; une famille royale ramifiée dont le chef de maison était relativement indifférent aux questions dont ils débattaient. Ils devaient tenir le devant de la scène politique de 1871 à 1874, de Thiers à Broglie, et contribuer à établir la République en imposant le conservatisme de la pacification. Leur sociologie parlementaire reste à faire. On connaît Thiers [4, 11], qui avait recommandé à Louis-Philippe d'abdiquer en février 1848 avant de prendre en charge l'hypothèse d'un ministère de la dernière chance. Le duc de Broglie, petit-fils de Germaine de Staël, relevait, avec une hauteur personnelle que sa prestance intellectuelle conférait à sa taille modeste, la tradition libérale de sa double ascendance. Guillotiné en 1794, son grand-père Charles Louis avait recommandé à son épouse au moment de sa condamnation de ne pas inculquer à ses quatre enfants la haine de la Révolution qu'il considérait « comme une crise inévitable et salutaire ». Son père, Victor, avait été le chef du parti doctrinaire, qui ne s'accommodait pas des vues personnelles de Louis-Philippe dont il fut ministre dans la décennie ouvertement libérale du règne. Successeur du père Lacordaire à l'Académie française en 1863 à la

suite de la publication d'une *Histoire de l'Église chrétienne et de l'Empire romain au IVᵉ siècle*, traducteur de Leibniz, excellent connaisseur de l'Europe issue du Congrès de Vienne dans laquelle il avait voyagé comme diplomate (à Madrid et à Rome), expérimentant les relations entre l'Église et l'État, libéral, catholique, synthétique, Albert de Broglie, entré en politique dans l'Eure (le duché de Broglie) en 1869, ne se voulait, en 1870, ni de février 1848 ni de 1815. Aux élections du 8 février 1871, il fut élu dans l'Eure quatrième sur une liste de huit candidats. Thiers, avec qui il entretenait les connivences sensibles de notables orléanistes, sentit l'adversaire de l'appartenance dynastique et le nomma aussitôt ambassadeur à Londres où Albert de Broglie — duc par la mort de son père depuis 1870 — excella en assumant régulièrement ses fonctions de député. Entre Thiers et Broglie en 1871, le suffrage universel avait accusé des différences que l'esprit orléaniste, jusqu'alors, avait estompé dans le mêlé-fondu du libéralisme. Le premier avait été l'élu de vingt-six départements, dont la Seine, qui l'avait placé en vingtième position sur la liste républicaine, et pour laquelle il opta. Le second n'était que l'élu démocratique de son fief. Le premier avait donc été relativement plébiscité, le second relativement désigné. Le premier était un orléaniste revenu de l'orléanisme. Le second un orléaniste par état. Le premier ne croyait plus à la monarchie dynastique et redoutait l'ultracisme demeuré au cœur des légitimistes. Le second redoutait les républicains, leur forme de référence au peuple et ne croyait pas aux Bourbons. Le premier croyait à la dialyse du bonapartisme et du suffrage universel, non sans ambiguïté (car il y eut une griserie plébiscitaire chez Thiers). Le second voyait dans le bonapartisme défait le lit ouvert d'une République jacobine.

Au sein des élus orléanistes, deux groupes, à l'instar des élus légitimistes, se formèrent : un centre droit, un centre gauche. Albert de Broglie s'installa au centre droit et Adolphe Thiers au centre gauche. Tout est là. Le duc de Broglie était appelé à voisiner avec l'aile modérée des légitimistes. Thiers n'était séparé des républicains que par les bonapartistes, situés à la droite des républicains et à la gauche des monarchistes.

Moins de trente, élus sur des listes de droite par la loi du système, les bonapartistes constituaient un monadnock. Leur territoire historique (la Corse), leur autorité personnelle, leur position de ratisseur des voix conservatrices dans certains départements leur avaient consenti cette position de survie. Ils n'avaient aucun chef, aucune voix, et leur réalité historique ne s'exprimait qu'au travers

d'un vestige dynastique incarné par le comte Joachim Murat, député du Lot, petit-neveu du roi de Naples, diplomate, membre du Corps législatif de 1854 à 1870. Mais ils existaient et devaient exister de plus en plus, comme en témoigneraient les élections partielles. Eugène Rouher, élu de la Corse en février 1872, devait, après la mort de Napoléon III, l'année suivante, conférer de l'autorité à leur organisation.

## *1871-1875 : fidélités dynastiques et infidélités stratégiques*

Alors que les républicains (union républicaine; gauche républicaine) et l'extrême droite (chevau-légers) restaient monolithiques dans leurs positions de tuteurs de l'arbre de vie (République; Monarchie), on constate de 1871 à 1875 une multiplication des lieux de métissage politique, du centre gauche à la droite légitimiste. Le centre gauche dès juillet 1871 naquit, dans les rangs de l'aile droite des républicains conservateurs, antibonapartistes et antimonarchistes, des menées d'un groupe organisé par le comte Rampon, ancien officier, élu député de l'Ardèche en février 1871. Rampon fut placé à la présidence d'un centre gauche aléatoire que lui disputait en influence Ernest Feray à son aile droite, élu de la Seine-et-Oise, petit-fils d'Oberkampf, homme d'industries (filatures, fonderie, papeterie), qui mettait au service de ses idées conservatrices l'immense influence dont il bénéficiait à Essonne. Rampon était un orléaniste d'opposition depuis 1839; Feray un industriel libéral, qui appartenait à la Réunion libre-échangiste regroupant les députés partisans de la liberté commerciale et où se retrouvaient des députés du centre gauche, du centre droit (Feray), des légitimistes et des chevau-légers comme Joseph de Carayon-Latour. Le programme du groupe Feray (du nom de son fondateur) consistait à favoriser la « reconstitution du pays par des institutions libérales et sous la forme républicaine actuelle, la constitution définitive à donner à la France étant réservée ». Ernest Feray incarnait parfaitement un républicanisme de droite qui observait les orléanistes avec intérêt et les républicains avec autorité, ceux-ci étant à ses yeux des révolutionnaires et ceux-là des déshérités. Il appelait République l'État représentant un libéralisme conservateur, appuyant l'industrie et le haut commerce contre la populace. Favorable à Thiers l'un et l'autre, le comte Rampon et Ernest Feray suivirent le même parcours : pour la paix; pour l'abrogation des lois d'exil; contre la démission d'Adolphe Thiers; contre le minis-

tère Broglie. Le comte Rampon vota pour les lois constitutionnelles ; Ernest Feray s'abstint. L'officier favorable au parti du
Mouvement sous la Monarchie de Juillet et loyal serviteur dans
l'armée pendant le second Empire auquel il refusa de se rallier,
l'industriel libre-échangiste et influent dans son fief, avaient vocation à définir un régime conservateur et le sentaient ainsi. L'étude
de leur rôle tout au long de l'Assemblée de 1871 vaudrait la peine.

Ce centre gauche et le centre droit né en avril 1871 se retrouvèrent à partir de janvier 1873 au sein du groupe des républicains conservateurs présidé par Auguste Casimir-Perier, petit-fils
de Claude Perier qui avait offert aux États du Dauphiné en 1788 de
tenir leurs séances au château de Vizille dont il était le propriétaire.
Cet héritier qui avait choisi la carrière diplomatique bénéficiait
d'une autorité historique confortée par des convictions établies
qu'il avait manifestées sous la Monarchie de Juillet. Député de
Paris en 1846, représentant de l'Aube en 1849, incarcéré temporairement après le coup d'État du 2 décembre pour avoir dit son
fait au prince-président, opposant combattu par le second Empire,
notable dans son territoire (membre du Conseil général de l'Aube
de 1845 à 1851 et derechef, non sans difficultés, à partir de 1861),
il était membre de l'Académie des sciences morales et politiques
(membre libre) depuis 1867. Passionné d'économie et des questions financières, Auguste Casimir-Perier, élu dans l'Aube, les
Bouches-du-Rhône et l'Isère en février 1871, opta, naturellement,
pour le département de l'Aube, prit place au centre droit
(avril 1871) et fut désigné comme rapporteur du budget exceptionnel de 1871. Il reçut très tôt la confiance de Thiers, qui avait besoin
d'experts, et dont la résistance à la restauration monarchique sous
couleur d'orléanisme d'expérience convenait à son conservatisme
libéral. C'est dans ces conditions qu'il fonda en janvier 1873 la
Réunion de la République conservatrice dite aussi des républicains
conservateurs. Il s'agit d'une dissidence à titre personnel vers le
centre gauche que la chute de Thiers le 24 mai 1873 et la formation
du gouvernement du duc de Broglie structurèrent.

A partir de cette date, les réunions de tempéraments brisant les
étiquettes se multiplièrent : l'ordre moral jeta la confusion. Et le
temps passant, les fidélités se lassant, elles devaient favoriser le vote
des lois constitutionnelles en 1875.

Il ne faut pas oublier, en effet, que du 17 février 1871 (désignation, sur proposition de Jules Grévy, d'Adolphe Thiers comme chef
du pouvoir exécutif de la République française exerçant ses fonctions « sous l'autorité de l'Assemblée nationale » et en attendant

« qu'il soit statué sur les institutions de la France ») au 27 février 1874 (dernier manifeste du comte de Chambord), les droites furent, plus qu'à toute autre époque, agitées d'un mouvement contradictoire, visant dans le même temps à unir les royalistes et à faire respecter la volonté du comte de Chambord tout en conduisant celui-ci à s'adapter à une monarchie nationale, donc tricolore.

Le fil chronologique est tendu : le samedi 1ᵉʳ juillet 1871, le comte de Chambord incognito entrait en France, sous le pseudonyme de M. de Mercœur, au bureau de douane de Tourcoing. Une semaine décisive s'ouvrait : 114 élections complémentaires devaient avoir lieu le 2 juillet dans 47 départements. Le comte de Chambord se déroba, à ses partisans, à la Chambre, à la France. Il erra dans Paris en fiacre, et il pleura devant le spectacle des Tuileries calcinées où il avait passé son enfance. Il refusa de rencontrer le comte de Paris. Il gagna Blois et Chambord. Dès le 3 juillet, on commença de savoir que les élections marquaient un retournement complet de l'opinion : les royalistes avaient 12 élus, en majorité orléanistes, les bonapartistes 3 et les républicains 99. 300 républicains s'opposaient dorénavant à 420 royalistes. Gambetta, démissionnaire à la suite de la ratification des conditions d'armistice, était brillamment réélu dans trois départements : les Bouches-du-Rhône, le Var et la Seine. Le 5 juillet, le prétendant, après avoir été adjuré en vain par les plus fidèles de rencontrer le comte de Paris, qui s'y fût prêté, et de ne pas soulever la question du drapeau, rédigeait une note, depuis Chambord, qu'il confiait à *L'Union*, journal monarchiste et catholique, lequel la publiait le 7 juillet tandis que son auteur, satisfait, gagnait Bruges. La conclusion du long manifeste est célèbre : « Français, Henri V ne peut abandonner le drapeau blanc de Henri IV. » Ce manifeste engendra le groupe des chevau-légers, c'est-à-dire le légitimisme d'obstruction dans le légitimisme de synthèse qui cherchait à favoriser la fusion, donc la continuité, pour la restauration d'une monarchie conservatrice. Par un paradoxe qui allait s'avérer décisif, selon l'expression du vicomte de Meaux, « c'était l'ancienne France (Maillé ; La Rochefoucauld ; Gontaut-Biron) qui avait adjuré son chef de ne pas tourner le dos à la France nouvelle » [7], tandis que le prétendant confiait le soin de défendre son honneur à un « quarteron » réactionnaire : Lucien Brun (60 ans, avocat lyonnais qui avait fait carrière par l'aristocratie), Joseph de Carayon-Latour (47 ans, de noblesse récente, fils d'un bonapartiste, exploitant agricole), Charles de La Rochette (67 ans, de vieille famille légitimiste), Édouard Cazenove de Pradine (43 ans, auteur de la propo-

sition du 13 mai 1871 ayant pour objet « de demander des prières publiques dans toute la France pour supplier Dieu d'apaiser [les] discordes civiles et de mettre un terme aux maux qui [...] affligeaient [la France] »). L'ancienne France, en moyenne d'âge, valait cette France contre-révolutionnaire. Mais, ainsi que l'indiquait le manifeste du 7 juillet, le comte de Chambord se préoccupait des « classes laborieuses ». Et pour ce faire, il plaçait sa confiance à la Chambre non pas dans les représentants de l'aristocratie qu'il voyait comme les parlements d'Ancien Régime mais dans une petite noblesse terrienne ou une bourgeoisie traditionaliste capable de faire vivre une restauration bourbonienne populaire. Mgr Dupanloup, évêque d'Orléans, qui avait enseigné le catéchisme au duc de Bordeaux et avait été son premier confesseur, parla d'une « cécité morale » après le manifeste du 7 juillet. Myopie politique plutôt. Le milieu politique sur lequel comptait le comte de Chambord, les couches actives qui eussent été ses couches nouvelles, étaient exactement celles qu'Albert de Mun, lequel détestait l'aristocratie, et La Tour du Pin, sorte de Condorcet de la contre-révolution, entendirent embrigader dans l'Œuvre des cercles catholiques d'ouvriers, fondés le 24 septembre 1871, pour lever une armée de Dieu rétablissant une monarchie chrétienne. Le rapprochement entre le prétendant et leur société contre-révolutionnaire ne s'opéra jamais pour une raison simple : le comte de Chambord ne mesurait pas le rôle d'une opinion publique. La fidélité au drapeau blanc relevait d'une exigence de palimpseste historique de la part des Français.

Le 5 novembre 1871, le comte de Falloux, légitimiste modéré, représentait que le comte de Chambord n'était que « l'usufruitier de son principe », qu'il appartenait à la Chambre d'en prendre acte, de considérer qu'il s'effaçait devant son héritier (le comte de Paris) et d'établir la monarchie[4]. Les orléanistes acquiescèrent. Le duc de Broglie mit une condition à l'ouverture d'un débat : qu'une centaine de députés légitimistes se déclarassent disposés à appuyer cette analyse qui, toutefois, avait l'inconvénient pour les orléanistes de rouvrir au comte de Chambord le chemin du trône s'il acceptait le drapeau tricolore. Le 25 janvier 1872, le prétendant lançait un second manifeste dans lequel il disait solennellement qu'il n'abdiquerait jamais. Sollicité, il commença de mettre en œuvre un comportement d'attention aux diverses ambassades qui le pressaient et de mutisme devant leurs représentations. Le programme commun que 300 élus monarchistes avaient promis de signer ne reçut que 159 signatures après un glacial entretien entre des

délégués des droites (Edmond Ernoul et Numa Baragnon, favorables à la fusion et peu cléricaux) et le prétendant, le 18 février, à Anvers. Les orléanistes tenaient les légitimistes modérés. Les chevau-légers admonestaient les modérés. Le même mois, Rouher, à l'occasion d'une élection partielle, était élu en Corse. Napoléon III qui devait mourir un an plus tard déclarait depuis Chislehurst dans le Kent : « Je crois que je suis la solution. » Les élections partielles ne lui donnaient pas totalement tort en apparence : rarement monarchistes, souvent républicaines, elles étaient bonapartistes plus qu'à leur tour, deux ans après Sedan [9]. La mort de Napoléon III le 9 janvier 1873, laissant un héritier âgé de dix-sept ans, relançait le projet de fusion. Le 21 janvier 1873, les princes d'Orléans accomplissaient un acte symbolique en assistant, à la Chapelle expiatoire, au service célébré pour l'anniversaire de l'exécution de Louis XVI. Le temps passait. Le prestige de Thiers grandissait : le 15 mars 1873, il annonçait que le traité d'évacuation du territoire par anticipation venait d'être signé à Berlin par l'ambassadeur Gontaut-Biron (Thiers avait, en effet, peuplé les représentations diplomatiques de ses adversaires de droite les plus talentueux, au service de son destin). La question du régime devenait brûlante. Le 27 avril 1873, à l'occasion d'une élection partielle à Paris, l'instituteur Barodet, maire de Lyon pendant la Commune, candidat républicain, l'emportait sur l'académicien Charles de Rémusat, ministre des Affaires étrangères en exercice et soutenu par Thiers qui voulait la gloire. Le colonel Stoffel, candidat de l'extrême droite, recueillait 26 644 voix, soit à peine 15 % des voix données à Barodet. Le 11 mai de nouvelles élections partielles confirmaient le succès croissant de la République selon Thiers. Celui-ci fit son choix. L'électorat était favorable à la République. Il ferait la République. Il élimina le 18 mai Jules Simon (Instruction publique) du ministère, plus républicain que conservateur à l'époque, remplaça Goulard, homme des droites, ministre de l'Intérieur, par un républicain porphyrogénète, Auguste Casimir-Perier, et appela à l'Instruction publique William Waddington, proche de Gambetta, et Bérenger, membre de la réunion Feray. Ce fut la première concentration républicaine. Les orléanistes sollicitèrent alors le duc d'Aumale pour succéder à Thiers. Celui-ci accepta, disposé qu'il était à ignorer la préséance du comte de Paris, son neveu. Les légitimistes se cabrèrent. Le nom du général Changarnier fut évoqué : il avait 80 ans. Ainsi sortit de l'oubli le maréchal de Mac-Mahon, dont les services bonapartistes étaient désormais à gauche d'un légitimisme garanti par sa femme Élisabeth de Cas-

tries et de magnifiques alliances dans l'aristocratie qui le faisaient parent, entre autres, du duc Albert de Broglie.

Le cabinet Broglie issu du 24 mai 1893 (chute de Thiers remplacé par Mac-Mahon après qu'eut été votée l'interpellation du duc de Broglie sur la nécessité « de faire prévaloir dans le gouvernement une politique résolument conservatrice ») fermait en réalité la porte à la restauration des Bourbons : entre le premier suicide politique du comte de Chambord le 7 juillet 1871 et la seconde résurrection de Gambetta préparée par Thiers avec le remaniement ministériel à tonalité républicaine du 18 mai, la disparition de Napoléon III aidant, il appelait à une monarchie constitutionnelle orléaniste. Or, jamais les chances de la monarchie ne furent aussi faibles. L'entrevue cherchée entre le comte de Chambord et le comte de Paris eut lieu à Frohsdorf le 5 août 1873. Destinée à être secrète, elle fut ebruitée. Émouvante, elle fut un acte de vassalisation. Elle ne régla rien. Il manquait, de toute façon, comme le remarqua le duc de Broglie, « un programme politique commun aux deux branches de la maison de Bourbon, comme aux deux branches du Parti monarchique... ».

Il existait, en effet, une grande différence entre les deux branches du soi-disant Parti monarchique. Aucun légitimiste, si modéré fût-il, n'avait d'ambition politique personnelle. Aucun non plus ne pouvait envisager de passer aux Orléans sans une consigne formelle du comte de Chambord ou sans qu'il abdiquât. La seule parole positive du petit-fils de Charles X était celle du 25 janvier 1872 : « Je n'abdiquerai jamais. » Tous les légitimistes détestaient Thiers. Au contraire, les orléanistes non seulement disposaient de chefs ambitieux et de talent (le duc de Broglie, le duc d'Audiffret-Pasquier, le duc Decazes, qui étaient, à l'image de la monarchie selon leur cœur, une garantie dynastique déléguant à un exécutif la mise en œuvre d'une constitution libérale) et de prétendants divers (le comte de Paris ou le duc d'Aumale, voire le prince de Joinville), mais encore nombre d'entre eux étaient fascinés par Thiers, à commencer par le duc de Broglie qui voyait bien l'audace politique de ce notable cynique. Des tentatives de réunion des deux maisons monarchiques furent envisagées selon les combinaisons multiples, mais on restait dans le récitatif soutenu par deux airs alternés de clavecin : le drapeau serait-il blanc jusqu'à la restauration bourbonienne, serait-il tricolore après ? Ou tricolore dès l'abord ? L'imagination de certains partisans du comte de Chambord fut inépuisable, notamment celle de Charles Chesnelong[5], membre d'une commission issue de la fusion, dite Commission des neuf[6] : Chesne-

long crut, au terme d'un entretien avec le comte de Chambord à Frohsdorf le 14 octobre 1873, que la Restauration était possible, jusqu'à ce que, treize jours plus tard, le petit-fils de Charles X déclarât publiquement déplorer les « malentendus » et exiger « conditions » et « garanties ».

Pendant ce temps, l'Assemblée légiférait. Les monarchistes multiplièrent les textes. Les bonapartistes se résignaient en dénonçant la perspective d'une restauration. Le centre gauche proposait une République conservatrice. Gambetta faisait savamment patienter les républicains. On s'orientait vers la prorogation des pouvoirs du président de la République, pour dix, puis pour sept ans, après avoir envisagé une lieutenance générale en faveur du duc d'Aumale qu'une majorité d'orléanistes, instruits par le comte de Paris, repoussa loyalement. La fin est célèbre : le comte de Chambord revint en France le 11 novembre 1873, rouvrit ses plaies d'exilé par une deuxième visite à Paris, gagna Versailles, chercha en vain à s'aboucher avec le maréchal de Mac-Mahon (Boulanger, déjà!), se fourvoya, apprit le vote du septennat le 20 novembre et le soir même regagna Paris où il prit le train pour Vienne. Le 27 juin 1874, après d'ultimes combinaisons menées notamment par le duc de La Rochefoulcauld-Bisaccia mais brisées par les orléanistes pour transformer le septennat en lieutenance générale du royaume en faveur du maréchal de Mac-Mahon et rétablir la monarchie, le comte de Chambord publiait le manifeste de l'abandon : « Je veux trouver dans les représentants de la nation les auxiliaires vigilants pour l'examen des questions soumises à leur contrôle; mais je ne veux pas de ces luttes stériles de parlement d'où le souverain sort trop souvent impuissant et affaibli. » De toutes les subtilités de l'échiquier parlementaire, le comte de Chambord ne perçut que de sinistres marivaudages avec le suffrage universel en représentant d'une tradition qui croyait à l'amour d'un peuple demandant à être désabusé. Il ne situait pas le légitimisme à droite, parce qu'il pensait être au-dessus des tempéraments. « Je comptais », dit-il le 27 juin 1874, « sur l'intelligence proverbiale de notre race et sur la clarté de notre langue ». Et de parler de monarchie chrétienne et française. Précisément.

*Restauration religieuse et conservatisme social*

On ne sait pas grand-chose de la spiritualité du comte de Chambord, mis à part une mort pieuse à Frohsdorf le 24 août

1883, édifiante pour la cour qui l'entourait, conforme à l'image d'un prétendant très chrétien. Son linceul fut découpé en reliques distribuées à ses plus fidèles partisans. Le petit-fils de Charles X rejoignit plutôt ses lointains ancêtres capétiens que ses aïeux bourbons, quoiqu'il ne se fût pour ainsi dire jamais référé à Saint Louis. De lui, Charles Maurras écrira, non sans quelque raison, qu'il fut « prêtre et pape de la royauté plutôt que roi ». La restauration d'une monarchie chrétienne relevait dans le langage du comte de Chambord de la tautologie. Le prétendant n'indiqua jamais le plan où s'inscrivait la référence à l'Église catholique dans son projet politique. Le 27 juin 1874, il déclara : « ... La monarchie chrétienne et française est par son essence une monarchie tempérée [...]. Cette monarchie tempérée comporte l'existence de deux chambres dont l'une est nommée par le Souverain dans des catégories déterminées [lisez : catégories sociales], et l'autre par la nation selon le mode de suffrage réglé par la loi. » Donc une Chambre haute, telle la Chambre des pairs, et une Chambre basse dont rien n'assurait qu'elle serait issue du suffrage universel dont procédait, *volens nolens*, mais au bénéfice des droites, l'Assemblée de 1871. Fidèle à la tradition monarchique, le comte de Chambord était vraisemblablement gallican. Mais son confesseur et homme de confiance était un jésuite, le père Bole. La monarchie chrétienne et française du comte de Chambord se situait à la croisée de chemins dont l'un, le gallicanisme, était banalisé et l'autre, l'ultramontanisme, relevait d'une dévotion — la spiritualité ignacienne — traditionnelle chez ses ancêtres qui se confessaient aux jésuites, soit l'ordre le plus fidèle au pape, afin de tempérer leur gallicanisme, équilibrant ainsi l'alliance politique du trône et de l'autel.

Le comte de Chambord ignorait tout de la nouvelle position du catholicisme dans la France des années 1870. Sur ce chapitre, sa ligne de conduite fut l'inverse de celle qu'il adopta vis-à-vis des élus légitimistes. Il essaya de soulever en sa faveur les couches politiques d'un légitimisme populaire. Il ne fit rien pour utiliser celles d'un catholicisme social et intransigeant. La plus active des œuvres — L'Œuvre des cercles catholiques d'ouvriers — ne connut jamais sa faveur. Non plus que les œuvres de patronage, les pèlerinages, les multiples formes de dévotion populaire, travaillant à une rechristianisation de la France, appelant à une monarchie qui fût l'alchimie du péché et de la grâce politique. Paradoxalement, il s'en remit plusieurs fois à Pie IX pour un soutien actif, par un sentiment de connivence entre l'exilé qu'il était et le prisonnier qu'était le pape au Vatican depuis l'unification de l'Italie en 1870. C'était établir

avec le *Syllabus* antimoderniste des liens de références qui ne pouvaient servir ni sa cause ni celle du pape, sauf à faire de lui l'artisan d'une guerre franco-italienne, le rapprochant ainsi du Louis-Napoléon Bonaparte de 1849 qui avait fait écraser la Rome républicaine par un corps expéditionnaire français et rétablir le pape dans ses possessions. Or, un fossé séparait le conservatisme social des années 1849-1851 et la défense religieuse issue de la défaite et de la Commune. Il ne s'agissait plus de conservatisme, mais de contre-révolution. Dans la contre-révolution, le comte de Chambord voyait bien qu'il ne s'agissait pas « de privilèges, d'absolutisme et d'intolérance [...], de dîme, de droits féodaux... » (manifeste du 7 juillet 1871), mais ne voyait pas qu'il s'agissait dorénavant de société chrétienne revitalisée contre l'individualisme, par la corporation, l'enseignement des droits de l'Église, la définition pratique des devoirs envers elle, la dénonciation des erreurs du capitalisme et du socialisme, bref d'une société dont le pape et le roi seraient les inspirateurs populaires. Le catholicisme intransigeant entendait se manifester par l'expiation et la rédemption. Le comte de Chambord soutenait la tradition. L'Œuvre du Vœu national entreprit la construction du Sacré-Cœur, « comme une démarche nouvelle qui [devait] permettre à chaque Français et à la France comme telle de redécouvrir leur vocation chrétienne en reconnaissant leurs péchés (surtout publics et sociaux) et en manifestant leur confiance en Dieu ». La construction de la basilique de Montmartre, votée le 24 juillet 1873, ne fut pas seulement, comme on l'a dit souvent, l'effet d'une volonté d'expiation de la Commune. Ce fut le choix d'un site appelé à une œuvre « patriotique et chrétienne », réconciliant, après quatre-vingt-quatre ans d'histoire, les orléanistes et les légitimistes, les jésuites de Paris, réputés libéraux, et ceux du Midi, dits intransigeants, les dominicains et les assomptionnistes, bref, fondant une synthèse entre le gallicanisme et l'ultramontanisme. La dévotion au Cœur du Christ se voulait esprit d'unanimité dans le salut de l'homme par le fondateur de l'Église[7]. L'Œuvre des cercles catholiques d'ouvriers d'Albert de Mun relevait du même principe : christianiser la France pour restaurer consécutivement la monarchie selon Henri V.

Contre la discontinuité établie par la Révolution et la division qui en résultait — l'individualisme, fils du libéralisme —, le catholicisme intransigeant et ultramontain voulait revitaliser une sociologie chrétienne de la relation, établissant des procédures nouvelles de cohésion : dévotion au Christ; cercles ; corporations. Il cherchait, à travers l'enseignement du *Syllabus*, observé et inter-

prêté, un dogmatisme de la relation sociale, afin de fonder un ordre social chrétien, selon l'expression de René de La Tour du Pin, qui mît fin à la condition, fort bien perçue par ces catholiques au lendemain de la Commune, des classes laborieuses, en l'occurrence de la classe ouvrière. Le comte de Chambord n'était pas insensible à la question ouvrière. Mais la solution, à ses yeux, résidait dans un paternalisme monarchique que, précisément, des personnalités actives comme les fondateurs de L'Œuvre des cercles refusaient. Aux multiples formes de sociabilité (pour reprendre l'expression de Maurice Agulhon) que constituaient les sociétés de pensée (clubs; loges maçonniques), véhiculant par capillarité les Lumières et l'esprit de la Révolution, ils prétendaient opposer un système de correspondance, calqué sur l'organisation de l'état-major, entre classes dirigeantes et classes laborieuses, dans une piété commune manifestée par des dévotions spécifiques (Sacré-Cœur; culte de Saint-Joseph), toutes christologiques. Le catholicisme intransigeant mêlait un ultramontanisme quasi fidéiste en la papauté, la figure du pape-martyr et celle du Christ souffrant coïncidant, et un sens aigu de la spécificité sociale française sous l'espèce d'un gallicanisme sociologique. Coupée de la majorité de l'épiscopat — excepté quelques grandes figures comme Mgr Pie, évêque de Poitiers —, l'Œuvre des cercles se heurtait à une forte hostilité dans les rangs mêmes des légitimistes. Le catholicisme intransigeant, surtout, opposait sa vision sociale à la bourgeoisie d'affaires ou aux petits entrepreneurs qui constituaient la clientèle naturelle de l'orléanisme. Au conservatisme social de l'orléanisme qui postulait que l'affirmation des libertés réelles favorisait le bonheur de tous, il opposait les perspectives d'une restauration chrétienne, replaçant les libertés dans la lumière de l'Évangile, cherchant à conjuguer charité et justice, hiérarchie sociale et solidarité, vie privée et vie publique.

Le légitimisme intransigeant demeura à l'écart de semblables initiatives qui eussent pu avoir un effet de masses relatif. Jugées étranges, hardies, dangereuses par les représentants légitimistes, dont la plupart ignoraient tout de la réalité ouvrière en détenteurs de la rente foncière qu'ils étaient majoritairement, elles affolaient en revanche les orléanistes qui y voyaient un socialisme baroque. Le comte de Chambord non plus que son entourage n'avaient jamais lu ni les travaux sur la Société chrétienne de Frédéric Le Play ni Émile Keller. Le prétendant, par indifférence, laissa donc se diffuser et se métamorphoser ultérieurement en démocratie chrétienne un catholicisme actif qui posait à la droite monarchiste — légitimiste et orléaniste — les vrais problèmes du temps.

*1875 : le pire est une perspective d'avenir*

Le maréchal de Mac-Mahon, bénéficiant du septennat qui le plaçait à la tête de la République jusqu'en 1880, pouvait trouver satisfaction dans une position d'arbitrage qui le rendait moins suspect que Thiers, puisque son mandat était limité. Le duc de Broglie voyait clairement, après sa chute, le 16 mai 1874, manigancée par une coalition des radicaux et des légitimistes intransigeants, qu'il ne serait jamais le Thiers de centre droit et qu'il fallait entrer dans l'ordre des lois constitutionnelles mitigées. Le duc d'Audiffret-Pasquier et le duc Decazes étaient résolus à chercher une issue qui l'éliminât définitivement. Les légitimistes étaient muets, à l'instar de leur prince. Les princes d'Orléans vaquaient à leurs occupations de collectionneurs, chasseurs et voyageurs. Aucun changement de décor n'était prévu.

Trois personnes fondèrent la République : Thiers, qui lui donna le lustre de son patriotisme non dynastique ; le comte de Chambord qui opposa la tradition à l'histoire nationale ; le maréchal de Mac-Mahon, enfin. En juillet 1874, celui-ci se persuada que « l'élévation du comte de Chambord » n'était plus possible. Le cabinet du général de Cissey avait remplacé celui du duc de Broglie le 22 mai. C'était un bon choix : patriote, sévère, favorable à Thiers, antirépublicain, dépourvu d'éloquence, discipliné, il affronta avec fierté les interpellations de la droite légitimiste et les propositions des gauches. Il fut le censeur des indignations monarchistes et l'obstacle aux prétentions à la République, de Gambetta à Casimir-Perier. Surtout, il permit à Mac-Mahon de forger à la République une armée légitimiste ou bonapartiste et les conséquences sur l'histoire politique de la France en furent considérables. Le général de Cissey, homme de stricte obéissance, mit l'armée dans le rang.

Le 6 janvier 1875, le maréchal de Mac-Mahon demanda par message à l'Assemblée de voter l'organisation des pouvoirs publics. L'Assemblée fut stupéfaite de cette médiocrité dans l'approche d'une question qui la divisait depuis quatre ans. Elle n'y prit pas garde, ni à gauche ni à droite. Elle revint à la charge idéologiquement : le 28 janvier, Laboulaye présenta une proposition en faveur de la République. Elle fut repoussée. Le même jour, Henri Wallon, député du Nord, membre du centre droit, âgé de 63 ans, ancien membre de l'Assemblée de 1849, agrégé d'histoire, suppléant de

Guizot à la Sorbonne en 1846, spécialiste de l'histoire de l'esclavage, membre de l'Académie des inscriptions et belles-lettres, partisan farouche du suffrage universel sur la restriction duquel il avait démissionné lors du vote de la loi du 31 mai 1850, adversaire de Thiers le 24 mai 1873, membre d'un groupe mixte centre gauche-centre droit — le groupe Target — qui se voulait une synthèse orléano-démocratique, catholique pieux, enfin, mais non doctrinaire, déposa un amendement ainsi libellé : « Le président de la République est élu par le Sénat et par la Chambre des députés réunis en Assemblée nationale. Il est nommé pour sept ans. Il est rééligible. » Le rapporteur de la loi, Louis de Ventavon, chevauléger, partisan d'un septennat repoussant à 1880 la question du rétablissement de la monarchie (proposition dite du « Ventavonat »), renvoya l'amendement Wallon en commission. Le vote fut reporté au 30 janvier, et acquis à une voix de majorité (353 voix contre 352). Il mérite plusieurs commentaires épars dans l'historiographie. Ce vote, malgré une protestation d'erreur et un imbroglio dans le cas de Bernard d'Harcourt, ne fut jamais contesté. L'Assemblée, *volens nolens*, se rangeait au principe fondamental du Contrat social : la minorité doit se convertir aux vues de la majorité, fût-ce à une voix près. Nombre de députés n'en comprirent pas l'importance : l'amendement Wallon semblait réitérer un état de fait et constituer des pouvoirs publics sans consacrer la République. Les républicains avaient bien vu que l'amendement établissait deux chambres. Mais ils en passèrent par là pour établir la République. Les droites, majoritairement, crurent qu'il ne s'agissait que d'une étape supplémentaire où une Chambre haute régulerait la Chambre basse vers la restauration monarchique. L'expression « président de la République » pouvait désigner autant de Mac-Mahon jusqu'à ce que le prétendant s'impose. L'amendement fixait son mode de désignation. Le septennat de 1873 indiquait donc un terme à cinq ans. On verrait en 1880, si ce n'était auparavant. Les orléanistes pouvaient spéculer sur la longévité du comte de Chambord. Les légitimistes sur un assouplissement graduel des positions de celui-ci. Les princes d'Orléans étaient les héritiers. Les bonapartistes détenaient un prétendant qui mûrissait. La majorité qui fit passer l'amendement Wallon fut composée de la gauche, qui se fit violence, du centre gauche, fidèle à la ligne de Thiers relayé par Casimir-Perier, et d'une douzaine d'orléanistes du centre droit. L'amendement Wallon engendra une discipline républicaine, mère des divers fronts républicains, à laquelle aucune discipline des droites ne put désormais répondre.

La raison en est simple : il appelait des individus à la tête de l'État. Les républicains de l'extrême gauche et du centre gauche en avaient, de Léon Gambetta, qui mourut prématurément, à Auguste Casimir-Perier en passant par Jules Ferry, Jules Grévy. Les droites n'en avaient pas, on l'a relevé. Quant à la sainte terreur majoritaire, dont les droites auraient été saisies en constatant que l'amendement Wallon avait été voté à une voix comme la mort de Louis XVI (361 voix contre 360), elle relève tout au plus de l'histoire des mentalités.

Le vote de l'amendement Wallon fut un coup de dés à la suite duquel des députés qui se fréquentaient depuis près de quatre ans décidèrent de se séparer pour agir autrement. L'aboutissement à marches forcées des lois constitutionnelles des 24-25 février et du 16 juillet 1875 organisant le Sénat, les pouvoirs publics et leurs rapports réciproques suivi par la désignation des sénateurs inamovibles en décembre fut le résultat de ce divorce dont le suffrage universel serait l'arbitre. Les pouvoirs du président de la République sortirent renforcés de ces deux lois. Et Mac-Mahon porta le coup de grâce aux droites : au lieu d'user d'une prérogative qui semblait naturelle en vertu de l'histoire de la Chambre des Pairs, il décida que les sénateurs inamovibles seraient élus par l'Assemblée.

Le Sénat était appelé à constituer le frein ralentissant la mise en œuvre d'une République républicaine. Les droites en étaient convaincues, au vu de l'accroissement régulier de la majorité républicaine aux élections partielles [9]. D'autant que les républicains avaient tout de même perdu sur plusieurs tableaux : le bicaméralisme ; les pouvoirs du président de la République, considérables, dont l'article 3 de la loi du 25 février établissait la fonction déterminante ; une incertitude totale sur la loi électorale réglementant l'élection de la Chambre basse (article 1 de la loi de 1875), tandis que la composition du Sénat était fixée par la loi du 24 février. Et ils avaient, devant eux, Mac-Mahon comme une ombre portée vers la monarchie. Les droites avaient, de surcroît, deux recours : le Sénat et la loi électorale. Elles choisirent de combattre au Sénat.

Mac-Mahon, le 10 mars, remplaça le général de Cissey par Louis Buffet, âgé de 57 ans, entré en politique à 30 ans, conservateur bonapartiste, hostile à Thiers, siégeant au centre droit, président de l'Assemblée nationale où le remplaça le duc d'Audiffret-Pasquier, contrepoids au duc de Broglie. L'homme était imperturbable et sa myopie célèbre lui permettait de refuser toutes les différences et les nuances à l'Assemblée, confondant Naquet (radi-

cal) et Galloni d'Istria (bonapartiste) dans un brouillàrd qui portait l'Assemblée à la gaieté. Buffet fut la dernière invention de Mac-Mahon : après avoir neutralisé l'armée avec le général de Cissey, il trouvait l'homme de l'alliance entre les libertés parlementaires, que Buffet avaient défendues sous l'Empire, et le principe dynastique, auquel celui-ci se référait. Il piégeait les bonapartistes et les royalistes au centre droit.

La droite intransigeante, la droite modérée et le centre droit s'entendirent et fixèrent une sorte de proportionnelle des candidats à la fonction de sénateur inamovible, pour 75 sièges à pourvoir sur 300, destinés à être inscrits sur une liste commune. Il était convenu que les candidats respectivement choisis par un groupe seraient acceptés par les deux autres. Les bonapartistes étaient au rouet. Deux listes s'affrontèrent : républicaine et conservatrice, celle-ci ne comportant pas 75 candidats. Au premier tour, la liste conservatrice n'eut que deux élus : le duc d'Audiffret-Pasquier, porté sur les deux listes par la grande subtilité des républicains, et Louis Martel, du centre droit mais lié à Thiers. Entre les deux tours, Charles de La Rochette et Joseph de La Bouillerie tentèrent d'écraser les orléanistes et les légitimistes modérés en passant alliance avec Gambetta. 17 chevau-légers concoctèrent une liste commune et secrète avec les républicains qui firent passer 57 de ceux-ci comme sénateurs inamovibles. Dans l'état actuel des sources, on peut dire que ces chevau-légers agirent sans instructions du comte de Chambord dont ce genre de tactique n'était pas le style. L'alliance, en tout cas, démontrait que l'extrême droite légitimiste entendait bâtir son projet de restauration, dorénavant, sur la République en faillite et que les républicains maîtrisaient remarquablement la tactique parlementaire. Le 30 novembre 1875, Buffet avait fait passer la loi électorale instituant le scrutin d'arrondissement majoritaire à deux tours. L'avenir restait ouvert.

### 1876-1885 : la catastrophe est pour demain

L'opinion du suffrage universel fut claire. Les élections du 20 février et du 5 mars 1876 donnèrent à la République une écrasante majorité à l'Assemblée nationale : 393 partisans contre 140. La République proposait au suffrage universel la solution de l'équation terrible établie après la défaite : patriotisme + unité + modernité. Le scrutin d'arrondissement, dans lequel les droites puisaient l'espérance d'un exercice de la tutelle des

notables, favorisa les républicains qui s'étaient résignés à son rétablissement. Les candidatures se présentèrent dans une certaine confusion : le nom du maréchal de Mac-Mahon était invoqué à droite et à gauche ; le terme de République en appelait au conservatisme et aux libertés, à 1789, 1793, 1848 et 1875. Des républicains avancés disputaient des sièges à des républicains modérés. Gambetta mettait en avant le caractère raisonnable du programme de l'Union républicaine. Des candidats du centre droit étaient en compétition avec des bonapartistes, et ceux-ci, plus logiquement, avec des légitimistes ; les élections, en règle générale, se déroulèrent dans une atmosphère morne. Les préfets, dont le corps avait été peuplé de conservateurs depuis mai 1873 au détriment des républicains et des bonapartistes, reçurent de Buffet, en tant que ministre de l'Intérieur, l'instruction de « désigner les hommes qui représentt[aient] le mieux les doctrines d'ordre et de paix indispensables au salut du pays[8] ». Mais ils agirent peu : le spectre de la candidature officielle planait. Buffet lui-même, candidat dans quatre départements, ne fut élu nulle part.

La carte électorale de la défaite des droites n'était pas claire. En 1871, seuls sept départements — l'Aisne, la Meurthe-et-Moselle, la Côte-d'Or, la Haute-Savoie, les Alpes-Maritimes, le Vaucluse, les Pyrénées-Orientales — avaient donné l'intégralité de leurs suffrages aux gauches. En 1876, les conservateurs étaient écrasés par les partisans de la République dans vingt-quatre départements. En gros, ces départements représentaient la moitié de ceux qui avaient donné plus de 40 % au parti de la Montagne aux élections des 13 et 14 mai 1849 et fixaient les contours d'une France républicaine de l'Est, du Centre-Est, du Sud-Est, du bassin de la Loire et de ses affluents, où la petite propriété, le métayage et les brassiers répondaient à une République jacobine et à une industrialisation financière dévastatrice. En revanche, là où, dans le Sud-Ouest, l'Ouest, le Nord-Ouest, les droites avaient, en 1871, bénéficié de suffrages largement majoritaires, elles reculaient en 1875, ne conservant— à un élu près — comme bastions que l'Ariège, le Gers, le Lot, la Charente, le Morbihan, c'est-à-dire l'ouest d'une ligne Rennes-Montpellier, accentuée par une présence simplement majoritaire dans les départements circonvoisins. Elles se maintenaient dans le Nord. La science politique étant dans les limbes, puisque son développement fut lié à la pratique régulière du suffrage universel[9], la géographie (France du granit ; France du calcaire d'André Siegfried) et la sociologie (France des assermentés ; France des réfractaires) électorales, analysant et pesant les comportements,

n'existant pas, ces résultats ne constituaient pour les droites aucune leçon historique, à la croisée des états d'esprit à observer et des séductions idéologiques à opérer. A l'Assemblée, les droites vaincues se reclassèrent par rapport à la République, contre les républicains ardents et subtils (L'Union républicaine de Gambetta, Challemel-Lacour), les républicains souples (la gauche républicaine de Jules Ferry, Waddington, Casimir-Perier), les modérés et les républicains attentistes fils de Mac-Mahon (centre droit). 76 bonapartistes collaient dorénavant aux monarchistes laminés : 40 orléanistes et 24 légitimistes. Ils étaient majoritaires à droite. La raison en est simple : ils incarnaient un national-populisme qui s'accordait parfaitement avec une République autoritaire. C'est sur leur réputation que le général Boulanger ferait fortune, débauchant un électorat encore mobile dans ses aspirations à l'égard de la République.

Thiers, en 1848, avait calculé que les républicains (au demeurant divisés) étaient un million et demi sur neuf millions d'électeurs. C'était peu. C'était stable : au plébiscite du 8 mai 1870, sur dix millions d'électeurs, les partisans du « Non » se retrouvèrent 1 582 000, soit 15 % environ de l'électorat [9]. Six ans après, cet électorat que Thiers jugeait depuis 1871 trop faible pour faire prévaloir des vues extrémistes, assez fort pour empêcher un autre régime, se retrouvait avec 800 000 voix d'avance sur les opposants vigilants ou déterminés à la République, soit 4 000 000 de voix environ contre 3 200 000. Si on négligeait les fondations de la légitimité républicaine, si on oubliait les réalités sociales modernes, avec les meilleurs sentiments du monde il était concevable d'arracher cette minorité décisive à ses errements, de rattraper l'écart et de triompher en République pour rétablir un régime monarchique qui restait à définir. Or — et ce fut la grande nouveauté à droite avec les élections suivantes d'octobre 1877 —, les droites, perroquets de leurs prétendants jusqu'alors, se retrouvèrent avec des chefs déterminés, véhéments ou calculateurs : Paul de Cassagnac chez les bonapartistes, Armand de Mackau, ancien bonapartiste affilié au centre droit, Albert de Mun chez les monarchistes; un tribun, un juriste, un orateur. Aux balbutiements ou aux admonestations hautaines des prétendants allaient se substituer de grandes voix élevant à l'Assemblée les droites minoritaires au statut d'opposition dénonciatrice.

Paul de Cassagnac et Albert de Mun étaient contemporains (ils étaient nés en 1843 et 1841). Tout les opposait : de Cassagnac, d'origine créole, fils d'un bonapartiste membre du Corps législatif

de 1852 à 1870, homme de plume et de répliques, était un Clemenceau bonapartiste ; épris de journalisme après une orientation vers le barreau, polémiste, redresseur de torts, amant du duel, courageux jusqu'à la témérité. Il avait fait la guerre de 1870 dans les zouaves de la Garde, rejoint Sedan pour y constater la défaite, été fait prisonnier et interné en Silésie. Il possédait une position : le journal *Le Pays* qu'avait animé son père sous l'Empire et dont il prit la tête en 1872 tout en étant correspondant de *L'Appel au Peuple* pour le Gers où il était conseiller général depuis 1871. Maintes fois poursuivi en diffamation, parce que défenseur incisif de l'Empire et apologiste du coup d'État, il fut élu dans l'arrondissement de Condom (Gers) par plus de 3 000 voix d'avance sur le candidat légitimiste.

Albert de Mun était un doctrinaire social, un créole du légitimisme : il descendait d'Helvétius ; il était catholique avant d'être légitimiste. Souvent comparé à Montalembert dont il ne partageait aucune idée, parce qu'il était catholique et non libéral, il était resté en dehors des débats de l'Assemblée de 1871, fondant et ramifiant L'Œuvre des cercles catholiques d'ouvriers dont il était le secrétaire général actif. La république était pour lui invraisemblable, fille de la Révolution dévastatrice vendue au suffrage universel par des hommes sans foi ni loi. La monarchie renvoyait au comte de Chambord, mais à condition que celui-ci fût un souverain chrétien portant l'étendard d'une contre-révolution sociale active. Il était vierge en affaires publiques, officier scrupuleux, patriote, confiant dans la source d'une spiritualité de l'introspection et de l'action enseignée par les jésuites (le père Du Lac), doué d'une éloquence prodigieuse qui stupéfia les républicains : la véhémence de la logique de convictions [46].

De dix ans leur aîné, Armand de Mackau, fils d'un bonapartiste qui avait traversé les régimes précédents avec de glorieux états de service, auditeur au Conseil d'État, député du Corps législatif en 1866, élu contre le duc d'Audiffret-Pasquier (Orne), avait résolument voté pour la guerre en 1870. Son retour politique était claironnant : il battait au premier tour un adversaire radical et un adversaire de centre gauche. Il devait se révéler un juriste pointilleux, un des grands accusateurs de l'action de la République « contre les libertés » selon l'heureuse expression d'un auteur [21].

Ces hommes ne se connaissaient pas. De Cassagnac et Mackau, qui étaient des héritiers, possédaient des réseaux d'introduction dont Albert de Mun ne bénéficiait pas. Allié aux plus grandes familles de l'aristocratie européenne, de Mun arriva en isolé : il

défendait Dieu pour un roi et pas le roi devant Dieu. De Cassagnac
devait disparaître en 1904, Mackau en 1918 et de Mun en 1914.
Interpellateur incomparable à la Chambre, bretteur impitoyable
dans *Le Réveil*, de Cassagnac contribua à transformer les timides en
parlementaires de l'ovation sans périls, à donner à l'Assemblée une
puissance de feu poussant les républicains à l'offensive ou dans le
retranchement. Il ne collabora jamais avec Mackau et de Mun qui
étaient cravatés l'un par l'excellence du droit, l'autre par celle du
verbe. A trois, ils modifièrent de façon graduelle l'univers des
droites, contribuant à fonder une droite contestatrice, opiniâtre,
optimiste. Ils furent les pères indirects de *L'Action française* : véhémence; relations étroites entre opinion et idéologie de combat;
indépendance à l'égard de l'Église nationale.

Les droites monarchistes, que dominaient les bonapartistes,
n'étaient pas résignées en République, quoique minoritaires. On le
vit lorsque les républicains soulevèrent la question : de quel droit
un régime républicain pouvait-il s'autoriser à fermer les yeux sur
des activités ultramontaines, soutenant les revendications du pape
en matière temporelle, c'est-à-dire une revendication réactionnaire
de domination sur les esprits et les cœurs contraire à l'esprit
républicain ? C'était le cœur d'un débat auquel poussaient par leurs
agissements les catholiques intransigeants et que ne récusaient pas
les républicains anticléricaux. La crise aurait-elle eu lieu sans un
orateur du catholicisme intransigeant, en l'occurrence Albert de
Mun ? On a posé la question [2]. Le 14 juillet 1876, Gambetta
réclamait une commission parlementaire pour enquêter sur les
immixtions du clergé dans la vie politique. Face aux campagnes de
pétition organisées par les évêques pour soutenir les prétentions
temporelles du pape, Jules Simon, qui a remplacé Dufaure à la
présidence du Conseil en décembre, interdit le 23 avril ces agissements. Le 1er mai 1877, de Mun dénonce à la tribune, sous
l'approbation générale des droites, les provocations et les vexations
dont les catholiques étaient victimes (terrain des libertés) et la
prétention des républicains à incarner mieux que les catholiques la
nation et la patrie : « La patrie, messieurs, mais qui donc l'a mieux
aimée, qui l'a mieux servie et s'est plus dévoué pour elle que les
catholiques ? Où étaient-ils à l'heure sanglante des combats, sinon
au premier rang, parmi ceux qui combattaient pour elle[10] ? » Et
d'accuser les républicains de manœuvres pour « livrer la France à
la guerre sociale », en foi de quoi était sollicitée de la part du
gouvernement non pas une protection dont « [le] patriotisme [des
catholiques] n'a[vait] pas besoin », mais une prise de position nette

sur le début d'une ère dioclétienne en France. Jules Simon ne répondit pas. La réponse vint le 4 mai par la bouche de Gambetta, qui guettait depuis longtemps[11] Albert de Mun et l'Œuvre des cercles catholiques d'ouvriers, qui en mesurait la portée relative mais exagérait son poids et son sens pour chercher une justification nationale à une décléricalisation dont les fondements constitueraient pour partie son républicanisme. Il emprunta à son ami Alphonse Peyrat, membre du groupe radical de l'Union républicaine, sénateur élu de la Seine, la formule fameuse : « Le cléricalisme, c'est l'ennemi », destinée à servir de slogan pour le Front républicain sous les termes de : « Le cléricalisme, voilà l'ennemi ». Pour vingt-huit ans (jusqu'à la séparation de l'Église et de l'État en décembre 1905), la République avait trouvé son cri de ralliement dans toutes les batailles électorales et parlementaires. L'opposition entre le drapeau tricolore et le drapeau blanc prenait un sens nouveau : la République lutterait contre le soupçon même de complaisance accordée par une monarchie aux catholiques. Et elle traçait à Mac-Mahon la ligne à suivre : l'exercice d'une présidence représentative de la majorité parlementaire, que Jules Grévy, après la démission du maréchal le 31 janvier 1879, endossa avec une bonne volonté née de son hostilité aux lois de 1875 à propos desquelles il s'était abstenu.

Il y avait désormais pour les droites une cause : la résistance aux menées anticléricales. En comptant sur la détermination des bonapartistes, qui n'avaient pas démérité de la défense de l'Église, on pouvait espérer créer un front antirépublicain de 187 élus, soit un gros tiers de l'Assemblée susceptible de bloquer la lutte anti-religieuse, à condition de rameuter les 54 élus de centre droit, voire de dessiller les yeux du centre gauche, instaurant ainsi un ensemble de plus de 235 élus se rapprochant des 291 élus de l'Union républicaine et de la gauche républicaine où, pouvait-on croire, la peur du radicalisme républicain conduirait à un opportunisme de bon ton.

L'arithmétique parlementaire commença de hanter la droite conservatrice antirépublicaine et la droite légitimiste aux abois. Elle laissait indifférents pour le moment les parlementaires catholiques intransigeants, peu nombreux. Elle reposait sur un principe de discipline qui était exactement à l'opposé des divisions dynastiques et de l'engagement du combat sur la question religieuse. Un légitimiste comme le comte de Falloux, actif soutien de Montalembert et du Parti catholique sous la deuxième République, rallié au maréchal de Mac-Mahon, refusait le combat du catholicisme

intransigeant et prêchait un apaisement qui allait à l'encontre des vues d'une alliance césaro-conservatrice derrière l'oriflamme du Sacré-Cœur. Mais les témoignages de l'époque sont édifiants : les droites croient au réveil des consciences par les consultations électorales ; les gauches, à l'éveil des consciences.

Le 16 mai 1877, le maréchal de Mac-Mahon, saisissant le prétexte de débats parlementaires au cours desquels le gouvernement n'avait pu imposer ses vues aux républicains, blâmait Jules Simon et, ce dernier démissionnant, appelait le lendemain Albert de Broglie pour le remplacer. Ce faisant, le président de la République condamnait le duc de l'ordre moral à s'entendre avec le prince du cynisme, Paul de Cassagnac, et laissait entendre qu'il ferait « appel au peuple » — fascination bonapartiste —, ce dont les monarchistes ne pouvaient que se réjouir. Effacer le scrutin républicain des 20 février-5 mars 1876, tel était le but. L'Assemblée était dissoute le 25 juin. Mais la majorité républicaine s'était comptée le 20 mai par un manifeste dans lequel 363 signataires entendaient « combattre la politique de réaction et d'ouverture qui remet en question tout ce qui a été péniblement gagné en six ans ». La campagne fut ardente : les catholiques, autour de Mgr Dupanloup, s'organisèrent pour leur propagande en une *Correspondance de l'Union conservatrice*. Le ministère de l'Intérieur, aux mains de M. de Fourtou, bonapartiste, fut exigeant et mobilisa les préfets contre les républicains. Il en résulta une discipline à gauche et à droite qui engendra en octobre 1877, contrairement à 1876, une simplification des choix par duel : républicain, monarchiste. La quasi-totalité des sièges fut pourvue dès le premier tour (14 octobre 1877). L'abstention baissa à 19,4 % des inscrits. Une dizaine de sièges en ballottage allèrent aux républicains le 28 octobre. Partis 363, les partisans de la République revinrent 323. Les bonapartistes avaient gagné leur pari ; ils avaient augmenté leur représentation de moitié (104 élus). Mais, surtout, les centres disparaissaient et les orléanistes et les légitimistes étaient 104, soit le même nombre que les bonapartistes. Or l'électorat était stable[12]. Environ 800 000 voix séparaient comme en 1876 les partisans de la République et ses opposants. Les opposants à Mac-Mahon recueillaient globalement 45 % des électeurs inscrits, mais les conservateurs voyaient leur fortune reculer partout : seulement 45 % des inscrits dans 23 départements, cette France de l'Ouest, du Sud-Ouest et du Nord où ils dominaient en 1876. Le duel leur donnait ailleurs au maximum 30 % des inscrits. Et dans 17 départements ils n'atteignaient pas 8 %. Ils avaient atteint quelques positions des républi-

cains dans le Centre-Est et le Sud-Est. Les bonapartistes tenaient le Sud-Ouest. 70 candidats « officiels » furent invalidés et la plupart d'entre eux battus aux élections partielles de 1878. 6 républicains furent élus dans les colonies. Les partisans de la République se retrouvèrent 399.

La crise dite du 16 mai 1877 fait partie des fastes républicains. Voulue et vécue comme une épreuve de force décisive sur la définition du conservatisme, elle eut des conséquences en cascade sur les mentalités républicaines. En obtenant la démission de Jules Simon, le président de la République usait d'un pouvoir qu'aucune disposition des lois de 1875 ne lui consentait (Mac-Mahon avait affirmé à Jules Simon : « Je ne suis pas responsable comme vous envers le Parlement, j'ai une responsabilité envers la France »). On était plutôt dans un esprit constitutionnel de type 1958. En rappelant le duc de Broglie, le président cherchait à faire tomber à droite une République dont la création avait été favorisée, en 1875, par une alliance avec le centre gauche. Il mâtinait le principe du coup d'État, d'inspiration bonapartiste, de l'appel à des libéraux élevés dans l'horreur du coup d'État mais « arrêtés à mi-chemin de leur pensée constitutionnelle » et on aboutissait par la dissolution du 25 juin à un appel au peuple sous l'effet d'une arme blanche : la pression administrative.

La dissolution faisait partie des prérogatives du président de la République, sur avis conforme du Sénat. Les droites y dominaient de justesse. Cette disposition fondamentale, à la suite des élections d'octobre 1877, tomba à droite et ne fut plus jamais utilisée sous la troisième République. Même quand il fut évident, ultérieurement, que des projets de loi, bloqués au Sénat (tel l'article VII, en 1879, sur la dispersion des congrégations enseignantes non autorisées) à une époque où les droites n'y étaient plus majoritaires, rencontraient une hostilité reflétant les réticences de l'opinion publique, les républicains se refusèrent à en appeler au suffrage universel et préférèrent agir par décret. Le même phénomène joua dans l'entre-deux-guerres quand des majorités de gauche (1924; 1936) déstabilisées durent accepter que l'exécutif passe à leurs adversaires sans consultation électorale (1926; 1938). Voilà qui assura sa longévité à la République. Mais l'effet en fut considérable sur le comportement des droites : cela les jeta en partie dans la rue, à partir de leur échec aux élections de 1885 (boulangisme; crise des Inventaires au lendemain de la séparation de l'Église et de l'État en décembre 1905), et graduellement convertit une partie d'entre elles à la légitimité populaire du pays réel, contre le pays légal : elle

enfanta les ligues, les Camelots du roi de l'Action française et, après la Première Guerre mondiale, la Fédération catholique du général de Castelnau et les ligues des années trente. On peut y voir le blé en herbe d'un fascisme français [53, 54], mais aussi bien l'établissement d'un socle institutionnel sur lequel s'édifia un État de droit où la rébellion des rancœurs était désormais inévitablement taxée d'appétits césaristes. L'échec du 16 mai fut aussi celui d'une majorité constitutionnelle mac-mahonienne qui eût résulté d'une addition sans évaporation de l'électorat légitimiste, orléaniste et bonapartiste. Les princes d'Orléans virent bien que la dissolution avait un parfum de coup d'État. Les légitimistes n'avaient pas oublié que le maréchal s'était dérobé devant le comte de Chambord en novembre 1873. Les uns et les autres furent également victimes d'une formidable symbolique que le hasard des choses établit à leurs dépens. Le 3 septembre 1877, Thiers, qui organisait sa campagne dans le XI^e arrondissement, recevait à Saint-Germain-en-Laye Waddington et Marcère, s'apprêtait à recevoir Gambetta, et mourait. Le gouvernement décréta des funérailles nationales ; Gambetta mêla éloquemment l'éloge et la propagande : « César, de retour des Gaules, ne trouva pas pareil accueil à Rome et Bonaparte ne fut l'objet d'aucun honneur civique comparable après Austerlitz » [4, p. 240]. Après Thiers, il y aurait Gambetta, Victor Hugo : le Panthéon retrouvant sa vocation emblématique d'église, abolie par la Révolution, rendue au culte catholique en 1856, rendue au culte des morts de la patrie en 1881, accueillerait leur cœur ou leur dépouille. Jamais les droites ne retrouveraient l'occasion de susciter autour de gloires nationales des mouvements de foule similaires qui constituèrent la pâte du patriotisme républicain. A la rue où le 16 mai allait à terme les jeter répondaient les cortèges républicains, derrière des chars de saints républicains, réconciliateurs d'antagonismes, gardiens du front républicain. Et puis : Thiers était mort à la veille du 4 septembre, date anniversaire de la proclamation de la République en 1870 ; la Commune avait été réprimée en mai 1871 ; Thiers avait été remplacé par le duc de Broglie en mai 1873, lequel avait été rappelé le 17 mai 1877 au pouvoir par Mac-Mahon, lui-même succédant à Thiers le 24 mai 1873. Mai — date de la rentrée parlementaire — était décidément le mois des droites et de leurs complots, ce mois qui deviendrait le mois de Marie. Mai : le mois des curés et de la guerre politique. La première session parlementaire de l'année civile conduirait dorénavant à la vigilance. Jules Grévy, qui avait succédé à Thiers à la tête de l'Union républicaine, avait dit naguère : « Je

ne veux pas d'une République qui fasse peur. » C'était à lui que l'échec du 16 mai remettrait naturellement, en janvier 1879, l'exercice de cette sagesse que Mac-Mahon avait appelée à un second Ordre moral. Après la démission de ce dernier (30 janvier 1879), en effet, le Congrès réuni à Versailles lui désigna Jules Grévy comme successeur.

Le 21 avril 1878, jour de Pâques : Léon XIII publiait l'encyclique *Inscrutabili* dont le retentissement en France fut quasi nul. Elle contenait une phrase ambiguë dont le sens ne serait clair que treize ans plus tard avec le Ralliement : « En effet, dès les premiers instants de Notre Pontificat, nous voyons le triste spectacle des maux qui accablent de toutes les parts le genre humain..., l'ardeur des esprits qui ne peuvent supporter l'autorité légitime. » A quoi s'ajoutait une admonestation : « Il ne faut pas, en effet, considérer comme une civilisation parfaite celle qui consiste à mépriser audacieusement tout pouvoir légitime. » Ces formules semblaient désigner davantage l'agitation politique qui régnait en Russie ou en Autriche-Hongrie que la situation française. Mais elle frappait par un tir courbe la position des trois droites en France. Léon XIII — dont l'attitude vis-à-vis de l'Italie était exactement l'inverse, puisqu'il invitait les catholiques à pratiquer l'abstention politique, conformément aux consignes de son prédécesseur — ne voulait pas que s'opérât un rapprochement politique entre la France et l'Italie. L'estime qu'il portait au comte de Chambord ne l'empêchait pas de mesurer l'impuissance de celui-ci et peut-être son manque d'intelligence politique.

Bien informé par un nonce pittoresque et subtil, Mgr Czacki, le pape pouvait savoir que les catholiques intransigeants n'étaient pas à même de placer sur orbite la monarchie chrétienne, quoiqu'il appréciât leur modernité dans la tradition catholique et l'ampleur de leurs vues en matière économique et sociale. Il le leur disait volontiers [46]. Il n'appuya donc pas leur combat dans la bataille congréganiste, première étape d'une laïcisation de l'enseignement si bien désignée par un historien comme « la séparation de l'Église et de l'École » [5]. En 1880, Mgr Czacki, les décrets du 29 mars promulgués contre les congrégations non autorisées, souffla à Charles de Freycinet, président du Conseil, l'indulgence de Rome, essayant ainsi de mettre les jésuites en situation de boucs émissaires pour sauver les autres congrégations [7]. L'esprit des décrets (expulsion des jésuites; sollicitation pour les autres congrégations d'une autorisation législative) était parfaitement compris : manifester l'autorité de la religion républicaine; négocier l'obéissance des

catholiques à la République pour ressusciter un catholicisme libéral
à l'envers de celui des années 1840 ; accepter les libertés octroyées,
ne pas les capter, au nom du droit commun, pour une restauration
religieuse graduelle ; faire éclater les droites en rétablissant un
gallicanisme défini par les principes concordataires. Mais catholiques et conservateurs, notamment l'Association des jurisconsultes, dont le baron de Mackau prit l'initiative, et l'Œuvre des
cercles d'Albert de Mun [46, p. 640 et sq.], empêchèrent cette
politique d'aboutir.

Les droites perdirent les élections de 1881 : 31,4 % d'abstention, essentiellement dans leur électorat ; une division éclatante
entre monarchistes et bonapartistes, lesquels étaient orphelins du
prince héritier depuis 1879 et formaient la dernière horde avant la
dispersion ; un programme antirépublicain conventionnel : « Faute
de candidat ("Grand âge, nous voici !") le vote conservateur n'a pu
s'exprimer puisque les conservateurs sont absents de 252 sur
541 circonscriptions », a-t-on écrit [34]. Ils perdirent donc près de
la moitié des voix engrangées en 1877 et se retrouvèrent avec
88 sièges, contestés partout, conservant des fiefs ébranlés, comme
dans le Morbihan et la Loire-Atlantique.

Le procès que les droites faisaient à la République demeurait
global : il touchait la défense nationale (à travers les discussions sur
la loi militaire), l'amnistie des communards, la politique extérieure
(absence de la France dans le règlement du conflit russo-turc, à
Berlin, en 1878, mais engagement colonial dispendieux des énergies nationales), l'école, l'économie (crise de 1882), les mœurs
(rétablissement du divorce en 1884). Cela n'empêchait nullement
le 14 août 1884 que la loi constitutionnelle faisant de la République « le gouvernement définitif de la France » soit promulguée.
Le 24 mars précédent le scrutin de liste avait été rétabli en vue des
élections des 4 et 18 octobre 1885. Mais ce scrutin de liste
départemental majoritaire à deux tours allait desservir des républicains pourtant sûrs de leur fait. De ce scrutin allait résulter la
superposition de deux Frances, celle des mandataires, celle des
mandants, la première plus affirmative que la deuxième. Et de cette
image brouillée naîtra le boulangisme à deux faces.

On a parlé d'effet Condorcet* à propos du système électoral de

---

* Soucieux de trouver un formalisme réducteur de la tension entre libéralisme
(expression tempérée des passions et des intérêts par la raison individuelle) et la
démocratie (expression libre des passions et des intérêts par l'opinion, donc la
souveraineté du nombre), Condorcet s'attache, dans son *Essai sur l'application de
l'analyse à la probabilité des décisions rendues à la pluralité des voix* (1785), par la raison
*probabiliste*, à limiter dans les procédures de vote les effets pervers logiques des choix
majoritaires et formellement rationnels. Ainsi en vient-il à formuler le célèbre

1885, destiné à favoriser l'unité républicaine mais aboutissant à faire élire « une majorité de députés "extrémistes" alors que le corps électoral aura deux fois voté modéré » [34, p. 116]. En effet, les conservateurs sont unis : ils affichent un large panneau, l'Union des droites. L'âme en est le baron de Mackau qui est décidé à une monarchie conservatrice. L'Union des droites bénéficie d'un avantage réitéré de 1881 : pas de listes dynastiques; un panachage habile organisé par des comités sans états d'âme. Les républicains, en revanche, sont déchirés par les rivalités de personnalités trop fortes et trop nombreuses (Ferry, Clemenceau...)

paradoxe du choix social : des préférences individuelles parfaitement transitives — c'est-à-dire relevant d'une relation binaire vérifiée pour A et B, B et C, donc A et C — peuvent, lorsqu'elles sont agrégées, engendrer des préférences collectives qui ne le sont pas. C'est le cas, étudié par Condorcet, d'élections triangulaires : « Supposons qu'il y ait soixante électeurs et toujours trois candidats; qu'il y ait vingt-trois voix en faveur de Pierre, dix-neuf en faveur de Paul, dix-huit en faveur de Jacques, Pierre sera regardé comme élu. Mais ceux qui ont voté en faveur de Pierre, n'ont rien prononcé entre Jacques et Paul, et je puis supposer que dix-huit eussent préféré Jacques; je puis de même supposer que, des dix-neuf qui ont voté pour Paul, sans prononcer entre Pierre et Jacques, seize eussent encore préféré Jacques; je puis supposer enfin que, des dix-huit qui ont donné leur voix à Jacques, treize eussent préféré Paul à Pierre. Or, si ce vœu avait été exprimé, j'aurais eu, en comptant tous les suffrages, trente-quatre voix contre vingt-six qui auraient déclaré Jacques supérieur à Pierre, trente-six voix contre vingt-quatre qui auraient déclaré Jacques supérieur à Paul, enfin trente-deux voix contre vingt-huit qui auraient préféré Paul à Pierre. Ainsi le jugement de la pluralité, et même d'une pluralité assez forte, aurait été en faveur de Jacques, de celui-là même qui avait eu le moins de voix, suivant la forme ordinaire; et de même la pluralité aurait déclaré Pierre inférieur à Jacques et à Paul, quoique Pierre eût eu le plus de voix, en suivant la forme ordinaire. Nous avons donné dans le texte un exemple semblable. Dans ce cas, les voix qui s'accordent à regarder Pierre comme supérieur à la fois aux deux autres, sont en plus grand nombre que celles qui s'accordent à donner à l'un d'eux la même préférence; mais la pluralité s'accorde en même temps à regarder Pierre comme inférieur à chacun des deux en particulier, parce qu'une grande partie de ceux qui sont partagés entre les deux autres concurrents s'accordent à regarder Pierre comme inférieur aux deux autres.

« On voit donc que la forme ordinaire des élections peut tromper toutes les fois qu'aucun des candidats ne réunit plus de la moitié des voix, et faire regarder comme élu par la pluralité celui auquel le véritable jugement de la pluralité aurait été réellement contraire. Plus le nombre des candidats est grand, plus cette méthode ordinaire expose à des erreurs : elle est, au contraire, d'autant moins fautive, que le nombre des électeurs est plus grand. » (« Sur la manière de connaître le vœu de la pluralité dans les élections », *Essai sur la constitution et les fonctions des Assemblées provinciales*, in *Sur les élections*, Paris, Fayard, Corpus des œuvres philosophiques en langue française, 1986, p. 402-403; cette note résume elle-même l'analyse du *Discours préliminaire à l'Essai sur l'application..., op. cit.*, p. 58-69.) Dans le cas des élections de 1885, l'effet Condorcet a pu jouer dans la mesure où se conjuguaient une procédure majoritaire — scrutin de liste départemental à deux tours — et un choix portant sur trois options : paix, guerre, radicalisme [34, p. 116]. *(N.d.E.)*

Les résultats du premier tour semblèrent le fruit de la logique d'union des droites : elles remportaient 176 sièges, les républicains 127. Le second tour renversa la situation : ceux-ci au total emportaient 383 sièges et l'Union des droites 201. Le Front républicain triomphait. Or les droites avaient gagné près de 400 000 voix par rapport aux élections de 1876, rattrapé, à 30 000 voix près, leur électorat de 1877, quasi doublé celui de 1881. 600 000 voix les séparaient des gauches qui en avaient perdu un million par rapport aux élections de 1881. Il ne leur avait manqué pour s'imposer qu'environ 5 % de l'électorat.

Les droites maintenaient leurs bastions. Mais elles pâtissaient d'un électorat qui, consulté cinq fois en quinze ans, se prit au jeu que la loi du scrutin de liste départementale à deux tours lui offrait : éliminer au premier tour; choisir au second; éliminer la guerre extérieure au premier tour (Ferry et la guerre au Tonkin), refuser la guerre civile au second tour, donc choisir la République. Il en résulta des scrutins qui, au second tour, favorisèrent les républicains dans la plupart des cas, par retrait des candidats de centre gauche (10 départements), par fusion des républicains (7 départements), par retrait des modérés (13 départements) ou par élections triangulaires. Bref, « face à l'éventualité de l'élection d'un député conservateur, l'électorat conservateur [eut] tendance à se rétracter plutôt qu'à se dilater. Loin de leur être un atout, le succès des conservateurs au premier tour leur [fut] un handicap pour le second, dès qu'ils [devenaient] politiquement crédibles » [34, p. 148]. Au lendemain des élections de 1885, les modérés étaient condamnés à vivre avec les radicaux et les conservateurs étaient résolus à bloquer l'action gouvernementale tout en observant les meilleures méthodes pour capter les voix qui leur manquaient. C'est dans ces conditions qu'allaient s'écouler de 1885 à 1889 quatre années au cours desquelles les droites parlementaires furent sollicitées par deux combinaisons complémentaires : le Parti catholique et le boulangisme. Ce fut le temps des équipées sous couleurs d'équipages, celui où la duchesse d'Uzès entra dans la mythologie militante des droites comme George Sand et Louise Michel à gauche, jadis et naguère.

## II. SOUS LE BUSTE DE MARIANNE :
## DE BOULANGER À DREYFUS (1885-1898)

L'intérêt porté à la tentative d'Albert de Mun de fonder, à la fin du printemps 1885, un Parti catholique est généralement faible chez les historiens. La raison en est simple : le projet fut étouffé dans l'œuf par Léon XIII lui-même, dès les résultats des élections connus et pour des motifs clairs. L'Union des droites avait échoué aux élections ; la concentration républicaine avait vaincu. Il n'était pas question d'offrir à celle-ci un motif d'union idéologique — qui lui manquait — en activant l'anticléricalisme radical, ni de cautionner un parti qui eût été résolument monarchiste à un moment où la monarchie était entre les mains de la branche Orléans dont les convictions quant aux droits de l'Église étaient moins que sûres. De Mun était un isolé, un laïc dont l'activisme, chez Léon XIII, émouvait le pasteur mais agaçait le chef de l'Église universelle qui réclamait obéissance des fidèles. Dans l'Œuvre des cercles divisée, Léon XIII, fort bien informé par la nonciature, loin d'apporter la paix, ne décourageait pas les divisions au nom d'une union à sa façon. D'ailleurs, le projet lancé, les dirigeants de l'Union des droites, Mackau en tête, représentèrent au pape avec éloquence que le projet d'Albert de Mun soldait un conservatisme du meilleur aloi et, pour la fondation aléatoire d'un camp retranché, ébranlait un rempart. Mais on serait injuste envers cette tentative qui connut un demi-succès momentané (mai-novembre 1885) si on ne disait pas qu'elle fut la seule, imaginée par un grand honnête homme, pour créer en France une droite résolument sociale dans le cadre du suffrage universel, pour fédérer les convictions monarchistes et les devoirs chrétiens dans une sorte de rassemblement destiné à débusquer le conservatisme de l'Ordre moral, et à manifester une spiritualité politique anticipant l'esprit chrétien des années 1930 (celui de Jacques Maritain ou d'Emmanuel Mounier). Même si le Parti catholique projeté avait un parfum militaire, eût aimé le combat parlementaire et le soutien de la rue, il n'était pas destiné à être une anticipation de l'Action française ni une ligue. La renonciation immédiate d'Albert de Mun à son projet, sur l'injonction sans appel du représentant du nonce Mgr di Rende, le 4 novembre 1885, dans un échange digne du Montherlant de la dignité,

exprime une obéissance frémissante à l'Église comme institution. En interdisant le Parti catholique, l'opportunisme de Léon XIII eut deux effets qui s'annulèrent : il ne permit pas l'expression d'un antilibéralisme social à droite ; il empêcha un discrédit de l'intérêt que portait l'Église à la question sociale par un amalgame funeste avec un système monarchique sans dessein populaire. Mais en terme d'âmes, on en restait au même point : la République tenait à 500 000 ou 600 000 voix.

Constamment déçues dans leurs expériences nationales mais fortifiées dans leurs relatifs succès locaux (municipalités, cantons), les droites, qui avaient trouvé un électorat mais perdu les moyens de le représenter assurément, jugèrent dans leurs états-majors que la meilleure façon de se reprendre consistait à voler à la République son porte-drapeau le plus ambigu : le général Boulanger.

La République avait dix ans. Le général Boulanger n'avait qu'une qualité : il existait pour la satisfaction d'un électorat mécontent. Quinquagénaire, jeune, charmant, traînant tous les cœurs après soi, il était entré en politique parce qu'on l'avait bousculé dans le droit d'affirmer ses naïves convictions dans la Revanche. Il en ferait un drapeau de l'honneur blessé pour les électeurs susceptibles. Il aimait l'amour. Il fut aimé. Ce mythe de la virilité républicaine proposa aux droites parlementaires d'assumer leur fusion impossible dans une prétention monnayée au triomphe d'une restauration monarchique où chacun apportait ses projets : en un mot, un cérarisme de relais pour une monarchie dont le souverain serait le monarque de la Révolution industrielle maîtrisée. Antiparlementaires, cyniques, déterminées derrière un connétable qui avait gravi les échelons de la carrière militaire au prix de la hardiesse et de la duplicité, les droites réunies en complot coururent derrière une âme de lièvre qui avait peur de son ombre. Le boulangisme fut l'erreur des droites : privées de prétendants, elles avaient engagé Frigoli.

### Boulanger ou les droites travesties

La popularité du général Boulanger de sa nomination comme ministre de la Guerre dans un cabinet Freycinet, en janvier 1886, à son suicide en septembre 1891 est un des phénomènes les plus marquants de la marche de la France parlementaire vers une démocratie de masses. Captateur de la confiance de Clemenceau (qui le recommanda à Charles de Freycinet), puis bête noire de ce

même tombeur de ministères, troublant la journaliste Séverine (« C'est un charmeur ») qui fut dreyfusarde en ardente républicaine qu'elle était, ami du duc d'Aumale qu'il trahit, troublant la duchesse d'Uzès qui dilapida pour sa cause une partie de l'héritage de sa grand-mère, la fameuse Veuve Clicquot, capable de faire porter des fausses barbes et des tenues de bourgeois, pour conspirer avec lui en faveur de la restauration monarchique, à des hommes aussi graves et imbus de leurs qualités qu'Albert de Mun, Henri de Breteuil, Louis de Martimprey, il eut les honneurs de la chanson, du music-hall et déclencha des scènes d'hystérie collective qui ne trouvèrent jamais leur équivalent en politique.

Point de passage obligé de toute histoire de la troisième République avant 1914, le boulangisme reste marqué par la grande peur des républicains dès lors qu'il devint populaire (revue du 14 juillet 1886 à Longchamp), leur grande satisfaction d'avoir fait peur à un don Juan de garnison (échec des candidats boulangistes aux élections de septembre-octobre 1889) et par la grande honte des droites d'avoir vu un connétable dans un prédateur morphinomane [42]. Créé de toutes pièces par la gauche radicale qui pensa en faire le cheval de Troie de son influence pour une révision de la Constitution grâce à la garantie républicaine qu'il semblait offrir et à l'autorité nationale exhibée par son panache revanchard, acheté par les droites en grand secret au printemps 1888, le général Boulanger n'eut de véritable existence que dans l'imagination stratégique de familles politiques.

Les atomes constitutifs de la popularité du général Boulanger sont connus : un climat économique et social inquiétant[13] (pessimisme des milieux d'affaires redoutant de la part de l'Allemagne une guerre d'immobilisation dont on parlait depuis 1877, grèves — Decazeville en mars 1886 où Boulanger fit envoyer la troupe — témoignant de la vitalité d'une classe ouvrière en plein essor syndical et bénéficiant de douze élus socialistes à la suite des élections de 1885), une flambée d'antiparlementarisme, un nationalisme vigilant. Boulanger parlait comme ses fabricants, en l'occurrence Clemenceau auquel il empruntait un langage républicain d'unité : « On a dit qu'il y avait à Decazeville autant de soldats que de mineurs. L'exagération est évidente, mais je vous dis : ne vous plaignez pas, car, peut-être, à l'heure qu'il est, chaque soldat partage avec un mineur sa soupe et sa ration de pain[14]. » En janvier 1887, il stupéfiait le ministre Goblet (lequel avait succédé à Charles de Freycinet le 12 décembre et avait laissé à Boulanger le portefeuille de la Guerre) par l'affirmation de son droit spécifique à

l'initiative vis-à-vis de l'Allemagne, déclarant la « paix malade ». Les modérés ne voulaient pas s'allier avec les droites, au sein desquelles les bonapartistes jubilaient. Les droites voyaient se lever le spectre de l'aventure guerrière. L'affaire Schnaebelé — un commissaire spécial de police à la station frontière de Pagny-sur-Moselle soupçonné, non sans raison, d'espionnage par les Allemands, était arrêté et incarcéré à Metz, à la suite d'une ruse pour l'attirer de quelques mètres en dehors du territoire français, le 21 avril 1887 — offrit à Boulanger le pavois. Schnaebelé ayant été relâché au bout de deux jours, Boulanger séduisit la France et put se flatter d'avoir fait reculer Bismarck sans aller au-delà du verbe. L'affaire en réalité fut réglée par la finesse conjuguée du président du Conseil René Goblet et de Jules Grévy.

L'Union des droites, par l'intermédiaire du baron de Mackau, poussa les feux contre Goblet et Grévy. Goblet fut renversé le 17 mai sur une question d'économies budgétaires derrière laquelle les peurs et les haines pouvaient convenablement se masquer. Le 30 mai, il était remplacé par Maurice Rouvier qui, au prix de longues tractations conduites avec fermeté par le baron de Mackau, fut assuré du soutien des droites si Boulanger était remplacé à la Guerre. Le général Fréron obtint le portefeuille.

Entre le 17 et le 30 mai, Boulanger avait entendu la première sirène d'appel au coup d'État en la personne d'Alfred Naquet, sénateur du Vaucluse depuis 1883, radical passé à l'opportunisme, membre de la Ligue des patriotes, qui fut l'écuyer fidèle d'un boulangisme de la synthèse républicaine. Naquet, qui militait pour l'élection des sénateurs au suffrage universel — donc la révision de la Constitution —, aima ce général populaire qu'il habillait en Gambetta à étoiles. En Juin 1887, la Chambre entra dans un débat fondamental dont le départ de Boulanger du ministère fixait par avance la dramaturgie. L'affaire traînait depuis plus de dix ans. La gauche avait inscrit à son programme la réforme de la législation militaire du 27 juillet 1872 (tirage au sort pour une partie du contingent — 100 000 hommes — qui faisait un service de cinq ans; 25 000 hommes faisaient 10 mois et 60 000 hommes deux périodes de 28 jours) : elle prévoyait la réduction de la durée du service actif de cinq à trois ans et l'égalité du service pour tous, par la suppression de la portion du contingent qui échappait aux cinq ans et du volontariat pour les bacheliers et fils de familles riches qui ne faisaient qu'un an s'ils devançaient l'appel, par l'abolition des dispenses de droit et, principalement, de l'immunité reconnue aux ecclésiastiques. Le général Boulanger, dès son arrivée au ministère

de la Guerre, s'était décidé à prendre les choses en main et à préparer une grande loi organique militaire. La commission parlementaire avait travaillé avec zèle et, dès les premiers mois de 1887, elle avait proposé un premier rapport sur le recrutement, distrait de l'ensemble du projet organique, qui consacrait le principe du service actif de trois ans, personnel et égal pour tous sans exception, même en temps de paix. La discussion avait commencé le 4 juin. Le projet passait pour séduire « la radicaille », comme disaient généralement de Mun et le marquis de Breteuil, parce qu'il enlevait à l'Église une de ses immunités civiles. Mais il tombait à un moment où le sentiment patriotique exacerbé voyait dans la réduction du service militaire une désorganisation favorable à l'Allemagne.

Deux conceptions s'affrontèrent : la gauche défendait le principe d'égalité et, en conséquence, l'idéal de la levée en masse dont l'ardeur valait toutes les précautions prises en maintenant les hommes sous les drapeaux pour les instruire et assurer la défense immédiate du territoire. La droite récusait l'inspiration démocratique du projet qui, selon elle, atrophiait la défense nationale.

De Mun prit la parole à la fin du débat, le 11 juin. Son discours ne portait que sur les principes dont se réclamait le projet et son argumentation fut simple : puisque la société française se démocratisait de plus en plus, il convenait de conserver, pour avoir une armée digne de ce nom, « des institutions militaires [capables de] réagir contre les influences sociales ». Pas un mot de critique ne tomba de sa bouche vis-à-vis de la République. Opposant l'exaltation des droits, qui était l'esprit de la démocratie, à l'apprentissage des devoirs qui était celui de l'armée, de Mun demandait que le service fût maintenu à cinq ans pour des raisons de pédagogie, affirmant que l'inégalité était dans le fil de l'obéissance et faisait partie de la grandeur de l'institution. Devant l'Assemblée stupéfaite, de Mun donnait la recette d'une France forte : une armée disciplinée et hiérarchisée, entraînée à l'obéissance et au dévouement, à l'instar de l'armée prussienne dont il révélait, à la lecture d'un article de son règlement, que l'abnégation individuelle constituait le ressort profond. A l'anarchie de la levée en masse, à l'illusion de la milice, il opposait une organisation rigoureuse, jusque dans la commune, grâce à laquelle les institutions sociales et les institutions militaires s'appuyaient mutuellement. Il proposait un simple aménagement démocratique de la loi de 1872 dont il montrait qu'elle avait donné à la France sa grandeur récente. Et il évoquait la gloire nationale dans des termes si éloquents que l'Assemblée entière, de la droite à l'extrême gauche, se dressa pour l'applaudir [42, 47].

Les droites réservèrent à l'auteur le meilleur accueil, du duc de La Rochefoucauld-Bisaccia au baron de Mackau, qui lui demanda de venir prendre la parole à la réunion de l'Union des droites, le 15 juin. Les droites voulaient s'affirmer avec un aigle à deux têtes : autorité nationale, défense de la paix (la réduction du service militaire à trois ans sera finalement votée le 18 juillet 1889).

La délicate balance sur laquelle vivait le cabinet Rouvier, qui était celle de l'Ordre moral à l'envers (l'Ordre républicain), délia la langue des prétendants au grand dam des élus monarchistes enclins à la patience pour que le succès de la coalition avec les modérés favorisât leurs intérêts aux élections de 1889, sauf catastrophe à saisir. Par son manifeste en date du 27 août 1887, le comte de Paris en appelait aux monarchistes pour qu'ils montrent « à la France combien la monarchie lui [était] nécessaire et combien le rétablissement en serait facile ». Il interprétait la tranquillité des temps comme l'œuvre des monarchistes et proposait l'institution de la monarchie par deux voies possibles : soit par une assemblée constituante (il pillait l'une des idées-forces de Gambetta naguère), soit par un vote populaire, c'est-à-dire le plébiscite dont il intégrait, chose remarquable, la procédure au système monarchique. Ce faisant, le comte de Paris répondait terme pour terme, en l'enveloppant, à la déclaration du prince Victor-Napoléon du 15 août, confirmée le 24 août, dans laquelle le prétendant bonapartiste récusait le conservatisme incolore symbolisé par Rouvier, dénonçait les illusions parlementaires des orléanistes, en appelait à l'autorité dans la démocratie et décrétait la formation de comités bonapartistes dans tous les départements. Avec ce rêve du connétable, on était loin de la monarchie chrétienne.

On ignore aujourd'hui encore quelles étaient les intentions profondes du comte de Paris, puisque, aussitôt après cet appel sonore, il s'enfonça dans l'impasse boulangiste que lui désignèrent les conspirateurs de la synthèse orléano-légitimo-bonapartiste.

Les droites commencèrent de s'aboucher avec Boulanger au moment crucial de la succession de Jules Grévy. A la suite des révélations concernant le commerce de décorations auquel se livrait Daniel Wilson, son gendre, Jules Grévy fut contraint de démissionner de la présidence de la République, le 2 décembre 1887. Jules Ferry, le seul candidat qui s'imposait, ne put l'emporter, du fait de l'hostilité de Clemenceau, et faute du soutien des droites face au candidat poussé par Clemenceau : Sadi Carnot, lequel fut élu président le 3 décembre. Les droites furent incapables de

s'entendre : elles se divisèrent sur la promotion du général Saussier, gouverneur de Paris, qui bénéficiait d'un certain appui de la part des modérés — maréchal, général... on en revenait toujours à la question de l'autorité nationale —, et celle du général Appert, soutenu par une partie des orléanistes, parce qu'il était réputé brave (comme Boulanger) et sympathique à la Russie (l'alliée recherchée). Le comte de Paris, consulté, exprima l'avis selon lequel il fallait laisser la République se discréditer elle-même. Mgr Freppel, qui prenait de l'autorité sur les esprits par sa voix pastorale contre-révolutionnaire, et Paul de Cassagnac prêchèrent pour Ferry, c'est-à-dire une sorte de Dioclétien concordataire. Il était vrai que Jules Ferry n'avait jamais entendu répudier le Concordat et que ses espérances présidentielles étaient négociables depuis la chute de son cabinet en mars 1885. Il haïssait davantage Clemenceau que les droites qui avaient pourtant hurlé avec les radicaux. On pouvait le capter à droite pour le pire ou pour le meilleur. Les droites se divisèrent à l'infini. L'élection de Sadi Carnot, petit-fils de Lazare Carnot, marquait que la concentration républicaine l'avait, une fois de plus, emporté. Les droites semblaient incapables de s'entendre sur une politique constructive. Vieux débat à une nuance près : le clan bonapartiste possédait un cheval — celui de Boulanger, monture, à s'y méprendre, d'un César botté — et une carte — la popularité du général, qui rappelait le bonapartisme libéral et qui, derrière le suffrage universel, tronc du parlementarisme, en appelait au peuple, montée de sève de l'autorité non filtrée.

Du 9 décembre 1887, date de la première démarche du baron de Mackau auprès du comte de Paris pour expliquer au prétendant les pourparlers avec Boulanger, au 6 octobre 1889, date du second tour des élections législatives, les droites conspirèrent pour capter l'électorat boulangiste en faveur de leurs utopies : troisième Empire (dont l'héritage était entre les mains de deux princes, père et fils, qui se disputaient comme des chiffonniers l'intelligence de leur destin de croupiers du suffrage universel) ou monarchie de... (le mois était au choix, sauf juillet). Précisément, comme le nouveau régime serait le fruit non pas d'une révolution, mais d'une révision constitutionnelle opérée par des députés mandatés par le suffrage universel, on verrait plus tard. La procédure était claire. Le contenu du régime était donc, avec une circonspection partagée par tous les membres du Comité des sept[15], remis à plus tard. Les consignes des états-majors expliquent les succès foudroyants de Boulanger aux diverses élections partielles où il incarnait un

national-révisionnisme plus profitable aux bonapartistes qu'aux monarchistes.

Les raisons de la séduction que le personnage de Boulanger exerça sur les droites peuvent être diversement cernées. Au premier rang, il y avait l'idée que le suffrage universel, en adolescent qu'il était, cherchait un maître : César ou le roi, et, corrélativement, que ses aspirations étaient confuses. La synthèse de celles-ci relevait de la tradition. Or, la République n'en avait pas. D'autre part, jouait le principe en vertu duquel l'autorité internationale était dynastique, la République ne disposant d'aucun crédit auprès des cours européennes : principe de la parité de réputation, posant en sauveur celui qui peut parler d'égal à égal. Enfin, les prétendants étaient en exil, depuis la loi du 22 juin 1886, dont Charles de Freycinet avait été le grand instigateur. Les Bonaparte vivaient en Suisse. Le comte de Paris et le duc d'Orléans s'étaient repliés en Grande-Bretagne. La loi d'exil, votée par le Sénat à douze voix de majorité, avait un parfum de proscription qui avait troublé certains républicains. La discussion du projet étourdit les monarchistes. A l'origine, il y avait eu une bévue du comte de Paris. Les fiançailles de sa fille Hélène avec l'infant du Portugal, le 14 mai 1886, donnèrent lieu en l'hôtel Galliara, rue de Varennes, à une soirée d'adieu éblouissante où près de quatre mille personnes défilèrent devant la princesse simplement vêtue de blanc et sans bijoux. Depuis six mois la République traversait des émeutes sociales (Decazeville et Châteauvillain) et les monarchistes chahutaient à la Chambre avec brio. Freycinet, pour répondre à une nouvelle conjonction des droites et de l'extrême gauche sur l'amnistie des condamnés de la Commune, proposa une loi d'exil fortement repoussée en mars 1886. La fête royaliste lui permit d'exciter la crainte — en juin — d'une prochaine restauration. Il fut cru, à commencer par les monarchistes qui retirèrent, des affirmations provocatrices d'un républicain sincère, la conviction de leur avenir proche. Or, Boulanger, qui naviguait alors dans les eaux républicaines, avait appuyé le projet de Freycinet. Les droites ne manquèrent pas de s'en souvenir dès le début des pourparlers conduits avec le comte Dillon. Paradoxalement, la palinodie du général conduisit à penser qu'il s'était converti à l'exercice de son vrai rôle : le connétable, alliage entre le fer du suffrage universel dont il exploitait la mine et l'or de la monarchie qui lui forgeait un destin historique. L'opiniâtreté des conspirateurs tint beaucoup à cette idée selon laquelle l'exil des prétendants était voulu par une République aux abois que Boulanger ne pouvait pas dominer,

n'étant ni bonapartiste, ni orléaniste, ni légitimiste, ni Mac-Mahon. Il avait trop de popularité pour s'habiller des lois de 1875 et pas assez de légitimité historique pour fonder une dynastie. La rage d'un converti pouvait servir d'instrument à des grandeurs discutées.

L'épreuve de vérité eut lieu en janvier 1889, à l'occasion d'une élection partielle dans le département de la Seine fixée par le président du Conseil, Charles Floquet, au 27 du mois. Les conspirateurs avaient le vent en poupe : le 6 janvier, la Somme et la Charente avaient désigné respectivement un candidat royaliste et un candidat bonapartiste à des élections partielles concomitantes. Chacun y avait trouvé son compte. Boulanger aussi. D'abord envoyé le 8 juillet 1887 à Clermont-Ferrand par Rouvier pour éviter des incidents lors de la revue du 14 juillet, sûr de sa popularité suite aux démonstrations d'enthousiasme des foules s'opposant à son départ, Boulanger, après avoir multiplié les contacts avec les droites, fut mis à la retraite le 27 mars 1888, état dont il profita pour se présenter avec succès à des élections partielles en Dordogne puis dans le Nord (8 et 15 avril), dans la Somme et en Charente-Inférieure (19 août). La Seine posait un problème différent. Les conservateurs y étaient minoritaires et ne pouvaient prétendre faire le succès du général dans un département symbolique. Le choix n'était pas simple : quelque mal qu'elle dût faire à la République, l'élection serait républicaine. Le comte de Paris, en plein exercice de lucidité, le disait à ses partisans qui ergotaient. Présenter un candidat monarchiste exposait à deux inconvénients : soit un nombre ridicule de suffrages ; soit suffisamment de suffrages pour susciter un ballottage obligeant alors le candidat monarchiste à déclarer ses préférences donc à diviser son propre électorat. Le comte de Paris imposa qu'aucun candidat monarchiste ne se présente. Paris était républicain et la transfiguration du général en connétable relevait d'un coup de dés. Il y avait de l'émeute dans l'air. Il eût fallu de la résolution, de l'audace, un dispositif de soutien, bref la préparation d'un coup d'État dont les droites étaient incapables et qui, au demeurant, n'entrait pas dans leur plan. Le 27 janvier 1889, Boulanger fut élu, au premier tour, avec plus de 80 000 voix d'avance. Il s'agissait d'un véritable plébiscite. Fait révélateur : les quartiers de Paris qui se déclarèrent en majorité pour Boulanger étaient les mêmes que ceux qui avaient porté Louis-Napoléon Bonaparte à la présidence de la République en décembre 1848. Paris restait Paris, lieu d'une démocratie sociale-patriote. Ce fut ce soir-là que, d'après une vulgate histo-

rique inlassablement répétée, le général Boulanger manqua sa chance. En l'occurrence une marche sur le Palais-Bourbon, depuis un café de la place de la Madeleine où on fêtait sa victoire, à l'instigation de Paul Déroulède (la Ligue des patriotes), Alfred Naquet, Georges Laguerre, radicaux révisionnistes, ses vrais amis. Et le général s'y refusa, confiant en sa bizarre épée de sabreur et de connétable. Boulanger ne voulut pas marcher sur le Palais-Bourbon, où régnait la peur, parce que, s'il avait des partisans, il n'avait pas de parti. Comme l'a bien dit Louis Teste, il existait trois catégories de boulangistes : les sincères qui croyaient que Boulanger était un grand homme ; les prudents qui se disaient « républicains boulangistes, radicaux boulangistes, socialistes boulangistes, anarchistes boulangistes, jérômistes boulangistes, victoriens boulangistes, monarchistes boulangistes, catholiques boulangistes, ayant ainsi un pied dans leur ancien camp et un dans le nouveau » et « les états-majors[16] ». A chacun son Boulanger. Or Boulanger rêvait d'être à tout le monde.

Pour réussir un coup d'État, il faut, entre autres choses, être décidé à faire prévaloir un projet sur un État politique et social vermoulu ou empêtré dans des contradictions que l'usage de la force rompt tel le nœud gordien. Or les succès électoraux de Boulanger tendaient à démontrer que celui-ci résolvait toutes les contradictions en sa personne et le suffrage universel, ce faisant, épuisait le caractère d'un homme qui n'avait que son nom à donner. En ne marchant pas sur le Palais-Bourbon, Boulanger fut conséquent avec lui-même. L'étonnant reste qu'on ait pu croire qu'il le ferait. C'est dire que ses contemporains vivaient l'exercice du suffrage universel selon une conception mixte : loi nécessaire de l'héritage révolutionnaire ; instrument d'une autorité nationale qui excédait la seule légitimité de l'élection. Les élections de septembre et octobre 1889 constituèrent donc une grande leçon du sens commun contre la manipulation. Les élections se déroulèrent au scrutin d'arrondissement (loi du 13 février 1889). Le nombre des électeurs inscrits n'avait guère varié : depuis 1876, il n'avait augmenté que de 653 596 voix, soit 6 %. Depuis 1881, de 207 985 voix, soit 2 %. Et le nombre de votants depuis 1876 (sauf en 1877) tournait aux alentours de sept millions et demi. En 1885, les monarchistes avaient bénéficié de plus de trois millions et demi de suffrages. Ils tombèrent à moins de trois millions le 22 septembre 1889, les nationalistes recueillant plus de 700 000 suffrages qu'ils ne pouvaient raisonnablement additionner, sincères, prudents et exaltés n'ayant jamais passé pour leurs compagnons de

route et, souvent, ne l'ayant pas voulu. Sur 576 sièges, les droites se retrouvèrent, à l'issue du second tour, le 6 octobre, avec 210 sièges, dont 42 boulangistes.

La mécanique de ces élections n'a pas de mystère. Elle est l'inverse de celle de 1885 en raison du retour au scrutin d'arrondissement. Au premier tour, l'électorat choisit : les républicains remportèrent 236 sièges ; les conservateurs, boulangistes compris, 130. Au second tour, loin de voter pour les extrêmes comme en 1885, l'électorat rompit l'effet Condorcet : dans 130 cas de ballottage, des modérés furent élus. Les républicains perdaient 17 sièges, ce qui, compte tenu des épreuves traversées par la République en quatre ans, constituait un indiscutable succès et, surtout, était la preuve d'une implantation en profondeur du régime, notamment dans les campagnes. Les conservateurs, en comptant les 42 boulangistes révisionnistes, en gagnaient 7. Ils n'avaient pas réussi l'amalgame tant espéré entre l'expression du mécontentement général et la révision antirépublicaine. Les membres du Comité des sept, cependant, étaient réélus à l'exception du comte de Martimprey, un des premiers conspirateurs. Et Boulanger l'emportait à Paris contre le socialiste Jules Joffrin par 2 300 voix d'avance. Son élection fut invalidée. Cette défaite électorale des droites sur un programme révisionniste qui devait servir de cheval d'arçon à leurs ambitions antagonistes ne voulut pas être perçue par elles. Le comte de Paris, que la conspiration commençait à lasser, estima que les résultats validaient largement presque deux ans de tractations, de tribulations, d'inquiétudes. Il jugeait que l'affaire Boulanger conduite par le Comité des sept avait permis d'éviter une République militaire ou l'Empire. Le pire avait donc été évité, et les positions monarchistes sauvegardées. On ne pouvait mieux proposer aux conservateurs le ralliement à la République, sans s'en rendre compte. Léon XIII y pourvoirait. Le ministre de l'Intérieur Constans, en faisant conseiller à Boulanger la fuite en Belgique le 1er avril 1889 pour éviter les poursuites en Haute Cour, avait fait un hors-la-loi d'un soldat populaire. Ce faisant, il soldait définitivement les tentations du 27 janvier. La Ligue des patriotes fut dissoute. Le boulangisme fit découvrir aux républicains l'autorité républicaine et ramena vers les modérés un électorat qui oscillait entre la mystique nationale et la pratique égalitariste. De façon nette, monarchistes et boulangistes, décapités par la fuite du général, ne tenaient plus que des bastions traditionnels : l'Ille-et-Vilaine ; le Maine-et-Loire ; la Vendée et les départements circonvoisins. L'est et le sud-est de la France ne leur accordaient rien. Ils reculaient dans le Nord ou partageaient leurs positions.

Miser sur Boulanger fut donc une erreur pour les droites : privées de cet illusionniste devenu un roi nu à la suite des élections de 1889, elles constatèrent que leur électorat avait encore fondu de près de 20 % et que la révision des institutions dont elles avaient tenté de faire le levier d'une restauration monarchique était restée l'apanage d'un groupe d'inspiration boulangiste voisinant avec les bonapartistes dont ils étaient plus proches que ceux-ci ne l'étaient des monarchistes. La République, paradoxalement, doit beaucoup à Boulanger : il créa un vide idéologique à droite par dispersion du syndic des mécontents au lendemain de sa défaite et favorisa les républicains modérés que la montée des familles socialistes inquiétait et soudait. Léon XIII et Charles Maurras firent le reste, chacun à sa façon. Le Ralliement, préconisé en 1892 mais envisagé par le pape à partir de novembre 1890, prit acte de la fin des espoirs monarchistes en France et proposa aux catholiques, qui constituaient le fer de lance d'un antilibéralisme gouverné par la défense des devoirs sociaux au nom des droits de l'Église, d'entrer en République en tant que chrétiens. Le Ralliement visait tous les catholiques. Il encourageait surtout les catholiques sociaux à christianiser la République. Il devait susciter des mouvements et un esprit démocratique d'inspiration fondamentalement sociale. Maurras et *L'Action française* opposeraient à cette perspective de pastorale politique, graduellement, la conception logique d'une monarchie fruit de l'institution héréditaire représentée par la famille, les entités permanentes de la commune et de la province, donc autorité de reconstruction et de gouvernement, indépendante de la fidélité dynastique. C'est entre ces deux pôles que les droites dynastiques allaient désormais se constituer en droites en République, et par rapport à ces deux pôles que les républicains allaient agir. Au culte des prétendants se substitua à partir du milieu des années 1890 la construction de citadelles en République destinées à transformer les républicains bâtisseurs d'un État de droit en liquidateurs des valeurs nationales. A l'Église, sujet des débats de 1877 à 1892, allaient s'ajouter l'armée, l'identité française, intérieure (dénonciation de la présence jugée trop nombreuse de « métèques », donc promotion de l'antisémitisme) comme extérieure (l'Empire), la famille, les représentations locales, l'Histoire (dont *L'Action française* ferait après la Première Guerre mondiale son cheval de bataille), autant de terrains sur lesquels la droite attira les républicains mordillés sur leur gauche par le déploiement d'un socialisme allant vers la rigueur et rencontrant des succès croissants. L'Affaire Dreyfus constitua, à cet égard, une occasion

logique de séparation des isotopes en régime républicain. Au milieu même du règne des modérés, quand la querelle religieuse et scolaire était en voie d'apaisement, quand la droite se voyait proposer d'être le rempart contre les socialistes et l'anarcho-syndicalisme, l'affaire libéra les droites de la modération républicaine : un officier juif pouvait-il agir autrement qu'en traître, appâté par l'argent? Un tribunal militaire pouvait-il être au-dessous de la justice civile? L'armée n'était-elle pas, en tout cas, au-dessus de la nation dont elle était la garante? Des parlementaires et l'opinion publique favorables à la cause de Dreyfus ne constituaient-ils par la meilleure preuve que le danger pour la France provenait d'une démocratie de transaction au nom des droits de l'homme? A ces questions sonores firent écho des réponses argumentées et véhémentes. Mais la République ne craignait plus les procès. Elle franchissait la rive de la légalité vers celle de la légitimité en passant le gué de consultations électorales de plus en plus favorables et le Ralliement, entre-temps, l'avait affermie en troublant le jeu des catholiques.

## Le Ralliement ou la levée d'écrou des monarchistes

L'encyclique *Au milieu des sollicitudes* publiée par Léon XIII le 20 février 1892 fut l'aboutissement vis-à-vis de la France d'une longue réflexion d'un pape âgé de 82 ans et dans la quinzième année de son règne. Léon XIII, quelque rigueur qu'il manifestât vis-à-vis de la monarchie italienne, du libéralisme, de la franc-maçonnerie, plaisait aux républicains modérés. Les Mémoires de Charles de Freycinet en témoignent. Les républicains avaient observé que le pape n'avait pas soutenu les paladins des congrégations masculines enseignantes en 1880 et qu'il avait interdit le projet de Parti catholique en 1885. Il était de notoriété publique que Léon XIII n'avait jamais encouragé le comte de Chambord à se prendre pour Jeanne d'Arc et que la dynastie des Orléans s'apparentait pour lui à la Maison de Savoie, respectueuse de l'Église en conscience mais soucieuse, derrière les convenances monarchiques, de la tenir en respect. Bien informé par ses nonces, Léon XIII perçut très tôt que la République (âgée de trois ans et en ballottage depuis huit ans quand il succéda à Pie IX) méritait une considération politique, et qu'il existait des situations dans lesquelles il fallait savoir négocier.

Le Ralliement, c'est-à-dire l'acceptation de la forme républicaine de l'État par les catholiques français, est inséparable de l'ency-

clique *Rerum Novarum*, publiée le 15 mai 1891. Condamnant les excès du capitalisme et les illusions du socialisme, *Rerum Novarum* en appelait à l'ouverture de l'État aux principes chrétiens de justice sociale et à l'organisation des catholiques sur ces principes dans l'État. En 1875, Pie IX ne pouvait pas, intellectuellement, concevoir de donner son appui à une forme républicaine d'État. Il avait expérimenté la République romaine en 1848 et reconnu ses droits, en 1849, contre elle. Or, les forces montantes d'un catholicisme intransigeant stigmatisant l'égoïsme de la bourgeoisie n'attirèrent jamais chez Léon XIII que son affection de bon pasteur. Captif d'un destin de martyr, il comprit que les monarchistes faisaient désormais de l'Église un instrument de conservatisme. Il inventa donc le Vatican comme puissance morale parce que spirituelle, par une politique de petits pas : encycliques de commentaires ; interventions dans les affaires internationales, les unes peu lues, les autres saluées. L'habileté seule ne gouvernait pas Léon XIII : une acuité d'observation, liée à sa traversée du XIXᵉ siècle, de l'écart entre les sociétés des années 1840-1850 et celles de la fin du siècle, le conduisit à une sorte de sociologie dogmatique dont les lectures étaient multiples.

Le Ralliement fut moins le fruit d'une volonté de Léon XIII que celui des échecs successifs des droites depuis 1885, de leurs embrouillaminis, de leurs rêves. Le pape avait pavé le terrain, non seulement par l'interdiction du Parti catholique, mais aussi par l'encyclique *Immortale Dei*, publiée le 18 novembre 1885, sur la constitution chrétienne des États et qui soutenait que « le droit de commander n'est lié par lui-même à aucune forme de gouvernement, mais [que] dans toute forme de gouvernement, les gouvernements doivent égard à Dieu maître suprême du monde ». L'action anticléricale de la République était, par ailleurs, condamnée dans un chapitre sur les erreurs des libertés modernes qui, sans la nommer, visait la France. En 1888, l'encyclique *Libertas Praestantissimum* réitérait la condamnation du libéralisme dénoncé par l'Église depuis le *Syllabus*, mais, distinguant la thèse et l'hypothèse (méthode thomiste), postulait que les catholiques, sans renier l'idéal de la constitution chrétienne des États, devaient savoir se placer sur le terrain de la liberté. Mgr d'Hulst, recteur de l'Institut catholique de Paris, écrivait alors : « Il nous est permis de faire bonne figure à notre temps, d'entrer largement dans le jeu des institutions qu'il comporte et de le servir avec loyauté. » Mais on pouvait tout aussi bien conspirer avec Boulanger si les institutions se résumaient au libre jeu du suffrage universel. Léon XIII n'avait

pas à entrer dans ces distinctions. Le nonce travaillait pour lui. Et il dut lui faire savoir que l'arrestation en mars 1890 du duc d'Orléans, venu protester contre la loi d'exil en se présentant à l'enrôlement, récusé, condamné et — brièvement — emprisonné à Clairvaux, n'avait suscité aucune émotion nationale.

En octobre 1886, le Sénat avait adopté la loi portant l'interdiction aux congréganistes d'enseigner dans les écoles communales par 171 voix contre 100 et la reprise du débat à la Chambre avait abouti à l'adoption définitive par 363 voix contre 179, en dépit des protestations éloquentes de Mgr Freppel, Paul de Cassagnac, Émile Keller, Albert de Mun, et des réticences affichées de modérés comme Louis Buffet et Jules Simon dont l'appartenance maçonnique était de notoriété publique. Comme devait l'écrire Clemenceau deux mois plus tard : « A-t-on consulté le pays sur l'instruction laïque ? Jamais, et on a bien fait. Le pays, mal éclairé, aurait peut-être répondu non. Mais il y avait des raisons de droit supérieur et de civilisation pour faire cette réforme. » Il existait en France un conformisme religieux que favorisait le Concordat de 1801. Et la déchristianisation de la France à la fin du XIX<sup>e</sup> siècle ne pouvait pas être évaluée par l'Église catholique autrement que comme l'effet d'une persécution systématique organisée par des fanatiques. Il faudra étudier un jour, de plus près, le degré de conscience au sein des droites d'une déchristianisation fatale à leurs intérêts, quand on constate que les défenseurs d'un christianisme social passaient aux yeux de la majorité des conservateurs pour des illuminés. C'est à ces illuminés que le Ralliement s'adressa avec un double objectif : les obliger à prendre en compte leur position trop particulière en les noyant dans la masse des catholiques ; ramener les conservateurs vers un sens chrétien qui n'était plus d'aucun parti et relevait du devoir civil.

Le Ralliement, quoi qu'on dise, stupéfia. Préparé par le célèbre toast du cardinal Lavigerie, le 12 novembre 1890, à l'occasion d'une escale de la flotte française à Alger (dont le cardinal Lavigerie, père blanc, était l'archevêque), il rappelait des tentatives politiques antérieures qui avaient fait sourire. Notamment celle de Raoul Duval, protestant libéral, bonapartiste-monarchiste qui, le 6 septembre 1886, avait tenté de fonder à la Chambre une « droite républicaine », déclarant : « La République n'appartient à aucun ; elle est à tout le monde ; elle est à moi ; elle est à vous [les représentants de la droite] si vous voulez y prendre part. » Six députés avaient acquiescé : la République faisait encore peur. Léon XIII qui aimait manier les caractères trouva en une person-

nalité trop peu connue — Jacques Piou, député de Haute-Garonne (Saint-Gaudens), élu en 1885 sur la liste monarchiste — un stratège de talent qui s'efforça de séparer la monarchie et le catholicisme [40]. Cet avocat entré en politique par la voie édilitaire (conseiller général du canton sud de Toulouse) en 1864, conduit à la Chambre à l'âge de 47 ans par les nécessités de composer des listes qu'imposait le scrutin de liste, était un catholique et un monarchiste libéral. Ami du comte de Paris, il voyait le prétendant en monarque d'un régime parlementaire à l'anglaise. Au nom de cette fidélité, il accepta d'entrer dans la conspiration boulangiste au sein du Comité des sept élargi à douze. Mais à l'inverse de son meilleur rival, Albert de Mun, il considérait qu'un grand parti conservateur, imité du parti tory, serait mieux à même qu'un parti catholique d'assurer le rétablissement de la paix religieuse et la paix sociale. Rouvier l'avait dit à la délégation des droites venue lui proposer, pour libérer les modérés des radicaux, un appui passant par des mesures d'apaisement : « Vous êtes anticonstitutionnels. Je ne puis me solidariser avec vous... Si vous acceptiez la République, non seulement je vous avouerais publiquement, mais je prendrais deux des vôtres dans mon cabinet[17]. » Orateur médiocre, bourgeois de bonne famille, méticuleux dans ses approches critiques vis-à-vis de l'État républicain, en avocat qu'il était, pourvu d'un physique bonhomme qui était de la pâte des Rouvier, Constans, Goblet, Fallières, Jacques Piou inventa l'idée d'une « Droite constitutionnelle » levant le tabou républicain. Au début de 1890, il fomenta le groupe des indépendants, composé d'une quarantaine de députés et rassemblant des figures aussi contrastées que le prince d'Aremberg, le général de Frescheville, le baron Hély d'Oissel, députés, des conseillers municipaux, tels Paul Leroy-Beaulieu (Paris), Francis Magnard, rédacteur en chef du *Figaro*, Ernest Daudet. Et de déclarer : « En toutes circonstances, les députés indépendants resteront fidèles au mouvement démocratique de ce siècle. Ils le jugent définitif et, loin d'en être affligés, ils y voient un gage d'union et d'unité. » Reçu en audience par Léon XIII le 10 janvier 1891, peu après le toast du cardinal Lavigerie, Jacques Piou se vit cautionné dans son action stratégique. L'affaire était sérieuse puisqu'elle venait du pape qui avait mis son veto au projet de Parti catholique. Le pape aurait dit, s'il faut en croire le récit qu'en fit Jacques Piou; « Moi, au fond du cœur, je suis royaliste; mais il faut se résigner à ce qui est nécessaire. » Aveu bien direct pour celui que les catholiques rebelles au Ralliement devaient étiqueter comme « le vieux renard

du Vatican ». Mais, si décidé fût-il à l'exercice de l'autorité, entre le toast d'Alger et l'encyclique *Au milieu des sollicitudes*, le pape créa dans l'alliance entre monarchistes et catholiques, jamais aussi forte, une confusion sans précédent. La hiérarchie était incertaine. En témoignait l'archevêque de Paris, le cardinal Richard, qui, le 2 mars 1891, publiait une « Réponse à d'éminents catholiques qui l'ont consulté sur leur devoir social dans les circonstances actuelles », où il était dit : « Il s'agit, en effet, de savoir si la France restera chrétienne ou si elle cessera de l'être..., si l'Église sera vaincue par des sectes ou si elle en triomphera. » Mais aussi : « ... nous demandons (les catholiques en ont le droit) que les sectes antichrétiennes n'aient pas la prétention d'identifier avec elles le gouvernement républicain et de faire d'un ensemble de lois anti-religieuses la constitution essentielle de la République. » Le mot République était prononcé. 62 évêques adhéraient à cette déclaration de cessez-le-feu. En mai 1891 était fondée une Union de la France chrétienne avec comme président Charles Chesnelong, l'inlassable plaideur d'une renonciation temporaire au drapeau blanc auprès du comte de Chambord, et la plupart des membres éminents de l'Union conservatrice : le baron de Mackau, Émile Keller, vice-présidents; Raoul Ancel et le père P. Bailly, membres de l'Œuvre des cercles, le marquis de Beaucour, Lucien Brun, le comte de Lanjuinais, Eugène Veuillot. Le comité demandait le concours des chrétiens et de toutes les honnêtes gens, quelles que fussent leurs opinions politiques, pour « défendre et réclamer d'un commun accord les libertés civiles, sociales et religieuses ». Terrain constitutionnel? Construction d'un cheval de Troie? Jules Dela-fosse, bonapartiste, vit juste : cette défense religieuse sentait le cléricalisme et le cléricalisme sentait le monarchisme. De Mun faisait cavalier seul en fondant la Ligue de Propagande catholique et sociale. Léon Harmel, le modèle de patron social avec son expérience de phalanstère chrétien dans son usine du Val des Bois (Aisne), instituait une Fédération de la démocratie chrétienne. L'abbé Garnier, prêtre démocrate, créait une Action sociale catho-lique. Les catholiques du Nord refusaient de participer à l'Union de la France chrétienne. Mgr Isoard, évêque d'Annecy, « dénonçait l'illusion de se dire catholiques exclusivement en prétendant garder [ses] espérances ». Les monarchistes partageaient ce sentiment, tandis que Mgr Fava, évêque de Grenoble, proposait du Ralliement une version cynique, qui déroutait : « J'y entre [dans la Répu-blique], j'y entre, moi, mais pour combattre les républicains de toutes manières sur le terrain électoral et pour les bouter dehors. »

Et Eugène Spuller, un modéré s'il en était, d'ajouter : « On désarme devant la République, on est loin de désarmer devant les républicains et c'est surtout pour en exclure les républicains que l'on entre dans la République[18]. »

C'est dans ces conditions que l'encyclique *Au milieu des sollicitudes* tomba, en février 1892, comme un couperet, après maintes admonestations de Léon XIII auprès des évêques récalcitrants devant la perspective d'un ralliement à la République et maintes consultations auprès des dirigeants conservateurs, pour trancher entre les tendances politiques d'un catholicisme divisé par la monarchie. La droite constitutionnelle de Jacques Piou se renforçait. Elle trouvait un écho en décembre 1891 dans la fondation à Bordeaux d'une Ligue populaire pour la revendication des libertés publiques due à l'initiative d'un républicain modeste, Gaston David, et d'une Association catholique française créée par Jules Boujan, qu'avait inspiré le nonce, Mgr Ferrata, pour faire pièce à l'Union de la France chrétienne. Il y avait matière à forger deux grands partis en République : un parti conservateur ; un parti républicain modéré, sur le terrain de la liberté civique et de la liberté politique ensemencé par Lacordaire et Mgr Dupanloup.

Tel fut l'objectif. Il suscita un tollé pour une raison simple : nombre de monarchistes y virent une inadmissible intrusion du Saint-Siège dans l'ordre du temporel. Ils étaient bons gallicans et conservateurs libéraux. Nombre de catholiques, qui étaient monarchistes, crurent, de bonne foi, que l'encyclique constituait une obligation de conscience en vertu de l'infaillibilité pontificale votée par le premier concile du Vatican en 1870. Les royalistes révoltés répondirent par un manifeste significatif : « Les royalistes s'inclinent avec respect devant l'autorité, l'infaillibilité du Saint Père en matière de foi. Comme citoyens, ils revendiquent le droit qu'ont tous les peuples de se prononcer en toute liberté sur toutes les questions qui intéressent l'avenir et la grandeur de leur pays. »

Mais les plus opposés à cet acte d'autorité qui ne relevait en aucune façon de l'infaillibilité pontificale se rallièrent : le baron de Mackau ; Albert de Mun ; Émile Ollivier ; Mgr d'Hulst. Aux élections pour le renouvellement des conseils généraux, fin juillet 1892, les constitutionnels gagnaient du terrain. Jules Ferry signalait à l'occasion qu'il fallait faire place « à l'action si résolue du chef de la catholicité ». Waddington, Challemel-Lacour, Émile Loubet, président du Conseil à l'époque, saluaient « l'apaisement » et « ce grand mouvement de rapprochement patriotique ». Mais le 18 décembre 1892, dans un discours prononcé à Saint-Étienne,

Albert de Mun expliquait ce qu'il fallait entendre par Ralliement :
« En se plaçant sur le terrain constitutionnel, nous sommes catholiques et rien de plus. Nous demandons la révision de la loi scolaire
et de la loi militaire, l'abrogation de la loi du divorce, la réintégration des Sœurs dans les hôpitaux. »

Ralliés ? Les élections des 20 août et 3 septembre 1893 allaient
en décider. Elles furent désastreuses pour les ralliés, en partie,
notamment, du fait des réactions hostiles venues des rangs catholiques mêmes. Il existait, en effet, alors en France une noblesse
moyenne, au village, dévouée, charitable, qu'ignorait l'aristocratie,
ferment conservateur lié avec le curé et le fermier ou le métayer,
patriote au nom de l'honneur de l'épée avec laquelle ses ancêtres
labouraient, pieuse, et pour qui le Ralliement constituait une
énigme. Sur la distinction faite par Léon XIII entre l'impossibilité
du présent et l'accès au possible en acceptant le présent, elle
attendait l'Action française qui lui prêcherait le possible grâce à
une philosophie de combat monarchique sans prétendant ni subordination au magistère pontifical. Dans l'immédiat, elle grossit les
rangs des abstentionnistes : plus de trois millions d'électeurs s'abstinrent, chiffre record depuis 1876, mis à part celui des élections
ambiguës de 1881 (31,4 %) : en l'occurrence, 28,8 % d'un électorat parfaitement stable. Une partie de la représentation parlementaire fut renouvelée au profit d'un personnel neuf et sans
compromissions dans les récents scandales, qui faisait ainsi ses
classes : Raymond Poincaré, Paul Deschanel, Charles Jonnart, qui
modifièrent le visage des républicains dits modérés, Léon Bourgeois
qui apporterait au radicalisme une philosophie pragmatique. Les
ralliés n'obtenaient même pas 5 % de l'électorat, et 32 élus ; les
monarchistes d'hier (qui taisaient leur nom), à peine 10 % — 56
élus — et les nationalistes s'effondraient avec 171 626 voix, soit
une perte de plus des trois quarts de leur électorat de 1889.
Surtout, les bastions des droites se lézardaient : les droites faisaient
désormais de la figuration dans le Sud-Ouest, le Sud-Est, la
Provence, les pays du Rhône et de Haute-Loire, une partie du
Massif central et l'Est. Elles étaient en baisse dans le Nord et à
l'Ouest, sauf dans le Morbihan et la Loire-Atlantique. Enfin, les
grandes figures du Ralliement étaient récusées par un électorat
désorienté ou réfractaire : Étienne Lamy à Saint-Claude, Albert de
Mun à Pontivy, Jacques Piou à Saint-Gaudens, c'est-à-dire le
triumvirat composé par Léon XIII. Dans le Morbihan, il s'était agi
d'un règlement de comptes : de Mun, en 1876, avait, au grand dam
des monarchistes et notamment des Rohan, gardé son drapeau en
poche. Son électorat difficile fut invité à voter pour l'adversaire

radical. On liquidait au nom de la morale de fidélité un gêneur de talent. Dans le Jura et la Haute-Garonne il s'agissait d'une autre affaire : les droites y tombaient à moins de 10 % des inscrits et leur affaissement était hautement symbolique de la républicanisation progressive et voulue. En 1871 déjà, les conservateurs étaient en minorité dans le Jura, et encore en majorité en Haute-Garonne. Dès 1876, le Jura n'élisait aucun conservateur et les républicains l'emportaient en Haute-Garonne. En 1885 il s'y passait un phénomène identique à celui des élections de 1889 à Paris : une partie de l'électorat républicain avait voté à droite, en 1893, elle restait socialiste. L'électorat républicain avait exprimé un vote national conservateur en 1889 (entre 40 et 45 % des inscrits) et, en 1893, retrouvait sa tendance républicaine partagée entre modérés et socialistes. Étienne Lamy avait voté les lois de 1875. On le désignait, lors du Ralliement, comme un « républicain de la veille » bien qu'il se fût employé à une défense religieuse des congrégations le rapprochant, bon gré mal gré, des intransigeants. Jacques Piou, quant à lui, perdait les voix d'un électorat de fidélité dans une circonscription personnelle au sein d'un département favorable à la République absolue. Les ralliés se retrouvèrent 32, les monarchistes 56 à la droite de 317 républicains de gouvernement flanqués de 122 radicaux et de 49 socialistes. Majoritaires, les républicains de gouvernement (anciens : Jules Méline, Alexandre Ribot; nouveaux : Louis Barthou, Raymond Poincaré) pouvaient pratiquer une politique modérée en s'appuyant tantôt sur les ralliés tantôt sur des radicaux de gouvernement (anciens : Henri Brisson, nouveaux : Léon Bourgeois). Ils incarnaient le nouveau parti de l'Ordre.

Dans cette confusion des sentiments, d'une législature à l'autre, les droites avaient perdu 122 sièges et ne représentaient que 16 % de l'Assemblée. Elles ne tenaient plus le Sénat que par le réflexe conservateur d'une Chambre haute où régnait un centre droit. Privées de leurs grands ténors ou des traceurs de leur avenir, elles étaient divisées entre une droite constitutionnelle composée d'élus faisant figure de seconds couteaux dans la République modérée et une droite monarchiste qui n'osait plus dire son nom, conservatrice parce que antirépublicaine. Et si, apparemment, le Ralliement avait échoué dans son espoir d'incarner une droite républicaine forte autour des catholiques convertis à une *realpolitik*, il avait bouleversé le paysage politique en conduisant des conservateurs à voter pour des modérés et en ouvrant la voie à des suffrages d'extrême gauche exprimés par des républicains rebelles à l'alliance de l'État et de l'Autel.

*1893-1898 : l'esprit nouveau*

Deux familles politiques par définition ennemies étaient sorties ébranlées des élections de 1893 : les radicaux et les droites, ceux-là pouvant certes opposer à celles-ci une représentation supérieure à la leur de 34 parlementaires mais étalant des divisions identiques. Le radicalisme et les droites en République eurent donc à réfléchir sur leur statut d'aile marchante, de phalange démocratique ou de lanciers d'une légitimité obligée pour partie par le Ralliement. Esprit nouveau : Eugène Spuller, qui n'avait jamais manifesté de grande complaisance à l'égard des droites, lança le mot au lendemain des élections fatales à celles-ci. Ministre des Cultes dans le cabinet Casimir-Perier, il occupait une situation significative. Il fallait, disait Eugène Spuller, « ramener tous les Français autour des idées de bon sens, de justice et de charité nécessaires à toute société qui veut vivre ». Et Jules Ferry de dire dans le même moment : « Notre République est ouverte à tous. Elle n'est la propriété d'aucune secte, d'aucun groupe, ce groupe fût-il celui des hommes qui l'ont fondée », observant que ces paroles s'enracinaient dans l'attitude « d'un noble et généreux complice, le pontife pacifique qui siég[eait] au Vatican ».

Les années 1893-1898 virent apparaître une droite républicaine fille d'un esprit de pacification intérieure que permettait et qu'appelait l'écrasante majorité des républicains de gouvernement. Dès lors, si l'on entend par droites, *stricto sensu*, les représentants élus au suffrage universel répartis en familles, groupes puis partis et si l'on s'en tient au clivage sur l'esprit républicain en République instituée, les trois familles se réclamant chacune d'une dynastie demeurent encore au cœur d'une histoire limitée à leurs avatars. Si, en revanche, on prend en compte l'idéologie des droites, dans ses mutations sur un demi-siècle, et ses multiples composantes centrifuges et centripètes, il faut, passé 1889, inclure le conservatisme républicain s'affirmant avec la montée de la gauche socialiste et l'épanouissement d'un centrisme qui n'en porte pas le nom, rassemblant des républicains modérés, des démocrates chrétiens (les ralliés, l'Action libérale populaire), certains royalistes, dans une pratique gouvernementale de balance entre les extrêmes.

Les monarchistes refusèrent cet esprit nouveau et trouvèrent des alliés plus presbytes dans leurs analyses chez les radicaux que provoquaient des socialistes dont le succès aux législatives de 1893

fut relayé par une implantation municipale spectaculaire en 1894. Le radicalisme avait l'avantage de pouvoir critiquer, au nom du programme de Belleville (1869), un opportunisme qui était à la République ce que le Ralliement était à la monarchie. Les radicaux pouvaient encore viser une cible que, précisément, les « progressistes » (ces modérés fabricants d'esprit nouveau) entendaient remiser derrière le buste de Marianne : l'Église, mère à leurs yeux de tous les obscurantismes et de la plus grande hypocrisie politique. Fidèles à leur tactique que le démenti répété des conséquences ne les amenait pas à modifier depuis 1875, les monarchistes pratiquèrent donc l'alliance avec l'autre aile taraudante (le radicalisme) afin de lutter à la fois contre les ralliés et contre les républicains modérés. C'est pourquoi les années 1893-1896 furent celles où la politique du tombeur des ministères (Clemenceau) fit florès et conduisit à l'instabilité ministérielle (tombèrent ainsi les cabinets Charles Dupuy, à deux reprises, Casimir-Perier — par refus de laisser se reconstituer le centre gauche —, Alexandre Ribot — parce que franc-maçon). Cette tactique aboutit à la constitution en novembre 1895 d'un cabinet radical homogène, sous la direction de Léon Bourgeois, où Émile Combes, qui avait 61 ans, fit ses classes comme secrétaire d'État aux Cultes. En foi de quoi, l'esprit nouveau, fustigé par les radicaux, récusé par les monarchistes, ne put s'imposer qu'avec le gouvernement de Jules Méline (avril 1896-juin 1898) qui, constatation faite de ces irréductibles alliances contre nature, rompit le cercle de feu qui enserrait les progressistes en opposant la politique des yeux fermés (retour des congrégations dispersées en 1880-1881 ; réouverture des couvents) à celle des déclarations de principe qui échouaient toujours à la Chambre. « Petit vieillard à l'œil vif » tel que le dépeint le Charles Péguy de *Notre jeunesse*, « front serré, menu, têtu, menton rasé, nez pincé, nez de procureur ou d'avoué..., l'air à la fois finassier et propret, fouinassier et guilleret », Jules Méline, qui avait été plusieurs fois ministre de l'Agriculture, était farouchement protectionniste (adoption en 1892 du double tarif douanier), voulait une France unie qui ne remette plus jamais en question la République. L'apaisement en matière de défense religieuse lui apparaissait comme déterminant.

Quand, en décembre 1897, les partisans de la révision du procès d'Alfred Dreyfus se manifestèrent publiquement, Méline prononça à la Chambre une phrase qui résumait sa stratégie : « Il n'y a pas d'affaire Dreyfus ! » Ce n'était pas nier l'évidence, qui grossissait à l'horizon, mais refuser un débat d'opinion dont il pouvait craindre

qu'il changeât le cours d'une République que la vérité de la défense
des droits de l'homme allait interroger dans ses fondements philosophiques.

Dreyfus était juif et son patronyme n'en faisait pas mystère. Il
était alsacien; il était officier d'état-major où peu de juifs de
confession avérée exerçaient des responsabilités. Il avait 35 ans en
1894. Sa sobriété, son accès, dû à une excellente notation, à un
poste placé sous la responsabilité du commandant Henry — chef
du 2ᵉ bureau — qui filtrait en bon épingleur les hommes propres à
servir, l'étiquetèrent en quelques mois comme l'ennemi public
masqué par un comportement quasi irréprochable. L'Affaire Dreyfus est née d'une information concernant l'artillerie française qui
serait parvenue à l'attaché militaire allemand Schwartzkoppen.
Cette « fuite » ayant été découverte, sur l'opinion propre du
commandant Henry qui ne chercha pas plus loin que son antisémitisme, on procéda à l'arrestation et la mise au secret de
Dreyfus. Devant les réticences du ministre de la Guerre, le général
Mercier, fut lancée une campagne de presse, le 31 octobre 1894,
par l'intermédiaire de *La Patrie* et de *L'Éclair*, à laquelle se mêla dès
le lendemain *La Libre Parole* avec un article fracassant d'Édouard
Drumont. L'armée ainsi suspectée au travers d'un seul homme —
« officier israélite » —, il devenait urgent de le condamner — ce qui
fut fait le 22 décembre 1894 —, de le dégrader — ce qui fut fait le
5 janvier 1895 —, ce qui suscita l'unanimité, du ministre de la
Guerre au chef d'état-major, le général de Boisdeffre, de Charles
Dupuy, président du Conseil « progressiste » pris en étau entre
radicaux et monarchistes, et de Clemenceau à Albert de Mun et
Paul de Cassagnac. Nul ne pensait à gauche qu'il s'agissait d'un
crime politique, ce qui eût posé une question de définition — et le
souvenir du scandale de Panama et des députés achetés était là,
brûlant — sur les fautes impardonnables en République et les
modalité de leurs sanctions. On estimait qu'il s'agissait d'une
affaire disciplinaire vis-à-vis de laquelle l'armée disposait de
moyens spécifiques. Dès le départ, en revanche, les droites virent la
trahison découverte d'Alfred Dreyfus comme l'expression même du
péché originel de la République. Et qu'Alfred Dreyfus fût juif
arrangeait tout le monde. On avait accueilli à bras ouverts les
Alsaciens et les Lorrains qui avaient refusé de devenir allemands
après l'annexion. La famille d'Alfred Dreyfus avait quitté Mulhouse en 1872, alors que celui-ci était âgé de 13 ans. N'était-ce pas
le signe d'une stratégie d'infiltration? Conduite par une race?
Pouvait-on être moins français? La banque juive n'avait-elle pas

abattu la banque catholique, l'Union générale de Bontoux, en 1881 ? Cornelius Hertz, qui avait financé *La Justice* de Clemenceau et facilité le vote des parlementaires pour boucher le trou financier de la construction du canal de Panama, n'était-il pas juif ? Quitte à oublier que le baron de Hirsch avait financé une partie de la campagne boulangiste destinée à donner le trône au comte de Paris... Édouard Drumont, dans *La France juive, essai d'histoire contemporaine*, avait dès 1886 procédé à une sociologie sauvage des influences (et des alliances facilitant celles-là) exercées par les juifs en France. L'Affaire Dreyfus, incontestablement, tendit dans un tel climat idéologique à établir les marges à imposer aux juifs dans la société française. Dans le même temps, les droites, qui stigmatisaient la République depuis près de trente ans, entendaient se montrer plus civiques que leurs adversaires en plaçant l'armée au-dessus de la justice et des lois.

On sait la suite. La déportation en Guyane d'Alfred Dreyfus, dans un lieu insalubre et infamant, à l'île du Diable, ouvrit la porte à la protestation des proches, de minoritaires, de marginaux qui renversèrent la conviction de culpabilité en interrogation sur les fondements de celle-ci.

Leur activité inlassable, déterminée, destinée à réhabiliter Alfred Dreyfus ou à rendre au bouc émissaire une dignité de « juste » allant au-delà de son appartenance à la confession judaïque, c'est-à-dire concernant tout Français, mit le feu aux poudres. Les droites comme les gauches avaient réagi de 1894 à 1898 au nom d'un État de droit qu'aucune philosophie politique n'irriguait plus, sauf celle d'exister par compromissions réciproques. C'est parce que les droites et les gauches tombèrent initialement d'accord sur le traitement de ce qui n'était pas encore l'Affaire Dreyfus (les radicaux et les monarchistes urgeant les progressistes de faire plus que de le condamner, le dégrader, le déporter et l'état-major s'enfermant sans vergogne dans les mensonges) qu'Alfred Dreyfus, suscitant la piété familiale, le doute judiciaire, l'horreur de l'enfer terrestre, mobilisa des individus, cristallisa les énergies inquisitoriales de normaliens (la promotion 1897, notamment) à l'écoute de Lucien Herr et de jeunes aînés (la promotion 1894), tels Charles Péguy ou Albert Mathiez qui opérèrent dans la défense d'Alfred Dreyfus la synthèse entre les droits de l'homme et un socialisme conçu comme « un vaste mouvement d'éducation visant à renforcer les âmes, à donner aux individus les moyens de résister à la pression de la société, à la pression du mensonge d'où qu'il vienne, aux demi-mesures dont une âme forte ne peut se contenter » [30,

**p. 11]**. Avec l'article d'Émile Zola, le 13 janvier 1898, l'Affaire commençait. Elle ouvrait pour les droites une formidable crise de leur identité en République.

En effet, les droites allaient être sollicitées par un commun dénominateur : le nationalisme redéfini, propre à galvaniser leurs sensibilités antirépublicaines. Mais l'autorité des deux grands penseurs nationalistes dont la vocation naîtra dans la France de l'Affaire, Maurice Barrès puis Charles Maurras, suscitera également, par réaction, un reclassement et une offre d'options au verdict du suffrage universel. Les droites entreront alors en idéologie : le nationalisme ambitionnera que les droites soient identifiées à *la* droite, adversaire public, générique et idéologique se déclarant tel. Par là même, les droites naîtront à la vie de partis, dans l'acception moderne du terme, derrière une ligne de démarcation tracée dans la France de l'Affaire et étroitement surveillée des deux côtés.

L'opposition tranchée entre patriotisme et nationalisme, thème majeur de l'histoire de France à partir de 1870, relève pour partie[19] de la querelle nominaliste. Et c'est Charles Maurras qui procédera à la séparation des isotopes avec la définition d'un nationalisme intégral véhiculé par le mouvement de l'Action française. L'Union sacrée, scellée en 1914, prouvera cependant que les deux termes avaient jusqu'alors constitué deux pôles attirés l'un vers l'autre par un spectre de nuances sur une certaine idée de la France, droites et gauches se disputant par rapport à la Révolution le mot de nation en termes de synthèse supérieure ou d'héritage historique.

Dans un premier temps, c'est le refus des termes de ce débat et le rejet d'une époque où l'État républicain innervait l'énergie individuelle qui fait de Maurice Barrès l'écrivain du moi contre la société de son temps.

*Un homme libre* n'affirme-t-il pas, dès 1889 : « Mon être m'enchante quand je l'entrevois échelonné sur des siècles, se développant à travers une longue suite de corps » ? « Coupant sans cesse derrière moi, je veux que chaque matin la vie m'apparaisse neuve et que toutes choses me soient un début » ? Cette totalisation présente de l'histoire [41] constitue pour Barrès le moyen d'échapper à la mort. Et le culte du moi légitimant cette vision indispensable à sa minéralisation dans le temps porte naturellement à un traditionalisme appelé à faire fortune. On voit pourquoi. Ce n'est pas pour rien que Barrès, député boulangiste de Nancy en 1889, âgé alors de 27 ans, fils d'une province française mutilée en 1871, parlant de la terre, de ses morts, métamorphosant la revanche et la

désignation lassante de l'ennemi allemand en appel à l'énergie contre un ennemi intérieur plus subtil — le dépérissement, la décadence —, parlera à une génération qui entendait ne pas parler un langage patriotique divisé sur la question des institutions et de la Révolution. Nationaliste, Barrès ? Certes. Mais peu agitateur, pas doctrinaire. Nationaliste utilitaire, défendant la nationalité française au-dessus du patriotisme cocardier, cherchant « une sorte de conciliation dynamique entre certaines nécessités collectives et l'épanouissement individuel » [41].

Jusqu'à l'Affaire Dreyfus, le nationalisme barrésien fut un mélange de cultes (le moi ; le vrai ; la nation) et de révoltes (contre l'État ; la République) lui conférant un mouvement oscillatoire — entre le bonapartisme, via Boulanger, et l'anarchisme proudhonien, via le socialisme — qui avait la capacité de casser l'opposition droites-gauches. Fédéraliste, régionaliste, l'individualisme barrésien avait imaginé les variétés d'une configuration nationale et les subtilités d'une communauté, incluant le prolétariat, qui pouvait convertir son intellectualité nationale en option française de la modernité. Dès lors qu'il optera, comme beaucoup, après hésitations dont témoigne Léon Blum[20], contre Dreyfus, le barrésisme se solidifiera en nationalisme de l'exclusive, défenseur des institutions établies — qu'il rejetait jusqu'alors —, en chantre de l'armée comme expression nationale de l'énergie, de la fraternité raciale, fondateur d'un esprit de droite où nationalisme et protectionnisme se conjuguant proposeront la réaction nostalgique d'une France triant dans son passé pour légitimer un combat d'arrière-garde. Toutefois, là où Boulanger avait échoué, par pusillanimité et corruption, Barrès échouera par contradiction : il établit un nationalisme des sentiments qui proposait une patrie sans âme. Mais il répandra autour des droites un parfum qui les marquera *à droite*, si peu que les représentants politiques et les électeurs de celle-ci aient lu *Sous l'œil des Barbares* (1888), *L'appel au soldat* (1900) ou *La colline inspirée* (1913).

Car telle est la nature des choses : les idéologies sont les temples barlongs des sentiments collectifs ou bien ne prennent pas forme. Barrès — et il ne faudrait pas, au bout du compte, lui refuser la grandeur littéraire comme lieu de toutes les contradictions de la France après 1898, au miroir des consciences — construisit un temple rond : l'égotisme national. Il s'en faudra de beaucoup que la France des années 1890 soit susceptible de porter à ce culte d'une patrie de vestales — le nationalisme — ce que l'architecte pouvait croire d'utile. Alors, l'énergie nationale sourd, lentement, du réseau

capillaire d'un suffrage universel vivifiant une nation que le rythme des consultations stimule, intéresse, amuse — participation croissante aux élections et rhétorique de plus en plus codifiée — et où l'intellectualisation des débats ne concerne qu'une minorité active, partagée entre l'ironie et l'acharnement. Aucun des chefs historiques des droites n'appréciera, pour ainsi dire, du moins jusqu'aux années 1910, ce dandy dont les termes de la pensée ne relèvent pas de leur culture. Michelet, où Barrès a grappillé, Taine qu'il a étuvé, Nietzsche chez qui il a puisé le principe de l'aventure à tout risque de l'esprit pour le retourner en remède au mal du moi-social français, leur sont absolument étrangers. Avec Barrès naîtra une droite intellectuelle sans relations de connivences avec les droites qui se battent, dans l'arrondissement ou le département, contre la République ou dans la République.

Là où Barrès lit la France à travers son moi, Maurras la fera lire à son époque, quelques années plus tard, à travers un terme voulu remobilisateur : la monarchie, au moment où celle-ci battait de moins en moins monnaie. Et Maurras aura sur Barrès l'avantage d'être le logicien implacable d'un nationalisme suscitant une cohorte — l'Action française fondée en avril 1898, et qu'il rejoint dès janvier 1899, qui, constituée avant la Première Guerre mondiale, grossit des effectifs enivrés d'une victoire à gérer. Le tardillon provençal d'une famille traditionnelle, de six ans l'aîné de Maurice Barrès, est aussi un pessimiste, et, par surcroît, un désenchanté replié sur lui-même par l'accident d'une surdité. Une étude récente [49] fortifie les éléments de parallélisme établis depuis longtemps par l'histoire des idées entre Barrès et Maurras : la passion de l'intelligence critique; le rôle de l'éducation à la liberté dans la société; la conscience aiguë d'une modernité fille de la tradition. Mais il y aura une proposition maurrassienne alors qu'il n'y aura pas à proprement parler de proposition barrésienne : celle d'une synthèse politique (au nom d'ailleurs d'un idéal classique) entre la tradition chrétienne et la société par disjonction entre le surnaturel et le naturel en vertu d'une affirmation rigoureuse du caractère purement temporel du pouvoir. Cette monarchie sourde à la musique sacrée vaudra à Maurras que le journal *L'Action française* soit condamné par Rome en 1926. Mais en cette fin de siècle, à une époque où l'Église était ébranlée par les coups de bélier répétés — et nécessaires— des républicains, l'appel à la cathédrale chrétienne sans autel devait inévitablement frapper les esprits et les cœurs. Certes, chez Maurras, l'autel est remplacé par la nation. Les soutiens de *L'Action française* ne voient pas tous — tant s'en faut —

cette subtilité que masque au demeurant un sens polémique anti-républicain redoutable et jaculatoire. Maurras fera donc une école et introduira les droites dans la nef de l'intelligence de droite, laquelle sera « difficilement assimilable à ceux que les gens de droite trait[aient] dédaigneusement (dorénavant) de primaires », écrira Bernanos. Ainsi naquit — dans et de la France de l'Affaire — un débat ne portant plus sur les héritages mais l'intelligence générale du monde à la veille d'un siècle chargé de tous les désenchantements ou prometteur de tous les espoirs.

PHILIPPE LEVILLAIN

## Bibliographie

*La vie politique.*

[1] MAURICE AGULHON, *La République, 1880 à nos jours*, Paris, Hachette, 1990.

[2] JACQUES BAINVILLE, *La troisième République*, Paris, Fayard, 1935.

[3] PIERRE BARRAL, *Les fondateurs de la troisième République*, Paris, A. Colin, 1968.

[4] J.P.T. BURY et R.P. TOMBS, *Thiers 1797-1877, a political life*, Allen & Unwin, 1986.

[5] PIERRE CHEVALIER, *La séparation de l'Église et de l'École, Jules Ferry et Léon XIII*, Paris, Fayard, 1981.

[6] JEAN EL GAMMAL, « L'utilisation électorale du passé », *Revue historique*, 1981, tome 165, p. 103-130. Également, du même auteur : *Recherches sur le poids du passé dans la vie politique française de 1885 à 1900*, thèse d'État, sous la direction de M. Philippe Vigier, Université de Paris X-Nanterre, 1990.

[7] CHARLES DE FREYCINET, *Souvenirs 1878-1893*, Paris, Delagrave, 1913.

[8] FRANÇOIS GOGUEL, *Géographie des élections françaises sous la IIIe et la IVe République*, Paris, FNSP, 1970.

[9] JACQUES GOUAULT, *Comment la France est devenue républicaine. Les élections générales et partielles à l'Assemblée nationale 1870-1875*, Paris, FNSP, 1954.

[10] HENRI GUILLEMIN, *Nationalisme et nationaux, 1870-1940*, Paris, Gallimard, 1974.

[11] PIERRE GUIRAL, *Adolphe Thiers*, Paris, Fayard, 1986.

[12] PIERRE GUIRAL et GUY THUILLIER, *La vie quotidienne des députés français de 1877 à 1914*, Paris, Hachette, 1980.

[13] DANIEL HALÉVY, *La fin des notables*, Paris, le Livre de Poche, 1974.

[14] DANIEL HALÉVY, *La République des ducs*, Paris, le Livre de Poche, 1974.

[15] GABRIEL HANOTAUX, *Histoire de la France contemporaine, 1871-1900*, Paris, Combet, 1903-1908.

[16] RAYMOND HUARD, *Le suffrage universel en France, 1848-1946*, Paris, Aubier, 1990.

[17] RAINER HUDDEMANN, *Fraktionsbildung im französischen Parlement. Zur Entwicklung des Partiens-system in der frühen Dritten Republik 1871-1875*, Munich, Artemis, 1979.

[18] MARIE-THÉRÈSE et ALAIN LANCELOT, *Atlas des circonscriptions électorales en France depuis 1875*, Paris, A. Colin, 1970.

[19] GEORGES LAVAU, *Partis politiques et réalités sociales*, Paris, Hachette, 1974.

[20] GILLES LE BEGUEC, *L'entrée au Palais-Bourbon : les filières privilégiées d'accès à la fonction parlementaire 1919-1939*, thèse pour le doctorat d'État sous la direction de René Rémond, Université Paris X-Nanterre, 1989.

[21] JEAN-PIERRE MACHELON, *La République contre les libertés ?*, Paris, Presses de la Fondation nationale des Sciences politiques, 1976.

[22] JEAN-MARIE MAYEUR, *La vie politique en France sous la troisième République, 1870-1940*, Paris, Le Seuil, 1984.

[23] JEAN-MARIE MAYEUR, *Les débuts de la troisième République 1871-1898*, Paris, Le Seuil, 1973.

[24] JEAN-YVES MOLLIER, *Le scandale de Panama*, Paris, Fayard, 1991. On n'oubliera pas, évidemment, la grande étude de JEAN BOUVIER, *Les deux scandales de Panama*, Paris, Gallimard-Julliard, 1973.

[25] CLAUDE NICOLET, *L'idée républicaine en France, 1789-1924. Essai d'histoire critique*, Paris, Gallimard, 1982.

[26] PASCAL ORY et JEAN-FRANÇOIS SIRINELLI, *Les intellectuels en France de l'Affaire Dreyfus à nos jours*, Paris, A. Colin, 1986.

[27] PIERRE PIERRARD, *Dictionnaire de la troisième République*, Paris, Larousse, 1968.

[28] ANTOINE PROST, *Vocabulaire des proclamations électorales 1881-1885*, Paris, PUF, 1974.

[29] JEAN QUELLIEN, *Bleus, Blancs, Rouges. Politique et élections dans le Calvados*, Caen, Cahier n° 18 des *Annales de Normandie*, 1986.

[30] MADELEINE REBÉRIOUX, *La République radicale ? 1898-1914*, Paris, Le Seuil, 1987.

[31] RENÉ RÉMOND, *La vie politique en France, II, 1848-1879*, Paris, A. Colin, 1969.

[32] RENÉ RÉMOND, *Les droites en France*, Paris, Aubier, 1982.

[33] ADOLPHE ROBERT, EDGAR BOURLOTON, GASTON COUGNY, *Dictionnaire des parlementaires français*, Paris, Bourloton, 1891.

[34] ODILE RUDELLE, *La République absolue. Aux origines de l'instabilité constitutionnelle de la France républicaine 1870-1889*, Paris, Publications de la Sorbonne, 1982.

## Les droites, idéologie et politique.

[35] MADELEINE BARTHÉLÉMY-MADAULE, *Marc Sangnier 1873-1950*, Paris, Le Seuil, 1973.

[36] JEAN BÉCARUD, *Maurice Barrès et le parlement de la Belle Époque, 1906-1914*, Paris, 1987.

[37] RENÉ DE CASTRIES, duc de, *Le grand refus du comte de Chambord. La légitimité et les tentations de restauration, 1830-1886*, Paris, Hachette, 1970.

[38] CHRISTOPHE CHARLE, *Histoire sociale de la France au XIXᵉ*, Paris, Le Seuil, 1991.

[39] CHRISTOPHE CHARLE, *Les élites de la République 1880-1900*, Paris, Fayard, 1987.

[40] JOSEPH DENAIS, *Un apôtre de la liberté, Jacques Piou*, Paris, La Nef de Paris, 1959.

[41] JEAN-MARIE DOMENACH, *Barrès par lui-même*, Paris, Le Seuil, 1958.

[42] JEAN GARRIGUES, *Le général Boulanger*, Paris, Orban, 1991.

[43] ALBERT O. HIRSCHMAN, *Deux siècles de rhétorique réactionnaire*, Paris, Fayard, 1991.

[44] W.D. IRVINE, *The Boulanger affair reconsidered; royalism, boulangism and the origins of the radical right in France*, New York, Oxford University Press, 1989.

[45] JACQUES JULLIARD, « La politique religieuse de Ch. Maurras », *Esprit*, mars 1958, p. 359-385.

[46] PHILIPPE LEVILLAIN, *Albert de Mun. Catholicisme romain et catholicisme français du Syllabus au Ralliement*, Rome, École française de Rome, de Boccard, 1983.

[47] PHILIPPE LEVILLAIN, *Boulanger, fossoyeur de la monarchie*, Paris, Flammarion, 1982.

[48] ROBERT R. LOCKE, *French legitimist and the politics of moral order in early Third Republic*, Princeton University Press, 1974.

[49] VICTOR NGUYEN, *Aux origines de l'Action française. Intelligence et politique à l'aube du XXe siècle*, Paris, Fayard, 1991.

[50] SAMUEL OSGOOD, *French royalism since 1870*, La Haye, 1970.

[51] JEAN-PIERRE RIOUX, *Nationalisme et conservatisme, la Ligue de la Patrie française, 1899-1904*, Paris, Beauchesne, 1977.

[52] PETER RUTKOFF, *Revanche and revision, The Ligue des Patriotes and the origins of the radical right in France 1882-1900*, Ohio University Press, 1981.

[53] ZEEV STERNHELL, *Maurice Barrès et le nationalisme français*, Paris, A. Colin, 1972.

[54] ZEEV STERNHELL, *La droite révolutionnaire 1885-1914. Les origines françaises du fascisme*, Paris, Le Seuil, 1978.

[55] ZEEV STERNHELL, M. SZNADZER, M. ASHÉRI, *Naissance de l'idéologie fasciste*, Paris, Fayard, 1985.

[56] ROBERT TOMBS, *Nationalhood and nationalism in France, from Boulanger to the Great War, 1889-1918*, Londres, Harper & Collins, 1991.

[57] EUGEN WEBER, *L'Action française*, Paris, Fayard, rééd., 1985.

## CHAPITRE IV

1898-1919
## L'éveil à la modernité politique[1]

L'an 1898 marque incontestablement une césure : la France entre de plain-pied dans l'Affaire Dreyfus, dès le 13 janvier, lorsque Émile Zola publie dans *L'Aurore* de Clemenceau sa lettre au président de la République dans laquelle il dénonce la condamnation du capitaine Alfred Dreyfus comme étant un crime de « lèse-justice ». Son célébrissime *J'accuse* mobilisera membres et rangs de l'intelligence, de la représentation politique, de l'opinion publique enfin. On sait les suites de ce combat dreyfusard : découverte dès l'été 1898 que le « dossier secret » qui avait permis de condamner Dreyfus contenait un faux ; procès rejugé à Rennes par le conseil de guerre en août-septembre 1899 et condamnation du capitaine non plus à la déportation à vie, mais à dix ans de réclusion avec circonstances atténuantes, grâce présidentielle avec remise de peine, dix jours plus tard ; et, pour finir, arrêt de la Cour de cassation, le 12 juillet 1906, cassant sans renvoi le jugement de Rennes. Entre-temps, les gauches avaient procédé à un rassemblement de défense républicaine sous la houlette de René Waldeck-Rousseau, auquel devait succéder le cabinet Émile Combes qui mettrait en œuvre la séparation des Églises et de l'État.

1898 marque donc bien une césure si, à partir de cette date, on dévide le film de l'Affaire Dreyfus. Or, malgré toute son importance et la portée, jusqu'à nos jours parfois, de ses conséquences, l'Affaire, si elle domine la vie politique, idéologique et intellectuelle du pays, ne la résume pas à elle seule. Très vite, en effet, la vie institutionnelle retrouve sa pente : organisation en familles politiques, en sensibilités d'idées, affrontements de personnalités, dynamique religieuse, ancrage de la République dans les idéologies et les esprits, importance accrue des enjeux de politique étrangère.

Débuter en 1898 est à la fois une nécessité, mais également un risque. Car l'arrêt sur image au moment où paraît l'article de Zola rapproche le champ et ne laisse voir, comme grandes masses, que la mobilisation idéologique en termes systématiques, anguleux, exclusifs.

Or, de 1898 à la Première Guerre mondiale, c'est d'abord à la modernité politique que les droites s'éveillent. Modernité politique, c'est-à-dire que le suffrage universel instituant le peuple comme source de légitimité, les droites découvrent qu'à l'ère du nombre elles se doivent d'abandonner, pour la conquête et l'exercice du pouvoir, les formes traditionnelles d'organisation notabilitaire afin de s'initier et d'inventer des formes contemporaines de rassemblement partisan, de mobilisation des milieux professionnels, à la périphérie de la sphère politique, de propagation des idéologies et doctrines par la presse et les revues. L'éveil, qui parfois implique une véritable acculturation, se fera difficilement; mais c'est de cette époque que date l'adhésion au pacte républicain non plus d'hommes de droite, mais de sensibilités politiques entières qui tentent, avec un inégal bonheur, de retrouver les chemins de l'influence au sein d'une démocratie consolidée et de plus en plus largement acceptée. C'est au tournant du siècle que les droites commencent à bâtir les structures fondamentales d'une modernité politique qui définit aujourd'hui encore leur identité.

# I. LES ÉLECTORATS DE DROITE : RAPPROCHEMENT OU JUXTAPOSITION ? 1902-1914[2]

Pendant les premières décennies de la troisième République, le clivage entre gauches et droites avait été, aux yeux des hommes politiques comme des électeurs, associé à des considérations sur la nature du régime. La ligne de séparation traditionnelle passait donc entre républicains et monarchistes. Même si les premiers ne s'accordaient pas toujours, il s'en faut, et si les seconds étaient divisés, la vie politique s'ordonnait autour d'un affrontement bipolaire assez simple, notamment à l'occasion des élections législatives. Mais progressivement, ce clivage perdit de son importance, tout en restant ancré dans les réflexes politiques. En effet, la crise boulan-

giste fit apparaître un type nouveau de critique du régime, et les élections de 1893 entraînèrent l'effondrement des droites traditionnelles et une poussée socialiste importante. D'une certaine manière, l'Affaire Dreyfus brouilla plus encore les cartes. Elle conduisit aussi à une redistribution des données, deux blocs s'opposant à partir de 1899 : socialistes, radicaux et centre « waldeckiste » d'une part; centre « méliniste », nationalistes et monarchistes de l'autre.

Une fois présenté ce rappel sommaire, il s'agit de prolonger la réflexion au-delà des premières élections législatives qui suivirent la formation du bloc de défense républicaine, pour voir comment, à la fois sur le plan électoral et à l'échelle des états-majors politiques, a pu s'effectuer un rapprochement, et s'il s'est maintenu. En d'autres termes, peut-on véritablement parler d'un bloc de droite, et quel poids idéologique et politique lui attribuer? A ces questions, peu explorées en détail, on tâchera d'apporter des éléments de réponse, en examinant deux périodes entre lesquelles on n'observe d'ailleurs pas de solution de continuité. La première, en quelque sorte classique, est comprise entre 1902 et 1906, sous le signe de l'« Antibloc ». La seconde, moins aisée à définir, s'étend jusqu'à la guerre.

A l'approche du premier scrutin du XX$^e$ siècle, les droites forment un ensemble divers. Apparemment, il y a peu en commun entre les amis de Jules Méline et Alexandre Ribot, républicains d'origine pour la plupart, les ralliés — rassemblés pour l'essentiel autour de Jacques Piou —, les nationalistes liés aux diverses ligues de droite et les tenants, bien affaiblis, de l'empire ou de la royauté. Certes, Méline, président du Conseil de mai 1896 à juin 1898, avait été accusé, notamment par les radicaux, de faire le jeu de la droite, et, durant la phase la plus aiguë de l'Affaire Dreyfus, des rapprochements s'étaient esquissés, notamment entre partisans des ligues et monarchistes. Mais en 1902, après l'énergique reprise en main effectuée par le ministère Waldeck-Rousseau, le temps des complots, réels ou supposés, est révolu. Pour les « antiministériels », il s'agit de tenter de convaincre les électeurs en utilisant avant tout la question religieuse, après les mesures prises contre les congrégations.

Malgré un écart assez faible en voix (environ 300 000), le Bloc des gauches l'emporte nettement sur ses rivaux, avec environ 350 sièges contre 250. Les progressistes de Méline et Ribot détiennent la moitié des sièges de la droite — mais ont perdu

environ 50 % de leurs sièges de 1898, en partie à cause de la scission avec les « waldeckistes ». Les autres courants cités plus haut se partagent le reste. Pour compléter ces résultats, d'ailleurs difficiles à présenter exactement [28, p. 185-187], quelques remarques s'imposent, à propos de l'« Antibloc » au lendemain du scrutin de mai 1902.

Tout d'abord, son assise électorale est géographiquement assez dispersée, en raison de sa composition politique : aux zones catholiques conservatrices traditionnelles s'ajoutent des circonscriptions urbaines (notamment à Paris, seule ville où la Ligue de la patrie française remporte un véritable succès [36, p. 97-98]), ainsi qu'une partie du Nord-Est « méliniste[3] ». De ce fait, les adversaires du Bloc, enraciné de manière plus homogène, apparaissent encore moins soudés. De toute façon, leur défaite est suffisamment nette pour qu'ils semblent dépourvus d'une véritable capacité d'initiative, d'autant que la mobilisation n'a pas été complète chez les catholiques[4] et que la Ligue de la patrie française commence à s'user. Les nationalistes représentent toutefois une menace suffisamment voyante, sinon réelle, pour que le nouveau ministère, dirigé par Émile Combes, se sente encore plus disposé à accentuer l'anticléricalisme de la majorité. La politique combiste, du reste, amène les antiministériels à tenter de mieux s'organiser. L'Action libérale populaire, officiellement constituée au lendemain des élections, ne tarde pas à essaimer et à organiser des campagnes de protestation[5]. Mais au centre droit, les préoccupations ne sont pas identiques.

Jusqu'à la fin de 1903, les amis de Méline et de Ribot ne disposaient pas d'organisation politique importante, même si les progressistes avaient mis en place diverses structures d'ordre parlementaire et associatif. En novembre est créée la Fédération républicaine. Or, très symptomatiquement, elle refuse d'être classée à droite, et son leader, Eugène Motte, souligne qu'elle doit être dirigée par des républicains éprouvés, en relevant que l'Action libérale populaire est composée d'hommes tard venus à la République[6]. Ces discordances ne facilitent guère la fusion électorale, d'autant que l'Action libérale est elle-même en butte aux critiques des monarchistes, à cause de rivalités politiques concernant la forme du régime et pour des raisons en partie financières.

Plus que les élections municipales de 1904 — qui voient à Paris un revers de la coalition des droites — c'est le scrutin législatif de 1906 qui constitue le rendez-vous électoral décisif pour les adversaires du Bloc. Celui-ci, il est vrai, avait commencé à se lézarder,

Combes ayant été amené à démissionner en janvier 1905. Toujours est-il que la loi votée en décembre 1905, en témoignant d'une certaine volonté d'apaisement, a placé en porte à faux les contempteurs les plus virulents de la séparation. Certes, la crise des inventaires suscite une certaine mobilisation dans les régions les plus catholiques [27, 11], mais la résistance ne sert qu'en partie les intérêts des droites. D'ailleurs, le thème de la défense catholique, surtout lorsqu'il conduit à des affrontements, ne convient guère à la Fédération républicaine[7]. De manière plus générale, a-t-il permis de rassembler les électeurs de droite?

A cette question, il faut certes se garder de donner une réponse trop catégorique. Mais le résultat d'ensemble est significatif. Par rapport à 1902, les diverses droites ont perdu environ 300 000 voix et dû abandonner 70 sièges. Parmi les adversaires du Bloc, les progressistes sont particulièrement atteints : ils passent de 125 à une soixantaine de sièges[8]. Les nationalistes, affaiblis par le repli des ligues, n'ont plus que 31 députés contre 43 et l'Action libérale 31 contre 35 [28, p. 213]. Paradoxalement, en apparence, seuls les conservateurs traditionnels progressent légèrement (de 41 à 50 élus) grâce à leurs bastions de l'Ouest. Au travers des chiffres collationnés par André Siegfried, on constate qu'alors que les droites, de 1902 à 1906, restent à peu près stables dans la zone étudiée (47 à 46 % des inscrits), la « droite pure », composée de royalistes et de « cléricaux purs », augmente sa part, puisqu'elle atteint 32 %, contre 27 en 1902[9]. En l'absence d'études très détaillées, il est difficile d'aller plus loin dans le commentaire. Il reste qu'une nouvelle fois, la défaite des adversaires du Bloc — dont Clemenceau, ministre de l'Intérieur du cabinet Sarrien, avait il est vrai vigoureusement soutenu les candidats — avait fait ressortir leurs divisions et leur faible capacité d'initiative. L'opinion était apparue dans sa majorité assez indifférente aux polémiques sur la séparation, ne constatant pas d'entrave majeure à la liberté religieuse.

S'ouvrit alors une période de relatif apaisement entre gauches et droites — mais aussi de confusion pour les états-majors et leurs électeurs. En effet, les échecs successifs avaient de quoi décourager bien des hommes de droite, et ne manquèrent pas de susciter des polémiques, notamment contre Jacques Piou, taxé de mollesse et de complaisance par *L'Autorité*, journal des fils de Paul de Cassagnac, dans lequel écrivait le député royaliste Jules Delahaye, et dans les colonnes de *L'Action française*. Les perspectives semblaient d'autant plus incertaines que la période de forte tension relative aux ques-

tions religieuses s'estompait. Les débats roulaient plutôt sur la question sociale, et si des affrontements se produisirent, ils mettaient aux prises Clemenceau et le mouvement ouvrier. Du fait de son inflexibilité à l'égard de ce dernier, le président du Conseil n'était pas sans procurer quelques satisfactions aux droites — notamment aux progressistes, les plus opposés aux réformes sociales [39, p. 96] — mais il ne recherchait guère leur appui, qui eût pu le compromettre. Il est vrai que lorsque des radicaux s'éloignèrent de Clemenceau, l'absence de soutien de la droite contribua à provoquer sa chute [28, p. 215].

Avec Aristide Briand, une certaine ouverture se dessine. C'est du moins ce que suggère le célèbre discours de Périgueux du 20 octobre 1909[10]. Mais les forces de droite — que rapproche, il est vrai, leur souhait de voir introduite la représentation proportionnelle — demeurent divisées. Les élections de mai 1910 ne permettent pas de dégager de tendance très affirmée, au rebours des précédentes. Le caractère composite de la nouvelle Chambre, où siègent environ 150 députés de droite, dont la moitié de progressistes [*idem*, p. 222] suscite quelques espoirs chez ces derniers, qui connaissent un léger redressement alors que s'effondrent conservateurs et nationalistes et que stagne l'Action libérale. Mais le centre droit ne tarde pas à connaître une scission, au début de 1911, Joseph Thierry, président de la Fédération depuis 1906, n'acceptant pas — ou plus — d'être associé à des républicains jugés peu authentiques, et entraînant une trentaine de députés qui forment le groupe de l'« union républicaine ». Quelque deux ans plus tard, Ribot — devenu sénateur en 1909 —, à son grand désappointement, est nettement devancé par Poincaré lors des votes qui préludent à l'élection du président de la République. Alors que les nationalistes et les conservateurs traditionnels n'occupent plus du tout le devant de la scène parlementaire, les progressistes, un peu moins déliquescents, ne font plus guère figure que de force d'appoint, néanmoins utiles au centre et à une partie des radicaux lors du vote de la loi de trois ans. Les droites, durant cette période, apportent un soutien hésitant et limité à Aristide Briand, Raymond Poincaré et Louis Barthou : mais ceux-ci ne s'en soucient guère[11].

Lors des élections législatives de mai 1914, les forces de droite, qui se sont d'ailleurs montrées peu offensives [3, p. 68], enregistrent un nouveau revers, avec moins de 3 millions de voix et seulement 121 députés (dont près du tiers de non-inscrits, plus nombreux que les progressistes de la Fédération républicaine [28, p. 230-231]). Il est vrai que beaucoup des amis de Joseph Thierry

avaient tout bonnement rallié l'Alliance républicaine démocratique, c'est-à-dire le centre gauche. En fait, à la veille de la guerre, les droites parlementaires — l'observation vaut aussi pour le Sénat — semblaient privées de leur spécificité. Leur inertie apparente fait à la fois ressortir l'activisme de l'Action française et le glissement à gauche qui s'est manifesté lors du scrutin. Il est d'ailleurs significatif qu'Alexandre Ribot, désigné en juin par Poincaré pour former un cabinet, ait été renversé sur-le-champ par la Chambre.

De ce qui précède, un schéma relativement clair se dégage. L'« Antibloc » ne s'est jamais constitué très solidement, et n'a jamais suscité, après 1902 tout au moins, de véritables inquiétudes à gauche. Certes, le Bloc s'est désagrégé, et un certain mouvement vers le centre s'est dessiné dans les années 1909-1913. Mais les droites n'ont jamais pu ou su tirer parti de l'évolution de la conjoncture, notamment en raison de l'opposition, feutrée mais irréductible, entre républicains de souche et adversaires du régime. A la base, ou en tout cas chez les électeurs, les aspirations à l'union n'étaient pas suffisantes pour modifier cette donnée fondamentale. Les parlementaires de droite entendaient surtout défendre leur pré carré. De plus, les leaders progressistes, comme Méline et Ribot, étaient fort âgés. Lassés de l'agitation des campagnes électorales, ils avaient trouvé refuge au Sénat, où, quoique respectés, ils s'éloignaient des principaux circuits politiques. Au total, les droites, entre 1902 et 1914, n'exercèrent qu'une séduction limitée sur leur électorat qui ne se vit présenter aucun programme d'ensemble, et qui, s'érodant progressivement, ne resta qu'en partie fidèle à des notables souvent soutenus par le clergé. Ainsi, plus que de coalition, c'est de juxtaposition des droites qu'il convient de parler, surtout pour la fin de la période : la perspective d'un conservatisme à la française demeurait fort éloignée, lorsque la guerre survint.

## II. L'HEURE DES ORGANISATIONS

Les désunions électorales ne sauraient toutefois faire oublier l'ampleur de l'effort accompli par les hommes politiques de droite et par les personnalités proches de milieux conservateurs, nationalistes ou progressistes (républicains modérés hostiles au ministère

Waldeck-Rousseau et aux orientations prises au cours de l'été 1899) en vue de regrouper les énergies (cf. ci-après tableau I).

On ne peut tout ramener à l'« Affaire » et à ses conséquences immédiates. L'histoire du mouvement de regroupement reflète de manière assez fidèle, certes, l'histoire du camp des adversaires les plus déterminés de la révision du procès, de leurs espoirs, de leurs manœuvres et de leurs échecs. Mais, pour le reste, le jeu des effets et des causes obéit à des schémas plus complexes. Le développement des associations de défense professionnelle a sa logique propre, en grande partie indépendante des soubresauts de la vie publique. Les échéances électorales (1898, 1902 et 1906) continuent de commander, davantage peut-être encore que par le passé, les principales phases de coagulation des forces politiques. Surtout, on voit apparaître deux autres temps forts, à égale distance, ou presque, des crises du printemps et de l'été 1899 : le milieu de la législature 1893-1898, saison des prises de conscience et des premières tentatives pour adapter l'ancien dispositif aux changements récemment survenus (la persistance de l'antiparlementarisme, la poussée électorale du socialisme, le Ralliement), la période combiste, avec l'exaspération des craintes de tous ordres et de l'intériorisation des règles de comportement imposées par le nouveau partage du territoire politique entre la droite et la gauche.

Il importe, en second lieu, de bien mettre en valeur la généralité du phénomène. Pour des raisons qu'il serait un peu fastidieux de développer ici, l'historiographie a eu tendance à privilégier les deux pôles naturels d'organisation qu'ont été le catholicisme social et le nationalisme militant. Cette curiosité sélective a abouti trop souvent à considérer le monde libéral et modéré comme une vaste zone de dépression dans laquelle régneraient sans partage l'individualisme aveugle et la foi naïve dans l'intervention bienfaisante des notables.

On dispose aujourd'hui des éléments nécessaires pour corriger ces analyses réductrices. Les purs libéraux, attentifs à ne pas séparer les valeurs du libéralisme politique du message intellectuel de l'économie classique, ne dédaignaient pas de prêter attention aux efforts déployés pour donner une meilleure cohérence à la défense des intérêts particuliers : tout à fait éloquente est à cet égard la lecture du *Monde économique*, le journal de Paul Beauregard, professeur à la Faculté de droit de Paris, député progressiste, secrétaire général puis vice-président de la Ligue des contribuables, président depuis 1906 de l'Union du commerce et de l'industrie pour la défense sociale[12]. Les esprits plus « politiques » — un

Charles Benoist, par exemple, dont il sera longuement question un peu plus loin — cherchaient à rendre vie à la vieille philosophie libérale de l'association ; ils se posaient gravement le problème de la représentation des intérêts, tentaient, avec un inégal bonheur, d'apprivoiser le thème positiviste de l'organisation et regardaient beaucoup en direction des pays étrangers : l'Allemagne, la Grande-Bretagne et la petite Belgique, qui faisait de plus en plus figure de nation modèle. Sur un plan pratique, des institutions comme la Société d'économie sociale — qui recrutait bien au-delà des milieux directement influencés par le catholicisme social — ou le Musée social consacraient une part considérable de leur activité à l'étude des groupements et des associations en tout genre, invitant les élites à prendre place au sein de ce vaste mouvement. Elles furent, dans des domaines très divers, des centres d'impulsion et des viviers de responsables nationaux.

Peut-être convient-il, au terme de cette rapide introduction, de s'attarder sur le cas exemplaire de Georges Picot. Gendre du comte de Montalivet, ancien collaborateur de Dufaure place Vendôme, magistrat démissionnaire, Georges Picot (1838-1909) était le type même du grand bourgeois éclairé, formé à l'école de l'Union libérale des années d'opposition au second Empire. Rallié dès l'origine, et sans réserve, à la république conservatrice de Monsieur Thiers, Georges Picot était également un défenseur intransigeant des libertés religieuses, toujours prêt à dénoncer le retour aux errements du jacobinisme. Peu à peu, il avait acquis la stature d'une sorte de guide intellectuel et moral, admirable par ses réussites académiques (membre de l'Institut dès 1878, secrétaire perpétuel de l'Académie des sciences politiques depuis 1896), l'abondance de son œuvre, la fermeté de son caractère et la façon bienveillante dont il accueillait les représentants de la nouvelle génération. A ces éléments traditionnels de l'influence et du prestige, il faut toutefois ajouter la multitude des occasions offertes par l'immense effort de présence au sein des associations. Georges Picot fut un responsable politique, membre du comité directeur de l'Union libérale républicaine du bâtonnier Barboux et du premier conseil général de la Fédération républicaine. Il fut le président fondateur, en 1888, de la Société des études pour la représentation proportionnelle et continuera longtemps de batailler en faveur d'une modification des règles du jeu électoral, secondant, en particulier, Yves Guyot à la tête de la Ligue pour la RP. Familier des réunions de la Société d'économie sociale, Georges Picot exerce les fonctions de président d'honneur des Unions de la paix sociale

TABLEAU I

*Le regroupement des énergies de droite*

1891 Union fraternelle du commerce et de l'industrie (Léon Harmel).

1892 Union libérale républicaine (bâtonnier Barboux).

1893 Comité de la gauche libérale (Félix Roussel, Charles Jonnart).
Comité central de la droite républicaine (prince d'Arenberg, Jacques Piou, général de Frescheville).
Comité d'action électorale catholique.

1894 Comité de défense et de progrès social (émanation de la Société d'économie sociale).
I^er Congrès national des Syndicats agricoles.
I^er Congrès national de la Jeunesse royaliste (Roger Lambelin).
I^er Congrès de l'Union de la propriété bâtie (Lyon).

1895 Inauguration du Musée social (comte de Chambrun).

1896 Fédération électorale (Émile Lamy).
Élection du marquis Charles-Melchior de Vogüé à la présidence de la Société des agriculteurs de France.

1897 Union du commerce et de l'industrie pour la défense sociale.

Comité national républicain du commerce et de l'industrie (Expert-Bezançon).
Société d'économie politique nationale (Eugène Touron).
Reconstitution de la Ligue des patriotes (Paul Déroulède, Gauthier de Clagny).
Reconstitution de la Ligue antisémitique de France (Jules Guérin).

1898 Comité d'Action française (Vaugeois, Pujo).
Fédération des contribuables (Édouard de Marcère et Jules Kergall).

1899 Ligue des contribuables (Jules Roche).
Ligue de la patrie française.
Comité catholique pour la défense du droit.
Alliance des républicains progressistes (Alliance Méline).
Élection de Henri Bazire à la présidence de l'ACJF.

1900 Union des industries métallurgiques et minières.
Jeunesse antisémite et nationaliste.

1901 Action libérale populaire (Jacques Piou).
Ligue des femmes françaises.
Union d'études des catholiques sociaux (Henri Lorin).
Parti national antijuif.

1902   Ligue de la liberté d'enseignement (bâtonnier Rousse).
Appel du comité catholique pour la défense du Droit en faveur des congrégations religieuses.
Ligue patriotique des Françaises.
Jeune garde du Sillon.
Fédération nationale des jaunes de France (Pierre Biétry).

1903   Fédération nationale des étudiants (Georges Maurisson).
Fédération républicaine progressiste (Eugène Motte).
Association franciscaine.
Fédération des industriels et commerçants français (André Lebon).
Comité central de l'appel au peuple (marquis de Dion).

1904   Ire réunion des Semaines sociales (Lyon).
Élection d'Antoine Guillain à la présidence du Comité des forges.
Fédération de la jeunesse libérale (ALP).

1905   Ligue d'Action française.
Entente nationale.
Réorganisation de l'Union centrale des syndicats agricoles.

1906   Institut d'Action française.
Ligue de Résistance des catholiques français (Frères Cassagnac).
Groupe de l'énergie française (André Chéradame).
Ligue française antimaçonnique (Copin-Albancelli et Paul Driant).

Eugène Motte quitte la présidence de la Fédération républicaine.

1907   Association d'études fiscales et sociales (Maurice Colrat).
Association professionnelle de la presse républicaine (René Salles).
Association nationale des conférences (Jacques Drake).
Ligue de l'accord social (Firmin Bacconnier).

1908   Organisation des Camelots du roi.
Secrétariat des droites (comte de Larègle).
Parti propriétiste (Pierre Biétry).

1911   Union des Associations catholiques des chefs de famille (Jean Guiraud).
Cercle Proudhon.

1913   Ligue franc-catholique (Monseigneur Jouin).
Fédération des jeunesses républicaines libérales et patriotes (ALP).
Élection de Désiré Ferry à la présidence de l'Union des étudiants républicains de Paris.

1914   Ligue française.
Élection de Charles Benoist à la présidence de la Fédération républicaine.
Association républicaine nationale des jeunes (Gaston Dumesnil).
Élection de Maurice Barrès à la présidence de la Ligue des patriotes.

du département du Nord et participe, aux côtés de son ami Anatole Leroy-Beaulieu, à la création du Comité de défense et de progrès social (1894). On le retrouve au bureau de la Ligue nationale de décentralisation du sénateur Édouard de Marcère, au conseil de direction de la Société d'études législatives, à l'état-major de la puissante Ligue de la liberté de l'enseignement (1902). Il est des premières équipes du Musée social, responsable, notamment, de la section des « institutions patronales ». Mêlé au monde des affaires, il suit avec attention les travaux de l'Union de la propriété bâtie, présidant, par exemple, le congrès tenu à Lyon en 1894.

Il y aurait lieu, sans doute, de s'interroger plus avant sur la nature d'une sociabilité encore très marquée par les modèles et les pratiques de type notabilitaire. Candidat malheureux lors de plusieurs consultations électorales, maire d'une modeste bourgade de Seine-et-Oise, Georges Picot a certainement reporté sur les associations une part de l'énergie qu'il aurait préféré dépenser dans la vie publique elle-même. Mais le zèle déployé et l'intelligence des choix effectués restent impressionnants.

## LES ASSOCIATIONS POLITIQUES

L'histoire des associations politiques de droite s'inscrit dans un cadre plus général : montée en puissance des organisations au cours de la période 1896-1906, avec trois avancées principales, correspondant en gros aux années 1896-1898, à l'année décisive 1901-1902 et à la veillée d'armes précédant la confrontation de 1906 ; reflux et dispersion de l'ère Clemenceau (1906-1909) et des beaux jours de l'apaisement briandiste (1909-1911) ; restructuration des années de l'immédiat avant-guerre. Cette chronologie est commune à la droite et à la gauche, la différence majeure tenant au fait que la gauche entre alors plus aisément dans une logique aboutissant à reconnaître au parti le rôle de centre d'organisation privilégié[13]. Telle est d'ailleurs l'impression qui prévaudra très largement au terme du processus de regroupement, c'est-à-dire au moment de l'échéance électorale du printemps 1914[14].

Nombre de particularités de l'histoire des associations de droite par rapport à la dynamique d'ensemble touchent à la fois aux conditions, aux modalités et aux rythmes du développement.

Le premier élément de perturbation est dû aux contrecoups de

l'agitation ligueuse des années 1897-1899 et aux effets de la politique de répression décidée par le gouvernement de défense républicaine de Waldeck-Rousseau. Ces mesures de sauvegarde de l'ordre constitutionnel frappaient, pour l'essentiel, les groupes et les réseaux les plus compromis dans les violences et les complots du printemps 1899 : la Ligue des patriotes de Paul Déroulède, la Ligue antisémitique de Jules Guérin, les avant-gardes militantes du vieux camp monarchiste (la Jeunesse royaliste notamment). L'œuvre de répression visait davantage les chefs que les structures considérées en tant que telles. Elle n'avait pas la prétention de venir à bout de tous les foyers de contestation allumés par l'anti-dreyfusisme combattant. Mais le « parti » nationaliste n'en a pas moins été décapité. Avec ses quelque 30 000 adhérents, la Ligue des patriotes était, vers 1898-1899, la force politique qui ressemblait le mieux à ce qu'on appellera bientôt une « organisation de masses »; la condamnation et l'exil de Déroulède précipitèrent le déclin d'un mouvement promptement réduit aux rôles de porteur de symboles et de troupe auxiliaire. Plus grave peut-être encore : la première grande expérience de militantisme politique collectif débouchait sur un fiasco retentissant[15].

En théorie, la déconfiture des ligues aurait pu lever une hypothèque et laisser le champ libre au développement de formations de type parlementaire. De fait, l'évolution d'un certain nombre de cadres du mouvement nationaliste des années 1897-1899 a bien montré qu'il n'existait aucun fossé entre la tradition protestataire incarnée par Déroulède et une action politique menée dans le cadre du jeu électoral et parlementaire; le double exemple de Marcel Habert et d'Henri Galli — les plus proches lieutenants du président de la Ligue des patriotes — est tout à fait révélateur de ce point de vue, même si les deux hommes ont veillé jalousement sur leur indépendance à l'égard des partis constitués. Mais les secousses de la fin du siècle avaient été trop fortes pour que les droites raisonnables puissent tranquillement récupérer les énergies du militantisme ligueur. Affaiblie, la Ligue des patriotes n'avait pas entièrement sombré, maintenant des réseaux d'amitiés et quelques solides points d'appui, à Paris en particulier. La Ligue de la patrie française, fondée au début de l'année 1899, aurait pu recueillir le gros de l'héritage : elle s'en révéla incapable, faute d'avoir trouvé les moyens d'une honnête concertation avec les débris des anciennes ligues, faute surtout d'avoir pu dégager un compromis entre les éléments activistes et les tenants d'une ligne conservatrice beaucoup plus prudente. Devenu manifeste dès 1902-1903, l'échec

de la Patrie française engendra finalement un état de confusion [40, 36]. Le flambeau du nationalisme antiparlementaire est repris par une myriade de petits groupements, plus ou moins éphémères, implantés principalement dans le monde de la jeunesse estudiantine. Parallèlement, les organisations néo-royalistes (l'Action française) ou néo-plébiscitaires (l'Union de la jeunesse plébiscitaire) captent à leur profit une partie des espoirs déçus du mouvement protestataire de 1897-1899. L'Action libérale populaire sert enfin de structure d'accueil à un certain nombre de responsables formés dans le cadre des ligues (le cas le plus célèbre est sans doute celui de Clément Villeneau, futur député de la Charente-Inférieure), reprend à son compte des thèmes de propagande et des modes d'organisation, utilise — à Paris ou dans l'Est notamment — les demi-solde de l'activisme ligueur comme masse de manœuvre. Mais le grand parti de la droite catholique était lui-même trop hétérogène et trop incertain de ses intentions sur le long terme pour fixer une clientèle aussi impatiente. Sur l'ordre des priorités et sur la place dévolue à l'association politique elle-même, l'accord était d'ailleurs loin d'être réalisé entre les fils du Ralliement et les porte-parole du nationalisme *stricto sensu*.

Une deuxième différence entre les droites et les gauches est liée à l'élection décisive de 1906. Un peu partout, la fin de la bataille a donné le signal d'un relâchement durable de l'effort d'organisation, les deux principales exceptions étant ici celles du Parti socialiste et de l'Action française. Mais un des deux camps, celui du Bloc, avait remporté la victoire. Les droites, elles, avaient perdu.

L'heure était donc venue de réfléchir sur le bien-fondé d'une stratégie (celle de l'Antibloc) et sur les avantages réels de la méthode choisie (le développement des organisations centrales). On manque, il faut le reconnaître, de travaux solides sur cet examen de conscience, qui semble avoir surtout concerné les droites parlementaires, c'est-à-dire les progressistes et, à un moindre titre, les catholiques de l'ALP. Il est clair, en tout cas, que le désir de sortir de la logique décevante de l'Antibloc a été de pair avec une méfiance à l'égard des organisations lourdes et à un mouvement de retour vers des formules plus souples et plus décentralisées : équipes de propagande réunies autour des journaux d'opinion, groupes de pression agissant à la frontière du monde économique et du monde politique, groupes et amicales parlementaires, etc. Un exemple étonnant de cette vogue des anciens modèles est fourni par la cascade d'initiatives prises, autour de l'année 1907, du côté progressiste : quelques-uns des publicistes qui avaient participé à

l'édification des premiers appareils centraux — un René Salles, secrétaire général de l'Association nationale républicaine, ou un Jacques Quantin, ex-collaborateur d'Eugène Motte à la Fédération républicaine — consacrent alors l'essentiel de leur énergie à l'animation de bulletins-correspondances destinés à la presse locale et départementale. La *Correspondance d'union républicaine* ou le bulletin de l'Association professionnelle de la presse républicaine — créé par René Salles en 1907 — ramènent ainsi une bonne vingtaine d'années en arrière.

Cette pause prolongée explique en partie pourquoi les droites sont restées en retrait, vers 1911-1914, quand le vent a de nouveau soufflé dans le sens de l'acceptation des disciplines collectives et du développement des groupements politiques bien charpentés. Un certain nombre d'initiatives ont été prises du côté des associations de jeunesse ou des équipes issues des associations de jeunesse en particulier. Mais l'entreprise de consolidation des structures établies a été menée de façon hésitante, le contraste étant ici assez net avec ce qui s'est passé dans le secteur de l'ex-Bloc des gauches : républicains de gauche, en train de glisser alors, il est vrai, vers des positions de centre droit, radicaux et socialistes. A droite, la rénovation se traduit surtout par la relève des hommes : installation du tandem Charles Benoist-Maurice Halay à la tête de la Fédération républicaine, montée en puissance des équipes réunies autour de l'ancien président de l'Association catholique de la jeunesse française, Henri Bazire, au sein des états-majors de l'ALP, élection de Maurice Barrès, en juillet 1914, à la présidence de la Ligue des patriotes, émergence d'une nouvelle génération de responsables dans la nébuleuse des organisations plébiscitaires.

Demeure le cas, à tous égards particulier, de l'Action française. La courbe de son développement ne doit rien, en effet, à cette chronologie en trois temps dont il vient d'être question : de la fondation du Comité d'Action française (avril 1898) à la prise de contrôle du vieil appareil royaliste (à partir de l'automne 1911), en passant par la création de la Ligue (printemps 1905), de l'Institut d'Action française, de la Fédération des étudiants, et par l'organisation des Camelots du roi (automne 1908), il y a une progression pratiquement ininterrompue. De ce point de vue précis, l'histoire de l'Action française présente d'évidentes similitudes avec celle du jeune Parti socialiste.

Mais la comparaison ne peut pas être poussée beaucoup plus loin. La Section française de l'Internationale ouvrière a cherché à mettre en avant une conception originale de l'organisation poli-

tique, expérimentant avec plus ou moins de bonheur, de nouvelles méthodes d'animation et d'encadrement. Globalement, toutefois, cet effort s'inscrivait dans une continuité d'ensemble, et les succès enregistrés par les amis de Jaurès ont encouragé — à droite, au centre et à gauche — ceux qui faisaient confiance aux partis et qui plaidaient la cause de leur perfectionnement. Maurras et l'Action française proposaient, quant à eux, quelque chose de très différent : l'édification d'une contre-société politique et la constitution, à travers tout un monde de publications, de groupements militants, de cercles d'études et de réseaux inégalement structurés, d'un vaste bloc de pression idéologique. Ce modèle d'organisation reposait sur un étonnant mélange d'archaïsme et de modernité. La réussite relative de l'entreprise était une invite à mépriser les règles et les contraintes du jeu institutionnel ; elle débouchait sur un véritable processus de délégitimation intellectuelle des formes classiques de l'association politique : groupes parlementaires, comités électoraux et partis. C'était là une rupture de grande portée, y compris à l'égard de la tradition des ligues antiparlementaires, des mouvements plébiscitaires et des appareils du vieux royalisme, lesquels avaient fonctionné et continuaient encore de fonctionner, comme des viviers d'élus nationaux et d'animateurs de campagnes électorales.

## LES GROUPEMENTS DE DÉFENSE

Quand on examine le cas des droites, il est assez tentant de mettre en valeur le contraste entre, d'une part, les difficultés d'implantation des partis — voire de l'ensemble des organisations attachées à la poursuite d'objectifs de nature essentiellement politique — et, d'autre part, le relatif dynamisme des groupements de défense. Il faut entendre par là les diverses associations qui œuvrent sur les marges du système politique et qui luttent pour une cause d'un ordre très général (la « Patrie », l'« Armée », la « Religion », l'« Ordre social », la « Propriété », etc.), cette noble ambition n'étant nullement exclusive de la prise en charge d'intérêts particuliers (comme, par exemple, la défense des congrégations religieuses ou — dans une sphère différente — la défense des « contribuables »).

De là à réfléchir à la lumière de la théorie des vases communi-

cants ou à établir une relation de cause à effet, il n'y a qu'un pas. Et, pour tout dire, ce modèle d'interprétation en vaut bien un autre.

La principale précaution à prendre est de ne pas perdre de vue la singularité de la période 1899-1914 et d'accorder toute son importance au jeu des reclassements politiques. La mobilisation des énergies dans le cadre des groupements de défense a rempli une double fonction : renforcer la cohésion d'un camp — celui de l'Antibloc — que toutes les cicatrices d'une histoire très récente auraient plutôt eu tendance à maintenir dans un état de division ; éviter le processus de marginalisation et chercher à entamer, en se battant sous le drapeau de l'intérêt commun, la détermination du camp adverse. Les grandes batailles de 1899-1906, on l'a souvent répété, ont reflété le durcissement de l'antagonisme entre les « deux France ». Elles ont également été l'occasion, à droite en particulier, d'une vaste opération de redistribution des cartes et de reconstruction des identités.

De ces divers points de vue, trois thèmes appelaient plus spécialement au rassemblement et à l'action collective organisée : la défense nationale (le mot d'ordre — emprunté aux républicains de 1870 — avait été repris, dès le début de l'année 1899, par le député nationaliste Georges Berry), la défense des libertés religieuses, la défense sociale et fiscale.

## La défense nationale

Il sera très peu question ici de la première famille d'associations. La raison en est simple : leur histoire, en effet, recoupe en grande partie l'histoire des ligues — qu'on appellera bientôt ligues nationales —, lesquelles sont à la fois, ou tour à tour, des associations politiques et des associations patriotiques. La trajectoire suivie par la Ligue des patriotes de Paul Déroulède illustre bien cette ambiguïté fondamentale ; instrument, civique et pédagogique, au service des revendications de la conscience française, la Ligue se transforme, avec la vague d'agitation boulangiste, en organe de combat politique. A la veille de la guerre de 1914, le vieux Déroulède — devenu une manière de symbole — cherche à renouer avec l'inspiration originelle, le mouvement de retour aux sources s'accélérant avec la guerre de 1914, l'évolution personnelle de Maurice Barrès et l'entrée, à la direction de la Ligue, d'un certain nombre de notables issus du monde modéré (Ernest Carnot, par exemple, ancien député progressiste de la Côte-d'Or, fils du président assassiné[16]).

Il suffira donc de rappeler quelles furent la richesse et la diversité de ce tissu associatif. En dehors des grandes ligues à caractère militant, on peut même ébaucher une sorte de typologie et repérer trois ensembles principaux :

Les mouvements de jeunesse, parmi lesquels il faut distinguer : les groupements agissant de concert avec les ligues ou reprenant le flambeau dans un contexte de crise des organisations « adultes » (comme cela s'est produit, par exemple, autour des années 1902-1906) ; les groupements situés dans la mouvance progressiste, telles la Fédération nationale des étudiants de Georges Maurisson ou, un peu plus tard, l'Union des étudiants républicains, proche de la Fédération républicaine ; les groupements à caractère œcuménique — en théorie tout au moins — du genre de la Ligue des jeunes amis de l'Alsace-Lorraine, assez active à la veille de la guerre.

Les mouvements de propagande en faveur de l'expansion coloniale et de la mise en valeur des colonies. La plupart de ces organisations entendent s'adresser à un vaste public, fonctionnent comme des passerelles entre les diverses familles de pensée attachées à la promotion d'« une plus grande France », et se méfient plutôt de tout ce qui pourrait creuser les fossés séparant la droite et la gauche. Il n'en reste pas moins qu'un certain nombre d'entre elles — le Comité Dupleix, par exemple — entretiennent des relations privilégiées avec les états-majors de la droite parlementaire et que la célébration de l'épopée coloniale aide plus d'un vaincu de 1899 — surtout parmi les jeunes générations — à surmonter les échecs de l'antidreyfusisme militant.

Les organes de réarmement intellectuel et moral, soucieux d'agir avec une plus ou moins grande largeur de vues, dans le cadre d'une certaine unanimité française. De l'Université populaire des études nationales, apparue au tout début du siècle, jusqu'à la Ligue française, fondée en 1914 par Henri Galli, Ernest Lavisse et André Lebon, en passant par le groupe, nettement plus combatif, de l'Énergie française (1906-1909), il y a ainsi toute une lignée de groupements, mi-cercles d'études, mi-« écoles d'énergie » (l'expression est d'André Chéradame, animateur de l'Énergie française), qui cherchent à reprendre à leur compte les ambitions premières de la Ligue des patriotes. On a vu que la Ligue de Paul Déroulède et de Maurice Barrès avait elle-même tenté, à la veille de la guerre, de retrouver les sources de sa vocation. Le même idéal inspire les dirigeants des organisations nées au cours du conflit (l'Union française, la Ligue civique) ou au cours de l'année de grâce 1917-1918.

## La défense religieuse

L'Affaire Dreyfus devait mettre un terme définitif au Ralliement et à « l'esprit nouveau ». Elle devait sonner le glas de tentatives comme celle du catholique républicain Étienne Lamy, qui, à la veille des élections législatives de 1898, parvenait à constituer une Fédération électorale fondée sur le principe de l'acceptation du régime républicain et du droit commun, en même temps que de l'entente avec ceux des républicains modérés disposés à une politique de conciliation à l'égard de l'Église. Sur le plan parlementaire, c'était la fin de la conjonction des centres [28, p. 179]. Désormais, d'un côté comme de l'autre, l'accommodement n'est plus possible : le Parti républicain renoue avec l'esprit des années 1880 et justifie l'anticléricalisme virulent par une philosophie individualiste inspirée du néo-kantisme[17], tandis que les catholiques se fixent dans une attitude où religion et politique continuent de se confondre [12, p. 67-68]. A la politique de défense républicaine du cabinet Waldeck-Rousseau répond une politique de stricte défense religieuse. Aussi voit-on se multiplier les organismes de rassemblement et d'union dont le but est partout d'affirmer la présence et l'organisation catholiques : il ne s'agit pas seulement de faire nombre, il faut montrer la vitalité, l'aptitude au combat du catholicisme, quitte à se laisser imposer par l'adversaire le terrain et les armes.

La défense religieuse l'emporte sur toute autre considération apostolique : elle devient la priorité pastorale. On a peine à imaginer aujourd'hui « la place tenue dans la mentalité de "l'Église en état de siège" par la grande conjuration internationale du judaïsme, du protestantisme et de la maçonnerie, sataniquement liguées pour détruire le catholicisme » [33, p. 282].

Il convient d'observer un double décalage dans la manière dont réagit la conscience catholique. Un décalage temporel tout d'abord : c'est après la bourrasque de la loi sur les associations (1901) et de la loi de la séparation des Églises et de l'État (1905), suivie des inventaires des biens d'Église, que se manifestent le raidissement et la volonté de lutte la plus marquée. C'est donc une fois le danger passé que la prise de conscience de la menace est la plus forte et le désir de ne plus se laisser surprendre le plus vif. Phénomène classique dans l'histoire des mentalités, explicable ici, de surcroît, par l'environnement intellectuel et théologique d'une

législation, qui coïncide avec le développement de la crise moderniste et de la vigoureuse réaction de Pie X. Celui-ci donne du modernisme « la conception la plus extensive qui soit[18] ». Aussi observe-t-on une nette remontée de « l'intégrisme », qui se manifeste notamment dans le choix des évêques, dès 1906-1907, mais à partir de 1912 surtout [35, p. 119].

L'autre décalage observable est celui qui sépare la masse d'un peuple catholique relativement passif, voire même indifférent, sauf dans quelques régions[19], et un noyau de militants très combatifs et déterminés. Le fait n'est pas nouveau : il avait déjà frappé Mgr Freppel lors des obsèques civiles de Gambetta au début de l'année 1883. L'évêque d'Angers, constatant la présence du pays légal presque tout entier, se demandait s'il y aurait « encore assez de religion en France pour provoquer une résistance *active*[20] ».

Un spécialiste, qui a observé et décrit ce phénomène, a proposé une explication convaincante [27, 25]. Les résultats des élections législatives favorables à la majorité anticléricale confirment ce décalage.

Quoi qu'il en soit, la lutte est vive : elle utilise les moyens modernes, notamment la presse. En 1903 naît ainsi, sous l'impulsion du père Hilaire de Barenton, alias Étienne-Marie Boulé, capucin[21], une Association franciscaine qui édite à partir de 1905 *Le Tract populaire illustré*. Plus de 200 tracts seront diffusés jusqu'à la guerre. Il s'agit de fournir aux lecteurs des journaux un « complément nécessaire ». Le but est « de créer dans les esprits un courant d'opinion sur chaque question débattue dans le pays » afin de « préparer le changement des mauvaises lois[22] ». Quelques titres de ces tracts indiquent l'orientation : « Catholiques, défendez-vous » — « La loi du dimanche, le repos de l'ouvrier » — « Dieu ne meurt pas. Le rêve de Viviani » — « Pillage des églises et trahison. Franc-maçon, Juif, protestant, Thomas, Ullmo, Berton » — « N.S.P. le pape Pie X », etc.

Les groupements de défense religieuse se multiplient. Tous ne sont pas issus de la situation immédiate. Certains datent des débuts de la République. Ainsi le Comité catholique de défense religieuse fondé par le député de Belfort, Émile Keller, en 1877, pour défendre la « cause catholique » connaît un regain de vitalité sous l'impulsion de son fils, le colonel Prosper Keller, tout aussi déterminé que son père à défendre publiquement ses convictions religieuses, et fondateur, avec l'appui de Pie X, de l'association Honneur et conscience qui regroupait les officiers, comme lui, démissionnaires de l'armée, pour refus de prendre part aux inven-

taires des églises [7, VI, p. 1394-1395]. De même, la Société générale d'éducation et d'enseignement, présidée par Chesnelong, puis Keller, pour susciter partout la lutte active contre les lois scolaires des années 1880 va jouer, sous la présidence de Prosper Keller, un rôle d'impulsion en faveur de la création des associations des pères de famille qui connaîtront, à partir de 1905, un élan certain, prémices encourageantes d'un développement qui s'épanouira après la guerre.

Si l'élan vers l'organisation et l'action qui saisit les laïques n'est donc pas nouveau, il n'en reste pas moins qu'il gagne en profondeur et en rapidité à la faveur de la rupture concordataire. Non seulement les comités diocésains de l'Association catholique de la jeunesse française essaiment dans le pays [11, p. 164], mais partout se constituent des « associations diocésaines et paroissiales » [27] qui favorisent l'activité des laïques. Certes, l'impulsion de la hiérarchie demeure décisive et la première encyclique de Pie X relative à l'organisation de l'Action catholique, *Il fermo proposito* (11-6-1905), le rappelle avec vigueur aux évêques italiens. La distinction entre l'Église enseignante et l'Église enseignée est encore fondamentale. Cependant la multiplication des congrès diocésains — dans 60 diocèses entre 1907 et 1914 [11, p. 153] —, la création de ligues féminines actives, Ligue des femmes françaises en 1901, de tendance royaliste, Ligue patriotique des Françaises en 1902, proche de l'Action libérale populaire de Jacques Piou, et forte en 1914 — le fait est remarquable — de 600 000 adhérentes, marquent une volonté nouvelle de prendre place dans la société. Une prise de conscience s'est opérée. Si les divisions politiques entravent parfois cet élan, celui-ci existe et annonce de fécondes initiatives.

Lorsque, à la suite de Barrès, le Comité catholique de défense religieuse entame, à l'automne 1911, une campagne d'opinion pour sauver les églises menacées de ruine, il réunit aussitôt douze œuvres catholiques et obtient l'appui de 37 évêques. Environ 300 manifestations se déroulent : à Limoges et à Besançon, une conférence du chanoine Desgranges, présidée par l'évêque, rassemble respectivement 4 000 et 2 000 auditeurs. Très significative est la réaction du chroniqueur qui rend compte des faits : « N'eût-elle abouti qu'à montrer aux catholiques français, et de la façon la plus éloquente, leurs possibilités immédiates d'action [la campagne] eût dû être entreprise[23]. » Voilà l'essentiel : la lutte a réveillé la volonté de vivre chez une élite de militants catholiques. Les temps du repli sont désormais révolus.

*La défense fiscale : l'exemple de la Ligue des contribuables*

La Ligue des contribuables a été fondée au cours de l'hiver 1898-1899 à l'initiative de Jules Roche, ancien ministre du Commerce, et du journal *Le Figaro*. Jules Roche et ses amis avaient ainsi pris de vitesse l'équipe réunie autour du comte de Chambrun (fondateur du Musée social), du sénateur de Marcère et du publiciste Kergall, alors très proche de Jules Méline. L'idée, comme on dit, était dans l'air.

Député de l'Ardèche, éminent spécialiste des questions budgétaires, Jules Roche était une figure un peu remuante du monde parlementaire. Venu des rangs de la gauche radicale, il avait peu à peu glissé vers des positions de centre droit. Bientôt installé à la tête du quotidien progressiste *La République française*, cet inlassable pourfendeur de tous les gaspillages financiers allait vite devenir un adversaire résolu de la politique du Bloc et l'avocat d'une franche stratégie d'union des droites. A la veille de la guerre de 1914, le président de la Ligue des contribuables est sans doute le parlementaire progressiste le plus proche de l'Action libérale populaire et des milieux de la droite nationaliste. Il est en contact étroit, notamment, avec un certain nombre de personnalités de la nébuleuse plébiscitaire.

La Ligue ne chercha jamais à faire mystère de ses attirances politiques. Dès le début du siècle, l'état-major du parti se retrouva quasiment au complet au sein des instances dirigeantes de l'organisation, deux groupements constitués (l'Alliance nationale républicaine et l'Union libérale républicaine) apportant même leur soutien officiel. Au fil des années, et de la propre évolution de Jules Roche, les préoccupations d'ordre politique furent de plus en plus souvent mises en avant. A partir de 1906, les équipes de rédaction de *La République française* et du *Progrès libéral* (l'organe attitré de la Ligue) tendent ainsi à se confondre avec l'appareil de propagande de la Fédération républicaine. L'organisation mène campagne sur des thèmes qui n'ont plus grand-chose à voir avec la défense des contribuables *stricto sensu* : en faveur de la réforme parlementaire, par exemple, ou de la représentation proportionnelle. La liste des membres du conseil général de la Ligue finit enfin par ressembler à une sorte de Gotha de la droite parlementaire. Les progressistes continuent de jouer un rôle prépondérant, avec Jules Roche lui-même, inamovible président, et les trois vice-présidents : Paul

Beauregard, député de Paris, également président de l'Union du commerce et de l'industrie pour la défense sociale, le sénateur Honoré Audiffred (toujours président de l'ANR) et le comte de Saint-Quentin, proche des milieux mélinistes. Mais Jules Roche a su faire appel à des personnalités représentatives de la droite traditionnelle : le marquis de Dion, député de la Loire-Inférieure, homme fort de la nébuleuse des organisations plébiscitaires, le comte de Lanjuinais, président du groupe des droites à la Chambre, Hyacinthe de Gailhard-Bancel, député de l'Ardèche, une des valeurs sûres de la droite catholique, ou encore le vieil Arthur Meyer, directeur du *Gaulois*, naguère champion de la cause du rapprochement entre le général Boulanger et les nostalgiques de la monarchie.

Il n'est pas question d'esquisser ici un bilan des actions menées par la Ligue des contribuables. Très influente durant la période du Bloc des gauches, la Ligue — transformée en Fédération nationale pour la défense des contribuables contre le projet d'impôt sur le revenu — a dû céder une grande partie du terrain à des organisations mieux enracinées dans le terreau professionnel. Au plus chaud de la bataille contre les projets Caillaux et l'« inquisition fiscale », le gros de la manœuvre sera dirigé par un Comité central d'études et de défense fiscale (dit « Comité Carmichaël ») directement appuyé sur le réseau des groupes de pression et des associations patronales[24].

Cela ne doit pas conduire à minimiser le rôle historique de l'organisation animée par Jules Roche. La Ligue des contribuables a beaucoup fait pour imposer des thèmes de combat appelés à occuper une place centrale dans les polémiques électorales et dans la culture profonde des droites. Le succès relatif de ses campagnes de propagande a entraîné la constitution de toute une série de mouvements conçus sur le même modèle (l'Association des études fiscales et sociales, née en 1907, la Ligue contre l'impôt sur le revenu et l'inquisition fiscale, les organisations de défense des contribuables des années vingt et des années trente) ou largement inspirés de celui-ci (l'Association de défense des classes moyennes fondée en 1908 à l'initiative d'une équipe où se retrouvèrent beaucoup d'anciens collaborateurs de Jules Roche).

LA DROITE ET LES ORGANISATIONS PROFESSIONNELLES

Il n'est pas question de brosser ici un tableau d'ensemble des rapports établis entre les milieux de droite et le monde des organisations professionnelles. On se limitera donc à quelques observations rapides, centrées principalement sur les aspects politiques, à propos du syndicalisme agricole (les réseaux gravitant autour de la fameuse rue d'Athènes) et du mouvement patronal naissant[25].

## La rue d'Athènes

La Société des agriculteurs de France avait été fondée en 1867. Cette organisation, qui recrutait surtout parmi les grands propriétaires terriens, installa ses services à Paris, au 8 de la rue d'Athènes, et devint au fil des années le centre d'une vaste nébuleuse d'associations agricoles : la rue d'Athènes.

A la belle époque de la République radicale, l'expression « rue d'Athènes » désigne donc l'ensemble constitué par la Société des agriculteurs, toujours très studieuse et très active, les syndicats locaux ou départementaux créés dans son sillage, les unions régionales (telle la fameuse Union du Sud-Est, née en 1888), l'Union centrale des syndicats agricoles (apparue en 1886), les groupements annexes de la Société ou de l'Union (le Comité des jurisconsultes, le Comité des dames, présidé par la comtesse de Keranflech, le Comité d'initiative rurale) et les organisations spécialisées dans des tâches à caractère plus technique (la Coopérative centrale, par exemple, inaugurée en 1902). Le tournant du siècle a été caractérisé par un renforcement sensible du dispositif, avec, en particulier, la décision de réunir de façon régulière des « congrès nationaux des syndicats agricoles » (le premier se tint à Lyon, en 1894) et le réaménagement, en 1905, des structures de l'Union centrale.

En 1896, la Société des agriculteurs de France était devenue orpheline de son président, le marquis Élie de Dampierre, naguère représentant légitimiste du département des Landes à l'Assemblée nationale (1871-1876). Pour reprendre le flambeau, elle choisit un autre marquis : Charles-Melchior de Vogüé (1829-1916), ancien ambassadeur de la République des notables à Constantinople

(1871-1875) et à Vienne (1875-1879). Cette décision riche de symboles marquait bien l'étroitesse des liens noués entre la rue d'Athènes et le monde des droites. Diplomate et archéologue, bientôt élu à l'Académie française (1901), successeur du duc Albert de Broglie à la présidence de la Compagnie Saint-Gobain, le chef de file du très actif clan Vogüé a incarné, avec beaucoup de distinction, la pérennité des anciennes classes supérieures. Candidat malheureux lors des élections législatives de 1885 et de 1889, conseiller général du Cher (battu en 1904), il ne dissimulait pas ses opinions conservatrices, ses inquiétudes devant la montée des couches nouvelles et son aversion pour le nivellement démocratique. Mais Charles-Melchior de Vogüé était un « orléaniste » de raison et de tempérament, ennemi du trouble et de l'excès, protecteur attitré de l'équipe des catholiques libéraux réunis autour du *Correspondant*. Il avait été hostile au boulangisme et au rapprochement de la droite royaliste avec le « général Revanche »; il sera un adversaire déterminé de l'Action française et de l'intolérance maurrassienne.

Dès le milieu des années 1890, la rue d'Athènes était apparue comme une sorte de terrain de rencontres entre les représentants des diverses familles conservatrices: monarchistes, catholiques séduits par les mots d'ordre du Ralliement, républicains libéraux de la vieille mouvance « centre gauche ». La croissance des organisations et l'arrivée de nouveaux responsables — Vogüé à la Société, Louis Delalande, en 1904, à l'Union centrale — devaient conforter cette tendance œcuménique. La rue d'Athènes fait bon accueil aux mélinistes — le publiciste Kergall, par exemple, animateur de la revue *La Démocratie rurale*, entretient d'excellentes relations avec les hommes du Musée social, rappelle à tout propos l'immensité de la dette contractée par les agriculteurs de France à l'égard de Méline, ministre, président de la Commission des douanes ou chef de gouvernement. Parallèlement, les notables proches de l'Action libérale populaire investissent les centres de décision, à l'échelon parisien comme à l'échelon local, le député de l'Ardèche Hyacinthe de Gailhard-Bancel faisant un peu figure de porte-parole des syndicats agricoles au sein du monde parlementaire. L'influence du catholicisme social s'exerce d'ailleurs avec beaucoup de force, étant entendu qu'il s'agit d'une influence multiforme et que les positions doctrinales ne sont nullement figées. Les ponts sont nombreux entre les états-majors de la rue d'Athènes et l'équipe de la revue *L'Association catholique*. Durant quelques années, les fonctions de secrétaire général de l'Union centrale sont même remplies par un

certain Louis Milcent, ancien auditeur au Conseil d'État, conseiller général du Jura, mêlé de près aux activités de l'Union d'études des catholiques sociaux, fondée, comme on sait, en 1901.

Sur le plan politique, le bilan est contrasté. Le marquis de Vogüé disait volontiers que la Société était « l'organe de toute la France agricole » et qu'elle visait à opérer la « synthèse des intérêts ». Ce langage de rassemblement n'impliquait ni accord sur les finalités générales de l'organisation professionnelle ni volonté d'établir une hiérarchie précise des priorités dans le domaine de l'action, le caractère de « nébuleuse » de l'ensemble des associations dépendant de la rue d'Athènes interdisant d'ailleurs qu'il en fût autrement. Caressé par de nombreux catholiques sociaux, le vaste projet de réorganisation corporative de la Société n'était pas vraiment à l'ordre du jour. Et tous les responsables ne cherchaient pas à utiliser le syndicalisme agricole comme un instrument de reconquête de l'influence électorale perdue.

Le dynamisme des associations patronnées par la rue d'Athènes n'en constituait pas moins un précieux atout dans le jeu des droites. Les monarchistes et les éléments les plus conservateurs de l'ALP ont pu trouver là le moyen de resserrer leurs réseaux et de rénover leurs méthodes de propagande ; tel semble bien avoir été le cas, par exemple, dans un certain nombre de circonscriptions de l'Ouest angevin ou breton. A plus long terme, l'essor du syndicalisme agricole facilitait l'émergence d'une nouvelle génération de notables — souvent issus des franges supérieures de l'ancienne société terrienne — qui se piquaient de réalisme et qui ne répugnaient pas à camper sur des positions de centre droit. Les fruits de cette évolution seront cueillis, à l'automne 1919, lors de la confection des listes du Bloc national.

### Les organisations patronales

Les hommes publics proches de la droite parlementaire avaient une vieille expérience des organisations patronales[26]. Le baron Reille, député conservateur du département du Tarn, ancien sous-secrétaire d'État dans le ministère Broglie-Fourtou de 1877, n'avait-il pas présidé les séances de la commission de direction du Comité des Forges au cours des années 1890-1898 ? Le Comité, sans doute, n'était pas encore ce qu'il allait devenir à partir de 1904, date à laquelle Robert Pinot, déjà en charge des responsabilités administratives à l'Union des industries métallurgiques et

minières, fut appelé à remplir les fonctions de secrétaire général. Mais un cumul de telle nature revêtait déjà un caractère symbolique.

La période 1899-1914 a été marquée par un certain nombre d'initiatives, plus ou moins couronnées de succès.

Autant qu'on puisse en juger en l'état actuel des travaux, la tendance a plutôt été à la consolidation des liens. De façon somme toute assez logique, les élus conservateurs séduits par les formules du Ralliement sont particulièrement concernés par ce système de « circulation » entre les élites. Eugène Schneider, député libéral de la circonscription du Creusot jusqu'en 1910, siège à la commission de direction du Comité des Forges. Le comte Bertrand de Mun, fils du grand Albert de Mun, membre des instances dirigeantes de l'ALP, élu député de la Marne en 1914, s'occupe activement du syndicat des négociants en vins de Champagne. Le cas de Georges Berry, député de Paris, est un peu plus difficile à cerner. Parlementaire assidu, attiré par l'aspect technique des problèmes, Georges Berry — venu de la droite royaliste — emprunte des voies originales, à la charnière du monde « rallié » et du courant nationaliste. Un de ses principaux sujets de préoccupation réside dans la défense des commerçants et l'organisation du secteur de la petite entreprise. Mais il déplore la faiblesse du syndicalisme patronal, appelle de ses vœux la fondation d'une Confédération capitaliste, capable d'engager le dialogue avec la Confédération prolétarienne, et suscite la création, au début de la législature 1902-1906, d'un groupe parlementaire des « intérêts industriels et commerciaux ».

Dans l'ensemble, toutefois, les représentants de la mouvance progressiste tendent à prendre l'avantage. Jules Méline, épaulé par son fidèle lieutenant Eugène Touron, bientôt sénateur de l'Aisne, réactive les vieux réseaux de l'Association de l'industrie et de l'agriculture française (animée jadis par le très conservateur Pouyer-Quertier). D'autres jouent plus franchement la carte des organisations professionnelles.

Le plus influent de ces hommes publics installés au carrefour du monde des associations patronales et de l'élite parlementaire a sans doute été le polytechnicien Antoine Guillain, député du Nord de 1892 à 1910, ministre des Colonies en 1898-1899. Membre de l'état-major de l'Alliance Méline, membre du conseil général de la Ligue des contribuables de Jules Roche, président du groupe républicain progressiste à la Chambre des députés tout au long de la législature 1906-1910, Antoine Guillain est un des principaux chefs de file du Parti modéré. Homme d'affaires, patron de la

Compagnie Thomson, il consacre parallèlement une part considérable de son énergie à l'animation de groupements professionnels. On retrouve ainsi l'ancien ministre du cabinet Dupuy à la tête de la Chambre syndicale du matériel des chemins de fer, du Comité des Forges et de la jeune Union des industries métallurgiques et minières (UIMM), née au cours de l'hiver 1900-1901, dont il est successivement le vice-président (1903) et le président (à partir de 1904). Bel exemple d'accumulation de titres et de responsabilités, l'honnêteté obligeant toutefois à préciser que Guillain finit par choisir et renoncer, comme un certain nombre d'autres grands patrons, à briguer un nouveau mandat parlementaire lors des élections législatives de 1910!

Constituée en 1903, la Fédération des industriels et commerçants de France était sans doute l'association patronale dont le caractère généraliste était le mieux affirmé. Dotée de structures relativement solides, assez bien implantée dans le milieu des chambres de commerce, la Fédération entendait se tenir à l'écart des luttes électorales et de la politique quotidienne. Mais ces bonnes intentions ne suffisaient pas à dissimuler la force des liens noués avec les hommes de la droite modérée. Président fondateur de la Fédération, ancien journaliste au *Temps* et ancien député progressiste des Deux-Sèvres (durant la législature 1893-1898), André Lebon avait naguère figuré dans les équipes ministérielles dirigées par Alexandre Ribot et Jules Méline. Écarté du Parlement, il consacrait le gros de ses activités à la Fédération et à ses affaires personnelles — il présidait la Compagnie des messageries maritimes —, tout en se tenant très informé des choses de la vie publique et en se permettant, ici ou là, quelques petites incursions en dehors de son nouveau domaine (au printemps 1914, par exemple, lorsqu'il participa au lancement de la Ligue française). En province, beaucoup de responsables de la Fédération — André Ballande à Bordeaux, Auguste Isaac à Lyon, Charles Lamy à Limoges — jouaient un rôle de premier plan au sein des comités progressistes ou, plus rarement semble-t-il, au sein des groupements affiliés à l'ALP. A Paris, André Lebon présidait des « déjeuners » périodiques, auxquels il conviait volontiers des parlementaires proches de l'opposition modérée. Surtout, il existait un véritable courant d'échanges entre le réseau gravitant autour de la Fédération Lebon et le réseau, beaucoup plus politique, de l'Union du commerce et de l'industrie pour la défense sociale. Prédécesseur d'Eugène Motte, de Joseph Thierry et de Paul Beauregard à la tête de l'Union, le banquier Ferdinand Périer — associé en affaires à Émile Mercet,

président du Comptoir national d'escompte, trésorier de la Ligue des contribuables — fut un temps le responsable des finances de la Fédération. Plusieurs personnalités fréquentaient parallèlement les réunions des deux organisations, le cas le plus curieux étant sans doute celui de l'industriel et politicien franc-comtois Gaston Japy. Gaston Japy était l'un des principaux dirigeants de l'UCIDS (il en fut même l'un des vice-présidents) et siégeait au conseil général de la FICF. On peut ajouter qu'il fut aussi l'un des bailleurs de fonds de la Fédération nationale des jaunes de France et qu'il joua un rôle considérable dans la vie du mouvement de Pierre Biétry, ouvrant de nombreuses portes, à la FICF comme à l'UCIDS.

## III. LE RÉARMEMENT INTELLECTUEL ET MORAL

Le dynamisme des tentatives de regroupement et d'organisation va de pair avec des entreprises de réarmement intellectuel et moral, visant à consolider identités et doctrines. Trois grandes tendances se développent alors : le nationalisme doctrinal (et doctrinaire), le catholicisme social, le libéralisme conservateur.

*Les catholiques : les séductions du nationalisme intellectuel*

« L'Invasion laïque[27] », consécutive à l'Affaire Dreyfus, aboutit, après la loi sur les associations (juillet 1901), dirigée contre les congrégations religieuses, à la rupture du Concordat (1904), et à la loi de Séparation (1905). Le malaise catholique s'accentue : il se double, en effet, du sentiment, peut-être encore plus aigu, d'une relégation progressive du catholicisme aux marges de la société et d'une possible régression de son influence, dont le terme pourrait conduire, en cas de victoire de ses adversaires, à une disparition. Ce reflux ne se limite pas au domaine politique : il touche aussi le domaine intellectuel. Il atteint particulièrement la très vive aspiration à des recherches nouvelles qui s'était exprimée dans la volonté d'historiens, de philosophes, de théologiens catholiques de mieux répondre aux objections hostiles au catholicisme, ainsi qu'aux besoins intellectuels du temps[28]. Les efforts accomplis sous le

pontificat de Léon XIII demeurent pour beaucoup une source d'enthousiasme qui indique le chemin qu'il convient de suivre. A cet égard la condamnation du modernisme par l'encyclique *Pascendi* (1907) a été un choc cruellement ressenti par plus d'un intellectuel. Que l'on songe, pour ne citer qu'un cas, à la réaction du philosophe Maurice Blondel, en proie au doute, au lendemain de l'encyclique, et tenté par le devoir d'un « suicide intellectuel pour échapper à la tentation de l'opiniâtreté, de l'insoumission, de l'infidélité » et « effrayé à la pensée des luttes qui vont s'élever dans tant de prêtres et de séminaristes[29] ».

Ce serait beaucoup réduire la dimension du nationalisme que de le limiter à une simple agitation de rues. Il est d'abord le rassemblement des Français autour des valeurs de la patrie, de son histoire, de sa langue, de sa religion. La revue d'*Action française* constatait en 1905, l'année du fameux discours de Guillaume II à Tanger, que l'empereur d'Allemagne ne prêchait jamais d'autre religion que la religion allemande. On voit poindre là un thème essentiel : le nationalisme dépasse la stricte dimension politique et devient pour les plus ardents une véritable religion. En ce sens, on comprend qu'il ait pu répondre à des aspirations souvent mal définies et multiformes. On comprend qu'il ait pu apporter une compensation à la frustration politique qu'éprouvaient, notamment parmi les catholiques, nombre de citoyens incertains de leur identité intellectuelle[30]. Voilà, entre autres raisons, la racine du succès dont jouiront auprès de nombre d'entre eux Maurras et Barrès.

N'insistons pas ici sur les transformations profondes du paysage politique consécutives à l'Affaire Dreyfus, pas plus que sur le malaise social auquel répond la poussée nationaliste [20, p. 275]. Bornons-nous à tenter de déterminer comment les réponses données par les deux maîtres du nationalisme ont répondu et su mobiliser une partie de l'opinion. Le point commun qui unit Barrès et Maurras provient de cette commune aptitude à sentir, partager et vivre les inquiétudes françaises, et plus encore de cette aptitude à leur donner corps et expression. C'est l'apport indiscutable de Maurras d'avoir su les systématiser, dès 1900, dans sa fameuse *Enquête sur la monarchie*, en une doctrine sans doute plus logique que cohérente, mais suffisamment abstraite et complète pour répondre à tous les doutes et les interrogations ; simultanément Barrès apporte, outre son inégalable maîtrise de la langue, le lyrisme et la poésie qui donnent une âme et un élan à un corps qui, sans sa présence, aurait pu demeurer inanimé. Les quelque six mois de l'expérience commune de *La Cocarde*, dont Barrès assume la direc-

tion de septembre 1894 à mars 1895, et où collaborent d'anciens boulangistes, des conservateurs, des bonapartistes, des socialistes, ont été le creuset où s'est forgé « ce pouvoir intellectuel » auquel aspiraient les deux doctrinaires du nationalisme[31]. Malgré leur irréductible différence, tous deux partagent bien des points communs : refus du centralisme niveleur, culte des racines provinciales et de la tradition, priorité accordée à la restauration de l'intelligence comme instrument de redressement de la nation et de ses mœurs[32], sursaut contre la République opportuniste et ses scandales, courage d'affronter directement l'adversaire, même façon, héritée peut-être de la crise boulangiste, de concevoir l'action politique sur le mode esthétique.

Cependant, quels qu'aient été les points communs, il est clair que l'adhésion au nationalisme conserve une tonalité différente selon qu'il épouse le système maurrassien ou qu'il emprunte le chemin tracé par Barrès. On dira de façon schématique que là où Barrès met l'accent sur le *moi*, donc sur l'individu et son épanouissement, Maurras met au premier plan la société et son rôle de garant de l'anti-individualisme. Là où Barrès cherche à percevoir les renouveaux qui frémissent dans la société française et appelle à son secours les « intercesseurs », grands modèles, proches ou lointains, susceptibles d'aider le *moi* à prendre son envol, Maurras ne veut écouter que les lois scientifiques dégagées de l'expérience. Celles-ci colorent la conception qu'il se fait de l'histoire et doivent seules guider le politique. Enfin, là où Barrès entend élargir son expérience à l'humanité et à ses exemples les plus remarquables, Maurras estime qu'une élite est seule apte au gouvernement et il impose, dès l'*Enquête sur la monarchie*, ses thèses des Quatre États confédérés : dès l'âge de vingt et un ans, il possède « un corps de doctrine déjà très articulé » [31, p. 311]. Enfin, les deux écrivains diffèrent sur la fonction et le rôle de l'intelligence. Si tous deux insistent sur le rôle privilégié des intellectuels, leur conception de l'intelligence les éloigne, au moins en apparence : pour Maurras, la faculté première de l'intelligence consiste à choisir, hiérarchiser et ordonner les valeurs[33], et rétablir l'ordre des choses, tel que, de toute éternité, l'a disposé la nature. D'où son succès auprès d'un catholicisme, qui éprouve avant tout le besoin de points de repère, de définitions, de reprise de conscience de sa force et de l'autorité de ses dogmes.

Autre est l'approche barrésienne, on le sait : l'intelligence n'est pas une faculté isolée, elle reçoit forme et force d'une sensibilité

communiquée et d'une éducation : elle comporte une part d'instinct : lorsqu'il retrouve sa ville natale de Neufchâteau, « un lieu qui durant des siècles a créé des âmes », ce « déraciné » qu'est Sturel s'accorde immédiatement avec la sensibilité de la bourgeoisie locale : « Nous avions, ce qui ne s'analyse pas, une tradition commune : elle nous avait fait une même conscience[34]. » L'intelligence de Barrès communie avec l'instinct profond de la nation[35] et alimente d'horizons nouveaux une recherche qui ne cesse de s'approfondir[36].

Même étroitement associés, ces deux courants nationalistes ne répondent donc pas exactement aux mêmes attentes. La Ligue d'Action française se veut l'école intellectuelle du redressement national, une véritable Contre-Encyclopédie et se dote des moyens pour répondre à ce but : une pléiade de remarquables écrivains, dont Maurras, très tôt salué comme l'indiscutable maître, une revue, un Institut, rival de la Sorbonne[37], un quotidien bien écrit et attrayant à partir de 1908, véritable centre de toute l'activité, une maison d'édition, La Nouvelle Librairie nationale, de très actives organisations de propagande : Camelots du roi, Étudiants d'Action française, Dames royalistes, Association des jeunes filles royalistes. L'ensemble est cohérent et déterminé : un seul but, le roi ; une seule culture, le classicisme ; une solide armature, le catholicisme romain. Le nationalisme intégral implique le catholicisme intégral : ainsi s'établit cette osmose qui fait de l'adhésion à l'école nationaliste le prolongement obligé de la foi chrétienne : ainsi raisonne, entre autres, le dominicain Clérissac, qui pousse son jeune ami Maritain vers l'Action française[38]. L'habileté suprême est de soutenir à fond la politique pontificale, qu'il s'agisse de restreindre l'utilisation du mot démocratie, comme le recommande Léon XIII dans l'encyclique *Graves de communi* (1901), qu'il s'agisse de condamner le modernisme[39], ou de souscrire avec empressement au sévère rappel à l'ordre adressé au Sillon par le pape Pie X [6, p. 698 sq.]. De là vient le rapide succès que l'école nationaliste recueille dans une notable partie des élites catholiques [35, p. 218]. Face à l'anticléricalisme et à la Libre Pensée, Maurras affirme que seule l'Église catholique est la véritable Libre Pensée[40]. Seuls les plus lucides perçoivent les dangers d'une alliance étroite avec un système positiviste et païen.

Il ne faudrait cependant pas majorer cette influence : si elle atteint une partie des élites catholiques, elle est loin de toucher toute la jeunesse universitaire[41], pas plus que toute la jeunesse catholique. L'Association catholique de la jeunesse française sera

même un des tout premiers et plus constants foyers d'opposition [30].

Il est plus difficile de mesurer comment s'est exercée l'influence barrésienne : on sait combien sa langue, son style, sa faculté de toucher les âmes ont aidé Barrès à façonner des sensibilités et à gagner des sympathies durables. Outre la défense de la Lorraine, ce sont ses campagnes de presse contre une école sans Dieu qui atteignent les catholiques. Si sa conception du catholicisme n'est pas très éloignée, du moins en apparence, de celle de Maurras[42], elle est imprégnée d'une telle volonté d'ouverture, qu'elle s'élargit aux préoccupations du monde extérieur et atteint une dimension universelle. L'antidreyfusisme de Barrès, si entier qu'il ait été, n'excluait pas une évolution[43].

Sans insister sur cet aspect, il suffit d'évoquer le combat entamé dès l'été 1907 pour la défense des églises de village[44], qui suscite un écho profond dans l'opinion catholique[45]. De même son livre, *La Colline inspirée*, d'abord livré par la *Revue hebdomadaire*, et qui paraît au début de l'année 1913, suscite un débat auquel participent diverses personnalités du monde catholique, dont l'abbé Bremond, l'abbé Delfour, le jésuite Louis de Mondadon, Émile Baumann, favorables, alors que le chanoine Mangenot, réagissant en historien, se montre plus réservé[46] : dès le mois d'avril, on recense 66 comptes rendus, dont une dizaine proviennent de prêtres[47]. N'est-il pas significatif de l'importance que l'opinion catholique accorde à l'œuvre de Barrès que de constater que l'officielle *Revue pratique d'apologétique* consacre, dans son numéro de janvier 1914, un article à « La pensée religieuse de Maurice Barrès » somme toute très favorable, puisqu'il ne tempère l'éloge que par la seule restriction que l'écrivain ne peut « encore être tenu pour catholique au sens plein du mot ».

Quoi qu'il en soit, l'influence conjuguée de Barrès et de Maurras confirme le poids des « apologistes du dehors » dans le renouveau catholique et national qui précède la guerre. Pouvait-il y avoir réplique plus adaptée et surtout plus accordée à l'état de l'opinion moyenne, surtout catholique, que celle qui, répliquant aux critiques globales dont l'Église était l'objet, dotait ses fidèles d'arguments immédiats, qui, pour être un peu courts, leur fournissaient du moins de sérieuses espérances quant à l'avenir ? Il est clair que le nationalisme apportait aux catholiques ce besoin élémentaire de reconnaissance sociale dont ils se sentaient privés depuis l'avènement de la République.

TABLEAU II : *Diversité du catholicisme social*

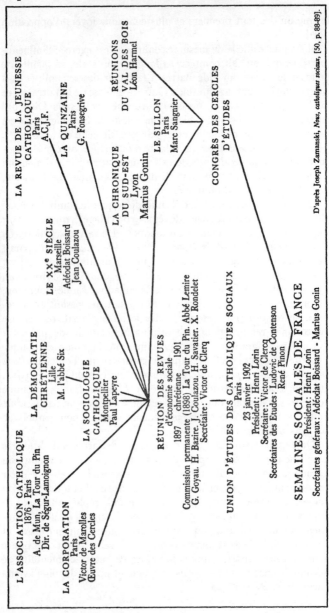

L'ASSOCIATION CATHOLIQUE
1876 - Paris
A. de Mun, La Tour du Pin
Dir. de Ségur-Lamoignon

LA DÉMOCRATIE
CHRÉTIENNE
Lille
M. l'abbé Six

LA REVUE DE LA JEUNESSE
CATHOLIQUE
Paris
A.C.J.F.

LA CORPORATION
Paris
Victor de Marolles
Œuvre des Cercles

LE XXᵉ SIÈCLE
Marseille
Adéodat Boissard
Jean Coulazou

LA QUINZAINE
Paris
G. Fonsegrive

LA SOCIOLOGIE
CATHOLIQUE
Montpellier
Paul Lapeyre

LA CHRONIQUE
DU SUD-EST
Lyon
Marius Gonin

RÉUNIONS
DU VAL DES BOIS
Léon Harmel

LE SILLON
Paris
Marc Sangnier

RÉUNION DES REVUES
d'économie sociale
1897    chrétienne    1901
Commission permanente (1898) La Tour du Pin. Abbé Lemire
G. Goyau. H. Bazire, J. Coulazou. H. Savatier. X. Rondelet
Secrétaire : Victor de Clercq

CONGRÈS DES CERCLES
D'ÉTUDES

UNION D'ÉTUDES DES CATHOLIQUES SOCIAUX
Paris
23 janvier 1902
Président : Henri Lorin
Secrétaire : Victor de Clercq
Secrétaires des Études : Ludovic de Contenson
René Pinon

SEMAINES SOCIALES DE FRANCE
Président : Henri Lorin
Secrétaires généraux : Adéodat Boissard - Marius Gonin

D'après Joseph Zamanski, *Nous, catholiques sociaux*, [50, p. 88-89].

## *L'épanouissement du catholicisme social*

L'historiographie religieuse a, au cours de ces trente dernières années, suffisamment insisté sur les origines intransigeantes de la démocratie chrétienne et du catholicisme social pour qu'il soit nécessaire d'y revenir[48]. La difficulté est plutôt de saisir comment ce vaste courant s'est divisé et comment des hommes que tant de liens réunissaient ont pu se séparer au point de devenir d'irréduc tibles adversaires [24, p. 186].

Le catholicisme social est une nébuleuse qui associe des mouvements très divers. On ne reviendra pas ici sur cette diversité déjà analysée à propos des congrès de la démocratie chrétienne de la fin du siècle à Lyon : des antisémites et des nationalistes, tels Drumont, Guérin, Jules Delahaye, côtoient des prêtres démocrates, députés ou journalistes, tels les abbés Gayraud, Lemire, Garnier, Naudet, ou animateurs d'œuvres, tel l'abbé Pastoret, ou encore des laïcs de provenance diverse, ouvriers, employés, dirigeants de revues ou de journaux, ou même des hommes en marge ou en dehors de la mouvance démocrate-chrétienne [*idem*, p. 185-186 et 206].

Avant même que l'encyclique *Rerum novarum* (1891) ne lui donne un prodigieux élan, le catholicisme social avait traversé d'âpres conflits. Le caractère résolument anticapitaliste de La Tour du Pin[49] avait suscité contre lui les critiques de l'école libérale, qui le taxait de « socialiste[50] ». Il se rattache au courant intransigeant, celui incarné en Autriche par l'école de Vogelsang, la *Sozialreform*, plus décidé à de profondes réformes, que le courant plus modéré de la *Sozialpolitik*, incarné par des jésuites allemands, dont le père Pesch [*idem*, p. 33-34]. Le courant de la démocratie chrétienne avait contribué à renforcer, notamment dans le jeune clergé, les aspirations démocratiques. La papauté était intervenue par les encycliques *Graves de communi* (1901) et, onze ans plus tard, *Singulari quadam* (1912) pour détourner les catholiques sociaux de l'action politique et démocratique et leur rappeler la priorité de l'action morale. C'était assurément donner des gages aux tendances conservatrices [43, p. 28-29] et fortifier le courant réformiste [24, p. 34]. Mais c'était aussi marquer sa distance vis-à-vis de cet antisémitisme social, véritable « clé de voûte de toute une construction idéologique » [*idem*, p. 191] inséparable de la doctrine démocrate-chrétienne.

L'autre trait, qui caractérise ce début du siècle, est la part plus

importante que par le passé qui est accordée à la dimension politique. Il est vrai que le social masquait le politique « lieu de divisions et de tensions » [*idem*, p. 265]. En un sens, le mot d'ordre de Maurras — « *Politique d'abord* » — a un accent libérateur en ce qu'il réhabilite la politique comme lieu de la lutte et du combat. Son opposition au Ralliement s'explique par le fait qu'il y voit une illusion, celle d'obtenir sans combat une transformation du régime républicain. Aussi n'a-t-il jamais assez de sarcasmes contre ces pieux dévots de l'Action libérale populaire qui incarnent à ses yeux la démobilisation et l'abandon.

En revanche, les « abbés démocrates », génération intermédiaire et qui, comme l'a écrit Joseph Folliet, « font la transition entre deux époques » [7, II, p. 706], avaient réussi par leur action à acclimater une pratique politique démocratique. « Renversement capital », observe un des meilleurs connaisseurs du catholicisme social, par lequel des hommes « partis d'une hostilité sans mélange à la société moderne » en viennent « à accepter les fondements politiques de celle-ci » [24, p. 36].

Le début du siècle voit la création de nouveaux organismes dont l'originalité ne doit pas être sous-estimée. En 1902 naît l'Union d'études des catholiques sociaux, sous la présidence d'un expert unanimement respecté, Henri Lorin. En 1903, naît à Reims, sous l'impulsion du jésuite Leroy, puis bientôt sous celle de son adjoint, le père Desbuquois, l'Action populaire [15]. Ce mouvement reprend bientôt la vieille revue de l'Œuvre des cercles, *L'Association catholique*, si novatrice et si féconde, sous le titre *Le Mouvement social*. En 1904, surtout, se tient à Lyon la première *Semaine sociale*, à l'initiative de la *Chronique sociale*, née à Lyon en 1892, et demeurée très minoritaire dans le catholicisme lyonnais[51]. Le fils d'ouvriers Marius Gonin joue un rôle pionnier, assisté d'un professeur de faculté, Adéodat Boissard, et du polytechnicien Henri Lorin[52].

Outre l'urgence du problème social, avant tout ouvrier, mais aussi paysan, l'inspiration commune de ces initiatives, dont la coïncidence chronologique est claire, manifeste le besoin, non seulement de confronter des points de vue, issus d'expériences diverses, et de tenter d'unir ces efforts, mais surtout de se donner les fondements doctrinaux solides, élaborés « à partir des principes immuables et en fonction de la réalité mouvante des phénomènes économiques et sociaux[53] ».

Le succès de ces initiatives, et particulièrement des Semaines sociales, tient largement à l'extraordinaire confiance, voire à l'enthousiasme que suscite chez nombre de militants catholiques le

sentiment de se compter, mais surtout d'apporter une réelle contribution à la compréhension et à la résolution des problèmes les plus aigus du monde contemporain, malgré l'absence cruellement ressentie du monde catholique de la scène politique[54]. D'où ce regard résolument tourné vers l'avenir, d'où cet « effort incessant de recherche, d'invention et d'initiative », que souligne Joseph Folliet [7, II, p. 710]. D'où aussi un afflux croissant des auditeurs à chacune des sessions annuelles : 458 à Lyon (1904) au lieu des 200 attendus, 549 à Orléans (1905), 1 103 à Dijon (1906), chiffre autour duquel se stabilise le nombre des auditeurs jusqu'en 1913 [37, p. 39 sq.]. L'exemple donné par les Français sera suivi à l'étranger.

On ne rendrait pas compte de la réalité si l'on s'abstenait de souligner l'aspect majeur de ces initiatives, à savoir leur rôle essentiel dans le domaine de la réflexion intellectuelle. Le père Desbuquois évoque ainsi le « centre intellectuel » que fut l'Action populaire qu'il dirigea [7, I, p. 114]. Telle est aussi l'expression qui vient aux lèvres des militants et auditeurs des Semaines sociales, lorsqu'ils évoquent ces sessions[55]. La lecture des « Notes et impressions au jour le jour », écrites « En marge de la Semaine » et que publient les comptes rendus annuels confirme tout à fait cet aspect de « laboratoire de la pensée ». La devise des Semaines sociales n'est-elle pas « La science pour l'action » ?

Les artisans de ces sessions annuelles revendiquaient l'héritage des précieuses méthodes d'enquêtes mises en œuvre par Le Play dans *La Réforme sociale*. Plus tard, le père Desbuquois soulignera le progrès accompli par l'Action populaire lorsque, après la guerre, elle se dotera d'une méthode plus scientifique. Certes l'empreinte de La Tour du Pin a pu donner un tour un peu théorique à la réflexion des catholiques sociaux. Son choix en faveur de la monarchie, lors du Ralliement, puis en faveur de l'Action française ensuite, ne doit pas dissimuler l'importance considérable que conserve son influence. Les attaques intégristes menées contre les tendances des catholiques sociaux après la condamnation du modernisme par l'abbé Barbier, l'abbé Fontaine[56] et l'abbé Gaudeau[57], n'intimident nullement La Tour du Pin, pas plus du reste qu'Albert de Mun, qui réaffirme nettement sa solidarité[58].

Les Semaines sociales ont toujours affirmé leur fidélité à la doctrine traditionnelle de l'Église : l'héritage est celui du thomisme, remis en honneur sous le pontificat de Léon XIII, qui avait lui-même bénéficié de l'apport de la réflexion menée sur ces questions par les pères Taparelli et Liberatore [4, p. 24-25 ; 7, II,

p. 714]. Henri Lorin avait admiré Balmès[59] et était un « lecteur assidu de la *Somme* » [*idem*, p. 268, n. 22]. Face aux critiques théologiques des milieux intégristes, Maurice Blondel apporte son soutien ferme et argumenté à son ami Henri Lorin dans un texte appelé à un grand retentissement[60] et dont l'écho se prolonge bien au-delà de la circonstance qui l'a suscité : il montre que le thomisme qu'invoquent les intégristes contre les doctrines des Semaines sociales n'est pas celui de saint Thomas : c'est toute la conception des rapports entre le domaine spirituel et le domaine temporel qui est posée, toute une manière d'être chrétien dans le monde qui est définie. L'engagement des catholiques sociaux provoque donc des réflexions dont l'enjeu est tout à fait fondamental.

Au début du siècle, le catholicisme social manifeste une hardiesse dans le domaine des réformes concrètes plus marquée qu'auparavant. L'idée centrale des pionniers de l'Association catholique et des disciples de La Tour du Pin était de n'accepter qu'à titre provisoire l'inévitable intervention de l'État pour améliorer la condition ouvrière, comme le recommandait l'encyclique *Rerum novarum*. Le but ultime devait aboutir à la restauration des « corps intermédiaires », préambule au rétablissement du régime corporatif, qui devait permettre à long terme de revenir à un véritable « ordre social chrétien » [*idem*, p. 227-261] et d'éviter l'étatisme par le biais du principe dit de « subsidiarité[61] ». A la question du rôle de l'État s'était ajoutée celle de l'association professionnelle : insensiblement s'était posée la question du syndicalisme : fallait-il maintenir le syndicalisme *mixte* où patrons et ouvriers devaient coopérer au sein de la même organisation avec le risque de voir le poids du patronat s'imposer d'une manière excessive ou pouvait-on accepter le syndicat *séparé* qui donne à l'ouvrier l'autonomie et la faculté de décider par lui-même ? Si l'Association catholique des patrons du Nord [44] se prononce en faveur de la première, Léon Harmel incline nettement en faveur de la seconde[62] et le congrès des cercles chrétiens d'études sociales de Reims, en 1894, l'avait suivi et s'était prononcé en ce sens[63].

Les débuts du siècle voient progresser la faveur accordée au syndicalisme indépendant. En rendant en 1895 un arbitrage de liberté en la matière, Léon XIII avait encouragé les partisans des syndicats indépendants. Aussi voit-on le Syndicat des employés du commerce et de l'industrie, fondé en 1887 sous l'égide des frères des Écoles chrétiennes dans les bureaux de l'Union patronale du commerce, s'émanciper peu à peu et devenir, sous la triple impul-

sion de son président Jules Zirnheld, de son secrétaire général
Charles Viennet et de son secrétaire général adjoint Gaston Tes-
sier, un syndicat indépendant déterminé à favoriser l'harmonie
sociale par un dialogue contractuel entre employeur et employé en
même temps qu'attentif sur le plan politique aux propositions de
républicains modérés, comme Louis Barthou ou Paul Deschanel
[21, p. 14-16]. De ces initiatives naîtra en 1919 la Confédération
française des travailleurs chrétiens.

Tout aussi important, sinon davantage, fut le rôle joué par le
Sillon de Marc Sangnier. Rôle d'impulsion, d'initiative, mais
surtout d'imprégnation profonde : non seulement en raison d'un
esprit fait de fraternité et d'amitié autour de la personnalité parfois
envahissante de « Marc », mais surtout en raison de l'ampleur de
l'ambition : former « un type d'homme [...] porté par l'élan de la
charité à retrouver un frère dans tous les hommes, à se dégager de
tout réflexe de classe et à donner ainsi à la Démocratie future les
citoyens dont elle avait besoin[64] ». Par là le Sillon a su créer un
vaste mouvement d'enthousiasme, de générosité, d'impulsions
nombreuses dans lesquelles la confusion entre le domaine religieux
et le domaine politique n'était pas toujours évitée. Aussi ses
adversaires ne manquèrent pas, surtout après la condamnation du
modernisme, de trouver matière à critique et de bénéficier à Rome
d'oreilles attentives qui valurent au mouvement d'être condamné le
25 août 1910.

Des travaux récents, monographies régionales surtout, permettent de saisir de façon vivante la nature des initiatives nées du
Sillon. On a montré pour la Normandie quel mouvement actif avait
été le Sillon dès l'origine, c'est-à-dire dès 1901. Une impulsion
décisive a été donnée ici par un homme original et actif, écrivain et
poète fécond et multiforme, Edward Montier, président du premier
groupement d'ACJF, et également président du fameux patronage
des Philippins. Quelques prêtres ardents, l'abbé Lambert, vicaire à
la paroisse Saint-Joseph du Havre, l'abbé Julien, futur évêque
d'Arras, directeur de l'Institut Saint-Joseph du Havre, l'abbé
Olivier à Dieppe, ainsi que l'abbé Beaupin, prêtre du diocèse
d'Évreux et aumônier de la Jeune Garde, ont su donner une
impulsion décisive. L'activité en faveur du monde ouvrier et
particulièrement des femmes employées de l'industrie textile, secteur encore puissant, s'exprime à plusieurs reprises : le congrès
régional de 1907 se penche sur le travail des ouvrières confection-
neuses à domicile, et donne ainsi le point de départ à une
campagne nationale en faveur de cette catégorie ouvrière « parti-

culièrement défavorisée » [10, p. 131-143] L'action en faveur du syndicalisme indépendant se déploie avec l'aide de conférenciers extérieurs comme Paul Bureau et le père Gustave Desbuquois de l'Action populaire. Au Havre, les sillonnistes réussissent à s'exprimer, aux côtés des anarchistes, dans l'organe syndical local. Un effort est nécessaire auprès des dames d'œuvres pour leur faire admettre la nécessité du syndicat et leur faire comprendre que la seule charité ne suffit plus. La lutte contre la pornographie et contre l'alcoolisme accompagne cet effort.

Il est frappant de constater que dans le Sillon de Morlaix, récemment étudié[65], les préoccupations sont proches : semblable influence de jeunes vicaires démocrates dans les années 1890-1895, origine commune des militants issus de cercles d'études et de patronages qui servent souvent d'écoles préparatoires au mouvement, progressive émancipation du Sillon qui se dote peu à peu des moyens de fonctionnement propre : un local, un organe de presse. Dans cette ville de 17 000 habitants, où fonctionne dès 1893 un syndicat ouvrier et où le nombre des coopératives de production ouvrière socialistes en activité situe Morlaix au troisième rang parmi les villes de province, le Sillon régional se préoccupe très tôt du problème ouvrier, cherche à avoir des contacts et une influence auprès des régisseurs de l'importante Manufacture de tabacs, envisage et met en pratique une action avec les socialistes au sein de coopératives de consommation. Mais l'originalité la plus marquée vient de l'activité du groupe féminin, relativement tardif, puisqu'il naît en 1905, et se heurte à une inertie du milieu clérical fortifiée par de solides préjugés. Ce groupe met au premier plan de ses préoccupations l'examen des conditions de travail des employées de la Manufacture de tabac ainsi que celles des ouvrières de la couture de la ville. Cet effort n'est pas vain puisque plusieurs cigarières et couturières adhèrent au groupe du Sillon. Celui-ci fait peu à peu comprendre le caractère désuet du Syndicat de l'aiguille fondé en 1892, syndicat mixte qui s'inspire de l'Œuvre des cercles catholiques d'ouvriers, et dont la section morlaisie ne créée en 1907 compte 310 membres. Il fallait de l'audace et du caractère pour convoquer en janvier 1908 une conférence publique appelant à la constitution d'un syndicat indépendant. De même en 1913 naît une section féminine du syndicat des employées du commerce et de l'industrie animée par les dames du Sillon[66].

L'examen du catholicisme social en ces années d'avant-guerre se doit donc de souligner le contraste qui existe entre le retrait des catholiques de la scène politique et cette foule d'initiatives, de

décisions, de ruptures, considérées le plus souvent avec suspicion par une hiérarchie que déconcerte et qu'indispose une action de laïques indépendants dans des organisations non confessionnelles. Avec la naissance du syndicalisme chrétien encouragé par l'autorité hiérarchique et l'encyclique de Pie XI *Quadragesimo Anno* (1931), l'après-guerre sanctionnera de façon positive tant d'efforts menés dans l'ombre.

### *Défense et illustration du vieux libéralisme*

L'historiographie peut avoir des vues déformantes : à trop privi-légier le nationalisme et le catholicisme social, entreprises d'autant plus visibles qu'elles reconduisent à des visions systématiques du monde, on finit par ignorer la persistance, voire le renouveau d'une doctrine libérale qui, par nature, ne se prête guère aux affirmations d'éclat, aux ruptures prononcées, aux exclusions proférées.

Les dernières années du siècle avaient, en effet, été marquées par une sorte de renaissance du libéralisme modéré. Ce regain d'influence et de vitalité tenait à des causes de fond : les nécessités de la lutte contre la propagande socialiste, les ressources propres d'une école de pensée habituée à réfléchir sur les expériences étrangères et à tirer profit de la production intellectuelle en prove-nance des autres pays européens, un certain épuisement enfin du message spécifiquement républicain. A partir du moment, en effet, où les républicains dits de « gouvernement » hésitaient à s'engager dans la voie de nouvelles réformes laïques et démocratiques — comme le proposaient leurs concurrents radicaux et radicaux-socialistes —, la logique des situations les poussait à découvrir les vertus du libéralisme et les maximes de la politique de juste milieu ; là résidait, par exemple, l'une des raisons de la fortune tardive d'un Alexandre Ribot, qui était sans doute dans le haut personnel parlementaire français le meilleur connaisseur de la philosophie libérale[67].

Il y avait aussi des facteurs liés aux circonstances ou à des réalités d'une nature plus particulière. Les intellectuels libéraux tiraient profit du succès, désormais tout à fait manifeste, de l'École des sciences politiques. Les événements survenus depuis une dizaine d'années semblaient vérifier la justesse de leurs analyses ou de leurs prévisions : le Ralliement permettait d'espérer une redistribution des cartes parlementaires et ouvrait la voie à une nouvelle conjonc-tion des centres ; l'aventure du boulangisme jetait encore la lumière

sur cette vieille parenté entre le césarisme et la démagogie jacobine que les héritiers de Victor de Broglie ou d'Alexis de Tocqueville ne se lassaient jamais de dénoncer; l'échec du général et de ses partisans était à porter au crédit d'une philosophie politique qui avait toujours voulu fonder la liberté sur la solidité des garanties constitutionnelles et sur l'agencement équilibré des pouvoirs. Ainsi confortés, les plus audacieux et les plus jeunes n'hésitent pas à adopter une attitude offensive. Beaucoup prêchent pour la constitution de partis politiques organisés, quelques-uns apportant même leur pierre personnelle à l'édifice, comme ce fut le cas, notamment, pour l'Union libérale républicaine du bâtonnier Barboux. De nouveaux liens sont tissés avec le monde parlementaire, dans le cadre de nombreux organismes d'études (le Musée social, par exemple, fondé en 1895, ou la Société d'études législatives, qui date du début du siècle), de revues spécialisées (telle la *Revue politique et parlementaire*, née en 1894, dans laquelle le banquier-publiciste Théodore Ferneuil, responsable de l'Union libérale républicaine, développe une argumentation proche de celle qu'imposera un peu plus tard Charles Benoist à la *Revue des Deux Mondes*), ou par le truchement d'hommes publics soucieux de donner un tour doctrinal à leur propre réflexion (Alexandre Ribot, Paul Deschanel ou le jeune André Lebon, ex-professeur à l'École des sciences politiques). Avocats, publicistes et universitaires libéraux se placent aux avant-postes du combat en faveur de la décentralisation administrative, de la « réforme parlementaire » (c'est-à-dire de l'amélioration des pratiques et des textes allant dans le sens d'un fonctionnement plus équilibré des pouvoirs) et d'une réforme électorale garantissant aux minorités le droit à la juste représentation. Les plus lucides tentent d'actualiser la leçon apprise chez Tocqueville et chez Prévost-Paradol, en proposant un nouvel inventaire des mauvaises passions de l'âge démocratique. Anatole Leroy-Beaulieu, catholique libéral, républicain modéré, fils d'un vieil ami de Guizot, apporte ici sans doute la touche la plus originale. Le mérite revient en effet, quoi qu'on ait pu en dire, à l'auteur des *Doctrines de haine* d'avoir attiré l'attention sur la montée alarmante des préjugés antisémites, d'avoir proposé une réfutation systématique et fortement argumentée du discours antisémite, d'avoir essayé enfin de comprendre les diverses manifestations de haine collective (anticléricalisme, antiprotestantisme, antisémitisme) à la lumière d'une réflexion générale sur les ravages de l'« esprit de secte ».

Les controverses suscitées par l'Affaire Dreyfus ont en partie brisé cet élan. Dans l'ensemble, en effet, la droite libérale n'a pas su

détecter les enjeux idéologiques de la bataille livrée autour de la révision du procès Dreyfus. Quelques-uns de ses représentants ont affiché des sympathies pour les thèses du camp antidreyfusard, tel Charles Benoist, par exemple, adhérent, au demeurant assez discret, de la Ligue de la patrie française. La plupart restèrent sur le terrain d'une prudente expectative, y compris Anatole Leroy-Beaulieu, dont beaucoup de champions de la révision avaient espéré le concours, et qui se contenta de prêcher les vertus de la concorde et de l'apaisement. Au total, les révisionnistes — plus nombreux peut-être qu'on ne le pense communément — ont fait figure d'isolés. Du côté royaliste, Édouard Hervé, membre de l'Académie française, fondateur du journal *Le Soleil*, ancien conseiller du comte de Paris, et le publiciste Eugène Dufeuille, proche collaborateur du nouveau Prétendant, demeuraient fidèles à l'esprit du vieil orléanisme, c'est-à-dire de l'orléanisme attaché aux droits de l'individu et à la méthode de libre critique. Un Georges Lachapelle, secrétaire général de l'ULR, un Frédéric Clément, avocat protestant que l'on retrouvera quelques années plus tard aux côtés d'Eugène Motte à la tête de la Fédération républicaine, et quelques autres jeunes gens lucides plaidaient la cause de l'innocence de Dreyfus dans les états-majors politiques du centre droit. Leur influence n'était pas très évidente.

Tout cela laissait une pénible impression de conformisme et de timidité. Sans en avoir vraiment pris conscience, la droite libérale avait gaspillé une part énorme de son crédit intellectuel et moral. Parallèlement, l'Affaire avait provoqué l'émergence de la figure de « l'intellectuel », au détriment de la figure du notable académique chère aux héritiers de Guizot et de Rémusat. La gauche et la droite nationaliste pouvaient tirer parti de ce changement capital. Au centre droit, le charme était rompu : les rapports entre les « politiciens » modérés et les doctrinaires de l'idée libérale ne seraient plus jamais ce qu'ils avaient encore été au seuil des années 1890-1900, à l'époque de Jules Barthélemy-Saint-Hilaire, de Léon Say ou d'Alexandre Ribot (Alexandre Ribot première manière, si l'on ose dire).

Il ne faudrait pas en conclure trop vite à la dispersion et à l'effacement de l'ancienne « école libérale ». Dès 1900, le bâtonnier Barboux et les notabilités intellectuelles proches de l'Union libérale républicaine avaient éprouvé le besoin d'un retour aux sources et d'un travail de clarification idéologique. De cette inquiétude, était née *La Semaine politique et littéraire*, une ambitieuse revue d'idées où se retrouvaient Jules Dietz (une des meilleures plumes du *Journal des*

*Débats*), Théodore Ferneuil, Anatole Leroy-Beaulieu, Georges Picot et quelques nouveaux talents (Georges Lachapelle, qui allait bientôt prendre la direction de *La République française*, l'écrivain André Beaunier, l'économiste Raphaël-Georges Lévy). Un des principaux soucis des rédacteurs de *La Semaine politique et littéraire* était de remettre les pendules à l'heure et de réaffirmer les valeurs du libéralisme modéré en marquant bien les frontières : avec le néo-jacobinisme des gens du Bloc, avec les tenants du nationalisme et du néo-césarisme plébiscitaire. Austère, un peu répétitive, la revue ne semble pas avoir touché un large public. Elle cessa de paraître au milieu de l'année 1902[68].

L'entreprise, toutefois, est intéressante de plusieurs points de vue. Tout d'abord, les polémiques engagées dans *La Semaine politique et littéraire* montraient que l'école libérale entendait désormais faire barrage aux thèses les plus dangereuses du nationalisme, même lorsque ces thèses étaient présentées sous la forme édulcorée qui paraissait séduire une frange appréciable du monde conservateur. La question des institutions et de leur éventuel réaménagement dans le sens préconisé par les partisans des doctrines plébiscitaires — question ouverte, rappelons-le, depuis les campagnes boulangistes et le célèbre Manifeste du comte de Paris — a revêtu ici une importance décisive. Aidés en cela par les orléanistes de l'ancienne école (Denys Cochin ou Othenin d'Haussonville, en particulier), les républicains libéraux sont parvenus à refouler les thèses d'inspiration plébiscitaire et à orienter la discussion générale vers leurs propres propositions : moralisation du suffrage universel, introduction de la représentation proportionnelle, réforme parlementaire (entendons par là réforme du travail parlementaire), révision limitée des lois de 1875. En d'autres termes, Georges Picot et son protégé Charles Benoist, considéré à partir de 1905-1906 comme l'oracle des droites en ces matières, ont su faire prévaloir leurs vues sur les suggestions des Maurice Barrès, des Jules Lemaitre ou des Georges Thiébaud, ce qui n'était pas nécessairement écrit à l'avance si l'on tient compte de ce qu'avait été l'atmosphère enfiévrée de 1899-1900.

Il est intéressant d'établir un parallèle entre cette bataille d'idées et le combat mené au cours des années 1902-1906 par la Ligue de l'enseignement. Fondée en 1902 à l'initiative du vieux bâtonnier Edmond Rousse, élu à l'Académie française en 1903, la Ligue coordonnait les efforts des républicains libéraux proches de la nouvelle opposition progressiste (Édouard Aynard, Paul Beauregard, vice-président, Charles Benoist, Robert de Lasteyrie, Anatole

Leroy-Beaulieu et Georges Picot, également vice-président) avec
ceux des notables orléanistes (Denys Cochin, secrétaire général,
son frère, l'historien Henri Cochin, alors député du Nord, Othenin
d'Haussonville, Albert Lefébure, ancien sous-secrétaire d'État
dans le cabinet du duc de Broglie, Paul Thureau-Dangin), ceux de
l'équipe de la *Revue des Deux Mondes* (Brunetière, Georges Goyau,
Albert Vandal, Eugène-Melchior de Vogüé) et ceux de deux
anciens chefs de file du Ralliement (le prince d'Arenberg et le comte
Albert de Mun). Sans méconnaître la nature de l'enjeu et l'hostilité
affichée par tout un secteur de la gauche laïque à l'égard du
monopole de l'Enseignement, on peut penser que l'action de la
Ligue et la qualité de certains de ses animateurs ont contribué à
faire comprendre à la majorité du Bloc quelles étaient les limites à
ne pas dépasser. Le même souci de circonscrire les luttes religieuses
dans les frontières de la sagesse et de la raison se retrouve dans la
célèbre affaire dite des « cardinaux verts ». Denys Cochin et Ferdinand Brunetière, secrétaires généraux de la Ligue, ont, en effet,
joué un rôle décisif dans l'élaboration du manifeste signé de
23 personnalités, appartenant pour la plupart à l'Institut de
France, et rendu public dans le numéro du *Figaro* en date du
26 mars 1906. Les deux académiciens avaient entraîné nombre de
leurs compagnons de 1902, depuis le prince d'Arenberg jusqu'à
Paul Thureau-Dangin, en passant par Georges Goyau, Anatole
Leroy-Beaulieu, Georges Picot et le bâtonnier Rousse lui-même.
Mais Albert de Mun n'était plus du même côté. Et les formules de
compromis pratiques suggérées dans cette « supplique aux
évêques » à propos des modalités d'application de la loi de séparation pesaient bien peu face à l'intransigeance romaine. Sur ce
terrain difficile entre tous, l'école libérale avait en somme livré et
perdu la bataille[69].

*La Semaine politique et littéraire* ne devait pas survivre à la défaite
subie par les progressistes lors des élections du printemps 1902.
Fondé en 1906 pour soutenir la candidature de Paul Doumer à la
présidence de la République, l'hebdomadaire *L'Opinion* reprend la
formule — la vivacité du ton en plus — et tente, avec un certain
bonheur, de renouer les fils du dialogue entre les élites intellectuelles et la politique modérée. Mais *L'Opinion* ne chemine pas sur
la même ligne de crête. Les sympathies de la revue, dont la
direction est bientôt assurée par Maurice Colrat, ancien collaborateur de Raymond Poincaré, vont plutôt aux hommes et aux groupes
qui appellent de leurs vœux l'émergence d'une vaste majorité
centriste. Sur le plan idéologique, en revanche, *L'Opinion* fait bon

accueil aux thèses de la jeune droite conservatrice et ne se préoccupe guère de définir avec précision les contours d'une nouvelle
identité libérale.

On retrouve ce même tour d'esprit pragmatique dans l'œuvre de
Charles Benoist, écrivain, professeur et homme public, que les
circonstances et l'œuvre du temps — né en 1861, Benoist est d'une
vingtaine d'années le cadet des intéressés — ont placé en position
de recueillir l'héritage de Georges Picot et d'Anatole Leroy-Beaulieu[70].

Durant le quart de siècle qui va de la première édition de son
maître livre — *La crise de l'État moderne*, en 1895 — jusqu'à la fin de
la guerre de 1914-1918, Charles Benoist a été présent sur tous les
fronts. Professeur à l'École des sciences politiques, il marque de son
enseignement plusieurs générations d'élèves. Député progressiste
de Paris — depuis 1902 —, champion des diverses batailles livrées
en faveur de la représentation proportionnelle, c'est un parlementaire redouté par sa connaissance des dossiers, son opiniâtreté... et la férocité de ses mots d'esprit. Il s'intéresse aux sujets les
plus variés — les questions électorales (sa spécialité), la révision de
la Constitution, la réforme administrative, la législation du travail,
la diplomatie, la dépopulation, etc. —, multiplie les discours,
articles, brochures et ouvrages savants. L'Académie des sciences
morales l'accueille en son sein en 1908. La Fédération républicaine
le charge de la rédaction de son programme de 1910, lui confie les
fonctions de délégué général à la propagande et en fait, au printemps 1914, le quatrième de ses présidents. Benoist demeura à la
tête de la Fédération jusqu'en 1919.

Proche des milieux de l'ancien centre gauche, admirateur de
Ribot, lecteur des libéraux anglais, féru de constitutionnalisme, le
Charles Benoist de 1902 ou de 1914 apparaît — à ses propres yeux,
tout d'abord — comme un libéral modéré, préoccupé de maintenir
l'héritage et de rénover la doctrine en trouvant des réponses aux
problèmes de l'ère moderne. Mais il n'est pas animé du souci, si vif
chez Anatole Leroy-Beaulieu, de prendre appui sur un noyau dur
de convictions idéologiques et d'assurer la défense illustration des
principes de 1789. Son outillage mental — qui doit beaucoup au
positivisme, à l'évolutionnisme et à la philosophie machiavélienne
— est fort différent de celui qu'utilisaient ses aînés. Très vite enfin,
sa réflexion a tourné autour d'un certain nombre de thèmes
étrangers à la tradition de Tocqueville ou de Leroy-Beaulieu : le
concept de « vie nationale » (opposé au concept jugé obsolète de
souveraineté nationale), les vertus éminentes de l'Organisation

(celle du « Suffrage » et celle du « Travail »), la nécessité de faire une place, la plus large possible, à la représentation professionnelle dans les structures de l'État, l'irruption des masses (le « Nombre ») sur la scène publique et la dégénérescence de l'institution parlementaire qu'elle entraîne. Le pessimisme de Charles Benoist va bien au-delà de l'« optimisme inquiet » cher aux disciples de Guizot.

Cette forme singulière de libéralisme avait un petit air de famille avec l'empirisme organisateur des notables maurrassiens. Après la guerre et les déconvenues du Bloc national — mais le calendrier revêt ici une extrême importance —, l'ancien président de la Fédération républicaine devait rejoindre le camp des partisans de la monarchie traditionnelle.

## IV. LA QUÊTE D'UNE IDENTITÉ COLLECTIVE

Toutes les entreprises d'unions électorales, de rassemblements organisés, de mobilisation des milieux socioprofessionnels, de redéfinition des horizons idéologiques reflètent, au début du siècle, une seule recherche : trouver ce qui fonde, par-delà la diversité, l'unité commune, dégager une identité collective aux droites.

### Vers un conservatisme à la française ?

Au tout début de l'année 1905, la Ligue des étudiants patriotes — une organisation de jeunesse politique dont on sait fort peu de choses — proclamait avec fierté : « Écartons ce qui divise. Unissons-nous. Républicains et monarchistes — libéraux, progressistes, nationalistes, plébiscitaires, au drapeau ! »

Sous cette forme à la fois naïve et appliquée, les cadets de la droite ont exprimé ici quelque chose de très fortement ressenti. Il est clair, en effet, que le besoin de gommer les différences et de mettre en avant les valeurs communes — au premier rang desquelles les valeurs de la Patrie — s'est affirmé de manière constante, depuis les batailles perdues de l'Antibloc jusqu'aux audacieuses tentatives de regroupement du printemps 1914. Toute

l'histoire intellectuelle des droites durant les premières années du siècle est marquée par la recherche de la synthèse, y compris — et ce fut l'une des grandes ambiguïtés de l'aventure maurrassienne — lorsque le travail entrepris a débouché sur le durcissement d'anciennes oppositions ou le surgissement de nouvelles polémiques.

Assurément, les générations les plus récemment entrées en politique ont eu tendance à mettre davantage l'accent sur les impératifs du rapprochement « en esprit ». Il faudra, de ce point de vue précis, écrire un jour l'histoire des groupes qui ont servi de lieux de rencontre et de creusets idéologiques : mouvements de jeunesse (comme, par exemple, la Fédération nationale des étudiants, patronnée par Paul Deschanel, ou la Fédération des jeunesses républicaines libérales et patriotes, proche de la catholique ALP), cercles de discussion, équipes de rédaction des petites revues politico-littéraire (type *Les Marches de l'Est*). Un tel travail permettrait de dégager deux temps forts : la période de réaction aux « excès » du combisme et les années poincaristes (1912-1914). Il montrerait sans doute qu'il n'y a pas lieu de confondre la droite nationale avec ses éléments les plus radicaux, ni de tout ramener à l'Action française et à ses relais d'influence.

Un cas spécialement intéressant est celui du groupe de l'Énergie française, c'est-à-dire de l'équipe réunie autour de l'hebdomadaire du même nom (1905-1908) et de son directeur, le jeune et talentueux publiciste André Chéradame. Lié à l'Université populaire des études nationales, le groupe de l'Énergie française organisait des dîners-conférences et suscitait la création d'ateliers d'études (le Groupe d'études sociales, animé par Étienne Martin Saint-Léon, très introduit dans les cercles et les revues situés dans la mouvance du catholicisme social, et le Groupe d'études coloniales). Il bénéficiait du soutien de personnalités représentant les différentes nuances de la droite parlementaire : le marquis de Dion, dirigeant, fort remuant, des comités plébiscitaires, le député conservateur Fernand Engerand, sympathisant de l'ALP, les progressistes Charles Dupuy, Jules Roche, et Joseph Thierry, patron de la Fédération républicaine, le très modéré Paul Deschanel, ancien président de la Chambre, alors proche de l'aile droite de l'Alliance démocratique. La composition de la liste des rédacteurs et des membres des groupes d'études reflète le même œcuménisme : de jeunes libéraux familiers des réunions de la Fédération républicaine (Jacques Bardoux ou Georges Bonnefous) côtoient des disciples de Le Play, des catholiques sociaux (Victor de Clerq et Georges

Mazé-Sencier, chevilles ouvrières du Comité d'études sociales, un organisme situé dans la mouvance de l'ALP, et Étienne Martin Saint-Léon), des conservateurs bon teint (Henry Bordeaux, responsable de la chronique littéraire), des patriotes avant tout — tels Raymond Recouly ou Chéradame lui-même —, sensibles au mot d'ordre barrésien du rassemblement des énergies nationales.

Cela étant, le souci d'abattre les cloisons et d'insister sur les points de convergence n'est en rien le monopole de jeunes droites avides de bousculer la règle du jeu. La lecture de la presse que l'on qualifie parfois, et un peu vite, d'« académique » montre que ces préoccupations ont été partagées par les plus illustres représentants du vieil établissement intellectuel. A *L'Écho de Paris*, quotidien bien-pensant, très apprécié dans les cercles de la bourgeoisie catholique, le célèbre billet d'orientation générale signé « Junius » est rédigé, selon les jours, par ces hommes à la fois proches et différents que sont Maurice Barrès, René Bazin, Henry Bordeaux, Paul Bourget, Lucien Corpechot, Denys Cochin ou Albert de Mun[71]. De façon plus systématique encore, les revues consacrées — *La Réforme sociale* et la *Revue des Deux Mondes* essentiellement — tentent de dégager les grandes lignes d'une espèce de consensus conservateur.

Le cas de la *Revue des Deux Mondes* mérite un développement particulier. La revue, sans doute, n'occupe plus dans la vie littéraire la place ultra-privilégiée qui était la sienne sous le second Empire ou la Monarchie de Juillet, mais la progression des abonnements (26 000 en 1885, 40 000 à la veille de la guerre de 1914), le prestige acquis, l'ancienneté des liens noués avec le monde des académies, la collaboration régulière des professeurs les plus distingués de l'École des sciences politiques garantissent à cet organe bimensuel une influence sans pareille[72].

Jusqu'au seuil des années 1890, la revue naguère animée par François Buloz avait campé sur les positions d'un libéralisme éclairé et tempéré. En matière religieuse, la *Revue des Deux Mondes* s'était élevée contre les excès du laïcisme républicain, tout en prêchant les vertus de la conciliation et en affirmant sa fidélité à un idéal de tolérance agrémenté, ici ou là, d'une pointe d'esprit voltairien. Sur le plan politique, le gros de la rédaction avait apporté son soutien à Thiers, mis en garde les opportunistes contre les résurgences du vieux discours jacobin et la tentation d'abuser du pouvoir, combattu l'aventure du boulangisme. La revue était le lieu d'un dialogue, tout en nuances et en subtilités, entre les héritiers du centre gauche, façon 1871-1879, et les nostalgiques du

centre droit. Charles de Mazade — qui remplissait, *de facto*, les fonctions de directeur politique — défendait l'opinion dominante des partisans de la République conservatrice et libérale. Mais les vaincus de 1877 n'avaient pas dit leur dernier mot. Le duc de Broglie — mort en 1901 — demeurait au centre d'une petite coterie orléaniste où brillaient Othenin d'Haussonville, son neveu, Eugène Aubry-Vitet et l'historien Paul Thureau-Dangin, élu à l'Académie française en 1893. Ces épigones de l'ancien parti doctrinaire étaient toujours prompts à dénoncer les vices et les périls de l'âge démocratique. A leur manière un peu chagrine, ils restaient cependant des hommes de synthèse et de compromis, plaidant, dans la grande tradition du catholicisme libéral, pour la réconciliation de l'Église avec la société moderne et refusant de dissocier ce que la Monarchie de Juillet avait jadis essayé de combiner, à savoir les intérêts politiques de la classe supérieure et les principes du gouvernement parlementaire. Entre un Albert de Broglie et un Charles de Mazade, la complicité tendait finalement à prendre le pas sur les oppositions de la période 1871-1879. L'écho des vieilles querelles et les différences de tempéraments contribuaient à la définition d'une ligne générale censée incarner les formules du juste milieu.

L'année 1893 fut celle de la relève. Au lendemain de la mort de Charles de Mazade, la famille Buloz décida, en effet, de confier la direction de la revue au critique Ferdinand Brunetière, secrétaire de rédaction depuis 1877. Brunetière, bientôt membre de l'Académie française, était une figure très en vue dans le monde des Lettres et de l'Université. C'était aussi un homme de caractère, qui prenait au sérieux la confrontation des idées et qui croyait à la responsabilité morale de l'écrivain. Il fut mêlé à la plupart des querelles qui agitèrent l'opinion au cours de ces années marquées par l'Affaire Dreyfus et l'exaspération des luttes religieuses, participant même un temps aux actions menées sous les auspices de la Ligue de la patrie française.

Sur le fond des choses, on peut dire — au risque de schématiser à l'extrême — que le nouveau directeur de la *Revue des Deux Mondes* était un démocrate conservateur séduit par la doctrine sociale de l'Église. Critique sévère de l'individualisme, Brunetière plaide pour la restauration des disciplines, intellectuelles, morales et sociales. Il célèbre volontiers l'idée de patrie, tout en prenant ses distances, le cas échéant, vis-à-vis des théories du pur nationalisme. Il s'acharne à dénoncer les prétentions des thuriféraires de la science, en soulignant le rôle irremplaçable de la religion dans le bon fonc-

tionnement de la cité. En d'autres termes, Brunetière, qui sait d'ailleurs faire leur part au réalisme et à la modération, se réclame d'une philosophie de l'ordre, bien éloignée de l'aimable libéralisme de l'équipe Buloz. Compte tenu de la vigoureuse personnalité de l'intéressé, du sentiment aussi qu'il avait de sa mission, l'installation de Brunetière au poste de commandement marquait donc le début d'une « ère nouvelle ». Telle fut, en tout cas, l'opinion d'un certain nombre de contemporains, au premier rang desquels René Doumic, lui-même directeur de la *Revue des Deux Mondes* de 1916 à 1937 et à bien des égards héritier spirituel de Brunetière.

La réalité, comme il se doit, est un peu plus complexe.

En matière politique, l'arrivée de Brunetière n'entraîne aucune rupture. La responsabilité de la fameuse « Chronique de la Quinzaine » passe à Francis Charmes, qui devait prendre la succession de Brunetière à la tête de la revue en 1906. Formé à l'école du *Journal des Débats*, ancien collaborateur de Barthélemy-Saint-Hilaire, député républicain modéré du Cantal de 1881 à 1885 et de 1893 à 1898, sénateur de 1900 à 1912, Francis Charmes est un pur produit de l'ancien centre gauche; il traite de l'actualité politique en veillant toujours à la mesure et à la courtoisie du propos, attirant l'attention sur les questions extérieures et plaidant pour la constitution d'un gouvernement « régénérateur », formule qui rappelle un peu les temps de Monsieur Thiers et de la bonne conjonction des centres. Raphaël-Georges Lévy, professeur à l'École des sciences politiques, libéral très orthodoxe, en politique comme en économie, règne sur la rubrique financière. Émile Faguet, Othenin d'Haussonville, Georges Picot et Anatole Leroy-Beaulieu — dont l'influence intellectuelle et morale semble avoir été considérable — demeurent des piliers de la rédaction. Parallèlement la vieille revue ouvre ses colonnes à de nouveaux talents, recrutés dans le milieu du *Journal des Débats* ou dans le corps des professeurs de la rue Saint-Guillaume : le critique et romancier André Beaunier, Jacques Bardoux (gendre de Georges Picot), Charles Benoist, Pierre Leroy-Beaulieu, jeune député progressiste de l'Hérault, etc. Charles Benoist, qui supplée parfois Francis Charmes dans la préparation de la « Chronique de la Quinzaine », donne le plus grand nombre d'articles à caractère politique, au point d'apparaître, vers 1910-1914, comme l'un des principaux idéologues de la maison. Changement ou continuité? Professeur à l'École des sciences politiques, protégé de Georges Picot, député modéré de Paris, Benoist est un « libéral ». Mais on a vu que les sources de son inspiration et les thèmes majeurs de sa pensée — la

crise de l'État moderne, l'organisation du suffrage universel, l'organisation du travail — appartiennent déjà à un autre univers intellectuel.

L'évolution est beaucoup plus nette pour tout ce qui touche à la morale, à la religion et à la conception générale des rapports de l'homme avec son environnement social. Brunetière, on le sait, avait été reçu par le pape Léon XIII, en audience privée, au mois de novembre 1894 ; il attachait de plus en plus d'importance à la cause des intérêts catholiques et finit par rejoindre lui-même les rangs de l'Église au cours de l'année 1900. Sous son impulsion — et celle de son ami Eugène-Melchior de Vogüé, chef de file du mouvement littéraire « néo-chrétien », député rallié de l'Ardèche de 1893 à 1898 — les colonnes de la *Revue des Deux Mondes* s'ouvrirent ainsi à une nouvelle génération de critiques et de publicistes préoccupés par les questions religieuses : René Doumic, venu de l'équipe du *Correspondant*, René Pinon, un proche d'Anatole Leroy-Beaulieu, et surtout Georges Goyau, le jeune auteur de l'étude intitulée *Le pape, les catholiques et la question sociale* parue en 1893 ; la revue devenait ainsi peu à peu l'un des principaux organes du rapprochement entre l'opinion modérée et les porte-parole d'un catholicisme raisonnable, c'est-à-dire soucieux de concilier la fidélité aux principes avec les exigences du réalisme. De telles rencontres se trouvaient d'ailleurs facilitées par les changements survenus dans le domaine littéraire. Ferdinand Brunetière et Francis Charmes — assez indifférent à cet aspect des choses — n'ont certainement pas voulu rompre avec l'idéal d'éclectisme cher à François Buloz. Mais ce qui est vrai de la littérature pure l'est sans doute beaucoup moins de la littérature « à idées ». Avec Eugène-Melchior de Vogüé et les quatre « B » — Maurice Barrès et Paul Bourget, les « maîtres », René Bazin et Henry Bordeaux —, un nouveau climat intellectuel finit par s'installer. A la veille de la guerre de 1914-1918, la *Revue des Deux Mondes* se tourne de plus en plus vers les valeurs de la tradition, n'hésitant pas à cultiver un genre « bien-pensant » fort différent du ton des années Buloz.

### Les limites de la synthèse conservatrice

On sait quelles furent les limites de ces processus de convergence politico-intellectuelle.

En premier lieu, la frontière de la droite demeure, tout au long de la période 1899-1914, une frontière ouverte. En 1871-1879, la

coupure entre le centre droit et le centre gauche passait à l'intérieur de la famille libérale conservatrice. De 1899 jusqu'aux approches de la consultation législative du printemps 1914, cette même coupure passe au beau milieu de l'ensemble républicain modéré, séparant un nouveau centre droit (les « progressistes ») d'un nouveau centre gauche (les « républicains de gauche »). Sur la moyenne durée, de telles frontières sont nécessairement instables et changeantes.

Il importe, à cet égard, de ne pas tout ramener à l'Affaire Dreyfus, à la constitution du ministère Waldeck-Rousseau et aux reclassements politiques qui en ont résulté. Une première clarification, en effet, est opérée dès 1894, avec l'éclatement du groupe parlementaire dit des « républicains de gouvernement », son rejet vers des positions de centre-centre droit et l'émergence d'une formation plus avancée, le fameux groupe de l'Union progressiste animé par Alfred Isambert et Eugène Étienne. L'arrivée au pouvoir de Waldeck-Rousseau et le rassemblement de la majorité dite de « défense républicaine » ont été loin, par ailleurs, de déchirer le tissu politique modéré dans sa totalité. Il y a dans les choix effectués au cours des années cruciales de la période 1899-1905 une part de contingence, les oppositions éclatant parfois au sein d'une même famille — chez les Carnot, par exemple[73] — sans ébranler les solidarités naturelles et sans être réellement vécues sur le mode du conflit décisif. Quelques hautes personnalités du monde modéré marquent un temps d'hésitation, et veillent, une fois venue l'heure de la détermination, à ne pas couper les ponts avec les amis rangés dans le camp adverse. Tel est le cas, notamment, d'un Paul Deschanel ou d'un Raymond Poincaré. Est-ce tout à fait un hasard si ces deux espoirs de la nouvelle génération parlementaire sont en même temps des hommes de réflexion, attentifs aux états changeants de l'opinion... et très soucieux de leur réputation intellectuelle ?

Surtout, les différences d'analyse politique ou de comportement électoral ne compromettent pas nécessairement les efforts déployés en commun sur d'autres théâtres d'opération. Les affrontements de 1899-1905 entraînent le remaniement de la carte parlementaire, déstabilisant les associations politiques nationales (le Grand cercle républicain, l'Association nationale républicaine, etc.), fragilisant de nombreux comités locaux ou départementaux. Mais progressistes et républicains de gauche continuent de fréquenter — aux marges du système politique proprement dit — les mêmes sociétés savantes, les mêmes groupes de réflexion, les mêmes ligues de

propagande. Particulièrement instructive est à cet égard l'histoire du Musée social, un centre de recherches et de documentation fondé en 1895 à l'initiative du comte de Chambrun, et qui déploya une activité considérable durant l'ensemble de la période 1895-1914. La présidence de l'institution est assurée de manière continue par Jules Siegfried, député de la Seine-Inférieure, ancien ministre du Commerce, résolument engagé du côté des républicains de gauche. Mais des personnalités très en vue du monde progressiste assistent Siegfried au sein du comité de direction du Musée : Honoré Audiffred, par exemple, président de l'Association nationale républicaine, brouillé avec Waldeck-Rousseau, ou l'infatigable Georges Picot, responsable de la « Section des institutions patronales » puis de l'importante « Section des missions ». La voie reste aussi largement ouverte à tous les rapprochements ultérieurs. Ceux-ci viendront beaucoup plus vite qu'on ne le pense communément. Dès 1907-1908 — une fois votée la loi de la Séparation et passé le cap difficile des élections législatives de 1906 —, un certain nombre d'initiatives sont prises dans cet esprit. Jacques Drake, ancien député progressiste d'Indre-et-Loire, lance une Association nationale des conférences dotée d'un conseil d'administration où se retrouvent André Tardieu — l'un des principaux collaborateurs de Waldeck-Rousseau durant la période 1899-1902 —, Maurice Colrat, un fidèle de Raymond Poincaré, l'avocat Georges Bonnefous et l'historien Louis Madelin, rédacteurs à *La République française* de Jules Roche et membres des équipes de propagande de la Fédération. La même année, le très souple Maurice Colrat, rallié à l'Alliance après avoir un temps regardé du côté de la Fédération, pose les fondations d'une ambitieuse Association de défense des classes moyennes. Républicains de gauche, progressistes, catholiques proches de l'ALP, participent à une entreprise qui apparaîtra, avec du recul, comme l'un des creusets du poincarisme des années 1912-1913.

Une pareille perméabilité des frontières constitue un excellent révélateur de la fragilité des assises doctrinales et politiques de la synthèse conservatrice ébauchée au tournant du siècle.

Dans le domaine proprement politique, la solidarité fort relative des droites s'était affirmée par la prise en charge de trois thèmes fédérateurs : la défense des libertés religieuses, la « défense sociale », la défense de l'Idée de Patrie et la sauvegarde des intérêts permanents de la Nation. La volonté d'insister sur ces points forts n'avait jamais toutefois suffi — même aux heures chaudes de 1902-1906 et de l'affrontement entre les « blocs » — à fonder une

authentique identité collective. Les affaires religieuses demeuraient toujours un nid de discordes, opposant droites libérales et droites cléricales, et, au sein même du peuple des fils soumis de l'Église, apôtres du catholicisme intransigeant et avocats de solutions plus pragmatiques, le thème de la défense sociale conservait un caractère d'extrême généralité, et ne parvenait pas vraiment à dissimuler l'ampleur des malentendus surgis entre les partisans du laisser-faire et les doctrinaires d'une « réforme », qui pouvait d'ailleurs être elle-même entendue de bien des façons. Quant à la célébration des valeurs de la Patrie, elle laissait entier le problème du nationalisme et des passions d'essence démagogique dont la droite établie n'avait jamais cessé de se méfier. On sait que la Ligue de la patrie française a fini par se briser sur l'obstacle de ces incompatibilités fondamentales. On sait moins qu'un Denys Cochin — l'ancien président du Groupe des droites de 1914 — préféra renoncer à la vie publique plutôt que de faire liste commune, à l'automne 1919, avec quelques rescapés, pourtant bien assagis, de l'aventure boulangiste.

Il y avait sans doute plus grave. En parlant sans cesse des impératifs de la défense sociale et du nécessaire renouveau des énergies françaises, les porte-parole de la droite conservatrice ne se privaient-ils pas, en dernière analyse, du moyen de tracer une ligne de séparation claire entre leur propre camp et les gauches de gouvernement? Pour tout esprit non prévenu, il existait, en effet, de bons patriotes et de fermes partisans de la sauvegarde du droit de propriété parmi les républicains de gauche et les radicaux raisonnables. L'Antibloc et l'Union des droites avaient leurs avantages. Mais au nom de quels principes repousser les formules alternatives du « Bloc républicain » et du « Bloc anticollectiviste »? L'appel à la constitution d'un Bloc républicain, lancé par les hommes de l'Alliance démocratique au cours de la législature 1906-1910, s'adressait essentiellement aux progressistes, en particulier à ceux d'entre eux qui avaient choisi de s'accommoder des lois laïques, et visait à la constitution d'une vaste majorité centrale excluant socialistes et droites revanchardes. La formule du « Bloc anticollectiviste », repoussant les seuls révolutionnaires, était plus ambitieuse et plus chimérique. Mais il vaut la peine de noter que la revue *L'Énergie française* d'André Chéradame éprouve le besoin d'en parler avec faveur dès le lendemain des élections de 1906.

Les progressistes — ou du moins certains d'entre eux — étaient naturellement les plus enclins à renouer les fils et à jouer la carte des reclassements politiques, la manière Ribot (prenant son parti

de voir les progressistes faire la courte échelle aux républicains de gauche) finissant par l'emporter ici sur la manière Méline (lequel, en gros, aurait préféré réincorporer les plus sages des républicains de gauche dans un grand ensemble modéré). Mais cette aimantation centriste s'exerçait aussi sur les représentants de courants de pensée situés théoriquement plus à droite. Dès la législature 1910-1914, un certain nombre de notables proches de la catholique ALP se décident ainsi à faire mouvement en direction du centre droit, le cas le plus célèbre étant sans doute celui de Jean Hennessy, gendre du comte Albert de Mun, député de la Charente, rallié en 1914 au groupe de la Gauche démocratique de Joseph Thierry. Les porte-parole de l'ancien nationalisme ligueur sont tout autant concernés. Tout a été dit sur les méandres du parcours emprunté par Maurice Barrès et sur la découverte paradoxale des vertus de la modération chez ce doctrinaire de l'antiparlementarisme de plus en plus sensible aux attraits du théâtre parlementaire[74]. On connaît moins l'itinéraire du journaliste et écrivain Henri Galli, ancien lieutenant de Paul Déroulède à l'état-major de la Ligue des patriotes et longtemps personnage clef du puissant réseau des organisations nationalistes parisiennes. Au début de l'année 1914, Henri Galli conjugue ses efforts avec ceux de l'historien Ernest Lavisse, haute figure de l'Université républicaine, pour lancer une Ligue française ouverte à tous les citoyens préoccupés par la montée des périls; élu député de Paris, au printemps de la même année, il prend place au sein de la Gauche démocratique, ce groupe de centre droit peuplé d'élus regardant, à des titres divers, vers le centre. Admirateur et biographe de Gambetta, Galli opère ainsi un retour aux sources, et tente de retrouver le souffle d'une époque où la Ligue des patriotes et la Ligue de l'enseignement cheminaient de concert.

On terminera en disant un mot de la fragilité des constructions idéologiques.

Un positivisme attiédi et bien souvent réducteur, nourri de Taine et de Le Play, s'était installé au cœur de la culture néo-conservatrice. Cette idéologie d'arrière-saison donnait à la droite intellectuelle davantage d'assurance que de compréhension en profondeur des événements. Elle laissait une partie des siens dangereusement exposés à la séduction des thèses maurrassiennes et des mots d'ordre de l'empirisme organisateur. Peu compatible avec la tradition vivante du catholicisme, elle était incapable d'apporter des réponses à une société taraudée par la grande question des rapports entre la Foi et le monde moderne.

D'une façon plus générale, le positivisme conservateur introdui-

sait une coupure pernicieuse entre l'univers de la spéculation et les réalités de la vie publique quotidienne. Le discours, indéfiniment ressassé, sur les vertus de la politique expérimentale cachait mal un antipolitisme de fait. Au nom de la science, des lois majestueuses de la dynamique sociale et de la supériorité, injustement méconnue, des compétences, les Bourget, les Brunetière, les Faguet et les Vogüé invitaient leurs lecteurs à mépriser les contraintes de la délibération nationale et encourageaient, en dernière analyse, la tentation du repli.

Ancien diplomate en poste à Saint-Pétersbourg, le vicomte Eugène-Melchior de Vogüé avait naguère fait souffler un vent de renouveau sur les lettres françaises en attirant l'attention du public sur l'étrange modernité du « roman russe ». Paru en 1899, *Les morts qui parlent*, chronique des mœurs parlementaires, sont au contraire le roman de l'échec : échec personnel du député de l'Ardèche qui n'a pas trouvé un rôle à sa mesure, échec collectif d'un milieu qui a, très vite, conclu à la faillite des espoirs placés dans le Ralliement. Le message de Taine débouche ici sur le plus plat des déterminismes, avec, en filigrane, un rien de complaisance dans l'affirmation d'une éthique et d'une politique du renoncement.

Enfin et surtout, les droites restent multiples et, à bien des égards, profondément divisées.

## *L'étendue de la question religieuse*

Quand il évoque, au début mars 1912, en utilisant des mots qui font aussitôt mouche, « toute l'étendue de la question religieuse », Raymond Poincaré, président du Conseil, s'adresse à Charles Benoist[75]. Au-delà de la personne du champion de la représentation proportionnelle que le propos ne pouvait atteindre[76], Poincaré vise l'ensemble du parti progressiste. L'objet de la manœuvre consiste à montrer que la ligne de partage entre les droites et la gauche laïque passe toujours, à ses yeux, entre les progressistes et les républicains de gauche — comme au temps des débats sur la loi de Séparation — et que cette fracture demeure au cœur de la vie publique française. Accessoirement, le propos conduit à relativiser l'importance des désaccords opposant droites catholiques et droites d'inspiration libérale, et glisse sur le jeu des tendances à l'intérieur même du camp progressiste.

Le futur candidat à l'Élysée est pourtant bien placé pour savoir que les choses ont changé depuis l'époque de Combes et de

Rouvier. Le relatif apaisement des luttes religieuses a vidé les anciens conflits d'une partie de leur substance. Il a également mis en lumière deux faits essentiels, à savoir que les républicains modérés ne partageaient pas les vues sectaires du Bloc, pas plus que les catholiques ralliés de l'Action libérale populaire n'adoptaient le point de vue sans nuances des intransigeants qui bénéficiaient toutefois de l'appui de Rome.

Parmi les républicains modérés, une première tendance se reconnaît volontiers dans les idées défendues par Alexandre Ribot, l'un des principaux porte-parole de l'opposition progressiste lors des débats relatifs à la loi sur les associations et de ceux qui ont suivi sur la loi de Séparation. Elle réunit des libéraux qui désirent rester sur le terrain de la concorde civile, de la tolérance religieuse et des principes généraux du droit. Ces hommes de compromis placent leurs espoirs dans les formules de l'apaisement, affirment leur respect de la légalité républicaine et en viennent, assez vite, à considérer la séparation comme un fait acquis. Ils évitent également de donner trop de gages aux milieux cléricaux, procédant, si la nécessité s'en fait sentir, à de véritables mises au point ; lors du congrès organisé par la Fédération républicaine en décembre 1908, par exemple, Joseph Thierry, alors président du parti, se livre à une profession de foi qui a quasiment valeur d'avertissement : « Nous avons défendu les croyances religieuses, non pour nous faire les champions d'une idée confessionnelle, mais parce que la République doit la liberté de conscience à tous les citoyens[77]. » De même le député catholique du Rhône, Édouard Aynard, leader de la Fédération républicaine dans son département, vote la confiance au gouvernement Briand qui s'engage, au lendemain des élections législatives de 1910, dans une politique d'apaisement[78]. Le geste ne surprend pas de la part d'un député libéral qui avait soutenu le gouvernement de défense républicaine de Waldeck-Rousseau en 1899, mais est plus frappante l'adhésion du groupe de l'Action libérale[79], en raison de sa proximité de la hiérarchie catholique.

Quoi qu'il en soit, il est clair qu'à la veille de la guerre, la frontière séparant les républicains de gauche des éléments les plus modérés de la famille progressiste tend à s'estomper. Les différences, désormais, résident surtout dans le souvenir des luttes de la période 1899-1906, dans la tonalité laïque du discours en honneur chez les amis de Raymond Poincaré et dans l'insistance mise par ceux-ci à rappeler leur appartenance au camp du « Progrès ». Tout cela — à vrai dire — compte encore, et on ne saurait tout à fait confondre un ami, même fort prudent, de la Ligue de

l'enseignement avec un ancien adhérent de la Ligue pour la défense de la liberté de l'enseignement des années 1902-1906[80].

Laissant parler leurs convictions intimes ou tirant toute la leçon du reclassement politique survenu en 1899-1902, d'autres progressistes se montrent davantage enclins à prendre en charge la défense des intérêts religieux. Dans la chaleur des combats, quelques-uns n'hésitent pas, tout comme leurs alliés de l'Action libérale populaire, à instruire le procès de « sectaires » et à agrémenter ces diatribes d'un certain nombre de considérations sur l'action pernicieuse des loges et les ravages causés par l'« emprise » maçonnique. Mais les priorités restent — en règle générale, tout au moins — diversement appréciées du côté des catholiques de l'Action libérale populaire et du côté de ces républicains étrangers à l'univers clérical. Le cas des Lorrains paraît tout à fait caractéristique à cet égard. Louis Marin, élu député progressiste de Nancy en 1905, avait fréquenté le Cercle des étudiants catholiques du Luxembourg, s'honorait de l'amitié de fervents catholiques (tel Alexandre Lefas, élu progressiste d'Ille-et-Vilaine) et partageait nombre de préoccupations des adeptes de l'enseignement social de l'Église ; le futur président de la Fédération n'en tenait pas moins à rappeler son attachement aux valeurs de la République et maintenait ses distances avec les milieux confessionnels, au risque de nourrir un vif sentiment d'irritation dans les rangs de la puissante droite catholique lorraine. De la même façon, son ami François de Wendel — entré à la Chambre en 1914 — demeura toujours très méfiant à l'égard de ceux qu'il devait qualifier un jour d'« ultra-cléricaux ».

Dans de telles conditions, il suffisait parfois d'un incident ou d'un simple malentendu pour troubler la bonne entente entre les conservateurs catholiques et les progressistes les mieux disposés. En 1910, par exemple, Eugène Motte, ancien président de la Fédération républicaine, fut la cible d'une campagne de polémiques au motif qu'il avait reçu en sa bonne ville de Roubaix, et de façon fort aimable, les « sectaires » de la Ligue de l'enseignement, réunis en congrès dans la localité voisine de Tourcoing. Incident révélateur de la vivacité des réactions et des susceptibilités qui demeurent attachées à la question laïque.

Les luttes ont été trop vives et les déchirements trop intenses depuis près de 40 ans : jusqu'en 1914, aucun gouvernement ne peut solliciter la confiance du Parlement sans invoquer la nécessaire défense des lois laïques. Pas plus que ses prédécesseurs ou ses successeurs, Briand, Barthou, Poincaré n'y manque en janvier 1912. Mais — fait intéressant — sa volonté d'affirmation d'identité

républicaine n'empêche pas les catholiques de lui apporter leurs voix lors de l'élection présidentielle de décembre 1912[81]. C'est donc que la laïcité ne constitue plus un motif de rupture entre les modérés, ceux de la Fédération républicaine de Louis Marin, et ceux de l'Alliance démocratique de Poincaré et Barthou. Force est donc de constater le succès de la politique d'apaisement, c'est-à-dire, en réalité, tout autant que l'enracinement croissant du régime républicain dans le pays, le progressif ralliement des masses catholiques.

## Droites nostalgiques, droites impatientes et droites dissidentes

L'influence des droites traditionnelles a continué à s'amenuiser tout au long de la période. Au lendemain des élections législatives, les partis d'inspiration dynastique, gravement ébranlés par l'influence du Ralliement, pouvaient toujours revendiquer une petite soixantaine de députés. Au seuil de la législature 1910-1914, le groupe dit des « droites », présidé par le comte de Lanjuinais, rassemble seulement dix-neuf élus. Quatre ans plus tard, lors de la réunion de la nouvelle Chambre, Denys Cochin parvient à obtenir le concours de quatorze collègues, parmi lesquels figurent un nombre tout à fait impressionnant de représentants de la vieille France aristocratique : le marquis de Baudry d'Asson, qui venait de prendre la relève de son père, député depuis 1876, le duc de Blacas, le comte de Gouyon, le marquis de Juigné, le marquis de Kernier, le marquis de La Ferronnays, le comte de Montaigu, le duc de Rohan. Il est vrai qu'une petite poignée de « plébiscitaires » — tels le marquis de Dion et l'indéracinable Arthur Legrand, député de l'arrondissement de Mortain — avaient préféré rejoindre le « Groupe des députés non inscrits aux groupes » (animé par Georges Berry, député nationaliste de Paris)! Bel aveu de découragement!... et lointain écho de très persistantes incompatibilités d'humeurs!

Et pourtant, on aurait tort de considérer la « droite » — celle qui n'a pas peur du vocable — comme une simple conjonction de nostalgies. A côté de la clientèle, de plus en plus clairsemée, et des notables désenchantés, subsistent en effet des fidélités, des principes et des réseaux organisés.

On insistera d'abord sur ce dernier point, le plus injustement négligé.

L'organisation du mouvement royaliste reposait sur cinq piliers

principaux : le Bureau politique du président, avec son comité directeur, rassemble l'état-major des fidèles, les comités locaux, le réseau des grands notables — parlementaires et anciens parlementaires tout spécialement —, la presse proche du « parti » et les groupements à caractère militant. Le tissu, encore très serré, des journaux et des petites feuilles de tendance royaliste était structuré autour de l'imposante Association de la presse monarchique et catholique des départements, son organe de liaison fondé en 1886 et animé, au début du siècle, par Émile Pénot, rédacteur parlementaire au quotidien parisien *Le Soleil*. Les associations militantes se répartissaient elles-mêmes en deux catégories : les mouvements qui affichaient sans fausses pudeurs les couleurs du « Roy » (les Jeunesses royalistes, par exemple, déchues, il est vrai, d'une partie de la splendeur de l'époque Lambelin) et les organisations, catholiques et nationales, où les nostalgiques de la tradition royale occupaient une place absolument prépondérante. Vers 1905-1906, l'Entente nationale, présidée par un médecin d'origine bretonne, le docteur Le Fur, était sans doute le plus dynamique de ces groupements.

La nébuleuse « plébiscitaire » était organisée en obéissant à un modèle très voisin. Quelques différences, toutefois, pouvaient être observées. En dépit de beaucoup de rivalités et de divergences, le parti fidèle au vieux message des Bonaparte disposait d'abord d'une instance de coordination politique distincte de l'entourage immédiat des princes : le Comité central de l'appel au peuple, reconstitué au cours de l'hiver 1903-1904 par l'entreprenant marquis Albert de Dion, député de la Loire-Inférieure, et doublé d'un office national de propagande, le Comité des conférences plébiscitaires. Les mouvements de jeunesse — Étudiants impérialistes, Fédération des jeunesses plébiscitaires, avec, notamment, l'Union de la jeunesse plébiscitaire de la Seine, dirigée à la veille de la guerre par ce cadet plein d'avenir qu'était Pierre Taittinger — représentaient une véritable force d'entraînement et servaient de relais à la diffusion d'une culture politique originale, où se mariaient la célébration des valeurs de l'action militante et un goût prononcé pour le travail de la pâte électorale. Les bonapartistes savaient enfin, mieux que d'autres, créer les conditions d'une fructueuse circulation des talents et des bonnes volontés entre les micro-appareils parisiens et les réseaux de notables implantés dans les derniers « fiefs » provinciaux du parti.

A l'intérieur de ces dispositifs de l'influence et du pouvoir, les membres du Parlement ont tenu une place qu'il serait imprudent

de sous-estimer. Largement inspirée par la vision crépusculaire du romancier des *Morts qui parlent*, la littérature a été fort sévère à l'égard de ces témoins d'une cause perdue. Les stéréotypes, sans doute, ne sont pas toujours étrangers à la réalité des hommes et des situations, et il est vrai que de nombreux élus dits « réaction-naires » ont agi en dilettantes de la politique, cultivant le genre hobereau campagnard en dehors du temps, le genre « clubman » ou le genre « trublion », tel le fameux marquis de Baudry d'Asson de 1876 à 1914, inamovible député de la Vendée, qui fut un virtuose de l'interruption. Mais les conservateurs comptaient aussi dans leurs rangs, avec, par exemple, la plupart des députés bona-partistes de l'Ouest normand, quelques étonnants connaisseurs du terrain et de la technique électorale. Député de Paris de 1893 à 1919, sous-secrétaire d'État durant la Grande Guerre, Denys Cochin — dont les positions, il est vrai, étaient un peu particulières — fut un parlementaire de haute volée. Il existait enfin sur les bancs de la vieille droite quelques excellents juristes, liés le plus souvent au monde des associations de défense religieuse. Il convient ici de citer les noms du comte Fernand de Ramel, avocat au Conseil d'État et à la Cour de cassation, député du Gard, du sénateur Gustave de Lamarzelle, professeur à l'Institut catholique de Paris, président du comité de la *Revue catholique des institutions et du droit*, élu du Morbihan, et de son jeune ami Henry Taudière, député des Deux-Sèvres, tôt disparu. Les deux derniers étaient des familiers des « congrès des jurisconsultes catholiques », manifestations orga-nisées chaque année depuis 1876, et où planait encore le souvenir du sénateur Lucien Brun, figure unanimement respectée de l'ancien légitimisme, mort en 1898.

Pour tous ceux qui ne voulaient pas désespérer de la cause monarchiste, les luttes menées sous le drapeau du royalisme parle-mentaire prenaient toutefois un peu l'allure d'un combat d'arrière-garde. Un conflit se dessinait ainsi peu à peu, opposant le cercle des conseillers du Prétendant (le duc de Luynes et le comte de Larègle, en particulier) et les jeunes impatients du néo-royalisme d'Action française. Les relations se tendirent brusquement, en mars 1910, avec la publication de l'interview accordée par le duc d'Orléans au *Gaulois* d'Arthur Meyer. L'Action française ne disposait que de rares appuis dans l'entourage du Prince, le principal avocat du mouvement maurrassien étant Roger Lambelin, conseiller munici-pal de Paris, ancien président de la Jeunesse royaliste. L'Action française vécut quelques heures difficiles; mais sa résolution ne fut pas entamée, et, à la fin de l'année 1911, elle avait gagné la partie.

Le comte de Larègle quitta le Bureau politique en juin 1911, le duc d'Orléans accepta de procéder à la désignation de délégués régionaux favorables à l'Action française : Maurras et ses amis avaient, en somme, pris le contrôle de l'appareil royaliste[82].

Cela étant, une certaine prudence s'impose, et il ne faut pas trop abuser des métaphores sur le vieil arbre desséché et les pousses verdoyantes du nationalisme intégral. Le dynamisme, certes, était du côté de Maurras et de son mouvement. Mais jusqu'en 1914, l'Action française n'a pas été pour grand-chose dans la préservation du capital politico-électoral de la droite royaliste : le mérite en revient aux notables traditionnels, longtemps indifférents aux maximes de l'empirisme organisateur, parfois hostiles (tel, par exemple, le comte Fernand de Ramel), et au souci, un peu trop méconnu, de quelques-uns d'entre eux d'assurer la relève (grâce aux « réunions » d'étudiants catholiques, aux cercles de discussion et au groupe de la « droite royaliste » de la Conférence Molé-Tocqueville, tout spécialement). Une tentative comme celle du « secrétariat des droites », sorte d'office central de propagande créé à la veille des élections de 1910, ne doit rien aux hommes de l'Action française.

Les maurrassiens, enfin, n'ont pas le monopole de l'audace intellectuelle et du renouvellement des discours. La jonction entre le royalisme et le nationalisme s'opère dès le milieu des années quatre-vingt-dix, sous la houlette, en particulier, de la Jeunesse royaliste, fondée en 1889 par Roger Lambelin et réorganisée par celui-ci en 1894[83]. La montée du socialisme stimule la réflexion de tous ceux qui, dans la ligne de la fameuse « Lettre » publiée par le comte de Chambord en 1865, rêvent de réconcilier la classe ouvrière avec la monarchie. Apôtre du corporatisme, ancien compagnon d'Albert de Mun, resté fidèle à ses convictions politiques, le marquis de La Tour du Pin fait de plus en plus figure de maître à penser. Durant de longues années, il existe tout un courant d'échanges entre les équipes de l'*Association catholique*, organe des catholiques sociaux, et celles de la *Revue catholique et royaliste*, créée en 1901 à l'initiative du général de Charette. Avec l'appui d'un certain nombre de publicistes proches de la *Revue* — Jean de Ricault d'Héricault, par exemple, que l'on retrouve à l'Entente nationale et à la direction de la Société traditionaliste d'études historiques locales —, Firmin Bacconnier tente de donner une assise populaire à ce « traditionalisme social »; Bacconnier anime ainsi successivement un groupe d'études baptisé l'« Avant-garde royaliste », un hebdomadaire, *L'Accord social*, apparu en 1907, et une Ligue

d'accord social. Tout ce travail est mené de façon indépendante de l'Action française, les relations étant parfois difficiles entre Bacconnier et l'état-major maurrassien.

La fidélité au passé définissait les anciennes droites monarchistes, la conservation et la subversion définissaient, en regard, la droite révolutionnaire.

Les fureurs de l'antidreyfusisme avaient été pour beaucoup dans la constitution de la majorité de défense républicaine et dans la cascade d'échecs subis par la droite et le centre droit au tournant du siècle. La menace des ligues les plus radicales allait rapidement s'estomper. Mais les éléments résolus à agir dans le cadre du système établi étaient condamnés à vivre avec des partenaires imprévisibles, prompts à brouiller les cartes, tantôt auxiliaires et tantôt adversaires, éventuellement les deux à la fois.

Dans l'ouvrage capital qu'il a consacré à la « droite révolutionnaire », Zeev Sternhell a brossé un tableau d'ensemble des relations tumultueuses entre les partis d'ordre et de conservation sociale — on dira, pour faire vite, les « droites parlementaires » — et les forces de subversion. On laissera de côté ici les querelles de vocabulaire (faut-il parler de droite révolutionnaire? de droite radicale? de droite activiste?) et les controverses surgies autour de thèses de Sternhell à propos de la « synthèse socialiste nationale » et des prodromes du fascisme français[84]. Le point essentiel, en effet, nous paraît être le repérage d'une culture politique organisée autour de trois pulsions principales : le goût de la violence, verbale et physique, la puissance de refus (avec la place considérable accordée aux « anti » : antiparlementarisme, antilibéralisme, anticapitalisme, antisémitisme, antimaçonnisme, etc.), le désir d'échapper à la compétition droite-gauche et de jeter des passerelles entre contestataires de toutes origines. Insistant avec une force particulière sur ce dernier aspect, Zeev Sternhell a procédé, de manière très convaincante, à une réévaluation de l'héritage boulangiste et a montré comment les rencontres périodiques entre une certaine extrême droite et une certaine extrême gauche scandaient cette histoire, dans le domaine des échanges intellectuels (depuis *La Cocarde* du jeune Maurice Barrès jusqu'au Cercle Proudhon de 1911) comme dans le domaine de l'activité militante.

Les droites parlementaires avaient été déstabilisées par la vague du nationalisme ligueur. Elles ont, assez vite, pris conscience de l'importance du danger. En dépit du dynamisme manifesté par l'Action française — qu'il n'est d'ailleurs pas possible de ranger

sans autre forme de procès dans la famille des droites dites révolutionnaires —, elles ont été en mesure de contenir le gros de la pression. C'est ce que suggère, en tout cas, une comparaison honnête entre la situation du printemps 1899 et celle du printemps 1914.

Les mesures de défense républicaine adoptées par le gouvernement Waldeck-Rousseau ont rapidement brisé l'agitation du mouvement ligueur. Incontestablement, l'exemple des « trublions » de la période 1897-1899 a laissé sa marque dans l'imagination des droites extrêmes et le fantasme du coup de force n'a pas disparu avec la déconfiture de la Ligue des patriotes et l'épisode tragi-comique du fort Chabrol, siège par la police de l'immeuble où s'étaient réfugiés les dirigeants de la Ligue antisémitique[85]. Mais les conservateurs et les modérés ont dû payer le prix des jactances et des initiatives brouillonnes de leurs alliés nationalistes. Ils en ont tiré un certain nombre de leçons, pour un temps du moins.

En fait, il a fallu attendre l'année 1908 pour voir s'ouvrir un nouveau cycle de violences politiques. Les troubles du mois de juin (incidents liés à la cérémonie du transfert des restes de l'écrivain Émile Zola au Panthéon) et l'agitation estudiantine de décembre (rebondissement de l'affaire Thalamas[86], du nom de ce professeur de la Sorbonne qui avait expliqué la geste johannique sans recourir au miracle ni à la mission divine, au grand dam des étudiants de l'Action française et des Camelots du roi) constituent un point de départ. Désormais, les militants de l'Action française sont placés au cœur des opérations. Le phénomène revêt une double dimension : banalisation de la violence au Quartier latin, recours à des méthodes d'intimidation physique et psychologique destinées à cristalliser les passions autour d'un conflit jugé lourd de symboles (le coup d'envoi étant donné ici en 1911, avec les manifestations visant à faire retirer de l'affiche du Théâtre-Français la pièce *Après moi*, œuvre de l'écrivain Henry Bernstein, qualifié de « juif déserteur »). Cette métamorphose de l'Action française en « organisation de combat » suscite de vives inquiétudes dans le camp des droites parlementaires. Elle n'entame pas vraiment leur marge de manœuvre, contrairement à ce qui s'était passé lors des explosions du printemps 1899.

Faut-il en chercher la cause dans un phénomène de refroidissement général des passions, la sérénité — au demeurant fort relative — revenant après les orages du tournant du siècle? A l'intransigeance idéologique de Maurras et aux violences de l'Action française, on est ainsi souvent conduit à opposer l'embourgeoisement

de Maurice Barrès, l'indulgence amusée qu'il témoigne de plus en plus à l'égard de parlementaires vilipendés naguère avec tant de férocité, le caractère moins systématique de son antisémitisme. L'évolution politique et intellectuelle de Barrès, excellent observateur des mouvements de l'opinion, est sans aucun doute révélatrice d'un changement de climat, d'un « apaisement » qui fait pendant à l'apaisement religieux. Dans le détail, les choses sont pourtant un peu plus compliquées.

Bornons-nous à quelques brèves remarques sur l'antisémitisme et sur l'antiparlementarisme.

Les années 1906-1914 ont consacré le déclin du mouvement antisémite, c'est-à-dire des organisations antijuives et de la presse populaire spécialisée dans la dénonciation du « péril juif ». De nombreux signes concordent ici : l'effacement du vieil Édouard Drumont, battu dans sa circonscription d'Alger, l'élimination, à l'occasion des élections de 1906, de la génération des agitateurs apparus à la fin du siècle, l'effondrement des ventes de *La Libre Parole* et son passage, en 1910, sous le contrôle d'une équipe de rédacteurs proches de l'ALP. Doit-on parler pour autant d'un véritable reflux de l'antisémitisme ? Il convient d'être prudent. Les sources de l'antisémitisme, les sources catholiques en particulier, sont loin d'être taries. Et Charles Maurras s'applique à peaufiner une doctrine — celle de l'« antisémitisme d'État » — permettant de présenter une version plus argumentée et plus « convenable » du discours antijuif. En ce sens, la propagande de l'Action française a sans doute beaucoup fait pour fixer un certain nombre d'aversions et de préjugés parmi l'intelligentsia de droite et dans différents secteurs de la « bonne société » traditionnelle[87].

Sur fond de contestation diffuse, la période a connu deux grandes poussées d'agitation antiparlementaire. La première est consécutive à l'affaire des 15 000 francs, c'est-à-dire à l'augmentation de l'indemnité des députés et des sénateurs, décidée, un peu à la sauvette, au début de la législature 1906-1910. La seconde couvre les années 1912-1914 ; elle est liée aux rebondissements du scandale Rochette, escroc de fortune, fondateur du Crédit minier, aux campagnes menées contre Joseph Caillaux, ministre des Finances qui, à ce titre, était intervenu pour que l'affaire Rochette soit remise, et à l'émotion soulevée par le geste criminel de Mme Caillaux sur la personne de Gaston Calmette, directeur du *Figaro*[88].

Il ne faut pas pousser trop loin la comparaison entre ces bouffées d'indignation et les chocs de la période précédente. Dans l'affaire des 15 000 francs, les protestations n'ont pas vraiment dépassé le

stade de la polémique, même si la chose a laissé des traces en profondeur. En 1913-1914, on est d'abord en présence d'une machine de guerre dressée contre Caillaux et les orientations prises par le parti radical sous l'impulsion de l'ancien chef du gouvernement, les enjeux véritables étant les enjeux du pouvoir. Un fait est caractéristique : en dépit des efforts de quelques vétérans — le député Jules Delahaye, par exemple, infatigable pourfendeur des turpitudes du régime —, les professionnels de l'antiparlementarisme ne sont jamais parvenus à jouer les premiers rôles. Dans les deux cas — en 1906-1907 et en 1913-1914—, les modérés canalisent le mécontentement et cherchent à en tirer profit pour la réalisation de leurs objectifs propres. Charles Benoist est le principal bénéficiaire du scandale des 15 000 francs, saisissant le prétexte pour donner une nouvelle ampleur à la campagne en faveur de la représentation proportionnelle, désormais présentée comme la condition *sine qua non* d'une amélioration des méthodes de fonctionnement de l'institution parlementaire. La personnalité de Barthou et le duel Barthou-Caillaux dominent les discussions passionnées de mars 1914, la préparation des élections étant, finalement, au centre de tout[89].

Cette manière de prendre en charge l'irritation ressentie par une partie de l'opinion à l'égard des mauvaises mœurs de la « République des Camarades » n'allait pas sans inconvénients. Au temps des ligues et des trublions, il existait — au moins parmi les élites de la société — une coupure assez franche entre les partisans du régime parlementaire et ses détracteurs attitrés. A la veille de la guerre de 1914, il n'est pas toujours facile, en revanche, de repérer où passe exactement la frontière. La littérature de fiction, y compris la littérature de type académique, diffuse une image systématiquement négative des hommes publics. En multipliant les critiques contre les « politiciens de métier », le « culte de l'incompétence » et la dégradation du niveau des assemblées, les Charles Benoist et les Émile Faguet entendent préparer le terrain pour la « réforme parlementaire » et le redressement des institutions. Mais il leur arrive parfois de forcer le trait et de fournir des arguments aux adversaires traditionnels du régime. Ironie du destin : Charles Benoist, l'éminent professeur de sciences politiques mué en champion de la représentation proportionnelle, finira, on l'a vu, au milieu des années vingt, par rallier le camp de ces derniers et à faire acte d'allégeance au néo-royalisme d'Action française.

Reste la question du « socialisme national », c'est-à-dire des tentatives de rapprochement entre l'extrême droite nationaliste et

une gauche contestataire allergique aux valeurs et aux pratiques de la démocratie représentative.

L'historiographie traditionnelle avait beaucoup insisté sur le rôle de l'Action française et sur les efforts déployés par les maurrassiens afin de jeter un pont entre *La monarchie et la classe ouvrière* (titre d'un livre publié en 1914 par l'ancien syndicaliste Georges Valois, spécialiste de ces problèmes à l'Action française). On sait que cette stratégie d'ouverture a remporté ses plus beaux succès à la veille de la guerre, l'épisode du Cercle Proudhon — fondé en décembre 1911 — constituant le moment fort de cette recherche commune à laquelle se sont livrés alors disciples de Maurras et disciples de Sorel. Le mérite de Zeev Sternhell est d'avoir élargi les perspectives et d'avoir montré que le dialogue entre néo-royalistes et syndicalistes révolutionnaires était un dialogue à multiples facettes, tout ne devant pas être ramené à Georges Sorel et aux interrogations des soréliens de stricte obédience. Un autre mérite est d'avoir insisté, en amont de ces épisodes, sur la dimension idéologique et politique du mouvement « jaune ». L'aventure de cette « droite prolétarienne » — l'expression est de Sternhell — ne peut plus être considérée comme une simple péripétie. Bornons-nous à rappeler les éléments saillants d'une histoire fertile en rebondissements : la variété des formules d'organisation, la réalité de l'implantation (100 000 adhérents, en mars 1902, lors de la tenue du premier Congrès national des jaunes de France), la vigoureuse personnalité de Pierre Biétry, ce « meneur d'hommes », ex-militant du Parti ouvrier français rallié au syndicalisme jaune et devenu, en mai 1902, le chef de la Fédération nationale des jaunes de France, la complexité des liens noués avec la droite conservatrice et les groupements nationalistes (cercles nationalistes parisiens, Action française, Ligue antimaçonnique, Fédération nationale antijuive, etc.), la tentative de lancement, au printemps 1908, du parti propriétiste et la radicalisation idéologique des dernières années. A bien des égards, les jaunes prennent le relais du mouvement ligueur de la fin du siècle, fournissant peut-être le premier exemple d'un authentique parti « socialiste national ».

Cela étant, ces nouvelles poussées de la droite révolutionnaire n'ont pas la force des vagues précédentes. De lourdes ambiguïtés pèsent sur le dialogue entre maurrassiens et soréliens, les maigres renforts venus du syndicalisme révolutionnaire n'augmentent pas beaucoup la capacité de manœuvre de l'Action française. Le mouvement jaune, quant à lui, n'est jamais parvenu à atteindre le stade de la maturité politique. Pierre Biétry fut élu député du

Finistère en 1906 et il remporta, en début de législature, des succès qui n'étaient pas dus à un simple effet de curiosité. Mais l'expérience et, selon toute vraisemblance, la vocation faisant un peu défaut, le tribun ne sut pas endosser les habits de l'homme public. A l'inverse des petits groupes de la nébuleuse nationaliste, les jaunes n'ont pas apporté une contribution appréciable à la formation des cadres des organisations de droite et au renouvellement du personnel électif.

Dans la perspective de Zeev Sternhell, cette histoire est d'abord celle des jalons posés, de manière un peu chaotique, sur la route qui mène au socialisme national. On peut y voir aussi — et cela n'est pas forcément contradictoire — la marque d'une insuffisance structurelle. Après les poussées de fièvre des dernières années du siècle, les droites parlementaires avaient calmé les impatiences les plus dangereuses et avaient pu procéder à une réorganisation de leurs lignes de défense tenant compte des nouveaux clivages et des nouveaux enjeux. Mais le dispositif adopté faisait la part belle aux notables et ne prenait pas toujours en charge les aspirations spécifiques de ce qu'on pourrait appeler les conservatismes populaires. Dès lors, les forces installées dans le système institutionnel demeuraient exposées aux coups de boutoir de mouvements radicaux en phase avec les émotions du petit peuple de droite et à la contestation de milieux intellectuels obsédés par le souci de la communauté nationale et de sa cohésion. La question de la droite révolutionnaire ne put être dissociée de cette question plus générale.

### Des catholiques dissidents ?

Les catholiques n'étaient jamais parvenus à former un bloc unanime, pas plus en 1877 qu'en 1885 [22, p. 821-867] ou même au début du siècle, lors de l'anticléricalisme triomphant. Les projets de parti confessionnel avaient toujours échoué. En réalité, on l'a vu, un vaste secteur de l'électorat catholique s'accordait à accepter une République modérée, nationale, à condition qu'elle ne fût pas sectaire. Il faudra attendre les élections législatives de 1910 pour voir la fin du Bloc des gauches et le début d'un relatif apaisement.

Cependant, une minorité de militants catholiques républicains affirment leur volonté de progrès et leur désir de transformation sociale. Leur position tranche avec celle des masses catholiques : ils

entrent en rupture avec les droites. Déjà un clivage était apparu
dans les rangs de la deuxième démocratie chrétienne : si la plupart
avaient suivi l'antidreyfusisme et le nationalisme, quelques-uns
s'étaient détachés et avaient opté pour le camp républicain, tels les
abbés Lemire et Naudet [9, p. 244].

Il faut ici distinguer deux groupes, issus de la vaste famille du
catholicisme social, mais dont les chemins seront différents : tout
d'abord le Sillon de Marc Sangnier et sa postérité; ensuite les
groupes de démocrates ardents qui étaient nés ou s'étaient développés dans le sillage de la seconde démocratie chrétienne, celle des
années 1890[90].

Dès 1910, quelques jours avant que Pie X ne condamne son
mouvement, Sangnier lance son nouvel hebdomadaire *La Démocratie*, préambule de ce que sera, deux ans plus tard, la Ligue de la
jeune République. L'ambition est vaste : il s'agit d'apporter la sève
chrétienne au régime, d'y donner à chacun, ouvrier, jeune, fonctionnaire, femme, étudiant, bourgeois, le sens de la responsabilité et
la volonté de participer à la construction d'un nouvel État. La
République, déclare-t-il dans un discours prononcé le 12 novembre
1911 [2, p. 219], doit cesser d'être un parti « pour devenir la
France ». Le programme prévoit, avec le vote des femmes et
l'introduction du référendum, le choix de la représentation proportionnelle, un Sénat professionnel, l'autonomie de gestion accordée
aux fonctionnaires et même la possibilité offerte un jour aux
prolétaires de devenir chefs d'entreprise. Ainsi est maintenue
l'intuition majeure du Sillon : « Porter au maximum la conscience
et la responsabilité de chacun[91]. » Le Sillon demeure un esprit :
pour le succès de la Cause, un dévouement religieux est demandé
aux militants[92]. Les sacrifices ne leur sont pas épargnés : ainsi les
journalistes de *La Démocratie* acceptent la substitution d'une
« indemnité vitale » à un salaire.

Pour assurer la présence chrétienne au cœur de la vie publique,
affronter le combat démocratique et honorer l'institution parlementaire, Marc Sangnier se laisse convaincre de présenter sa
candidature aux élections législatives : s'il essuie un échec en 1910,
il est plus près du succès en 1914.

Des divergences l'opposent cependant à un de ses compagnons
les plus intimes, Henry du Roure. L'idée qu'ils se font du combat
politique ne coïncide pas : s'ils s'accordent sur la nécessité de
soutenir la campagne nationale en faveur de la loi militaire de trois
ans, leur façon d'apprécier le rôle futur de l'armée diffère : Sangnier
y perçoit « un lieu magnifique d'entraînement démocratique »,

tandis qu'Henry du Roure y voit davantage l'instrument de la renaissance nationale face à l'Allemagne. Certains des membres de la Jeune République répugnent à suivre l'orientation de Sangnier vers la gauche. Leur sensibilité s'accorde mieux avec celle des groupes de républicains démocrates.

La genèse de ces derniers est plus difficile à préciser [13, p. 14] : on ne peut les situer à droite compte tenu de leur double préoccupation sociale et moderne. Cependant leur inclination nationaliste, parfois mêlée d'antisémitisme, évoque la filiation intransigeante du catholicisme social. Là où la démocratie chrétienne avait connu un premier élan, à la fin du siècle, le mouvement démocratique repart après l'épisode de la condamnation du Sillon : ainsi, en 1911, dans ce Finistère, où Albert de Mun et l'abbé Gayraud avaient ouvert la voie, se constitue une Fédération de républicains démocrates qui bénéficie, depuis 1899, de l'appui du journal *L'Ouest-Éclair*. Une « pléiade d'admirables militants » [12, p. 327] l'anime : Pierre Trémintin, Paul Simon, Victor Balanant, Eugène Berest, Adolphe Le Goaziou, Jean Poulhazan, Henri Le Goasguen, etc. L'un d'entre eux, Paul Simon, avocat, conseiller municipal de Brest, sera le premier député républicain démocrate à entrer à la Chambre des députés, le 13 mars 1913, après une élection âprement disputée. D'autres mouvements démocrates survivent ou reprennent une vigueur nouvelle : à Paris, l'*Espérance* de Jacques Debout, alias l'abbé Roblot, auquel Robert Cornilleau rend un juste hommage, qui fonde en 1906 un groupe d'action démocratique ; à Lyon la Fédération des groupes du Sud-Est en lien avec la *Chronique sociale* ; à Marseille la Fédération des Alpes et de Provence ; à Limoges l'Association des démocrates du Centre dont l'abbé Desgranges est, avec le vicaire général Ardant, un des principaux animateurs, après sa rupture avec le Sillon. En Lozère, enfin, se constitue la Fédération du Plateau central. Peu nombreux, ces groupes sont essentiellement constitués de militants. A Paris, ou plus exactement, à Saint-Denis, Robert Cornilleau, démocrate de toute son âme autant que patriote intransigeant, et fin connaisseur de l'histoire de France, fonde avec Paul Desq, Alfred Bour, le docteur Thibout, un hebdomadaire, *Le Petit Démocrate*, dont le premier numéro voit le jour le 8 décembre 1912. Le but est de rassembler dans la fidélité à l'esprit de la Démocratie chrétienne des démocrates indépendants sans exclusive : anciens de l'Union nationale de l'abbé Garnier, anciens sillonnistes, républicains libéraux et progressistes, voire même radicaux et socialistes « dégoûtés de l'anticléricalisme[93] ».

Encore minoritaires dans le monde catholique, distinguant avec

assurance le plan spirituel du plan temporel, les militants démocrates s'accordent sur le refus des lois laïques et l'acceptation de la
loi de trois ans. On retrouvera plus tard certains d'entre eux dans la
majorité du Bloc national en 1919. Mais ils ne pourront jamais
fusionner en un mouvement[94], et leur opposition de tempérament
et de sensibilités politiques se prolonge après guerre sous la forme
de deux familles démocrates différentes, celle de la Jeune République, fidèle à Marc Sangnier, et celle des fondateurs du Parti
démocrate populaire [13, p. 18-19]. La première est davantage
orientée à gauche que la seconde. Les deux familles demeurent
fidèles à la stricte orthodoxie catholique et partagent une identique
dévotion au *Syllabus* de Pie IX. En matière politique, en revanche,
ils se démarquent nettement : ainsi, par exemple, dès 1907, le
Sillon prend ses distances et voit dans l'Action libérale populaire,
plus que dans l'Action française, son principal adversaire. Républicains démocrates et ligueurs de la Jeune République occupent donc
une place à part dans le catholicisme du début du siècle. Leur
commune affirmation de la démocratie politique invitera, après la
guerre, à prendre acte de cette singularité et à les classer plutôt à
gauche parmi les catholiques.

## V. LES DROITES PARLEMENTAIRES, QUAND MÊME

En fin de compte, les droites parlementaires ont gardé la maîtrise
du jeu. Au milieu d'une histoire traversée de conflits, elles ont fait la
preuve de leur capacité d'adaptation et elles ont su tirer le meilleur
parti de leurs atouts : la souplesse des structures, la multiplicité des
liens noués avec le monde des associations, la présence au Parlement de quelques grands chefs de file — Édouard Aynard, Denys
Cochin, Albert de Mun, Jacques Piou, Alexandre Ribot, Joseph
Thierry, etc. — qui connaissaient le poids des mots et qui avaient
appris les vertus de la patience. A quoi on peut ajouter, au rebours
de toute une série de légendes, la qualité générale d'un personnel
politique beaucoup plus représentatif de la diversité des élites
intellectuelles et sociales qu'on ne le croit communément.

Ce résultat a été obtenu au prix de nombreux sacrifices. Les
droites parlementaires ont vite renoncé à prendre appui sur de

vastes structures d'encadrement de l'opinion. Elles ont choisi de cultiver un certain flou et d'entrer dans une logique conduisant — pour ce qui relevait de la sphère politique tout au moins — à l'effacement des repères idéologiques et à la dilution des identités collectives. Dans le domaine intellectuel, elles ont opéré un mouvement de repli vers des positions qui exhalaient un léger parfum d'antipolitisme et qui leur interdisaient d'étayer leur parti pris de réalisme sur une authentique culture de compromis.

De ces divers points de vue, l'échec de l'Action libérale populaire apparaît tout spécialement révélateur. L'enlisement de la formation présidée par Jacques Piou n'a sans doute pas contrarié les évolutions entamées, au milieu des années 1890, avec le Ralliement. Mais il a privé les masses catholiques d'un véritable instrument d'intégration dans la démocratie républicaine et rendu plus difficile leur entrée dans la modernité politique.

Un tel rétrécissement des ambitions n'allait pas sans risques. Les droites considérées comme raisonnables n'ont pas pu empêcher l'installation de foyers de contestation idéologique prompts à revendiquer le monopole de l'intelligence, de l'imagination et de la générosité. Elles ont, pour l'essentiel, laissé sans réponse l'angoisse de tout un pan de l'ancienne société, c'est-à-dire de ceux qui, bousculés dans leurs habitudes, blessés dans leurs convictions ou menacés dans la possession des moyens traditionnels de l'influence, se voyaient eux-mêmes en victimes d'une espèce d'« ostracisme[95] » collectif. A plus long terme, leur pragmatisme un peu gris a nourri le scepticisme à l'égard des étiquettes et des drapeaux, entraîné un appauvrissement du lien unissant les troupes et les états-majors, et surtout perturbé le processus d'identification entre familles de pensée et courants politiques organisés. Contrairement au parti conservateur anglais ou au parti catholique belge, les formations se réclamant de la droite parlementaire seront ainsi privées — au moins jusqu'au seuil des années trente — de ce puissant levier qu'est le sentiment d'appartenance communautaire.

Pouvait-il en aller autrement? Sans tomber dans les pièges du déterminisme, il est indispensable de poser clairement le problème et de rappeler le poids des contraintes.

Les premières contraintes étaient de nature électorale. Dans ce domaine, en effet, la force des droites parlementaires devait beaucoup à l'effacement de leurs rivaux : conservateurs monarchistes enfoncés dans leur impasse politique, nationalistes incapables de se regrouper et de se doter, sinon dans quelques bastions urbains, d'outils efficaces, catholiques intransigeants en panne de stratégie

séculière. La droite modérée se trouvait dès lors condamnée à occuper des terres qui n'étaient pas les siennes. A côté d'avantages tout à fait réels, une telle situation comportait son lot d'inconvénients; au bout d'un certain laps de temps, il fallait bien ménager les susceptibilités de ces clientèles captives, prendre en charge la défense d'une partie de leurs intérêts, composer avec leurs notables... et veiller à ne pas se couper d'une presse qui, elle, demeurait fort vivante et fort combative. En d'autres termes — et la dynamique du scrutin majoritaire uninominal à deux tours aidant —, beaucoup de modérés étaient poussés à se méfier des structures trop rigides et à mettre l'accent plutôt sur les points d'accord que sur les éléments de singularité. Il n'est pas surprenant, *a contrario*, que l'idée proportionnaliste ait séduit tant de dirigeants et de propagandistes dans le monde des formations politiques modérées (la Fédération républicaine et, à un moindre titre, l'Action libérale populaire), c'est-à-dire parmi les hommes convaincus de la nécessité d'affirmer les différences et de cultiver le patriotisme de parti.

Le second système de contraintes tenait à la façon dont les droites retrouvaient les chemins d'une légitimité collective. En simplifiant à l'extrême, on peut découper la période 1899-1914 en quatre phases successives : l'ébranlement provoqué par l'offensive nationaliste de 1898-1899 et le rejet des droites parlementaires dans l'opposition; l'Antibloc, ses espoirs et ses déconvenues; l'esquisse, à mi-parcours, d'un regroupement des forces au centre gauche de l'échiquier; les reclassements de l'avant-guerre et la réintégration de ces mêmes droites parlementaires dans les circuits officiels de l'influence. Plusieurs événements prennent ici valeur de symboles : l'élection de Raymond Poincaré à la présidence de la République, en janvier 1913, avec le soutien décisif des progressistes et des catholiques de la mouvance Albert de Mun-Jacques Piou, l'entrée de Joseph Thierry, ancien président de la Fédération républicaine et de l'Union du commerce et de l'industrie pour la défense sociale, dans le cabinet Barthou, l'appel fait à Ribot en juin 1914. La droite parlementaire avait perdu la bataille électorale du printemps 1914. Mais la façon même dont le combat avait été livré impliquait à terme son retour au sein de la famille des partis de gouvernement.

Cette réintégration avait été rendue possible parce que les progressistes, les catholiques de l'ALP et leurs alliés avaient choisi de se placer sur le terrain du patriotisme et de tenir le discours exigeant de l'union des bonnes volontés françaises. Dans une lettre adressée à Raymond Poincaré quelques jours avant l'élection de 1913, le vieil Albert de Mun avait mis l'accent sur cette priorité

(l'affirmation du « parti patriotique ») et évoqué avec gravité la question capitale de la subordination des fins particulières à la poursuite des grands objectifs d'« intérêt national ». Faisant allusion à ses propres déceptions en matière de politique religieuse, l'apôtre du Ralliement avait même été jusqu'à parler d'« abnégation[96] ». Le mot est sans doute un peu fort. Mais sans aller aussi loin, il faut bien voir que la droite parlementaire constituait le pivot d'une coalition nationale en train de prendre forme, et que cette position privilégiée lui imposait un devoir de réserve. Au sein des assemblées et dans les compétitions électorales, il lui fallait désormais apporter son concours aux hommes du centre et du centre gauche — style Poincaré ou Barthou — et leur laisser les premiers rôles. Dans le domaine intellectuel, elle était contrainte d'applaudir aux efforts déployés par les « professeurs d'énergie » de la droite nationaliste, alors que la plupart de ces maîtres continuaient d'enseigner le mépris des institutions représentatives et des élus agissant dans le cadre du système établi. Le rôle, on en conviendra, avait quelque chose de bien ingrat.

Les historiens préoccupés du long terme se plairont à repérer ici la source des équivoques qui devaient peser sur le destin des « républicains nationaux » au lendemain de la Victoire. Mais prenons garde de fausser la perspective ! A la veille de la guerre de 1914, l'important est que les droites parlementaires ont réussi à faire pont entre un nationalisme globalement assagi et les républicains de gouvernement. Cela n'allait pas de soi, et ce fut une des causes — un peu méconnue — du succès de l'Union sacrée.

GILLES LE BÉGUEC, JACQUES PRÉVOTAT

## Bibliographie

[1] PIERRE BARRAL, *Les agrariens français de Méline à Pisani*, Paris, A. Colin, 1968.

[2] MADELEINE BARTHÉLEMY-MADAULE, *Marc Sangnier, 1873-1950*, Paris, Le Seuil, 1973.

[3] JEAN-JACQUES BECKER, *1914, Comment les Français sont entrés dans la guerre, Contribution à l'étude de l'opinion publique, printemps-été 1914*, Paris, Presses de la Fondation nationale des sciences politiques, 1977.

288      *Les droites dans la vie politique*

[4] GEORGES BONNEFOUS, *Histoire politique de la troisième République*, t. I, *L'avant-guerre, 1906-1914*, Paris, Presses universitaires de France, 1956.

[5] PIERRE BOUTANG, *Maurras, la destinée et l'œuvre*, Paris, Plon, 1984.

[6] JEANNE CARON, *Le Sillon et la démocratie chrétienne, 1894-1910*, Paris, Plon, 1967.

[7] *Catholicisme, Hier, aujourd'hui, demain*, Encyclopédie publiée sous le patronage de l'Institut catholique de Lille par G. MATHON et G.H. BAUDRY, Paris, Letouzey et Ané (60 fascicules parus depuis 1948, 11 vol.).

[8] *Les catholiques libéraux au XIXᵉ siècle*, Actes du colloque international d'histoire religieuse de Grenoble des 30 septembre-3 octobre 1971, Avant-Propos de JACQUES GADILLE, Presses universitaires de Grenoble, 1974.

[9] *Cent ans de catholicisme social dans la région du Nord*, Actes du colloque de Lille, 7 et 8 décembre 1990, *Revue du Nord*, t. LXXIII, n° 290-291, avril-septembre 1991.

[10] NADINE-JOSETTE CHALINE, *Des catholiques normands sous la troisième République, Crises, combats, renouveaux*, Roanne, Horvath, 1985.

[11] GÉRARD CHOLVY, YVES-MARIE HILAIRE, *Histoire religieuse de la France contemporaine*, t. II, *1880-1930*, Toulouse, Privat, 1986.

[12] ROBERT CORNILLEAU, *De Waldeck-Rousseau à Poincaré, Chronique d'une génération (1898-1924)*, Paris, Spes, 1926.

[13] JEAN-CLAUDE DELBREIL, *Centrisme et démocratie chrétienne en France, le Parti démocrate populaire des origines au MRP (1919-1944)*, Paris, Publications de la Sorbonne, 1990.

[14] MICHEL DENIS, *Les royalistes de la Mayenne et le monde moderne (XIXᵉ-XXᵉ siècles)*, Paris, Klincksieck, 1977.

[15] PAUL DROULERS, *Politique sociale et christianisme, le père Desbuquois et l'Action populaire. Débuts. Syndicalisme et intégristes (1903-1918)*, Paris, Éd. ouvrières, 1969.

[16] JEAN-BAPTISTE DUROSELLE, *Les débuts du catholicisme social en France (1822-1870)*, Paris, Presses universitaires de France, 1951.

[17] JEAN-BAPTISTE DUROSELLE, *La France de la « Belle Époque », La France et les Français 1900-1914*, Paris, Éd. Richelieu, 1972.

[18] JEAN ESTÈBE, *Les ministres de la République, 1871-1914*, Paris, Presses de la Fondation nationale des sciences politiques, 1982.

[19] RAOUL GIRARDET, *Mythes et mythologies politiques*, Paris, Le Seuil, 1986.

[20] RAOUL GIRARDET, *Le nationalisme français. Anthologie (1871-1914)*, rééd., Paris, Le Seuil, 1983.

[21] MICHEL LAUNAY, *La CFTC, Origines et développement, 1919-1940*, Paris, Publications de la Sorbonne, 1986.

[22] PHILIPPE LEVILLAIN, *Albert de Mun, catholicisme français et catholicisme romain du Syllabus au Ralliement*, École française de Rome, 1983.

[23] WILLIAM LOGUE, *From philosophy to sociology. The Evolution of French Liberalism, 1870-1914*, Northern Illinois University Press, 1983.

[24] JEAN-MARIE MAYEUR, *Catholicisme social et démocratie chrétienne : principes romains, expériences françaises*, Paris, Le Cerf, 1986.

[25] JEAN-MARIE MAYEUR, *Les débuts de la troisième République (1871-1898)*, Paris, Le Seuil, 1973.

[26] JEAN-MARIE MAYEUR, *Un prêtre démocrate, l'abbé Lemire, 1853-1928*, Tournai, Casterman, 1968.

[27] JEAN-MARIE MAYEUR, *La séparation des Églises et de l'État*, réédition, Paris, Éd. ouvrières, 1991.

[28] JEAN-MARIE MAYEUR, *La vie politique sous la troisième République (1870-1940)*, Paris, Le Seuil, 1984.

[29] PIERRE MILZA, *Fascisme français. Passé et Présent*, Paris, Flammarion, 1987.

[30] CHARLES MOLETTE, *L'Association catholique de la jeunesse française, 1886-1907*, Paris, A. Colin, 1968.

[31] VICTOR NGUYEN, *Aux origines de l'Action française. Intelligence et politique à l'aube du xxᵉ siècle*, Paris, Fayard, 1991.

[32] PASCAL ORY et JEAN-FRANÇOIS SIRINELLI, *Les intellectuels en France, de l'Affaire Dreyfus à nos jours*, Paris, A. Colin, 1986.

[33] ÉMILE POULAT, *Intégrisme et catholicisme intégral*, Tournai, Casterman, 1969.

[34] RENÉ RÉMOND, *Les droites en France*, Paris, Aubier, Montaigne, 1982.

[35] RENÉ RÉMOND et ÉMILE POULAT, *Cent ans d'histoire de* La Croix, Colloque de mars 1987, Paris, Le Centurion, 1988.

[36] JEAN-PIERRE RIOUX, *Nationalisme et conservatisme. La Ligue de la patrie française, 1899-1904*, Paris, Beauchesne, 1977.

[37] HENRI ROLLET, *L'action sociale des catholiques en France*, t. II (1871-1914), Bruges, Desclée de Brouwer, 1958.

[38] PETER M. RUTKOFF, *Revanche and Revision. The Ligue des Patriotes and the origins of the Radical Right in France, 1882-1900*, Ohio University Press, Athens London, 1980.

[39] DAVID SHAPIRO, D.R. WATSON, MALCOLM ANDERSON, *The right in France 1890-1910. Three studies*, London, Chatto & Windus, 1962.

[40] ZEEV STERNHELL, *La droite révolutionnaire, 1885-1914. Les origines françaises du fascisme*, Paris, Le Seuil, 1978.

[41] ZEEV STERNHELL, *Maurice Barrès et le nationalisme français*, Paris, Presses de la Fondation nationale des sciences politiques, 1972.

[42] MICHAEL SUTTON, *Nationalism, Positivism and Catholicism. The Politics of Charles Maurras and French Catholics 1890-1914*, Cambridge, London, New York, Cambridge University Press, 1982.

[43] ROBERT TALMY, *Aux sources du catholicisme social, l'École de La Tour du Pin*, Paris, 1963.

[44] ROBERT TALMY, *Une forme du catholicisme social en France, l'Association catholique des patrons du Nord, 1884-1895*, Lille, 1962.

[45] EUGEN WEBER, *L'Action française*, rééd., Paris, Fayard, 1985.

[46] EUGEN WEBER, *Ma France, Mythes, culture, politique*, Paris, Fayard, 1991.

[47] EUGEN WEBER, *The nationalist revival in France, 1905-1914*, University of California Press, Berkeley and Los Angeles, 1968.

[48] STEPHEN WILSON, *Ideology and Experience. Antisemitism in France at the time of the Dreyfus Affair*, Farleigh Dickinson University Press, New Jersey, London and Toronto, 1982.

[49] MICHEL WINOCK, *Édouard Drumont et Cie, antisémitisme et fascisme en France*, Paris, Le Seuil, 1982.

[50] JOSEPH ZAMANSKI, *Nous, catholiques sociaux, Histoire et histoires*, Paris, Études, Publications, Éditions, Enseignement, 1947.

## CHAPITRE V

# 1919-1958
## Le temps des droites?

L'entre-deux-guerres marque, pour les forces de droite, le temps de la revanche. Le contraste est grand avec la période de l'avant-guerre, où elles assistèrent, presque impuissantes, au triomphe de leurs adversaires. Pendant les vingt années qui séparent la conclusion du traité de Versailles de l'invasion de la Pologne par les troupes de l'Allemagne nazie, des formations de droite participent au pouvoir pendant quatorze ans.

Associées au pouvoir depuis le début de la guerre, les droites sont devenues fréquentables. Au reste, après l'armistice du 11 novembre 1918, la majorité qui soutenait Clemenceau ne change pas. Face aux tensions sociales, le père la Victoire se montre intransigeant et habile. Réprimant les manifestations teintées d'internationalisme, il désamorce les revendications en imposant, à quelques jours du 1er mai 1919, la loi des huit heures. Sa politique rassure les forces que hante la peur du bolchevisme. Dans le même temps, le chef du gouvernement désarme la droite nationale qui aurait voulu imposer à l'Allemagne une paix plus dure et des réparations plus élevées. Le traité de Versailles est largement ratifié par la Chambre, mais Louis Marin, député de Meurthe-et-Moselle, mêle sa voix à celles des socialistes. De plus, lors de la séance du 2 octobre 1919, André Maginot, député de la Meuse, intervient au nom des députés des départements dévastés pour protester contre « les faiblesses et les insuffisances » du traité. Avec 70 autres députés, il ne prend pas part au vote. De grands noms de la droite figurent parmi ces députés récalcitrants : de Baudry d'Asson, le général de Castelnau, le futur président Deschanel, Jules Delahaye, Ybarnegaray[1]...

### ˙ I. LE BLOC NATIONAL

1919 est une année d'intenses activités électorales. Les élections législatives se déroulent les premières, le 16 novembre. Les débats à propos du mode de scrutin ne sont guère plus clairs que ceux qui ont divisé le monde politique avant la guerre. Le scrutin uninominal à deux tours dans le cadre de l'arrondissement est abandonné au bénéfice d'un mélange de scrutin de liste majoritaire et de représentation proportionnelle. La prime à la majorité est telle que les forces politiques ont intérêt à constituer de larges listes d'union. En adoptant la motion Bracke, la SFIO, et partant la gauche, s'interdisait la constitution de telles listes. Ce fut tout bénéfice pour les droites et le centre.

*La constitution du Bloc*

L'idée de constituer une très large coalition de tous les candidats « nationaux » aurait été lancée pour la première fois par d'anciens plébiscitaires, Marcel Habert et Émile Massard [14, p. 49], mais elle ne devint un véritable projet politique qu'après qu'Adolphe Carnot, président de l'Alliance démocratique, eut appelé à la constitution d'un « Bloc national ». Lors de la présentation du programme électoral, Adolphe Carnot désigna le nouvel ennemi intérieur de l'Alliance et la lutte contre le bolchevisme prit parfois — mais de façon encore limitée à cette date — la place occupée naguère par le cléricalisme et le nationalisme [130, p. 98]. Néanmoins l'Alliance ne tira pas pleinement profit de son initiative unitaire : elle fut contrebalancée dans l'opinion par l'hostilité que professaient ses dirigeants, et en particulier Chaumet, son responsable à la propagande, à l'égard de Clemenceau. Cette hostilité provoqua des départs de l'Alliance, dont celui de Tardieu, le proche collaborateur de Clemenceau [41, p. 179]. Un accord conclu le 22 octobre 1919 associait à l'Alliance, l'Action libérale populaire, la Fédération républicaine, des républicains socialistes et même des socialistes nationaux. Les discussions les plus tendues entre les formations de la coalition portèrent sur les relations de

l'Église et de l'État. Jacques Piou, doyen de la Chambre sortante, confia à Maurice Barrès qu'il avait mis au point une formule plus souple que celle de Millerand — « l'intangibilité des lois laïques » — et que Mgr Amette l'avait acceptée : « Le fait de la laïcité de l'État doit se concilier avec les droits et les libertés de tous les citoyens, à quelques croyances qu'ils appartiennent, et ainsi sera assurée dans tout le pays la paix religieuse. » Une telle formule devait, selon le fondateur de l'Action libérale populaire, rassurer les catholiques les plus intransigeants. En cas contraire, il conseillait d'ailleurs à Barrès de passer outre : « Désormais les criailleries des catholiques à gros grains doivent vous laisser indifférent. » Pourtant un Denys Cochin, par exemple, orléaniste et pur représentant de la droite catholique, ne sera nullement convaincu [123, p. 321-336].

Tant Piou que Cochin appartenaient à des générations en voie de disparition sur la scène politique. Des cadets refusaient de se laisser enfermer dans ces débats qui leur semblaient stériles et surannés. Pour eux, les problèmes institutionnels, l'efficacité de l'État, ses choix sociaux primaient. Ils constituèrent, autour de Maurice Bokanowski, Maurice Colrat, Jacques Bardoux, Pierre Valude, Louis Madelin, Joseph Barthélemy ou André de Fels, le mouvement de la quatrième République, appelé aussi Parti républicain de réorganisation nationale. Cette formation, soucieuse de déborder les clivages traditionnels, réussit à amalgamer des courants divers, rassemblant des hommes influencés par le courant jeune radical et des proches de la Fédération républicaine, d'anciens bonapartistes et d'authentiques libéraux [44, p. 293 sqq.].

Coalition hétéroclite, donc, et non pas alliance électorale, le Bloc national avait une tonalité variable selon les départements et il est impossible de l'assimiler intégralement à la droite. Il suffit d'ailleurs de rappeler que trente-six députés du Parti radical ont été élus sur des listes du Bloc national. La constitution des listes a donné lieu à de longs marchandages qui laissèrent des traces après la campagne électorale. A Paris, Barrès et Millerand se livrèrent à de très longues négociations tant sur la composition des listes que sur la mise en place d'une plate-forme commune [123, p. 321-336]. De manière générale, l'extrême droite resta en dehors du Bloc. L'Action française, dont les dirigeants n'avaient eu, jusque-là, que mépris pour les joutes électorales, présenta pourtant des candidats. L'organisation de Maurras et Daudet n'eut jamais un prestige aussi élevé qu'au sortir de la guerre et si elle ne fut pas associée au Bloc, c'est moins du fait de divergences sur la nature du régime qu'en

raison de « considérations électorales plus vulgaires ». En effet, ces nouveaux convertis au suffrage universel se montrèrent très gourmands lors des négociations avec d'éventuels partenaires. Ils allèrent seuls à la bataille et leurs gains furent plus limités qu'ils ne l'avaient escompté [18, p. 150 sq.]. L'existence de leurs listes servit le Bloc, car elle le dédouanait sur sa droite et renforçait d'autant sa respectabilité républicaine.

Les élections furent un succès en nombre de sièges pour le Bloc national qui réussit, pour reprendre une formule de Jean-Jacques Becker, une véritable « captation du consensus national » né pendant le conflit. Cette victoire rassura Maurice Barrès. Dans sa *Chronique de la Grande Guerre*, il dit n'avoir jamais douté de la victoire militaire, mais la victoire politique lui avait toujours paru plus incertaine. Les résultats électoraux le rassurèrent : « Après avoir eu la mobilisation militaire d'août 1914, nous avons eu la mobilisation civique de novembre 1919. Et voici une excellente Chambre, de beaucoup la meilleure que j'aie connue » [124, p. 182].

## La victoire du Bloc

Ces élections enregistrèrent un renouvellement du personnel politique plus prononcé qu'à l'accoutumée. Alors qu'en 1914, 73 % des sortants avaient été réélus, il n'y en eut que 46 % en 1919 [45, p. 322]. Le phénomène fut moins prononcé pour les élus de droite : parmi les anciens élus de droite, 51 % furent réélus. La victoire du Bloc national était imposante en nombre de sièges : les députés élus sur des listes du Bloc national ou sur des listes d'extrême droite sont quelque 450 sur les 626 que compte désormais la Chambre. Ils sont inscrits à cinq groupes parlementaires différents et certains siègent parmi les non-inscrits. (Cf. tableau ci-contre.) Les vingt-neuf indépendants regroupent des députés de la droite la plus intransigeante et la plus traditionnelle, proche du nationalisme intégral de l'Action française. Léon Daudet, orateur monarchiste incisif et spécialiste de la surenchère, est le seul élu parisien de l'AF. A ses côtés, siègent des amis du mouvement tel Ambroise Rendu, élu de Haute-Garonne, des aristocrates ayant précédemment siégé au groupe des droites, tel Baudry d'Asson ou le marquis de la Ferronays, des anciens de l'Alliance libérale comme le Vendéen Rochereau ou le Nordiste Groussau, des bonapartistes tel Paul de Cassagnac, des jeunes en début de carrière comme Xavier Vallat, bref le noyau de la droite traditionnelle trop

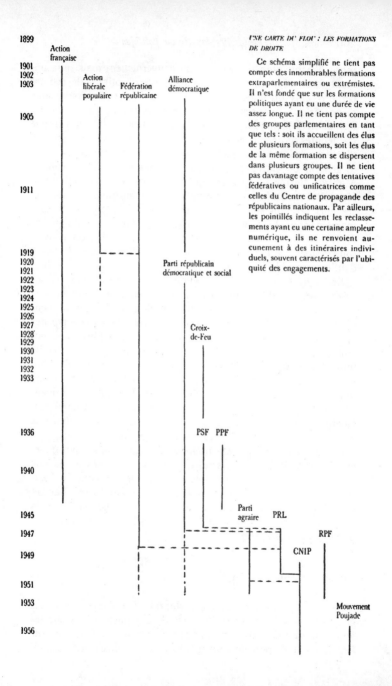

1899

Action
française

1901
1902
1903

Action
libérale
populaire

Fédération
républicaine

Alliance
démocratique

1905

1911

1919
1920
1921
1922
1923
1924
1925
1926
1927
1928
1929
1930
1931
1932
1933

Parti républicain
démocratique et social

Croix-
de-Feu

1936

PSF  PPF

1940

1945

Parti
agraire

PRL

1947

RPF

1949

CNIP

1951

1953

Mouvement
Poujade

1956

UNE CARTE DU FLOU : LES FORMATIONS
DE DROITE

Ce schéma simplifié ne tient pas
compte des innombrables formations
extraparlementaires ou extrémistes.
Il n'est fondé que sur les formations
politiques ayant eu une durée de vie
assez longue. Il ne tient pas compte
des groupes parlementaires en tant
que tels : soit ils accueillent des élus
de plusieurs formations, soit les élus
de la même formation se dispersent
dans plusieurs groupes. Il ne tient
pas davantage compte des tentatives
fédératives ou unificatrices comme
celles du Centre de propagande des
républicains nationaux. Par ailleurs,
les pointillés indiquent les reclassements ayant eu une certaine ampleur
numérique, ils ne renvoient aucunement à des itinéraires individuels, souvent caractérisés par l'ubi-
quité des engagements.

intransigeante pour participer à un gouvernement mais suffisamment forte pour mener des campagnes susceptibles de séduire certains élus du Bloc, en particulier à l'Entente républicaine démocratique. Avec ses 183 élus, ce dernier groupe est la première formation de la majorité, mais aussi la plus hétéroclite. On y trouve les députés mosellans et alsaciens de tradition chrétienne sociale, d'anciens de l'Action libérale, des catholiques traditionnels comme le général de Curières de Castelnau, des nationalistes comme Maurice Barrès et surtout des progressistes de la Fédération républicaine. La Fédération républicaine, bien que le nombre de ses élus ait plus que doublé par rapport à 1914 — ils sont maintenant quelque 125 —, ne chercha pas à organiser un groupe parlementaire homogène et les membres de la Fédération, comme son président, le Lyonnais Auguste Isaac, adhérèrent à l'Entente, d'ailleurs présidée par un des leurs, François Arago [48, p. 6].

Les cent trente-trois élus de l'Alliance démocratique et les soixante-dix du Parti républicain de réorganisation nationale [41, p. 26; 44, p. 293-300], tous républicains de gouvernement, étaient divisés en trois groupes parlementaires davantage séparés par des nuances que par de vrais clivages. La Gauche républicaine démocratique, avec ses 93 membres, accueillait des habitués, ou de futurs habitués, des portefeuilles ministériels, les Barthou, Flandin, Maginot... Les républicains de gauche, au nombre de 61, en différaient peu. Le négociateur du traité de Versailles, le clemenciste Tardieu y côtoyait l'abbé Lemire, le marquis de Chambrun, Georges Leygues ou Louis Loucheur. Enfin, l'Action républicaine et sociale, forte de 46 députés presque tous nouveaux élus, plus jeunes que les autres parlementaires, se voulant à la fois novateurs en matière sociale, étrangers aux querelles idéologiques et soucieux de mesures concrètes, rassemblait surtout des proches du Parti républicain de réorganisation nationale. Le juriste Joseph Barthélemy, le démographe Adolphe Landry, Paul Reynaud y siégeaient à côté d'un Pierre Taittinger ou de l'ancien radical Bokanowski [40, p. 260; 44, p. 293 sqq.].

## Nouvelles générations

La guerre a modifié, de façon durable, l'équilibre global des générations. Pour mesurer l'impact de ces phénomènes sur les forces de droite, deux tableaux ont été dressés. Ils portent sur l'ensemble de la période étudiée. On y lit le vieillissement naturel

LES DÉPUTÉS DE DROITE[2]
*poids relatif de chaque génération par rapport à l'ensemble des députés de droite.*

| Génération % | 1914 | 1920 | 1924 | 1928 | 1932 | 1936 | 1945 | 1946 | 1946 | 1951 | 1956 |
|---|---|---|---|---|---|---|---|---|---|---|---|
| 1861-1870 | 29 | 29 | 25 | 20 | 14 | 5 | 0 | 0 | 0 | 0 | 0 |
| 1871-1880 | 23 | 31 | 37 | 38 | 34 | 24 | 17 | 15 | 12 | 3 | 2 |
| 1881-1890 | 7 | 15 | 20 | 28 | 34 | 31 | 28 | 22 | 22 | 10 | 8 |
| 1891-1900 | 0 | 2 | 0 | 5 | 11 | 29 | 16 | 31 | 28 | 30 | 19 |
| 1901-1910 | 0 | 0 | 0 | 0 | 2 | 11 | 34 | 26 | 28 | 38 | 34 |
| 1911-1920 | 0 | 0 | 0 | 0 | 0 | 0 | 3 | 6 | 8 | 17 | 23 |
| 1921-1930 | 0 | 0 | 0 | 0 | 0 | 0 | 0 | 0 | 0 | 0 | 7 |

LES DÉPUTÉS DE DROITE
*sous-représentation et sur-représentation de chaque génération.*

| Génération | 1914 | 1920 | 1924 | 1928 | 1932 | 1936 | 1945 | 1946 | 1946 | 1951 | 1956 |
|---|---|---|---|---|---|---|---|---|---|---|---|
| 1861-1870 | 137 | 149 | 173 | 133 | 119 | 49 | *** | *** | *** | *** | *** |
| 1871-1880 | 98 | 147 | 201 | 204 | 209 | 165 | 175 | 157 | 124 | 99 | 76 |
| 1881-1890 | 54 | 74 | 104 | 143 | 192 | 186 | 207 | 159 | 159 | 117 | 87 |
| 1891-1900 | *** | 14 | *** | 50 | 51 | 143 | 87 | 171 | 157 | 197 | 122 |
| 1901-1910 | *** | *** | *** | *** | 17 | 42 | 145 | 110 | 119 | 185 | 167 |
| 1911-1920 | *** | *** | *** | *** | *** | *** | 17 | 33 | 44 | 98 | 134 |
| 1921-1930 | *** | *** | *** | *** | *** | *** | *** | *** | *** | *** | 33 |

Pour calculer la sur-représentation du second tableau, le poids de chaque génération de députés de droite est comparé au poids que cette génération représente lors du recensement le plus proche. Seuls les hommes adultes sont pris en compte. Si le chiffre est supérieur à 100, il y a sur-représentation : en 1924, par exemple, la génération née en 1871-1880 est deux fois plus nombreuse (indice 201) parmi les députés de droite que parmi les hommes adultes.

inévitable, mais aussi l'importance du contrôle qu'une génération peut exercer, ou ne pas exercer, sur l'ensemble d'une famille politique à un moment donné.

En 1914, la moyenne d'âge des groupes parlementaires de droite est de 50,9 ans. Après les élections de 1919, elle est de 50,7. Nulle différence donc. De manière générale, pour toutes les élections, la génération modale est celle des quadragénaires mais, à la lecture des indices de sur-représentation, il apparaît que toutes les générations n'ont pas eu le même poids dans l'histoire des droites. La génération 1871-1880 a eu une place tout à fait exceptionnelle parmi les députés de droite. Son éveil à la vie politique s'est produit au tournant du siècle, c'est-à-dire aux temps où l'affaire Dreyfus et la séparation de l'Église et de l'État divisaient le monde politique. Il est probable que ses comportements ont été construits dans ce contexte d'affrontements et que des réflexes furent acquis. Cette génération commence à occuper la première place avec les élections de 1919[3]. Cent trente-quatre députés de droite appartenaient à cette génération. Parmi eux, vingt-six siégeaient déjà en 1914, dont André Tardieu, François de Wendel, André Maginot, Louis Marin ou Henri Roulleaux-Dugage. Faisaient leur entrée pour la première fois au Palais-Bourbon Maurice Bokanowski, Paul Reynaud, Bernard de La Groudière ou Le Provost de Launay. Leur arrivée n'élimine pas la génération précédente née dans les dix dernières années du second Empire — ainsi Maurice Barrès, Louis Barthou, Georges Bonnefous, James Hennessy ou Baudry d'Asson —, mais cette génération est deux fois moins nombreuse que celle des députés de droite nés entre 1871 et 1880. La Chambre élue en 1919 enregistre donc une accélération dans le renouvellement des générations et la promotion parlementaire de ce premier automne d'après-guerre devait laisser son empreinte sur les législatures suivantes.

Il serait, en outre, tout à fait controuvé de voir dans l'élection de la Chambre bleu horizon le simple retour de notables traditionnels. Les grandes familles sont certes bien représentées mais il ne faut pas négliger pour autant l'entrée à l'Assemblée des cadres de la société nouvelle et particulièrement des diplômés [44, p. 397]. L'aspect novateur de ces élections est masqué car les présidents du Conseil et les dirigeants modérés qui vont jouer les premiers rôles — Millerand, Leygues, Briand ou Poincaré — n'étaient en rien des hommes nouveaux. Il y a distorsion entre la génération des vainqueurs et celle qui va diriger. D'où une certaine incompréhension entre la nouvelle majorité et ses chefs. Ceux qui auraient pu

symboliser le renouvellement du personnel politique et l'émergence
d'une droite moderniste, les Mandel et les Tardieu, n'étaient pas
assez conformistes pour s'imposer.

### Les droites sans chef

Les élections législatives n'étaient que les premières d'une longue
série qui devait se terminer par l'élection du président de la
République. La victoire du Bloc national fut ressentie comme une
victoire personnelle de Clemenceau, et nombreux étaient ceux qui
voyaient en lui le futur hôte de l'Élysée. C'était faire peu de cas de
plusieurs réalités : les convictions du Tigre, athée convaincu, les
inquiétudes de la droite catholique, à qui Briand laissa entrevoir la
possibilité de funérailles civiles à l'Élysée, et enfin les réticences du
maréchal Foch et de certains parlementaires de droite pour le
négociateur de Versailles. Deschanel, républicain de gauche, président de la Chambre des députés, fut élu président de la République et Clemenceau remit dès le lendemain, 18 janvier 1920, la
démission de son cabinet.

Le ministère Millerand, constitué le 20 janvier, allait des radicaux — le choix de Théodore Steeg comme ministre de l'Intérieur
ulcéra une partie de la droite — à l'Entente républicaine démocratique, mais le gouvernement reposa pour l'essentiel sur les républicains de gouvernement. Le parent pauvre du gouvernement était le
premier groupe de la coalition victorieuse, l'Entente. Pendant cette
législature, ce groupe ne compta en tout et pour tout que neuf
ministres. Auguste Isaac, président de la Fédération républicaine,
un industriel lyonnais qu'Édouard Aynard avait amené à la politique, reçut la charge du ministère du Commerce et de l'Industrie
dans le gouvernement Millerand. Le choix de ce catholique pratiquant, connu comme tel, était un signe d'ouverture en direction des
catholiques avides de renouer les relations diplomatiques avec le
Vatican. Pour l'heure, le gouvernement dut avant tout faire face à
la grève générale que la CGT, aiguillonnée par les cheminots de la
tendance minoritaire, avait déclenchée. Ni le patronat ni la droite
ne furent surpris par le mouvement. Des Unions civiques s'organisèrent. Celle de Lyon fut l'une des premières à se constituer et la
famille d'Auguste Isaac n'y était pas étrangère [75, p. 106]. Ces
Unions mobilisèrent les élèves des grandes écoles pour remplacer
les cheminots grévistes. Auguste Isaac, soutenu par Maginot,
voulut profiter de la situation. Contre l'avis du ministre de l'Inté-

rieur, il réussit à convaincre le gouvernement de poursuivre la CGT en correctionnelle, et la dissolution que Léon Daudet réclamait depuis longtemps fut autorisée [42, p. 458]. Cette mesure excessive risquait de ressouder un syndicalisme affaibli par la défaite. Millerand, plus souple, rassura Léon Jouhaux, le secrétaire de la CGT.

Un autre événement permet de saisir la pression exercée par *L'Action française* en cette année 1920. Le journal de Maurras fit campagne contre les festivités prévues pour le cinquantenaire de la République le 4 septembre, soulignant que l'on fêterait ainsi l'anniversaire de la capitulation de Sedan. Le cinquantenaire et le second anniversaire de l'armistice furent donc fêtés le 11 novembre, et les restes d'un soldat inconnu furent déposés sous l'Arc de Triomphe [18, p. 154]. Et lors de la reprise des relations diplomatiques avec le Vatican, le 16 novembre, les troupes de Daudet et Maurras, pour qui l'anticléricalisme républicain était fondamentalement une politique « allemande », saluèrent la décision comme une victoire de l'AF. Pourtant, lors de l'investiture de Briand, appelé en janvier 1921 à la présidence du Conseil par le nouvel hôte de l'Élysée, Millerand — qui avait succédé en septembre 1920 à Deschanel, démissionnaire pour raison de santé mentale —, ces mêmes troupes durent déchanter tant la politique étrangère de Briand inquiétait les tenants d'une politique de fermeté à l'égard de l'Allemagne.

Lors de son retour au pouvoir, le 15 janvier 1922, Poincaré affiche un seul objectif, faire payer l'Allemagne. « Le problème des réparations, dit-il, domine tous les autres », et il n'hésite pas à s'appuyer nettement sur la droite de la Chambre, concluant une sorte de trêve patriotique avec les indépendants qui, bien que non représentés au gouvernement, le soutiennent. Les monarchistes avaient gagné leurs galons pendant la guerre et leur appui compensa les réticences radicales. Une partie de la presse l'affirma sans ambages dans la perspective des futures élections. Pour *La Liberté de Levallois*, « journal républicain, indépendant et patriote » : « Si l'an prochain, nous avions à choisir entre les royalistes qui servent la France et, par exemple, les radicaux qui lui nuisent, nous n'hésiterions pas à choisir [les amis de] la France... Nous préférons toujours un bon Français, même royaliste, à un Français douteux, même républicain » [18, p. 174].

La « Chambre bleu horizon » trouva enfin un chef en la personne de Poincaré et se reconnut dans sa politique à l'égard de l'Allemagne. L'occupation de la Ruhr en janvier 1923 fut saluée avec enthousiasme, mais les difficultés qui suivirent provoquèrent des critiques dont les moins acerbes n'étaient pas celles de Tardieu.

« Après trois ans de faiblesses et de reculades, j'estime que l'opération de la Ruhr est dans l'histoire de la paix une époque décisive. Elle est le Verdun de la paix; elle ne pourra pas recommencer. » Reprochant à Poincaré de n'avoir pas lié sécurité et réparations, le lieutenant de Clemenceau concluait : « Je dis qu'une politique de force ne peut se réaliser que par la force » [35, p. 354]. La majorité continuait cependant à soutenir le gouvernement, mais contrainte et forcée car le président du Conseil revenait à une politique de négociations. Il accepta la constitution du comité Dawes, redonnant ainsi une dimension internationale, et non plus strictement franco-allemande, au problème des réparations. A ce divorce en matière de politique extérieure avec une partie de sa majorité, s'en ajouta un autre. Pour affaiblir la menace du Cartel des gauches, le gouvernement aurait pu modifier le mode de scrutin et supprimer la prime à la majorité absolue établie par la loi électorale du 12 juillet 1919 — principe qui veut qu'au cas où une liste obtienne la majorité absolue des suffrages exprimés, elle obtienne la totalité des sièges à pourvoir et non pas un nombre de sièges proportionnel aux suffrages recueillis. Des indépendants, conduits par Xavier Vallat, rencontrèrent 'e président du Conseil afin que le gouvernement posât la question de confiance sur une modification de la loi électorale. Poincaré refusa. « Inutile d'insister, Messieurs, j'ai bien réfléchi à ce problème. Vos craintes ne sont pas vaines. Mais je suis républicain, excusez-m'en. Je ne poserai pas la question de confiance sur un texte que la tradition républicaine réserve à la seule appréciation du Parlement » [165, p. 66].

## II. CARTEL DES GAUCHES ET RECLASSEMENTS DES DROITES

Le « désir de renouveau » qui s'était manifesté en 1919 après la victoire du Bloc avait laissé la place, en 1924, à une « atmosphère de malaise ». Les candidats élus en 1919 sur les listes du Bloc national entrèrent dans la campagne sans enthousiasme, divisés et démoralisés. La prime à la majorité qui avait servi la coalition du Bloc en 1919 avantagea maintenant le Cartel des gauches. Le décompte des voix par familles politiques n'est pas simple. Néanmoins, il est certain que les adversaires du Cartel avaient la

majorité en voix, mais ils se rei ⸑uvèrent en minorité à la Chambre. Au nombre de 226, ils étaient répartis en plusieurs groupes parlementaires. Celui de la Gauche républicaine démocratique, avec pour secrétaire Flandin, comptait 44 membres; les républicains de gauche étaient 36. L'Entente, désormais appelée Union républicaine démocratique, forte de 183 membres en 1919, ne retrouvait que 104 élus en 1924. Enfin, il y avait le nouveau groupe des démocrates, riche de 14 membres, et 28 députés non inscrits dont la tonalité était proche de celles des anciens indépendants[4].

En dépit de la défaite grave de la majorité sortante, le Cartel n'avait pas les mains totalement libres. Malgré la démission de Millerand, dont l'engagement pendant la campagne électorale avait choqué les partis de gauche, l'opposition n'était pas complètement démunie. Le candidat officiel du Cartel, Paul Painlevé, fut battu par Gaston Doumergue, un ancien président de la gauche démocratique. De plus, à la Chambre même, des incidents significatifs, et par exemple, l'élection de Maginot à la présidence de la commission de l'armée, prouvaient que l'opposition des droites gardait des possibilités de manœuvre.

## Mobilisation des catholiques

La défaite électorale le 11 mai 1924 et les craintes provoquées par la politique du gouvernement Herriot modifièrent la physionomie des droites. Dans sa déclaration du 17 juin 1924, le nouveau président du Conseil annonça la décision du gouvernement de revenir sur le principe de l'ambassade au Vatican et d'introduire en Alsace et en Lorraine la totalité de la législation républicaine. Dès les semaines suivantes, des catholiques manifestèrent dans toute la France, et d'abord en Alsace. Le général de Castelnau, « le capucin botté », prit la tête de la protestation. Dès l'automne 1924, la Fédération nationale catholique se constitua sous sa houlette. Pendant tout l'été 1924, ceux qui allaient devenir les principaux orateurs de la Fédération nationale catholique, l'abbé Bergey, député de Saint-Émilion, Philippe Henriot, futur député de la même circonscription, Xavier Vallat, le père Doncœur, fondateur de la Ligue pour les droits des religieux anciens combattants, organisèrent des réunions de protestation dans tout le pays. Et la vigueur de la campagne de propagande obligea le gouvernement à reculer. En un an, la FNC aurait organisé près de quatre cents réunions et près de deux millions de catholiques auraient été

mobilisés [165, p. 143; 83, p. 160 sqq.]. La conséquence la plus durable de cette agitation fut l'émergence d'organisations anti-parlementaires où la défense religieuse le disputait à la mise en cause du régime. Encore, pour le comprendre, faut-il préciser les transformations de la droite parlementaire au lendemain des élections car celle-ci tint plus ou moins en lisière les nouvelles organisations.

Affaiblie par la mise à l'écart de François Arago et la défaite électorale d'Auguste Isaac, la Fédération républicaine, qui ne comptait alors que quelque 3 000 cotisants, se tourna vers Louis Marin, tant le député de Meurthe-et-Moselle semblait être le seul à posséder l'énergie nécessaire pour redonner vie à une formation déliquescente. Il fut considéré comme le second fondateur d'une Fédération bientôt surnommée le parti marin [48, p. 6]. De son côté, Alexandre Millerand créa la Ligue républicaine nationale dans le but de coordonner les efforts des conservateurs. D'inspiration libérale et conservatrice, cette ligue reçut les adhésions de Flandin, Marin, Ratier, le nouveau président du Parti républicain démocratique et social (ancienne Alliance démocratique) [36, p. 56].

Au plan des formations représentées à la Chambre, la naissance du Parti démocrate populaire est l'aspect le plus significatif de cette année 1924. Le groupe parlementaire des démocrates s'organisa grâce à l'énergie du député du Finistère Victor Balanant, jusque-là membre des républicains de gauche. Ce groupe de 14 députés est constitué de députés « périphériques », originaires du Finistère (Balanant, Simon et Trémintin), d'Ille-et-Vilaine, des Ardennes, des Basses-Pyrénées (Champetier de Ribes), de Mosellans et surtout d'Alsaciens [59, p. 176]. Le classement à droite de cette famille politique ne va pas de soi. Il est cependant incontestable que les débuts du groupe démocrate, dans le contexte de la victoire du Cartel, l'ancrent nettement à droite. Refusant la confiance au gouvernement Herriot, il vota également contre le projet portant ouverture de crédits pour la translation des cendres de Jaurès au Panthéon. Les démocrates appartinrent même à la partie la plus combative de l'opposition [59, p. 182]. La constitution du groupe parlementaire précéda de plusieurs mois celle du parti, le 16 novembre 1924. La dénomination de la nouvelle formation n'alla pas sans débats. Serait-ce le parti des démocrates, le parti populaire démocrate, le parti populaire français, ou le parti agrarien démocrate? En fait les Alsaciens tenaient à « parti populaire », référence au courant politique international représenté par le Parti

populaire italien, mais les Finistériens étaient attachés à l'appellation « parti démocrate » auquel leur combat s'identifiait. Et Paul Simon de proposer le nom de baptême de la nouvelle formation : le Parti démocrate populaire [59, p. 190].

*Fièvre antiparlementaire*

Un mois après la victoire du Cartel, Antoine Rédier, un ancien combattant, fonda la Légion avec l'appui financier du général de Castelnau. Rédier souhaitait voir disparaître les différences idéologiques entre les droites. S'il n'eut guère de difficultés avec l'Action française, en revanche l'entente avec la Ligue nationale républicaine fut plus délicate tant la haine du suffrage universel l'animait. Quoi qu'il en soit, un an après sa création, la Légion se fondit dans les Jeunesses patriotes et ultérieurement d'anciens légionnaires rejoignirent le Faisceau de Georges Valois [69, p. 27 sqq.] Le transfert des cendres de Jaurès au Panthéon en novembre 1924 ulcéra les nationaux. L'« éruption de drapeaux rouges » — beaucoup virent dans les manifestations communistes le spectre de l'insurrection bolchevique — décida de bien des engagements militants, dont les Jeunesses patriotes furent les principaux bénéficiaires [158, p. 33]. Pierre Taittinger, leur fondateur, accusa Herriot d'avoir toléré une « saturnale révolutionnaire ». A la mort de Barrès, la Ligue des patriotes choisit pour président d'honneur Alexandre Millerand et pour président actif le général de Castelnau. En décembre 1924, son comité central décida, à la demande de Pierre Taittinger, de créer les Jeunesses patriotes. Les JP devaient devenir le service d'ordre des nationalistes qu'inquiétait la menace communiste [69, p. 40]. Pierre Taittinger, lié aux milieux bonapartistes, était député de Paris et inscrit à l'URD. Des groupes paramilitaires furent organisés — imperméables bleus et bérets basques — sous la direction du général Desofy et protégèrent des hommes politiques de la droite parlementaire. Le 23 avril 1925, pendant la campagne pour les élections municipales, une violente bagarre entre communistes et JP provoqua la mort de quatre JP rue Damrémont, à Paris [69, p. 54]. Le ministre de l'Intérieur était alors Abraham Schrameck et l'antisémitisme attisa les critiques de l'extrême droite et de Maurras en particulier. Ce dernier adressa au ministre une lettre ouverte toute en nuances : « Ce serait sans haine et sans crainte que je donnerais l'ordre de répandre votre sang de chien si vous abusiez du pouvoir public pour ouvrir les vannes du

sang français répandu sous les balles et les couteaux des bandits de Moscou que vous aimez » [18, p. 186]. Ces événements se soldèrent par la séparation complète d'avec la vieille Ligue des patriotes. Les uns y voient le début de la fascisation du mouvement [69, p. 60] alors que d'autres contestent que les JP soient autre chose qu'une traditionnelle ligue antiparlementaire [21, p. 112].

Quelques semaines après le lancement des JP, Georges Valois, un ancien anarcho-syndicaliste passé par l'Action française, lança *Le Nouveau Siècle* où il développait des thèmes directement inspirés du fascisme mussolinien. Le Faisceau, en gestation depuis plusieurs mois, fut officiellement fondé le 11 novembre 1925 pour manifester sa filiation avec l'esprit de la Victoire [69, p. 89]. Le mouvement se voulait ouvertement fasciste et Valois dénonça les combinaisons politiciennes dont se rendaient coupables, à ses yeux, les JP ou l'Action française. Cette dernière connaissait alors de très graves difficultés. A la veille de la guerre, Pie X avait approuvé la décision de la Congrégation de l'Index de censurer sept livres de Charles Maurras, mais la décision n'avait pas été rendue publique. Le Saint-Siège, inquiet de l'influence que l'Action française exerçait sur le haut clergé français, reprit le dossier. L'offensive pontificale fut lancée par le cardinal Andrieu, archevêque de Bordeaux, puis relayée par Pie XI lui-même. Le 29 décembre 1926, la décision de 1914 fut rendue publique. Surtout, le journal *L'Action française* était mis à l'Index, rude coup pour les vieux militants écartelés entre leur fidélité à Rome et leurs convictions politiques. De plus une ordonnance épiscopale vint bientôt interdire aux adhérents de la ligue mariage et enterrement religieux. Cette décision entraîna une diminution rapide des lecteurs de *L'Action française*. Entre 1925 et 1928, le journal perdit près de la moitié de ses lecteurs [18, p. 262 sqq.].

### Poincaré et l'Union nationale

L'échec des gouvernements de Cartel amena en juillet 1926 le président Doumergue à faire appel une fois de plus à Raymond Poincaré. Ce dernier rassurait la droite sans pour autant inquiéter la gauche. Moins engagé que Millerand dans la campagne électorale de 1924, son attachement à la République et à la laïcité ne pouvait être mis en doute. Par ailleurs, son patriotisme et son orthodoxie financière étaient de nature à restaurer la confiance et à assurer le salut du franc. L'Action française ne lui pardonnait pas

d'avoir déçu ses espoirs au moment de l'occupation de la Ruhr, mais cela comptait moins que le ralliement de la droite traditionnelle qui n'entendait pas jouer la politique du pire. Même si certains voyaient en lui le sabordeur du Bloc national, on le lui pardonnait dans l'intérêt du franc [153, p. 545]. Il réussit à constituer un gouvernement d'Union nationale avec six anciens présidents du Conseil. Briand demeurait aux Affaires étrangères et Herriot était à l'Instruction publique. Ces choix qui pouvaient inquiéter la droite étaient compensés par l'entrée de Louis Marin au gouvernement. Le président de la Fédération devenait ministre des Pensions. Enfin, passant sur leurs rivalités personnelles, Poincaré et Tardieu acceptaient de travailler ensemble. La participation de la droite traditionnelle au gouvernement lui imposa d'accepter des mesures qui lui déplaisaient — le retour au scrutin d'arrondissement, la politique briandiste de rapprochement avec l'Allemagne de Weimar — mais provoquer une rupture lui semblait encore plus dangereux. D'où l'ironie amère d'un François de Wendel lorsqu'il évoque ce « prince lorrain » : « Son seul mérite est d'être malgré tout un homme de la frontière. Il nous trahira. Il hésitera à trahir le pays » [164, p. 364].

Les élections d'avril 1928 furent un succès personnel pour Poincaré, mais une majorité d'Union nationale devint, à terme, difficile à mettre en œuvre tant les logiques des désistements de second tour obligeaient les radicaux à davantage tenir compte des socialistes. Pour l'heure, le gouvernement constitué en juillet 1926 restait en place et Poincaré, d'abord réticent puis convaincu par Émile Moreau, le gouverneur de la Banque de France, eut la difficile tâche d'imposer à une droite réticente la stabilisation du franc au cinquième de sa valeur or d'avant 1914. François de Wendel, régent de la Banque de France et député de la Fédération républicaine, animait le camp de la revalorisation. Louis Marin, un de ses proches, soutenait la même position au sein du gouvernement et il envisagea même de démissionner mais la marge de manœuvre de la Fédération était si faible que finalement Marin et de Wendel s'inclinèrent, Marin allant même jusqu'à voter pour le projet de stabilisation. La naissance et la convertibilité du franc Poincaré furent votées le 25 juin 1928 par 78 députés de l'URD mais 19 s'abstinrent (des proches de Marin, comme Blaisot et Warren) et trois votèrent contre (François de Wendel) [164, p. 396 sqq.].

### III. LES MODÉRÉS AU POUVOIR

Dès la constitution du cinquième ministère Poincaré en novembre 1928, les modérés constituaient l'épine dorsale du gouvernement que les radicaux avaient quitté. Marin avait été renvoyé alors qu'il souhaitait rester et l'entrée de Georges Bonnefous au gouvernement ne compensait pas l'affront fait à une Fédération républicaine, dont les éléments nationalistes intransigeants étaient d'autant plus portés à marquer leurs distances que ni le pacte Briand-Kellogg — au terme duquel soixante États s'engagent à renoncer à la guerre et à soumettre leurs différends à arbitrage — ni le plan Young, qui règle la question des réparations de l'Allemagne, n'étaient de nature à les rassurer. La ratification du plan Young, en juillet 1929, fut d'ailleurs l'occasion d'une réelle cassure au sein de la Fédération. Paul Reynaud, membre de l'Alliance démocratique, plaida en faveur de la ratification et battit le rappel des hésitants de droite et du centre : « Si vous ne ratifiez pas, demain en Allemagne tous les partis qui sont contre l'exécution [du plan Young] vont relever la tête... » [36, p. 356]. Persuasion de Paul Reynaud ? Toujours est-il que 84 URD, emmenés par Henri de Kerillis, par Georges Pernot, le représentant de la composante catholique de la Fédération, mais aussi par Pierre Taittinger et par Jean Ybarnegaray, alors très actifs aux Jeunesses patriotes, votaient la ratification [48, p. 53]. Seuls les amis de Marin votèrent contre. Et Bertrand de Jouvenel de se gausser : « Vous aviez 110 hommes d'équipage. Ils ne sont plus autour de vous que 15. Bientôt vous serez le seul Marin à votre bord ; c'est un mauvais calembour que je fais, mais il évoque une image juste. L'autre jour, debout dans la travée d'extrême droite, vous parliez... Je vous regardais : vous étiez gauche, brutal et sincère comme un vieux capitaine qui gronde sur la passerelle. Les hommes de votre parti courbaient le dos, et c'est seulement lorsque votre œil tombait sur eux qu'ils esquissaient un petit applaudissement bien pauvret. Tout ramassés sur eux-mêmes, ils rassemblaient en frissonnant le courage de trahir... » [164, p. 422].

Après le retrait définitif de Raymond Poincaré de la vie politique en juillet 1929, la domination des modérés s'affirma encore davantage lors de la constitution des ministères qui suivirent, en particulier lors de la formation des trois ministères présidés par André

Tardieu. Ce dernier appartenait à cette génération qui, depuis 1919, était sur-représentée parmi les députés de droite. Né en 1876, le lieutenant de Clemenceau était revenu à la Chambre en 1926 à l'occasion d'élections partielles à Belfort. Ce grand bourgeois parisien avait accumulé les réussites, mais son comportement était trop anticonformiste pour véritablement séduire la droite. « Il faut que le Mirobolant ait une fameuse confiance en ses suce-pieds pour leur dorer ainsi la pilule, ou plus exactement le crottin », écrivait Léon Daudet dans *L'Action française* du 8 avril 1932. Ses relations avec Marin n'étaient guère meilleures, même si plus policées, car entre le « sanglier de Lorraine » et le « Lion de Belfort » il y avait peu d'atomes crochus. Quoi de commun entre le président d'une formation parlementaire et celui qui voulait s'affranchir des partis ? Tardieu n'affirmait-il pas : « La constitution ne connaît pas les partis, je ne les consulterai pas. » Les aspirations de ce conservateur réformiste à un capitalisme moderniste et à l'efficacité gestionnaire rejoignaient les idées exprimées dix ans plus tôt dans la mouvance de la quatrième République, bien qu'il n'ait jamais appartenu à ce courant [40, p. 291]. Malheureusement pour lui, il tenta de promouvoir sa mystique de la prospérité au moment même où éclatait la crise mondiale.

La législature 1928-1932 enregistra un reflux des organisations antiparlementaires. Dès 1928, le Faisceau était en pleine déconfiture. En revanche, de multiples tentatives furent lancées pour dynamiser la droite parlementaire. Le Centre de propagande des républicains nationaux, créé en 1926 par Henri de Kerillis, eut alors son heure de gloire. Il avait pour objectif d'organiser la propagande de la droite parlementaire et de renforcer son unité sans s'encombrer des susceptibilités des modérés « louis-philippards ». Sa conception de la propagande rejoignait sur certains points celle des groupes extra-parlementaires, mais ses objectifs étaient résolument électoraux [14, p. 210]. Dans le même temps, ce qui allait devenir le groupe Pernot s'efforçait de constituer une droite à la fois plus ouverte aux problèmes sociaux — le député catholique du Doubs, bien qu'inscrit à la Fédération républicaine, préconisait une collaboration avec le Parti démocrate populaire que repoussaient les amis de Marin — et d'un nationalisme moins rigide. Enfin Tardieu lui-même souhaitait la mise en place d'un grand parti conservateur à l'anglaise permettant de mettre un terme aux alliances entre radicaux et modérés. Non seulement ces différentes tentatives n'aboutirent pas, mais elles entraînèrent par contrecoup un émiettement accru de la droite parlementaire, tant

les querelles de personnes et les rivalités idéologiques se recoupaient. La chronique de ces combats pour la modernisation et l'unification des droites n'est pas vraiment faite. A la lecture des archives de Louis Marin, on saisit mieux la complexité de ces reclassements et de ces alliances mouvantes. Une lettre d'Auguste Isaac en date du 19 avril 1930 situe l'enjeu de ces combats : « Louis Marin retarde de plus d'un siècle et sa politique chauvine donne aux électeurs des villes et des campagnes un prétexte pour déserter nos rangs... On me dit que Marin veut ménager les patriotes d'origine monarchique qui se sont fait élire sous notre drapeau républicain et avec notre argent. Je me demande s'il ne vaudrait pas mieux leur faire comprendre qu'il n'y a vraiment plus rien de commun entre notre temps et celui de Louis XIV ou Napoléon, et que la politique extérieure des temps modernes, surtout pour la France dont la population diminue, doit être plutôt une politique de paix... », accusait-t-il et, dans la même lettre, il informait Jean Guiter, le secrétaire général de la Fédération républicaine, de sa démission de la présidence d'honneur [5, 74].

En mars 1931, Henri de Kerillis annonça dans *L'Écho de Paris* que Pierre Taittinger, au nom du Parti républicain national et social, organisation créée en octobre 1930, appelait l'Alliance démocratique, la Fédération républicaine et les démocrates populaires à s'entendre sur des candidatures uniques en vue des élections de 1932. Henri de Kerillis apportait son soutien à cette initiative. Louis Marin essaya, en vain, de le faire exclure du Conseil national de la Fédération républicaine et Henri de Kerillis, dénonçant l'autoritarisme de Louis Marin, continua à prôner la constitution d'un large parti, fonctionnant démocratiquement avec vote des militants sur mandats [5, 74]. Au mois de mai, Pierre Taittinger démissionna du Conseil national de la Fédération républicaine et il rendit publique sa lettre à Louis Marin : « J'ai pour vous, mon cher président, des sentiments d'estime profonde, mais ne pouvant admettre une collaboration avec certains éléments d'extrême droite [*i.e.* l'Action française], vous comprendrez que je sois dans l'obligation de vous remettre ma démission... » [5, 8]. L'année suivante, il fut réélu député et resta inscrit à l'URD.

Ces quelques faits disent l'intensité et la complexité des controverses qui divisent les droites. Années de difficultés sociales, les années trente sont, en effet, un temps de réflexion sur la définition et le rôle des classes moyennes dans la société. Revues, manifestes, organisations éphémères témoignent de ce bouillonnement idéolo-

gique. Dans ces laboratoires se croisent le plus souvent des hommes jeunes, nés au tournant du siècle, des paladins de l'anxiété pour reprendre la formule de Robert Wohl. La nouvelle génération qui anime ces combats idéologiques ne vibre pas au même rythme que les parlementaires. Le divorce générationnel est particulièrement accentué lors des élections de 1932, puisque est alors atteinte l'acmé de la sur-représentation de la génération 1871-1880[5]. Cette génération correspond précisément à celle des pères des jeunes gens engagés dans la rénovation idéologique et qui sont nés au début du XXᵉ siècle. « L'esprit de 1930 » se définit par une critique acerbe de l'ordre établi et de la démocratie parlementaire, « régime idéal de pourriture » comme le définit *Ordre Nouveau*. Renvoyant dos à dos individualisme libéral et collectivisme étatiste, la recherche de la « troisième voie » est l'essentiel des réflexions de jeunes gens qui autour de la *Jeune Droite*, des *Cahiers*, de *Réaction*, d'*Ordre Nouveau* refusent de se couler dans les moules de la vie politique partisane. Robert Aron et Arnaud Dandieu déclarent, dans la préface à *La Révolution nécessaire* : « Nous ne sommes ni de droite ni de gauche, mais s'il faut absolument nous situer en termes parlementaires, nous répétons que nous sommes à mi-chemin entre l'extrême droite et l'extrême gauche, par-derrière le président, tournant le dos à l'assemblée » [80, p. 213].

## IV. L'AGITATION ANTIPARLEMENTAIRE ET LA VICTOIRE DU FRONT POPULAIRE

Les élections de mai 1932 sont un échec pour la majorité conduite par Tardieu. La droite et le centre reculèrent en voix, mais surtout les désistements des radicaux en faveur des socialistes permirent à la gauche non communiste de reconstituer une majorité de cartel. Ce « second Cartel » rassembla 334 sièges, alors que seulement 259 pouvaient être attribués à l'ex-majorité Tardieu. Dans une Chambre qui ne comptait pas moins de seize groupes parlementaires, droite et centre étaient scindés en petites formations auxquelles se rattachaient de nombreux apparentés[6]. Les Indépendants d'action économique, sociale et paysanne ne rassemblaient que sept élus derrière François de Ramel, un blanc du Gard.

Encore moins nombreux étaient les Républicains du centre, groupe de six députés alsaciens de l'UPR [60, p. 454]. Le groupe des Indépendants avait pour secrétaire Georges Mandel; Tardieu présidait le Centre républicain, fort de 35 membres, où se côtoyaient des membres de l'Alliance démocratique tels Paul Reynaud ou Joseph Laniel mais aussi d'anciens députés de l'Union républicaine démocratique comme Désiré Ferry, Achille Fould ou Henri Auriol. Georges Pernot avait constitué le Groupe républicain et social avec 17 anciens de l'URD. Le groupe URD subsistait — il changeait cependant d'appellation et devenait le groupe de la Fédération républicaine (URD) —, mais il était réduit à la portion congrue avec seulement 42 membres. Le Conseil national de la Fédération décida d'exclure des dissidents. Un membre du Conseil national protesta d'ailleurs auprès de Jean Guiter, accusant les « éléments intransigeants de la Fédération républicaine dont l'évolution vers l'extrême droite est trop sensible depuis quelque temps », de réserver ces mesures au seul groupe Pernot, ce qui manquait de logique « puisque sur les 76 députés adhérents de la Fédération, 41 seulement soit à peine un peu plus de la moitié [faisaient] partie du groupe orthodoxe et que les autres [étaient] répartis entre sept autres groupes » [5, 8, 48, p. 61].

Alors que la Fédération républicaine se déchirait, l'Alliance démocratique, jusque-là structure de liaison assez souple entre divers groupements, entendait devenir un parti à part entière, avec des adhérents mieux organisés et mieux encadrés. Aux députés qui se réclamaient d'elle mais demeuraient dispersés dans différents groupes parlementaires, l'Alliance souhaitait désormais offrir une tactique commune. Un congrès extraordinaire fut organisé en mars 1933 et Pierre Étienne Flandin devint président de l'Alliance démocratique [40, p. 48]. L'éparpillement des groupes parlementaires favorisa l'instabilité ministérielle d'autant que le second Cartel n'était qu'une formule creuse — socialistes et radicaux s'avérèrent incapables de s'entendre — et qu'une majorité de concentration associant radicaux et modérés n'était pas viable : six ministères se succédèrent jusqu'au 6 février 1934.

## Les ligues

Comme après les élections de 1924, on vit surgir de nouvelles organisations antiparlementaires ou se transformer des groupes déjà existants. « Nous entreprendrons une marche convergente

vers cet antre qui s'appelle le Palais-Bourbon et, s'il le faut, nous prendrons des fouets et des bâtons pour balayer cette Chambre d'incapables. » Ces fortes paroles prononcées en janvier 1933 par un membre de la Fédération des contribuables auraient pu devenir leur programme commun [70, p. 25]. Dès le début de l'année 1933, le parfumeur François Coty, après avoir tissé sa toile dans la presse — prise de contrôle du *Temps*, achat du *Figaro* et du *Gaulois*, création de *L'Ami du peuple* — et avoir subventionné les Croix-de-Feu, le Faisceau et l'Action française, fondait sa propre organisation. La Solidarité française se définissait comme révolutionnaire dans le domaine social et voulait instaurer le corporatisme. Le commandant Jean Renaud, un ancien officier des troupes coloniales, en était le secrétaire. L'un des leitmotive de la SF était la dénonciation de l'invasion métèque. Loin d'atteindre les 300 000 membres qu'elle revendiquait, cette organisation n'eut probablement jamais plus de quatre à cinq mille militants actifs [19, p. 142 sqq.].

Le 29 septembre 1933, à onze heures du soir, sous les voûtes de l'Arc de Triomphe, vingt-six hommes étaient rassemblés pour écouter, recueillis, une déclaration solennelle : « Je fonde ce jour, publiquement, un mouvement d'action révolutionnaire. Son but, c'est de conquérir le pouvoir, d'arrêter la course à l'abîme où nous emportent les luttes fratricides des partis et des classes... Je donne à ce mouvement le nom de Francisme » [70, p. 6]. Derrière cette mise en scène, un homme, né en 1895 et dont la conduite au front lui avait valu les éloges de Pétain et le grade de capitaine : Marcel Bucard est un ancien du Faisceau de Valois, collaborateur de *L'Ami du peuple* de Coty. L'inspiration fasciste et le rôle des subsides de Mussolini sont incontestables mais les effectifs restèrent squelettiques : jamais plus de 10 000 adhérents à la fois.

Toujours en cette année 1933, le mouvement Croix-de-Feu enregistra une mutation importante. Créé en novembre 1927 par Maurice Hanot, dit d'Hartoy, le mouvement avait pour président d'honneur Jacques Péricard et François de La Rocque de Séverac en était devenu le président en 1931. Initialement réservé à des anciens combattants ayant eu un comportement héroïque face à l'ennemi, le mouvement se voulait élitiste et apolitique. Progressivement son recrutement s'était élargi aux Fils et Filles de Croix-de-Feu. En 1933, un nouveau pas était franchi avec la création de la Ligue des volontaires nationaux ou V.N. L'ensemble du mouvement ne dépassait pas trente mille personnes à la fin de 1932 mais il en comptait 80 000 à la fin de 1933 [21, p. 135]. L'aspect

paramilitaire des Croix-de-Feu était renforcé par l'existence de troupes de choc, les « dispos », organisés en groupes de cinq militants, les « mains ». Les défilés nocturnes avec torches rappelaient les mises en scène totalitaires, mais confondre les Croix-de-Feu avec des *squadre* fascistes serait erroné tant les objectifs du mouvement, d'ailleurs très flous à cette date, étaient éloignés du fascisme. L'idéologie des Croix-de-Feu est une sorte de « christianisme social patriotique », puisant dans le fonds commun du conservatisme traditionnel. Le racisme est officiellement condamné et les dirigeants affirment un violent refus des modèles étrangers [21, p. 137].

Les chefs de ces différentes chapelles se vouent le plus souvent une hostilité farouche, mais les divergences internes aux ligues sont sans doute mal perçues par les contemporains voire par les adhérents des mouvements. Leur engagement est souvent une réaction viscérale plus que le fruit d'une longue réflexion et les glissements d'une organisation à l'autre ne sont pas rares. Au plan idéologique, domine un syncrétisme flou dont l'autoritarisme et l'antiparlementarisme sont les éléments essentiels. Toutes ces organisations exploitent au mieux l'hostilité au parlementarisme, principal catalyseur de l'agitation des nationaux dans la rue.

## Février 1934

Le scandale Oustric et surtout le scandale Stavisky — l'émission, avec la complicité du député-maire radical de Bayonne et sans contrepartie, de 200 millions de bons de caisse au nom du Crédit municipal de la ville — alimentèrent l'agitation. La presse, et pas seulement celle d'extrême droite, redoublait de violence pour dénoncer les tares du régime et le slogan des Camelots du roi « A bas les voleurs » résonnait de plus en plus fort en ce début d'année 1934, après le suicide mal élucidé de l'escroc. L'agitation culmina le 6 février 1934. Les ligues mais aussi des associations d'anciens combattants — et des troupes du Parti communiste... — manifestèrent au moment où le cabinet Daladier se présentait devant la Chambre. Manifestants et forces de l'ordre s'affrontèrent en face du Palais-Bourbon. Lourd bilan : 15 morts et près de 1 500 blessés. Le 6 février n'est pas un complot fasciste comme la gauche le crut dans l'instant, mais la réalité de l'événement et son interprétation par les contemporains eurent de multiples conséquences. La rue imposait un changement de gouvernement et l'axe

de la majorité était modifié : à un gouvernement à tonalité radicale succéda un gouvernement d'Union nationale. Enfin, la peur provoqua, à gauche, un changement stratégique de premier plan qui devait déboucher sur la victoire du Front populaire. Daladier démissionna le 7 février et Gaston Doumergue, ancien président de la République, forma un ministère d'Union nationale. Tous les groupes politiques compris entre la Fédération républicaine et les néo-socialistes y participèrent. Herriot et Tardieu étaient ministres d'État. Louis Marin reçut le portefeuille de la Santé, le maréchal Pétain celui de la Guerre, Pierre Étienne Flandin les Travaux publics et Louis Barthou les Affaires étrangères...

L'État était malade. Même les parlementaires en convenaient et une réforme s'imposait. Le gouvernement s'attela à la tâche mais tarda à agir et les projets de réforme de l'État — moyens propres au président du Conseil, droit de dissolution sans avis conforme du Sénat, limitation de l'initiative parlementaire en matière de dépenses — n'aboutirent pas. Cette même année, Tardieu publia *La Réforme de l'État*. La crise, selon lui, « a son origine dans les institutions et dans les mœurs. Elle se traduit d'abord par une hypertrophie du pouvoir législatif aux dépens de l'exécutif. Elle s'exprime plus encore par un asservissement total du pouvoir législatif aux exigences d'oligarchies électorales qui étouffent l'intérêt général par un réseau d'intérêts particuliers » [160, p. 132]. Tardieu envisageait un renforcement du droit de dissolution et l'introduction de la pratique référendaire — « Conviez-la [la France], par le référendum, à voter d'un seul tenant, sans distinction de circonscription et sans interpositions d'individus, sur une question simple à quoi elle répondra par oui ou non : la machine oppressive sera, du coup, déréglée, et la liberté de l'électeur marquera un point » [160, p. 152 sqq.].

## La droite parlementaire en 1936

La campagne électorale pour les élections législatives commença officiellement le 7 avril 1936. Contrairement à l'agitation et aux tensions de l'été 1936, elle fut assez terne. Plusieurs stratégies s'offraient aux adversaires du Front populaire : fallait-il attirer une clientèle républicaine hostile à l'agitation ligueuse ou chercher à séduire la clientèle des ligues? Sans programme de rechange à opposer à la coalition de gauche, ces adversaires sentaient confusément que la défaite était probable. Henri de Kerillis essayait de les

galvaniser dans *L'Écho de Paris* : « Battez-vous ! Battez-vous ! »,
titrait-il le 5 mars, « A défaut de victoire arithmétique, on peut
remporter une victoire psychologique » [37, p. 406]. Sous l'égide
du Centre de propagande des républicains nationaux, Jean
Legendre publia une brochure de plus de 200 pages, intitulée *Les
élections de 1936. Pour lutter contre le Front populaire*, qui servit
d'argumentaire pendant la campagne et inspira les professions de
foi des adversaires du Front populaire [52, p. 118]. Ses conclusions
valent d'être citées *in extenso* tant elles résument l'argumentation des
droites parlementaires au printemps 1936 :

« 1. La constitution du Front populaire divise la France en deux
clans, irréductiblement opposés : celui de l'ordre et celui de l'anarchie ; celui de la République et celui de la dictature du prolétariat.
Entre les deux, il faut prendre parti. Il faut choisir. Toute position
intermédiaire, toute équivoque est condamnée.

« 2. Grâce au Front populaire, les communistes sont appelés à
jouer un rôle de plus en plus important dans la politique de notre
pays. Ils sont les maîtres et les animateurs de ce nouveau Cartel. Ils
en seront demain les grands bénéficiaires, au détriment de leurs
alliés.

« 3. L'alliance des socialistes révolutionnaires et des radicaux
conservateurs a toujours été désastreuse dans le passé. Deux
expériences ont amené deux catastrophes. N'essayons pas une
troisième qui serait encore plus funeste que les précédentes.

« 4. Le programme du Front populaire peut se résumer ainsi :
faillite financière, suppression des libertés républicaines, guerre
civile, dictature révolutionnaire, guerre étrangère.

« C'est pourquoi tous les Français qui veulent sauver leurs
libertés et la paix ont le devoir de s'unir pour barrer le chemin du
pouvoir au Front populaire. »

A la gauche qui se bat pour le pain, la paix et la liberté, les droites
opposent la liberté et la paix. Le Centre de propagande édita trois
affiches qui furent placardées sur les murs de France. « Si vous
votez pour le Front populaire soutenu par Moscou, c'est LA
GUERRE » ; « Devant la faucille et le marteau la République crie À
L'ASSASSIN ! » ; « En France comme en Russie le communisme fera
de vous ses esclaves. » L'anticommunisme soudait les opposants au
Front populaire comme l'antifascisme rassemblait la coalition des
gauches. La peur du communisme comme argument de campagne
s'étendit bien au-delà des candidats soutenus par les forces traditionnelles de la droite parlementaire, débordant largement sur les
radicaux indépendants. Caractéristique est le cas d'Antoine Pinay.

Maire de Saint-Chamond depuis 1929, il n'était pas candidat lors du premier tour de scrutin, le 26 avril. L'échec du candidat radical-socialiste sortant et la victoire probable du candidat communiste le décidèrent à faire acte de candidature : « Je me présente contre le communisme. Le communisme est le poison avec lequel se suicide une société lasse de souffrir » [151, p. 9; 37, p. 412]. Élu, il fit une déclaration d'entente avec le groupe parlementaire radical et radical-socialiste [3, 1er juin 1937, p. 1753].

La participation électorale est légèrement plus forte en 1936 qu'en 1932 — 84,3 % contre 83,7 % —, mais il n'y eut pas de vague de fond en faveur de la gauche. L'écart était limité : 37,3 % des inscrits contre 35,9 %. En chiffres absolus, la droite ne perdit que 74 000 électeurs par rapport à 1932, soit moins de 2 % de l'électorat inscrit. Minoritaires, les adversaires du Front populaire n'eurent pas le sentiment d'une défaite écrasante même si à la Chambre le rapport des forces, en raison même du mode de scrutin, leur était beaucoup plus défavorable. Face aux 380 élus du Front populaire, ils n'étaient que 220.

La génération née pendant la décennie 1871-1880, qui depuis les élections de 1919 avait représenté le groupe le plus nombreux, était maintenant distancée par la génération 1881-1890 et même par celle née pendant la décennie suivante. De plus arrivaient de jeunes hommes nés après 1900, des héritiers — François de Clermont-Tonnerre (1906), François d'Harcourt (1902), François Peugeot (1901) ou Jean Deschanel (1904), voire Paul Antier (1905) — mais aussi beaucoup d'hommes nouveaux tel François Beaudoin (1904), Édouard Frédéric-Dupont (1902) ou François Valentin (1909). Et il faudrait ajouter Charles Vallin (1903), élu lors d'une élection partielle en 1938.

L'opposition, même au plus fort du mois de juin 1936, s'efforça de jouer le jeu parlementaire. Paul Reynaud affirma : « Je considère l'opposition comme un service public, au même titre que le gouvernement. » Et Pierre Étienne Flandin de confirmer cette orientation quelques mois plus tard : « L'opposition dans le cadre parlementaire n'a ni multiplié les débats pour compliquer la tâche gouvernementale, ni créé d'obstruction pour faire échouer les projets soumis à sa libre critique... Nous ne jouons pas, nous n'avons jamais joué la catastrophe » [51, p. 141]. Les élus de la Fédération républicaine campaient sur des positions plus intransigeantes. Néanmoins, nombre de lois sociales furent votées à la quasi-unanimité, celle sur les congés payés par 563 voix contre 1, celle sur les conventions collectives par 528 contre 7. Seule la loi

instituant la « semaine de quarante heures » donna lieu à un véritable affrontement : elle ne fut votée que par 385 voix contre 175. La victoire de la gauche déclencha cependant « un mouvement de peur collective tel que la France n'en a pas connu depuis la Commune de 1871 » [50, p. 61]. Le paroxysme de la peur sociale fut atteint avec l'occupation des usines. Il suffit de lire la description du Paris de juin 1936 par Lucien Rebatet : « Une faune d'émeute, montée d'on ne savait où, tenait le pavé. Des voyous patibulaires, doublés de petites femelles pires encore, rançonnaient jusque sur les boulevards les passants au profit des joyeux grévistes installés dans les banlieues sur le tas. » Et *Le Temps* du 13 juin d'affirmer : « Les communistes, qui sont l'aile marchante de l'Internationale marxiste, cherchent à discréditer le gouvernement des socialistes et des radicaux, à tenir leurs propres troupes en haleine, à créer et à maintenir un état d'agitation éminemment favorable à la réalisation de leur objectif révolutionnaire. » Au même moment l'antisémitisme de *L'Action française* redouble : « Les vacances juives de la légalité » (6 juin 1936) ; « La question juive à la Chambre » (7 juin 1936) ; « Le maître juif est impuissant » (9 juin 1936) ; « Tout va très bien, Monsieur le Rabbin » (10 juin 1936) ; « Le bateau juif à la dérive » (13 juin 1936) ; « La Révolution juive chante victoire » (14 juin 1936) ; « La grande offensive juive » (21 juin 1936). Et les travées de la Chambre de résonner d'échos ni iréniques ni conciliants. Lors de l'investiture du gouvernement Léon Blum, le 6 juin, Xavier Vallat intervint. Le député de l'Ardèche, membre de la Fédération républicaine, expliqua que la personnalité même du président du Conseil, en dehors de son programme proprement dit, lui interdisait de voter pour le ministère : « Votre arrivée au pouvoir, monsieur le Président du Conseil, est incontestablement une date historique. Pour la première fois, ce vieux pays gallo-romain sera gouverné... [— M. le président, Édouard Herriot :] Prenez garde, monsieur Vallat. [— M. Xavier Vallat :]... par un juif. [...] Messieurs, si notre ancien collègue M. Georges Weill... était ici, il ne manquerait pas, une fois de plus, de m'accuser d'antisémitisme à la Hitler. Mais une fois de plus, il se tromperait. Je n'entends pas oublier l'amitié qui me lie à mes frères d'armes israélites. Je n'entends pas dénier aux membres de la race juive qui viennent chez nous, le droit de s'acclimater comme tant d'autres qui viennent se faire naturaliser. Je dis, parce que je le pense... que, pour gouverner cette nation paysanne qu'est la France, il vaut mieux avoir quelqu'un dont les origines, si modestes soient-elles, se perdent dans les entrailles de notre sol, qu'un talmudiste subtil » [4, p. 513].

Les grèves sur le tas entraînèrent des heurts entre grévistes et groupes d'extrême droite. La décision de dissoudre les ligues fut prise au conseil des ministres du 18 juin, sur proposition de Roger Salengro, le ministre de l'Intérieur. Des heurts violents, à Marseille, entre grévistes et nationalistes contribuèrent sans doute à hâter une décision logique, que la loi du 10 janvier 1936 — sur la dissolution des organisations susceptibles de mettre en péril l'ordre public et la paix civile — rendait possible. Quatre décrets de dissolution furent signés par le président de la République. L'Association des Croix-de-Feu, le Parti national populaire (ex-Jeunesses patriotes), le Parti national conjonctif républicain (ex-Solidarité française) et le Parti franciste furent dissous. Les responsables de ces formations protestèrent contre une mesure considérée comme inique et arbitraire et l'ensemble de l'opposition, tant parlementaire qu'extra-parlementaire, se raidit. Au sein même de la minorité modérée de la Chambre, 47 députés, soit près du quart de l'opposition, étaient inscrits aux Croix-de-Feu ou aux Volontaires nationaux [165, p. 136]. Et se créa le Comité de défense des libertés républicaines et de sympathie pour le PSF auquel adhérèrent de très nombreux parlementaires [16, p. 70].

Pour protester, une grande campagne de pavoisement débuta le 19 juin. Les sympathisants étaient invités à arborer des rosettes tricolores et à déployer des drapeaux français aux fenêtres. La géographie du pavoisement est socialement et sociologiquement instructive. A-t-on pavoisé pour autant dans les seuls quartiers bourgeois comme le laisse entendre un historien [18, p. 416]? Quoi qu'il en soit, à l'affrontement des symboles, les nationaux, que *Candide* appelle désormais les patriotes, semblent l'avoir emporté sur les militants de gauche. Par cette campagne pour le drapeau, l'initiative repasse des groupes parlementaires à la rue.

La dissolution des ligues ne fut pas toujours ressentie comme un danger. Xavier Vallat, à la fois ami de Maurras et membre des Croix-de-Feu — il a adhéré à l'association dès 1928 et en arborait l'insigne à la Chambre [165, p. 132] —, considérait que les ligues n'étaient qu'un seul et même mouvement. On adhère « au hasard des relations personnelles, des circonstances, selon l'heure et le lieu ». Et Vallat de dire à Salengro : « En supprimant des organisations séparées, vous avez supprimé les divisions artificielles entre leurs membres et favorisé l'essor d'une ligue unique » [3, 30 juin 36]. Partant, il confirme de l'intérieur la vanité qu'il y aurait à vouloir ranger dans des catégories définitives les militants nationalistes. L'évolution des affiliations de deux députés illustre bien ce

phénomène. Émile Peter est député mosellan de 1928 à la Seconde Guerre mondiale. Il est d'abord inscrit au groupe de l'Action démocratique et sociale, puis après 1932 au groupe du Parti démocrate populaire et après 1936 à celui du Parti social français. François de Polignac est député du Maine-et Loire. Il est d'abord inscrit à l'union républicaine démocrate, puis il appartient au groupe républicain et social [groupe Pernot] et après 1936, il se rallie au groupe PSF, suivant ainsi l'évolution des viticulteurs de son département [76, p. 493].

## *L'émergence des partis de masse*

L'équilibre général des droites fut remis en cause par la création de deux grandes formations de masse dont l'objectif était de barrer la route au communisme. Le Mouvement social français des Croix-de-Feu se transforma en Parti social français, et Jacques Doriot créa le Parti populaire français. Deux questions essentielles se posent à propos de ces deux événements, tant chez les acteurs politiques que chez les historiens : les Croix-de-Feu du colonel de La Rocque ont-ils simplement changé de sigle ou s'agit-il d'une mutation en profondeur? Quelle est la vraie nature du parti fondé par l'ancien dirigeant communiste de Saint-Denis?

Jacques Doriot créa le PPF le 28 juin 1936, soit exactement dix jours après la dissolution des ligues. Voulait-il profiter de la disponibilité de militants avides d'en découdre et soucieux de trouver un asile pour leur activisme? Après avoir rompu avec le PCF et l'Internationale communiste, celui qui avait été un précurseur de la mobilisation antifasciste envisageait de fonder une nouvelle formation politique dès la fin de 1935. Autour des anciens militants communistes de Saint-Denis, s'étaient regroupés des hommes d'horizons divers, des anciens communistes, tel Paul Marion, des anciens d'Action française, tel Claude Jeantet, des dissidents des Volontaires nationaux du colonel de La Rocque qui l'avaient quitté en 1935, tels Bertrand de Maud'huy, Claude Popelin, Pierre Pucheu ou le comte Bernard de Plas [135, p. 201-202].

La crise des Croix-de-Feu avait laissé la voie libre à Doriot. Bertrand de Maud'huy a expliqué les divergences des Croix-de-Feu et des Volontaires nationaux : « la fougue, la volonté d'action » des seconds sont freinées par la « raisonnable maturité » des premiers, « une profonde différence séparait anciens et nouveaux », il y eut

« un fossé entre générations » [37, p. 187]. Et le comte de Plas
d'ajouter : « Le goût de l'action brutale et décisive, tendant à
réaliser un programme constructif et s'inspirant avant tout du sens
"collectif", progresse chaque jour chez les hommes jeunes, dont
beaucoup préféreraient encore, s'il le fallait, aller jusqu'à la violence plutôt que de laisser pourrir et s'émasculer une nation qui
était jadis la première du monde » [67, p. 190-191]. Pendant
l'été 1935, Jacques Barnaud et Gabriel Le Roy Ladurie, administrateurs de la banque Worms, envisageaient de lâcher de La
Rocque financièrement ; au même moment, François de Wendel
partageait le même avis. Autant d'atouts pour l'entreprise de
Doriot dont les talents oratoires évidents firent considérer à beaucoup qu'il était le chef tant attendu. Parmi les célébrités séduites
par le tribun dionysien figurent aussi bien un Bertrand de Jouvenel
qu'un Pierre Drieu la Rochelle. Que ce soit Drieu ou un simple
militant du PPF, tous ont dit la fascination exercée : « Devant nous,
il a pris à bras-le-corps toute la destinée de la France, il l'a soulevée
à bout de bras comme un grand frère herculéen. » « On a l'impression d'assister à une sorte de viol énorme et collectif par une
puissance d'une virilité élémentaire » [135, p. 208].

Demeure la question cruciale : est-ce la naissance d'un parti
fasciste ? A l'époque de la fondation du PPF, ni Doriot ni les
instances dirigeantes du parti ne se sont réclamés du fascisme. Les
appréciations des historiens divergent. Pour Jean Plumyène et
Raymond Lasierra, aucun doute : « Le Parti populaire français de
Jacques Doriot est le seul parti fasciste authentique que la France
ait produit » [19, p. 110]. Dieter Wolf parle de « simple impulsion » et ne conclut pas vraiment [136, p. 449]. Pour Jean-Paul
Brunet, l'affaire n'est pas douteuse : « Malgré la dérive opportuniste qui l'affecta à partir de 1937, au total il nous semble fondé de
considérer que le PPF, dans sa doctrine, dans son comportement,
dans sa sociologie, a bien constitué, en 1936-1939, un véritable
parti fasciste » [68, p. 279]. Philippe Burrin arrive à une conclusion exactement inverse : « Au point de départ, le PPF n'était, ni
dans la conception de ses fondateurs, ni dans sa réalité, un parti
fasciste qui aurait refusé par précaution de se dire tel » [67,
p. 278]. Quelle que soit la vraie nature du PPF, sa création gêna
considérablement le colonel de La Rocque dont la politique relativement posée depuis 1934 attisait les haines et les moqueries de
l'extrême droite.

Les troupes du colonel de La Rocque étaient de loin les plus
nombreuses : à son premier congrès, en novembre 1936, le PPF fit

état de 100 000 adhérents alors qu'en septembre le PSF aurait déjà
atteint 600 000 adhérents. Même si ces chiffres doivent être pris
avec précaution, la marge est grande entre les deux organisations.
La dissolution du Mouvement social français facilita la tâche du
colonel de La Rocque. Deux stratégies s'offraient à lui : la surenchère clandestine et subversive — c'est le choix du Parti franciste de
Bucard — ou l'acceptation du système en place. Le colonel opta
pour la seconde solution et la ligue se transforma en grand parti
légaliste, respectueux des institutions de la République. Ses adversaires, et la gauche en particulier, le soupçonnèrent d'appliquer un
simple badigeon légaliste sur les vieux oripeaux de la ligue dissoute
mais tout confirme la réalité de la mutation. D'une part, les
derniers éléments activistes — on se souvient que ceux des Volontaires nationaux l'avaient déjà quitté en juillet 1935 — n'adhérèrent pas au nouveau parti, dont ils récusaient l'orientation. Tel
est le cas du duc Joseph Pozzo di Borgo qui alla jusqu'à dénoncer
ses liens avec les chefs de la droite libérale : La Rocque aurait
émargé aux fonds secrets à l'époque de Tardieu. D'autre part, le
renouvellement des membres par rapport aux Croix-de-Feu fut très
significatif et l'on peut soutenir que la sociologie du nouveau parti,
qui se veut le défenseur des classes moyennes — le directeur du
Bureau politique du PSF, Edmond Barrachin, constate : « Le Parti
radical-socialiste a abandonné la défense des classes moyennes,
c'est le PSF qui en a la mission » [54, p. 307] —, diffère sensiblement de celle de l'ancienne ligue. En tout état de cause, le
formidable mouvement d'adhésions qui suivit la création du parti,
le 11 juillet 1936, modifia foncièrement la pratique militante.
Enfin, la nouvelle organisation s'orienta résolument vers une participation intense aux combats électoraux alors que le MSF avait
négligé les élections générales de 1936. D'ailleurs, ce nouvel intérêt
pour les joutes électorales contribua à dresser contre la nouvelle
force conservatrice les anciens partis de la droite parlementaire qui
s'accommodaient fort bien d'une ligue susceptible de les épauler
mais qui ne toléraient pas une concurrence directe. La demande
par le PSF, dès la fin de 1937, d'élections anticipées susceptibles de
le voir constituer une vraie force parlementaire, déclencha l'ire de
Louis Marin. Pour le chef de la Fédération républicaine, « La
Rocque, inquiet de la menace de dissolution qui pèse sur son parti,
se rapproche de plus en plus des groupes de gauche, de l'Alliance
démocratique ou du Parti radical; il cherche à négocier avec eux et
même avec certains membres du gouvernement. Pour leur plaire,
c'est contre tous ceux qu'il appelle les gens de droite et les vieux
partis qu'il veut dresser le PSF » [54, p 309].

Le PSF aurait joué les diviseurs en un temps où l'opposition parlementaire avait un impératif besoin d'unité. Deux ententes séparées se mirent en place. D'une part, le PSF et l'Union nationale des combattants signèrent dès octobre 1936 un accord « contre la révolution communiste » dans le droit fil de la lettre que le président général de l'UNC, Jean Goy, avait envoyée aux directeurs de journaux nationaux, le 30 juillet 1936 [49, p. 186]. D'autre part, le PPF de Jacques Doriot constitua avec la Fédération républicaine, le Parti républicain national et social de Pierre Taittinger et le Parti agraire de Fleurant Agricola, le Front de la Liberté. Le PSF refusa catégoriquement d'adhérer à ce front [49, p. 146]. Et lors d'élections partielles, on vit s'affronter les candidats nationaux comme à Mortain, dans la Manche, en avril 1937 [48, p. 138], mais surtout — cas des plus significatifs —, en novembre 1938, dans le IXe arrondissement de Paris. Charles Vallin, directeur de la propagande du PSF, alors âgé de 35 ans, affronta le général Niessel, candidat de la Fédération républicaine, soutenu par l'Action française et le PPF. Vallin fut élu. Pour *L'Œuvre*, « le fameux PSF dont le "dynamisme" devait naguère faire craquer les vieux cadres, se contente plus modestement, çà et là, de grignoter la Fédération républicaine. Affaire de chapelle au camp des conservateurs » [54, p. 318].

Ces deux ententes ne rassemblaient pas toutes les forces qui se voulaient nationales. Restait en marge l'association « Les Amis du Franciste », mise en place après la dissolution du Parti franciste et avant la fondation par Bucard du Parti unitaire français d'action socialiste et nationale [70, p. 96-106]. De plus, subsistaient de multiples groupuscules tentés par l'activisme et l'action clandestine, dont le plus célèbre fut la Cagoule. Ce terme recouvrait, en réalité, deux organisations, le Comité secret d'action révolutionnaire et les « Réseaux Corvignolles », groupes militaires clandestins qui voulaient combattre le « péril rouge » et où se croisaient Loustaunau-Lacau, collaborateur du maréchal Pétain, Eugène Deloncle, Pozzo di Borgo, Félix Martin dont l'activité s'étendit dans le temps jusqu'au combat pour l'Algérie française... [15, p. 226 sqq.].

## V. RECLASSEMENTS ET MORT
## DE LA RÉPUBLIQUE

*Munich et les droites*

La rencontre, à Munich, des démocraties avec l'Italie fasciste et l'Allemagne hitlérienne fit éclater, en septembre 1938, les forces politiques françaises et singulièrement les droites, même si l'unanimité des votes à la Chambre contribua à masquer nuances et divergences. Les accords sont approuvés par 537 voix contre 75. Aux 73 communistes s'ajoutent un socialiste — Jean Bouhey, député de la Côte-d'Or — et Henri de Kerillis, désormais présenté à droite comme « le laquais stipendié de Moscou et des Rothschild ». En ces sombres jours, les sondages d'opinion, par le truchement de l'Institut français d'opinion publique, firent leur première apparition en France. L'approbation des accords fut moins massive que ne le laissent supposer des approches plus intuitives : 57 % des Français approuvèrent les accords et 37 % les réprouvèrent. Selon Daladier, Munich fut une « immense défaite diplomatique pour la France et l'Angleterre », mais il fut néanmoins accueilli comme un apôtre de la paix. Partout des messes d'action de grâces furent célébrées et Pierre Taittinger émit le vœu que deux rues de la capitale soient immédiatement baptisées rue Daladier et rue Chamberlain [81, p. 356]. Dans *Candide*, il avait exprimé, dès novembre 1935, un raisonnement qui allait devenir fréquent à l'extrême droite dans les années suivantes : une victoire de l'Allemagne signifierait la disparition de la France, mais une victoire de la France provoquerait la bolchevisation de l'Europe, de sorte que, la victoire comme la défaite se révélant aussi malfaisantes, le maintien de la paix devenait la priorité absolue [67, p. 67]. Même type d'argumentation chez un Thierry Maulnier. Pour le disciple de Maurras, « une défaite de l'Allemagne signifierait l'écroulement des systèmes totalitaires qui constituent le principal rempart de la révolution communiste » [81, p. 360]. Nombreux furent les hommes de droite à rallier les rangs d'un nouveau pacifisme mais certains s'y refusèrent, fidèles à la germanophobie qui les avait animés depuis les heures où ils combattaient le

briandisme. François de Wendel vit en Munich une « défaite formidable » et sa hantise de l'Allemagne ne fut pas remise en cause par la crainte du bolchevisme :	« Il y a actuellement un danger bolchevique intérieur et un danger allemand extérieur. Pour moi, le second est plus grand que le premier et je désapprouve nettement ceux qui règlent leur attitude sur la conception inverse. Il ne tient qu'à la France elle-même d'échapper au bolchevisme. Le danger allemand est là, à côté de nous et nous n'y pouvons rien... »

Pour de Wendel, Mandel était l'homme qui voulait la guerre et à qui l'avenir donnerait peut-être raison... [164, p. 583]. Au contraire, *L'Action française* dit au même moment sa haine du bellicisme en parodiant *L'Internationale* :

« S'ils s'obstinent, ces cannibales,

A faire de nous des héros,

Il faut que nos premières balles

Soient pour Mandel, Blum et Reynaud » [38, p. 345].

Maurras continua à exprimer sa germanophobie traditionnelle, mais son mouvement, d'ailleurs en plein déclin, se faisait l'ardent défenseur de l'état d'esprit munichois, au grand dam de jeunes militants révoltés par l'émergence de ce nouveau pacifisme de droite. Débutèrent alors dans la mouvance de l'Action française des ruptures qui devaient déboucher sur la Résistance. Parmi ces jeunes francs-tireurs du nationalisme intégral, Jacques Renouvin, Honoré d'Estienne d'Orves ou Guillain de Bénouville.

Le PSF adopta lui aussi des positions munichoises et les quelques députés PSF votèrent tous l'approbation des accords. Lorsque Daladier revint de Munich, l'immeuble du *Petit Journal*, l'organe du PSF, était pavoisé et le « recul » de Hitler fut imputé à l'attitude énergique du président du Conseil. Le PSF vota sans enthousiasme, mais vota quand même les pleins pouvoirs au cabinet Daladier aux lendemains des accords. Eugène Pébellier, député de la Haute-Loire, justifia cette position par des arguments d'ordre intérieur : « Daladier a préconisé le travail et flétri la lutte des classes » [54, p. 316]. Cependant, l'attitude munichoise du PSF ne peut pas être assimilée à une acceptation complète des exigences allemandes mais plutôt à une temporisation imposée par l'état de la France. Le 19 octobre, La Rocque annonça lors d'un grand rassemblement au Palais des Sports : « Nous sommes en sursis de guerre. »

Au PPF, l'ambiguïté prima. Elle dominait dès avant la crise. A la mi-septembre, *La Liberté* et *L'Émancipation nationale* disaient à l'évidence l'incertitude des dirigeants. On pouvait lire dans le même article, à quelques lignes d'intervalle, une stricte mise en garde à

Hitler — « L'Allemagne et ses chefs doivent le comprendre : s'ils croient que la France ne se battrait pas en cas d'attaque contre la Tchécoslovaquie, ils se trompent » — et une reculade — « Hitler peut obtenir une nouvelle victoire morale pacifique : c'est la justice pour les Allemands des Sudètes ». Victor Barthélemy, membre du bureau politique du PPF, eut alors le sentiment de ressentir « toutes les contradictions du fascisme français » [135, p. 292]. Une fois les accords signés, la presse du parti témoigna de soulagement. « Nous l'avons échappé belle », titre *L'Émancipation nationale*. L'attitude du parti souleva de multiples critiques auxquelles Doriot répondit difficilement. La crise se solda par de nombreux départs, amputant le parti de ses membres les plus brillants, Alfred Fabre-Luce, Pierre Pucheu, Paul Marion, Bertrand de Jouvenel, Victor Arrighi, Drieu la Rochelle. Dans une lettre à Doriot, ce dernier reprocha à celui qu'il encensait naguère d'être un mystificateur : « Vous nous avez trompés, vous n'avez pas voulu sauver la France » [135, p. 295].

Au sein de la droite parlementaire, l'Alliance démocratique fut la plus touchée par les discussions consécutives à la signature des accords. Pierre Étienne Flandin envoya quatre télégrammes de félicitations aux signataires des accords. Son télégramme à Hitler et la réponse de ce dernier entraînèrent le départ du parti de Paul Reynaud, de Louis Jacquinot, de Joseph Laniel et de bien d'autres. Néanmoins, lors du congrès de l'Alliance, en novembre 1938, Flandin fut réélu à la présidence par 1 526 mandats sur 1 650 [55, p. 327 sqq.]. Louis Marin s'abstint alors que la totalité des élus de la Fédération républicaine votait oui. Henri de Kerillis mêla sa voix à celles des communistes. Dans *L'Époque* il brisa, tout comme Émile Buré et Pertinax dans *L'Ordre*, la belle unanimité munichoise de la presse. S'adressant aux députés sous les injures, il expliqua le sens de son vote : « Je sais bien qu'il y a parmi vous des hommes pénétrés de patriotisme qui espèrent que la France pourra vivre fière, heureuse et libre à côté de cette nouvelle et gigantesque Allemagne. Je souhaite que ces hommes aient raison. Je souhaite de tout mon cœur me tromper quand je vais vous dire Non ! N'espérez pas ! L'Allemagne est insatiable, impitoyable devant les faibles et vous venez de montrer que vous étiez faibles. L'Allemagne ne respecte que les forts. Vous croyez qu'elle va devenir tranquille et pacifique et moi je crois qu'elle va devenir exigeante et terrible » [141, p. 195].

*Drôle de guerre et défaite*

Le 3 septembre 1939, à 17 heures, la France entrait dans la Seconde Guerre mondiale. Daladier remania le gouvernement, mais les divergences politiques persistèrent, Reynaud, Mandel et Champetier de Ribes incarnèrent la fermeté face aux partisans d'une paix de compromis, amalgame de munichois de toutes obédiences politiques. Le président de l'Alliance démocratique, Flandin, fut très actif pendant la drôle de guerre : il participa, avec Maurice Petsche et Jean-Louis Tixier-Vignancour, au Comité de liaison contre la guerre. Le PPF, absent de la Chambre, bénéficiait au sein de ce comité de la sympathie active de Tixier-Vignancour [67, p. 322].

En mars 1940, ne disposant que d'une majorité étriquée en raison de l'abstention de parlementaires modérés, Édouard Daladier démissionna et Paul Reynaud forma le nouveau gouvernement. Il tenta de constituer un gouvernement d'union sacrée, mais la Fédération refusa sa participation, récusant les postes offerts à Joseph Denais et François Valentin. L'Alliance démocratique disposa de cinq portefeuilles ministériels mais beaucoup plus décisif fut le soutien des socialistes. Le gouvernement n'obtint la majorité que d'une voix — et peut-être y eut-il tricherie dans le décompte ; Flandin, Marin, Ybarnegaray, Kerillis... votèrent contre, suivis par la majorité des députés de la droite. Seuls soutinrent Reynaud, outre les socialistes, Mandel, Laniel, Jacquinot... [84, p. 62 sqq.]. Le nouveau gouvernement n'eut pas plus d'unité que le précédent et, le 9 mai, Paul Reynaud était démissionnaire. Le 10 mai, l'offensive allemande le retint de démissionner. Marin et Ybarnegaray entrèrent au gouvernement. Le 18 mai, le maréchal Pétain devint vice-président du Conseil.

La défaite militaire et le repli vers Bordeaux accrurent le désarroi du gouvernement et l'éventualité d'un armistice était envisagée de plus en plus ouvertement par Weygand et Pétain. Le 16 juin, Reynaud jeta l'éponge et le maréchal Pétain forma le dernier gouvernement de la troisième République. L'acceptation du principe de l'armistice fut suivie d'une brutale évolution du discours politique qui rompit avec la tradition républicaine. Le temps de l'expiation était venu, comme celui de la revanche sur la République. L'entrée de Raphaël Alibert, un proche de l'Action française, au sous-secrétariat à la présidence du Conseil était, à elle seule, l'indice de cette orientation nouvelle toute pétrie de maurrassisme diffus. La Révolution nationale commençait.

## VI. L'ÉTAT FRANÇAIS, COLLABORATION, RÉSISTANCE

Le 10 juillet 1940, à Vichy, les parlementaires — députés et sénateurs — se prononcèrent sur l'avenir de la troisième République. A une écrasante majorité — 569 pour, 80 contre —, le principe de la révision constitutionnelle fut adopté. Les parlementaires des groupes de droite furent très minoritaires parmi les 80. Dans le groupe des opposants, figuraient 57 députés, parmi lesquels se trouvaient deux démocrates populaires, les députés bretons Paul Simon et Pierre Trémintin, un républicain indépendant d'action sociale, de Moustier, et un membre de l'Alliance des républicains de gauche, Laurent Bonnevay. Pierre Étienne Flandin joua un rôle important dans le ralliement des hésitants au principe de la révision qu'il avait d'abord condamné. A la Fédération républicaine, aucun parlementaire ne vota contre la révision. Les plus réticents se rallièrent à la position de Louis Marin qui ne prit pas part au vote. Ce dernier avait pourtant été l'un des plus fermes soutiens de Paul Reynaud en juin 1940 et il avait manifesté son hostilité à la ligne politique défendue par Pétain, avant même que le gouvernement ne quitte Paris, mais, le 10 juillet, il se tut [150, p. 53 et 71].

### Collaborateurs et collaborationnistes

Vichy n'est pas un bloc, comme les gaullistes et la gauche ont eu tendance à le dire. Ses adversaires ne distinguent pas les clivages qui divisèrent les différents courants, les contradictions qui opposèrent des familles politiques que les circonstances amenèrent à cohabiter. Vu de l'intérieur, « Vichy est aussi divers à un moment quelconque de son existence que dans le temps » et on a évoqué « la dictature pluraliste » que fut l'État français [90, p. 18]. Il n'est pas possible ici de suivre les permanents reclassements provoqués par le déroulement de la guerre. Par ailleurs, pour comprendre la résurgence après-guerre des forces de droite qui soutinrent Vichy, il

est important de se concentrer en priorité sur les courants qui, soit dès 1940, soit après, luttèrent contre les forces de l'Axe. La collaboration d'État comme le collaborationnisme parisien sont, au plan idéologique, des phénomènes dont la complexité fut encore accentuée par le caractère de revanche que ces quatre années eurent pour des générations tenues jusque-là à l'écart du pouvoir. « Comme toutes les grandes crises, la débâcle a éliminé les gens en place et donné leur chance à des hommes plus jeunes : hommes mûrs, arrivés à cet âge où l'on sait qu'il est temps de réaliser après avoir appris, mais bridés jusque-là par l'absence de compétition dans une société française à démographie pauvre et économie malthusienne ainsi que par le respect pour la génération précédente, héroïsée par la guerre et la victoire. Formés à l'esprit d'une même génération, ces hommes de quarante ans peuvent être par là réunis à Vichy sans venir pour autant du même milieu et chercher à servir forcément les mêmes intérêts » [89, p. 56]. Cette prépondérance de la génération née au tournant du siècle dans la mouvance collaboratrice et collaborationniste eut sa contrepartie après la défaite allemande dans l'effacement relatif de ces générations au sein des droites.

Du 10 juillet au 13 décembre 1940, après les manœuvres de Pierre Laval pour obtenir le vote des pleins pouvoirs et la rencontre à Montoire de Pétain avec Hitler, l'habileté tactique du vice-président du gouvernement Pétain tint les conservateurs traditionalistes et les maurrassiens en lisière du pouvoir. Après le coup de force du 13 décembre 1940 contre Laval, la période de la Révolution nationale remit en cause non seulement des principes républicains mais aussi ceux de la Révolution de 1789. Elle vit s'affronter les idéologues maurrassiens, des technocrates férus d'efficacité mais aussi des parlementaires libéraux dont Flandin fut le représentant le plus éminent. Le bref passage au pouvoir du président de l'Alliance démocratique — de décembre 1940 à février 1941 — est plus qu'un épisode dans l'histoire de Vichy : il marque le ralliement d'une partie de la droite modérée, conservatrice et libérale, à l'État français [95, p. 156]. Des hommes, soucieux de réformer l'État depuis l'entre-deux-guerres, acceptent pour un temps l'autoritarisme et l'élimination des principes démocratiques avant de défendre à nouveau, mais seulement après 1943, le retour au suffrage universel. L'Alliance des républicains de gauche est le groupe de parlementaires le plus sur-représenté au sein du Conseil national. Alors qu'il ne rassemblait que 7 % des députés en 1939, ses parlementaires représentaient 22 % de ceux qui furent

membres du Conseil national de l'État français. Pour la Fédération républicaine, les pourcentages sont respectivement de 10 % et 14 % [95, p. 62]. Cette période fut aussi celle où des technocrates se rallièrent au régime au nom de l'efficacité. Nesmes-Desmarets, professeur à la faculté de droit de Montpellier, le note avec satisfaction à propos du statut des fonctionnaires de 1941 : « La Révolution nationale a fait en un an ce que le régime précédent n'avait pas réussi à faire en plus d'un siècle. » De même Jean Berthelot, ingénieur des chemins de fer et secrétaire d'État aux Communications de septembre 1940 à avril 1942, se réjouit de pouvoir enfin réaliser la rationalisation des transports parisiens [88, p. 138; 89, p. 159]. Ces techniciens entendaient ignorer les implications idéologiques de leur engagement.

Cette tendance culmina avec Pierre Pucheu, ministre de l'Intérieur de juillet 1941 à avril 1942 : il se voulait étranger à toute idéologie, bien qu'ancien du PPF, écartant d'un revers de main la spéculation intellectuelle et même l'émotion. C'est de cette époque que datent la création des sections spéciales appliquant, pour la première fois, le principe de la rétroactivité des peines, principe étranger au droit français, et la tragédie des 27 fusillés de Châteaubriant le 22 octobre 1941. En strict terme comptable, le nombre des fusillés de Châteaubriant fut réduit (l'occupant envisageait d'abord de fusiller 100 otages) grâce à l'intervention de Pucheu, mais le ministre de l'Intérieur couvrit lui-même le choix des victimes. Après l'exécution par la Résistance du commandant allemand de la Place de Nantes, les Allemands lui présentèrent une première liste d'otages. Il la refusa car celle-ci était composée d'anciens combattants décorés de la croix de guerre ou de la médaille militaire. Il garda le silence lors de la présentation de la seconde liste exclusivement composée de communistes (les 22 et 24 octobre, 71 autres otages étaient exécutés à Nantes, près de Bordeaux et au mont Valérien). De cette décision, le chef de l'État se sentit déshonoré et il envisagea même de se constituer prisonnier [150, p. 344 sqq.].

La période de Révolution nationale est celle où les contradictions sont les plus vives entre les idéologues du régime, des conservateurs traditionalistes qui se méfient fondamentalement de l'État, et les collaborationnistes parisiens qui rêvent d'un État fort, appuyé sur un parti unique, directement inspiré du modèle fasciste mais purgé de sa composante nationaliste, décidément trop sulfureuse en ces temps d'occupation. Dès juillet 1940, Laval avait invité Déat à mettre en place un parti unique mais il s'était heurté à l'hostilité de

Doriot, de La Rocque et surtout de l'Action française dont il avait dénoncé la « terreur blanche » [67, p. 345 et 386]. Déat, l'ancien néo-socialiste, abandonnait la dénonciation de l'embrigadement fasciste pour choisir, par souci d'unanimisme, le camp du totalitarisme fasciste. Première grande organisation née après la défaite, le Rassemblement national populaire entendait fusionner des activistes du Mouvement social révolutionnaire fondé par Eugène Deloncle, des anciens combattants regroupés autour Jean Goy, des néos et surtout des inorganisés mais l'amalgame ne se fit jamais réellement. En 1942, le mouvement comptait 15 000 à 20 000 adhérents, dont la majorité n'avait pas de passé politique à la différence de ses cadres. Le collaborationnisme n'envisageait son triomphe que dans une Europe allemande où la France ne saurait exister en tant que nation. Déat militait pour l'instauration d'un national-socialisme collaborationniste et le RNP devait devenir « la section française de la nouvelle Internationale européenne » [67, p. 410-414]. Sa démarche se distingue de celle du Doriot qui approuva l'éviction de Laval et l'arrivée au pouvoir de Flandin puis de Darlan. Si l'un dénonçait les côtés réactionnaires de la Révolution nationale, l'autre souhaitait son approfondissement et se disait l'homme du maréchal. Dès le 22 juin 1941, Doriot donna la pleine mesure de son anticommunisme en demandant à Pétain d'autoriser la création d'une Légion des volontaires français qui irait combattre le bolchevisme aux côtés de la Wehrmacht. L'initiative du chef du PPF devait d'ailleurs provoquer de multiples réactions dans les milieux collaborationnistes visant toutes à empêcher Doriot de tirer de cette initiative un trop grand profit personnel [135, p. 362]. Au moment où le PPF faisait campagne pour la LVF, il aurait eu 30 000 adhérents.

Le retour de Laval au pouvoir en avril 1942 et l'occupation totale du territoire par les troupes allemandes en novembre, suite au débarquement allié en Afrique du Nord mirent un terme à la mystique pétainiste qui avait rallié une grande partie des droites. Il s'ensuivit une série de reclassements essentiels à la compréhension de la survie de ces familles politiques après la Libération. La collaboration dans l'Europe hitlérienne fut acceptée par Laval, mais de plus en plus subie par Pétain. La rupture entre lui et les Allemands ne se produisit pourtant pas, bien qu'Abetz ait envisagé son éventualité en décembre 1943 [150, p. 470]. La dissolution de l'État et l'édification de communautés conservatrices n'étaient plus de saison. Les conservateurs virent leur territoire amputé par les fascistes et les fascisants sous l'effet d'un triple mouvement : au sein

des institutions créées par Vichy, les activistes occupèrent de plus en plus le devant de la scène; le Service d'ordre légionnaire et la Milice de Darnand émergèrent de la Légion des combattants[7], et, rompant avec son inertie, s'engagèrent dans la répression des résistants; enfin, au sein du gouvernement furent nommés des proches des collaborationnistes parisiens dans l'espoir irréaliste de diminuer les critiques que l'opinion formulait désormais à l'égard de l'État français. Par contrecoup, ces décisions provoquèrent le départ des conservateurs qui comprirent que la révolution totalitaire pourrait bien être plus dangereuse que la République autrefois honnie. Cette dernière, somme toute, ne les avait jamais éliminés physiquement... [90, p. 36 sqq.].

## Les droites et la Résistance

Dès 1940, des dirigeants éminents de la droite manifestèrent ouvertement leur hostilité à l'État français, tels Paul Reynaud ou Georges Mandel. Louis Marin, resté à Vichy jusqu'en 1944, devint un agent de la Direction générale des études et recherches, ce qui lui vaut d'être promu capitaine des Forces françaises libres [48, p. 225]. L'Alliance démocratique ainsi que la Fédération républicaine furent représentées ès qualités au sein du Conseil national de la Résistance, mais leur présence était surtout dictée par la nécessité de présenter aux Anglo-Saxons un CNR pétri de respectabilité. Si la droite eut des représentants au sein de la France libre et dans les mouvements de résistance, on constate cependant qu'aucun véritable courant de pensée et d'action de la droite ne se constitua, sauf à Alger, autour du général Giraud [99, p. 13].

Plus que les socialistes, les démocrates-chrétiens ou les communistes, les résistants de droite furent des « aventuriers sociaux » en rupture avec leur milieu d'origine. Aventurier Jacques Renouvin, ancien de l'Action française et organisateur des « groupes francs ». Aventurier Loustaunau-Lacau, ancien ordonnance de Pétain, organisateur du réseau Corvignolles en 1936, qui, sous couvert de ses activités de délégué général de la Légion des combattants, jeta, dès octobre 1940, les bases du réseau Alliance [101, t. I, p. 300 et 140]. Aventurier aussi Jacques Arthuys, ancien du Faisceau, officier de réserve, actif au Mouvement des classes moyennes, qui, avec Blocq-Mascart et d'autres, constitua l'Organisation civile et militaire, mouvement où les techniciens et les non-conformistes des années trente eurent un rôle actif [79, p. 181-182].

Dès le mois d'août 1940, Maurice Ripoche, un industriel ancien pilote de chasse, s'efforça de rassembler « les récalcitrants à l'occupation ». De ses premiers contacts sortirent « Ceux de la Libération », dont l'avocat André Mutter, un ancien du PSF, fut l'un des dirigeants [101, t. I, p. 94]. Le mouvement fut surtout un service de renseignements qui travailla en liaison avec les SR « Air » et « Guerre », et Ripoche recruta parmi les anciens officiers de l'armée de l'Air. Il était proche du capitaine Henri Frenay, le fondateur de Combat dont le ralliement au gaullisme ne fut pas immédiat. Pendant l'année 1941, le mouvement gagna en extension et ajouta au renseignement la constitution de corps francs en vue de l'action directe [101, t. II, p. 186 et 240]. Tour à tour les principaux dirigeants du mouvement furent arrêtés et déportés, ce fut, pour reprendre Henri Michel, une hécatombe de chefs. A la veille de la Libération, André Mutter représentait Ceux de la Résistance au sein du CNR, et il présidait le comité directeur de Ceux de la Libération-Vengeance. Tant les anciens radicaux indépendants que les anciens PSF, qui y étaient nombreux, s'opposèrent aux réformes de structures prévues à la Libération. En avril 1945, un congrès extraordinaire s'interrogea sur l'opportunité de transformer le mouvement de résistance en parti. La tendance majoritaire opta pour le maintien du mouvement de résistance mais soutint un nouveau parti en formation, le Parti de la rénovation républicaine, dans lequel André Mutter joue un rôle clef. Le PRR se fondit ensuite dans le Parti républicain de la liberté (PRL) [112, p. 242].

La droite et l'extrême droite ne furent donc pas absentes des premiers mouvements de résistance, mais affirmer que les pionniers de cette aventure reflètent la tendance générale d'organisations avec lesquelles ils étaient le plus souvent en rupture de ban n'est guère convaincant. D'autant que les combats de la Résistance entraînèrent des reclassements idéologiques. On sait l'itinéraire d'un d'Astier de la Vigerie mais celui d'un Becquart, moins connu, n'est pas moins exemplaire. Henri Becquart, député du Nord en 1936, participa activement à la campagne contre Roger Salengro. Le 10 juillet 1940, il fit partie des députés de la Fédération républicaine qui votèrent oui aux pleins pouvoirs réclamés par Pétain. Le 11 avril 1941, il écrivit pourtant au Maréchal : « C'est la politique de soumission et de collaboration, *et elle seule*, qui menace l'unité française. La France serait unie dans la résistance, elle ne l'est pas dans la capitulation... » [5, 51]. Et en juin 1946, il confiait à Louis Marin : « Électoralement, je ne puis, dans le Nord,

retrouver ma situation que dans les rangs du MRP, car je suis devenu complètement hostile aux milieux de droite dont j'ai pris la mentalité et les méthodes en horreur et qui ne me pardonneront jamais ma résistance et mon antipétainisme » [5, 91].

La plupart de ces entrées individuelles en Résistance s'expliquent par la dégradation — plus ou moins brutale — de l'image de Vichy dans les rangs des droites traditionnelles. Le balancier politique atteignit le point extrême du glissement vers la droite au cours de l'hiver 1941-1942, puis les défections commencèrent à se multiplier à Vichy comme à Paris. Au printemps, voire à l'automne 1942, des résistants de la première heure, plus anti-allemands qu'anti-vichyssois — on peut penser à un Philippe Viannay ou à un Henri Frenay —, perdirent leurs illusions sur la Révolution nationale pour devenir, selon la formule de Frenay lui-même, « des soldats sans uniforme et des citoyens en révolte » [140, p. 12]. En juillet 1942, ouvertement hostile à la collaboration, le colonel de La Rocque s'efforçait, lors de ses visites aux sections départementales du PSF de zone Sud, de les détacher de l'influence de l'État français [89, p. 125; 88, p. 240]. Certains des anciens du PSF, fervents pétainistes, rejoignirent la France libre : Charles Vallin, ancien vice-président du PSF, membre du Conseil de justice politique qui prononça l'incarcération de Paul Reynaud et de Léon Blum avant le procès de Riom, l'un des premiers à avoir été décoré de la francisque, arriva à Londres avec Pierre Brossolette à la mi-septembre 1942.

Ces ralliements à la France libre renvoyaient à deux logiques distinctes mais convergentes. D'une part, des hommes de droite qui avaient sincèrement adhéré à la Révolution nationale, sans pour autant masquer leur antigermanisme foncier, considérèrent que le retour de Laval au pouvoir rangeait définitivement l'État français dans le camp de la collaboration. D'autre part, au même moment, dans un souci de diviser les forces vichyssoises, les envoyés de la France libre tentaient le débauchage dans les rangs pétainistes. Étaient visés en priorité par cette dernière démarche des amis de Charles Vallin, tel le général de Lattre de Tassigny, ou Georges Villiers, alors maire de Lyon et futur créateur du CNPF, ou François Valentin. Cette politique provoqua de vifs débats à Londres, mais elle se solda par des tensions encore plus vives chez les conservateurs et les anciens Croix-de-Feu qui formaient le gros des membres de la Légion des combattants. La Rocque condamna officiellement la dissidence de Vallin dans *Le Petit Journal*, l'organe du PSF, mais il était lui-même déjà membre, depuis juillet 1942, du

réseau Alibi en liaison avec l'Intelligence Service britannique [101, t. II, p. 578; 148, t. II, p. 238 sqq.]. François Valentin, l'un des derniers confidents de Lyautey, devenu directeur général de la Légion des combattants, quitta son poste lors du retour de Laval. Georges Riond, secrétaire général adjoint de la Légion, se retira à son tour en juin 1942 [166, p. 62]. Ils rejoignirent la Résistance, Georges Riond espérant même constituer un gigantesque maquis regroupant 500 000 légionnaires... [158, p. 166]. De France, Valentin envoya un message diffusé le 28 août 1943 par la BBC à l'occasion du troisième anniversaire de la Légion des combattants : « Le 29 août, la Légion célébrera le troisième anniversaire de sa création. Jusqu'au retour au pouvoir de Pierre Laval, j'ai été le directeur général de la Légion. A ce titre, et quelles qu'aient été mes intentions, j'ai pu contribuer à tromper sur leurs devoirs de bons Français, légionnaires ou non... Un cri de colère monte de nos cœurs quand nous jetons un regard sur le chemin parcouru depuis trois ans et que, nous rappelant les espérances d'alors, nous constatons à quelles réalités nous avons été conduits, de lâchetés en lâchetés. » Et l'ancien légionnaire de conclure : « Il n'y a plus de place pour l'hésitation : il n'est pas d'autre devoir que de rallier sans arrière-pensée les rangs des mouvements de Résistance » [102, t. IV, p. 34-36].

A vrai dire, son propre ralliement à la Résistance ne fut sans doute pas dénué d'arrière-pensées. Non pas qu'il s'agisse pour l'historien de mettre en doute la rectitude de l'engagement de celui qui fut l'avocat du général de Lattre de Tassigny lors de son procès à Lyon, en janvier 1943 (le général était poursuivi pour avoir tenté, après l'occupation de la zone libre, de passer à la clandestinité) mais plutôt de suggérer que ce choix politique s'inscrivait tout entier dans une vision prospective de l'avenir des forces de droite. Valentin rejoignit la Résistance en tant que « national ». La France libérée ne devait pas tomber aux mains de la gauche, et il entendait jouer son rôle dans les forces qui préparaient la libération du territoire. Il s'en était expliqué d'ailleurs très clairement dans une lettre à Xavier Vallat, le 24 août 1943 : « ... La colère que mon attitude provoque dans les milieux marxistes me prouve que je n'ai pas mal visé. Ils sont furieux de mon intrusion dans la résistance, dont ils voudraient faire [et ont presque fait] une chasse gardée. Les autres vont croire que je suis passé à l'ennemi, à la Loge, aux juifs et aux francs-maçons. Mon seul but, à l'inverse, est de tenter de déjouer leurs manœuvres, d'avoir le droit de parler et d'agir si j'en sors, d'avoir fourni un "martyr" à mes amis si je dois y rester. La

"révolution" qui nous menace n'a rien de "nationale", hélas! Sous prétexte qu'ils ont peur du communisme, une masse de bons bourgeois se jettent dans les bras de l'Allemagne... C'est là l'atout majeur du communisme, bien plus qu'une victoire militaire de la Russie. Essayer de neutraliser cette trahison morale me paraît un devoir national. Cela me paraît la seule façon de sauver ce qui peut l'être de l'unité du pays et de ne pas être complètement éliminé de la réorganisation de l'après-guerre » [166, p. 86].

Pour une partie de la droite ralliée à la Révolution nationale, l'évasion spectaculaire du général Giraud de la forteresse de Kœnigstein où les Allemands le détenaient prisonnier de guerre et son arrivée triomphale à Vichy en avril 1942, à peine une semaine après le retour de Laval au pouvoir, furent ressenties comme un appel à une résistance autre que celle conduite par un de Gaulle soupçonné de préparer un Front populaire élargi. Giraud symbolisa la chance d'une résistance de droite, étrangère à la mise en cause de hiérarchies traditionnelles, volontiers hostile au parlementarisme et qui aurait secrètement correspondu aux vœux du Maréchal. Cette résistance de droite fut l'expression d'un mouvement strictement militaire, étranger sinon hostile à la politique : « pénétrée de la mystique du chef, d'une façon qui touche à la dévotion... voit le salut de la Nation dans la pratique d'une obéissance sans réserve et d'une discipline sans limite. De tendance antigaulliste et anglophobe, elle confond dans la même réprobation République et démagogie, libéralisme et communisme » [99, p. 450].

Ce choix initial amena Giraud à accepter sans sourciller la prépondérance américaine. Son alliance en novembre 1942 avec Darlan dans la pétaudière algéroise au lendemain du débarquement allié en Afrique du Nord mit à nu ce projet d'un vichysme rénové. Avec la nomination de Peyrouton, vichyste convaincu, comme gouverneur de l'Algérie, le maintien par ce dernier des mesures antisémites édictées par l'État français, les orientations implicites de l'apolitisme giraudiste devinrent évidentes. Seule l'habileté d'un Jean Monnet incita Giraud à prononcer, au grand dam de son entourage, un discours républicain [8, p. 290].

Pour les droites conservatrices, la carte Giraud cessa d'être jouable dès la fin de l'été 1943, moins du fait des gages tardifs qu'il donna aux principes républicains que de sa collaboration, voire de sa compromission, avec le front national communiste lors de la libération de la Corse en septembre 1943. Pour ceux qui souhaitaient rallier le combat national, il fallut renoncer aux oripeaux de

la Révolution nationale, et sinon adhérer explicitement aux principes de la France combattante, du moins se taire... Les réticences à l'égard du gaullisme ne disparurent pas totalement pour autant. Bien des officiers de l'armée d'Afrique conservaient leur parti pris initial. Quinze ans plus tard, au cœur des combats pour l'Algérie française, ces clivages réapparurent.

L'aventure de l'équipe d'Uriage est une bonne illustration de l'évolution d'hommes qui partagèrent sinon la totalité, du moins partie de ce système de valeurs. Autour du « vieux chef », le capitaine Pierre Dunoyer de Segonzac, s'était constituée une École nationale des cadres. Influencée par la philosophie personnaliste, animée par d'anciens disciples de Lyautey et du père Doncœur, empruntant beaucoup au scoutisme, cette École non conformiste devint vite une cible de choix pour une presse soucieuse de dénoncer son anti-collaborationnisme [97, p. 796]. Désireux de rallier la résistance avec son équipe, Dunoyer de Segonzac manifestait maintes réticences à l'égard de Londres — il n'admettait pas que l'on mît en cause la personnalité du maréchal Pétain — et il prit contact dès l'été 1942 avec le général Giraud [97, p. 1034 sqq.]. En 1943, Dunoyer de Segonzac s'efforça de faciliter les contacts entre l'Organisation de résistance de l'armée [ORA] d'obédience giraudiste et l'Armée secrète, mais après son retour d'Alger, fin avril 1944, « ayant mesuré la faiblesse et l'échec politique de Giraud », et bien que toujours réticent à l'égard du gaullisme, il se rallia entièrement mais tardivement au Comité français de libération nationale d'Alger tout en s'efforçant de préserver l'autonomie de l'équipe d'Uriage [97, p. 1079 sqq.].

La cassure dans la droite s'est donc accélérée après l'occupation de la zone Sud par les Allemands. Ainsi, passé novembre 1942, le docteur Ménétrel, chef du secrétariat particulier du maréchal Pétain, constatait qu'il n'y avait plus de candidat à une nomination au Conseil national. « Ses amis le suppliaient de les rayer de la liste » et cherchaient à obtenir des certificats pour « services rendus à tel Juif, à tel travailleur » [150, p. 477].

## VII. LA LIBÉRATION :
## VERS L'ÉLIMINATION DES DROITES ?

Pour qui veut suivre les reclassements des droites après la Libération, se pose le délicat problème des définitions. Jusqu'alors, l'analyse pouvait privilégier les formations parlementaires communément situées à droite du Parti radical et les organisations extrémistes et extra-parlementaires. Or, dès la fin de l'entre-deux-guerres, le Parti radical campe au centre droit de l'échiquier politique, ce que les orientations de sa majorité au sortir de la guerre ne font que confirmer : ainsi le principal organisateur de la droite libérale d'après guerre, Roger Duchet, est originaire de cette famille. De plus, le Mouvement républicain populaire officiellement fondé, en novembre 1944, sous la houlette de Georges Bidault, bien qu'il veuille faire « la révolution dans l'ordre et par la loi », draine d'anciens électeurs des formations de droite. Faut-il alors intégrer ces formations à l'ensemble des droites ? Dans un souci de continuité de l'étude avec la période précédente, ces formations ne seront pas, en tant que telles, prises en compte par la suite, mais les chassés-croisés qui concernent certains des leurs — par exemple entre le MRP et le gaullisme — seront bien sûr évoqués.

### L'épuration

L'épuration administrative, économique, idéologique et politique fut très inégale selon les milieux. Les Chambres civiques, qui traquèrent ceux qui avaient adhéré à un des groupements ayant collaboré avec l'ennemi, prononcèrent la dégradation nationale de 47 484 personnes mais 3 184 furent relevées de cette peine pour avoir aidé la Résistance [108, p. 772]. Les militants actifs de la collaboration et du collaborationnisme furent éliminés ou emprisonnés, et cela pesa sur le potentiel humain des forces de droite. Par un décret d'avril 1944, le CFLN prononça l'inéligibilité des 569 parlementaires qui avaient voté les pleins pouvoirs le 10 juillet 1940. Les parlementaires de l'Assemblée consultative ayant refusé de constituer le jury d'honneur susceptible de les relever de l'inéligibilité, un décret du 7 avril 1945 institua ce jury pour statuer sur

338 Les droites dans la vie politique

les cas particuliers. Louis Marin en fit partie. A ce titre, il reçut de nombreuses lettres parmi lesquelles celles de Pierre Taittinger, président du Conseil municipal de Paris pendant l'occupation, ou celle d'Antoine Pinay, datée du 22 août 1945 : « Des amis ont pris l'initiative d'obtenir du jury d'honneur une décision me relevant de mon inéligibilité... Par un souci de dignité que vous comprenez, je n'aurais pour rien au monde voulu adresser cette demande moi-même... » [5, 69].

Tous les inéligibles ne présentèrent pas de dossier et tous n'eurent pas d'amis pour le faire en leur nom. Quel est le bilan de cette procédure ? 231 dossiers de députés et de sénateurs de droite ont été présentés au jury d'honneur ou aux préfets, soit 49 % de l'ensemble des dossiers. Cette proportion dit à elle seule l'importance des parlementaires de droite parmi les inéligibles. Soixante-huit parlementaires de droite ont été effectivement relevés de leur inéligibilité, soit 29 % de ceux qui en avaient fait la demande. Pour l'ensemble des familles politiques, cette proportion est de 36 % [107, p. 188]. Il ne faut pas pour autant conclure que le jury a été plus sévère pour les parlementaires de droite car les relèvements dépendaient du degré d'engagement dans la Résistance, et sur ce point l'historien est catégorique : « Si ces chiffres doivent démontrer quoi que ce soit... c'est bien que le jury était favorable à la droite » [107, p. 176]. On ne dispose d'aucune ventilation des résultats globaux en fonction des groupes parlementaires de l'avant-guerre. On peut néanmoins se fonder sur un document nominatif intitulé « situation des parlementaires adhérents à la Fédération républicaine vis-à-vis de la Résistance » et dressé par la Fédération elle-même [5, 80].

Attitudes des parlementaires de la Fédération républicaine

|  | Sénateurs | Députés | % Sénateurs | % Députés |
|---|---|---|---|---|
| Irréprochables | 9 | 8 | 23 | 15 |
| N'ont que voté les pleins pouvoirs le 10/7/40 | 10 | 12 | 25 | 22 |
| Autres griefs mineurs | 3 | 3 | 8 | 6 |
| Ont été conseillers départementaux | 14 | 19 | 35 | 35 |
| Autres griefs plus graves | 4 | 12 | 10 | 22 |
|  | 40 | 54 | 100 | 100 |

Avant relèvement par le jury d'honneur, 85 % des députés et 77 % des sénateurs étaient donc juridiquement éliminés des combats électoraux de la Libération. Avec un potentiel de candidats à ce point laminé, les partis de droite ne pouvaient, sauf pulsion suicidaire, procéder à une épuration volontaire de leurs membres, comme le firent les socialistes. Toute stratégie de survie de leur part impliquait la réintégration progressive de candidats vichyssois et la lutte pour la suppression de l'inéligibilité. Les lois du 5 janvier 1951 et du 6 août 1953 mirent fin à la peine de dégradation nationale et la seconde rétablit les droits civiques. A partir de cette dernière date, aucune limite juridique ne s'opposa plus au retour à la vie politique nationale de parlementaires de l'entre-deux-guerres.

Affaiblies par l'exclusion juridique de nombre de leurs dirigeants, les droites pâtissaient par ailleurs de la faiblesse de leur presse à la Libération. La Fédération républicaine ne disposait que de *La Nation*, Émile Buré de retour des États-Unis fit reparaître *L'Ordre* pendant quelques mois. *L'Époque* d'Henri de Kerillis reparut, elle aussi, pendant quelques années sous la houlette de Jean-Louis Vigier. On peut ajouter *Paris-Presse* lancé par Philippe Barrès, *Le Parisien libéré*, organe quotidien de l'OCM que dirigeait M. Blocq-Mascart, et enfin *Le Figaro*. Au total, cela faisait peu de titres au regard de la presse de gauche. Cette situation est mise en évidence par la comparaison des tirages de la presse quotidienne en fonction de ses options politiques [23, p. 301] :

|  | Avant la guerre | Après la Libération |
|---|---|---|
| Journaux d'information | 41,6 % | 14,9 % |
| Résistance, comités de Libération |  | 10,6 % |
| PCF et assimilés | 4,6 % | 26,8 % |
| SFIO et assimilés | 6,4 % | 21,0 % |
| UDSR et assimilés |  | 3,3 % |
| Radicaux et assimilés | 13,9 % | 2,1 % |
| MRP, modérés, droite | 29,9 % | 20,9 % |

## Les élections

Le mois de février 1945 marqua pour les forces de droite le retour à une vie politique normale. Alors que Robert Brasillach allait être fusillé, la Fédération républicaine de la Seine se réunit pour la première fois depuis le début de la guerre. Louis Marin y fit, en présence de Joseph Denais, son président, de Debû-Bridel et de Pimienta, un discours sur la nécessaire union fraternelle des Français [105, 1944-1945, p. 10]. Quelques jours plus tard, un bureau provisoire du PSF se donna pour objectif de reconstituer l'ancien parti. Edmond Barrachin, Pierre Hénault, Fernand Robbe en faisaient partie. Barrachin y dénonça tour à tour le « conservatisme borné » et « le collectivisme destructeur de la liberté » [105, 1944-1945, p. 107].

Les élections municipales accélérèrent ce réveil. Organisées le 29 avril et le 13 mai 1945, elles coïncidèrent avec le retour des prisonniers et les festivités de la victoire. Elles permirent de mesurer le déclin de la droite par rapport aux élections de 1935.

*Tendance de la majorité des conseils municipaux*
*en 1935 et en 1945 [105, 1944-1945, p. 491][8]*

|  | 1935 | 1945 | % 1935 | % 1945 |
|---|---|---|---|---|
| Radicaux indépendants | 3 120 | 1 797 | 9 | 5 |
| Républicains de gauche, Alliance démocratique | 8 473 | 5 499 | 24 | 15 |
| Fédération républicaine et URD | 9 489 | 5 809 | 26 | 16 |
| Conservateurs | 1 603 | 552 | 4 | 2 |
| Ensemble des conseils municipaux | 35 838 | 35 838 | | |

A la veille du Front populaire, les forces de droite contrôlaient 63 % des conseils municipaux, dix ans plus tard, le pourcentage atteignait 38 %. Dans les communes de plus de 4 000 habitants, le recul était encore plus accentué. En 1935, 484 de ces communes (51 %) avaient un conseil municipal orienté à droite. Dix ans plus tard, seules 110 communes (11,5 %) étaient dans ce cas [105, 1944-1945, p. 203]. Face à cette situation, les forces de droite tentèrent de s'organiser et de se regrouper en prévision des futures échéances électorales.

*Le Parti paysan*

Le 11 juillet 1945, Paul Antier, député du Puy en 1936, membre du Parti agraire, ayant voté les pleins pouvoirs le 10 juillet 1940 mais aussi un des premiers parlementaires à avoir gagné l'Angleterre, créa le Parti paysan avec d'autres fidèles de Fleurant Agricola [113, p. 132]. Parmi les dirigeants du parti se trouvaient des hommes qui n'avaient pas eu le même itinéraire que Paul Antier. Camille Laurens, actif au sein de la Corporation paysanne, et Jacques Le Roy Ladurie, ministre de l'Agriculture et du Ravitaillement dans le gouvernement Laval en avril 1942[9], en étaient membres. Dès octobre paraissait *L'Unité paysanne*, l'organe du parti, qui s'efforçait de démontrer l'injustice des reproches formulés par les citadins envers les paysans :
« Ils ont résisté aux réquisitions
Pour fournir des vivres aux citadins.
Ils se sont armés et battus pour chasser les barbares.
Aujourd'hui ils vous nourrissent.
Demain ils vous nourriront mieux.
Votez Parti paysan! »
Le manifeste avançait un certain nombre d'idées qui allaient devenir les leitmotive de la presse du parti dans les années suivantes : « Le Parti paysan n'est pas un parti d'opposition ni de lutte de classes, il est un parti d'entente de toutes les classes laborieuses, celle des champs et celle des cités industrielles, qui doivent s'unir en vue d'une reconstruction économique plus moderne et d'une reconstruction sociale plus humaine. » Pour bien comprendre l'état d'esprit qui présida à la création du Parti paysan, il faut se souvenir qu'en mars 1945, la Confédération générale de l'agriculture (CGA) dont l'ambition était de représenter la paysannerie tout entière, forte des faveurs du ministre socialiste de l'Agriculture du gouvernement provisoire de la République française, Tanguy-Prigent, avait approuvé, lors de son premier congrès, le principe d'un « dirigisme démocratique et humain ». Paul Antier refusait cette orientation et il s'en expliqua : « La classe ouvrière peut être représentée, en masse, par un géant armé de deux bras vigoureux : le bras syndical, représenté par la CGT, nombreuse et disciplinée; le bras politique, représenté par des partis nombreux et disciplinés entraînés à la lutte et qui projettent aujourd'hui de s'unir en un

grand parti ouvrier. En face de la classe ouvrière, se trouve la classe paysanne qui, elle aussi, est un géant parce qu'elle est aussi nombreuse que la classe ouvrière — mais c'est un géant mutilé : il n'a qu'un bras, le bras syndical, et encore ! Le bras politique est absent. La classe paysanne est manchote. Cela explique toute son histoire depuis un siècle : elle ᴜst faite de misère, d'humiliations et de défaites. Manchote hier, elle a été battue. Manchote demain, elle sera encore battue » [113, p. 134].

### L'Entente républicaine

Trois semaines après la fondation du Parti paysan, le 31 juillet 1945, différentes forces modérées se regroupèrent dans l'Entente républicaine pour la liberté et le progrès social. La Fédération républicaine, l'Union patriotique républicaine — d'anciens du PSF favorables à la résistance regroupés autour de Charles Vallin —, les Français libres, les Radicaux indépendants, le Parti de la rénovation républicaine et le journal *La France libre* — ces deux derniers sous la houlette d'André Mutter — en firent partie. Des représentants de l'Alliance démocratique siégeaient au sein de l'Entente, mais à titre de simples observateurs. Joseph Denais avait pris l'initiative de l'Entente. Embarqué en juin 1940 sur le *Massilia* pour passer au Maroc et continuer la guerre, il revendiquait cette action « au bénéfice de la droite démantelée par le scrutin du 10 juillet ». Selon Georges Riond, au sein de l'Entente, « on... discuta moins de doctrine que du choix de futurs candidats. Ce fut la chance de quelques revenants auxquels J. Denais accorda la préférence de l'âge » [158, p. 193].

Au mois d'août, furent fixées par le gouvernement provisoire les deux questions soumises à référendum. La première — « Voulez-vous que l'Assemblée élue ce jour soit constituante ? » — rendrait, en cas de vote positif, les lois constitutionnelles de 1875 caduques et aboutirait à la rédaction d'une nouvelle constitution. En cas de vote négatif, la seconde question perdait tout objet puisqu'elle portait sur la limitation des pouvoirs de l'Assemblée constituante. Pour démontrer sa fidélité au général de Gaulle, la Fédération républicaine, en dépit des réserves de certains dirigeants, se prononça pour le double oui. L'Alliance démocratique ne suivit pas la même orientation. Lors d'une réunion tenue en présence de Louis Jacquinot, alors ministre de la Marine du GPRF, de Joseph Laniel

et de Michel Clemenceau, le fils du Tigre, elle annonça son hostilité aux nationalisations et décida de laisser la liberté de vote à la première question. En revanche, elle se prononça pour le oui à la seconde question, laquelle dépendait de la première : la position de l'Alliance n'avait pas le mérite de la cohérence. A dire vrai, la Fédération avait failli être plus inconséquente encore puisque certains — c'est le cas de Laurent Bonnevay qui, à l'Assemblée consultative, avait préconisé un retour pur et simple aux institutions de la troisième République — avaient envisagé de voter non à la première et oui à la seconde... [105, 1944-1945, p. 291]. Pendant la campagne électorale, les modérés défendirent des valeurs communes, le vote familial, la dualité des Chambres, la défense des libertés, mais leur dispersion était telle qu'aucune liste n'était assez forte pour présenter des candidats dans toutes les circonscriptions. Outre les organisations déjà citées, le Parti agraire de Paul Antier et le Parti républicain et social de la réconciliation française, un autre avatar du PSF dirigé par Joseph Levet, présentèrent des candidats.

Le 21 octobre 1945, les Français et, pour la première fois, les Françaises se rendirent aux urnes. Dix jours plus tôt, Joseph Darnand, secrétaire général de la Milice, avait été passé par les armes et une semaine plus tôt, à l'issue d'un procès émaillé d'irrégularités, Pierre Laval avait été fusillé. Le référendum se solda par une nette victoire pour le général de Gaulle. Fort de 96 % de votes positifs à la première question et de 66 % à la seconde, le chef du GPRF put limiter les ambitions du PCF.

A l'Assemblée constituante, les modérés atteignirent 15 % des suffrages exprimés et 11 % des inscrits. Aux élections de 1936, les forces opposées au Front populaire avaient obtenu 35,9 % des inscrits et 220 députés. Les groupes modérés comptaient désormais 62 députés scindés en trois groupes parlementaires : le groupe d'unité républicaine avec 37 membres, les républicains indépendants au nombre de 14 et le groupe paysan avec 6 membres et 5 apparentés.

## Le Parti républicain de la liberté

« Notre position est d'une parfaite clarté. Nous étions hier, nous sommes aujourd'hui, nous serons demain les admirateurs du général de Gaulle, aux côtés duquel nous avons eu l'honneur, André

Mutter et moi, de descendre les Champs-Élysées le jour de la Libération... Mais nous sommes hostiles à la politique du Front populaire numéro deux, celle des trois grands partis comme nous l'avons été à celle du Front populaire numéro un, parce que nous la croyons nuisible à l'intérêt du pays. » Ainsi parlait Joseph Laniel, le 22 décembre 1945, au Palais-de-Glace, en présence d'André Mutter, Frédéric-Dupont, député de la Seine, Jules Ramarony, député de la Gironde, président du groupe parlementaire de la Fédération républicaine. Pour le représentant de l'Alliance démocratique au sein du CNR, il s'agissait de rassembler au sein d'une nouvelle organisation, le Parti républicain de la liberté (PRL), les voix « indécises et troublées » pour mettre un terme à la domination du tripartisme et au dirigisme économique. Hostilité au PCF et défiance à l'égard du MRP, telles étaient les lignes de force de la nouvelle formation dont Michel Clemenceau, en raison de la notoriété de son nom, allait devenir le porte-drapeau [105, 1944-1945, p. 385]. Le PRL et les 35 députés qui s'en réclamaient, estimaient qu'ils étaient les seuls à pouvoir « revendiquer les prérogatives d'une opposition légitime et salutaire ». Le 20 janvier 1946, le général de Gaulle démissionna. Le tripartisme triomphait. Dans le gouvernement Gouin, gouvernement « triparti », et non plus d'« unanimité nationale », les modérés et les radicaux, bien modestement représentés jusque-là, n'eurent plus leur place.

La constitution du PRL rencontra l'hostilité de Louis Marin et de la Fédération républicaine. Henri Becquart qui était alors secrétaire général de la Fédération avait l'habitude de prendre des notes lors des réunions du bureau. Ce carnet manuscrit, conservé dans les archives de Louis Marin [5, 70], permet de comprendre les raisons de l'opposition de celui-ci à la création du PRL. Les arrière-pensées personnelles ne furent pas absentes — Marin remarquait avec ironie que celui qui devait redonner une jeunesse nouvelle à la droite, Michel Clemenceau, n'avait que deux ans de moins que lui —, mais elle allait au-delà. Son argumentation tenait en trois points : « 1) ce parti a été fondé sous le signe de l'argent et il est apparent qu'il est dirigé de façon autocratique par des puissances financières [de Nervo, Villiers]... 2) Nous ne trouvons pas dans le programme du nouveau parti la fermeté que nous voudrions pour la défense des libertés religieuses... 3) Le nouveau parti a été et sera de plus en plus contraint à adopter une politique d'extrême droite. Il est dirigé soit par des hommes de formation et

de tendance PSF, soit, mais moins ouvertement, par Paul Reynaud... [ce parti] est déjà et sera de plus en plus infesté par les
pétainistes et les vichystes. » A l'issue de la réunion du 25 janvier
1946, le bureau de la Fédération repoussa toute possibilité d'adhésion au nouveau parti. Néanmoins des hommes comme Burgeot,
Denais et Pernot s'y montrèrent favorables.

Le PRL eut bien du mal à rassembler les modérés et dut faire face
au PCF qui essayait d'interdire par la force ses réunions publiques.
A l'Assemblée constituante, les élus du PRL manifestèrent leur
hostilité en critiquant la nouvelle déclaration des droits de l'homme
et du citoyen qui devait compléter celle de 1789 en y incluant les
droits du travailleur. Ils s'opposèrent à la limitation des libertés,
s'associèrent à certains républicains populaires pour protéger
l'enseignement libre, aux radicaux pour affirmer la liberté de la
presse, tentèrent de faire adopter un amendement de René Coty
présentant la propriété et l'héritage comme des droits sacrés. Le
projet de constitution fut voté par la seule majorité « marxiste », les
modérés votèrent contre, craignant comme l'écrit *L'Aurore* que les
nouvelles institutions ne conduisent à « l'absorption de l'individu
par l'État » [105, 1946, p. 123]. Ils firent campagne pour le non
aux côtés des radicaux, du MRP et de l'UDSR. Contrairement aux
attentes des uns et aux craintes des autres, le projet fut repoussé lors
du référendum du 5 mai 1946 et une nouvelle Assemblée constituante dut être élue, le 2 juin 1946.

A tort ou à raison, le PRL fut considéré comme ayant une
responsabilité importante dans l'échec des partisans du oui. A
droite, il apparut comme l'organisation la plus solide. Même le
général de Gaulle sembla faire un pas dans sa direction. Le 8 mai
1946, il se rendit avec Michel Clemenceau sur la tombe du Tigre,
en Vendée. Le chef de la France libre tenait ainsi une promesse faite
à Londres et surtout il ne participait pas aux cérémonies du premier
anniversaire de la victoire aux côtés des autorités du tripartisme.
Après son congrès d'avril à Paris, le PRL avait établi des fédérations dans tous les départements et ses leaders Mutter, Ramarony,
Laniel, Bétolaud et Michel Clemenceau menaient une active campagne de propagande coordonnée par Georges Riond, l'ancien
adjoint de François Valentin à la Légion des combattants.

Déjà, certains jugeaient le PRL capable d'attirer une partie de
l'électorat MRP. Le parti publiait un hebdomadaire, *Paroles françaises*, au ton assez violemment polémique. Il lança une campagne

anticommuniste virulente dont l'une des cibles était Marcel Paul, ministre de la Production industrielle, mais il n'épargnait pas pour autant le MRP. Il dénonçait les excès de l'épuration et réclamait l'amnistie. Contrairement aux pronostics émis à la veille du scrutin, le MRP ne vit pas s'effriter son électorat au profit du PRL. A en croire Georges Riond, le MRP aurait présenté le PRL comme un représentant du « libéralisme condamné par le pape » et cette campagne aurait provoqué la perte de nombreux sièges, surtout dans l'Ouest [158, p. 189]. Quoi qu'il en soit, les élections se soldèrent par une victoire des républicains populaires, qui devançaient le PCF. Au contraire, les forces modérées enregistraient un léger tassement par rapport à octobre 1945, passant de 2 546 000 voix et 13,3 % des suffrages exprimés, à 2 540 000 voix et 12,8 % des suffrages exprimés. Le groupe parlementaire du PRL comptait désormais 35 membres (dont 3 apparentés), celui des républicains indépendants 22 membres[10] et les républicains d'action paysanne et sociale avaient 8 membres. Deux semaines après les élections, le général de Gaulle prononça, le 16 juin, le discours de Bayeux. La nature même de son discours, son désir de voir s'élaborer des institutions capables d'endiguer la « perpétuelle effervescence politique » et de contrôler la « vieille propension gauloise aux divisions et aux querelles », pesèrent sur les travaux de la seconde Assemblée constituante.

*La constitution et les élections de novembre 1946*

René Capitant prit la tête de l'Union gaulliste pour la quatrième République où se retrouvaient des députés appartenant à l'Union démocratique et socialiste de la Résistance (UDSR) tels Pierre Clostermann ou René Malbrant, au PRL (Bouvier O'Cottereau) et au MRP (Paul Viard). Cette création remit en cause l'équilibre des forces et déclencha une vive tension entre le MRP et les gaullistes. Le MRP dénonça le nouveau mouvement : « Ce nom [de Gaulle] devrait rester un symbole d'union, le drapeau des patriotes et des républicains, au lieu de devenir, non seulement un facteur de division parmi les bons Français et les démocrates, mais malheureusement aussi le signe de ralliement de tous les vichyssois et de tous les factieux » [121, p. 58]. Fort de son succès en juin 1946, le MRP joua un rôle essentiel dans l'élaboration du second projet constitutionnel. Le projet fut adopté le 29 septembre par 440 voix

contre 106. Les droites votèrent contre. Parmi les opposants se trouvaient un futur président du Conseil, Antoine Pinay, et un futur président de la République, René Coty. Par le discours d'Épinal, le général de Gaulle avait, le 22 septembre, condamné le nouveau projet et rompu les liens avec le MRP. Du coup, des républicains populaires membres de l'Union gaulliste quittèrent cette dernière et, en sens inverse, des députés MRP abandonnèrent le mouvement par fidélité au gaullisme, tel le propre beau-frère du général, Jacques Vendroux. Le 13 octobre 1946, les Français approuvèrent sans enthousiasme, et le projet devint la constitution de la quatrième République. « Absurde et périmée... acceptée par neuf millions d'électeurs, refusée par huit, ignorée par huit », devait commenter de Gaulle, son principal détracteur. Le 10 novembre, on procéda à l'élection de l'Assemblée nationale. Les dissensions entre le MRP et les gaullistes se poursuivirent pendant la campagne électorale. A Bordeaux, Jacques Chaban-Delmas fit état d'une conversation qu'il avait eue à Colombey-les-Deux-Églises. Le général aurait eu ces mots : « J'ai toujours la conviction que ce parti [le MRP] est dirigé par des hommes scrupuleux. Mais ces hommes, parce qu'ils sont incapables, sont dangereux » [105, 1946, p. 251]. La crainte d'une poussée gaulliste n'affectait pas seulement les démocrates populaires, les candidats du PRL la redoutaient tout autant. Le 2 juin, les tenants du tripartisme avaient totalisé 75,9 % des suffrages exprimés, le 10 novembre ils reculaient à 73,2 %, libérant ainsi des électeurs pour les petites formations. Le PCF retrouvait la première place, suivi de très près par un MRP qui n'avait pas vraiment pâti, ou très peu, de la concurrence gaulliste. La percée gaulliste n'avait pas eu lieu. Cependant le général de Gaulle n'avait pas mené campagne et l'Union gaulliste agissait à peine en son nom. L'Union gaulliste ne recueillait que 313 000 voix et n'avait que quelques élus dispersés dans divers groupes parlementaires. René Capitant restait à l'UDSR..., en effet, ce n'est qu'à la fin de l'année que le général s'ouvrit à Jacques Soustelle, Jacques Baumel et Rémy de son projet de créer le Rassemblement du peuple français [121, p. 69]. Les modérés conservaient le même score qu'en juin mais gagnaient quelques sièges : avec 2 466 000 suffrages (14,9 % des exprimés), ils avaient 74 élus ; 38 siégeaient avec le PRL, 28 avec les républicains indépendants et 8 avec le groupe paysan. Une fois le Conseil de la République élu, le Parlement procéda à l'élection du président de la République. Le président du PRL, Michel Clemenceau, qui

avait « pour lui le nom de son père... et sa déportation en Allemagne comme titre à l'estime de ses collègues », ne recueillit, le
16 janvier 1947, que 60 voix sur 883 votants, et le candidat
socialiste, Vincent Auriol, fut élu au premier tour. Le provisoire
s'achevait, la quatrième République s'installait.

## VIII. GUERRE FROIDE
## ET RESTAURATION DES DROITES

De la Libération à l'éclatement du tripartisme, la droite fut au
plus bas tant électoralement que du point de vue de sa représentation parlementaire. Aux trois élections, ses groupes parlementaires
rassemblèrent entre 60 et 75 élus. Quelle place les générations qui
avaient occupé le devant de la scène avant la Seconde Guerre
mondiale y tenaient-elles désormais? Le taux de renouvellement fut
beaucoup plus accentué pour les forces de droite que pour
l'ensemble des députés. Des 220 élus de 1936, seuls 16 furent
réélus en 1945, soit à peine 7 %. En terme de générations, les
tendances sont délicates à interpréter car les effectifs concernés sont
réduits[11]. La génération 1891-1900 qui est sous-représentée dans
la première Constituante est nettement sur-représentée dans la
seconde. Au contraire, la génération 1901-1910 sur-représentée en
1945 l'est nettement moins lors des élections suivantes. Aux trois
élections enfin, les hommes de la génération 1871-1880, dont le
rôle essentiel a été mis en lumière pendant l'entre-deux-guerres, se
maintiennent à un niveau très élevé. Faut-il y voir le résultat de la
sélection menée par l'un des siens, Joseph Denais, et qu'incrimine
Georges Riond? Toujours est-il que cette génération dont les chefs
s'identifient trop à la troisième République n'est plus crédible. A
l'inverse, la faiblesse relative de la génération née après 1900,
faiblesse qu'explique l'engagement des quadragénaires dans les
rangs vichyssois, laisse la voie libre à la génération née en 1891-
1900. Tout ne se réduit pas à la démographie du monde parlementaire, mais cette dimension est essentielle pour comprendre le
rapport du personnel politique avec le pays. Le grand homme de la

droite est Antoine Pinay : la sur-représentation de sa génération atteint son maximum en 1951. Ce « héros de la normalité », selon l'expression de l'historien Raoul Girardet, eut son heure de gloire en même temps que sa génération.

## Dissensions au PRL et naissance du RPF

A l'occasion de son deuxième congrès, en mars 1947, le PRL connut de graves dissensions internes mettant en cause sa cohésion alors qu'il affichait expressément l'ambition de devenir le quatrième grand parti, aux côtés du MRP, de la SFIO et du PCF. La campagne pour l'amnistie lancée par André Mutter fut au centre des controverses. Certains, comme Ramarony, jugèrent que l'attitude du parti n'était plus conforme aux sentiments républicains [105, 1947, p. 37]. Au même moment, débutait la campagne de lancement du RPF par de Gaulle. Discours de Bruneval le 30 mars : « Le jour va venir où, rejetant les jeux stériles et réformant le cadre mal bâti où s'égare la nation et se disqualifie l'État, la masse immense des Français se rassemblera avec la France. » Une semaine plus tard, voyage à Strasbourg. Le gouvernement tripartite du socialiste Ramadier essaie tant bien que mal de faire face à un casse-tête où se mêlent protocole et politique. Comme premier résistant de France, le général de Gaulle a droit à des honneurs spéciaux et le pouvoir doit donc participer à la préparation de ses voyages en province, mais il lui faut dans le même temps ne pas donner l'impression de cautionner les opinions personnelles de l'homme politique. Premier discours, le 6 avril en présence des autorités officielles : « S'il devait par malheur arriver qu'une tyrannie nouvelle vînt à menacer tout ou partie de l'univers, nous sommes d'avance certains que les États-Unis et la France seraient d'accord pour s'y opposer. » Le lendemain discours en l'absence des autorités officielles et annonce encore peu explicite de la création du RPF : « Il est temps que se forme et s'organise le rassemblement du peuple français qui, dans le cadre des lois, va promouvoir et faire triompher, par-dessus les différences des opinions, le grand effort de salut commun et de réforme profonde de l'État. » Un communiqué du 14 avril annonça bel et bien la création d'une nouvelle organisation, le Rassemblement du peuple français. Objectifs : la révision de la Constitution, la libération de l'État de la dépendance des partis et l'établissement d'un pouvoir

fort. Le secrétaire général est Jacques Soustelle. Les adhérents sont passés au crible afin d'éviter l'adhésion de communistes, d'anciens vichyssois et surtout de collaborateurs, mais il n'y a pas d'exclusive à l'égard des anciens Croix-de-Feu. Jacques Soustelle le confirma à l'un d'entre eux : Nous « n'avons ni lancé d'exclusive contre les anciens membres du PSF, ni qualifié ce dernier de parti anti-national. J'ai trop bien connu Charles Vallin[12] à Londres pour employer de pareils termes. Les organisations antinationales visées par nous sont la LVF, le RNP, la Phalange africaine, le SOL, et n'ont rien de commun avec le parti dont vous vous réclamez » [121, p. 89].

Le 5 mai 1947 survint la rupture du tripartisme. Les communistes étaient exclus du gouvernement, la guerre froide débutait. Dès l'été, le général de Gaulle se saisit de l'anticommunisme. A Rennes, il attaqua pour la première fois le PCF et trouva la formule qui fit mouche : la frontière du bloc de l'Est « n'est séparée de la nôtre que par 500 km, soit à peine la longueur de deux étapes du tour de France cycliste ». La nouveauté dans ce discours ne résidait pas dans le thème, souvent utilisé par d'autres depuis la Libération, mais dans la fermeté et la dureté de ton. La mise en place du Kominform en octobre, le retour du Parti communiste à une stricte opposition alimentèrent la campagne du RPF auquel ses premiers succès permettaient de créer, au mois d'août, un intergroupe à l'Assemblée nationale, dans lequel figuraient 18 MRP (sur 165), 10 républicains indépendants (sur 26), 6 UDSR (sur 23), 4 radicaux (sur 43), 2 PRL (sur 32) plus un non-inscrit [121, p. 98]. L'épineux problème de la double appartenance surgissait.

Pour le RPF, les élections municipales des 19 et 26 octobre 1947 furent un véritable test politique. Le dynamisme de la nouvelle organisation, le succès de son recrutement — le Rassemblement revendiquait plus d'un million et demi d'adhérents en septembre[13] — l'amenèrent à durcir ses positions par rapport à d'éventuels alliés. Une circulaire envoyée aux secrétaires départementaux précisait qu'aucun compagnon ne pourrait figurer, sur une liste de candidatures, avec l'étiquette RPF « pêle-mêle avec des candidats portant l'étiquette MRP, ou radical ou PRL, etc. » Cette tactique très ferme, préconisée par de Gaulle contre l'avis de Soustelle, gêna les modérés et Joseph Laniel s'en ouvrit à Soustelle. Selon lui, des gaullistes risquaient de diviser les voix « non marxistes ». Néanmoins, cette tactique fut maintenue et se révéla payante [121, p. 104].

Dans les villes de plus de 9 000 habitants, le RPF recueillit 35 % des suffrages exprimés, loin devant le PCF qui obtint 20 % des suffrages. Les diverses listes de droite ne rassemblèrent que 12 % des suffrages. *L'Année politique* évoqua le triomphe du RPF : « Ainsi le général de Gaulle a-t-il d'un coup franchi les deux étapes qu'il jugeait indispensables : rassembler la masse flottante des modérés et des radicaux, à la recherche d'un chef et d'un programme depuis la Libération ; démanteler le MRP pour libérer une partie de sa clientèle, traditionnellement conservatrice. » Tirant les conclusions de ces élections qui virent le RPF s'emparer de grandes municipalités telles que Bordeaux, Marseille, Strasbourg, Lille, Rennes..., le général de Gaulle lança un véritable ultimatum au pouvoir, demandant la dissolution de l'Assemblée nationale et l'adoption du scrutin majoritaire : « Les pouvoirs publics actuels se trouvent privés de la base légitime qu'est la confiance de la nation... Dans cette situation, il n'y a pas d'autre devoir, ni d'autre issue démocratique, que de recourir au pays. »

Ce succès et le recul corrélatif du MRP avivèrent les tensions entre le gaullisme et le parti de Georges Bidault. Edmond Michelet et Jean-Paul Palewski furent exclus du MRP. Louis Terrenoire, Philippe Livry-Level, Henri Lespès[14], Charles Serre, André Guillant, Émile Liquart, Jacques Furaud démissionnèrent pour fonder le groupe des Républicains populaires indépendants [121, p. 116]. Ironisant sur les partis, ces « états-majors sans troupes », le général de Gaulle prophétisait avec morgue : « La vague est lancée : je vous répète qu'elle va grossir et déferler. Je ne peux que plaindre ceux qui ne voudraient pas le comprendre. S'ils veulent lutter contre cette force... ils seront emportés ! Et s'ils veulent rester sur le rivage en déblatérant inutilement, ils n'auront plus d'importance, ou plutôt leurs critiques, leurs malédictions n'auront pas plus d'importance que les crachats dans la mer » [106, p. 36].

Au lendemain des élections municipales, des grèves et une intense agitation sociale débouchèrent sur de véritables émeutes. A Marseille, la nouvelle municipalité RPF dut faire face à une violente agitation de la CGT. Les locaux de la mairie furent occupés par les manifestants et deux compagnies de CRS, soupçonnés de collusion avec les manifestants, furent dissoutes. Dans le Nord, le rapide Paris-Tourcoing dérailla et les communistes furent accusés de sabotage. Bref, partout les troubles sociaux accréditaient l'idée que la France était au bord de la guerre civile. Le danger communiste, réel ou exagéré, déclenchait un réflexe de peur qui

soudait les gaullistes aux forces de droite et les rendait moins tatillons sur le passé politique de leurs alliés.

Un an après les élections législatives, les conditions d'exercice du pouvoir étaient donc complètement modifiées. Le RPF, fort des faveurs des électeurs, n'était représenté à l'Assemblée que par un intergroupe, les communistes, les plus farouches contempteurs du vichysme, partisans d'une épuration rigoureuse, non seulement n'étaient plus au pouvoir mais se retrouvaient au ban de la nation. Le tripartisme cédait la place à la Troisième force.

### 1948 : résurgences vichystes, menaces gaullistes

L'année 1948 vit resurgir des hommes souvent réduits au silence ou à la discrétion depuis 1944. Les 7 et 8 février, l'Alliance démocratique tint congrès à Paris. Ce fut l'occasion pour Pierre Étienne Flandin de faire sa rentrée politique. Il fit le procès des juridictions exceptionnelles, des condamnations à l'indignité nationale mais aussi du dirigisme économique. Ses propos scandalisèrent mais ils n'étaient pas isolés [105, 1948, p. 22]. En effet, le 14 mars 1948, le banquet des Mille réunissait à Versailles d'anciens ministres, des parlementaires inéligibles, des hommes politiques écartés du pouvoir. Parmi eux, Flandin et Paul Faure, l'ancien secrétaire munichois de la SFIO. On y fit l'éloge de l'amnistie, l'apologie des ministres de Vichy qui « signaient des traités secrets avec l'Angleterre » et l'on y dénonça les méfaits du résistantialisme. Officiellement, le banquet avait été organisé en souvenir de ceux de 1848 par l'Association des représentants du peuple de la troisième République. Le président de l'Association était le chanoine Desgranges, député démocrate populaire du Morbihan de 1928 à 1942. Résistant, il avait créé pour venir en aide aux épurés la Confrérie Notre-Dame-de-la-Merci et avait publié *Les crimes masqués du résistantialisme* [92, p. 41]. Au lendemain du congrès des Mille, Ybarnegaray, lavé de toute accusation par la Haute Cour, intervint dans une réunion d'anciens du PSF. Au même moment l'Assemblée fut saisie d'un projet, d'ailleurs rejeté, tendant à mettre un terme aux juridictions d'exception et Louis Madelin, de l'Académie française, mit sur pied un comité destiné à obtenir la libération du maréchal Pétain [105, 1948, p. 59].

La menace gaulliste était pourtant beaucoup plus dangereuse pour la Troisième force. Le général de Gaulle poursuivait ses visites

en province et distillait ses menaces à l'encontre du système. Le RPF s'organisait en grand parti de masse. La fédération du Nord, dirigée par Léon Delbecque, un ancien de la JOC, était exemplaire : avec ses 22 000 adhérents, ses 223 permanences, elle organisait kermesses, rallyes et bals champêtres pour conforter son implantation [121, p. 181]. Le mouvement savait entretenir la ferveur : la réussite de la campagne du timbre en témoigne. Des affichettes collées chez des commerçants invitaient les Français à envoyer à Colombey-les-Deux-Églises des timbres de soutien. Plus de 2 millions de timbres-vignettes de salut public à 50 F furent placés. Fort de cette réussite, le général de Gaulle retrouva, pour parler du gouvernement, le langage employé à l'égard de Vichy : « On est déjà sorti de la légitimité; si les communistes revenaient au gouvernement, on achèverait de sortir de la légalité » [105, 1948, p. 177]. Le pouvoir cependant ne restait pas inactif. Face aux menaces de débauchage de députés modérés par le RPF, Jules Ramarony prenait langue avec les hommes de la Troisième force et essayait de monnayer le soutien du PRL en échange de quelques portefeuilles ministériels. Au congrès du PRL à Nancy, en mai 1948, les dirigeants du parti admirent que leur ambition de devenir le quatrième grand parti avait échoué mais ils n'entendaient pas pour autant disparaître dans l'orbite du RPF. Michel Clemenceau récusa toute politique d'opposition systématique au pouvoir et Barrachin, pourtant bientôt séduit par le RPF, affirma que la tradition politique du PRL ne pouvait se confondre avec celle d'un « mouvement de masse spectaculaire et dont certaines tendances lui sont suspectes ». Venant d'un ancien du PSF, l'argument pouvait surprendre [105, 1948, p. 76].

Les tractations entre le PRL et la Troisième force aboutirent et Robert Bétolaud devint ministre des Anciens combattants du gouvernement Queuille en septembre 1948, jouant ainsi les utilités comme l'avait fait bien souvent la Fédération républicaine avant-guerre. Les élections au Conseil de la République en novembre 1948 accélérèrent encore les reclassements au centre et à droite. Les liens qui unissaient parfois le RGR et l'UDSR au RPF se distendirent, provoquant même des dissidences au sein du mouvement gaulliste qui, au dire de ses détracteurs, menait une véritable politique d'oukases, désignant nationalement les candidats sans consultation des instances locales. En Meurthe-et-Moselle, par exemple, 23 dirigeants du comité départemental sur 25 rompirent avec le mouvement. Néanmoins ces élections furent une nouvelle

victoire pour le RPF. Alors que l'intergroupe gaulliste comptait 43 adhérents dans l'ancien Conseil, il en eut 130 après les élections. L'intergroupe était composé de 56 conseillers RPF (groupe Action républicaine et démocratique) et de 74 qui avaient une double appartenance — 26 membres du groupe RGR sur 79, 11 PRL sur 12, les 16 membres du Parti paysan et 20 républicains indépendants sur 38. Ces chiffres fournissent un bon indice du rayonnement gaulliste au sein de la famille modérée [105, 1948, p. 443].

Le PRL était taraudé par la double appartenance et deux tendances s'affrontaient. La première, la plus réticente à l'égard du RPF, regroupait les partisans du soutien à la majorité gouvernementale. Elle avait pour chef de file Robert Bétolaud, ministre des Anciens combattants en exercice. Joseph Laniel et Pierre André, député de Meurthe-et-Moselle, partageaient la même façon de voir. Face à eux se dressaient Barrachin, Henri Bergasse et Frédéric-Dupont. Georges Pernot réussissait à préserver l'unité du PRL en proposant à la fois la double appartenance et la participation ministérielle, manière de temporiser dans l'attente des prochaines élections cantonales [105, 1949, p. 29]. Elles marquèrent un renforcement du centre droit, désormais susceptible de se dégager de l'emprise gaulliste.

## Le RPF essoufflé

L'année 1947 avait été celle du lancement et du triomphe RPF aux élections municipales, l'année 1948 celle de la consolidation de la victoire électorale au Conseil de la République. En mars 1949, les élections cantonales fournirent encore leur lot d'élus mais le Rassemblement n'avait gagné que des batailles, pas la guerre. Pour gagner la guerre, il eût fallu que le pouvoir acceptât la dissolution réclamée à cor et à cri. Or ni Robert Schuman, ni André Marie, ni Henri Queuille, ni Georges Bidault n'étaient disposés à faire un tel cadeau au RPF. Et pour entretenir la flamme militante, les dirigeants du RPF ne disposaient que des grandes réunions et de leur cérémonial soigneusement mis au point par le colonel Rémy avec force déploiement de drapeaux frappés de la croix de Lorraine. Mais le cérémonial masquait mal la perte de dynamisme. En 1947-1948, le Rassemblement avait compté quelque 400 000 adhérents effectifs — il en annonçait un million et demi

—, mais la décrue s'était amorcée, et à la fin de 1950, il en avait à peine 125 000 [121, p. 186].

De plus, le fonctionnement du RPF pâtissait de la volonté d'indépendance des parlementaires de l'intergroupe. Chaque élection, chaque investiture relançait la polémique. Les parlementaires ralliés admettaient mal que la direction politique du mouvement donne son aval à des candidats dont ils se défiaient. Exemplaire est l'élection cantonale partielle de Seine-et-Marne en juin 1949. Henri Lespès, ancien MRP, s'y présenta avec l'étiquette RPF mais des parlementaires de l'intergroupe s'allièrent, contre lui, avec le MRP et avec Michel Clemenceau, le président du PRL. Henri Lespès fut battu et le Rassemblement prit des sanctions contre les parlementaires rebelles. Les élus, soucieux de leur indépendance, étaient prêts à succomber à l'appel des sirènes du Centre national des indépendants qui commençait à tisser sa toile. Cette élection eut d'ailleurs des conséquences directes sur le fonctionnement du RPF. Par « une concession tactique majeure », tant était grande sa méfiance envers les parlementaires y compris ceux qui se réclamaient de lui, le général de Gaulle dut admettre l'entrée de députés et de conseillers de la République à la direction du mouvement. Le nouveau Conseil de direction, fort de vingt membres, accueillit sept élus : Barrachin, Capitant, Giaccobi, Michelet, Chatenay, Mme Éboué et Diethelm [121, p. 166; 119, p. 92; 105, 1949, p. 101].

Mais c'est d'un fidèle et non d'un parlementaire que le RPF reçut, au printemps 1950, le coup le plus rude. Dans *Carrefour* du 11 avril 1950, Rémy, « l'ordonnateur des pompes gaulliennes », publia un article affirmant : « La France de juin 1940 a à la fois besoin du maréchal Pétain et du général de Gaulle... Il fallait à cette France... un bouclier en même temps qu'une épée. » Surtout il laissa entendre que le chef de la France libre approuvait cette façon de voir. Ne lui aurait-il pas dit : « Il fallait que la France ait deux cordes à son arc » ? En dépit d'un désaveu sans appel du général, le malaise fut profond et l'affaire apporta de l'eau au moulin de ceux qui voyaient derrière le RPF les oripeaux de la Révolution nationale [92, p. 43].

## Naissance du CNIP

Entre les deux tours des élections cantonales de mars 1949, René Pleven avait prophétisé dans *Le Petit Bleu des Côtes-du-Nord* : « Les

indépendants représentent actuellement, dans la politique française, une portion d'électeurs beaucoup plus grande que celle des
partis qu'on classait jusqu'ici parmi les grands. Que ce soit du côté
du RPF, ou des partis gouvernementaux, il va falloir en tenir
compte... » [105, 1949, p. 58]. Ce n'est pas un dirigeant prestigieux qui est à l'origine du regroupement qui aboutit à la constitution du Centre national des indépendants et paysans (CNIP), mais
un sénateur qui n'avait pas occupé jusque-là le devant de la scène.
Roger Duchet ne faisait pas partie des jeunes hommes brillants en
qui la droite de l'avant-guerre voyait ses futurs chefs, les Valentin
ou les Vallin, pourtant de la même génération. Né en 1906, ce
vétérinaire devenu propriétaire-viticulteur à Beaune franchit rapidement le traditionnel *cursus honorum* de l'homme politique de la
troisième République : maire de Beaune, conseiller général et
président de la fédération radicale de la Côte-d'Or, il fut candidat
malheureux aux élections législatives en 1936. Prisonnier en 1940,
puis libéré, il ne s'engagea pas et demeura dans une position
attentiste qui lui valut de retrouver ses mandats électoraux dès
1945. L'année suivante, il devint conseiller de la République [14,
p. 232]. Pour lui, le Parti radical était mort avec la troisième
République et il œuvra à l'unification des anciens radicaux et des
restes de la Fédération républicaine. N'ayant adhéré ni au Parti
paysan ni au PRL, son absence d'engagement, tant dans les partis
modérés d'avant-guerre que dans les tentatives brouillonnes de
l'après-guerre, était un atout précieux pour tenter de rassembler
des forces éparses : il apparut libre de toute attache et étranger aux
vieilles querelles personnelles qui entachaient trop souvent les
tentatives unificatrices des modérés. En juillet 1948, il lança l'idée
d'un Centre national des indépendants.

La méthode retenue pour constituer l'embryon de la future
organisation n'était pas celle d'un parti de masse. Ici, pas question
de compter sur des militants — une circulaire officielle précisait
même que « le Centre national ne réunit pas de militants politiques, mais seulement des élus et des personnalités politiques,
économiques, intellectuelles, nationales » [115, p. 257] — ou de
déchaîner l'enthousiasme par de grands rassemblements à la gloire
d'un chef charismatique. Roger Duchet entendait s'appuyer sur les
notables pour structurer les groupes épars allant des radicaux
indépendants aux modérés, en passant par la droite maurrassienne
ou vichyste. Il envoya un questionnaire à quelque 7 500 maires et
leur rendit personnellement visite. Comprenant leur lassitude, née

de l'isolement politique, et leur souhait de pouvoir s'appuyer sur une organisation nationale pour les aider à mener le combat politique local, Roger Duchet mit sur pied des centres indépendants dans chaque département et, le 6 janvier 1949, les statuts du Centre national des indépendants furent rendus publics [14, p. 234]. De cet enfantement que d'aucuns jugeaient impossible — tel André Boutemy, un des dispensateurs des fonds patronaux —, voici le récit de Roger Duchet — « Bourguignon et fier de l'être, je choisis, en 1949, "La Rôtisserie de la reine Pédauque" pour réunir les premiers centristes : Robert Sérot, Marcel Roclore, député de la Côte-d'Or, Jean Boivin-Champeaux, sénateur du Calvados, Georges Pernot, sénateur du Doubs, et enfin René Coty, sénateur de la Seine-Inférieure. Entre la poire et le fromage, nous débattîmes de l'avenir des "modérés". Pernot et Boivin-Champeaux voulaient ressusciter la vieille Fédération républicaine. René Coty est plus que réservé... Je m'y opposai résolument et demandai la création d'un Centre national des indépendants. Non sans réticences, les convives présents se rangèrent à ma proposition. Il ne me restait plus qu'à déposer les statuts du Centre. Ce que je fis. Pas de président, mais un secrétaire général : moi-même » [138, p. 12]. Les statuts sont signés par Roger Duchet, par Jean Boivin-Champeaux et René Coty[15].

Le Centre ne voulait absolument pas régenter les centres départementaux, mais souhaitait seulement être une sorte de comité de propagande et de réflexion, arbitrant les conflits entre candidats, fournissant le matériel de propagande et les thèmes à des candidats soucieux de préserver leur indépendance [14, p. 234]. Fédérer les diverses familles n'alla pas sans mal et il y eut bien des lenteurs et des réticences. Le 6 avril 1949, se tint, à l'occasion d'un « banquet centriste » à l'hôtel Lutétia, la réunion constitutive de ce qui aurait dû être une nouvelle union entre le Centre républicain d'action paysanne et sociale et le Centre national des indépendants mais qui ne devait aboutir que deux ans plus tard. « Tous les parlementaires modérés sont là. Paul Reynaud, à ma demande, présidait. Après les glaces à la framboise, et tandis que l'orchestre attaquait le Régiment des mandolines, il se hissa sur un tabouret, et acquit du même coup une taille normale... Pour la première fois, les journaux parlaient du Centre national des indépendants, et du discours politique de Paul Reynaud qui a l'ambition d'être le leader du nouveau parti. Ce n'était pas mon objectif. Paul Reynaud a tellement d'adversaires que le Centre, sous sa houlette, ne pourrait

jamais devenir une grande formation politique. Je prévoyais qu'une longue lutte allait nous opposer » [138, p. 13]. Paul Reynaud, après avoir donné sa définition de l'indépendant — « un homme qui n'a pas de coup de téléphone à donner avant de déposer son bulletin de vote dans l'urne » —, indiqua les axes des thèmes unificateurs : « Un grand nombre de candidats indépendants, radicaux, PRL, monogames ou bigames[16], ont écrit dans leur programme la condamnation du dirigisme administratif avec ses deux filles : la fraude et la corruption, la réforme des abus des entreprises nationalisées et de la sécurité sociale. La plupart des candidats RPF se sont trouvés d'accord avec eux sur ces points » [105, 1949, p. 323].

Le nouveau Centre ne tenait pas congrès, il organisait de simples journées d'études où se croisaient conseillers municipaux, conseillers généraux, députés, sénateurs. Ces journées d'études témoignent de la volonté de ne pas créer une structure trop rigide, de ne pas prendre de décisions trop tranchées. Commentaires de *L'Année politique* : « Par un paradoxe apparent, le centre droit se montre plus exigeant et plus sévère à mesure que le RPF se relâche un peu de sa rigueur initiale. C'est à M. Paul Reynaud de brandir maintenant la menace de la dissolution : au RPF on n'en parle plus qu'occasionnellement ou comme d'un pis-aller. »

La renaissance d'une force libérale impatiente de jouer un rôle important est confirmée par le lancement, en avril 1950, de *France indépendante*. Dès le premier numéro, les indépendants se définissent comme des adversaires de la toute-puissance des comités et des partis, et des hommes pour qui la principale vertu est la liberté de vote; on ne saurait donc les assimiler aux prises de positions d'un seul — manière de se démarquer, assurément, du général de Gaulle mais aussi de limiter les ambitions d'un Paul Reynaud —, mais s'ils ne possèdent pas de programme rigide, ils n'en ont pas moins des principes intangibles telles la lutte contre le dirigisme et la défense de l'orthodoxie financière [14, p. 235]. L'une des premières décisions du nouveau centre est la mise en place d'une commission des investitures en vue des futures élections. La principale gageure est de réussir l'unification des modérés, d'autant que cette tentative survient au moment même où la percée gaulliste rend les affiliations partisanes très mouvantes. Deux tendances peuvent être distinguées. La première, dont le comportement rappelle celui des radicaux de gestion d'avant-guerre, contribuait à assurer la majorité gouvernementale sur sa droite après la sortie — momentanée

— des socialistes, le 4 février 1950. Elle était plutôt animée par des républicains indépendants : Jacquinot, Kir, Pinay, Roclore, Rollin ou Temple... Au contraire, la seconde tendance regroupait plutôt des dirigeants du PRL, attirés par le RPF et son intransigeance anti-système : les Barrachin, Bergasse, Bouvier O'Cottereau, Frédéric-Dupont, July, Sesmaisons ou Rousseau... [14, p. 233].

Le Centre ne fit que peu d'efforts pour intégrer quelques petites formations comme le parti de la Réconciliation française[17] ou l'Alliance démocratique — en fait ceux de ses membres restés fidèles à leur président, Pierre Étienne Flandin — qui se rangeaient sous la bannière du RGR — Rassemblement des gauches républicaines —, où ils côtoyaient des radicaux à l'anticommunisme virulent tel Jean-Paul David, l'animateur de Paix et Liberté [110, p. 288]. En réalité, les principales cibles de Duchet furent les deux organisations qui avaient une existence parlementaire autonome : le Parti paysan et le PRL.

Au sein du Parti paysan, Camille Laurens soutint le principe d'un rassemblement avec le CNI alors que Paul Antier se montrait plus réticent; après « des mois et des mois de palabres, de réunions, de négociations délicates », Paul Antier s'inclina. Le 15 février 1951, le CNI devient le CNIP, le Centre national des indépendants et paysans. Le Parti paysan conserva son autonomie et un nombre de sièges lui fut attribué à la direction de l'organisation. L'amalgame des deux organisations fut assez aisé car le CNI et le Parti paysan n'avaient pas les mêmes territoires électoraux. Les indépendants étaient surtout implantés au nord de la Loire, alors que le Parti paysan faisait presque figure de parti régional, implanté dans les départements d'agriculture pauvre du Massif central. En Haute-Loire, dans le Cantal, dans le Puy-de-Dôme, en Lozère, en Ardèche, fort de ses 25 000 militants, il disposait d'une vraie organisation capable de mobilisation populaire, à mille lieues des banquets de notables qu'affectionnaient les indépendants [14, p. 237]. Différentes, les deux organisations s'associèrent sans pour autant se renier.

Avec le PRL, les enjeux étaient autres. Le CNI et le PRL avaient des clientèles trop semblables pour qu'une collaboration puisse être envisagée. Le CNI, sans doute plus homogène en dépit de la souplesse de ses structures, absorba une organisation où le terme de parti — une rareté chez les modérés — masquait mal les divisions et les querelles de personnes. Le PRL était tiraillé par les tensions provoquées par les sirènes gaullistes. Nombre de ses députés

sortants préférèrent se présenter sur des listes RPF, tel le groupe Barrachin. Et ce qui subsistait du PRL dut accepter de passer sous les fourches caudines du CNIP. Joseph Laniel vint s'ouvrir de ses difficultés à Roger Duchet, qui raconte leur entrevue : « Il nous est impossible, [me dit-il], de constituer les trente listes départementales sans lesquelles la loi électorale nous refuse la qualité de parti national et le bénéfice des apparentements. Pouvons-nous sceller quelques bonnes alliances ? Je lui proposai de constituer des listes communes d'indépendants, de paysans et de républicains nationaux. A une condition cependant : que le Parti républicain de la liberté disparaisse après les élections et se fonde dans le CNI. Laniel accepta » [138, p. 14]. Le PRL fut absorbé par le CNIP et son président, Michel Clemenceau, qui se présentait en Seine-et-Marne, à la tête de la liste indépendants paysans, ne fut même pas réélu.

## Les élections de 1951

Le RPF avait progressivement perdu l'initiative politique et les élections générales furent le moment de vérité. Le pouvoir avait peaufiné une nouvelle loi électorale dans cette perspective. Dès le mois de mai 1950, le colonel Servais, un des permanents du service politique du RPF, évoqua dans une note secrète le système des apparentements, qui, jouant du principe majoritaire, attribuera les sièges à partir de ce principe et sur la base du total des suffrages obtenus par les listes qui, au moment de leur dépôt, se seront simplement déclarées apparentées [121, p. 205]. S'engagea alors une sévère discussion pour savoir si le RPF pouvait accepter les apparentements. Pierre Billotte et Edmond Barrachin, Edmond Michelet et René Capitant en étaient partisans. Jacques Soustelle s'y opposa. Le général hésitait [121, p. 212-216]. En janvier 1951, devant des délégués régionaux du RPF, il n'en excluait pas la possibilité : « si les apparentements sont décidés... on peut être amené à s'apparenter à des indépendants, des radicaux, des MRP, même à des adversaires mais on ne s'apparentera jamais avec des renégats » ; deux mois plus tard, il trancha : « Nous nous présenterons sans alliance. Et nous ferons bien. Nous aurons le nombre voulu, suffisant, pour constituer l'élément déterminant de la nouvelle législature » [121, p. 209-212]. La loi électorale devint pour les gaullistes un tissu d'habiletés destinées à voler la victoire

attendue et Malraux cisela la condamnation : « Prenez un Français moyen, ajoutez un archevêque, retranchez le vénérable de la loge, multipliez par un patron et divisez par un ouvrier : la racine carrée du résultat vous donne un député. » Dans une lettre à Soustelle, le général fit amèrement remarquer que « trois députés de l'intergroupe, Guy Petit, Xavier Bouvier et Roulon ont voté la loi électorale... Petit a même pris la parole au nom des paysans en faveur de ce texte » [121, p. 220]. Le général anticipait déjà sur les trahisons futures : « Le système pourrit tout. C'est pourquoi je ne m'illusionne pas. Ou l'on est en période de catastrophe et les gens marchent. Ou c'est le calme et alors la vanité l'emporte. Ou je les ferai marcher par la peur ou ils me trahiront comme les autres m'ont trahi. Sur les deux cents que je vais faire élire, cent quatrevingts arrivent avec l'intention d'interpeller, de présider les commissions, de se partager des titres et des vanités » [154, p. 132]. Les candidats du RPF se présentèrent donc seuls, des apparentements ne furent conclus que dans 11 circonscriptions sur les 95 possibles. Contrairement aux prévisions des experts gaullistes qui pensaient que les apparentements ne joueraient que dans cinq ou six cas, ils jouèrent dans 38 cas [121, p. 238]. Et le RPF qui escomptait 200 députés n'en eut, au soir du 17 juin, que 121, dont trois apparentés. Il était le premier groupe parlementaire mais il avait perdu la guerre.

Pour la droite modérée, les élections du 17 juin 1951 se présentaient sous de meilleurs auspices que celles de 1945-1946. A l'époque du tripartisme, les communistes participaient au pouvoir et la période vichyste pesait sur toute tentative politique explicitement de droite. Le PRL allait jusqu'à admettre comme un moindre mal le principe de l'association pour obvier au triomphe du dirigisme. En 1951, le temps est révolu où la droite était tenue en suspicion. Elle fit campagne pour la défense du libéralisme et de l'orthodoxie financière. Elle était confiante en son avenir.

La droite vichyssoise réapparut alors au grand jour. Xavier Vallat avait été libéré en 1950. Les *Documents nationaux* qui faisaient de Charles Maurras un partisan de la « collaboration dans l'honneur et la dignité » n'étaient plus un périodique clandestin, *Questions actuelles* et *Écrits de Paris* n'étaient plus des feuilles confidentielles et *Paroles françaises*, l'organe du PRL qu'André Mutter avait utilisé pour lancer sa campagne en faveur de l'amnistie, atteignait désormais un tirage important, de l'ordre de 100 000 exemplaires. En janvier 1951, ce journal soulignait d'ailleurs le changement de

climat en matière d'amnistie : « En 1945, il s'agissait de défendre. En 1951, il s'agit d'attaquer » [122, p. 64-69]. En 1945, il y avait 40 000 personnes emprisonnées pour fait de collaboration, en 1951, 4 000.

Les élections virent resurgir des personnalités vichyssoises de premier plan. Jacques Isorni, l'avocat de Pétain, est à l'origine des listes d'Unité des indépendants républicains (UNIR). Cette formation présenta 14 listes, parfois en passant des alliances avec des indépendants. Parmi les candidats, se trouvaient maître Isorni lui-même, tête de liste dans la 2ᵉ circonscription de la Seine devant l'amiral Decoux, ancien gouverneur d'Indochine, le commandant Loustaunau-Lacau dans les Basses-Pyrénées, soutenu efficacement par Ybarnegaray, Jacques Le Roy Ladurie dans le Calvados dont il présidait la chambre d'agriculture, Paul Estèbe, directeur adjoint du cabinet civil du maréchal Pétain et directeur de *Paroles françaises*, en Gironde, et Roger de Saivre, ancien des Jeunesses patriotes et chef du cabinet civil du maréchal Pétain, l'un des « grands parrains » de la francisque gallique, était candidat à Oran. Ces listes recueillirent quelque 280 000 suffrages et eurent quatre élus. Elles redonnaient une certaine respectabilité à ces rescapés. Leur succès précéda de peu la mort du maréchal, le 3 juillet 1951, à l'île d'Yeu. Le 6 novembre 1951 fut fondée l'Association pour défendre la mémoire du maréchal Pétain (ADMP) avec pour premier président le général Weygand et maître Isorni comme infatigable animateur, luttant pour la révision du procès et pour la translation des cendres à l'ossuaire de Douaumont. La victoire morale se doubla néanmoins d'un échec politique et ces élus durent rallier le CNIP [105, 1951, p. 125; 18, p. 294; 92, p. 51 sqq.].

De même, ces élections enregistrèrent l'entrée au parlement d'élus du Parti de la réconciliation française, candidats sur des listes du RGR ou sur des listes indépendantes. Pierre de Léotard, Joseph Dixmier, Aimé Paquet furent élus. Significatif est le cas de l'un des membres du Parti de la réconciliation française. Ancien député du PSF, Eugène Pébellier avait une forte position locale dans la Haute-Loire que n'affaiblissait pas son inéligibilité. Son père, élu en 1951 sur la même liste que Paul Antier, fut, d'ailleurs, le doyen de l'Assemblée. Après le décès de son père, son frère Jean fut élu à son tour en 1952, puis, dès l'adoption de loi d'amnistie en 1953, Jean démissionna et Eugène retourna au Palais-Bourbon...

Profitant à plein des avantages que pouvaient représenter les apparentements, les candidats ayant l'aval du CNIP s'associèrent à des formations de la Troisième force dans la majeure partie des

circonscriptions, le plus souvent avec le RGR ou le MRP mais, parfois aussi, avec les socialistes. Ce fut le cas dans l'Hérault où se présentait Jules Moch. Les quatre listes apparentées obtinrent la majorité absolue — donc tous les sièges à pourvoir —, ce qui valut à Louis Delbez, de la liste indépendants paysans, d'être élu avec moins de 26 000 voix alors que le PCF avec 69 000 voix n'avait aucun élu. Les indépendants ne gagnèrent que 30 000 voix par rapport aux élections de novembre 1946, passant de 2 466 000 voix à 2 496 000 (13,1 % des exprimés), mais ils avaient maintenant 91 élus dont 14 apparentés, soit, par rapport aux effectifs des groupes parlementaires à la veille des élections, un gain de 18. Leur véritable victoire n'était pas strictement comptable, elle était surtout politique. Elle tenait à la défaite du MRP, leur véritable adversaire dans la conquête de l'électorat catholique et conservateur. Il est d'ailleurs significatif que les campagnes électorales d'Antoine Pinay, dont l'arrivée au pouvoir consacra cette victoire, aient été marquées, et ce dès 1946, davantage par la dénonciation de la politique du MRP que par l'anticommunisme [151, p. 17].

Tous les élus des listes « indépendants, paysans et républicains nationaux » ne siégeaient pas dans le même groupe. Le groupe des républicains indépendants avait 43 membres et 8 apparentés. Son président était Emmanuel Temple, député de la Fédération républicaine en 1936, ancien préfet de Vichy rallié à la France libre. Autour de lui, se trouvaient Laniel, Reynaud, Petsche, Pinay mais aussi Joseph Denais, Jacques Bardoux... Le Centre républicain d'action paysanne et sociale et des démocrates indépendants était un peu moins étoffé avec 34 membres et 6 apparentés[18]. Camille Laurens le présidait. Deux tendances y cohabitaient toujours : celle des indépendants paysans, derrière Laurens, et celle des paysans indépendants derrière Paul Antier. L'affrontement des deux hommes renvoyait à des passés différents — la Corporation paysanne pour le premier, l'Assemblée consultative d'Alger pour le second —, à des choix opposés dans leur rapport au pouvoir, à des querelles personnelles enfin [113, p. 131 sqq.].

## Antoine Pinay

Les parlementaires indépendants étaient désormais indispensables à toute coalition majoritaire et ils furent présents dans tous les gouvernements de la législature. Antoine Pinay et Joseph Laniel occupèrent la présidence du Conseil pendant près de deux ans sur

les quatre et demi de la seconde législature. « Au cours des trois
années qui ont suivi la Libération, Antoine Pinay n'a jamais connu
d'échec électoral. La guerre, qui a brisé bien des carrières ou qui est
à l'origine de bien d'autres, n'a eu aucune influence durable sur la
sienne. La continuité constitue une originalité certaine » [151,
p. 20]. Son effacement pendant les heures où l'engagement dans la
Résistance ou la collaboration réduisait à néant l'espace nécessaire
à l'élaboration d'une politique modérée lui permit d'apparaître
comme le représentant authentique de ceux qui voulaient voir en de
Gaulle et Pétain deux figures complémentaires, et dans les deux cas
honorables, au service de la France. Pour l'opinion, il fut « le
porte-drapeau de ceux qui n'avaient été ni résistants, ni collaborateurs notoires » [151, p. 21].

Lorsque Vincent Auriol le pressentit pour former le gouvernement après la chute du gouvernement Edgar Faure, le 29 février
1952, le maire de Saint-Chamond n'était guère connu du grand
public. Il avait pourtant participé à tous les gouvernements depuis
1948, à l'exception de celui de Georges Bidault, comme secrétaire
d'État aux Affaires économiques (gouvernement Queuille) ou
ministre des Travaux publics (gouvernements Pleven et Queuille),
mais il n'apparaissait pas, même parmi les indépendants, comme
un dirigeant national. Il avait toutefois su, lors de son passage dans
les précédents gouvernements, constituer une équipe d'hommes
compétents et dévoués. Il bénéficia d'une image d'homme neuf,
étranger aux querelles idéologiques. *L'Aurore, Paris-Presse-l'Intransigeant, Le Figaro* saluèrent en lui l'« homme de bon sens, d'expérience, au-dessus des partis ». *Combat* le décrivait comme « le moins
libéral des libéraux », et même *Le Populaire de Paris* ne dénonça pas
sa candidature comme il avait dénoncé celle de Paul Reynaud
quelques jours plus tôt. Seule *L'Humanité* se montra violemment
hostile à ce « vichyste ». Ainsi, en soulignant qu'il avait une
position originale dans sa propre famille politique ou en insistant
sur le caractère « moyen » du personnage et de son destin — c'est le
cas du numéro spécial de *Paris-Match* paru après son investiture —,
la presse contribua à la popularité naissante du nouveau président
du Conseil [151, p. 51]. L'investiture par l'Assemblée de ce « héros
de la normalité », le 6 mars 1952, a de multiples significations :
dans le légendaire national, elle marquait l'irruption d'un nouveau
personnage ; dans la vie politique, elle introduisait une véritable
rupture. De plus, l'arrivée d'un modéré à la tête du gouvernement
démentait de manière éclatante les analyses qui faisaient de la
droite une force moribonde à la Libération. Enfin, cette investiture
s'accompagna de l'éclatement interne du RPF.

Le discours d'investiture d'Antoine Pinay fut bref. Un diagnostic : « Nous sommes en présence d'un triple déficit : les devises, le Trésor, le budget. » Une constatation : « Les remèdes ne sont ni de droite ni de gauche. Ils n'ont pas d'étiquette parlementaire. Ce sont des mesures techniques à prendre dans un climat de trêve politique. » Et une conclusion en forme de philosophie : « La monnaie est à l'image du pays. Lorsque le franc aura repris sa place, la France aura bien vite retrouvé son rang. Avec ses forces vives, dont la force morale est la clé, elle doit reprendre la maîtrise de son destin. » Conformément aux engagements pris, le gouvernement était plus restreint que le précédent, il ne comptait que 17 ministres contre 26 dans le gouvernement Edgar Faure. Outre Antoine Pinay, il comprenait quatre indépendants — Roger Duchet, Emmanuel Temple, Camille Laurens et Pierre Garet —, un paysan, quatre radicaux, quatre MRP, deux UDSR et un RGR. Au sein du CNIP, c'est la tendance Duchet-Pinay qui était la mieux représentée, celle qu'inspirait, en dépit de la semi-retraite à laquelle les événements l'avaient contraint, l'ami du maire de Saint-Chamond, Pierre Étienne Flandin. Cette orientation s'opposait à celle que préconisait Joseph Laniel, lui-même proche de Paul Reynaud. Ainsi se perpétuaient par chefs interposés les tensions qu'avait connues l'Alliance démocratique avant la Seconde Guerre mondiale. Bien qu'appartenant tous à la même famille politique, et partageant des valeurs communes en matière économique et sociale, les modérés étaient divisés par des querelles personnelles nées des affrontements du moment mais tout autant héritées du passé : Pinay avait été nommé au Conseil national de Vichy et Laniel avait siégé au CNR [13, p. 246].

Le passage au pouvoir d'Antoine Pinay permit la résurgence de valeurs, qui, si elles n'avaient pas disparu, n'étaient plus affirmées avec la simplicité de l'évidence depuis des lustres. Lors de l'inauguration de la foire de Saint-Étienne, le président du Conseil revint sur les liens qui unissent souci de l'équilibre des finances publiques et vertus privées : « L'ordre dans les finances se traduit par l'ordre sur le marché des changes, l'ordre monétaire par l'ordre économique, l'ordre dans l'État par l'ordre dans les mœurs » [105, 1952, p. 402]. Les craintes du temps de la Libération étaient oubliées et l'arsenal des valeurs libérales que Poincaré avait utilisé dans les années vingt était remis à l'honneur. L'expérience Pinay symbolise la restauration d'une mentalité et d'une idéologie constitutive de la droite orléaniste. La popularité d'Antoine Pinay, déjà grande en mars 1952, ne fit que progresser quand il apparut que l'inflation

qui rongeait l'économie française était en voie d'être jugulée. Cela favorisa le retour de la confiance et assura le succès de l'emprunt Pinay. Indexé sur l'or et avec ses titres exemptés de droits de succession, l'emprunt fit découvrir un nouvel adage tant aux petits porteurs qu'aux grosses fortunes : « Mettre en Pinay avant de mettre en bière. » En dépit des succès de l'expérience — il faut dire que la chance, en l'occurrence le retournement de la conjoncture mondiale lié, en partie, à la guerre de Corée, servit bien l'homme au chapeau rond —, la classe politique était beaucoup moins séduite que l'opinion par la politique du président du Conseil. « C'est un fait, et un fait très remarquable, que le gouvernement malgré son inaction a obtenu des résultats. Ce sera probablement l'un des rares cas dans l'histoire où l'on aura vu apparaître des résultats ne correspondant à aucun effort positif et qui se dessinent en quelque sorte dans le vide », déclara Edgar Faure dans un article anonyme intitulé « La politique de la magie » paru dans *Combat* en septembre 1952 [111, p. 255].

Le gouvernement Pinay n'accumula pas, du reste, que des succès et il lui arriva de tomber dans le ridicule au nom d'un anti-communisme forcené. Deux ministres radicaux sont à l'origine d'un épisode peu glorieux lié à la guerre de Corée. Pour protester contre la venue à Paris du général américain Ridgway accusé d'avoir organisé en Corée la guerre microbienne, le PCF organisa une manifestation particulièrement violente. Aiguillonnés par le mouvement Paix et Liberté, organisation d'action psychologique mise en place par le secrétaire général du RGR, Jean-Paul David, pour contrer la propagande communiste, intoxiqué par les réseaux policiers souterrains du commissaire Dides, le ministre de l'Intérieur, Charles Brune, et celui de la Justice, Martinaud-Déplat, crurent découvrir un soi-disant « complot des pigeons voyageurs » organisé par le PCF, suite à la saisie de quelques pigeons dans la voiture de Jacques Duclos lequel dirigeait le PCF en l'absence de Maurice Thorez... Mais cet épisode n'est rien au regard des difficultés que provoqua la signature, le 27 mai 1952, du traité constituant la Communauté européenne de défense (CED) et qui signifiait à terme le réarmement de l'Allemagne. Ce traité divisa les formations politiques tant à droite qu'à gauche. Dans l'immédiat, sa signature affaiblit la majorité gouvernementale car les gaullistes dissidents qui avaient assuré l'investiture en mars étaient sensibles à l'hostilité déclarée du général de Gaulle au projet d'armée européenne. Et cette menace latente d'un effritement de la majorité suffit à faire repousser indéfiniment les tentatives de ratification du

traité. Lors de la démission du président du Conseil le 23 décembre 1952, le texte n'avait toujours pas été déposé au Parlement. Après sa démission, Antoine Pinay allait s'efforcer de persuader le CNIP du bien-fondé de son combat pour l'Europe, partageant les positions de Jacques Rueff et d'Edmond Giscard d'Estaing, membres de la Ligue européenne de coopération économique. Sur ce point, mais c'est l'exception qui confirme la règle, Pinay n'était pas très éloigné de Paul Reynaud. Au contraire, il s'opposait avec véhémence aux thèses nationalistes que défendaient le général Aumeran, député indépendant d'Alger, Pierre André, député de Meurthe-et-Moselle, ou Louis Marin, pour qui la construction européenne était aussi redoutable que pour les gaullistes. Entre ces deux tendances opposées, Roger Duchet, favorable à l'idée européenne, défendait une position prudente afin de ne pas aggraver les divisions du CNIP [151, p. 120].

La parlementarisation du RPF — objectif que s'était fixé Vincent Auriol, président de la République — commença lors de l'investiture d'Antoine Pinay. Auriol nota d'ailleurs dans son journal : « La grosse chose, c'est l'éclatement du RPF. » A dire vrai, cette évolution était annoncée bien avant cette désignation. Paul Reynaud et Jules Ramarony avaient prévenu Vincent Auriol que Jean Legendre avait soufflé à Ramarony : « Mettez-nous au pied du mur. » La menace était si perceptible que Jacques Vendroux avait constitué un « comité des sages » destiné à affirmer l'orthodoxie gaulliste et à faire contrepoids à la tendance Barrachin, Legendre, Frédéric-Dupont... [121, p. 262]. En réalité, le vote des vingt-sept « saxons » du RPF en faveur du nouveau président du Conseil sanctionnait la trop courte victoire gaulliste de juin 1951. La dissidence prit vite des proportions graves et le débat sur les relations entre les parlementaires et la direction du Rassemblement fut relancé. A la différence de ce qui s'était passé avant les élections législatives, des parlementaires avaient, cette fois, ouvertement défié l'autorité du général de Gaulle. La rupture était inévitable. Les chefs de la dissidence venaient d'autres partis : Frédéric-Dupont, Barrachin et Bergasse avaient appartenu au PRL, Henri Mallez aux indépendants, et ils ne pouvaient se résoudre à condamner une politique qui leur agréait. Alors que Louis Vallon dénonçait la présence au sein du RPF de « modérés qui répugnent à une opposition qui est une sorte d'acte révolutionnaire », les dissidents adressèrent au général de Gaulle une lettre qui soulignait les divergences d'analyse : « Pour nous, toute méthode qui conduirait à une opposition systématique, stérile et impopulaire, dans l'attente

d'une inévitable catastrophe, nous apparaît sans issue... Cette tactique lasse les parlementaires du groupe, décourage les militants, fait fuir les électeurs... Nous pensons enfin que la voie du pouvoir ne s'ouvrira pour vous que par une évolution politique qu'entraînerait notre entrée sous conditions dans la majorité, car il nous paraît impensable de modifier le système en restant hors du système » [105, 1952, p. 43]. Le conseil national du RPF, réuni à Saint-Maur le 4 juillet, dut régler la crise. Le général y affirma sa volonté de « rassembler le Rassemblement ». Lors de leur passage à la tribune, les contestataires, Barrachin, le général Billotte et surtout Legendre, eurent du mal à se faire entendre. Les dissidents firent scission et créèrent l'Action républicaine et sociale (ARS) forte de 30 membres et 2 apparentés. Le président en était Barrachin, les vice-présidents André-Jean Godin, André Bardon, Édouard Frédéric-Dupont et Raymond Mondon [121, p. 272-275]. Ils voulaient être, selon le mot de leur président, le « moteur social » de la nouvelle majorité [105, 1952, p. 53]. Désormais tout apaisement était impossible et même si l'ambiguïté de certaines formules montre que le général hésita dans l'attitude à adopter face au gouvernement Pinay, il n'eut que mépris pour les dissidents. Dans son discours au comité national, le 10 octobre, il lança un des aphorismes assassins dont il avait le secret : « On peut camper sur une position en attendant la soupe, mais on ne peut remporter la victoire sans combattre. Ceux qui ne voulaient pas combattre sont allés à la soupe » [105, 1952, p. 77].

Les difficultés du RPF avec ses parlementaires n'en étaient pas terminées pour autant : les 89 députés demeurés « fidèles » s'empressèrent d'adopter un vœu demandant à leur bureau d'étudier de nouvelles règles de vote et de discipline, désavouant ainsi les règles solennellement adoptées pour mettre un terme à la dissidence. De plus, après la chute du gouvernement Pinay, lorsque Jacques Soustelle fut pressenti par Vincent Auriol, il ne prit contact avec de Gaulle qu'après s'être rendu à l'Élysée et il joua loyalement le jeu du tour de piste même s'il ne se faisait aucune illusion sur ses chances réelles d'aboutir mais il entendait redonner confiance à un groupe parlementaire ébranlé par les défections. Pour le général, c'était la manifestation d'une véritable rupture : « Du jour où Soustelle va à l'Élysée, il est toujours avec moi par le sentiment mais contre moi politiquement », confia-t-il à Georges Pompidou [121, p. 287].

*Les succès des indépendants*

Ainsi l'année 1952 marqua un véritable tournant dans l'équilibre interne des droites. En juin 1951, après les élections, le groupe parlementaire du RPF était le premier de l'Assemblée. La crise de 1952 le divisa dangereusement et dès le 7 janvier 1953, 81 députés RPF sur 84, emmenés par Jacques Chaban-Delmas, apportèrent leur soutien au gouvernement de René Mayer. En un an, les plus proches partisans de l'homme du 18 juin s'étaient donc progressivement intégrés au système. Dure leçon. D'autant que l'impact électoral du mouvement se réduisait, en dépit de la souplesse affichée de la tactique. Pour les municipales d'avril-mai 1953, Louis Terrenoire, le secrétaire général du RPF, eut une approche très pragmatique : « En 1947 nous avons joué la carte des idées, en 1953 nous jouerons celle des hommes. » C'était ouvrir la porte aux alliances et autoriser qu'on arborât discrètement les couleurs du RPF, à l'inverse de ce qui avait été fait en 1947. Pourtant les résultats furent franchement mauvais. A Paris le RPF n'eut que 10 élus contre 52 en 1947, à Marseille sur 25 conseillers sortants seuls quatre furent réélus et dans les communes de plus de 9 000 habitants où il détenait 25,8 % des sièges, le RPF n'en eut plus que 10,6 % [121, p. 294]. Dès le 6 mai 1953, le président du RPF tira les conséquences de l'échec en retirant officiellement la caution et l'étiquette RPF aux élus. Et il définissait la nouvelle stratégie du Rassemblement : « Les choses étant ce qu'elles sont, que va faire le Rassemblement? Avant tout, il doit s'écarter d'un régime qui est stérile, et qu'il ne peut, pour le moment, changer. En tant que Rassemblement, il n'a, au cours de la période qui s'ouvre, aucune action d'ensemble à mener sur le terrain électoral... Des compagnons pourront légitimement se présenter à telle ou telle élection, mais ils le feront individuellement et non point en son nom propre. Au Parlement, il ne saurait non plus prendre part, en corps et ès qualités, à la série des combinaisons, marchandages, votes de confiance, investitures qui sont les jeux, les poisons et les délices du système. » La traversée du désert commençait... Le groupe parlementaire RPF se transforma en Union des républicains d'action sociale (URAS), et Jacques Chaban-Delmas en devint le président. Soixante-dix-sept des 121 élus du 17 juin 1951 s'y inscrivirent. Les députés dissidents de l'ARS rejoignirent l'année suivante le groupe parlementaire du CNIP qui, avec 132 élus, devenait le premier groupe de l'Assemblée.

Le passage d'Antoine Pinay à la présidence du Conseil fut suivi quelques mois plus tard de celui de Joseph Laniel. L'ancien président du PRL constitua son ministère le 28 juin 1953 après une longue crise de 36 jours pendant laquelle Vincent Auriol avait pressenti des personnalités aussi différentes que Pierre Mendès France, Georges Bidault, André Marie ou Paul Reynaud. Après un mois de crise, ce dernier suggéra au président de la République de faire appel à Antoine Pinay ou à Joseph Laniel. Paul Reynaud préférait le second alors que le président considérait le premier comme plus à même de résoudre la crise. Antoine Pinay, maintenant président du CNIP — Roger Duchet en était toujours le secrétaire général —, refusa de se présenter devant l'Assemblée car il estimait ses chances trop minces. Joseph Laniel fut investi. Il bénéficia du soutien du MRP, soucieux de ne pas endosser la responsabilité d'une crise qui s'éternisait, et de celui du groupe URAS emmené par Jacques Chaban-Delmas. Pour la première fois, des « républicains sociaux » participaient à un gouvernement : le général Corniglion-Molinier eut rang de ministre d'État.

Les modérés étaient à l'évidence devenus une force de gouvernement indispensable mais, bien que beaucoup plus organisés qu'avant les élections de 1951, ils n'en restaient pas moins divisés en de multiples coteries. Huit membres du comité exécutif du CNIP avaient appartenu aux gouvernements Pinay ou Laniel mais un seul, J. Gavini, fit partie des deux, ce qui souligne la violente animosité qui régnait entre les deux présidents du Conseil et leurs proches [110, p. 247]. Cette lutte fut encore accentuée par l'élection présidentielle qui se déroula en décembre 1953. Joseph Laniel considérait qu'étant le président du Conseil en exercice, il devait être candidat à la présidence de la République. Ses amis politiques ne l'entendaient pas de cette oreille. Antoine Pinay aurait souhaité que Vincent Auriol se représentât mais, cette solution étant écartée par le principal intéressé, l'ancien président du Conseil participa directement à toutes les manœuvres qui, comme en témoigne Roger Duchet, devaient « empêcher Laniel d'être président tout en assurant l'élection du candidat indépendant René Coty » [151, p. 118]. René Coty avait été avant-guerre le poulain de Jules Siegfried. Bien qu'il ait voté les pleins pouvoirs au maréchal Pétain, son inéligibilité avait été levée dès la Libération et après avoir siégé comme député il avait retrouvé son siège de sénateur en 1948. Son élection fut acquise par surprise au treizième tour de scrutin et il confiait lui-même que la maladie qui l'avait empêché de se prononcer sur la CED avait été un atout pour son élection. En ce début

d'année 1954, le président de la République et le président du Conseil étaient membres du CNIP. Débarrassés de la menace gaulliste, les modérés auraient pu considérer que l'avenir leur appartenait...

## Poujadisme

Une révolte antifiscale vint brouiller les cartes. Elle débuta en juillet 1953 à Saint-Céré, dans le Lot, à l'initiative de Pierre Poujade, le papetier du lieu, qui empêcha, avec d'autres commerçants, les contrôleurs du fisc de procéder à l'examen des comptabilités boutiquières. Et les protestataires, fiers et surpris de leur succès, de faire le serment de refuser désormais les contrôles fiscaux. Dès novembre 1953, l'Union de défense des commerçants et artisans (UDCA) était lancée. Fils d'un architecte maurrassien, Pierre Poujade était né en 1920. Sa mère restée veuve n'avait pu payer ses études et le jeune homme avait exercé divers métiers qui n'étaient pas, comme il le dit lui-même, des « boulots d'aristocrate ». Il avait donc connu le déclassement des couches moyennes. Après avoir milité chez les jeunes doriotistes et être passé par une école de cadres des Compagnons de France, il avait gagné le maquis et rejoint Alger. En 1953, fort d'une expérience déjà longue des milieux politiques, il était conseiller municipal RPF, élu sur une liste radicale. Son tempérament de fonceur, sa « grande gueule » et son magnétisme en firent un meneur d'hommes. Ses idées politiques n'étaient pas totalement arrêtées. Il prônait un vague syncrétisme permettant de dépasser les querelles partisanes et d'assurer l'unité dans les rangs de la révolte plébéienne. « L'union est donc possible. Et l'avenir allait prouver qu'elle est rentable. » Jusqu'en novembre 1954, le mouvement se cantonna à une défense des intérêts professionnels des commerçants, même si l'antiparlementarisme entrait déjà pour une longue part dans l'activisme de l'UDCA. Le mouvement remporta des succès lors des élections aux chambres de commerce, mais il n'apparaissait toujours pas comme un mouvement politique. La volonté de Pierre Poujade d'élargir le champ d'action du mouvement provoqua d'ailleurs une première dissidence. En novembre 1954, le mouvement tint son premier congrès national, à Alger, au moment même où venait d'éclater l'insurrection nationaliste. Jusque-là, le mouvement avait fait un bout de chemin avec des communistes, et Pierre Poujade l'admet sans ambages : « Partant avec tout cet entourage communiste,

pendant de nombreux mois, je passais pour un agitateur communiste », mais il voulait désormais étendre son influence et désarmer les critiques de certains milieux syndicaux du petit commerce dont la conquête lui imposait de se défaire de ses « chaperons rouges ». Il dut donc épurer son mouvement et il le fit sans ménagement [116, p. 58-60]. Dans le même temps, il élargissait son champ d'intervention à d'autres groupes sociaux, l'antiparlementarisme devenait primordial au sein du mouvement et la défense du caractère français de l'Afrique du Nord complétait ce programme désormais éloigné de la simple défense du petit commerce. La défense de l'Algérie française se conjuguait avec un nationalisme volontiers cocardier et antiaméricain : « Le coq Français/Sur son tas de paille/Ses ergots en bataille/Chantera encore cocorico/Et non Coca-Cola! » [155, p. 124-225].

Pour la droite modérée, la concurrence poujadiste devint d'autant plus aiguë que de nombreux parlementaires étaient attirés par les thèmes anti-étatistes de l'UDCA. Eugène Pébellier, l'ex-gaulliste Brusset ou Frédéric-Dupont étaient sensibles aux pressions des petits commerçants et se faisaient bien souvent leurs porte-parole dans les milieux parlementaires. Lors de la séance de l'Assemblée du 18 mars 1955, alors que les poujadistes assistaient au débat depuis les tribunes du public, Frédéric-Dupont déclara que « l'histoire des polyvalents [avait] assez duré » et conclut : « Je ne puis en terminant que reprendre à mon compte cette formule de M. Pierre Poujade, "dans le jardin de France pousse un arbre qui s'appelle la Liberté. S'il en est que son ombre gêne, ils ne sont pas des nôtres" » [3, 19 mars 1955, p. 1631]. Au sein du CNIP, la tendance Laniel était la plus résolue dans la défense de l'autorité de l'État, alors que la tendance Pinay se montrait plus sensible aux sirènes poujadistes. Toutefois, la campagne électorale et le slogan des troupes du papetier de Saint-Céré — « sortez les sortants! » — contribuèrent à accroître les tensions entre les poujadistes et l'ensemble des modérés [116, p. 356 sqq.]

## IX. RÉSURGENCES EXTRÉMISTES

Les forces politiques — de gauche comme de droite — qui avaient occupé le devant de la scène depuis le début de la législa-

ture abordaient dans un état de faiblesse certaine les élections de 1956. Du gaullisme triomphant, il ne restait que des décombres. Les parlementaires RPF avaient retrouvé leur liberté de mouvement depuis mai 1953 et en septembre 1955, le général de Gaulle, tout occupé à la rédaction de ses *Mémoires de guerre*, avait mis le mouvement en sommeil sans toutefois le dissoudre. Les républicains sociaux, qui voulaient pouvoir se maintenir à la fois dans et hors du système, étaient incapables de définir une ligne cohérente en dépit des prises de position de Jacques Chaban-Delmas affirmant, lors de leur premier congrès en novembre 1955, vouloir être « plus nationaux que la droite, plus sociaux que la gauche » [13, p. 313]. Leurs incohérences éclatèrent lors des élections de janvier 1956 : Jacques Chaban-Delmas passa une alliance avec le Front républicain animé par la SFIO, alors que la plupart des républicains sociaux firent campagne avec la coalition qui y était hostile. Les partisans gaullistes du Front républicain recueillirent 1,2 % des suffrages exprimés et ceux qui y étaient hostiles 2,7 %. L'ensemble des gaullistes n'arrivait donc même pas à 4 % des suffrages exprimés alors qu'en 1951, 21,6 % des électeurs avaient voté pour le RPF. Quel qu'ait été leur choix au cours de la campagne électorale, les vingt rescapés siégèrent tous au sein du même groupe, celui des républicains sociaux.

Pour les indépendants, les difficultés furent moins internes qu'externes car les poujadistes livrèrent une rude bataille aux hommes de Roger Duchet. Afin de contrer cette offensive, le sénateur maire de Beaune fit preuve d'habileté tactique : « Pour faciliter les ententes, je dus créer un parti fantôme, une sous-marque du CNI, baptisé Union des indépendants d'action démocratique et paysanne. Grâce à cette astuce, je disposais de deux jeux d'investiture... » [138, p. 61]. Georges Riond, qui a souvent la dent dure à l'égard du fondateur du CNIP, n'apprécie pas ce genre d'habileté : « Roger Duchet a eu la vision d'un grand machin électoral. Son objectif est moins d'avoir des idées que des élus » [158, p. 227]. Les modérés rassemblèrent trois millions de voix et 14,4 % des suffrages exprimés. Avec leurs 95 députés, on pourrait conclure à une amélioration légère par rapport à 1951. Ce serait cependant compter sans les bouleversements survenus depuis les dernières élections. La concurrence gaulliste avait maintenant pratiquement disparu; de plus, beaucoup d'élus anciennement gaullistes s'étaient rangés sous la bannière modérée. A la veille du scrutin, 135 députés appartenaient aux divers groupes indépendants et paysans. Ces derniers perdaient donc quarante sièges;

l'apparente amélioration ne saurait donc masquer une défaite imputable à la concurrence poujadiste. Le Groupe des indépendants et paysans d'action sociale comptait 80 membres et trois apparentés. Le Groupe paysan — en fait, les seuls amis de Paul Antier — était trop peu nombreux, 12 élus, pour avoir une existence autonome et il dut s'apparenter à celui des indépendants[19].

La grande surprise des élections fut, assurément, le score des poujadistes qui recueillirent près de 2,5 millions de voix et plus de 11 % des suffrages. Les poujadistes entrèrent en force à la Chambre, même si 11 députés sur les 52 élus furent invalidés. « Les pauvres petits pezzouilles de commerçants, les voilà qui rentrent au Parlement, non sur la pointe des pieds mais en faisant claquer les portes... » s'extasiait Poujade au Vel d'Hiv [117, p. 151]. Les députés poujadistes étaient nettement plus jeunes que l'ensemble des députés modérés : leur moyenne d'âge était de 7 ans inférieure à celle de l'ensemble des élus de droite (51 ans), mais, surtout, près de la moitié d'entre eux étaient nés après 1910 et certains étaient même très jeunes. Jean-Marie Le Pen, qui occupa d'ailleurs une place à part parmi les élus du groupe d'Union et de Fraternité française, est né en 1928. Mais le rajeunissement de cette représentation ne fut, pour ainsi dire, d'aucun effet, tant le groupe parlementaire manqua d'organisation, au point que, faute d'être dirigé réellement par Pierre Poujade, il s'amenuisa rapidement. Et ce renouvellement générationnel de la droite par les poujadistes fut encore plus limité par les grandes différences culturelles et sociales de ces nouveaux élus avec les parlementaires de la droite modérée [118, p. 116].

Plus important peut-être est de constater que l'arrivée de cette nouvelle génération d'hommes de droite correspond à une période où une partie des droites est, à nouveau, séduite par des méthodes extra-parlementaires. En schématisant, on pourrait déceler deux générations que l'autoritarisme a séduites : une première, née à la fin du XIXe siècle ou au tout début du XXe siècle et qui, ayant triomphé momentanément pendant la Seconde Guerre mondiale, fut ensuite réduite au silence, et une seconde génération, née dans l'entre-deux-guerres, trop jeune pour avoir été compromise durablement pendant la période de la guerre, et qui émerge à la faveur de la poussée poujadiste sans pour autant pouvoir être réduite à ce mouvement.

Les élections de 1956 se soldèrent par une courte victoire du Front républicain et par la formation du gouvernement Guy

Mollet. Cette situation était la plus favorable à l'éclosion ou au développement de groupes hostiles à un régime dont ils récusaient les règles du jeu, surtout en ces temps de guerre coloniale.

La journée des tomates, à Alger, lors de la visite de Guy Mollet le 6 février 1956 et la reculade qui suivit — le général Catroux est remplacé par un socialiste musclé, Robert Lacoste, comme gouverneur général de l'Algérie — sont le symbole éclatant d'un régime auquel la rue commençait à dicter sa loi. Les groupuscules extrémistes pullulaient : si Jeune Nation, que dirigeaient les frères Sidos, existait depuis 1950, l'Union française nord-africaine que Robert Martel, « le chouan de la Mitidja », devait ensuite transformer en Mouvement populaire du 13 mai, se réorganisa clandestinement en juin 1956, le Mouvement national révolutionnaire se constitua à la fin de 1956 en réaction aux événements de Budapest et en 1957 les députés Demarquet et Le Pen fondaient le Front national des combattants [14, p. 282]. Les organisations ultras se multipliaient dans un climat de complots qui culmina en mai 1958. La durée du gouvernement Mollet n'est qu'un leurre. Dès le lendemain des élections, la République était atteinte. René Coty ne tarda d'ailleurs pas à le constater et il confia un message oral à Jacques Chaban-Delmas pour le général de Gaulle : « Je constate... que la France est ingouvernable dans les conditions actuelles, autrement dit que les institutions ne peuvent rester en l'état. Mais j'en suis le gardien et il ne faut pas compter que je les viole. Cela étant, mon devoir est de rester aux aguets pour trouver une issue. Voulez-vous faire savoir au général de Gaulle que je suis dans cet état d'esprit?... dites-lui que si une crise se présente et qu'elle soit assez grave... je ne manquerai pas de m'engager à fond en faisant appel à lui pour former le gouvernement, dans le cadre de nos institutions, afin, précisément, de changer celles-ci » [121, p. 331].

## La crise et la fin du régime

La droite parlementaire multipliait les contacts avec les groupes extra-parlementaires. Un premier signe avait été, en 1957, la constitution de l'éphémère Rassemblement paysan autour d'Henri Dorgères — ancien dirigeant d'une extrême droite paysanne dans les années trente, puis vichyssois et, pour finir, député poujadiste d'Ille-et-Vilaine en 1956 —, de Pierre Poujade et de Paul Antier [14, p. 274], mais plus décisifs furent les contacts pris dans le cadre de l'Union pour le salut et le renouveau de l'Algérie française

(USRAF), créée en avril 1956 par Jacques Soustelle, l'ancien gouverneur général d'Algérie. A ses côtés se trouvaient Georges Bidault, André Morice et Roger Duchet. Les liens de l'USRAF avec les groupes factieux étaient nombreux. Ils doivent être replacés dans ce mouvement général de reclassement de l'univers politique qui amena presque toutes les forces à utiliser, pendant les ultimes soubresauts de la République agonisante, des méthodes caractéristiques de groupes habituellement situés plus à droite sur l'échiquier politique. Les communistes se rallièrent tardivement à l'action parlementaire, pendant que la SFIO montrait des penchants pour l'autoritarisme et les modérés et certains gaullistes des inclinations pour le coup de force militaire et le complot.

Après la chute du gouvernement Mollet, le 22 mai 1957, l'échec du gouvernement Bourgès-Maunoury et le renversement de Félix Gaillard, trois ministères dans lesquels les modérés avaient été pour l'essentiel absents, le début de l'internationalisation du conflit algérien fit craindre aux autorités militaires et aux activistes d'Alger l'adoption d'une politique d'abandon. A Alger, Léon Delbecque, qui animait « l'antenne » du ministre de la Défense nationale Jacques Chaban-Delmas, organisa gaullistes et activistes dans un comité de vigilance. Michel Debré, qui défendait dans *Le Courrier de la colère* la politique de présence française en Afrique du Nord, laissa entendre que la nation disposait avec le général de Gaulle d'une « légitimité de rechange ». Le prétexte des manifestations du 13 mai 1958, alors que Pierre Pflimlin se présentait devant l'Assemblée, fut l'exécution de trois soldats français par le FLN. La manifestation civile, contrôlée par les activistes, bénéficia de la solidarité passive des parachutistes et s'empara du gouvernement général où un Comité de salut public fut improvisé.

Le 13 mai fut-il un 6 février réussi? A court terme, cela est inexact puisque le gouvernement Pflimlin fut investi et se maintint au pouvoir. A moyen terme, pourtant, l'analyse est fondée puisque 19 jours après le déclenchement des événements, l'homme du 18 juin devenait le dernier président du Conseil de la quatrième République. Sans revenir sur le détail de ce mois de mai 1958, il faut préciser la position des droites. Le 1er juin, le général de Gaulle est investi par 329 voix contre 224. Les groupes de droite constituaient à peine plus de la moitié de la majorité. Les indépendants, les poujadistes, en dépit des injonctions de Pierre Poujade, et, naturellement, les républicains sociaux votèrent pour. Seuls quelques irréductibles, comme maîtres Isorni et Jean-Louis Tixier-Vignancour, refusèrent, par fidélité à Pétain, de voter pour

l'homme du 18 juin. Le nouveau président du Conseil d'une République qu'il avait accablée de sarcasmes disposait de pouvoirs d'autant plus étendus que la Chambre s'était dessaisie d'une partie des siens. Le nouveau gouvernement incluait toutes les familles politiques, à l'exception du PCF, et les gaullistes n'étaient que trois (Michel Debré, André Malraux et Edmond Michelet). André Jacquinot était ministre d'État aux côtés de Guy Mollet, de Pierre Pflimlin et de Félix Houphouët-Boigny. Antoine Pinay recevait le portefeuille des Finances, ce qui ne pouvait que rassurer la petite épargne. L'été fut essentiellement consacré à la mise en place des nouvelles institutions. Le brouillon en avait été donné dès le discours de Bayeux — le 16 juin 1946 — et les travaux allèrent vite. Après examen du projet par le Conseil consultatif constitutionnel que présidait Paul Reynaud, le texte fut approuvé par le Conseil des ministres et présenté solennellement aux Français le 4 septembre, place de la République, à l'occasion d'une cérémonie à la mise en scène impeccable. Le 28 septembre 1958, le texte était soumis à référendum. A droite, aucune formation organisée ne fit campagne pour le non. Les dissensions qui avaient pu exister entre modérés et gaullistes étaient oubliées et seuls quelques nostalgiques du pétainisme, des catholiques intégristes et un Pierre Poujade désormais isolé s'obstinèrent à faire campagne pour le non [11, p. 26].

Le oui l'emporta triomphalement — presque 80 % des suffrages exprimés — et les forces politiques que la rapidité des événements avait déstabilisées se préparèrent pour les élections législatives de novembre. Elles devaient désormais compter avec un nouveau mouvement gaulliste dont la puissance était sans commune mesure avec celle des républicains sociaux. Pendant l'été, de multiples formations gaullistes s'étaient organisées, qui toutes n'avaient pas, tant s'en faut, la même appréciation de ce que devait être la politique algérienne de la France. Le président du Conseil se voulait au-dessus des contingences partisanes, mais ses proches collaborateurs à Matignon veillaient à la mise en place du nouveau mouvement, et il arriva à Olivier Guichard, Pierre Lefranc, Jacques Foccart de rencontrer, dans les bureaux de la présidence du Conseil, Jacques Chaban-Delmas, Roger Frey et Jacques Soustelle. Le 1er octobre, l'Union pour la nouvelle République (UNR) fédéra la plupart des organisations gaullistes. Roger Frey en fut le secrétaire général et tout fut fait pour isoler Jacques Soustelle qui avait souhaité que l'UNR s'alliât à ses amis de l'Union pour le salut et le renouveau de l'Algérie française. Au refus du comité directeur

de l'UNR s'ajouta le veto du général. Lors du choix des candidats pour les élections législatives, les dossiers échappèrent à Soustelle et à Léon Delbecque, autre partisan de l'Algérie française. La décision appartint encore à Roger Frey qui travailla la main dans la main avec l'équipe de Matignon [11, p. 33].

Les élections se déroulèrent au scrutin majoritaire uninominal à deux tours et elles avaient nécessité le découpage de nouvelles circonscriptions électorales. La campagne électorale fut terne et, parmi les partisans du oui au référendum, tous les candidats firent assaut de gaullisme. Le premier tour des élections, le 23 novembre 1958, fut marqué par une forte abstention (85 % d'électeurs au référendum, 77 % aux législatives) et une nette discontinuité par rapport aux élections de janvier 1956. Si le MRP et la SFIO réussissaient à conserver leur poids électoral, le PCF recula de 25,8 % à 19,2 % des suffrages exprimés, mais surtout les gaullistes — UNR (17,6 %) et USRAF — rassemblaient plus de 20 % des suffrages alors que les républicains sociaux de 1956 n'avaient pas atteint 4 %. L'extrême droite — et surtout sa composante poujadiste — s'effondrait, alors que les modérés devenaient la première formation du pays avec presque 22 % des suffrages. A la lecture de ces chiffres, il est clair qu'une rupture nette s'est produite. Est-elle due à une inflexion vers la droite de l'opinion ou s'explique-t-elle par le charisme du général de Gaulle? Toujours est-il que le second tour des élections, par le jeu des désistements dont les partis apprécient encore mal les effets, accentue les tendances du premier. Alors que le PCF ne retrouvait que 10 députés, la SFIO 44 et que la gauche totalisait 80 sièges, les gaullistes devenaient le premier groupe parlementaire avec 199 membres et 7 apparentés; les indépendants et paysans d'action sociale siégeaient désormais à 107, auxquels s'ajoutaient 10 apparentés[20]. L'équilibre parlementaire qui avait prévalu sous la quatrième République était définitivement bouleversé au profit des droites.

Pour entrer de plain-pied dans la nouvelle république, il ne manquait que l'élection, par 80 000 notables, du nouveau président de la République. Ce fut chose faite le 21 décembre. Le 8 janvier 1959, eut lieu la passation des pouvoirs de René Coty à Charles de Gaulle. La cinquième République pouvait réellement commencer.

JEAN-LUC PINOL

# Bibliographie

*Archives et outils de travail.*

L'étude du personnel parlementaire ne peut se faire sans :

[1] JEAN JOLLY, *Dictionnaire des parlementaires, 1889-1940,* 8 vol., Paris, PUF, qui constitue une source indispensable mais dont la valeur est inégale selon les volumes.

Pour les renseignements d'ordre biographique puisés dans les dictionnaires, aucune référence particulière n'est indiquée. Pour les indications qui ont leur origine ailleurs, une référence est précisée.

Pour la période ultérieure, la Documentation française a entamé la publication du :

[2] *Dictionnaire des parlementaires français de 1940 à 1958,* Paris, Documentation française. (Le volume 1, correspondant à la lettre A, est paru en 1988.)

Il faut consulter le :

[3] *Journal officiel,* et en particulier les débats parlementaires des deux Chambres, pour lesquels existe une table des matières spécifique qui permet de repérer aisément les différentes interventions des députés ou des sénateurs. Le *JO* donne la composition des groupes parlementaires, qui n'est pas fournie dans les dictionnaires des parlementaires. Les indications dans le texte sont indiquées de la manière suivante [3, 1er juin 1937, p. 1753].

Pour certains discours, on peut aussi utiliser un instrument de travail paru récemment :

[4] MICHEL MOPIN, *Les grands débats parlementaires de 1875 à nos jours,* Paris, Documentation française, 1988.

[5] Le *Fonds Louis Marin* est déposé aux Archives nationales (317 AP). Il est aujourd'hui libre d'accès. L'inventaire n'en est pas toujours strictement exact. S'y trouvent une série de dossiers de presse sur les hommes politiques ainsi que le très abondant courrier reçu par celui qui fut, à partir de 1925, le président de la Fédération républicaine. Malheureusement, dans la plupart des cas, on ne connaît pas les réponses de l'intéressé. Dans le texte les références sont données uniquement avec le numéro du dossier, 317 AP 74, par exemple, est noté [5, 74].

*Généralités et ouvrages portant sur l'ensemble de la période.*

Il faut assurément consulter une histoire générale de la France, la plus récente est la *Nouvelle Histoire de la France contemporaine.* Elle fournit le cadre indispensable à une étude de la droite.

[6] JEAN-JACQUES BECKER et SERGE BERSTEIN, *Victoire et frustrations, 1914-1929,* Paris, Le Seuil, 1990.

[7] DOMINIQUE BORNE et HENRI DUBIEF, *La crise des années 30, 1929-1938,* Paris, Le Seuil, 1989.

[8] JEAN-PIERRE AZÉMA, *De Munich à la Libération, 1938-1944,* Paris, Le Seuil, 1979.

[9] JEAN-PIERRE RIOUX, *La France de la quatrième République*, 1 - *L'ardeur et la nécessité, 1944-1952*, Paris, Le Seuil, 1980.

[10] JEAN-PIERRE RIOUX, *La France de la quatrième République*, 2 - *L'expansion et l'impuissance, 1952-1958*, Paris, Le Seuil, 1983.

[11] SERGE BERSTEIN, *La France de l'expansion*, tome 1, *La République gaullienne, 1958-1969*, Paris, Le Seuil, 1989.

Plus synthétique est :

[12] RENÉ RÉMOND (avec la collaboration de Jean-François Sirinelli), *Notre siècle, 1918-1988*, Paris, Fayard, 1988.

L'ouvrage de référence sur la droite est :

[13] RENÉ RÉMOND, *Les droites en France*, Paris, Aubier, plusieurs rééditions. Les références sont faites par rapport à l'édition de 1982.

On le complètera par le remarquable ouvrage :

[14] MALCOLM ANDERSON, *Conservative Politics in France*, London, Allen & Unwin Ltd., 1974.

On utilisera avec précaution :

[15] HENRY COSTON, *Partis, journaux et hommes politiques d'hier et d'aujourd'hui*, Paris, Publications Henry Coston, 1960, réimpression en 1986. (Ouvrage utile mais à manier avec prudence tant son auteur, ancien dirigeant franciste, est marqué par certains préjugés.) On trouve à peu près les mêmes informations mais organisées différemment dans :

[16] HENRY COSTON, *Dictionnaire de la politique française*, 4 vol., Paris, Publications Henry Coston. (Pour la période considérée, les deux premiers sont les plus utiles.)

L'extrême droite a donné lieu à plusieurs ouvrages. Il faut commencer par la consultation d'un essai bibliographique récent :

[17] PHILIP REES, *Fascism and Pre-Fascism in Europe, 1890-1945, A Bibliography of the Extreme Right*, Totawa, New Jersey, Barnes and Nobles Books, 1984. (La France est traitée des pages 42 à 82. L'existence de cette bibliographie permet d'être ici plus concis sur un sujet qui a mobilisé de très nombreux chercheurs.)

[18] EUGEN WEBER, *L'Action française*, 2e éd., Paris, Fayard, 1985. Ouvrage indispensable.

[19] JEAN PLUMYÈNE et RAYMOND LASIERRA, *Les fascismes français, 1923-1963*, Paris, Le Seuil, 1963. (S'efforce de faire la part du réel et de l'imaginaire dans l'analyse du fascisme français.)

[20] ARIANE CHEBEL D'APPOLLONIA, *L'extrême droite en France, de Maurras à Le Pen*, Bruxelles, Complexe, 1988.

[21] PIERRE MILZA, *Fascisme français, passé et présent*, Paris, Flammarion, 1987. (L'état de la question particulièrement pour les années trente et quarante, aux antipodes de l'article n° 66.)

L'histoire des droites est inséparable de celle de la presse. Il faut donc consulter :

[22] CLAUDE BELLANGER, LOUIS CHARLET et JACQUES GODECHOT, dir., *Histoire générale de la presse française*, tome III, *De 1871 à 1940*, Paris, PUF, 1972.

[23] CLAUDE BELLANGER, LOUIS CHARLET et JACQUES GODECHOT, dir., *Histoire générale de la presse française*, tome IV, *De 1940 à 1958*, Paris, PUF, 1975.

Sur les relations entre les milieux financiers et les milieux de droite :

[24] HUBERT BONIN, *L'argent en France depuis 1880, banquiers, financiers, épargnants dans la vie économique et politique*, Paris, Masson, 1989. (Quelques mises au point rapides mais pratiques. L'ouvrage est avant tout un ouvrage d'histoire économique.) On trouve des éléments beaucoup plus précis pour le sujet dans :

[25] JEAN-NOËL JEANNENEY, *L'argent caché, Milieux d'affaires et pouvoirs politiques dans la France du XXᵉ siècle*, Paris, Le Seuil, 1984.

Sur les relations entre le notabilisme et les droites, beaucoup de choses sont à glaner dans divers ouvrages :

[26] MAURICE AGULHON, LOUIS GIRARD, JEAN-LOUIS ROBERT, WILLIAM SERMAN et collaborateurs, *Les maires en France du consulat à nos jours*, Paris, Publications de la Sorbonne, 1986. (Permet de suivre l'implantation locale de la droite, en particulier dans les grandes villes.)

[27] YVES POURCHER, *Les maîtres de granit. Les notables de Lozère du XVIIIᵉ siècle à nos jours*, Paris, Olivier Orban, 1988. (Les chapitres 5 et 6 concernent les élections, les familles de notables et la politique. Ils permettent de bien comprendre la perpétuation de familles de notables, telle celle des de Chambrun, dans la France traditionnelle.)

[28] MARC ABÉLÈS, *Jours tranquilles en 89, Ethnologie politique d'un département français*, Paris, Éditions Odile Jacob, 1990. (Contient des remarques intéressantes sur l'implantation de la famille Flandin dans l'Yonne.)

Une exploration de l'imaginaire politique français apporte aussi beaucoup à la compréhension des droites :

[29] RAOUL GIRARDET, *Mythes et mythologies politiques*, Paris, Le Seuil, 1986.

Enfin, pour souligner l'importance du phénomène générationnel dans la vie politique des années trente :

[30] KARL MANNHEIM, *Essays on the Sociology of Knowledge*, Oxford University Press, 1952, 327 p. Le chapitre 7 est la reprise d'un article paru en 1927. Il s'intitule « The problem of generations » (essentiel).

[31] ROBERT WOHL, *The Generation of 1914*, Harvard University Press, Cambridge, Mass., 1979. (Une étude comparative des générations intellectuelles européennes.)

[32] Un numéro de *Vingtième siècle. Revue d'histoire*, nº 22, avril-juin 1989 est consacré à la présentation de la « clef générationnelle ».

## Entre-deux-guerres.

La parution de *L'Année politique* s'est arrêtée en 1906. Pour pallier cette lacune, il faut consulter Georges et Édouard Bonnefous, *Histoire de la IIIᵉ République*, Paris, PUF. La date indiquée est celle de la première édition. (Commencée à l'initiative de celui qui fut responsable de *L'Année politique* jusqu'en 1906 et qui fut un temps vice-président de la Fédération républicaine, sur les deux auteurs voir l'ouvrage nº129.)

[33] I. *L'avant-guerre, 1906-1914*, 1956.

[34] II. *La Grande Guerre, 1914-1918*, 1957.

[35] III. *L'après-guerre, 1919-1924*, 1959.

[36] IV. *Cartel des gauches et Union nationale, 1924-1929*, 1960.

[37] V. *La République en danger : des Ligues au Front populaire, 1930-1936*, 1962.

[38] VI. *Vers la guerre : du Front populaire à la conférence de Munich, 1936-1938*, 1965.

[39] VII. *La course vers l'abîme : la fin de la IIIᵉ République, 1938-1940*, 1967. (L'index paru en 1987 permet d'utiliser de manière commode les sept volumes.)

Une approche beaucoup plus synthétique est proposée dans un ouvrage que caractérise la sûreté de l'information :

[40] JEAN-MARIE MAYEUR, *La vie politique sous la troisième République, 1870-1940*, Paris, Le Seuil, 1984.

Des éléments très utiles concernant les droites peuvent être glanés dans :

[41] RAYMOND BUELL, *Contemporary French Politics*, New York, 1920. (Des descriptions « à chaud », très précises sur la constitution du Bloc national.)

[42] ANNIE KRIEGEL, *Aux origines du communisme français, 1914-1920*, Paris, Mouton, 1964. (Contient des pages importantes pour le sujet sur la crise sociale de 1920.)

[43] SERGE BERSTEIN, JEAN-JACQUES BECKER, *Histoire de l'anticommunisme en France*, tome 1, *1917-1940*, Paris, Olivier Orban (l'analyse d'une motivation qui déborde la famille des droites).
Sur le personnel politique, il est indispensable de se reporter à :

[44] GILLES LE BÉGUEC, *L'entrée au Palais-Bourbon : les filières privilégiées d'accès à la fonction parlementaire, 1919-1939*, thèse d'État, Paris X-Nanterre, 1989, 4 volumes et un index. (Une approche prosopographique d'une grande richesse.)

[45] MATTEI DOGAN, « La stabilité du personnel parlementaire sous la troisième République », *Revue française de science politique*, n° 2, 1953.
Les anciens combattants et leurs interventions dans la vie politique sont étudiés dans :

[46] ANTOINE PROST, *Les Anciens Combattants et la Société française, 1914-1939*, 3 vol., Paris, Presses de la Fondation nationale des sciences politiques, 1977. (Une thèse remarquable qui a renouvelé bien des idées reçues, les volumes consacrés à l'histoire et aux idéologies sont les plus importants pour le sujet.) A lire aussi du même auteur :

[47] ANTOINE PROST, *Les Anciens Combattants, 1914-1940*, Paris, Gallimard-Julliard, collection Archives, 1977.
Les formations de la droite parlementaire n'ont pas encore été étudiées autant qu'elles le méritent. On dispose cependant de :

[48] IRVINE WILLIAM D., *French Conservatism in Crisis, the Republican Federation of France in the 1930s*, Baton Rouge, Louisiana State University Press, 1979. (Une étude très utile de la Fédération républicaine et du conservatisme politique.) Plusieurs colloques de la Fondation nationale des sciences politiques contiennent, dans leurs actes publiés, des rapports très utiles pour la connaissance des droites :

[49] *Léon Blum, chef de gouvernement, 1936-1937*, Paris, A. Colin, Cahiers de la Fondation nationale des sciences politiques, 1967. (Ce colloque contient deux rapports qui permettent de bien comprendre la peur qui saisit les forces de droite et la naissance des nouvelles organisations comme le PPF et le PSF.)

[50] JEAN TOUCHARD et LOUIS BODIN, « L'état de l'opinion au début de l'année 1936 », *op. cit.*, p. 49-68.

[51] RENÉ RÉMOND et JANINE BOURDIN, « Les forces adverses », *op. cit.*, p. 137-159.
Ce colloque doit être complété par :

[52] GEORGES DUPEUX, *Le Front populaire et les élections de 1936*, Paris, A. Colin, Cahiers de la Fondation nationale des sciences politiques, 1959. (Une étude minutieuse de la campagne et des résultats électoraux.)
Un autre colloque est indispensable :

[53] RENÉ RÉMOND et JANINE BOURDIN, dir., *La France et les Français, 1938-1939*, Paris, Presses de la Fondation nationale des sciences politiques, 1978. (Ce colloque contient trois très bonnes mises au point sur des forces de droite à la fin de la troisième République.)

[54] PHILIPPE MACHEFER, « Le Parti social français », *op. cit.*, p. 307-326.

[55] ROSEMONDE SANSON, « L'Alliance démocratique », *op. cit.*, p. 327-339.

[56] JEAN-NOËL JEANNENEY, « La Fédération républicaine », *op. cit.*, p. 341-357.
Sur l'Alliance, signalons aussi un article récent : Donald G. Wyleman, « P.E.

Flandin and the Alliance Démocratique, 1929-1939 », *French History*, vol. 4, n° 2, June 1990, p. 139-174.

Classer à droite la famille démocrate-chrétienne ne va pas de soi, néanmoins ce choix a été fait pour la période de l'entre-deux-guerres. Sur le sujet on peut d'abord consulter deux ouvrages généraux :

[57] FRANÇOIS-GEORGES DREYFUS, *Histoire de la démocratie chrétienne en France, de Chateaubriand à Raymond Barre*, Paris, Albin Michel, 1988. (Très rapide sur la période considérée, on lui préférera :)

[58] JEAN-MARIE MAYEUR, *Des partis catholiques à la démocratie chrétienne, XIXe-XXe siècles*, Paris, A. Colin, 1980. (Une excellente synthèse.)

Pour le parti démocrate populaire, il faut consulter :

[59] JEAN-CLAUDE DELBREIL, *Le parti démocrate populaire, des origines au MRP, 1919-1944*, thèse d'État, Paris X-Nanterre, dactylographiée, 1517 p., index (exhaustif), éditée aux Publications de la Sorbonne, 1990, 481 p.

[60] CHRISTIAN BAECHLER, *Le parti catholique alsacien, 1890-1939, Du Reichsland à la République jacobine*, Paris, Ophrys, 1982. (Exhaustif.)

Si les formations de la droite parlementaire n'ont, pour le moment, donné lieu qu'à de rares recherches publiées, les formations extrémistes ont été beaucoup plus étudiées. Sans vouloir être complet, on pourra citer les ouvrages qui s'insèrent dans la réflexion générale sur l'existence d'un fascisme français.

[61] ZEEV STERNHELL, *Ni droite ni gauche, l'idéologie fasciste en France*, Paris, Le Seuil, 1983 (a provoqué un large débat dans la communauté scientifique).

Parmi les articles critiques le concernant directement, il faut lire :

[62] MICHEL WINOCK, « Fascisme à la française ou fascisme introuvable », *Le Débat*, n° 25, mai 1983.

[63] SHLOMO SAND, « L'idéologie fasciste en France », *Esprit*, nos 8-9, août-septembre 1983.

[64] SERGE BERSTEIN, « La France des années trente allergique au fascisme. A propos du livre de Zeev Sternhell », *Vingtième siècle. Revue d'histoire*, n° 2, avril 1984.

[65] JACQUES JULLIARD, « Sur un fascisme imaginaire : à propos de Zeev Sternhell », *Annales*, n° 4, juillet-août 1984.

Un article plus récent prend le contre-pied de ces interprétations :

[66] MICHEL DOBRY, « Février 1934 et la découverte de l'allergie de la société française à la révolution fasciste », *Revue française de sociologie*, n° 3-4, juillet-décembre 1989,

Les thèses de Zeev Sternhell sur les origines françaises du fascisme ont été le plus sévèrement mises en cause par :

[67] PHILIPPE BURRIN, *La dérive fasciste, Doriot, Déat, Bergery, 1933-1945*, Paris, Le Seuil, 1986. (Une interrogation sur le fascisme qui repose sur une analyse fouillée de la crise des années 30.)

[68] JEAN-PAUL BRUNET, « Un fascisme français : le Parti populaire français de Doriot (1936-1939) », *Revue française de science politique*, n° 2, avril 1983, p. 255-280 (présente sur le parti de Doriot des interprétations sensiblement différentes de celles de Philippe Burrin).

Il faut aussi consulter :

[69] ROBERT SOUCY, *French Fascism, The First Wave, 1924-1933*, New Haven, CT, Yale University Press, 1986 (traduction française, Paris, PUF, 1989). L'auteur entend prendre ses distances avec les interprétations de René Rémond d'une part et de Zeev Sternhell d'autre part.

[70] ALAIN DENIEL, *Bucard et le Francisme*, Paris, Jean Picollec, 1979.

[71] PHILIPPE MACHEFER, *Ligues et fascismes en France, 1919-1939*, Paris, PUF, 1974. (Un excellent dossier, mêlant analyse et documents. Peut être complété par :)

[72] PHILIPPE MACHEFER, « L'union des droites, le PSF et le Front de la Liberté, 1936-1937 », *Revue d'histoire moderne et contemporaine*, n° 1, 1970.

Sur le 6 février 1934 proprement dit, deux ouvrages font le point à partir des archives et de la presse :

[73] SERGE BERSTEIN, *Le 6 février 1934*, Paris, Gallimard-Julliard, 1975.

[74] MAURICE CHAVARDÈS, *Une campagne de presse : la droite française et le 6 février 1934*, Paris, Flammarion, 1970.

L'étude de la droite au plan régional a donné lieu à de nombreuses analyses. Dans l'attente de la publication de la thèse de Kevin Passmore, *Liberals, Conservative and Fascists in the Rhône, 1928 to 1939*, Université de Warwick, septembre 1992, sur les forces de droite dans le département du Rhône, véritable histoire sociale du politique fondée sur un gros travail empirique, citons :

[75] MAURICE MOISSONNIER et ANDRÉ BOULMIER, « La bourgeoisie lyonnaise aux origines de l'Union civique de 1920 ? », *Cahiers d'histoire de l'Institut de recherches marxistes*, n° 4, 1981.

[76] PHILIPPE GABILLARD, « Les viticulteurs angevins et le mouvement Croix-de-Feu, PSF (1935-1939) », *Annales de Bretagne et des pays de l'Ouest*, n° 3, 1983.

On peut également trouver des notations intéressantes dans les ouvrages suivants, bien qu'ils ne concernent pas directement les forces de droite :

[77] GEORGES DUPEUX, *Le Front populaire et les élections de 1936*, Paris, A. Colin, 1959 (contient pour le sujet une carte électorale des droites, circonscription par circonscription).

Sur cette période, il faut lire aussi une étude de presse :

[78] LOUIS BODIN et JEAN TOUCHARD, *Front populaire, 1936*, Paris, A. Colin, 1961.

[79] GÉRARD BRUN, *Technocrates et technocratie en France, 1914-1945*, Paris, Albatros, 1985 (s'intéresse à des groupes de réflexion dont beaucoup ont eu une grande influence politique).

[80] JEAN-LOUIS LOUBET DEL BAYLE, *Les non-conformistes des années 30, une tentative de renouvellement de la pensée politique française*, Paris, Le Seuil, 1969. (Exploration très documentée de ce que Jean Touchard nommait « l'esprit des années trente ».)

[81] JEAN-BAPTISTE DUROSELLE, *Politique étrangère de la France. La décadence, 1932-1939*, Paris, Imprimerie nationale, 1979 ; réédition de poche 1983. (Indispensable pour bien saisir l'impact de la politique extérieure sur la vie politique intérieure, d'excellentes pages sur la droite et Munich.)

[82] CH. MICAUD, *La droite et l'Allemagne*, Paris, Calmann-Lévy, 1945. (Ouvrage américain paru en 1943, clair et précis.)

[83] JACQUES NOBÉCOURT, *Une histoire politique de l'armée, 1919-1942. De Pétain à Pétain*, Paris, Le Seuil, 1967. (Parfois rapide mais très utile.)

[84] GUY ROSSI-LANDI, *La drôle de guerre, la vie politique en France, 2 septembre 1939-10 mai 1940*, Paris, A. Colin, Cahiers de la Fondation nationale de sciences politiques, 1971. (Très précis, des annexes précieuses sur la vie parlementaire.)

## Vichy et la Résistance.

Il ne s'agit pas ici de donner une bibliographie de l'État français et de la Résistance, mais plutôt d'indiquer les ouvrages qui permettent d'étudier les prises de position des forces de droite pendant cette période. Pour fixer les cadres, il faut partir de deux colloques :

[85] *Le gouvernement de Vichy, 1940-1942. Institutions et politiques,* Paris, FNSP, A. Colin, 1972. (Un colloque réunissant historiens et acteurs de Vichy parmi lesquels Jean Borotra, René Belin, François Lehideux...) ; *Le régime de Vichy et les Français,* sous la direction de Jean-Pierre Azéma et François Bédarida, avec la collaboration de Denis Peschanski et Henry Rousso, Fayard-Institut d'histoire du temps présent, 1992. (Essentiel.)

[86] JACQUES DE LAUNAY, *Le dossier de Vichy,* Paris, Julliard, 1967 (contient, comme le veut la collection Archives, toute une série de textes — telle la déclaration Bergery du 10 juillet 1940 — et de listes — telle celle du Conseil national).

[87] DENIS PESCHANSKI, dir., *Vichy, 1940-1944,* Archives de guerre d'Angelo Tasca, Paris, Milan, CNRS, Feltrinelli, 1986. (A la fois des études mais aussi des documents provenant des archives de celui qui, occupant des fonctions officielles au ministère de l'Information de l'État français, fut un observateur privilégié.)
Pour l'interprétation de la période, il faut lire ce qui est devenu aujourd'hui un « classique » :

[88] ROBERT O. PAXTON, *La France de Vichy, 1940-1944,* Paris, Le Seuil, 1973. (Véritable rupture dans l'historiographie de la période.)

[89] YVES DURAND, *Vichy 1940-1944,* Paris, Bordas, 1972. (Remarquable.) Pour le sujet proprement dit, il faut absolument consulter :

[90] STANLEY HOFFMANN, *Essais sur la France, déclin ou renouveau?,* Paris, Le Seuil, 1974. (Important. Voir surtout les chapitres 1 et 2, « la droite à Vichy » et « la collaboration ».)
Dans un tout autre registre :

[91] ALAIN GRIOTERAY, *1940, la droite était au rendez-vous. Qui furent les premiers résistants?,* Paris, Laffont, 1985 (ne se veut pas un pamphlet..., des éléments biographiques sur treize résistants issus de la droite, Pierre de Bénouville, Rémy, d'Estienne d'Orves, Frenay, Loustaunau-Lacau, Marie-Madeleine Fourcade...).
Vichy et surtout les valeurs développées dans ou en marge de l'État français n'ont pas disparu en 1944 :

[92] HENRY ROUSSO, *Le syndrome de Vichy de 1944 à nos jours...,* Paris, Le Seuil, 1987 ; 2e éd., 1990. (Ouvrage très stimulant.)
Pour étudier le personnel politique et la pénétration de la droite dans les institutions, on se reportera à :

[93] EMMANUEL BERL, *10 juillet 1940, la fin de la IIIe République,* Paris, Gallimard, 1968. (Vision de l'intérieur par celui qui fut, un temps, le porte-plume de Pétain. Annexes utiles.)

[94] MICHÈLE COINTET, *Le conseil national de Vichy,* thèse d'État, Université Paris X, 1984, Paris, Aux Amateurs de Livres, 1989. (L'auteur souligne la composante libérale et conservatrice du régime de Vichy. Elle reprend les principales conclusions dans :)

[95] MICHÈLE COINTET-LABROUSSE, *Vichy et le fascisme,* Bruxelles, Complexe, 1987.

[96] OLIVIER WIEVIORKA, « Vichy a-t-il été libéral? Le sens de l'intermède Flandin », *Vingtième siècle,* juillet-septembre 1986, p. 55-65. (Cet article met en cause l'interprétation générale de Michèle Cointet.)

[97] BERNARD COMTE, *L'École nationale d'Uriage, une communauté éducative non conformiste à l'époque de la révolution nationale, 1940-1942,* thèse, Université Lyon II, 2 vol., 1987, publiée sous le titre *Une utopie combattante. L'École des cadres d'Uriage 1940-1942,* Paris, Fayard, 1991. (Une minutieuse reconstitution.)
Concernant les problèmes de l'antisémitisme, il est indispensable de recourir à :

[98] MICHAËL R. MARRUS et ROBERT O. PAXTON, *Vichy et les Juifs*, Paris, Calmann-Lévy, 1981.
Pour analyser l'importance des courants de droite dans la Résistance, il faut glaner son bien dans :

[99] HENRI MICHEL, *Les courants de pensée de la Résistance*, Paris, PUF, 1962. (Une analyse des cinq courants — France libre, mouvements de résistance, giraudisme, communistes et socialistes — définis par l'auteur.)

[100] HENRI MICHEL, *Histoire de la Résistance en France*, Paris, PUF, plusieurs éditions. (L'édition citée est celle de 1969.)

[101] HENRI NOGUÈRES et collaborateurs, *Histoire de la Résistance en France*, Paris, Robert Laffont, 5 volumes, 1967-1981. (Une véritable somme, la Résistance mois par mois.)

[102] JEAN-LOUIS CRÉMIEUX-BRILHAC, *Les voix de la Liberté*, 5 vol., Paris, La Documentation française, 1975-1976. (Textes diffusés par la BBC.)
Pour la collaboration, qui a donné lieu à une littérature abondante, on renverra à :

[103] PASCAL ORY, *Les collaborateurs. 1940-1945*, Paris, Le Seuil, 1976.

[104] PASCAL ORY, *La France allemande*, Paris, Gallimard, 1977. (Deux ouvrages incisifs.)

## La quatrième République.

[105] La publication de *L'Année politique*, interrompue en 1906, a repris en 1945 sous la direction d'André Siegfried et Édouard Bonnefous. C'est une véritable mine pour l'histoire contemporaine. On y trouve, bien entendu, une chronologie détaillée mais aussi de très nombreux documents. Dans le texte, les références sont données de la manière suivante : [105, année, page].

[106] GÉRARD VINCENT, *Les Français, 1945-1975. Chronologie et structures d'une société*, Paris, Masson, 1977. (Un excellent instrument de travail.)
Pour connaître le sort de la droite au sortir du second conflit mondial, il faut consulter :

[107] PETER NOVICK, *L'épuration française, 1944-1949*, Paris, Balland, 1985. (Une histoire au-delà des comptes fantastiques..., le chapitre consacré à l'épuration politique est le plus utile pour le sujet. Si le bilan des exécutions sommaires semble aujourd'hui établi, celui de l'épuration légale doit être réévalué à la hausse. Voir la mise au point d'HENRY ROUSSO, « L'épuration en France. Fonctions, enjeux, bilans », *in* : Klaus Diether Henke und Hans Woller (hg.), *Politische Säüberung in Europa. Die Abrechnung mit Faschismus und Kollaboration nach dem zweiten Weltkrieg*, Munich, DTV, 1991, reprise en français sous le titre « L'épuration : une histoire inachevée », *Vingtième siècle. Revue d'histoire*, n° 33, janvier-mars 1992.)

[108] *La libération de la France*, colloque international de 1974, Paris, CNRS, 1976. (Pour notre sujet, le rapport de Marcel Baudot sur la répression de la collaboration et l'épuration politique est très utile.)

[109] PIERRE ASSOULINE, *L'épuration des intellectuels*, Bruxelles, Éditions Complexe, 1985. (Les responsabilités de l'écrivain.)
La vie politique et parlementaire du pays, et donc de la droite, est bien analysée par des ouvrages de statut différent :

[110] PHILIP WILLIAMS, *La vie politique sous la IV<sup>e</sup> République* (trad. française), A. Colin, 1971. (Une somme.)

[111] JACQUES FAUVET, *La IV<sup>e</sup> République*, Paris, Fayard, 1959. (Une observation fine de la vie parlementaire.)

[112] PAUL MARABUTO, *Les partis politiques et les mouvements sociaux sous la IV<sup>e</sup> République. Historique-Organisation-Doctrine-Activité*, Paris, Sirey, 1948.

Des précisions sur les relations entre les milieux de droite et le monde paysan se trouvent dans Jacques Fauvet et Henri Mendras, dir., *Les paysans et la politique dans la France contemporaine*, Paris, A. Colin, 1958. Les contributions les plus utiles pour le sujet sont :

[113] RAYMOND BARRILLON, « Les modérés, paysans et indépendants paysans », p. 131-147.

[114] JEAN-MICHEL ROYER, « De Dorgères à Poujade », p. 149-206.

Pour les forces modérées, il faut utiliser :

[115] MAURICE DUVERGER, dir., *Partis politiques et classes sociales en France*, Paris, Cahiers de la FNSP, n° 74, A. Colin, 1955. (Pour le sujet, la communication la plus importante est celle de Marcel Merle sur les modérés.)

Sur le mouvement poujadiste, on dispose de :

[116] STANLEY HOFFMANN, *Le mouvement Poujade*, Paris, A. Colin, 1956. (Une enquête à chaud par des politologues, s'intéresse directement aux rapports entre la droite parlementaire et le poujadisme.)

[117] DOMINIQUE BORNE, *Petits bourgeois en révolte? Le mouvement Poujade*, Paris, Flammarion, 1977. (Une très bonne synthèse.)

[118] ANNIE COLLOVALD, « Les poujadistes, ou l'échec en politique », *Revue d'Histoire moderne et contemporaine*, janvier-mars 1989, p. 113-133. (Une étude des parlementaires poujadistes.)

Le mouvement gaulliste a donné lieu à plusieurs études :

[119] CHRISTIAN PURTSCHET, *Le Rassemblement du peuple français, 1947-1953*, Paris, Éditions Cujas, 1965.

[120] PATRICK GUIOL, « Le RPF ou la difficulté de rassembler », *in* Georges Lavau, Gérard Grunberg, Nonna Mayer, dir., *L'univers politique des classes moyennes*, Paris, Presses de la FNSP, 1983, p. 216-240. (Une étude de la mobilisation des classes moyennes.)

[121] JEAN CHARLOT, *Le gaullisme d'opposition, 1946-1958, Histoire politique du gaullisme*, Paris, Fayard, 1983. (Une synthèse très utile.)

L'extrême droite a été étudiée par :

[122] JOSEPH ALGAZY, *La tentation néo-fasciste en France, 1944-1965*, Paris, Fayard, 1984. (Une étude empirique inspirée par les travaux de Zeev Sternhell.)

## Les hommes, biographies, mémoires, souvenirs et réflexions.

Dans ce registre le meilleur et le pire se côtoient.

[123] MAURICE BARRÈS, *Mes cahiers*, vol. 12, *1919-1920*, Paris, Plon, 1949.

[124] MAURICE BARRÈS, *Chronique de la Grande Guerre*, vol. 14, *1919-1920*, Paris, Plon, 1924. (Ces deux ouvrages du député de Paris contiennent des notations précises sur le Bloc national.)

[125] JOSEPH BARTHÉLEMY, *Mémoires, Ministre de la Justice : Vichy 1941-1943*, Paris, Pygmalion, 1989. (Un plaidoyer *pro domo*.)

[126] HENRI BECQUART, *Au temps du silence*, Paris, Éditions Iris, 1945. (Un exemple de conservateur hostile à Vichy bien qu'il ait voté oui le 10 juillet 1940; il était alors secrétaire de la Fédération républicaine.)

[127] GUILLAIN DE BÉNOUVILLE, *Le sacrifice du matin*, Paris, Robert Laffont, 1946. (L'itinéraire d'un dissident de l'Action française.)

[128] JACQUES BENOIST-MÉCHIN, *De la défaite au désastre. I — Les occasions manquées, juillet 1940-avril 1942. II — L'espoir trahi, avril-novembre 1942*, Paris, Albin Michel, 1984 et 1985. (Les mémoires rédigés en 1942-1944 par celui qui fut, entre autres, secrétaire d'État à la présidence du Conseil, chargé des relations franco-allemandes de juin 1941 à juillet 1942.)

[129] ANTOINE MARÈS, *Un siècle à travers trois républiques, Georges et Édouard Bonnefous, 1880-1980*, Paris, PUF, 1980. (De la Fédération républicaine à l'UDSR.)

[130] Colloque de Limoges, novembre 1987, *Une lignée républicaine, les Carnot sous la troisième République*, Limoges, Éditions Lucien Touny, 1989. (Voir en particulier les communications de Gilles Le Béguec et de Rosemonde Sanson.)

[131] YVES GRAS, *Castelnau ou l'art de commander, 1851-1944*, Paris, Denoël, 1990.

[132] DANIEL CORDIER, « De l'acteur à l'historien : un itinéraire et une méthode », *Cahiers de l'IHTP*, n° 35, mars 1989, p. 23-36. (L'auteur évoque l'itinéraire qui l'a amené des Camelots du roi à Londres ; on peut comparer cette évolution à celle d'Henri Frenay qui s'est décrit lui-même comme appartenant à « la droite française, nationaliste, pauvre, patriote et paternaliste ».)

[133] HERVÉ COUTAU-BEGARIE, CLAUDE HUAN, *Darlan*, Paris, Fayard, 1989.

[134] MARCEL DÉAT, *Mémoires politiques*, (éd. Laurent Theis), Paris, Denoël, 1989.

[135] JEAN-PAUL BRUNET, *Jacques Doriot. Du communisme au fascisme*, Paris, Balland, 1986.

[136] DIETER WOLF, *Doriot. Du communisme à la collaboration*, Paris, Fayard, 1969.

[137] MICHEL DEBRÉ, *Mémoires. Trois Républiques pour une France.* I *Combattre.* II *Agir. 1946-1958*, Paris, Albin Michel, 1984-1986.

[138] ROGER DUCHET, *La république épinglée*, Paris, Alain Moreau, 1975. (Des éléments sur le CNIP et des règlements de comptes personnels.)

[139] ROGER DUCHET, *Pour le salut public. Les indépendants devant les grands problèmes nationaux*, Paris, Plon, 1958. (Les articles parus dans *France indépendante* en 1956-1958.)

[140] HENRI FRENAY, *La nuit finira*, Paris, Laffont, 1973. (Les souvenirs de l'un des chefs historiques de la Résistance.)

[141] HENRI DE KERILLIS, *Français, voici la Vérité...*, New York, Éditions de la Maison française, 1942.

[142] JOSEPH LANIEL, *Jours de gloire et jours cruels, 1908-1958*, Paris, Presses de la Cité, 1971.

[143] JEAN DE LATTRE DE TASSIGNY, *Ne pas subir, écrits 1914-1952* Paris, Plon, 1984.

[144] FRED KUPFERMAN, *Laval, 1883-1945*, Paris, Balland, 1987.

[145] J. SHERWOOD, *Georges Mandel and the Third Republic*, Stanford University Press, 1970.

[146] BERNARD FAVREAU, *Georges Mandel. Un clemenciste en Gironde*, Paris, Pedone, 1969. (Sur Georges Mandel voir aussi [167]).

[147] MICHEL TODA, *Henri Massis, un témoin de la droite intellectuelle*, Paris, La Table Ronde, 1987. (Une adhésion totale aux idées du rédacteur de *La Revue universelle*.)

[148] COLONEL PASSY [André Dewavrin], *Souvenirs*, 2 vol., Monte Carlo, Raoul Sollar, 1947.

[149] JACQUES ISORNI, *Mémoires*, t. I, *1911-1945*, t. II, *1946-1958*, Paris, Robert Laffont, 1984-1986.

[150] MARC FERRO, *Pétain*, Paris, Fayard, 1987.

[151] SYLVIE GUILLAUME, *Antoine Pinay ou la confiance en politique*, Paris, Presses de la Fondation nationale des sciences politiques, 1984.

[152] CHRISTIANE RIMBAUD, *Pinay*, Paris, Perrin, 1989.

[153] PIERRE MIQUEL, *Poincaré*, Paris, Fayard, 1961.

[154] GEORGES POMPIDOU, *Pour rétablir une vérité*, Paris, Flammarion, 1982.

[155] PIERRE POUJADE, *J'ai choisi le combat*, Saint-Céré (Lot), Société Gle et des publications, 1955.

[156] PAUL REYNAUD, *Mémoires, Envers et contre tous*, Paris, Flammarion, 1963.

[157] ÉVELYNE DEMERY, *Paul Reynaud, mon père*, Paris, Plon, 1980.

[158] GEORGES RIOND, *Chronique d'un autre monde*, Paris, Éditions France-Empire, 1979. (Des notations intéressantes sur la Légion française des combattants et le Parti républicain de la liberté.)

[159] ANDRÉ TARDIEU, *La Révolution à refaire*. I *Le souverain captif.* II *La profession parlementaire*, Paris, Flammarion, 1936.

[160] LOUIS AUBERT, IVAN MARTIN, MICHEL MISSOFFE, FRANÇOIS PIÉTRI, ALFRED POSE, *André Tardieu*, Paris, Plon, 1957. (Un livre rédigé par des amis de Tardieu.)

[161] MICHEL MISSOFFE, *La vie volontaire d'André Tardieu, Essai de chronologie animée, 1876-1929*, Paris, Flammarion, 1930.

[162] FERNANDE LOUIS MARIN, Mme, *Louis Marin, 1871-1960, Homme d'État, philosophe et savant*, Paris, Imprimerie Jouve, 1973. (Assez peu de chose sur la carrière politique proprement dite.)

[163] HERMAN LEBOVICS, « Le conservatisme en anthropologie et la fin de la troisième République », *Gradhiva, Revue d'histoire et d'archives de l'anthropologie*, n° 4, été 1988 (illustre un aspect peu connu de la vie de Louis Marin, son rôle dans les sciences sociales); du même auteur, cf. également « Louis Marin : The discourse of tradition in French culture », *Historical Reflections. Réflexions historiques*, Winter, 1991, vol. 17, n° 1, p. 45-75.

[164] JEAN-NOËL JEANNENEY, *François de Wendel en République, l'argent et le pouvoir, 1914-1940*, Paris, Le Seuil, 1976. (Une étude minutieuse de l'un des leaders de la Fédération républicaine.)

[165] XAVIER VALLAT, *Le nez de Cléopâtre, Souvenirs d'un homme de droite, 1919-1944*, préface de Charles Maurras, Paris, Les Quatre fils Aymon, 1957.

[166] OLIVIER D'ORMESSON, *François Valentin, 1909-1961*, préface d'Henri Massis, Paris, Berger-Levrault, 1964. (L'itinéraire d'un « national » de Lorraine.)

[167] JEAN-NOËL JEANNENEY, *Georges Mandel. L'homme qu'on attendait*, Paris, Le Seuil, 1991.

## CHAPITRE VI

# 1958-1992
## *Le jeu des institutions*

Dans sa diversité, la droite a toujours exprimé une aptitude inégale à intégrer les catégories de la démocratie libérale. Contre tout ce qui la définissait dans son essence, il lui a fallu raisonner en termes de représentation et donc aussi de clivages et de séparation. Et par là la division l'a gagnée. Si l'on peut aujourd'hui parler de plusieurs droites, c'est bien d'abord à partir d'attitudes diverses à l'égard du jeu représentatif.

Des quatre droites que l'analyse peut aujourd'hui distinguer, seule celle qui prolonge la tradition orléaniste a pleinement intégré cette conception clivée de la politique moderne. Gaullisme, démocratie chrétienne et extrême droite se caractérisent au contraire par leur difficulté à substituer à une conception organiciste de la société une expression purement politique des opinions individuelles. Les adaptations sont diverses : le gaullisme se fonde sur une vision du peuple unifié par l'État-nation pour répudier la division droite-gauche et la légitimité des partis politiques; la démocratie chrétienne accepte l'organisation partisane mais elle manie avec difficulté l'axe gauche-droite qu'elle a du mal à penser et où elle ne trouve pas de position assurée; et l'extrême droite elle-même se divise sur les conciliations possibles entre son extrémisme et la diversité des opinions que postule la démocratie libérale. Malgré ces adaptations reste bien une distribution inégale : d'un côté une droite qui assume pleinement la conception séparée et individualiste de la politique, de l'autre des courants plus fidèles à la pensée unitaire des origines.

Une fracture qui renvoie à la difficulté de la droite à se penser comme telle : par leur refus d'intégrer le paradigme de la politique moderne, le gaullisme, la démocratie chrétienne, l'extrême droite

sont, bien plus que l'orléanisme, attachés à maintenir leur identité hors des catégories inventées par l'adversaire de gauche. Pour eux, la notion de droite n'est pas seulement infamante, elle est tout simplement impertinente.

C'est dire la difficulté de dégager, en violation du discours des acteurs, une qualification objective, l'impossibilité pour l'observateur de fixer autoritairement les frontières. Si, comme on le sait, la droite ne peut pas être définie à partir d'invariants idéologiques, il faut décidément retrouver les discours de qualification et de disqualification, les systèmes de différenciation mutuelle élaborés par les acteurs eux-mêmes. Renonçons donc à trouver une identité objective, à dire ce qu'est la droite, et prenons plutôt ce qui nous paraît être le seul critère de distinction : la frontière que les acteurs délimitent eux-mêmes. De la gauche qui la désigne comme telle, la droite se distingue, non pas par cette désignation acceptée mais par l'acceptation de la différence : l'adversaire c'est bien la gauche. Peut être considéré comme de droite ce qui à la fois est exclu par la gauche et accepte cette exclusion.

Dans cette perspective, on peut légitimement intégrer les quatre courants déjà évoqués à une analyse des droites sous la cinquième République. Non pas pour rechercher des filiations intellectuelles ou organisationnelles, mais pour comprendre leur inscription dans le système politique et leur interdépendance, pour considérer la modification mutuelle de leurs contenus idéologiques dans le cadre d'un système d'alliances et de concurrences. En ce sens, la cinquième République illustre bien la pertinence de la fracture entre deux droites qu'elle intègre dans une problématique institutionnelle.

Toute la cinquième République peut en effet s'interpréter à travers la compétition qui se dévoile entre ces deux lectures — gaulliste et orléaniste — du politique et leur perversion réciproque. A condition toutefois de ne voir dans cette opposition que l'expression de deux types idéaux que la conjoncture historique peut diversement incarner. En s'appuyant sur les institutions, le gaullisme donne son identité à la cinquième République et assure ainsi sa domination sur la tradition libérale. Au moins jusqu'au retour de celle-ci dont la réussite s'apprécie à sa capacité d'investir un régime dont elle n'était pas l'auteur. Avec la conquête de la présidence, puis du gouvernement, c'est une autre lecture d'institutions apparemment identiques qui va prévaloir, des institutions devenues désormais bien commun et dissociées du gaullisme ramené dès lors au rang d'une famille parmi d'autres.

Trois dimensions apparaissent ici significatives : la qualification du régime et la compréhension du parti comme instance de médiation — c'est la question de la démocratie libérale; l'identité des droites dans leur rapport à la gauche et au pouvoir — c'est le problème déjà évoqué de la capacité de la droite à se penser comme telle; le jeu qui se noue entre les diverses composantes de la droite — c'est la question de la pluralité et de l'unification des droites.

Par la place seconde qu'il assigne aux partis et à la représentation parlementaire dans la hiérarchie des pouvoirs, par la promotion d'institutions qui privilégient le rapport direct du chef au peuple saisi dans son unité, le gaullisme, dans son invention de la cinquième République, rompt avec la problématique libérale. Victoire incertaine : dès 1965, on le sait, le gaullisme partisan prend le relais du gaullisme personnel, et après 1969, le régime renoue avec les formes très classiques de la démocratie libérale.

La dénaturation du gaullisme s'opère en trois temps : avec l'échec du projet formulé le 16 septembre 1969 par Jacques Chaban-Delmas de Nouvelle société, il se trouve renvoyé sans équivoque à droite, avec l'élection à la présidence de la République de Valéry Giscard d'Estaing il perd en mai 1974 son identification au pouvoir, avec la création du RPR, en décembre 1976, il accepte pleinement le mécanisme de la médiation partisane.

Au moment même où la droite perd le pouvoir, elle revendique pour la première fois l'appellation de droite. La coïncidence n'est pas fortuite : sous la cinquième République totalement assimilée au pouvoir, la droite se révèle incapable de s'identifier à l'opposition. A la différence de la gauche qui, pleinement inscrite dans la société, peut durablement exister sans investir l'État, la droite ne peut se concevoir hors du pouvoir. Plus exactement, elle doit alors développer une autre conception des rapports entre politique et social. S'appuyant par exemple sur le clivage pleinement légitime gouvernants-gouvernés, elle peut désormais jouer sur l'association implicite gouvernants-dominants, gouvernés-dominés pour tirer de son passage dans l'opposition une légitimité populaire que le terme même de droite l'empêchait jusqu'alors de revendiquer. Contre la gauche gouvernante et implicitement dominante elle peut apparaître comme le porte-parole du peuple.

C'est aussi par là que l'on peut comprendre les modalités d'apparition et de disparition de l'extrémisme. Naturellement populiste, l'extrême droite peut disputer à la droite instituée la place que la gauche a abandonnée, et elle peut le faire avec des atouts qu'elle est seule à droite à posséder : parce que d'abord

protestataire, le pouvoir de gouverner lui est par définition étranger. Elle peut donc avec un naturel interdit à la droite instituée prétendre à représenter le petit.

Une telle mutation n'implique pourtant pas renonciation à l'identité originelle : au pouvoir, la droite pouvait prétendre incarner l'unité de la France; dans l'opposition, elle doit retrouver autrement la France, exprimer autrement son refus de la division. De manière métonymique en somme, elle exprime par le recours au thème de l'union des droites sa référence identitaire à l'unité. On peut ainsi mieux comprendre la pertinence des clivages qui se creusent sous la cinquième République. Lorsque la droite est au pouvoir, prime ce qui distingue ses différentes composantes; lorsqu'elle est dans l'opposition, importe d'abord ce qui l'oppose à la gauche.

Les trois dimensions retenues — l'imposition d'une problématique libérale, le rapport de la droite au pouvoir, son refus de la division — éclairent la signification d'un découpage chronologique en trois périodes : 1958-1969, 1969-1981, 1981-1992. De manière générale, les césures correspondant à des élections présidentielles soulignent d'abord l'importance du rapport au pouvoir. Plus précisément, 1969 date le début de la contamination du gaullisme par le libéralisme politique, et 1981 le ralliement obligé mais impensé de la droite à la problématique conflictuelle du politique.

## I. LES DROITES ET LE RÉGIME

Que 1958 soit un compromis et qu'il se scelle par l'unanimité des rémissions muettes et des ralliements attentistes, tout l'indique depuis le vote d'investiture du gouvernement de Gaulle le 1er juin — partageant la gauche mais unifiant la droite —, jusqu'à la composition de ce même gouvernement dans lequel, après les nominations de juillet, les différentes familles de la droite parlementaire sont représentées également. Ce compromis sur le nom du général de Gaulle ne permet pas aux droites de se distinguer entre elles alors pourtant que les positions des indépendants et des républicains populaires apparaissent divergentes sur la politique

d'outre-mer comme sur la politique économique et sociale. Seule prime la problématique gaulliste sans que l'on sache d'ailleurs précisément quels contenus politiques elle dévoilera. Dans sa déclaration d'investiture le général de Gaulle, rappelant la dégradation de l'État et la menace qui pèse sur l'unité française, demande que l'Assemblée nationale donne au gouvernement sa confiance, lui accorde les pleins pouvoirs pour réformer les institutions et se mette aussitôt en congé, mais aucune voix ne se lève à droite pour réclamer des garanties ou exiger un programme.

Si le gaullisme impose ainsi la primauté de sa problématique, c'est sans doute qu'aucune des autres composantes de la droite ne considère alors que son identité est en jeu dans l'affaire algérienne et la réforme institutionnelle. Le paradoxe étant ici que, sans doute en raison partiellement des ambiguïtés de la politique gaulliste, les droites mêlent dans la confiance au Général des attentes tout à fait contradictoires quant à la politique algérienne et ne voient pas que le développement complet de la logique gaulliste les conduira à redéfinir leur identité politique et à se battre pour la maintenir. Le gaullisme impose ainsi sa problématique parce que le pouvoir lui est abandonné mais aussi parce que les autres composantes de la droite trouvent aisé de bénéficier de la dynamique nouvelle et d'associer ainsi leur identité à l'œuvre à venir et aux réussites espérées du nouveau pouvoir.

Peut-être n'est-il donc pas juste de parler de ralliement en 1958 de toutes les droites au général de Gaulle dans la mesure où celui-ci n'a pas dévoilé complètement ou précisément sa politique à venir, dans la mesure aussi où celles-là n'ont encore rien à défendre, rien à exiger et pas de transactions même à proposer. Voilà pourquoi, dans l'unanimité apparente de 1958, les droites ne sont perceptibles que par défaut : des questions cruciales doivent sans doute être réglées, mais sur aucune d'elles, semble-t-il, l'identité même des acteurs ne se trouve mise en jeu.

## 1958-1962 : LE RÉGIME SANS LES DROITES

Entre l'unanimité feinte ou subie de 1958 et la séparation assumée de 1962 s'étend une période de différenciation progressive des composantes de la droite, une période dans laquelle se dévoile au gré des événements, des affrontements et des détachements les

enjeux constitutifs des identités politiques au principe de chaque tradition. Dans cette période s'effectue ainsi une décantation de l'unanimité initiale comme en témoigne d'abord la fréquence des démissions gouvernementales liées à des désaccords politiques[1], sans pourtant qu'aucun des soutiens partisans majeurs de la droite vienne à manquer au gouvernement gaulliste. Sur les deux enjeux principaux que le nouveau pouvoir affronte en 1958 — la question algérienne et la question institutionnelle — les droites se fondent et ne se séparent pas. Certes l'abandon de l'Algérie française jettera dans l'opposition nombre d'individualités qui avaient d'abord suivi le général de Gaulle à partir de positions ultra-nationalistes, mais la majorité parlementaire n'éclatera pas sur cette question. De même en 1958, sur la question du régime, la droite tout entière se rassemble autour des positions gaullistes ou, plus exactement peut-être, derrière la personne du général de Gaulle. Ce n'est que sur la réforme constitutionnelle qui parachève en octobre 1962 l'édifice politique nouveau et pousse à son terme la logique d'une présidence concurrente et victorieuse de la représentation parlementaire que les droites non gaullistes redécouvrent leur identité propre et l'intransigeance qui doit l'accompagner.

## Unanimité et partis

Puisque, sur le plan électoral, la période 1958-1962 est d'abord marquée par les succès référendaires en septembre 1958 sur l'approbation de la constitution (85 % de participation, presque 80 % de oui), en janvier 1961 sur l'autodétermination de l'Algérie (plus de 75 % de oui), puis en avril 1962 sur les « accords d'Évian » (90 % de oui) et en octobre 1962 sur l'élection du président de la République au suffrage universel (77 % de participation, 62 % de oui), c'est une logique plus unanimiste que majoritaire qui domine, dans laquelle les droites peuvent cacher ou décider d'ignorer ce qui profondément les divise. De l'unanimité de septembre 1958 à la division d'octobre 1962 les détachements successifs de l'extrême droite puis de la droite modérée laisseront le gaullisme seul et enfin identifiable. Il aura divisé les formations de droite, jouant le rôle d'analyseur, révélant les clivages significatifs et les identités fondatrices; il aura aussi rassemblé beaucoup mieux qu'aucune force antérieure l'électorat conservateur, condamnant les autres droites à choisir entre la position de dominé au sein du bloc majoritaire ou l'exclusion pure et simple du jeu électoral.

Quelles que soient par ailleurs leurs positions respectives sur les politiques à mener, les formations de la droite classique n'ont au départ qu'à se fondre dans la dynamique ouverte par le retour du général de Gaulle et à revendiquer le capital de confiance que celui-ci semble posséder dans l'opinion. Les 80 % de oui qui ratifient la constitution transcendent les clivages traditionnels de l'électorat. La géographie du non ne rappelle que celle de l'implantation communiste de 1946 et 1951 et à un niveau sensiblement inférieur; en revanche, si le oui est d'abord situé dans les zones traditionnelles de force de la droite — France de l'Ouest et de l'Est, Gironde, Basses-Pyrénées, Haute-Loire —, il l'emporte en réalité dans tous les départements sans exception. On peut reconnaître à l'issue du scrutin les vrais vaincus — l'extrême gauche qui a préconisé le non —, mais il est plus difficile d'identifier les vainqueurs qui s'étaient abrités derrière le général de Gaulle.

L'enjeu pour la droite est identique mais plus difficile lors des élections législatives de novembre. Il s'agit de transformer l'essai du 28 septembre en avançant ici à découvert sans le soutien du général de Gaulle qui refuse que son nom soit utilisé « même sous la forme d'un adjectif » par les candidats en concurrence. On assiste alors au premier affrontement entre les composantes de la droite sur l'utilisation de la victoire gaulliste aux fins propres de chacune.

L'Union pour la nouvelle République a été créée le 1er octobre. Il s'agit au départ d'une union *a minima*, simple fédération de cinq groupements gaullistes sans vocation à constituer un parti, dont le but officiel est d'éviter « que les mouvements gaullistes présentent plusieurs candidats dans la même circonscription[2] ». Pourtant dans la querelle des alliances qui se noue très vite entre l'UNR et les indépendants, il ne s'agit que de se distinguer par rapport à l'onction gaulliste, que celle-ci soit implicite ou non.

Ce que l'UNR doit alors refuser, c'est d'une part que le crédit attaché à la personne du général de Gaulle puisse profiter à d'autres formations et, d'autre part, que le gaullisme puisse être identifié à la droite classique. En d'autres termes, au-delà de l'unanimité de façade, débute dès les premières élections législatives de la cinquième République le long travail d'assimilation et de différenciation des droites qui doit permettre à chacune de conserver le privilège du pouvoir et le bénéfice de l'assentiment donné par l'opinion au nouveau régime, sans pourtant qu'il y ait, d'aucune part, une transaction sur l'identité, un ralliement aux positions de l'autre.

Cette stratégie donne des résultats plutôt satisfaisants pour les

partis et les candidats qui l'ont adoptée. Avec 8 % des inscrits, le score du MRP est remarquable puisqu'il maintient à peu près le nombre de voix obtenu en 1956 alors qu'il ne présente des candidats que dans 249 circonscriptions, soit 56 % (contre 91 % en 1956) des inscrits de la France entière. Les modérés représentent 16 % du corps électoral, un gain de plus du tiers sur les suffrages obtenus en 1956. Ils ont subi des pertes au profit du gaullisme dans leur électorat traditionnel mais ils les ont compensées, et bien au-delà, par l'apport d'anciens électeurs poujadistes. Le succès qui au premier tour fait des indépendants la première force électorale de France est d'autant plus important qu'il est réalisé alors que la nouvelle formation gaulliste parvenait à rallier plus de trois millions et demi de suffrages. Celle-ci atteint au deuxième tour plus de 14 % des inscrits, retrouve l'influence que le RPF avait connue en 1951 et perdue en 1956, et devance nettement la droite classique. Son influence géographique déborde très largement la répartition des suffrages RPF qui n'avait que médiocrement réussi au sud de la Loire. L'enseignement le plus remarquable de ce premier scrutin législatif est donc que « la vague gaulliste coïncide avec une progression très notable de la droite classique et qu'elle se confond en partie avec elle, soit que les électeurs aient cru les modérés aussi gaullistes que les candidats de l'UNR, soit qu'ils n'aient vu dans cette dernière qu'une forme particulière du conservatisme classique[3] ».

Quels qu'en soient les motifs profonds, au-delà de la confusion née de ce gaullisme affiché par toutes les familles de la droite et des bénéfices que chacune d'entre elles a pu en tirer, il reste qu'un parti gaulliste est né à l'occasion de ces élections législatives, apparemment en dehors de la volonté de son inspirateur, sinon contre elle[4]. On sait que jusqu'aux élections législatives de 1962 le chef de l'État manifestera un refus constant de prendre parti en faveur de quelque groupe politique que ce soit, négligeant par exemple de considérer que l'échec des gaullistes aux élections municipales de 1959 puisse, même de loin, le concerner. L'identité de l'UNR est ainsi profondément problématique de 1958 à 1962. La seule légitimité dont elle se réclame est celle de la fidélité au général de Gaulle, mais c'est une légitimité que celui-ci lui refuse. D'où cette « condamnation » dont parle Albin Chalandon en avril 1959 qui pèse sur ce parti à l'identité improbable et au programme impossible. L'UNR est condamnée à « soutenir les gouvernements quels qu'ils soient, à être le pivot des majorités qui se constitueront[5] ». Force de soutien plus que de conquête, on ne lui demande rien et elle n'a rien à

proposer. Un parti se définit habituellement par sa vocation à élaborer des programmes, à conquérir le pouvoir, à mettre en œuvre des politiques. Aucune des fonctions inhérentes à cette nature n'est envisageable pour l'UNR qui, en l'absence d'une autorité issue de la logique représentative, ne trouve d'être que dans la métaphore militaire[6].

Dans les quatre premières années de la cinquième République les difficultés de l'UNR à trouver une identité et une vocation propres se révèlent moins dans ses rapports au général de Gaulle que dans son attitude à l'égard du gouvernement de la France. Si la fidélité de la nouvelle formation ne fait pas de doute, il lui faut toutefois concevoir et réaliser son rôle de soutien à l'action gouvernementale et en marquer les limites compatibles à la fois avec sa vocation de parti politique, relais entre le pays et le pouvoir, et avec la latitude d'action légitime de ses représentants au Parlement.

Il est assez clair qu'il est dans la nature de la droite de s'identifier au pouvoir. Moins sans doute en raison de la légitimité pour elle pérenne de l'ordre des choses que de sa passion de l'unité et de son impossibilité à penser la division ou même la différence. La droite gaulliste peut réellement, en ces débuts de la cinquième République, incarner l'unité à laquelle toute la droite aspire toujours mais à laquelle le gaullisme a donné un contenu politique positif, largement dégagé des obscurités métaphysiques et des silences originels de la tradition. Elle le peut d'autant mieux qu'elle est identifiée au chef de l'État, à la constitution et au régime nouveau et, qu'à condition de tenir jusqu'au bout l'équation UNR = de Gaulle, l'unanimité révélée ou créée par la dynamique référendaire est de nature à établir son autorité sur une autre image que celle du parti, forcément associée à l'idée de partiel, de fractionné et de partial. Mais quelle que soit l'orientation de sa doctrine, la formation nouvelle ne peut éviter les effets de la dynamique représentative et des forces centrifuges qui travaillent toute organisation politique.

L'UNR se partage ainsi sur le rôle qui lui revient dans les nouvelles institutions et il n'est pas indifférent de noter que, dans l'opposition qui se fait jour en son sein, les velléités d'indépendance à l'égard du pouvoir soient plutôt l'expression des parlementaires dont la fidélité au général de Gaulle n'est pourtant pas en cause. Dans l'opposition qui divise alors l'UNR se dévoile la contradiction entre l'exigence de soutenir le pouvoir et celle de représenter l'opinion. Comme si le gaullisme révélait par là, dans la difficulté à penser le parti entre le pouvoir et le pays, ce que sa prétention à

incarner l'unité du peuple a de fallacieux dès que l'on quitte la rencontre unique d'un homme et d'un peuple en son histoire, pour s'engager dans les voies communes du gouvernement des hommes et de la gestion des choses.

Les deux premiers scrutins de la cinquième République se soldent donc par une victoire ambiguë de la droite dans laquelle toutes les composantes du bloc conservateur ont pu tirer profit du crédit que leur gaullisme supposé leur ouvrait dans l'opinion. Un premier conflit va s'ouvrir à partir du 16 septembre 1959 entre la droite coloniale et le général de Gaulle lorsque celui-ci affirme pour la première fois ouvertement sa préférence pour une politique de décolonisation. Il sera sanctionné par la défaite des partisans de l'Algérie française aux référendums de janvier 1961 et d'avril 1962.

### L'élimination de la droite coloniale

L'unanimité dont la droite accompagne le retour du général de Gaulle aux affaires tient pour beaucoup à l'acuité des problèmes qui se posent alors et à l'incapacité dans laquelle elle se trouve de les résoudre. Mais elle est aussi certainement liée à l'indétermination sinon des principes de la politique gaulliste, du moins de ses modalités d'application et de l'ampleur de ses développements. Sur les deux questions qui exigent de la communauté politique un règlement radical — les institutions et l'Algérie —, il est possible à chaque composante de la droite de projeter des attentes contradictoires et de voir dans la solution gaulliste l'incarnation de ses propres positions.

La question algérienne qui apparaît pourtant en 1958 comme la plus cruciale ne conduira pas à une crise de régime et n'entraînera pas non plus de bouleversements profonds et définitifs dans le camp des droites, comme si cette question perdait à mesure que le pouvoir s'en emparait sa charge symbolique pour retrouver les contours d'un simple problème politique.

Le discours du 16 septembre 1959 dans lequel le général de Gaulle promet l'autodétermination aux Algériens sert de catalyseur, révélant les clivages qui traversent indépendants et gaullistes. Ceux qui ont appuyé le chef de l'État parce qu'ils voyaient en lui le seul artisan possible de l'intégration expriment aussitôt leur inquiétude devant le cours nouveau des événements et l'orientation que semble prendre sa politique algérienne. Un nouveau Rassem-

blement pour l'Algérie française se constitue trois jours après la déclaration présidentielle autour des parlementaires gaullistes ou indépendants qui veulent marquer leur opposition totale au processus maintenant envisagé. Mais l'important est bien ici que les formations elles-mêmes ne changent pas de position. Le bureau du groupe indépendant et paysan réitère son appui total au général de Gaulle, « président de la République, notre arbitre à tous », plaçant sa confiance dans l'issue des consultations, croyant ou feignant de croire que celles-ci « ne pourront qu'attacher davantage la France de la métropole et l'Algérie française ». L'UNR de son côté, après de difficiles débats internes, renouvelle son approbation sans réserve au processus engagé, rappelle à chaque député son engagement de soutenir l'action du chef de l'État et la nécessité s'il s'en délie de remettre son mandat aux électeurs.

En quelques jours les positions de la droite sur l'Algérie doivent se clarifier parce que les positions gaullistes se découvrent; mais pourtant celles-ci ne changent pas le rapport des forces que l'unanimité référendaire de 1958 avait mis en place. Ce ne sont désormais que des individualités — dont Jacques Soustelle, un des fondateurs du Rassemblement — et des groupements *ad hoc* qui, sur la question algérienne, vont entrer en opposition avec le gaullisme et se trouver rejetés dans la dissidence extrémiste. La politique algérienne du gouvernement produit ainsi une décantation au sein de la droite : ceux dont le combat pour l'Algérie française constitue une composante irréductible de leur identité politique sont contraints de quitter non seulement la majorité, non seulement le régime mais également la droite modérée dans laquelle ils pouvaient jusqu'alors nidifier. La ligne de partage passe désormais, et pour quelques années encore, entre les droites constituantes et l'extrême droite coloniale. Dès la fin de 1960, le choix de l'UNR est clair : il s'agit d'accepter et même de susciter le départ de ses adhérents dont la position sur la politique algérienne pourrait entraîner de leur part « une fidélité à éclipses ». C'est qu'ici décidément l'identité ne tient pas dans un contenu politique précis mais dans une allégeance explicite et inconditionnelle au général de Gaulle.

Du côté des indépendants, les positions sont évidemment moins nettes. Le CNI est la seule formation qui, pendant la période que nous considérons, affirme simultanément ou tour à tour d'une part son soutien au général de Gaulle et sa place dans la majorité parlementaire, d'autre part son attachement à l'Algérie française, réalisant en quelque sorte, dans la vie même de l'organisation, les principaux clivages qui travaillent alors la droite française. Cette

position qu'il était facile de tenir jusqu'en 1960 devient pour le moins instable à partir du moment où le général de Gaulle arrête les lignes à venir de sa politique algérienne et en dévoile plus que des linéaments. Mais le Centre des indépendants est moins que tout autre une formation structurée et cohérente : on peut donc considérer que cette incohérence fut un atout qui lui permit, sans crise majeure jusqu'à l'automne 1962, de bénéficier de la légitimité que lui assurait dans l'opinion modérée son soutien au régime et dans l'opinion ultra son appui à l'intransigeance intégrationniste.

Cette position ne résulte pas d'une volonté stratégique mais est le fruit involontaire de la coexistence au sein de la formation de plusieurs tendances dont la spécialisation des ressources empêche chacune de parler sans défaut au nom de toute l'organisation. Si l'on excepte un bloc de députés et de sénateurs qui, dans l'ignorance des positions exactes du gouvernement ou des intentions de l'armée, s'abstient de prendre parti publiquement, les indépendants sont divisés entre ceux qui, tel Valéry Giscard d'Estaing, placent leur appui au général de Gaulle avant toute autre considération et ceux comme Jean-Marie Le Pen pour lesquels le but à atteindre, avec ou sans le général de Gaulle, est et demeure plus que jamais le maintien de l'Algérie dans le territoire français. Au référendum d'avril 1962 où le CNI ne donne pas de consignes de vote, le parti se partage entre les trois positions du oui, du non et de l'abstention.

On le voit, l'essentiel de la lutte menée par les ultras en faveur du maintien de l'Algérie française se fait à l'extérieur des organisations composant la majorité parlementaire. Des exclusions ou des démissions à l'UNR comme chez les indépendants, mais pas de scission. La question algérienne fut sans doute la plus difficile et la plus dramatique de ces années-là, celle qui semblait à la fin de la quatrième République faire le plus simplement l'unanimité des droites. Elle fut résolue dans un sens contraire aux premières convictions sans que l'organisation du bloc conservateur en soit fondamentalement bouleversée. Même si les positions dites ultras furent représentées au Parlement, elles n'allèrent pas dans ce cadre jusqu'à troubler profondément l'ordonnance des droites ni les contours de la majorité.

C'est dans quelques mouvements et publications dont l'importance ne tient pas d'abord au nombre des militants ou aux chiffres des tirages[7] que l'extrême droite exprime à cette date avec une violence et une passion qu'elle ne retrouvera jamais plus par la suite quelques-uns de ses motifs permanents alors peut-être plus riche-

ment orchestrés en raison de l'ampleur dramatique que leur donne l'enjeu du moment.

La position *a minima* des partisans de l'Algérie française s'articule autour du thème de la parole donnée, autour de l'évidence que l'Algérie fait partie intégrante du territoire français, donc de l'inconstitutionnalité de la déclaration du 16 septembre 1959 sur l'autodétermination et des référendums d'avril 1961 et avril 1962. Mais un élément vient donner aux positions de la plupart des partisans de l'Algérie française la couleur propre à une thématique traditionnelle de l'extrême droite : l'anticommunisme. Ainsi Jacques Soustelle s'emploie-t-il, notamment après son exclusion de l'UNR le 25 avril 1960, à replacer le conflit algérien dans la lutte globale entreprise par le communisme pour conquérir le tiers-monde. Sceptique sur la possibilité de réaliser l'Europe de l'Atlantique à l'Oural, il pense que l'Europe libre doit se transformer en Eurafrique, d'où la nécessité vitale de conserver la plate-forme algérienne. Dans le cadre de cette stratégie de défense nationale, il appelle à la lutte contre les infiltrations communistes et défaitistes dans l'Université, la presse, la radiodiffusion ou le cinéma (conférence des Ambassadeurs, 2 juin 1960). C'est un axe thématique que développent à l'envi les plus intransigeants des porte-parole de l'Algérie française comme Jean-Louis Tixier-Vignancour, Jean-Marie Le Pen ou Jacques Isorni qui adhèrent dès sa création au Front national pour l'Algérie française. Le ton du manifeste accompagnant la présentation du mouvement le 7 juillet 1960 est assez violent et insère le thème anticommuniste dans le cadre d'une problématique de l'union nationale, du patriotisme et du salut public.

Avec plus de force encore, la défense de l'Algérie française peut être associée non pas seulement à l'anticommunisme nationaliste, mais à la croisade que l'Occident chrétien se doit de mener face au marxisme et au panarabisme. C'est le point de vue du traditionalisme ou de l'intégrisme catholique qui cherche des fondements théologiques à sa révolte et, afin de plaider la légitimité du tyrannicide, doit articuler l'essentiel de son argumentation autour de la trahison et du mensonge dont le général de Gaulle se serait rendu coupable, devenant ainsi le complice objectif de l'erreur matérialiste et du vice totalitaire. Certains voient dans la lutte en faveur de l'Algérie française le combat récursif de la contre-révolution contre l'esprit de 1789, et inscrivent la politique d'auto-détermination dans un vaste plan qui tend à détruire la religion, la famille et la patrie ; d'autres espèrent instaurer un ordre corporatif

illuminé par les principes de la civilisation chrétienne [97, p. 77-79].

L'extrême droite n'a pas été fédérée par le combat pour l'Algérie française. Les rivalités d'hommes et de tendances sont, dans ces franges groupusculaires et intransigeantes, trop profondes pour conduire à un regroupement cohérent des forces, même autour d'un enjeu aussi clair que la résistance à la décolonisation. L'anti-gaullisme, largement fondé sur « les rancœurs de Vichy » et alimenté chez certains par l'opposition à une République laïque, donnait pourtant un élan supplémentaire à l'unanimité du combat en faveur du maintien de la présence française en Afrique. Mais la gravité des enjeux, la profondeur des engagements personnels et la violence des actions entreprises ne peuvent pallier l'infirmité que constitue pour une certaine droite le refus du cadre libéral de la compétition politique. Dans une conjoncture aussi favorable que celle des années 1960-1962, l'extrême droite ne parvient pas à rassembler deux millions de suffrages. Le non au référendum d'avril 1962 — 1 800 000 sur 20 millions de suffrages exprimés — permet d'isoler, pour la première fois depuis les débuts de la cinquième République, les suffrages de l'extrême droite. Les zones de force du non concernent le Bassin parisien, le Bassin aquitain et la basse Provence. Comme le notent Alain Lancelot et Jean Ranger, les limites de l'implantation du non au référendum du 8 avril 1962 marquent l'échec relatif de l'extrême droite qui a pu pourtant bénéficier du mécontentement de catégories sociales menacées dans leur existence. « Cette protestation professionnelle rejoint, par-delà le mouvement Poujade, les thèmes du mouvement "paysan" de l'entre-deux-guerres, comme l'ultracisme algérien recoupe en fait la lutte contre la démocratie : la tradition l'emporte ainsi dans cette opposition à la décolonisation qui n'excède guère les dimensions habituelles de l'extrémisme de droite dans le corps électoral français[8]. »

L'extrême droite ne parvint en réalité à dépasser les limites de son influence traditionnelle que lorsqu'elle réussit, comme lors des élections de 1956 ou à partir de 1984, à drainer un sentiment d'inquiétude du plus grand nombre dans un contexte de problèmes économiques et sociaux et de méfiance généralisée envers les partis représentant le système. En effet, lors de l'élection présidentielle de 1965 où Jean-Louis Tixier-Vignancour axe sa campagne sur l'alliance de l'Algérie française, du poujadisme et du vichysme, se place sous la devise « Dieu et patrie » et mobilise l'antigaullisme le plus cru, les suffrages de l'extrême droite dépassent à peine 4 % des

inscrits et se trouvent largement concentrés dans les départements du Sud-Est méditerranéen, du Languedoc et du Sud-Ouest.

Avec le règlement de l'affaire algérienne et la marginalisation de l'extrême droite s'est donc effectuée une première décantation de l'unanimité apparente des forces. La véritable bataille a déjà commencé qui oppose, autour de l'enjeu représentatif, la droite libérale et le gaullisme.

*La droite parlementaire entre l'intégration et le refus*

La crise de l'automne 1962 générée par le projet d'élection du président de la République au suffrage universel et la victoire de la majorité gaulliste aux élections législatives de novembre 1962 marquent sans doute l'épisode majeur de l'histoire des droites sous la cinquième République. Non pas que, l'action de réforme institutionnelle voulue par le général de Gaulle s'achevant, naisse alors un processus de bipolarisation droite-gauche que le deuxième tour de l'élection présidentielle au suffrage universel direct confirmera, mais bien davantage parce que se révèle le profond divorce qui sépare le gaullisme de la droite modérée.

C'est à l'automne 1962 que se brise l'unanimité du bloc conservateur construit en 1958 autour de la réforme institutionnelle et de la question algérienne confiées l'une et l'autre à un homme beaucoup plus qu'à une tendance de l'esprit public français. C'est à l'automne 1962 que surgit l'enjeu fondateur des différences — le rapport au pouvoir, à la délégation et à la souveraineté —, que se révèle ainsi l'identité inconfondable de chaque composante de la droite, et que commence dès lors un processus non seulement de séparation mais de lutte qui ne peut conduire qu'à l'élimination de l'une par l'autre. 1962 marque apparemment la victoire du gaullisme et met en place le début d'une bipolarisation de la vie politique dont l'élection présidentielle de 1965, les élections législatives de 1967 et 1968 et le référendum de 1969 seront les principales étapes; 1962 annonce en réalité la prééminence pour de longues années du clivage entre droite orléaniste et droite gaulliste dont les présidentielles de 1969 et 1974 et les législatives de 1978 seront les manifestations les plus flagrantes.

Le gaullisme n'est pas une idéologie. La pensée du général de Gaulle ne constitua jamais une doctrine élaborée et systématique. Sur un petit nombre de postulats et de convictions, une politique et une pragmatique se révélèrent dont il est seulement possible après

coup de recomposer les origines intellectuelles et philosophiques. C'est plutôt à partir de l'action entreprise et des paroles qui, avec ou sans délai, ne manquèrent jamais de l'accompagner que l'on peut identifier un certain nombre de traits distinguant le gaullisme du libéralisme classique tel que l'incarnèrent les principaux représentants de la droite modérée. Il n'est pas dans notre propos de repenser la nature du gaullisme — évoquée dans un autre chapitre de cet ouvrage — notamment au regard des catégories de la droite et de la gauche. Il suffit ici de rappeler combien la pensée du général de Gaulle, et dès lors l'inspiration de la droite constituante sous la cinquième République, est éloignée des conceptions traditionnelles du libéralisme notamment au regard de l'enjeu politique majeur que figurent l'autonomie gouvernementale et le pouvoir de la représentation. Si à l'égard du rapport à la société il est évidemment possible de rattacher le gaullisme au catholicisme social[9], les positions gaulliennes sur les rapports au pouvoir et l'organisation de celui-ci sont moins aisées à caractériser. Celles-ci puisent certes à la pensée réformatrice des droites autoritaires, que l'on songe au traditionnel bonapartisme plébiscitaire ou au révisionnisme étatiste des années trente[10], mais également aux élaborations de Carré de Malberg et de Capitant et donc, au-delà, à un certain démocratisme jacobin, profondément méfiant à l'égard de la représentation et des corps intermédiaires.

On s'accorde assurément à reconnaître plusieurs sources doctrinales à la constitution de la cinquième République, notamment la « monarchie républicaine » et le parlementarisme néo-libéral de Michel Debré ou le présidentialisme référendaire de René Capitant ; de même, dans son article 3, la constitution de 1958 rappelle les deux voies d'expression de la souveraineté ; c'est toutefois l'interprétation démocratique de la constitution qui l'emporte en 1962 sur l'interprétation représentative[11] et c'est sur cet enjeu précis que se joue le combat entre les droites. En effet, on a pu parler de « cartel des non » au référendum d'octobre 1962 tant l'origine des forces rassemblées dans l'opposition était profondément hétérogène. Il est aisé de considérer que le clivage majeur de la vie politique sépare, lors de cet épisode, les partis de jadis et la classe politique dans son ensemble d'une part, le général de Gaulle, d'autre part, enfermé seul dans une conception autoritaire et « personnelle » du pouvoir. Pourtant, ce que révèlent les thèses gaullistes et l'opposition qu'elles suscitent, c'est bien autre chose que l'antagonisme entre l'idée démocratique et le principe d'autorité qui, dans certaines périodes de crise, semble surdéterminer

l'opposition droite-gauche et constituer à l'intérieur de chaque camp, la ligne de partage des forces. A l'automne 1962, tous les courants politiques s'opposent au gaullisme dans son entreprise de révision de la constitution mais c'est entre les droites que l'enjeu représentatif va opérer comme révélateur des identités.

Pour le général de Gaulle, « la démocratie se confond exactement avec la souveraineté nationale. La démocratie c'est le gouvernement du peuple, par le peuple, et la souveraineté nationale, c'est le peuple exerçant sa souveraineté sans entrave[12] ». Les libéraux comme les démocrates ont toujours considéré que la source de la souveraineté se trouvait dans le peuple mais ils se sont opposés dès les premières années de la Révolution française à propos de la qualification de la représentation comme détentrice ou non, dans l'activité délibérante, de la souveraineté initiale[13]. Et ici le choix du gaullisme est clairement contre le libéralisme originel, et en faveur de la démocratie. Le général de Gaulle refusait l'idée selon laquelle le peuple n'est souverain qu'en tant qu'il délègue « ses droits et jusqu'à son libre arbitre » à ses représentants, conduisant ainsi à ce credo libéral selon lequel « la souveraineté réside dans le peuple mais le peuple ne doit jamais l'exercer » [118, t. 3, p. 390]. Dans la conception de Carré de Malberg — que le général de Gaulle fait sienne —, « le Parlement se trouve ramené au rang de simple autorité : il ne représente plus la volonté générale que pour chercher et proposer l'expression qu'il convient de donner à celle-ci, il ne remplit ainsi qu'un office de fonctionnaire. Le véritable souverain, c'est alors le peuple, armé des moyens juridiques de statuer en dernier ressort[14] ». C'est bien le contrat qui fonde la démocratie, et dès lors, la véritable démocratie n'est réalisable que sous la forme de la démocratie directe. L'usage répété que fit le général de Gaulle du référendum assorti de la question de confiance personnelle fut l'expression la plus claire de ce contrat et de cette conception de la démocratie directe.

Il est un dernier trait par lequel la conception gaulliste des institutions s'éloigne de la théorie du gouvernement représentatif telle que l'ont conçue les libéraux et se rapproche du démocratisme jacobin, c'est la conception de l'intérêt général incarné par l'État. Au-delà des hésitations que manifesta la doctrine pour caractériser le régime de la cinquième République — semi-parlementaire ou semi-présidentiel ? —, l'important est sans doute que celui-ci associe deux logiques opposées dans l'histoire politique française, celle de la représentation et celle de l'incarnation. La logique représentative est pleinement exprimée dans la reconnaissance du rôle des

partis politiques et dans la réaffirmation du pouvoir de délibération
et de contrôle du Parlement que développe la constitution de 1958.
Et dans le même temps, il est instauré un pouvoir d'État qui,
au-delà de la représentation des intérêts particuliers, des clivages
sociaux et des courants d'opinion, permet l'expression de la nation
en tant que collectivité et fait valoir cet intérêt général qui seul
assure l'inscription historique et la pérennité de l'unité du peuple.

« Rien n'est capital autant que la légitimité, les institutions et le
fonctionnement de l'État », rappelle le général de Gaulle[15]. Ce
dernier terme a évidemment une acception autre que la simple
organisation juridique de la nation. L'État est autorité et doit, dans
l'exercice de la puissance, exprimer son autonomie à l'égard de la
nation. La société est certes représentée dans la démocratie libérale
et la nation s'exprime par la voix de ses représentants, mais la
nation doit aussi être construite et un pouvoir unique doit incarner,
au-delà des contingences et des clivages, son unité et sa permanence. C'est le rôle de l'État que d'assurer la continuité et l'unité
de la nation et l'on comprend que dans les rapports entre société et
pouvoir c'est, tout au contraire de la conception libérale, la primauté et l'autonomie du politique qui sont affirmées : le sens de la
relation est même inversé, l'impulsion vient du politique et
s'adresse à la société qu'il doit faire une et différente. L'État
gaulliste n'a rien à voir avec l'État-gendarme du laissez-faire
libéral ; il n'a pas seulement à enregistrer et à transformer en actes
politiques les demandes sociales dont la simple sommation conduirait à l'intérêt général, résultat moyen des intérêts particuliers et
des opinions diverses. L'État gaulliste recompose la société, lui
confère sens et unité et n'écoute d'elle que ce qui la conduit
elle-même vers plus de sens et d'unité. L'État est ainsi le guide de la
nation, l'auteur de son unité, le garant de son indépendance. C'est
pour cela qu'il doit être fort et impartial afin de réaliser, au-delà des
problèmes des hommes, des divisions des groupes, des incertitudes
des temps, l'intérêt général, seule mission historique et incontestable.

La logique d'incarnation est dans la pensée gaullienne manifeste
à un premier niveau : celui de l'inscription dans l'État d'une force
et d'une volonté unitaires que la société laissée à elle-même et
seulement représentée ne peut atteindre. La logique d'incarnation
est aussi décelable à un second niveau qui, à proprement parler,
découle du premier, mais sera sans doute, dans la crise de
l'automne 1962, le seul à propos duquel s'exprimeront les oppositions des défenseurs de la représentation : il s'agit des rapports
entre l'État et son chef.

Dans la pensée gaulliste, le président de la République incarne lui-même l'État; il en est, à condition que sa légitimité soit vraie et manifeste, l'incarnation de l'autorité même. Le propos est constant dans les premières années de la cinquième République : c'est la nécessité d'un État fort et juste qui implique qu'à sa tête un représentant unique de la nation inspire et maintienne sa conduite[16].

La condition de légitimité est évidemment ici cruciale et l'on comprend que tout l'édifice politique incarnatif repose sur elle, à l'encontre de la construction représentative qui pose d'emblée la question de la légalité. Les finalités de l'action de l'État étant de construire et de garantir l'unité nationale, c'est sans doute l'histoire qui, au-delà des passions contingentes et des aveuglements passagers, peut seule permettre de porter un jugement sur la légitimité de l'incarnation étatique. Ainsi le 29 janvier 1960, dans l'allocution radiotélévisée qui clôt « la semaine des barricades » d'Alger, le général de Gaulle prend-il soin de fonder son adresse au peuple sur le rappel d'une double légitimité : celle de la représentation élective et celle de l'incarnation historique[17]. Si l'État a pour mission et pour raison essentielles d'incarner l'intérêt général et de susciter, au-delà des clivages de la représentation, l'unité et la pérennité de la nation, le chef de l'État doit lui-même incarner cette présence étatique et rendre en quelque sorte visible et parlant le peuple unanime. C'est dire qu'à lui seul revient la mission de guider l'État et la nation. Guider implique que l'impulsion aille de la tête à l'ensemble du corps; au lieu que, dans la logique représentative, la communication théoriquement s'effectue du mandant au mandataire, ici elle repose sur la parole que le corps incarnant adresse au corps incarné.

Dans le paradigme politique occidental, les voies sont très limitées qui permettent de penser les relations entre pouvoir et société. La première logique est celle de l'incarnation monarchique dans l'État absolutiste. La consubstantialité est posée entre sujets et souverain, cristallisée dans l'image anthropomorphique du pouvoir. La deuxième est celle de la représentation libérale qui pose, au contraire de la première, la séparation entre société et pouvoir et tente d'établir les règles d'une représentation dans la sphère politique des opinions que les individus expriment dans la société. Ici, la politique n'est que le résultat du mouvement des opinions dont sont porteurs les individus, par essence libres et raisonnables. La conception traditionnelle liait étroitement l'organisation politique aux fins supérieures de la vie humaine : la loi du corps politique

était la réfraction de cette loi ultime dont l'observation définit l'humanité. Le libéralisme récuse cette sublimité de la loi et en abaisse le statut : le fondement de la société n'est plus que le droit naturel de tout homme à la sécurité, à la propriété, à la liberté [46, t. I p. 13]. La politique abandonne la poursuite des fins pour se cantonner dans l'organisation des moyens : on laisse le bien commun au profit de l'ordre public. La troisième logique instaure la primauté du politique comme entreprise visant les fins de l'homme. C'est celle du jacobinisme et, au-delà, de toutes les tentatives de politisation du social. Ici c'est à nouveau le bien suprême auquel la politique doit concourir : il s'agit de définir et de faire valoir l'intérêt général, à l'encontre éventuellement des opinions individuelles et de leur simple traduction. La vertu est ce qui définit l'identité essentielle du peuple et oriente l'activité des gouvernants jusqu'à régénérer le peuple lui-même et construire la nation qui peut être absente à elle-même. Par ce déplacement d'accent sur les fins de la politique on en revient, bien que dans un tout autre contexte philosophique, à la logique de l'incarnation. Si, aux XIXe et XXe siècles, la droite ultra se situe délibérément dans la filiation de l'incarnation organiciste et la droite orléaniste dans la logique de la représentation libérale, la droite bonapartiste trouve sans doute avec la gauche jacobine une partie de son inspiration dans le populisme et la primauté donnée au politique qui caractérisent la troisième logique de l'incarnation étatique.

Il est assez clair que la conception gaulliste de la politique ressortit aux deux logiques de l'incarnation et de la représentation. Mais c'est évidemment à partir de la manifestation en 1962 de la primauté, dans la conjoncture d'alors, de sa dynamique incarnative étrangère aux conceptions libérales de la droite classique, que le gaullisme engage l'épreuve de force avec les partis de la représentation parlementaire. Malgré l'unanimité des soutiens que les droites apportent en 1958 et 1959 au nouveau régime et au-delà des raisons contradictoires qui semblent, sur la question algérienne, fonder leur ralliement au général de Gaulle, on perçoit très vite la naissance entre les partis du clivage majeur dont la crise de l'automne 1962 révélera l'acuité. Pendant les quatre premières années de la cinquième République c'est sans aucun doute l'enjeu de l'opposition entre démocratie et représentation qui travaille les forces politiques et structure le débat institutionnel. Pourtant ce n'est pas dans ces termes encore que les acteurs le posent. L'essentiel du propos porte sur l'abaissement supposé du Parlement et le souci est exprimé par tous les députés de la majorité qu'une exacte

séparation et une juste répartition des pouvoirs s'installent entre les deux branches de l'État. Les controverses institutionnelles ne vont pas manquer durant ces années de mise en place du régime[18] depuis le refus de convoquer le Parlement, le recours à l'article 16 ou encore les propositions de dissolution automatique jusqu'à la réforme du mode d'élection du président de la République. Mais les critiques que vont porter les droites non gaullistes sur l'évolution institutionnelle révèlent progressivement la nature de l'opposition qui sépare sur la question de la représentation le gaullisme d'une part et toutes les autres droites d'autre part.

Les indépendants, lors de leur congrès de novembre-décembre 1960, stigmatisent ce qu'ils appellent « le présidentialisme autoritaire et irresponsable » et « la dictature de la technocratie ». De la même manière, les radicaux de droite qui ont quitté la rue de Valois en raison de leur position favorable à l'Algérie française pour former le Centre républicain reprochent finalement au régime de la cinquième République son inspiration non représentative. Enfin, le MRP affirme de plus en plus nettement à partir de 1960 que son maintien dans la majorité tient pour l'essentiel à sa détermination de voir mis un terme à la guerre d'Algérie mais n'implique en rien une approbation du fonctionnement du régime et de l'effacement du rôle des partis politiques [1, 1960, p. 55, 101, 123]. Dès que se précise le règlement de l'affaire algérienne, les démocrates-chrétiens quittent le gouvernement, certes en raison du contenu des déclarations du général de Gaulle sur l'Europe mais également sur une conception du pouvoir qui conduit le chef de l'État à négliger toute consultation ou même toute information d'un des partis constituant sa majorité[19]. Dès lors le MRP développe ouvertement sa conception de la démocratie, d'une autre nature que celle qui semble inspirer au même moment les actes du pouvoir gaulliste : une démocratie de corps intermédiaires, un pouvoir délibératif et représentatif [1, 1962, p. 71].

Avec la réforme de 1962 la conception gaulliste s'impose, définit les termes du débat et y enferme les autres composantes de la droite. Il n'est plus possible de transiger : non seulement l'élection du président de la République au suffrage universel direct modifie l'équilibre institutionnel mais, en outre, la voie référendaire choisie pour réviser la constitution engage le régime vers une démocratie directe et l'affirmation d'une souveraineté populaire toujours susceptible d'exprimer sa volonté, au mépris même de la légalité antécédente. Aussi les positions sont-elles ici tranchées et maintenues dans leur radicalité première par le tour unique de la consulta-

tion référendaire. A tel point que le deuxième tour des élections
législatives organisées dans la foulée est pour la première fois
fortement bipolarisé. De ce moment date la naissance d'un clivage
net entre majorité et opposition, pour l'heure organisé autour de la
partition gaullisme-antigaullisme avant que l'autre partition
droite-gauche devienne, dans les années 1970, dominante. En cette
fin de l'année 1962 le système des forces électorales se structure
dans une configuration qui perdurera jusqu'à l'élection présidentielle de 1974.

Au référendum d'octobre, la victoire du général de Gaulle est
encore nette : 12 800 000 oui, soit 61,8 % des exprimés ou 46,4 %
des inscrits. Le non gagne plus de trois millions de voix par rapport
à 1958 (7 900 000 non soit 38,2 % des exprimés ou 28,8 % des
inscrits) mais il semble bien, à considérer leur répartition géographique, que ces suffrages proviennent minoritairement d'électeurs modérés et MRP[20]. La campagne législative qui suit le
référendum se déroule dans des conditions tout à fait différentes de
1958 puisque le général de Gaulle reconnaît ouvertement que les
candidats UNR sont les siens et appelle pour la première fois les
électeurs à voter pour eux comme ils ont voté pour lui. Procédant
ainsi, le général de Gaulle « n'est plus l'homme de toute la nation
mais le chef de la majorité » [55, p. 264]. Surtout, dans l'organisation des droites, cet adoubement de l'UNR va, de fait, conduire le
parti gaulliste à chercher très vite l'émancipation. Alors que l'UNR
voulait en 1958 apparaître comme la seule formation gaulliste, elle
va tenter, après l'adoubement de 1962 et la victoire qui s'ensuit, de
se donner pour une grande formation moderne, un parti de gouvernement dont l'avenir est beaucoup plus large que celui de son
inspirateur.

Les élections de novembre sont marquées par le succès incontestable des partisans du général de Gaulle. Leur avance est au
premier tour notable sur tous les autres candidats puisqu'ils ont
deux fois plus d'élus que l'ensemble des autres tendances politiques. Au deuxième tour, bénéficiant d'une mobilisation des abstentionnistes et des reports de voix des électeurs de la droite
modérée, ils obtiennent en définitive 256 sièges sur 465 en France
métropolitaine, atteignant 43,6 % des suffrages exprimés au tour
décisif. La droite gaulliste s'installe ici dans une dynamique majoritaire, puisant sa clientèle dans l'électorat modéré et MRP; sa
géographie commence à prendre les caractéristiques de celle de la
droite classique, notamment par une implantation plus manifeste
dans l'Est et dans l'Ouest. La dynamique majoritaire, et donc

bipolaire, commence ainsi à jouer pleinement : au deuxième tour, 218 circonscriptions se limitent à un duel tandis que 150 sont encore marquées par un affrontement triangulaire ou quadrangulaire, survivance du système multipolaire antérieur.

Si la société politique connaît à partir de 1962 une mue décisive dont les traits essentiels sont la nationalisation et la bipolarisation des enjeux et des forces et l'émergence d'un parti dominant, cette transformation ne se fait pas mécaniquement par les seuls effets des procédures contraignantes, qu'il s'agisse du mode de scrutin législatif et présidentiel, du référendum, ou des procédures institutionnelles de maintien des majorités. Le reclassement des forces, le système d'alliance et de concurrence qui structure leurs rapports interviennent également. Cette crise, loin de clore le mouvement de reclassement des forces, ne constitue que le premier acte d'un long affrontement qui, autour de la conception du pouvoir, déchire la droite gaulliste et la droite libérale et conduira à la victoire de la seconde sur la première.

## 1962-1969 : LE RÉGIME, ENJEU DES DROITES

La période qui s'ouvre avec la naissance du gaullisme législatif et du bloc majoritaire et se clôt avec le départ du général de Gaulle est marquée par la nouvelle donne institutionnelle et partisane qu'impose le gaullisme : la victoire de ce courant et l'apparition d'un grand parti conservateur moderne d'une part, la bipolarisation du système et la dynamique majoritaire d'autre part, sont les deux données majeures à partir desquelles les autres composantes de la droite vont devoir se situer. En effet, devant cette situation inédite, les stratégies d'adaptation des droites libérales sont en nombre très limité. La première stratégie qui a eu longtemps la préférence des élites parlementaires durant la troisième et la quatrième République consiste à allier les modérés de chaque bloc pour construire, au-delà du clivage droite-gauche, une majorité de troisième force dans laquelle l'accord sur les règles du jeu et la modération des pratiques l'emporte sur les oppositions idéologiques et les différenciations identitaires. La seconde consiste au contraire à intégrer délibérément la donne bipolaire et la prééminence d'un affrontement droite-gauche au second tour pour rallier l'un des blocs et faire porter dès lors l'essentiel de l'investissement politique sur le rôle dirigeant au sein de son propre camp.

Dans le cadre d'un scrutin majoritaire à deux tours, la première stratégie conduit à un système de forces où la coïncidence n'est plus exigée entre les alliances électorales et les alliances parlementaires et où sont dissociées les deux dimensions de l'acte électoral : la dimension expressive (le vote) et la dimension décisive (le mandat). La seconde stratégie au contraire repose sur l'intégration de la dynamique bipolaire et des modalités juridiques destinées à la maintenir : c'est la conception, plus moderne, de l'élection qui veut que l'électeur soit confronté à un choix clairement énoncé en termes de blocs d'alliance organisés autour d'une équipe et d'un programme. Elle conduit toutefois à une situation dans laquelle l'enjeu décisif se déplace vers le second tour, et où, au premier tour, la compétition se livrera pour l'essentiel entre les deux composantes d'un même bloc.

Les deux stratégies que l'on vient de définir ont divisé la droite non gaulliste dans la période qui s'est ouverte avec la réforme constitutionnelle. Jusqu'alors, en effet, les différences idéologiques ou les divergences politiques n'avaient pas nécessairement de conséquences stratégiques ni ne bouleversaient inéluctablement le jeu normal des alliances et des concurrences. Du fait de la domination gaulliste, la nouvelle structuration du système des institutions et des forces a pour conséquence de donner aux différences idéologiques et plus encore aux questions identitaires une dimension éminemment stratégique. Les deux droites que nous avons identifiées, séparées et jusque-là inconciliables sur la conception du pouvoir et de la représentation, engagent après novembre 1962 de nouveaux rapports : la droite libérale va se diviser, moins sur le fond des identités politiques que sur l'appréciation du caractère irréversible de la mutation du système et sur les conséquences stratégiques qui en découlent.

De 1963 à 1966 domine la découverte de la problématique gaulliste et l'interrogation sur la nature du clivage entre gaullisme et anti-gaullisme. S'affrontent durant cette période les deux stratégies que la droite libérale élabore en réponse à l'offensive gaulliste : l'intégration de la logique majoritaire et l'acceptation conjointe du rôle de dominé dans ce bloc, le développement d'une stratégie de troisième force que tous les autres éléments du système viennent contrarier. A partir de 1966, la stratégie de conquête du pouvoir dans le cadre du bloc majoritaire l'ayant emporté au sein de la droite libérale, peut s'ouvrir sur des bases tout à fait nouvelles le deuxième acte de l'affrontement entre les droites. Dans un esprit nouveau : celui de l'après-gaullisme.

*Les droites et les dictées du système*

L'effet immédiat le plus visible de la crise institutionnelle de l'automne 1962 sur les droites non gaullistes fut de diviser profondément et durablement les indépendants. Déjà manifeste au mois de mai précédent, lors de la démission des ministres MRP et du remaniement ministériel où s'exprime une tendance favorable au retrait du gouvernement, la division se creuse au sein du groupe au moment du vote des motions de censure de juillet et d'octobre. Lors des élections de novembre, les indépendants dissidents obtiennent un score à peu près égal à celui des candidats CNI (respectivement 5,9 % et 7,6 %).

A l'Assemblée nationale, c'est le groupe des républicains indépendants qui représente la famille modérée, intégrant finalement nombre de députés indépendants qui avaient censuré le gouvernement Pompidou. L'attitude à l'égard du gouvernement et de la majorité gaulliste structure après décembre 1962 l'action des indépendants : c'est notamment à partir de leur intégration dans la majorité beaucoup plus que de positions de principe à l'égard des formes traditionnelles d'organisation qu'il faut comprendre le renoncement des républicains indépendants à former un parti. Quelle que soit la pertinence des raisons invoquées pour ne pas créer de parti[21], il semble bien que l'élément déterminant ait été l'hostilité d'Antoine Pinay à la création d'une formation modérée gaulliste mais, plus encore, l'opposition de l'UNR peu soucieuse de perdre sa position d'unique parti de la majorité.

Avec ou sans parti, l'essentiel de l'activité du nouveau groupe, et tout d'abord de Valéry Giscard d'Estaing, consiste à définir une ligne qui tienne compte de la tradition et de l'identité des modérés comme du choix émis en faveur d'une appartenance à la majorité et d'une alliance avec les gaullistes. Il faut donc mettre en place, en dehors du groupe parlementaire, une structure de réflexion qui permette de rassembler les notables départementaux en rupture plus ou moins assumée avec le CNI. Il faut aussi manifester sa spécificité et, sinon assumer une nouvelle vocation programmatique et doctrinale, du moins marquer que l'appartenance à la majorité et la participation au gouvernement n'entraînent pas une assimilation à l'identité gaulliste. C'est ainsi que les parlementaires républicains indépendants, à la fin de l'année 1963, élaborent cinq propositions de révision de la constitution dont chacune et

l'ensemble ont sans doute moins pour fin de modifier réellement les institutions nouvelles que de rappeler et de redéfinir une identité propre[22], inscrite à plusieurs reprises dans la tradition de la droite libérale[23]. La distinction à l'égard de l'UNR n'est pas seulement doctrinale : l'élection présidentielle de 1965 lors de laquelle les républicains indépendants, écartés de la bataille, ne peuvent comme l'UNR qu'appeler à voter pour le général de Gaulle, est l'occasion pour Valéry Giscard d'Estaing de se livrer à une arithmétique de légitimation en rappelant qu'entre les 55 % de Français qui ont voté au second tour pour le général de Gaulle et les 36 % qui avaient voté UNR en 1962, il en reste 23 % que les RI peuvent prétendre représenter.

De l'éviction de Valéry Giscard d'Estaing du gouvernement en janvier 1966 aux élections législatives de mars 1967, les républicains indépendants vont affiner leur politique.

L'appartenance à la majorité est l'élément essentiel qui distingue les républicains indépendants des autres parlementaires modérés ayant choisi en 1962 la stratégie d'opposition. Du point de vue de l'idéologie ou des conceptions de l'organisation, en effet, il est difficile de distinguer les courants de la famille modérée. L'insistance permanente de Valéry Giscard d'Estaing et des siens sur la tradition libérale qui fonde leur action, la souplesse de l'organisation et la répugnance des élus à dépasser le cadre du « parti de notabilité dont la fonction est de représenter des électeurs et non d'animer des masses [88] », l'imprécision même du programme et sa proximité avec celui du CNI sur des points tels que la stabilité économique ou la politique européenne sont des indices suffisants de l'appartenance des républicains indépendants à la famille modérée. La divergence se limite bien à la stratégie.

Ayant fait le choix de la logique majoritaire, toute une part de l'activité des républicains indépendants va consister à fonder à leur profit leur différence d'avec le courant gaulliste. On sait que, dans la logique de l'affrontement bipolaire, c'est la tendance centrale de chaque coalition qui a le plus à gagner de la structure duelle de la compétition. Ce point est assez clair aux yeux des dirigeants des républicains indépendants pour qu'ils préconisent ouvertement en janvier 1965 l'adoption du scrutin majoritaire à un tour.

Après la fondation des clubs Perspectives et Réalités en mai 1965 et de la Fédération nationale des républicains indépendants en mai 1966, Valéry Giscard d'Estaing s'emploie à apparaître comme un des chefs de la majorité et à insister davantage que par le passé sur ce qui sépare la nouvelle fédération de son alliée UNR. Reconnais-

sant que l'élection du président de la République est « le fait majeur de la vie politique française », l'ancien ministre des Finances marque sans cesse le caractère « parlementariste » de sa formation et demande que l'on redonne plus d'importance aux Chambres. Par ailleurs, il lance dès 1966 la formule du « gaullisme réfléchi » et en janvier 1967 celle du « oui mais » destinées à permettre la préparation de l'après-gaullisme auquel l'UNR s'interdit de penser. Et c'est dans ce climat d'association certes, mais de rivalité flagrante, que se dérouleront les négociations sur les accords électoraux pour les législatives de mars 1967. Ayant d'abord plaidé pour des primaires entre les composantes de la majorité, les républicains indépendants obtiennent finalement 83 circonscriptions dans le cadre de la candidature unique et leur position se renforce au sein de la majorité : à l'issue du deuxième tour, leur représentation à l'Assemblée progresse de 7 sièges (passant de 35 à 42) tandis que celle de l'UNR diminue (200 au lieu de 230 sièges dans la Chambre de 1962).

D'un autre côté, on peut difficilement parler de succès pour les indépendants qui ont fait le choix de l'opposition. A l'issue du scrutin de 1962, le CNI est privé de sa représentation propre à l'Assemblée, ne retrouvant qu'une vingtaine d'élus sur la centaine qu'il comptait dans la législature précédente. Les modérés se replient sur leur implantation locale et, de fait, leurs résultats aux élections cantonales de mars 1964 et aux élections municipales de mars 1965 révèlent une moindre érosion que lors des législatives. Sous l'impulsion d'Antoine Pinay qui se consacre à la réorganisation du mouvement, les indépendants du CNI cherchent à apparaître comme « les meilleurs défenseurs d'une tradition républicaine nationale et libérale[24] » et participent aux tentatives de regroupement des centristes. L'essentiel de la stratégie du CNI tient en effet dans le « refus de l'affrontement des deux blocs » et l'essai de constitution d'une « troisième force capable de s'opposer sur deux fronts : celui du gaullisme et celui du communisme et de ses amis[25] ». De la même façon qu'apparaissent à gauche des clubs et formations nouvelles destinés à regrouper « les forces vives » et à rénover les anciens partis plutôt que d'en créer de nouveaux, c'est l'époque où les hommes politiques de la droite modérée se retrouvent au sein de « comités » pour jeter les bases d'une recomposition du centre. Mais les indépendants n'ont pas les moyens d'imposer ni même de susciter durablement cette recomposition de l'opposition dont la maîtrise appartient à la SFIO d'une part et au MRP d'autre part. Or la SFIO, après l'ambiguïté, l'enlisement et

l'échec de la candidature Defferre, s'achemine vers une stratégie d'union de la gauche, et le MRP s'ouvre, dès son vingtième congrès en mai 1963, à une transformation profonde fondée sur la conviction que le système politique après la mutation que lui a fait subir le gaullisme ne reviendra pas au fonctionnement traditionnel du parlementarisme multipolaire.

La position des démocrates-chrétiens est délicate et paradoxale. Elle est délicate d'abord en raison des rapports de ces démocrates-chrétiens avec le gaullisme. Au début de la cinquième République comme au début de la quatrième le MRP constitue un des soutiens les plus importants du général de Gaulle. Il ne s'agit certainement pas d'une alliance de raison ou de circonstance. Au-delà d'un accord sur la politique à mener, en ce qui concerne par exemple l'Algérie, l'affinité de la démocratie chrétienne avec le gaullisme est certainement plus marquée qu'avec le libéralisme. Le MRP se veut dès sa création un parti populaire destiné à représenter non pas un courant confessionnel ou idéologique ni une classe sociale, mais le peuple entier et souverain. Son démocratisme absolu le fait pencher vers la possibilité d'une intervention permanente — et d'un contrôle immédiat — du peuple dans les affaires de la cité. Son choix dès 1944 en faveur du référendum et de la représentation proportionnelle, sa préférence pour la dissolution et le recours aux élections en cas de conflit entre l'exécutif et le législatif trouvent leur origine dans la conviction que le peuple ne peut jamais se dessaisir de sa souveraineté même au profit de ses propres représentants. Le démocratisme du MRP se fonde ainsi sur la vision du peuple rassemblé qui exprime une souveraineté totale et aboutit à une volonté générale unique.

Ce choix politique se fonde sur une conception de l'homme radicalement étrangère à celle de l'individualisme libéral. Il s'agit de l'homme total, intégralement situé dans des communautés, naturelles ou optionnelles, et ici l'on reconnaît plus qu'en tout autre point l'inspiration catholique de la doctrine du mouvement. Cet homme total est appelé à s'épanouir dans et grâce à une démocratie authentique qui place en chacune de ses inscriptions sociales les valeurs de dignité et de liberté. Contrairement donc au libéralisme qui ne confie à la politique que l'expression des opinions individuelles, fidèlement représentées et sommées, le démocratisme chrétien conçoit l'homme dans son intégralité et donne pour fin à la politique la réalisation d'une démocratie sociale et collective, la transformation de la société elle-même selon les idéaux d'égalité et de justice. C'est par là que l'on doit comprendre la préférence du

MRP pour l'association entre le capital et le travail et la juste participation des ouvriers aux bénéfices de leur entreprise, un thème hérité du catholicisme social qui rapproche encore le MRP du gaullisme. Sur tous les aspects majeurs de sa doctrine le MRP est, en effet, en accord profond avec les thèses gaullistes et il faudra la condamnation le 15 mai 1962 par le général de Gaulle du « volapük » de l'Europe intégrée pour conduire les ministres républicains populaires à démissionner du gouvernement. Mais il est assez clair que le passage progressif et non sans déchirements internes du MRP à l'opposition fut motivé davantage par l'accentuation du caractère « personnel » du régime que par un désaccord de fond sur l'inspiration du gaullisme et les contenus de sa politique.

Les rapports difficultueux du MRP et du gaullisme doivent être également considérés sous l'angle de l'implantation électorale. Ainsi l'évolution des suffrages MRP se caractérise, après le brillant départ de 1945-1946, par une perte brutale en 1951 et une lente érosion jusqu'en 1962. Mais l'on sait que sa fidélité au général de Gaulle entrait pour une grande part dans le succès du MRP. A l'automne 1962, une enquête par sondage révélait que les électeurs MRP étaient parmi les plus gaullistes du corps électoral[26]. Et encore estime-t-on qu'à ces élections 48 % des électeurs MRP de 1958 ont rallié l'UNR dès le premier tour[27]. On comprend que dans l'effondrement des démocrates-chrétiens en 1962 leurs rapports avec la majorité gaulliste aient pu peser d'un grand poids. Et c'est ici que la position du MRP apparaît paradoxale.

Lors du vingtième congrès qui suit l'échec électoral de la fin 1962, Joseph Fontanet affirme dans son rapport que « la situation politique française s'est transformée et ne reviendra pas, après de Gaulle, semblable à ce qu'elle avait été ». La démocratie devient une démocratie de masse dissociant l'opinion des formes classiques de la représentation ; l'évolution d'un système dans lequel la règle majoritaire s'installe à tous les niveaux rend nécessaire la transformation des organisations politiques en grands partis de gestion, peu nombreux, aptes à assurer avec régularité et compétence le fonctionnement de l'État. Rejetant la formule du parti-armée où le militant est enrôlé, le rapporteur se prononce en faveur d'une force neuve, « noyau d'animation de la vie publique, lieu d'échanges et de synthèse ». Les congressistes paraissent alors disposés à saborder le MRP. Mais tel est bien le paradoxe qu'à partir de cette analyse de la transformation du système politique et malgré la radicalité de la réponse envisagée, le MRP continue de choisir

néanmoins de se situer au centre de l'échiquier politique. Pour les congressistes, il faut refuser la reconstitution de « deux blocs sur les bases traditionnelles de l'ancienne droite et de l'ancienne gauche » et se placer résolument au centre pour dépasser les anciens clivages. On perçoit qu'ici l'analyse stratégique est empêchée par de vieilles considérations idéologiques semble-t-il insurmontables. Car le centre que cherchent à occuper les républicains populaires est un centre idéologique, sans doute issu de cette espérance de la troisième voie propre au refus chrétien du libéralisme d'une part, du socialisme et du communisme d'autre part, conduisant plus loin au refus de l'opposition droite-gauche dont la signification est pourtant stratégique et non plus doctrinale.

Or l'occupation du centre, capitale dans la nouvelle configuration des forces, implique, comme le comprendront les républicains indépendants, d'intégrer d'abord la bipolarisation imposée par le scrutin majoritaire. Incapable de voir, sans doute en raison d'un vieux fonds doctrinal, que le fonctionnement même du système politique et son évolution notamment après la modification en 1966 de la loi électorale, qui interdit à tout candidat du premier tour de se maintenir au deuxième s'il n'a pas obtenu 10 % des inscrits, rend désormais impossible toute stratégie de troisième force, la famille démocrate-chrétienne sera progressivement laminée en tant que force politique autonome dont l'identité même serait étrangère à chacun des blocs et transcenderait l'opposition droite-gauche.

L'échec de Jean Lecanuet à l'élection présidentielle de 1965 — échec relatif certes puisqu'il obtient 15,8 % des suffrages exprimés au premier tour — est d'abord celui de la stratégie centriste. Dans la Mayenne où il obtient son plus fort pourcentage, il n'atteint pas tout à fait le quart des inscrits. Dans 28 départements, il ne dépasse pas 12 %. Mais surtout, « tant par ses zones de force relative — Basse-Normandie, Ouest intérieur, Alsace, cœur du Massif central, soit douze départements où il obtient les voix de plus de 18 % des électeurs inscrits — que par ses zones de faiblesse — France du Nord, bordures nord et est du Massif central, Languedoc, Sud-Est méditerranéen —, la géographie de l'électorat de M. Lecanuet est très analogue à la géographie traditionnelle des votes de droite, telle qu'elle se manifeste depuis le début du siècle. [...] Sauf les Deux-Sèvres, tous les départements où M. Lecanuet a obtenu plus de 18 % des voix des inscrits figurent, sur la carte de l'ancienneté de l'orientation à droite [...], parmi ceux pour lesquels cette orientation remonte au moins à la fin du XIXᵉ siècle. [...] Cette constata-

tion incline à faire considérer que la candidature démocrate était plus une candidature de droite qu'une candidature du centre[28] ». Quelles que soient les raisons de ce vote, c'est dans les milieux agricoles et catholiques que Jean Lecanuet obtient ses meilleurs résultats et sa candidature est ainsi profondément conjuguée à la tradition de la droite. Au deuxième tour, il appelle ses électeurs à ne pas reporter leurs voix sur le général de Gaulle poursuivant, au mépris de la prééminence du clivage droite-gauche, la stratégie d'une troisième force d'abord mue par l'antigaullisme. Consigne partiellement suivie puisqu'on estime que 60 % des électeurs de Jean Lecanuet se retrouvent parmi les douze millions et demi de suffrages qui se portent en second tour sur le général de Gaulle [14, p. 39].

Lors de la préparation des élections législatives de 1967, le Centre démocrate qui a été créé par Jean Lecanuet dans la foulée de l'élection présidentielle poursuit son option délibérément centriste. Il pose comme condition d'une alliance à la FGDS l'exclusion de tout accord avec les communistes et aux républicains indépendants la rupture avec le gaullisme. Double échec puisque la première s'engage, le 20 décembre 1966, dans l'union de la gauche et les seconds restent fidèles à leur intégration dans la majorité. Bref, dans la totale réorganisation bipolaire des forces politiques, les démocrates de Jean Lecanuet continuent à tenir leur voie propre d'une stratégie centriste, sinon de troisième force. Ils vont donc seuls à la bataille électorale, opposés à la fois à la gauche et à la droite constituante. C'est à ces élections que l'électorat centriste, avec 12,6 % des suffrages exprimés au premier tour, semble se stabiliser et coaguler les voix d'une droite qui refuse certes la structuration bipolaire de la vie politique mais se caractérise avant tout par son antigaullisme[29].

Or ce schéma, dans la bipolarisation irrésistible, des deux clivages, qui ne se superposent pas complètement, de l'antagonisme droite-gauche et de l'opposition entre gaullisme et antigaullisme, va connaître une sensible évolution à droite au cours des vingt mois qui séparent les législatives de 1967 et la présidentielle de 1969 : les droites découvriront, en effet, la problématique nouvelle de l'après-gaullisme.

## Naissance de l'après-gaullisme

Autour de 1967 la question apparemment primordiale pour toutes les forces de droite est donc l'occupation du centre. Jusqu'à

ce que les gauches emportent les élections en 1981 et que les droites, exclues du pouvoir, puissent, pour des raisons que nous analyserons par la suite, retrouver l'appellation de droites, l'essentiel pour le bloc conservateur est d'échapper à la dénomination de son identité. C'est au moment où la bipolarisation vient donner une nouvelle et profonde configuration au système politique, au moment surtout où, les gauches s'unissant, l'identification de l'autre bloc devient un enjeu, que la rivalité est la plus vive entre les diverses familles de droite pour s'approprier le label de centriste. Le choix est clair et après tout justifié pour le Centre démocrate qui opte explicitement pour une troisième force et en paye le prix. Mais il n'est pas moins évident pour les deux autres droites : les républicains indépendants et l'UNR. Ainsi en juin 1966, Valéry Giscard d'Estaing plaide pour des primaires entre les différentes composantes de la majorité et cherche à définir le centrisme comme une attitude, ce qui lui permet d'annexer cette position tout en restant fidèle à ses alliances[30]. De même l'UNR revendique la référence centriste, manière de récuser l'antagonisme entre la droite et la gauche mais aussi tentative de rattacher la formation gaulliste à la tradition du parti de gouvernement[31].

Dans le même temps les formations gaulliste et giscardienne cherchent à imposer le terme de majorité pour se désigner. Elles peuvent ainsi insister sur l'aspect quantitatif et fonctionnel plutôt que sur l'aspect idéologique des rapports entre formations; non seulement elles évitent la qualification de droite qu'il leur est encore impossible d'assumer mais elles empêchent aussi la gauche de revendiquer pour elle le potentiel positif que ce terme emporte dans l'opinion. Cette course au qualificatif est avivée par le nouvel enjeu de l'après-gaullisme et de la capacité pour les droites à conserver la majorité en dépassant, par d'autres voies que celles du général de Gaulle, le clivage droite-gauche.

Après les législatives de mars 1967 où la majorité sortante est au bord de la défaite au second tour — l'UNR perdait 29 sièges et ne conservait avec ses alliés qu'une voix de majorité, la question de l'après-gaullisme commence à être explicitement posée dans les rangs de la droite et d'abord au sein de l'UNR. Depuis 1962, et de manière accrue après l'élection présidentielle, le Premier ministre — Georges Pompidou — s'est employé à unifier la majorité, et d'abord l'UNR, en se posant comme son chef légitime. Ayant échoué dans sa tentative de fédérer en un seul groupe parlementaire tous les députés de la majorité, il a tenté de transformer au moins l'UNR-UDT en remplaçant le secrétaire général unique par un

secrétariat national de cinq membres supervisés par Roger Frey, mais de fait subordonné à son propre arbitrage. Même si les Assises de Lille de novembre 1967 sont revenues sur cette disposition, le Premier ministre a obtenu que l'on poursuive la réorganisation du parti et a conduit celui-ci à développer une légitimité propre, indépendante de la personne du général de Gaulle. On s'achemine maintenant sous l'impulsion de Georges Pompidou vers l'invention de ce grand parti conservateur et moderne dont l'essentiel de l'action est tourné vers la gestion électorale et l'appui au gouvernement.

Ce sont les Assises de Lille (24-28 novembre) qui marquent de ce point de vue le tournant décisif dans l'évolution du parti gaulliste. Au-delà de la réforme du parti voulue par Georges Pompidou — et largement réussie puisque l'UDR — l'Union des démocrates pour la République — apparaîtra dès lors de plus en plus comme un grand parti de gouvernement dirigé par le Premier ministre et fédérant la droite électorale —, ce congrès verra l'élimination de la gauche gaulliste animée par Louis Vallon et René Capitant — qui ont refusé d'aller à Lille, rejetant les Assises et leur « perspective de l'après-gaullisme ». Pour ces derniers, la création d'un véritable parti est une déviation majeure du gaullisme puisqu'elle vise à concevoir l'action politique hors du dialogue direct entre le chef de l'État et le peuple. Pour eux, le rôle des gaullistes n'est pas d'ériger un intermédiaire entre le président et le pays mais de convertir les Français à cette « conception d'un régime où ce n'est pas le parti qui engendre un président, mais le président qui engendre, à chaque élection présidentielle, un nouveau rassemblement, celui des partisans de sa politique [60] ».

Cette opposition entre pompidoliens et gaullistes traditionnels traduit en réalité un affrontement entre gauche et droite au sein du mouvement. Si les gaullistes de gauche ne cachent pas alors leur désir de créer un troisième volet au triptyque majoritaire destiné à faire contrepoids aux républicains indépendants, c'est que depuis deux ans la question se pose publiquement de l'orientation de la politique économique et sociale du gaullisme. Le vote de l'amendement Vallon en juillet 1965 avait mis en effet à l'ordre du jour l'éventuelle réalisation de l'ancien mythe gaulliste d'une réforme de la propriété industrielle et de l'invention d'une troisième voie entre capitalisme et socialisme. Après les violentes réactions du patronat et de la presse économique mais aussi de gaullistes attachés au libéralisme économique[32], le gouvernement avait chargé une commission *ad hoc* d'étudier le problème et devant ses conclusions

réservées avait enterré le projet. Mais après que Louis Vallon et René Capitant en eurent appelé au général de Gaulle, celui-ci s'engageait dans sa conférence de presse du 28 octobre 1966 à étudier et mettre en œuvre le changement de la condition ouvrière par « l'association active du travail à l'œuvre économique qu'il contribue à accomplir[33] ».

C'est évidemment dans ce cadre qu'il faut comprendre le projet pompidolien sur l'UDR, la tonalité violemment anticommuniste des propos du Premier ministre lors du discours de clôture de Lille et sa réfutation des attaques selon lesquelles le parti gaulliste incarnerait maintenant la vieille droite conservatrice. De fait, si la stratégie centriste du parti gaulliste a pu apparaître plausible tant que se maintenait sur sa droite un butoir assuré par le ressentiment que continuait d'inspirer le·général de Gaulle aux nostalgiques de Vichy ou de l'Algérie française, et tant que subsistait sur sa gauche une UDT vive et reconnue, l'orientation de l'UDR à droite ne fait plus de doute en 1968 et 1969.

En mai 1968, le général de Gaulle tente d'abord de répondre aux désordres sociaux par l'annonce d'un référendum sur la participation et c'est Georges Pompidou qui obtient la dissolution de l'Assemblée. Se traite ici face à la rue et au vacillement du pouvoir le dernier épisode de la réorientation du parti majoritaire dans une voie résolument conservatrice : il ne s'agit pas de répondre à la crise sociale par de profonds changements de structure, mais de la traiter politiquement à partir des réflexes protecteurs du corps électoral.

Aux élections législatives du 23-30 juin 1968, la majorité gaulliste recueille plus de dix millions de voix, dépassant les chiffres de 1962 et 1967 et rejoignant pour la première fois le niveau des suffrages obtenus par le général de Gaulle en 1965. C'est d'abord le succès de Georges Pompidou qui, beaucoup plus présent que le président dans la bataille électorale, a visiblement inspiré confiance aux électeurs épris de modération et de conservation et « s'est gardé de mettre l'accent sur le gaullisme pur et dur »[22]. Si en effet la coalition sortante l'emporte largement (avec 46,4 % des suffrages exprimés), l'essentiel pour l'avenir des droites réside d'abord dans l'imposition de la problématique de l'après-gaullisme et la victoire des conceptions du Premier ministre sur celles du président de la République. A terme ce succès signifie l'abandon pour le parti majoritaire de l'inspiration sociale du gaullisme qui tirait celui-ci hors de l'inscription univoque dans le conservatisme libéral. Après la réorganisation du parti et l'échec des gaullistes de gauche les élections de juin ouvrent une nouvelle étape de la prise du pouvoir par l'aile la plus conservatrice de la majorité.

Avec l'éviction de Georges Pompidou et sa déclaration de Rome le 17 janvier 1969 dans laquelle il annonce sa future candidature à la présidence, le problème de la succession est ouvertement posé. L'ancien Premier ministre dévoile alors sa conception libérale et conservatrice clairement différente de celle du général de Gaulle. Ainsi, quelques jours après avoir évoqué son destin national, il prononce un vibrant éloge du profit, de la liberté d'entreprise et du désengagement de l'État[34]. Ce néo-gaullisme qui va progressivement conduire au « système Pompidou » proche des valeurs politiques et des options économiques de la droite classique rencontre l'assentiment de la majorité de l'UDR : lorsque Georges Pompidou doit céder sa charge de Premier ministre à Couve de Murville, le groupe parlementaire UDR le choisit comme président d'honneur, marquant ainsi que l'après-de Gaulle est devenu l'évidente réalité des élus gaullistes.

Les élections de juin 1968 marquent également la suprématie de l'UDR sur les autres droites. Tout d'abord, « les "élections primaires" de la majorité, que constituait dans 49 circonscriptions la candidature simultanée d'un UDR et d'un giscardien, n'ont pas été favorables aux républicains indépendants : ceux-ci, qui ne devancent l'UDR que douze fois, remportent au total 387 325 voix alors que les gaullistes orthodoxes en ont 629 970 » [22]. Par ailleurs, le centre d'opposition, qui ne pouvait s'imposer que si la majorité gaulliste reculait ou la fédération de la gauche changeait d'alliance, voit encore son électorat se réduire à moins de trois millions de suffrages.

Dans ces conditions, on assiste durant l'année 1969 à une dégradation des relations entre républicains indépendants et gaullistes jusqu'au refus de Valéry Giscard d'Estaing de se prononcer pour le oui au référendum du 27 avril 1969 sur la transformation du Sénat et la réforme des régions. Quant aux centristes, ils s'engagent derrière Jean Lecanuet dans une campagne qui n'est pas sans rappeler celle du cartel des non en 1962, prenant, dans une motion du 22 mars, la défense de la seconde Chambre, « dernier rempart de la démocratie », et qualifiant le référendum d'« illégal, déloyal, trompeur et destructeur ».

L'examen géographique des résultats du référendum le révèle : « Jamais le centre et la droite n'ont sans doute pesé aussi lourd dans le camp de l'opposition. En octobre 1962, on ne comptait certainement pas deux millions de suffrages modérés parmi les huit millions de non, soit environ 25 %. En décembre 1965, ils n'étaient sans doute pas trois millions parmi les dix millions et demi de voix

recueillies au second tour par M. Mitterrand, soit 27 ou 28 %. En 1969, ils sont probablement autour de quatre millions, soit environ 33 %. Ce transfert d'un ou deux millions d'électeurs centristes ou modérés ne remet pas en cause la prépondérance de la gauche dans le camp du refus. Mais il suffit à renverser la majorité » [23].

A l'élection présidentielle de juin rendue nécessaire par le départ du général de Gaulle dès le 28 avril à midi, Alain Poher, dépassant cinq millions de suffrages, donne au centre d'opposition son plus grand succès sous la cinquième République mais la géographie de ce vote ne correspond qu'imparfaitement à celle du Centre démocrate : « Bien plus qu'au Centre démocrate [...], c'est au total à la Fédération manquée de Gaston Defferre que l'électorat de M. Poher fait penser. Et on peut plus que jamais s'interroger sur la vocation majoritaire d'une telle coalition. Lieu géométrique des incertitudes d'une petite bourgeoisie de tempérament radical-socialiste et également rebelle à l'ordre moral et au désordre révolutionnaire, le centrisme évoque toujours davantage un rassemblement de rencontre qu'une force organisée » [23].

Assurément, pour la première fois, la droite gaulliste affrontait au deuxième tour d'une élection présidentielle la droite d'opposition. Mais dans le long travail de séparation puis de fusion de ces deux courants, seuls auront été déterminants le rapport au régime et l'identification au pouvoir sous la cinquième République. C'est autour de sa fraction la plus proche du pouvoir que la droite non gaulliste se rassemblera plus tard contre la droite gaulliste qui cesse, de fait, progressivement d'être identifiée seule au régime et perd donc sa vocation majoritaire. Avec le septennat de Georges Pompidou s'amorce l'absorption du centrisme d'opposition, mais aussi le nouveau rapport de forces qui conduira à la victoire de l'aile libérale de la majorité.

## II. LES DROITES SANS DE GAULLE

La période qui couvre les années 1969-1981 n'aurait pas d'autre intérêt que celle de la transition — l'après-de Gaulle et l'avant-Mitterrand — si elle n'était pas marquée par des mouvements révélant l'incertitude des frontières internes à la droite. C'est alors

que s'expriment des solidarités nouvelles, des affinités idéologiques qui, dans les moments de rupture, parviennent à distendre sans jamais les rompre totalement les liens de famille. Le rythme est rigoureusement marqué : il y a le temps de l'iconoclaste, celui où le plus inattendu peut se dire et se faire et le temps de la recomposition de la norme, celui où familles et partis se recouvrent à nouveau et réécrivent l'histoire classique de la concurrence entre orléanisme et gaullisme.

C'est bien sûr à l'occasion des élections présidentielles, quand se distribuent les positions de pouvoir et se dévoilent les stratégies et les programmes, que l'ordonnance des droites est la plus menacée. En 1969 déjà, les républicains indépendants ont préféré la candidature de Georges Pompidou à celle d'Alain Poher et la famille centriste a perdu une unité qu'elle avait su préserver jusqu'alors. Cinq ans plus tard, on observe le processus inverse : d'abord l'élection, favorisée par une partie de l'UDR, de Valéry Giscard d'Estaing qui avait pourtant contribué au départ du général de Gaulle par son opposition au référendum, ensuite l'expérimentation aux sommets de l'État de la coexistence des droites — le courant orléaniste représenté à l'Élysée, le courant gaulliste représenté à Matignon.

En 1969 comme en 1974, c'est un consentement par défaut que donnent respectivement Valéry Giscard d'Estaing et Jacques Chirac aux candidatures qui à leur sens peuvent le mieux préserver leur propre avenir et l'interprétation qu'ils donnent de leur héritage politique. L'adhésion, avouée ou masquée, n'est pas purement machiavélique, elle recouvre bien des préférences idéologiques — qui confirment d'une part le choix que Valéry Giscard d'Estaing a déjà opéré en 1962 contre l'option purement représentative du cartel des non, d'autre part la réticence de l'entourage de Georges Pompidou à la politique de Nouvelle société. Mais elle n'implique pas de ralliement et la compétition retrouve ses règles lorsque chaque acteur peut se donner le temps de composer une stratégie dont il est maître et appuyer sur sa famille et son parti la conquête ou la préservation du pouvoir d'État. Si la période 1969-1981 révèle la porosité des frontières idéologiques, elle vérifie aussi la résistance des familles politiques et leur capacité à s'incarner dans des organisations. Il faut tenir ensemble les idées et les stratégies, les héritages et les intérêts personnels pour comprendre la logique de la compétition que connaît la droite entre 1969 et 1974, la reconstitution du paysage partisan qui s'opère entre 1974 et 1978 et la dynamique de la division qui l'emporte de 1978 à 1981.

1969-1974 : D'UNE HÉGÉMONIE À L'AUTRE

A observer le passage du gaullisme à l'orléanisme, ce sont trois questions que l'on voudrait soulever. Celle de l'identité intellectuelle du pompidolisme d'abord. Où donc se situait Georges Pompidou? Il souhaitait que les historiens aient peu de chose à dire sur son mandat. Et si l'on juge à l'aune qu'il avait lui-même fixée — pas de guerre, pas de révolution, la sécurité et la rénovation, le bonheur et la dignité —, il y a effectivement peu à dire : en toutes choses se retrouvent la mesure, l'équilibre qu'il voulait donner au présent adossé aux deux versants de la tradition et du progrès. Côté progrès, l'historien note l'effort réalisé « d'expansion, de modernisation, d'élévation du niveau de vie »; côté tradition, il relève les lignes de force de l'idéologie, l'opposition au projet de Nouvelle société. Un juste milieu entre droite et gauche? C'est ce que revendiquait le successeur du général de Gaulle et c'est cette affirmation qu'il faut mettre à l'épreuve en recherchant ce qui prolonge chez lui la tradition gaulliste et ce qui déjà le rattache à la famille orléaniste.

La deuxième question porte sur la compréhension des rapports que l'idéologie entretient avec les familles politiques. Georges Pompidou reste fidèle aux solidarités familiales en nommant en 1969 Jacques Chaban-Delmas à la tête du gouvernement, mais très vite se creuse la distance intellectuelle entre le projet réformiste du maire de Bordeaux et la conception modérée que Georges Pompidou a de sa présidence. A l'inverse, Valéry Giscard d'Estaing choisit en 1974, avec Jacques Chirac, un Premier ministre gaulliste qui, deux ans plus tard, par sa démission, rappelle la résistance des traditions. Entre le clivage droite-gauche et l'opposition gaullisme-orléanisme, c'est la logique des alliances qu'il faut retrouver.

La troisième question enfin concerne les rapports entre le peuple et ses représentants. Si le gaullisme avait bouleversé la géographie électorale, la période 1969-1981 marque une reconstitution progressive des frontières traditionnelles. Se recompose et s'unifie un électorat de droite qui met en question l'audience et l'existence même de chacun des courants qui se le dispute.

*Les valeurs du pompidolisme*

Georges Pompidou ne croyait pas aux explications unitaires. Il ne pensait pas que les idéologies pouvaient dire toute la vérité de la politique. L'homme n'est pas naturellement bon, comme le croit la gauche, sa difficulté à trouver le bonheur et la paix n'est pas seulement due à la malfaisance de l'organisation sociale ou du système politique. A l'inverse, la nature humaine n'est pas, comme le pense la droite, celle du péché originel, mauvaise, belliqueuse, dominatrice. Entre le bien et le mal, l'optimisme et le pessimisme, Pompidou pariait pour un entre-deux où l'amour, l'art, la générosité, le besoin de savoir, la poursuite de l'inconnu, le désir de créer subliment les lois de la nature. Lui qu'on a dit si proche de Taine — il avait en 1953 donné une introduction aux « Morceaux choisis » des *Origines de la France contemporaine* — ne croyait pas à la seule loi du déterminisme. Au-delà du fait, de la race, du milieu, du moment, il y a la poésie, l'art, le rêve.

Il y a aussi la culture et les traditions. Et c'est pour cela qu'il ne croyait pas à une France purement libérale, soumise aux seules contraintes de l'économie privée : « Depuis plus de mille ans, il n'y a eu de France que parce qu'il y a eu l'État, l'État pour la rassembler, l'organiser, l'agrandir, la défendre, non seulement contre les menaces extérieures mais également contre les égoïsmes collectifs, les rivalités de groupes[35]. » Entre libéralisme et socialisme, la France a trouvé sa voie dans un régime mixte où une juste intervention de l'État corrige les excès de la loi du marché.

Voilà qui définit le gaullisme : la reconstruction de l'État sur des bases modernes. Dans le débat qui se noue sous sa présidence sur la nature du courant — une doctrine ou une attitude? — Georges Pompidou se prononce certes clairement pour la seconde branche de l'alternative. Contre ceux qui, par le rappel des préceptes, veulent lier les héritiers à la parole du fondateur, il justifie par le pragmatisme du Général l'autonomie de ses propres choix. Mais, dans ce débat d'abord tactique, Pompidou n'abandonne pas les idées fondatrices du gaullisme — le rassemblement, l'unité, les institutions, la France dans le monde — que conditionne la restauration de l'État républicain.

Et la participation? « Le principe ne me faisait pas peur », a écrit Georges Pompidou. Mais, il l'avait dit au général de Gaulle au lendemain des élections législatives de juin 1968, il ne voulait ni de la « soviétisation » ni de l'établissement dans l'entreprise du régime

d'assemblée qu'il croyait trouver dans l'interprétation d'un Capitant [134, p. 204]. La participation était pour lui une manière de reconstituer les liens sociaux dans l'entreprise, d'instaurer la dignité et la responsabilité du travailleur. Selon quelles modalités ? L'autonomie dans le travail qui laisse une part de décision, l'information, l'actionnariat ouvrier : la panoplie presque complète du gaullisme en somme, mais déclinée sans lyrisme, sans exaltation — « la ferveur me suffit[36] ». Si le gaullisme rappelait à Georges Pompidou que le libéralisme doit être contenu, il n'en détruisait pas les principes. Il fallait plutôt concilier les deux références, trouver la juste part de l'économie et de la politique : « De Gaulle était un homme d'intervention rare, mais éclatante. Mon tempérament me pousse à une action continue, moins spectaculaire. Parce que je suis économiste, que j'ai une expérience assez variée de la vie, il est probable que j'ai tendance à me soumettre aux réalités, à ne chercher à les dominer que lorsque je sens que je peux les dominer[37]. »

Le caractère, la formation, mais aussi les circonstances expliquent la part seconde que ce texte laisse à la volonté, le scepticisme sur la force créatrice du pouvoir politique. En cela Georges Pompidou était gaulliste plus par fidélité que par raison. Du gaullisme il ne partageait pas vraiment l'état d'esprit, le principe de la primauté du politique sur la société. « Il vaut mieux avancer progressivement, lentement, simplement, savoir où l'on va[38]. » Ne pas contrarier le tempérament d'un peuple, ne pas le précipiter dans la souffrance et l'inconnu. Prendre appui sur les valeurs et les institutions les plus sûres : la famille, la patrie, la morale. A lire certaines pages c'est la tradition la plus consacrée de l'ordre moral que l'on retrouve. L'instinct, la terre, la nature permettent de comprendre avec autant d'assurance que la réflexion et la connaissance notre époque et notre société. Il n'y a pas de contradiction entre tradition et modernité : « Le côté paysan est peut-être le côté de l'avenir par beaucoup d'aspects » [64, p. 83].

Chez Georges Pompidou, les pôles pouvaient ainsi se rencontrer : la campagne et la ville, la nature et la culture, le passé et le présent, la droite et la gauche. Pour dessiner, à la manière de l'orléanisme, un juste milieu? On a noté la parenté avec un régime où s'était affirmée, contre l'aristocratie terrienne mais aussi contre les nouvelles couches sociales, la bourgeoisie des affaires [65, p. 7]. On a rappelé l'attachement à la doctrine de la représentation[39], une attention mesurée mais réelle aux partis politiques, aux corps intermédiaires. On a même rapproché les caractères. Pompidou et

Louis-Philippe : « Deux hommes dépourvus de génie, mais intelligents, ambitieux, patients et par-dessus tout rusés », juge Gilles Martinet [65, p. 7]. La France « benoîte » et tranquille de « M. Bourgeois-République », comme le dit Alain Lancelot [24]? La routinisation du gaullisme, à la limite son passage dans l'autre camp de la droite? A lire les écrits et les discours, à observer le bilan, le pompidolisme marque il est vrai plus qu'une transition du gaullisme à l'orléanisme. Mais il y a le poids de la famille et de la socialisation qui interdit la conversion. En réaliste, Georges Pompidou savait que la légitimité dont il bénéficiait était seulement constitutionnelle, qu'il ne pouvait jouer sur le pouvoir cathartique de la crise et de l'extraordinaire, mais il savait aussi oser, prendre des risques, ainsi avec le référendum d'avril 1972 sur l'Europe; il savait aussi affirmer le pouvoir de sa présidence, ainsi dans son opposition au projet de Nouvelle société.

On l'a dit, lorsque Georges Pompidou exprime des valeurs qui le tirent vers la droite conservatrice ou le libéralisme économique, il fournit dans le même souffle l'antidote. Il était l'homme qui savait sans tension apparente mêler les eaux de la pensée. Politique, il était aussi intellectuel. Et l'intellectuel, le poète porté vers les formes les moins consacrées de l'art contemporain savait parfois corriger les rigueurs du politique. Contre les déterminismes et les contraintes du réel, il y a toujours la force de la fantaisie et de l'invention.

## Les logiques d'alliance

Dans cette période qui peut sembler celle de toutes les contradictions, la question du pouvoir apparaît une nouvelle fois centrale. Chacun évalue à sa manière le rapport des forces et contribue sur cet enjeu à la recomposition des coalitions. Les parentés familiales peuvent un temps contrarier les affinités doctrinales mais lorsque s'éclairent les différends idéologiques, les enjeux de pouvoir retrouvent eux-mêmes leur juste place.

Exemplaire est en ce sens le débat qui se noue autour du projet de nouvelle société. Placé sous le signe implicite de Michel Crozier, le constat que fait le Premier ministre dans sa déclaration d'investiture le 16 septembre 1969 développe une critique sévère d'une société bloquée, fragile dans son économie, tentaculaire et inefficace dans son État, archaïque et conservatrice dans ses structures sociales. Le ton est au volontarisme, au changement, à la lutte

contre les castes : rien au fond qui puisse retrouver la philosophie pragmatique et prudente du président de la République. A lire la réaction de Georges Pompidou, on retrouve sans peine les fondements les plus profonds de sa pensée politique : « Société bloquée, nouvelle société... Ce sont les dadas du club Jean Moulin [...] La société n'existe pas; il n'y a que des individus, et la France [...] Chaban croit le moment venu de faire du neuf! On ne fait jamais du neuf! Ce sont là des fantasmes d'adolescents ou de romantiques! Il n'y a jamais de pages blanches! On doit se contenter de poursuivre une tapisserie entamée par d'autres [...] La société est ce qu'elle est; il faut vivre avec. » Alain Peyrefitte qui nous a laissé ce témoignage y voit l'expression de ce Cantal où le président était né : « Aussi dur que le basalte, aussi vigoureux que le châtaignier » [130, p. 94-95]. La droite au fond dans ses références les plus classiques, celles du vrai et du vieux, de l'arbre et de la nature. La droite qui retrouve les marques d'un combat brouillé par l'héritage hybride de la Résistance. L'idéologie à nu comme l'exprime sans fard Pierre Juillet dans un entretien avec Jacques Chaban-Delmas au cours de l'été 1971 : « Vous êtes gaulliste. Je n'en disconviens pas [...]. Mais vous êtes aussi l'homme qui amène le socialisme en France. Un communiste, un socialiste, on sait ce que c'est. On peut s'en garder. Vous, on ignore qui vous êtes » [110, p. 372]. On croirait entendre André Philip parlant de la politique coloniale de Guy Mollet : il n'y a plus d'opinion quand s'efface la frontière qui sépare la droite de la gauche, quand l'une fait la politique de l'autre. Pire ici, le gaullisme apparaît comme une référence seconde, sans signification et sans implication, quand il est associé aux valeurs de la gauche, quand il devient comme le revendique Jacques Chaban-Delmas « une forme de socialisme libéral » [110, p. 373].

Au regard de cet enjeu idéologique, la question institutionnelle paraît trouver une place plus modeste. Il n'appartenait pas au Premier ministre de développer un projet aussi radical, aussi neuf, aussi complet. Il ne lui revenait pas d'exposer à l'Assemblée nationale un programme qui n'avait pas même été soumis — par inadvertance, a dit plus tard Jacques Chaban-Delmas [110, p. 368] — au président de la République. Pour un gaulliste, il y avait là transgression, manquement à l'esprit et à la lettre de la constitution. Mais si de cette faute un Premier ministre pouvait toujours se racheter, il ne pouvait avec la même assurance retrouver l'ordonnance politique que son projet avait bousculée.

Mis en place pour assurer la cohésion de l'UDR, Jacques

Chaban-Delmas ne parvient pas à empêcher l'organisation du gaullisme, intégriste — Association nationale d'action pour la fidélité au général de Gaulle, Présence et action du gaullisme ; chef de la majorité, il s'oppose aux cinq présidents UDR de commission à l'Assemblée nationale qui, le 12 juillet 1971, publient une déclaration mettant en cause la politique de concertation et l'organisation des rapports entre le gouvernement et le Parlement. Les lignes de fracture se recouvrent partiellement : Hubert Germain, secrétaire de Présence et action du gaullisme, consigne la déclaration des présidents de commission, mais, la même année, quelques figures importantes du gaullisme — Christian Fouchet, Jean-Marcel Jeanneney, David Rousset, Louis Vallon, Jacques Vendroux — quittent l'UDR. Plus grave, le Premier ministre renoue, par son programme, avec une des logiques les plus sûres de la politique française, le sinistrisme. On parle beaucoup alors de l'adhésion des républicains indépendants à la Nouvelle société — « Un rai de lumière », dira plus tard Jean-Pierre Soisson [138, p. 46], signe que le giscardisme a trouvé dans le projet une ouverture sur l'échiquier politique, une occasion, nouvelle sous la cinquième République, de rejeter sur sa droite la majorité des gaullistes.

On le voit, c'est toute l'architecture des droites que paraît bousculer le projet de Nouvelle société. Sur le plan institutionnel d'abord : car si les rapports entre Premier ministre et président de la République retrouvent rapidement leur équilibre, c'est alors que se dessine une nouvelle conception des rapports entre le président et le parti majoritaire. Tout montre en effet que René Tomasini est choisi par Pierre Juillet, conseiller de Georges Pompidou, en 1971 pour occuper les fonctions de secrétaire général de l'UDR et que son successeur, Alain Peyrefitte, est, l'année suivante, directement désigné par Georges Pompidou. De l'opposition que le président de la République a exprimée au projet de son Premier ministre se dégage à nouveau l'expression de ce gaullisme partisan que Georges Pompidou avait déjà voulu sien en 1967.

Sur le plan idéologique, le pompidolisme apparaît en second lieu comme un moment d'analyse chimique, celui où les corps se séparent, où les acteurs peuvent aller jusqu'au bout de leurs choix. Ici sont en jeu deux conceptions des rapports entre politique et social, deux analyses du rôle de l'État : d'une part celle de Jacques Chaban-Delmas qui, dans une interprétation jacobine et progressiste, conçoit une politique active allant jusqu'au bouleversement du social, d'autre part celle de Georges Pompidou qui, dans une lecture conservatrice et libérale, protège l'intégrité des rapports

sociaux. Entre les deux sans doute peuvent évoluer courants et familles, comme le montrent les républicains indépendants sensibles malgré leur libéralisme à la modernité du projet du Premier ministre. Mais c'est bien autour de ces deux pôles que se tissent les nouvelles alliances.

Cette clarification des enjeux a été rendue possible parce qu'avait été pleinement résolue la question du régime. Et à ce titre 1969 est bien une date charnière, un moment où importent à la fois les dimensions institutionnelle et idéologique. C'est le sens du ralliement des républicains indépendants à la candidature de Georges Pompidou, ce garant de la légitimité gaullienne qui accepte de donner des garanties — libérale, européenne et centriste — sur son programme. C'est le sens aussi de la division que connaît alors la famille centriste, partagée entre un courant d'abord sensible au départ du général de Gaulle et à l'ouverture qu'il permet sur le plan des idées et un noyau dur accroché à son refus de la République consulaire. Les premiers, autour de Jacques Duhamel, se retrouvent associés au gouvernement et à la majorité parlementaire, les seconds, derrière Jean Lecanuet — le dernier président du MRP —, restent, pour cinq ans encore, dans l'opposition.

De cette période Pompidou qui paradoxalement s'accomplit en 1974 dans l'élection d'un Valéry Giscard d'Estaing non gaulliste à la présidence de la République date ainsi le premier passage de la pluralité à l'unité des droites. Il a fallu pour que se réalise cette rencontre qu'une partie de la droite non gaulliste adhère en 1969 au régime; il a fallu en échange que le pompidolisme donne une lecture « modérée » du gaullisme. Mais cette transaction informelle n'est qu'en apparence équilibrée : ces institutions auxquelles on se rallie ne sont plus tout à fait celles que voulait le général de Gaulle; dans la place qu'elles laissent aux partis de la majorité, dans les nouveaux rapports qui s'organisent avec le Parlement s'exprime déjà une conception représentative, une considération des corps intermédiaires que le fondateur de la cinquième République ne partageait pas. On ne voit pas que soient faites des concessions analogues dans l'autre camp : le libéralisme conservateur de l'Élysée sied sans doute mal à la démocratie chrétienne ralliée en 1969, il est trop conservateur pour les républicains indépendants, mais pour cette famille avec laquelle le gaullisme n'a pas fini de disputer, il a justement pour mérite d'être libéral.

Ainsi posé, le débat s'accomplit dans la victoire de l'orléanisme sur le gaullisme, dans le passage d'une problématique politique à une lecture libérale. « Je ne peux soutenir un gaulliste qui fait une

politique de gauche », disait Pierre Juillet à Jacques Chaban-Delmas ; « Je ne peux transiger sur la question des idées », signifiera Jacques Chirac le 13 avril 1974 en signant, avec trois ministres et trente-neuf députés, un appel, celui des « 43 », où l'énonciation des principes les plus rigoureux du gaullisme cautionne un refus de choisir entre les deux candidats de la majorité — Jacques Chaban-Delmas et Valéry Giscard d'Estaing — à l'élection présidentielle ; « Je ne peux me désister clairement en votre faveur, vous dont le septennat a marqué une adhésion implicite aux valeurs du socialisme », reprendra en substance Jacques Chirac à l'adresse de Valéry Giscard d'Estaing entre les deux tours de la présidentielle de 1981. Trois refus pour une même logique du conflit : quand sont en jeu les principes de la droite, les solidarités familiales s'effritent, le concurrent peut devenir allié et l'adversaire lui-même peut être préféré au concurrent : mieux vaut Giscard que Chaban, mieux vaut Mitterrand que Giscard ; mieux vaut en somme le vrai que le faux. Il n'y a plus désormais d'autre frontière que celle qui sépare la droite de la gauche ; le peuple lui-même peut retrouver ses marques.

## La naissance d'un peuple de droite

La question du *leadership* au sein de la droite et d'un renversement possible du rapport de force antérieur est rendue plus aiguë dans les années soixante-dix par les changements qui semblent affecter les identités électorales. Au moment, en effet, où l'enjeu entre les formations de droite est bien la distinction de l'associé-rival et la conquête de la position dominante au sein de la coalition, on constate que l'électorat conservateur retrouve après l'épisode gaulliste des traits plus homogènes et traditionnellement caractéristiques de la clientèle des partis conservateurs.

On sait en effet que l'implantation géographique et le profil sociologique des électeurs gaullistes ne correspondaient, avant 1969, que très imparfaitement à ceux de la droite. En 1962 ou 1967, le gaullisme était, dans sa structure socioprofessionnelle, le plus proche de la population française, comme le sera plus tard le socialisme. Il était alors possible de dégager des différences significatives entre l'électorat de la droite gaulliste et celui de la droite non gaulliste. Du côté conservateur, une sur-représentation des couches moyennes non salariées et des agriculteurs, du côté gaulliste un électorat assez représentatif de la population globale dans lequel les

travailleurs indépendants ne prédominent pas et les ouvriers sont assez nombreux.

Avec le départ du général de Gaulle, on assiste à une transformation sensible des bases sociales de l'électorat gaulliste qui se marque par une féminisation et un vieillissement croissant et surtout par une perte d'implantation populaire puisque 30 % des ouvriers votent pour Georges Pompidou en 1969 alors qu'ils étaient 42 % à avoir choisi le général de Gaulle en 1965. Le mouvement se confirme en 1973 qui tend à rapprocher les bases électorales du gaullisme de celles d'un parti conservateur classique. Et c'est ainsi, dans une période où les familles tentent de préciser leurs filiations et les principes de leur distinction — notamment avec la création du Rassemblement pour la République (RPR) en décembre 1976 et de l'Union pour la démocratie française (UDF) en février 1978 —, que pour la première fois se dessinent les contours d'un seul peuple de droite : la répartition des suffrages entre gaullisme et centrisme répond désormais davantage à la structure de l'offre électorale qu'à de réelles différences sociologiques et idéologiques dans l'électorat.

L'électorat conservateur présente en 1978 un profil d'abord féminin et âgé. A l'UDF comme au RPR, les femmes sont nettement plus nombreuses que les hommes et les personnes âgées considérablement sur-représentées. En raison de cette présence massive de femmes et d'électeurs de plus de 60 ans, les actifs apparaissent sous-représentés, à l'inverse bien sûr de ce qu'on constate dans l'électorat de gauche, particulièrement communiste. Mais le trait sociologique sans doute le plus significatif de cet électorat concerne la répartition entre salariés et non-salariés, ces derniers étant plus importants à droite que dans l'ensemble de l'électorat (22 % à l'UDF et 24 % au RPR au lieu de 17 %).

Des petits commerçants et artisans, des agriculteurs, des employeurs et des retraités : l'électorat conservateur est ainsi socialement typé mais ne se présente pas d'abord comme majoritairement favorisé [26]. L'examen du niveau d'études et de revenus révèle l'existence de deux populations : l'une, peu instruite et dont les faibles revenus peuvent s'accompagner de la détention d'un patrimoine, correspond aux couches traditionnelles — agriculteurs et petits commerçants —, l'autre, plutôt instruite, aisée et possédante semble se rattacher à la bourgeoisie urbaine.

Toutefois la distinction entre ces deux populations ne renvoie pas ouvertement à des publics différents. Certes quelques différences sont décelables entre la clientèle de l'UDF et celle du RPR — cette

dernière étant légèrement plus populaire et urbaine que la première —, mais le RPR avec 10 % d'ouvriers ressemble de ce point de vue davantage à l'UDF qu'à l'électorat du général de Gaulle qui en comprenait 30 % en 1965. De ce fait, les différences entre UDF et RPR apparaissent moins significatives que ce qui les oppose en bloc aux formations de gauche et, au regard de ses caractéristiques sociales, on peut légitimement parler d'un seul électorat conservateur.

Si l'on considère maintenant les attitudes politiques et non plus les traits sociologiques, les conclusions précédentes restent valables mais avec quelques nuances.

Tout d'abord il faut bien constater que sur les questions touchant à l'économie (nationalisation des banques, augmentation du SMIC, impôt sur la fortune) ou sur celles concernant les conduites privées (permissivité sexuelle, avortement...) l'impression la plus forte est celle d'une puissante convergence idéologique entre l'électorat du RPR et ceux des formations composant l'UDF. Certes, on note que les partisans du RPR sont un peu moins favorables aux changements que ne le sont ceux du Parti républicain (PR) et surtout ceux du Centre des démocrates sociaux (CDS) mais dans l'ensemble on ne peut déceler de fractures idéologiques très significatives au sein de l'électorat conservateur. Pourtant si l'on considère d'autres indicateurs politiques plus directement liés aux sensibilités partisanes, aux perceptions des forces, à l'évaluation du système, quelques clivages se manifestent. Ainsi l'auto-classement sur un axe droite-gauche révèle que les sympathisants du PR ou du RPR sont majoritairement fixés à droite alors que les sympathisants du CDS ou, davantage encore, du Parti radical se placent au centre. De même, les réticences exprimées alors par les sympathisants de la majorité à l'égard des partis de gauche, plus nettes au RPR et au PR qu'au CDS ou au Parti radical, confirment l'hypothèse de clivages politiques réels au sein de l'électorat conservateur. Enfin, on constate que les électeurs du Parti républicain se partagent entre ceux qui préfèrent la continuation de l'alliance électorale avec le RPR et ceux qui souhaitent un élargissement de la majorité au PS tandis que le tiers des sympathisants du CDS et près de la moitié de ceux du Parti radical souhaiteraient une majorité de troisième force excluant le RPR.

Ces données sociologiques et idéologiques, décelables dès 1978, permettent de comprendre les principaux traits du peuple de droite et les contradictions qui ne manqueront pas de se manifester plus ouvertement par la suite et de peser sur les stratégies des appareils

partisans en présence. L'électorat conservateur est bien sociologiquement unifié et distinct par là de l'électorat de gauche tandis
que, sur le plan des attitudes politiques, les fractures qui le
marquent révèlent l'existence de familles différentes aux sensibilités
idéologiques et aux projets d'alliance opposés. Mais l'enseignement
le plus aigu des sondages tient évidemment à ce que les fractures
décelables dans l'opinion, et qui semblent révéler des identités
politiques tout à fait distinctes, ne correspondent pas aux frontières
partisanes. On ne peut trouver dans les enquêtes des thèmes sur
lesquels les sympathisants du RPR se placeraient d'un côté et ceux
de l'UDF de l'autre. L'UDF, cartel électoral suscité par le mode de
scrutin, associe deux familles politiques qu'elle ne parvient pas à
unifier : d'une part les démocrates-chrétiens et les radicaux aux
attitudes très proches et au tempérament centriste affirmé, d'autre
part les sympathisants du PR que rien de fondamental ne semble
distinguer de ceux du RPR. La fin de la décennie soixante-dix
apparaît donc tout à fait nouvelle dans l'histoire de la droite sous la
cinquième République puisque les deux courants libéral et gaulliste, divisés et antagonistes sur le plan des formations partisanes,
sont au contraire largement unifiés sur le plan des clientèles
électorales. Si la période qui s'ouvre avec le septennat de Valéry
Giscard d'Estaing peut être considérée comme le temps des partis,
c'est d'abord du fait de ce décalage nouveau entre le peuple de
droite et sa représentation.

1974-1978 : LE TEMPS DES PARTIS

En 1969 déjà, Georges Pompidou avait marqué une considération, nouvelle dans la tradition gaulliste, pour les partis politiques
en se présentant devant les cadres et les députés de sa formation. Si
sa candidature restait une décision personnelle sur laquelle l'UDR
n'était pas invitée à se prononcer, il y avait dans cette démarche
une forme d'adhésion à la démocratie représentative que les interventions de l'Élysée dans l'organisation du parti majoritaire
allaient confirmer : les instances de médiation prenaient un autre
rang dans le fonctionnement des institutions. Mais c'est évidemment après l'élection de Valéry Giscard d'Estaing que les partis
politiques devaient pleinement retrouver leur rôle, recouvrer cette
nature duale, à la fois privée et publique, qui fait d'eux une forme

n'est pas seulement écran, qu'il peut aussi porter l'opinion, préparer le président, être, sans l'Élysée, sinon dans l'opposition, la doublure, le fantôme du pouvoir. Pour un gaulliste c'est un autre éclairage jeté sur la question jamais résolue des rapports entre unité et division.

De son éducation catholique le général de Gaulle tirait sans doute son exigence d'absolu et son refus des clivages. Mais de son engagement politique il gardait aussi le sens de la tolérance et du relatif. La Jeune République dont il se réclamait ouvertement avant-guerre, la création du CNR, l'espoir qu'il avait mis un temps dans le MRP et même la conception qu'il avait à l'origine du RPF — synthèse des partis, échelon supérieur qui, dans le respect des organisations existantes, devait garantir la primauté de l'intérêt général — témoignent assez de son adhésion au pluralisme. Le moment n'est pas d'expliquer pourquoi ces pistes ont tourné court — l'évolution de la quatrième République et l'opposition de la gauche ont sans doute été décisives — mais, pour de Gaulle, il n'était pas à l'origine exclu de concevoir l'expression légitime des partis dans la République.

Paradoxalement, c'est à la cinquième République qu'il reviendra d'opérer cette synthèse, de réduire cette fracture que les partis ouvrent en démocratie : puisqu'ils portent en eux le candidat à la charge suprême, puisqu'ils deviennent, dans une élection qui ne divise plus mais unifie la représentation, un élément du débat démocratique, les partis peuvent aussi prétendre à l'expression légitime de l'intérêt général. La droite, qui, dans ces années soixante-dix, a encore du mal à penser la division, peut désormais emprunter le processus partisan.

L'adhésion est lente, plus hésitante du côté gaulliste attaché à l'idée de rassemblement que du côté giscardien où, de manière très révélatrice, on se réfère ouvertement à la notion de parti. En janvier 1975 encore, Michel Poniatowski appelle à la création d'un Rassemblement pour la République, mais les 19 et 20 mai 1977 c'est bien en Parti républicain que se transforme la Fédération nationale des républicains indépendants. S'expliquant sur ce point, Jean-Pierre Soisson, premier secrétaire général du PR, retrouve avec l'appel aux corps intermédiaires l'héritage libéral, mais il s'appuie aussi clairement sur la tradition socialiste pour en justifier la pertinence : « Dans le langage politique français, il fallait quelque chose qui s'oppose au Parti communiste et au Parti socialiste » [92, p. 27].

La référence aux partis politiques n'est certes pas nouvelle dans

les milieux conservateurs, comme le montrent par exemple dans l'entre-deux-guerres le Parti démocrate populaire et le Parti social français, mais ni l'un ni l'autre ne se situaient dans la tradition modérée. C'est dire l'importance d'une évolution que seule la nature des institutions pouvait permettre. Contrairement aux apparences et aux affirmations trop souvent répétées, la cinquième République n'a pas marqué le recul des partis politiques; bien au contraire, elle a rendu possible leur adoption par la droite en résolvant l'aporie de la démocratie : la conciliation de l'un et du multiple. Simplement, il fallait pour que se réalise cette mutation que la légitimité élective prenne le relais de la légitimité historique, que l'élu de la majorité puisse, sans les ressources de l'extra-ordinaire, passer pour l'élu du peuple.

Au regard de ces changements, la création le 1$^{er}$ février 1978 de l'Union pour la démocratie française (UDF) apparaît plus classique. Que le président de la République ait réussi à souder derrière lui tous les courants non gaullistes de la majorité confirme simplement combien le gaullisme est resté un corps mal greffé, étranger à la famille modérée. Tout, au fond, dans cette entreprise porte la marque de Valéry Giscard d'Estaing : le nom bien sûr qui reprend le titre du livre récent du président, la structure confédérale qui préserve l'identité des partis qui la composent tout en permettant, dans la tradition modérée, son expression au Parlement, son positionnement au centre enfin. Décidément la cinquième République se caractérise bien à droite par l'affrontement principal de deux courants : les forces centrifuges peuvent contrarier leur expression, les formations changer, demeurent deux traditions irréductibles l'une à l'autre.

## L'identité des partis

C'est ce que l'on peut encore vérifier à travers la sociologie des partis. De manière générale, on retrouve dans tous les partis conservateurs la tentation du parti de masse : « Si on veut réussir, on doit passer par un vrai parti de masse », reconnaît François Léotard [74, p. 31]. D'où ce mimétisme qui se retrouve jusque dans la dénomination des instances dirigeantes : comité central, conseil national, bureau politique, secrétariat... De même, chaque formation entretient l'illusion de sa représentativité : à gauche il s'agit d'accentuer le côté ouvrier, populaire des militants, ici de retrouver dans toutes ses composantes l'image de la population

française. Toujours le même refus des divisions, la même recherche de l'identité nationale. Dans la communication qu'il prononce en 1978 devant l'Association française de science politique, Jean-Pierre Soisson affiche son souci de la transparence, avoue la sous-représentation des ouvriers au Parti républicain (7,59 %) et, à l'inverse, la sur-représentation des agriculteurs (9,31 %), mais, dans leurs grandes tendances, aucune des couches de la population n'est vraiment sacrifiée. En plus accentué, ce travail de représentativité est à l'œuvre au sein du RPR. Alors que, traditionnellement en France, le taux d'adhésion des femmes est faible, celles-ci représentent en 1977 selon le mouvement gaulliste 49,1 % de ses effectifs. Pourcentage évidemment excessif, fantaisiste même quand on le compare à ceux que le RPR donne pour 1975 et 1978 (respectivement 40,6 % et 30 %) et aux chiffres que donnent les études menées dans les fédérations[42]. De même, d'une année sur l'autre, les évolutions apparaissent sensibles comme le montre la distribution sociale des adhérents : ainsi de 1977 à 1979, les cadres supérieurs passent de 10 à 4,5 %, les commerçants et artisans de 17 à 25,1 %, les ouvriers de 20 à 11,3 %, les agriculteurs de 6 à 11,1 %. Comme si le RPR hésitait sur les formes de son autoportrait et sur sa conception du peuple incarné.

Au-delà de ces chiffres indigènes qui répondent à une commune exigence de légitimité, on peut, en prolongeant la recherche sociologique, retrouver l'identité des deux courants de droite. Les études dont on dispose sur le RPR soulignent l'importance des classes moyennes qui représentent à la fin des années 1970 plus de 50 % des effectifs. Une représentation que connaissait déjà le RPF et qui se maintiendra dans les années 1980. Dans ce bloc, les salariés tiennent, avec un tiers des effectifs, une place de choix mais, en taux de représentation, ce sont d'abord les indépendants (commerçants et artisans) qui se signalent : avec 20 % des adhérents, ils sont au RPR trois fois plus nombreux que dans la population active. A l'inverse, avec 11,3 % d'ouvriers revendiqués en 1979 (contre 38 % dans la population active), le mouvement marque, par rapport au RPF, un recul qui ne fera que s'accentuer : en 1986, le taux tombera à 5 %. Lorsque l'on ajoute la représentation des cadres supérieurs et des professions libérales, importante au regard de la population active mais certainement pas hégémonique (18 % en 1977, 20 % neuf ans plus tard), on découvre un profil très dilaté en son milieu qui, sur ce point, ne se distingue pas vraiment de son homologue socialiste : les accents sont simplement placés ailleurs, sur le secteur privé plutôt que sur le public, sur les milieux économiques plutôt que sur les milieux intellectuels.

Voilà qui, dans son ensemble, sépare bien le gaullisme du giscardisme. Chez ce dernier, tout paraît tiré vers le haut, comme le montre la représentation aux congrès, seule base sur laquelle on puisse avec assurance s'appuyer : pas moins de 61 % de délégués issus des couches supérieures au congrès du Parti républicain de 1979 contre seulement 4 % de commerçants et d'artisans, 4 % d'employés et 1 % d'ouvriers. Le profil est ici très différent de celui offert par le RPR un an plus tôt à son congrès extraordinaire de Paris ; il est en revanche très proche de celui que dans son ensemble donne au même moment l'UDF qui paraît bien trouver dans sa base sociale un élément supplémentaire de cohésion. On pourrait pousser la comparaison, considérer, avec Colette Ysmal [54, p. 204-219], les revenus, la profession des parents, la représentation des femmes au foyer : sur tous ces points, Parti républicain et UDF s'éloignent singulièrement du RPR.

Le social ne dit pas tout le sociologique. Il faut aussi, pour saisir l'identité des mouvements, retrouver l'univers idéologique des militants, les cultures partisanes, les formes d'organisation : autant de points sur lesquels le gaullisme a d'autres titres à faire valoir.

De son héritage gaulliste, le RPR va en effet longtemps garder une structure centralisée qui, dans ses dispositions essentielles, rappelle les institutions de la République. Le nombre permet les grandes manifestations, les traditions appellent la démocratie directe et les élections par acclamation — ainsi est désigné Jacques Chirac aux premières assises du RPR — mais aussi la centralisation et les simples nominations des cadres. Dans son organisation, le RPR a tout du mouvement bonapartiste : sous l'autorité du chef doté de la légitimité démocratique, un secrétaire général et une commission exécutive nommés, un bureau exécutif et un comité central qui en partie seulement procèdent de l'élection. Une mono-cratie, ajoute Colette Ysmal[43] qui s'appuie dans ses conclusions sur la structure sociale du parti : pour des militants peu diplômés, attachés aux valeurs d'ordre et de discipline, l'obéissance se concilie mal avec la discussion.

La remarque ne peut être appliquée qu'avec prudence au mouvement giscardien où le militant a moins d'importance, où l'activité est plus épisodique : dans la tradition orléaniste, le parti n'existe guère qu'au sommet. Sur quelle population d'ailleurs s'appuyer ? Alors que le RPR revendique en 1977 510 000 adhérents, le Parti républicain, selon son secrétaire général, compte en juillet 1978, trois mois après sa fondation, 73 000 membres [92, p. 16]. Estimations dans les deux cas excessives : à partir de ses propres recoupe-

ments, Colette Ysmal pense que le RPR n'avait, avant 1981, pas plus de 50 000 militants [54, p. 168], un rapport de un à dix au regard des effectifs revendiqués qui, appliqué au Parti républicain, donnerait 7 000 adhérents. Opération contestable sans doute mais que l'on peut vérifier en observant les congrès des formations : en avril 1978, 5 000 personnes seulement assistent à Fréjus à l'assemblée constitutive du Parti républicain ; en 1976, les assises fondatrices du RPR avaient réuni à Paris 60 000 militants.

Pour modestes que soient ces chiffres, ils expriment pourtant une évolution sensible du mouvement giscardien qui, par sa population et ses structures, s'apparentait à ses origines à une simple formation de notables, on n'ose pas dire un parti de cadres : « Notre appareil était léger avec des structures fragiles et des hommes peu nombreux, conçu pour réaliser, grâce à une pensée conductrice et un chef exceptionnel, le fait présidentiel », écrivait Michel Poniatowski en juin 1974[44]. Fondée en 1966, la Fédération nationale des républicains indépendants n'avait tenu son premier congrès qu'en 1971 et elle n'était parvenue à compléter son réseau de fédérations départementales qu'en 1973. Dans un dispositif tout entier conçu au service d'une candidature présidentielle, les clubs Perspectives et Réalités comptaient en fait autant que le parti : des structures souples, un recrutement social sévère, la priorité de la réflexion sur l'action militante faisaient d'eux le vivier politique du giscardisme. L'héritage se retrouve au Parti républicain : primèrent encore la formation des élites et la représentation des élus — maires et parlementaires sont majoritaires dans les instances de décision. Mais il y a maintenant une structure stable, des militants qui se réunissent, des congrès qui se tiennent. La centralisation et le culte de la personnalité rappellent la tradition gaulliste. Comme l'UDR au temps du général de Gaulle et de Georges Pompidou, le PR retrouve la vocation des formations au pouvoir : porter la parole du président.

Notable si l'on considère la tradition modérée, la réussite est pourtant mitigée lorsque l'on observe la mutation que connaît au même moment le RPR. Dans la compétition qu'il doit soutenir, le giscardisme ne parvient jamais à dépasser vraiment les limites de sa conception de la représentation. Au libéralisme il emprunte le modèle d'un « pouvoir social » [49, p. 35 sqq.] qui est à l'écoute de la société et vit à son rythme. Mais, parce qu'il puise dans la même tradition son individualisme et son attachement au pouvoir délibératif de l'homme politique, il ne peut vraiment sécréter les instances qui pourraient donner forme à cette écoute de la société et se

condamne à des rapports inversés dans lesquels le parti se limite au rôle de porte-parole du pouvoir politique. Paradoxe saisissant si l'on note que le gaullisme sait se doter, à partir d'une conception inverse qui consiste à modeler le social par le politique, d'une formation suffisamment nombreuse et organisée pour maintenir avec une autre assurance et une autre efficacité le contact du pouvoir et de la société. Infirmité décisive pour l'orléanisme lorsqu'il s'agit d'affronter la double concurrence de la gauche et de l'allié majoritaire dans le pays et au Parlement.

### 1978-1981 : LA DYNAMIQUE DE LA DIVISION

En mai 1974, on le sait, Valéry Giscard d'Estaing a renoncé à dissoudre la Chambre et, situation inédite sous la cinquième République, il a dû gouverner pendant quatre ans avec une majorité dans laquelle son propre courant était minoritaire. Les élections législatives de mars 1978 lui donnent l'opportunité de rétablir en sa faveur l'équilibre et, dans cette entreprise, la fondation de l'UDF apparaît décisive puisqu'elle permet de réduire les primaires internes à la majorité à des compétitions bipolaires entre gaullisme et giscardisme. Au détriment toutefois de l'entente entre les deux courants puisque pour le RPR, comme l'exprime en janvier 1978 son délégué politique Yves Guéna, l'objectif de la nouvelle confédération « n'est pas, contrairement aux apparences, de rationaliser les primaires, mais d'obtenir l'affaiblissement de la représentation gaulliste à l'Assemblée nationale, et ce à n'importe quel prix ».

À l'issue du premier tour, le bilan est incertain pour la majorité, compte tenu de son nouvel élargissement après la disparition des centristes d'opposition. En effet, dans 8 départements seulement, la majorité 1978 apparaît plus forte que la majorité 1973. Dans l'ensemble, le RPR avec 22,6 % des suffrages exprimés domine d'assez loin chacun des autres partis de droite pris isolément mais, en revanche, l'écart est faible entre le rassemblement gaulliste et l'UDF qui atteint 21,4 % des exprimés. Le rapport des forces semble même se renverser dans les 34 circonscriptions où se sont déroulées en 1978 comme en 1973 des primaires internes à la majorité : en 1973, l'UDR dominait dans 25 de ces circonscriptions ; cinq ans plus tard, l'UDF arrivait en tête dans 18. Le second

tour vient confirmer ces premiers enseignements. Même si elle perd une dizaine de sièges, la majorité reste majoritaire mais suffisamment rééquilibrée pour qu'en définitive ce scrutin apparaisse comme une victoire du président de la République. Le RPR, avec 150 députés, reste le premier parti de la coalition. Mais alors qu'il représentait 57 % de la majorité sortante (173 sièges sur 300), il n'en représente plus que 51 % (150 sur 290). L'opération de rassemblement non gaulliste a été payante puisque, avec 139 élus, le « parti du président » apparaît comme l'autre grande composante de la majorité. En outre, ce rééquilibrage s'est effectué sans que les reports de voix réciproques aient fait défaut entre les deux tours, nouveau signe sans doute d'une unification de l'électorat et de la distance qui le sépare de sa représentation.

## Les enjeux de la distinction

On conçoit qu'il ne soit pas facile de se retrouver dans les méandres des reconstitutions, divisions et fusions que connaît la droite sous le septennat de Valéry Giscard d'Estaing. Dans la double compétition qui se noue entre la droite et la gauche et au sein même de la droite, les acteurs déclinent des identités incertaines ; le nom et les idées mêmes ne sont jamais acquis, toujours liés à l'interprétation que leurs porteurs ont de l'allié et de l'adversaire. D'où ce décalage permanent entre clivages sociaux et clivages idéologiques, clivages partisans et mémoires politiques ; d'où ces interminables débats sur les fidélités et les trahisons : le RPR est-il toujours gaulliste, l'UDF orléaniste, le CDS démocrate-chrétien ? Mais tout comme dans la vie l'individu s'expérimente dans l'altérité, tout comme la socialisation se poursuit à l'âge adulte malgré la prégnance de l'éducation familiale, les hommes et les organisations politiques ajustent leurs positions à la perception qu'ils ont des autres, n'existent que dans la différence. Simplement, le registre sur lequel ils peuvent jouer est singulièrement restreint, étroitement délimité par les trois sommets du triangle idéologique que constituent le socialisme, le libéralisme et le traditionalisme. La famille appelle la fidélité, la compétition exige les déplacements ; le plus souvent éloignés des traditions les plus pures, les acteurs politiques bricolent leur identité du moment.

On a dit l'influence de la gauche sur les organisations de la majorité, il faut noter maintenant son emprise sur les idées. Plusieurs facteurs y concourent : le départ du général de Gaulle

qui, jusque dans l'électorat, redonne forme à la coupure droite-gauche, le congrès d'Épinay qui réhabilite l'idée socialiste, la signature du programme commun le 27 juin 1972 qui actualise la notion de contrat entre le peuple et ses représentants, le désaccord enfin qui éclate au sein de la droite.

La droite qui emprunte pourtant à la tradition libérale la philosophie du mandat représentatif et du pouvoir délibératif de l'élu consent ainsi, avant chaque élection, à l'exposé général de ses intentions — programme de Provins en 1973, programme de Blois en 1978. La méthode est directement empruntée à la gauche : longs catalogues de mesures, calendriers imprécis, financements incertains des projets mais aussi conception clivée du peuple. Par sa nature même en effet, l'exercice implique un dialogue catégoriel, une attention aux segments de l'électorat.

Valéry Giscard d'Estaing donne sa forme la plus achevée à cette démarche. Sur le plan politique d'abord lorsqu'il adresse en priorité aux électeurs UDR, républicains indépendants et réformateurs, le 8 avril 1974, sa déclaration de candidature. Sur le plan social ensuite lorsqu'il développe, en 1976 dans *Démocratie française* puis en 1984 dans *Deux Français sur trois*, sa conception du groupe central. Par une approche pluricausale l'auteur s'efforce d'échapper aux déterminismes sociologiques. Il n'y a pas d'identité entre groupes sociaux et familles politiques, pas de divisions exclusivement déterminées par les conditions de production économique, mais il y a bien « un "état politique naturel", c'est-à-dire un état de relations et de pouvoir » [123, p. 158] que contribuent à définir les tempéraments individuels, les religions, les traditions historiques. L'expression n'est sans doute pas heureuse — cet état naturel, dans la pensée de l'auteur, est en équilibre instable, évolue —, elle cadre surtout mal avec l'analyse que celui-ci donne des relations entre le social et le politique. Dans sa simplicité, la démonstration maintenant bien connue — une société où les classes moyennes forment les deux tiers de la population appelle un gouvernement du centre — paraît gauchir les mécanismes de la représentation dans l'assimilation pure et simple qu'il opère entre le centre politique et le centre social.

Classique pour un homme politique, cette recherche en paternité sociale repose sur une exigence de légitimité qui dans ses modalités n'est pas loin de rejoindre la problématique marxiste de l'incarnation. Il faut décliner les preuves de sa représentativité, montrer en toute occasion qu'on est bien celui au nom duquel on dit parler : le socialiste le fait en invoquant la classe ouvrière, Valéry Giscard

d'Estaing en s'appuyant sur les classes moyennes. Et, dans les deux cas, l'opération est menée au nom du peuple tout entier dont les classes portent en puissance la vérité : comme le prolétariat pour le marxisme, « il faut que le groupe central des Français qui ont la même manière de vivre, de s'exprimer, de travailler, devienne *toute* la France, pour que la France soit enfin une fraternité[45] ». Étonnante lecture où, à l'image de la gauche, la droite retrouve l'unité par le détour de la division, où le pluralisme qui pourtant est au fondement de la pensée se perd dans la recherche de la recomposition.

### Les lieux de la distinction

Voilà bien exprimée l'une des différences essentielles entre orléanisme et gaullisme. Car si ce dernier n'échappe pas à l'exigence de légitimité, si l'on peut même trouver ici ou là un glissement implicite du social au politique[46], l'idée même de rassemblement s'oppose à toute opération de fragmentation sociale, appelle une autre résolution de la dialectique unité-division. De Gaulle n'ignore pas les classes ; à la différence même du libéralisme giscardien, il peut concevoir une France unie dans l'opposition des groupes sociaux[47]. Le Français est fantasque, l'opinion publique versatile, mais, dans sa mission, la France sait retrouver le chemin. « S'il advient que la médiocrité marque [les faits et gestes de la France], j'en éprouve la sensation d'une absurde anomalie, imputable aux fautes des Français, non au génie de la patrie », écrivait de Gaulle en ouverture des *Mémoires de guerre* [118] ; « Collectivement, les Français font preuve d'un solide bon sens », reprend Charles Pasqua en février 1990 à « L'Heure de Vérité ». Vieille idée qui remonte à l'invention de la démocratie — le tout corrige les erreurs des unités qui le composent — et à laquelle l'État donne un nouveau fondement, une essence intemporelle.

Pourtant à travailler justement sur le plan de l'État qui, dans les traditions, différencie si fortement les deux familles, on s'aperçoit combien la conjoncture des années soixante-dix rend difficile les stratégies de distinction auxquelles se livrent dans la concurrence pour le pouvoir gaullisme et giscardisme. Dans les discours de Jacques Chirac comme dans *Démocratie française* c'est pour l'essentiel la même analyse que l'on retrouve : même rejet du marxisme et du libéralisme classique, même accent sur l'intervention du pouvoir et sur le rôle du plan, même recherche d'une troisième voie. Nouvel

exemple de la relativité des idées politiques, nouvelle illustration des ajustements auxquels les acteurs doivent procéder pour trouver leurs marques, paraître uniques dans un espace où l'inventaire des profils laisse peu de place à la création. A suivre les événements, les idées perdent leur souffle.

Une écriture de la vie politique devrait ici reprendre ses droits, rappeler dans tous ses détails les étapes de la lutte qui, de la démission de Jacques Chirac le 25 août 1976 à l'élection présidentielle de mai 1981, oppose les deux courants principaux de la majorité; la composition du premier gouvernement Raymond Barre qui assure l'emprise du président de la République malgré la représentation des partis de la majorité aux grands ministères d'État; la candidature en janvier 1977 de Jacques Chirac à la Mairie de Paris contre un proche du président, Michel d'Ornano; l'accentuation du caractère présidentiel du régime que marque en avril 1978 le second gouvernement Barre avec le départ des ministres politiquement les plus marqués; les obstructions du RPR au Parlement qui consacrent la dissociation entre les majorités parlementaire et présidentielle; l'opposition du gaullisme à la réorganisation du courant giscardien à la veille des élections de 1978; son opposition encore à l'élection en 1979 de l'Assemblée des Communautés européennes au suffrage universel direct... Chacun de ces événements accentue la fracture au sein de la droite, confirme l'importance que le pouvoir a pour elle et marque un peu plus ce qui distingue le gaullisme de l'orléanisme.

Point d'orgue de cette escalade, l'« appel de Cochin » que lance Jacques Chirac le 6 décembre 1978 illustre bien ce que l'idée doit à la détention du pouvoir : « Comme toujours quand il s'agit de l'abaissement de la France, le parti de l'étranger est à l'œuvre, avec sa voix paisible et rassurante. » L'indépendance nationale ne paraît pourtant pas d'abord en cause — le président de la République défend en fait une conception confédérale de l'Europe très proche de celle que partageaient de Gaulle et Pompidou — mais, avec tous les glissements qu'elle autorise, la logique du pouvoir pousse chaque acteur à sélectionner dans son héritage l'élément qui distingue et exclut. Puisque le RPR ne peut vraiment discuter l'interprétation présidentialiste des institutions qu'il a implicitement ratifiée lorsque Jacques Chirac dirigeait le gouvernement, il travaille ailleurs, sur l'État, son intégrité, son indépendance, son rôle, au risque de s'aligner dans cette recherche non seulement sur l'adversaire politique mais aussi sur le concurrent dont il cherche justement à se distinguer : au socialisme, Jacques Chirac finit par

opposer un « travaillisme à la française » tandis que Valéry Giscard d'Estaing propose un régime mixte plus proche de la socialdémocratie que du libéralisme classique.

La distinction puis l'opposition entre les deux familles ne cesse à partir de là de croître et de s'afficher. La division qui a pu apparaître dénuée de sanction lors des élections européennes du 10 juin 1979 en raison du scrutin proportionnel devient redoutable dans le cadre du scrutin majoritaire. C'est ce qu'illustre bien l'élection présidentielle de 1981 où, entre les deux tours, la déclaration de Jacques Chirac révèle au moins autant de critiques à l'égard du président sortant que de méfiance à l'égard du candidat socialiste. De fait, on constate que le recul de Valéry Giscard d'Estaing est assez exactement lié aux rapports de force internes de la droite. L'analyse géographique des résultats montre en effet que le déficit du président sortant par rapport au total de la droite au premier tour est à son maximum dans les zones de force de l'électorat chiraquien. Les sondages le confirment, qui estiment qu'environ 15 % d'électeurs de Jacques Chirac ont voté pour François Mitterrand au deuxième tour : le comportement de l'électorat chiraquien a été décisif dans l'échec de Valéry Giscard d'Estaing.

Comment, au terme d'une période où les idées commencent à apparaître incertaines et les électorats mouvants, trouver une vérité qui qualifierait chacune des familles ? Si l'on considère la politique qu'il a suivie, on retrouve sans doute chez Valéry Giscard d'Estaing une fidélité au libéralisme des origines : la légalisation de l'interruption volontaire de grossesse et le divorce par consentement mutuel, sur le plan culturel ; l'élargissement de la saisine du Conseil constitutionnel et l'absence de recours au référendum, sur le plan politique ; l'attachement à la défense du franc, la libéralisation des prix et la réduction de l'impasse budgétaire, sur le plan économique. Mais, dans sa théorie, le giscardisme ne peut assumer pleinement son héritage ; il lui faut trouver une autre identité, entre droite et gauche se faire androgyne, comme l'exprime de façon révélatrice Jean-Pierre Soisson quand il recherche, à la croisée du libéralisme, du radicalisme et du gaullisme les origines intellectuelles du Parti républicain. Modèle en quelque sorte inverse de celui que le gaullisme exprime : une fidélité aux principes, un ajustement des politiques. Mais modèle aussi différent de celui que les deux familles vont appliquer dans l'opposition après 1981. René Rémond le dit justement : « L'adversaire que l'on choisit de combattre achève de faire pencher à droite ou à gauche le libéralisme » [31, p. 196]. C'est aussi vrai du gaullisme et cela ne relève

pas d'une problématique de la fidélité ou de la trahison. Sur ce plan aussi la démocratie ne produit jamais que du relatif.

## III. LES DROITES SANS LE POUVOIR

Le temps de l'opposition, le temps de la droite qui s'avoue telle, le temps peut-être de la droite qui s'écrit au singulier. Dans les entretiens et les débats radiotélévisés, les dirigeants du RPR et de l'UDF ne corrigent plus l'interlocuteur qui réduit le débat politique au conflit droite-gauche; mieux, ils revendiquent eux-mêmes l'appellation. Doit-on y voir la marque d'une préférence? Une forme de choix négatif lié à la difficulté que la droite éprouve à s'accepter dans l'opposition? On a suffisamment noté l'importance que le pouvoir a pour elle, cette consubstantialité qui la lie au régime pour ignorer cette hypothèse : à se définir comme majorité, la droite exhibait jusqu'alors son titre de propriété sur la République; à taire son statut d'opposition, elle inscrit désormais son droit de créance, souligne le caractère provisoire de son exclusion. Quitte à choisir, mieux vaut donc « afficher sa droite ».

L'explication pourtant ne prend toute sa valeur que dans la relation que droite et gauche entretiennent dans l'espace politique. La droite très vite trouve dans les erreurs de la gauche confirmation de sa propre prétention à incarner seule le pouvoir; la droite surtout peut, dans l'alternance, écrire sur un autre registre son refus de la division. Opposition et droite : le rapprochement, on l'a dit, est trop évident pour ne pas engager une signification; opposition et droite au singulier, voilà ce qu'il faut maintenant interroger.

L'hypothèse mérite en effet d'être précisée. Depuis 1958, les droites non gaullistes ont effectué un long travail qui les a progressivement conduites à un consensus institutionnel puis idéologique accompli avec le ralliement du centre et de la droite d'opposition à la candidature de Valéry Giscard d'Estaing. C'est à ce moment précis que s'opère, sur un fond où tous les ingrédients de la tradition orléaniste sont présents, l'unité de ces droites. Restait la coupure avec le gaullisme. Puisque la question institutionnelle ne faisait plus problème, puisque la pratique même avait progressivement réhabilité les corps intermédiaires, les deux courants pou-

vaient désormais réfléchir sur l'autre versant de leurs différences :
les rôles respectifs de l'État et du marché, de la nation et de la
communauté européenne, de l'individu et de la société. C'est ce
travail qui avait commencé à s'opérer sous la présidence de
Georges Pompidou où la lecture libérale et conservatrice du gaullisme s'était imposée contre l'esprit progressiste et interventionniste
de la Nouvelle société. C'est ce travail qui paradoxalement s'était
interrompu sous la présidence de Valéry Giscard d'Estaing où la
structure du débat politique — marquée par la concurrence de la
gauche et par l'opposition du RPR — avait contribué à brouiller les
affiliations et à déplacer sur des consensus incertains — le travaillisme à la française, la société mixte, la troisième voie — la
rencontre conflictuelle des deux courants de la droite.

C'est cette hypothèque que lève en mai et juin 1981 la victoire de
la gauche. La droite qui retrouve son nom peut à nouveau réfléchir
à ses propres valeurs. Pas plus qu'avant, elle ne le fait, bien sûr,
dans une réelle autonomie. Tout au contraire, l'adhésion générale
de l'opposition au libéralisme ne peut se comprendre que par
référence à la mise en œuvre de la politique gouvernementale
socialiste. Reste que la conjoncture favorise maintenant une reprise
du processus d'unification idéologique interrompu sous le septennat de Valéry Giscard d'Estaing. La droite modérée retrouve dans
sa représentation partisane et parlementaire l'accord idéologique
que son peuple avait déjà clairement manifesté dans les années
soixante-dix.

Rien pourtant n'est acquis. Car au moment même où s'opère
cette rencontre des deux droites l'audience nouvelle que recueille le
Front national rappelle à celles-ci le rôle de l'opinion. Il ne suffit
plus de s'accorder sur le régime, sur les places respectives de l'État
et du marché, de la tradition et de la modernité, il faut aussi se
situer sur des valeurs qui ne relevaient plus de la problématique de
droite depuis la Libération : le nationalisme d'exclusion, le racisme,
l'antisémitisme, en somme le refoulé des années trente.

Comme pour les périodes précédentes, ce sont ici les mouvements liés à la possession et à la perte du pouvoir qui délimitent les
étapes : 1981, 1986, 1988, trois dates qui ouvrent sur une nouvelle
compréhension des droites, qui invitent à une interrogation sur la
valeur de la typologie à laquelle on a été fidèle. René Rémond, dans
la nouvelle édition qu'il a donnée de son ouvrage classique, mais
dont le titre originel était au singulier, *Les droites en France*, conclut à
la permanence des clivages [31, p. 347-349], mais il s'arrête à
1981, à un moment où les idées fondatrices pouvaient garder leur

pertinence. Depuis, on a assisté au ralliement du gaullisme aux idées libérales, au défi posé par la renaissance de l'extrême droite. Depuis les droites ont changé.

## 1981-1986 : REPRÉSENTER L'OPPOSITION

La droite a maintenant une vie d'opposition. Et, après les difficultés du précédent septennat, cette vie est somme toute heureuse. Aux élections partielles de janvier 1982, les quatre candidats de l'opposition sont élus au premier tour ; la même année, aux élections cantonales de mars, la droite gagne en suffrages exprimés plus de six points par rapport aux deux consultations précédentes de la même série — 1976 et 1979 — tandis que la gauche en perd sept ; aux élections municipales de mars 1983, l'écart s'amplifie considérablement puisqu'au premier tour la droite recueille 53,6 % des voix — elle gagne 30 villes de plus de 30 000 habitants et n'en perd qu'une — contre 44,2 % pour la gauche ; aux élections européennes de juin 1984 enfin, la liste unique de l'opposition obtient 42 % des suffrages exprimés, soit exactement le double de ceux recueillis par le Parti socialiste. Dans le même temps, la droite mène une intense activité idéologique, fonde des clubs de réflexion, réunit des colloques, élabore des programmes et recueille dans l'opinion une audience que le débat sur l'enseignement privé mesure à son plus haut niveau : en réaction à la loi votée par l'Assemblée nationale le 24 mai 1984 qui limite l'autonomie des écoles privées, un million de personnes selon les chiffres les plus pessimistes, deux millions selon les organisateurs manifestent le 24 juin suivant à Paris. Le ciel en somme serait tout à fait clair s'il n'y avait l'extrême droite.

### Droite et extrême droite

On a laissé l'extrême droite en 1965 à un moment où se termine une phase de présence institutionnelle et électorale qui a commencé en 1956 avec l'éclosion du mouvement poujadiste et s'est prolongée avec la lutte pour l'Algérie française. C'est qu'elle trouve alors éclairé sur la scène politique et traité par les acteurs du système un élément central de son identité — le nationalisme colonial — qui lui

permet de s'extraire de son isolement groupusculaire et de tenter, à
la marge de sa culture et de ses traditions, l'expérience représentative. Une fois réglée la question algérienne, l'extrême droite quitte
la scène publique et retrouve sa vie de famille. Dans la foulée de
l'élection présidentielle, Jean-Louis Tixier-Vignancour fonde certes
l'Alliance républicaine pour les libertés et le progrès, ultime tentative de prolonger la dynamique électorale précédente en l'absence
pourtant des enjeux qui l'avaient constituée. Mais déjà se révèle ici
le dilemme de l'extrême droite qui ne peut emprunter la logique
représentative sans perdre une partie de ses soutiens les plus
attachés à une définition sectaire et intégrale de la doctrine et de la
stratégie, mais qui ne peut non plus conserver ses oripeaux identitaires sans renoncer au pouvoir. En ce sens la stratégie institutionnelle de l'extrême droite est nécessairement partielle et inachevée. Jean-Louis Tixier-Vignancour ne parvient pas à rassembler la
totalité de sa famille ; il ne trouve pas non plus dans son univers de
doctrine un thème qui, à l'image de la question algérienne, puisse
mobiliser au-delà de son propre cercle. Faute d'inventer ainsi un
relais, il doit puiser dans le vieux fonds idéologique de la droite
extrême un enjeu qui ne prend son sens plénier que dans la tribu :
la lutte de l'Occident chrétien contre le communisme et son
« compagnon de route » le gaullisme. Paradoxe d'une stratégie qui,
dans le moment même où elle tente d'utiliser une dynamique
extérieure, institutionnelle, la nourrit d'éléments si proprement à
usage interne qu'elle se condamne à l'échec.

Peut s'ouvrir alors un autre cycle, celui du repli sur l'organisation et la doctrine, le temps des groupuscules et de l'intransigeance,
l'ignorance du système et de ses lois. L'histoire de l'extrême droite
est alors celle des fondations, des fusions et des scissions, celle qui se
lit dans les publications réservées, se nourrit des pseudonymes et
joue de l'anathème. Elle est aussi celle de l'activisme qui trouve en
soi sa propre fin. Occident ou le Groupe union droit (GUD)
incarnent ainsi cette vieille nature qui se reconnaît dans l'activisme
pur et la violence en acte, les combats de rue et l'affrontement
physique avec les groupes gauchistes, la conquête et la défense des
territoires : les facultés, bientôt les églises.

Mais à côté de ces deux figures familières de l'extrême droite —
le cénacle et la rue — se dessine déjà en souterrain la recherche
d'une autre légitimité que celle de l'extrême. Jusque dans son nom,
la Nouvelle droite, apparue en 1968, exprime son souci de la
dignité et de la reconnaissance en pariant sur l'ouverture et
l'intelligence. Le choix des thèmes et leur traitement peuvent faire

douter de l'identité extrémiste : à côté des références classiques à une société non égalitaire, hiérarchisée, ni démocratique ni libérale, à côté même d'une certaine réévaluation de l'image du nazisme, le GRECE avance des propositions conformes à la raison politique la plus répandue : l'éloge de la différence, la réhabilitation des nationalismes, la critique de l'économisme, une certaine adhésion aussi à la conception gaulliste de « décolonisation fondée sur l'idée de nation » [101, p. 113-122]. Semble encore éloignée de l'extrémisme l'utilisation par le GRECE de canaux tels que le colloque scientifique plutôt que la réunion politique, la publication à vaste tirage — *Le Figaro Magazine* — plutôt que la brochure militante. Directement ou par la médiation par exemple du Club de l'Horloge, le GRECE développe avec la droite modérée des liens suffisamment nombreux et avérés pour que sa nature apparaisse imprécise, et douteuse son appartenance à l'extrême droite.

Sur un autre plan et avec d'autres armes, c'est la même logique du décloisonnement qu'épouse le courant électoral et militant de l'extrême droite. Ici aussi s'impose une problématique de l'audience et de l'intégration. Le Front national né en 1972, comme le Parti des forces nouvelles créé deux ans plus tard, travaille sur le sérieux et la compétence et ne conserve de l'idéologie extrémiste que quelques thèmes susceptibles de mobiliser le plus grand nombre. A la fin des années cinquante, l'extrême droite continuait de décliner à travers la question coloniale la totalité de son identité. Elle renonce maintenant à l'intégralité du dogme extrémiste pour extraire de la doctrine les quelques options susceptibles par leur écho dans la société de s'imposer au jeu politique tout entier [95, p. 149]. D'une proposition privée elle fait l'enjeu d'un débat public.

A sa fondation, le Front national se proposait sur ces bases de rassembler l'ensemble de la famille extrémiste, et il n'y est justement parvenu que lorsque son succès électoral s'est assuré jusqu'à entamer les positions de la droite modérée. A lire cette nouvelle histoire on pourrait grossièrement distinguer deux périodes. Une première qui prend fin avec la débâcle électorale de 1978-1979 d'abord marquée par les luttes internes et par la nécessité d'associer deux logiques parallèles. Il s'agit alors de soutenir la concurrence interne à l'extrême droite par le maniement d'un discours national-révolutionnaire et l'utilisation du réservoir humain des groupuscules activistes. En même temps, Jean-Marie Le Pen esquisse ce qui sera sa thématique dominante dans les années quatre-vingt : un populisme de la compréhension, qui ne connaît

pas la frontière entre société civile et société politique, qui ne connaît même pas la politique. Tout l'art consiste ici à donner à l'homme du peuple les mots qui lui manquaient pour dire les sentiments jusqu'alors inavouables. Il faut « dire et redire des choses de façon incessante jusqu'au moment où elles sont comprises et assimilées » [96, p. 130] pour atteindre, par une forme de discours familier, infrapolitique, le consensus du bon sens.

C'est cette démarche qui devient dominante dans les années quatre-vingt. Alors qu'il ne parvient pas à recueillir à l'élection présidentielle de 1981 les cinq cents signatures nécessaires à sa candidature, Jean-Marie Le Pen obtient sept ans plus tard 14,6 % des suffrages exprimés ; au lieu des 90 000 voix des législatives de 1981, c'est plus de deux millions de suffrages que l'extrême droite obtient aux européennes de 1984 et aux législatives de 1986 et de 1988. La réussite se mesure à cette audience, mais aussi à la capacité de donner dignité et consistance à une population non intégrée, aux marges. Ici, le Front national joue, comme l'ont montré Anne Tristan [103] et Birgitta Orfali[48], sur son caractère minoritaire ; il permet à l'exclu d'hier de libérer dans le groupe son angoisse et son énergie. A qui veut pousser plus loin l'engagement, il propose une organisation, des activités, un autre discours aussi : non pas seulement une interprétation banalisée et familière de quelques thèmes du quotidien — l'insécurité, l'immigration, le chômage —, mais une véritable vision du monde où des mots sans mesure peuvent ignorer la sanction du réel.

A la différence des autres formations politiques, le Front national appelle en effet une double lecture de sa rhétorique. Par la violence verbale, les injures racistes mais aussi les références historiques, les publications internes cultivent l'air de famille et disent aux plus proches la fidélité à l'esprit classique de l'extrémisme. Dans un discours édulcoré, euphémisé, les porte-parole les plus dignes, et d'abord son premier tribun, expriment dans une symbolique nationale annexée — *La Marseillaise*, Jeanne d'Arc — la légitimité du nouveau combat élargi au peuple tout entier. D'où la difficulté à arbitrer sur la nature du Front national. Que l'on considère le discours interne et l'origine de ses cadres, on conclut sans hésitation à son appartenance à l'extrême droite ; que l'on observe l'adresse extérieure et l'on songe plutôt à une formation presque banale de la droite classique, proche du bonapartisme par son populisme, son démocratisme revendiqué et son culte du chef. Plus que les autres partis, le Front national offre clairement distinguées deux faces, l'une publique et l'autre privée, l'une où l'on travaille sur la société et l'État, l'autre sur le parti, la machine, l'interne.

La distinction est importante qui permet de comprendre le mode de relation entre le Front national et la droite modérée. Ne saisissant que la face publique, la droite et la gauche elle-même ont pu croire un instant à la normalité des enjeux que le FN révèle dans les années quatre-vingt. L'immigration est devenue par exemple un thème du débat politique sur lequel tous les acteurs ont été appelés à disserter. Et ils l'ont fait en pensant pouvoir le dépouiller des connotations que lui donnait l'extrémisme, ignorant que la langue n'est pas sans mémoire, que le débat public n'est pas innocent des pensées privées.

La droite modérée n'a jamais totalement tenu aux marges l'extrême droite. Au début de la cinquième République par exemple, les formations gaulliste et orléaniste accueillent dans leurs rangs des individualités extrémistes tandis que des personnalités de tradition modérée choisissent la dissidence ultra ; en 1974, Valéry Giscard d'Estaing fait appel aux hommes du Parti des forces nouvelles pour organiser et encadrer sa campagne électorale. Mais, dans un cas comme dans l'autre, ces échanges ne touchent pas les contenus idéologiques des formations et leur identité même. La nouveauté des années quatre-vingt tient au contraire dans la contagion que les thèmes du Front national exercent sur les programmes et les discours de la droite modérée jusqu'à bousculer, comme on le verra, les affinités et les proximités idéologiques. Il n'y a pas, dans ce nouvel échange, de véritable concession doctrinale de la droite modérée. Si l'on ignore les dérapages, contrôlés ou incontrôlés, de quelques personnalités, l'UDF et le RPR se bornent à travailler, sur le même mode dilué que le FN, les thèses que celui-ci a imposées. Ils consentent à ignorer la nature profonde de l'extrême droite qui ne se dévoile sur la scène publique que dans les lapsus et les mots d'esprit, mais se révèle au quotidien dans la répétition à usage interne de la doctrine la plus intraitable. Dans l'argumentation qu'elle développe pour justifier les alliances locales, la droite modérée peut, de manière très fine, manier la distinction entre les trois plans de l'expression politique : l'État, le parti, la société. La gestion des affaires locales, comme le soutient Jean-Claude Gaudin, président du Conseil régional, en juin 1990 dans la défense de sa gestion commune avec le Front national, pourrait ainsi être sans implication sur les alliances que les partis défendent devant l'électorat et sur les valeurs qui les caractérisent en propre. Dans une thèse évidemment inspirée par le maintien des positions acquises, l'ordre gouvernemental se trouve, en contradiction avec les principes mêmes de la cinquième République, dissocié de l'expression électorale et partisane.

Il n'est pas sans signification que, dans un jeu où deux des trois acteurs se trouvent du côté de la tradition bonapartiste, ce soit une interprétation typiquement orléaniste de la représentation qui s'impose ainsi. Une nouvelle fois reléguées au second plan, les idées et les valeurs cèdent devant les exigences proprement politiques de la préservation ou de la conquête du pouvoir. Sans développer ici une explication de la montée du Front national qui devrait faire appel à la sociologie électorale, il faut souligner toute la complexité du jeu politique qui se noue dans les années quatre-vingt. Tandis que la droite modérée s'occupe à critiquer la gestion socialiste, à élaborer des propositions économiques et sociales et à préparer sa reconquête savante du pouvoir, le Front national peut travailler ailleurs, du côté du peuple entièrement séparé de ses gouvernants et de ses représentants. Tandis que la gauche gère et dirige, et que la droite, parlant libéralisme, se situe encore dans la gestion et la direction, le Front national investit la dimension populiste du bonapartisme et réactive à son profit l'opposition du peuple contre les gros.

## Le libéralisme d'opposition

« Avant l'expérience socialiste, il n'y avait quasiment pas de libéraux en France. L'esprit public était acquis depuis 1945 à la social-démocratie — avec ou sans le mot. Il fallait que la démystification fût complète, pour que devînt possible ce que notre mentalité nationale rendait impossible » [132, p. 77]. Alain Peyrefitte à qui on doit ces lignes parle de purification, de catharsis, de rachat du péché : au moment où la gauche au pouvoir révise avec regret ses idées, la droite opère, avec d'autant plus de foi que la conversion est récente, son *aggiornamento*.

C'est vrai du gaullisme qui, sur les valeurs de l'individu et de la citoyenneté, réhabilite la liberté d'entreprendre et reconsidère le rôle qu'il assigne à l'État : « État garant et non État gérant », État qui ne fonde plus la nation mais trouve en elle sa source, État en somme qui accomplit les seules fonctions auxquelles le limitaient les pères fondateurs du libéralisme — « indépendance nationale, sécurité, justice, détermination des règles du jeu économique et social » [115, p. 15].

C'est vrai aussi de Valéry Giscard d'Estaing qui, dans *Deux Français sur trois*, retrouve les deux courants — politique et économique — du libéralisme. Social, le libéralisme reste fidèle à une

tradition authentique; loin du laissez-faire, il n'est pas le droit pour les forts d'écraser les faibles; mais il signifie bien « moins d'État », réussite économique, conciliation de la raison et de la « pulsion individuelle ». « Il n'existe que deux voies possibles pour les sociétés industrielles : le socialisme et le libéralisme. Ceux qui parlent parfois de troisième voie commettent un contresens historique » [123, p. 235]. Valéry Giscard d'Estaing n'est plus de ceux-là, il peut désormais « dénommer » son idée.

Dans cette référence au libéralisme, peu de voix divergentes se font entendre. Le CDS s'appuie sur la synthèse démocrate-chrétienne pour rappeler les vertus des valeurs communautaires; au RPR, une minorité animée par Michel Noir et Philippe Seguin puise au gaullisme des origines pour résister aux valeurs qui s'affirment; et Raymond Barre lui-même, avec tous les titres qu'il peut produire — pour s'être référé à Bastiat il soulevait ainsi en 1980 l'ironie de Jacques Chirac [114, p. 303] —, souligne avec insistance la signification que le libéralisme donne à l'État : « Réformer l'État ne signifie pas affaiblir l'État : celui-ci doit, au contraire, conserver et exercer toute son autorité dans la garantie des droits et libertés des citoyens, dans le maintien de leur sécurité, dans l'exercice de son arbitrage national entre les intérêts des diverses catégories de la population. L'État réformé doit être un État fort et juste » [106, p. 56].

Le débat, il est vrai, n'est pas nouveau. Sur le noyau qui le distingue — la référence au marché comme figure inversée de l'État —, le libéralisme s'est toujours partagé entre modérés et radicaux. Mais, lorsque la référence devient objet de consensus, ses frontières peuvent se dilater à l'excès; le vieux croyant doit alors rappeler au jeune converti que le libéralisme a ses règles, qu'il est d'abord attentif aux faits, que l'interrogation prime sur l'affirmation et le programme [106, p. 35-40].

Faut-il d'ailleurs parler de libéralisme ou de conservatisme ? Raymond Barre ne juge pas les termes inconciliables : dans une allocution prononcée en novembre 1983 [106, p. 181], il promet l'avenir aux conservateurs, mais c'est dans Tocqueville qu'il trouve ses références intellectuelles. De son côté, dans ce vocabulaire sociologique, un peu scientiste qu'il aime utiliser, Valéry Giscard d'Estaing se définit comme un traditionaliste réformateur : « Traditionaliste, parce que je crois qu'il existe des valeurs que notre histoire et notre civilisation ont accumulées et formées, et qui constituent le "fonds" culturel et social de la France; réformateur, parce que je sais que la vie est un renouvellement, une poussée biologique continue » [123, p. 64].

Au premier rang de ces valeurs traditionnelles, la famille, « cellule essentielle de la société », « cadre naturel d'accueil de l'enfant ». L'idée est ancienne : avant 1981, Jacques Chirac faisait déjà du foyer le « lieu privilégié de tous les bonheurs » [114, p. 101]. Mais alors qu'elle était entre ses mains une arme contre le libéralisme culturel du président de la République, elle est maintenant un lieu de communion, un socle qui porte tout un ensemble de références que la droite n'osait plus associer : l'individu dans la patrie, le travail dans le respect de l'autorité, l'effort sans la tutelle de l'État et des syndicats, la hiérarchie contre l'égalité.

Là encore bien sûr, il y a l'arrière-garde et les francs-tireurs. Loin des affirmations de *Démocratie française* qui faisait une règle de l'égalité, Michel Poniatowski retrouve les références biologiques de la Nouvelle droite : « L'influence de l'hérédité sur la personnalité précède, prédomine et conditionne celle de l'environnement. Les hommes naissent inégaux en intelligence et en capacité. Leur héritage génétique leur confère des aptitudes diverses » [137, p. 153]. Surtout, la montée du Front national libère un discours sur l'immigration qui, à l'exception du CDS protégé par ses références chrétiennes, partage l'ensemble des formations politiques. Parfois même, à quelques mois d'intervalle, c'est un ton très différent que la même plume exprime. Alain Peyrefitte ainsi qui, en 1983 encore, développe un discours d'intégration respectant l'usage des langues et le culte des religions [131, p. 348-349] insiste beaucoup plus nettement, deux ans plus tard, sur les « vérités bonnes à dire » : le chômage lié à la présence des étrangers, le versement des prestations familiales amplifié par la fécondité des immigrés, la propagande islamique à l'adresse des travailleurs maghrébins [132, p. 324-335]. Si les principes sont là, inchangés — francisation, respect de la dignité humaine —, les critiques de la politique socialiste se font plus mordantes, les propositions plus radicales.

Bonheur de l'historien, les déclarations, colloques et programmes se multiplient de 1981 à 1986. Au risque pourtant d'entraîner une lecture uniforme du discours de la droite : personne dans l'opposition ne maîtrise tout à fait sa parole, même pas Raymond Barre qui, dans une déclaration souvent citée, reprend la trilogie travail-famille-patrie. Renaissance du « syndrome de Vichy » [36]? Recul des valeurs humanistes? Simple mais radicale manifestation des contraintes liées aux positions? Il n'est pas facile ici de retrouver le fil de la causalité.

A s'en tenir au libéralisme, il faut insister sur l'esprit du temps, sur la montée des valeurs individualistes et de libre entreprise qui

gagnent même la gauche socialiste. L'aspect économique n'est d'ailleurs pas seul concerné : associé au libéralisme et à la montée des valeurs égoïstes et hédonistes dans la société, l'individualisme méthodologique qui s'affirme dans les sciences sociales dessine, face à toutes les formes du holisme — le marxisme, le structuralisme —, une figure homogène qui donne à la droite la cohérence et la légitimité intellectuelle qui lui manquaient. Le schéma, on le sait, n'ignore pas l'encadrement de l'individu, la promotion de la famille, de la nation, il saisit un individu situé, mais il inverse bien l'ordre des priorités : la compréhension part non pas de la société mais de l'individu et du sens qu'il veut donner à son action. Un schéma libéral ? C'est ce que paraît considérer Raymond Boudon : si l'on considère que la tradition libérale part de principes plus justes, « on peut évoquer l'idée d'un recoupement — certains parleront sans doute de collusion — entre l'individualisme méthodologique et l'idée libérale[49] ». L'individualisme méthodologique qui retient du néo-criticisme kantien l'idée que la science s'écrit à la première personne, que le savant inscrit ses valeurs dans la lecture de l'objet, tire ici toute la logique de sa démarche.

Dans un schéma idéal, le libéralisme tente ainsi de trouver un équilibre entre individu et société, comme le dit Jacques Chirac de ne pas « encourager, à force de prôner les valeurs d'initiative et de responsabilité individuelles, une sorte d'éclatement du corps social, un retour à la loi de la jungle, une poussée d'égoïsme desséchant[50] ». Mais à lire certains discours c'est, loin de la tradition libérale, les accents de la révolution conservatrice américaine que l'on retrouve : « Pas le féminisme mais la famille, pas l'idéologie mais le travail et le niveau de vie, pas le régionalisme mais la nation, pas la permissivité mais la morale. » Dans ces paroles que prononce Jacques Toubon aux Assises du RPR à Toulouse s'exprime dans toute son ampleur le bouleversement complet des idéologies. Privée du pouvoir, avec des références idéologiques mal assurées, avec un adversaire socialiste lui-même incertain dans ses sources, une partie de la droite est comme en état d'anomie. Si le vieux — les vieux libéraux, les vieux militants — résiste mieux, le neuf — les néophytes, les convertis — tend, faute de repères, vers l'extrême : Hayek plutôt que Aron, les nouveaux économistes américains plutôt que la tradition libérale française, l'intégrité de l'identité nationale plutôt que son ouverture.

C'est ce que vérifie l'étude que Pierre Bréchon, Jacques Derville et Patrick Lecomte ont menée auprès des délégués RPR aux Assises de Grenoble de 1984 [68]. Dans l'ensemble s'exprime une évolu-

tion sensible de l'univers politique et idéologique du militant : un rejet du contrôle de l'État sur les entreprises privées, un faible attachement au thème de la solidarité, une condamnation du libéralisme culturel, un positionnement à droite ou au centre droit, et même, chez une minorité de cadres, une sympathie plus grande pour le Front national que pour le CDS et le Parti radical. La défaite de 1981, en effet, a amené de nouveaux adhérents, des professions libérales, des cadres supérieurs plus politisés, moins motivés par la promotion de leur groupe social que par la défense de valeurs conservatrices sur le plan culturel, libérales sur le plan économique. Premier critère de distinction, la génération politique sépare des populations aux profils très caractérisés : d'un côté des gaullistes dont l'adhésion est antérieure à 1958, qui restent attachés à un système de solidarité sociale, jugent avec sévérité le Front national et se placent davantage au centre de l'échiquier politique, de l'autre des militants des années quatre-vingt, plus individualistes, plus conservateurs, plus à droite, et, entre les deux, des générations successives qui expriment la radicalisation progressive du mouvement gaulliste.

Voilà qui peut expliquer en partie la plus grande modération de certains cadres sur tous les indicateurs retenus. Dans un parti composé en majorité de néophytes — 71 % des adhérents que compte le parti en 1986 ont adhéré après 1981 —, davantage marqué par la personnalité de Jacques Chirac que par celle du général de Gaulle, peu sensible aux valeurs traditionnelles du gaullisme — modernisation, rassemblement, rôle de la France dans le monde — [77], les responsables nationaux gardent la mémoire et résistent à l'emprise de la droite.

On ne négligera pas dans cette analyse des différences le rôle des personnalités. Les « cadets de la droite », les jeunes qui dans toutes les formations de l'opposition accèdent aux responsabilités, se montrent souvent les plus réticents à la radicalisation de l'idéologie. De même Raymond Barre doit sans doute en partie à sa formation intellectuelle — le professeur en politique — sa réticence à épouser jusqu'à son terme la logique du combat politique. *A contrario*, Valéry Giscard d'Estaing, qui peut pourtant se prévaloir de la même tradition libérale, infléchit beaucoup plus nettement le sens de son engagement.

C'est dire que, pour se référer aux sources mêmes de l'individualisme méthodologique, il faut se garder de toute explication monocausale. Le recul de l'idéologie marxiste et l'affirmation des valeurs conservatrices aux États-Unis et en Grande-Bretagne avaient

avant 1981 ouvert une voie que la droite politique n'a pu vraiment emprunter qu'après les difficultés de la gauche au pouvoir. Mais de cette identité restaurée, une partie de la droite, la moins protégée, a fait une contre-idéologie d'autant plus radicale qu'elle s'affirmait en réponse à un socialisme de l'extrême.

L'observation ne vaut pas pour tout ce qui concerne le domaine du privé : l'individu, la famille, l'école. Ici la droite travaille sur un terrain qui, du peuple aux représentants, la réunit tout entière parce qu'il ne laisse justement pas de place au conflit et à la division. Manifester comme elle le fait en 1984, au plus fort de son audience, contre la loi Savary sur l'aide publique conditionnelle à l'enseignement privé, c'est dire que le public n'a pas voix dans le cercle du privé, qu'il ne saurait y prononcer la parole d'arbitrage qui le fonde. Au contraire, lorsque sont directement en jeu les relations entre le public et le privé, lorsqu'il faut définir la frontière qui les sépare, la droite s'expose à travailler avec les cartes de la gauche. « Dans une nation démocratique, la politique se doit logiquement d'être à la remorque, ou au moins à l'écoute des citoyens, non l'inverse », écrit Guy Sorman [72, p. 238] dans une formule où ce qui passe pour tautologique et redondant contient en fait toute la dialectique que le libéralisme entretient avec le marxisme. Le politique « à la remorque », dépourvu d'autonomie et qui incarne, c'est le cœur de la problématique marxiste ; le politique « à l'écoute », qui représente, c'est l'identité du libéralisme ; réduire le second au premier, c'est continuer de se définir comme une gauche inversée.

## 1986-1988 : REPRÉSENTER LA DROITE

A suivre pourtant le cours de la vie politique, ce n'est pas sur le terrain où se rencontrent le public et le privé que s'expriment les divergences au sein de la droite. Ainsi dans l'accord pour « gouverner ensemble » qu'ils signent le 10 avril 1985, le RPR et l'UDF définissent les quatre objectifs de l'opposition : l'indépendance de la France ; le renforcement des libertés publiques — école, presse, libertés économiques, droit de propriété — ; la reconstruction de l'État républicain autour de ses « missions essentielles de sécurité, défense et justice » ; le redressement de l'économie française par la réduction des dépenses publiques, la déréglementation et la déna-

tionalisation. Une idée gaulliste, trois idées libérales, c'est le ton que donnent aussi les colloques organisés dans une large communion par les clubs — Club 89, Perspectives et Réalités — et les programmes adoptés par le RPR — *Projet pour la France*, « Pacte pour la France ».

Il y a toutefois autre chose. « Gouverner ensemble et seulement ensemble » signifie refus de l'ouverture à gauche et à droite, arbitrage sur les questions institutionnelle et politique, position sur le problème de l'union dont l'opposition débat depuis la défaite de 1981. A l'approche des élections législatives du 16 mars 1986, c'est la double question de la cohabitation et de l'application au pouvoir d'un programme libéral que la droite parlementaire doit résoudre.

## Union et cohabitation

L'union d'abord sans l'extrême droite : après les élections intermédiaires qui, de 1981 à 1986, ont révélé la fragilité politique et intellectuelle de l'opposition parlementaire, l'accord consacre une position dont la représentation proportionnelle votée par la gauche facilite l'application; par principe attachée au mode de scrutin majoritaire qui répond à la fois à l'esprit des institutions et à son refus des divisions, la droite trouve en effet dans le nouveau scrutin voté par la majorité une solution provisoire à la question des alliances et des désistements du second tour.

L'union ensuite face au pouvoir. Comment résoudre le problème de la cohabitation dont débattent depuis 1958 les constitutionnalistes? Le 27 janvier 1978, Valéry Giscard d'Estaing avait pour la première fois donné une réponse claire à cette question dans son discours de Verdun-sur-le-Doubs : « Vous pouvez choisir l'application du Programme commun. C'est votre droit. Mais, si vous le choisissez, il sera appliqué. Ne croyez pas que le président de la République ait, dans la constitution, les moyens de s'y opposer. » C'était, juge Jacques Chapsal, donner une interprétation orléaniste des institutions où le président règne mais ne gouverne plus. Une lecture opposée à l'analyse bonapartiste qui fait du peuple le seul fondement de la légitimité présidentielle. Sur une question purement institutionnelle et politique s'étaient ainsi affirmés dans la pureté de leurs origines les deux pôles de la droite.

Or, après 1981, tout se passe comme si les plans institutionnel et politique se dissociaient au point de brouiller les deux lectures sur lesquelles la droite s'était jusqu'alors partagée. Les appels qui très

vite sont lancés à la dissolution, au référendum ou même à la démission du président de la République peuvent exprimer l'attachement à une interprétation gaullienne de la constitution, l'idée que la légalité doit toujours se ressourcer dans la légitimité; ils peuvent aussi traduire la difficulté à concevoir la perte du pouvoir, l'impensable de la division que consacre la victoire de la gauche. En ce sens, la légitimité exprime une conception consubstantialiste du peuple et de ses représentants et non plus seulement une adéquation périodiquement vérifiée à la volonté du moment. Une conception sans doute qui ne rompt pas avec l'analyse que de Gaulle faisait de la France et de sa propre légitimité historique, mais qui se concilie mal avec un fonctionnement routinier, rationnel-légal, des institutions. Raymond Barre l'exprime alors par la distance qu'il prend avec le discours dramatique et par l'interprétation somme toute orléaniste qu'il donne de l'alternance. Et pourtant, on le sait, c'est lui qui s'oppose avec vigueur à l'hypothèse d'une cohabitation tandis qu'ensemble Valéry Giscard d'Estaing et Jacques Chirac, et dans leur sillage l'UDF et le RPR, s'y résignent.

Interprétation bien comprise de la stratégie? Il faut ici retrouver sur un plan politique la relativité des idéologies. Dans une droite où s'affrontent des candidats potentiels à la présidence de la République, Raymond Barre donne une lecture gaullienne de la constitution qui repose sur la seule considération de l'élection présidentielle. Face à Jacques Chirac qui, fort de son parti, voit dans l'échéance législative l'opportunité d'affirmer son autorité sur l'opposition, face à Valéry Giscard d'Estaing qui trouve sans doute dans la cohabitation le temps du sursis, la distance qui assure l'oubli de sa défaite et l'assise de sa popularité, l'ancien Premier ministre peut afficher son attachement aux institutions. En somme un jeu politique classique organisé autour de la conquête du *leadership* mais qui contribue à donner des produits institutionnels et politiques hybrides : d'un côté une lecture gaullienne de la politique qui aboutit à l'orléanisme institutionnel, de l'autre un orléanisme politique qui se prolonge en bonapartisme institutionnel.

### Droite et pouvoir

Que l'on considère l'aspect idéologique ou le côté politique et institutionnel, il faut ainsi conclure à l'incertitude de l'équilibre sur lequel la droite construit sa victoire aux élections législatives de mars 1986 et engage son action gouvernementale.

Le nouveau mode de scrutin, on l'a dit, dispense la droite parlementaire de donner une réponse ferme à la question des alliances avec le Front national, mais il joue aussi le rôle de « brise-lames, venant rendre "résistible" l'ascension de la droite et en réduire la portée, notamment en facilitant l'élection d'un certain nombre de candidats du Front national qui n'eussent pas émergé d'un scrutin majoritaire à deux tours » [2, p. 251]. Avec 44,7 % des suffrages exprimés, la droite parlementaire, toutes tendances confondues, n'obtient en effet que 291 sièges alors que, dans le cadre du scrutin majoritaire, le Parti socialiste, associé au MRG, s'était assuré, en 1981, 285 députés avec seulement 37,7 % des voix au premier tour. La majorité absolue des sièges est certes dépassée, mais le PS dont le recul est limité (32,8 % des suffrages exprimés) peut compter sur 216 sièges tandis que le Front national confirme son audience avec près de 10 % des suffrages exprimés qui lui donnent 35 députés et la possibilité de constituer un groupe à l'Assemblée nationale. La droite parlementaire ne se réduit plus à l'UDF et au RPR; l'extrême droite s'installe dans le système.

Nommé Premier ministre, Jacques Chirac donne tout son sens à l'article 20 de la constitution. Son gouvernement « détermine et conduit la politique de la nation », et il le fait dans une large fidélité au programme d'avril 1985 : rétablissement du scrutin uninominal, privatisation des entreprises publiques, suppression de l'impôt sur les grandes fortunes, de l'autorisation administrative de licenciement et du contrôle des prix, flexibilité de la durée du travail, réglementation de l'entrée et du séjour des étrangers en France, lutte contre la criminalité, la délinquance et le terrorisme, lois sur la presse et l'audiovisuel. On est sans doute loin de la révolution conservatrice anglo-saxonne et des mesures prônées par la droite extrême que l'on défendait dans l'opposition : ainsi renonce-t-on à la privatisation des prisons, à la réforme de la Sécurité sociale et du Code de la nationalité, et, à la suite des manifestations étudiantes de décembre 1986, à la réforme Devaquet qui prévoyait en particulier une éventuelle sélection à l'entrée des universités. Mais, dans la seule année 1986, le bilan législatif, impressionnant, consacre la conversion de la droite au libéralisme et même à un certain nationalisme de fermeture que n'avaient appliqués aucun des gouvernements conservateurs qui s'étaient succédé depuis la Libération.

L'incertitude ne tient pas aux réticences que ces dispositions suscitent — pour l'essentiel, les textes recueillent l'ensemble des voix de la majorité —, mais au sens que prend la réalisation d'une

politique de droite au pouvoir. On a dit que la droite avait assumé sa nature et son nom dans l'opposition parce qu'elle pouvait écrire autrement sa problématique de la division, prétendre à représenter le peuple contre les gouvernants. Mais le peut-elle encore au pouvoir? A promouvoir une politique qui, au nom de l'efficacité économique, consacre une large liberté du patron et de l'entreprise, ne risque-t-elle pas de redonner forme à l'assimilation implicite des gouvernants aux dominants? « On a trop facilement cédé aux sollicitations du patronat », reconnaît près de deux ans après la défaite de 1988 Charles Pasqua[51] : dans l'opposition, la faiblesse était masquée par la philosophie qui la recouvrait, celle du libéralisme et de la liberté que l'opinion dans sa majorité partageait; au pouvoir, elle est apparue à nu lorsqu'il s'est vérifié que la liberté ne suffisait pas à assurer la sécurité, le libéralisme à réduire le chômage et les inégalités. Le gouvernant réapparaissait dominant.

L'échec se mesure à ce résultat. Au gouvernement, le RPR et l'UDF ont dans une certaine mesure voulu assurer les fonctions qui sont celles des partis d'opposition, contester et opposer, en toutes choses se situer en réaction contre ce que la gauche avait accompli de 1981 à 1986; ils ont cru que, dans la majorité aussi, la politique pouvait relever de l'absolu, des choix catégoriques et exclusifs; bref ils ont pensé qu'au pouvoir la droite pouvait encore mener une politique de droite. « En principe, lorsque vous êtes de gauche, vous êtes élu pour faire une politique de gauche. Autrement vous trompez vos électeurs », déclare Charles Pasqua[52]. Toujours la problématique de la fidélité et de la trahison; toujours l'ignorance que le parti n'est qu'une instance de médiation qui assure le contact du public et du privé et condense toutes les contradictions qui en résultent. Dans l'opposition, le parti est naturellement du côté de l'expression et de la demande, d'abord innervé par le flux qui remonte du peuple à ses représentants; dans la majorité, il est relais des contraintes et des limites imposées par l'action politique. Les deux s'accordent mal, l'absolu ne va pas avec le pouvoir, le parti ne peut au gouvernement dire la vérité du tout.

Première limite que la cohabitation, compromis par nature, ne pouvait que redoubler. En 1983, Édouard Balladur avait écrit que l'essentiel de la force juridique du pouvoir résidait dans la majorité présidentielle. Une interprétation juste que François Mitterrand a consacrée en mars 1986 en nommant Jacques Chirac Premier ministre, mais limitée par les contraintes politiques et juridiques du moment. Une interprétation qui justement par sa référence à une légitimité élective, majoritaire, soulignait la difficulté pour le gou-

vernement d'émettre des choix catégoriques qui partagent au lieu de rassembler. C'est ce que le président de la République a signifié par son refus de signer les ordonnances sur les privatisations et sur la suppression de l'autorisation administrative de licenciement. Manière de dire que si le gouvernement procède bien de l'Assemblée, il ne peut exprimer que le partiel et le quantitatif. A lui le pouvoir de représenter, de dire sa vérité, contingente et éphémère, au président celui d'assurer l'unité de la nation, d'opérer par le politique la réduction des conflits sociaux. Pour l'opinion, la cohabitation exprimait la possibilité de donner forme au mythe du consensus qui, au moins depuis la Révolution, caractérise la culture politique française[53]. C'est dire qu'elle allait mal avec le conflit à la tête de l'État. François Mitterrand l'a compris en soulignant tout ce qui, dans la politique du Premier ministre, opposait et divisait, et en se faisant, contre le programme en action des idéologues, le gardien du fonds commun.

Une leçon de gaullisme en somme qui invalidait à la fois le projet politique et le compromis institutionnel que défendait le gouvernement, mais qui s'adressait davantage aux gaullistes qu'aux autres composantes de la majorité parlementaire. Raymond Barre, en effet, avait lui-même rappelé ces principes en marquant les limites du libéralisme et en refusant l'idée même de cohabitation; à l'inverse, la tradition orléaniste — avec laquelle rompait sur ce point le député du Rhône — pouvait justifier à partir de sa propre philosophie une solution fondée sur l'équilibre constitutionnel et la reconnaissance des lois du marché. Le gaullisme au contraire perdait dans l'expérience le lieu et la fonction que, dans ses traditions, il attribue au politique : le politique n'unifiait plus le peuple mais contribuait à le diviser; le politique n'agissait plus sur la société mais se contentait de l'accompagner. Un effet pervers d'une part, un effet assumé d'autre part, mais qui tous deux contredisaient le sens que l'opinion donnait à la cohabitation.

## 1988-1992 : REPRÉSENTER L'UNION

D'une histoire trop récente pour pouvoir être pleinement comprise et expliquée émerge le thème de l'union. L'idée, on l'a dit, est commune à la gauche dont l'inspiration téléologique tend à la résorption de la société clivée et à la droite dont la lecture repose sur

un mythe unitaire des origines et une ignorance du réel. L'une place dans la partie, la classe opprimée et par là même élue, son attente de la recomposition et de l'universel, l'autre recherche dans l'ordre des choses l'universel décomposé par les forces du mal — les idéologies, les classes et, de manière générale, tout ce qui artificiellement détruit l'unité des sociétés naturelles. En ce sens la question de l'union est toujours présente, mais elle prend à partir de 1988 une coloration nouvelle pour la droite. A un système quadripolaire soudé par l'opposition de deux blocs équilibrés a succédé en effet un nouvel espace politique où s'affronte une gauche largement dominée par le courant socialiste et une droite divisée en trois familles politiques. Configuration détestable pour l'UDF et le RPR qui doivent disputer au PS le centre de l'échiquier politique et au Front national les positions où se retrouvent les franges les plus radicales de leur électorat. Double crise d'identité où s'affrontent les valeurs et les contraintes, la vieille tendance de la politique française au sinistrisme et la défense des positions électorales acquises dans l'union contre la gauche. A nouveau dans l'opposition, la droite doit exprimer sa capacité à unifier et à représenter la société.

## Des peuples de droite

La décennie 1978-1988 est apparue marquée par le décalage entre un peuple de droite sociologiquement et idéologiquement homogène et une représentation fractionnée et opposée. A bien des égards, la distinction entre la famille gaulliste et la famille libérale serait un héritage de l'histoire qu'aucune réalité sociologique et idéologique n'animerait plus dans l'électorat au moment même où les formations partisanes se différencient plus que jamais et s'opposent dans la lutte pour le monopole de la représentation à droite. Mais l'épisode de la cohabitation, la stratégie de rassemblement développée alors par François Mitterrand et surtout sans doute la montée du Front national exacerbent les divisions à droite jusqu'à redonner aux électeurs du centre droit libéral une autonomie stratégique et une spécificité idéologique qu'ils semblaient avoir perdues dans un temps où l'hostilité aux formations de gauche l'emportait dans l'énonciation des identités politiques sur la rivalité avec la famille issue du gaullisme.

L'élection présidentielle permet d'identifier très facilement des électorats dont on ne doit pas oublier pourtant qu'ils ne corres-

pondent que très imparfaitement à des courants partisans. En négligeant pour l'instant cette question de l'adéquation entre la cristallisation de l'électorat au moment des législatives et au moment des présidentielles, on se doit de noter l'hétérogénéité très nette qui marque en 1988 le peuple de droite séparé ntre les clientèles barriste et chiraquienne.

Sur le plan sociologique d'abord, l'électorat de Jacques Chirac est le plus proche du profil traditionnel de la droite : des électeurs âgés (31 % chez les plus de 65 ans contre 13 % chez les 25-34 ans), des agriculteurs et des professions libérales (36 % dans les deux cas). Concurrencé chez les travailleurs indépendants par Jean-Marie Le Pen et barré par la gauche dans son influence électorale vers les couches salariées, Jacques Chirac se replie sur le terrain le plus traditionnel de la droite et s'éloigne encore davantage des bases interclassistes de l'électorat du général de Gaulle.

L'électorat de Raymond Barre présente au contraire un profil moins caractéristique de la clientèle classique de la droite : il fait un score chez les plus jeunes (19 %) meilleur que celui de Jacques Chirac (17 %) ; de même, sans parvenir à rassembler autour de lui le « groupe sociologique central », il réussit mieux que Jacques Chirac chez les salariés moyens, notamment les employés de commerce, les enseignants et les personnels médicaux et sociaux[54].

Sur le plan politique, l'écart entre les électorats chiraquien et barriste est encore plus patent. Sur une échelle gauche-droite, le centre de gravité des électeurs chiraquiens se situe nettement à droite (39 % droite, 33 % plutôt à droite) et moins du quart d'entre eux choisissent la position ni gauche ni droite (22 %). Cela est nettement moins vrai pour les électeurs barristes même si, bien évidemment, ils ne se situent pas pour autant à gauche (21 % droite, 39 % plutôt à droite, 35 % ni gauche ni droite)

Si sur des questions comme l'enseignement privé et la Bourse on ne décèle pas de différence entre les deux électorats (75 % d'opinions favorables à l'enseignement privé chez les barristes, 79 % chez les chiraquiens ; 61 % d'opinions favorables à la Bourse chez les barristes, 63 % chez les chiraquiens), en revanche l'écart se creuse sur les questions de morale sociale. Les opinions favorables à une société multiraciale passent de 32 % chez les chiraquiens à 45 % chez les barristes, celles favorables à la peine de mort passent de 49 % chez les barristes à 56 % chez les chiraquiens, et les opinions positives sur le droit à l'avortement vont de 45 % chez les chiraquiens à 57 % chez les barristes.

Les électeurs de Raymond Barre, même s'ils ont très majoritaire-

ment une mauvaise opinion de François Mitterrand, sont toutefois plus nombreux (33 %) que les électeurs de Jacques Chirac (19 %) à énoncer une bonne opinion sur le président de la République. Surtout, les deux électorats se situent en opposition très nette sur le souhait d'entente entre Jacques Chirac et Jean-Marie Le Pen (chiraquiens : 55 % de oui et 34 % de non ; barristes : 42 % de oui et 51 % de non). A propos du rejet ou de l'acceptation d'un vote en faveur du Front national, au sein de l'électorat de la droite classique, on peut noter des différences tout à fait significatives entre les diverses familles : 27 % seulement des sympathisants du RPR ne voteraient en aucun cas pour le FN, ils sont 40 % en revanche à exclure l'éventualité de voter pour le PS ; mais 46 % des électeurs PR, 51 % des CDS et 54 % des radicaux ne voteraient en aucun cas pour le FN, alors que respectivement 24 %, 12 % et 24 % excluent de voter pour le PS.

Même si, sur les points essentiels du débat politique, l'électorat barriste ou l'électorat UDF est indiscutablement de droite, on perçoit bien que s'exprime chez eux un tempérament centriste qui les sépare assez nettement des électeurs RPR ou chiraquiens sur des questions politiques touchant plus explicitement que d'autres à la morale sociale, mais surtout sur des questions de stratégie et sur les perceptions des clivages partisans les plus signifiants[55]. Ainsi, le 24 avril 1988, 47 % des électeurs qui viennent de voter pour Raymond Barre estiment pourtant que les conceptions de la société de François Mitterrand, Raymond Barre et Jacques Chirac sont assez proches (ce que ne concèdent que 27 % des chiraquiens et 29 % des mitterrandistes). Lorsqu'on les interroge sur la formule de gouvernement qu'ils souhaitent, les électeurs du PR se distinguent très nettement de ceux du RPR : une coalition PS-UDF-RPR rencontre l'assentiment de 39 % des sympathisants PR et de 12 % des sympathisants RPR ; une coalition RPR-UDF, 52 % des sympathisants PR et 64 % des RPR ; une coalition enfin RPR-UDF-FN, 4 % des sympathisants PR mais 14 % des RPR.

Il semble ainsi qu'en 1988 se révèle sur certains thèmes de société mais surtout sur les préférences stratégiques l'originalité d'un tempérament centriste qui sépare les sympathisants PR et ceux du RPR pour redonner dans l'opinion, au contraire de ce qui se passait en 1978, une certaine réalité au rapprochement entre PR, CDS et radicaux. A sa naissance, l'UDF ne représentait aucun clivage pertinent dans l'électorat ; dix ans plus tard, au moment même où elle se dissout au Parlement, elle correspond à un véritable tempérament politique que les enquêtes peuvent identi-

fier : entre le peuple de droite et ses représentants la rencontre est sous la cinquième République toujours imparfaite.

## Des partis de droite

Après les idées, l'organisation. Le début des années 1980 avait été caractérisé par la révision du compromis sur lequel fonctionnaient les formations de droite depuis 1958 ; la fin de ces années met en cause ces formations, leur fonctionnement, leur existence même. Les conséquences, appréciées en 1990, sont minces puisqu'elles se limitent à la constitution d'un groupe parlementaire du centre — l'UDC — à l'Assemblée nationale, l'UDF et le RPR restant dans leurs frontières et leur composition inchangés, mais se développe un mouvement qui met moins en cause les modalités de représentation de la société que les processus de conquête du pouvoir.

Le libéralisme n'est pas répudié, la référence à la droite continue même d'être acceptée, mais les hommes et les formations travaillent désormais à la moyenne et au compromis. Au moment même où l'opinion signifie par l'abstention son désenchantement, c'est précisément sur le plan politique que s'exprime une nouvelle recherche des identités. Après le culturel des années soixante-dix et l'économique des années quatre-vingt, ce retour au politique marque une rupture avec les fondements utilitaristes de l'action ; l'homme politique retrouve le langage du sacré — la fonction charismatique et symbolique, la parole religieuse et prophétique[56]. Dans le rejet général du technocrate et de l'« économaître » qui se libère, la droite retrouve une autre articulation du public et du privé. Même lorsqu'elle fait référence au libéralisme, c'est sur un libéralisme populaire qu'elle insiste désormais. Il faut marquer la continuité avec la politique suivie par le gouvernement de Jacques Chirac qui, avec les privatisations, a ouvert la voie de l'actionnariat populaire, mais aussi réhabiliter les universaux qui relèvent de l'ordre politique : le peuple, l'État, la nation, la patrie. Une problématique, un ton et un ensemble de catégories, on le voit, proches de la synthèse gaulliste mais qui, conjugués aux apports les plus récents, produisent des idées mêlées, un fond idéologique sur lequel la droite peut sur l'essentiel se retrouver. Une nouvelle grammaire en somme qui pose les règles mais laisse chacun libre de sa composition. La droite retrouve un point d'équilibre où sans se fondre se rencontrent les identités héritées des traditions et sans se résorber s'expriment les conflits liés à la recherche du pouvoir.

Ces contraintes s'expriment d'abord sur la question des rapports avec l'extrême droite. Depuis la percée du Front national à l'élection municipale partielle de Dreux en septembre 1983, la droite a hésité entre la faiblesse et la rigueur. Rigueur avec le rapport Hannoun commandé par le gouvernement de Jacques Chirac qui mettait l'accent sur la tolérance et l'ouverture. Hésitations de ce même gouvernement sur le projet finalement abandonné de réforme du Code de la nationalité. Faiblesse de Charles Pasqua qui, au cours de la campagne présidentielle, avait évoqué la communauté de valeurs qui le liait au Front national et de Jacques Chirac lui-même qui, après avoir associé immigration et délinquance, avait déclaré « comprendre sans approuver » les comportements racistes d'une partie de la population. La stratégie a usé les alternatives : la droite a successivement expérimenté les désistements et les alliances locales, elle s'est essayée à la séduction de l'électorat extrémiste sans parvenir à le réduire ni à s'assurer le report de ses voix au second tour des élections, elle a enfin associé le Front national à la gestion des villes, des départements et des régions sans obtenir en retour une modération des paroles et des actes. La voie est ouverte pour que s'exprime dans un triangle incertain un autre rapport des valeurs aux positions.

A un sommet on placera une formation, le CDS, et des hommes, Michel Noir et Philippe Seguin au RPR, François Léotard au Parti républicain qui, dès l'affirmation du Front national, ont posé sans concession la question des valeurs ; à l'autre le RPR qui, après les hésitations et les concessions, réagit au jeu de mots de Jean-Marie Le Pen sur « M. Durafour-crématoire » en condamnant le 8 septembre 1988 « toute alliance nationale ou locale avec le Front national » ; au troisième sommet enfin Valéry Giscard d'Estaing qui, sans partager les idées de cette formation, évite de se prononcer avec fermeté sur la question des alliances et, à l'Assemblée de Strasbourg, refuse de voter la levée de l'immunité parlementaire de Jean-Marie Le Pen lorsque celui-ci est poursuivi par la justice pour ses propos racistes. Belle illustration des contraintes que pose le jeu politique. Alors que le président du Front national exprime sans fard son idéologie, alors que rien sur ce plan ne paraît partager les partis et les dirigeants de l'opposition modérée, l'évolution se fait à pas hésitants, le plus souvent voilée et contrariée par les compétitions qui se nouent autour du pouvoir. En ce sens la politique n'est pas toujours un jeu à somme nulle et les acteurs peuvent concentrer entre leurs mains des cartes qui logiquement s'excluent : ainsi les formations parlementaires, malgré leurs décisions de principe,

conservent dans leurs rangs des élus passant sur le plan local des alliances avec le Front national, et Charles Pasqua, avec une fermeté nouvelle, peut reprocher aux dirigeants de l'UDF et du RPR de « s'aligner sans réflexion sur les positions du Front national[57] ». Sur un terrain pourtant promis au consensus résistent des identités liées à l'interprétation que chacun donne de sa place sur l'échiquier politique.

A lire les thèmes que les acteurs choisissent à droite de privilégier on pourrait ainsi tracer une ligne opposant grossièrement ceux qui ont la direction des organisations et ceux qui en sont exclus. Dans un combat qui est pourtant loin de les rassembler, les minoritaires se retrouvent, quelles que soient leurs traditions et leurs stratégies, dans la même référence à la démocratisation et à la décentralisation. S'appuyant sur les réformes proposées par le général de Gaulle en mai 1968, Charles Millon néglige ainsi de manière très révélatrice la participation pour ne retenir que l'autonomie des universités et la régionalisation[58]. Le libéralisme qu'il propose n'est pas populaire, il ne repose même pas sur une nouvelle répartition des rapports entre public et privé mais plutôt sur une déconcentration, un éclatement du public qui laisse plus de place aux pouvoirs locaux. De même, le thème de la régionalisation permet de justifier une autre lecture de la démocratie dans les organisations politiques : non plus une fédération des partis mais une « association de formations régionales ».

On trouvera, sur un ton différent et avec d'autres formules, des références analogues chez Charles Pasqua : « On ne peut plus diriger le mouvement aujourd'hui comme il l'était hier. Les hommes ne sont plus des numéros matricules ni des soldats[59]. » Quête étonnante de la reconnaissance des courants et du pluralisme chez un gaulliste qui au même moment invite à la renaissance des universaux ; rapprochement curieux de deux hommes — Charles Pasqua et Charles Millon — qui n'ont pas la même conception de l'opposition. L'un propose l'effacement des différences, l'autre la reconstitution des identités originelles ; l'un met l'accent sur les méfaits de la division, l'autre sur les spécificités ; l'un tire de la défaite un rejet radical des idéologies, l'autre une réactivation des traditions. Mais tous deux retrouvent dans leur contestation des pouvoirs établis les vertus de la démocratie.

Voilà qui peut permettre de mieux comprendre la signification du thème de l'union qui rassemble toute l'opposition, mais selon trois modalités différentes : celle des rénovateurs s'exprimant en dehors des partis, celle de Charles Pasqua et de Philippe Seguin au

sein du RPR, celle enfin de Jacques Chirac et de Valéry Giscard d'Estaing.

Une option d'abord, celle des rénovateurs qui, un peu à la manière de François Mitterrand dans les années soixante, tentent de recomposer l'opposition en marge des pouvoirs établis. C'est le sens de la tentative avortée de constitution d'une liste pour les élections européennes de juin 1989. Une stratégie de minoritaires où se retrouvent douze parlementaires sans pouvoir et une formation, le CDS, qui occupe une position dominée au sein de l'opposition. Des hommes et un parti qui expriment symboliquement par leur union sur un thème, qui dans les années soixante-dix avait le plus durement partagé la droite, le pas que l'organisation paraît prendre sur les idées. On le voit bien dans la seconde tentative engagée en mars 1990 sur le thème de la Force unie par les « néo-rénovateurs ». Les hommes ont en partie changé mais le fond reste général et imprécis : l'environnement, l'immigration, la bureaucratie, l'insécurité sur le plan intérieur; le recul des dictatures, l'Europe, la sécurité sur le plan extérieur. Alors que renaît le thème de la fin des idéologies, il importe, sur un ensemble de propositions consensuelles, d'imposer une nouvelle adéquation des familles et des partis politiques.

A cette démarche qui s'appuie sur les sentiments de l'électorat modéré attaché à la recomposition de l'opposition s'oppose l'option militante que dessinent plus lentement au sein du RPR Philippe Seguin et Charles Pasqua. Le premier a d'abord pris part à la tentative des rénovateurs que le second a d'emblée dénoncée. Mais ils se retrouvent à la veille des assises que le mouvement gaulliste tient en février 1990 sur une motion commune marquée du signe de la mémoire : « De son origine [...] notre mouvement a hérité une idée : la France. Il s'est forgé une ambition : rassembler. Il s'est fixé une méthode : s'adresser directement au peuple français. » Le premier volet implique une rupture avec la problématique libérale de la division; le second invite à retrouver, selon la formule de Philippe Seguin, « le médecin et l'OS, l'instituteur et le patron, le fonctionnaire et le salarié, l'employé et le paysan[60] »; le troisième enfin étend au parti les principes de la cinquième République en proposant l'élection du président du mouvement par tous les militants et l'application du principe « un homme, une voix ».

C'est sur ce dernier point sans doute que la motion marque son originalité. Car derrière la revendication, commune à tous les minoritaires, de démocratie, c'est avec une analyse qui remonte à Michels que les partisans d'un « nouveau rassemblement »

renouent : l'idée que la démocratie du parti contribue à la démocra-tie du tout, que le parti est pour les militants le lieu de socialisation et pour les électeurs la vitrine du pays. Si elle permet de valider dans les principes une opposition sans précédent dans le mouve-ment gaulliste, l'approche pourtant n'échappe pas à une inco-hérence interne. Car si dans le mouvement socialiste qui en a posé pour la première fois les fondements, la démocratie appliquée aux partis s'appuie sur un refus des principes qui régissent le fonc-tionnement du tout au point de justifier le pouvoir du militant sur l'élu, elle repose au contraire ici sur un transfert au parti des règles qui organisent la République. Le parti n'est pas le modèle d'une démocratie à construire, il est simplement le reflet, nécessairement appauvri, d'une démocratie qui existe déjà par la grâce du gaul-lisme. C'est dire qu'à la différence du militant socialiste, le militant gaulliste ne peut revendiquer une identité supérieure et doit se plier en toute rigueur à une logique venue d'ailleurs. Les minoritaires le montrent bien lorsqu'ils doivent à la fois expliquer leur opposition interne et reconnaître le pouvoir de leur chef. Démarche impossible qui confirme au bout du compte leur statut de minoritaires et la légitimité plébiscitaire et charismatique du président du parti.

Face aux minoritaires, les pouvoirs. Les présidents de l'UDF et du RPR ont deux conceptions différentes de l'union de la droite. Produit du mode de scrutin et de la règle du jeu, l'UDF est à ses origines conçue comme une réponse au RPR, une formation de gouvernement destinée à canaliser et transmettre la parole des représentants. Le sigle même manifeste le caractère incertain des filiations : l'UDF n'a jamais incarné une famille politique. On a dit que le Parti républicain se voulait lors de sa fondation au confluent de plusieurs sources. L'UDF exprime chez son fondateur la même ambition, l'idée que la possession du pouvoir suprême peut per-mettre une subversion des traditions, que le président trouve dans sa seule légitimité la capacité de mêler à sa convenance les sources de la pensée politique.

Les défaites successives de 1981 et de 1988 suffisent à montrer les limites de l'entreprise. Sur le plan idéologique sans doute, l'affirmation de l'idée libérale peut laisser penser que l'orléanisme a retrouvé une nouvelle jeunesse. Mais par sa radicalité même elle détruit le compromis approximatif des origines et libère, en parti-culier au bénéfice de la démocratie chrétienne, le centre politique que la confédération souhaitait occuper. Au lendemain de l'élection présidentielle de 1988, l'UDF n'est plus qu'une structure vide, un instrument mal adapté à l'opposition, marqué d'une double infir-mité au regard du RPR : ni famille ni parti.

C'est pourtant encore pour Valéry Giscard d'Estaing la base la plus sûre d'une nouvelle stratégie désormais élargie à l'ensemble de la droite. L'électorat conservateur, on le sait, affirme régulièrement dans les sondages son attachement à l'unité organique de la droite. Mettre l'UDF sur l'autel de l'union, c'est pour son président inverser les flux, non plus donner à la France l'organisation et l'idéologie qui doivent la conduire à la modernité, mais exprimer, humblement et dans le sacrifice, les exigences unitaires qu'elle formule.

Restent pourtant les contraintes imposées par les minoritaires — Rénovateurs et Force unie — qui ferment le jeu des stratégies et imposent la rencontre des contraires. Valéry Giscard d'Estaing partage avec les minoritaires une conception fédérative qui pousse à la disparition des formations en place, il se sépare de Jacques Chirac qui, pour des raisons exactement inverses, plaide pour une simple confédération. Et c'est pourtant avec le président du RPR qu'il s'accorde sur une démarche prudente qui permet dans l'immédiat de protéger leurs positions respectives : comité de coordination, états généraux de l'opposition, porte-parole communs, création enfin de « l'Union pour la France » d'abord destinée à organiser au sein de la droite la compétition électorale. Valéry Giscard d'Estaing abandonne, au moins provisoirement, dans le compromis passé avec Jacques Chirac, un projet que concurrencent dans un autre esprit les minoritaires de l'UDF et du RPR.

Il se confirme ainsi que les idées comptent moins que l'organisation, que le parti est d'abord un instrument de conquête du pouvoir présidentiel. On a éclairé les logiques d'alliances qui de 1969 à 1974 poussaient à la transgression des frontières partisanes ; on a dégagé quelques-unes des lois qui régissaient le marché des idées de la droite de 1974 à 1979 ; on a noté que les équilibres idéologiques étaient toujours fragiles, liés non seulement à la compétition interne à la droite, mais aussi, comme le montre la période 1981-1986, aux positions de pouvoir occupées par la gauche ; on constate maintenant que l'unité interne aux partis est seconde, toujours soumise aux contraintes de la concurrence électorale. Comme si la droite sous la cinquième République n'écrivait décidément son histoire que dans son rapport au pouvoir.

Doit-on d'ailleurs parler de la droite ou des droites ? Au début de la cinquième République il était possible de considérer à la fois la

pluralité des courants et l'unité de leurs problématiques. **Sur les deux enjeux du moment** — le problème algérien et la question institutionnelle —, il n'y avait pas de divergence entre les droites ou plutôt les problèmes sur lesquels celles-ci travaillaient alors ne suscitaient pas l'affirmation des identités. Alors pourtant que la guerre d'Algérie pouvait apparaître comme l'un des points sur lesquels la droite tout entière se rassemblait parce qu'il touchait à un élément essentiel de sa culture — le nationalisme et au-delà le rayonnement de la civilisation occidentale —, son issue contraire aux attentes et aux convictions n'a pas bousculé fondamentalement les postures initiales. Tout, au fond, et même ce qui à l'origine apparaissait essentiel, pouvait être accepté tant que n'était pas en cause l'originalité de chacune des composantes de la droite, ce qui la distinguait de l'autre. D'un côté le paradigme d'un pouvoir incarné, d'un démocratisme absolu, d'un échange continu, non médiatisé entre politique et société, une France exprimant dans une voix unique une volonté unique et générale, un recours continu aux universaux — le peuple, la nation et son chef même ; de l'autre, un schéma atomisé qui, du peuple à ses représentants, intègre la séparation et le clivage, multiplie les points de rencontres, consent au partiel et au relatif. D'un côté une souveraineté populaire qui ne renonce jamais à son exercice, à laquelle il est toujours pensable de recourir ; de l'autre une souveraineté déléguée prise en charge et réalisée par le représentant, où le pouvoir du peuple est latent et celui du mandataire efficient. D'un côté le gaullisme, de l'autre l'orléanisme.

Que la séparation se soit opérée à l'automne 1962, non seulement sur la nature de la démocratie mais aussi sur le statut de la légalité institutionnelle définit assez le point sur lequel les familles ne pouvaient transiger. En ce sens, la politique gaulliste a bien joué le rôle de catalyseur : par la violence de son intervention, elle a réveillé la mémoire et l'intransigeance de l'autre droite.

Il faut en effet parler de mémoire à éclipses, tant le rythme des échéances électorales et la logique des alliances et des concurrences semblent davantage scander les rapports entre les familles que le maintien ferme et permanent d'une identité première. De ce point de vue, 1974 apparaît comme la figure inversée de 1958, celle où, dans l'investissement du régime par les droites réunies, s'annonce une autre version des rapports de pouvoir que les premières années du nouveau septennat accompliront. De même que de Gaulle avait en 1962, par sa détention du pouvoir, donné son sens au régime, de même Valéry Giscard d'Estaing impose par une série d'opérations

signifiantes — consultations de l'opposition, réforme du Conseil constitutionnel, revalorisation du rôle du Parlement — la lecture libérale et non plus bonapartiste de la V<sup>e</sup> République. Jacques Chirac le comprend bien qui, en 1976, rappelle dans sa propre symbolique ce que signifie le gaullisme : le rassemblement par la fondation du RPR, la souveraineté nationale par le refus de l'élection de l'Assemblée européenne au suffrage universel direct.

Pour comprendre cette identité des droites il convient de rapporter les idées et les programmes à la position que chaque acteur occupe dans l'espace politique. Les évolutions successives qu'on a notées — les références parallèles de Jacques Chirac et de Valéry Giscard d'Estaing, d'abord à une troisième voie proche de la social-démocratie puis à un libéralisme absolu, le retour enfin de chacun à sa tradition —, révèlent en réalité moins des retournements stratégiques que des positionnements différents à l'égard des groupes de référence qui s'imposent aux acteurs. A la gauche intellectuellement triomphante, les droites empruntent avant 1981 les thèmes sur lesquels elles écrivent leurs variations; et après 1981, c'est encore par rapport à la gauche dont la légitimité est atteinte qu'elles expriment leurs valeurs et définissent leurs choix. Dans le premier cas les droites sont au pouvoir, dans le second elles en sont exclues, et cette position aussi n'est pas sans importance qui dicte un certain rapport au peuple tout entier. On l'a dit, dans l'opposition, la droite peut d'autant plus associer le libéralisme économique à la liberté et le dissocier de la loi du plus fort qu'elle ne gouverne plus et donc ne domine plus. La toute dernière période vérifie bien cette règle : quand il est apparu que le programme de l'opposition appliqué au pouvoir retrouvait le sens auquel la droite avait cru échapper, quand le peuple en a donné la sanction, chaque famille est retournée à sa mémoire et à sa tradition.

C'est dire que les élites ne peuvent pas manier à leur gré et sans dommage les idées en fonction des seules contraintes du système, que ne sont pas vérifiées les interprétations instrumentales de la démocratie uniquement attentives aux acteurs et aux appareils : la compétition ne s'organise pas seulement entre des élites occupées à se disputer les voix des électeurs et à échanger des idées au gré de leurs propres intérêts. La droite, c'est aussi le peuple de droite, ses attentes et la sanction qu'il donne aux stratégies que ses représentants expérimentent. Le succès du Front national le rappelle, la valeur des idées est largement dépendante du rapport au pouvoir que les élites figurent. Il y a toujours un lien entre l'audience des thèmes et la position de leurs auteurs dans le champ des forces.

Ainsi la thématique de l'exclusion si habilement mobilisée par Jean-Marie Le Pen tire-t-elle une partie de son efficacité de la marginalité de celui-ci dans l'espace politique.

L'unification du peuple de droite dans les années soixante-dix avait pu faire croire aux deux branches de sa représentation qu'elles pouvaient se rassembler et s'unifier. La montée du Front national est là pour rappeler que les lieux politiques ne peuvent jamais être totalement abandonnés, que chaque famille y trouve sa place et que, à la délaisser, elle s'expose toujours à ce qu'un nouvel acteur l'investisse. Au-delà des explications sociologiques que l'on donne habituellement à la montée du Front national, il convient de ne pas oublier les raisons proprement politiques liées à l'organisation de l'espace et à la distribution des rôles. En négligeant un temps ce qui le définissait — l'immédiateté de son rapport au peuple —, le gaullisme a laissé disponible la place de la tradition qu'il exprimait. Décidément, même différemment incarnés, semblent immuables deux traditions, deux lieux, deux droites.

JEAN-MARIE DONEGANI, MARC SADOUN

*Bibliographie*

*Vie politique.*

Outre la référence indispensable à *L'Année politique*, on trouvera ici quelques ouvrages généraux sur la vie politique et quelques interprétations qui paraissent essentielles à la compréhension du nouveau régime.

[1] *L'Année politique, économique et sociale en France,* actuellement diffusée par les éditions du Moniteur.
[2] JACQUES CHAPSAL, *La vie politique sous la V⁰ République,* Paris, PUF, tome 1 : *1958-1974,* 3ᵉ éd., 1987; tome 2 : *1974-1987,* 4ᵉ éd., 1989.
[3] PIERRE AVRIL, *La Vᵉ République, Histoire politique et constitutionnelle,* Paris, PUF, 1987.
[4] HUGUES PORTELLI, *La politique en France sous la Vᵉ République,* Paris, Grasset, 1987.
[5] GEORGES SUR, *La vie politique en France sous la Vᵉ République,* Paris, éd. Montchrestien, 1982.
[6] RAYMOND ARON, *Immuable et changeante. De la IVᵉ à la Vᵉ République,* Paris, Calmann-Lévy, 1959.

[7] OLIVIER DUHAMEL, JEAN-LUC PARODI, *La constitution de la cinquième République*, Paris, Presses de la Fondation nationale des sciences politiques, 1988.

[8] FRANÇOIS GOGUEL, « Quelques aspects du problème politique français », *Revue française de science politique*, vol. XIII, n° 1, mars 1963, p. 5-24.

[9] GEORGES LAVAU, « Réflexions sur le régime politique de la France », *Revue française de science politique*, vol. XII, n° 4, décembre 1962, p. 813-844.

[10] PIERRE VIANSSON-PONTÉ, *Histoire de la République gaullienne*, tome 1 : *La fin d'une époque, mai 1958-juillet 1962*, Paris, Fayard, 1970, tome 2 : *Le temps des orphelins, août 1962-avril 1969*, Paris, Fayard, 1971.

[11] NICOLAS WAHL, « Aux origines de la nouvelle constitution », *Revue française de science politique*, mars 1959, vol. IX, n° 1, p. 30-66.

## Élections.

Dans une bibliographie très abondante, on a sélectionné, d'une part trois ouvrages de base sur les élections en France, d'autre part une référence pour chacun des scrutins significatifs de la cinquième République.

[12] FRÉDÉRIC BON, *Les élections en France*, Paris, Le Seuil, 1978.

[13] FRANÇOIS GOGUEL, *Chroniques électorales. Les scrutins politiques en France de 1945 à nos jours*, Paris, Presses de la Fondation nationale des sciences politiques, 3 vol., 1981, 1982, 1983.

[14] ALAIN LANCELOT, *Les élections sous la Vᵉ République*, Paris, PUF, 1982.

[15] ROBERT PONCEYRI, *Gaullisme électoral et Vᵉ République : analyse d'une mutation politique 1958-1981*, thèse de science politique, Institut d'Études politiques de Paris, 1984, 2 vol.

[16] Association française de science politique, *L'établissement de la cinquième République. Le référendum de septembre et les élections de novembre 1958*, Paris, Presses de la Fondation nationale des sciences politiques, 1960.

[17] FRANÇOIS GOGUEL (s.d.), *Le référendum du 8 janvier 1961*, Paris, Presses de la Fondation nationale des sciences politiques, 1962.

[18] FRANÇOIS GOGUEL (s.d.), *Le référendum du 8 avril 1962*, Paris, Presses de la Fondation nationale des sciences politiques, 1963.

[19] FRANÇOIS GOGUEL (s.d.), *Le référendum d'octobre et les élections de novembre 1962*, Paris, Presses de la Fondation nationale des sciences politiques, 1965.

[20] Centre d'étude de la vie politique française, *L'élection présidentielle des 5 et 19 décembre 1965*, Paris, Presses de la Fondation nationale des sciences politiques, 1970.

[21] Centre d'étude de la vie politique française, *Les élections de mars 1967*, Paris, Presses de la Fondation nationale des sciences politiques, 1971.

[22] ALAIN LANCELOT, « Les élections des 23 et 30 juin 1968 », *Projet*, n° 28, septembre-octobre 1968, p. 935-952.

[23] ALAIN LANCELOT, « Comment ont voté les Français le 27 avril et les 1ᵉʳ et 15 juin 1969 ? », *Projet*, n° 38, septembre-octobre 1969, p. 926-947.

[24] ALAIN LANCELOT, « La France de M. Bourgeois République : les élections législatives de mars 1973 », *Projet*, juin 1973, p. 670-680.

[25] HOWARD R. PENNIMAN (éd.), *France at the Polls. The Presidential Election of 1974*, Washington, Entreprise Institute, 1975.

[26] JACQUES CAPDEVIELLE, ÉLISABETH DUPOIRIER, GÉRARD GRUNBERG, ÉTIENNE SCHWEISGUTH, COLETTE YSMAL, *France de gauche, vote à droite*, Paris, Presses de la Fondation nationale des sciences politiques, 1981.

[27] ALAIN LANCELOT (s.d.), *1981 : les élections de l'alternance*, Paris, Presses de la Fondation nationale des sciences politiques, 1986.

[28] ÉLISABETH DUPOIRIER, GÉRARD GRUNBERG (s.d.), *Mars 1986, La drôle de défaite de la gauche*, Paris, PUF, 1986.

[29] PHILIPPE HABERT, COLETTE YSMAL (s.d.), *Les élections législatives de 1988*, Paris, *Le Figaro* Études politiques, 1988.

[30] PHILIPPE HABERT, COLETTE YSMAL (s.d.), *L'élection présidentielle de 1988*, Paris, *Le Figaro* Études politiques, 1988.

## Familles politiques.

Il faut d'abord consulter les ouvrages généraux sur la droite qui ont évidemment contribué à la définition de notre problématique. La plupart — et en premier lieu l'ouvrage classique de René Rémond — prolongent leurs développements jusqu'à la cinquième République. On pourra ensuite se reporter aux analyses des principaux courants politiques que nous avons privilégiés. On notera ici la référence globale au colloque « De Gaulle en son siècle ». Il n'est en effet pas possible de citer, même de manière sélective, tous les rapports qui ont contribué à l'élaboration de notre problématique.

[31] RENÉ RÉMOND, *Les droites en France*, Paris, Aubier-Montaigne, 1982.

[32] MALCOLM ANDERSON, *Conservative Politics in France*, Londres, G. Allen and Unwin, 1974.

[33] JEAN-CHRISTIAN PETITFILS, *La droite en France de 1789 à nos jours*, 4ᵉ éd., Paris, PUF, 1989.

[34] FRANÇOIS BOURRICAUD, « The Right in France since 1945 », *Comparative Politics*, vol. 10, n° 1, octobre 1977, p. 5-35.

[35] FRANÇOIS BOURRICAUD, *Le retour de la droite*, Paris, Calmann-Lévy, 1986.

[36] HENRY ROUSSO, *Le syndrome de Vichy 1944-19...*, Paris, Le Seuil, 1987.

[37] JEAN TOUCHARD, *Le gaullisme 1940-1969*, Paris, Le Seuil, 1978.

[38] Institut Charles de Gaulle (éd.), *De Gaulle en son siècle*, colloque, Paris, 19-24 novembre 1990, ronéo.

[39] Institut Charles de Gaulle (éd.), *Approches de la philosophie politique du général de Gaulle*, actes du colloque des 25 et 26 avril 1980, Paris, Cujas, 1983.

[40] FRANÇOIS-GEORGES DREYFUS, *De Gaulle et le gaullisme*, Paris, PUF, 1982.

[41] FRANÇOIS GOGUEL, « Réflexions d'un politiste sur le gaullisme », in *Mélanges en l'honneur de Charles Morazé, Culture, science et développement*, Paris, Privat, 1979, p. 455-468.

[42] PATRICK GUIOL, *L'impasse sociale du gaullisme : le RPF et l'action ouvrière*, Paris, Presses de la Fondation nationale des sciences politiques, 1985.

[43] JEAN-CHRISTIAN PETITFILS, *Le gaullisme*, 3ᵉ éd., Paris, PUF, 1988.

[44] MARC SADOUN, JEAN-FRANÇOIS SIRINELLI, ROBERT VANDENBUSSCHE, (éd.), *La politique sociale du général de Gaulle*, Lille, Centre d'Histoire de la région du Nord et de l'Europe du Nord-Ouest, 1990.

[45] STÉPHANE RIALS, *Les idées politiques du président Georges Pompidou*, Paris, PUF, 1977.

[46] PIERRE MANENT, *Les libéraux*, 2 tomes, Paris, Hachette Pluriel, 1986.

[47] PIERRE MANENT, *Histoire intellectuelle du libéralisme : dix leçons*, Paris, Calmann-Lévy, 1987.

[48] LUCIEN JAUME, *Échec au libéralisme*, Paris, Kimé, 1990.

[49] PIERRE ROSANVALLON, *Le moment Guizot*, Paris, Gallimard, 1985.

[50] ÉMILE-FRANÇOIS CALLOT, *Le Mouvement républicain populaire. Un parti politique de la démocratie chrétienne en France : origine, structure, doctrine, programme et action politique*, Paris, Marcel Rivière, 1978.

[51] FRANÇOIS-GEORGES DREYFUS, *Histoire de la démocratie chrétienne en France : de Chateaubriand à Raymond Barre*, Paris, Albin Michel, 1988.

[52] PIERRE MILZA, *Fascisme français : passé et présent*, Paris, Flammarion, 1987.

[53] PIERRE-ANDRÉ TAGUIEFF, *Les formes du préjugé : essai sur le racisme et ses doubles*, Paris, La Découverte, 1988.

*Forces politiques.*

Cette rubrique porte moins sur l'aspect idéologique, doctrinal, que sur l'évolution des partis et des forces qui ont incarné ou représenté la droite sous la cinquième République. Là encore, n'ont été retenues que quelques références essentielles à la compréhension de chaque courant.

[54] COLETTE YSMAL, *Les partis politiques sous la V<sup>e</sup> République*, Paris, Montchrestien, 1989.

[55] JEAN CHARLOT, *L'Union pour la Nouvelle République, Étude du pouvoir au sein d'un parti politique*, Paris, Presses de la Fondation nationale des sciences politiques, 1967.

[56] JEAN CHARLOT, *Le phénomène gaulliste*, Paris, Fayard, 1970.

[57] JEAN CHARLOT, *Le gaullisme*, Paris, Armand Colin U2, 1970.

[58] PIERRE AVRIL, *UDR et gaullistes*, Paris, PUF, 1971.

[59] IFOP *Les Français et de Gaulle*, Présentation et commentaires de Jean Charlot, Paris, Plon, 1971.

[60] JEAN CHARLOT, « L'après-gaullisme », *Revue française de science politique*, vol. XVIII, n° 1, février 1969, p. 68-76.

[61] LÉON NOËL, *Le sort des institutions de la V<sup>e</sup> République : l'avenir du gaullisme*, Paris, Plon, 1973.

[62] CHARLES DEBBASCH, *La France de Pompidou*, Paris, PUF, 1974.

[63] FRANÇOISE DECAUMONT, *La présidence de Georges Pompidou : essai sur le régime présidentialiste français*, Paris, Economica, 1979.

[64] ÉRIC ROUSSEL, *Georges Pompidou*, Paris, Lattès, 1984.

[65] GILLES MARTINET, *Le système Pompidou*, Paris, Le Seuil, 1973.

[66] JACQUES FRÉMONTIER, *Les cadets de la droite*, Paris, Le Seuil, 1984.

[67] *Pouvoirs, Le RPR*, n° 18, 1984.

[68] PIERRE BRÉCHON, JACQUES DERVILLE, PATRICK LECOMTE, *Les cadres du RPR*, Paris, Economica, 1987.

[69] WILLIAM R. SCHONFELD, *Ethnographie du PS et du RPR : les éléphants et l'aveugle*, Paris, Economica, 1985.

[70] PIERRE CRISOL, JEAN-YVES LHOMEAU, *La machine RPR*, Paris, Fayolle, 1977.

[71] COLETTE YSMAL, « L'UDF et le RPR à la fin des années 1980 », rapport au colloque *L'UDF et le RPR à la fin des années 1980 : Unité ou pluralité des projets*, Congrès national de l'Association française de science politique, table ronde n° 6, Bordeaux, 5-8 octobre 1988.

[72] GUY SORMAN, *La révolution conservatrice*, Paris, Fayard, 1983.

[73] FRANÇOIS FURET, JACQUES JULLIARD, PIERRE ROSANVALLON, *La République du centre*, Paris, Calmann-Lévy, 1988.

[74] COLETTE YSMAL, *Demain la droite*, Paris, Grasset, 1984.

[75] JEAN-LOUIS BOURLANGES, *Droite année zéro*, Paris, Flammarion, 1988.

[76] JEAN BAUDOUIN, « Le moment néo-libéral du RPR, essai d'interprétation », rapport au colloque cité *L'UDF et le RPR à la fin des années 1980*...

[77] PIERRE BRÉCHON, « Adhérents et militants gaullistes. Profil socio-démographique, univers politique, univers culturel », rapport au colloque cité *L'UDF et le RPR à la fin des années 1980...*

[78] JACQUES DERVILLE, PATRICK LECOMTE, « RPR, Génération 86. Processus de mobilisation et systèmes de représentations des adhérents récents du RPR », rapport au colloque cité *L'UDF et le RPR à la fin des années 1980...*

[79] FLORENCE HAEGEL, « Les modes de gestion de la référence gaulliste au RPR. Mémoire, héritage, filiation », rapport au colloque cité *L'UDF et le RPR à la fin des années 1980...*

[80] PIERRE LETAMENDIA, *La démocratie chrétienne*, Paris, PUF, 1977.

[81] PIERRE LETAMENDIA, *Le MRP*, thèse de science politique, Université de Bordeaux, 1975.

[82] DANIÈLE ZÉRAFFA, « La démocratie chrétienne en France. Éléments historiques », *Esprit*, octobre 1988, p. 65-74.

[83] JACQUES MOREAU, « Le choix du MRP », *Revue française de science politique*, vol. XV, n° 1, février 1965, p. 67-85.

[84] FRANÇOIS BOURRICAUD, « L'arbitre contesté et les nostalgies centristes », *Projet*, n° 2, 1966, p. 179-188.

[85] FRANÇOIS GOGUEL, « Bipolarisation ou rénovation du centrisme », *Revue française de science politique*, vol. XVII, n° 5, octobre 1967, p. 918-929.

[86] JEAN-CLAUDE COLLIARD, *Les républicains indépendants. Valéry Giscard d'Estaing*, Paris, PUF, 1972.

[87] MARIE-CHRISTINE KESSLER, « M. Valéry Giscard d'Estaing et les indépendants », *Revue française de science politique*, vol. XVI, n° 5, octobre 1966, p. 940-957.

[88] MARIELLE BAL, « Les indépendants », *Revue française de science politique*, vol. XV, n° 3, juin 1965, p. 537-557.

[89] JANINE BOURDIN, « La crise des indépendants », *Revue française de science politique*, vol. XIII, n° 2, juin 1963, p. 443-450.

[90] JEAN-CHRISTIAN PETITFILS, *La démocratie giscardienne*, Paris, PUF, 1981.

[91] *Pouvoirs, Le giscardisme*, n° 9, 1979.

[92] JEAN-PIERRE SOISSON, *Le parti républicain*, conférence-débat tenue devant l'Association française de science politique le 10 décembre 1978.

[93] HENRI AMOUROUX, *Monsieur Barre*, Paris, Hachette Pluriel, 1986.

[94] YVES CANNAC, *Le juste pouvoir*, Paris, Lattès, 1983.

[95] FRANCIS BERGERON, PHILIPPE VILGIER, *De Le Pen à Le Pen*, Paris, éd. Dominique Martin Morin, 1986.

[96] ARIANE CHEBEL D'APPOLLONIA, *L'extrême droite en France de Maurras à Le Pen*, Paris, éd. Complexe, 1988.

[97] RENÉ CHIROUX, *L'extrême droite sous la Ve République*, Paris, LGDJ, 1974.

[98] JEAN-CHRISTIAN PETITFILS, *L'extrême droite en France*, Paris, PUF, 1983.

[99] MONICA CHARLOT, « L'émergence du Front national », *Revue française de science politique*, vol. XXXVI, n° 1, février 1986, p. 14-29.

[100] NONNA MAYER, PASCAL PERRINEAU (s.d.), *Le Front national à découvert*, Paris, Presses de la Fondation nationale des sciences politiques, 1989.

[101] ANNE-MARIE DURANTON-CRABOL, *Visages de la nouvelle droite, Le GRECE et son histoire*, Paris, Presses de la Fondation nationale des sciences politiques, 1988.

[102] BIRGITTA ORFALI, *L'adhésion au Front national : de la minorité active au mouvement social*, Paris, Kimé, 1990.

[103] ANNE TRISTAN, *Au Front*, Paris, Gallimard, 1987.

*Témoignages.*

Parmi les trop nombreux témoignages, discours et programmes que les hommes politiques — d'importance inégale — ont laissés, on peut citer :

[104] RAYMOND BARRE (présentation), *Programme de Blois*, Objectifs d'action pour les libertés et la justice, Paris, Fayard, 1978.

[105] RAYMOND BARRE, *Une politique pour l'avenir*, Paris, Plon, 1981.

[106] RAYMOND BARRE, *Réflexions pour demain*, Paris, Hachette Pluriel, 1984.

[107] RAYMOND BARRE, *Questions de confiance*, Entretiens avec Jean-Marie Colombani, Paris, Flammarion, 1988.

[108] ALAIN DE BENOIST, *Les idées à l'endroit*, Paris, Éditions Libres Hallier, 1979.

[109] RENÉ CAPITANT, *Écrits politiques 1960-1970*, Paris, Flammarion, 1971.

[110] JACQUES CHABAN-DELMAS, *L'ardeur*, Paris, Stock, 1975.

[111] JEAN CHARBONNEL, *Comment peut-on être opposant?*, Paris, Laffont, 1983.

[112] JACQUES CHIRAC, *Oui à l'Europe*, Paris, Albatros, 1984.

[113] JACQUES CHIRAC, *La lueur de l'espérance*, Paris, La Table Ronde, 1978.

[114] JACQUES CHIRAC, *Discours pour la France à l'heure du choix, La lueur de l'espérance*, Paris, Le Livre de poche, 1980.

[115] Club 89 (MICHEL AURILLAC s.d.), *Une stratégie de gouvernement*, Paris, Albatros, 1985.

[116] MICHEL DEBRÉ, *Trois Républiques pour une France*, tome III : *Gouverner 1958-1962*, Paris, Albin Michel, 1988.

[117] MICHEL DEBRÉ, JEAN-LOUIS DEBRÉ, *Le gaullisme*, Paris, Plon, 1977.

[118] CHARLES DE GAULLE, *Mémoires de guerre*, Paris, Plon, 3 tomes : « L'appel », 1954; « L'unité », 1956; « Le salut », 1959.

[119] CHARLES DE GAULLE, *Mémoires d'espoir*, Paris, Plon, 2 tomes : « Le renouveau 1958-1962 », 1970; « L'effort 1962... », 1971.

[120] CHARLES DE GAULLE, *Discours et messages*, Paris, Plon, 1970, tome III : « Avec le renouveau mai 1958-juillet 1962 »; tome IV : « Pour l'effort août 1962-décembre 1965 »; tome V : « Vers le terme janvier 1966-avril 1969.

[121] VALÉRY GISCARD D'ESTAING, *Démocratie française*, Paris, Fayard, 1976.

[122] VALÉRY GISCARD D'ESTAING, *L'état de la France*, Paris, Fayard, 1981.

[123] VALÉRY GISCARD D'ESTAING, *Deux Français sur trois*, Paris, Flammarion, 1984.

[124] VALÉRY GISCARD D'ESTAING, JACQUES CHIRAC, RAYMOND BARRE, *L'union libérale*, Convention libérale, 1985.

[125] OLIVIER GUICHARD, *Un chemin tranquille*, Paris, Flammarion, 1975.

[126] LÉO HAMON, *La Révision, la vraie fidélité*, Paris, Stock, 1974.

[127] JEAN-MARIE LE PEN, *La France est de retour*, Paris, Carrère-Lafon, 1985.

[128] EDMOND MICHELET, *La querelle de la fidélité. Peut-on être gaulliste aujourd'hui?*, Paris, Fayard, 1971.

[129] CHARLES PASQUA, *L'ardeur nouvelle*, Paris, Albin Michel, 1985.

[130] ALAIN PEYREFITTE, *Le mal français*, Paris, Plon, 1976.

[131] ALAIN PEYREFITTE, *Quand la rose se fanera*, Paris, Plon, 1983.

[132] ALAIN PEYREFITTE, *Encore un effort, Monsieur le Président*, Paris, Lattès, 1985.

[133] GEORGES POMPIDOU, *Entretiens et discours 1968-1974*, Paris, Flammarion, 1984.

[134] GEORGES POMPIDOU, *Pour rétablir une vérité*, Paris, Flammarion, 1989.

[135] *Georges Pompidou hier et aujourd'hui*, Témoignages, Colloque, 30 novembre et 1er décembre 1989, Neuilly-sur-Seine, éd. Breet.

[136] MICHEL PONIATOWSKI, *Cartes sur table*, Paris, Fayard, 1972.

[137] MICHEL PONIATOWSKI, *L'avenir n'est écrit nulle part*, Paris, Albin Michel, 1978.

[138] JEAN-PIERRE SOISSON, *La victoire sur l'hiver*, Paris, Fayard, 1978.

[139] LOUIS VALLON, *L'anti-de Gaulle*, Paris, Le Seuil, 1969.

*Deuxième partie*

# LES HORIZONS IDÉOLOGIQUES
# DES DROITES

1815 — 1992

## CHAPITRE VII

# 1815-1900
## *L'apprentissage de la pluralité*

Préluder à l'histoire intellectuelle des droites à l'époque contemporaine ne va pas sans inconvénients, surtout lorsque la durée embrassée englobe plus de huit décennies. D'une part, on le sait, les courants qu'il convient d'examiner ne correspondent pas longtemps à un bloc cohérent : au long du XIXᵉ siècle, l'image traditionnelle de la droite se diversifie et s'élargit, en partie du fait de la dérive globale vers la gauche de la vie politique. D'autre part, l'approche proprement intellectuelle suppose un champ de références particulièrement large, à la fois littéraire, philosophique, historique et politique. Or, quelle que soit l'abondance de la bibliographie, bien des zones d'ombre demeurent, tant pour ce qui a trait à la chronologie que pour ce qui relève du développement des tendances. La mise en perspective se révèle donc un exercice particulièrement délicat, d'autant que la succession des événements politiques fournit des repères parfois trompeurs. L'événement révolutionnaire ayant été vécu par les contemporains comme une formidable rupture dans le temps des hommes et de la société, il semble pertinent de tracer l'horizon idéologique des droites en cernant d'abord le rôle des représentations de l'histoire, pendant la période où les droites sont au pouvoir ou peuvent espérer y revenir. Alors se dégageront mieux les lignes de force des orientations intellectuelles, dans leurs rapports avec l'action politique. Les deux dernières décennies du siècle, si éprouvantes à bien des égards pour les familles traditionnelles des droites, seront traitées plus globalement.

## I. LA PART DES NOSTALGIES ET DES REFUS

Les représentations du passé propres aux ultras, et, dans une moindre mesure, aux orléanistes et aux bonapartistes constituent l'un des aspects essentiels des horizons idéologiques des droites du XIXᵉ siècle. Selon les fidélités des uns et des autres, ainsi que des paramètres fort divers, le « passéisme », non seulement ne se manifeste pas au même degré, mais ne remplit pas de semblables fonctions — d'autant qu'au début de la période étudiée, il n'existe qu'une seule « véritable » droite, constituée par les ultras.

### De la Révolution aux premières années de la Restauration

En 1815, les contours et le poids idéologique d'une droite appelée certes à évoluer au fil des décennies, mais déjà nettement définie, sont à bien des égards dessinés par les événements survenus depuis 1789.

Même si, en se référant à l'Ancien Régime, on peut évidemment déceler plus d'une source des doctrines contre-révolutionnaires et si celles-ci se révèlent assez hétérogènes à partir de 1789[1], c'est surtout pendant l'été de cette année que s'affirme une droite.

En termes parlementaires, elle est révélée par la position des adversaires de la Révolution à l'Assemblée constituante. Plus largement, les tenants les plus déterminés de la droite[2], tout en recourant à des moyens d'action fort divers, édifient un socle idéologique, en France et plus encore à l'étranger, en raison de l'émigration et des difficultés considérables qu'ils ne tardent pas à éprouver, lorsqu'ils veulent diffuser une pensée contre-révolutionnaire dont les premiers jalons sont rapidement apparus. Le premier ouvrage important, appelé à un grand retentissement — les *Réflexions sur la Révolution française* — est dû en 1790 à Edmund Burke, whig anglais en rupture de ban. Jacques Mallet du Pan, d'origine suisse, publie à Bruxelles, en 1793 les *Considérations sur la nature de la Révolution de France*. Sous le Directoire, paraissent à l'étranger des livres notables d'auteurs français (la *Théorie du pouvoir politique et religieux dans la société civile* de Louis de Bonald et les fameux *Mémoires pour servir à l'histoire du jacobinisme* de l'abbé Bar-

ruel) ainsi que les *Considérations sur la France* de Joseph de Maistre, Savoyard en exil.

Quoique le Consulat et l'Empire se donnent les moyens de contenir et de réduire l'opposition de droite, en combinant à parts variables répression, apaisement et effort de ralliement des élites, des fidélités demeurent. Elles se révèlent un peu plus nettement au fur et à mesure que se dégrade la situation du régime napoléonien — mais se déclarent surtout, à tout prendre, pendant la première Restauration, voire les Cent-Jours. La production intellectuelle de filiation contre-révolutionnaire connaît un regain plus ou moins différé : Joseph de Maistre fait paraître en 1814, soit cinq ans après sa composition, son *Essai sur le principe générateur des Constitutions politiques*, et le brillant pamphlet de Chateaubriand, *De Buonaparte et des Bourbons*, rédigé pendant l'hiver 1813-1814, est livré au public en avril 1814.

Incontestablement, l'armature idéologique de la droite a été largement élaborée avant 1815, si bien qu'à cette date les horizons idéologiques paraissent n'offrir qu'une mince originalité.

Au-delà de différences qui sont parfois loin d'être négligeables [sur Maistre et Bonald, voir 10, p. 59-82 ; 2, p. 139-141 (Stéphane Rials) ; 7, p. 1017 (Massimo Boffa)], la pensée ultra affiche un certain monolithisme organiciste et le refus de toute généralisation sur l'homme. Les formules abondent qui mettent en relief son rejet du legs de la Révolution et de l'Empire, et ses aspirations au retour à un ordre ancien dont les aspects les plus saillants sont encore accusés, et même métamorphosés dans un sens théocratique.

Il s'agit là d'un discours fréquent à droite[3]. Mais on sait qu'en dehors, et encore, de quelques périodes de vive tension, au début de la seconde Restauration et durant une partie des années 1820, il est loin d'être repris intégralement dans les cercles du pouvoir. Assurément celui-ci emprunte des éléments à ce système de représentation, ce qui d'ailleurs parfois ne va pas sans créer des contradictions — ainsi, en voulant signifier par diverses commémorations sa volonté d'expier la Révolution, il en rappelle le souvenir [6, p. 46] — mais il ne peut ni ne veut cultiver à ce point de telles nostalgies.

Sur le plan intellectuel, la droite ultra n'a plus guère l'initiative, et se voit le plus souvent conduite à riposter à des écrits émanant de libéraux : par exemple, Bonald réplique en 1818, du reste avec une certaine fermeté de ton[4], aux *Considérations sur la Révolution française*, œuvre posthume importante de Mme de Staël, mais il ne livre plus d'analyse historique d'importance comparable. Les ultras s'en tiennent en quelque sorte à une grille d'interprétation datant des temps d'exil.

Les rares auteurs de droite qui font preuve de quelque originalité, notamment en admettant qu'on ne peut revenir à l'Ancien Régime, ne semblent pas avoir entraîné à leur suite beaucoup de leurs amis. C'est le cas — notamment — de Chateaubriand, qui, à la fin de 1814, développait de nombreuses considérations historiques dans ses *Réflexions politiques* [30, p. 114-119] et, dans un style quelque peu différent, de Pierre Simon Ballanche, figure originale de la pensée ultra, initiateur d'une sorte de mystique du régicide, sans être véritablement un réactionnaire [8, p. 82-86; 28, p. 74-104; 29, p. 183-210]. Tout en rattachant l'œuvre de Louis XVIII à celle de Louis XVI, trois ans après le début de la seconde Restauration, il présente notamment la Charte en ces termes : « Un tel bienfait ne fut point apprécié; il parut à des esprits chagrins un retour vers le passé, pendant que c'était une heureuse transition vers l'avenir[5]. »

Il n'en reste pas moins que les ultras peuvent compter sur des relais efficaces, ne serait-ce que dans la presse, avec, entre autres titres, *La Quotidienne* et *La Gazette de France*[6], et, dans la littérature, on connaît mieux désormais les multiples liens tissés entre l'ultracisme et le premier romantisme sous le signe de la mélancolie [6, p. 65-66]. Certes, la « nostalgie du Bon Vieux Temps » [11, p. 234] est plus vague que les constructions doctrinales de la pensée ultra. Mais elle est plus diffusée, et il existe toute une littérature de vulgarisation, qui dénonce notamment la Terreur avec force détails horrifiques et exalte l'ancienne France [13, p. 31-32; 15, t. VII, p. 359].

## Le regard sur l'Histoire

Irriguant les théories, idées ou doctrines, les représentations du passé conduisent à élargir les perspectives, chronologiquement et dans le champ de l'histoire intellectuelle et politique. Il est clair qu'en dehors de l'image assez simple offerte par les considérations des ultras lors des débuts de la Restauration, le sujet ne laisse pas d'être délicat. Hasardons néanmoins une hypothèse : le regard sur le passé tient lieu à bien des égards de révélateur de choix plus globaux. Pareille observation, au cours d'un siècle « historiciste », ne vaut pas seulement pour les droites. Il semble néanmoins que, précisée et affinée, elle serve, parmi d'autres variables, à les identifier.

On l'appliquera pour lors aux orléanistes et aux bonapartistes. A

leur propos, quelques précisions liminaires s'imposent. Il faut toujours se rappeler qu'il s'agit initialement de deux courants « bleus », ou du moins libéraux, et qu'ils se situent nettement dans l'opposition sous la Restauration. En outre, aucune nostalgie comparable à celle de nombreux ultras ne les anime, même si, pour les admirateurs de Napoléon Ier, la légende impériale revêt bien évidemment une importance particulière.

Toujours est-il qu'au fil du siècle, des tournants se produisent. On peut les référer à l'actualité politique, pour une part, sans que des coïncidences exactes puissent être relevées.

Il est patent que les composantes des conceptions historiques des orléanistes étaient présentes avant 1830[7]. Sous la Restauration, la lutte contre l'ultracisme, alimentée du reste par des publications d'ultras[8], faisait que l'accent était surtout mis sur des aspects « progressistes ». Il est d'ailleurs permis d'appliquer aux intellectuels orléanistes ce qu'on a dit au sujet de Mignet : « L'histoire n'est pas un regard sur le passé, elle est [...] une intelligence du passé[9]. » L'arrivée au pouvoir de Louis-Philippe et les changements survenus au cours des années suivantes cristallisent leur discours, en le rendant le plus souvent moins ductile. Certes, l'idée fondamentale, sur le plan historique, demeure celle d'un équilibre entre la tradition royale et les principes de 1789[10] [6, p. 135-136]. D'où l'essai d'une « politique historique » réconciliatrice, symbolisée notamment par les créations d'institutions, dont la Société de l'Histoire de France et la première version du futur Comité des travaux historiques et scientifiques, auxquelles Guizot a attaché son nom [voir l'étude de Laurent Theis, 5, t. II, 2, p. 569-593].

Mais la position intellectuelle des orléanistes cesse d'être confortable, à l'épreuve des années. En effet, les légitimistes se donnent pour les seuls véritables représentants de la tradition prérévolutionnaire, et, à leur manière, nombre de bonapartistes et de républicains se proclament les usufruitiers des principes de 1789. C'est pourquoi la pensée des principaux tenants du pouvoir, qui avait été illustrée, par exemple, par les doctrinaires sous la Restauration, se fige en un conservatisme [13, p. 38 ; 39, p. 305] dont l'épaisseur historique ne cesse de s'amenuiser, même si, dans le détail, des discussions intéressantes peuvent avoir lieu : ainsi, au sujet du retour des cendres de Napoléon, en 1840 [24, t. I, p. 534-549].

En ce qui concerne les bonapartistes, le schéma est d'une certaine façon plus complexe. Tout d'abord, il existe déjà un horizon spécifique — le Consulat et l'Empire — qui n'est pas, *stricto sensu*, celui d'une droite, mais n'en englobe pas moins des aspects

monarchiques. Avec la légende napoléonienne, la nostalgie possède un puissant ressort [48 et 46, p. 193-204]. Mais la politique bonapartiste ne se définit pas tellement comme nostalgique. Louis-Napoléon Bonaparte — certes « intellectuel » discutable, mais il en est peu dans son entourage, initialement restreint — développe néanmoins des références significatives, parfois mimétiques, sous la Monarchie de Juillet, en particulier dans *Des idées napoléoniennes* [45, p. 61-66; 46, p. 228 sq.; 4, t. IV, p. 177]. Il reste que le retour sur la scène politique, à partir de 1848 (et l'on sait le rôle de la légende) et de la proclamation de l'Empire, rend plus nécessaire la fabrication d'un discours de pouvoir.

En réalité, c'est surtout une symbolique qui se déploie, associée à une propagande jouant sur différents registres. Le cumul des héritages de 1789, du Consulat et de l'Empire, et l'usage dirigé du suffrage universel définissent l'orientation historique du régime. Celui-ci se veut aussi tourné vers l'avenir, notamment dans le domaine économique et social. S'il consolide son emprise sur la France rurale et jouit de l'adhésion d'une grande partie des milieux urbains favorisés, il ne dispose toujours guère de relais dans les cercles intellectuels. L'entreprise de Napoléon III, qui, entouré de nombreux collaborateurs, commence la publication d'une *Vie de César* [14, p. 227-228], ne le sert d'ailleurs pas, et le régime subit — outre les attaques des républicains — les sarcasmes de l'intelligentsia orléaniste.

### Les limites de l'évolution

De ce que la Révolution et l'Empire ont dessiné les contours idéologiques des droites et des gauches, conclura-t-on que les opinions ont été fixées une fois pour toutes, ou du moins qu'elles ont suivi une pente tracée d'avance ? La réalité semble plus complexe, y compris pour certains milieux fidèles à la branche aînée des Bourbons.

Après la chute de Charles X, une indiscutable crispation politique et intellectuelle s'est assurément produite, mais les partisans du comte de Chambord ne se contentent pas toujours de regretter l'Ancien Régime, ou ils le font parfois de manière plus élaborée qu'il n'y paraît. Comme l'a montré Jean-Claude Drouin, les propositions présentées par des journaux ou des personnalités légitimistes témoignent à l'occasion d'une certaine imagination : ainsi, pour répliquer à la loi municipale du 21 mars 1831, les références

vont-elles de Louis le Gros au projet de Villèle, en 1818, en passant par l'édit de Laverdy de mai 1765. Le souvenir des États généraux de 1484 est également présent, contribuant à nourrir la réflexion sur la décentralisation. Certains projets de nature utopique voient le jour, comme l'organisation d'un royaume d'Occitanie, ou, à une très large échelle, une alliance anti-anglaise des monarchies latines, et, éventuellement, de l'Europe centrale [16, p. 204-207].

Certains légitimistes, en outre, continuent à développer leurs conceptions sans nier l'idée de progrès. Ainsi, Balzac, dont le tournant légitimiste date de 1831 [33, chap. IV; 34, t. II, chap. X], ou, d'une autre manière, Ballanche. Ce dernier, dans un post-scriptum à *Orphée* — second tome des *Essais de palingénésie sociale* — en décembre 1830, n'hésite pas à écrire que la Restauration s'est « méconnue elle-même... a renié sa haute mission en essayant de faire rétrograder l'institution au lieu de la diriger », de telle sorte qu'elle a dû subir l'action des « hommes rétrogrades » et des « hommes progressifs au-delà de notre temps et de nos mœurs » [10, p. 86].

Même chez des hommes plus engagés dans l'action politique — et qui, en cela, n'appliquent pas à la lettre les directives du comte de Chambord — l'interprétation des derniers temps de l'Ancien Régime est différente de celle de Maistre ou de Bonald (ce dernier meurt en 1841). Le comte de Falloux, par exemple, est un admirateur des réformes de Turgot [4, t. IV, p. 48], mal vu par les légitimistes intransigeants. Un certain flottement règne d'ailleurs, comme nous le verrons, en termes de perspectives idéologiques. En tout cas, au fur et à mesure que s'éloigne le temps, et que s'atténuent les souvenirs les plus aigus de la Révolution, le passéisme légitimiste offre un caractère moins tranchant. Il n'en paraît pas moins marqué lorsque ses représentants semblent se confiner dans tel « Cabinet des Antiques » et se cantonner, comme dans l'Ouest, dans une « religion de la fidélité » [24, t. I, p. 143; 25, p. 207-227]. C'est ainsi qu'un certain *statu quo*, entre autres aspects intellectuel, perdure, au moins pour ce qui relève de la représentation du passé.

Chassés à leur tour du pouvoir en 1848, les orléanistes, même s'ils recouvrent quelque influence l'année suivante, pour deux ans environ, n'ont plus le même usage de leur discours réconciliateur. Mais l'éloignement des cercles dirigeants leur procure davantage de temps pour s'intéresser à l'histoire — à des fins polémiques, mais aussi par goût des études académiques. Après la phase d'immobilisme par laquelle ils étaient passés, notamment dans les années

quarante, les intellectuels orléanistes redécouvrent ou du moins revisitent sous le second Empire certaines sources historiques de la pensée libérale. C'est le cas de Charles de Rémusat dans un ouvrage paru en 1856, *L'Angleterre au XVIII* siècle. Études et portraits pour servir à l'histoire du gouvernement anglais depuis la fin du règne de Guillaume III* [35, p. 173-176; 4, t. IV, p. 71; 6, p. 336]. Encore cet ouvrage tranche-t-il sur le ton et la manière assez guindée de ce genre politique et littéraire.

Si peu de goût qu'ils éprouvent pour l'argumentation idéologique, les bonapartistes ne campent pas tous sur les positions très générales décrites auparavant. A la fin des années quarante et jusqu'au milieu des années soixante, pour le moins — les tenants les plus connus de l'Empire libéral sont loin d'avoir des références bonapartistes, en tout cas à cette époque[11] — les « autoritaires » n'ont parfois guère pris de précautions pour remettre en question l'héritage révolutionnaire du bonapartisme. C'est le cas de Bernard-Adolphe Granier de Cassagnac, initialement orléaniste, et très hostile à la Révolution [13, p. 50]. Il le marque fortement dans son *Histoire des causes de la Révolution française*, dédiée à Pie IX, et dans plusieurs autres ouvrages, comme l'*Histoire des Girondins et des massacres de septembre*, de dix ans postérieure[12]. Est-il isolé sur le plan intellectuel? Constatons simplement que c'est l'un des rares auteurs bonapartistes qui aborde en détail le passé sous le second Empire.

Passé 1870, la politique d'Ordre moral sous la présidence du maréchal de Mac-Mahon a-t-elle coloré différemment les considérations historiques des droites? Le plus souvent désunies et toujours rivales, ces dernières avaient bien de la peine — en admettant qu'elles en eussent eu la volonté — à se rapprocher symboliquement : on sait ce qu'il advint à propos de la question du drapeau entre légitimistes et orléanistes. De plus, les bonapartistes firent longtemps — jusqu'en 1876-1877 — figure de pestiférés aux yeux des royalistes. Pratiquant leur propre politique, les tenants de l'Appel au Peuple entendaient surtout défendre le régime déchu [47, p. 276 sq.]. Allongeant certes leurs perspectives historiques, ils lancèrent force brochures de mince valeur intellectuelle.

Quant aux légitimistes, quoiqu'ils eussent été divisés à propos de l'attitude du comte de Chambord [27, p. 82-89], ils apparurent souvent quelque peu fossilisés idéologiquement : c'est en tout cas l'impression principale que procure *La Légitimité*, de Blanc de Saint-Bonnet, ouvrage publié en 1873, l'année de l'ultime échec du

prétendant. Il n'en demeure pas moins que le temps des pèlerinages de 1873, sur lesquels nous reviendrons, et une certaine exaltation religieuse et politique sous l'Ordre moral, marquent le début du chant du cygne légitimiste.

Les orléanistes, pour leur part, étaient en perte de vitesse manifeste sur le plan intellectuel — sans doute en raison du ralliement progressif à la République, derrière Thiers, de nombreux libéraux comme Rémusat. Plus que de nostalgie — même si le duc de Broglie a attaché son nom à la politique d'Ordre moral, ce ne sont pas les orléanistes qui en définissent le climat — il devrait être question de manœuvres politiques pour préparer une éventuelle intronisation du comte de Paris. On retrouve pourtant le passé, mais indirectement, en ceci : les orléanistes ont largement contribué à l'élaboration des lois constitutionnelles de 1875 — qui ne sont pas sans rappeler, à certains égards, le système en vigueur sous la Monarchie de Juillet, mais revêtent un caractère potentiellement évolutif, et, surtout, maintiennent le suffrage universel pour l'élection de la Chambre des députés.

## II. LES CHEMINS FRAYÉS

Des pages qui précèdent, il est ressorti que les nostalgies des droites françaises apparaissent davantage (ou plus encore, car il est des effets de trompe l'œil) lorsque ces dernières sont écartées du pouvoir. Or, le pouvoir, elles l'ont tour à tour, le plus souvent exercé entre la Restauration et la fin de l'Ordre moral. Ainsi, durant plus de cinq décennies, et de manière à peine discontinue, des intellectuels de droite fort divers ont adopté des attitudes significatives. Apportant leur appui au pouvoir ou le critiquant (parfois sur sa gauche, sous la Restauration), songeant aux conditions d'un retour après que leur famille de pensée eut été évincée, ils ont élaboré des schémas de réflexion, et quelquefois d'action.

Sous cet angle, les horizons idéologiques sont évidemment très étendus. On en donnera un aperçu thématique, nécessairement très simplifié, et qui n'a rien d'exhaustif[13].

## Le pouvoir et la démocratie

Quelles que soient leurs orientations, les droites, au XIXe siècle, ont dû réfléchir sur la question du pouvoir. Celui-ci n'avait plus le même statut qu'avant 1789, en dépit des aspirations des ultras et de certaines dispositions de la Charte. Les tenants des droites étaient certes des héritiers, mais aussi des successeurs en quête de légitimité. Les intellectuels de droite, qui ont évidemment en commun une orientation monarchique et une hostilité de principe à la République (encore qu'il y ait eu des ralliements, temporaires en 1848 et parfois plus permanents après 1870) entretiennent à des degrés divers des conceptions hiérarchiques, fondées sur l'intervention des — ou plutôt de — notables.

Au-delà des fidélités et de la base sociale des différents régimes monarchiques, deux grandes questions se posent plus particulièrement, en termes de relations entre l'autorité et la nation.

Pour ce qui relève des conceptions de l'exercice du gouvernement, il s'agit moins d'idéologie, sans doute, que d'une pratique fixée ou arbitrée par le souverain, avec le concours de ses ministres. Le sujet échappe donc quelque peu au champ de notre analyse, mais il importe néanmoins de relever qu'il a fait l'objet de discussions, surtout parmi les légitimistes modérés et plus encore les orléanistes : les attitudes de Thiers et de Guizot, dans ce domaine [4, t. IV, p. 68], pour n'être pas seulement déterminées par des considérations d'ordre intellectuel, ne sont pas sans importance, en tout cas sous la Monarchie de Juillet, et *La Revue des Deux Mondes*, au-delà des variations conjoncturelles de son attitude, se fait l'écho de nombreuses discussions au sujet de la nature du pouvoir [38, p. 38-45]. On peut d'ailleurs songer, de manière plus générale, aux représentations de l'exemple anglais, en matière d'équilibre des pouvoirs — et en termes d'affinités religieuses et... normandes [22, p. 97-98]. Les légitimistes de stricte obédience et la plupart des bonapartistes se montrent nettement hostiles à ce modèle prisé, avec des nuances, par bien des orléanistes. En tout cas, sous les régimes soutenus par chacune de ces trois familles, a existé une Chambre haute — le Sénat impérial, il est vrai, différant assez nettement de la Chambre des pairs[14].

L'autre grand sujet tient au rôle et à la place du suffrage universel. A cet égard, légitimistes, orléanistes et bonapartistes se distinguent assez nettement. Les deux derniers courants — les droites les plus tardives — observent les attitudes les plus simples :

refus pour les premiers, caractérisé sous la Monarchie de Juillet, et atténué par la force des choses dans la deuxième partie du siècle[15]; mise en avant et utilisation dirigée par les tenants de l'Appel au Peuple [8, p. 69-76].

Le cas des légitimistes est un peu plus complexe. Sous la Restauration, déjà, certains ultras étaient partisans du suffrage universel à deux degrés. Le courant de la « Jeune France », après 1830, puis ses héritiers, le réclament afin de faire pièce aux orléanistes et en tablant sur le rôle de patronage politique des notables royalistes ruraux [22, p. 81-82; 27, p. 51-52].

Tout cela n'est assurément qu'inégalement théorisé. Il n'est d'ailleurs pas surprenant qu'à droite, le principal théoricien de la démocratie n'ait tenu qu'un rôle politique, certes non négligeable, mais limité : Alexis de Tocqueville, dont beaucoup d'auteurs ont scruté et continuent à étudier de près les écrits. Tocqueville, en tant qu'homme de réflexion — et non comme parlementaire ou éphémère ministre des Affaires étrangères en 1849 —, ébranle certaines certitudes prisées par les conservateurs. Il postule, et à bien des égards démontre, l'inéluctabilité du déclin de l'aristocratie et s'interroge sur la voie menant nécessairement à la démocratie [43, p. 53-54]. Cette dernière doit être aimée « modérément ». Comme l'a écrit un exégète : « Il est difficile d'être l'ami de la démocratie ; il est nécessaire d'être l'ami de la démocratie : tel est l'enseignement de la démocratie » [44, p. 177].

Or les droites, pour des raisons diverses, ne sont pas, très vraisemblablement[16], prêtes à adopter une telle démarche. Lorsqu'elles ne refusent pas la démocratie, elles cherchent à la surveiller étroitement et à freiner l'évolution vers la gauche — au sens large — du corps électoral.

Il est vrai que la situation n'est évidemment pas la même lors de la publication de *La Démocratie en Amérique* et au seuil des années 1870, ne serait-ce que parce que la deuxième République, et, de manière différente, le second Empire, ont modifié bien des données. Toujours est-il que pendant les quelques années où les conservateurs sont au pouvoir, avant leurs échecs de 1876 et 1877, on ne peut pas dire que la réflexion sur la démocratie ait beaucoup progressé dans leurs rangs : l'attitude adoptée est presque toujours défensive, sauf chez les bonapartistes.

Sur le long terme, la question du pouvoir et de ses rapports avec le peuple ne se pose pas seulement sous cet angle, si important soit-il : c'est pourquoi bien des considérations sont émises sur des libertés plus circonscrites.

## Les libertés

A leur propos, il convient d'éviter ici une approche trop fragmentée. Mais s'il existe des constantes que l'on essaiera tout
d'abord de mettre en évidence, la chronologie importe beaucoup.

Notons en premier lieu l'importance du pluriel — du moins
« objectivement » — pour la plupart des représentants des droites.
Les ultras ont volontiers glosé sur l'inanité d'une liberté absolue, et,
quelles que soient les familles de droite, la préoccupation de
l'autorité circonscrit plus ou moins nettement le champ de la
liberté. Les orléanistes se réclament assez fréquemment de la
liberté : mais ils le font de préférence dans l'opposition, et, même
alors, Thiers, en janvier 1864 puis dans les années qui suivent,
prend à tâche de cerner les libertés nécessaires [41, p. 306-307].

Pour les orléanistes, au-delà des inflexions et des divergences
quant au fonctionnement concret des institutions, les libertés
reposent surtout sur le respect des procédures parlementaires, sans
que l'on puisse parler de parlementarisme au sens strict.

Cela n'exclut nullement les mesures restrictives dans le domaine
des libertés publiques. A cet égard, les pratiques des différentes
familles de droite, en matière de presse, par exemple, n'ont que
rarement correspondu à des dispositions libérales, et — avant le
second Empire — les intellectuels de droite, à quelques exceptions
près, dont Chateaubriand, il est vrai zélateur de la liberté dans ses
diverses applications [8, p. 184-189; 30, p. 252-261], n'ont guère
plaidé en ce sens.

De manière plus générale, la position des légitimistes et des
bonapartistes nécessite qu'on s'y attarde dans la mesure même où
ils sont, aux yeux de leurs adversaires et par principe, peu libéraux.
Sous cet angle, l'aperçu le plus intéressant peut sans doute être
donné au sujet des libertés locales. Il s'agit d'un des chevaux de
bataille de nombreux légitimistes. Mais, ainsi que le souligne
Stéphane Rials, il ne faut pas se méprendre sur l'interprétation
d'une telle attitude : elle tient à de persistantes conceptions orga-
niques, souvent teintées de nostalgies[17] — dont, d'ailleurs, les
représentants autorisés du courant s'efforcent de tempérer l'expression [27, p. 56-57].

S'il ne permet pas d'étudier les prises de position originelles des
différents courants de droite au sujet des libertés locales, le second
Empire n'en constitue pas moins une période à observer. En effet,

pour des raisons qui ne sont que partiellement d'opportunité, les diverses oppositions mettent l'accent, à la suite d'une initiative d'inspiration légitimiste, sur la nécessité d'une décentralisation administrative : c'est ainsi que l'on peut présenter le « programme de Nancy » de 1865 que ratifièrent grands notables régionaux et figures nationales (Guizot, Montalembert, Jules Simon et Jules Ferry [3, p. 287-302]. De leur côté, certains partisans de l'Empire évoluent. Alors que la tradition bonapartiste est à la fois autoritaire et centralisatrice, Napoléon III, qui, dans sa jeunesse, avait pleinement repris à son compte la politique de son oncle [46, p. 242], entreprend dans les années soixante de faire évoluer lentement la législation [4, t. IV, p. 206-207]. Pendant l'Empire libéral, l'activité de la commission de décentralisation, présidée par Odilon Barrot, et à laquelle participent des personnalités d'horizons assez divers, offre un certain intérêt intellectuel tout en s'inscrivant dans une politique d'ensemble — celle d'Émile Ollivier, qui ne répond à aucune des trois principales traditions de droite, mais mêle des éléments orléanistes et bonapartistes [22, p. 116-120]. Elle ne survécut pas à la chute de son principal porte-parole, mais les délibérations de la commission ne furent pas étrangères aux votes de la loi municipale du 14 avril 1871 qui confia l'élection des maires aux conseils municipaux des communes de moins de 20 000 habitants et de celle, plus durable, sur les conseils généraux, du 10 août de la même année[18].

Dans l'ensemble, de même que la démocratie dans ses manifestations concrètes inspire bien des craintes aux droites, les applications des libertés suscitent une méfiance certaine ou font l'objet de calculs à court terme. Les perspectives idéologiques novatrices sont demeurées assez embryonnaires.

En revanche, une catégorie de libertés a souvent fait l'objet des prises de position des droites : il s'agit des libertés religieuses, auxquelles beaucoup de personnalités catholiques rattachent la liberté d'enseignement.

### Religion et société

C'est sans doute à propos des rapports entre la religion et la société que, chez la majeure partie des hommes de droite, s'expriment les préoccupations les plus générales, sinon les plus vives. Pour les détenteurs du pouvoir, il importe avant tout de déterminer les moyens du bon fonctionnement de celui-ci et de la pérennité de

leur emprise. La stabilité de l'édifice social doit être assurée, et la religion fait pour le moins — nous ne traçons ici qu'un schéma commun — office de rempart face à la montée des gauches. Le cadre concordataire solidement forgé en 1801 par Napoléon Bonaparte, vanté par ses héritiers politiques, n'est donc pas remis en cause par les gouvernants, même sous la Restauration — une tentative de Concordat, en 1817, n'aboutit pas [25, p. 150-153] — d'autant qu'il permet au pouvoir politique d'exercer un contrôle sur les autorités religieuses.

Si ces données sont importantes, les orientations idéologiques des droites n'en diffèrent pas moins. Un ultracisme, puis un légitimisme théocratiques; un orléanisme gallican, voire voltairien; un bonapartisme au fond assez indifférent en matière religieuse : telle est la caractérisation la plus banalement admise.

Il convient évidemment d'introduire des nuances, à propos des légitimistes les moins rebelles au siècle[19], des orléanistes les plus croyants et de certains bonapartistes autoritaires — et préciser que des publicistes catholiques de grande influence, comme Louis Veuillot, ont longtemps refusé d'adopter les formules d'un courant politique. Pour notre propos, il convient surtout de s'interroger sur l'existence de projets idéologiques d'ordre religieux.

Au début de la période, les plus cohérents, en apparence, sont ceux des partisans de l'union du trône et de l'autel. Ils obtiennent, outre le rétablissement du catholicisme comme religion d'État, diverses satisfactions parfois symboliques, mais aussi plus tangibles, dans le domaine de l'enseignement. Pourtant, les ultras les plus résolus, dans ce domaine, ne parviennent pas à imposer au gouvernement et *a fortiori* à la société française, un retour à un ordre ancien quelque peu mythifié, notamment chez Joseph de Maistre [8, p. 64-69]. Si leur effort est constant, et secondé par une grande partie du clergé, il suscite bien des réticences et des résistances.

Certains ultras catholiques comprennent la nécessité d'une évolution : c'est notamment le cas, après bien des années, de Félicité Robert de Lamennais, dont il n'est pas nécessaire ici de retracer en détail le cheminement [31 ; 32]. Si, dans son cas, la rupture avec l'Église catholique a fini par intervenir, le courant de pensée mennaisien joue un rôle actif dans le développement du catholicisme social [17] qui constitue l'une des voies nouvelles que nous essayons de définir.

Mais est-elle propre à une ou plusieurs droites? La question est complexe, et les courants, nombreux, glissent parfois vers la gauche : ainsi, le groupe de *L'Ère nouvelle*, en 1818, avec Lacor-

daire, Ozanam et l'abbé Maret[20]. Disons en tout cas que jusqu'en 1870 et même au-delà, les thèmes légitimistes sont présents — directement ou indirectement, avec Le Play dans ce dernier cas — dans ce mouvement, alors qu'orléanistes et bonapartistes n'occupent qu'une place limitée.

Il est vrai qu'une approche strictement politique est, dans ce domaine, peu satisfaisante. A tout le moins, il faut rappeler que des rapprochements entre représentants de diverses droites s'effectuent à propos des questions religieuses. On peut songer au groupe du *Correspondant*, fleuron du catholicisme libéral : lors de la relance du journal, en 1843, en font partie notamment le comte de Falloux[21], légitimiste, et le duc de Broglie, orléaniste [18, p. 190 sq.]. Du reste, la loi du 15 mars 1850 qui renforçait les pouvoirs du clergé sur l'enseignement auquel le premier nommé a attaché son nom, qui passe pour un monument de cléricalisme aux yeux des républicains, était considérée comme beaucoup trop contraignante par les plus acharnés des tenants de la liberté de l'enseignement [19, p. 194].

En dépit de la complexité des regroupements et des clivages au sein des droites, lorsqu'il est question du rôle social de la religion, il existe un pôle gallican ou en tout cas anti-ultramontain. S'y trouvent surtout des orléanistes et des bonapartistes — souvent de même origine que les précédents. Il est rare que le gallicanisme soit chimiquement pur chez les plus en vue des orléanistes[22]. Parmi les bonapartistes, on peut citer le ministre de l'Instruction publique de 1856 à 1863, Rouland[23]. Sur un autre plan, notons que l'abbé Maret — après avoir pris position en faveur de la République en 1848 — et Mgr Darboy défendent une sorte de « néo-gallicanisme » réconciliant l'Église et la société moderne [19, p. 202].

Du reste, les essais de synthèse ne viennent pas seulement des adversaires de l'ultramontanisme. L'historiographie a souligné l'importance intrinsèque, notamment dans la formation intellectuelle du comte de Mun, du livre d'un élu officiel qui s'éloigne de l'Empire après l'intervention en Italie, Émile Keller : il s'agit de *L'Encyclique du 8 décembre 1864, ou l'Église, l'État et la liberté*, qui, non sans quelque esprit de paradoxe, entend œuvrer à la fusion du conservatisme et de la société moderne [49, p. 170-179].

Mais précisément, avec la publication du *Syllabus* en 1864, puis la proclamation du dogme de l'infaillibilité pontificale en 1870 par Pie IX, en raison, de plus, du développement de nouvelles formes de piété avant et surtout après 1870, une union et *a fortiori* une unité d'action sur des thèmes religieux, au sein des droites, n'étaient

guère possibles : les rivalités politiques intervinrent assurément, mais les perceptions demeuraient très différentes, comme le montrèrent orléanistes et légitimistes, lorsqu'il fut question, en juillet 1873, d'une dédicace officielle par l'Assemblée nationale de la basilique du Sacré-Cœur[24]. Une fois encore, les partisans du comte de Chambord entendaient manifester leur zèle religieux : ils l'avaient également fait le mois précédent, près de cinquante parlementaires issus de leurs rangs ayant pris part à un pèlerinage solennel à Paray-le-Monial[25]. Ce prosélytisme n'est peut-être pas étranger à l'échec d'un Ordre moral, que le duc de Broglie desservit sans doute plus encore en multipliant les vexations à l'égard des républicains.

En tout cas, durant les années soixante-dix, l'affirmation d'une identité traditionaliste, concernant les rapports entre religion et société, était à nouveau très forte. Elle ne tenait pas seulement à un héritage et à une fidélité historiques. En effet, elle était souvent liée au traumatisme de la défaite, à la crainte de la révolution et à l'épreuve représentée par la perte des États pontificaux suite à l'unité italienne, comme le prouve, par exemple, le cas du père d'Alzon [21, p. 151]. De la sorte, une manière d'involution apparaissait plus qu'une hypothétique évolution de l'Église aux yeux de l'opinion. Des initiatives comme la création des Cercles catholiques d'ouvriers [49, p. 211 sq., 387 sq.], pour nouvelles qu'elles fussent à certains égards, ne démentaient guère cette impression.

Au total, les chemins frayés sont souvent étroits ou interrompus, en raison du manque d'accord intellectuel et pratique des droites sur les questions les plus importantes. Cependant, le bilan est peut-être moins négligeable qu'il n'y paraît, au milieu des années soixante-dix. Si l'initiative de l'instauration du suffrage universel appartient incontestablement aux républicains, le régime impérial a contribué à l'imposer, voire à l'enraciner à droite, si bien que les orléanistes doivent l'admettre lors de la discussion des lois constitutionnelles. Si, d'autre part, l'activité de la commission de décentralisation, sous le ministère Ollivier, n'a pas débouché sur toutes les réformes prévues, la tradition décentralisatrice a été défendue et maintenue par une part importante des droites. Enfin, le catholicisme social, avec de multiples variantes, a posé des jalons et trouvé des relais.

## III. LES REMOUS DE LA FIN DU SIÈCLE

A bien des reprises, nous avons mesuré les difficultés idéologiques auxquelles se heurtaient les droites, surtout lorsqu'il s'agissait de définir et de faire accepter des orientations semblant à contre-courant. Certes, de ce point de vue, la situation des différentes droites n'était pas uniforme. Mais vers le milieu des années soixante-dix, les obstacles se multiplièrent. Après les échecs électoraux de 1876-1877, les fidélités furent durement mises à l'épreuve, tandis que les perspectives d'action se rétrécissaient. Pour autant, la réflexion des forces de droite fut-elle compromise? Quelles transformations subit-elle?

### Les temps difficiles

D'autres, dans cet ouvrage, disent les revers politiques des droites, et les paliers successifs marquant la dégradation — un temps enrayée au milieu des années quatre-vingt — de leur situation électorale. Il faut en revanche souligner à quel point l'accumulation des échecs était de nature à affecter leur vitalité idéologique.

Tout d'abord, il n'y a pas seulement, après 1877, des ébranlements électoraux. En tant que courants dynastiques, deux des trois droites sont éprouvées. La mort, en 1879, du prince impérial, qui portait les espoirs du bonapartisme et symbolisait l'unité des différents courants de cette famille, puis, en 1883, la disparition du comte de Chambord, ne sont pas sans retentissement ni conséquences. En termes idéologiques, toutefois, cette dernière disparition importe le plus. En effet, le jeune prince n'avait pas de pensée propre — il était *grosso modo* sous la coupe des bonapartistes conservateurs (ceux-là mêmes qui choisiraient le prince Victor contre son père, Jérôme, jugé trop à gauche [45, p. 113-118; 47, p. 311-326]. Le comte de Chambord, sans être un théoricien d'envergure, avait, au contraire, depuis longtemps pris des positions sur des sujets très divers, et s'il se caractérisait par son immobilisme politique, les légitimistes se référaient souvent à tel de ses écrits. Il avait su maintenir autour de lui un cercle de fidèles,

qui, au lendemain de sa mort, se désagrégea rapidement, certains se ralliant aux Orléans — lesquels ne brillent pas par leur créativité théorique au début des années quatre-vingt, mais sont politiquement moins affaiblis que leurs concurrents de droite — d'autres se réfugiant dans l'abstention, quelques-uns, enfin, soutenant les Bourbons d'Anjou, [27, p. 113-120]. Quoi qu'il en soit, le légitimisme, à partir de 1883, est presque abattu, ce qui ne signifie pas que la pensée légitimiste, depuis longtemps forgée, disparaisse purement et simplement.

Du reste, l'un des caractères de cette pensée tient à l'importance de sa composante religieuse. Or l'Église catholique doit affronter, après l'arrivée des républicains au pouvoir, une puissante vague anticléricale, contre laquelle la résistance apparaît limitée. D'une part, les conservateurs sont en position de faiblesse, surtout après le scrutin de 1881. De plus, Léon XIII adopte une orientation modératrice [50]. Certes, des protestations véhémentes s'élèvent — par la voix de Paul de Cassagnac, fils de Bernard-Adolphe, ou de Mgr Freppel, évêque d'Angers et député du Finistère — mais sous une forme défensive et avec un écho peut-être moins important que l'on aurait pu le prévoir.

Pour bien des hommes de droite, il semble — on ne dispose pas d'étude très précise à ce sujet — qu'il se soit agi d'une sorte de tourmente. Sans doute le découragement fut-il de grande ampleur. En tout cas, hommes politiques et écrivains de droite — ensemble ou séparément — devaient s'efforcer de réagir, par souci de préserver en partie les traditions, les positions acquises ou encore de contre-attaquer. Aux discours affadis s'opposèrent bientôt les éclats littéraires.

## Discours affadis, éclats littéraires

Cette distinction entre discours et littérature peut paraître sommaire. Elle correspond pourtant à deux types de langage. Les personnalités politiques et les journalistes qui relaient leurs propos — profitant de la liberté que leurs adversaires leur ont garantie par la loi sur la presse de juillet 1881 — ont en général le souci de ne pas trop effaroucher, évitant les références dynastiques insistantes. On trouve certes des exceptions : s'il est partisan de l'union conservatrice, et se soucie peu du prince Victor, Paul de Cassagnac, député du Gers, ne cache pas son drapeau à la tribune et dans ses articles du *Pays* et de *L'Autorité*[26]. Mais dans l'ensemble, ce sont

surtout des écrivains et des publicistes qui ne peuvent ou ne veulent contenir leur indignation face à ce qu'ils tiennent pour une effrayante décadence [53].

On trouve donc, à droite, une sorte de discours minimal, surtout lorsque les droites, face aux républicains, marquent une volonté d'union : c'est le cas lors du scrutin de 1885, à l'occasion duquel se multiplient articles et brochures. Les listes de droite entendent opposer à la politique fiscale, scolaire et coloniale des opportunistes, non leurs références historiques, qui ne sont guère compatibles entre elles, mais le souvenir de la gestion financière des conservateurs dans les années soixante-dix, et elles refusent d'être qualifiées de rétrogrades. Mais les rivalités persistent, et les manœuvres sont nombreuses au sein des droites, ce qui rend moins crédibles des attitudes en regard desquelles, d'ailleurs, les tenants du régime, pour divisés qu'ils soient, utilisent les images d'un passé d'Ancien Régime ou des « désastres » nationaux, afin de mieux se poser en défenseurs du progrès et de la paix civile [64, *passim*, et l'exemple de la Mayenne : 23, p. 473-475]. La marge de manœuvre idéologique des conservateurs est limitée, en présence d'un électorat de moins en moins attiré par la perspective d'une restauration. D'où de multiples équivoques, avant l'effacement derrière Boulanger[27] et le désastre électoral des années quatre-vingt-dix — consommé en 1893, et qui entraîne le découragement de bien des monarchistes.

Bien avant cette date, face à cet horizon restreint et peu enthousiasmant, certains intellectuels de droite avaient opté pour une sorte de fuite en arrière. C'est la « Révolution à rebours », dont l'un des initiateurs fut sans doute Jules Barbey d'Aurevilly, qui avait utilisé la thématique dès les années quarante — dans *Les Prophètes du passé*, en 1851, il vantait notamment Maistre et Bonald — et lui donna un tour plus catholique à partir des années 1860[28].

Elle est développée avec plus de violence dans l'œuvre de Léon Bloy. Celui-ci, bien qu'influencé par la lecture de penseurs de la droite ultra et légitimiste, refuse en général de se situer sur le terrain politique[29]. Mais dans un éphémère journal, intitulé *Le Pal*, il use contre la « République des vaincus », en mars 1885, de formules qui défient la citation[30]. De manière plus générale, il élabore une cosmologie historique marquée par une vision apocalyptique de la décadence[31].

Quant à Villiers de l'Isle-Adam, s'il fut en 1880 un éphémère candidat légitimiste — accueilli sans aucun empressement par un « parti » déclinant — son ironie, alliée à son goût de l'absolu et de

l'utopie, ne confère pas à son œuvre de caractère politique très direct — au-delà d'une protestation contre une société bourgeoise symbolisée notamment par le médecin matérialiste Tribulat Bonhomet, le « Tueur de Cygnes ». Il n'en a pas moins écrit, alors que le comte de Chambord était mourant, et tout en espérant qu'il se rétablirait, un article très significatif, qui contient une critique éloquente et attristée de l'attitude des légitimistes : « Oui, toute mélancolie, en s'invétérant, dégénère en résignation coupable et devient d'une contagieuse faiblesse, car elle change en rêveries les projets puissants et, par excès de sagesse ou de sensibilité, s'épargne les efforts sacrés des fières initiatives.

« Bien plus. En toute cause, une sorte de communion s'établit entre le chef et les soldats. De ce courant de songeries morbides, créé par toute une génération d'aussi paisibles partisans, se dégagent, à la longue, d'incessantes influences qui, contraires à l'esprit des hautes aventures, n'ont pour effet que d'assombrir l'adversité de Celui qui les inspire[32]. »

On pourrait citer beaucoup d'autres écrivains ayant éprouvé, à telle époque de leur vie, des sentiments voisins[33]. Mais leur audience est rarement très importante, et leur influence politique fort réduite, pour ne pas dire inexistante. Même si imprécations, traits acérés ou éclairs d'ironie constituent des formes de la polémique intellectuelle, face au régime républicain et aux conservateurs jugés inertes, y compris chez des auteurs lus par un public beaucoup plus large, comme Drumont, c'est sur un plan plus général qu'il faut tenter d'évaluer les changements intellectuels intervenus à droite.

*Décomposition et amorce de recomposition*

En effet, une lente et parfois sourde mutation idéologique s'est fait sentir au cours du dernier quart du XIXe siècle. Elle offre des formes diverses, qu'on ne peut toujours articuler de manière précise.

Sur le plan historiographique, après des décennies de stagnation, à droite, un certain renouvellement de la pensée contre-révolutionnaire apparaît dans *Les Origines de la France contemporaine* d'Hippolyte Taine, publiées vers 1890 [13, p. 61-64; 7, p. 1061-1071]. Il convient de rappeler que Taine est un intellectuel prestigieux, ancien libéral. S'il ne donne pas son appui à la droite traditionnelle — tout en encourageant l'école de Le Play, dont l'influence poli-

tique est plus difficile à saisir [4, t. V, p. 217-223] — il est utilisé par certains monarchistes lors du contre-centenaire de 1789 (qui constitue d'ailleurs un échec pour les droites [5, t. I, p. 524 et 526; 63, p. 1234-1238]), et bien au-delà. Il a notamment contribué — avec Auguste Comte et Ernest Renan, qu'il est malaisé de classer — à la formation intellectuelle de Maurras[34].

De ce dernier, les écrits de jeunesse sont à présent bien connus [63]. De savants travaux ont mis en évidence les ajustements constants d'une pensée qui, d'emblée hostile à la tradition de 1789, cède peu, du moins en principe, à la nostalgie de l'Ancien Régime. Maurras, tout en différant, semble-t-il, son entrée dans l'arène politique et en accordant une très large place à des préoccupations philosophiques et esthétiques, s'est efforcé de trouver des formules visant à éviter ce qui lui apparaissait comme la désintégration de la France étouffée par le centralisme jacobin et socialement disloquée. Dès la fin des années 1880, le jeune critique s'engage dans un parcours original, au travers des affinités félibréennes, des campagnes romanes, de l'exaltation du classicisme, avant de déboucher sur le nationalisme clairement royaliste et violemment antidreyfusard de l'*Enquête sur la monarchie*, en 1900[35].

Il faut se garder d'affirmer qu'entre Taine et Maurras, s'étend un véritable désert intellectuel, à droite. Même si les forces monarchistes sont très affaiblies à la fin du XIXe siècle, des journaux de qualité (nous pensons en particulier au *Soleil*, dirigé par Édouard Hervé) continuent à diffuser des idées royalistes et le représentant du comte de Paris, Eugène Dufeuille, fait paraître en 1901 chez Calmann-Lévy, après s'être retiré de la politique active, d'intéressantes *Réflexions d'un monarchiste*. Parmi les bonapartistes, un effort de réflexion, mêlé à des considérations de propagande, se dessine parfois : ainsi, avec *La République de Napoléon*, du député de Cognac Gustave Cuneo d'Ornano, publiée chez Ollendorff en 1895. Mais si l'auteur n'est pas rallié à la République — alors que Jules Delafosse, député du Calvados qui publie en 1901 chez Plon-Nourrit une *Théorie de l'Ordre* plus conservatrice a une attitude plus ambiguë —, il s'agit là d'une thématique assez largement issue du bonapartisme de gauche, et la capacité d'attraction des tenants de l'Empire demeure réduite, en dépit d'une certaine vogue de la légende napoléonienne [64, p. 1369-1373].

En fait, ce sont surtout deux courants qui rendent manifeste le double phénomène d'affadissement des discours et de vigueur de la littérature.

S'il est inutile de revenir longuement sur le glissement du

nationalisme français de la gauche vers la droite, désormais bien analysé [57], on remarquera que cette évolution n'est pas entièrement achevée vers 1900, et qu'il existe des cheminements complexes, comme celui de Barrès, individualiste, boulangiste, fédéraliste socialisant, avant de devenir ou de se révéler le thuriféraire de l'énergie nationale et l'homme de la Terre et des Morts [59]. Toujours est-il qu'en raison de l'affaiblissement des droites traditionnelles, le nationalisme de droite occupe une place de plus en plus grande. I' tient un discours historique syncrétique qui constitue à la fois sa force et sa faiblesse, et rejette dans le passé les références des courants politiques dynastiques, comme le montre l'exemple de la Ligue de la Patrie française [58 et 64, p. 454-465]. Mais au sein de la nébuleuse nationaliste, le courant antisémite utilise ɼarfois, notamment sous la plume de Drumont[36], des thèmes traditionalistes et réactionnaires — et Maurras refuse précisément d'approuver les analyses historiques de Barrès, tout en entretenant avec lui un constant et amical dialogue intellectuel[37].

Plus difficile à caractériser (elle entretient d'ailleurs certains liens avec le nationalisme), la pensée politique catholique de droite évolue de manière importante, quoique inégale. Un homme comme le marquis de La Tour du Pin, par exemple, maintient ses orientations traditionalistes, que la marche du temps et la brutalité de la formulation accentuent encore[38]. Pour les ralliés des années 1890, la situation est assez complexe, d'autant qu'ils sont mal acceptés par nombre de républicains, à l'exception de modérés comme Joseph Reinach et Eugène Spuller [51 et 64, chap. IV]. Mais il est clair qu'il ne se produit pas encore de mouvement vers la gauche : les démocrates-chrétiens eux-mêmes, sur le plan théorique, ne se détachent pas toujours de leur horizon légitimiste, et acceptent plus franchement la démocratie que la République et les principes de la Révolution française : de ce point de vue l'abbé Lemire est alors caractéristique [52, p. 180-210], et il existe bien d'autres adversaires déterminés de la société issue de 1789 dans le courant auquel il appartient [21, p. 26-32]. En outre, les démocrates-chrétiens, notamment lors de leurs congrès de 1896 et 1898, se montrent souvent influencés par l'antisémitisme[39]. On ne peut certes généraliser cette constatation, mais de fortes pesanteurs sont sensibles, et la seconde vague anticléricale du début des années 1900 tend à figer — même si la démocratie chrétienne n'a pas interrompu complètement son évolution — les attitudes idéologiques de la plupart des intellectuels catholiques.

On voit que si l'on peut déceler des signes de recomposition,

beaucoup d'ambiguïtés subsistent, et que les héritages demeurent très présents à droite, tout en faisant l'objet de réinterprétations tributaires à bien des égards de la conjoncture des années quatre-vingt-dix.

Au tournant du siècle, les droites intellectuelles traditionnelles sont agitées de mouvements complexes. C'est que l'effondrement politique des monarchistes suscite de multiples réactions. Certes, le courant de pensée le plus précocement structuré, celui des ultras et des légitimistes, continue à influencer un certain nombre de théoriciens : mais leur audience est restreinte. Quant aux orléanistes et aux bonapartistes, ils ont souvent laissé en déshérence leurs conceptions — dont certains éléments ont été assimilés plus ou moins discrètement par des républicains — et traversent une crise profonde. L'horizon est donc brouillé, et si des hommes de droite se consacrent activement à l'action religieuse, la tentation du repli sur des convictions privées ou la défense sociale est forte. Une fuite en avant vers le nationalisme peut également se dessiner. En tout état de cause, il semble que l'affirmation rigoureuse d'une cohérence doctrinale, déjà difficile au temps de l'exercice du pouvoir, n'ait pu survivre à plusieurs décennies d'une opposition considérée comme stérile par nombre d'hommes de droite et de gauche. Subsistent néanmoins les éclats de voix ou de plume de polémistes et d'écrivains, où l'on peut voir à la fois la marque du passé et la source de discours de droite d'une virulence, voire d'une agressivité renouvelées, tandis que se poursuit la lente sédimentation d'un traditionalisme qui n'a pas disparu de nos jours.

JEAN EL GAMMAL

## Bibliographie

Une sélection d'ouvrages en général récents est ici présentée. Les manuels ne traitant pas des questions directement abordées dans la contribution qui précède n'ont pas, sauf exception, été mentionnés, afin d'éviter des redites. De plus, nous renvoyons aux notes pour la plupart des livres publiés au XIXᵉ siècle et les publications utilisées très ponctuellement.

## Aspects généraux.

Le champ est particulièrement large, et la réflexion sur l'inscription des idées politiques dans le champ politique est inégalement conduite. Parmi les plus synthétiques :

[1] JEAN TOUCHARD, *Histoire des idées politiques en France,* Paris, PUF, tome II, édition de 1979.

D'utiles contributions dans :

[2] PASCAL ORY (sous la direction de), *Nouvelle histoire des idées politiques,* Paris, Hachette, 1987.

On peut glaner des éléments intéressants dans des ouvrages de statuts très divers, cités ici par ordre chronologique :

[3] CHRISTIAN GRAS et GEORGES LIVET (Actes du colloque de Strasbourg, mai 1974, réunis par), *Régions et régionalisme en France du XVIII* siècle à nos jours, Paris, PUF, 1974.

[4] THEODORE ZELDIN, *Histoire des passions françaises,* notamment le tome IV, *Colère et politique,* Paris, Encres-Recherches, 1979.

[5] PIERRE NORA (s.d.) *Les lieux de Mémoire,* 4 volumes parus, Paris, Gallimard, 1984-1986.

[6] FRANÇOIS FURET, *La Révolution 1770-1880,* Paris, Hachette, 1988 (références à la réédition de 1990).

[7] FRANÇOIS FURET et MONA OZOUF (s.d.), *Dictionnaire critique de la Révolution française,* Paris, Flammarion, 1988.

[8] RAYMOND HUARD, *Le suffrage universel en France 1848-1946,* Paris, Aubier, 1991.

## Les idées au dix-neuvième siècle.

Cette section comprend également des titres forts divers. On commencera par ceux qui offrent les vues d'ensemble les plus larges :

[9] PAUL BÉNICHOU, *Le temps des prophètes. Doctrines de l'âge romantique,* Paris, Gallimard, 1977; *Les mages romantiques,* Paris, Gallimard, 1988. (L'exposé le plus brillant des idées de la première moitié du XIXᵉ siècle, telles que les défendirent doctrinaires et hommes de lettres; une référence imposante.)

[10] JEAN-JACQUES CHEVALLIER, *Histoire de la pensée politique,* tome III, Paris, Payot, 1984 (ouvrage posthume d'un célèbre spécialiste des idées politiques) et STÉPHANE RIALS, *Révolution et contre-révolution au dix-neuvième siècle,* Paris, DUC, 1987. (Important recueil d'articles, dû à un juriste qui ne cèle pas ses sympathies pour le second courant mentionné dans le titre.)

Deux livres — d'orientation bien différente — parus dans le sillage du bicentenaire :

[11] GÉRARD GENGEMBRE, *La contre-révolution ou l'histoire désespérante — Histoire des idées politiques,* Paris, Imago, 1989.

[12] JEAN TULARD (s.d.), *La contre-révolution, origines, histoire, postérité,* Paris, Perrin, 1990.

Abordons à présent quelques rubriques plus spécialisées :

— Historiographie et politique :

[13] ALICE GÉRARD, *La Révolution française — Mythes et interprétations,* Paris, Flammarion, 1970. (Une synthèse concise, qui demeure très utile.)

[14] CHARLES-OLIVIER CARBONELL, *Histoire et historiens — Une mutation idéologique des historiens français 1865-1885,* Toulouse, Privat, 1975. (Une thèse qui a

fait date.)

— Littérature et idées politiques (cette sélection est fort courte, mais n'inclut pas les travaux portant sur des auteurs particuliers et les titres concernant la fin du siècle) :

[15] PIERRE ABRAHAM et ROLAND DESNÉ (s.d.), *Histoire littéraire de la France*, Paris, Éditions sociales, tomes VII à X, 1976-1978. (Panorama assez détaillé, mais inégal; pour notre sujet, le volume le plus intéressant est le tome VII (1794-1830) sous la direction de Pierre Barbéris et Claude Duchet.)

[16] *Romantisme et politique — 1815-1851*, Paris, Colin, 1969. (Un colloque important, tenu à l'École Normale supérieure de Saint-Cloud en avril 1966.)

## Religion et idées politiques.

[17] JEAN-BAPTISTE DUROSELLE, *Les débuts du catholicisme social en France* (1821-1870), Paris, PUF, 1951. (Une thèse précieuse.)

[18] MARCEL PRÉLOT et FRANÇOISE GALLOUÉDEC GENUYS, *Le libéralisme catholique*, Paris, A. Colin, 1969. (Utile recueil de textes commentés.)

[19] JACQUES GADILLE et JEAN-MARIE MAYEUR (s.d.), *Les catholiques libéraux au XIXᵉ siècle*. Presses universitaires de Grenoble, 1974. (Actes d'un colloque tenu en septembre-octobre 1971.)

[20] JEAN-RENÉ DERRÉ, JACQUES GADILLE, XAVIER DE MONTCLOS et BERNARD PLONGERON (s.d.), *Civilisation chrétienne — Approche historique d'une idéologie, XVIIIᵉ-XXᵉ siècle*, Paris, Beauchesne, 1975. (Plusieurs contributions intéressant notre propos.)

[21] JEAN-MARIE MAYEUR, *Catholicisme social et démocratie chrétienne — Principes romains, expériences françaises*, Paris, Cerf, 1986. (Important recueil d'articles.)

## Les familles politiques de droite.

Il convient de partir de :

[22] RENÉ RÉMOND, *Les droites en France*, Paris, Aubier, 1982.
Certains travaux concernent plusieurs courants. Ainsi, pour les légitimistes et les orléanistes, deux thèses très riches. L'une porte sur la longue durée, pour une région caractéristique :

[23] MICHEL DENIS, *Les royalistes de la Mayenne et le monde moderne, XIXᵉ-XXᵉ siècle*, Paris, Klincksieck, 1977.
L'autre embrasse l'ensemble du territoire national, lors d'une période courte mais révélatrice :

[24] ANDRÉ-JEAN TUDESQ, *Les grands notables en France* (1840-1849), Paris, PUF, 1964.
Sur les ultras, une synthèse qui reste utile :

[25] JEAN-JACQUES OECHSLIN, *Le mouvement ultra-royaliste sous la Restauration*, Paris, Pichon et Durand-Auzias, 1960.
A propos des légitimistes, un ouvrage extrait d'une thèse, que nous n'avons pu consulter :

[26] HUGUES CARPENTIER DE CHANGY, *Le parti légitimiste sous la Monarchie de Juillet*, Paris, Albatros-DUC 1986;
et un utile précis :

[27] STÉPHANE RIALS, *Le légitimisme*, Paris, PUF, 1983.
Différentes figures, situées en général en marge de ces courants, ou ayant fini par s'en détacher, ont été l'objet de travaux ou de contributions notables :
Sur Ballanche, des pages intéressantes dans :

[28] PAUL BÉNICHOU, *Le temps des prophètes, op. cit.*

[29] MONA OZOUF, *L'homme régénéré*, Paris, Gallimard, 1989.
Au sujet de Chateaubriand, renvoyons simplement à un recueil de textes commentés :

[30] JEAN-PAUL CLÉMENT, *Chateaubriand politique*, Paris, Hachette-Pluriel, 1987.
En ce qui concerne Lamennais, deux thèses :

[31] JEAN-RENÉ DERRÉ, *Lamennais, ses amis et le mouvement des idées à l'époque romantique*, Paris, Klincksieck, 1962.

[32] LOUIS LE GUILLOU, *L'évolution de la pensée religieuse de Félicité Lamennais*, Paris, A. Colin, 1966.
On consultera deux thèses, au sujet de la pensée politique de Balzac et de son tournant légitimiste :

[33] BERNARD GUYON, *La Pensée politique et sociale de Balzac*, Paris, A. Colin, 1947 ; réédition de 1968.

[34] PIERRE BARBÉRIS, *Balzac et le mal du siècle — Contribution à une physiologie du monde moderne*, Paris, Gallimard, 1970. (Ouvrage monumental, développant des analyses d'inspiration marxiste.)
Sur les orléanistes et les libéraux, deux synthèses utiles :

[35] LOUIS GIRARD, *Les libéraux français 1814-1875*, Aubier, 1985.

[36] ANDRÉ JARDIN, *Histoire du libéralisme politique, de la crise de l'absolutisme à la Constitution de 1875*, Paris, Hachette, 1985.
Un ouvrage de vulgarisation, dont le titre marque d'ailleurs nettement l'orientation :

[37] GABRIEL DE BROGLIE, *L'orléanisme, la ressource libérale de la France*, Paris, Perrin, 1980.
Du même auteur :

[38] *Histoire politique de la* Revue des Deux Mondes *de 1829 à 1879*, Paris, Perrin, 1979.
Parmi les personnalités essentielles, mentionnons en premier lieu Guizot :

[39] PIERRE ROSANVALLON, *Le moment Guizot*, Paris, Gallimard, 1985. (Des analyses brillantes.)

[40] MARINA VALENSISE (textes rassemblés par), *François Guizot et la culture politique de son temps*, Paris, Gallimard-Le Seuil, 1991. (Colloque important.)
Au sujet de Thiers, on peut renvoyer à une biographie :

[41] PIERRE GUIRAL, *Adolphe Thiers ou de la nécessité en politique*, Paris, Fayard, 1986.
Du même auteur, la thèse, sur une figure moins connue et à l'existence écourtée, mais de grande importance intellectuelle :

[42] *Prévost-Paradol*, Paris, PUF, 1955.
D'une abondante production consacrée à Tocqueville, nous avons retenu :

[43] JEAN-CLAUDE LAMBERTI, *Tocqueville et les deux démocraties*, Paris, PUF, 1983.

[44] PIERRE MANENT, *Tocqueville et la nature de la démocratie*, Paris, Julliard, 1982.
Sur les bonapartistes :
En dépit d'un récent renouvellement, la bibliographie est assez limitée en quantité. L'ouvrage le plus synthétique est le suivant :

[45] FRÉDÉRIC BLUCHE, *Le bonapartisme*, PUF, 1981.
Du même auteur :

[46] *Le Bonapartisme — Aux origines de la droite autoritaire (1800-1850)*, Paris, Nouvelles Éditions Latines, 1980.
Une approche intéressante, à la fois chronologique et thématique :

[47] BERNARD MÉNAGER, *Les Napoléon du Peuple*, Paris, Aubier, 1988.
Mentionnons aussi :

[48] JEAN TULARD, *Le mythe de Napoléon*, Paris, Colin, 1971.

## Fin du dix-neuvième siècle.

Nous terminons cette bibliographie par les titres concernant, *grosso modo*, la période abordée dans notre troisième partie. Outre différents titres généraux insérés plus haut, certains ouvrages, il est vrai, se rapportent aussi à des périodes antérieures. Ainsi, pour la postérité du légitimisme :

[49] PHILIPPE LEVILLAIN, *Albert de Mun — Catholicisme français et catholicisme romain du Syllabus au ralliement*, École française de Rome, 1983.

En fonction des principaux centres d'intérêt répertoriés, on signalera :
Pour l'évolution de la conjoncture politique et religieuse :

[50] PIERRE CHEVALLIER, *La séparation de l'Église et de l'École — Jules Ferry et Léon XIII*, Paris, Fayard, 1981. (Intéressant pour les réactions des droites.)

[51] ALEXANDER SEDGWICK, *The Ralliement in French Politics 1890-1898*, Cambridge, Massachusetts, 1965. (Concis et un peu vieilli, mais demeure la seule étude d'ensemble.)

[52] JEAN-MARIE MAYEUR, *L'Abbé Lemire*, Casterman, 1968. (Thèse exhaustive sur une figure importante du monde religieux et politique.)

Sur les rapports entre littérature et politique :

[53] JEAN EL GAMMAL, « Décadence, politique et littérature à la fin du XIX$^e$ siècle », *Romantisme*, n° 42, 1983, p. 23-33. (Un simple aperçu.)

[54] RICHARD GRIFFITHS, *Révolution à rebours. Le renouveau catholique dans la littérature en France de 1870 à 1914*, Paris, Desclée de Brouwer, 1971. (Analyses parfois dispersées, mais utile perspective d'ensemble.)

[55] PIERRE BESSÈDE, *La crise de la conscience catholique dans la littérature et la pensée française à la fin du XIX$^e$ siècle*, Paris, Klincksieck, 1975. (Thèse d'État de lettres.)

[56] ALAIN NÉRY, *Les idées politiques et sociales de Villiers de l'Isle-Adam*, Paris, DUC, 1984. (Même type d'ouvrage.)

Nationalisme et mutations idéologiques :
Parmi de nombreux ouvrages, signalons, par ordre presque chronologique :

[57] RAOUL GIRARDET, *Le nationalisme français*, Paris, Colin, 1966. (Un classique.)

[58] JEAN-PIERRE RIOUX, *Nationalisme et Conservatisme. La Ligue de la Patrie française 1899-1904*, Paris, Beauchesne, 1977. (Concis et éclairant.)

[59] ZEEV STERNHELL, *Maurice Barrès et le nationalisme français*, Paris, A. Colin, 1972. (Réédition Complexe, 1985.)

Du même auteur :

[60] *La droite révolutionnaire — 1885-1914 — Les origines françaises du fascisme*, Paris, Le Seuil, 1978. (A beaucoup apporté, même si le sous-titre et la démarche sont discutables.)

[61] STEPHEN WILSON, *Ideology and Experience — Antisemitism in France at the Time of the Dreyfus Affair*, Fairley Dickinson University Press — London and Toronto, 1982. (D'une grande richesse, même si l'approche est fragmentée.)

[62] MICHEL WINOCK, *Nationalisme, antisémitisme et fascisme en France*, Paris, Le Seuil, 1990. (Utile recueil d'articles.)

[63] VICTOR NGUYEN, *Aux origines de l'Action française — Intelligence et politique à l'aube du XX$^e$ siècle*, Paris, Fayard, 1991. (Somme à la fois très dense et aiguë; relève aussi de la section précédente.)

Enfin, pour certains aspects des rapports entre culture, idéologie et politique, nous nous permettons de renvoyer à :

[64] JEAN EL GAMMAL, *Recherches sur le poids du passé dans la vie politique française de 1885 à 1900*, thèse d'État, sous la direction de M. Philippe Vigier, Université de Paris X-Nanterre, 1990.

CHAPITRE VIII

1900-1945
## *L'ancrage des idéologies*

S'il faut périodiser les horizons idéologiques des droites, le tournant du siècle peut être un point d'appui pour l'observation par l'historien. Non pas que 1900 présente le paresseux avantage d'être une date ronde, mais plutôt que passé cette date les inflexions en cours apparaissent mieux.

A proprement parler, c'est la défaite de 1871 et son legs, tant intellectuel — avec une réflexion d'ampleur inédite sur la nature de la nation française non plus saisie en soi mais au regard des autres nations, particulièrement de l'allemande, et dont Ernest Renan, le premier, définit les termes avec sa *Réforme intellectuelle et morale* — que politique — la République, troisième du nom, eut une longévité que ne laissait guère augurer le caractère relativement lâche, dans l'histoire constitutionnelle du pays, d'une organisation des pouvoirs que nombre de contemporains jugèrent longtemps provisoire —, qui donnent une coloration nouvelle aux horizons idéologiques des droites. En forçant légèrement le trait, l'historien distingue alors la période 1815-1870, marquée par la genèse des thèmes et des problématiques qui seront au principe de toutes les idéologies durables des droites, de la période 1871-1940, qui voit, elle, la coalescence de ces mêmes thèmes et problématiques — Cité de Dieu où l'homme est créature contre Cité de l'Homme où celui-ci est citoyen, solidarités communautaires ou individualisme égalitaire, devoirs hiérarchisés par un lien de transcendance symbolique ou droits identitaires fondés sur un lien horizontal — en grands courants idéologiques dont certains connaissent même des formes d'organisation politique particulière, excédant la formation de seuls partis. C'est réellement passé 1871, et à l'occasion des premières crises majeures d'une République qui n'a pas encore fait

la preuve de son enracinement et de sa force, que les horizons idéologiques des droites deviennent des principes explicitement identitaires. C'est alors que des sensibilités existentielles et conceptuelles partagées donnent naissance aux grandes définitions programmatiques et aux reconnaissances d'appartenance.

Trois principaux courants émergent, qui formalisent ou reformulent le legs de la période précédente : le nationalisme républicain, le nationalisme intégral et le catholicisme social. Bien que plus marginaux, car plus conjoncturels, on aura garde de ne pas oublier les surgeons des crises politiques et sociales dont l'apport idéologique connaîtra des lendemains plus comptés : l'agrarisme ; le libéralisme strictement économique, détaché dans ses recettes du surplomb des prescriptions du libéralisme politique ; le non-conformisme des années trente et la tentation fasciste.

La présentation synoptique et diachronique ne doit pas pour autant nourrir l'impression de courants imperméables les uns aux autres et strictement délimités. Si un courant tire sa force de son milieu doctrinal, les bords, moins agités, assurent des transitions, voire des brassages, vers d'autres eaux. Un même courant charrie des expressions multiples d'une sensibilité semblable mais dont la perception que les contemporains eurent des idiosyncrasies de chacune d'elles fonda souvent l'illusion d'un différentiel de force plus grand qu'il ne fut en réalité, ou n'apparaît rétrospectivement. Songeons ainsi à Maurice Barrès et à Charles Péguy, qu'il est aujourd'hui courant de confondre dans un même nationalisme républicain dont l'un et l'autre se firent les chantres ; songeons également à Albert de Mun et à Marc Sangnier que leurs contemporains, époques et sensibilités personnelles obligent, perçurent comme antagonistes, alors qu'ils incarnèrent tous deux un même courant au sein duquel on ne peut pas désormais ne pas les inscrire conjointement, le catholicisme social.

Enfin la perspective en termes d'horizons idéologiques modifie sensiblement l'éclairage qu'apporte la mise en récit chronologique : sous cet angle, Vichy marque, tout au plus, la reprise des vieilles lunes du nationalisme maurrassien, la collaboration, l'importation de l'idéologie nazie, et la Résistance de la France libre, dans ses grands apports législatifs et programmatiques, se tient à l'aplomb des horizons du catholicisme social et de la démocratie chrétienne. De même, il devient question du nationalisme intégral de Charles Maurras, dont la longévité et l'empreinte historique excédèrent de loin cette droite révolutionnaire fin de siècle qui, dans la perspective des grands horizons idéologiques, reprend ses dimensions de

nébuleuse conjoncturelle dont ne survécut justement que l'exclusivisme politico-religieux du maurrassisme.

Le lecteur aura donc soin de compléter cette mise en perspective idéologique par la mise en situation des courants dans la chronologie historique et politique. C'est au prix de ce jeu de miroirs que se reconstitueront pour chacun les identités explicites des droites, c'est-à-dire déclinées, parce que argumentatives et programmatiques, et assumées, parce que organisationnelles et partidaires.

## I. LE NATIONALISME RÉPUBLICAIN : MAURICE BARRÈS ET CHARLES PÉGUY

L'édition de 1874 du dictionnaire Larousse considère le mot nationalisme comme un néologisme. En 1870, la menace de l'annexion de l'Alsace-Lorraine par l'Allemagne oblige Français et Allemands à définir leur conception de la nation lors de l'échange de lettres publiques qui oppose Theodor Mommsen à Numa Denis Fustel de Coulanges. Pour l'historien allemand, héritier des idées de Herder et de Fichte, ce sont la langue et la race qui définissent la nation, donc l'Alsace-Lorraine est allemande. Pour l'historien français, héritier de la Révolution et de Michelet, c'est la libre adhésion des populations qui fonde une « communauté d'intérêts, d'affections, de souvenirs et d'espérances »; or, l'Alsace-Lorraine veut rester française[1]. En 1882, lors d'une conférence à la Sorbonne, Ernest Renan précise la conception française : « Une nation est une âme, un principe spirituel [...], la possession en commun d'un riche legs de souvenirs [...] et le consentement actuel, le désir de vivre ensemble, la volonté de continuer à faire valoir l'héritage qu'on a reçu indivis », et il ajoute : « L'existence d'une nation est un plébiscite de tous les jours » [1].

Fustel de Coulanges, Renan, deux maîtres républicains que les nationalistes français vont bientôt admirer. Pourtant, au lendemain de la défaite de 1870-1871, l'idée nationale ne paraissait pas particulièrement cultivée à droite. C'était la Révolution française qui avait réalisé la « Grande Nation », mère de la Déclaration des droits de l'homme et du citoyen, des immortels principes de 1789 à portée universelle, et qui lui avait donné le moyen de les répandre :

la nation armée. Au cours du XIXᵉ siècle, c'était l'opposition libérale et républicaine qui avait exploité les thèmes patriotiques et nationaux contre le pouvoir qu'elle accusait de trahison, que ce pouvoir s'appelât la Restauration, la Monarchie de Juillet, le second Empire ou l'Assemblée de Versailles. Ce patriotisme exalté par Michelet était humanitaire, populaire, jacobin, assez largement parisien. Cependant, le Paris des révolutions n'impose plus ses volontés à la France depuis que l'autorité du suffrage universel a légitimé les grandes répressions de juin 1848 et de mai 1871. Le pouvoir politique est dominé par la province et Gambetta le comprend tellement bien qu'il conquiert patiemment la province à la République.

Or, après 1870-1871, sous l'influence de la victoire de l'Allemagne, de la méditation de la défaite de la France — chez Hippolyte Taine notamment — marquée par « la crise allemande de la pensée française » [6] et sous l'impulsion de l'aventure boulangiste puis de l'Affaire Dreyfus, le nationalisme français prend des caractères nouveaux qui le font passer de la gauche à la droite de l'échiquier politique : en 1900, il est militariste, clérical, antiparlementaire et anti-intellectualiste [9]. Comment a-t-il évolué de Michelet à Barrès à un moment où monte à gauche un socialisme pacifiste et internationaliste ?

L'évolution de la Ligue des patriotes reflète ce glissement de gauche à droite [2]. Fondée en 1882 par les républicains sous l'inspiration de Paul Bert, elle se propose de prolonger l'éducation civique et patriotique donnée par l'école rénovée par Jules Ferry, de développer les forces physiques et morales de la nation en vue de sa régénération morale. Elle s'appuie sur l'armée nationale, celle du service militaire obligatoire voulue par Gambetta et les républicains. Son programme est très proche de celui de la Ligue de l'enseignement républicaine et laïque.

Cependant, dès 1885, la Ligue, préoccupée par la Revanche, évolue. Paul Déroulède en devient président et en modifie les statuts. Il lui donne pour premier but la restitution de l'Alsace-Lorraine, ce qui constitue une critique des gouvernements opportunistes qui gaspillent les énergies nationales dans les aventures coloniales. En 1887-1888, Déroulède et la Ligue se rallient au mouvement du général Boulanger dont l'idée force est la Revanche et qui cultive un certain antiparlementarisme avec son programme : « Dissolution, révision, constitution. »

Ce « Parti national » recrute largement dans les classes moyennes. Dans le registre de la Ligue des patriotes, connu pour

1899, deux groupes dominent : les boutiquiers, les commerçants, les voyageurs de commerce; les militaires en retraite. La classe moyenne commerçante, rivale d'un grand capitalisme proche du pouvoir en place, est attirée par une opposition qui se situe désormais à droite. L'antisémitisme, distillé par Édouard Drumont auteur d'un pamphlet à succès *La France juive* (1886) et directeur du journal *La Libre Parole* à partir de 1892, propose une explication simple des difficultés économiques en dénonçant la cupidité et la rapacité des juifs. *La Croix* qui se prétend « le journal le plus antijuif de France », gagne de nombreux catholiques à l'antisémitisme. La passion antijuive atteint son apogée avec l'Affaire Dreyfus au cours de laquelle la Ligue antisémitique de Jules Guérin se situe à la pointe de l'agitation[2].

Cependant, l'Affaire, qui a pour origine l'espionnage, met en cause les milieux militaires. Ceux-ci sont passés de gauche à droite pendant la seconde moitié du siècle. Voyant s'éloigner les chances d'une restauration monarchique, les familles nobles ont cessé de bouder l'armée pour servir la France à défaut du roi. La perspective de la Revanche a affermi mainte vocation, telle celle du jeune Édouard de Curières de Castelnau, saint-cyrien de 1869, ancien combattant de 1870-1871 qui sera l'un des meilleurs généraux de la Grande Guerre et entrera à Colmar à la tête des troupes françaises en 1918[3]. D'autre part, le Parti national issu du boulangisme devient militariste, l'armée étant perçue comme l'instrument de la Revanche, et comme une force d'ordre; de Déroulède à Barrès, l'appel au soldat pour gouverner tient lieu de programme politique.

Maurice Barrès (1862-1923), né à Charmes-sur-Moselle en Lorraine, fut à la fois un écrivain dont les œuvres très lues ont répandu l'idée nationaliste et un homme politique nationaliste. De l'Affaire Dreyfus à l'occupation de la Ruhr, l'histoire du nationalisme républicain se confond pour une large part avec la biographie de cet écrivain engagé.

Barrès est d'abord un révolté qui fréquente les milieux bohèmes et anarchisants du Paris de 1890 : il se révolte contre la défaite et les humiliations de 1870-1871 qu'il a connues enfant, contre l'opportunisme du gouvernement républicain qui néglige la Revanche, contre le vide qui l'entoure après la disparition des grands prophètes du patriotisme, les Michelet, les Hugo. Il rejoint le mouvement révisionniste et siège à la Chambre comme député boulangiste de Nancy de 1889 à 1893, mais il est écœuré par le spectacle du scandale de Panama. Il cultive alors son égotisme et

son premier cycle romanesque est consacré au culte du Moi : *Sous l'œil des barbares*, 1888; *Un homme libre*, 1889; *Le jardin de Bérénice*, 1891. Toute une génération se reconnaît en lui : il est le « prince de la jeunesse ».

Très vite, Maurice Barrès glisse du moi individuel au moi collectif. Il observe plusieurs villages lorrains et il découvre une petite patrie qui meurt, qui se trouve menacée de décadence. Ce déclin contraste avec le dynamisme des Allemands qui, de l'autre côté de la frontière, colonisent la partie de la Lorraine qu'ils ont annexée. Barrès conteste l'enseignement trop intellectualiste, trop rationaliste que lui a apporté Auguste Burdeau qui fut son professeur de philosophie à Nancy : traducteur de Schopenhauer, bientôt député opportuniste du Rhône (1885), président de la Chambre en 1895. Cette éducation officielle dispensée par les Auguste Burdeau et autres Jules Lagneau, son successeur au lycée de Nancy, tous deux confondus sous les traits du Bouteiller des *Déracinés*, ne répond pas aux besoins profonds de la jeunesse et aux exigences nationales : elle éloigne des réalités locales, elle néglige l'instinct, l'inconscient, le sentiment, tout ce qui donne un sens à la vie. Et Barrès s'identifie de plus en plus au mouvement nationaliste. Il définit le nationalisme comme « l'acceptation d'un déterminisme ». Un nationaliste est un Français qui a pris conscience de sa formation, de ses origines. Le nationalisme n'est ni un système, ni une doctrine, mais une biographie, « la biographie de chacun de nous et de nous tous, Français ».

Cependant, ce nationalisme connaît une évolution et la biographie de Maurice Barrès permet d'en suivre les étapes. Le député boulangiste de Nancy (1889-1893), le journaliste de la *Cocarde* (1894-1895) semble disposé à conjuguer nationalisme et socialisme. La *Cocarde* rassemble autour de Barrès des hommes de gauche, Eugène Fournière, Clovis Hugues, Camille Pelletan, Fernand Pelloutier, et des hommes de droite, Charles Maurras, Léon Daudet, Jules Soury et le marquis de Morès. Si Maurice Barrès accepte la Révolution française et estime Jean Jaurès, socialisme, antisémitisme, antiparlementarisme, provincialisme et nationalisme font bon ménage dans ce journal éphémère. Lors de l'apogée de l'Affaire Dreyfus (1898-1899), le nationalisme de Barrès se durcit et se caractérise par la montée de l'antisémitisme et de la xénophobie. Barrès est alors l'un des fondateurs de la Ligue de la patrie française dont l'appel initial vague et généreux est signé en décembre 1898 par 22 membres de l'Académie française. La Ligue participe à l'agitation nationaliste en 1899, et gagne en 1900 les

élections municipales de Paris dont le conseil passe en majorité à droite. Après plusieurs échecs, Barrès est élu en 1906 député du quartier des Halles de Paris, et il conservera son siège à la Chambre jusqu'à sa mort en 1923. Député très consciencieux qui lance des campagnes sur la grande pitié des Églises de France après la Séparation ou sur le développement de la recherche scientifique en France et qui réclame un culte national à Jeanne d'Arc jusqu'à ce qu'il l'obtienne en 1920, Barrès continue à dénoncer la « pourriture parlementaire » qu'il observe de près.

Entre 1897 et 1914, il publie deux trilogies destinées à un grand succès. Le « roman de l'énergie nationale », comprend *Les déracinés* (1897), grand ouvrage à thèse, traditionaliste, régionaliste, hostile à la nouvelle université ; *L'appel au soldat* (1900), évocation du boulangisme ; *Leurs figures* (1902), satire des hommes de l'affaire de Panama qui symbolise l'opportunisme et la corruption. Deux ouvrages de propagande nationaliste paraissent en 1902 et 1903, *Scènes et doctrines du nationalisme* et *Les amitiés françaises*. La seconde trilogie intitulée les « Marches de l'Est » évoque les provinces perdues et le patriotisme des Lorrains des deux côtés de la frontière : *Au service de l'Allemagne* (1905), *Colette Baudoche* (1909) dont l'action se déroule à Metz, et *La colline inspirée* (1913), celle de Sion-Vaudémont, lieu de pèlerinage religieux et patriotique près de Nancy.

L'heure de la Revanche survient en 1914. Dès le 9 août, Maurice Barrès exulte de joie et évoque Paul Déroulède mort quelques mois plus tôt : « Les fers de l'Alsace sont rompus. Déroulède, nous sommes à Mulhouse. Vive la République française. » En septembre, l'étonnante victoire de la Marne est due certes au sacrifice de dizaines de milliers de Français, dont Charles Péguy, mais la prédication nationaliste de Barrès les a préparés à donner leur vie pour la France. Barrès, auteur d'un article quasi quotidien dans *L'Écho de Paris*, journal lu par beaucoup d'officiers, devient-il ensuite « le pape du bourrage de crâne » ou « le rossignol du carnage » que dénonçait Romain Rolland ? Il glorifie l'héroïsme des poilus, dénonce la barbarie des « Boches », et pendant quelque temps semble prendre son parti de la mort de trop nombreux Français. Mais bientôt, l'hécatombe l'afflige. Il fait campagne pour l'adoption de mesures protégeant la vie du soldat comme le port du casque ou même l'invention d'un « protège-cœur ». Il se préoccupe de l'amélioration des conditions d'existence et du moral des hommes en proposant de répandre le réchaud du soldat ou de créer de nouvelles décorations. En 1917, prenant en pitié « cette mal-

heureuse génération qui ne trouve la gloire qu'en perdant la vie », il publie son plus beau livre, *Les diverses familles spirituelles de la France*, composé essentiellement de lettres de combattants, et souvent de victimes, de croyances différentes : catholiques, protestants, israélites, socialistes, traditionalistes...

En 1918, Barrès partage certes la joie de la victoire, mais il s'interroge bientôt sur la signification du nationalisme. Dans *Le génie du Rhin* (1921), il rêve à la réconciliation de la jeunesse allemande et de la jeunesse française et s'il se méfie du germanisme, il souhaite « une profonde réorganisation des Allemagnes ». Dans ses *Cahiers*, dès avant 1914, il écrivait : « Je sens que je glisse du nationalisme au catholicisme. C'est que le nationalisme manque d'infini. » La victoire a renforcé et durci le nationalisme du monarchiste Charles Maurras, mais elle a ouvert à de nouvelles préoccupations, à un certain sens de l'universel, le nationaliste républicain Barrès. L'auteur de *L'Appel au soldat* meurt en 1923, l'année de l'occupation de la Ruhr par les Français. Il lègue au nationalisme républicain quelques-uns de ses grands thèmes.

Parmi ceux-ci, le premier et le plus prégnant est bien l'enracinement. Cet enracinement des Français dans leur région apparaît nécessaire à Barrès pour combattre le courant centralisateur qui attire les jeunes vers Paris. A un moment où de l'autre côté de la frontière, la renaissance des particularismes alsacien et lorrain se manifeste de plus en plus nettement, le roman *Les déracinés* (1897) dépeint l'existence de sept jeunes Lorrains jetés brutalement par les études universitaires dans le Paris des années 1880 alors qu'ils seraient plus utiles à la France dans leur petite patrie : « On élève les jeunes Français comme s'ils devaient un jour se passer de la patrie. On craint qu'elle leur soit indispensable. Tout jeunes, on brise leurs attaches locales. M. Bouteiller n'a pas su dire à ses élèves : "Prenez votre rang dans les séries nationales. Quelques-uns d'entre vous, pour être plus sûrs de leur direction, ne veulent-ils pas mettre leurs pas dans les pas de leurs morts ?... Vous, Suret-Lefort et Gallant de Saint-Phlin, faites attention que le Barrois décline; Bar a cessé d'être une capitale, mais il vous appartient d'en faire une cité où vous jouerez un noble rôle... Avez-vous remarqué, Mouchefrin, comment l'initiative d'un seul homme, M. Lorin, a transformé en magnifique bassin minier la région de Longwy ?... Rœmerspacher on dit que les Salines de la Seille sont en décadence ?" Le Barrois, le pays de la Seille, la région de Longwy, les Vosges donnent à la Lorraine des caractères particuliers... Mais l'Université méprise ou ignore les réalités les plus aisément tan-

gibles. Ses élèves... ne comprennent guère que la race de leur pays
existe, que la terre de leur pays est une réalité et que, plus existant,
plus réel encore que la terre ou la race, l'esprit de chaque petite
patrie est pour ses fils instrument d'éducation et de vie[4]. » Barrès
invite ses lecteurs à parcourir à bicyclette leur petite patrie pour
mieux la connaître. Il justifie en 1903 dans *Les amitiés françaises* cet
enracinement et cette action dans une région : « Il y a des vérités
lorraines, des vérités provençales, des vérités bretonnes dont
l'accord ménagé par les siècles constitue ce qui est bienfaisant,
respectable, vrai en France et qu'un patriote doit défendre. »

Le thème de l'héritage complète et justifie celui de l'enracinement : « Une nation, c'est la possession en commun d'un antique
cimetière et la volonté de faire valoir cet héritage indivis. » Le culte
de « la terre et des morts » invite à la piété envers le sol de la patrie
et encourage les pèlerinages aux sanctuaires nationaux comme
celui de Domrémy. Le devoir de respecter et de faire fructifier
l'héritage s'impose plus particulièrement aux fils de notables : dans
*Les déracinés*, sur les sept jeunes Lorrains, quatre font des carrières
honorables, les héritiers, les riches, et trois tournent mal, les
pauvres, parmi lesquels deux sont boursiers.

A cette frilosité sociale, qui fait peu de cas de la montée des
classes moyennes, correspond une protection économique contemporaine de l'application du double tarif douanier de Jules Méline
en 1892 et un rejet des étrangers : « Le nationalisme est un
protectionnisme », proclame Barrès dans son programme électoral
à Nancy en 1898 : protection des produits nationaux contre la
concurrence étrangère, de la main-d'œuvre française contre les
immigrés étrangers, de la « sève française » contre les façons de
penser et de sentir venues d'au-delà des frontières, enfin mesures
contre les juifs beaucoup trop nombreux dans certaines professions
au gré de Barrès. Barrès, conscient de la gravité de la crise
démographique française, n'imagine pas l'extraordinaire puissance
d'assimilation que la France montrera vis-à-vis des étrangers
installés sur son sol. Cependant, Barrès abandonnera partiellement
ce nationalisme étriqué dans *Les diverses familles spirituelles de la
France* lorsqu'il verra ces étrangers et ces juifs verser leur sang pour
son pays.

En revanche, ses conceptions politiques ne semblent pas avoir
beaucoup varié depuis le boulangisme. Barrès reste résolument
républicain et il reproche à Maurras de « former de durs petits
esprits ». Il sait rendre hommage à la Révolution qui a remis au
peuple sa propre destinée et a achevé la nation française. Ce peuple

doit s'exprimer par le plébiscite qui constitue une manifestation massive et indiscutable de la volonté nationale tandis que la représentation parlementaire fait écran entre le citoyen et le gouvernement. Le plébiscite fonde l'autorité, puisqu'il permet d'investir un homme de la volonté nationale. La nation se donne un chef et se l'étant donné « lui obéit comme une armée ». Le régime présidentiel est ainsi établi par plébiscite. Il donne de larges pouvoirs à un homme pour protéger la France et préparer la Revanche. Cet homme sera de préférence un soldat. L'armée est proposée à la nation comme un modèle, car elle est l'instrument de la Revanche et l'expression de la force et de la santé nationales ; « image embellie de la nation », elle est destinée à une mission de sacrifice pour reconquérir l'Alsace-Lorraine. Les conceptions politiques de Barrès, influencées par le bonapartisme et le boulangisme, ont inspiré le gaullisme : Charles de Gaulle, né en 1890, appartient à la génération sacrifiée de 1910, celle qui a été la plus marquée par la lecture de Barrès.

Aux franges chronologiques de cette génération du feu, Charles Péguy, né en 1873, tombera au combat dès l'été 1914. Écrivain inclassable, poète à la renommée posthume, il a évolué du socialisme dreyfusard au nationalisme républicain et au catholicisme. Éditeur des *Cahiers de la Quinzaine* (1900-1914) qui publient des enquêtes pertinentes et des œuvres littéraires notables [15], ce normalien assoiffé de justice exprime les angoisses, les recherches spirituelles et les convictions des générations montantes destinées à souffrir et à périr sur les champs de bataille de 1914-1918. En 1905, répondant à la contestation anarchisante de Gustave Hervé, Péguy, dans *Notre patrie*, découvre la nation, « cette voix de mémoire engloutie ». Comme Barrès qui l'a précédé dans le cheminement nationaliste, Péguy est fasciné par Jeanne d'Arc. Jeanne la Lorraine est le symbole de la patrie menacée qui résiste à l'occupant et de la foi chrétienne qui incite les Français à accomplir de grandes actions. *Le mystère de la charité de Jeanne d'Arc* (1910) exprime ce lien entre la nation et le catholicisme. Jeanne d'Arc et les soldats de l'An II y sont réconciliés au service d'une même patrie. Le « bon républicain » et le « vieux révolutionnaire » Péguy retrouve la foi de son enfance sur la route de Chartres : « La France a deux vocations... elle a à pourvoir à deux tâches, à deux fidélités, à sa vocation de chrétienté, à sa vocation de liberté. » La fille aînée de l'Église est la patrie des droits de l'homme.

Dans ses dernières œuvres, Péguy, disciple de Bergson, « qui a

rompu nos fers », polémique contre les positivistes de la Sorbonne, et attaque violemment les pacifistes internationalistes comme Jean Jaurès. Le tribun socialiste est assassiné le 31 juillet 1914 et le chantre du patriotisme est tué à la bataille de la Marne le 5 septembre de la même année. Le sacrifice du poète mort pour la patrie sera exalté. La génération des années trente admirera le contestataire du monde moderne, le patriote d'esprit révolutionnaire qui déplorait que la mystique ait dégénéré en politique : l'œuvre de Péguy exercera une réelle fascination sur Emmanuel Mounier et ses amis d'*Esprit*. Après le désastre de 1940, la Révolution nationale et la Résistance s'efforceront l'une et l'autre de l'annexer. A cette plasticité de l'héritage de Péguy s'oppose, à cet égard, le monolithisme du courant maurrassien, cimenté par la pensée et la présence, tout au long du premier demi-siècle, de son chef de file et d'école.

## II. LE NATIONALISME INTÉGRAL ET MONARCHISTE DE CHARLES MAURRAS

En 1900, un jeune journaliste nationaliste, Charles Maurras, présente une *Enquête sur la monarchie* qui constitue probablement selon Raoul Girardet, « la dernière des grandes utopies politiques du XIXᵉ siècle français ». La philosophie politique de Maurras, dont le corps de doctrine se trouve alors fixé une fois pour toutes, est inlassablement diffusée jusqu'en 1944 par le journal *L'Action française*, et par le mouvement suscité par cet organe. Cette pensée délibérément réactionnaire imprègne fortement une partie de l'opinion française, et exerce une influence non négligeable dans plusieurs pays voisins.

Né à Martigues en Provence en 1868, Charles Maurras a été élevé dans le culte de la Revanche. Il a rêvé de devenir officier de marine. Cependant, une infirmité qui l'afflige à quatorze ans, la surdité, l'empêche de réaliser son idéal, le plonge dans le désarroi, la révolte et la solitude, et lui fait perdre la foi chrétienne. Issu d'un milieu catholique et royaliste dont les espérances sont alors déçues, il se laisse gagner par l'amertume et le pessimisme. A défaut de pouvoir tenter une carrière politique, il fréquente les félibres provençaux et se lance dans le journalisme et la littérature[22 ; 24].

Disciple de Frédéric Mistral (1830-1914), ami du poète Jean Moréas, qui fut symboliste avant de se faire le chantre de la tradition gréco-latine — Charles Maurras lui consacrera son premier livre (1891) —, le futur auteur de l'*Enquête* participe à la renaissance littéraire du mouvement régionaliste en Provence et prend part aux recherches de « l'école romane ». Son refus de l'individualisme et du romantisme, son attrait pour les valeurs d'ordre, de rigueur, de raison, de soumission à la règle du classicisme se trouvent fortement confirmés lors de son séjour en Grèce, où il voyage en 1896 comme journaliste pour *La Gazette de France* à l'occasion des premiers jeux olympiques de l'ère contemporaine. Comme les Grecs, Maurras a horreur de la mort et cherche une réalité qui ne meurt pas : les Grecs avaient la cité, Maurras trouve la famille, les corps intermédiaires, la nation. Il se rattache à des valeurs stables : la Beauté, la Raison, le Bien. Il retrouve la distinction grecque entre civilisation et barbarie. Pour lui, la civilisation est l'œuvre des hommes bien nés qui ont créé une aristocratie. En revanche, l'égalité démocratique signifie le retour au chaos, la mort. Et Maurras qui fait l'éloge de l'esclavage antique, conclut : « L'inégalité ou la mort, aux peuples de choisir. » Enfin, Maurras méditant pendant un mois hors de son pays prend une conscience aiguë de la décadence française et revient de Grèce avec une solide conviction monarchiste : l'histoire nationale c'est le rassemblement des terres gréco-latines ou gallo-romaines sous l'égide « des quarante rois qui en mille ans firent la France », et seul un pouvoir royal fort pourra accomplir le redressement national indispensable. Ainsi, Maurras rentre en France raffermi dans ses idées : néoclassicisme, conception inégalitaire de la société, monarchisme[25].

1898 voit l'éclosion de l'Affaire Dreyfus et l'émergence de la pensée politique maurrassienne. Avec *Trois idées politiques, Chateaubriand, Michelet, Sainte-Beuve*, Maurras passe de la condamnation du romantisme littéraire à celle du romantisme politique, assimilé à l'anarchisme démocratique et révolutionnaire. Il formule la doctrine de l'empirisme organisateur inspirée du positivisme d'Auguste Comte. Surtout, le 6 septembre, dans un article retentissant de *La Gazette de France*, Maurras s'engage résolument dans le camp antidreyfusard en faisant l'apologie du « faux patriotique » commis par le colonel Henry qui vient de se suicider et qu'il célèbre comme un martyr : le faux Henry — fabriqué pour achever de perdre Alfred Dreyfus — serait, selon lui, la copie fidèle d'un document, qui, s'il était divulgué, impliquerait le Kaiser et déclen-

cherait la guerre contre l'Allemagne. L'antisémitisme est dorénavant l'une des composantes essentielles de la pensée de Maurras.
En effet, l'Affaire Dreyfus lui fait découvrir clairement ses ennemis :
les juifs, les protestants, les métèques et les francs-maçons, ceux
qu'il appelle « les quatre États confédérés » et qui constituent
« l'anti-France ». Maurras s'en prend à Gabriel Monod, grand
historien protestant et dreyfusard, livre en pâture au public des
extraits des archives privées de sa famille, et prétend expliquer que
les « Monod peuplent la France de singes et de fous ».

Chez Maurras, l'aversion pour le protestantisme rejoint la critique de l'individualisme et la haine de l'Allemagne. Soupçonneux
vis-à-vis d'un christianisme dont les « turbulentes écritures orien-
tales » ont détruit l'ordre antique et rendu impossible l'esclavage,
admirateur après Auguste Comte de la construction politico-reli-
gieuse du catholicisme médiéval, Maurras rejette les trois R, la
Réforme mère de l'individualisme religieux et du libre examen, la
Révolution messagère de l'individualisme politique avec la Déclaration des droits de l'homme et la démocratie, le Romantisme qui
répand l'individualisme dans l'art entraînant le dérèglement mental et la confusion intellectuelle. Or, pour Maurras, toutes ces
erreurs ont leurs racines en Allemagne, puisque cette nation est la
mère de la Réforme et donc du protestantisme, mais aussi de la
démocratie, fille de la Réforme, et du romantisme qui nous vient
des pays du Nord. L'Allemagne est donc, en conclusion, la patrie de
la barbarie.

Tandis qu'il poursuit son œuvre littéraire néo-classique jalonnée
par *Le chemin de paradis* (1894), *Anthinea* (1901), *Les amants de Venise*
(1902), *L'avenir de l'intelligence* (1905), Charles Maurras devient en
1900 un doctrinaire monarchiste avec *Enquête sur la monarchie* [19]
et son engagement de plus en plus déterminé dans l'équipe du
journal *L'Action française*. Invité par le directeur de *La Gazette de
France* à se rendre à Bruxelles pour s'y entretenir avec André Buffet
et le comte de Lur-Saluces, représentants du duc d'Orléans, prétendant à la couronne, Maurras reçoit une réponse de Lur-Saluces
approuvée par le prince. Ce texte ayant l'avantage de présenter les
caractères fondamentaux de la monarchie au cas où elle serait
rétablie, Maurras les soumet à l'avis des lecteurs de *La Gazette de
France* en posant la question suivante : Oui ou non, l'institution
d'une monarchie traditionnelle, héréditaire, antiparlementaire et
décentralisée est-elle de salut public? Maurras reçoit les réponses
de quelques personnalités connues : Paul Bourget, Maurice Barrès,
Sully Prudhomme et de plusieurs jeunes amis — Henry Bordeaux,

Jacques Bainville, Henri Vaugeois, Frédéric Amouretti, Louis Dimier, Léon de Montesquiou. Il les publie et les commente longuement dans *La Gazette de France* entre août et novembre 1900. La monarchie doit être traditionnelle. Ici, traditionnel s'oppose à constitutionnel au sens où l'entendait Burke et fait référence à la monarchie d'Ancien Régime, celle des lois fondamentales du royaume qui n'avait pas besoin de constitution écrite, celle que la nature et l'histoire ont choisie. Cependant, la tradition suppose un héritage, une transmission héréditaire dans le cadre d'une famille dont les membres sont éduqués pour régner ou pour participer aux fonctions politiques. Maurras croit à la stabilité des professions à une époque qui connaît pourtant une certaine mobilité sociale. Le jour venu, le fils aîné du roi exercera mieux que quiconque le métier de roi parce que son intérêt se confond, d'après Maurras, avec celui de la nation. Pour servir le roi, Maurras qui tient compte des conceptions de Bonald, de Comte, de Le Play, propose la reconstitution d'une noblesse héréditaire suffisamment ouverte dans ses rangs pour se renouveler. Cette doctrine séduit une noblesse française encore nombreuse et agrandie au XIXe siècle par les Orléans et les Bonaparte.

En revanche, lorsque Maurras proclame que la monarchie future sera antiparlementaire et antidémocratique, il rompt à la fois avec deux traditions de droite, l'orléaniste qui a laissé une place importante au Parlement et la bonapartiste fondée sur l'appel au peuple et s'accommodant du suffrage universel. Maurras critique l'égalité, le principe de l'élection et rejette un parlementarisme qui, selon lui, affaiblit l'État livré aux querelles des partis, des clans et aux intrigues personnelles. A l'opposé, le roi ne peut être que l'ennemi des partis, il se place au-dessus d'eux, car son intérêt se confond avec l'intérêt national. Le roi, comme sous l'Ancien Régime idéalisé auquel se réfère Maurras, gouvernera avec l'aide de ses conseils et de ses « États » où les représentants des diverses professions seront admis.

Enfin, la monarchie à venir sera décentralisée : « Un puissant mouvement décentralisateur se dessine et grandit de jour en jour dans le pays », constate Maurras. La Révolution et Napoléon ont trop centralisé, ils ont supprimé tous les corps intermédiaires : « La France étouffe sous le corset napoléonien. » Pour Maurras, la République ne peut décentraliser sans danger et seule la monarchie peut lâcher bride aux variétés nationales : décentralisation locale (communes), régionale (provinces), professionnelle (corporations, organisation des professions).

A l'aube du xxᵉ siècle, Maurras propose une synthèse neuve de la critique contre-révolutionnaire. A la suite de Rivarol, de Maistre, de Bonald et de Taine, il dénonce sans cesse la Révolution qui a provoqué la décadence de la nation. Il doit à Le Play, à Comte et à Bourget leurs idées sur la famille fondement des sociétés. Il partage avec Taine et Barrès le souci de la décentralisation, avec Barrès la hantise de la menace allemande et de l'invasion, avec Renan le culte des élites sociales et morales, il accueille le corporatisme de la Tour du Pin. Il se rattache surtout à Comte, théoricien du positivisme, par son éloge du catholicisme, religion d'ordre, par son apologie de l'inégalité, par sa conception d'un État fort antilibéral et antiparlementaire, par son scientisme qui lui fait présenter sa doctrine politique comme une démonstration scientifique. Or, celle-ci apportait la vérité totale, positive, fondée sur la biologie et sur l'histoire qui révèle l'œuvre des rois rassembleurs de la terre de France. A l'époque de l'Affaire Dreyfus, sa persévérance à démontrer que la monarchie telle qu'il la déduit rationnellement est le nationalisme intégral fait une forte impression sur les jeunes nationalistes de *L'Action française* qui deviennent ses disciples après de longues discussions.

En effet, deux jeunes hommes, Henri Vaugeois, agrégé de philosophie, et Maurice Pujo ont fondé en avril 1898 un Comité d'Action française. Ils participent ensuite au lancement de la Ligue de la Patrie française et créent en juillet 1899 un bulletin bimensuel *L'Action française*. Vaugeois et Pujo sont alors républicains, mais l'Affaire Dreyfus les dégoûte de la République parlementaire, et Maurras qui collabore avec eux les persuade que les dreyfusards au pouvoir avec Waldeck-Rousseau forment l'anti-France. Il faut donc changer de régime et Maurras leur propose un roi dictateur pour assainir la nation. Le succès d'*Enquête sur la monarchie*, commentée dans la presse parisienne et dans soixante-dix journaux de province, apporte à Maurras des arguments supplémentaires pour les convertir à la monarchie. En août 1901, la conversion de Vaugeois au maurrassisme fait de Maurras le maître incontesté de l'Action française. A la fin de 1904, Léon Daudet, le fils de l'auteur des *Lettres de mon moulin*, se joint au petit groupe sous l'influence de sa deuxième femme, Marthe Allard. Il a été journaliste à la très antisémite *Libre Parole* d'Édouard Drumont. Grand orateur, tribun populaire vif, amusant, violemment nationaliste et antisémite, il sait rendre accessible à un large public les idées maurrassiennes.

Si la doctrine monarchiste est depuis l'*Enquête* fixée pour près d'un demi-siècle, la retombée de l'agitation nationaliste suite au

suicide de Gabriel Syveton, trésorier véreux de la Ligue des patriotes, en 1904 laisse le champ libre au mouvement d'Action française, la Ligue ne survivant pas à ce scandale. Ce mouvement se structure avec la création de la Ligue d'Action française (1905), dont les membres s'engagent à « combattre tout régime républicain » et s'affirment nationalistes et antisémites, la fondation de l'Institut d'Action française (1906) dirigée par Louis Dimier, et celle de la Librairie Jean Rivain qui diffuse les écrits monarchistes. Dès 1906, les jeunes gens d'Action française donnent de l'ampleur aux manifestations contre les inventaires des églises suite à la séparation de l'État et de l'Église. Cependant, le tournant décisif est pris en 1908 avec le lancement du quotidien *L'Action française* grâce aux fonds des Daudet hérités de la comtesse de Loynes, célèbre courtisane du second Empire, et avec la fondation des Camelots du roi dirigés par Maurice Pujo et Maxime Réal del Sarte et chargés de diffuser le journal. Le quotidien accroît son tirage et parvient à s'imposer dans le public grâce au récit des agressions provoquées par les camelots contre le personnel républicain et aux polémiques qui s'ensuivent. Le destin de Maurras est désormais fixé. Pendant trente-six ans, ce journaliste sourd, qui n'écoute guère, s'identifie à *L'Action française* : il passe ses nuits au journal pour rédiger son article quotidien, il dort le matin et lit l'après-midi.

Au printemps de 1908, les jeunes d'Action française chahutent à la Sorbonne les cours du germaniste Charles Andler qui a osé organiser un voyage en Allemagne avec ses étudiants, puis ils créent des incidents lors du transfert des cendres de Zola au Panthéon. Pendant l'année universitaire 1908-1909, les Camelots du roi contestent violemment les conférences à la Sorbonne d'Amédée Thalamas, professeur d'histoire, qui avait déjà été attaqué en 1904 à propos d'un enseignement très critique et rationaliste de la mission de Jeanne d'Arc [29]. En 1910, le camelot Lucien Lacour gifle le président du Conseil Aristide Briand lors de l'inauguration du monument de Jules Ferry. Cette agitation réussit : les Camelots recrutent puisque 65 sections sont créées dans la seule année 1909. Les congrès d'Action française réunissent des nobles, des ecclésiastiques, des avocats, des chartistes et des membres de la moyenne bourgeoisie. Le mouvement cherche à récupérer l'agitation sociale : il se rapproche de Georges Sorel, théoricien de la violence, de certains syndicalistes et il crée en 1911 un Cercle Proudhon présidé par Georges Valois [21].

Cependant, le prétendant, indisposé par ces velléités socialistes

et choqué par la grossièreté des attaques des Camelots, boude l'Action française pendant quelque temps en 1910-1911. Mais il ne peut s'en tenir éloigné, car le mouvement royaliste passe alors sous la direction de fait de l'Action française. Celle-ci obtient l'appui d'une fraction notable des milieux catholiques déconcertés par la persécution anticléricale de Combes, par la condamnation pontificale du modernisme (1907) et par la critique de la démocratie chrétienne de Marc Sangnier contenue dans la *Lettre sur le Sillon* (1910). Maurras attaque vivement non seulement Marc Sangnier (*Le dilemne de Marc Sangnier*, 1906), mais aussi Jacques Piou et tous les catholiques ralliés. Les affinités entre nationalisme intégral et intégrisme catholique sont entretenues par plusieurs religieux : le bénédictin Dom Besse, les dominicains Clerissac et Pègues et par de jeunes écrivains, Jacques Maritain, Joseph Lotte, Henri Massis.

Les dirigeants de l'Action française méditent sur la possibilité d'un coup de force contre la République, mais se gardent bien de comploter réellement, ce qui rassure les conservateurs. Le mouvement étend son influence sur la jeunesse séduite par les thèmes nationalistes comme le montre l'enquête d'Agathon — pseudonyme d'Henri Massis et d'Alfred de Tarde — *Les jeunes gens d'aujourd'hui* (1913) [10]. Une presse d'Action française naît en province. A Lille, Robert Havard de la Montagne dirige *Le Nord patriote*, à Rouen le jeune Georges Bernanos anime *L'Avant-Garde de Normandie* et polémique à propos de la loi des trois ans avec *La Dépêche de Rouen* où écrit le philosophe Alain (Émile Chartier) formé par son maître Jules Lagneau... Le mouvement atteint les milieux littéraires où *La Revue critique* de Pierre Lasserre, Henri Martineau et Henri Clouard bataille contre le romantisme et pour le néoclassicisme jusqu'à ce que ses rédacteurs se révoltent en 1914 contre l'intransigeance d'un Maurras qui ne parvient pas à leur imposer toutes ses idées et toutes ses exclusives.

Maurras qui a dénoncé le germanisme et signalé la montée du péril allemand dans *Kiel et Tanger* en 1910 écrit beaucoup entre 1914 et 1918 pour exalter le patriotisme des combattants et pour conseiller les dirigeants français. Il polémique violemment avec *Le Bonnet rouge* d'Almereyda qu'il accuse de trahison. Daudet dévoile les relations suspectes de Malvy, ministre de l'Intérieur, avec ce journal, et il stigmatise le pacifisme de Caillaux. Clemenceau, président du Conseil en novembre 1917, envoie en prison Caillaux et Malvy, et, un an plus tard, gagne la guerre... Le patriotisme intransigeant de Maurras et de Daudet, qui ont soutenu Clemenceau, semblait récompensé; mais la République, que Maurras

croyait incapable de gagner une guerre, venait de remporter la plus grande de notre histoire. Chez les vaincus, les monarchies et les empires s'écroulaient.

Pendant les années 1918-1924, c'est le nationalisme républicain de Clemenceau puis celui de Poincaré et non le nationalisme monarchiste de Maurras qui détermine la politique de la France. *L'Action française* qui a 45 000 abonnés en 1925 au lieu de 10 000 en 1914 et 25 000 en 1920 connaît alors un second « apogée », (Pierre Nora), mais se trouve dans une situation ambiguë à l'époque du Bloc national et de la Chambre bleu horizon où siège Daudet. Après la victoire de 1918 et la paix mal assurée de 1919, l'école historique « capétienne » de Jacques Bainville et de Pierre Gaxotte publie des livres à grand tirage exaltant l'œuvre des rois de France face aux prétentions allemandes[5]. Le rayonnement littéraire du néo-classicisme, à son apogée avec *La Revue universelle* de Massis, Bainville et Maritain, qui paraît depuis 1920 et qui tire à 4 000 exemplaires, ne parvient pas à imposer l'élection de Maurras à l'Académie française en 1922 — il devra attendre 1938 —, mais pendant quelques années son « principal intellectuel » semble peu contesté dans le monde des droites. Cependant, en 1923, deux drames contribuent à rejeter les dirigeants de l'Action française dans l'extrémisme politique : l'assassinat de Marius Plateau, secrétaire général des Camelots et de la Ligue, par une anarchiste, et la mort mystérieuse — probablement un suicide — de Philippe Daudet, le fils de Léon. Ces drames amènent les rédacteurs du journal à réagir vivement, conformément à leur tempérament, et à lancer des accusations violentes et mal fondées contre un personnel politique qu'ils détestent. Ces polémiques qui suscitent de multiples incidents finissent par lasser certains responsables catholiques et les nationalistes modérés qui sont souvent au pouvoir au cours des années vingt.

La condamnation pontificale qui frappe l'Action française en décembre 1926 par la mise à l'index de divers ouvrages de Maurras et surtout du quotidien surprend par sa vigueur mais intervient pour plusieurs motifs : intrusion du nationalisme dans les affaires religieuses; racines néo-païennes et positivistes de la doctrine maurrassienne; influence excessive du néo-royalisme et du « Politique d'abord » sur les jeunesses belge et française. « Plus encore que les thèses, c'est l'atmosphère qui est pernicieuse », note Pie XI. Les dirigeants de l'Action française se révoltent contre Rome et attaquent violemment le pape et la « Nonciature-Kommandantur » prétendument au service de l'Allemagne. La jeunesse

s'éloigne alors de l'Action française, attirée au cours des années trente soit par un nationalisme plus moderne, soit par le fascisme, soit par l'Action catholique. Le comte de Paris, frappé par l'inaction des dirigeants de l'Action française au cours de la journée du 6 février 1934, prend lui-même la direction du mouvement royaliste. Les ultimes feux du maurrassisme seront jetés par l'État français à Vichy, tant dans son rejet du parlementarisme républicain que dans sa persécution des juifs et des francs-maçons. Condamné à la réclusion à perpétuité à la Libération pour ses activités journalistiques contre les juifs, les démocrates et la Résistance, Charles Maurras, à l'énoncé du verdict, déclarera voir dans son procès « la revanche de Dreyfus ».

## III. LE CATHOLICISME SOCIAL

Si le catholicisme social trouve des racines en France, sous la Monarchie de Juillet, avec de Villeneuve-Bargemont, de Coux et Ozanam, il émerge dans la vie française après l'encyclique du pape Léon XIII, *Rerum novarum* (1891). Cette encyclique lui apporte les fondements d'une doctrine sociale. Elle critique sévèrement les effets du libéralisme capitaliste qui a entraîné « l'affluence de la richesse entre les mains du petit nombre à côté de l'indigence de la multitude » [40]. Issu du courant intransigeant et non du courant libéral, le catholicisme social vise, à travers sa dénonciation du libéralisme économique et de l'individualisme, la Révolution française qui a détruit les corporations et laissé les travailleurs isolés et sans défense ; il s'exprime à travers l'Œuvre des cercles catholiques d'ouvriers, animés par Albert de Mun et René de La Tour du Pin. Le catholicisme social, inspiré par l'encyclique, rejette les solutions proposées par les socialistes parce qu'elles font appel à la haine jalouse des classes et que la propriété collective aggraverait la condition ouvrière. *Rerum Novarum* lui dicte les trois remèdes à une situation inacceptable : l'intervention de l'État par une législation sociale appropriée ; l'organisation des ouvriers en associations et syndicats soit mixtes (patrons et ouvriers), soit composés des seuls ouvriers ; le paiement par les patrons d'un juste salaire permettant aux ouvriers de vivre et de faire subsister leur famille[6].

L'encyclique de Léon XIII a eu un grand retentissement et a suscité de nombreux débats sur le rôle de l'État, la question syndicale, la notion de juste salaire. Les écoles catholiques sociales d'Angers et de Liège, constituées autour de leurs évêques respectifs Mgr Freppel et Mgr Doutreloux, en ont donné des interprétations différentes et se sont divisées sur son application : la première était influencée par les idées de Frédéric Le Play répandues par la *Réforme sociale* et par celles des économistes libéraux, comme le Lyonnais Joseph Rambaud ; la seconde était attirée par la démocratie chrétienne des abbés Six, Lemire, Naudet, Dehon et du patron Léon Harmel. Le catholicisme social cristallise bientôt un courant de pensée qui étudie les problèmes de société et tente de les résoudre à la lumière du christianisme en évitant de trop prendre part à la vie des partis comme le lui conseille l'encyclique *Graves de communi* en 1901. A l'aube du nouveau siècle, Georges Goyau et Max Turmann vulgarisent le vocable « catholicisme social » qui s'imposera jusqu'aux années soixante de notre siècle, d'autant plus que le mouvement catholique se trouvera délimité sur sa gauche, en 1910, par la condamnation du Sillon de Marc Sangnier, et sur sa droite, en 1926, par celle de l'Action française [27]. Le catholicisme social a connu des lectures diverses, réactionnaire à l'Institut d'Action française, paternaliste chez les patrons du Nord, corporatiste sous Vichy, démocrate au Sillon, à l'Association catholique de la jeunesse française (ACJF), à la Confédération française des travailleurs chrétiens (CFTC) et chez les démocrates chrétiens, socialisante dans la Résistance. Il reste difficile à classer : majoritairement à droite sous la troisième République, la crise des années trente et la Résistance le rapprochent de la gauche ; après 1945, il se retrouve au Centre. En réalité, le catholicisme social est lié, pendant un demi-siècle, au mouvement catholique, au projet global de société que celui-ci s'efforce de définir et de réaliser [37].

Pendant les années quatre-vingt-dix du siècle dernier, le mouvement vers le peuple des abbés démocrates, caractérisé par des rassemblements, des congrès, des campagnes de presse, des fondations de syndicats ouvriers ou paysans, ne donne pas les résultats escomptés en raison de l'hostilité du patronat, de la méfiance du personnel gouvernemental et de la relance de la politique anticléricale après l'Affaire Dreyfus.

En revanche, au début du XXe siècle, les catholiques sociaux fondent des institutions durables qui contribuent à structurer leur mouvement : l'Action populaire et les Semaines sociales. L'Action populaire est créée par les pères jésuites, en 1903, à Lille, puis

transférée à Reims, ensuite à Paris. Les pères Leroy et Desbuquois lui procurent une large audience grâce à leurs enquêtes sociales et à leurs multiples publications : revues, ouvrages, « brochures jaunes », tracts. L'Action populaire, foyer de critiques constructives, propose de nombreuses réformes. Les Semaines sociales, issues de l'Union d'études des catholiques sociaux — fondée en 1901 pour approfondir les problèmes du monde du travail dans la ligne tracée par *Rerum novarum* —, s'inspirent des universités populaires allemandes. La première a lieu à Lyon en 1904, les suivantes se tiennent dans les diocèses qui les accueillent. Les fondateurs et les principaux animateurs de cette « université itinérante », qui rassemble autour d'un thème social théologiens, philosophes, juristes, économistes, sociologues, historiens et praticiens du syndicalisme et de l'association, sont des laïcs, le Lyonnais Marius Gonin, le Parisien Henri Lorin et deux professeurs à la Faculté catholique de Lille, Adéodat Boissard et Eugène Duthoit. Critiquées au début par les intégristes, les Semaines sociales ont un large rayonnement pendant l'entre-deux-guerres où elles apportent une réflexion pertinente sur beaucoup de grands problèmes : rôle économique de l'État, population et crise de la natalité, place de la terre dans l'économie, condition féminine, vie internationale, problème social aux colonies, éthique des affaires. Au cours des années trente, l'actualité se fait pressante et dicte les thèmes de réflexion : le désordre de l'économie internationale (1932); l'organisation corporative (1935) où s'opposent corporatistes et démocrates; la personne humaine en péril (1937); la liberté et les libertés dans la vie sociale (1938); le problème des classes (1939).

Les secrétariats sociaux et de nombreuses œuvres diffusent et tentent de mettre en pratique les idées émises par l'Action populaire et les Semaines sociales. Deux organisations se situent au premier rang, un mouvement de jeunesse, l'ACJF, et un syndicat, la CFTC : l'un atteint la bourgeoisie, les classes moyennes, et le monde rural; l'autre s'adresse aux ouvriers chrétiens à partir de 1919. Henri Bazire, président de l'ACJF, a orienté en 1900 son mouvement vers le syndicalisme, la coopération, la mutualité : « sociaux parce que catholiques ». Après la guerre, Marcel Prélot, vice-président, veut former une génération civique qui se prépare à l'engagement politique. De son côté, la jeune CFTC s'affirme dans les conflits sociaux face au Consortium textile de Roubaix-Tourcoing et obtient le soutien de Rome dans le débat doctrinal avec le patronat (1929), en attendant de refuser le syndicat unique en 1936 face à la CGT réunifiée et en 1943 sous Vichy [42].

Comment ces orientations se traduisent-elles dans la politique? Parviennent-elles à passer dans la législation qui, en 1891, est en France nettement en retard sur l'Angleterre et sur l'Allemagne? Or, jusqu'en 1914, on en reste le plus souvent aux propositions de lois. Albert de Mun les a multipliées entre 1884 et 1891, au moment où les Allemands votaient leur législation sociale; il propose les retraites ouvrières, la limitation de la journée de travail, la prise en compte du risque professionnel pour les accidents, le salaire minimal légal [45]. Ensuite, l'abbé Lemire bataille pour l'insaisissabilité du bien de famille et pour l'assurance invalidité et vieillesse [46]; Dussaussoy et Dansette réclament l'extension de la capacité syndicale qu'Alexandre Millerand, ministre du Commerce, accordera. Cependant, le plus souvent, les propositions sociales faites par des députés catholiques peu nombreux et divisés prennent à contre-pied un Parlement dominé par des anticléricaux et des ruraux socialement conservateurs. « Plus que la question cléricale, il faut résoudre la question sociale », déclarent 74 évêques, en octobre 1902, alors que la République expulse les congréganistes. Si les ministères modérés font passer quelques lois sociales (Émile Loubet en 1892, loi sur le travail des femmes, Jules Méline en 1898, loi sur les accidents du travail, Aristide Briand en 1910, loi sur les retraites ouvrières et paysannes), les radicaux donnent la priorité à la politique anticléricale. Après 1902, le poids parlementaire trop limité de l'Action libérale populaire de Jacques Piou ne lui permet pas de réaliser son programme social. Ses idées cheminent cependant : la revendication d'une représentation professionnelle et le projet de faire élire le chef de l'État par un collège élargi seront repris plus tard par les gaullistes.

Le succès du second Ralliement des catholiques à la République avec le rétablissement des relations diplomatiques entre la France et le Saint-Siège en 1921, et la condamnation de l'idéologie d'Action française par le pape Pie XI en 1926 donnent leurs chances aux catholiques sociaux et aux démocrates chrétiens. Or, si ceux-ci ne parviennent pas à exercer encore une influence politique importante, leurs idées se définissent, se précisent et se répandent pendant cette période et leurs propositions annoncent nombre de réformes à venir.

Lors du vote des lois sociales qui marquent la période de la démobilisation, Jean Lerolle, ancien président de l'ACJF, député de la Seine, se souvient des propositions de son organisation et fait passer plusieurs mesures sur les conventions collectives (1919), sur la capacité de posséder reconnue aux syndicats (1919) et sur

l'interdiction du travail de nuit dans les boulangeries (1920). De Gailhard-Bancel et le général de Castelnau proposent une loi sur les assurances sociales en 1922; après de longues navettes d'autres projets dans ce domaine aboutissent en 1928 et en 1930. A l'issue d'une longue bataille, Jean Lerolle aidé du ministre Landry, fait voter le 11 mars 1932, la loi sur les allocations familiales. Enfin, en 1938, le sénateur du Doubs, Georges Pernot, président de la Fédération nationale des familles nombreuses, réussit à convaincre le Sénat de la nécessité d'une politique familiale et inspire les décrets-lois du gouvernement Daladier connus sous le nom de Code de la famille (juillet 1939) [44].

Une cinquantaine de catholiques sociaux siègent à la Chambre dans l'entre-deux-guerres mais ils sont répartis entre plusieurs groupes : Jeune République, Parti démocrate populaire (PDP), Indépendants d'Action populaire (Alsaciens-Lorrains), Groupe républicain et social fondé par Pernot. Le Parti démocrate populaire [41], réduit à 14 membres, a une influence limitée, mais son programme présenté en 1928 dans le Manuel Politique de Raymond Laurent et Marcel Prélot passera presque entièrement dans notre législation entre 1928 et 1945 ou 1972. Le PDP préconise le référendum, le vote familial — seule mesure qui n'aboutira pas —, la représentation des intérêts familiaux, économiques et sociaux par un conseil spécial, la décentralisation administrative. Dans le domaine social, il demande la journée de 8 heures, les congés payés, l'instauration des assurances sociales et des allocations familiales, la participation des travailleurs à l'entreprise, la lutte contre l'alcoolisme. En matière agricole, il réclame le remembrement des terres, le développement des coopératives, des mutuelles, des caisses de crédit, l'extension des baux à long terme, le versement d'indemnités de plus-value aux exploitants évincés, l'application des lois sociales aux travailleurs agricoles. Il recherche un apaisement du problème scolaire par l'extension des bourses au profit de l'enseignement public et de l'enseignement libre. Comme l'ACJF dont Marcel Prélot est issu, le PDP a dix à vingt ans d'avance dans ses propositions sociales[7].

Si l'influence politique des catholiques sociaux reste limitée jusqu'en 1940, si leur réflexion sur l'organisation professionnelle oscille entre un corporatisme proche des institutions des dictatures méditerranéennes et un pluralisme syndical démocratique, une pensée politique démocrate-chrétienne s'élabore en France dans des revues de haut niveau, *Les Cahiers de la Nouvelle Journée* fondés en 1924 par Paul Archambault, disciple du philosophe Maurice

Blondel, et _Politique_ créée en 1928 par Charles Flory et Marcel Prélot auxquels s'ajoute en 1932 un quotidien _L'Aube_ de Francisque Gay et Georges Bidault[8]. Ces publications opèrent un rapprochement de la pensée libérale et de la pensée organique et anti-individualiste de la vie sociale contre les tentations néo-positivistes et totalitaires. Elles proposent une terminologie nouvelle sous trois influences : celle du juriste Maurice Hauriou qui élabore une théorie de l'institution, personnaliste dans ses fins, communautaire dans ses procédés ; celle de Don Luigi Sturzo, prêtre sicilien, fondateur du Parti populaire italien, exilé par Mussolini, adversaire de l'État totalitaire fasciste dont il dévoile l'imposture ; celle enfin du philosophe Jacques Maritain (1882-1973) qui propose une réflexion politique en partie inspirée par Sturzo[9], plus exactement par son rejet du nationalisme, totalitaire avec Mussolini, intégral avec Maurras, et par sa réflexion plaçant la source du droit non dans l'État mais dans la personnalité humaine. Reprenant le principe de subsidiarité des catholiques sociaux, il valorise les communautés intermédiaires qui ont des droits. La personne humaine n'est pas un individu isolé ; elle s'insère dans des corps sociaux qui ont chacun un droit fondamental : famille, profession, classe sociale, commune, province, communauté des États, Église. A tous ces corps sociaux, l'État doit accorder une expression et une garantie politique. La liberté n'est pas posée comme un absolu, mais comme une méthode indispensable pour revendiquer les droits et les traduire dans les faits.

Jacques Maritain développe sa réflexion politique à travers plusieurs ouvrages : _Primauté du spirituel_ (1927), critique du nationalisme intégral qui l'avait d'abord séduit ; _Humanisme intégral_ (1936), méditation sur la crise de civilisation qui implique des changements radicaux dans le domaine social ; _L'impossible anti-sémitisme_ (1937) face à la persécution des juifs par Hitler ; _Christianisme et démocratie_ (1942), écrit aux États-Unis pendant la guerre, pour montrer, après Bergson, que les libertés démocratiques sont d'essence évangélique ; _Les droits de l'homme et la loi naturelle_ (1942) et _Principes d'une politique humaniste_ (1944), ouvrages qui inspirèrent la Déclaration universelle des droits (1948) ; _L'Homme et l'État_ (1953), critique radicale de la notion de souveraineté de l'État [47].

La pensée de Jacques Maritain a pour postulat fondamental la dignité de la personne humaine créée à l'image du Dieu, ce qui la situe à la fois comme immanente au corps politique et comme transcendante à lui. Maritain critique très vivement l'idée de souveraineté de l'État, car l'État n'est ni au-dessus de la commu-

nauté des nations, ni au-dessus de la liberté des personnes et des associations. « Les deux concepts de souveraineté et d'absolutisme ont été forgés sur la même enclume », il convient de les rejeter tous les deux. Rousseau n'a fait que transférer le concept d'absolutisme du roi au peuple : la souveraineté se trouve ainsi entraînée de l'autoritarisme d'un homme au totalitarisme d'une nation.

Pour se réaliser comme personne, l'homme doit par ailleurs vivre en société. Maritain retrouve ici l'homme « animal politique » d'Aristote et rappelle que le but de la société politique est le bien commun des personnes défini par Aristote et Thomas d'Aquin. Enfin, la démocratie est le meilleur mode de vie en société car elle garantit le mieux le respect de la personne humaine et elle correspond le plus à ses aspirations de liberté et de justice. Maritain s'oppose fortement aux régimes totalitaires qui prétendent posséder la science, nazie ou communiste, régenter l'art, car il y a des biens qui transcendent le corps politique et doivent être respectés par tous : sens de la justice et de l'amour de tous les hommes, vie intérieure, dignité intangible de la vérité et de la beauté. Les régimes totalitaires ayant voulu soumettre la société à l'État, Maritain, à la suite de Sturzo, fait l'apologie de tous les corps sociaux qui ont des droits : famille, profession, région, nation, communauté des nations. Il inspire les déclarations des droits du lendemain de la guerre qui prennent en compte les droits familiaux et sociaux et il invite à dépasser un cadre trop strictement national[10].

Confrontée à des événements dramatiques, la pensée politique de Maritain déborde le cadre du catholicisme social. Cependant sur la longue durée, les catholiques sociaux ont répandu des idées qui se sont banalisées au cours du XXe siècle : « recherche d'une voie intermédiaire entre le libéralisme, cette duperie, et le collectivisme, ce piège[11] », appel à la solidarité, affirmation des droits et des libertés de la personne, décentralisation, rôle des corps intermédiaires, participation et réforme de l'entreprise.

## IV. HORIZONS DE CONJONCTURE

### *Le conservatisme agrarien*

Sous la troisième République, la population rurale reste majoritaire jusqu'en 1926, date où la population agricole inclut encore 35 % des Français. Gambetta, promoteur d'une démocratie rurale, a créé, en 1881, le ministère de l'Agriculture qui devient l'un des piliers du régime. L'un de ses premiers titulaires, Jules Méline, ministre et ami de Jules Ferry, fonde en 1884 le Mérite agricole. Le scrutin d'arrondissement, tel qu'il est établi en 1889, privilégie les intérêts locaux et les votes des ruraux, dont l'influence s'exerce à travers un syndicalisme agricole, encouragé par la loi de 1884, une presse agricole, et un personnel politique qui, à droite comme à gauche, recherche leurs suffrages.

Les crises et les guerres affectent fortement la vie des campagnes. Les ruraux souffrent de la baisse des produits agricoles entre 1882 et 1895 et, à nouveau, au début des années 1930. Des centaines de milliers de paysans sont morts, entre-temps, dans la terrible guerre de fantassins de 1914-1918. La nation demande beaucoup de sacrifices à une population qu'elle cherche par ailleurs à stabiliser et à protéger. Méline et Ferry ont instauré, en 1892, un tarif douanier protectionniste des produits agricoles qui limite la concurrence étrangère et freine les progrès. Les syndicats agricoles, qu'ils soient dominés par les notables conservateurs de la rue d'Athènes, ou par les « nouveaux messieurs » du boulevard Saint-Germain, partagent pour l'essentiel la même idéologie agrarienne inspirée par *L'ordre éternel des champs*[12] dans un monde rural qui évolue peu.

Cette idéologie, qui tire ses origines de Jean-Jacques Rousseau et d'un certain romantisme, exalte la nature champêtre peuplée de paysans sains, robustes et honnêtes, et déprécie la ville sale, inquiétante, dangereuse, corruptrice, véritable « tombeau de la race » avec ses usines bruyantes et malsaines. Cette image du paysan courageux et vertueux est présentée en 1899 par le républicain Eugène Le Roy dans *Jacquou le Croquant* et par le traditionaliste René Bazin dans *La terre qui meurt*. L'exode rural représente donc un grand péril. Face à ce drame de la « désertion des campagnes », Jules Méline, qui avait choisi le portefeuille de l'Agriculture

lorsqu'il était président du Conseil en 1896-1898, engage son autorité en publiant *Le retour à la terre et la surproduction industrielle* (1905). Pour lui, « la prospérité publique est semblable à un arbre : l'agriculture en est la racine, l'industrie et le commerce en sont les branches et les feuilles ; si la racine vient à souffrir, les feuilles tombent, les branches se détachent et l'arbre meurt ». Prétendant que « la consommation des produits industriels a des limites », il conclut qu'« il ne reste plus qu'un seul champ d'action et d'expansion capable d'absorber toutes les forces sans emploi, et celui-là a l'avantage d'être inépuisable, au moins pour des siècles, c'est la terre, la terre nourricière de l'humanité féconde et éternelle, mère de toutes les industries qui ne feront en lui revenant que rentrer dans le sein d'où elles sont sorties[13] ».

L'idéologie agrarienne se trouve alors constituée. Le vocable « paysan » est réhabilité, et toutes les organisations agricoles l'utilisent entre les deux guerres. L'exploitation familiale en faire-valoir direct est valorisée, notamment par les catholiques sociaux et les radicaux. Les pouvoirs publics la favorisent, espérant ainsi stabiliser une population socialement composite et tentée par les mouvements contestataires au début du XXe siècle. La vie des terroirs est décrite avec ferveur dans les grandes thèses régionales de l'école de géographie française qui s'échelonnent de 1905 à 1960[14].

Après la Grande Guerre, les paysans étonnent leurs concitoyens en reconquérant le sol de la « zone rouge », labouré par la guerre, les obus et les tranchées, et d'abord considéré comme perdu. La « terre restauratrice » peut braver tous les cataclysmes. Aussi les pouvoirs publics reconnaissent-ils une certaine place aux agriculteurs dans la société en encourageant le crédit agricole (1920)[15], et en créant les chambres d'agriculture. La littérature agrarienne est à la mode dans le monde francophone : le Suisse Ramuz et le Canadien Louis Hémon (Maria Chapdelaine) trouvent une large audience en France. Les prix Goncourt vont à Alphonse de Chateaubriant et à Maurice Genevoix qui évoquent respectivement la Brière et la Sologne, en attendant de couronner une œuvre d'Henri Pourrat, conteur infatigable de l'épopée des montagnards du Massif central. Daniel Halévy visite Guillaumin et ses paysans du Centre [35]. Joseph de Pesquidoux révèle la sagesse profonde des cultivateurs de Gascogne : *Sur la glèbe* (1922), *Le livre de raison* (3 vol., 1925-1932). A un moment où, dans une autre optique — historienne et universitaire —, Marc Bloch entreprend de définir le jeu des lentes évolutions culturelles et sociales et des présupposés politiques dans *Les caractères originaux de l'histoire rurale*(1931) et

demande à Gabriel Le Bras de méditer sur *L'Église et le village*, la campagne française et son immuabilité trouvent leur historien avec Gaston Roupnel [34] tandis que Lucien Gachon réalise une vocation de géographe terrien et que l'agriculteur ardéchois Gustave Thibon se pose en maître à penser.

La crise des années trente favorise un durcissement des idéologies et des comportements, comme le montre par exemple l'évolution du *Progrès agricole* d'Amiens qui tire à 71 000 exemplaires à cette époque[16]. L'extrême droite diffuse une conception paternaliste et hiérarchique de la société issue de Le Play, La Tour du Pin et Maurras, et, dans les pays latins, le fascisme propose le modèle corporatiste. Louis Salleron, théoricien du corporatisme agricole, prône en 1937 une organisation professionnelle unitaire dans *Un régime corporatif pour l'agriculture*, ouvrage qui impressionne les dirigeants des syndicats agricoles.

Des mouvements paysans originaux et parfois turbulents progressent pendant la crise. Dès 1927, Gabriel Fleurant Agricola a fondé, en Auvergne, le Parti agraire et paysan français qui revendiquera huit élus en 1936. Surtout Henri d'Halluin, dit Dorgères, fondateur des Comités de défense paysanne en 1929, attire les foules paysannes, essentiellement celles des grandes plaines céréalières du Bassin parisien : tribun il dénonce les impôts, les assurances sociales, les scandales parlementaires, la bureaucratie, l'incurie administrative, la tyrannie des villes; organisateur de manifestations violentes (occupation de la préfecture de Chartres, par exemple), d'opérations de commandos, pour faire échec à des saisies, il frappe l'opinion. Il prône le retour à la terre, la restauration de l'artisanat rural, le vote familial. Dans les rassemblements, le service d'ordre porte la chemise verte : organisation fasciste ou plutôt « poujadisme avant la lettre » (Pierre Barral)? Sous Vichy, Dorgères, délégué à la propagande de la Corporation paysanne, refuse le fascisme et la collaboration [77]. On le retrouvera dans les eaux poujadistes sous la quatrième République.

## Le libéralisme économique

Divisés au début du siècle par la question religieuse, les libéraux se rapprochent en 1913 pour faire face au péril allemand, et élisent Poincaré à la présidence de la République. Fidèles au libéralisme économique mais, pour autant, le plus souvent protectionnistes, hostiles aux socialistes, adversaires de l'impôt progressif sur le

revenu, ils attirent la sympathie des milieux d'affaires. Leurs dirigeants ont été le plus souvent formés dans les facultés de droit et à l'École libre des sciences politiques; les plus illustres siégeront à l'Académie française. Alexandre Ribot et Raymond Poincaré ont recueilli la tradition orléaniste de juste milieu d'un Jules Dufaure, ministre sous Louis-Philippe et sous la deuxième République, ami de Thiers, président du Conseil en 1876 et en 1878. Le modèle anglo-saxon qui, sous divers aspects, a inspiré Guizot et Tocqueville, fournit alors une référence philosophique libérale avec Stuart Mill et Herbert Spencer; il suggère une réforme de l'éducation qui intéresse Ribot, et propose une organisation politique évoluant vers la démocratie par des réformes progressives qui feraient l'économie de révolutions. Paul Leroy-Beaulieu (1843-1916) a présenté aux lecteurs français, en 1900, *Les démocraties anglo-saxonnes*, nouvelles puissances du XXe siècle en formation dans le cadre de l'Empire britannique.

Bien qu'il soit le fondement de l'enseignement de nombreuses chaires d'Économie politique, le libéralisme économique a perdu de son prestige : l'ampleur des interventions des États pendant la Première Guerre mondiale l'a quelque peu discrédité; la crise des années trente semble le condamner. Cependant Jacques Rueff titre son article dans *X Crise* en 1934 : « Pourquoi malgré tout je reste libéral », et il conclut : « Toutes les turpitudes de notre régime, j'en ai trouvé les sources dans les interventions de l'État. »

Pendant les années vingt, la prospérité revenue avait fait croire à un retour de la Belle Époque. La querelle religieuse s'apaise et Charles Jonnart, président de l'Alliance démocratique, est le meilleur agent du rétablissement des relations avec le Saint-Siège[17]. Cependant, les séquelles du conflit subsistent : ainsi Poincaré gouverne-t-il avec le centre — Barthou, Leygues, Chéron — et le plus souvent avec les radicaux, laissant peu de place à la droite dans ses ministères.

La participation aux gouvernements de centre droit de la Fédération républicaine de Louis Marin reste assez limitée. Après 1924, celui-ci, patriote anti-allemand intransigeant, ne participe qu'à des gouvernements d'union nationale. Aussi la législature de la Chambre bleu horizon, orientée à droite (1919-1924), est-elle perçue comme un échec. Ensuite, sous des législatures dominées par la gauche, à l'exception de celle de 1928-1932, le centre revient au pouvoir au bout de deux ans pour faire face à une crise. Celle-ci est récurrente sous diverses formes : financière en 1926, parlementaire en 1934, internationale en 1938. En 1926, Poincaré,

entouré d'experts dont Jacques Rueff, restaure le franc et jouit d'un grand prestige jusqu'à sa retraite en 1929 : dans une législature orientée au centre droit, il laisse alors sa chance à André Tardieu.

Pendant les années trente, confrontés à une crise qui ronge la société et le régime, deux hommes de l'Alliance démocratique siégeant au centre droit se montrent profondément lucides, André Tardieu et Paul Reynaud. André Tardieu (1876-1945), grand bourgeois parisien, exceptionnellement doué, chroniqueur de politique étrangère au *Temps*, est un journaliste patriote qui dénonce le péril allemand et admire les États-Unis où il a séjourné. Après une guerre faite à l'état-major de Foch, puis en première ligne, il est nommé en 1917 haut-commissaire de la République française aux États-Unis. Collaborateur puis ministre de Clemenceau, en 1918-20, il est ministre de Poincaré en 1926, et trois fois président du Conseil de 1929 à 1932. Il réalise une œuvre sociale importante en promulguant la loi sur les assurances sociales, en instaurant la retraite du combattant et la gratuité de l'enseignement secondaire. Il crée un ministère de la Santé publique, lance un plan quinquennal d'outillage et d'équipement national et prévoit d'achever l'électrification des campagnes.

Après le 6 février, Gaston Doumergue confie la préparation de la révision constitutionnelle à Tardieu qui la préconise dans la *Réforme de l'État* (1934), mais les radicaux la rejettent. Tardieu durcit alors ses critiques dans *La révolution à refaire* (1936-1937). L'instabilité ministérielle paralyse l'action de l'État et rend le souverain captif d'une profession parlementaire exercée abusivement[18]. Tel qu'il fonctionne, le régime est à la fois non tolérable et non perfectible. Aussi Tardieu propose-t-il des réformes qui seront réalisées bien après la chute de la troisième République : référendum et vote des femmes introduits en 1945 et dans la Constitution de la quatrième République, renforcement de l'exécutif et extension du droit de dissolution, inscrits par Charles de Gaulle et Michel Debré dans la constitution de la cinquième République (1958).

L'autre homme d'État de l'Alliance démocratique, Paul Reynaud (1878-1966), est lui aussi peu écouté de son parti dirigé par Pierre-Étienne Flandin, qui se montre pacifiste face à Hitler ; il trouve une audience limitée parmi les parlementaires. Or Reynaud, spécialiste des finances et de l'économie, critique judicieusement la politique déflationniste de Flandin et de Laval en 1935, et la politique inflationniste du Front populaire en 1936. Ministre des Finances en novembre 1938, il redresse rapidement la situation économique. Président du Conseil pendant la guerre, de mars à

juin 1940, cet adversaire lucide de l'Allemagne hitlérienne est acquis aux idées du théoricien des blindés, le colonel de Gaulle : en pleine défaite, le 5 juin, il promeut celui-ci sous-secrétaire d'État à la Guerre et lui procure ainsi une légitimité politique qui lui permettra de rencontrer Churchill et de lancer l'Appel du 18 juin.

Pendant la crise des années trente, l'idée d'un libéralisme organisé, qui fait une place à une intervention mesurée de l'État, chemine. Si les théories de l'Anglais John Maynard Keynes, libéral à la recherche d'une politique de stabilité et de justice sociales, ne sont guère connues à droite, le New Deal de Franklin Roosevelt retient l'attention. Dès 1934, Georges Boris publie *La révolution Roosevelt*. L'idée technocratique selon laquelle les vrais problèmes ne sont pas d'ordre politique mais d'ordre technique progresse aux États-Unis et apparaît en France, notamment dans le groupe *X Crise* formé d'anciens polytechniciens sous la direction de Jean Coutrot.

Les exigences de l'économie de guerre conduiront les Alliés à confier à nouveau d'importantes fonctions à Jean Monnet, président du Comité de l'effort de guerre franco-britannique à Londres, en 1939. Et sous Vichy, certains prêteront d'énormes pouvoirs aux titulaires des ministères économiques du gouvernement Darlan : vrais directeurs de l'économie, ils constitueraient une puissante « synarchie » [88]. En réalité, crise et guerre obligent hommes politiques, administrateurs et milieux d'affaires, à travailler ensemble : libéralisme organisé, dirigisme ou technocratie ? Les dogmes libéraux souffrent à nouveau d'un certain discrédit.

### Non-conformisme et tentation fasciste

Les non-conformistes des années trente, confrontés à une série de crises, rejettent l'ordre établi, le capitalisme, le parlementarisme, la politique des partis. Se situant *Au-delà du marxisme* (Henri de Man, 1927) et *Au-delà du nationalisme* (Thierry Maulnier, 1938), ils refusent une société bourgeoise matérialiste et veulent entreprendre une révolution spirituelle. Ils souhaitent jeter les bases d'un monde nouveau où la personne humaine sera respectée. Prétendant surmonter le clivage droite-gauche, ils sont parfois difficiles à classer. Cherchent-ils pour la plupart à renouveler une tradition de droite autoritaire et sociale, comme le pense René Rémond, [9] ou sont-ils les héritiers d'une « droite révolutionnaire » d'avant 1914 et les protagonistes d'un fascisme français, comme le soutient Zeev

Sternhell [8]? En réalité, il convient de distinguer les groupes, d'évaluer les étapes, de tenir compte des cheminements divergents avant de porter un jugement d'ensemble.

Jean-Pierre Maxence, l'un de ces non-conformistes, commence ainsi son *Histoire de dix ans* (1927-1937) : « La France depuis dix ans vit une période de veulerie... qu'on fasse le bilan pour la France des dix années que nous venons de vivre : on trouve en balance un mot sordide, le mot crise, et qui les résume presque toutes entières. » [69]. Les jeunes intellectuels révoltés se groupent autour de quelques revues, *Réaction* (1930) de Jean Fabrègues, Robert Buron, André Piettre, rejoints par Jean-Pierre Maxence et Thierry Maulnier, est de souche maurrassienne : on rejette le libéralisme capitaliste dans un esprit traditionaliste, on refuse la décadence démocratique, on prône le retour aux valeurs et aux formes d'organisation de l'Ancien Régime. En 1936, Fabrègues, Maulnier, Maxence et l'antisémite Georges Blond publient *Combat* dont les positions sont encore plus tranchées. La revue *Ordre Nouveau* est née en 1933, d'un groupe d'élèves de l'École libre des Sciences politiques qui a publié, en 1930, un « Manifeste pour un ordre nouveau » et qui a rallié bientôt Arnaud Dandieu, Robert Aron, Daniel-Rops, Denis de Rougemont. Ce groupe se veut à la fois traditionaliste, révolutionnaire, socialiste, patriote et personnaliste[19]. Il médite sur la « décadence de la nation française », redoute « le cancer américain », et fonde sa réflexion sur trois axes : le personnalisme qui affirme la primauté de l'homme et refuse l'individu perdu dans la masse ; la révolution économique qui subordonnera la production à la consommation ; la décentralisation révolutionnaire et le fédéralisme. Très proche d'eux se situe alors l'équipe de la revue *Esprit*, fondée en 1932 par Emmanuel Mounier : critiquant le capitalisme, le parlementarisme et la démocratie bourgeoise, elle veut « refaire la Renaissance », et prône une révolution personnaliste et communautaire ; elle évoluera contre l'ordre établi, vers la gauche. Enfin, autour de la revue *Plans*, 19 intellectuels, appartenant à des courants variés, publient le *Plan du 9 juillet 1934*, préfacé par Jules Romains [52].

Avant la formation du Front populaire et la guerre d'Éthiopie (1935), les positions de la nouvelle génération ne sont pas nettement tranchées sur l'échiquier politique. La « guerre des manifestes » les oblige alors à choisir leur camp[20].

Avant 1935, les non-conformistes des années trente, comme les agrariens et, pour la plupart, les catholiques sociaux, ont été séduits par les modèles corporatistes de l'Italie mussolinienne et du Portu-

gal de l'« Estado novo » salazarien ; cet attrait laissera de fortes
traces. La restauration de l'État et l'organisation corporative ont
mis fin aux luttes des partis et aux conflits sociaux. Paul Valéry
séduit par le « tyran intelligent », analyse en 1934 avec sympathie
« l'idée de dictature » seule réponse qui puisse se former à la
rencontre de la pensée réfléchie et de la confusion des circonstances
publiques » dans la préface de l'ouvrage d'A. Ferro à la gloire de
Salazar (*Salazar, le Portugal et son chef*). En mai 1935, un congrès sur
les institutions corporatives, tenu à Rome, rassemble des délégués
d'*Ordre nouveau*, d'*Esprit*, de la Jeune droite issue de *Réaction* et de
l'*Homme nouveau*, organe néo-corporatiste fondé par Georges Roditi.
Le prestige de Mussolini est bientôt terni par sa politique belliqueuse et son alliance avec Hitler, mais celui de Salazar, régime
plus maurrassien et ouvertement catholique qui a bientôt Franco
pour émule, grandit à droite. Le gouvernement de Vichy, entre
1940 et 1942, voudra en partie s'inspirer du régime dictatorial,
paternaliste, conservateur et corporatiste de l'Estado Novo, proche
du maurrassisme [84].

Les non-conformistes croiseront, pour certains, le fascisme français, aux trois étapes de son histoire, étique au plan intellectuel,
mouvementée au plan organisationnel : moins dans les années
vingt, où le fascisme se limite au Faisceau de Georges Valois, que
dans les années trente où s'affirme le Parti populaire français de
Jacques Doriot et au début des années quarante où paradent les
divers imitateurs des vainqueurs [72].

Georges Valois, théoricien social de *L'Action française*, admire
Mussolini qu'il rencontre en 1923. Au temps du Cartel des
gauches, en 1925, il fonde contre « la barbarie asiatique » un parti
fasciste, le Faisceau, qui prétend s'inscrire dans la tradition révolutionnaire de 1789. Il entre en conflit avec Maurras, mais regroupe
des personnalités qui connaîtront les destinées les plus diverses :
Jacques Arthuys qui fondera dans la Résistance l'Organisation
civile et militaire ; Philippe Barrès et Jacques Debu-Bridel qui
deviendront gaullistes ; Hubert Bourgin, futur cagoulard ; Philippe
Lamour, futur technocrate ; Marcel Bucard, fondateur d'un autre
parti fasciste. Lui-même après avoir renoncé au fascisme face au
danger hitlérien et à l'évolution du régime mussolinien mourra en
déportation à Bergen-Belsen. En attendant, le succès politique de
Poincaré contribue à disperser les membres du Faisceau et calme
l'agitation des Jeunesses patriotes de Taittinger[21].

Pendant la crise des années trente, deux mouvements fascistes
sont créées, en 1933, par deux anciens combattants qui ont

travaillé avec le richissime parfumeur François Coty [73], directeur du *Figaro* et de *L'Ami du peuple* et admirateur de Mussolini : la Solidarité française de Jean Renaud et le Francisme de Marcel Bucard [76]. Le commandant Jean Renaud, ancien officier des troupes coloniales, fait manœuvrer quelques milliers de militants de Solidarité française qui saluent à la romaine et portent sur leur chemise bleue l'écusson orné du coq gaulois. Le 6 février 1934, ceux-ci manifestent au premier rang des émeutiers.

Entre-temps, en septembre 1933, Marcel Bucard avait fondé le Parti franciste, « mouvement d'action révolutionnaire ». Voulant être le Mussolini français, Bucard copie son modèle et, financé par le ministère italien de la Propagande en 1934-1935, il prône le rapprochement franco-italien. Le francisme ne dépassera guère 10 000 membres.

Beaucoup plus important est le Parti populaire français (PPF) de Jacques Doriot (1898-1945). Issu d'un milieu prolétarien, dirigeant communiste qui a connu la prison, les séjours à Moscou, les missions de l'Internationale, Doriot provient de l'extrême gauche et passe à l'extrême droite lorsqu'il est exclu du Parti communiste en 1934 [75]. Réélu à la mairie de Saint-Denis (1935), il fonde, en juin 1936, le PPF qui pratique le culte du chef et compte de 35 à 50 % d'ouvriers parmi ses 60 000 membres. Ce parti se fascise progressivement : appel des morts au début des cérémonies, revendication d'une Charte du travail, ralliement à l'antisémitisme quand Mussolini promulgue une législation d'exception (1938).

Des intellectuels maurrassiens rejoignent au PPF les ouvriers de Saint-Denis. Certains clercs, en effet, connaissent la « tentation fasciste ». Robert Brasillach, collaborateur de *Je suis partout*, fasciné par les parades nazies de Nuremberg (*Les sept couleurs*), présente le fascisme comme une poésie, une mystique [70]. Drieu la Rochelle incarne également ce romantisme fasciste [71]. Une imprégnation fasciste a marqué les cénacles littéraires et politiques qui écrivent dans *Je suis partout*, Maurice Bardèche, Lucien Rebatet, Thierry Maulnier, anciens de la Jeune Droite, ou dans des hebdomadaires antisémites à grand tirage, *Candide* et *Gringoire*. Cette séduction du fascisme explique le désarroi de ces intellectuels lors de la guerre de 1939 et le ralliement de beaucoup d'entre eux à la collaboration après la défaite française en 1940.

Si, en France, le fascisme n'a guère attiré les foules, il a donc séduit une fraction notable des intellectuels : à droite, l'anticommunisme pouvait les inciter à dépasser le nationalisme, à gauche, le pacifisme à négliger le patriotisme. Encore cette impré-

gnation fasciste peut-elle demeurer une énigme, du fait, répétons-le, de l'inanité théorique du fascisme français. La radicalisation de celui-ci au fil des années l'éloignera du terreau maurrassien et de sa nébuleuse de la droite révolutionnaire pour le conduire à n'être plus que le séide d'un totalitarisme étranger. La clé du ralliement au fascisme d'intellectuels souvent parmi les plus brillants de leur génération — que l'on veuille bien songer au grand critique Ramon Fernandez qui finira sa vie sous les oripeaux doriotistes — se trouve donc dans un effet de conjoncture politique, intellectuelle et morale, plus que dans la consistance théorique éventuelle du fascisme dont, en France, nombre d'éléments, aux premières heures, étaient puisés au fonds commun du nationalisme intégral ou conservateur.

En revanche, l'enracinement de la culture démocratique, l'influence des Églises et de l'École contribuent à expliquer non seulement l'allergie au fascisme de la très grande majorité des Français, mais également, dès avant l'issue du conflit mondial, que le fascisme fut non pas une lame de fond, mais un courant conjoncturel qui ne put faire souche, donc qui ne sut tracer un horizon nouveau.

*Vichy, une dictature pluraliste de droite*

Vichy est, pour l'historien des idéologies des droites, une fin de parcours. Car, à proprement parler, cette période marque la conduite en impasse de certaines logiques tracées depuis le tournant du siècle, sans pour autant tracer elle-même d'horizons nouveaux. En cela l'État français s'apparente au fascisme en France. Son legs consistera en un ramassis de nostalgies passéistes et hétéroclites, n'arrivant pas même, après la guerre, à cimenter longtemps en un bloc le député déchu pour avoir, le 10 juillet 1940, voté les pleins pouvoirs au Maréchal, l'élu local vichyssois soucieux de couler son mandat dans la tranquille conformité à l'État français, l'ancien combattant de la Grande Guerre, pétainiste bon teint par refus de continuer à se battre en juin 1940, le militant maréchaliste obsédé par le redressement moral d'une France frileusement quiète à l'ombre du drapeau à croix gammée ou le collaborateur enthousiaste de l'Europe aryenne nouvelle. Longtemps chacun croira pouvoir plaider la complémentarité de l'épée gaulliste de Londres et du bouclier pétainiste de Vichy; en réalité, très rapidement la redistribution des forces politiques après 1945 aura raison de ce legs nostalgique de l'État français, par l'amnistie

d'abord et le refoulement afférent de cet épisode, le plus souvent, ensuite, par l'absorption de chacun dans les rangs ou instances dirigeantes des partis et mouvements nouvellement créés ou rebaptisés, parfois, enfin, dans le cas de la droite extrême et populiste, par la revendication publique d'une fidélité au Vichy de Montoire, de la Milice, voire du Vel d'Hiv.

Vichy, en termes d'horizons idéologiques, est donc un aboutissement, mais accidentel et non pas nécessaire, diminué, car, de l'acceptation dès juin 1940 de l'armistice, sur la base d'une association souhaitée à l'ordre européen nazi dans la paix en vain réclamée à Hitler, à l'ultime mascarade de Sigmaringen, la pleine donne ne fut jamais à Vichy, ni à Paris, mais à Berlin. En cela, la volonté assumée du début à la fin par Pétain d'opérer une révolution nationale avec la tolérance, sinon toujours la bénédiction de l'occupant nazi, faussait la perspective des horizons idéologiques. D'où, insistons-y, la nécessité d'inscrire Vichy dans ces horizons, sans réduire ceux-ci à celui-là.

Le régime de Vichy est issu de la défaite de 1940. L'existence de la France semble compromise, ses grandes régions industrielles de l'Est et du Nord sont, de fait, annexées. Après la grande peur collective qui a entraîné l'exode de mai-juin 1940, d'autres craintes s'installent : le ravitaillement se révèle bientôt insuffisant ; pour les Français, c'est la hantise de la subsistance quotidienne et pour beaucoup d'entre eux, l'expérience de la faim. D'où ce repli sur le passé de la terre nourricière, sur la France rurale et les valeurs paysannes : « La terre, elle ne ment pas », proclame Pétain [81].

Vichy, c'est aussi la revanche sur le Front populaire de 1936, et pour certaines droites, sur la Révolution de 1789, c'est l'abandon de la République et de sa devise « Liberté, Égalité, Fraternité ». Le régime de l'État français, instauré dès le 11 juillet 1940, est autoritaire, antilibéral, antidémocratique. Le maréchal Pétain se donne des pouvoirs immenses : plénitude des pouvoirs constitutionnel, législatif et exécutif. Plusieurs siècles de droit public sont oubliés puisque le délit d'opinion, le délit d'appartenance avec rétroactivité, la censure réapparaissent et que Vichy, de son plein gré, promulgue des statuts d'exclusion sur des bases sociales. L'arbitraire règne, et tout fonctionnaire peut être révoqué sans explication. Cependant, ce régime, qui accepte la collaboration d'État après l'entrevue de Pétain et d'Hitler à Montoire le 24 octobre, n'adopte pas le modèle fasciste : il n'y aura ni parti unique, ni mouvement de jeunesse unique, ni volonté de contrebalancer le pouvoir de l'Église. Il ne se réduit pas aux seules droites puisque

des hommes venus du pacifisme de gauche se retrouvent à Vichy et que des hommes de droite — tels Paul Reynaud, Louis Marin, Henri de Kerillis, Georges Mandel [57] — en sont absents ou, tels de La Rocque, s'en éloignent bientôt.

Cependant, toutes les droites sont présentes à Vichy, et le régime revêt le caractère d'une « dictature pluraliste » si bien décrite par Stanley Hoffmann.

L'extrême droite semble donner le ton au nouveau régime. Maurras louera la « divine surprise » et sera pendant un temps, à Lyon, l'oracle que le nouveau personnel politique consulte. Il préconise une politique centrée sur « la France, la France seule », comme le réclame quotidiennement la manchette de *L'Action française*. Il en espère un assainissement en profondeur à l'abri de toute influence étrangère, une revanche sur la Révolution de 1789 et une restauration des élites sociales écartées par la démocratie qu'il déteste. Inconscient des contraintes et des menaces que l'occupation et la collaboration font peser sur les Français, Maurras règle ses comptes avec ses adversaires, hommes politiques de la troisième République, francs-maçons, juifs, et encourage un antisémitisme d'État qu'il prétend situer dans la tradition française. Il applaudit aux deux statuts des juifs, celui d'octobre 1940, préparé par le garde des Sceaux Alibert, et celui de juin 1941, et regrette que son émule Xavier Vallat, commissaire général aux Questions juives, ne les applique pas mieux [86]. Les journaux provinciaux de zone sud proches de *L'Action française* répandent l'antisémitisme, l'anglophobie, et diffusent les thèmes contre-révolutionnaires. Henri Massis, membre du Conseil national, combat à Vichy et dans la presse les idées des démocrates-chrétiens de plus en plus critiques à l'égard du régime.

En effet, les catholiques sociaux, après avoir majoritairement rejoint la Révolution nationale, se divisent à son sujet. Les uns, avec Louis Salleron, épousent le rêve d'une organisation corporatiste qui mettrait fin à la lutte des classes, et participent à la construction de la Corporation paysanne. Le paysan philosophe Gustave Thibon prône un traditionalisme organiciste qui croit opérer un « retour au réel ». A leur suite, le clergé, qui a souffert de l'anticléricalisme de nombreux élus républicains, appuie une reconstruction de la France fondée sur les valeurs paysannes, artisanales et familiales : il milite volontiers dans la Légion des combattants au point de lui donner parfois une allure cléricale et moralisatrice. Cependant, d'autres catholiques sociaux, après avoir participé aux réformes de la Révolution nationale, notamment dans les administrations de la

Famille et de la Jeunesse, prennent leurs distances en 1942 lors du retour de Laval à la tête du gouvernement. Enfin, le syndicalisme chrétien se détache de Vichy, ses dirigeants refusant le syndicat unique et rejetant la Charte du travail [27].

La droite agrarienne est choyée pendant les premières années : Pierre Caziot, le meilleur connaisseur des terres françaises, et Jacques Le Roy Ladurie occupent successivement le ministère de l'Agriculture : « La France redeviendra agricole et paysanne au premier chef » a annoncé le Maréchal, ce qui convient fort bien à une Allemagne très industrialisée. La propagande du régime encourage le retour à la terre, cherche à ressusciter le folklore et les arts populaires des diverses régions, se réfère à Sully, à Mistral, voire, modèle plus contemporain, au Portugal de Salazar.

Curieusement, ce rêve agrarien cohabite à Vichy, sous le gouvernement Darlan en 1941-1942, avec une forte présence d'une France industrielle et technocratique, comme l'a bien montré l'historiographie [88] : polytechniciens, administrateurs et hommes d'affaires travaillent ensemble dans les comités d'organisation professionnelle sous l'égide des Pierre Pucheu, Jean Bichelonne, Robert Gibrat, François Lehideux, pour faire face à la pénurie de matières premières et aux exigences allemandes. Prenant l'habitude de se concerter, ils élaborent des plans pour l'avenir.

En revanche, les libéraux ne trouvent guère leur place à Vichy si l'on excepte le bref intermède du gouvernement Flandin (décembre 1940 — février 1941). Quelques-uns d'entre eux tentent d'exercer une influence modératrice au Conseil national [87]. Les nationalistes ont certes accueilli avec sympathie la Révolution nationale, qui a repris leur slogan « Travail - Famille - Patrie », mais la politique de collaboration déroute beaucoup de dirigeants du Parti social français. Si la fidélité à Pétain a entraîné certains militants jusque dans les rangs de la Milice, le colonel de La Rocque et Jean Ybarnegaray, après s'être opposés efficacement à la création d'un parti unique en 1940, évoluent vers une certaine forme d'opposition, et finirent arrêtés et déportés par l'occupant.

Une dernière droite rêve de conquérir le pouvoir, la droite fasciste. De 1940 à 1942, dans Paris à l'heure allemande, elle milite à travers la presse et les formations politiques encouragées par l'occupant. Cependant, si *Je suis partout* est devenu l'organe d'une droite intellectuelle collaboratrice fascisante et dénonciatrice de juifs avec Robert Brasillach, Pierre Drieu la Rochelle, ou Pierre-Antoine Cousteau..., les principaux chefs fascistes qui conservent une certaine audience, ont poussé sur un autre terreau : celui de

l'anticapitalisme révolutionnaire et de l'antiparlementarisme, qui, par radicalisation, les vit au début des années trente, naître à gauche, pousser, au milieu de la décennie, dans le refus de la division des partis et croître, à la veille de la guerre, à l'ombre des modèles fascistes : Jacques Doriot, à l'origine dirigeant communiste, Marcel Déat, autrefois figure respectable du socialisme [74]. Cette droite arrive au pouvoir à Vichy après que le gouvernement de Pétain a perdu ses derniers atouts — armée, flotte, Empire — et lorsque l'opinion s'en détache. Joseph Darnand, Philippe Henriot et Marcel Déat entrent dans un gouvernement Laval de plus en plus discrédité au début de 1944, et réduit au rôle, qu'ils exécutent jusqu'au bout, d'auxiliaire français de la police nazie.

Que Vichy ait été une dictature pluraliste *de* droites, et non *des* droites, faute d'avoir pu rallier dans leur ensemble leurs dirigeants, leurs élites et leurs militants, souligne à sa manière que la France libre du général de Gaulle sut, elle aussi, mais dans une mesure moindre que l'État français, gagner à sa cause des hommes des droites. Encore ces ralliements s'inscrivaient-ils dans un rassemblement qui excédait largement leurs frontières d'origine.

Disciple de Barrès et de Péguy plus que de Maurras, de Gaulle accueille, à l'encontre de Vichy, l'héritage de toute l'histoire de France, celui de l'Ancien Régime et celui de la Révolution. Et dès 1940, viennent à lui un Thierry d'Argenlieu, un Philippe Leclerc de Hauteclocque, un Honoré d'Estienne d'Orves, mais aussi un Georges Catroux, un René Cassin, les pêcheurs de l'île de Sein, et des « gueux », accourus de tous les horizons. René Cassin constate en 1941 : « Nous ne sommes pas au service de conceptions politiques. La France des Croisades et de Saint Louis, la France de Jeanne d'Arc, la France des droits de l'homme se retrouvent dans nos soldats. »

Jusqu'en 1942-1943, de Gaulle, personnage d'autant plus intransigeant qu'il est faible — l'opinion publique en France ne basculant contre Vichy que progressivement —, divise plus qu'il ne rassemble. Il décide seul en fait, et autour de lui se développe une mystique du chef. Ce général, qui semble incarner une droite nationaliste, autoritaire et militaire, inquiète bon nombre de libéraux et d'hommes de gauche qui refusent de cautionner un apprenti dictateur. A Londres, en 1943 encore, Raymond Aron voit se profiler derrière Charles de Gaulle « l'ombre des Bonaparte » et craint qu'il n'impose un césarisme plébiscitaire [102].

En réalité, au cours de l'année 1942 l'autorité du général de Gaulle sur la Résistance intérieure s'affermit grâce à Jean Moulin

et aux socialistes Christian Pineau, Pierre Brossolette et André Philip. Prenant acte des rebuffades des notables et du ralliement partiel du petit peuple, le discours du chef de la France libre évolue. Dans son message à la Résistance, le 23 juin 1942, il promet l'élection d'une Assemblée nationale. L'opposition à Vichy devient encore plus profonde lorsque, après le débarquement en Afrique du Nord en novembre 1942, les Américains traitent avec l'amiral Darlan, puis, après la mort de François Darlan, avec le général Giraud. Or, le giraudisme tente ultimement de conjuguer Révolution nationale et Libération nationale. De Gaulle resserre alors les liens avec la Résistance intérieure et organise avec Jean Moulin un Conseil national de la Résistance dans lequel les anciens partis politiques et les syndicats ouvriers résistants sont représentés de manière que tout l'éventail politique français se déploie derrière lui. De Gaulle, qui rassemble les Français des communistes aux amis de Louis Marin, annonce la prochaine victoire des démocraties contre le totalitarisme. Il promet l'élection d'une représentation nationale élue au suffrage universel, le rétablissement des libertés fondamentales, des lois de la République et du régime républicain.

Les décisions prises ou annoncées à Alger montrent que les conceptions de De Gaulle sont alors fort proches du programme des démocrates-chrétiens influents dans la Résistance intérieure, dirigée par Georges Bidault après l'arrestation et la mort en 1943 de Jean Moulin : grandes réformes sociales [103], politique familiale, vote des femmes, référendum, projets de renforcement de l'exécutif et d'organisation d'un Conseil économique et social. L'exercice du pouvoir après la Libération mettra à l'épreuve ce rapprochement entre de Gaulle et les démocrates-chrétiens. Finalement, de Gaulle réalisera une partie de son programme de réformes politiques et sociales avec les démocrates-chrétiens en 1944-1945 et en 1958, et une autre partie contre eux en 1962.

En 1945, les droites se trouvent sérieusement discréditées. Leurs chefs sont souvent frappés d'inéligibilité comme parlementaires ayant voté les pleins pouvoirs au maréchal Pétain le 10 juillet 1940. Tandis que les adhérents du Parti populaire français de Doriot se sont engagés dans la collaboration, les membres de la seule grande formation de masse de droite, le Parti social français, ont été assez peu présents dans la Résistance, malgré la déportation du colonel de La Rocque. Les idées des droites semblent dépassées : le souci de renforcer l'exécutif devient suspect après le régime

autoritaire de Vichy; le libéralisme économique et social paraît désuet après les souffrances de l'occupation et les scandales du marché noir et à l'heure des nationalisations et de la Sécurité sociale prévues par le programme du Conseil national de la Résistance. Une seule formation résistante de droite, l'Organisation civile et militaire, parvient à faire passer quelques-unes de ses idées dans ce programme [104]. En 1945, les droites semblent donc plonger dans une longue crise de leurs référents idéologiques.

YVES-MARIE HILAIRE

## Bibliographie

*Le nationalisme français.*

[1] RAOUL GIRARDET, *Le nationalisme français*, Paris, A. Colin, 1966, rééd. Le Seuil, 1983, recueille et présente les textes essentiels.
Deux articles de Raoul Girardet éclairent la sociologie et l'évolution du nationalisme :

[2] « La Ligue des patriotes dans l'histoire du nationalisme français », *Bulletin de la Société d'histoire moderne*, vol. 57, n° 6, 1958.

[3] « Pour une introduction à l'histoire du nationalisme français », *Revue française de science politique*, 8 (3), sept. 1958, p. 505-528.

[4] JEAN-PIERRE RIOUX, *Nationalisme et conservatisme, La Ligue de la Patrie française, 1899-1904*, Paris, Beauchesne, 1977.

[5] EUGEN WEBER, *The nationalist revival in France : 1905-1914*, Berkeley, Los Angeles, University of California Press, 1968.
Les aspects littéraires du nationalisme ont été évoqués dans un ouvrage classique :

[6] CLAUDE DIGEON, *La crise allemande de la pensée française (1870-1914)*, Paris, PUF, 1959.
Sur une interprétation du phénomène nationaliste :

[7] ROBERT SOUCY, *Facism in France : the case of Maurice Barrès*, University of California, 1972 et

[8] ZEEV STERNHELL, *La droite révolutionnaire, Les origines françaises du fascisme, 1885-1914*, Paris, Le Seuil, 1978, interprétation débattue par :

[9] RENÉ RÉMOND, *Les droites en France*, Paris, Aubier, rééd. 1982, et Pierre Milza [66].

[10] L'enquête d'Agathon (HENRI MASSIS et ALFRED DE TARDE), *Les jeunes gens d'aujourd'hui*, Paris, 1913, évoque le réveil du sentiment national.

[11] JEAN-JACQUES BECKER, 1914, *Comment les Français sont entrés dans la guerre*, Paris, Presses de la FNSP, 1977, montre que les conclusions de cette première enquête d'opinion méritent d'être pour le moins nuancées.

## Maurice Barrès.

Sur le nationalisme, on lira :
[12] ZEEV STERNHELL, *Maurice Barrès et le nationalisme français*, Paris, FNSP, A. Colin, 1972.
Sur l'écrivain :
[13] JEAN-MARIE DOMENACH, *Barrès par lui-même*, Paris, Le Seuil, 1957.
[14] *Maurice Barrès*, Actes du colloque organisé par la Faculté des Lettres et des Sciences humaines de l'Université de Nancy, Nancy, 1963 (*Annales de l'Est* n° 24).

## Charles Péguy.

[15] DANIEL HALÉVY, *Péguy et les Cahiers de la quinzaine*, Paris, Grasset, 1941.
[16] PIE DUPLOYÉ, *La religion de Péguy*, Paris, Klincksieck, 1965.
[17] GÉRALDI LEROY, *Péguy entre l'ordre et la Révolution*, Paris, Presses de la FNSP, 1981.

## Georges Bernanos.

[18] SERGE ALBOUY, *Bernanos et la politique*, Toulouse, Privat, 1980.

## Charles Maurras.

Les textes les plus importants :
[19] *Enquête sur la monarchie* (1900-1903) et
[20] *Mes idées politiques* (1937) ont été réédités en 1968 aux éditions Fayard.
Les deux ouvrages fondamentaux sont :
[21] EUGEN WEBER, *L'Action française*, Paris, Stock, 1964, 2ᵉ édition, Fayard, 1985.
[22] VICTOR NGUYEN, *Aux origines de l'Action française. Intelligence et politique à l'aube du XXᵉ siècle*, Paris, Fayard, 1991; voir également bibliographie dans Victor Nguyen, « Situation des études maurrassiennes », *Revue d'Histoire moderne et contemporaine*, oct.-déc. 1971, p. 503-538, et
[23] dans les Actes des Colloques du Centre Charles Maurras d'Aix-en-Provence paraissant dans *Études maurrassiennes*.
Sur la formation de la pensée de Maurras,
[24] LÉON S. ROUDIEZ, *Maurras jusqu'à l'Action française*, Paris, André Bonne, 1957.
[25] JAMES MAC CEARNEY, *Maurras et son temps*, Paris, Albin Michel, 1977, montre comment son idéologie s'est constituée puis figée.
[26] PIERRE NORA, « Les deux apogées de l'Action française », *Annales, Économies, Sociétés, Civilisation*, 1964, 1, p. 127-141, éclaire les vicissitudes du mouvement.
[27] Sur les rapports entre Maurras et les catholiques, en attendant l'achèvement de la thèse de Jacques Prévotat, voir les pages de PRÉVOTAT dans CHOLVY et HILAIRE, *Histoire religieuse de la France contemporaine*, Toulouse, Privat, tome II, 1986, p. 126-138 et 294-313, et tome III, 1988, p. 62-66 et 80-81, et consulter :

[28] MICHAEL SUTTON, *Nationalism, Positivism and Catholicism, the Politics of Charles Maurras and French catholics, 1890-1914*, Cambridge University Press, 1982.
L'influence de l'Action française sur la jeunesse est évoquée par :

[29] JEAN-FRANÇOIS SIRINELLI, dans *Génération intellectuelle*, Paris, Fayard, 1988, p. 220-244 et à travers les témoignages autobiographiques de

[30] PHILIPPE ARIÈS, *Le temps de l'histoire*, Monaco, Éd. du Rocher, 1954 et

[31] *Un historien du dimanche*, Paris, Le Seuil, 1980.

## Les agrariens.

Un ouvrage essentiel :

[32] PIERRE BARRAL, *Les agrariens français de Méline à Pisani*, Paris, A. Colin, 1968.
Une mise au point récente :

[33] ANNIE MOULIN, *Les paysans dans la société française de la Révolution à nos jours*, Paris, Le Seuil, 1988.
Deux livres pénétrants sur les mentalités :

[34] GASTON ROUPNEL, *Histoire de la campagne française*, 1932, rééd., Plon, 1975.

[35] DANIEL HALÉVY, *Visites aux paysans du Centre*, Grasset, 1935.
On consultera également :

[36] GEORGES DUBY et ARMAND WALLON, Histoire de la France rurale, tomes II et IV, Paris, Le Seuil, 1976.

## Les catholiques sociaux.

Vues d'ensemble et délimitations dans :

[37] JEAN-MARIE MAYEUR, *Catholicisme social et démocratie chrétienne, Principes romains, expériences françaises*, Paris, Le Cerf, 1986.
Ouvrage général situé dans un cadre européen :

[38] JEAN-MARIE MAYEUR, *Des partis catholiques à la démocratie chrétienne, XIXᵉ-XXᵉ siècles*, Paris, A. Colin, 1980.
Dans le cadre français :

[39] FRANÇOIS-GEORGES DREYFUS, *Histoire de la démocratie chrétienne en France*, Albin Michel, 1988.
Les textes sociaux des papes sont rassemblés par :

[40] DENIS MAUGENEST, *Le discours social de l'Église catholique de Léon XIII à Jean-Paul II*, Paris, Centurion, 1984.
Trois livres fondamentaux sur l'entre-deux-guerres :

[41] JEAN-CLAUDE DELBREIL, *Centrisme et démocratie chrétienne en France, Le Parti démocrate populaire des origines au MRP, 1919-1944*, Paris, Publications de la Sorbonne, 1990.

[42] MICHEL LAUNAY, *La CFTC, origines et développement, 1919-1940*, Paris, Publications de la Sorbonne, 1986.

[43] RENÉ RÉMOND, *Les catholiques dans la France des années trente*, Paris, Cana, 1979.
Sur le rôle des catholiques dans la législation sociale :

[44] YVES-MARIE HILAIRE, « Les catholiques sociaux précurseurs de la législation sociale en France (1840-1940) », dans *Exigences chrétiennes et droits de l'entreprise*, VIᵉ colloque national des juristes catholiques, Paris, Tequi, 1987, sujet sur lequel les Actes des colloques pour le centenaire de l'encyclique *Rerum Novarum* de Lille et de Lyon apporteront des précisions. Ceux du colloque de Lille ont paru dans *Revue du Nord*, avril-sept 1991, p. 227-554.
Sur les principales personnalités :

[45] PHILIPPE LEVILLAIN, ALBERT DE MUN, *Catholicisme français et catholicisme romain du Syllabus au ralliement*, École française de Rome, 1983.

[46] JEAN-MARIE MAYEUR, *Un prêtre démocrate, l'abbé Lemire (1853-1920)*, Paris, Casterman, 1968.

[47] HENRY BARS, *La politique selon Jacques Maritain*, Paris, Éd. Ouvrières, 1961.

[48] RENÉ RÉMOND, « Jacques Maritain et les années trente », *France-Forum*, n° 187-188, avril-mai 1981.

## L'entre-deux-guerres.

Sur les années vingt, un précieux répertoire :

[49] GEORGES BOURGIN et JEAN CARRÈRE, *Manuel des partis politiques en France*, Paris, Rieder et Cie, 1924; 2ᵉ édition avec la collaboration d'A. GUÉRIN, 1928.

[50] ALBERT THIBAUDET, *Les Princes lorrains*, Paris, Grasset, 1924 : Un essai sur trois patriotes des marches de l'Est, Barrès, Poincaré, Lyautey.

Les années trente sont caractérisées par l'irruption des non-conformistes :

[51] JEAN TOUCHARD, « L'esprit des années trente » in *Tendances politiques dans la Vie française depuis 1789*, Paris, Hachette, 1960.

[52] JEAN-LOUIS LOUBET DEL BAYLE, *Les non-conformistes des années 1930, Une tentative de renouvellement de la pensée politique française*, Paris, le Seuil, 1969.

Sur le premier grand parti de masse de droite, en attendant le livre de Janine Bourdin sur les Croix-de-Feu, une seule étude d'ensemble :

[53] PHILIPPE AUDAUX, *Les Croix-de-Feu et le PSF*, Paris, 1967.

Sur les doctrines économiques à la veille de la guerre, une claire mise au point :

[54] GAÉTAN PIROU, *Néo-libéralisme, néo-corporatisme, néo-socialisme*, Paris, Gallimard, 1939.

## Les libéraux.

Les études étant rares, il faut se reporter aux Mémoires :

[55] RAYMOND POINCARÉ, *Au service de la France*, Paris, Plon, 11 vol., 1926-1974.

[56] PAUL REYNAUD, *Mémoires*, Paris, Flammarion, tome I, *Venu de ma montagne*, 1960; Tome II, *Envers et contre tous, 1936-1940*, 1963.

Parmi les autres travaux :

[57] JEAN-NOËL JEANNENEY, *Georges Mandel, l'homme qu'on attendait*, Paris, Le Seuil, 1991.

[58] JEAN-NOËL JEANNENEY, *François de Wendel en République, L'argent et le pouvoir (1914-1940)*, Paris, Le Seuil, 1976.

[59] LOUIS AUBERT, Ivan Martin, Michel Missoffe, François Pietri, Alfred Pose, *André Tardieu*, Paris, Plon, 1957.

[60] RUDOLPH TARDIEU, *Defeated leaders, The political fate of Caillaux, Jouvenel and Tardieu*, New York, 1960.

[61] NICOLAS ROUSSELLIER, « André Tardieu et la crise du constitutionnalisme libéral (1933-1934) », *Vingtième siècle. Revue d'histoire*, n° 21, janvier-mars 1989, p. 57-70.

[62] OLIVIER GAUDRY, *Henri De Kerillis*, Mémoire IEP, Paris, 1966.

[63] DAVID IRVINE, *French conservatism in crisis : The Republican Federation of France in the 1930's*, Bâton Rouge, 1979.

## Un fascisme français?

Le débat sur l'ampleur du phénomène fasciste en France a été relancé par :

[64] ZEEV STERNHELL, *Ni droite ni gauche. L'idéologie fasciste en France*, Paris, Le

Seuil, 1983 ; après que cet auteur eut cherché les origines du fascisme français avant 1914 [8] et [12], à la suite de Robert Soucy [7] et de :

[65] ERNST NOLTE, *Three faces of fascism : Action française, Italian fascism, National Socialism*, New York, 1966, édition originale en allemand, Munchen, 1963; traduction française, *L'Action française*, Paris, 1970.

Cette thèse a été contestée par René Rémond [9] et par :

[66] PIERRE MILZA, *Fascisme français, passé et présent*, Paris, Flammarion, 1988, dont le chapitre I « Les éléments du débat » (p. 11-59) constitue une excellente mise au point.

Un ouvrage pionnier qui minimise le phénomène fasciste :

[67] JEAN PLUMYÈNE et RAYMOND LASIERRA, *Les fascismes français, 1923-1963*, Paris, Le Seuil, 1963.

Une introduction fort pertinente :

[68] PHILIPPE MACHEFER, *Ligues et fascismes en France, 1919-1939*, Paris, PUF, 1974.

Trois témoignages sur une histoire et une mentalité :

[69] JEAN-PIERRE MAXENCE, *Histoire de dix ans 1927-1937*, Paris, Gallimard, 1939.

[70] ROBERT BRASILLACH, *Notre avant-guerre*, Paris, Plon, 1941.

[71] PIERRE DRIEU LA ROCHELLE, *Chronique politique (1934-1942)*, Paris, Gallimard, 1943.

Un journal d'extrême droite a été bien étudié :

[72] PIERRE-MARIE DIOUDONNAT, *Je suis partout 1930-1944, Les maurrassiens devant la tentation fasciste*, Paris, La Table Ronde, 1973.

Le rôle d'un financier et patron de presse d'extrême droite a été observé par :

[73] FRED KUPFERMAN, *François Coty, journaliste et homme politique*, thèse 3ᵉ cycle, Paris, Sorbonne, 1965, 2 vol. dactylo.

Deux ouvrages importants sur l'apport des hommes de gauche au fascisme :

[74] PHILIPPE BURRIN, *La dérive fasciste, Doriot, Déat, Bergery*, Paris, Le Seuil, 1986.

[75] JEAN-PAUL BRUNET, *Jacques Doriot*, Paris, Balland, 1986.

Les dirigeants de l'extrême droite ont été étudiés :

[76] ALAIN DENIEL, *Bucard et le francisme*, Paris, Éd. Jean Picollec, 1979.

[77] PASCAL ORY, *Les Collaborateurs 1940-1945*, Paris, Le Seuil, 1977.

## Vichy, revanche des droites ?

Sur l'établissement et les caractères du régime de Vichy, le témoignage du président du Sénat :

[78] JULES JEANNENEY, *Journal politique, sept. 1939 à juil. 1942*, Paris, A. Colin, 1972, édition établie par Jean-Noël Jeanneney.

Et les analyses de deux grands politologues :

[79] ANDRÉ SIEGFRIED, *De la IIIᵉ à la IVᵉ République*, Paris, Grasset, 1956.

[80] STANLEY HOFFMANN, « Quelques aspects du régime de Vichy », *Revue française de Science politique*, VI, janv.-mars 1956, repris dans *Essais sur la France, Déclin et renouveau*, Paris, Le Seuil, 1974.

[81] Un recueil récent de textes : Pétain, *Discours aux Français*, Paris, Albin Michel, 1989.

La meilleure introduction d'ensemble reste :

[82] JEAN-PIERRE AZÉMA, *De Munich à la Libération, 1938-1944*, Paris, Le Seuil, 1979.

Deux colloques, l'un de la FNSP en 1970, l'autre du CNRS, en 1990 concernent le domaine idéologique :

[83] *Le gouvernement de Vichy, 1940-1942*, Institutions et politiques, sous la direction de René Rémond, Paris, FNSP, 1972.

[84] *Le régime de Vichy et les Français*, sous la direction de Jean-Pierre Azéma et François Bédarida, avec la collaboration de Denis Peschanski et Henry Rousso, Fayard-Institut d'histoire du temps présent, 1992.

L'influence des maurrassiens est soulignée dans :

[85] OLIVIER WORMSER, *Les origines doctrinales de la Révolution nationale*, Paris, Plon, 1971.

[86] FRÉDÉRIC OGÉ, *Le journal* l'Action française *et la politique intérieure du gouvernement de Vichy*, IEP, Toulouse, 1984.

Le rôle des libéraux est évoqué dans :

[87] MICHÈLE COINTET, *Le Conseil national de Vichy, vie politique et réforme de l'État en régime autoritaire, 1940-1944*, thèse, Paris X, 1984, Paris, Aux amateurs de livres, 1989.

Le rôle des technocrates a été étudié avec des accents divers par :

[88] ROBERT PAXTON, *La France de Vichy, 1940-1944*, Paris, Le Seuil, 1973, ouvrage classique qui relança en France les débats et recherches sur Vichy.

[89] FRANÇOIS-GEORGES DREYFUS, *Histoire de Vichy*, Paris, Perrin, 1990, synthèse visant à défendre la thèse — largement disputée par les historiens — d'une complémentarité de Gaulle-Pétain.

Sur les catholiques à Vichy et à Londres, voir YVES-MARIE HILAIRE dans *Histoire religieuse de la France contemporaine*, tome III, Toulouse, Privat, 1988, p. 73-85 et la bibliographie correspondante p. 503-505 [27].

Sur la dérive fasciste de Vichy, la formulation du problème :

[90] JEAN-PIERRE AZÉMA, *La collaboration (1940-1944)*, Paris, PUF, 1975.

[91] MICHÈLE COINTET-LABROUSSE, *Vichy et le fascisme*, Bruxelles, Complexe, 1987.

[92] YVES DURAND, *Vichy, 1940-1944*, Paris, Bordas, 1972.

[93] PASCAL ORY, *La France allemande*, Paris, Gallimard, 1976; que l'on complète par l'étude au plan des mobiles chez les principaux acteurs :

[94] HENRI MICHEL, *Pétain, Laval, Darlan, trois politiques?* Flammarion, 1973.

[95] HERBERT LOTTMAN, *Pétain*, Paris, Le Seuil, 1983.

[96] MARC FERRO, *Pétain*, Paris, Fayard, 1987.

[97] HERVÉ COUTAU-BÉGARIE et CLAUDE HUAN, *Darlan*, Fayard, 1989, livre trop apologétique.

Trois ouvrages importants sur les discriminations antimaçonniques et anti-sémites et leurs conséquences :

[98] MICHAEL R. MARRUS et ROBERT PAXTON, *Vichy et les juifs*, Paris, Calmann-Lévy, 1981.

[99] SERGE KLARSFELD, *Vichy-Auschwitz*, Paris, Fayard, 2 vol., 1983 et 1985.

[100] DOMINIQUE ROSSIGNOL, *Vichy et les francs-maçons*, Paris, J.-C. Lattès, 1981.

## Le gaullisme de guerre.

En attendant la parution des Actes des colloques de 1990 :

[101] JEAN TOUCHARD, *Le gaullisme, 1940-1969*, Paris, Le Seuil, Points Histoire, 1978.

[102] JEAN LACOUTURE, *De Gaulle*, Tome I, *Le rebelle (1890-1944)*, Paris, Le Seuil, 1984.

La thèse de l'influence du catholicisme social sur la pensée gaullienne est développée par F.G. Dreyfus [39]. On trouvera dans :

[103] *La Politique sociale du général de Gaulle*, Actes du colloque de Lille, 8 et 9 décembre 1969, avant-propos de Jean-François Sirinelli, Centre d'Histoire de la région du Nord, Lille, 1990, l'expression des réserves de Philippe Levillain : « La pensée sociale du général de Gaulle face à l'héritage du catholicisme social », p. 41-50 et les observations de Michèle Cointet, « La guerre et la pensée sociale du général de Gaulle », p. 51-68.

Sur l'organisation civile et militaire :

[104] ARTHUR CALMETTE, *L'OCM*, Paris, 1961.

## CHAPITRE IX

# 1945-1992
## *La crise des référents*

Les horizons idéologiques des droites se sont fixés pour l'essentiel au cours de ce long XIXᵉ siècle, tel que l'entendent les historiens, à savoir de 1789 à 1914. Les années trente, avec l'émergence du fascisme et du nazisme aux frontières de la France, pousseront à leur extrême, dans quelques fractions des droites, certaines logiques de ces idéologies ; elles ne marqueront cependant pas l'irruption d'innovations majeures dans le domaine des idées. Aussi peut-on craindre que le régime idéologique des droites depuis 1945 ne soit marqué pour certains du sceau d'un éternel retour. Assurément, la tentation peut être forte de dégager des horizons idéologiques des droites, tels qu'en eux-mêmes le XIXᵉ siècle les changea, quelques figures majeures de l'appréhension et de la maîtrise du politique par ces familles, afin, ensuite, de les appliquer au devenir des droites à l'époque contemporaine. Ainsi pourrions-nous dire que les droites gouvernent ou gèrent les crises selon les trois modèles de la Restauration, de la mobilisation volontariste de communautés affectives (la nation, la patrie, le peuple) et du juste milieu. Encore faudra-t-il alors référer ces trois figures à des sensibilités politiques particulières qui, selon les périodes historiques, les portent ou s'y expriment. Mais ces mêmes sensibilités politiques diversement constitutives des droites agissent, évoluent et s'incarnent chaque fois dans un contexte historique qu'il convient de comprendre. Chaque contexte est un complexe de circonstances immédiates, de volontés des hommes, d'actions dictées par des valeurs propres, d'intérêts nourris par des groupes sociaux. Entendu ainsi, la notion de contexte permet de nouer ensemble, selon les cas, une crise politique qui marque apparemment une rupture, un état particulier d'une société marquée par des continuités et des références idéolo-

giques qui entendent s'enraciner dans celle-ci pour trancher celle-là.

On perçoit dès lors le paradoxe des horizons idéologiques des droites depuis 1945 : en apparence, il n'est plus d'idées neuves, les droites ont pour identité le legs du long XIX$^e$ siècle et pourtant elles gouvernent une société en plein bouleversement où s'effondre le socle même de leurs valeurs et de leurs références. Comment comprendre une telle situation idéologique?

Quelques mois après la réélection en 1988 de François Mitterrand à la présidence de la République, un essai fut publié sous le titre : *Droite année zéro*[1]. Si nous considérons la période qui va de 1945 à 1992, par deux fois au moins les droites se sont trouvées confrontées à l'épreuve d'un passage à vide qui a semblé leur interdire plus ou moins durablement toute perspective d'avenir. Dans les faits, 1988 est la deuxième année zéro des droites françaises; à la Libération, elles avaient également connu le désastre. Encore faut-il ajouter que si 1988 est marquée par la déroute des ambitions présidentielles des droites, celles-ci s'en tirent convenablement lors des élections législatives qui suivent la réélection de François Mitterrand. En 1945, au contraire, elles paraissaient anéanties, exclues de toute participation aux débats idéologiques de l'immédiat après-guerre. Le mot même de droite stigmatisait les gens auxquels il était appliqué. Collaborateurs ou, au moins, vichystes, les gens de droite, dans les années d'après la Libération, sont des suspects sinon des maudits. La réprobation et la vindicte qui s'abattent sur les personnes impliquent une condamnation globale sanctionnant non seulement les organisations réputées de droite (partis et ligues visés par la dénomination fourre-tout de « fascistes ») mais aussi les « familles spirituelles », les traditions culturelles et idéologiques dont relèvent ces diverses familles.

Pourtant ces droites dont les membres semblaient condamnés au statut d'exilés de l'intérieur, donnent très rapidement la preuve de leur capacité à survivre et à renaître. Dès 1947 on voit réapparaître dans les conseils du gouvernement plusieurs de leurs dirigeants. Le retour des communistes à une opposition que traduisent en 1947-1948 les grèves « insurrectionnelles » oblige les socialistes et les démocrates-chrétiens, associés dans des coalitions de troisième force, à négocier le concours des modérés. Petit à petit quelques thèmes de la rhétorique des droites recouvrent pertinence et légitimité. Tout au long de la quatrième République, les droites refont surface. Elles se reconstruisent une identité. En même temps se recomposent dans leur variété traditions et héritages. En 1958, lors

du retour du général de Gaulle, les droites avaient récupéré l'essentiel de leurs positions électorales et parlementaires, les intérêts auxquels elles donnaient expression et représentation avaient pour l'essentiel été préservés, malgré les coups portés par l'Épuration et l'euphorie de la Libération.

Il est vrai que l'influence des droites dans l'ordre intellectuel demeurait limitée : elles n'alignaient point de penseurs dont le prestige puisse balancer celui de l'indépassable Sartre. Bref, l'air du temps ne soufflait pas dans leur sens. A cette seule exception — de taille, il est vrai —, les droites étaient à peu près rentrées dans leurs meubles.

L'identification comme l'histoire idéologique et culturelle des droites contemporaines ne s'écrivent donc nullement selon une trame chronologique linéaire et continue, mais en termes de hautes et basses eaux, de ruptures et de reprises, de déplacements et de continuités. L'une comme l'autre révèlent surtout une remarquable aptitude à perdurer de tout un ensemble de références, sinon cohérentes, du moins fixes vers lesquelles se tourne une fraction remarquablement constante de l'électorat et de l'opinion : c'est ce que j'appelle les *traditions* et héritages constitutifs des droites.

L'intelligence des horizons idéologiques des droites depuis 1945 devrait se fonder moins sur la tripartition dynastique proposée autrefois par René Rémond — légitimisme, orléanisme, bonapartisme —, qui réfère trop, me semble-t-il, à la seule question du régime politique à instaurer, que sur une tripartition en termes de sensibilités culturelles plus encore que de loyautés politiques : conservateurs, modérés, populistes.

L'emploi du terme tradition présente quelques avantages. Il suggère d'abord une continuité, une filiation, mais également certaines altérations, par enrichissement et par appauvrissement, par innovation et par caducité. Je ne prétends aucunement que ces traditions fussent pour ceux qui s'en réclamaient des réponses particulièrement adaptées aux problèmes — ou aux défis — de la société postrévolutionnaire, encore moins qu'elles « refléteraient » les intérêts de catégories économiques particulières, à l'encontre de Karl Marx qui voyait dans le légitimisme l'idéologie de la grande propriété foncière et dans l'orléanisme l'expression politique du capitalisme industriel et financier. Il me semble seulement que les trois traditions des droites françaises peuvent s'interpréter comme étant à l'origine des réponses plus ou moins pertinentes aux défis de la Révolution. En somme, l'emploi du terme tradition suggère que dans les œuvres intellectuelles, dans les mouvements politiques et

sociaux qui se réclament des droites, on peut distinguer une partie mobile, conjoncturelle ou même purement circonstancielle, et d'autre part un noyau de croyances dogmatiques et de passions générales et dominantes[2].

J'appelle, pour ma part, *conservateurs* les gens de droite qui considèrent comme préférable à tout arrangement social donné celui qui s'éloigne le moins possible du schéma d'Ancien Régime. J'appelle *modérés* ceux qui jugent souhaitable et possible de trouver un compromis avec les principes énoncés par les révolutionnaires de 1789, c'est-à-dire avec une organisation politique fondée sur la représentation par le suffrage — universel ou pas — selon la règle majoritaire et une organisation économique fondée sur la propriété et le contrat. J'appelle *populistes* ceux qui exaltent une identité communautaire associant morts et vivants, ces derniers non plus séparés par les égoïsmes de classe, mais confondus et rassemblés[3].

Il va sans dire qu'aucun personnage, parti ou mouvement n'incarne absolument ni exactement une de ces trois traditions. Ainsi, il serait absurde de dire que le général de Gaulle, sous prétexte qu'il a dirigé un Rassemblement du peuple français, serait un populiste, et qu'en conséquence de Gaulle serait *la même chose* que le général Boulanger, Poujade ou Jean-Marie Le Pen — pour autant que ces trois derniers soient une reproduction termes à termes. La constitution de types, même dans le cas d'un schéma aussi simplifié que celui de cette tripartition, vise à comparer, c'est-à-dire à identifier, mais aussi à distinguer : toute comparaison a pour ambition de mettre en lumière, non seulement des ressemblances, mais aussi des différences. Il y a plus : il ne s'agit pas seulement de faire apparaître des différences entre les types eux-mêmes, mais à l'intérieur de ces derniers, des différences entre les éléments qui les composent sous le rapport du temps et des circonstances.

## I. LES TRADITIONS ET LEURS PILIERS

Chaque tradition politique est enracinée dans un milieu social. La notion de milieu social est à entendre moins comme un système de rapports de production, que comme un ensemble de croyances et

de pratiques formées et transformées au cours d'une expérience historique plus ou moins méthodiquement constituée.

Parmi les milieux où se sont enracinées les traditions de droite, je retiendrai l'Église catholique, l'armée, la famille, l'entreprise. Je serais tenté de parler de *piliers*, pour désigner ces milieux sur lesquels prennent appui les diverses traditions des droites, quand bien même ces milieux n'auraient pas la consistance organisationnelle qu'implique la notion de pilier et seraient, par ailleurs, soumis à des tensions internes contradictoires.

## Mater et magistra

Pour comprendre les rapports entre les droites et l'Église, il convient de se souvenir que s'il n'y a pas une seule droite, il n'y a pas non plus une seule Église catholique. Non seulement cette Église a beaucoup changé au cours du XIX^e siècle, et plus encore dans les dernières décennies du XX^e siècle, mais lors même qu'elle était encore très hiérarchique et très unitaire (particulièrement sous le pontificat de Pie IX (1846-1878), à l'époque du *Syllabus* ou *Recueil des principales erreurs de notre temps*), l'Église française a toujours été parcourue de mouvements contraires, qui furent à certains moments violemment opposés.

Jamais depuis la Révolution, l'Église de France n'a été un bloc, sauf peut-être lorsqu'elle s'est sentie à l'orée de ce siècle sous le feu d'un État républicain décidé à sa perte. Quelque accidentées qu'aient été les traverses qu'elle a connues au cours du XIX^e siècle, l'Église pendant cette période est restée une des premières institutions de l'État. Elle n'est plus, comme sous l'Ancien Régime, le premier ordre avant la noblesse et le Tiers-État. Mais le Concordat de 1801 a pour ainsi dire revitalisé sa présence dans le tissu social. En vertu du Concordat, il y a eu pendant tout le XIX^e siècle, payé par l'État, un curé dans chaque commune. Jusqu'aux années 1880, les congrégations enseignantes contribuent pour l'essentiel à l'éducation élémentaire de la jeunesse française. Il est vrai que les lycées et les collèges officiels constituent de leur côté un réseau serré d'établissements de qualité, dont la présence se fait sentir dans tous les chefs-lieux de départements et dans nombre de chefs-lieux d'arrondissements. De même, les universités et dans leur sein, à côté des facultés des Lettres et des Sciences, les écoles de Médecine et de Droit distribuent un enseignement laïque à la fois général et professionnel. Mais en ce qui concerne l'enseignement primaire,

l'Église reste jusqu'aux lois de Jules Ferry, et malgré l'effort tenté dans la même direction par François Guizot, le principal dispensateur des services éducatifs.

L'Église est éducatrice, mais elle assure aussi des fonctions d'assistance et de protection sociale. Elle continue à être présente parmi les pauvres et les déshérités. D'ailleurs l'action caritative et l'action éducative sont indissociables. Enfin, l'influence catholique s'exerce activement sur le marché des idées. La Restauration se propose de rendre à l'Église une sorte de monopole idéologique. Après la convulsion de 1848, le clergé, en même temps qu'il était courtisé par certains secteurs de la gauche, se voit reconnaître à droite, par les modérés les moins cléricaux comme Thiers, un droit de regard sur l'enseignement primaire. La loi Falloux de mars 1850 associe les autorités épiscopales au recrutement et à la surveillance des instituteurs, ces « horribles petits démagogues » selon le mot du même Monsieur Thiers. Après les désastres de 1870-1871, la majorité conservatrice de l'Assemblée nationale voue la France au Sacré-Cœur. La presse catholique, dont l'influence a été mise en lumière dans les années qui précèdent l'Affaire Dreyfus, a véhiculé, et sans doute continue parfois à véhiculer, des idées qui entrent dans le cocktail idéologique de la droite populiste et antisémite. Les missions de l'Église catholique sont présentes dans le monde entier. Il en résulte que la diplomatie du Siège apostolique interfère fréquemment avec la diplomatie des États catholiques.

L'Église catholique a été tout au long du XIXe siècle, et demeure encore aujourd'hui, une puissance temporelle. Paradoxalement, elle le doit sans doute à sa conception du pouvoir spirituel, qui comporte une dimension pastorale. Je ne pense pas seulement aux diverses ressources de l'Église : ses fidèles, ses prêtres, ses écoles, ses journaux, ses associations, ses missions nationales et étrangères. Cette présence de l'Église fait de son statut un des enjeux de notre vie politique. On peut expliquer cette place centrale qu'occupe l'Église par l'obsession française du pouvoir spirituel. Depuis la Révolution, les débats sur la légitimité ont tenu une place très grande et sans doute excessive dans notre vie politique. Les conservateurs ont prétendu rendre aux principes de l'ordre social un fondement objectif que la critique des Lumières leur aurait retiré sans être en mesure de le remplacer.

Diverses pseudo-synthèses, comme le positivisme comtien, ont fleuri, proposant des solutions qu'elles voulaient appropriées à la fameuse crise de civilisation. Pour accréditer la nouvelle Église dont

il se proclame le fondateur, Auguste Comte[4] invoque à la fois l'autorité de la science et la chaleur de l'altruisme. La recherche d'une église nouvelle ne hante pas seulement Comte et les positivistes. L'obsession d'un *consensus* fondé sur des croyances communes est tout aussi sensible chez les fondateurs de la troisième République, surtout s'ils sont maçons. Symétriquement, elle inspire aussi certains courants catholiques, comme les « catholiques sociaux » qui se proposent d'« aller au Peuple », mais aussi les intellectuels qualifiés de « modernistes », qui se proposent de rétablir le contact entre une Église défensive et crispée et une société en voie de laïcisation.

La difficulté pour l'Église catholique tient à ce que le pouvoir spirituel, qu'elle n'a jamais renoncé à exercer, est inextricablement lié au pouvoir temporel. La distinction entre les deux formes de pouvoir remonte à l'histoire médiévale. Comme l'a vu Auguste Comte, c'est de cette distinction énoncée par l'Église que découle en Occident la conception moderne de la politique. Elle établit entre les affaires de l'Église et celles de l'État une délimitation de compétences. Mais elle maintient un droit de regard de l'Église sur le pouvoir politique. Il en résulte deux conséquences, l'une manifeste, l'autre plus subtile. D'abord le risque est considérable de conflits entre Rome et les évêques d'une part, et les princes chrétiens d'autre part. Mais surtout, du côté catholique, on aura de la peine à admettre le caractère laïque de l'éducation, que l'État républicain entend donner aux jeunes esprits formés dans un « grand service public » placé sous sa direction. Aussi l'Église continuera-t-elle à revendiquer les responsabilités indéclinables des éducateurs et des parents chrétiens. Comme, de leur côté, les laïques ont de la peine à renoncer à l'idée d'un consensus au fondement prétendument scientifique, le conflit sur l'école devient un des enjeux de la vie politique française.

Les droites sont loin d'avoir été indéfectiblement aux côtés de l'Église. Les prétentions de celle-ci d'être à la fois « mater et magistra », donc d'exercer un magistère moral, et surtout intellectuel, ont toujours inquiété les modérés, même au plus fort de la querelle opposant les tenants de la Science aux défenseurs de la Religion. A la fin du siècle dernier, Ferdinand Brunetière dénonçait dans *La Revue des Deux Mondes*, « la faillite de la Science[5] ». Après tout, aucune loi de l'État républicain n'interdit jamais à personne d'enseigner que le soleil tourne autour de la terre et non pas l'inverse. Mais le professeur qui, vers 1900, au fond de sa province, enseignait que « l'homme descend du singe » prenait souvent des

risques considérables. Ce mal-pensant contre-attaquait le plus souvent en dénonçant l'obscurantisme des congrégations, particulièrement des jésuites, des « messieurs de Loyola », pour parler comme M. Homais. Depuis le temps de ces affrontements, l'Église ne se mêle plus guère de trancher de physique ou d'astronomie. Et si elle se prononce en matière de biologie, ce sont plutôt les applications pratiques de la biologie et leurs implications éthiques qui motivent éventuellement ses condamnations.

L'Église exerce sa fonction magistrale dans d'autres domaines. Depuis la fin du XIXe siècle, elle insiste sur une « doctrine sociale » dont les grandes lignes furent définies notamment par Léon XIII, dans l'encyclique *Rerum novarum* de 1891 sur la question ouvrière. L'Église prend alors position contre le socialisme, sur l'organisation économique de la société et pour certains droits des travailleurs. Tant que la « bonne vieille morale de nos pères » continua à susciter une adhésion à peu près générale, l'Église dans ses écoles et les laïques dans les leurs enseignaient à peu près la même morale. Assurément, les considérants étaient différents et les cléricaux reprochaient aux laïques d'enseigner une morale sans fondement puisqu'il s'agissait d'une morale sans Dieu. Mais au XIXe siècle, sauf sur l'affaire de l'école et du divorce, l'Église n'eut guère eu l'occasion de s'opposer à une réforme législative qui aurait offensé « les bonnes mœurs » telles qu'elle les entendait. Il n'en va plus de même aujourd'hui. Sur des questions de morale personnelle, comme le divorce, la fécondité, l'avortement, l'homosexualité, les docteurs de l'Église estiment qu'elle a son mot à dire, et elle ne s'en prive pas. Ayant rabattu de ses prétentions dogmatiques, l'Église reste tout à fait présente, et peut-être de plus en plus active et engagée, dans ce qu'on appelle aujourd'hui les questions d'éthique.

L'Église ne renonce pas à son magistère, mais la hiérarchie ne semble plus toujours parler d'une même voix. Il y a un progressisme catholique comme il y a un traditionalisme catholique. Certains clercs, certains évêques, de nombreux fidèles, se retrouvent sur des positions proches de celles des gauches. D'autres campent sur des thèses conservatrices, sinon populistes. Les unes sont tiers-mondistes, parfois ouvriéristes, même si le Prolétariat n'exerce plus aujourd'hui la fascination qu'il a exercée sur les catholiques des années cinquante. En matière de morale personnelle, même incertitude, non pas tant à Rome, qu'à l'intérieur des églises nationales, notamment en France.

Cette situation n'est pas nouvelle. Au cours du XIXe siècle, plusieurs tentatives avaient eu lieu pour rapprocher catholiques et

démocrates. Lors des effusions lyriques du printemps 1848, Jésus est souvent désigné comme le premier socialiste. Pendant la première partie de son pontificat, le pape du *Syllabus*, Pie IX, est bien vu des libéraux et des nationalistes italiens. A la fin du siècle, Léon XIII conseille en 1892 aux catholiques de se rallier à la République par l'encyclique *Au milieu des sollicitudes* et il énonce les principes d'une doctrine sociale. En revanche, la censure du mouvement catholique Le Sillon par Pie X en 1910, puis celle de *L'Action française* par Pie XI en 1926, attestent l'intensité des conflits idéologiques à l'intérieur de l'Église. Même dans l'affaire de *L'Action française*, où Charles Maurras et ses partisans alléguèrent que le pape se mêlait de ce qui ne le regardait pas, l'Église de France, bien que secouée et déchirée, demeura dans l'obéissance. Sans doute n'y eut-il aucun risque sérieux de schisme, mais la force des affrontements qui se manifestèrent alors invite à considérer l'Église de France comme un milieu spirituel mobile et agité, une troupe docile en dernière instance aux autorités romaines, mais qui est bien loin d'obéir toujours immédiatement et avec soumission.

L'Église n'est pas seulement la maîtresse qui enseigne la « vraie doctrine ». Elle est maternelle autant qu'éducatrice. L'Église exerce son magistère à travers un réseau d'écoles, d'institutions de toutes sortes. Si l'on veut comprendre une certaine sensibilité commune aux diverses familles de droite il faut être attentif à l'influence que les collèges catholiques ont exercée sur des générations de jeunes Français. Ces collèges ont prolongé jusqu'au milieu du XXe siècle, et peut-être au-delà, le modèle jésuite dont Émile Durkheim[6] a montré dans des pages admirables comment il a façonné notre enseignement secondaire. Les humanités, la culture générale, font partie d'une tradition pieusement recueillie par le lycée impérial, puis le lycée républicain. Mais le collège catholique par son organisation et par son esprit, est autre chose que le lycée. Le collège catholique, c'est le plus souvent un internat. Mais à l'internat catholique, les surveillants, les préfets des études, les confesseurs n'assurent pas seulement le travail de l'élève, ils veillent à ses éveils et entendent pourvoir à ses besoins spirituels. De cette vie d'internat éminemment masculine il peut résulter parfois des attachements et des pratiques qu'en général réprouve la morale laïque (ces *peculiar habits* dont parlent les Anglais, soit, dans le langage des éducateurs jésuites, ces « amitiés particulières »); il résulte le plus souvent de l'enseignement qui y est dispensé une valorisation du sens du destin individuel, un souci de soi, dont on trouve l'expression la plus achevée chez des romanciers aussi

différents que François Mauriac et Henry de Montherlant. Dans une variante annexée aux *Garçons*[7], Montherlant esquisse une comparaison entre les mérites du lycée républicain (il fut élève à Janson-de-Sailly après son renvoi de Sainte-Croix de Neuilly) et ceux du collège catholique. Alban de Bricoule revoit en esprit « cette autre maison, la maison adversaire, le lycée. Là-bas une maison sage, et qui ne quitte guère la terre, sous l'égide de ces trois mots : Travail, Raison, Vérité. Ici [à Notre-Dame du Parc] tous les sortilèges, et cette culture intense du cœur — une folle maison, vraiment transportée par les anges [...] ». Chez Montherlant, la sensibilité transmise à son héros par des maîtres auxquels l'adolescent s'oppose mais avec lesquels il ne rompra jamais parce qu'ils lui ont enseigné à ses yeux l'essentiel, le dépassement de soi, a quelque chose de cornélien. L'empreinte dont sont marqués les héros de Mauriac est différente. Il ne s'agit pas pour Thérèse Desqueyroux ou pour Raymond Courrèges du *Désert de l'amour* de construire leur personnalité sur un modèle héroïque, mais au fond de vivre leur déréliction : ils se sentent, ils se savent sous le regard d'un Dieu qui illumine de sa grâce leurs existences sinistres et pitoyables. Tard dans le XIXe siècle, le collège catholique, si l'on en juge par les œuvres de deux de ses plus remarquables élèves, continue à diffuser une spiritualité vivace et originale. A forcer le trait, la saveur de cette spiritualité est cornélienne chez Montherlant, racinienne chez Mauriac. Dans les deux cas, elle est fortement élitiste et spiritualiste.

Le souci de soi implique la conviction que ce qui compte dans une vie c'est d'en faire un destin personnel. Mais l'image de soi ne s'établit pas comme le solde d'un bilan où nos bonnes actions balanceraient exactement nos péchés. Notre qualité ne s'établit point seulement par la rectitude de nos œuvres. Dans l'héroïsme comme dans la grâce il y a du je-ne-sais-quoi, ce signe infaillible mais indicible auquel on reconnaît les élus et auquel les élus se reconnaissent eux-mêmes et se distinguent des autres.

### Le patrimoine et la famille

Cette grâce ferait agir les individus; les intérêts ne sauraient aucunement les mouvoir. Les idéologies adverses à celles des droites ont eu beau jeu de moquer moins cette bonne conscience catholique que cette « fausse conscience » des droites, aveugles, volontairement ou non, aux forces de classe qui les pousseraient.

Assurément, les droites françaises n'ont jamais plus fortement éprouvé et exprimé leur unité que dans les graves crises qui ébranlèrent les assises économiques et sociales de leur pouvoir : juin 1848, la Commune et, dans une moindre mesure, juin 1936. S'ensuit-il que leur réaction de faire bloc leur ait été inspirée par une même idéologie ? Peut-on considérer cette réaction comme une réponse de nature à défendre efficacement leurs intérêts de classe ? En tout cas, ni le déclenchement ni le dénouement de ces crises ne semblent pouvoir se réduire strictement à une question d'intérêts — même de classe —, à moins que ces termes ne soient pris dans un sens si extensif qu'à la limite ils ne signifient plus rien.

La propriété est une des références privilégiées des droites françaises. Mais les conceptions que défendent les diverses traditions de droite sont différentes. C'est qu'il y a plusieurs manières de comprendre la propriété. On peut, à la manière du Code civil, y voir un droit de disposition, c'est-à-dire une liberté que la loi nous reconnaît dans des limites qu'elle a fixées et qu'elle garantit. La propriété ainsi entendue donne lieu à des échanges qui s'exercent sur un marché et qui portent sur les actifs les plus abstraits, comme la monnaie, au comptant ou à terme, ou même des options, promesses de toutes sortes qui s'achètent ou se vendent à la Bourse des capitaux. Mais la propriété peut s'entendre en un sens très concret. Elle porte alors sur des terres, des maisons, des meubles, des métaux précieux. La propriété, au sens du Code civil, dans la mesure où elle se résout en échanges monétaires, entraîne une grande mobilité des actifs. Il n'en allait pas de même avec les biens de main-morte ou les majorats d'Ancien Régime.

Ceux qui voient dans le patrimoine, et non pas dans le capital, la forme normale de la propriété, surtout s'ils regardent avec suspicion la propriété anonyme « cosmopolite » qui se faufile de main en main et glisse entre les frontières, sont amenés à associer la Famille et la Propriété. Or dans la société d'Ancien Régime, famille, patrimoine et statut font système. Dans une société où l'essentiel de la richesse provenait des terres qu'on exploitait ou qu'on affermait, le propriétaire foncier même s'il n'était pas noble, pouvait être un notable. La législation révolutionnaire avait rendu plus mobiles des actifs fonciers libérés des servitudes féodales. Elle limitait aussi la libre disposition de son patrimoine par le chef de famille. Elle facilitait la division et le morcellement des biens fonciers. D'ailleurs l'association entre une famille et un patrimoine visible et transmissible demeure au XIXᵉ siècle une valeur non seulement pour la noblesse reconstituée, mais encore pour d'innombrables bourgeois

gentilshommes, au point que dans certaines régions, l'identification fortement vécue entre le lignage et le patrimoine incita longtemps des générations de propriétaires, parmi ceux qui en avaient les moyens, à pratiquer des arrangements successoraux compliqués à seule fin de protéger l'intégrité de leur bien de famille.

En milieu urbain, le patrimoine recouvre des actifs industriels, ce qui affecte la représentation de la propriété. Les droites sont bon an mal an propriétaires. Même si elles se méfient de certaines formes trop volatiles de la propriété, elles apprécient la stabilité qu'est censée apporter aux statuts des familles la possession continue de biens matériels et symboliques. L'entreprise industrielle introduit dans ces conceptions une référence à des valeurs « modernes », acceptables sous condition aux conservateurs eux-mêmes : l'esprit d'initiative, le goût du risque, la volonté de réussite. Ces valeurs donnent du patrimoine une image positive et l'épurent des connotations négatives associées à la rente et au privilège.

Quant à la cellule familiale, ce serait absurde d'attribuer aux diverses traditions de la droite le strict monopole de sa défense et illustration. Pour les gens de droite, la famille est le conservatoire des vertus de la race; c'est aussi le havre protecteur où s'entretiennent les gros bataillons sans lesquels il n'y a pas de puissance militaire. C'est à droite qu'un certain style d'autorité dans la famille[8], une certaine hiérarchie des rôles familiaux, trouvent leurs plus ardents défenseurs. Auguste Comte parlait d'une « subordination des âges et des sexes » qu'il tenait pour naturelle et que, selon lui, il faudrait défendre sous peine de laisser se dissoudre un des liens sociaux les plus essentiels. Comte retrouvait ici la tradition chrétienne et sur ce point son enseignement était sans peine récupéré non seulement par les conservateurs, mais par les fondateurs de la troisième République, tel Jules Ferry, qui parlait de la « bonne vieille morale de nos pères ».

### L'armée

Le drapeau, les défilés, autant de symboles autour desquels se constituent ou se recréent des États forts de la conscience collective. Ce qui valorise l'institution militaire aux yeux des droites, c'est à la fois les valeurs dont l'armée se fait le porte-étendard et la mission qu'elle revendique au service de la Patrie. Obéissance, discipline, oubli de soi, dévouement à une cause qui dépasse l'horizon de nos « pauvres vies » (pour parler comme le général de Gaulle), voilà les

vertus qu'on apprend quand on est soldat et que les droites traditionnelles respectent et entendent faire respecter.

La carrière de Charles de Gaulle, bien qu'elle appartienne pour l'essentiel à une période particulièrement difficile de notre histoire militaire (et que l'Appel du 18 juin et plus tard la politique algérienne du général aient été pour beaucoup d'officiers français occasion de scandale), éclaire certainement la signification du modèle militaire pour les droites françaises. Cette carrière appartient à deux moments fortement contrastés d'une même histoire.

« Quand j'entrais dans l'armée », écrit le général de Gaulle dans les toutes premières pages de ses *Mémoires de guerre*, « elle était une des plus grandes choses du monde [...] Sous les outrages et les critiques qui lui étaient prodigués, elle sentait venir avec sérénité, et même avec une sourde espérance, les jours où tout dépendrait d'elle ». A un jeune homme assoiffé de servir et de prendre sa place dans l'élite de la nation, l'armée s'offrait naturellement comme point de ralliement. Tandis que « la masse » s'abandonne à des « idéologies creuses », l'élite militaire se consacre « au service de la Patrie ». Sans doute, c'est de l'armée d'avant 1914 dont il est question, et le colonel de Gaulle n'avait pas sur les « grands chefs » des années trente une opinion très favorable. Mais le modèle qui avait fasciné l'adolescent au point d'entrer en 1910 à Saint-Cyr l'a sans doute accompagné toute sa vie.

C'est que l'armée a longtemps été l'incarnation de l'État. A sa manière, elle était « au-dessus de tout ». Même lorsque, après 1870, l'État fut devenu républicain, la plupart des nobles qui étaient officiers se placèrent, sans enthousiasme excessif il est vrai, au service du nouveau régime, alors que dans d'autres corps, notamment dans la magistrature, les démissions furent nombreuses. L'armée est un organe de l'État, mais à un titre particulier. Aux yeux d'un homme de droite l'État n'est pas homogène et la manière dont il s'est développé depuis qu'il est devenu républicain n'a fait qu'accroître son hétérogénéité. On dirait que pour les droites (comme pour les gauches d'ailleurs, mais inversement), l'État tel Janus a deux faces. L'une est honorable : l'armée, le service diplomatique ; ce sont des corps où « un homme bien né », « un bon catholique » trouve place à sa mesure. Il n'en va pas de même pour des administrations proprement politiques qui font les basses œuvres du gouvernement. Par ailleurs la droite voit avec méfiance s'accroître le nombre des « budgétivores ». Sur ce thème se rejoignent conservateurs, populistes, modérés. Ce n'est pas seulement le coût financier de cette inflation bureaucratique qui les

inquiète. C'est la crainte que se développent un clientélisme et un assistantialisme qui finalement asservissent un État colonisé par ses propres fonctionnaires et salariés. Aux yeux des gens de droite, l'armée, à l'inverse, est plus qu'un simple organe de l'État, dont elle partage la continuité : elle est le symbole de la Patrie. Elle en est le dernier recours dans les grandes épreuves, mais elle en est aussi l'éducatrice. A cet égard, puisque les jeunes conscrits passent par ses rangs, elle prolonge l'action de l'École. En 1934, le maréchal Pétain fit savoir à Gaston Doumergue, qui lui offrait le ministère de la Guerre, qu'il se serait mieux vu au ministère de l'Éducation nationale, pour inculquer les « bons principes » aux jeunes générations.

En France l'identification entre l'armée et l'État n'a pas été poussée aussi loin que dans la Prusse de Frédéric II, le roi-sergent ou dans le Reich bismarckien. Mais l'armée a sa place dans un ensemble symbolique où la terre et les morts sont exaltés en même temps que la continuité d'un grand dessein et l'expansion de l'énergie nationale. La contrepartie c'est que l'institution militaire a été longtemps suspecte à beaucoup de nourrir des projets liberticides. Dans les années trente, ceux qui à droite rêvent d'en finir avec « la Gueuse » — la République, donc — ou, au moins, de lui imposer une transformation radicale, comptent sur les dispositions qu'ils prêtent à tel ou tel « grand chef ».

Deux fois dans sa carrière (en 1940 et en 1958) les circonstances incitèrent Charles de Gaulle à se prévaloir d'une légitimité d'exception. Il la revendiqua pour lui-même, nullement pour l'armée en tant que corps. A ses yeux, il n'y a pas d'ordre militaire sans discipline et il n'y a point de hiérarchie sans obéissance. La première vertu du militaire c'est l'obéissance. C'est à cette conception que l'armée doit sa place éminente dans l'État. A chacun des deux grands moments de son destin, Charles de Gaulle se présenta seul, et jamais comme le porte-parole de l'armée : « Moi, général de Gaulle », dit-il à la BBC en 1940; en 1958, il est « le plus illustre des Français », pour reprendre l'expression du président Coty, qui lui confie la mission de former le gouvernement. Le 18 juin 1940, il prend grand soin de se protéger contre le soupçon d'usurpation. C'est seulement parce que « les chefs qui depuis de nombreuses années sont à la tête des armées françaises ont demandé l'armistice » qu'un général de brigade à titre temporaire et sous-secrétaire d'État d'un gouvernement démissionnaire se voit *obligé*, du fait des circonstances, de se constituer en ultime recours. En 1958, Charles de Gaulle est encore plus prudent. Pour se couvrir de la légitimité

dont il se réclame, il doit être irréprochable sur le chapitre de la légalité. A ses critiques qui lui font grief de n'avoir pas, après le 13 mai, condamné les « factieux » d'Alger, il rétorque qu'il n'a donné son aval à personne : il n'avait point qualité pour le faire.

Pendant toute sa carrière, le général de Gaulle s'en tiendra à la stricte doctrine « républicaine » de la subordination du pouvoir militaire au pouvoir civil — thèse qu'il expose dans son premier livre *La discorde chez l'ennemi*[9]. Même si l'armée est « une des plus grandes choses du monde », elle ne s'identifie à l'État qu'à condition d'avoir préalablement reconnu la prééminence de celui-ci et, si j'ose dire, fait allégeance envers lui. C'est par et grâce à cette subordination que l'armée peut alors être cette école des vertus prisées par les droites.

## II. LES FRUSTRATIONS DES DROITES

Les grandes valeurs-piliers — la religion, la communauté de sang, le patrimoine et l'armée — fixèrent très tôt, à l'occasion des crises majeures du XIXe siècle, des modalités d'appréhension du politique et des formes de gestion des crises ou des affaires courantes qui sont chacune propre aux trois grandes sensibilités des droites. Jusqu'à aujourd'hui, ces attitudes induites se retrouvent. En apparence, le bilan des droites serait déficitaire : d'hier à aujourd'hui, on alignerait l'amertume des restaurations manquées par le conservatisme, les flambées sans lendemain des ferveurs populistes et l'enlisement répété des prudences modérées. Pourtant, ici encore, ce n'est pas à un éternel retour que l'on peut conclure mais, au-delà des cycles éventuellement discernables, de déplacements et d'évolution que l'on doit parler.

### Conservatisme : les restaurations manquées

Il y a plusieurs retours du type conservateur depuis 1815. Les conservateurs ont exercé une hégémonie plus ou moins durable à la fois sur la coalition des droites et sur l'ensemble de la vie politique, le bloc des gauches étant provisoirement hors course ou réduit au

silence : 1815 avec le retour des Bourbons, 1848 après les journées de juin, 1871 après la Commune, 1940 et la Révolution nationale après le désastre de la Défaite. Rien d'ailleurs, même aujourd'hui, ne nous assure que les conservateurs aient dit leur dernier mot — même si, dans l'ordre politique, les « immortels principes » semblent enfin intégrés à la tradition nationale et si, dans l'ordre des mœurs, la libéralisation exerce un ascendant certain. Pourtant il faut noter l'échec régulier, au moins au plan politique, des tentatives de restauration, lesquelles en reçoivent rétrospectivement un cachet d'irréalité assez décourageant.

Les circonstances ont leur part dans l'échec des Bourbons, du duc de Broglie, du maréchal Mac-Mahon, de Philippe Pétain et de ses conseillers. Mais les restaurations manquées présentent quelques traits communs. D'abord elles ont lieu dans une conjoncture de catastrophe : invasion étrangère (1815, 1871, 1940), guerre civile (1848, 1871), l'épisode de la Commune combinant la déroute militaire et la convulsion politique et sociale. Les restaurateurs entendent à la fois tourner une page et revenir aux sources. Ils invoquent à la rescousse du principe de réalité outrageusement violé, l'ordre moral, « la terre [qui] elle, ne ment pas ». Le deuxième trait des restaurations, c'est leur extrême prétention. Comme la société est tout entière corrompue, les restaurateurs placent d'abord leurs espoirs dans une « Révolution morale ». Mais cette révolution sera-t-elle radicale et totale ? En 1815, reviendra-t-on à 1788 ? Ou bien, relativement indifférente aux lois et aux codes constitutionnels, la Restauration se donnera-t-elle comme objectif la consolidation du *mos majorum* ? Enfin, la rhétorique des périodes de restauration fait une large part au repentir et à l'expiation : on l'a vu après 1815, pendant la période de l'« Ordre moral » qui suit la défaite de 1870 et la Commune, après 1940 où le désastre de nos armes est imputé par le maréchal Pétain à l'esprit de jouissance et de revendication.

Le plus souvent pour expliquer l'échec des restaurations, on fait appel à des hypothèses historicistes. Toute restauration serait une « réaction », c'est-à-dire un défi à l'histoire. Il n'était simplement pas possible en 1815 de « revenir » en 1789. Il est pour le moins douteux que le roi Louis XVIII ait voulu ramener la société française à l'état où celle-ci se trouvait avant la convocation des États généraux par son frère Louis XVI. Il est assuré, en revanche, qu'il en a été immédiatement soupçonné, et plus encore que lui, sa famille, son entourage, ses partisans. Depuis 1815, toutes les restaurations ont buté sur la même et fatale équivoque. Tantôt les

restaurateurs prennent soin de souligner les limites de l'entreprise : il s'agit seulement de préserver l'essentiel, de passer un cap difficile. Tantôt ils se flattent de reprendre tout le plan de l'édifice. Mais ils font alors l'objet d'un soupçon qui ruine les chances de leur entreprise : les restaurateurs sont « antimodernes ». A ce titre ils se trouvent en grand danger d'être dénoncés comme des fauteurs de troubles. Ce renversement paradoxal est particulièrement sensible à la fin du règne de Charles X où ceux qui se donnent pour des « gens d'ordre » sont dénoncés par les libéraux comme des trublions et des boutefeux.

La seule tentative de restauration qui ait connu du succès est celle du général de Gaulle qui se proposait de restituer à la nation son rang et à l'État son pouvoir. Les circonstances désastreuses de 1940 donnaient à l'Appel du 18 juin la tonalité d'un *sursum corda*, d'un haut-les-cœurs. Et comme Vichy s'était enferré dans la rhétorique de la contrition, le général de Gaulle pouvait, passant outre à la déploration, mobiliser pour le salut de l'État, et non pas comme Vichy pour la restauration de l'ordre moral. Par ailleurs les alliances que le général était conduit à conclure avec les syndicats et les partis de gauche lui épargnaient la tentation de fulminer contre les « mauvais maîtres » et les « mauvais bergers ». Ce qu'il y avait d'impérieux dans le style du général ne fut donc pas immédiate-ment ressenti comme une atteinte aux valeurs démocratiques. L'autorité du ton était entraînée par l'élan d'un projet inspiré par les nécessités de la survie. La restauration gaulliste ne se présentait pas comme un épisode expiatoire destiné à réparer les iniquités d'un peuple coupable. L'idée de l'État fort que le général parvint à populariser n'avait pas pour propos de surveiller et de punir, comme en avaient rêvé les émigrés mal remis du cauchemar de 1793, ou encore les bourgeois de juin 1848 et de mars 1871, empressés à ramener les classes dangereuses, le « singe lubrique », dans la cage dont la porte avait été mal cadenassée. L'État à restaurer n'était rien de plus que la condition de la survie de la Nation.

*Populisme : les déboires de la « communauté affective »*

Max Weber parle de « communauté affective » à propos des groupements à forte solidarité, dont le lien est fourni par la participation de tous à un même courant de sentiments et d'émo-tions. La nation peut être, en certains cas, un exemple de « commu-

nauté affective ». Aussi le projet populiste s'éclaire-t-il assez bien à la lumière de cette conception wébérienne. Il se comprend également par contraste avec le projet restaurateur, lequel se construit sur la prétention de reconstruire l'ordre social sur des bases « vraies ». Le projet populiste, lui, est un sursaut vital, affectif plus que rationnel, face au désarroi que suscite chez certains l'attente angoissée d'une catastrophe jugée imminente.

Autour de quoi remobiliser des énergies défaillantes? Autour de la nation, de la patrie, du peuple. Ces expressions ont d'abord en commun une origine révolutionnaire. Les populistes n'éprouvent ni l'horreur des modérés devant le souvenir de 1793 ni l'aversion incoercible des conservateurs pour les « immortels principes » de la Révolution. Mais nation, patrie, peuple, ces termes sont loin d'être équivalents; d'ailleurs ils n'apparaissent pas en même temps dans le vocabulaire politique. Peuple a une connotation démocratique. Ce mot exprime de la méfiance à l'égard des notables, du pays légal. Il a une dimension égalitaire et unitaire. Le peuple, c'est le corps des citoyens. Les populistes, tant au XIXᵉ siècle qu'aujourd'hui, ont gardé les implications unanimistes du peuple rassemblé, ayant retrouvé sa pureté et son unité, menacées par le particularisme des intérêts et des factions. Quant à la nation, cette notion est composite. Pour les Constituants de 1789, c'est le corps politique en tant qu'il est représenté ou représentable. Mais après 1870, la nation c'est, en style barrésien, la terre et les morts. Le seul trait commun à ces deux acceptions disparates — mais il est essentiel — c'est un principe d'intégration opposable à l'égoïsme des individus.

La communauté affective qu'il s'agit d'animer s'incarne dans une patrie ou, à la limite, dans un « pré carré » qu'on défendra contre l'étranger. La synthèse de ces diverses significations s'achève après 1870, mais au prix d'une certaine confusion. Le populisme barréso-boulangiste s'incarne dans le mythe autour duquel se rassemblent et s'unissent les Français pour la défense du territoire sacré de la patrie. Le peuple, dans son acception jacobine, était l'association volontaire de citoyens régis par une volonté générale, c'est-à-dire *abstraite*. Il est devenu une unité affective, presque mystique et largement imaginaire. C'est dans le tréfonds de l'âme collective que les Français sont invités à trouver leurs ressources pour découvrir leur identité, voire l'unité originaire, préalable à tout calcul et à toute réflexion. La participation collective à ce fond commun alimentera la fierté de chacun puisque pour les « patriotes » la France c'est à la fois « la grande nation » (Barrès

revendique l'héritage révolutionnaire) et « la fille aînée de l'Église » (même pour ceux qui, comme le Maurras de l'époque, se proclament agnostiques ou carrément athées). Mais le sentiment d'identité est associé à la conscience d'une menace, d'ailleurs polymorphe, qui cible l'ennemi. Il y a l'ennemi du dehors qui louche sur le pré carré (hier l'Allemand ou l'Anglais, voire le Russe soviétisé). Mais il y a aussi l'ennemi du dedans : le juif, le métèque, le protestant, le maçon, et aujourd'hui l'immigré. La puissance de l'ennemi n'est pas seulement militaire. Plus insidieuse, elle est spirituelle, on dirait aujourd'hui idéologique. Ce sont des « idées devenues folles » qui avivent les « passions mauvaises » au nom d'un pseudo-idéal. Dans cette France « décérébrée » (Barrès), il n'y a plus ni État ni Nation ni Peuple. Il n'y a plus qu'une émulsion de « déclassés ».

La décadence française procède de trois sources concourantes : l'affaiblissement extérieur, la division à l'intérieur, le tarissement des traditions. Maurice Barrès affirmait à la fois l'urgence et la possibilité de la renaissance française, la mobilisation de l'énergie nationale pouvant seule assurer le sursaut salvateur.

La « crise » telle que la voient les restaurateurs de 1815, de 1871 ou de 1940, est d'abord une crise d'autorité. Le *mos majorum*, la coutume des ancêtres, a perdu son emprise parce qu'il n'est plus appuyé sur un système de croyances auxquelles le bras séculier a été retiré. La crise entraîne une baisse du tonus qui ne peut être guérie que par l'exaltation de la puissance nationale et le rétablissement de l'unité populaire. En cela, les conservateurs rejoignent les populistes.

Maurice Barrès dans *Le roman de l'énergie na''onale*[10] donne une expression littéraire aux passions politiques de sa génération et fixe ainsi des formes et figures propres au populisme : des mots, des schèmes d'explication, des lieux et des rites. Ainsi, les ligueurs de la Patrie française trouvaient dans la trilogie de Barrès les mythes qui leur apportaient le fameux « supplément d'âme ». Le mot de mythe, pas plus d'ailleurs que celui d'idée-force, n'appartient au vocabulaire de Barrès, mais il suggère l'incarnation du mouvement populaire dans un chef, dans une foule qui l'acclame et qui, sur quelques hauts lieux où souffle l'esprit, célèbre la geste commune qui réunit les hauts faits des vivants et des morts. Les mythes s'incarnent aussi dans certaines institutions : l'armée en est une parce qu'elle confond dans ses rangs des conscrits de toutes origines sociales et que pourtant elle ne nivelle pas statuts et conditions. Mais la mythologie a aussi ses figures repoussoirs : chez Barrès,

c'est Bouteiller, le professeur de philosophie des *Déracinés*, archidiable s'il en fut qui, sous des dehors rigoristes et kantiens, est au fond un « chéquart », un corrompu par le système, un profiteur de la République, un dévoyeur d'âme. Autant d'éléments — du complot contre le pays réel aux processions pour la fête de Jeanne d'Arc, défilant devant le chef juché sur une tribune — que l'on retrouve aujourd'hui vivaces dans le courant de la droite populiste.

### Modérantisme : l'enlisement dans le juste milieu

On peut premièrement caractériser ceux que nous appelons les modérés par leur double allergie aux conservateurs et aux populistes. Aux yeux des modérés, les conservateurs sont « rétrogrades ». Sous ce qualificatif emprunté à Auguste Comte, se fait jour la conviction qu'il faut cesser de rêver à une Restauration. Alexis de Tocqueville, modéré-type, n'est pas seulement sceptique à l'égard de toute politique qui prétendrait ignorer le mouvement « providentiel » (ou plus modestement séculaire) qui entraîne nos sociétés vers une égalité de plus en plus marquée des conditions. Dans sa *Correspondance* avec Gobineau[11], Tocqueville proclame sans réserve son adhésion aux principes de 1789, qu'il ne juge pas seulement compatibles avec l'enseignement du christianisme, mais où il découvre comme une vérité éternelle. Quant à la tradition populiste, elle s'incarnait alors dans le bonapartisme. On voit bien par le mélange de hargne et de mépris avec lequel il traite Louis Bonaparte, combien la mythologie populiste devait répugner à l'auteur de *De la démocratie en Amérique*. Trente ans plus tard, à l'âge d'or du populisme français, on imagine mal Tocqueville acclamer ou rallier le général Boulanger. Car ce qui est insupportable aux modérés dans le populisme, c'est d'abord le *style*. Il y a dans le populisme une profusion constitutive de promesses inconsidérées qui témoignent chez les tenants de cette famille de droite d'une irresponsabilité aussi commune que celle des utopistes les plus enfiévrés. Mais les questions de forme sont aussi des questions de fond. A l'occasion de l'incident Schnaebelé en 1887, le général Boulanger semblait prêt pour les besoins de sa cause à précipiter une France affaiblie dans un conflit frontal avec Bismarck. Mais le style populiste a une autre dimension, également insupportable aux modérés. C'est la vitupération haineuse et permanente contre « les ennemis du dehors », qui ne sont à y bien regarder que des étrangers (mais tous les étrangers sont-ils des ennemis?) et les

« ennemis du dedans » (mais tous les adversaires sont-ils des traîtres ?). A l'antigermanisme frénétique, qui va jusqu'à borner à la rive occidentale du Rhin les frontières de la « civilisation », au mépris de l'Angleterre et des États-Unis, ces « peuples de marchands », s'ajoute la chasse aux métèques, juifs, maçons, protestants, bref à l'anti-France que Maurras voyait sous les traits des « quatre États confédérés » complotant sans relâche contre la nation.

Entre populistes et conservateurs se laissent aisément reconnaître de nombreux points de contact. Les uns et les autres nourrissent des sentiments voisins à l'égard de la société issue de 1789. Même si les populistes ne voient pas d'autre source à la souveraineté que la volonté populaire, ils abominent, comme les conservateurs, le règne de l'Argent et du capital (donc des juifs, bien que ceux-ci ne sauraient tous être des Rothschild), de la bureaucratie méritocratique et laïque symbolisée par le Bouteiller de Barrès, le centralisme parisien qui traite par le mépris les supériorités sociales, les notabilités régionales, et tout autant les petits commerçants, les artisans menacés de ruine et d'extermination par la finance internationale.

Au contraire, tout au long du XIXe siècle, les modérés ont cherché à consolider les principes de 1789, en croyant les contenir dans des limites raisonnables. Guizot a été avec Tocqueville un des plus grands représentants de cet esprit de modération. Mais Guizot a fini par s'enliser dans le juste milieu. Quant à Tocqueville, il n'a pas eu l'occasion de conduire la politique française dans les voies qu'il jugeait les meilleures. Au début de la troisième République, Thiers, que Tocqueville n'aimait pas beaucoup, a repris à son compte une partie du programme des modérés par sa fameuse formule : « La République sera conservatrice ou ne sera pas. » Il faut entendre non pas une république cléricale, nobiliaire et militaire, mais une république au goût orléaniste, telle que lui-même concevait cette tradition. Mais le projet de Thiers, gauchi par les opportunistes et par Gambetta, ne parvint pas, sans doute à cause de péripéties comme le scandale de Panama, puis la révolution dreyfusienne, à prendre corps. La consolidation des modérés avait pour condition la tempérance des passions politiques et idéologiques, laquelle ne fut guère possible du fait de la politique scolaire laïque des républicains, sans mentionner la vitupération populiste contre les scandales et les vociférations antisémites.

Par un paradoxe remarquable, le régime républicain ne sera définitivement consolidé que beaucoup plus tard, grâce au général

de Gaulle, que ses origines ancraient pourtant dans la tradition conservatrice. Si, à l'aune des régimes français du XIXᵉ siècle, la troisième République, pour avoir vécu soixante-dix ans, semblait avoir bénéficié d'une longévité singulière, les institutions modérées que les constituants de 1875 avaient agencées si adroitement n'étaient, malgré tout, point parvenues à complètement désarmer une double opposition massive et déterminée. La droite populiste, dans des accès de violence intenses mais discontinus, et la droite conservatrice avec constance, invectivaient la « femme sans tête », la république enjuivée à la discrétion des étrangers et du capital apatride. A l'extrême gauche, des irréductibles affectaient, au moins jusqu'au milieu des années trente, de n'attendre rien — sinon son renversement — d'une République « bourgeoise ». Ainsi même si la troisième République n'avait au plan parlementaire rien à craindre de la conjonction des deux extrémismes, la légitimité de ses principes et de ses dirigeants restait douteuse aux yeux de beaucoup. Dans ces années-là, Maurras n'aurait probablement pas été capable de faire élire un seul député. Mais l'impitoyable critique développée jour après jour dans l'Action française n'était pas sans impressionner de larges secteurs de l'opinion.

La constitution gaulliste, notamment l'amendement de 1962 qui organise l'élection du président de la République au suffrage universel, satisfait très largement aux demandes de la droite en faveur d'un « exécutif fort » — même si le renforcement de l'Exécutif ne pouvait qu'inquiéter beaucoup de modérés. A la place de la « femme sans tête » s'installe le « monarque républicain », dont la prééminence s'est trouvée confirmée sur les autres organes de l'État par l'élection pour deux mandats successifs de François Mitterrand. Ainsi les idées constitutionnelles de la droite ont-elles fini par l'emporter, même si l'héritier « des quarante rois qui en mille ans firent la France » semble définitivement écarté du trône. En fait, avec le texte de 1958, révisé en 1962, la constitution organise un compromis salué par un disciple de Charles Maurras, Pierre Boutang, comme la formule la plus exactement approchée de la tradition monarchique. Il est vrai que de nombreuses dispositions du compromis gaulliste reprennent les propositions présentées dans les années trente par un ancien président du Conseil, André Tardieu, qui n'était ni maurrassien ni fasciste. Suivant une formule célèbre les modérés sont républicains ; mais sont-ils modérément républicains ? Ils sont républicains au sens de 1789, mais ils ne sont pas démocrates au sens des jacobins de 1793. Quelles que soient leurs réticences, ils tiennent pour un régime électif. Le principe de

la souveraineté populaire ne les transporte guère d'enthousiasme. Les plus sceptiques — lorsque vient l'heure d'élire au suffrage universel direct le président de la République — s'en accommodent comme d'une inévitable concession à l'esprit des temps, comme ils se seraient accommodés au XVIIIᵉ siècle de l'idée de la monarchie absolue. Mais il en est aussi parmi eux qui sont prêts à y voir un idéal tout à fait respectable dont il convient seulement de surveiller strictement les écarts.

En matière économique, les modérés sont des libéraux, mais au plan des principes surtout. D'ailleurs en France la tradition libérale a toujours été hésitante. Monsieur Thiers, défenseur intrépide de la propriété privée qui, en 1848, voyait dans toute tentative d'« organisation du travail » une manœuvre des « partageux », ne répugne pas, après 1870, à relever les droits de douane délibérément abaissés par Napoléon Bonaparte. Son protectionnisme fera école et au fil de la décennie 1890 le modéré Jules Méline, ami très proche de Jules Ferry, verrouillera le marché français contre la concurrence des céréales en provenance des « pays neufs ». Jamais les modérés français ne seront d'authentiques manchestériens. Pourtant ils sont longtemps demeurés fidèles à quelques principes « libéraux » qu'ils aimaient à faire passer pour « les enseignements de la *science* économique ».

Surtout, en matière économique, la doctrine de l'Église catholique a exercé une forte influence, non pas sur tous les modérés, mais certainement sur une large fraction d'entre eux. Longtemps, la doctrine sociale de l'Église a passé pour constituer un sédatif contre les prurits révolutionnaires. Mais l'Église, à l'époque même où elle établissait sa doctrine, n'était pas particulièrement libérale, pas plus en matière économique qu'en matière politique. Elle ne condamnait pas seulement l'« esprit de jouissance » des bourgeois, elle dénonçait une certaine « exploitation » du travail et entendait borner l'exercisme du capitalisme. Elle encourageait les tentatives corporatistes. Bref, elle prétendait tenir la balance entre le capitalisme et le socialisme, l'un et l'autre condamnés car provenant, aux yeux de beaucoup de ses clercs, d'une même source corrompue : l'individualisme utilitaire.

« Bons » républicains mais défenseurs réticents de l'économie de marché et censeurs éventuels mais discrets du capitalisme, les modérés n'ont-ils pas tout ce qu'il faut pour se faire reconnaître comme la droite civilisée ? Mais cette reconnaissance qu'ils sont résignés à acheter très cher à gauche, ils la payent en sarcasmes des conservateurs qui se gaussent de leur naïveté et des populistes qui

censurent leur lâcheté. « Modéré », qui pourrait être un discret éloge à leur esprit de mesure, devient synonyme de demi-mesure, un peu comme le terme d'opportunisme qui, dans la bouche des intéressés, devait signifier leur « réalisme ».

Le « juste milieu » est un stigmate aux cuisantes réminiscences louis-philippardes. Daumier a immortalisé ces bourgeois satisfaits, d'abord d'eux-mêmes. Pourtant le centre n'est pas seulement le juste milieu, c'est un lieu privilégié dans l'ordre politique, spécialement lorsque droite et gauche s'affrontent sans pouvoir se départager. Aux origines, les doctrinaires du juste milieu déjouèrent, en 1830, la tentative des ultras en même temps qu'ils contenaient les radicaux qui mêlaient dans leurs rêves les souvenirs de 93 et la gloire de Bonaparte. Lorsque droite et gauche s'annulent en s'affrontant, ce sont les gens du juste milieu qui tiennent la barre, navigant à vue entre des extrêmes inconciliables. Il y a donc une première « fonction » du centre, qui est de permettre la coexistence des factions rivales lorsque leur polarisation est devenue insupportable. Outre cette utile mais modeste fonction, les tenants du juste milieu en revendiquent une plus noble. Aux yeux des autres, ils sont des courtiers ou, au mieux des médiateurs, mais ils aiment à se voir en arbitres de la vérité politique. De ce que la France entend être gouvernée *au* centre, ils déduisent qu'elle ne peut être gouvernée que *par* des centristes, c'est-à-dire par eux-mêmes.

Il y a un paradoxe du modérantisme : c'est des rangs modérés que, sous la troisième et la quatrième République, proviennent la plupart des équipes gouvernementales, et pourtant elles ne jouirent jamais d'une pleine légitimité. On voyait en elles le « moindre mal ». Leur « empirisme », leur « pragmatisme » étaient appréciés. Mais les modérés n'étaient que des arrangeurs, en style noble des « conciliateurs ». Sauf entre 1900 et 1914, années pendant lesquelles le Parti radical à lui seul disposait alors de la majorité parlementaire et pouvait compter sur la « discipline républicaine », puis pendant le Cartel entre 1924 et 1926, durant le gouvernement du Front populaire entre 1936 et 1938 et le régime de Vichy de 1940 à 1944, on peut dire *grosso modo* que la France a été gouvernée au centre et par le centre. S'en est-elle bien trouvée ?

Thibaudet disait plaisamment des radicaux de l'entre-deux-guerres que leur mot d'ordre était « toujours à gauche mais pas plus loin ». Ce décalage entre la pratique et la rhétorique est constitutif des modérés. Politiciens et électeurs modérés souffraient non seulement de l'image que leur renvoyaient les autres, mais de leur propre

incertitude concernant leur identité. Ils auraient sans doute aimé résoudre cette difficulté par une formule conquérante, inverse, en quelque sorte, du sarcasme de Thibaudet : « ni à gauche ni à droite, en avant ! »

En réalité, la double exclusion n'est pas strictement symétrique. Le rejet de la droite, populiste ou conservatrice, est à peu près sans réserve, sauf quand il s'agit de faire front contre les « désordres ». Mais, en temps normal, les modérés sont sensibles à leurs pendants à gauche, soucieux d'y trouver des alliés « raisonnables ». La conjonction des centres, grâce à laquelle les ducs orléanistes ont négocié discrètement avec les amis de Gambetta les lois constitutionnelles de la troisième République, le « ralliement à la République » recommandé aux catholiques par Léon XIII, la recherche, au temps du MRP, d'une alliance avec les socialistes, illustrent cette politique d'ouverture, variable dans ses modalités, constante dans son objectif.

A défaut de la « république conservatrice » que, probablement sans trop y croire, Thiers faisait miroiter aux yeux des droites, ralliement et ouverture ont permis aux dirigeants modérés d'avoir sinon leurs grandes, du moins leurs petites entrées dans le régime républicain, dont pourtant certaines orientations hautement proclamées n'étaient pas sans les inquiéter. Elle leur a valu une sorte de tolérance de la part des gardiens du Temple. Mais cette tolérance est-elle équivalente à une authentique reconnaissance ? Les modérés étaient parvenus à se faire admettre parce que les référents sociaux auxquels ils étaient attachés avaient gardé une importance qui excédait, dans son extension, les limites de leur famille politique. Aujourd'hui, pour les modérés comme pour les conservateurs et les populistes, c'est le socle même, dans la société civile, de leurs grands référents qui a changé.

### III. AUJOURD'HUI LES DROITES : LA CRISE DES GRANDS RÉFÉRENTS

Tout au long de leur histoire, les droites se sont comportées comme des associés-rivaux. Elles ont certains intérêts voire certaines valeurs en commun ; mais leurs différences sont si marquées

qu'elles sont souvent en conflit ouvert ou fermé. Dans la coalition des droites, chaque composante bénéficie successivement d'un effet de prépondérance. Les conservateurs ont eu leurs grandes heures : en 1815, en 1871, en 1940, chaque fois que l'éventualité d'une restauration est apparue comme la seule issue à un désastre national. Les populistes, dans la mesure où ils exaltent l'énergie et l'autorité, ont leurs meilleures chances dans les périodes d'urgence et d'incertitude : boulangisme, nationalisme post-dreyfusien, ligues des années trente. Lorsqu'une transaction apparaît possible entre les principes de 1789 et le fonctionnement régulier de la société civile, les modérés sont à leur affaire.

La coalition des droites a été assurée pendant longtemps d'une cohésion minimale parce que les référents sociaux et culturels dont se réclamaient les diverses composantes de la coalition bénéficièrent d'une assez grande stabilité. En dépit des crises politiques et constitutionnelles du xixᵉ siècle, la société issue de la Révolution et du remodelage napoléonien demeura à peu près stable. En 1939, la France conserve le plus fort pourcentage en Europe occidentale d'agriculteurs dans sa population active. Elle est administrée par une bureaucratie qui, si elle a beaucoup évolué depuis l'établissement du maillage napoléonien, en a conservé toutefois et l'esprit et la culture. Coexistent alors et, dans une certaine mesure, coopèrent en France une petite bourgeoisie impatiente mais prudente, des oligarchies financières et industrielles (les fameuses « deux cents familles » dénoncées par les gauches ou les « dynasties bourgeoises » brocardées par les monarchistes) et, au sommet de l'État, de grands corps retranchés sur leur Olympe, ne répugnant point à morigéner un personnel politique guère renouvelé dans une société sinon bloquée, du moins quelque peu nouée et entravée.

Sous la troisième République, la politique scolaire de Jules Ferry, la politique sociale amorcée dès 1884 par Waldeck-Rousseau grâce à la libéralisation de la législation sur les syndicats et sur les associations professionnelles, avaient contribué à ouvrir la carrière aux « couches sociales nouvelles » annoncées en 1872 par Gambetta et à fournir aux travailleurs de l'industrie et aux salariés quelques garanties appréciables. Mais le milieu français change moins vite jusqu'à la fin de la Deuxième Guerre mondiale que ses homologues allemands ou anglais. Le « sac de pommes de terre » — pour reprendre la formule de Karl Marx qui dénonçait ainsi l'agrégation occasionnelle d'individus petits propriétaires atomisés et parcellisés — continue à y tenir une place centrale : le patrimoine, avec la priorité de l'immobilier sur le mobilier, reste la

forme la mieux admise, immédiatement reconnue de la richesse. L'Église catholique, même réduite à la portion congrue par la loi de séparation de 1905, reste un guide spirituel, une dispensatrice de l'enseignement pour de larges secteurs de la population, et surtout un conservatoire des traditions, toujours actif et révéré. Quant à l'armée, même dans les périodes de pacifisme virulent, comme pendant l'entre-deux-guerres, ou lorsqu'elle est exposée à la méfiance de la gauche comme après l'Affaire Dreyfus, elle demeure, malgré tout, identifiée à la nation.

Or, cet écosystème des droites et de la société civile est un monde qui a été perdu. Depuis 1945, des changements considérables se sont produits qui ne pouvaient pas manquer d'affecter la position globale des droites. Il faut insister d'abord sur la crise des référents institutionnels : patrimoine, famille, armée. Cette crise, au moins en ce qui concerne les deux premiers piliers de l'ordre traditionnel, est advenue suite aux transformations économiques de la France contemporaine. Dans l'ordre économique, deux faits massifs retiennent l'attention. Tout au long des Trente Glorieuses — ces années de reconstruction et d'expansion (1945-1975) chères à Jean Fourastié — un taux annuel de croissance soutenu a modifié radicalement la structure de la population active. Ainsi la population employée dans l'agriculture a diminué en même temps qu'augmentait la proportion des salariés de l'industrie, puis des services. Globalement, la population française s'urbanisait, même si les principaux bénéficiaires de cette urbanisation n'étaient pas, comme on s'y attendait vers 1965, les mégapoles, mais plutôt les villes moyennes. Henri Mendras qui avait annoncé « la fin des paysans[12] » souligne aujourd'hui l'importance des ruraux qui ne sont plus majoritairement des paysans au sens strict de ce mot.

Alors que se modifiaient la structu.e de la population active et corrélativement les rapports de production, la France vivait en régime d'économie mixte et d'inflation contenue. Les autorités centrales — gouvernement, administration, groupements professionnels et syndicaux — s'employaient, au nom d'une politique industrielle ambitieuse, à orienter les investissements, à influer sur leur localisation, leurs montants, leur destination. Bien que la France n'ait jamais connu, même dans les années qui suivirent immédiatement la Deuxième Guerre mondiale, une hyperinflation, la hausse des prix, sauf pendant de courts répits, y fut toujours plus forte que chez ses principaux concurrents.

La modernisation des années 1950-1960, en ce qui concerne les habitudes de consommation, les formes d'emploi, a rapproché la

société française des autres sociétés occidentales. Elle s'est accompagnée d'une scolarisation massive, d'abord dans les lycées, puis dans les universités. Cette modernisation a modifié le statut des référents sociaux et culturels dont les droites se sont si long-temps faites le champion.

Si on ne peut conclure de ces données que l'ère des turbulences, qui ont marqué la société française au XIXᵉ siècle, appartient à un passé révolu, on peut cependant esquisser les effets et conséquences probables de ces transformations sur les piliers de l'ordre tradition-nel.

Concernant le patrimoine et la famille, nous avons déjà pris soin de distinguer le capital du patrimoine. Le capital est essentielle-ment mobile, sinon mobilier. La logique du capital, c'est l'arbitrage entre des emplois monétaires multiples afin de choisir celui qui offre le meilleur rendement. D'autre part, le patrimoine c'est l'ensemble des biens détenus par un chef de famille qui atteste du statut de son lignage. La logique qui régit la gestion du patrimoine est à la fois de sécurité et de visibilité. On parle de placements de père de famille, qui sont censés fournir un flux de revenus réguliers, sur lesquels on peut entret..nir son ménage, établir ses enfants. Quant à la visibilité du patrimoine, il fait ressortir la « qualité » des « bonnes familles » qui fournissent un contingent de notables dont l'alliance est désirée.

Mais en régime d'inflation, même contenue, la gestion patrimo-niale est très malaisée. En réalité, la spéculation, c'est-à-dire l'anticipation des variations de la valeur financière des actifs, même non financiers (un appartement par exemple), est la seule stratégie efficace. Elle suppose une capacité d'arbitrage toujours en éveil, tandis que les stratégies patrimoniales s'accommodent d'une immobilisation sur une longue période d'actifs dont le rendement ne suit qu'avec un retard plus ou moins grand la hausse des prix.

Il est vrai que l'inflation contenue facilite, par le moyen d'intérêts négatifs ou très faibles, l'accession à la propriété. C'est ainsi que dans les années 1960-1970 le nombre des ménages propriétaires de leur appartement a considérablement augmenté, mouvement qui s'est fortement ralenti suite à la régression de l'inflation, à la libération des prix et des loyers et aux incertitudes redécouvertes des placements et jeux à terme boursiers. La flambée de l'idéologie libérale, après le retour des droites aux affaires de 1986 à 1988, et l'affirmation, sous ce couvert, d'un culte de l'Argent-roi se sont vite heurtées au double principe de réalité que furent le fléchissement de la Bourse, puis, la crise sociale persistant, la constatation, par l'opinion publique, de l'aggravation des inégalités sociales durant la décennie des années quatre-vingt.

En ce qui concerne l'institution familiale, elle ne constitue plus aujourd'hui un référent de même nature que du temps de Le Play ou de Paul Bourget. On sait la progression du nombre des divorces, la baisse du taux de fécondité, l'institutionnalisation du concubinage. Or il existe entre le patrimoine et la famille, surtout étendue, des liens manifestes. Si le divorce se généralise, si la fécondité baisse — en partie, peut-être, sous l'effet de la législation libérale sur la contraception et l'avortement —, le patrimoine cesse d'être un barrage aux appétits de satisfaction immédiate. Pourtant l'attachement à l'héritage invite à nuancer le tableau. Le patrimoine continue à être valorisé. Pour son détenteur actuel, il est une sécurité, une « poire pour la soif » ou un « bâton de vieillesse ». Pour les enfants, il contribue à leur assurer de bonnes conditions pour leurs études ou leur établissement. Mais, à l'exception d'une très faible fraction de la population, la sécurité apportée par le patrimoine est faible — comme le montre le financement des retraites qui, pour l'essentiel, est fourni par des pensions plus que par le revenu de l'épargne placée.

Même réduit à une fonction largement symbolique, le patrimoine continue à constituer un référent institutionnel vivace. Ce pilier est-il solide? A-t-il partie liée avec l'autorité d'un *mos majorum* sacralisé? La situation des Églises chrétiennes, et notamment de l'Église catholique, est ici d'une grande importance. Sur des questions comme le divorce, la fécondité, l'avortement, l'homosexualité, l'Église romaine s'en tient aux positions les plus traditionnelles. Mais ces positions n'ont plus la même solidité qu'hier, faute non d'être prêchées, mais d'être intériorisées et pratiquées. Beaucoup de catholiques, même pratiquants, sont, sur ces questions, très libéraux. Entre les instructions de leur Église, relayées parfois par des confesseurs réticents, et leurs propres choix, tous, loin s'en faut, ne donnent pas la priorité au devoir d'obéissance. On observe cependant que l'érosion des interdits, à laquelle les autorités morales semblaient s'être résignées, paraît se ralentir, à la fois du fait d'une réaction dans les Églises et d'un coup de frein dans l'opinion laïque.

Quant au troisième référent des droites, le complexe arméenation, il a d'abord souffert d'une certaine défaveur. La discipline, l'obéissance, la soumission même, qui ont été si longtemps associées à l'armée et au drapeau, ont-elles perdu tout leur lustre du fait de l'effacement de l'institution qui les incarnait? Elles ne sont certes pas en forte consonance avec l'esprit du temps pour lequel toute autorité est suspecte. L'armée française n'a plus guère à protéger de

possessions d'Outre-mer d'importance, suite à la décolonisation. Pourtant, la société militaire ne semble pas beaucoup plus en proie au doute que d'autres corps de l'État comme la magistrature ou l'Université, dont la mission est pourtant exaltée à qui mieux mieux. En revanche, le référent armée s'est dissocié du référent nation. L'identité nationale est redevenue un thème d'actualité et la renaissance populiste du Front national de Jean-Marie Le Pen illustre parfaitement ce point. La nation est sentie, sinon vécue, comme une communauté émotionnelle qui rassemble les « vrais » Français et tient à l'écart les impurs, les « basanés » et autres « immigrés ».

Même si plusieurs indices font pressentir un regain de tensions, notamment à l'égard des étrangers, dont le populisme lepéniste tire le plus grand bénéfice, la plupart des observateurs inclinent à penser que la société française ressemble de plus en plus aux autres sociétés occidentales. Ce qu'Henri Mendras appelle *La seconde révolution française*[13] est, en réalité, d'abord la mort de la première et sa consécration. Le cycle ouvert en 1789 serait refermé. Déjà on avait pu croire y être parvenus avec la consolidation de la troisième République. Mais la décadence des années trente, le désastre de notre armée et l'effondrement de l'État en 1940[14] ne pouvaient que réveiller des doutes sur la capacité des Français à se doter d'institutions démocratiques efficaces et légitimes. La constitution de 1958 apporte-t-elle une solution durable aux problèmes de la démocratie française? Le cycle révolutionnaire s'est-il refermé sous nos yeux sans que nous nous en soyons aperçus?

En faveur de cette interprétation on peut faire valoir que la modernisation accélérée des Trente Glorieuses a constitué une sorte de révolution paradoxale qui, en élevant le niveau de vie, en bouleversant les rapports entre les sexes et les générations, en débloquant certains grippages hiérarchiques, a augmenté les chances d'une gestion paisible et réfléchie des rapports sociaux. Nous serions sortis de l'ère des révolutions sous le double effet du raffermissement de nos institutions politiques et du rajeunissement de notre tissu économique et social.

Suite à ce réveil, les droites, comme les gauches d'ailleurs, sont confrontées aujourd'hui à une sorte d'éruption individualiste. Cette situation contraint les gauches à renoncer à une représentation de la société en termes de classes et de lutte de classes : s'il existe toujours des ouvriers, des syndicats et même des « prolétaires » au sens strict, leurs intérêts sont de plus en plus divers et de plus en plus difficiles à regrouper et à organiser en un « front commun des

luttes ». Pour les droites ces référents sociaux ont été dépouillés
d'une partie de leur autorité ancienne. S'agissant du *mos majorum*,
de l'identité nationale, les gens de droite sont confrontés à des choix
et la plupart d'entre eux, sur les questions morales, ne se contentent
plus d'invoquer un catalogue d'interdits et d'obligations.

En effet, l'individualisme dont on observe la montée en France,
comme en Europe occidentale, n'est pas la simple expression
d'égoïsmes ou d'anomie sociale. C'est un mouvement de fond qui
conduit d'abord à ce qu'à des référents collectifs (comme l'armée, le
patrimoine, l'Église) se substitue sinon un jugement authentiquement individuel, du moins la possibilité reconnue légitime à chacun
de recourir à cette forme de jugement. Au fond, les droites peuvent
aujourd'hui reprendre d'une façon réfléchie la tentative jusqu'ici
avortée des modérés, qui sont des individualistes, ou bien chercher
à ressusciter une hypothétique communauté émotionnelle autour
des mythes populistes, tant la déstabilisation des complexes idéologiques des droites et des gauches par l'individualisme démocratique, tel que l'entendait Tocqueville, peut susciter, en retour, une
forte demande holiste dans une société civile traversée par des
courants que rassurent encore des visions du monde globales, donc
nécessairement simplistes et exclusives. Quant aux modalités de ce
choix, elles relèvent davantage de l'art du praticien que de la
capacité analytique de l'observateur.

La position paradoxale des droites aujourd'hui tient pour beaucoup à l'ampleur du défi que signifie pour elles cette poussée
individualiste. A cette poussée les référents traditionnels semblent
peu capables de s'opposer. L'Église n'est plus, si elle l'a jamais été,
le champion du *mos majorum*. Le Siège romain continue à défendre
avec beaucoup de rigueur les obligations et les interdits de la
morale traditionnelle. Mais l'Église catholique ne semble pas,
même aux yeux de beaucoup de ses fidèles, tout à fait au clair sur sa
position dans le monde actuel. Quant à l'institution militaire, le
renfort que l'exemple du soldat a si longtemps apporté à des vertus
comme la discipline et l'obéissance s'est trouvé singulièrement
affaibli par les cas de conscience qu'ont eu à trancher vichystes,
gaullistes et partisans de l'Algérie française. La carrière du général
de Gaulle exprime, pour qui sait pénétrer au-delà du drapé et du
marmoréen des *Mémoires*[15], la tension entre la nécessité de l'obéissance et le devoir de désobéissance quand surgissent les circonstances d'exception. De Gaulle a vécu ce conflit avec une
intensité héroïque dans la catastrophe de 1940. Mais d'autres
militaires, officiers ou soldats, ont vécu, à leur niveau, la même

épreuve pendant les guerres coloniales lorsque leur a été posée la « question » de la torture. Dans ce cas, la réponse ne pouvait procéder que d'un engagement *individuel* — quelles que fussent les instructions de la hiérarchie.

Pourtant la liquidation des valeurs traditionnelles sous le choc de l'individualisme contemporain est loin d'être consommée. Dans l'ordre de la morale domestique, l'abrogation de quelques tabous, le desserrement de plusieurs autres, ne peuvent pas être tenus pour l'annonce d'une promiscuité généralisée. Il n'est pas impossible que sous réserve d'une transposition adéquate, le *mos majorum* survive à la présente poussée individualiste.

Depuis près de deux siècles, les diverses composantes de droite, moins intensément les modérés que les conservateurs, ont conduit une critique impitoyable de la démocratie politique. « La Révolution, écrit Tocqueville, a fondé une Société, mais elle n'a pas fondé de gouvernement. » Contre l'État héritier de la Révolution, les droites firent valoir ou bien qu'il était acéphale, ou bien qu'il conduisait à la tyrannie de la majorité, laquelle était d'ailleurs manipulée en sous-main par des tireurs de ficelle. Mais dans leur interminable procès contre la « femme sans tête », ce furent les droites qui eurent le dernier mot. La constitution gaulliste peut être présentée comme la forme la mieux approchée de la traditionnelle conception française de la souveraineté. Le « monarque républicain » n'est pas Louis XIV, mais il nous fournit la variante modernisée d'un exécutif monarchique — même si le suffrage universel tient lieu de Saint chrême. Dans la décomposition et la recomposition des valeurs sociales et culturelles dont la France est le témoin, la transposition est peut-être un des procédés les plus actifs et les plus efficaces. Au bout du compte, le défi que les transformations sociales en cours lancent aujourd'hui aux droites, c'est une invitation à transposer leur message, dont l'essentiel s'était constitué lors de la crise ouverte par la Révolution, dans un langage qui ait un sens contemporain, alors que le cycle révolutionnaire paraît être en voie de se clore.

FRANÇOIS BOURRICAUD

## *Bibliographie*

Ces pages consacrées aux horizons idéologiques des droites depuis la Libération sont plus une réflexion où la prospective oriente la rétrospective qu'une synthèse de faits empiriques relevant de l'histoire immédiate.

Outre les ouvrages qui ont ponctuellement illustré, voire nourri notre réflexion — ils figurent en notes — le lecteur pourra se reporter à l'amont intellectuel de ce chapitre.

La référence à l'idéologie, comme idées apparues sur le marché intellectuel spécialisé qui prennent autorité de la chose jugée sur le marché des modes et des idées reçues au point de devenir croyances et préférences exprimées dans les votes, les allégeances partisanes et les orientations générales vis-à-vis de la politique, a été développée dans :

[1] FRANÇOIS BOURRICAUD, *Le bricolage idéologique*, Paris, PUF. 1980.

L'histoire des droites pensée en termes de traditions — conservateurs, modérés, populistes — a été esquissée dans :

[2] FRANÇOIS BOURRICAUD, *Le retour de la droite*, Paris, Calmann-Lévy, 1986.

Il s'agissait alors, au nom de la sociologie, de se démarquer de la démarche essentialiste de l'historien et de ses cristallisations irréductibles (bonapartisme, orléanisme, légitimisme) proposées par :

[3] RENÉ RÉMOND, *Les droites en France*, Paris, Aubier-Montaigne, 1982.

Et démultipliées par :

[4] ZEEV STERNHELL, *La droite révolutionnaire, 1885-1914. Les origines françaises du fascisme*, Paris, Le Seuil, 1978.

[5] Du même auteur, *Ni droite ni gauche. L'idéologie fasciste en France*, Paris, Le Seuil, 1983.

La différence entre les deux démarches du sociologue et de l'historien tient à ce que l'historien est intéressé d'abord par les « colligations » par embranchements et bifurcations, renforcements et superpositions, retouches, corrections et enrichissements, démarche analysée par :

[6] R.-G. COLLINGWOOD, *Essays in the Philosophy of History*, Austin, University of Texas Press, 1965.

Précisément, le sociologue admet que les traditions ne sont que des orientations, des possibles, des passions, croyances et intérêts entrant dans des combinaisons changeantes selon des *conjonctures* successives singulières et contingentes, distinguant ainsi ce qui, dans une idéologie, est mort et vivant. C'est en ce sens que nous avons précisé le terme d'idéologie :

[7] FRANÇOIS BOURRICAUD, « Heurs et malheurs de l'idéologie », *Encyclopaedia Universalis*, Symposium des enjeux, 1985.

Tout en préservant le libre jeu singulier des composantes selon les conjonctures, contre tout déterminisme social, culturel ou productif :

[8] FRANÇOIS BOURRICAUD, « Contre le sociologisme : une critique et des propositions », *Revue française de sociologie*, 1975, XVI, p. 583-603.

*Troisième partie*

# RÉSURGENCES
# OU NOUVEAUTÉS?

## CHAPITRE X

# Le fascisme

Le fascisme français semble un thème de travaux pratiques pour servir à l'édification des apprentis historiens, et aussi pour rafraîchir la perplexité des historiens chevronnés. Que dire d'un objet qui donne lieu à des représentations aussi contraires, que les uns montrent ample et ramifié, que les autres décrivent menu, inconsistant, voire inexistant? Un objet que certains déclarent étranger aux traditions politiques françaises, tandis que d'autres y voient une invention française, un nouvel apport fait au monde par le pays héraut des droits de l'homme?

L'écart fut d'abord, et pendant longtemps, entre la perception des contemporains et celle de la majorité des historiens. Dans les années trente, rien de plus répandu en France que le fascisme, du moins aux yeux d'une gauche ébranlée par ce qui s'était joué en Italie une décennie auparavant et qui se répétait alors en Allemagne. La droite française en recevait des reflets noirs ou bruns, tandis que la vie politique se partageait selon la ligne de clivage du fascisme et de l'antifascisme : fasciste Pierre Laval et ses décrets-lois, fasciste François de La Rocque avec ses bataillons défilant au pas, et fasciste Jacques Doriot qui, avant même de fonder le Parti populaire français (PPF), dénonçait ses anciens camarades communistes et le pacte franco-soviétique.

Une bonne partie des Français des années trente l'avaient vu partout; quelques décennies plus tard, les historiens ne semblent plus le voir nulle part, ou alors en dose infime, exception faite des historiens communistes restés fidèles à une définition extensive du phénomène qui absorbe même le régime de Vichy [78]. L'explication pourrait en être qu'avec de la distance, avec une meilleure connaissance du tableau d'ensemble et une plus grande attention

portée aux nuances et aux limites des phénomènes, une vision affinée et approfondie aurait succédé à celle, immédiate et passionnée, d'une partie des contemporains.

Mais l'affaire s'est compliquée depuis que le front des historiens lui-même s'est brisé, depuis que de nouveaux venus ont critiqué cette vision des choses et redonné du crédit à la perception de l'époque. Que ces historiens soient tous étrangers n'est sans doute pas à négliger : leurs collègues français auraient-ils eu tendance à minimiser un phénomène qui jette une ombre sur l'image qu'ils souhaitent entretenir de leur pays? Dans tous les cas, un débat s'est ouvert, qui a parfois offert le spectacle d'une mêlée confuse et pu faire mettre en doute la possibilité de parvenir à une appréciation partagée, mais qui n'en a pas moins, d'un autre côté, stimulé et enrichi la réflexion commune.

Le débat était particulièrement malaisé du fait qu'il tournait autour de cette notion, glissante parmi toutes, qu'est le fascisme. Le mot a été tant galvaudé, il a servi tant de causes et de maîtres que l'on peut légitimement se demander si son emploi n'obscurcit pas davantage qu'il n'éclaire. Pourtant, comment s'en dispenser dans la mesure où il désigne malgré tout un phénomène spécifique, un projet d'organisation de la cité qui se distingue aussi bien de la démocratie libérale que du communisme et des régimes autoritaires traditionnels. Mais il est clair que si l'on se décide pour son emploi, il importe d'en fixer d'une manière explicite et raisonnée les traits essentiels; seul l'établissement d'un profil permet de se prononcer sur ce qu'il est justifié de qualifier de fasciste dans le champ politique français.

Cela même fait toucher du doigt la principale difficulté : le mot fascisme renvoie à un phénomène qui trouva sa première expression politique en dehors de la France. Le mouvement, puis le régime de Mussolini l'imposèrent à l'attention de l'opinion internationale; la désignation fut bientôt reprise et acclimatée dans bien d'autres pays, soit pour dénoncer des adversaires politiques, soit pour revendiquer un titre de parenté. Les historiens qui, comme Zeev Sternhell, affirment que le fascisme est né en France ne peuvent faire oublier cette évidence : sans l'existence du référent historique italien et allemand, pourrait-on ajouter, leur enquête n'aurait pas de sens ou pas le même sens, et à coup sûr n'aurait pas eu le même écho.

Parce qu'elle doit partir de l'existence d'un référent historique et conceptuel extérieur au champ français, toute réflexion sur le fascisme français rencontre ainsi un double problème. Le premier

est de déterminer sur quelle base doit être élaborée une définition du fascisme. Faut-il se fonder sur le seul cas italien, ou bien prendre en considération la série de phénomènes que l'on tient, à tort ou à raison, pour proches ou parents ? Il faut alors préciser les critères qui permettent de décider de cette proximité ou de cette parenté. Tiendra-t-on pour décisif le fait que ces phénomènes se sont réclamés de l'exen ₚle italien ? Ou s'en remettra-t-on à un jugement fondé sur des critères externes, plus ou moins explicités par l'observateur ?

Le second est que le fascisme italien, de quelque manière qu'on l'approche, est un nationalisme intégral, ce qui doit, en bonne logique, être vrai des phénomènes parents apparus dans les autres pays. Voilà bien une situation à laquelle il n'est pas aisé de trouver un équivalent dans le passé. Le libéralisme et le socialisme constituaient des phénomènes transnationaux, étant l'un et l'autre fondés sur des principes universels. Le cours de l'histoire les a poussés à des compromis plus ou moins importants avec le nationalisme ; mais ils ont gardé un noyau transnational. Le fascisme représente en quelque sorte le phénomène inverse : fondamentalement nationaliste, il a aussi une dimension transnationale, ce qui n'est pas allé sans créer dilemmes et impasses, comme on le verra.

La question est de savoir si, en raison de ce nationalisme constitutif, le fascisme peut échapper aux déterminations propres à chaque histoire nationale ; ou, corrélativement, de savoir dans quelle mesure il est un phénomène transnational. Son étude doit donc cerner les écarts autant que les ressemblances, ce qui revient à le situer dans le contexte français, à déterminer son rapport aux traditions politiques des droites françaises, à réfléchir sur ce qui, dans la situation historique de la France et dans le cadre de sa culture politique nationale, a pu l'autoriser et le favoriser ou, au contraire, le dévier, le comprimer, l'étouffer. Dans les pages qui suivent, on tentera de différencier ce phénomène et de le délimiter au sein de la famille autrement indistincte de l'extrême droite grâce à une réflexion méthodologique et conceptuelle ; le lecteur nous pardonnera la concision des aspects descriptifs ; il trouvera ceux-ci plus amplement exposés dans les ouvrages de synthèse existants [4 ; 19 ; 29].

## I. UNE HISTORIOGRAPHIE DIVISÉE

L'historiographie est aujourd'hui divisée, comme le fera voir un rappel des thèses en présence. Au point de départ, il faut placer les vues exposées par René Rémond au début des années 1950 dans un ouvrage classique, plusieurs fois réédité et récemment remanié, notamment dans la partie qui nous intéresse, sans que soit modifié pour l'essentiel le jugement de l'auteur [20, p. 199-220; 21, p. 195-223].

René Rémond réfute la vision de la gauche des années 1930 qui dénonçait dans les ligues les troupes d'assaut d'un fascisme français. Il y voit bien plutôt une nouvelle expression du vieux fond plébiscitaire français, badigeonné tout au plus d'un vernis à la romaine. Si l'on veut parler sérieusement de fascisme, il faut, à son avis, se tourner vers des groupuscules comme le Francisme de Marcel Bucard ou la Solidarité française de François Coty, qui n'ont fait que copier Mussolini. Et si l'on trouve à coup sûr des fascistes dans le Parti populaire français (PPF) de Doriot, qui représenta « la forme la plus approchée d'un parti de type fasciste », il subsiste un doute tenace sur la nature profonde de cette organisation [21, p. 217].

En somme, le fascisme n'a existé en France, à l'état pur, que sous la forme de copies de modèles étrangers; quand bien même l'on y rangerait le PPF, il n'aurait eu, comme force politique organisée, qu'une importance marginale. Sans doute, le phénomène eut-il d'autres prolongements, comme le montre la réalité d'une « tentation fasciste », en particulier dans certains milieux intellectuels, ce que Raoul Girardet désigna par l'expression d'« imprégnation fasciste » [22]. Et il exista une fascination certaine de la part de fractions des droites classiques pour les fascismes étrangers, qui allait encourager de dangereux glissements. Tout cela, bien pesé, ne change rien au constat d'échec que l'historien est en droit de dresser.

A cet insuccès, il y a une série de causes que René Rémond examine tour à tour : la situation internationale de la France, puissance victorieuse et pacifique; la moindre déstabilisation de la société française dans l'après-guerre et lors de la grande crise; enfin, l'état de sa démographie qui en faisait un pays vieux, peu

porté aux aventures. Tout en ne sous-estimant pas la pertinence de ces explications, René Rémond privilégie toutefois une autre série de raisons, proprement politiques, qui renvoient à l'enracinement de la démocratie, à la mobilisation antifasciste de la gauche et surtout à l'occupation du terrain à droite par des forces et des idéologies fortement constituées.

Cette conclusion s'accorde avec la grille d'ensemble de cet auteur, c'est-à-dire l'existence en France de trois traditions — l'ultracisme, l'orléanisme, le bonapartisme —, disposant chacune d'un système de pensée, d'un tempérament, d'une clientèle et occupant si bien le terrain qu'elles étaient à même d'absorber les virtualités fascistes. Sans entrer dans une discussion générale, notons que la séparation entre ces trois droites ne saurait être tenue pour étanche, comme le montre l'épisode de Vichy, traité cursivement par René Rémond (le collaborationnisme, qu'on ne peut tout de même réduire à un phénomène d'importation, est, lui, passé sous silence). Le ralliement des trois droites autour de Pétain indique bien que dans certaines conditions, les limites s'effacent et que le nationalisme autoritaire peut devenir un dénominateur commun.

Notons aussi qu'il est discutable de séparer rigidement le fascisme des trois droites indigènes, en gommant notamment sa parenté avec la droite ultra et en glissant sur celle qu'elle peut avoir avec le bonapartisme, une catégorie au surplus fort large : n'y trouve-t-on pas boulangisme et mouvement antisémite, La Rocque et Doriot, gaullisme et poujadisme, chiraquisme et lepénisme ?

L'approche de René Rémond est sans doute d'autant plus éclairante qu'elle procède par survol sur une longue durée ; appliquée à une période limitée, l'éclairage qu'elle apporte tend à se réduire. Il n'en reste pas moins qu'elle a permis de jeter sur l'histoire des droites françaises un regard d'ensemble qui reste insurpassé dans sa rigueur méthodique et sa clarté analytique et que toute alternative risque fort d'être payée d'un éclatement des perspectives et des résultats.

Son point de vue sur le fascisme français s'est imposé, en tout cas ; il reçoit aujourd'hui encore l'approbation de la plupart des historiens. La récente et excellente mise au point de Pierre Milza, où l'on trouve un bilan équilibré du débat historiographique et une réponse affinée à certains problèmes, rejoint, en définitive, le jugement de l'auteur des *Droites en France* : le fascisme français n'eut jamais qu'une importance très limitée, à la différence de ces deux traditions autoritaires indigènes que sont le nationalisme populiste,

de Boulanger à Le Pen, et le nationalisme contre-révolutionnaire, de Maurras à Mgr Lefebvre [19].

Dès les années soixante, des historiens étrangers avaient cependant pris des voies et apporté des conclusions assez différentes. Ces historiens s'accordent pour repousser dans le passé national la date d'émergence d'un phénomène fasciste. Que l'on ne se trompe pas d'entre-deux-guerres ! C'est la période 1871-1914 qui serait décisive pour la naissance du fascisme en France. Ils s'accordent aussi pour donner au phénomène, dans le deuxième entre-deux-guerres, une ampleur sans commune mesure avec celle que lui reconnaît René Rémond. Ils divergent, en revanche, sur presque tout le reste, ce qui limite la force globale de leur contestation.

L'historien allemand Ernst Nolte ouvrit le feu en réunissant dans une étude brillante et discutable le fascisme italien, le national-socialisme et l'Action française. Nolte précisait qu'il ne confondait pas cette dernière avec le fascisme, dont l'épanouissement ne se produisit qu'à « l'époque du fascisme », soit entre les deux guerres mondiales. L'Action française était, à l'évidence, la continuatrice du mouvement contre-révolutionnaire classique. Mais elle montra aussi, selon Nolte, des traits modernes qui permettent d'y voir « une forme précoce du fascisme », sous certains aspects plus proche du nazisme que du fascisme italien [27, p. 88].

Le choix de Nolte était moins fondé sur des considérations historiques que sur une définition *a priori* du fascisme comme une « résistance à la transcendance » et comme un « antimarxisme », le marxisme étant censé résumer tout le mouvement d'émancipation depuis la Renaissance. L'Action française paraissait cruciale à Nolte dans la mesure où, à la différence du nazisme et du fascisme italien qui n'eurent pas de doctrine élaborée, elle avait assimilé l'ensemble du courant contre-révolutionnaire et l'avait fondu dans une doctrine nouvelle. Pour comprendre le phénomène fasciste dans sa globalité, il fallait inclure le maurrassisme dans l'analyse : c'est alors seulement, écrit Nolte, que le fascisme « peut être comparé à son principal adversaire », le marxisme [27, p. 103].

En d'autres termes, l'Action française permet de penser le nazisme et le fascisme italien à la fois dans leur enracinement contre-révolutionnaire et dans les modifications qu'ils y apportèrent. Elle offre un matériau doctrinal qui, en raison de sa richesse intellectuelle, et au terme de la démarche hégélienne de notre historien-philosophe, donne à comprendre comment s'est dressé en face du mouvement d'émancipation un mouvement de refus, de « résistance à la transcendance », qui a pris la forme d'une « réaction révolutionnaire » [27, p. 157].

On ne s'étendra pas sur le point de savoir si la « résistance à la transcendance » est bien au fond du phénomène fasciste et s'il est acceptable de le définir comme un antimarxisme plutôt que comme un antilibéralisme. Ce qui est certain, c'est qu'en se concentrant sur cet élément de « résistance à la transcendance » et en instrumentalisant l'Action française pour des motifs de comparaison intellectuelle, Nolte a été amené à exagérer les éléments de ressemblance et à minimiser la profonde différence de nature qui existe dans les remèdes proposés respectivement par l'Action française et les mouvements fascistes.

Loin de cette construction historico-philosophique, deux autres historiens — l'Américain Robert Soucy et l'Israélien Zeev Sternhell — remirent eux aussi en cause la vision rémondienne du fascisme français. Ils y furent d'ailleurs tous deux conduits à partir de l'étude de Maurice Barrès, chez qui ils crurent discerner les linéaments d'une idéologie fasciste à laquelle les hommes de l'entre-deux-guerres n'auraient pas eu grand-chose à ajouter.

Robert Soucy est particulièrement affirmatif à propos de l'existence d'un fascisme ou d'un protofascisme chez Maurice Barrès [41], tout comme à propos de l'ampleur du fascisme français [51]. Son mérite est d'avoir posé le problème des frontières entre le fascisme et ce qu'il appelle, selon l'usage américain, la droite « conservatrice ». Réfutant les limites tirées au cordeau par René Rémond, il insiste sur la mobilité et la perméabilité de ces limites, sur l'étendue des dénominateurs communs et des programmes partagés. Selon lui, fascisme et « conservatisme » s'interpénétrent dans une large mesure et ont beaucoup en commun, singulièrement en matière économique et sociale, ne divergeant au fond que dans le domaine de la tactique [51, p. 19].

Le résultat en est une conception extensive du fascisme français, qui embrasse aussi bien les ligues nationalistes de la fin du siècle dernier que celles de l'entre-deux-guerres. Toutes sont, comme l'écrit Soucy à propos des ligues d'avant 1914, « antiparlementaires, antisémites, antilibérales, antimarxistes, partisanes de la petite bourgeoisie contre la classe ouvrière, intensément nationalistes, farouches défenseurs de l'armée, éprises des valeurs militaires et disposées à avoir recours à la violence pour atteindre leurs objectifs politiques » [51, p. 21].

Ce sont, en effet, autant de traits que l'on retrouve dans le fascisme; suffisent-ils à identifier ligues et fascisme? A dire vrai, Robert Soucy n'explicite pas les bases sur lesquelles il fait reposer sa définition du fascisme; il ne développe pas non plus d'une

manière précise cette définition, de sorte que l'on voit mieux ce qui rapproche fascisme et « conservatisme » (avant tout un programme socio-économique) que ce qui les sépare. Le « conservatisme » devient un ensemble indifférencié qui absorbe les traditions distin guées par René Rémond ; curieusement, la différenciation se trouve transportée au sein de la famille fasciste élargie, les Jeunesses patriotes recevant, par exemple, la qualification de « fascisme centriste » [52].

L'historien israélien Zeev Sternhell aboutit à des conclusions voisines sur l'ancienneté et l'importance du fascisme en France. Mais c'est au terme d'une enquête plus vaste et à travers l'emploi d'une grille d'interprétation originale. La première a enrichi nos connaissances ; la seconde a stimulé une réflexion dont les historiens traitant de ce thème lui sont redevables, même si le désaccord subsiste à propos de la plupart de ses conclusions.

L'interprétation de Zeev Sternhell porte à la fois sur le contexte historique de l'émergence du fascisme et sur les mécanismes de production de son idéologie. Pour ce qui est du premier point, Sternhell affirme que le fascisme est une réponse européenne à une véritable crise de civilisation que traduisent vers la fin du siècle dernier, au beau milieu de l'industrialisation des sociétés et de la nationalisation des masses, la diffusion de courants de pensée irrationalistes et l'assaut frontal donné à la démocratie libérale.

On comprend, alors, que la France soit devenue, pour reprendre une expression que l'historien israélien affectionne, le « laboratoire » du fascisme. Elle était le pays le plus avancé sur le chemin de la démocratie parlementaire, le pays où avait mûri le plus rapidement la crise de l'ordre libéral. Sternhell souligne la nouveauté et l'originalité de la réponse idéologique que fait naître cette crise globale, et il en montre les diverses manifestations.

Pour ce qui est du second point, Sternhell offre une interprétation globale de la naissance et de la reproduction des mouvements de la droite radicale et de l'idéologie fasciste. Selon lui, ce qui apparaît à la fin du siècle dernier est une nouvelle droite, une « droite révolutionnaire », dont l'existence est dorénavant inséparable de la démocratie libérale qu'elle veut renverser. Phénomène à la fois structurel et récurrent : la nouvelle droite monte à l'assaut lorsque la démocratie libérale subit une crise, se replie dès que la situation se calme.

Dans l'apparition de cette « droite révolutionnaire », Sternhell voit un événement crucial, malgré les échecs qui la poursuivront. Crucial parce que, en réponse au défi qu'elle représente, la gauche

socialiste puis marxiste s'intègre de plus en plus à l'ordre libéral (ne serait-ce que sous une forme tactique, comme le fit le PCF au moment du Front populaire). Cette droite constitue, du même coup, la seule vraie alternative au système, ce qui en fait la séduction et la force de rupture.

Mais le mouvement continu d'intégration de la gauche a une autre conséquence, non moins importante, qui est de pousser à la dissidence des minorités de gauche qui ne veulent rien céder de leur hostilité fondamentale à la démocratie libérale et qui finissent par rejoindre les révoltés de l'extrême droite. Le fascisme naît ainsi de la rencontre, opérée à intervalles réguliers, entre les opposants de droite et de gauche à l'ordre libéral. Sternhell cherche ainsi à rendre compte d'un phénomène vérifié en France comme en Italie.

L'idéologie fasciste est donc conçue comme la « synthèse » d'idées venues d'horizons opposés. Elle combine des valeurs politiques de droite et des valeurs sociales de gauche ; elle fusionne un nationalisme organique, culturellement pessimiste et antisémite, et un socialisme antimarxiste. L'expression achevée s'en trouve, dès avant l'éclatement de la Grande Guerre, dans le Cercle Proudhon, rencontre de soréliens et de maurrassiens. Le fascisme italien ne sera que la répétition de cette expérience originelle, une nouvelle confluence de socialistes et de syndicalistes influencés par Georges Sorel avec des adeptes du nationalisme intégral.

Soulignons que Zeev Sternhell ne donne pas la même importance aux deux composantes de base : celle de gauche lui apparaît essentielle. La « droite révolutionnaire », déjà, était née à gauche, comme le montrerait l'évolution du boulangisme, de Déroulède et de certaines minorités radicales et blanquistes, et leur aboutissement dans l'antidreyfusisme. Après le tournant du siècle, la composante de gauche prendra la forme d'une révision spécifique du marxisme dans un sens antimatérialiste, c'est-à-dire dans le sens d'une opposition totale à la philosophie des Lumières. Georges Sorel joue en France un rôle crucial dans cette révision du marxisme, comme le feront après lui, dans l'entre-deux-guerres, le Belge Henri de Man et le Français Marcel Déat.

Voilà, rendue schématiquement, une interprétation dont on ne contestera ni l'ampleur ni la cohérence ; il est regrettable que la polémique déclenchée par *Ni droite ni gauche* n'ait pas permis de la discuter dans son ensemble. On voit aussi qu'elle offre une alternative élaborée à l'analyse de René Rémond. Tandis que celui-ci tient le fascisme français pour un phénomène marginal, réfléchissant des expériences étrangères, Zeev Sternhell le présente comme une

invention française qui précède et influence le fascisme italien; comme une invention obtenue par la « synthèse » d'un courant de droite et d'un courant venu de gauche, le second ayant un rôle essentiel; enfin, comme une invention qui aura en France une influence diffuse considérable, débordant 1945 comme elle a précédé 1914.

Zeev Sternhell chemine le long de voies ouvertes par deux historiens américains. L'un, Eugen Weber, avait souligné l'apparition en France, dès les années 1880, d'une tradition « socialiste-nationale », appelant à dépasser gauche et droite pour former une communauté nationale en même temps que sociale [24]. L'autre, A. James Gregor, avait cherché à montrer que le fascisme italien dérivait idéologiquement du socialisme révolutionnaire, qu'il était, à proprement parler, une hérésie du marxisme [12, 13].

Sternhell a développé ces pistes dans une interprétation qui n'a pas d'équivalent et dont l'intérêt et les mérites sont certains, à commencer par une documentation qui force le respect. Son approche a l'avantage, d'abord, d'offrir une vue ample de la question, en plaçant le fascisme sur le fond d'une crise culturelle débutée bien avant la Grande Guerre et qui dégagera des valeurs dont il sera le bénéficiaire.

Elle pose, ensuite, avec force le problème de la généalogie du fascisme. La crise culturelle évoquée plus haut n'est pas seulement celle du libéralisme, elle atteint son adversaire le plus résolu, le marxisme. Et à cette crise du marxisme, l'une des issues sera le fascisme : issue en quelque sorte structurelle, puisque le ralliement d'hommes de gauche se répétera dans le temps. Voilà une alternative à la conception qui ferait du fascisme l'égrènement d'itinéraires irréductiblement personnels.

L'approche de Sternhell mérite considération, enfin, par l'attention qu'elle fait porter à la perméabilité et à l'interpénétration des ensembles idéologiques, aux convergences inattendues et aux associations incongrues que font naître la mobilité et la plasticité des thèmes culturels, du moins de certains d'entre eux. Autour des fascistes catalogués, comme avant même l'apparition de mouvements fascistes, s'étend une nébuleuse de modes de penser et de thématiques, de discours et d'idéologèmes qui balisent déjà des parcours et dessinent des lignes de contamination et de dérive.

Une formulation nuancée et une moindre systématicité auraient probablement consolidé plus avant l'interprétation de Sternhell. Le rapport est loin d'être univoque entre la crise culturelle du tournant du siècle et le fascisme, comme si celui-ci aurait dû en être le

débouché nécessaire et exclusif. De même, dans l'entre-deux-guerres, rien ne justifie de tirer vers le fascisme, d'orienter vers lui comme vers un aboutissement nécessaire, tout ce qui, dans le milieu culturel de l'époque, s'en rapproche, en négligeant qu'il empruntait lui-même à ce milieu. Recoupements partiels et affinités sélectives dans les valeurs et les idéologèmes ne valent pas *ipso facto* fascisme en germe, fascisme camouflé ou honteux.

Dans ce genre d'approche, la force de la démonstration est fonction de la manière dont l'analyse est menée. Sur le plan de la méthode, on peut faire grief à Sternhell de pratiquer une lecture souvent peu discriminante, qui consiste à rapprocher des thèmes idéologiques extraits de deux ensembles différents pour en conclure à la parenté de ces ensembles, sans que soient examinés la signification exacte et le poids relatif de ces thèmes dans chacun des ensembles [31, p. 855].

On peut également lui reprocher de reconstituer d'une manière téléologique les itinéraires qui l'intéressent, de sélectionner dans le passé des individus qu'il étudie les éléments qui peuvent avoir pesé dans l'aboutissement de leur trajectoire, sans faire leur place aux éléments divergents et à l'effet des remodelages survenus sous l'effet des conjonctures ultérieures : ainsi pour Marcel Déat ou Henri de Man, qui auraient nourri une idéologie fasciste dès le début des années 30 [32 ; 33 ; 35].

Mais les désaccords les plus sérieux portent sur deux points centraux : la conception de l'idéologie fasciste, le rôle des hommes venus de gauche. L'idéologie fasciste, telle que l'entend Sternhell, est générique : inventée en France, reproduite en Italie, d'extension européenne, elle laisse de côté le nazisme, pour des raisons mal éclaircies, probablement parce que ne s'y voit pas la confluence d'hommes venus de gauche. Mais si l'on opte pour cette conception générique, il faut alors parler de fascisme en France plutôt que de fascisme français. Est écartée, en effet, la possibilité d'une version française du fascisme, d'un fascisme aux couleurs de la France. Les différences nationales ne se marqueraient que dans la force politique inégale du fascisme suivant les pays, des différences dues aux « circonstances » qui favorisent ou défavorisent le succès des organisations fascistes [44, p. 47].

L'idéologie fasciste elle-même semble hors d'atteinte des « circonstances », comme s'il n'existait pas des cultures politiques nationales ou des ambiances idéologiques particulières. Dissociée de tout mouvement socio-politique, n'ayant jamais dépassé en France, selon Sternhell, « le stade de la théorie », elle s'y laisserait

saisir de façon plus pure [28, p. 393]. On peut soutenir, à meilleur droit, qu'il est difficile, sans tenir compte de l'action politique et de l'exercice du pouvoir, de juger la nature du fascisme dans le plein développement de ses potentialités.

Quant au contenu de cette idéologie fasciste, il est à la fois imprécis et extensif. Un certain nombre de termes sont employés sans qu'en soient définies les limites de validité, ainsi « l'anti-capitalisme » ou encore la capacité « révolutionnaire » du fascisme. Le fait que Sternhell puisse qualifier Vichy de « révolutionnaire » et le placer dans la famille des régimes de type fasciste fait voir la nécessité d'un supplément de rigueur [80, p. 46]. Quant à la formule « ni droite ni gauche », elle ne définit pas spécifiquement le fascisme, puisqu'elle vaut pour la famille entière des idéologies de rassemblement national, une famille dont le fascisme n'est qu'un des membres, son rameau extrémiste et totalitaire.

Dans la définition proprement dite de l'idéologie fasciste, Sternhell inclut deux types d'éléments dont la cohésion est loin d'être entière, mais qui lui permettent de viser large. Le fascisme étant pour lui, comme pour Valois, la combinaison du « nationalisme » et du « socialisme », il en souligne aussi bien la dimension de révolution morale, spiritualiste et antimatérialiste, qui serait la contribution de la droite, que la dimension de socialisme national, la recherche d'une communauté anticapitaliste dans le cadre national, apportée en dot par la gauche.

Avec ces deux flèches à son arc, la chasse lui est giboyeuse. Mais le gibier est forcément bigarré. Il n'est pas sûr que le socialisme national satisfasse au critère de l'antimatérialisme; et que le spiritualisme ait une conception très sociale de la communauté nationale. S'il est facile de montrer ce qu'il y a de proche du fascisme ou de fascisant chez un Thierry Maulnier, la démonstration est moins convaincante pour un Marcel Déat ou un Henri de Man dans les années 30 : grâce à sa définition du fascisme, Sternhell peut les inscrire tous trois à son tableau de chasse.

Large, cette définition de l'idéologie fasciste gomme, d'un autre côté, des éléments qu'on peut juger essentiels, comme le militarisme, le bellicisme, l'impérialisme. On ne s'étonne pas alors d'apprendre que le fascisme est fondamentalement une idéologie internationaliste, « la seule idéologie internationaliste authentique » avec le communisme [28, p. 288].

Tout aussi discutable est l'analyse des rapports entre la gauche et le fascisme, notamment dans la formulation de l'idéologie fasciste, en quoi Sternhell renverse les conceptions communément admises

qui en situent à droite les sources d'inspiration. Sans doute la rencontre d'hommes de droite et de gauche tout comme le rôle dirigeant d'hommes venus de gauche dans certains mouvements fascistes sont-ils une réalité. Il n'est nul besoin de faire de cette réalité une nécessité, et encore moins de la forcer dans l'étau d'une double postulation : à savoir que l'idéologie fasciste est redevable à la gauche d'un apport d'idées et que celui-ci dérive logiquement de la révision du marxisme.

Pour Sternhell, dans la genèse de l'idéologie fasciste, l'apport d'idées de gauche, avant tout par le syndicalisme révolutionnaire dans sa version sorélienne, est aussi substantiel que décisif. Pour reprendre sa formule, « le syndicalisme révolutionnaire fournit l'Idée, le mouvement nationaliste lui fournit les troupes » [44, p. 46]. Sternhell, qui voit large à propos de la crise culturelle de la fin du siècle, rétrécit considérablement son champ de vision pour ce qui est de la naissance de l'idéologie fasciste : un cocktail d'idées bien nettes, bien précises, d'attribution tout univoque.

Les soréliens auraient apporté une double contribution : l'idée d'une révolution qui garderait l'économie de marché, celle de la violence génératrice de sublime. Mais le nationalisme intégral n'était pas davantage disposé à briser « toutes les structures » du capitalisme ; quant à la violence, dans sa réalité comme dans son idéalisation, elle ne manquait certes pas à l'univers de valeurs de ce nationalisme

S'il est vrai que le sorélisme et son exaltation des mythes sociaux ont influencé Mussolini, faut-il en faire un *novum* absolu et décisif pour la formation de l'idéologie fasciste? La pensée de Sorel, qui associait à des buts idéologiques de gauche des thèmes culturels dont les affinités naturelles étaient avec la droite, participait d'un assez large courant d'idées, particulièrement bien représenté en Italie, ce qui lui valut d'ailleurs une réception plus ample qu'en France.

Sans doute favorisa-t-elle le glissement vers le fascisme de segments de la gauche italienne en contribuant à l'imprégner d'irrationalisme. Mais il est abusif de lui imputer un apport d'idées sans lequel l'idéologie fasciste n'aurait pu être formulée, en méconnaissant l'existence de toute une ambiance culturelle de même signe, et surtout l'appropriation progressive par les dissidents de gauche de ces idéologèmes de droite constitutifs de l'idéologie fasciste : la nation comme valeur exclusive, l'ordre et l'autorité, le « grand homme », la force et la guerre élevées en vertus primordiales.

Quant à la révision du marxisme comme principe moteur du

passage au fascisme, la capacité explicative de cette hypothèse est plutôt limitée. D'abord, en ce qu'elle ne couvre qu'un type d'itinéraires : celui de Doriot, par exemple, y échappe, chez qui fait défaut toute révision du marxisme et qui ne se prête donc pas à une analyse centrée sur la logique des idées. Ensuite parce qu'elle postule un lien rigide, quasi déterministe, avec l'aboutissement dans le fascisme.

On peut soutenir qu'un certain socialisme révisionniste, un socialisme national devenant antimarxiste tout en restant antilibéral, et qui manifeste un penchant « antimatérialiste » pour l'austérité et pour la foi civique, ait de sérieuses potentialités de dérive vers le fascisme. De ce point de vue, il est, dans une certaine mesure, justifié de rapprocher les cas de Sorel, Déat et de Man. Mais ce qui paraît difficile à soutenir, c'est d'établir une connexion logique, directe, rigide entre ce socialisme révisé et le fascisme.

Si l'on revient à l'interprétation d'ensemble de Sternhell, on pourrait dire qu'il a élevé en paradigme du phénomène fasciste en France l'épisode du Cercle Proudhon, suivant en cela quelques fascistes français, Valois en tête, qui, regardant en arrière dans les années 1920 et 1930, le désignèrent comme le lieu de naissance de l'idéologie fasciste. Tout son travail pourrait s'analyser comme la tentative de prouver que l'appréciation rétrospective de ces fascistes français est conforme à la réalité historique (une appréciation que Nolte et Weber avaient, avant lui, jugé infondée [27, p. 207; 47, p. 94]).

Que Sternhell en ait été amené à forcer la réalité historique dans sa grille, la construction de son ouvrage *Ni droite ni gauche* le montre bien. Désireux de prouver la valeur paradigmatique du Cercle Proudhon pour la période de l'entre-deux-guerres, il a taillé dans son sujet — l'idéologie fasciste en France — un champ d'analyse restreint qui devait servir au mieux sa démonstration et n'a fait qu'en dévoiler les faiblesses. Laissant de côté les hommes et les groupements habituellement cités dès lors qu'il est question du fascisme français (Doriot, Bucard, Drieu, Brasillach, etc.), il s'est concentré sur Valois, qui fait le pont avec le Cercle Proudhon, puis sur les « révisionnistes du marxisme », Déat et de Man, sur le nationalisme « spiritualiste » de Maulnier, enfin, subsidiairement, sur Mounier et le groupe *Esprit*.

Déat et de Man d'un côté, Maulnier et Mounier de l'autre : faute d'un nouveau Cercle Proudhon dans l'entre-deux-guerres, Sternhell a cherché à en établir l'équivalent en montrant que révisionnistes du marxisme et nationalistes spiritualistes partageaient, au

fond, la même idéologie, une idéologie fasciste que l'historien voit se dessiner en pointillé et dont les intéressés n'avaient pas conscience, puisque, dans tous les cas, ils refusaient de l'admettre pour telle. Il n'est pas étonnant que ce délicat exercice lui ait valu de sévères critiques.

Au bout du compte, la conception d'une idéologie fasciste naissant en France, selon une formule qui se serait reproduite à l'identique en Italie, ne convainc pas, et pas non plus la représentation d'une France imprégnée d'idéologie fasciste dans l'entre-deux-guerres. Cette imprégnation, diffuse mais ample, Sternhell ne peut d'ailleurs l'avérer que par l'exemple de revues et de cercles fort restreints, ou alors en se référant à l'influence massive de journaux comme *Gringoire* [36, p. 47-8] : mais c'est récupérer pour la thèse d'une imprégnation fasciste l'évidence, jamais contestée, d'une forte prégnance autoritaire.

Paradoxalement, Zeev Sternhell transforme en référent international le pays où, de son propre jugement, le fascisme ne devint jamais une force politique sérieuse. Si son interprétation offre une alternative à celle de René Rémond, c'est en corsetant la réalité historique au point de la déformer, tout en posant, par ailleurs, des problèmes importants : la signification et l'apport des hommes allés de la gauche vers le fascisme, les particularités du phénomène fasciste en France, sa place dans l'éventail des traditions politiques françaises.

Pour terminer ce tour d'horizon historiographique, évoquons le point de vue de l'historien allemand Klaus-Jürgen Müller, dont les travaux ne portent que sur l'entre-deux-guerres, mais présentent l'originalité de rompre avec les orientations évoquées jusqu'ici. Müller juge inutile et à coup sûr infructueux le recours à la problématique du fascisme dans le contexte français. Quand il ne se résume pas à une simple transposition de théories globales édifiées sur la base des cas allemand et italien, il mène à de stériles exercices qui consistent à dépister des « traits fascistes », à partir de critères plus ou moins élaborés, et à cataloguer et recataloguer différents mouvements politiques, sans éclairer en rien les raisons de leur surgissement, leurs fonctions et leurs chances de développement dans le contexte national.

S'il écarte la problématique du fascisme comme improductive dans le champ français, Müller refuse tout autant une approche en termes de traditions nationales. Les ligues de l'entre-deux-guerres ne sont pas des résurgences bonapartistes, mais des réponses spécifiques aux changements politiques et socio-économiques sur-

venus après 1918. Mouvements protestataires dont les aspirations modernisatrices ont été sous-estimées, voire ignorées, les ligues traduisent un déficit de représentation et d'intégration, périodiquement stimulé par la perspective d'une alternance de gauche au régime; leur échec, tout aussi périodique, démontre, en revanche, la flexibilité et la capacité d'intégration du système républicain.

Nul ne contestera les mérites, et encore moins les conclusions, d'une telle approche, qui prend en compte les conditions globales de l'activité politique, tout en faisant peu de cas, d'un autre côté, des traditions politiques. Même s'ils sont susceptibles d'être réélaborés et renouvelés, les discours et les idéologèmes possèdent une autonomie relative mais réelle, offrant aux acteurs politiques un stock d'idées que le temps ne dévalue pas si facilement et qui ne se confondent pas.

De type fonctionnaliste, l'approche de Müller analyse le politique en termes de réponse à des besoins de représentation et de modernisation de la part de certaines couches sociales. La perspective est ainsi déplacée vers l'analyse de besoins sociaux plus ou moins confusément ressentis, et que l'historien ne peut atteindre que de manière largement spéculative : ainsi de la relation postulée entre professions exercées par les militants et secteurs, modernes ou anciens, de l'économie [54, p. 498-499]. Il reste, surtout, à expliquer la volatilité de ces mouvements protestataires, leur incapacité à articuler durablement les intérêts sociaux dont ils sont censés être les porte-parole, enfin les différences politico-idéologiques qui les séparent.

Müller est conduit, par la pente de sa problématique, à inclure dans son analyse des organisations disparates, qui débordent le cercle des ligues et même de l'extrême droite, et qui vont du Faisceau de Valois au Redressement français de Mercier, en passant par les Jeunesses patriotes de Taittinger, bien que leur attitude envers la République, par exemple, les distingue nettement. Rien ne justifie, alors, de ne pas élargir encore le cercle aux rénovateurs du centre et de gauche, à tous ceux qui aspiraient à rajeunir le système politique, en le dotant notamment d'un organe de représentation des intérêts.

On ne voit donc pas en quoi un tel cadre invalide la problématique du fascisme. Il en fait bien plutôt ressortir l'utilité, la seconde permettant de compléter le premier par l'apport d'une différenciation indispensable : se satisferait-on d'une approche de la République de Weimar qui saisirait ensemble les organisations nationa-

listes — le DNVP et le Stahlhelm — et le parti nazi pour les
interpréter comme une seule et même réponse, sous des formes
certes variées, à des besoins de représentation et de modernisation
de certaines couches sociales?

Le problème du fascisme ne se laisse pas contourner aisément;
pour le rejeter, il faut bien s'y référer, explicitement ou implicitement [par exemple 54, p. 485]. Le fascisme est antimoderniste,
selon Müller; or les mouvements qualifiés de fascistes en France,
ligues y compris, présentent une nette dimension modernisatrice
(ce qui prête, en soi, à discussion); donc la problématique du
fascisme est inadéquate [53]. Pour être conséquent, il faudrait
partir d'une définition complète, qui aille au-delà d'un seul « trait
fasciste », et s'en servir pour éclairer la spécificité de la situation
française.

En somme, l'approche de Müller consiste à déplacer la perspective, ce qui est légitime, mais ne suffit pas à réfuter celle, tout aussi
légitime, qui anime la discussion sur le fascisme : à savoir s'il a
existé en France un type de courant politique voisin ou parent de
ceux qu'ont connu d'autres pays. A l'évidence, la question n'aurait
pas de sens si les expériences nationales étaient frappées d'une
singularité absolue. Or, quand bien même le fascisme a triomphé
dans certains pays plutôt que dans d'autres, il faisait fond sur des
courants d'idées, des aspirations et des traits de mentalité qui, dans
l'après-guerre, enjambaient les frontières.

L'anticommunisme, l'expérience des tranchées et le phénomène
ancien combattant, pour ne citer que ceux-là, sont autant d'éléments transnationaux qui manifestent aussi leur présence en
France, même s'ils sont réfractés de manière spécifique par le
contexte national. La question du fascisme dans ce pays doit donc
être examinée au croisement des traditions politiques qui occupent
le terrain, de l'évolution du contexte socio-politique national et des
éléments de portée transnationale qui y existent, en s'interrogeant
sur la manière spécifique dont tous ces facteurs ont interagi, se
renforçant ou se contrecarrant.

## II. UNE DÉFINITION DU PROJET FASCISTE

Le débat historiographique trouve son origine et son ressort dans des conceptions du fascisme divergentes. Il faut donc tenter une définition, sans quoi la discussion n'aura pas de base. L'explicitation de critères pose, il est vrai, de sérieuses difficultés : comment définir *a priori* un objet qu'on doit encore étudier ? Et que doit viser une telle définition : une essence, un phénomène historique particulier, une perspective ?

Entre le politologue et l'historien, il y a, à cet égard, une différence fondamentale d'approche. Le premier se préoccupe de construire un objet, le fascisme, en recherchant les traits et les structures qui le définiraient dans son être générique et en élaborant des modèles qui l'expliqueraient. Les fascismes nationaux ne sont alors que des incarnations de ce fascisme générique, des manifestations de structures profondes, qu'il s'agisse d'un type de personnalité, d'un mouvement de modernisation, d'une réaction de défense des classes moyennes en détresse ou du grand capital aux abois [11 ; 12 ; 14 ; 15].

L'historien, lui, sait que sa tâche est de cerner la spécificité du phénomène qu'il étudie, et si la perspective comparative ne lui fait pas peur, il refuse de sacrifier à l'élaboration de régularités ou de généralités la substance particulière de son objet d'analyse [10]. Existe-t-il, alors, une voie moyenne entre une approche qui ne connaît que la singularité des expériences nationales et une approche théorique qui a la généralité d'une grille niveleuse ? Deux solutions intermédiaires sont envisageables. La première est de type inductif et vise à définir un certain nombre de traits qui permettent de classer comme fasciste tel ou tel phénomène.

L'établissement de ce « minimum fasciste » a son utilité, mais il ressemble à un cercle vicieux : comment décider ce qui doit être inclus au départ dans le corpus de mouvements et de régimes à partir desquels on va identifier ces traits minima ? Si l'on se fonde sur le plus petit dénominateur commun, éliminera-t-on l'antisémitisme, par exemple, pour la raison que le fascisme italien le tint sur les marges pendant de nombreuses années ? Dans le meilleur

des cas, on aboutit à dresser une liste d'attributs formulés de la façon la plus inclusive et souvent sans qu'il y ait pondération et hiérarchie de ce qui est important ou décisif [15; 16].

La seconde approche est la méthode idéal-typique. L'idéal-type n'est pas la définition d'une « essence » du fascisme, et pas non plus un modèle qui prétend expliquer ce phénomène. C'est une construction faite à des fins purement heuristiques, obtenue en sélectionnant des éléments de la réalité historique tenus pour essentiels dans la perspective d'un problème spécifique, ces éléments étant ordonnés dans un tableau qui fait sens de la manière la plus logique et cohérente possible. Ce tableau est « idéal » dans le sens où il saisit les lignes de fuite d'un phénomène et constitue un « type » avec lequel on peut éclairer les écarts existant dans la réalité. L'objectif n'est donc pas d'aboutir au constat de tels écarts, qui sont présupposés dès le départ, mais de les situer et d'en interroger la signification. Il est naturellement possible d'être en désaccord sur les éléments inclus dans le tableau; du moins, les critères de jugement sont-ils explicites.

Dans notre perspective, l'idéal-type est intéressant dans la mesure où il porte sur le projet fasciste, défini comme l'image que les fascistes entretenaient de la société désirable et des moyens d'y atteindre, et tel qu'on peut le reconstituer à partir des idées, valeurs et aspirations contenues dans leurs écrits et leur comportement. Il ne s'agit pas de dresser un catalogue exhaustif, dans lequel on retrouverait d'ailleurs le fonds entier des droites, le fascisme excellant dans le réemploi de tous les matériaux disponibles. Il s'agit de dégager avant tout les éléments qui signent sa spécificité dans l'éventail des idées et des mouvements politiques.

On laisse donc de côté, ici, une approche de type socio-économique qui partirait de l'étude de la clientèle des mouvements fascistes et s'attacherait à les définir par la défense des intérêts et des aspirations de certaines couches sociales. S'il est souhaitable de mieux connaître cette clientèle, les obstacles documentaires sont de taille, sans compter qu'il faudrait, pour juger de manière satisfaisante, connaître également celle des autres groupements politiques de l'époque. Les quelques travaux existants indiquent une composition bigarrée et ne permettent guère d'aller au-delà de généralités telles que la sous-représentation des paysans et des ouvriers et la surreprésentation des couches urbaines moyennes [par ex. 54; 62; 88; 89].

A vrai dire, même si nos connaissances étaient plus larges et plus assurées, il resterait délicat d'établir une relation directe et uni-

voque entre base sociale et mouvement politique. Comme le montrent les études comparatives menées à ce jour à propos de partis fascistes pour lesquels existe une documentation impeccable (ainsi en Allemagne et en Norvège), d'autres facteurs — confessionnels ou générationnels — ont au moins autant de poids que le facteur socio-professionnel dans l'explication de l'adhésion, sans compter que la composition sociale a passablement varié, non seulement de région en région, mais encore dans le temps en fonction de la stratégie du parti et de l'évolution politique globale [6, 7].

Enfin, s'il est évident que des mouvements de type protestataire ont besoin de conditions favorables, qu'il s'agisse d'un malaise économique, de difficultés sociales ou d'un courant d'anxiétés, les flambées de mobilisation qu'ils attisent périodiquement mettent en jeu bien davantage que la défense d'intérêts matériels ou la recherche d'une représentation plus adéquate. Opérant dans une atmosphère passionnelle, parfois de jugement dernier, ces groupements trouvent un écho dans certains secteurs de la population grâce à une mise en accusation fondée sur une vision différente de l'autorité, une vision veinée d'utopie en tant qu'elle pointe vers une société autre non seulement dans ses institutions, mais dans son ambiance morale, dans les rapports de coexistence des individus; tous éléments que l'analyse ne peut intégrer qu'en tenant compte de l'autonomie des imaginaires politiques.

La construction de l'idéal-type, on l'a dit plus haut, se fait à partir de la connaissance de la réalité historique. Dans le cas du fascisme, il nous faut choisir une base, qui ne peut être que le fascisme italien, auquel j'aurais tendance à ajouter le nazisme. Malgré des différences notables et, sur certains points, essentielles — ainsi la définition de la nation en termes biologiques et le racisme meurtrier qui déboucha sur l'extermination des juifs —, le régime nazi était plus proche du fascisme italien que de n'importe quel autre régime européen de cette époque.

S'agissant de définir idéal-typiquement le projet fasciste, l'on pourrait partir de son ambition, qui est de rassembler la nation, de refermer les divisions ouvertes par le libéralisme et ses rejetons, la démocratie et le socialisme. En quoi il appartient à la fois à la famille des idéologies de troisième voie entre capitalisme et socialisme et à celle des idéologies de rassemblement national, familles au sein desquelles il a une physionomie distincte à tous égards [33].

Pour le dire schématiquement : le projet fasciste vise à former une communauté nationale unifiée et mobilisée en permanence sur

des valeurs de foi, de force et de combat; une communauté inégalitaire, armaturée autour du parti unique et comprimée dans une unité totalitaire excluant toute autre allégeance que la fidélité exclusive à un chef qui personnifie le destin collectif et en décide absolument; une communauté militarisée enfin, soudée en vue d'assurer à la nation les moyens de l'expansion et de la domination.

Dans cette définition aux parties solidaires et dont l'ensemble définit le projet fasciste, trois éléments méritent d'être soulignés. D'abord, la conception d'une nation réunie et renouvelée, par la violence et la terreur s'il en est besoin, autour de ces valeurs centrales que sont la foi, la force et le combat; une nation soumise à la pénétration et à l'emprise à vocation totalitaire du parti, ce qu'annoncent, dès avant la prise du pouvoir, son organisation et sa pratique. Du peuple tout entier sont attendues une obéissance aveugle et enthousiaste en même temps qu'une croyance absolue dans les vertus de la lutte et de la force. Il s'agit de le mobiliser et de le garder sous tension, et c'est à quoi vise une théâtralisation de la politique qui doit produire une communion émotionnelle, en exaltant notamment ces valeurs irrationalistes par excellence que sont la jeunesse, l'héroïsme, la guerre; toutes valeurs qui dotent le fascisme d'une impulsion antibourgeoise bien réelle, le bourgeois n'étant pas, comme aux yeux des marxistes, le propriétaire des moyens de production, mais l'incarnation d'un mode de vie sédentaire, hédoniste, égoïste.

Ensuite, la figure du chef qui n'est pas une aberration ou une perversion, comme dans le stalinisme par rapport au marxisme, mais bien au contraire un élément central de la vision fasciste. Un homme d'exception incarne la nation, un homme qui ne tient plus sa légitimité d'un droit divin, et pas davantage d'un mandat populaire : les manifestations plébiscitaires qu'il organise (plébiscites formels ou manifestations de masse) ne servent qu'à constater et à renforcer l'accord avec son peuple, et non à légitimer une « mission » qu'il estime avoir reçue des forces profondes de l'histoire et de la nation. Le parti lui sert d'instrument de lutte et de pouvoir, un parti qui est en même temps parti-armée par les valeurs et les formes d'organisation et parti-Église par l'engagement aveugle et fanatique exigé de ses membres.

Enfin, le militarisme et l'impérialisme, deux traits essentiels du phénomène fasciste. Si, comme on le verra encore, il est vrai qu'une bonne partie des idéologèmes du fascisme sont présents avant 1914, l'expérience de la Grande Guerre n'en eut pas moins une influence décisive, non seulement sur les conditions de son déve-

loppement, mais aussi sur la formation de son identité. La Révolution russe, l'existence de l'État soviétique et de la troisième Internationale y ajoutèrent leurs effets en exacerbant les tendances nationalistes hostiles à la fois au socialisme et au libéralisme, vus tous deux comme les matrices du bolchevisme; elles fournirent aussi le modèle, impensé à droite avant 1914, du parti unique, instrument de conquête de l'État et de remodelage de la société.

Mais avant tout, l'expérience de la guerre fournit une source d'inspiration et un horizon de fuite; elle forma l'image directrice qui est au fond de l'utopie fasciste, celle d'une nation soudée en temps de paix comme si elle était en guerre, une nation modelée sur la communauté des tranchées et l'héroïsme militaire, une nation sans plus de distinction entre le front et l'arrière. Pour reprendre une expression allemande, la Grande Guerre dressa contre les « idées de 1789 » les « idées de 1914 ».

Il est patent, en somme, que par tous ses fondements, le fascisme peut faire sien le mot d'ordre de Maurras, « politique d'abord ». Ses valeurs renvoient au second rang la construction sociale et économique, même s'il y eut des fascistes pour croire à une transformation corporatiste ou socialisante. L'« intendance » importe comme un moyen vers le but, et c'est pourquoi, en matière socio-économique, le fascisme a repris sans originalité un programme de troisième voie, fortement lesté dans le sens de la conservation sociale, qui promet protection, amélioration, soutien à toutes les couches de la population, en particulier aux paysans et aux classes moyennes, mais en y ajoutant une rhétorique mettant à l'honneur le travail et les travailleurs, ainsi que la promesse d'un nouvel égalitarisme fait de camaraderie sous l'uniforme et de voie ouverte au mérite politique.

Pour en terminer avec cette définition du projet fasciste, faisons trois remarques. La première concerne les affinités idéologiques que l'on peut établir entre ce projet et les droites françaises définies par René Rémond. Sans doute, aucune d'elles ne se confond avec lui, la droite libérale moins que les autres, même si elles sont toutes les trois susceptibles, en temps de troubles, de se rallier à une solution d'autorité. Le fascisme ne sort directement d'aucune de ces traditions; phénomène de crise et de détresse, il prend son bien où il le trouve, en sachant se présenter en garant des valeurs et des institutions traditionnelles; il n'en demeure pas moins que ce bien, il le trouve dans certaines traditions plutôt que dans d'autres.

A cet égard, la délimitation opérée par René Rémond entre fascisme et traditions ultraciste et bonapartiste me paraît devoir

être nuancée, dans la mesure où l'une et l'autre de ces traditions présentent avec le fascisme des plans de recoupement notables. René Rémond a raison d'écrire que le fascisme ne pouvait apparaître qu'après 1789 ; il a tort, à mon avis, de penser que le fascisme place « à l'origine de son pouvoir et comme fondement de sa légitimité le peuple souverain » [21, p. 201].

Il est aisé de marquer ce qui distingue le maurrassisme du fascisme. Doctrinalement, il se définit par le classicisme, le positivisme, le monarchisme et le traditionnalisme social. Il est, en outre, fondamentalement élitiste, demeurant en cela fidèle au précepte de Joseph de Maistre : la contre-révolution ne sera pas une révolution contraire, mais le contraire de la révolution. D'où la préférence marquée par Maurras pour le coup d'État ou pour l'exploitation d'une émeute, sinon d'une défaite : mais certainement pas en faisant appel aux masses et en les encadrant dans un mouvement plébiscitaire, comme il reproche au fascisme de le faire.

Il n'empêche qu'il existe entre les deux une parenté substantielle, et d'abord dans le refus intégral de la philosophie des Lumières, de la conception individualiste et libérale de l'homme en société, de l'organisation démocratique de la cité. Il y a dans le « nationalisme intégral » et dans la dénonciation antirépublicaine de l'Action française un système de haines que le fascisme reproduit tel quel. Et s'il est vrai que la doctrine et son grand prêtre ne peuvent être tenus pour responsables des déviations des disciples, il n'est pas moins vrai que ce genre de déviations suivait une pente toute préparée.

Quant au bonapartisme, René Rémond l'oppose au fascisme en se référant au penchant irrésistiblement conservateur du premier, le second étant censé naître à gauche et y recruter une partie de ses troupes [21, p. 204]. On pourrait faire valoir, en sens contraire, les éléments de parenté que contient le bonapartisme, en particulier dans son avatar nationaliste : la figure du chef charismatique, l'appel au peuple, l'affirmation de l'autorité, la grandeur nationale.

Dans ces deux traditions, on peut souligner les éléments qui bloquent le terrain au fascisme, comme le fait René Rémond. On peut aussi bien souligner ceux qui lui sont favorables et qui pourraient être réutilisés dans un ensemble spécifiquement fasciste.

La deuxième remarque concerne l'indissociabilité de l'idéologie et de la pratique, ce qu'implique la notion même de projet. On peut concevoir d'examiner séparément idéologie et politique pour certains systèmes de pensée ; s'agissant du fascisme, il est improbable que l'on puisse entretenir une idéologie fasciste sans être conduit, tôt ou tard, à une pratique politique de type fasciste en raison même

de l'intensité passionnelle et de l'atmosphère activiste et violente consubstantielles à ce phénomène politique.

C'est pourquoi il me paraît de bonne méthode que l'étude des attitudes politiques complète l'analyse des positions idéologiques. Il est vrai que des engagements politiques peuvent prendre des chemins opposés en dépit de convergences ou même de parentés dans les conceptions ou les aspirations; il existe bien des thèmes à forte plasticité, comme le sont par exemple ceux du rassemblement national et du socialisme national. Mais les choix politiques pratiques n'en restent pas moins décisifs pour le jugement historique : ainsi seulement peuvent être repérées, pour chaque réalité idéologique, la diversité de ses composantes et la complexité de leurs assemblages.

La dernière remarque concerne les limites de notre idéal-type, qui, s'il permet d'aborder la réalité historique avec des critères de jugement, laisse de côté contexte et facteurs de genèse du fascisme. Or, il n'est pas possible d'examiner dans le vide le fascisme français, sans tenir compte de l'existence des mouvements et régimes fascistes étrangers, avec les effets de suggestion, d'influence et de mimétisme qui ont pu en dériver.

Il est bien connu que la très grande majorité des mouvements fascistes européens ont été créés dans le sillage de l'apparition du régime italien, puis du régime allemand. Ces réalités nouvelles devaient naturellement influencer des reconstructions d'identité politique, même si cela se fit sur fond de crise po!'tique nationale et à l'aide de matériaux idéologiques nationaux. Sans l'existence de ces réalités nouvelles, y aurait-il eu la prétention émise par des fascistes français de prendre leur bien dans le passé national? Zeev Sternhell y trouve la confirmation de sa thèse d'une idéologie fasciste préexistant à la guerre en France; on peut y voir le besoin de se définir nationalement, de valoriser les racines indigènes d'un fascisme français tard venu.

## III. UN PRÉFASCISME?

On a vu que certains historiens tiennent pour négligeable le rôle de la Grande Guerre dans la naissance du phénomène fasciste et

affirment l'existence en France, avant 1914, d'un « préfascisme »
ou même d'un fascisme arrivé à maturité. On peut se demander si
ces historiens ne cèdent pas à ce que Marc Bloch appelait l'idole des
origines. Comme il en va pour tout phénomène « précurseur », le
« préfascisme » est une reconstruction opérée après coup, avec un
caractère artificiel prononcé, le risque étant de focaliser sur certains
éléments et de perdre de vue l'ensemble dans lequel ils étaient
insérés.

Ce « préfascisme », on est censé le trouver chez des individus
étudiés de façon privilégiée comme Maurice Barrès, mais aussi
dans une série de groupements politiques qui apparaissent au
tournant du siècle [40]. Robert Soucy et Zeev Sternhell ont mis en
valeur dans les écrits de Barrès une série de thèmes et un état
d'esprit annonciateurs du fascisme. Le refus de la démocratie
parlementaire, le culte de l'action, de l'énergie et de la force, la
fascination pour les masses, l'exaltation de l'institution et des
valeurs militaires, l'appel au chef, autant de thèmes que l'on
retrouve dans le fascisme, en effet, et que Barrès, parmi les
premiers, a développés, sans oublier l'antisémitisme et bientôt le
racisme, le culte de la terre et des morts [41, 42].

La difficulté avec Barrès n'en est pas moins que son itinéraire
finit dans un conservatisme traditionnaliste. Soucy voit sa postérité
aussi bien dans le fascisme que dans le régime de Vichy et dans le
gaullisme, ce qui est conforme à sa thèse de la parenté du conservatisme et du fascisme, mais illustre, une nouvelle fois, le problème de
définir ce qui les sépare. En réalité, les éléments qui, chez Barrès, se
rapprochent le plus du fascisme sont aussi les plus instables, et il
faudrait en quelque sorte fusionner en pensée des éléments prélevés
dans des périodes différentes de son évolution sinueuse pour aboutir à un ensemble que l'on pourrait qualifier de fasciste : en liant par
exemple l'activisme « socialiste national » du Barrès boulangiste de
gauche et le nationalisme pessimiste et raciste du Barrès antidreyfusard.

La démonstration de Zeev Sternhell est plus ample parce qu'elle
va, on l'a dit, au-delà du cas de Maurice Barrès pour tracer
l'existence d'une nouvelle droite, — dont le même Barrès a d'ailleurs illustré les conditions d'apparition par sa trajectoire du
boulangisme à l'antidreyfusisme. Le boulangisme est pour Sternhell la première suture, encore imparfaite, du nationalisme et du
socialisme, le premier exemple de la production d'une nouvelle
droite à partir de la gauche, comme sont censées le montrer
l'évolution du boulangisme dans son ensemble mais aussi celle de la

Ligue des Patriotes, organisation républicaine se retournant bientôt contre la République.

L'importance de la composante venue de gauche tient à ce qu'elle apporte au nationalisme une dimension « socialiste », ou plus précisément populiste. Méthodes d'organisation, clientèle urbaine, action directe et patriotisme chauvin sont le legs d'une gauche historique en crise, un legs qui apporte au nationalisme la dimension d'un « socialisme national », une expression employée par Maurice Barrès et que Zeev Sternhell a reprise, à la suite d'Eugen Weber, sans en spécifier davantage la signification et les limites, et notamment son apparentement exact avec le fascisme.

Le populisme est, au fond, le critère qui institue la catégorie de la « droite révolutionnaire », dans laquelle Sternhell inclut une série de mouvements comme la Ligue des patriotes, la Ligue antisémitique, les Jaunes, mais aussi l'Action française des débuts. C'est parce qu'elle se veut, à ce moment-là, « un mouvement de combat à recrutement populaire » et qu'elle est proche « d'une certaine forme de socialisme national » qu'il la compte dans la « droite révolutionnaire » [43, p. 348, 353].

Tous ces mouvements sont des flambées, sauf l'Action française. Mais l'insuccès importe peu à Zeev Sternhell, qui veut montrer qu'il y a là un phénomène neuf, une droite populiste, un mécanisme de conjonction des extrêmes et finalement de production de l'idéologie fasciste. Il reste à voir si cette nouvelle droite mérite d'être qualifiée de révolutionnaire, si elle a une unité profonde et surtout si elle contribue à produire à la veille de la guerre une authentique idéologie fasciste.

René Rémond juge discutable l'appellation de droite révolutionnaire; droite contestataire serait plus approprié [21, p. 205]. Le fait est que ces mouvements tendent presque immanquablement vers le conservatisme ou incluent une forte composante conservatrice. Autrement dit, l'appellation de droite révolutionnaire recouvre une réalité plutôt labile et changeante, comme si ces mouvements et ces hommes avaient de la peine à s'inscrire de façon conséquente en opposition absolue contre le régime.

Du même coup, on peut s'interroger sur l'unité du phénomène : il y a comme un rapport de sens inverse entre l'opposition fondamentale au régime républicain et à ses valeurs, d'une part, et d'autre part le degré de populisme de ces divers mouvements. Les éléments conservateurs sont forts dans les mouvements les plus populistes, alors que le mouvement le plus radicalement opposé à la démocratie libérale, le plus proche à cet égard du fascisme, l'Action française, est aussi le moins populiste.

Mouvement ouvrier antisocialiste prônant la coopération sociale et l'accession à la propriété et dont le chef — Pierre Biétry — vient du Parti ouvrier français de Jules Guesde, la Fédération nationale des Jaunes de France, née en mars 1902, a ainsi eu une histoire tumultueuse, avec des alternances de rébellion tous azimuts et de liaison avec les forces les plus installées, que ce soit le patronat ou le clergé. En vis-à-vis de la dénonciation du régime, de la xénophobie, de l'antisémitisme, on peut mettre l'éloge de la vieille France, le catholicisme pratiquant, sans oublier un matérialisme massif à travers la revendication du droit à la propriété. Il faut bien de la sélection pour placer tout uniment sous le pavillon d'une « droite révolutionnaire » ce mouvement, fort de plusieurs dizaines de milliers d'adhérents, qui exprime pour bonne partie le fond de ruralisme et de traditionalisme imprégnant encore le monde ouvrier français.

Quant à l'Action française, qui refuse, elle, intégralement la démocratie, sa dimension populiste est fort limitée, même en tenant compte de personnages secondaires comme Valois et Bacconnier. Maurras s'est intéressé brièvement au monde ouvrier, mais c'était dans l'espoir de lui faire entendre son message monarchiste, et non de l'organiser.

Les réserves que l'on peut nourrir à l'égard de la notion de droite révolutionnaire se transforment en un scepticisme intégral lorsqu'il est question de l'idéologie fasciste censément produite par le Cercle Proudhon, lieu de confluence de membres de l'Action française et d'un rameau antidémocratique venu de gauche, composé à vrai dire d'une poignée d'hommes, de soréliens ayant accompagné leur maître dans son rapprochement avec l'extrême droite. Georges Sorel lui-même ne fut pas de l'expérience, à laquelle participa en revanche son plus proche disciple, Edouard Berth, tandis que Georges Valois et Firmin Bacconnier représentaient la maison Maurras.

Zeev Sternhell fait valoir que les *Cahiers du Cercle Proudhon* portent des thèmes comme la dénonciation de la démocratie libérale, l'affirmation du rôle des minorités, l'exaltation de l'héroïsme et de la guerre, la répudiation de l'humanitarisme, l'anticapitalisme. Mais on y trouve aussi l'éloge de la tradition et la référence à la raison (l'empirisme organisateur !) qui signalent des désaccords sérieux, auxquels Sternhell ne consacre pas un mot. L'usage du mot « synthèse » est un abus de langage si l'on veut dire que de cette rencontre serait sorti par composition un ensemble idéologique inédit qu'auraient fait leur tous les participants. En réalité, seul le

tri de l'historien, fondé sur la connaissance de la suite, autorise l'extraction artificielle de cette « synthèse ».

Au surplus, même en ne retenant que les éléments privilégiés par Sternhell, on ne peut les identifier à une idéologie fasciste qu'en donnant de celle-ci une définition lacunaire (sans même parler du lien manquant avec la pratique) dans la mesure où font défaut la figure du chef absolu (le thème des minorités héroïques n'est pas spécifiquement fasciste), l'ambition de modelage totalitaire de la société, le bellicisme (qui est davantage que l'héroïsme et l'évocation des vertus de la guerre appliquées à autre chose que la guerre), l'impérialisme enfin.

Ce que montre le Cercle Proudhon, c'est la cohabitation temporaire d'une poignée d'hommes venus des extrêmes et partageant certains refus. En 1934, Drieu la Rochelle écrivit que « quelques éléments de l'atmosphère fasciste étaient réunis en France vers 1913, avant qu'ils le fussent ailleurs » [29, p. 347]. La première caractérisation paraît recevable, en tenant compte d'ailleurs que de cette « atmosphère fasciste » est responsable, pour bonne partie, la thématique nietzschéenne apportée par Berth, qui devait virer après la guerre, comme d'ailleurs son maître Sorel, vers le communisme. La seconde caractérisation ignore, elle, dans son mouvement si typique d'appropriation nationale, la présence autrement plus marquée d'« éléments de l'atmosphère fasciste » en Italie à la même époque.

Il reste que les travaux de Zeev Sternhell me semblent avoir établi l'apparition à la fin du siècle dernier d'une nouvelle culture politique et d'une nouvelle droite, deux éléments auxquels l'approche de René Rémond ne fait pas justice. La France fin-de-siècle voit émerger une thématique inédite, une culture politique autoritaire et populiste, nationaliste et antidémocratique, xénophobe, antisémite et raciste, avec de nettes tendances à l'irrationalisme politique. Le refus de la société comme ensemble d'intérêts conflictuels, le choix de la nation comme base d'une communauté fermée et exclusive : voilà bien un terreau sans lequel le fascisme aurait été dénué d'avenir.

Le phénomène n'est pas, il est vrai, seulement français, et il resterait à démontrer qu'il eut, au tournant du siècle, plus de relief en France que dans les pays d'Europe centrale ou en Italie. Ajoutons que cette nouvelle culture politique ne fait qu'une place limitée, en France, à deux autres éléments tout aussi indispensables au fascisme, le bellicisme et l'impérialisme. Où trouve-t-on l'équivalent du bellicisme des futuristes et des nationalistes italiens, pour

ne pas parler des nationalistes allemands, ou encore de la thématique de la « place au soleil » et des « nations prolétaires » ?

Le nationalisme français est, dès avant la Grande Guerre, une « méditation sur la décadence » (Raoul Girardet, [46]). Défensif et conservateur, on le voit rassasié par l'agrandissement colonial et, plus profondément, bridé par la prise de conscience des limites de la puissance nationale après la double expérience napoléonienne. Si le bellicisme et l'impérialisme sont des thèmes et des ressorts centraux de l'idéologie et de l'expérience fascistes, des pays comme l'Italie et l'Allemagne avaient des réserves considérables, surtout dès lors qu'une défaite ou de trop maigres gains seraient venus conclure une Grande Guerre débutée dans l'enthousiasme.

On accordera volontiers à René Rémond que cette nouvelle droite, née en France des insuffisances de la démocratie représentative comme des tensions engendrées par l'urbanisation et la « nationalisation des masses », prolonge par de nombreux aspects la tradition bonapartiste. Mais cette catégorie de bonapartisme paraît bien large pour la diversité du phénomène, d'où l'utilité, peut-être, de la subdiviser en deux courants : l'un auquel pourrait être appliqué le terme de nationalisme césarien ou de national-césarisme, l'autre auquel conviendrait le terme de nationalisme populiste, de national-populisme si l'on veut reprendre l'expression de Pierre-André Taguieff [96]. Il est bien entendu que ces termes désignent des types et non des substances, la réalité historique pouvant les voir se combiner.

L'un et l'autre courants veulent la réconciliation et le rassemblement de la nation, la fin des divisions partisanes, la direction centralisée de l'État par un chef charismatique, la grandeur nationale. Tous deux jugent indispensable de recourir aux masses, de les mobiliser et les encadrer dans un mouvement associant le national et le social. Ni l'un ni l'autre ne valorisent ce mouvement comme un instrument promis au monopole politique après l'arrivée au pouvoir et destiné à jeter ses filets sur la société tout entière.

Le national-populisme se distingue toutefois par un ton et une allure plébéiens, par la présence à sa tête de « fils du peuple » (comme Biétry) ou d'aventuriers déclassés (comme le marquis de Morès), des hommes qui ont le sens des masses et de l'action directe. Il se distingue aussi par un discours strident sur la décadence, une rhétorique violente de dénonciation et surtout, trait qui me paraît caractéristique, par l'exploitation sans scrupules de la xénophobie et de l'antisémitisme comme moyens de mobilisation politiques. Sur ce plan comme sur celui des origines sociales et de

l'activité militante, il se marque un écart notable avec le nationalisme césarien dont les chefs ont eux un « héritage », un titre socialement ou historiquement fondé (Louis Bonaparte, Boulanger, La Rocque, de Gaulle), et se réclament avant tout de valeurs traditionnelles, religieuses en particulier.

Ni l'une ni l'autre de ces branches de la famille bonapartiste ne s'identifie au fascisme. Toutes deux en divergent notamment par la référence à la souveraineté populaire, même si l'ambition de « concilier les droits du peuple et les principes d'autorité » comme disait Louis Bonaparte [29, p. 231] place l'accent sur les seconds plutôt que sur les premiers. Il est clair, toutefois, que le national-populisme se rapproche davantage du fascisme que le rameau césarien. Les passerelles, ici, sont plus nombreuses et plus larges que dans toute autre famille de droite.

Le fascisme français pourrait être vu comme un développement exacerbé du courant national-populiste, à condition de ne pas tenir pour acquise la continuité de l'un à l'autre. Ni en Italie ni en Allemagne, d'ailleurs, le fascisme n'est sorti tout armé d'une tradition politique ; s'il y eut continuité, il y eut aussi combinaison avec du neuf et remodelage de l'ensemble. La notion de synthèse utilisée par Sternhell est, dans ce sens, appropriée. Mais plutôt que la combinaison d'un socialisme antimarxiste et d'un nationalisme organique, le fascisme français devrait être vu comme la synthèse, dans un sens idéal typique et non pas « essentiel », de la critique antidémocratique de l'Action française, de l'appel au peuple et de l'agitation sommaire du national-populisme, enfin de l'imaginaire social à la fois partisan, militaire et totalitaire, suscité par l'expérience de la Grande Guerre et par la menace communiste.

## IV. L'ÉPOQUE DU FASCISME

Par « époque du fascisme », Nolte désigne la période de l'entre-deux-guerres, à laquelle l'existence du phénomène fasciste aurait donné une texture et une coloration distinctes. Dans le cas du fascisme français, la période qui s'étend de l'armistice à la Libération constitue bien une unité ; nombre de trajectoires ne toucheront au port que sous l'occupation. Mais on ne saurait dire de cette

période, en revanche, qu'elle a été, en France, marquée de façon distinctive par le fascisme. Si le phénomène fasciste y existe, il n'occupe qu'une place très limitée dans le paysage ; et encore se gardera-t-on d'oublier que si fascisme il y a, c'est d'un fascisme spécifique qu'il s'agit.

L'autoritarisme pourrait valoir, lui, comme l'un des signes distinctifs de ces décennies. Les secousses économiques de l'après-guerre et de la crise mondiale, l'apparition et le développement d'un Parti communiste chevillé à Moscou firent beaucoup pour polariser et passionner la vie politique en provoquant la mobilisation de multiples catégories sociales. Chaque victoire électorale de la gauche — en 1924, en 1932 et surtout en 1936, en raison de la participation communiste et du mouvement social que l'on sait — suscita des vagues de mobilisation antiparlementaire à droite, tandis que l'échec répété des gouvernements de gauche et leur éviction régulière du pouvoir à mi-législature, grâce au basculement du parti radical, faisait des déçus et des dissidents dont certains finirent par glisser à l'autre bord.

L'existence des régimes italien et allemand ne manqua pas non plus d'influencer la vie politique française, en alimentant des aspirations à la réforme de l'État, en suggérant des méthodes ou des recettes, en influençant la perception qu'avaient d'eux-mêmes et de leurs tâches les partisans des formules autoritaires. Ce courant d'autoritarisme s'enflait dans la situation tout à fait particulière d'une France satisfaite, anxieuse à l'idée de subir une nouvelle saignée. Cette « dépression pacifiste » qui prolongeait, en l'accentuant, le nationalisme défensif de l'avant-guerre est bien illustrée par le phénomène ancien combattant qui ne fournit qu'un bien pauvre terreau au fascisme français. Même s'il ne faut pas négliger sa contribution bien réelle à l'antiparlementarisme, il reste qu'il fut marqué par un désir de paix, de camaraderie républicaine et de moralisation de la vie publique bien plus que par des impulsions nationalistes et guerrières [65].

A partir du milieu des années trente, lorsque la signature de l'alliance avec l'URSS se noua à la montée du Front populaire et sa victoire, c'est la droite presque tout entière qui évolua vers une politique de conciliation envers les puissances fascistes : où il apparaît que le nationalisme n'était pas indépendant des conditions de la politique intérieure, mais où il se reflète aussi un état des mentalités collectives qui allait laisser sa marque sur le phénomène fasciste français, et cela, comme on va le voir, avant même la fin des années trente.

Ce courant d'autoritarisme trouva ses piliers dans les traditions apparues au tournant du siècle. L'Action française conserva dans l'entre-deux-guerres, bien au-delà de sa condamnation par Pie XI à l'automne 1926, une influence intellectuelle, contribuant à entretenir une atmosphère antirépublicaine et antisémite et fournissant au fascisme français des hommes et des idées par le truchement des déçus que sa passivité engendrait périodiquement. Quelques-uns de ces dissidents allaient d'ailleurs introduire dans la vie politique des pratiques inédites, de type putschiste, comme le firent Eugène Deloncle et sa Cagoule, sans que l'on puisse dire, d'ailleurs, que leur action rompait avec les conceptions de l'Action française : plutôt que la mobilisation des masses pour abattre le régime, conspiration sur le modèle des sociétés secrètes et stratégie terroriste de la tension et de la provocation [71].

La tradition bonapartiste, elle, connaît un regain de vigueur, et du succès avant tout dans sa variété national-césarienne, comme le montre l'exemple des Jeunesses patriotes de Pierre Taittinger et des Croix-de-Feu de François de La Rocque; tous deux visant non la destruction du régime, mais sa réforme dans un sens autoritaire, en modifiant l'exercice de la démocratie et en la restreignant, mais sans la supprimer au bénéfice d'une emprise totalitaire sur l'État et la société.

Une certaine militarisation — trait neuf par rapport à l'avant-1914 — fit crier la gauche au fascisme; il est difficile de démêler la part d'imitation des mouvements étrangers et l'héritage de la guerre, interprété et diffusé par le mouvement ancien combattant. Dans tous les cas, cette militarisation, limitée, avait fonction défensive : il s'agissait de prévenir ou de s'opposer à une action révolutionnaire de la part des organisations ouvrières, et pas d'ébranler le pouvoir et d'en hériter par la pression et l'intimidation.

Antiparlementaires, affichant une volonté de rénovation nationale et sociale, avec un centre de gravité conservateur, que ce soit par le programme, la clientèle ou la personne de leurs dirigeants, ces mouvements furent, et de loin, les bénéficiaires de l'air du temps. Les Jeunesses patriotes ne semblent pas avoir dépassé quelques dizaines de milliers de membres, mais le Parti social français, qui succéda aux Croix-de-Feu en 1936, compta plusieurs centaines de milliers d'adhérents, ce qui en fait le premier grand parti moderne de droite, avant le RPF et son irruption à la fin des années 1940.

Le courant national-populiste s'affirme, lui aussi, dans l'entre-

deux-guerres, et d'une façon qui montre en quoi il est sensible à l'imprégnation fasciste. Par ses subventions et grâce à sa presse, le parfumeur François Coty joua un rôle central pendant les années 1920 et le début des années 1930 dans la dissémination d'une thématique nationaliste, xénophobe et antisémite [56]. Dans les années 1930, toute une presse à gros tirage, *Gringoire* en tête, prendra la relève, tandis qu'une série de groupuscules antisémites réachalandent le fonds de commerce d'Édouard Drumont, s'exposant à une polarisation point trop inattendue par le nazisme [57, 58].

Le mouvement paysan d'Henri Dorgères, un dissident de l'Action française, aura plus d'ampleur ; il montre bien à la fois la vitalité de ce courant national-populiste (ici à base catégorielle — c'est le Biétry des paysans) et sa sensibilité au fascisme, qui offrait des recettes et des idées et dont l'action et les positions des Chemises vertes subirent progressivement l'influence. Dorgères n'en choisit pas moins Vichy contre le Paris collaborateur après 1940 [63].

Il n'y a, en effet, nulle fatalité dans le glissement du national-populisme au fascisme, comme on peut le voir par le cas de Gustave Hervé, socialiste d'extrême gauche dans les années 1900, rallié à l'union sacrée en 1914 et héraut d'un « socialisme national » dans l'entre-deux-guerres. Le Parti socialiste national qu'il crée en 1927 voulait arracher la classe ouvrière au socialisme « étranger » et la ramener à la nation, une nation réunifiée sous l'aile d'une république autoritaire et plébiscitaire. En 1935, Hervé appellera Pétain à prendre la tête du nouvel État : ainsi seraient assurées « la victoire du *poilu*, la gloire de la France, la restauration de toutes les disciplines nationales, avec en plus l'esprit de justice sociale et de paix internationale qui est par essence l'esprit de la République » [61, p. 18].

On notera la combinaison ici du national-populisme — par la thématique et la personnalité de Hervé — et du national-césarisme — par l'appel à la figure prestigieuse de Pétain et par les convictions chrétiennes qui amenèrent Hervé à condamner l'antisémitisme nazi. On notera aussi l'importance accordée à la paix internationale : à l'automne 1930, Hervé avait demandé à Hitler, qui venait de faire une spectaculaire percée électorale, de s'engager à conclure une alliance pour assurer la paix entre les deux pays, une proposition aussitôt rejetée par le chef nazi (*Völkischer Beobachter*, 7 novembre 1930). L'offre fut renouvelée, sans plus de succès, en 1935.

En 1940, aussitôt après la défaite, Hervé fit reparaître son journal dans Paris occupé ; l'interdiction allemande vint quatre jours plus tard, et Hervé se réfugia dans le silence. Le 29 juillet 1941, dans une circulaire qu'il adressait à ses fidèles, il constatait leur division en deux tendances, l'une pétainiste, l'autre gaulliste, plus nombreuse. Son souhait était que tout fût fait pour éviter de creuser le fossé entre les deux France. Aux pétainistes, il recommandait d'empêcher Pétain d'aller trop loin dans l'antisémitisme et d'entrer en conflit avec les anciens alliés. Aux gaullistes, il conseillait de ne pas s'en prendre au Maréchal qui demeurait la plus haute autorité morale. L'issue, concluait-il, se trouvait dans la rechristianisation du pays (Archives Nationales, AJ 40/553). Le passé marxiste et le socialisme national peuvent former des assemblages et déterminer des trajectoires fort divers.

Quant au fascisme français, même s'il y a entre lui et le national-populisme une zone de transition relativement floue, il forme un courant distinct. On le verra en passant en revue ses principales manifestations organisées, sans nous attarder sur les phénomènes plus larges de magnétisation qui touche, à des degrés divers, les « non-conformistes » [77-80], et d'« imprégnation fasciste », qui atteint la nouvelle génération nationaliste des années 30. Les itinéraires de Céline, Drieu, Brasillach, Rebatet sont bien connus, avec leur radicalisation dans les années 30 sous l'effet conjugué de la crise française et de l'ascension des régimes fascistes [72-77].

Le premier mouvement fasciste traverse brièvement la scène au milieu des années vingt. Fondé en 1925 par Georges Valois, le spécialiste des affaires économiques et sociales de l'Action française et le plus populiste parmi les maurrassiens, le Faisceau bénéficie de l'atmosphère de crise créée par la victoire du Cartel et de l'instabilité qui s'ensuit, ce qui lui vaut des subsides massifs d'une partie du patronat et lui permet de recruter quelque 25 000 adhérents. Mais après le retour au pouvoir de Poincaré au milieu de 1926, qui rassure les conservateurs, il perd tout élan, éclate en tendances antagonistes et disparaît.

A première vue, voilà un mouvement qui paraît réaliser l'hybridation de l'antidémocratisme maurrassien, du national-populisme et d'un militarisme ancien combattant. Le titre choisi, l'admiration exprimée pour l'Italie de Mussolini, le port d'un uniforme, l'organisation de grands rassemblements comme à Reims, où l'on parle d'une marche sur Paris, tout cela va dans la même direction.

Ajoutons, quant aux idées, la présence d'éléments idéologiques non moins incontestables. Valois fait de la guerre le point de départ d'une époque nouvelle et révolutionnaire; il l'élève en modèle d'union dans le sacrifice. Au centre de son projet de rénovation nationale, il place le combattant, dont il attend que, comme en Italie, il substitue à l'État libéral et ploutocratique un « État national et héroïque » (*L'Action française*, 6 juillet 1924).

Voilà bien des éléments centraux du fascisme : le combattant qui incarne les valeurs d'héroïsme et de camaraderie et dont l'uniforme efface les différences sociales au profit du seul impératif national, la volonté de reconquérir la classe ouvrière à la nation, notamment en tendant la main aux ouvriers communistes, la désignation de la bourgeoisie comme l'ennemi commun qu'il s'agit de déposséder du pouvoir politique et de cantonner dans une production rendue plus efficace. S'y adjoignent la dénonciation radicale du libéralisme et du communisme, l'appel à un chef national, l'image d'une nation héroïque et tout entière mobilisée, le but de la grandeur nationale.

Il faut, pourtant, reconnaître la friabilité de cet ensemble. Il suffira d'à peine deux ans à Valois pour virer de bord et se diriger vers un syndicalisme national ayant rompu les amarres avec l'extrême droite; son itinéraire se terminera dans la résistance et la déportation. « Fascisme naïf », estime Sternhell, parce que Valois aurait cru pouvoir recruter à droite tout en faisant appel aux ouvriers communistes [28]. En réalité, le fascisme de Valois porte des traits particuliers qui permettent de mieux comprendre sa trajectoire ultérieure [dans le même sens, 54].

Dans *Le Nouveau Siècle* du 24 décembre 1925, Valois décrivait la France à venir comme « un très grand peuple, rajeuni, qui, dans la paix et la justice, est capable de se donner une prospérité et une grandeur prodigieuses ». La prospérité et la paix, voilà bien, en effet, deux préoccupations centrales. La modernisation de l'économie française, l'organisation rationnelle de sa production étaient des valeurs importantes en soi, pas seulement des moyens vers un but de puissance et surtout pas des moyens en vue de la guerre. Cette volonté de paix amena rapidement Valois à passer de la dénonciation de la victoire perdue à l'appel à la coopération et à l'union de l'Europe contre « le grand tumulte bolchevico-asiatique », à refaire de l'Europe la « conductrice des peuples et des races de la planète » (*Le Nouveau Siècle*, 13 mars 1927). Comme chez Hervé, cette dimension pacifiste, ou plus exactement cette projection sur le plan européen des espoirs de grandeur et de puissance, précède l'apparition d'une menace sérieuse sur la France.

Un dernier trait déviant, dont on s'étonne qu'il ait si peu frappé les historiens, concerne la figure du chef. Dès le départ, des questions furent posées sur l'identité du fameux « chef national » dont Valois proclamait la nécessité. Le 14 mars 1926, il donnait dans son journal une réponse fort instructive : « Quel sera le chef national, le maître de l'heure, le dictateur ? La question est embarrassante parce qu'elle est absurde. Le chef, qui rassemblera d'un seul coup toutes les forces nationales, sera celui qui prendra la ou les décisions utiles le jour venu. [...] Il peut se trouver dans les chefs actuels des troupes nationales. Il peut aussi se trouver en dehors des états-majors connus. Voilà tout ce que l'on peut dire. »

Il ajoutait : « Si nous nous dirigeons nous-mêmes sur la route de Reims, nul ne peut dire le nom de celui qui appellera les patriotes sur la route de Paris, ni même s'il sera nécessaire de faire cet appel. Il est parfaitement possible que les forces nationales étant solidement organisées, elles offrent un appui suffisant à un homme d'État ayant le sens national, et qui, dans l'appareil le plus légal, donnerait un aboutissement au mouvement que nous avons engagé. » On voit que si Valois empruntait à Mussolini la marche sur Rome, c'est d'un exemple français qu'il s'inspirait pour sa marche sur Reims. Le Faisceau réclamait un chef, son fondateur et dirigeant refusait d'en être un : deuxième Jeanne d'Arc, il allait à Reims, mais il manquait un homme à couronner.

Marqué par le syndicalisme révolutionnaire dans sa jeunesse, Valois avait été, une fois devenu maurrassien, l'un des animateurs du Cercle Proudhon ; il garda après la guerre l'ambition de reconquérir à la nation les ouvriers et de réorganiser la société sur des lignes rationalisatrices et productivistes, en laissant une place à l'antagonisme fécond des ouvriers et des patrons. Or, non seulement il n'en fut pas conduit à élaborer une idéologie fasciste accomplie, mais il y trouva les motifs de faire retour à gauche. Ce qui montre que la combinaison « nationalisme plus socialisme », que l'on a déjà dite susceptible de plusieurs résultats et qu'on ne saurait identifier au fascisme que par une pétition de principe, est de peu de secours là même où elle est censée le mieux s'appliquer.

Le deuxième mouvement fasciste fut, lui aussi, de provenance d'extrême droite. En automne 1933, le Francisme était fondé par Marcel Bucard. Marqué par une jeunesse catholique et surtout par l'expérience du front, il avait trouvé compensation dans le journalisme et la politique à un impossible passage à une vie professionnelle réglée, faisant ses armes dans les mouvements de Valois et

de Hervé avant de se mettre à son compte. On retrouve le mélange d'antidémocratisme, de populisme et de combattantisme, mais le tout structuré d'une façon qui allait faire de lui un fasciste impénitent.

Le Francisme ne marqua pas le paysage politique français, et pour cause : moins de 15 000 personnes y auraient adhéré à un moment ou à un autre entre 1933 et 1939 [66, p. 62]. Le cas n'en est pas moins intéressant en ce qu'il représente l'un des noyaux stables du fascisme français. Par l'allure uniformée et militarisée, par les rituels comme par la thématique — exaltation du Chef, du combat, de l'héroïsme, de la jeunesse, des morts —, par la conception du « mouvement révolutionnaire » destiné à devenir parti unique et à « unifier en une totalité compacte, en une foule unanime, le peuple, tout le peuple » [66, p. 37], le mouvement de Bucard présente la plupart des ingrédients d'un fascisme intégral.

Plate copie du fascisme mussolinien ? Bucard ne celait pas l'admiration qu'il vouait au dirigeant italien ; dans les coulisses, il n'hésita pas à solliciter des subsides de Rome, avant de se rapprocher de Berlin, en ajoutant l'antisémitisme à son programme. Mais plutôt que de simple importation ou de greffe d'un produit étranger, il vaut mieux parler de l'influence d'une innovation étrangère qui active des éléments idéologiques présents dans la culture politique française. L'organisation politique proposée par Bucard reprend des idées de Valois et Hervé inspirées des constitutions impériales du XIXᵉ siècle. Le corporatisme a, quant à lui, une longue tradition française, sans parler de cette tradition plus récente mais vigoureuse que constitue le nationalisme xénophobe et antisémite ; et sans parler du combattantisme et de l'anticommunisme qui sont aussi français qu'italiens ou allemands.

Reste, une fois encore, l'absence d'une impulsion agressive, la faiblesse voire l'inexistence de la composante belliciste. Le programme de politique extérieure de Bucard, ici encore fidèle disciple de Valois et de Hervé, est dès le départ axé sur la recherche d'une association pacifique : pour « établir la vraie paix », il faut aboutir à la conclusion d'un pacte à trois avec l'Italie fasciste et l'Allemagne nazie de façon à bloquer les desseins vicieux de l'URSS et du communisme. Bucard restera fidèle à son programme, menant l'opposition à la guerre jusqu'au bout. Après la défaite, il choisira tout naturellement la collaboration.

Deux autres mouvements fascistes de quelque importance ont été fondés et dirigés par des hommes venus de la gauche, le socialiste

Marcel Déat [67] et le communiste Jacques Doriot [68-70]. Il est bien difficile, dans leur cas, de se référer à l'influence de traditions politiques de droite; on pourrait, en revanche, s'intéresser à la rémanence des univers politiques de départ. Il est bien difficile, aussi, de ramener à un principe d'explication unique des évolutions assez différentes entre elles et qui ne présentent que des similitudes avec la trajectoire d'un Mussolini. Alors que ce dernier, socialiste, ne pouvait se représenter le phénomène politique dont il serait plus tard la figure de proue, ces hommes de gauche français eurent le fascisme sous les yeux, y voyant d'abord un adversaire, puis un modèle. A vrai dire, leur cas ne fut pas exceptionnel : dans ces années fiévreuses, tous les partis eurent leurs déçus et leurs insatisfaits. A gauche, des communistes, des socialistes, mais aussi des radicaux (Gaston Bergery, Bertrand de Jouvenel, Alfred Fabre-Luce, Jean Luchaire), rêvèrent de rénover le pays; les formules neuves par lesquelles ils prétendirent guérir l'atonie nationale finirent toutes, tôt ou tard, à un degré ou à un autre, par subir les suggestions des régimes fascistes.

Les itinéraires de Bergery, Déat et Doriot montrent la même courbe, mais les rythmes et les aboutissements n'en furent pas moins assez dissemblables [70; voir la critique de Müller, 55]. Tous les trois quittèrent leur parti pour lancer une plate-forme antifasciste destinée à rassembler la gauche entière. Le Front populaire se constituant peu après (27 juillet 1934) et leur coupant l'herbe sous les pieds, ils évoluèrent vers une position de rassemblement national, à laquelle ils donnèrent cependant un contenu différent.

Bergery et Déat s'efforcèrent d'enjamber la barrière entre gauche et droite sans quitter formellement la coalition de gauche. Ce n'est qu'au lendemain de Munich qu'ils rompirent définitivement avec le parti communiste, auquel ils n'avaient jamais ménagé leurs critiques. Tous deux appelèrent au rassemblement des hommes de raison et de bonne volonté pour un redressement national dont le contenu restait tributaire de valeurs humanistes et républicaines. S'il faut chercher un lien avec une tradition politique, c'est avec la tradition jacobine de l'unité et de l'unanimité pour le salut de la patrie qu'on le trouvera.

Mais un examen attentif révèle aussi la présence d'une fascination pour le fascisme, plus précisément pour des aspects du fascisme : l'unité populaire, le sens communautaire, l'élan collectif, mais certainement pas le militarisme, le bellicisme, l'impérialisme. Il fallut la défaite et la promesse — ou plutôt l'illusion — d'un

nouveau départ, venant après l'échec politique de l'avant-guerre, pour développer cette fascination en fascisation. Avant 193ͻ, quand bien même des lignes étaient marquées, on n'attribuera pas tout uniment au fascisme ce qui n'était que des pentes et des potentialités.

Jacques Doriot sauta le pas beaucoup plus promptement. Mû par une soif de vengeance inextinguible contre Moscou et le PCF, il eut l'ambition de conquérir la France et d'en éliminer le communisme. Chez lui, point de tradition libérale ou humanitaire pour freiner un processus de fascisation ; sa personnalité, conjuguée aux réflexes et aux attitudes hérités de l'expérience communiste, en fit un chef sans scrupules qui, dans des circonstances il est vrai très opportunes, vira en un temps record à l'autre extrême de l'éventail politique.

En 1936, deux ans après sa rupture avec le communisme (en juin 1934, il avait été exclu du PCF pour s'être fait l'avocat de l'union socialiste-communiste), Doriot fondait le PPF avec l'aide d'un groupe de dissidents des Croix-de-Feu, déçus par un La Rocque qu'ils jugeaient indécis et démuni des qualités de tribun requises par les circonstances. Ses fondateurs n'entendaient pas faire du nouveau parti un mouvement fasciste ; leur volonté de récupérer les masses ouvrières aurait suffi à les détourner de passer pour une copie de l'étranger. Mouvement de rassemblement national avec un programme de réformes assez conventionnel, le Parti populaire français allait pourtant rapidement glisser vers un national-populisme se chargeant de traits fascistes. Le climat de polarisation politique, l'obsession anticommuniste, la recherche de positions à occuper, enfin la nécessité de relancer un recrutement qui, après un enthousiasme initial, se tassait rapidement (100 000 probablement dans la première année), tout cela le poussa vers l'extrême droite la plus marquée, dont il reprit la rhétorique et le fonds de commerce, xénophobie comprise (l'antisémitisme, bien réel, étant tenu à l'arrière-plan).

Plus frappantes furent la référence admirative bientôt faite au modèle romain (mais pas au modèle nazi, trop sulfureux en ces années) et l'appropriation de certaines formules institutionnelles du régime fasciste. Dans le programme adopté en 1938 se lit en filigrane un projet de réfection totalitaire de la nation, le parti étant destiné à charpenter toute la vie nationale selon des valeurs dont l'inculcation ne pouvait qu'impliquer l'emploi d'une contrainte générale.

Incontestable, cette fascisation avait pourtant ses limites. Le PPF

évita pendant ces années de faire sienne la militarisation que le Francisme avait adoptée dès le départ. En outre, une veine traditionaliste et réactionnaire, qui se marqua dans le pèlerinage de Doriot à Lourdes en 1939 et dans son rapprochement avec l'Action française, nuance le tableau. Si l'on y ajoute des positions munichoises, le PPF offre un mélange original de national-populisme, de traditionalisme et de fascisation marquée.

La fascisation de Doriot et de son parti atteignit son point culminant sous l'occupation. Après avoir joué la carte Pétain tant que durait le pacte germano-soviétique, Doriot se lança à fond dans la collaboration après juin 1941, allant jusqu'à combattre sous l'uniforme allemand. Le PPF présente alors — dans son programme comme dans son action — une figure caractérisée de parti fasciste ; nul doute qu'installé au pouvoir, il aurait fait peser sur les Français un régime fort proche de celui du vainqueur. Il demeure que ce fascisme ne s'épanouit, si l'on peut dire, que dans le contexte d'une France occupée par l'Allemagne nazie et qu'il était fondamentalement résigné à un rôle de fascisme satellite.

Que l'occupation ait été le zénith du fascisme français en même temps que son épreuve de vérité, le cas du Rassemblement national populaire (RNP) fondé par Déat au début de 1941 le montre encore plus clairement. Aussitôt après la défaite, Déat avait tenté, avec Bergery, d'amener Pétain à accepter la création d'un parti unique qui aurait permis d'aligner la France sur les États vainqueurs et d'adoucir le prix de la défaite en gagnant leur confiance. Mis en échec, et tandis que Bergery demeurait à Vichy dans l'espoir de trouver un accès au gouvernement, Déat partait s'installer à Paris ; l'élimination de Laval le 13 décembre le fit définitivement basculer dans le camp allemand.

Le RNP devait au départ réunir des groupes fort divers, et notamment des fractions de gauche opposées à la politique de Vichy [90]. De retrait en désistement, Marcel Déat se retrouva en tête à tête avec Eugène Deloncle ; l'attelage était inattendu, il se rompit quelques mois plus tard. Le RNP deuxième formule chercha à remettre le cap vers les gauches anti-vichystes et favorables à une collaboration avec le vainqueur. Mais la tentative ne réussit qu'à demi, le RNP faisant désormais de grands pas dans la fascisation. En 1942, le principe du chef était finalement adopté (on n'oublia pas dès lors d'exalter le passé militaire de Déat). Une milice était créée, la force déclarée instrument d'accouchement de l'ordre nouveau, un rôle totalitaire revendiqué pour le parti. N'y manquait pas le ralliement à l'idée d'une alliance militaire totale avec le vainqueur : Déat était prêt désormais à mourir pour Danzig.

Derrière cette fascisation, on retrouve une dynamique de protection totalitaire de la nation, la conviction que la France ne pourrait éviter le pire, puis renaître, qu'en se mettant à l'école du vainqueur. Cette conclusion vaut pour les autres mouvements s'agitant dans le panier de crabes de la collaboration parisienne [86-88], et aussi pour Joseph Darnand et la Milice, mouvement fasciste forcissant dans l'État français au temps de l'hallali. Un passé politique d'extrême droite et un nationalisme aussi farouche que borné ne retinrent pas Darnand de donner, au bout du compte, pour assouvir un besoin d'ordre obsessionnel, dans un collaborationnisme extrême : il reviendra à un Vichyssois, et non à un Parisien — pas même Jacques Doriot —, d'entrer dans la Waffen-SS et de jurer obéissance à Hitler comme chef militaire absolu [84, 85].

L'évolution de tous ces hommes illustre bien, à mon sens, la situation coincée du fascisme français, fascisme de la deuxième génération se développant dans un contexte où des puissances fascistes furent à la fois des menaces et des modèles. De l'apaisement dans l'avant-guerre à la collaboration après la défaite, il y eut une évidente logique, mais aussi radicalisation : le phénomène trouva son expression la plus intense dans le contexte de l'occupation.

Éruptif et fragmenté, hétéroclite par la provenance de ses chefs de file, évoluant sous l'influence étrangère, le fascisme français prit sa forme achevée dans une situation qui le fait s'aligner inconditionnellement sur le vainqueur, jusqu'à participer à son combat militaire, et l'amène, dans le même temps, à durcir sa volonté totalitaire afin de réduire à la soumission la masse des Français qui le vomissent.

S'il fallait donc définir le fascisme français en son âge classique et dans sa spécificité au regard du fascisme italien et du nazisme, on pourrait dire qu'il établit un rapport particulier entre modelage totalitaire de la nation à l'intérieur et visées de puissance et de domination à l'extérieur. Pour ce qui est du premier point, il ne paraît pas douteux que les mouvements évoqués plus haut, au moins dans leur forme extrême sous l'occupation, portent des traits authentiquement fascistes : un parti militant à vocation totalitaire, soumis à la volonté d'un chef absolu et placé sous le signe de la foi, de la force et du combat, enfin ambitionnant de former une communauté nationale à son image, racialement épurée, politiquement encadrée, militarisée, fanatisée.

Pour ce qui est du deuxième point, il faut rappeler le caractère non seulement militariste, mais encore impérialiste de ces mouve-

ments, qui exaltent avec force l'Empire et le rôle impérial de la France; au PPF, cet impérialisme se prolonge même dans l'idée d'un « développement séparé » de la race impériale et des indigènes. Mais il est patent que cet impérialisme est de type conservateur et que lui fait défaut, tout comme au militarisme qui l'accompagne, la pointe d'acier d'un bellicisme conséquent.

L'ambition des fascistes français fut, dans l'entre-deux-guerres, de réunir et de dynamiser la nation française, non pour la lancer à la conquête de nouveaux territoires, mais pour la mettre au niveau des « peuples jeunes » et les amener à une association qui lui laisserait sa grandeur; puis, après la défaite, pour les amener à consentir une paix généreuse en échange d'une intégration volontaire dans l'Europe de l'Axe et du maintien de l'Empire.

Offensif à l'intérieur, tendu vers une transformation totalitaire de la nation, le fascisme français était conservateur vers l'extérieur. Dans ce déficit d'un expansionnisme à tout crin, s'exprimait un état des mentalités collectives, le sentiment des limites et de la fragilité de la puissance nationale, l'idée que le sang français était précieux, et subsidiairement le scepticisme sur les chances de la France seule et d'une Europe désunie dans un monde où les puissances extra-européennes s'affirmaient de plus en plus, menaçant une prééminence séculaire.

## V. FASCISME FRANÇAIS ET DROITES FRANÇAISES

Que la France ait connu le fascisme n'a rien pour surprendre. On ne voit pas quel miracle l'y aurait fait échapper. Il reste que le phénomène n'eut dans son cas qu'une importance limitée, un peu comme si le parti nazi n'avait jamais fait autre chose que ses 2,6 % de 1928; il reste aussi qu'il montra, jusque dans ses manifestations les plus éclatantes, une spécificité par rapport aux prototypes italien et allemand.

Pour se développer, le fascisme français trouvait une situation qui n'était pas, *a priori*, défavorable. D'abord, un passé de contestation du régime, que ce soit sous la forme d'une hostilité antidémocratique, dérivée de la contre-révolution, ou dans le prolonge-

ment de traditions ligueuses, favorables à une république autoritaire. Ensuite, une nouvelle remise en cause, diffuse dans l'après-guerre et qui s'exaspère dans les années trente, aboutissant, dans une atmosphère chargée des thématiques de la décadence et de la rénovation et influencée par l'ascension des régimes fascistes, à déstructurer tous les partis politiques et à multiplier les dissidences.

Enfin, une composition de ces éléments politico-idéologiques, anciens et récents, avec les éléments nés de la Grande Guerre, notamment le combattantisme et l'anticommunisme, dont l'existence facilitait des reconstructions d'identité et qui, étant transnationaux, pouvaient aussi servir de bases de rapprochement avec des mouvements étrangers. C'est ainsi que s'opéra dans l'entre-deux-guerres une inflexion dans l'histoire des droites extrêmes européennes, qui toucha de manière particulièrement visible la France. Le nationalisme intégral, qui avait jusque-là défini ces droites dans une identité singulière, s'effilocha à travers la prise de conscience de l'existence d'ennemis communs présents dans tous les pays, qu'il s'agisse de la démocratie, du communisme, des francs-maçons ou des juifs.

Ces éléments *a priori* favorables ont rencontré, cependant, des obstacles tels que leur « synthèse » n'a pu se faire que sous une forme épisodique, disparate, spécifique et, somme toute, marginale. Parmi ces obstacles, déjà mis en valeur par les historiens [21, 33], on soulignera une fois encore ceux qui sont de nature directement politique : l'enracinement de la démocratie, en particulier dans les classes moyennes, l'existence de traditions de droite bien implantées, la réaction unitaire de la gauche, enfin un état de la mentalité collective fait de conservatisme et de pacifisme.

Si l'on revient à la question, posée au départ, du rapport de ce fascisme avec les traditions de droite indigènes, une réponse pourrait être donnée en deux temps. Et d'abord, peut-on situer ce fascisme ailleurs qu'à droite ? Le « ni droite ni gauche » ne peut évidemment suffire au jugement de l'historien ; et non plus les origines de gauche de certains chefs fascistes. Le fait n'est d'ailleurs avéré que pour une petite minorité au sein des partis fascistes, au niveau des cadres plus que de la piétaille ; le terreau majoritaire se trouva à droite, même si c'était sous la forme d'un « apolitisme » soudainement radicalisé.

Il faut pourtant s'interroger sur le rapport entre cette provenance de gauche et le fascisme. On a vu que Zeev Sternhell le conçoit sous la forme d'un apport d'idées. Le corollaire en est la conception

d'itinéraires pour ainsi dire déterminés par une logique des idées, en oubliant la sinuosité et la complexité de ces itinéraires qui ont évolué en fonction des espaces politiquement occupés et d'un contexte global incontrôlable; en oubliant, aussi, le mouvement d'élimination, d'appropriation et de remodelage par lequel s'établit, pour finir, entre l'univers idéologique de départ et celui d'arrivée une véritable solution de continuité.

Au surplus, la question de l'apport a peut-être un sens à propos de Mussolini. Mais dans le cas des hommes de gauche français, le fascisme existait, pour lors, et leurs itinéraires conduisent à conclure qu'ils ont été plutôt aspirés par lui, sous l'effet d'un contexte bien particulier, qu'amenés à en redécouvrir la formule par la logique autonome d'une révision du marxisme.

De sorte qu'il me paraît moins important de savoir quel fut leur apport au fascisme que de comprendre ce qu'ils ont, au bout du compte, retrouvé en lui : ainsi l'antilibéralisme, un communautarisme militant, des méthodes d'agitation et d'encadrement. Le fascisme avait, au surplus, un air de nouveauté et d'actualité, que des hommes venus de gauche auraient été peu disposés à reconnaître aux formations traditionnelles de la droite. Ils pouvaient trouver dans leur expérience personnelle des éléments qui avéraient à leurs yeux cette nouveauté en même temps que ceux-ci leur offraient une passerelle : ainsi l'expérience des tranchées ou encore l'hostilité au communisme.

Il reste que ces hommes, une fois devenus fascistes, défendent des idées et des positions dont l'inspiration ne souffre pas le doute. Par tout leur système de haines et de dégoûts, par toute la chaîne de leurs idéologèmes, ils appartiennent à une culture politique d'extrême droite, quand bien même ils y représentent une variante nouvelle. Renversant la proposition de Sternhell, on pourrait dire, en somme, que l'extrême droite a fourni les idées et que la gauche a perdu des hommes.

Si le fascisme fait corps avec la droite, il reste à se demander s'il forme une droite, au sens où l'entend René Rémond. On a vu qu'il s'est constitué en parasitant les familles de droite, en particulier l'ultracisme et le bonapartisme, celui-ci avant tout dans sa variété national-populiste. Mais s'étant constitué, il a acquis un profil propre, et si le fascisme français a disparu sous la ligne d'horizon depuis la Libération, il est devenu aussi, et peut-être paradoxalement, *une tradition*; vaincu, discrédité, il offre désormais un modèle, avec son lot de recettes, de méthodes et d'idées, même s'il n'inspire que des groupuscules, atteints au surplus d'une scissiparité invétérée [91, 92].

Néo-fascisme, néo-nazisme, nationaux-révolutionnaires, racistes blancs ou européanistes avec leurs liaisons transnationales : tout cela atteste la persistance d'un noyau d'idées héritées de l'époque du fascisme et montre, subsidiairement, que s'il y a tradition, c'est d'une tradition européenne en même temps que française qu'il s'agit. On peut s'interroger sur la viabilité de cette mouvance, ultra-minoritaire certes, mais qui parvient à descendre les générations. Son insuccès a toutes chances de se poursuivre, du moins tant qu'elle affichera ses sources d'inspiration. La Nouvelle droite l'avait compris, dont les références sont d'ailleurs la révolution conservatrice plus que le fascisme ou le nazisme (il ne faut pas négliger, assurément, le large recoupement des valeurs), et c'est pourquoi elle recourut aux formulations d'un langage semi-codé pour contourner les résistances de l'opinion face à des discours tenus pour irrecevables, celui du racisme en premier lieu [93].

Jean-Marie Le Pen a l'air d'avoir tiré les mêmes conclusions et emprunté le même chemin, même s'il semble l'abandonner en partie aujourd'hui, comme l'ont montré certains de ses propos. Ce n'est pas à dire que le Front national soit un mouvement fasciste camouflé, malgré la présence de fascistes dans ses rangs. Le phénomène lepéniste s'inscrit pleinement dans la tradition nationale-populiste, avec son bagage de nationalisme exclusif et xénophobe, son discours rudimentaire et ses valeurs autoritaires. Le passage public à l'argumentaire antisémite ne fait que traduire une poussée vers la réalisation du plein potentiel de ce type de tradition : la lutte contre l'étranger sur le sol national appelle, pour ainsi dire nécessairement, la lutte contre le faux Français, l'allié ou le responsable objectif de l'invasion étrangère.

Si l'on se rappelle la proximité entre national-populisme et fascisme, si l'on se souvient de la rapide dérive du PPF de l'un à l'autre, on ne sous-estimera pas les dangers que recèle ce type de mouvement. D'un autre côté, le discrédit qui reste attaché au nazisme et à ses horreurs, le changement des conditions et des valeurs sociales, l'affaiblissement du nationalisme et l'européanisation de la politique française, tout cela, qui fait du fascisme un phénomène désormais daté, joue contre une fascisation du national-populisme. Mais à vrai dire, les dangers que représente ce dernier sont bien suffisants pour qu'il ne soit pas nécessaire d'en imaginer d'autres. Comme le lichen, les traditions autoritaires se cramponneront sur le mur de la démocratie libérale.

PHILIPPE BURRIN

# Bibliographie

*Un instrument de travail.*

[1] PHILIP REES, *Fascism and Pre-Fascism in Europe, 1890-1945. A Bibliography of the Extreme Right*, The Harvester Press, Sussex, and Barnes & Noble Books, New Jersey, 1984.

*Deux bilans historiographiques.*

[2] *Journal of Contemporary History*, 21/2, avril 1986.
[3] *Annales ESC*, 43, n° 3, mai-juin 1988.

*Quelques ouvrages de référence sur les fascismes.*

[4] PIERRE MILZA, *Les fascismes*, Paris, Imprimerie nationale, 1985.
[5] ERNST NOLTE, *Les mouvements fascistes. L'Europe de 1919 à 1945*, (trad. française) Paris, Calmann-Lévy, 1969.
[6] DETLEF MÜHLBERGER, s.d., *The Social Basis of European Fascist Movements*, Londres, Croom Helm, 1987.
[7] STEIN UGELVIK et alii, s.d., *Who were the Fascists? Social Roots of European Fascism*, Bergen, Universitetsforlaget, 1980.
[8] HANS-ULRICH THAMER et WOLFGANG WIPPERMANN, *Faschistische und Neofaschistische Bewegungen*, Darmstadt, Wissenschaftliche Buchgesellschaft, 1977.
[9] WOLFGANG WIPPERMANN, *Europäischer Faschismus im Vergleich 1922-1982*, Francfort a. M., Suhrkamp, 1983.

*Pour les interprétations du fascisme.*

[10] GILBERT ALLARDYCE, « What Fascism is not : Thoughts on the Deflation of a Concept », *American Historical Review*, 84, n° 2, avril 1979, p. 367-388.
[11] RENZO DE FELICE, *Interpretations of Fascism*, Harvard University Press, 1977.
[12] A. JAMES GREGOR, *The Ideology of Fascism. The Rationale of Totalitarianism*, New York, The Free Press, 1969.
[13] A. JAMES GREGOR, *Young Mussolini and the Intellectual Origins of Italian Fascism*, Berkeley University Press, 1979.
[14] WALTER LAQUEUR, s.d., *Fascism. A Reader's Guide. Analyses, Interpretations, Bibliography*. Londres, Wildwood House, 1976.
[15] STANLEY PAYNE, *Fascism. Comparison and Definition*, The University of Wisconsin Press, 1980.
[16] MARLIS STEINERT, « Fascisme et national-socialisme : cas singuliers, cas spécifiques, phénomène générique », in *L'historien et les relations internationales*, Genève, IUHEI, 1981, p. 169-179.
[17] ZEEV STERNHELL, « Fascist Ideology », in Walter Laqueur s.d., *Fascism. A Reader's Guide*, Londres, Wildwood House, 1976, p. 315-378.

[18] WOLFGANG WIPPERMANN, *Faschismustheorien*, Darmstadt, Wissenschaftliche Buchgesellschaft, 1980.

*L'ouvrage de synthèse sur le fascisme français.*

[19] PIERRE MILZA, *Fascisme français. Passé et présent*. Paris, Flammarion, 1987.

*Des textes de référence à propos du fascisme français.*

[20] RENÉ RÉMOND, *La droite en France de 1815 à nos jours. Continuité et diversité d'une tradition politique*, Paris, Aubier, 1954.

[21] RENÉ RÉMOND, *Les droites en France*, Paris, Aubier, 1982 (édition revue et augmentée de l'ouvrage précédent).

[22] RAOUL GIRARDET, « Notes sur l'esprit d'un fascisme français 1934-1939 », *Revue française de science politique*, vol. 5, n° 3, juillet-septembre 1955, p. 529-546.

[23] JEAN TOUCHARD, « L'Esprit des années trente », dans *Tendances politiques dans la vie française depuis 1789*, Paris, Hachette, 1960, p. 90-120.

[24] EUGEN WEBER, « Nationalism, Socialism and National-Socialism in France », *French Historical Studies*, 2, n° 3, printemps 1962, p. 273-307.

[25] JEAN PLUMYÈNE et RAYMOND LASIERRA, *Les fascismes français 1923-1963*, Paris, Le Seuil, 1963.

[26] ROBERT SOUCY, « The Nature of Fascism in France », *Journal of Contemporary History*, 1, n° 1, janvier 1966, p. 243-272.

[27] ERNST NOLTE, *Le fascisme dans son époque*, vol. I *L'Action française*, Paris, Julliard, 1970.

[28] ZEEV STERNHELL, *Ni droite ni gauche. L'idéologie fasciste en France*, Paris, Le Seuil, 1983.

[29] MICHEL WINOCK, *Nationalisme, antisémitisme et fascisme en France*, Paris, Le Seuil, 1990.

*Le débat autour de « ni droite ni gauche ».*

[30] ANTONIO COSTA PINTO, « Fascist Ideology Revisited : Zeev Sternhell and his Critics », *European History Quarterly*, 16, 1986, p. 465-483.

[31] JACQUES JULLIARD, « Sur un fascisme imaginaire : à propos d'un livre de Zeev Sternhell », *Annales ESC*, 39, n° 4, juillet-août 1984, p. 849-861.

[32] MICHEL WINOCK, « Fascisme à la française ou fascisme introuvable? », *Le Débat*, n° 25, mai 1983, p. 35-44.

[33] SERGE BERSTEIN, « La France des années trente allergique au fascisme, à propos d'un livre de Sternhell », *Vingtième siècle*, n° 2, avril 1984, p. 83-94.

[34] LEONARDO RAPONE, « Fascismo : né destra né sinistra? », *Studi Storici*, 25/3, juillet-septembre 1984, p. 799-820.

[35] PHILIPPE BURRIN, « La France dans le champ magnétique des fascismes », *Le Débat*, n° 32, novembre 1984, p. 52-72.

[36] ZEEV STERNHELL, « Sur le fascisme et sa variante française », *Le Débat*, n° 32, novembre 1984, p. 28-51.

[37] DINO COFRANCESCO, « Ni droite ni gauche de Zeev Sternhell », *Storia contemporanea*, 16/2, avril 1985.

[38] SERGIO ROMANO, « Sternhell lu d'Italie », *Vingtième siècle*, n° 6, juin 1985, p. 75-81.

[39] ROBERT WOHL, « French Fascism, Both Right and Left : Reflections on the Sternhell Controversy », *Journal of Modern History*, 63, mars 1991, p. 91-98.

*Le « préfascisme » en France.*

[40] PAUL MAZGAJ, « The Origins of the French Radical Right : A Historiographical Essay », *French Historical Studies*, XV, n° 2, automne 1987, p. 287-315.

[41] ROBERT SOUCY, *Fascism in France. The Case of Maurice Barrès*, University of California Press, 1972.

[42] ZEEV STERNHELL, *Maurice Barrès et le nationalisme français*, Paris, Armand Colin, 1972.

[43] ZEEV STERNHELL, *La droite révolutionnaire. Les origines françaises du fascisme.* Paris, Le Seuil, 1978.

[44] ZEEV STERNHELL, Mario Sznajder, Maia Asheri, *Naissance de l'idéologie fasciste*, Paris, Fayard, 1989.

[45] MICHEL WINOCK, *Édouard Drumont et Cie. Antisémitisme et fascisme en France*, Paris, Le Seuil, 1982.

[46] RAOUL GIRARDET, *Le nationalisme français, 1871-1914*, Paris, Colin, 1966.

[47] EUGEN WEBER, *L'Action française*, trad. fr., Paris, Stock, 1964.

[48] GEORGE L. MOSSE, « The French Right and the Working-Classes : Les Jaunes », *Journal of Contemporary History*, 7/3-4, juillet-octobre 1972, p. 185-208.

[49] PAUL MAZGAJ, *The Action française and Revolutionary Syndicalism*, Chapel Hill, The University of North Carolina Press, 1979.

*Un choix de travaux sur « l'époque du fascisme » en France.*

[50] PHILIPPE MACHEFER, *Ligues et fascismes en France (1919-1939)*, Paris, PUF (Clio), 1974.

[51] ROBERT SOUCY, *Le fascisme français 1924-1933*, trad. fr., Paris, PUF, 1989.

[52] ROBERT SOUCY, « Centrist Fascism : The Jeunesses patriotes », *Journal of Contemporary History*, n° 2, avril 1981, p. 349-368.

[53] KLAUS-JÜRGEN MÜLLER, « French Fascism and Modernization », *Journal of Contemporary History*, 11, octobre 1976, p. 75-107.

[54] KLAUS-JÜRGEN MÜLLER, « Protest — Modernisierung — Integration. Bemerkungen zum Problem faschistischer Phänomene in Frankreich 1924-1934 », *Francia*, 8, 1980, p. 465-524.

[55] KLAUS-JÜRGEN MÜLLER, « "Faschisten" von links? Bemerkungen zu neuen Thesen über "Faschismus" und Collaboration in Frankreich », *Francia*, 17/3, 1990, p. 170-191.

[56] RALPH SCHOR, « Xénophobie et extrême droite : l'exemple de l'*Ami du Peuple*, 1928-1937 », *Revue d'histoire moderne et contemporaine*, 23, janvier-mars 1976, p. 116-145.

[57] PIERRE BIRNBAUM, *Un mythe politique : la « République juive ». De Léon Blum à Pierre Mendès-France*, Paris, Fayard, 1988.

[58] PAUL J. KINGSTON, *Anti-semitism in France during the 1930's : Organisations, Personalities and Propaganda*, University of Hull Press, 1983.

[59] GEORGES VALOIS, *Il Fascismo Francese*, Rome, Giuseppe Marino, 1926.

[60] JULES LEVEY, « Georges Valois and the Faisceau : The Making and Breaking of a Fascist », *French Historical Studies*, VIII, 2, automne 1973, p. 279-304.

[61] YVES GUCHET, *Georges Valois. L'Action française. Le Faisceau. La République Syndicale*, Paris, Albatros, 1975.

[62] ZEEV STERNHELL, « Anatomie d'un mouvement fasciste en France : le Faisceau de G. Valois », *Revue française de science politique*, 26, n° 1, février 1976, p. 5-41.

[63] PASCAL ORY, « Le dorgérisme, institution et d' ours d'une colère paysanne 1929-1939 », *Revue d'histoire moderne et contemporaine*, 22, avril-juin 1975, p. 168-191.

[64] GUSTAVE HERVÉ, *C'est Pétain qu'il nous faut!*, Paris, Éditions de la Victoire, 1935.

[65] ANTOINE PROST, *Les Anciens Combattants et la société française, 1914-1939*, Paris, Presses de la FNSP, 3 vol., 1977.

[66] ALAIN DENIEL, *Bucard et le Francisme*, Paris, Picollec, 1979.

[67] Reinhard Schwarzer, *Vom Sozialisten zum Kollaborateur : Idee und politische Wirklichkeit bei Marcel Déat*, Pfaffenweiler, Centaurus Verlagsgesellschaft, 1987.

[68] DIETER WOLF, *Doriot. Du communisme à la collaboration*, (trad. française), Paris, Fayard, 1969.

[69] JEAN-PAUL BRUNET, *Doriot*, Paris, Balland, 1986.

[70] PHILIPPE BURRIN, *La dérive fasciste. Doriot, Déat, Bergery*, Paris, Le Seuil, 1986.

[71] PHILIPPE BOURDREL, *La Cagoule. 30 ans de complots*, Paris, Albin Michel, 1970.

[72] PIERRE-MARIE DIOUDONNAT, *« Je suis partout ». Les maurrassiens devant la tentation fasciste*, Paris, La Table Ronde, 1973.

[73] ROBERT BELOT, *Lucien Rebatet ou les chemins d'un fasciste*, thèse de doctorat, EHESS, 1989.

[74] WILLIAM R. TUCKER, *The Fascist Ego : a political biography of Robert Brasillach*, Berkeley, University of California Press, 1975.

[75] FRANÇOIS GIBAULT, *Céline. 1932-1944. Délires et persécutions*, Paris, Mercure de France, 1985.

[76] PIERRE ANDREU et FRÉDÉRIC GROVER, *Drieu la Rochelle*, Paris, Hachette, 1979.

[77] ROBERT SOUCY, *Fascist Intellectual Drieu la Rochelle*, University of California Press, 1979.

[78] JEAN-LOUIS LOUBET DEL BAYLE, *Les non-conformistes des années 30. Une tentative de renouvellement de la pensée politique française*, Paris, Le Seuil, 1969.

[79] MICHEL WINOCK, *Histoire politique de la revue « Esprit », 1930-1950*, Paris, Le Seuil, 1975.

[80] ZEEV STERNHELL, « Emmanuel Mounier et la contestation de la démocratie libérale dans la France des années trente », *Revue française de science politique*, 34/6, 1984.

## *Le fascisme français sous l'occupation.*

[81] ROGER BOURDERON, « Vichy était-il fasciste? », *Revue d'histoire de la Deuxième Guerre mondiale*, juillet 1973.

[82] ALAIN-GÉRARD SLAMA, « Vichy était-il fasciste? », *Vingtième siècle*, n° 11, juillet-septembre 1986, p. 41-54.

[83] MICHÈLE COINTET-LABROUSSE, *Vichy et le fascisme*, Bruxelles, Complexe, 1987.

[84] JEAN-PIERRE AZÉMA, « La Milice », *Vingtième siècle. Revue d'histoire*, n° 28, octobre-décembre 1990, p. 83-105.

[85] JACQUES DELPERRIE DE BAYAC, *Histoire de la Milice*, Paris, Fayard, 1969.

[86] PASCAL ORY, *Les collaborateurs 1940-1945*, Paris, Le Seuil, 1976.

[87] BERTRAM GORDON, *Collaborationism in France during the Second World War*, Ithaca, Cornell UP, 1980.

[88] PAUL JANKOVSKI, *Communism and Collaboration. Simon Sabiani and Politics in Marseille, 1919-1944*, New Haven et Londres, Yale UP, 1989.

[89] JOHN F. SWEETS, *Choices in Vichy France. The French under Nazi Occupation*, Oxford University Press, 1986.

[90] RÉMY HANDOURTZEL et CYRIL BUFFET, *La collaboration... à gauche aussi*, Paris, Perrin, 1989.

## L'après-1945.

[91] JOSEPH ALGAZY, *La tentation néo-fasciste en France 1944-1965*, Paris, Fayard, 1984.

[92] JOSEPH ALGAZY, *L'extrême droite en France de 1965 à 1984*, Paris, L'Harmattan, 1989.

[93] ANNE-MARIE DURANTON-CRABOL, *Visages de la Nouvelle Droite. Le G.R.E.C.E. et son histoire*, Paris, Presses de la FNSP, 1988.

[94] *Le Front national à découvert*, (s.d.) NONNA MAYER et PASCAL PERRINEAU, Paris, Presses de la FNSP, 1989.

[95] « Droite, nouvelle droite, extrême droite. Discours et idéologie en France et en Italie », n° spécial, *Mots*, n° 12, mars 1986.

[96] PIERRE-ANDRÉ TAGUIEFF, « La rhétorique du national-populisme », *Cahiers Bernard Lazare*, n° 109, juin-juillet 1984, p. 19-38.

## CHAPITRE XI

## Le gaullisme

« La France — s'écrie de Gaulle à la veille du second tour de l'élection présidentielle en décembre 1965 — c'est tout à la fois, c'est tous les Français. Ce n'est pas la gauche, la France! Ce n'est pas la droite, la France! [...] C'est avec tout cela qu'on fait la France. Prétendre faire la France avec une fraction, c'est une erreur grave, et prétendre représenter la France au nom d'une fraction, cela c'est une erreur nationale impardonnable [...] Maintenant comme toujours, je ne suis pas d'un côté, je ne suis pas de l'autre, je suis pour la France » [7, p. 434].

Pour le général de Gaulle la chose était claire : le « gaullisme » n'avait d'autre raison d'être que le service de la France et ne pouvait dès lors retrancher quiconque du rassemblement des Français pour la France : « Dans la communauté française — disait-il déjà le 31 décembre 1944 — tous les Français, paysans, ouvriers, bourgeois, qu'ils fussent, comme on disait naguère, de droite, du centre ou de gauche, ont leur place et doivent la tenir. Nous ne sommes pas de trop en France pour refaire la France mutilée! » [4, p. 494].

La question du marquage du gaullisme à droite ou à gauche ne se posait pas pour de Gaulle. Il ne décourageait personne autour de lui. Ni les gaullistes monarchistes, ni les gaullistes républicains, ni les gaullistes révolutionnaires — aussi longtemps qu'ils ne risquaient pas de déformer le gaullisme en l'accaparant. En 1953, après s'être dégagé du bourbier parlementaire où s'est enfoncé le Rassemblement qu'il a créé, il repousse la tentation du gaullisme militant de gauche, et s'en explique à Louis Terrenoire, le secrétaire général du RPF : « Il faut que je vous dise à vous la vérité. Je ne veux pas être ligoté. En 1946, j'ai refusé d'être ligoté par les

partis, je ne veux pas l'être, aujourd'hui, par le Rassemblement. Les Capitant, les Astoux [gaullistes de gauche] voudraient que je fasse ceci ou cela. Je ne veux pas... » [78, p. 234-235].

Il n'en demeure pas moins que les Français — y compris les plus favorables au gaullisme — ont toujours classé les partis gaullistes successifs à droite dans tous les sondages et perçu le général de Gaulle à droite ou ailleurs, mais jamais à gauche [91]. Il reste également que nombre d'analystes du discours politique tiennent pour acquis que récuser l'opposition gauche-droite c'est se situer, du même coup, à droite. De Gaulle et le gaullisme ne sauraient donc être crus sur parole quand ils récusent toute identification à la droite, ou à la gauche. On appréciera la revendication gaulliste d'un « ailleurs » sur la base d'un examen approfondi de la doctrine et de la pratique gaullistes depuis le 18 juin 1940.

## I. LA PURIFICATION GAULLIENNE DU NATIONALISME

Pour définir le « gaullisme », autant partir de son inventeur, le général de Gaulle. La tâche est aisée : le mot n'apparaît que cinq fois dans son œuvre — trois fois dans les *Mémoires de guerre*, deux fois dans les *Discours et Messages*[1]. Il est toujours placé entre guillemets comme pour souligner le caractère incertain de la chose.

Dans les *Mémoires de guerre*, la référence est associée aux efforts de Jean Moulin et Pierre Brossolette pour prolonger le gaullisme au-delà de la guerre et l'ériger en doctrine : « Rempli, jusqu'aux bords de l'âme, de la passion de la France, convaincu que le "gaullisme" devait être, non seulement l'instrument du combat, mais encore le moteur de toute une rénovation, pénétré du sentiment que l'État s'incorporait à la France libre, [Jean Moulin] aspirait aux grandes entreprises » [1, p. 233]. « Brossolette nous rejoignait ensuite, prodigue d'idées, s'élevant aux plus hauts plans de la pensée politique, mesurant dans ses profondeurs l'abîme où haletait la France et n'attendant le relèvement que du "gaullisme" qu'il bâtissait en doctrine » [1, p. 237]. « [Brossolette] était comme Jean Moulin détaché de tous les partis politiques et n'attendait rien d'efficace, aujourd'hui dans la guerre et demain dans la paix, que

du "gaullisme" érigé en doctrine sociale, morale et nationale » [2, p. 165].

En écrivant ces lignes — publiées en 1954 et 1956 — de Gaulle sait que le vœu de Brossolette et Moulin de voir le gaullisme perdurer au-delà de la guerre a été, grâce à lui, exaucé, du fait de sa tentative inachevée de redressement national. Il note sans les reprendre à son compte, quoique sans déplaisir, les ambitions doctrinales que ces compagnons disparus au combat avaient quant au gaullisme. Mais le 10 mars 1952, au moment où le Rassemblement du peuple français s'était défait au Parlement, le Général avait en quelque sorte endossé la paternité du mouvement qu'il incarne : « Ce grand mouvement dépasse de loin les limites de tout ce qui est électoral. Il entre plus ou moins dans l'esprit de tout le monde, même de ceux qui votent contre lui. C'est ce qui se passait déjà, pendant la guerre, pour ce qu'on appelait le "gaullisme". Chaque Français fut, est ou sera "gaulliste" » [5, p. 513].

Et le 9 septembre 1968 à l'Élysée, au lendemain des événements de mai 1968 qui amèneront, à retardement, son départ définitif d'avril 1969, Charles de Gaulle donne sa définition la plus élaborée du « gaullisme » : « Nous avons vérifié, une fois de plus, qu'en ce temps plein d'incertitudes, par conséquent de périls, et qui exige de la part de l'État des desseins fermes et continus, des institutions constantes et une politique active, aucun système de pensée, de volonté et d'action ne saurait inspirer la France, comme il faut pour qu'elle soit la France, sinon celui que les événements ont suscité depuis juin 1940 [...] On ne sait que trop, en effet, à quelle faillite nouvelle, mais cette fois irréparable, le régime des partis, si on le laissait revenir, mènerait notre pays [...] On voit donc quel est, pour longtemps, le devoir de cohésion et de résolution de ceux qui, à mesure du temps, ont adhéré, adhèrent, ou adhéreront à l'entreprise de rénovation nationale qui a le service de la France pour raison d'être, pour loi et pour ressort. Cette entreprise, si on l'appelle "gaullisme" depuis 1940, n'est que la forme contemporaine de l'élan de notre pays, une fois de plus ranimé, vers un degré de rayonnement, de puissance et d'influence répondant à sa vocation humaine au milieu de l'Humanité » [8, p. 322].

Les guillemets demeurent mais la chose est érigée durablement par le général de Gaulle lui-même, à la fin des fins, en « système de pensée, de volonté et d'action ». Le « gaullisme » échappe à son créateur en attendant de lui survivre. Il est, selon lui, le produit de l'histoire tragique de mai-juin 1940 — un sursaut — mais a survécu aux circonstances de la guerre car les temps demeurent

difficiles. C'est l'expression contemporaine de l'élan vital de la France. Bref le gaullisme, pour l'essentiel, est *un nationalisme*. Les gaullistes — d'abord « compagnons » de la France libre et de la Résistance, ensuite « masse ardente et résolue » des militants du Rassemblement sous la quatrième République et enfin, potentiellement, les Français dans leur ensemble, antigaullistes inclus — sont caractérisés par une « passion de la France » qui transcende tous les ferments de division et toutes les faiblesses individuelles. Le gaullisme a « le service de la France pour raison d'être, pour loi et pour ressort ». Et de Gaulle a une seule certitude absolue, dont tout procède : la France — avec sa destinée éminente et exceptionnelle, son rayonnement et sa grandeur. Ce qu'exprime la tautologie gaullienne : « Pour que la France soit la France. » On notera que le gaullisme, ainsi défini par le général de Gaulle, ne dit rien du régime — sauf la nécessité d'un État capable de desseins fermes et continus et d'institutions douées d'une certaine stabilité. Il ne traite pas davantage de la question sociale — hormis le devoir de cohésion nationale. Il n'évoque même pas le système économique — capitalisme, socialisme, libéralisme etc. C'est dire que tout cela est de l'ordre des circonstances et des moyens, n'est pas au niveau supérieur des fins et de l'essence. Les gaullistes, en servant la France, sont assurés de servir l'homme dans la mesure où la France est dotée par le général de Gaulle d'une « vocation humaine au milieu de l'Humanité ». Parce qu'il est un nationalisme dédié à la cause de la France, le gaullisme est aussi un humanisme, la France étant vouée, par son histoire et sa culture, à la défense de l'homme.

Par des voies plus littéraires, Jean Touchard était parvenu à la même conclusion : « le gaullisme du général de Gaulle est avant tout un nationalisme » [30,p. 296]. Un nationalisme fondé sur « une certaine idée de la France », sans nul doute, mais aussi « une certaine idée du général de Gaulle » [30, p. 315]. C'est la rencontre chanceuse entre un homme hors du commun et des événements dramatiques, en mai-juin 1940 et mai-juin 1958. Jean Touchard, cependant, trouvait ce nationalisme gaulliste dépourvu d'originalité tout en estimant Charles de Gaulle — l'homme, son style, son ton surtout — tout à fait singulier [30, p. 343]. On peut se demander si son admiration pour le général de Gaulle ne le conduisait pas à sous-estimer le gaullisme.

La démarche naturelle de l'historien des idées est de confronter toute pensée nouvelle à celle de penseurs et de courants de pensée plus anciens, afin de la jauger et de la classer.

Le gaullisme a été ainsi qualifié de *maurrassien*, non seulement par

des polémistes mais aussi par des analystes sérieux, tels Jacques Ozouf ou Pierre Hassner. L'assimilation inférée de la convergence de certains thèmes, ne résiste cependant pas à la comparaison des deux systèmes de pensée pris dans leur globalité. Qu'il y ait des références communes n'a pas lieu d'étonner, dès lors qu'il s'agit de deux contemporains et d'un même courant de pensée — le nationalisme. De Gaulle reprend à son compte la distinction de Maurras entre « pays légal » et « pays réel »; il partage avec Maurras, mais aussi avec beaucoup d'autres penseurs de son temps, une volonté révisionniste fondée sur une aversion marquée pour le parlementarisme et son incapacité à concevoir et à mener à bien une politique étrangère; sa « doctrine des circonstances », son pragmatisme, enfin, ont pu être rapprochés de l'« empirisme organisateur » de Maurras. Ces équivalences mériteraient d'être passées au crible de la critique : les deux hommes opposent pays réel et pays légal, mais ils n'ont pas la même conception de la légitimité; l'antiparlementarisme du général de Gaulle — nous y reviendrons — est relatif, celui de Maurras est absolu; l'« empirisme organisateur » constitue chez Maurras, comme le matérialisme historique dans le marxisme, la caution prétendument scientifique d'un système idéologique clos, tandis que le pragmatisme du général de Gaulle est toute humilité et ouverture face à la force des choses et des circonstances. Mais là n'est pas l'essentiel. Pour infirmer l'assimilation du gaullisme au maurrassisme il suffit de constater la divergence fondamentale qui les oppose. Pour le général de Gaulle « il n'y a qu'une seule histoire de France » [7, p. 250], qu'une seule France; pour Charles Maurras il y en a deux, qui s'excluent — la France d'Ancien Régime — qu'il faut restaurer, et la France républicaine et démocratique, issue de la Révolution — qu'il faut abattre : « la démocratie, c'est le mal, la démocratie, c'est la mort », la République démocratique, voilà la « mécanique à détruire pour que la France vive ». Dans le Panthéon imaginaire du général de Gaulle, Danton et Clemenceau figurent auprès de Jeanne d'Arc, Carnot, les soldats de l'An II et Foch à côté de Louvois et Vauban. Bref le nationalisme du général de Gaulle est œcuménique et syncrétique tandis que le nationalisme intégral de Charles Maurras est sectaire et exclusif.

Faut-il alors rattacher le nationalisme gaullien à l'autre forme de nationalisme français qui s'offrait au futur général et à ses contemporains — le nationalisme de *Barrès*? De Gaulle a lu Barrès. L'idée qu'il se fait de la France — parce qu'elle doit beaucoup au sentiment, à l'affectivité et à l'instinct, à la culture et à la tradition

que lui a transmises son père, à la passion et à la piété de sa mère — cette idée a indéniablement quelque chose de barrésien. C'est, suivant la formule de Marcel Prélot [32, p. 682-688], le « nationalisme continué » dans le mode émotif et républicain de Maurice Barrès, Charles Péguy et, plus lointainement, Jules Michelet. Le nationalisme de la terre et des morts — inspiré par la géographie et l'histoire de la France, de l'appel à la Nation et aux Français à ne pas renoncer, à se battre, à se dépasser et s'anoblir dans le service de la France. La volonté de « résoudre chaque question par rapport à la France ».

Mais au-delà de ce lien entre gaullisme et barrésisme — beaucoup plus profond sans nul doute qu'entre gaullisme et maurrassisme — on trouve une nouvelle fois des différences fondamentales qui excluent l'assimilation des deux nationalismes.

Barrès a une conception déterministe du nationalisme. Nous ne sommes que des héritiers : « Nationalisme est acceptation d'un déterminisme... Il n'y a même pas de liberté de penser. Je ne peux vivre que selon mes morts. Eux et ma terre me commandent. » La raison des philosophes et de l'école républicaine est condamnée, car elle fait des Français des « déracinés ». De Gaulle ne suit pas Barrès jusque-là. Son idée de la France, il se l'est faite lui-même à partir des influences qui se sont exercées sur lui. La raison l'inspire aussi bien que le sentiment. Et ses appels s'adresseront à des hommes libres, des volontaires, dont il fera ses compagnons. Il y a dans la « philosophie d'héritier » de Barrès, comme disait Thibaudet, un côté passéiste auquel la pensée du général de Gaulle est totalement étrangère. « Le nationalisme de Barrès est xénophobe, antisémite, protectionniste, régionaliste [...] Sa doctrine est celle d'une France qui se rétracte, qui se replie sur elle-même. Elle est contemporaine du protectionnisme de Méline » [31, p. 694]. Quoi de commun avec le de Gaulle de l'arme blindée, de la dissuasion nucléaire et de l'abaissement des frontières douanières pour la création d'une Communauté économique européenne? De Gaulle est un visionnaire qui s'attache à mettre la France à l'heure de son temps, Barrès est un réactionnaire qui cultive la nostalgie du temps passé.

Dans l'histoire des idéologies en France il est deux nationalismes qui s'affrontent autour de l'enjeu « Révolution française ». On a désormais coutume d'analyser cette opposition comme l'antinomie entre une théorie « élective » de la nation, héritée de la Révolution, qui inspire un nationalisme (ou patriotisme) de gauche, et une théorie « ethnique » de la nation, contre-révolutionnaire et droitière. Pour les uns la nation résulte d'un choix individuel, d'un

pacte social entre gens de raison. C'est la volonté effectivement manifestée de vivre ensemble. Pour les autres c'est un donné. Antérieur aux individus qui la composent et qui les définit, qu'ils le veuillent ou pas, c'est le produit d'une longue histoire vécue en commun, une mémoire collective, une identité culturelle, un inconscient collectif, ou un « génie national » selon le langage du moment. Dans cette classification le nationalisme de Maurras est de droite, parce que contre-révolutionnaire; et le nationalisme de Barrès, malgré l'acceptation du donné révolutionnaire, est également de droit du fait de son opposition à la raison et aux Lumières. Le nationalisme gaullien, fait à la fois d'héritage et d'engagement personnel, d'instinct atavique et de choix rationnel, transcende le vieux clivage. La synthèse gaullienne du nationalisme échappe donc à l'opposition droite-gauche dans la mesure où elle réconcilie dans sa certaine idée de la France la raison et le sentiment, l'inconscient et le voulu, la tradition et la modernité. Le concept de nation, ainsi épuré de ses connotations révolutionnaires ou contre-révolutionnaires, retrouve une intemporalité et une universalité qui le rend accessible aux Français de toutes les époques, quelles que soient leurs idéologies particulières, leurs appartenances sociales, ou leurs croyances. Il est, par essence et par nécessité, rassembleur.

L'originalité du nationalisme selon de Gaulle vient de ce qu'il est systématiquement et volontairement épuré de toutes adjonctions au primat de la nation qui réduiraient sa force d'attraction en le marquant à gauche ou à droite. La question vaut d'être examinée de près, car faute d'avoir pris conscience de cette volonté de dépouillement extrême du gaullisme, on se trompe souvent sur sa nature.

L'un des principaux marqueurs du nationalisme français à gauche ou à droite est, depuis toujours, la forme du régime politique. Le clivage gauche-droite est né en août 1789 d'une division sur le régime à venir opposant les adversaires et les partisans d'un pouvoir de veto royal dans la Monarchie constitutionnelle que l'on tentait alors d'institutionnaliser. Il s'est nourri ensuite de l'opposition réelle, puis tactique et rituelle, entre républicains et adversaires de la République, bien avant que les tensions entre laïcs et cléricaux, puis ouvriers et bourgeois ne prennent le relais, dans une France devenue républicaine, comme critères fondamentaux de l'identification droite-gauche. Dès lors l'assimilation du nationalisme gaullien à une forme de régime particulière aboutit à le marquer, généralement, à droite.

C'est une idée reçue que le gaullisme est lié à une certaine forme

de régime. Au niveau de perception le plus immédiat il est bien entendu étroitement solidaire des institutions de la cinquième République. Le long combat du général de Gaulle contre les institutions de la troisième puis de la quatrième République, son intransigeance marquée en la matière, le caractère crucial qu'il accordait à la réforme du régime de la troisième puis de la quatrième République, à la défense ensuite de la nouvelle République fondée par lui en 1958-1962, le poids de ces institutions de la cinquième République dans l'héritage gaullien qui oblige ses successeurs — tout milite, à première vue, pour l'inclusion du régime de la cinquième République dans l'essentiel du gaullisme. A un niveau plus profond d'analyse des idéologies, on sait la filiation que René Rémond, dans sa typologie aujourd'hui classique des trois droites françaises, établit entre gaullisme et *bonapartisme*, parce qu'ils conjuguent tous les deux une certaine idée de la France et une certaine idée de la démocratie : « Passion de la grandeur nationale tenue pour un absolu, attachement à l'unité nationale, garanties l'une et l'autre par l'autorité d'un État fort, souveraineté du peuple s'exerçant par des formes de démocratie directe, seules ou en partage avec l'intervention d'Assemblées procédant aussi du suffrage universel : ces éléments résument l'essence de la philosophie politique du gaullisme [...] Ils se trouvaient déjà tous assemblés dans le bonapartisme » [35, p. 327].

On a élevé contre cette assimilation entre gaullisme et bonapartisme deux critiques principales. D'abord que la recherche de la continuité des traditions de pensée, à un siècle de distance, dans des environnements radicalement différents, conduisait à l'anachronisme systématique. Le référendum plébiscitaire bonapartiste, par exemple, peut-il être assimilé, autrement que pour des raisons polémiques, au référendum gaullien qui aboutit, le 27 avril 1969, à la mise en minorité et à la démission, du général de Gaulle? L'autorité d'un président de la cinquième République, fondée sur la légitimité conférée par des élections libres dans une société où les libertés d'information, d'association, de parole, etc. sont effectivement assurées, est-elle de même nature que l'autoritarisme du pouvoir impérial? Jean Touchard faisait par ailleurs remarquer la différence entre ressemblance et filiation. L'analogie ne vaut pas parenté. De Gaulle, d'ailleurs, ne s'est jamais reconnu dans Napoléon dont il critiquait la démesure. René Rémond a objecté à ces critiques qu'il ne prétendait établir ni filiation, ni fixité, mais la permanence de familles de pensée, l'existence et la pérennité de sortes d'archétypes idéologiques, à travers une continuité de

thèmes [35, p. 39]. Notre objection, aussi bien, ne portera pas sur la démarche et la méthode mais sur le contenu, sur les thèmes qui fondent l'équation gaullisme = bonapartisme. René Rémond identifie gaullisme et bonapartisme, gaullisme et droite bonapartiste, parce qu'il met sur le même plan, dans la pensée gaullienne, le nationalisme et la démocratie directe. A tort, selon nous, car la nation est l'unique credo du général de Gaulle, le régime n'étant, dans l'ordre du contingent, qu'un moyen fonctionnel ou dysfonctionnel, au service de la nation. A valoriser trop le thème gaullien de la réforme constitutionnelle, on dénature d'autant plus le nationalisme gaullien que dans le système de référence traditionnel français, l'autorité — fût-elle démocratique — est marquée à droite. Jean Touchard avait pressenti la difficulté, lorsqu'il écrivait, dans sa réfutation de la thèse de René Rémond : « Le second Empire est avant tout un régime autoritaire, soucieux de faire respecter l'ordre public et de rassurer les possédants. Le nationalisme n'apparaît que secondairement. Dans le cas du gaullisme, l'ordre des facteurs me semble inversé. Le gaullisme doit s'interpréter bien moins en fonction de l'histoire de la droite qu'en fonction de celle du nationalisme. » [30, p. 352].

Il ne s'agit évidemment pas de nier l'importance des institutions pour le général de Gaulle, mais de leur conserver le caractère purement instrumental et circonstanciel qu'elles revêtent à ses yeux. On le dit antiparlementaire, par exemple, et l'on peut citer à l'appui de ce jugement déclarations, boutades et même formules au vitriol. Encore faut-il relever que ces condamnations visent toujours une certaine forme de parlementarisme, le régime d'Assemblée généré par un multipartisme sauvage. Qu'il a fait, au contraire, l'éloge du Parlement britannique, c'est-à-dire du parlementarisme structuré par l'existence d'une majorité et d'une opposition stables. Et qu'il regrettait « les talents oratoires dont s'illustrait la tribune française », tout en se consolant de la fin, grâce à lui, « des jeux, des poisons, des délices parlementaires » d'antan [40, p. XXXIII]. De la même façon ce sont moins les partis politiques qu'il condamne que le multipartisme qui, en les fractionnant, conduit à leur abaissement doctrinal et à leur rétrécissement « jusqu'à devenir chacun la représentation d'une catégorie d'intérêts » [3, p. 239]. La restructuration des forces politiques françaises, qu'il a tentée sans pouvoir la mener à bien, la réforme — réussie — des institutions par l'alliage enfin obtenu du principe d'autorité et du principe de légitimité démocratique du pouvoir ne sont pas autre chose que des moyens de circonstance pour donner à l'État la possibilité d'agir de

façon ferme et continue et stabiliser le cadre institutionnel — dans l'intérêt suprême de la nation. L'importance mais aussi le caractère contingent des régimes sont clairement affirmés dans le discours du 4 septembre 1958, par lequel il présente, Place de la République à Paris, le projet de Constitution qu'il propose à la ratification du peuple français. L'Ancien Régime a duré, explique-t-il, tant qu'« au long des siècles » il a « réalisé l'unité et maintenu l'intégrité de la France ». Son incapacité à s'adapter à un monde nouveau, la tourmente révolutionnaire et la guerre étrangère l'ont finalement condamné : « C'est en un temps où il lui fallait se réformer ou se briser que notre peuple, pour la première fois, recourut à la République [...] Elle était la souveraineté du peuple, l'appel de la liberté, l'espérance de la justice. » Révolutionnaire et guerrière elle succombera huit ans plus tard « dans les abus et les troubles qu'elle n'avait pas pu maîtriser ». Née du désastre de Sedan, la troisième République saura « relever la France, reconstituer les armées, recréer un vaste empire, renouer des alliances solides, faire de bonnes lois sociales, développer l'instruction » avant de mener la France à la victoire en 1914-1918. Mais ses « vices de fonctionnement » conduiront au désastre de 1940. Avec l'espoir manqué de la quatrième République une nouvelle crise nationale est survenue en 1958 ; le déchirement de la nation a été, de justesse, empêché. Et la nouvelle Constitution, qui fonde la cinquième République, est « la chance ultime de la République » [6, p. 41-43]. Les régimes passent et sont jugés, selon de Gaulle, en fonction de leur capacité à assurer l'unité des Français et la grandeur de la France. Il n'y a pas de régime idéal, mais des régimes fonctionnels ou dysfonctionnels pour la nation — seul idéal, seul absolu.

Certains gaullistes venus de la gauche ont tenu la permanence du thème de *l'association* ou de *la participation* dans la réflexion du général de Gaulle pour un marqueur de gauche du nationalisme gaullien. D'autres, en soulignant les références aux idées corporatistes, y verraient plutôt le signe d'une idéologie de droite, voire d'extrême droite. Les uns et les autres se trompent, en élevant au rang des fins, de l'essence du gaullisme, ce qui n'est, comme dans le cas des institutions, qu'un moyen, une affaire de circonstances. La seule différence avec les institutions étant que de Gaulle a réalisé sa réforme institutionnelle alors qu'il a, à peine, esquissé sa réforme sociale. Il y a d'ailleurs un certain paradoxe dans le contraste entre la présence continue du thème social, sous des appellations diverses, et la modestie de sa mise en œuvre. L'émergence du thème dans les discours et écrits du général de Gaulle est instructive. Elle

comporte trois phases, correspondant à trois périodes historiques différentes.

Durant le gaullisme de guerre la dictature nazie, instaurée par Hitler et, plus profondément, « l'organisation mécanique des masses humaines » — que les sociologues qualifieront quant à eux de « société de masses » — engendrée par le machinisme, appellent, selon de Gaulle, une « libération » des individus, la reconnaissance de leur « dignité », la mise en œuvre de leur « sécurité » (qui devient, dès juin 1942, « sociale »). Liberté, dignité, sécurité sociale, justice, droit des gens à disposer d'eux-mêmes constituent alors le vocabulaire social du général de Gaulle [4, p. 132-138, 138-146, 197-204, 205-207].

Dans une deuxième phase, qui est celle du gaullisme d'opposition, du Rassemblement du peuple français, le concept d'« association » se précise et s'impose, en réponse, cette fois, au totalitarisme communiste d'une part, au système de salariat, né du capitalisme, d'autre part. Dès le 31 décembre 1944 le général de Gaulle a préconisé la « collaboration » dans l'effort, l'initiative, les traverses et le succès, de l'ensemble des producteurs — chefs d'entreprises, ingénieurs, ouvriers, paysans... Le mot de « collaboration » est mal choisi et disparaîtra aussitôt, mais l'idée d'association prend forme [4, p. 493]. Le terme d'« association » apparaît le 2 mars 1945, sous sa forme verbale : « associer, par l'esprit et par le cœur, aussi bien que par les mains, à ce qui est gestion, organisation, perfectionnement des entreprises, tous ceux qui y prodiguent leur peine » [4, p. 528]. Il est consacré, sous sa forme nominale, lors du lancement du RPF le 7 avril 1947 : « La solution humaine, française, pratique n'est ni dans cet abaissement des uns [par le salariat], ni dans cette servitude de tous [sous le totalitarisme]. Elle est dans *l'association* digne et féconde de ceux qui mettraient en commun, à l'intérieur d'une même entreprise, soit leur travail, soit leur technique, soit leurs biens, et qui devraient s'en partager, à visage découvert et en honnêtes actionnaires, les bénéfices et les risques » [5, p. 52].

En 1958-1959 le général de Gaulle parle encore, comme du temps du RPF, « d'associer les travailleurs à la marche des entreprises », mais à partir de 1960, après une utilisation fugitive du terme de « coopération », c'est le vocable de « participation » qui s'impose en alternance avec celui d'association, toujours employé : « participation accrue des travailleurs à la marche des entreprises » [6, p. 267] ; « il faut, enfin, que dans les entreprises la participation directe du personnel aux résultats, au capital et aux responsabilités

devienne une des données de base de l'économie française » [8, p. 230]. Et quand « l'explosion » de mai 1968 — contre la société moderne, contre la société de consommation — remet à l'honneur la critique gaullienne de la « civilisation mécanique », la solution avancée est celle de « la participation, qui, elle, change la condition de l'homme au milieu de la civilisation moderne » [8, p. 303].

Au-delà des changements de vocabulaire, le discours gaullien reste le même; autrement dit les mots d'association et de participation sont synonymes, ce qui signifie que le choix des mots procède d'une simple volonté pédagogique. L'utopie associative est assurément moins parlante pour les individus que l'appel à la participation — surtout dans une culture démocratique. L'important n'est donc pas dans les mots[2], qui varient selon les besoins de l'artiste du verbe et de la politique. Il n'est pas davantage dans les concrétisations multiples et diverses de l'idée : sécurité sociale; comités d'entreprise; intéressement aux bénéfices, au capital et à la productivité; part capitalisée des plus-values en capital, mais aussi planification, politique des revenus, Conseil économique et social, projet de réforme du Sénat. Comme l'écrit le général de Gaulle à Marcel Loichot, le 11 avril 1966, il a « depuis toujours » cherché « un peu à tâtons, la façon pratique de déterminer le changement, non point du niveau de vie, mais bien de la condition de l'ouvrier » [20, p. 287]. L'important est justement la permanence de cette préoccupation — mais aussi la modestie des résultats obtenus. Comme si de Gaulle n'avait jamais trouvé la solution concrète à la question sociale, telle qu'il la posait.

Les exégètes les plus attachés à la dimension sociale du gaullisme — gaullistes « de gauche » et gaullistes épiques, qui aiment à voir en Charles de Gaulle l'homme des ruptures autant que celui des tempêtes — insistent sur la continuité de son ambition de transformation sociale, mettent en relief les déclarations où il parle de révolution et critique le capitalisme, tout en expliquant par la force des choses et le poids des circonstances l'échec, pour l'essentiel, de la révolution associative gaullienne. Les sceptiques, qu'ils se réfèrent aux thèses marxisantes ou aux analyses libérales de l'économie et de la société, minimisent l'originalité de la pensée sociale gaullienne et soulignent la pauvreté des réalisations en ce domaine, par contraste au legs laissé par le général de Gaulle en matière d'institutions, de défense et de diplomatie par exemple. La critique, au niveau des réalisations, nous semble juste, compte tenu des ambitions et objectifs avancés, mais l'analyse doctrinale, de « gauche » comme de « droite », reste superficielle.

A Michel Droit, qui lui objectait le 7 juin 1968, « cette participation à laquelle vous tenez tant [...] pourquoi est-ce que vous ne l'avez pas faite plus tôt ? » — de Gaulle répondait : « parce qu'une pareille réforme, personne et moi non plus ne peut la faire tout seul [...] Jusqu'à présent, nos structures et nos milieux, et en particulier ceux du travail, ont résisté à ce changement-là. Seulement, il y a eu maintenant une secousse [...] Grâce à cette secousse, les circonstances s'y prêtent » [8, p. 304]. Ce que les *Mémoires d'Espoir* redisent de façon plus frappante encore, à propos de la Résistance, de la réforme des institutions et de la décolonisation : « le consentement qui rend les lois fécondes n'apparaît souvent, je le sais, qu'à la lueur du tonnerre. Sans désirer que l'orage se lève, je devrai donc en tirer parti s'il vient un jour à éclater. En politique, comme en stratégie, en affaires comme en amour, il faut assurément le don. Il y a aussi l'occasion » [10, p. 124]. Il fallait l'explosion de mai 1968, en somme, pour tenter — contre l'opposition « de toutes les féodalités, économiques, sociales, politiques, journalistiques, qu'elles soient marxistes, libérales ou immobilistes » [9, p. 145] la « grande réforme française de notre siècle » [8, p. 386]. Et échouer, le 27 avril 1969, devant le peuple français se prononçant par référendum. Cette autojustification, reprise par les fidèles du général de Gaulle, se heurte à une objection majeure : si la participation était tellement importante, pourquoi ne pas l'avoir institutionnalisée dès 1958, quand l'effondrement des forces politiques et syndicales traditionnelles le permettait et le délabrement des finances et de l'économie françaises pouvait le justifier ? Ou en 1962 quand de Gaulle parachève et pérennise la cinquième République, après avoir réglé le problème algérien ? Or, c'est tout le contraire qui se produit : la période 1958-1965 est une période creuse en matière de déclarations et d'écrits, sans parler des initiatives concrètes, sur la participation — la seule période *creuse* correspondant à une phase *active* du général de Gaulle[3]. Il faut donc en conclure que l'association-participation n'avait, aux yeux du général de Gaulle, ni le côté impératif ni le caractère d'urgence de la réforme des institutions, par exemple. Il avait refusé le retour au pouvoir dans les institutions de la quatrième République, il a accepté de gouverner dix ans dans le système social dont il avait hérité, avant son ultime et vaine tentative pour le transformer.

Faut-il en déduire que la participation a une importance mineure dans la *doctrine* gaullienne ? L'insistance continue du général de Gaulle sur ce thème nous l'interdit. Encore faut-il préciser le concept. Ceux qui s'y attardent insistent généralement sur la

double condamnation dont il procède : refus du totalitarisme, incarné par le communisme, mais aussi refus du capitalisme, qui est même plus souvent critiqué que ne l'est le communisme — dans la mesure, sans doute, où la France vit dans un système capitaliste [42, p. 80-81]. D'où la recherche explicite d'une « troisième voie » française, entre communisme et capitalisme, entre gauche et droite. Le style ternaire du discours gaullien encourage cette lecture. Elle est cependant superficielle et trompeuse dans la mesure où elle met sur un même plan communisme et capitalisme, ce que le général de Gaulle ne fait pas — comme on le voit à le lire de plus près.

L'organisation économique, sociale et politique communiste est totalement écartée, au nom de la liberté individuelle : elle repose sur une contrainte matérielle et morale constante, et l'écrasement des individus; elle s'institutionnalise dans une dictature implacable et triste; elle ne marche que sur fond de catastrophe nationale au prix de gigantesques gaspillages et incessantes privations [5, p. 209, 232, 339; 7, p. 327; 8, p. 302]. Le capitalisme, au contraire, n'est que partiellement répudié. Durant la guerre, de Gaulle critique « les coalitions d'intérêts, les monopoles privés, les trusts » qui instituent des féodalités susceptibles « de diriger la politique économique et sociale de l'État et de régenter la condition des hommes » [4, p. 385]. Au temps du RPF il analyse plus systématiquement ce qui constitue à ses yeux le vice majeur du système capitaliste : le salariat, que de Gaulle récuse pour des raisons humaines, des raisons de justice sociale, mais aussi des raisons économiques. « Assez de ce système absurde où, pour un salaire calculé au minimum, on fournit un effort minimum, ce qui produit collectivement le résultat minimum. Assez de cette opposition entre les divers groupes de producteurs qui empoisonne et paralyse l'activité française » [5, p. 167]. De Gaulle veut donc « abolir le salariat » [5, p. 307]. La lutte des classes, qu'il ne nie aucunement mais à laquelle il veut mettre fin, est née, selon lui, du mariage de la machine et du capitalisme : « Le couple a pris possession du monde. Dès lors, beaucoup d'hommes, surtout les ouvriers, sont tombés sous sa dépendance. Liés aux machines quant à leur travail, au patron quant à leur salaire, ils se sentent moralement réduits et socialement menacés » [5, p. 361-362]. En 1968 de Gaulle parle même d'aliénation : « Le capitalisme dit : grâce au profit qui suscite l'initiative, fabriquons de plus en plus de richesses qui, en se répartissant par le libre marché, élèvent en somme le niveau du corps social tout entier. Seulement voilà : la propriété, la direction, le bénéfice des entreprises dans le système

capitaliste n'appartiennent qu'au capital. Alors ceux qui ne le possèdent pas se trouvent dans une sorte d'aliénation à l'intérieur même de l'activité à laquelle ils contribuent » [8, p. 203-303].

La critique du capitalisme, comme la réforme qu'elle sous-tend, est donc fondamentale. Il reste qu'elle n'est pas totale, contrairement à la critique du communisme. De Gaulle reconnaît des vertus et des succès au système capitaliste : le « laissez faire! laissez-passer! », s'il n'a pas été sans secousses ni injustices, « a souvent, grâce au bénéfice, à l'esprit d'entreprise, à la libre concurrence, donné au dé :loppement une puissante impulsion » [7, p. 327]... Tout en aspirant à substituer l'association-participation au « vieux » capitalisme, de Gaulle — surtout — ne met jamais en question le fondement du système capitaliste par opposition au système socialiste : *la liberté d'entreprendre*. « Deux leviers sont concevables, chez nous aussi bien qu'ailleurs. Ou bien la contrainte totalitaire. Ou bien l'esprit d'entreprise. Nous avons choisi le second » [8, p. 164]. Il ne disait pas autre chose en 1944, au moment où le socialisme semblait maître de l'heure : « Pour résumer les principes que la France entend placer désormais à la base de son activité nationale, nous dirons que, tout en assurant à tous le maximum possible de liberté et tout en favorisant en toute matière l'esprit d'entreprise, elle veut faire en sorte que l'intérêt particulier soit toujours contraint de céder à l'intérêt général » [4, p. 450]. Ce qu'il précise le 2 mars 1945 : dans l'économie française le « secteur libre » doit être « aussi étendu que possible », mais « l'État doit tenir les leviers de commande » en assurant lui-même « la mise en valeur des grandes sources de l'énergie : charbon, électricité, pétrole, ainsi que des principaux moyens de transport : ferrés, maritimes, aériens, et des moyens de transmissions », en amenant lui-même « la principale production métallurgique au niveau indispensable », en disposant du crédit « afin de diriger l'épargne nationale vers les vastes investissements qu'exigent de pareils développements, dans l'intérêt général » [4, p. 529]. Le général de Gaulle ne fait pas des nationalisations un but en soi et, encore moins, de leur extension une politique. Dès 1947 il remet en cause la nationalisation des entreprises d'aviation, de Berliet et de Renault, sans envisager pour autant leur privatisation mais, plutôt, leur constitution en « association »; il souligne que les nationalisations du charbon, de l'électricité et de la plus grande part des sources de crédit ont dû être réalisées, par lui, « pour des raisons psychologiques, économiques, morales », dans le contexte qui était celui de la Libération; et il récuse la façon dont les entreprises

nationales sont gérées [5, p. 154-155]. Il envisage, s'il revient au pouvoir, comme il l'espère alors, un traitement *libéral* de la crise économique française : diminution des dépenses publiques (par celle du nombre des fonctionnaires en particulier), allégement des charges de la sécurité sociale (par la révision des risques couverts, etc.), réforme fiscale et encouragement de la production (avec rétablissement de la liberté de production, sauf exceptions limitatives). Et cela en mars 1948, en pleine vogue du *Welfare State*, de l'État providence[4]. Dix ans plus tard, en 1958, avec le plan Pinay-Rueff c'est également une thérapeutique libérale qu'il applique à l'économie française.

L'association, dans cet ensemble d'écrits et d'actions du général de Gaulle, prend sa véritable signification. Ce n'est, dans sa finalité, ni un simple aménagement ni la suppression du capitalisme. On ne peut parler d'aménagement du système économique capitaliste ni de simple « collaboration de classes » dès lors que l'objectif proclamé du général de Gaulle est de tarir la lutte des classes en supprimant le salariat — en faisant de tous les producteurs des « sociétaires », contractuellement propriétaires et solidaires du destin de leur entreprise. L'idéologie sous-jacente n'est pas davantage celle de la droite que de la gauche traditionnelles. « Est-ce du fascisme, du corporatisme? Je ne le crois pas — dit à juste titre le général de Gaulle. Mais, je ne puis empêcher certains de détourner les mots de leur sens » [5, p. 233]. L'inspiration vient plutôt du socialisme utopique français (Fourier, Proudhon, Saint-Simon) et du communautarisme chrétien social. On ne peut davantage parler de suppression du capitalisme puisque l'initiative privée, la liberté d'entreprendre, le profit demeurent au fondement du système économique d'une société éventuellement associative — au-delà des moyens donnés à l'État pour orienter l'économie dans le sens de l'intérêt général, qu'il est supposé incarner.

Le parallélisme est frappant entre les idées que le général de Gaulle se fait des institutions de la République et de la participation-association. Il ne remet jamais en cause ni les libertés politiques qui fondent le système démocratique ni les libertés économiques qui fondent le système capitaliste. Les libertés individuelles sont, pour lui, inséparables de l'idée qu'il se fait de la France et de l'homme. Mais il révolutionne la démocratie politique en entravant le pouvoir des « partis de jadis », au profit du pouvoir présidentiel et majoritaire légitimé par le libre choix du peuple, comme il ambitionne de révolutionner l'économie et la société en contrariant le pouvoir des « vieilles féodalités » — trusts, capitalistes, patronat,

syndicats politisés, « séparatistes », etc. Dans les deux cas le véritable but, en même temps que l'épanouissement des individus, est de mieux servir la France par le dépassement de tout ce qui la divise, par le rassemblement des Français, citoyens et producteurs. L'association, ou la participation, est au service du rassemblement national au même titre que la Constitution de la cinquième République. Ils sont les instruments de la grandeur nationale, c'est-à-dire du service de la France.

## II. LE RASSEMBLEMENT DES FRANÇAIS TOUJOURS À REFAIRE

S'il est vrai qu'au niveau de la *doctrine* le gaullisme gaullien est finalement un nationalisme épuré de toute exclusive, dans ce cas la *pratique* gaulliste devrait viser pour l'essentiel au rassemblement de tous les Français au-delà de la gauche et de la droite, pour le service de la nation. Il y a, bien entendu, une différence entre l'appel au rassemblement et la réalisation effective de l'unité nationale, qui varie selon les circonstances historiques. Le rassemblement des Français n'est jamais, ou n'est que très exceptionnellement, réalisé et il est toujours à refaire. Il reste que l'authenticité du gaullisme se mesure à la volonté des gaullistes d'appeler tous les Français au rassemblement pour le salut et la grandeur du pays. Et que sa réussite est à l'aune des réponses conjoncturelles des Français à leurs appels.

Le rassemblement — qu'il s'agisse des intentions gaullistes ou des comportements effectifs des Français — peut s'apprécier à trois niveaux : celui des militants — c'est le rassemblement des « Compagnons »; celui des forces politiques — c'est le rassemblement par coalitions et alliances; celui de l'ensemble des Français enfin, notamment des électeurs.

### Le rassemblement des « Compagnons »

La diversité idéologique, sociale et politique des gaullistes qui ont connu et servi le général de Gaulle n'a d'égale que la force du

rapport de compagnonnage qui les liait à lui. Le rassemblement, à ce niveau, dépasse sans doute possible les clivages traditionnels de la culture politique française. C'est, bien entendu, la guerre — la France libre et la Résistance — qui scelle, dans un combat commun, l'union des gaullistes « historiques » et institue le compagnonnage gaulliste. Mais il perdure au-delà de la victoire et du premier retrait du pouvoir, en janvier 1946. Des treize membres fondateurs du Rassemblement du peuple français, le seul mouvement politique gaulliste qu'ait fondé et présidé le général de Gaulle, cinq ont fait partie de son entourage politique à Londres et Alger : Jacques Soustelle, Louis Vallon, Gaston Palewski, André Diéthelm et Jean Bozel; deux étaient des Forces françaises libres : Jean Pompéi et Christian Fouchet; quatre venaient de la Résistance intérieure : Jacques Baumel, Pierre Guillain de Bénouville, André Malraux et Léon Mazeaud; deux, enfin, avaient combattu à la fois dans les FFL et dans l'armée de l'intérieur : Pasteur Vallery-Radot et Rémy. En s'élargissant l'équipe dirigeante du RPF perdra quelque peu son estampille d'élite politique et militaire de la Résistance et de la France libre. Il reste que sur les 48 personnalités ayant fait partie du Conseil de direction du RPF, quatre seulement n'ont pas de décorations de guerre; que les autres, cinq fois sur six, ont des décorations pour faits de résistance et que neuf d'entre eux — Baumel, Bénouville, Billotte, Chaban, Koenig, Malraux, Morandat, Palewski et Rémy — font partie de la confrérie suprême du gaullisme de guerre, celle des membres de l'Ordre des Compagnons de la Libération. Politiquement, en revanche, une très large partie de ce cercle intérieur du Rassemblement vit avec lui, en 1947-1953, sa première expérience politique; plus des deux-tiers ne sont venus à la politique qu'après la guerre et avec elle. Si l'élite du RPF n'est pas toute l'élite de la Résistance et de la France libre, elle en procède directement et l'expérience du Rassemblement en fait une élite politique. Or, comme le fait justement remarquer Olivier Guichard, cet entourage gaullien représente « une singulière mosaïque de personne » [72, p. 233], surtout pour qui voudrait le situer sur l'axe gauche-droite. Car le général de Gaulle ne s'est jamais départi d'une règle d'or simple : ne pas s'occuper de l'appartenance des hommes dès lors qu'ils sont prêts à le suivre[5]. Les maurrassiens — Rémy et Bénouville — voisinent avec ceux qui viennent de la gauche, voire de l'extrême gauche — Malraux, Capitant, Vallon, Soustelle — en passant par les modérés — Palewski, Noël — et les démocrates chrétiens — Michelet, Terrenoire — sans parler des radicaux — Giaccobi, Chaban, Debré...

*Le gaullisme* 671

Les anticapitalistes — Capitant, Vallon — et les syndicalistes —
Morandat, Terrenoire — doivent compter avec les administrateurs
de société — Pierre de Gaulle, Chatenay, Noël, Vallery-Radot.
Toutes les traditions religieuses sont représentées : le catholicisme
— avec Bénouville, Rémy, Michelet, Terrenoire, Lespès, Furaud...,
le protestantisme — avec Bozel, Baumel, Soustelle (que l'on dit
aussi franc-maçon) et Vallon, le judaïsme — avec Debré et Palewski —, sans oublier l'agnosticisme — brillamment incarné par
Malraux [60, p. 139-141]. Le général de Gaulle, à la faveur de la
guerre, a durablement réuni des cercles qui, normalement, ne se
seraient pas recoupés. Étudiant la formation de l'élite dirigeante du
premier mouvement gaulliste de la cinquième République, l'Union
pour la nouvelle République, nous avons pu montrer ainsi qu'on y
retrouvait, notamment, trois réseaux déjà constitués avant
juin 1940, mais séparés — qui avaient fusionné dans le gaullisme
de guerre puis d'opposition : le réseau modéré, autour de Gaston
Palewski, qui avait rencontré Charles de Gaulle dès 1934 et Michel
Debré dès 1938 au cabinet de Paul Reynaud ; le réseau socialiste et
antifasciste de René Capitant, chargé de mission au cabinet de
Léon Blum, et Louis Vallon, socialiste SFIO, qui rencontre
Jacques Soustelle au Comité des intellectuels antifascistes ; le
réseau démocrate-chrétien de Louis Terrenoire et Edmond Michelet, autour de *l'Aube* [66]. A l'exception du communisme, toutes les
familles politiques et spirituelles françaises sont représentées dans
l'entourage du général de Gaulle. Le plus frappant est que cette
diversité des courants et des hommes n'empêche pas leur compagnonnage d'être intense et, en général, durable. Leur lien à de
Gaulle y est pour beaucoup, mais aussi les liens tissés entre eux au
fil des années et cette certaine idée de la France qui les a rassemblés
dans la France libre et la Résistance. Dans la nébuleuse des anciens
Français libres et résistants — où, lors des crises françaises les plus
graves (1958, 1968...), les communications sont discrètement
maintenues, jusqu'aux communistes compris — la cohorte des
gaullistes est naturellement la mieux structurée. Le phénomène
gaulliste (et, dans une certaine mesure, l'antigaullisme) est
incompréhensible pour qui ignorerait ce sentiment de compagnonnage. « Une atmosphère particulière, faite d'amitié, de souvenirs et
de confiance », selon Roger Frey. Un réseau non officiel de souvenirs communs, de complicités, d'habitudes et de rites — les dîners
des barons... — pour le sociologue : « Dix coups de téléphone —
nous confiait un responsable de l'UNR à propos de 1958 — et
toutes les équipes étaient reformées, le réseau en place. » Et

672     Résurgences ou nouveautés?

Raymond Triboulet de noter, parlant des relations entre gouvernement et Parlement dans la république gaullienne, que « les amitiés
gaullistes » jouaient « un très grand rôle dans le fonctionnement du
régime ».

Ce tableau, cependant, appelle deux correctifs majeurs : le
compagnonnage gaulliste n'a pas été sans crises ni ruptures
accompagnant les mutations du gaullisme ; en se renouvelant, pour
durer, celui-ci a changé de nature.

Le passage du gaullisme de guerre au gaullisme d'opposition à la
quatrième République, en 1946-1947, a entraîné des défections
parmi les gaullistes historiques. Certains, éloignés de la scène
politique, sont demeurés à l'écart — tels Geoffroy de Courcel,
Hettier de Boislambert, Pierre Messmer, etc. D'autres ont critiqué,
voire combattu, l'expérience du RPF : Jules Moch, Alain Savary,
René Pleven, Maurice Schumann, Georges Bidault, et François
Mauriac par exemple (qui regrettera son attitude après coup). Une
décennie plus tard la politique de décolonisation de l'Algérie menée
par le général de Gaulle suscite une nouvelle vague de départs :
Léon Delbecque dès la mi-octobre 1959, Jacques Soustelle en
1960, Raymond Dronne en mars 1961 — pour ne citer que les têtes
de file. L'après-gaullisme, enfin, ouvert en 1969 par le départ du
général de Gaulle, a entraîné la retraite politique de ceux qui, tel
Malraux, ne pouvaient vivre le gaullisme sans de Gaulle, ou la
rupture avec le mouvement gaulliste des gaullistes « de gauche »,
comme Vallon, qui ne trouvaient pas, chez les héritiers politiques
du général, la même attention sympathique à leurs idées.

Pour durer, le gaullisme a par ailleurs dû renouveler ses élites,
quitte, ce faisant, à se transformer. La première génération des gaullistes, celle des gaullistes historiques, a donné au mouvement la
symbolique de ses combats — la croix de Lorraine, les « Compagnons », le 18 juin, le mont Valérien et Colombey. Elle lui a
également fourni vingt ans durant ses cadres, au plus haut niveau,
en dépit du faible nombre de ses effectifs. En 1962 les gaullistes de
première génération contrôlent encore toutes les instances de direction de l'Union pour la nouvelle République. La relève démographique, cependant, la vouait à une lente disparition. Dès 1962-
1964 elle devient ainsi minoritaire au Comité central et au bureau
du groupe parlementaire du mouvement gaulliste. Cette relève
naturelle, du surcroît, a été accélérée, à partir du milieu des années
soixante, par une politique volontaire de renouvellement du gaullisme. Aux Assises du parti gaulliste, à Lille, en novembre 1967,
Georges Pompidou, alors Premier ministre, lance un appel au

renouvellement des gaullistes à la tête même du mouvement : « Pour tous les moins de trente ans — le 18 juin, la France libre, et la Libération — souligne-t-il — ne sont pas plus actuels que la guerre de 1914. Pour ceux de vingt ans, la quatrième République avec ses misères et parfois ses hontes ne représente qu'une donnée abstraite [...] Nous nous devons donc de faciliter la relève. »

La *deuxième génération* des gaullistes — celle du RPF et de l'opposition à la quatrième République — accède alors aux responsabilités — avec Robert Poujade, par exemple, douze ans en 1940, ancien jeune du RPF, qui est le premier secrétaire général du mouvement gaulliste non issu des rangs de la Résistance et de la France libre. Sans vouloir exagérer l'importance des clivages de génération — Pompidou, dans sa volonté de relève, est soutenu par des gaullistes historiques (Chaban, Frey, sans parler du général de Gaulle lui-même) et violemment combattu par d'autres gaullistes historiques (Capitant, Vallon) — il reste difficile d'ignorer que l'initiative de la relève vient de Georges Pompidou, qui ne faisait pas partie des gaullistes de guerre faute d'avoir participé à la Résistance et avait été accueilli par ceux-ci, dans l'entourage du général de Gaulle, avec une réserve polie dont témoigne le mot de félicitation que lui adresse Gaston Palewski lors de sa nomination comme chef de cabinet par le Général en 1947 : « Le petit groupe, si réduit, des premiers jours se serre pour vous accueillir et vous faire place »...

Pompidou avait été à l'origine de la première relève, une relève volontaire, des gaullistes historiques ; Jacques Chirac, le plus pompidolien des gaullistes, sera l'artisan, en 1974 et après, d'une autre relève, une relève plus radicale puisqu'elle aboutit à la marginalisation des « barons », de Chaban à Debré. La défaite présidentielle de Jacques Chaban-Delmas face à Valéry Giscard d'Estaing en 1974, le désarroi puis le sauvetage électoral du parti gaulliste par Jacques Chirac en 1974-1978, l'échec présidentiel cuisant de Michel Debré en 1981 ont été l'occasion de cette émergence de la *troisième génération* des gaullistes, qui était venue au gaullisme avec la cinquième République et le pouvoir, avant de perdre celui-ci et d'avoir à le reconquérir.

Avec le temps, l'élite des « Compagnons » s'est donc peu à peu transformée en s'adaptant aux situations nouvelles et en se renouvelant. D'amicale d'anciens de la Résistance et de la guerre elle est devenue avec le RPF en 1947-1954 une élite politique capable d'occuper, en 1958, le pouvoir conquis par le général de Gaulle seul. Élus au Parlement, nommés au gouvernement dans l'ombre

charismatique du général, en 1958-1962, les gaullistes se sont affirmés et implantés au point de pouvoir survivre politiquement à de Gaulle, en 1969, puis à la perte du pouvoir en 1974-1976. Certains ont cru déceler dans cette institutionnalisation du gaullisme et cette notabilisation des « Compagnons » le déclin voire la fin du gaullisme [87 notamment]. La reconquête du pouvoir, en 1986, même passagère, a démenti la thèse du déclin. Et l'enracinement au niveau local des représentants d'un mouvement n'exclut nullement l'existence de celui-ci comme entité politique nationale ; les deux choses conjuguées sont au contraire un gage de succès ou, en tout cas, de durée.

D'autres observateurs, soulignant la composition sociale des cadres politiques gaullistes d'aujourd'hui — sur-représentation des catégories économiquement aisées et culturellement privilégiées, effritement de la composante populaire [88, p. 108] — concluent également à la fin du gaullisme d'antan. Le problème est que l'analyse vaut également pour les cadres de l'ensemble des grands partis. Comme le notent Roland Cayrol et Pascal Perrineau, dans une société qui s'homogénéise et un jeu politique qui se recentre « les élites de gauche comme de droite se ressemblent comme des sœurs. Elles sont massivement masculines, bourgeoises et étatiques » [89, p. 17]. Les élites gaullistes de 1981-1988 sont encore moins populaires qu'elles ne l'étaient en 1947-1951, mais les élites socialistes aussi, qui leur ressemblent. Bref ce n'est pas le gaullisme qui a changé, de ce point de vue — ce sont la société et le système politique français.

Il reste que les néo-gaullistes du RPR sont différents des compagnons du général de Gaulle — bien que près de 40 % d'entre eux lui attribuent un rôle déterminant dans leur engagement politique [88, p. 108]. Ils ne sont plus qu'une poignée à être venus d'autres horizons politiques, contrairement aux gaullistes historiques. Ce sont des héritiers du gaullisme. Leur hostilité à la gauche — 47 % d'entre eux, fin 1984, ont adhéré après l'alternance droite-gauche de 1981 — et leur néo-libéralisme militant les classent, sans hésitations ni complexes, à droite [88, p. 131-172].

## Le rassemblement par alliances

Durant la guerre et à la Libération le général de Gaulle a fait l'union, aux niveaux gouvernemental et parlementaire, de toutes les tendances politiques françaises, communistes inclus, à la seule

exception des vichystes et autres collaborateurs avec l'ennemi. Au début de la cinquième République, de même, il a pris ses ministres et trouvé ses soutiens parlementaires chez les socialistes, les radicaux, le MRP et les modérés, aussi bien que chez les gaullistes et malgré les réticences de certains de ceux-ci. Les communistes seuls étaient exclus. Mais les socialistes ont repris leur liberté politique dès 1959, les chrétiens démocrates du MRP en 1962, bientôt suivis de la majorité des radicaux et des modérés. S'il n'était pas toujours réussi, ni durable, le rassemblement des forces politiques, pour le général de Gaulle, se devait d'être le plus large possible. En 1945, lorsque son ministre des travaux publics, le radical René Mayer, lui suggère de rétablir le scrutin d'arrondissement et d'envoyer, à l'imitation du Premier britannique, des lettres d'encouragement aux candidats de son choix — de Gaulle refuse, disant que son « ambition n'a jamais été d'être le chef de la majorité » [87, p. 668]. Durant la cinquième République, de fait, il abandonnera ce rôle à son Premier ministre. Lors de la fondation du Rassemblement du peuple français, en 1947, dans le même esprit, il tente d'éviter que le Rassemblement ne soit un parti, bien qu'il en ait la structure, les façons de faire et présente des candidats aux élections : « Nous ne prétendons pas être un parti, bien sûr — explique-t-il à la presse le 24 avril. Pas plus que la France combattante [...] n'en était un. » Et il prouve sa volonté de rassemblement national au-dessus des partis en acceptant d'avance la double appartenance des adhérents du RPF aux partis politiques existants. Dans une circulaire préparatoire au lancement du RPF, le 22 mars 1947, il est précisé que le criblage des adhérents doit se limiter aux membres du Parti communiste, aux anciens miliciens et autres collaborateurs pour éviter à la fois un « noyautage » communiste et le « dédouanement » des éléments vichystes ou collaborationnistes ainsi que toute déviation « réactionnaire ». De Gaulle s'attend à l'acceptation de la double appartenance par les radicaux et le MRP. Il se trompe. Les socialistes l'avaient rejetée dès le 8 avril, déclarant : « l'appel à un rassemblement sans programme ne peut être, en réalité, qu'un appel à un rassemblement autour d'un homme » — et les communistes l'avaient condamnée le 24 avril 1947, pour des raisons identiques. Le MRP fait de même le 27 avril, repoussant l'idée d'« une sorte de champ clos » où les mots de « rassemblement » (côté RPF) et de « vigilance » (côté communiste), de « peuple » et de « République » ne serviraient qu'à « casser la France en deux blocs irréconciliables ». Le comité national du MRP décide du même coup d'appliquer strictement

l'article 7 des statuts du mouvement qui interdisent l'appartenance à tout autre parti politique. Ce qui aboutit à l'exclusion des élus MRP qui ont adhéré en août à l'intergroupe gaulliste formé à l'Assemblée nationale : « Quel mal peut faire ce qu'il faut bien appeler l'esprit de parti — écrira de Gaulle à l'un des exclus, Edmond Michelet [...] Quel jeu étrange et dérisoire constituent les "exclusions" et les "c⌐ damnations" [...] Alors que le monde est rempli de ruines, de c⌐ ⌐leurs, de menaces, la France est à refaire, la République à rénove⌐. Comment y parviendrons-nous, sinon par le rassemblement de nos familles spirituelles — j'entends de celles qui sont françaises — sans qu'aucune renonce à être elle-même, mais de telle sorte que chacune admette qu'avant tout et par-dessus tout nous avons à atteindre tous ensemble des objectifs du salut public? » [16, p. 250]. Sous la cinquième République, après le départ des socialistes, des républicains populaires et de la masse des modérés, de Gaulle se résout à ne rassembler que les gaullistes et les giscardiens — une majorité que Pompidou élargira en 1969 à une partie du centre.

L'idéal gaullien était sans conteste l'union nationale, sans exclusives. Ce qui excluait, pour le général de Gaulle, tout engagement de nature « partisane ». Son ambition était de prendre la tête du rassemblement des Français et non pas d'une majorité et, encore moins, d'un parti. Mais un tel idéal ne pouvait se réaliser qu'exceptionnellement, dans des circonstances extrêmes. De Gaulle réussit l'union nationale à la Libération — une union dont le point d'orgue est la descente des Champs-Elysées, le 26 août 1944 : « Ah! C'est la mer! [...] Si loin que je porte ma vue, ce n'est qu'une houle vivante, dans le soleil, sous le tricolore. Je vais à pied [...] Puisque chacun de ceux qui sont là a, dans son cœur, choisi Charles de Gaulle comme recours de sa peine et symbole de son espérance, il s'agit qu'il le voie, familier et fraternel, et qu'à cette vue resplendisse l'unité nationale [...] Il se passe, en ce moment, un de ces miracles de la conscience nationale, un de ces gestes de la France, qui parfois, au long des siècles, viennent illuminer notre Histoire. Dans cette communauté, qui n'est qu'une seule pensée, un seul élan, un seul cri, les différences s'effacent, les individus disparaissent » [2, p. 311-312].

Il l'a presque réussie, une seconde fois, en 1958, dans une France désabusée et au bord de la guerre civile. L'union culmine alors dans les 79 % de oui donné à la Constitution de la cinquième République, le 28 septembre : « Il faut choisir — avait écrit de Gaulle à son fils, le 21 février 1946 — et l'on ne peut être à la fois l'homme

des grandes tempêtes et celui des basses combinaisons » [16, p. 190].

Ce choix, par idéal national, le condamne à ne réussir vraiment qu'en des temps d'exception, à la faveur d'un drame national. Le réalisme du général de Gaulle, cependant, l'a conduit à se satisfaire, faute de mieux, de rassemblements imparfaits dès lors qu'ils étaient suffisants pour assurer l'indépendance et l'autorité de l'État, donc permettre une politique à long terme et ambitieuse pour la France. Il a même institutionnalisé cette possibilité — en pensant à ses successeurs — dans les fonctions d'un président de la République directement élu par l'ensemble des Français : « Celui-ci, [...] désigné par l'ensemble des Français — personne d'autre n'étant dans ce cas — pourrait être "l'homme du pays", revêtu, par là, aux yeux de tous et aux siens d'une responsabilité capitale, correspondant justement à celle que lui attribuent les textes » [10, p. 17]. Pour certains gaullistes, tel Jean Charbonnel, c'était « le triomphe de la logique majoritaire sur la logique du rassemblement » [90, p. 95]. D'autres, tel René Capitant, voulaient croire qu'aucune coalition, aucun parti — et surtout pas un parti gaulliste — ne viendraient faire écran entre le président et les Français, que ce ne seraient pas les partis qui feraient le président mais le président qui, à chaque élection présidentielle, engendrerait un nouveau rassemblement. La réalité est finalement moins simple. Aucun candidat à la présidence n'a de chance d'être élu sans le soutien initial d'un grand parti — Parti socialiste, UDF ou RPR aujourd'hui — même s'il prétend, tel Raymond Barre en 1988, n'appartenir à aucun parti. Le temps n'est plus ou la personne n'est plus qui pouvait mobiliser une majorité des Français contre la totalité des partis, comme le général de Gaulle le fit au référendum d'octobre 1962. Mais le multipartisme français fait que le président de la cinquième République ne peut pas davantage être l'élu d'un seul parti — fût-il dominant comme le furent le parti gaulliste puis le Parti socialiste. Le président est obligatoirement redevable de son succès à une coalition d'électorats de sensibilités politiques diverses ; ce qui le contraint à une certaine ouverture, à une tactique ou stratégie d'alliance pour se faire élire et lui assure une certaine autonomie vis-à-vis de son parti d'origine une fois élu.

*Le rassemblement des électeurs*

Passé la période d'exception, et de transition, entre la quatrième et la cinquième République, de 1958 à 1962, comme cela avait été

déjà le cas lors de l'avènement de la quatrième République en 1944-1945, la nature et l'amplitude du rassemblement politique et électoral des Français sur le gaullisme suit l'évolution des alliances et des forces des partis. Mesuré à l'aune de l'électorat qu'il mobilise, le gaullisme gaullien tend à se réduire au gaullisme majoritaire et le gaullisme majoritaire au gaullisme partisan (*Tableau* 1).

TABLEAU 1
*Évolution, par type, de la force électorale du gaullisme*
*(pourcentages des suffrages exprimés, métropole)*

1. Gaullisme gaullien (vote impliquant directement la personne du général de Gaulle).

| Réf. sept. 58 | Réf. Janv. 61 | Réf. avr. 62 | Réf. Oct. 62 | Prés. déc. 65 | Réf. avr. 69 |
|---|---|---|---|---|---|
| 79,2 % | 75,2 % | 90,7 % | 61,7 % | 1° t. : 43,7 % 2° t. : 54,5 % | 46,8 % |

2. Gaullisme majoritaire (vote pour une coalition à dominante gaulliste).

| Lég. 62 | Lég. 67 | Lég. 68 | Prés. 69 | Lég. 73 | Lég. 78 |
|---|---|---|---|---|---|
| 37,8 % | 37,7 % | 44,7 % | 1° t. : 44,0 % 2° t. : 57,6 % | 36,0 % | 44,2 % |
| Lég. 81 | Lég. 86 | Lég. 88 | | | |
| 40,4 % | 42,0 % | 37,7 % | | | |

3. Gaullisme partisan (vote pour le parti gaulliste, sans alliances).

| Lég. nov. 46 | Lég. 51 | Lég. 56 | Lég. 58 | Prés. 74 | Prés. 81 |
|---|---|---|---|---|---|
| 3,0 % | 21,6 % | 3,9 % | 20,6 % | 1° t. : 14,6 % | 1° t. : 18,0 % |
| Prés. 88 | | | | | |
| 1° t. : 19,9 % 2° t. : 46,0 % | | | | | |

Le gaullisme *gaullien* — ainsi défini parce que le vote implique directement la personne du général de Gaulle — après avoir atteint près de 80 % des suffrages exprimés en 1958 retombe, une fois l'affaire algérienne et la question des institutions réglées, à moins de 44 % au premier tour de l'élection présidentielle de 1965, moins de 47 % au référendum négatif d'avril 1969. Autrement dit il dépasse

à peine — en période normale — les meilleurs scores du gaullisme *majoritaire* — défini par le vote pour une coalition de droite et le cas échéant du centre à direction ou dominante gaulliste. A la présidentielle de 1969 Georges Pompidou, avec 44 % des suffrages exprimés au premier tour et 57,6 % au second fait mieux que de Gaulle en 1965 ; aux législatives de 1968, 1978 et 1986, avec 42 à 45 % des suffrages, l'alliance dont les gaullistes font partie se hausse également au niveau du gaullisme gaullien de croisière... Le gaullisme *partisan*, enfin, que l'on ne peut mesurer que dans les rares cas où les gaullistes vont seuls à la bataille et affrontent, notamment, la concurrence de la droite modérée, est évidemment un cran au-dessous. Groupusculaire sous la quatrième République quand il ne peut se réclamer du général de Gaulle (en 1946, en 1956), il se situe généralement autour de 20 % à l'ombre du général (en 1951 et 1958) mais aussi après sa disparition (en 1981, en 1988) — à la suite de la reprise en main de Jacques Chirac au lendemain de l'échec de 1974.

Du point de vue qui nous intéresse ici — la réussite ou l'échec du rassemblement gaulliste comme critère de fidélité à son idéologie nationaliste — le fait le plus intéressant dans ces données électorales est que l'échec (le gaullisme réduit à ses seules forces partisanes), ou le demi-échec (le gaullisme confiné dans un rassemblement des droites) ne sont pas le fait d'un seul chef — Jacques Chirac par exemple — mais plutôt de la difficulté de conclure une alliance à certains moments. Si le gaullisme électoral est réduit à ses seules forces sous Jacques Chirac aux présidentielles de 1981 et 1988, il l'a également été en 1974, sous Jacques Chaban-Delmas, ou en 1951, sous le général de Gaulle lui-même. Et le gaullisme se rétrécit dans le rassemblement de la seule droite dès 1962, sous de Gaulle...

L'analyse sociologique de l'électorat gaulliste permet une autre vue de la qualité ou de l'échec du rassemblement national réalisé à chaque moment de l'histoire du gaullisme. La diversité sociale peut en effet compenser, dans une certaine mesure, la faiblesse numérique relative du vote gaulliste. C'est un fait que les gaullistes tendent à valoriser un électorat interclassiste, aussi représentatif que possible de la variété de la société française. Ce qu'exprimait bien le secrétaire général de l'UDR, Robert Poujade, lorsqu'il écrivait en 1969 : « Le gaullisme n'est pas [...] un syndicat d'intérêt. Il n'est pas spécifiquement le parti des ouvriers, comme l'est un certain parti, ni essentiellement une amicale de fonctionnaires, comme tel autre, il n'est pas caractérisé par l'anticléricalisme,

# TABLEAU 2

### Évolution, par catégorie socioprofessionnelle, de la force électorale du gaullisme depuis 1965
#### (profession du chef de famille)

2.1 Pourcentage d'intentions de vote, à chaque élection, dans la catégorie

| | Prés. 65 | Lég. 67 | Lég. 68 | Réf. 69 | Prés. 69 | Lég. 73 | Prés.* 74 | Lég. 78 | Prés.* 81 | Lég. 81 | Lég. 86 | Prés.* 88 | Lég. 88 |
|---|---|---|---|---|---|---|---|---|---|---|---|---|---|
| agriculteurs | 37 | 45 | 48 | 58 | 50 | 49 | (25) | 31 | (39) | 32 | 55 | (35) | 79 |
| commerçants et artisans | 45 | 44 | 53 | 46 | 46 | 36 | (17) | 26 | (31) | 31 | 59 | (35) | 58 |
| prof. lib. et cadres | 34 | | 48 | | | 39 | (15) | 30 | (42) | 28 | 54 | (23) | 50 |
| employés | 39 | 35 | 40 | 47 | 38 | 23 | (15) | 20 | (21) | 14 | 35 | (13) | 34 |
| ouvriers | 42 | 30 | 31 | 38 | 29 | 22 | (13) | 14 | (10) | 14 | 26 | (10) | 28 |
| inactifs et retraités | 52 | 43 | 42 | 59 | 47 | 44 | (23) | 26 | (13) | 26 | 49 | (24) | 41 |

2.2 Écart des intentions de vote gaullistes dans la catégorie par rapport à la moyenne, en pourcentages

| | Prés. 65 | Lég. 67 | Lég. 68 | Réf. 69 | Prés. 69 | Lég. 73 | Prés.* 74 | Lég. 78 | Prés.* 81 | Lég. 81 | Lég. 86 | Prés.* 88 | Lég. 88 |
|---|---|---|---|---|---|---|---|---|---|---|---|---|---|
| agriculteurs commerçants et artisans | −14 +5 | +18 +16 | +19 +31 | +21 −4 | +22 +12 | +36 0 | (+47) (0) | +41 +18 | (+86) (+48) | +52 +48 | +28 +37 | (+75) (+75) | +95 +43 |
| prof. lib. et cadres | −21 | | +19 | | | +8 | (−12) | +36 | (+100) | +33 | +26 | (+15) | +23 |
| employés | −9 | −8 | −1 | −2 | −7 | −36 | (−12) | −9 | (0) | −33 | −19 | (−35) | −17 |
| ouvriers | −2 | −21 | −23 | −21 | −29 | −39 | (−24) | −36 | (−52) | −33 | −40 | (−50) | −31 |
| inactifs et retraités | +21 | +13 | +2 | +23 | +15 | +22 | (+35) | +18 | (−38) | +24 | +14 | (+20) | +1 |
| MOYENNE DES ÉCARTS | 12 | 15 | 16 | 16 | 17 | 23 | (22) | 26 | (54) | 37 | 27 | (45) | 35 |

* gaullisme isolé (en concurrence avec le giscardisme).

Sources : IFOP de 1965 à 1974, SOFRES de 1978 à 1988.

comme le fut un troisième et ne représente pas non plus une bourgeoisie possédante. Le gaullisme est une mystique de l'unité nationale » [67, p. 67].

Si tel est le but, et le critère, du rassemblement électoral gaulliste, peut-on dire qu'il est atteint? (cf. *Tableau* 2).

Depuis l'élection présidentielle de 1965, le vote gaulliste a toujours été *supérieur* à sa moyenne nationale chez : les inactifs et les retraités; les commerçants, artisans et petits entrepreneurs; les agriculteurs (sauf en 1965).

Il a toujours été *inférieur* à sa moyenne nationale chez : les ouvriers; les employés et les cadres moyens.

Ces pesanteurs sociales, comme sa distribution géographique[6], le classent indéniablement *à droite*.

Le diagnostic, cependant, sans être globalement infirmé, est brouillé par un certain nombre d'observations de détail qu'on ne saurait ignorer. Le général de Gaulle avait en 1965 un électorat atypique, par bien des côtés, de l'électorat conservateur tradition-nel : fort vote ouvrier (42 %, presque autant que sa moyenne nationale), net rejet du côté des agriculteurs et, plus encore, des cadres supérieurs et professions libérales... Il est vrai que la coalition gaulliste, dès 1967-1968, et le général de Gaulle per-sonnellement, au référendum de 1969, ont perdu ce soutien ouvrier et retrouvé chez les paysans et les cadres des scores plus conformes aux habitudes de vote à droite — ce qui tend à montrer que le rassemblement interclassiste ne s'est pas défait *après*, mais *sous* de Gaulle. Le succès de Jacques Chirac auprès des agriculteurs, celui de Georges Pompidou auprès des cadres n'ont fait qu'accentuer la tendance au retour à la bipolarisation sociale des comportements électoraux.

Mesuré par la faiblesse des écarts des votes catégoriels par rapport à la moyenne du vote gaulliste, l'interclassisme de l'électo-rat gaulliste, de très net qu'il était en 1965 (moyenne des écarts à 12), est demeuré jusqu'à l'élection présidentielle de 1969 (écarts entre 15 et 17 seulement), pour se dégrader à partir de 1973 — au moment où renaît le Parti socialiste — puis disparaître en 1981 et après. Le Parti socialiste, devenu dominant, a remplacé alors la coalition gaulliste comme le parti électoralement le plus représenta-tif de la diversité sociale française.

Le gaullisme, à droite? Sa doctrine nationaliste, telle qu'il l'a héritée du général de Gaulle, lui interdit de se résigner à cet enfermement idéologique et politique. La force des antigaullismes

— de gauche (PC, PS) mais aussi de droite (extrême droite) ou du centre (le MRP et ses héritiers) — a cependant contraint le général de Gaulle lui-même, hors des périodes de crises, à pratiquer un gaullisme majoritaire plus que rassembleur, avec des alliés politiques et des soutiens sociaux plus nombreux à droite qu'à gauche. Ses successeurs, avec la percée hégémonique du socialisme en 1981 puis l'éruption durable du Front national depuis 1984, y sont plus que jamais contraints. Certains gaullistes — de Charles Pasqua à Philippe Séguin ou Michel Noir — ont pensé que le RPR, à force de compromis avec la droite modérée, faute d'un appel populiste et de la recherche d'un électorat plus populaire, s'est laissé piéger à droite tout en s'éloignant de sa vocation de rassemblement.

Le général de Gaulle, lorsqu'il avait été acculé en 1952-1955 à présider aux destinées d'un gaullisme réduit à un parti, avait préféré se retirer à Colombey et entamer sa « traversée du désert » plutôt que de poursuivre dans ces conditions. Mais ce qui était possible pour le gaullisme incarné dans un homme, l'est sans doute moins dès lors qu'il s'est institutionnalisé dans un parti. Jacques Chirac, les « rénovateurs » et le RPR sont donc condamnés, pour sortir du gaullisme « rétréci » dont parle René Rémond [35, p. 341], à une ouverture dont il leur reste à trouver les voies et les moyens.

JEAN CHARLOT

## Bibliographie

*Sources.*

Il est pratique, pour les œuvres du général de Gaulle, de se référer à l'édition bleue de la Librairie Plon :
— d'abord les *Mémoires de guerre* :

[1] CHARLES DE GAULLE, *Mémoires de guerre*, t. 1, *L'appel, 1940-1942*, Paris, Plon, 1973 (1re éd. : 1954).

[2] CHARLES DE GAULLE, *Mémoires de guerre*, t. 2, *L'unité 1942-1944*, Paris, Plon, 1973 (1re éd. : 1956).

[3] CHARLES DE GAULLE, *Mémoires de guerre*, t. 3, *Le salut, 1944-1946*, Paris, Plon, 1974 (1ʳᵉ éd. : 1959).
— ensuite les *Discours et Messages*, sélectionnés par le général de Gaulle lui-même et édités avec le concours de François Goguel :

[4] CHARLES DE GAULLE, *Discours et Messages*, t. 1, pendant la guerre, juin 1940-janvier 1946, Paris, Plon, 1970.

[5] CHARLES DE GAULLE, *Discours et Messages*, t. 2, dans l'attente, février 1946-avril 1958, Paris, Plon, 1970.

[6] CHARLES DE GAULLE, *Discours et Messages*, t. 3, avec le renouveau, mai 1958-juillet 1962, Paris, Plon, 1970.

[7] CHARLES DE GAULLE, *Discours et Messages*, t. 4, pour l'effort, août 1962-décembre 1965, Paris, Plon, 1970.

[8] CHARLES DE GAULLE, *Discours et Messages*, t. 5, vers le terme, janvier 1966-avril 1969, Paris, Plon, 1970.
— puis les *Mémoires d'Espoir*, dont le tome 2, inachevé, est posthume :

[9] CHARLES DE GAULLE, *Mémoires d'Espoir*, t 1, *Le renouveau, 1958-1962*, Paris, Plon, 1970.

[10] CHARLES DE GAULLE, *Mémoires d'Espoir*, t. 2, *L'effort, 1962-...*, Paris, Plon, 1971.
— enfin les *Lettres, notes et carnets*, tirés des archives privées de la famille et sélectionnées par le fils du général de Gaulle, l'amiral Philippe de Gaulle :

[11] CHARLES DE GAULLE, *Lettres, notes et carnets*, t. 1, 1905-1918, Paris, Plon, 1980.

[12] CHARLES DE GAULLE, *Lettres, notes et carnets*, t. 2, 1919-juin 1940, Paris, Plon, 1980.

[13] CHARLES DE GAULLE, *Lettres, notes et carnets*, t. 3, juin 1940-juillet 1941, Paris, Plon, 1981.

[14] CHARLES DE GAULLE, *Lettres, notes et carnets*, t. 4, juillet 1941-mai 1943, Paris, Plon, 1982.

[15] CHARLES DE GAULLE, *Lettres, notes et carnets*, t. 5, juin 1943-mai 1945, Paris, Plon, 1983.

[16] CHARLES DE GAULLE, *Lettres, notes et carnets*, t. 6, 8 mai 1945-18 juin 1951, Paris, Plon, 1984.

[17] CHARLES DE GAULLE, *Lettres, notes et carnets*, t. 7, juin 1951-mai 1958, Paris, Plon, 1985.

[18] CHARLES DE GAULLE, *Lettres, notes et carnets*, t. 8, juin 1958-décembre 1960, Paris, Plon, 1985.

[19] CHARLES DE GAULLE, *Lettres, notes et carnets*, t. 9, 1961-1963, Paris, Plon, 1986.

[20] CHARLES DE GAULLE, *Lettres, notes et carnets*, t. 10, janvier 1964-juin 1966, Paris, Plon, 1987.

[21] CHARLES DE GAULLE, *Lettres, notes et carnets*, t. 11, juillet 1966-avril 1969, Paris, Plon, 1987.

[22] CHARLES DE GAULLE, *Lettres, notes et carnets*, t. 12, mai 1969-novembre 1970, Paris, Plon, 1988.
Les œuvres d'avant-guerre ont été également rééditées dans cette collection bleue :

[23] CHARLES DE GAULLE, *La discorde chez l'ennemi*, Paris, Plon, 1972 (1ʳᵉ éd. : Berger-Levrault, 1924).

[24] CHARLES DE GAULLE, *Le fil de l'épée*, Paris, Plon, 1971 (1ʳᵉ éd. : Berger-Levrault, 1932).

[25] CHARLES DE GAULLE, *Vers l'armée de métier*, Paris, Plon, 1971 (1ʳᵉ éd. : Berger-Levrault, 1934).

[26] CHARLES DE GAULLE, *La France et son armée*, Paris, Plon, 1969 (1re éd. : Berger-Levrault, 1938).

[27] CHARLES DE GAULLE, *Trois études*, Paris, Plon, 1971 (1re éd. : Berger-Levrault, 1945).

L'index thématique de l'œuvre du général de Gaulle, établi par l'Institut Charles de Gaulle, constitue un précieux guide :

[28] Institut Charles de Gaulle, *Index des thèmes de l'œuvre du général de Gaulle*, Paris, Plon, 1978.

Il a été utilement complété par un index des 12 volumes de *Lettres, notes et carnets* parus depuis :

[29] Institut Charles de Gaulle, « Index des thèmes de l'œuvre du général de Gaulle », *Espoir* 64, septembre 1988, p. 49-54.

La revue *Espoir*, revue de l'Institut Charles de Gaulle, trimestriel édité en collaboration avec la Librairie Plon, publie documents, inédits, témoignages, études et comptes rendus de livres sur la vie et l'œuvre du général de Gaulle et de ses compagnons (no 1, septembre 1972-...). L'Institut Charles de Gaulle, 5, rue de Solférino, 75007 Paris, a été fondé en février 1971, avec l'accord du général de Gaulle. On y trouvera des archives gaulliennes, notamment celles du Rassemblement du peuple français (RPF), dont c'était le siège national ; une bibliothèque spécialisée, de consultation et de prêt ; une phonothèque ; une filmothèque, etc. C'est également un centre d'études et d'échanges sur l'œuvre et la pensée du général de Gaulle.

## *La doctrine gaulliste.*

Le gaullisme du général de Gaulle, vu comme un nationalisme, a été finement analysé, dans une tradition littéraire, par Jean Touchard :

[30] JEAN TOUCHARD, *Le gaullisme 1940-1969*, Paris, Le Seuil, 1978 (édition posthume, à partir d'un cours polycopié, à l'Institut d'Études Politiques de Paris, 1972).

Dans son histoire des idées politiques, où l'on trouvera des développements intéressants sur le nationalisme, Jean Touchard, curieusement, fait à peine mention du gaullisme :

[31] JEAN TOUCHARD, *Histoire des idées politiques*, t. 2, du XVIIIe siècle à nos jours, Paris, PUF, 1975.

Marcel Prélot, dans un ouvrage du même genre, avait au contraire consacré d'excellentes pages au nationalisme gaullien, pour le distinguer du nationalisme de Maurras mais aussi le tirer, abusivement à notre sens, vers le fédéralisme européen :

[32] MARCEL PRÉLOT, *Histoire des idées politiques*, Paris, Dalloz, 1966.

Les sommes plus récentes sur les idées politiques hésitent dans leur classement du gaullisme. Philippe Braud et François Burdeau choisissent de le situer parmi les idéologies de rejet des collectivismes et le caractérisent par une volonté de restauration de l'autorité, dans la lignée d'André Tardieu :

[33] PHILIPPE BRAUD, FRANÇOIS BURDEAU, *Histoire des idées politiques depuis la Révolution*, Paris, éd. Montchrestien, 1983.

Pascal Ory y verrait plutôt une idéologie de la « troisième voie », récusant à la fois le libéralisme et le marxisme sans adopter pour autant ni la social-démocratie ni le fascisme ; un exemple de « communautarisme » — dont l'histoire idéologique resterait à faire :

[34] PASCAL ORY, dir., *Nouvelle histoire des idées politiques*, Paris, Hachette, 1987.

Tous ces auteurs, fût-ce pour le récuser, doivent prendre en considération le modèle désormais classique et toujours stimulant de René Rémond sur les trois

droites — légitimiste, orléaniste et bonapartiste — et la parenté entre gaullisme et bonapartisme :

[35] RENÉ RÉMOND, *Les droites en France*, Paris, Aubier, 1982.
Voir aussi, sur le nationalisme français :

[36] GUY MICHELAT, JEAN-PIERRE H. THOMAS, *Dimensions du nationalisme*, Paris, A. Colin, 1966.
La dimension *institutionnelle* du gaullisme, qui tend à le marquer à droite dans la mémoire républicaine, a suscité de nombreux ouvrages. Citons simplement :

[37] JEAN-LOUIS DEBRÉ, *Les idées constitutionnelles du général de Gaulle*, Paris Librairie générale de Droit et de Jurisprudence, 1974.

[38] OLIVIER DUHAMEL, JEAN-LUC PARODI, dir., *La Constitution de la cinquième République*, Paris, Presses de la Fondation nationale des sciences politiques 1988.

[39] OLIVIER DUHAMEL, *La gauche et la cinquième République*, Paris, PUF, 1980

[40] MICHEL MOPIN, *Les grands débats parlementaires de 1875 à nos jours*, Paris, la Documentation française, 1988.
La dimension *sociale* du gaullisme, qui pourrait le marquer à gauche, a été moins étudiée. On retiendra la thèse de Patrick Guiol sur l'association capital-travail (1947-1955); partant de la tension entre une fraction ouvriériste et un parti inter-classiste, il conclut à l'échec de la doctrine associationniste, la lutte des classes étant « incontournable » :

[41] PATRICK GUIOL, *L'impasse sociale du gaullisme*, Paris, Presses de la Fondation nationale des sciences politiques, 1985.
Se reporter également aux analyses parues dans la revue *Espoir*, notamment :

[42] Institut Charles de Gaulle, « la participation », *Espoir* 5, décembre 1973-janvier 1974 (numéro spécial).

[43] BERNARD TRICOT, « De Gaulle et l'esprit de participation », *Espoir* 58, mars 1987 : p. 8-20.

[44] Institut Charles de Gaulle, « René Capitant 1901-1970 », *Espoir* 36, octobre 1981 (numéro spécial).

[45] Institut Charles de Gaulle, « Louis Vallon 1901-1981 », *Espoir* 39, juin 1982 (numéro spécial).
Sur la philosophie politique du général de Gaulle, enfin, on pourra se reporter à l'ensemble d'études publiées dans la revue *Espoir* :

[46] Institut Charles de Gaulle, « Réflexions sur une philosophie politique du général de Gaulle. Formation d'une pensée humaniste (1re partie) », *Espoir* 56, septembre 1986 (contributions de François-Georges Dreyfus, Edmond Jouve, Éric Branca).

[47] Institut Charles de Gaulle, « Réflexions sur une philosophie politique du général de Gaulle. Participation et liberté (2e partie) », *Espoir* 58, mars 1987 (contributions de Bernard Ducamin, Bernard Tricot, Patrick Guiol).

[48] Institut Charles de Gaulle, « Réflexions sur une philosophie politique du général de Gaulle. Liberté de l'homme, liberté des peuples (3e partie) », *Espoir* 63, juin 1988 (contributions de Philippe de Saint-Robert, Jean-Marie Rainaud, Paul-Marie Couteaux).

[49] Institut Charles de Gaulle, « Réflexions sur une philosophie politique du général de Gaulle. 4e partie », *Espoir*, 67, juin 1989 (contribution de Jean-Jacques de Bresson, Alexis Philonenko, Madeleine Petit).
Voir aussi la synthèse du colloque à l'origine de ces études .

[50] Institut Charles de Gaulle, « Pensée et action chez le général de Gaulle », *Espoir* 41, décembre 1982 ; et les actes d'un colloque récent : MARC SADOUN,

JEAN-FRANÇOIS SIRINELLI ; ROBERT VANDENBUSSCHE, dir., *La politique sociale du général de Gaulle*, Lille, Publications du Centre d'Histoire de la Région du Nord et de l'Europe du Nord-Ouest, 1990.
Une des premières études françaises de lexicologie, par ordinateur, a été réalisée sur les discours du général de Gaulle de 1958 à 1965. Elle n'est pas sans intérêt, malgré une méthodologie encore tâtonnante :

[51] JEAN-MARIE COTTERET, RENÉ MOREAU, *Le vocabulaire du général de Gaulle*, Paris, A. Colin, 1969.
Les interprétations marxistes du gaullisme sont d'une rare pauvreté intellectuelle. Citons quand même :

[52] HENRI CLAUDE, *Gaullisme et grand capital*, Paris, éd. Sociales, 1960.

## La pratique gaulliste.

Sur les différentes époques historiques du gaullisme, on pourra lire, d'abord, la somme biographique de Jean Lacouture :

[53] JEAN LACOUTURE, *De Gaulle*, 1. *Le rebelle, 1890-1944*, Paris, Le Seuil, 1984.

[54] JEAN LACOUTURE, *De Gaulle*, 2. *Le politique, 1944-1959*, Paris, Le Seuil, 1985.

[55] JEAN LACOUTURE, *De Gaulle*, 3. *Le souverain, 1959-1970*, Paris, Le Seuil, 1986.
Voir également les témoignages recueillis, publiés dans :

[56] JEAN LACOUTURE, ROLAND MEHL, *De Gaulle ou l'éternel défi*, Paris, Le Seuil, 1988.
Sur la France libre et les débuts du gaullisme :

[57] MAURICE SCHUMANN, *Un certain 18 juin*, Paris, Plon, 1980.

[58] HENRI MICHEL, *Histoire de la France libre*, Paris, Presses Universitaires de France, 1963.

[59] JEAN-PAUL COINTET, *La France libre*, Paris, PUF, 1975 ; et MICHÈLE et JEAN-PAUL COINTET, *La France à Londres 1940-1943*, Bruxelles, Complexe, 1990.
Sur la quatrième République et le gaullisme :

[60] JEAN CHARLOT, *Le gaullisme d'opposition 1946-1958*, Paris, Fayard, 1983.
Sur le retour au pouvoir en 1958 :

[61] ODILE RUDELLE, *Mai 58, de Gaulle et la République*, Paris, Plon, 1988.

[62] RENÉ RÉMOND, *Le retour de De Gaulle*, Bruxelles, Complexe, 1985.
Une chronique à chaud sur la cinquième République :

[63] PIERRE VIANSSON-PONTÉ, *Histoire de la République gaullienne*, t. 1, la fin d'une époque, mai 1958-juillet 1962, Paris, Fayard, 1970.

[64] PIERRE VIANSSON-PONTÉ, *Histoire de la République gaullienne*, t. 2, le temps des orphelins, Paris, Fayard, 1971.
Une histoire plus « professionnelle » :

[65] SERGE BERSTEIN, *La France de l'expansion, 1. La République gaullienne, 1958-1969*, Paris, Le Seuil, 1989. (Nouvelle histoire de la France contemporaine, 17)
Sur le gaullisme « dominant » de la première partie de la cinquième République :

[66] JEAN CHARLOT, *L'UNR Étude du pouvoir au sein d'un parti politique*, Paris, A. Colin, 1967.

[67] JEAN CHARLOT, *Le phénomène gaulliste*, Paris, Fayard, 1970.
Sur la fin du gaullisme gaullien :

[68] « Mai 1968 », *Pouvoirs* 39, 1986 (numéro spécial).

[69] DAVID HANLEY, ANNE P. KERR, eds, *May' 68 Coming of Age*, London, Macmillan, 1989. (Contributions d'Hervé Hamon, Antoine Prost, Roger Duclaud-Williams, Jean Charlot, Laurence Bell, Jeff Bridgford, René Mouriaux, Margaret Gibbon, Ginette Vincendeau, Celia Britton, Pascal Ory, Marie-Noëlle Thibault, Vladimir Claude Fisera, David Hanley et Anne P. Kerr.)

Sur les gaullistes, voir d'abord les témoignages qu'ils ont publiés, notamment :

[70] JACQUES CHABAN-DELMAS, *L'ardeur*, Paris, Stock, 1975.

[71] MICHEL DEBRÉ, *Trois Républiques pour une France*, 3 tomes, Paris, Albin Michel, 1984-1988.

[72] OLIVIER GUICHARD, *Mon Général*, Paris, Grasset, 1980. (La plus fine des analyses du gaullisme par un proche.)

[73] ANDRÉ MALRAUX, *Les chênes qu'on abat*, Paris, Gallimard, 1971.

[74] EDMOND MICHELET, *Le gaullisme, passionnante aventure*, Paris, Fayard, 1962.

[75] GASTON PALEWSKI, *Mémoires d'action : 1924-1974*, présenté par Éric Roussel, Paris, Plon, 1988.

[76] RÉMY, GILBERT RENAULT dit, *Dix ans avec de Gaulle (1940-1950)*, Paris, éd. France Empire, 1971.

[77] JACQUES SOUSTELLE, *Vingt-huit ans de gaullisme*, Paris, J'ai Lu, 1971.

[78] LOUIS TERRENOIRE, *De Gaulle : 1947-1954*, Paris, Plon, 1982.

[79] JACQUES VENDROUX, *Souvenirs de famille et journal politique*, 2 tomes, Paris, Plon, 1974 et 1975.

Voir aussi les études :

[80] PIERRE VIANSSON-PONTÉ, *Les gaullistes*, Paris, Le Seuil, 1963. (Rapide et journalistique.)

[81] Institut Charles de Gaulle, *De Gaulle et Malraux*, Paris, Plon, 1987. (Actes d'un colloque universitaire, avec témoins.)

[82] Institut Charles de Gaulle, « Le Général Catroux, Français libres et Compagnons de la Libération (1940-1946) », *Espoir* 57, décembre 1986 (numéro spécial).

[83] Institut Charles de Gaulle, « Gaston Palewski, 1901-1984 », *Espoir* 50, mars 1985 (numéro spécial).

... ainsi que les numéros spéciaux de cette même revue, déjà cités (en [44] et [45]) sur René Capitant et Louis Vallon.

Sur l'entourage défini en termes de cabinets ministériels :

[84] SAMY COHEN, *Les conseillers du président : de Charles de Gaulle à Valéry Giscard d'Estaing*, Paris, PUF, 1980.

[85] Institut Charles de Gaulle, *De Gaulle et le service de l'État*, des collaborateurs du Général témoignent, Paris, Plon, 1977.

[86] Institut Charles de Gaulle, « *L'entourage* » *et de Gaulle*, Paris, Plon, 1979 (actes d'un colloque universitaire, avec témoins).

Sur la mutation du gaullisme sous la cinquième République, outre René Rémond (déjà cité en 35), voir la thèse extrêmement bien documentée de Robert Ponceyri :

[87] ROBERT PONCEYRI, *Gaullisme électoral et V<sup>e</sup> République — les élections en France depuis 1958 et la mutation du système politique*, 2 volumes, Toulouse, Presses de l'IEP de Toulouse, 1985.

Voir aussi l'intéressante enquête — et notre critique en préface, de .

[88] PIERRE BRÉCHON, JACQUES DERVILLE, PATRICK LECOMTE, *Les Cadres du RPR*, Paris, Economica, 1987.

Ainsi que :

[89] ROLAND CAYROL, PASCAL PERRINEAU, *Le guide du pouvoir*, Présidentielle 88, Paris, éd. François Doumic, 1988.
Et les réflexions de :

[90] JEAN CHARBONNEL, *L'aventure de la fidélité*, Paris, Le Seuil, 1976.
Ainsi que les sondages de l'IFOP, analysés par :

[91] JEAN CHARLOT, *Les Français et de Gaulle*, Paris, Plon, 1971.
Sur la géographie électorale du gaullisme, se reporter au continuateur d'André Siegfried :

[92] FRANÇOIS GOGUEL, *Chroniques électorales*. 2 *La cinquième République du général de Gaulle*; 3. *La cinquième République après de Gaulle*, Paris, Presses de la FNSP. 1983.
Parmi les parutions récentes, à noter l'indispensable publication (en cours) des Actes du colloque du centenaire de la naissance du général de Gaulle, organisé en novembre 1990 à l'Unesco par l'Institut Charles de Gaulle :

[93] Institut Charles de Gaulle, *De Gaulle en son siècle* (7 à 8 volumes prévus), Paris, Plon/La Documentation française (Collection Espoir) :
1. *Dans la mémoire des hommes et des peuples*, 1991.
2. *La République*, 1992.
3. *Moderniser la France*, 1992.
4. *La sécurité et l'indépendance de la France*, 1992.

## CHAPITRE XII

# Le Front national : droite extrême...
## ou national-populisme?

Vingt ans après sa fondation par les héritiers dispersés de l'activisme des années soixante, et à bientôt dix ans de sa brusque émergence dans le paysage politique français, le Front national pose encore aux spécialistes de science politique et aux historiens du temps présent un problème de définition et d'interprétation. Si l'électorat du Front national commence à être bien identifié tant dans sa répartition nationale relativement équilibrée que dans ses structures d'âge et d'origine politique (agrégation d'électeurs venus de la gauche, communiste notamment, mais beaucoup plus largement des droites classiques) [55], en une période moins encore de crise, comme on l'a trop souvent affirmé — auquel cas la montée en force du Front national aurait eu lieu dès 1973 et non pas en 1983, à la sortie de la phase la plus dure de la crise —, que d'incertitudes sociales et idéologiques, la nature intrinsèque du mouvement demeure problématique : entendons non pas les espoirs, promesses et attentes que projettent sur le Front national des électeurs qui n'en connaîtront le plus souvent que les prestations orales de son chef, mais le noyau identitaire des valeurs, principes et conception du monde qui anime les dirigeants et dicte — quelle que soit la période de leur stratégie : repliement ou séduction— leur conduite et leurs actions. Historiens et politistes disputent donc de savoir si le Front national est, surgi de la crise et nourri du désarroi des masses atomisées, un mouvement *fasciste* comparable à ceux qui se sont développés dans l'Europe de l'entre-deux-guerres? N'est-il pas plutôt le légataire d'une tradition ultraciste et contre-révolutionnaire réactivée par l'anticommunisme et par les angoisses millénaristes de la société postindustrielle? Ou encore la version fin de siècle d'un nationalisme populaire fortement enraciné lui aussi

dans l'histoire contemporaine de la France? Faut-il voir dans le lepénisme le produit d'un métissage idéologique opéré à partir des classiques composantes de la pensée ultra-droitière? La montée en puissance d'une organisation qui n'est pas loin de faire, en terme d'impact électoral, jeu égal avec les grandes formations de la droite établie — ce qui ne s'était jamais produit dans l'histoire politique de l'hexagone — n'est-elle pas au contraire révélatrice de quelque chose d'entièrement nouveau, à savoir l'émergence d'une force partisane à la fois ancrée à l'extrême droite et exerçant dans la vie politique de notre pays une véritable fonction tribunicienne? Ces questions appellent un examen de la culture politique du Front national [50] et de son enracinement dans les diverses traditions qui composent l'histoire des mouvements et des idéologies de l'ultra-droite.

## I. UNE DROITE EXTRÊME?

S'il se pose à l'égard du fascisme, dans sa forme originelle et dans les différentes versions qu'a connues ce phénomène au cours du XXᵉ siècle — des « préfascismes » antérieurs au premier conflit mondial aux « néo-fascismes » postérieurs au second [10] —, la question de son appartenance aux mouvances clairement délimitées de la droite et de la gauche, et si les fascistes eux-mêmes ont généralement refusé d'inscrire leur engagement dans la logique de cette partition du champ politique [17], il ne viendrait à l'idée de personne de refuser aux dirigeants et aux militants du Front national (les choses, nous le verrons, sont un peu plus compliquées pour l'électorat) leur affiliation à la famille droitière. Depuis sa fondation, en 1972, l'organisation de Jean-Marie Le Pen se définit comme seule détentrice des valeurs de la « droite nationale » et son chef n'a, depuis lors, manqué aucune occasion de proclamer son appartenance à la droite, ne serait-ce que par son refus formel de toute relation avec l'idéologie adverse : « être de droite, écrivait-il en 1984, c'est d'abord refuser d'être de gauche » [53, p. 71].

Plus explicitement et plus précisément, l'ancien député poujadiste inscrit la formation qu'il préside dans le champ de la conservation et de la réaction. « Je ne considère pas — écrivait-il en 1979

— que le mot réaction soit péjoratif, je considère que l'action et la réaction sont un mouvement dialectique de la vie; un organisme qui ne réagit pas devant la maladie est condamné à mort [...] Les mots réactionnaire ou conservateur ne me font pas peur » [54, p. 180]. Ce qui revient, si l'on prend son propos au pied de la lettre, à situer le fondateur du Front national dans un secteur bien déterminé de la droite qui est celui du conservatisme musclé : celui qui ne cherche pas seulement à garder les choses en l'état où elle se trouvent, et par conséquent à simplement freiner une évolution jugée négative, mais qui entend tout mettre en œuvre pour inverser la tendance et rétablir la « santé » de l'organisme social et national.

Cela est-il suffisant pour que l'on considère l'organisation lepé-niste comme relevant de la mouvance ultra-droitière, au même titre que les innombrables formations activistes et groupusculaires qui ont occupé depuis 1945 ce secteur de l'opinion hexagonale? Oui, sans nul doute, si l'on se réfère aux origines, aux débuts tourmentés, à la nature de la première base militante du Front national et à celle de son électorat au cours de la décennie qui a suivi la fondation du mouvement. En revanche, pour la période qui a commencé avec l'« effet Dreux » en septembre 1983 (16,7 % des voix pour la liste conduite par le candidat du Front, Jean-Pierre Stirbois, à des élections municipales) et surtout pour les toutes dernières années, le diagnostic est moins évident, même si nous sommes personnelle-ment enclin à trancher en dernière analyse par une réponse affirmative.

L'ambiguïté est cependant perceptible dès la constitution du Front national, en octobre 1972. C'est en effet dans la perspective des prochaines élections législatives — celles-ci doivent avoir lieu en mars 1973 — que l'extrême droite française a entrepris de regrouper ses maigres forces en un mouvement unique, susceptible de lui donner une façade respectable et légaliste, et de corriger son image de marque, passablement altérée par l'activisme des grou-puscules qui la composent, à commencer par le plus agressif d'entre eux : Ordre nouveau, fondé à l'automne 1969, dans la retombée des fièvres soixante-huitardes, et devenu depuis cette date le fer de lance du néo-fascisme français. Ce sont d'ailleurs les dirigeants de ce mouvement qui ont pris l'initiative de constituer autour d'eux une organisation offrant de la droite extrême un visage moins subversif et d'engager celle-ci dans la bataille électorale du prin-temps. Le but était clair : il s'agissait, sans renoncer à l'action violente — qui allait d'ailleurs entraîner la dissolution d'Ordre nouveau en juin 1973[1] — de partir à la conquête d'une clientèle de

déçus du pompidolisme, radicale dans le jugement qu'elle portait sur le caractère affairiste et « décadent » du régime, mais peu encline à suivre les groupes activistes sur le terrain de l'action « révolutionnaire »[2]. Une double stratégie en somme, visant à donner à la droite extrême une base parlementaire qu'elle avait perdue depuis le reflux de la vague poujadiste, tout en laissant aux groupuscules activistes le soin de tenir la rue. En d'autres temps et en d'autres lieux, c'est cette stratégie qui avait permis à Mussolini et à Hitler de partir à la conquête du pouvoir. C'est elle également qui avait été choisie par les dirigeants du Mouvement social italien au lendemain du « mai rampant » transalpin et qui avait permis à cette formation néo-fasciste d'accroître très fortement son audience dans la péninsule[3].

Le choix de Jean-Marie Le Pen comme président du nouveau parti relevait de ces visées tacticiennes élaborées par la fraction la plus radicale de la droite d'opposition. L'ancien dirigeant de la « corpo » des étudiants en droit n'avait certes aucune tendresse pour la démocratie parlementaire. Depuis le début des années cinquante, il avait participé à tous les combats de l'extrême droite, y compris les plus violents. Engagé volontaire en Indochine, puis lieutenant au 1er régiment étranger de parachutistes, il avait été un défenseur ardent de l'Algérie française, après avoir été élu en 1956 sous l'étiquette poujadiste. Pourtant, il n'était pas à proprement parler un « ultra », encore moins un fasciste, alors que les principaux dirigeants d'Ordre nouveau se rattachaient à l'une ou l'autre de ces mouvances. Placer Jean-Marie Le Pen à la tête d'un mouvement qui se voulait le fédérateur des diverses tendances de l'ultra-droite signifiait, pour ceux qui avaient eu l'initiative de ce projet, que l'accent était mis sur le légalisme et la respectabilité.

En fait, la « modération » dont était crédité le numéro un du Front national, n'apparaissait que par comparaison avec l'activisme débridé des hommes qui l'avaient porté à la présidence de cette organisation et qui, pour la plupart, étaient issus des groupes les plus violemment opposés à la démocratie libérale. On y trouvait en effet, venus d'Ordre nouveau et d'autres formations tout aussi virulentes (GUD — Groupe union droit —, Alliance républicaine pour les libertés et le progrès, Mouvement jeune révolution, etc.) des rescapés du vichysme et de la collaboration, comme François Brigneau[4] et Gabriel Jeantet[5], des nostalgiques de l'Algérie française, voire d'anciens membres de l'OAS comme Roger Holeindre[6], des néo-fascistes affirmés comme Alain Robert et plus tard François Duprat[7], ou encore des membres du mouvement Justice et Liberté

(de Georges Bidault), des « solidaristes » et quelques monarchistes. Au total, une marquetterie de tempéraments politiques et de tendances structurées autour de deux courants dominants : les « nationalistes » (Ordre nouveau et autres formations néo-fascistes) et les « nationaux » groupés autour de Jean-Marie Le Pen[8].

La base militante était donc, classiquement, celle de l'extrême droite et de ses chapelles irréconciliables, un moment rassemblées dans une perspective strictement électoraliste. Le programme tranchait en revanche avec celui des organisations subversives de la droite « révolutionnaire », en ce sens qu'à côté de slogans démagogiques portant sur la défense du petit commerce, la « diffusion de la propriété par le mutuellisme » et la dénonciation de l'« immigration sauvage », l'accent était mis au plan institutionnel sur la nécessité d'établir un véritable régime présidentiel et d'introduire ou de réintroduire la représentation proportionnelle dans le système électoral français. Mais il faut tenir compte, et nous y reviendrons, du souci qu'avaient les dirigeants du nouveau parti d'offrir un visage fréquentable à l'électorat convoité des grandes formations de la droite parlementaire. Déjà, dans le programme qu'il avait élaboré à l'occasion de son congrès préélectoral de juin 1972 — et alors que son discours au quotidien demeurait violemment hostile à la démocratie libérale —, Ordre nouveau se contentait de réclamer un régime présidentiel, une réforme de l'école et de l'administration, le réaménagement territorial de la France, une industrialisation stimulée par l'État mais ne portant pas atteinte aux intérêts privés, etc. : rien qui pût inquiéter en quoi que ce soit les partisans d'une démocratie conservatrice, sinon qu'il s'agissait, de l'aveu même des dirigeants de l'organisation néofasciste, d'un rideau de fumée recouvrant une stratégie de conquête du pouvoir utilisant à la fois la « violence révolutionnaire » et le « jeu de la démocratie parlementaire »[9]. Nous avons insisté sur ces ambiguïtés originelles du Front national en ce sens qu'elles indiquent clairement l'existence d'un double langage pratiqué, dès le début, par les fondateurs du mouvement : d'un côté un discours lénifiant affectant le ralliement aux institutions de la République, de l'autre le maintien d'objectifs « révolutionnaires » que l'on se résigne à mettre provisoirement en sourdine pour séduire la fraction la plus radicale de l'électorat conservateur. Tout le problème est de savoir si à partir d'un certain moment la volonté de respectabilité et le ralliement affiché aux institutions de la cinquième République — tels qu'ils se manifestent, par exemple, dans les prestations télévisées de Jean-Marie Le Pen lors de la campagne

pour les présidentielles de 1974 — ne finissent pas par l'emporter sur les arrière-pensées subversives, ou du moins sur la volonté de transformer le régime en une « démocratie » plébiscitaire musclée n'ayant plus grand-chose de commun avec la culture de la démocratie française.

René Rémond, dans un article publié dans *Le Monde* en avril 1985, posait en ces termes la question de l'appartenance du Front national à la tradition politique de l'extrémisme de droite : « De ce qu'il se situe topographiquement à un extrême — écrivait-il —, s'ensuit-il que ce soit un extrémisme dans son comportement et dans les idées qu'il professe? Les faits sont ambigus. A-t-on observé que le discours — je ne me prononce pas sur le non-dit de Jean-Marie Le Pen — est relativement modéré et légaliste [...] C'est du reste ce qui interdit de l'identifier à la droite contre-révolutionnaire comme à l'agitation ligueuse de l'entre-deux-guerres[10]. » Sans doute : s'agissant du moins de la forme qu'a prise l'organisation lepéniste depuis sa percée électorale de 1983. Pour la décennie qui précède, les relations étroites entretenues avec les groupuscules les plus activistes et les plus résolument hostiles à la démocratie parlementaire — qu'il s'agisse des GNR — groupes nationalistes révolutionnaires — de Duprat, de la FANE de Marc Fredriksen[11], ou des « solidaristes » convertis à l'action violente et rassemblés dans les Groupes action jeunesse —, disent clairement de quelle mouvance relève le Front national, au-delà de sa simple position « topographique ». Que la formation présidée par Jean-Marie Le Pen soit plus ou moins « à droite » que le Parti des forces nouvelles, l'organisation rivale constituée en novembre 1974 autour de Thierry Buron, Roland Gaucher et Pascal Gauchon, que l'une et l'autre soient dépassées en violence verbale et gestuelle par de minces légions d'activistes éclatées en chapelles rivales, cela ne change rien au fait que nous sommes à cette date en présence d'une organisation extrémiste, essentiellement composée de militants issus de l'ultra-droite pour lesquels l'euphémisation du discours, opérée au sommet par le leader médiatique, ne modifie en rien les convictions et le projet politique.

Les choses ont-elles vraiment changé depuis le début des années 1980? Faut-il s'interdire, s'agissant d'une famille politique qui s'est donnée pour règle tactique d'avancer à visage couvert, de s'interroger sur le « non-dit » de Jean-Marie Le Pen? Peut-on, d'autre part, refuser d'entendre l'intéressé lorsqu'il affiche son ralliement aux institutions gaulliennes et son respect des règles du jeu parlementaire? Et si l'on enregistre la conversion, doit-on

considérer qu'il n'y a extrémisme de droite qu'en fonction de la question institutionnelle [2] ? A ces questions, l'historien du temps présent peut apporter quelques éléments de réponse qui nous paraissent aller dans le sens de l'ancrage à l'ultra-droite de la formation lepéniste.

Premier constat, le Front national des années 1980 et 1990 a effectivement rompu, en termes de programme, de pratique activiste, de sociologie militante et d'implantation électorale avec les formations dont sont issus ses fondateurs et la première génération de ses cadres. Déjà perceptible lors des campagnes électorales de 1974 et 1978, son souci de respectabilité n'a cessé depuis lors de croître et s'est traduit par l'adoption d'un projet politique s'inscrivant de manière explicite dans le cadre du pluralisme et de la démocratie représentative. Le Pen lui-même ne manque pas une occasion depuis 1984 de se déclarer démocrate : un démocrate « de type churchillien », précise-t-il, faisant référence à la célèbre boutade de l'ancien Premier ministre britannique : « la démocratie, c'est sans doute un très mauvais système, mais je n'en connais pas d'autre » [53, p. 177]. Il met en avant sa participation « à la vie publique de notre pays », « en toutes circonstances et bien souvent condamné à l'avance par le système électoral majoritaire, sans espoir » [53, p. 218]. Il ne répudie ni l'institution parlementaire, ni la désignation du chef de l'exécutif par la nation, et il énonce que le cadre dans lequel il situe son projet de « redressement » et d'« assainissement » de la nation est celui de la constitution de 1958 révisée « dans le sens d'un régime présidentiel »[12]. Dans sa forme actuelle, la démocratie d'inspiration gaullienne n'est probablement pas le système politique qui a ses préférences, mais il se garde bien d'en attaquer de front les fondements institutionnels, de manière à ne pas se couper d'une fraction importante de son électorat. Il se contente classiquement de fustiger le jeu dissolvant des partis, les méfaits de la « bande des quatre » et la corruption de la classe politique.

Les professions de foi en faveur de la démocratie et des institutions héritées de l'ère gaullienne énoncées par Jean-Marie Le Pen et par ses principaux lieutenants — Bruno Mégret par exemple [52] — doivent cependant être lues en fonction de l'environnement politique et des impératifs stratégiques qui commandent depuis plus de vingt ans le comportement de l'extrême droite française. L'euphémisation du discours, la nécessité d'avancer à visage couvert, le choix du légalisme affiché dès 1962 par l'équipe d'*Europe-Action*[13], d'où sortira quelques années plus tard la cellule-mère de la

« nouvelle droite » [11 ; 49 ; 48], tout cela relève d'une volonté de « combattre plus par les idées et l'astuce que par la force » qui est très antérieure aux prestations télévisées de Jean-Marie Le Pen et relève d'une stratégie de contournement propre à la très grande majorité des organisations ultra-droitières. Déjà, dans son manifeste de 1962 intitulé *Pour une critique positive*, Dominique Venner faisait le constat du décalage existant entre les aspirations des Français et le caractère suranné des propositions qui leur étaient faites par les organisations activistes[14]. La démocratie gaullienne, expliquait-il, avait su non seulement résister à leurs assauts, mais elle les avait décimées et marginalisées. Elle avait montré à quel point ces organisations étaient coupées de la nation, et elle-même avait fini par récupérer et par convertir une partie de leurs adhérents. De là la nécessité d'abandonner le terrain de l'agitation et de continuer le combat « sur le plan légal ». De là également le choix d'une stratégie centriste orientée vers les partis de gouvernement, et la mise en sommeil de tout ce qui pouvait effrayer les électeurs potentiels.

Le Front national a fondé sa propre stratégie de conquête de l'électorat sur un constat identique. Depuis le grand reflux post-soixante-huitard et la débandade des idéologies globalisantes, nombre de Français se sont repliés sur des valeurs qui transcendent largement les notions de « droite » et de « gauche » et relèvent d'un héritage commun que l'on peut rattacher au « modèle républicain ». La liberté et la démocratie en sont les principales composantes et il est clair qu'une formation politique soucieuse de « ratisser large » et de jouer un rôle important dans la vie de la nation ne peut que s'y conformer, au moins verbalement. Cela passe par l'adhésion affichée à un système institutionnel auquel une énorme majorité d'habitants de l'hexagone se sent et se déclare attachée. Et cela marque une différence fondamentale avec les situations antérieures à la guerre, voire au grand tournant institutionnel de 1958. Que l'on ne puisse, comme l'énonce René Rémond, identifier le discours de Jean-Marie Le Pen « à la tradition contre-révolutionnaire comme à l'agitation ligueuse », admettons-le. Mais la tradition contre-révolutionnaire et les ligues nationalistes fondaient leur projet et leur action sur une contestation des tares du parlementarisme qui était très répandue dans la société française de l'époque. Ni les institutions de la cinquième République ni l'immense majorité des Français, durablement marqués par le précédent de 1940 et par toutes les dérives autoritaires et totalitaires de l'antiparlementarisme, n'inclinent aujourd'hui dans

ce sens. Quand un homme comme Maurice Bardèche, qui n'a jamais caché ses sentiments philofascistes, constate que la démocratie fait désormais en France « partie du paysage », quand Yvon Blot, président du Club de l'horloge — dont certains éléments sont passés depuis au Front national — énonce en 1982 que « les valeurs républicaines sont très largement majoritaires[15] », on voit mal comment le leader d'une formation visant à se doter d'une forte base électorale pourrait, dans l'état actuel des choses, naviguer à contre-courant des options de la France profonde.

Faut-il, dans ces conditions, admettre que le Front national n'est pas, ou n'est plus, un parti d'extrême droite? Jean-Marie Le Pen lui-même en refuse depuis longtemps le label : « L'extrême droite, le mot est équivoque dans la mesure où il comporte le mot extrême. Nos adversaires confondent volontairement, et dans l'intention de tromper, une position géographique sur l'échiquier politique avec une position d'extrémisme politique. Or notre philosophie, notre principe d'action et notre programme ne sont pas extrémistes et par conséquent nous occupons la place qui est libre. Je crois qu'il n'y a pas de droite, le centre actuel n'est pas la droite, bien qu'une grande partie du peuple de droite vote pour les candidats du centre et même de la gauche » [54, p. 176].

Cette interrogation nous renvoie aux définitions de l'extrême droite proposées par divers auteurs [4; 1, 20] et synthétisées par Ariane Chebel d'Appollonia dans le livre qu'elle a consacré à l'histoire de ce phénomène politique [2]. Toutes mettent l'accent sur le système de valeurs de l'ultra-droite, sur son projet à long terme de transformation de l'ordre social, sur son aspiration à voir s'établir un pouvoir fort, sur son opposition fondamentale aux principes de la démocratie libérale. L'antiparlementarisme de choc et l'action directe en sont des éléments constitutifs dans la plupart des organisations qui s'y rattachent, du moins jusqu'à une date récente, mais ils ne sont ni permanents, ni exclusifs de courants légalistes acceptant de se prêter, temporairement et tactiquement, au jeu parlementaire. Il en a été ainsi du Parti social français (PSF) du colonel de La Rocque à la veille de la guerre et de l'Union de défense des commerçants et artisans (UDCA) de Pierre Poujade en 1956. Nous reviendrons sur ces antécédents pour nous demander si, à partir d'un certain degré d'intégration dans le système politique, des formations « extrémistes » ne finissent pas par être récupérées par celui-ci et par perdre leur identité subversive. S'agissant du Front national dans la forme qui est aujourd'hui la sienne, et en attendant de trancher sur le distinguo subtil entre

droite extrême et extrême droite, retenons pour l'instant l'activisme
de ses origines, les choix tactiques clairement exprimés par ses
fondateurs et qui lui ont fait une règle d'avancer à visage masqué, la
permanence d'un discours résolument dirigé contre le « système »
et la violence d'un comportement verbal qui, en termes de critique
du « régime des partis », de xénophobie, de dénonciation du
« cosmopolitisme » et de minorités désignées de manière codée
(forme déguisée d'un antisémitisme qui transparaît de plus en plus
clairement), n'a pas grand-chose à envier aux ligues des années
trente. Ces caractères font qu'entre le mouvement de Jean-Marie
Le Pen et les formations classiques de la droite la différence ne
relève pas seulement de la situation topographique.

## II. UNE DROITE « FASCISTE » ?

Au-delà de ses professions de foi légalistes, Jean-Marie Le Pen
n'a jamais caché ses sympathies pour les régimes d'ordre et
d'autorité, qu'il s'agisse de ceux de Salazar et de Franco, ou plus
récemment de la dictature instaurée au Chili par le général Pino-
chet. Interrogée au lendemain des élections cantonales de 1985,
Pierrette Le Pen ne déclarait-elle pas : « Il pense que les régimes
autoritaires donnent plus de résultats. Les régimes démocratiques,
il pense qu'il faut passer par là[16] » ? Ce qui, si l'on prend en
considération ce témoignage non démenti par le principal intéressé,
en dit long sur la stratégie à long terme de l'ancien député
poujadiste. S'agissant des *fascismes* proprement dits, celui-ci se
montre en général plus prudent, du moins dans ses prestations
publiques et depuis qu'il se sent vocation à gouverner la France. Il
n'en était pas tout à fait de même dans les années soixante, lorsqu'il
dirigeait avec Pierre Durand une petite maison d'édition de disques
assurant la diffusion des *Chants de la révolution allemande*[17]. Depuis
1984, la tendance est à la volonté de se démarquer des entreprises
nazies et fascistes, quasi universellement associées à l'horreur du
génocide, tout en donnant de celles-ci une interprétation lénifiante
permettant — sans le dire clairement — de légitimer a posteriori les
compagnons de route de l'hitlérisme triomphant. De là les dérapages plus ou moins contrôlés du verbe lepéniste sur le « détail »

des chambres à gaz[18] et sur la bénignité des thèses « révision-nistes », coexistant avec l'usage répété de propos antisémites dont l'euphémisation goguenarde ne trompe personne. Cela, pour ne parler que du discours à usage externe produit par le chef charisma-tique. Au niveau des militants et hors du champ des caméras de la télévision, la « retenue » est loin d'être aussi évidente, comme l'a montré Anne Tristan pour Marseille, dans l'ouvrage qu'elle a publié en 1987 après son passage « au front » [57].

Cela ne suffit pas à faire du Front national une organisation spécifiquement fasciste, si l'on utilise ce mot à d'autres fins que strictement polémiques. Nous nous sommes suffisamment expli-qués [10; 11] sur la nécessité qui s'impose à l'historien et au politiste, comme au citoyen soucieux de défendre la démocratie, d'appeler les choses par leur nom et de ne pas agiter à contretemps des épouvantails illusoires, pour ne pas avoir besoin de nous attarder ici sur cette question. Nous nous contenterons de rappeler ce qui, à notre avis, distingue fondamentalement le lepénisme et la formation politique qui s'y rattache des mouvements et des idéolo-gies fascistes de l'entre-deux-guerres comme de leurs résurgences postérieures au second conflit mondial, encore que celles-ci soient elles-mêmes très différentes parfois de la matrice initiale.

Si à la question : Jean-Marie Le Pen et le Front national sont-ils fascistes ou « néo-fascistes »? nous inclinons à donner une réponse négative, ce n'est pas que nous estimions qu'il n'y a pas eu en France de véritable tentation fasciste, et que par conséquent il ne peut y avoir de tradition fasciste. Sans être en accord, sur beaucoup de points, avec Zeev Sternhell [16, 17], nous estimons que l'histo-rien israélien, à qui l'on peut reprocher certains défauts de méthode mais certainement pas de méconnaître son sujet, a eu le mérite d'obliger ses collègues français à affiner leur argumentaire et à considérer que le fascisme n'était en France ni aussi marginal ni aussi étranger à la culture politique d'une partie de nos concitoyens qu'ils l'avaient dit.

Ce n'est pas non plus pour les raisons avancées par Jean-Marie Le Pen et par ses amis, dans le but de se dédouaner d'un passé douteux et de prendre leur distance à l'égard d'un phénomène qui fait depuis la guerre fonction de repoussoir. Celle par exemple qui tire argument de l'origine socialiste de certains de ses dirigeants pour émettre que le fascisme est un phénomène de gauche, ou, comme le dit l'ancien dirigeant des étudiants nationalistes, « un avatar autoritaire du socialisme », fondé par « un député socialiste, Benito Mussolini, et même un socialiste de gauche » [53, p. 172].

En usant de ce slogan politicien déjà largement utilisé avant lui, le président du Front national tire de l'histoire une leçon singulièrement réductionniste. D'abord parce que si l'on admet qu'il y a une matrice de gauche du fascisme, ce n'est pas pour autant le socialisme qui est en cause, mais bel et bien l'une de ses déviances devenue négatrice des valeurs qu'il incarne, et sa principale ennemie. Dire — écrit justement Sternhell — qu'il y a une fatalité qui ferait du socialisme la matrice du fascisme, « ce serait dire que les dissidents représentent le mouvement socialiste dans son ensemble alors qu'ils ont été rejetés de ce mouvement[19] ».

Ensuite parce qu'il n'y a fascisme que lorsque cette matrice de gauche rencontre sa symétrique de droite et fusionne avec elle dans la « synthèse fasciste »; sans oublier que la composition de l'alliage peut fortement différer d'un pays à un autre. Dans l'Italie du premier après-guerre, la composante gauchiste (syndicaliste révolutionnaire mais aussi républicaine) l'emporte dans un premier temps sur la veine nationaliste : c'est ce qui donne au premier fascisme sa tonalité fortement contestataire, voire révolutionnaire. Pourtant, lors de la création à Milan, en mars 1919, du premier faisceau de combat, il y a autour de Mussolini autant de nationalistes et d'activistes de droite que de marxistes dissidents et de syndicalistes révolutionnaires. Et surtout, lorsque le mouvement se transforme en une organisation de masse, à l'automne 1920, ce sont les partisans de l'ordre qui imposent aux champions de la contestation antibourgeoise leurs vues, leur stratégie de conquête du pouvoir et leur programme.

En Allemagne, l'abandon des objectifs révolutionnaires est encore plus rapide et plus tangible. Hitler n'est pas, comme Jean-Marie Le Pen aime à le souligner lorsqu'il évoque Mussolini et le fascisme, un « instituteur socialiste », mais un agitateur d'extrême droite que les services de propagande de la Reichswehr ont chargé, au lendemain immédiat de l'armistice, de récupérer les soldats « contaminés par les idées révolutionnaires ». Il n'y a pas dans le premier nazisme une composante gauchiste aussi forte que dans son homologue transalpin, si bien que la matrice de droite y est tout de suite dominante. Quant à la France, s'il est manifeste qu'elle a connu sa dérive de gauche vers le fascisme, avec Doriot, Déat, Bergery et quelques autres [8], elle a eu également, au moins aussi nombreux, ses fascistes de droite, les Bucard, Deloncle, Darnand, etc., directement issus des organisations contre-révolutionnaires les plus virulentes. On le voit, l'appartenance originelle à la droite où à la gauche ne constitue pas une référence telle que

quiconque puisse s'en prévaloir pour demander l'absolution du péché de fascisme.

Tout aussi peu convaincant, à notre avis, est l'argument par lequel le président du Front national cherche à se démarquer du fascisme en lui opposant ses propres options anti-étatiques. « Le fascisme, écrit-il, est une doctrine italienne d'entre les deux guerres qui postule la soumission de l'économie à l'État, à l'État totalitaire. Or mes conceptions économiques sont exactement aux antipodes de cette position » [53, p. 172]. De quel « fascisme » parle-t-il ? S'il s'agit du système politique installé, tel qu'il fonctionne à partir de la fin des années 1920, et qui est effectivement interventionniste et tendanciellement totalitaire, il n'a pas tort, mais dans ce cas il confond des phénomènes très différents — et que la communauté des historiens distingue depuis les travaux de l'historien italien Renzo de Felice — relevant l'un du « fascisme-régime », à un stade déjà très avancé de son évolution postérieure à son accès au pouvoir, l'autre du « fascisme-mouvement » non encore détenteur des leviers de commande de l'État. La doctrine économique du fascisme s'est, en effet, fortement modifiée avec la pratique du pouvoir. En 1921, le programme du Parti national fasciste stipule encore que « l'État doit être réduit à ses fonctions essentielles d'ordre politique et juridique[20] » et Mussolini ne manque pas, au moins jusqu'au milieu des années vingt, de faire l'éloge de « l'État manchestérien ». Le dirigisme fasciste, tout comme le totalitarisme appliqué à la transformation de la société et au modelage de l'« homme nouveau », sont des produits relativement tardifs du fascisme au pouvoir, en partie déterminés, passé 1925, par des impératifs externes[21]. Ils ne sont pas nécessairement présents dans le patrimoine génétique de l'idéologie des faisceaux, et lorsque le président du Front national parle de désengagement de l'État en matière économique et de maintien ou de renforcement de ses prérogatives « régaliennes » (justice, défense, etc.), son langage diffère peu sur ces points précis de celui du Mussolini de 1921.

Mais si le parti de Jean-Marie Le Pen ne peut être considéré comme fasciste, au sens propre du terme, c'est d'abord et surtout parce que son idéologie et sa pratique son distinctes de ce phénomène daté et qui, en tant que mouvement historique d'envergure, appartient bel et bien au passé [12]. On y retrouve certes quelques-uns des éléments qui forment l'alliage fasciste, mais qui caractérisent également d'autres héritages relevant de la droite extrême : l'hostilité envers la classe politique, baptisée « établissement » par Jean-Marie Le Pen, l'affirmation d'une identité « sociale » et popu-

laire s'opposant à la fois à l'égalitarisme niveleur et aux oligarchies occupant injustement les postes de commande — celle de l'argent quand elle ne s'appuie pas sur la compétence, mais aussi l'énarchie et la bureaucratie syndicale —, la volonté de forger ou de reconstituer une élite, la préférence marquée en matière d'organisation sociale pour un syndicalisme national « dépolitisé », l'exaltation d'un État fort, ramené toutefois « à ses fonctions utiles, à ses fonctions régaliennes » [53, p. 175].

S'y ajoutent le culte du chef, sinon directement encouragé par le président du Front national, du moins qui transparaît au travers des écrits de ses thuriféraires[22] et des réactions des militants et sympathisants qui se pressent aux rassemblements de l'organisation lepéniste, le culte de l'ordre, de l'autorité et de la force, l'exaltation de la vitalité et des vertus viriles, la passion nationale et l'anticommunisme de choc. Enfin, il faut mentionner la double référence à la « réaction » et à la « révolution », caractéristique elle aussi de la « synthèse fasciste ». D'un côté, Jean-Marie Le Pen affirme : « si être réactionnaire, c'est réagir comme un organisme réagit en face de la maladie, eh bien oui, je suis réactionnaire » [53, p 176]; de l'autre, il énonce : « bien que dans le mot révolutionnaire, il y ait une connotation de violence que je réprouve, il n'en reste pas moins que l'avenir français doit passer par des changements tout à fait importants d'orientation et de structures. Dans ce sens on peut dire qu'il s'agit d'une révolution » [53, p. 174].

A ces points de convergence qui pourraient tout aussi bien s'appliquer, répétons-le, à d'autres courants relevant de l'ultra-droite, s'opposent quelques différences majeures avec l'idéologie et avec la pratique des organisations fascistes. Toutes ne sont pas aussi évidentes qu'on le dit parfois, en oubliant ce que fut effectivement le fascisme : fascisme-mouvement avant son arrivée au pouvoir fascisme-régime après. Nous avons vu par exemple que l'un des arguments mis en avant par Jean-Marie Le Pen pour marquer sa différence avec le projet mussolinien — à savoir le rejet de l'étatisme en matière économique — n'était recevable que par référence au fascisme dirigiste et autarcique des années trente.

Un premier critère de distinction avec les organisations fascistes de l'entre-deux-guerres réside dans la nature de la formation partisane que préside l'ancien député poujadiste. Vingt ans après sa fondation, bientôt dix ans après la « divine surprise » de Dreux qui a marqué le point de départ de son émergence électorale, le Front national n'est pas devenu un véritable parti de masse, comparable au Parti national fasciste de 1921, voire au Parti

populaire français de Doriot à l'époque du premier cabinet Blum. Certes son implantation dans le pays n'a cessé de croître depuis 1983, mais, comparée à celle du RPR, sa force militante demeure des plus modestes. Il n'est pas davantage un parti-armée, hiérarchisé, fanatiquement dévoué à la personne de son chef et organisé militairement, comme ont pu l'être le PPF, le Francisme de Bucard, voire les Croix-de-Feu ou les Camelots du roi qui, au demeurant, n'étaient ni les uns ni les autres de véritables fascistes. Sans doute a-t-il conservé de la période « héroïque » des éléments venus des groupuscules néo-fascistes et qui n'ont pas renié l'activisme de leur jeunesse[23]. Il est clair d'autre part que la relève de la garde s'est faite également par attraction d'éléments jeunes, tout aussi extrémistes que leurs aînés et qui constituent, au sein de l'organisation lepéniste, une force de réserve ne répugnant pas à la violence et immédiatement mobilisable en cas de radicalisation du combat politique. Mais ils forment une minorité, bien tenue en main par l'appareil, et ils sont beaucoup moins représentatifs du Front, dans sa version actuelle, que les jeunes cadres du parti, issus ou non de l'activisme des années 1970[24], les notables ralliés — vieux militants ou sympathisants de la Révolution nationale que le verbe lepéniste a libérés de leurs complexes, ex-RPR et ex-UDF déçus de la modération de leur famille politique et dont beaucoup ont transité par le Centre national des indépendants et paysans —, ou encore les transfuges de l'ultra-droite intellectuelle, venus du Club de l'horloge ou du GRECE — Groupement de recherche et d'études sur la civilisation européenne. Surtout, ils ne sont pas organisés, à l'encontre des ligues des années trente ou des organisations néo-fascistes du second après-guerre, en formations paramilitaires disputant la rue aux « marxistes » et assimilés.

Une autre différence avec le fascisme, tout aussi fondamentale que la première, réside dans son ancrage à droite, fortement affirmé par son principal dirigeant. « Dans le mot Droite, écrit celui-ci, il y a Droit et droiture, c'est-à-dire franchise, qui me semble être la qualité des Francs, la qualité principale. La droite, c'est la ligne la plus courte entre deux points. Il y a un côté direct, loyal, qui me paraît découler précisément de ce concept et de ses corollaires » [53, p. 70]. Ou encore ceci, qui résume à bien des égards sa philosophie politique héritée d'un conservatisme nationaliste postulant la fixité de la nature humaine : « La droite dit : l'homme restera tel qu'en lui-même » [54, p. 179]. Le fascisme au contraire, particulièrement dans un pays comme la France, ne se veut ni de droite ni de gauche. Il est une idéologie de « troisième voie » entre

le capitalisme et le collectivisme, entre le libéralisme et le socialisme. Il se pose en idéologie de rassemblement autour de la nation et c'est la raison pour laquelle il tend à gommer les différences entre les individus et entre les groupes sociaux, ce qui l'incline à vouloir aligner tous les éléments qui forment la communauté nationale sur un même modèle, donc à enfanter le totalitarisme. Jean-Marie Le Pen énonce au contraire qu'il souhaite l'épanouissement de l'individu et ne conçoit l'État « fort », à la différence de l'État totalitaire fasciste, que comme un cadre permettant aux cellules naturelles du corps social (famille, communautés religieuses, entreprises, etc.) de se développer de manière harmonieuse. C'est pourquoi il entend le maintenir dans ses fonctions « régaliennes », les seules qui soient indispensables à la vie de la nation et rendre à la famille, cellule de base du corps social, la liberté de faire éduquer sa progéniture comme elle le souhaite : conception qui est aux antipodes de celle qui a été mise en œuvre par les régimes mussolinien et hitlérien. Même si l'on fait la part du souci tactique de se démarquer de ces modèles-repoussoirs, l'opposition avec la volonté d'alignement du fascisme et avec son désir de médiatiser par le parti les rapports entre l'individu et l'État est manifeste.

Tactique ou non, l'acceptation clairement formulée de la démocratie parlementaire et du pluralisme, constitue un autre critère de différenciation avec les mouvements fascistes. Certes, au cours de la phase qui a précédé en Italie et en Allemagne l'avènement de gouvernements de coalition en fait contrôlés par eux, Hitler et Mussolini ont eu tendance à modérer leurs propos et à retenir leurs troupes dans la lutte engagée par celles-ci pour détruire les institutions et les forces démocratiques. Mais le but avoué restait de jeter bas le régime parlementaire : ce n'est pas, ou ce n'est plus, nous l'avons vu, celui du président du Front national. Quelles que soient ses arrière-pensées et ses nostalgies, c'est d'abord sur son programme et sur la pratique, qui n'est pas celle de la lutte armée, qu'il doit être jugé aujourd'hui. Ce ne sont, au sens propre des mots, ni un programme ni une pratique fascistes.

Le dernier point concerne l'accent mis par le leader du Front national sur son appartenance personnelle, et sur celle de l'organisation qu'il préside, à une tradition humaniste et chrétienne que le fascisme a tendance, au contraire, à répudier, du moins durant la période qui précède son arrivée au pouvoir. Il faut y ajouter l'absence à peu près totale de discours martial alors que le fascisme se nourrit continûment de rhétorique et de symbolique guerrières. Il y a bien chez Jean-Marie Le Pen une référence constante aux

impératifs de défense et un goût prononcé de la chose militaire, mais celle-ci relève davantage d'une nostalgie d'ancien combattant que de la mystique guerrière et conquérante qui imprègne en profondeur le geste et la parole fascistes. Le temps est passé où le président du Front national se plaisait à poser en tenue de combat et béret rouge et à énoncer que « les hommes ont bien de la chance de mourir à la guerre[25] ». L'âge y est sans doute pour quelque chose, de même que le souci de ne pas donner de l'organisation qu'il dirige l'image trop fortement connotée d'une formation de combat. L'impératif légaliste fixé par Jean-Marie Le Pen interdit au Front national de se donner l'allure d'un mouvement paramilitaire, ce qui n'empêche pas certains groupuscules activistes d'évoluer avec plus ou moins de discrétion dans son sillage, comme le révèle chaque année le cortège de la commémoration de Jeanne d'Arc.

Là encore, il faut tenir compte des préoccupations tactiques des dirigeants du Front et de leur volonté d'afficher une image respectable et rassurante de leur organisation. Il n'en reste pas moins que si Jean-Marie Le Pen se veut nationaliste et se dit parfois « impérialiste », son nationalisme est explicitement défensif (ce qu'était il est vrai le fascisme français de l'entre-deux-guerres, et plus généralement le nationalisme hexagonal depuis la fin du siècle dernier), et ses références à l'impérialisme s'appliquent essentiellement au passé colonial de la France, ou à une position de repli sur le promontoire européen. Ainsi, même en faisant la part des choix stratégiques adoptés, il y a maintenant près de vingt ans, par les fondateurs du mouvement, on ne peut sérieusement considérer le Front national comme une organisation fasciste ou néo-fasciste.

### III. UNE DROITE CONTRE-RÉVOLUTIONNAIRE?

La préoccupation taxinomique d'appeler les choses par leur nom nous incline donc à classer l'ultra-droite lepéniste dans une catégorie distincte de celle dans laquelle figurent les représentants du fascisme hexagonal. Établir ce constat ne revient pas à délivrer un brevet de respectabilité à l'organisation que dirige l'ancien député de l'Union et fraternité française (UFF). L'appartenance ou non à

la mouvance fasciste ne nous paraît pas en effet constituer un critère pertinent de différenciation entre le « tolérable » et l'« intolérable », s'agissant du respect de la dignité humaine et des valeurs dont est porteur l'idéal démocratique. Trop longtemps, le discours sur le fascisme français a été faussé par cet a priori qu'il ne pouvait rien y avoir de commun entre les expériences « totalitaires » et « inhumaines » qui avaient triomphé entre les deux guerres au-delà des Alpes et du Rhin et ce que la France avait connu avant et pendant le second conflit mondial. Parce qu'il était globalement associé à l'image d'Auschwitz, le fascisme — au sens générique du terme — ne pouvait être, en France qu'un produit d'importation étranger à notre culture, un mal absolu qui avait été épargné au pays et auquel ne pouvaient être comparées ni les fièvres ligueuses de la fin du siècle dernier, ni celles des années trente, ni le régime paternaliste du maréchal Pétain.

Les travaux de Zeev Sternhell, comme ceux de l'Américain Robert Soucy [14, 15] ont eu le très grand mérite — nous l'avons dit —, quelles que soient les réserves que l'on puisse émettre s'agissant de questions méthodologiques et de quelques-unes de leurs conclusions, d'obliger les historiens de l'hexagone à réexaminer le dossier du fascisme français et — pour certains d'entre eux au moins — à reconnaître que sa marginalité et son extranéité n'étaient pas aussi évidentes qu'ils l'avaient cru. Dans le livre que j'ai personnellement consacré à cette question [11], il est dit en conclusion que si le fascisme, en tant que phénomène totalitaire de masse, est resté une virtualité dans notre pays, il n'a pas été pour autant un épiphénomène, encore moins une « maladie morale »[26] venue d'un autre monde et complètement étrangère à notre culture. Il n'est pas nécessairement né en France, comme l'affirme Sternhell, mais il est clair qu'il a aussi des racines françaises.

Ce n'est pas toutefois ce qui m'a paru essentiel dans l'examen, sur le temps long, des différents visages adoptés par l'extrême droite française. Plus important est le fait que le débat — engagé il y a une quarantaine d'années par les écrits pionniers de René Rémond [5 ; 13] et de Raoul Girardet [9] — a eu longtemps pour effet d'occulter ce qu'il pouvait y avoir d'aussi odieux que le fascisme dans la synthèse du traditionalisme ultra-conservateur et du national-populisme qui constitue la nature profonde du régime de Vichy. Or c'est de cette double filiation que relève à bien des égards l'idéologie lepéniste.

Héritier de Vichy et de ses ambiguïtés doctrinales, analysées par Robert Paxton [38] et par Jean-Pierre Azéma [36], le Front

national l'est d'abord par le cousinage douteux qu'il entretient depuis sa fondation avec les nostalgiques de la « révolution nationale » et de la collaboration. Un cousinage que son chef entretient sans le moindre complexe et qui est l'une des clés de son discours sur la Seconde Guerre mondiale. En évoquant le « point de détail » des chambres à gaz, en feignant de se référer aux « historiens » qui « étudient » les chiffres de l'Holocauste, en pratiquant le dérapage verbal contrôlé afin de banaliser les crimes nazis (on se souvient du « Durafour-crématoire » lancé en septembre 1988), en énonçant lors de l'arrestation du chef de la Gestapo lyonnaise que le cas de Klaus Barbie ne l'intéressait pas plus qu'il n'intéressait « tous les autres Français[27] », l'ancien député poujadiste poursuit, comme hier certains représentants de la « nouvelle droite » et comme aujourd'hui encore quelques intellectuels et universitaires proches du Front national et affiliés ou non au Club de l'horloge, un but bien précis qui est de réhabiliter Vichy et de légitimer la tradition politique qui s'y rattache.

La recette a été donnée dès le lendemain de la guerre par Maurice Bardèche, beau-frère de Robert Brasillach et chef de file des survivants du fascisme intellectuel des années trente. L'enjeu était simple. Il s'agissait de blanchir les collaborationnistes les plus compromis, croisés de la Légion des volontaires français contre le bolchevisme et de la Waffen-SS française, supplétifs de la police allemande dans la chasse aux « terroristes », combattants de la plume au service des purificateurs de la race, il s'agissait de « démontrer » que les crimes dont s'étaient rendus responsables les dirigeants nazis et leurs commis n'étaient en rien différents des atrocités ordinaires imputables au fait guerrier. Aux fusillés du mont Valérien, aux martyrs d'Oradour-sur-Glane, aux victimes de la déportation politique ou raciale (cette dernière systématiquement minimisée), l'auteur de *Nuremberg ou la terre promise* [41] opposait les centaines de milliers de civils innocents « pris en otage » par les Alliés, lors des bombardements « terroristes » sur Hiroshima et sur Dresde, les millions d'Allemands fuyant devant les « hordes cosaques » et les justiciables des tribunaux d'exception de la Libération.

Une seule chose pouvait faire la différence entre les « crimes de guerre » dont tout belligérant peut, un jour ou l'autre, se rendre coupable et ce crime suprême contre l'humanité que constitue la liquidation physique, dans des conditions horribles, d'une population entière. Pour que le nazisme devienne historiquement supportable, pour que ceux qui s'étaient réclamés de son idéologie et qui

continuaient d'en exalter les aspects « positifs » puissent à la fois s'exprimer au grand jour et exiger leur réhabilitation, pour que Vichy, qui s'était fait le complice du nazisme quand il n'avait pas de lui-même anticipé sur les exigences allemandes, se voit reconnaître une légitimité posthume, il fallait convaincre l'opinion que l'Holocauste n'avait jamais existé, que les « camps de la mort » n'étaient qu'une invention des vainqueurs, une « falsification de l'histoire », une mise en scène bien évidemment orchestrée par les juifs, redevenus maîtres du jeu dans les pays vainqueurs. Telle était, formulée dès 1948, l'argumentation de Bardèche. Telles étaient les premières propositions « révisionnistes » offertes à ceux qui, après avoir adhéré au maréchalisme et à ses options collabora-tionnistes, avaient à affronter l'idée d'avoir pactisé avec l'horreur. Au cours des quarante années suivantes, les Rassinier, Faurisson, Roques et autres négationnistes de toute sorte n'ont fait que peaufiner l'argumentaire dans la même perspective de réhabilita-tion du compagnonnage de route avec Hitler.

La stratégie verbale de Jean-Marie Le Pen relève d'un souci identique de légitimation du vichysme. Simplement, son habileté consiste à opérer un renflouage en douceur, tantôt en usant de l'argument de la nécessaire « réconciliation des Français[28] », tantôt en traitant par la dérision le « point de détail » qui condamne rétrospectivement toute collaboration avec le nazisme, tantôt encore en jouant de sa propre affiliation à la Résistance. Comme si un ancien maquisard[29] placé à la tête d'un parti où pullulent les admirateurs de Pétain suffisait à faire de cette formation un prolongement de la France libre.

L'héritage vichyste apparaît surtout dans le syncrétisme du corpus idéologique que Jean-Marie Le Pen et ses amis ont peu à peu constitué. Y coexistent, non sans contradictions, le vieux fond contre-révolutionnaire et maurrassien — dont se réclame d'ailleurs la fraction intégriste du mouvement, groupée autour de Romain Marie[30] et du journal *Présent* — et la tradition du national-populisme, mise en évidence par Pierre-André Taguieff [32; 33; 34] et Michel Winock [35].

A la première des droites répertoriées par René Rémond [5; 6], celle des hommes qui incarnent depuis le début du XIX$^e$ siècle l'ultracisme contre-révolutionnaire et la tradition, le leader du Front national emprunte un certain nombre de concepts et de thèmes qui ont également structuré en leur temps la pensée maréchaliste et la doctrine de la Révolution nationale. Il importe, en effet, et Pierre-André Taguieff a raison d'insister sur ce point, de

ne pas considérer le discours lepéniste comme totalement dépourvu de base idéologique. « La première méconnaissance idéologique du FN, écrit l'auteur du *National populisme*, porte précisément sur son idéologie, soumise à un interdit d'analyse systématique : on la suppose soit quasi inexistante, degré zéro de pensée politique, soit bien connue parce que reconnue, trop connue pour requérir d'être analysée, soit si transparente que ce serait perdre son temps d'en faire l'exposition critique, soit strictement décorative, réductible à quelques fleurs de rhétorique dont l'étude n'a guère de place dans le cadre d'une approche scientifique, soit enfin purement et simplement instrumentale, relevant d'une analyse des tactiques et stratégies d'accommodation d'un appareil partisan aux variations des thèmes et des valeurs en cours idéologique » [56, p. 197].

Le premier thème commun à la droite contre-révolutionnaire et au lepénisme est celui de l'ordre politique fondé sur la tradition et sur un « ordre naturel » supposé quasiment immuable. Jean-Marie Le Pen définissait en ces termes la philosophie politique de l'homme de droite : « Pour ce qui touche la politique — écrivait-il —, la droite est un ensemble de solutions qui découlent de l'idée que l'on se fait de l'homme, de l'État, de la cité. La droite est modeste, la droite dit : En ce qui concerne l'homme, presque tout est découvert, presque tout a été pensé et écrit et l'homme restera tel qu'en lui-même. La grande différence, c'est que l'homme de droite, quand il croit au paradis, sait qu'il n'est pas sur la terre », [54, p. 177]. De cette « métaphysique » lepénienne, dont il est clair qu'elle relève d'une vision organiciste du monde qui occupe le centre de la pensée traditionaliste, découlent quelques-uns des traits majeurs qui apparentent le discours du dirigeant nationaliste à celui des doctrinaires classiques de la contre-révolution, de Joseph de Maistre à de Bonald et du premier Lamennais à Charles Maurras et à Julius Evola : une éthique naturaliste dont les valeurs et les normes dérivent des structures immobiles de la « nature humaine », le rejet d'un égalitarisme qui est supposé contraire à l'ordre du monde, l'idée que la décadence est née du refus d'en observer les hiérarchies et d'obéir aux règles qui fixent l'interaction de l'homme et de la nature, le procès intenté à l'universalisme et à l'abstraction auxquels les traditionalistes d'hier et d'aujourd'hui opposent l'expérience et l'*histoire*, l'enracinement dans la terre des ancêtres et la spécificité ethnique. « La constitution de 1799, tout comme ses aînées, est faite pour l'*homme*. Or, il n'y a point d'*homme* dans le monde », écrivait déjà Joseph de Maistre. « J'ai vu, dans ma vie, des Français, des Italiens, des Russes, etc. ; je sais même,

grâce à Montesquieu, *qu'on peut être Persan* : mais quant à l'*homme*, je déclare ne l'avoir rencontré de ma vie ; s'il existe, c'est bien à mon insu[31]. »

Le second thème est celui de l'État fort : un État dont le rôle est toutefois circonscrit — nous l'avons vu — à l'exercice de ce que Jean-Marie Le Pen appelle les fonctions régaliennes : défense, maintien de l'ordre intérieur, justice, etc., et qui est censé ne pas empiéter sur les droits et les libertés des groupes organiquement constitués. Pas de véritable statolâtrie donc dans la pensée du chef du Front national, qui est ici plus proche de Charles Maurras que des premiers doctrinaires de la contre-révolution. Comme l'auteur de l'*Enquête sur la monarchie*, dont il se distingue par son adhésion au moins formelle à la démocratie, Le Pen se déclare l'ennemi du despotisme et de l'arbitraire et revendique l'ordre et l'autorité au nom de la sauvegarde des libertés. *Les* libertés « concrètes » qu'il oppose, comme Maurras et comme les ultras de la Restauration, à *la* Liberté réputée abstraite et mensongère, telle que l'ont conçue les hommes des Lumières et leur postérité libérale et socialiste. « La liberté, principe métaphysique, est une chose. Les libertés en sont une autre », écrivait Maurras dans *Mes idées politiques*, réunies à la fin des années trente[32]. Sur un autre registre, Le Pen dit à peu près la même chose lorsqu'il déclare, dans un article-programme de *National-Hebdo* en 1985 : « La liberté n'a pas de sens si c'est une abstraction et non une somme de libertés concrètes : la liberté de choisir son syndicat ou de ne pas en choisir ; la liberté de passer sans contrainte le contrat de travail que l'on veut avec son employeur ou son employé ; la liberté de jouir de sa propriété sans entraves inutiles ; la liberté surtout de choisir l'école de ses enfants[33]. »

Analysant le discours ultraciste des années 1815-1830, René Rémond montre qu'à cette époque déjà les tenants de la restauration des anciennes libertés réclamaient à grands cris l'abolition des institutions qui étaient censées fournir au despotisme gouvernemental ses instruments les plus efficaces [6, p. 57]. Au premier rang venait l'université impériale, exécrée et condamnée à la fois comme fille du jacobinisme révolutionnaire et comme produit de la tyrannie napoléonienne. A près de deux siècles de distance, elle demeure l'une des cibles favorites de la droite extrême, et avec elle c'est l'ensemble du système éducatif contrôlé par l'État qui est mis en cause par le principal dirigeant du Front national, pourfendeur des « quelque 5 000 permanents de la FEN payés par les contribuables pour imposer, contre le vœu des Français, une école socialiste[34] » et avocat d'une « libération de l'éducation » qui doit,

selon lui, passer par « la remise à chaque père ou mère de famille d'un chèque-éducation, à charge pour lui de l'apporter à l'école qu'il aura sélectionnée[35]. »

Défense de l'individu contre les atteintes que ce dernier est supposé subir de la part de l'État-Léviathan dont ont accouché la démocratie libérale et sa dérive socialiste et « totalitaire »? Certainement pas, encore que sur ce point le lepénisme ne soit pas exempt d'ambiguïtés en ce sens qu'il exalte à la fois certaines valeurs individuelles (le « désir de profit », le désir de propriété, l'inégalité matérielle, etc.) considérées comme constituant les « moteurs de l'économie[36] », et l'enracinement des hommes dans des groupes auxquels ils se trouvent organiquement liés : la famille, le métier, la région, le groupe religieux, autrement dit les « communautés naturelles » dont se réclamaient déjà les doctrinaires de la contre-révolution et plus tard ceux du nationalisme intégral. La défense des « libertés locales », la virulence des critiques adressées à l'État jacobin centralisateur, fourrier du socialisme « rampant » (jusqu'en 1981) ou « galopant » (depuis cette date) qui ne peut qu'enfanter le totalitarisme, la dénonciation d'une « fiscalité aberrante » qui emportera ce dernier comme elle l'a fait il y a deux siècles de l'Ancien Régime, tous ces éléments de l'argumentaire lepéniste font écho aux antiennes de la pensée ultraciste.

Le lepénisme est donc, pour une part non négligeable, l'héritier du courant traditionaliste et contre-révolutionnaire qui s'est développé en France dans la première moitié du XIXᵉ siècle et qui s'est incarné par la suite dans le maurrassisme et dans un ultracisme national-catholique dont les actuels représentants — rassemblés au sein du Front national autour de Romain Marie et du quotidien *Présent* — ne font que reproduire le discours halluciné et clairement raciste des partisans de l'ordre « national-chrétien », anticapitaliste et communautaire, qui gravitaient, à la charnière des années 1950 et 1960, autour d'hommes comme le Dr Bernard Lefebvre, un ex-poujadiste algérois passé à l'ultracisme pur et dur[37], Georges Sauge, un ancien des jeunesses communistes converti dans la guerre au catholicisme intégriste[38] et fondateur en 1956 du Centre d'études supérieures de psychologie sociale (CESPS), — que présidait le général Weygand et qui devait jouer un rôle important, avant et après le 13 mai 1958, dans la conversion de certains cadres militaires à l'activisme de choc, dans sa version mystique et contre-révolutionnaire[39] — ou encore Robert Martel, le « chouan de la Mitidja », principal dirigeant pendant les dernières années de la guerre d'Algérie du très réactionnaire MP 13 [11, p. 315-316].

## IV. L'HÉRITAGE DU NATIONAL-POPULISME

Réduite à sa matrice contre-révolutionnaire, l'entreprise politique incarnée par Jean-Marie Le Pen n'aurait vraisemblablement
jamais dépassé le stade groupusculaire, comme toutes celles qui,
sur ce versant de l'ultra-droite, se sont succédé depuis le début du
siècle. Si le mince courant est devenu fleuve, et s'il menace depuis
quelques années sinon d'emporter toutes les digues qui protègent la
démocratie française, du moins de perturber son fonctionnement et
de modifier en profondeur la topographie des droites, c'est parce
qu'il a su rendre vie à un autre filon récurrent, d'une toute autre
ampleur celui-ci, et qui est celui du *national-populisme*.

Largement utilisé par les Anglo-Saxons [21 ; 24] et davantage
encore par le politologue argentin Gino Germani [22], ce terme n'a
fait son apparition dans le vocabulaire politique français que depuis
quelques années. Introduit par les travaux de Pierre-André
Taguieff [32 ; 34] et de Michel Winock [7 ; 35], son émergence est à
peu près contemporaine de celle du lepénisme qu'il permet à la fois
de distinguer du fascisme et de replacer dans une tradition longue,
dépassant de beaucoup les frontières de ce que René Rémond a
considéré comme relevant, stricto sensu, de la mouvance « bonapartiste » [5 ; 6]. C'est néanmoins cette dernière qui en constitue la
matrice et qui en a modelé les traits principaux. « Le bonapartisme
— écrivait Raymond Aron en août 1943 dans *La France libre* à
propos de « l'ombre des Bonaparte » — est donc tout à la fois
l'*anticipation* et la *version française* du fascisme. Anticipation française,
parce que l'instabilité politique, l'humiliation patriotique et le souci
des conquêtes sociales — mêlé d'une certaine indifférence aux
conquêtes politiques — de la révolution ont créé à diverses reprises
une situation plébiscitaire dans le pays, au temps même du capitalisme ascendant. Version française, parce qu'il se trouve toujours,
dans des circonstances favorables, des millions de Français pour
compenser leur hostilité coutumière à leurs gouvernants par des
élans passionnels, cristallisant autour d'une personne désignée par
les événements. Version française encore parce qu'un régime
autoritaire, en France, inévitablement se réclame de la

grande Révolution, paie tribut verbal à la volonté nationale, adopte un vocabulaire de gauche, fait profession de s'adresser, par-delà les partis, au peuple entier[40]. »

Je ne suivrai l'auteur de l'*Introduction à la philosophie de l'histoire* ni dans l'assimilation qu'il opère entre bonapartisme et fascisme — bien que la filiation soit évidente, elle ne suffit pas à ranger les deux phénomènes dans une catégorie unique —, ni dans la relation qu'il établit entre la version hexagonale de l'autoritarisme et les références à la « grande Révolution » et au « vocabulaire de gauche » qui sont censées lui être rattachées (l'exemple de Vichy est à cet égard significatif du contraire). En revanche, les traits qu'il met en relief, et qui sont à bien des égards communs au bonapartisme et au fascisme, mais que l'on retrouve également, au fil des décennies, dans la vague boulangiste et dans la contestation ligueuse de la fin du siècle dernier, dans la tentative de synthèse du nationalisme et du syndicalisme révolutionnaire opérée à la veille de la Première Guerre mondiale par la « droite révolutionnaire » [16], dans la poussée extrémiste des années vingt et trente, puis dans le poujadisme, délimitent assez bien une famille politique que l'on peut globalement placer sous le label national-populiste.

L'idéologie du Front national, telle qu'elle apparaît dans le corpus des écrits et des déclarations verbales de son chef, se rattache directement à ce courant et présente les mêmes ambiguïtés que lui. A la différence de la pure pensée contre-révolutionnaire, qui conserve aujourd'hui ses adeptes, y compris dans les rangs de la formation lepéniste ou à la périphérie de cette dernière, elle assume — partiellement, il est vrai et non sans réticences — l'héritage de la Révolution française. Dès 1985, c'est-à-dire à un moment où le Front ne s'embarrassait pas des mêmes préoccupations consensuelles qu'aujourd'hui et demeurait très marqué par son expérience de groupuscule extrémiste et anti-démocratique, Jean-Marie Le Pen plaçait le programme d'action de son mouvement sous le signe d'une « vraie révolution française » : « Chacun, dans la classe politique — écrivait-il alors —, s'apprête à fêter le bicentenaire de la révolution de 1789. Pourquoi pas ? La France, c'est 4 000 ans de culture européenne, vingt siècles de christianisme, quarante rois et deux siècles de République. Le Front national assume tout le passé de la France[41]. » Déclaration de principe assez restrictive on le voit, en ce sens que la République est clairement ramenée à sa dimension temporelle et que celle-ci est explicitement jugée d'une pesanteur moindre que celle des quatre millénaires qui ont fait l'histoire de la nation. Pierre-André Taguieff a raison de montrer que le « pour-

quoi pas » est assorti d'un « oui mais » : « Le couple 1789/Répu-
blique — écrit-il — ne fait bloc que réintégré à l'histoire occidentale, définie d'abord et essentiellement par la culture européenne, la
religion catholique et le régime monarchique, dont il n'apparaît
guère que comme un avatar tardif. Et à bien des égards aberrant :
rien n'y vaut que ce qui fonde le nationalisme français » [34, p. 29].

Quoi qu'il en soit, il y a bel et bien dans cette acceptation
sélective de l'héritage révolutionnaire un élément qui distingue
fondamentalement le national-populisme des différentes strates de
la pensée contre-révolutionnaire et qui rattache l'idéologie et la
pratique frontistes à la droite plébiscitaire, issue de la matrice
bonapartiste, qui s'est développée en France au cours des deux
dernières décennies du XIXᵉ siècle. « Nous sommes, déclarait Jean-
Marie Le Pen en 1979, une droite populaire, sociale et nationale »
[54, p. 175]. D'entrée de jeu, et alors que celui-ci ne représentait
encore qu'une force groupusculaire, il plaçait ainsi son mouvement
dans la mouvance historique de la « droite révolutionnaire » incarnée à la fin du siècle dernier par le boulangisme, par les protagonistes de l'agitation ligueuse et par Barrès.

Il existe en effet — Raoul Girardet l'a excellemment montré [3,
p. 20 sq] — une relation de parenté qui relie le nationalisme
antiparlementaire des premières années du XXᵉ siècle à la fois au
bonapartisme et à la tradition jacobine des républicains gambet-
tistes de 1871, la fusion de ces deux courants s'opérant à l'occasion
de l'aventure boulangiste et donnant à celle-ci sa coloration populiste et « sociale ». Barrès lui-même relève de cette filiation composite. Jeune bourgeois en révolte contre son milieu et contre le
conformisme de son temps, il se range jusqu'aux années tournantes
de la fin du siècle dans les rangs de ces « patriotes dictatoriaux », de
ces « bonapartistes de la Restauration », de ces « démocrates
amoureux de la gloire », de ces « petits-fils des soldats de la Grande
Armée » [3, p. 21] qu'il a lui-même mis en scène dans *Les déracinés*
et dont il partage l'admiration pour les « saintes fureurs de la
Marseillaise de Rude ».

De là découle l'attitude de Barrès en regard de la Révolution
française. Non seulement l'auteur du *Roman de l'énergie nationale* n'en
renie pas l'héritage, mais au contraire il le revendique et cherche à
l'intégrer au patrimoine idéologique national, tout comme il
cherche à exalter les vertus du « peuple » dont il oppose — avec
Déroulède et avec les autres dirigeants de la Ligue des patriotes,
dans sa version originelle, républicaine et jacobine —, l'honnêteté
et le courage aux mœurs décadentes de la République parle-

mentaire. Chantre de « l'instinct des humbles », il fonde, premier du genre et appelé à une riche postérité, son projet de rassemblement national sur la défense des « petits » contre les « gros », sur la prise en compte de tous ceux qui n'ont pour eux que leur enracinement et leur qualité de Français. A un siècle de distance, Le Pen agite les mêmes ressorts et joue sur le même registre plébéien, contestataire de l'« établissement », de la « dictature des bavards » et de la dégénérescence oligarchique et bureaucratique de la démocratie représentative, se faisant un drapeau de l'épithète « populiste » qui a été donnée à son mouvement par les représentants de l'« intelligentsia cosmopolite » et par les partisans de la « bande des quatre ». « Nous sommes le peuple ! » aime-t-il proclamer devant les parterres vibrants des rassemblements de son organisation, comme le faisaient il y a un siècle devant les bouchers de La Villette et les prolétaires marginaux de la périphérie parisienne les Drumont, Guérin et autres marquis de Morès. Comme l'ont fait après eux les dirigeants du syndicalisme « jaune » des toutes premières années du vingtième siècle, ceux des ligues fascisantes de l'entre-deux-guerres et plus tard un homme comme Pierre Poujade.

De cette tradition nationale-populiste qui, après avoir oscillé entre les extrémismes des deux bords, s'est finalement fixée, avec le boulangisme, à l'extrême droite du paysage politique, découlent certains des traits majeurs du discours et de la praxis lepénistes. Coexistent ainsi, dans une même référence à la culture de la Révolution française, les thèmes passablement détournés de leur signification originelle de l'abolition des « privilèges » et du rétablissement de la « souveraineté du peuple ».

Les « privilèges », ce sont ceux que se sont arrogés les bénéficiaires des nouvelles « féodalités ». Le Pen stigmatise celles qui relèvent de la bureaucratie, de l'« énarchie », du syndicalisme, de l'« arbitraire fiscal[42] » et de l'« oligarchie cosmopolite », également fustigée par Bruno Mégret dans l'ouvrage qu'il a consacré aux « voies de la renaissance » : « Pour nous — écrit ce dernier —, le premier des impératifs est de retrouver les moyens d'une action efficace. Notre pays est aujourd'hui investi par une oligarchie cosmopolite qui a confisqué tous les pouvoirs et qui, de surcroît, ignore le peuple et ses aspirations » [52, p. 270]. Drumont et les dirigeants de la ligue antisémitique au temps de l'Affaire Dreyfus, Georges Valois et François Coty dans les années vingt, le fondateur de l'UDCA aux heures fastes du poujadisme triomphant disaient à peu près la même chose et en tiraient des conclusions identiques, à commencer par le nécessaire recours à la démocratie directe.

« Arc-bouté sur ses privilèges, écrit encore Bruno Mégret, cet établissement fait obstacle à toute entreprise de redressement national. Aussi convient-il de le briser et de redonner le pouvoir aux citoyens : la priorité des priorités est donc le rétablissement de la souveraineté populaire. A cette fin, les féodalités seront neutralisées par le jeu de la démocratie directe. Le recours au référendum, en particulier, sera développé » [52, p. 270-271]. Faisant référence au « modèle suisse », les dirigeants du Front national préconisent ainsi d'une part d'élargir le champ d'application du référendum prévu par la constitution de la cinquième République, de façon que puissent « être organisées des consultations référendaires sur l'identité nationale et l'immigration, sur la sécurité ou sur la famille, par exemple » [52, p. 271], d'autre part d'introduire en France le référendum d'initiative populaire, « arme absolue contre le totalitarisme ». Dans les deux cas il s'agit, du moins est-ce ce que proclame Jean-Marie Le Pen en écho aux propositions faites par le Club de l'horloge[43], de « rendre la parole au peuple[44] », comme le demandaient il y a un siècle les Drumont, les Rochefort, les bonapartistes reconvertis dans le culte du « général Revanche », les professionnels du batelage politique en quête d'une clientèle populaire sensible à la surenchère et au maquignonnage du verbe. L'appel au peuple — au peuple tout entier, sans distinction de classes ou de catégories d'aucune sorte —, associé aux valeurs nationales et assorti du recours à l'homme providentiel, le substitution de la « démocratie référendaire » au régime strictement représentatif, la dénonciation des « oligarchies » et des « féodalités » supposées faire écran à la souveraineté du peuple, la volonté affichée de nettoyage du corps social et d'épuration du personnel politique, tels sont les fondements d'un national-populisme dont le projet énoncé par Jean-Marie Le Pen et par ses amis ne constitue en cette fin de siècle que l'ultime avatar.

L'appartenance au « peuple », continûment affirmée par le leader du Front et par ses hagiographes[45], fait partie du bagage idéologique et tactique que l'ancien lieutenant de Poujade a hérité du lignage national-populiste. Dans le portrait qu'il compose de lui-même, il ne manque pas une occasion d'affirmer qu'il « fait partie des gens simples », et de cette ascendance populaire il tire sa propre légitimation en tant que porte-parole des humbles : « des hommes comme moi, affirme-t-il, qui ne se penchent pas sur le peuple, mais qui sortent du peuple[46]. » Il renoue ainsi avec toute une tradition rhétorique anti-bourgeoise et anti-intellectuelle, inaugurée à la fin du siècle dernier par Drumont et qui s'est nourrie

depuis cette date du mythe populiste des « gros » et d'une imagerie qui n'est pas sans rapport avec celle de l'anticapitalisme de gauche [32, p. 29].

De là le langage qu'emploie Jean-Marie Le Pen, aussi bien dans ses rassemblements que dans les écrits destinés au grand public, et qui a pour fonction d'éliminer les barrières sociales entre le chef charismatique qu'il a conscience d'être et la clientèle de petites gens qu'il entend rallier à son projet politique. « Le peuple français, écrit-il, n'est pas composé exclusivement de bourgeois de salons, n'est-ce pas ? Et dans les grandes salles, quand on s'adresse au peuple, on lui parle son langage » [50, p. 38].

On fait en sorte également, comme le veut la règle rhétorique qui fonde l'art du démagogue, de se fondre avec le peuple, de donner à celui-ci l'impression que les idées et les valeurs du tribun ne font qu'un avec les siennes. « Les idées que je défends ? Les vôtres », aime à répéter Jean-Marie Le Pen dans un but qui est clairement d'exploiter les opinions, les croyances et les passions du moment, en les amplifiant et en les faisant entrer dans son propre argumentaire politique. « La politique, déclare-t-il encore, n'est pas un métier, c'est un art. Ce n'est pas l'art de répondre aux besoins mais aux passions[47]. » C'est, à peu de choses près, ce que Gustave Le Bon écrivait en 1895 dans sa *Psychologie des foules* [25].

Répondre aux passions et surtout répondre aux obsessions et aux angoisses qui caractérisent les époques de mutation et de crise. Le discours national-populiste s'est constitué à la fin du XIXᵉ siècle dans le contexte d'un bouleversement radical de la société française et de sa culture, lui-même relié aux effets de la seconde révolution industrielle [10, pp. 9-23] et aux innovations technologiques et scientifiques qui ont accompagné celle-ci. Il s'est ensuite, à chaque coup d'accélérateur de l'histoire, à chaque dérèglement majeur de la machine économique, à chaque modification en profondeur du corps social, nourri des inquiétudes et des interrogations identitaires qu'ont suscitées de manière récurrente les changements intervenus dans la vie quotidienne et dans l'imaginaire social des habitants de l'hexagone, ou du moins de ceux qui ont eu le plus à pâtir de cette transformation accélérée. Cela, sans qu'interviennent de grands changements dans la thématique élaborée à l'époque de l'Affaire Dreyfus, période-clé au cours de laquelle se sont fixés en France l'idéologie et le discours de l'ultra-droite populiste.

Ce discours se caractérise en premier lieu par l'omniprésence du thème de la décadence. Vieille lune dont la droite extrême n'a pas l'exclusivité mais qui, chez elle, occupe le centre de la vulgate

idéologique qui est offerte à la clientèle potentielle des candidats au pouvoir fort. Michel Winock en a souligné l'enracinement dans la culture politique du national-populisme, de Barrès à Drumont[48], de Drieu la Rochelle à Poujade, en passant par les promoteurs de la Révolution nationale, et il en a dégagé les caractères principaux : haine du présent, nostalgie d'un « âge d'or », éloge de l'immobilité, nostalgie du sacré, peur de la dégradation génétique, censure des mœurs, anti-intellectualisme, etc. [7, p. 103-111]. Ce thème n'est pas spécifique du discours national-populiste. Celui-ci, en effet, ne fait que reprendre l'une des obsessions majeures de la pensée traditionaliste, laquelle situe le point de départ du processus de décomposition de la société française très en amont de la Révolution — du côté de la Renaissance, de la remise en cause du dogme par les humanistes et la Réforme — et voit dans le Moyen Age occidental l'âge d'or par excellence d'une civilisation chrétienne qui transcende d'ailleurs le cadre des constructions étatiques et plus tard nationales.

Bâtie sur le modèle de la Chute et de la Rédemption transposé dans le champ politique, l'image du déclin est devenue à la fin du XIXᵉ siècle et constitue depuis lors l'une des pièces maîtresses de l'idéologie de l'extrême droite, le ciment qui relie ses deux matrices principales : le national-populisme issu d'une certaine dérive jacobine et le traditionalisme contre-révolutionnaire.

Comme tous les mythes — Roland Barthes [19] et Raoul Girardet [23] l'ont parfaitement montré —, celui de la décadence ne s'est enraciné dans un segment de notre culture politique que parce qu'il rencontrait un écho dans l'opinion et ne se développait pas « dans un univers de pure gratuité, de transparente abstraction » [23, p. 51]. Relié à la phobie du complot, il a connu sa pleine expansion dans les temps de crise et de mise en cause des certitudes sécurisantes qui composaient l'univers mental des Français. Le « préfascisme » hexagonal, dans sa version national-populiste (boulangisme, antidreyfusisme ligueur) aussi bien que contre-révolutionnaire (Action française), s'est épanoui dans le climat de déstabilisation idéologique et d'inquiétude qu'a produit au cours des quinze dernières années du XIXᵉ siècle la déstructuration de la société française sous l'effet de la seconde vague de la révolution industrielle. La poussée ligueuse de l'entre-deux-guerres et la critique très vive opérée à l'encontre du matérialisme et de l'individualisme de la société « bourgeoise » par les « non-conformistes » des années trente [37] s'inscrivent à la fois dans la perspective des difficultés économiques et sociales qui caractérisent pour l'essentiel

cette période et dans celle d'un malaise provoqué par les effets déstabilisateurs de la Première Guerre mondiale et vécu par beaucoup comme une véritable crise de civilisation, assortie elle aussi du syndrome de la décadence. De même, le maréchalisme du premier Vichy et la vague poujadiste du milieu des années cinquante répondent à une volonté affichée de certains milieux, et, dans le premier cas, d'une majorité de Français, de voir restaurée « l'âme de la France » et réaffirmé le primat de communautés naturelles et de valeurs dont l'effacement était censé avoir présidé au déclin de la nation.

Le lepénisme se nourrit depuis dix ans des mêmes phobies et des mêmes angoisses devant un monde en pleine mutation dont les changements et les ruptures sont interprétés comme autant d'indices de la « désintégration française ». Déjà en 1973, le programme inaugural du Front national faisait le constat de ce qu'il appelait le « processus de décadence intellectuelle, morale et physique où nous sommes engagés[49] ». Jean-Marie Le Pen, et avec lui quelques-uns des ténors de la formation qu'il préside — Bruno Mégret par exemple dont la première partie de l'ouvrage qu'il a publié en 1990 [52] est entièrement consacrée aux « instruments du déclin » —, ont par la suite creusé le sillon et entrepris de fustiger ce que le numéro un du Front national a appelé les « délices mortels de la décadence » [53, p. 73]. Le discours qu'ils tiennent est peuplé des mêmes images de maladie, de déchéance, de dégénérescence, de décomposition, de stérilité, d'approche de la mort, que celles qui surgissaient il y a un siècle sous la plume d'un Drumont, parlant pour désigner la société et la classe politique de son temps de « cadavre social », de « flore pestilentielle » et de « mare fétide »[50], d'un Daudet évoquant le « sol vaseux » de la démocratie « où champignonnent le mal et le pire[51] », plus tard d'un Drieu, d'un Céline, d'un Rebatet ou d'un Bardèche. Ce dernier, à la fin des années cinquante, reprochait aux démocraties libérales d'avoir ouvert la société « de toutes parts à toutes les inondations, à tous les miasmes, à tous les vents fétides, sans digue contre la décadence[52] ». On pourrait à l'infini multiplier les citations et les références croisées qui donnent au discours de l'extrême droite son épaisseur temporelle.

De là les fantasmes récurrents rattachant la décomposition du corps social et de la nation aux « maladies honteuses » qui sont le prix à payer pour le relâchement des mœurs dont la littérature décadentielle est unanime à dénoncer les effets destructeurs. Hier, c'était la syphilis évoquée par Drieu la Rochelle dans *Gilles*[53],

aujourd'hui ce sont les frayeurs du SIDA manipulées par le leader du Front national, ce mal de notre temps appelant pour lui une triple malédiction en tant que liée au laxisme des mœurs, aux migrants du tiers monde et à ces « rebuts » de notre société que constituent les homosexuels et les toxicomanes.

De là également, une fois le diagnostic établi, la recherche des sources du mal et la désignation des « coupables » à la vindicte populaire, dans une perspective qui relève directement de la mythologie du complot. Coupables dans le passé ceux qui ont concouru à la déstructuration de la société traditionnelle et coupables surtout, au temps présent, les agents maléfiques de la décomposition de la nation. Là encore, rien de très neuf dans le discours lepéniste, sinon, jusqu'à une date récente, une certaine prudence motivée par la rigueur (toute relative dans son application) de la loi et par le rejet majoritaire dans l'opinion de la thématique raciste et antisémite. On ne dénonce plus, comme au temps de Maurras, les « quatre États confédérés » : Juifs, francs-maçons, protestants et « métèques », on n'ose pas encore tout à fait parler à la manière de Drumont de « l'invasion juive », on s'applique même — pour tenter d'échapper à l'accusation de xénophobie et de racisme — de faire le tri entre les « bons » étrangers et les « mauvais », en oubliant que les premiers (Belges, Italiens, Espagnols, etc.) ont longtemps été perçus comme aussi dangereux pour la pérennité de l'identité française que le sont aujourd'hui les Maghrébins et les Africains. Pour le reste, la stratégie est la même : il s'agit, pour le chef charismatique populiste de concentrer sur un petit nombre de personnes — l'« oligarchie cosmopolite », le « pouvoir médiatique » —, implicitement et parfois explicitement présentées comme appartenant à une communauté « étrangère », ou sur des minorités jugées inassimilables et travaillant de l'intérieur à la désagrégation du tissu national, les responsabilités du déclin français, de façon à canaliser sur un ennemi clairement désigné les angoisses qu'il a lui-même contribué à faire croître. Les démagogues de la fin du siècle dernier procédaient de la sorte, dénonçant avec Drumont et consorts le « complot juif » visant à détruire la France chrétienne, ou évoquant, comme Louis Bertrand le faisait pour Marseille, la Byzance de la décadence en proie aux convoitises des barbares[54].

Xénophobie non explicitement raciale et antisémitisme se sont ainsi trouvés placés, d'entrée de jeu, au centre de la construction mentale nationale-populiste. Après quoi, à chaque ébranlement de la société française, qu'il soit ou non relié à des difficultés écono-

miques d'envergure, le phénomène a rejoué, les dirigeants de l'ultra-droite utilisant, pour mobiliser les éléments les plus atomisés du corps social, les angoisses identitaires et sécuritaires suscitées par la présence de l'étranger sur notre sol. Il en a été ainsi dans les années trente, au lendemain de la défaite de 1940 et lors de la grande mutation qui a inauguré en France la période dite des « trente glorieuses ». Aujourd'hui, le phénomène Le Pen joue sur des ressorts identiques et fonde sa stratégie de mobilisation sur de semblables références aux menaces qui sont censées peser sur l'identité de la nation. De ce point de vue, les cinquante mesures contre l'immigration proposées par les dirigeants du Front national en novembre 1991 sont éclairantes sur plus d'un aspect de leur culture politique et identitaire : uniquement applicables dans le cadre d'une dictature qui ignorerait, par nature, l'universalité de la loi, elles se fondent sur l'apartheid social, la ségrégation des nationalités et l'application arbitraire et relativisée pour chacun des droits imprescriptibles de l'homme[55].

L'habileté extrême de Jean-Marie Le Pen aura été d'exploiter une demande sociale authentique, émanant pour une part de secteurs marginalisés de la population vivant au contact ou à proximité des communautés immigrées, pour une autre part de catégories moins défavorisées mais que préoccupe le maintien de l'identité française dans une Europe en mutation accélérée, afin d'amener ces segments de l'électorat sur des positions qui sont en réalité traditionnellement celles de l'extrême droite populiste. Avec ce que cette captation, plus ou moins inconsciente de la part de ceux qui en ont été la cible, comporte de dangers pour l'avenir de la démocratie dans notre pays. En mettant l'accent sur les périls que le « déferlement du tiers monde » fait courir à l'indépendance politico-militaire et économique de la France — laquelle entretient sur son sol « une véritable armée qui vit dans l'attente de mots d'ordre destinés à imposer à la France la volonté, les caprices et les humeurs d'Alger[56] » —, et surtout à l'identité culturelle et ethnique du peuple français, le leader du Front national n'a pas, comme le déclarait Laurent Fabius, alors Premier ministre, « donné de mauvaises réponses à de bonnes questions » : il a, mieux que tous ses prédécesseurs, engagé un processus de radicalisation politique aboutissant à la banalisation de la xénophobie, à la renaissance d'un antisémitisme qui hésite de moins en moins à montrer son visage et au succès croissant de thèmes qui sont depuis toujours ceux de la mouvance nationale-populiste.

## V. PARTI « ATTRAPE-TOUT »
## OU RÉSURGENCE DU PÉTAINISME?

Des pages qui précèdent il ressort que le mouvement animé par Jean-Marie Le Pen, tout comme l'idéologie qui le sous-tend, se rattachent non à un courant unique de la droite extrême mais à l'ensemble des courants qui composent celle-ci. Que le noyau se rattache au fonds national-populiste qui, en France, constitue l'élément capable de mobiliser les militants et les électeurs les plus nombreux, et que ce soit autour de cette cellule-mère que s'est opérée depuis dix ans la synthèse des droites radicales, cela ne fait aucun doute. Mais si synthèse il y a, elle est éminemment fragile et repose tout entière et sur la préoccupation tactique des diverses familles, qui composent le Front, de jouer gagnant sur le charisme du chef, et sur la personnalité même de l'ancien député poujadiste, devenu le fédérateur de l'ultra-droite et l'instrument de la cohésion idéologique du parti.

Le Front national reste traversé aujourd'hui par des courants divers et parfois conflictuels entre lesquels Le Pen s'efforce d'établir en sa personne une voie consensuelle. Il en résulte que le corpus doctrinal du Front constitue, comme le dit Pierre-André Taguieff, « une synthèse de synthèses, une sommation de "troisièmes voies" se présentant comme autant de solutions à des antinomies » [32, p. 44] : entre l'individualisme et le communautarisme se résolvant dans la figure de l'« individu enraciné », entre le libéralisme et la tradition populiste avec pour solution idéologique le « capitalisme populaire », entre la démocratie et la contre-révolution avec l'appel à la « vraie révolution française », entre l'universalisme et le nationalisme avec la « hiérarchie des dilections » qui classe les étrangers en fonction d'une échelle des proximités géographiques et culturelles [32, p. 44-45].

Cet élargissement du corps de doctrine de la droite extrême et la recherche qu'opère son porte-parole d'un plus petit commun dénominateur entre les tendances qui la composent ne vont pas sans un certain affadissement de la thématique développée par ce courant politique, désormais très en retrait — du moins sur certains points — par rapport aux positions tenues par les hommes qui l'ont

incarné depuis un siècle et plus. L'éloge du capitalisme et de l'ultralibéralisme économique introduit par Le Pen à l'heure de la reaganomanie triomphante, ainsi que la réhabilitation de l'argent, même assortie des habituelles diatribes contre les « gros » et contre l'« affairisme », tranchent avec le discours classique de la droite extrême, de même que l'acceptation — tactique ou non — du régime démocratique, voire du parlementarisme, la mise en sommeil de la thématique « révolutionnaire » ou « contre-révolutionnaire », un atlantisme en totale rupture avec l'anti-américanisme consubstantiel à ce secteur de l'opinion, et l'adhésion sinon à la supranationalité, du moins à une conception de l'« Europe des patries » proche de celle du général de Gaulle.

On peut dans ces conditions se demander si le Front national — aujourd'hui fort d'une soixantaine de milliers d'adhérents, de cadres expérimentés venus du RPR, du Parti républicain ou du CNIP et d'un capital potentiel de voix oscillant entre 12 et 15 % du corps électoral, donc devenu un acteur à part entière de la vie politique française particulièrement depuis que, grâce au scrutin à la proportionnelle introduit par François Mitterrand pour les élections législatives de mars 1986, il put siéger en nombre au parlement (35 élus 9,9 % des voix, score égal à celui du Parti communiste) jusqu'aux élections de 1988 et au rétablissement du scrutin majoritaire — n'est pas en train de se transformer en un parti « comme les autres », pouvant afficher dans certaines régions son ambition hégémonique sur l'électorat de droite. D'autant que sa montée en puissance n'est plus limitée depuis 1988 aux grands bastions que constituent le Bassin parisien (au sens large) et le littoral méditerranéen. Elle s'est accompagnée d'une réelle homogénéisation territoriale et sociologique qui fait la différence entre l'organisation lepéniste, parti « attrape-tout », et le mouvement Poujade de 1956, principalement campé sur les terres des catégories moyennes indépendantes et cantonné dans la France archaïsante de l'Ouest et du Centre.

Faut-il admettre pour autant que la banalisation du parti de Jean-Marie Le Pen, son adhésion aux principes de la démocratie et aux règles du jeu parlementaire, ainsi que l'assagissement de sa doctrine, soient le prélude de la mutation du Front national en une grande force politique conservatrice ayant vocation à substituer son hégémonie à celle des deux principales organisations de la droite classique, et à prendre le relais de la formation gaulliste sur le terrain d'un national-populisme intégré à la tradition démocratique française? Nous retrouvons ici la question posée par René

Rémond en 1985 à propos de l'adéquation ou non de l'étiquette « extrême droite » appliquée à une organisation dont le caractère « relativement modéré et légaliste » interdirait qu'on l'identifiât « à la tradition contre-révolutionnaire comme à l'agitation ligueuse[57] ».

Si l'on cherche des précédents à l'éventuelle mutation de l'extrême droite lepéniste en un grand parti conservateur intégrant en son sein les forces vives du national-populisme, on s'arrêtera moins sur le cas du mouvement Poujade, dont nous venons d'évoquer la relative étroitesse des bases territoriales et sociologiques, et dont l'évolution s'est plutôt opérée dans le sens de la marginalisation et de la radicalisation [45; 47], que sur le Parti social français du colonel de La Rocque au cours des années qui ont immédiatement précédé le second conflit mondial — encore que la fraction de l'extrême droite ligueuse qui a donné naissance à cette formation ne relève pas tout à fait de la même culture politique que la mouvance qu'a présidée, au cours des dix premières années de son existence, l'ancien dirigeant de la « corpo » des étudiants en droit de l'université de Paris.

S'il y a en effet dans l'idéologie « croix-de-feu » et dans ce qui tient lieu à La Rocque de « programme » des éléments qui apparentent celui-ci à la thématique de l'ultra-droite nationaliste, plébiscitaire et antiparlementaire, on y trouve également des traits qui — du moins jusqu'à l'avènement du régime maréchaliste — tranchent avec les autres courants de la droite ligueuse et fascisante. Partisan d'un État privilégiant un exécutif fort et réduisant le rôle du Parlement, l'auteur de *Service public*[58] se dit respectueux de la représentation nationale et se prononce même pour un mode de scrutin « sincère » incluant la proportionnelle et le vote des femmes. Mais surtout, il se démarque des autres dirigeants des ligues par l'importance qu'il attache à la tradition chrétienne et à la primauté du spirituel, ainsi que par sa condamnation clairement formulée du racisme. Ceci ne suffit certes pas à absoudre les Croix-de-Feu du péché d'activisme et d'agitation parlementaire, voire, s'agissant des troupes et non plus du leader, de manifestations xénophobes au cours des années qui ont précédé la dissolution du mouvement en juin 1936. Mais, comparée aux autres ligues, celle du colonel de La Rocque se caractérise surtout par sa modération, comme en témoigne son attitude lors de la journée du 6 février 1934[59].

Cette relative modération va s'accentuer en 1938 à partir du moment où, rompant avec l'activisme antiparlementaire de ses

origines, le Parti social français — qui a pris deux ans plus tôt le relais de l'organisation dissoute par le premier gouvernement Blum — se transforme en une grande formation de la droite conservatrice, plus ou moins explicitement ralliée au système, et perd de ce fait son caractère extrémiste. Entre mai 1938 et août 1939, le parti du colonel de La Rocque voit en effet, lors des élections partielles, son score électoral s'élever à près de 10 % (soit près de sept fois celui du PPF de Doriot). A cette date, dans le contexte d'un reflux vers la droite d'une partie de la clientèle du Front populaire, le PSF est bel et bien en passe de devenir une grande force interclassiste moderne, préfiguration en quelque sorte du mouvement gaulliste et candidate à l'hégémonie sur les droites françaises.

La comparaison avec l'évolution du Front national au cours des cinq dernières années permet-elle d'évoquer la récurrence d'un phénomène de déradicalisation de l'ultra-droite dont le point d'aboutissement pourrait être la transformation de l'organisation lepéniste en un grand parti de la droite classique, ayant vocation à occuper dans le paysage politique français une position comparable à celle du mouvement gaulliste après la guerre ou depuis l'avènement de la cinquième République ? Autrement dit, en devenant un parti « attrape-tout », l'ancien groupuscule néo-fasciste créé en 1972, est-il en passe de prendre une distance suffisante vis-à-vis de sa culture politique originelle, et de celles dont il a hérité en fédérant autour de lui les autres courants de l'extrême droite, pour qu'au-delà des déclarations de principe de son chef on puisse admettre que son discours et son action s'inscrivent dans la tradition républicaine ?

A cette question, qui conditionne d'éventuelles alliances entre le Front national et les droites classiques, la réponse qui peut être apportée aujourd'hui, à l'examen des orientations idéologiques profondes de cette organisation, ne peut être sans aucun doute possible que négative — ce qui ne signifie pas, il faut le répéter, que l'émergence du Front national soit un simple phénomène conjoncturel destiné à se tasser, voire à disparaître. Sans doute, Jean-Marie Le Pen et ses principaux lieutenants ont-ils choisi d'afficher leur adhésion de principe aux institutions et aux pratiques de la démocratie, pour peu que celle-ci soit « regénérée » et débarrassée des éléments délétères qui poussent la France sur la voie de la décadence. Ne serait-ce que parce que la démocratie constitue de nos jours une donnée quasi consensuelle et qu'il faut bien en « passer par là », comme l'énonçait Pierrette Le Pen en 1985[60].

Or, si les valeurs républicaines restent largement majoritaires en

France, il est clair qu'elles sont difficilement conciliables avec le projet d'« assainissement » et de redressement de la nation que Jean-Marie Le Pen développe dans ses écrits et discours. S'interrogeant sur la signification de la « vraie révolution française » que le président du Front national a fixée comme objectif à son action, Pierre-André Taguieff, à qui nous devons à ce jour l'analyse la plus complète et la plus pertinente de la philosophie politique lepéniste, a montré que le corpus doctrinal qui forme le noyau dur du discours frontiste situe celui-ci « à l'extérieur de la tradition issue de 1789 » [56, p. 226]. Il admet que le Front « emprunte occasionnellement au langage républicain/révolutionnaire, et qu'il s'inspire soit d'interprétations insoutenables de la souveraineté du peuple, soit des dérives terroristes du jacobinisme ». Mais, ajoute-t-il, « la critique frontiste des "abstractions", qui confine à la haine, éloigne radicalement la "droite nationale" de ce surgissement d'abstractions inspirées et libératrices que fut 1789 ». [56, p. 226-227].

Si elle est étrangère à la tradition républicaine et se développe à contre-courant de la plupart des idéaux relevant de la filiation idéologique issue des Lumières — idéaux que partagent largement aujourd'hui les représentants de la droite libérale et ceux de la gauche démocrate et socialiste —, à quelle matrice, à quelle portion du territoire de l'« idéologie française », à quels précédents historiques la pensée des dirigeants frontistes se rattache-t-elle? Nous avons vu qu'elle ne pouvait être considérée comme relevant d'une filiation unique : contre-révolutionnaire, populiste, fasciste ou néofasciste, mais qu'elle visait à faire *coexister* au sein d'une même famille et à *mobiliser* par un même discours unificateur et intégrateur les multiples courants qui structurent depuis un siècle et plus l'espace occupé en France par *l'extrême droite*. Syncrétisme que l'on retrouve ailleurs qu'en France, opéré tantôt au profit du courant traditionaliste (franquisme, salazarisme), tantôt au contraire par captation de familles idéologiques ralliées au pôle populiste et « révolutionnaire » (fascisme italien) et qui, chez nous, a abouti à Vichy.

Car c'est bien de l'*héritage vichyste* qu'est porteur, répétons-le, le symbole détourné de la flamme tricolore. Tous les ingrédients, toutes les idées, toutes les obsessions cultivés depuis un siècle par les diverses fractions de la droite radicale et qui ont fusionné pendant quelque temps sous le label de l'État français, se retrouvent aujourd'hui dans la synthèse lepéniste, tout aussi pétrie de contradictions que le précédent maréchaliste. Comme à Vichy, au

temps des « illusions » qui a précédé l'alignement pur et simple sur le Reich hitlérien, on se propose au Front national de donner un coup d'arrêt à la décadence française par un retour aux valeurs traditionnelles, tout en cultivant la fibre populiste, en jouant des peurs récurrentes d'une société en crise et de la xénophobie ambiante, et en faisant dans le même temps une place aux « jeunes cyclistes[61] », aux champions de la modernité, qui ne sont plus aujourd'hui planistes et technocrates, comme ils l'étaient sous Vichy, mais ultra-libéraux à la manière des disciples anglo-saxons de Ronald Reagan et Margaret Thatcher...

Or ces ingrédients et ces obsessions relèvent d'une tradition politique qui n'a pas grand-chose de commun avec celle de la République. Ne pas le voir et se prendre au jeu, parfaitement maîtrisé par le leader du Front national, de l'euphémisation du discours et du ralliement affiché à la « démocratie », risque de faire prendre la formation lepéniste pour autre chose que ce qu'elle est : à savoir une force politique aspirant non seulement à drainer les suffrages des mécontents et des désespérés, mais à instaurer en France un régime autoritaire et plébiscitaire reposant sur des valeurs étrangères à celles qui ont fait depuis deux siècles la démocratie française. Non pas le fascisme, au sens strict du terme désignant un phénomène totalitaire de masse, et qui est toujours resté chez nous à l'état de virtualité, mais ce pot-pourri d'idéologies ultra-droitières fleuries à la fin du XIXᵉ siècle qui a triomphé à la faveur de la débâcle de 1940 et de la paralysie des défenses immunitaires qui avaient jusqu'alors préservé la République des assauts réitérés menés par les forces conjuguées du césarisme plébiscitaire et de la contre-révolution.

Au-delà des succès électoraux remportés par le Front national et de son installation durable dans le paysage politique français, la résurgence d'un discours populiste et tendanciellement xénophobe qui, transcendant les frontières de la gauche et de la droite, paraît prendre racine aujourd'hui jusqu'au sommet de la classe politique et de l'État devrait nous incliner à réfléchir sur les conséquences qu'a pu avoir en d'autres temps l'oubli de ce qui fait depuis 1789 la véritable identité de la France.

PIERRE MILZA

# Bibliographie

Nous n'avons pas reproduit ici l'ensemble de la bibliographie se rapportant à l'histoire de l'extrême droite en France. Nous avons simplement mentionné les ouvrages qui ont été directement utilisés pour la préparation et la rédaction de ce chapitre. On complètera notamment avec la bibliographie accompagnant les chapitres de cette *Histoire des droites* rédigés par Philippe Burrin et Serge Berstein.

## Sur l'environnement de la question et les problèmes généraux concernant l'extrême droite française :

[1] FRANCIS BERGERON et PHILIPPE VILGIER, *Les droites dans la rue : nationaux et nationalistes sous la troisième République*, Paris, Dominique Martin Morin, 1985.

[2] ARIANE CHEBEL D'APPOLLONIA, *L'extrême droite en France. De Maurras à Le Pen*, Bruxelles, Complexe, 1988.

[3] RAOUL GIRARDET, *Le nationalisme français. Anthologie, 1871-1914*, Paris, Le Seuil, 1983.

[4] JEAN-CLAUDE PETITFILS, *L'extrême droite en France*, Paris, PUF (Que Sais-je?), 1983.

[5] RENÉ RÉMOND, *La droite en France*, 1re édition, Paris, Aubier/Montaigne, 1954.

[6] RENÉ RÉMOND, *Les droites en France*, Paris, Aubier/Montaigne, 1982.

[7] MICHEL WINOCK, *Nationalisme, antisémitisme et fascisme en France*, Paris, Le Seuil, coll. « Points Histoire », 1990.

## Sur le fascisme français dans ses rapports avec les autres courants de l'extrême droite :

[8] PHILIPPE BURRIN, *La dérive fasciste. Doriot, Déat, Bergery, 1933-1945*, Paris, Le Seuil, 1986.

[9] RAOUL GIRARDET, « Notes sur l'esprit d'un fascisme français », *Revue française de science politique*, vol 5, n° 3, juillet-septembre 1955, p 529-546.

[10] PIERRE MILZA, *Les fascismes*, Paris, Imprimerie nationale, 1985.

[11] PIERRE MILZA, *Fascisme français. Passé et présent*, Paris, Flammarion, 1987.

[12] ERNST NOLTE, *Le fascisme dans son époque*, Paris, Julliard, 1970, traduit l'allemand; t. 1 — *L'Action française*, t. 2 — *Le fascisme italien*, t. 3 — *Le national-socialisme*.

[13] RENÉ RÉMOND, « Y a-t-il un fascisme français? », *Terre humaine*, n° 7-8, juillet-août 1952.

[14] ROBERT SOUCY, *Fascism in France. The Case of Maurice Barrès*, University of California Press, Berkeley, Londres, 1972.

[15] ROBERT SOUCY, *French Fascism, the first Wave, 1924-1933*, Yale University Press, New Haven et Londres, 1986 — trad. française : *Le fascisme français, 1924-1933*, Paris, PUF, 1989.

[16] ZEEV STERNHELL, *La droite révolutionnaire, 1885-1914. Les origines françaises du fascisme*, Paris, Le Seuil, 1978.

[17] ZEEV STERNHELL, *Ni droite ni gauche. L'idéologie fasciste en France,* Paris, Le Scuil, 1983.

[18] MICHEL WINOCK, *Edouard Drumont et Cᵉ. Antisémitisme et fascisme en France,* Paris, Le Seuil, 1982.

*Pour une approche théorique de la question :*

[19] ROLAND BARTHES, *Mythologies,* Paris, Le Seuil, 1957.

[20] F. BORELLA, *Les partis politiques dans la France d'aujourd'hui,* Paris, Le Seuil, 1973, pour la première édition, 1981 pour la quatrième.

[21] MARGARET CANOVAN, *Populism,* New York, Harcourt Brace Jovanovitch, 1981.

[22] GINO GERMANI, *Authoritarianism, Fascism and National Populism,* New Brunswick, 1978.

[23] RAOUL GIRARDET, *Mythes et mythologies politiques,* Paris, Le Seuil, 1986.

[24] GHITA IONESCU et ERNST GELLNER, *Populism. Its Meanings and National Characteristics,* Londres, 1969.

[25] GUSTAVE LE BON, *Psychologie des foules,* Paris, Alcan, 1895.

*Sur la tradition contre-révolutionnaire dans la pensée et l'action de l'extrême droite :*

[26] COLETTE CAPITAN PETER, *Charles Maurras et l'idéologie de l'Action française. Étude sociologique d'une pensée de droite,* Paris, Le Seuil, 1972.

[27] ALBERT O. HIRSCHMAN, *Deux siècles de rhétorique réactionnaire,* Paris, Fayard, 1991, traduit de l'anglais.

[28] EUGEN WEBER, *L'Action française,* Paris, Stock, 1964.

*Sur le national-populisme en France :*

[29] PHILIPPE LEVILLAIN, *Boulanger, fossoyeur de la République,* Paris, Flammarion, 1982.

[30] ADRIEN DANSETTE, *Le boulangisme,* Paris, Fayard, 1946.

[31] ZEEV STERNHELL, *Maurice Barrès et le nationalisme français,* Paris, Cahiers de la FNSP, A. Colin, 1972, réédité en format de poche aux éditions Complexe, Bruxelles, 1985.

[32] PIERRE-ANDRÉ TAGUIEFF, « La rhétorique du national-populisme. Les règles élémentaires de la propagande xénophobe », *Cahiers Bernard Lazare,* n° 109, juin-juillet 1984, p. 19-38.

[33] PIERRE-ANDRÉ TAGUIEFF, « La rhétorique du national-populisme », *Mots,* octobre 1984, p. 113-138.

[34] PIERRE-ANDRÉ TAGUIEFF, « La doctrine du national-populisme en France », *Études,* janvier 1986, 364/1, p. 27-46.

[35] MICHEL WINOCK, « La vieille histoire du national-populisme », *Le Monde,* 12-6-1987, repris in [7].

*Sur divers aspects de l'extrême droite en France entre les deux guerres et sous le régime de Vichy :*

[36] JEAN-PIERRE AZÉMA, *De Munich à la Libération, 1938-1944,* Paris, Le Seuil, 1979.

[37] JEAN-LOUIS LOUBET DEL BAYLE, *Les non-conformistes des années 30,* Paris, Le Seuil, 1969.

[38] ROBERT O. PAXTON, *La France de Vichy, 1940-1944*, Paris, Le Seuil, 1973.

## Sur l'extrême droite depuis 1945 :

[39] JOSEPH ALGAZY, *La tentation néo-fasciste en France, 1944-1965*, Paris, Fayard, 1984.

[40] JEAN-PIERRE APPARU, *La droite aujourd'hui*, Paris, Albin Michel, 1978.

[41] MAURICE BARDÈCHE, *Nuremberg ou la terre promise*, Paris, Les Sept couleurs, 1948.

[42] CHRISTOPHE BOURSEILLER, *Extrême droite. L'enquête*, Paris, François Bourin, 1991.

[43] ROBERT BADINTER (sous la direction de), *Vous avez dit fascismes?* Paris, Arthaud/Montalba, 1984.

[44] ALAIN DE BENOIST, *Vu de droite*, Paris, Copernic, 1977.

[45] DOMINIQUE BORNE, *Petits-bourgeois en révolte? Le mouvement Poujade*, Paris, Flammarion, 1977.

[46] *L'extrême droite en question*, textes réunis et présentés par Madeleine Rébérioux. Actes du colloque organisé par le Cercle Condorcet et la Ligue des Droits de l'Homme les 3 et 4 février 1989. Paris, 1991.

[47] STANLEY HOFFMANN, *Le Mouvement Poujade*, Paris, A. Colin, 1956.

## Sur la Nouvelle Droite et sur ses relations avec le lepénisme :

[48] GHISLAINE DESBUISSONS, *La Nouvelle Droite (1968-1974). Contribution à l'étude des idées de droite en France*, Thèse de l'IEP de Grenoble, ex. dactyl.

[49] ANNE-MARIE DURANTON-CRABOL, *Visages de la Nouvelle Droite. Le G.R.E.C.E. et son histoire*, Paris, Presses de la FNSP, 1988.

## Sur le Front national et son idéologie :

[50] ARIANE CHEBEL D'APPOLLONIA, *La culture politique du Front national : présentation de l'évolution d'une tradition politique française*, Mémoire dactyl. présenté pour le DEA d'Histoire du XXe siècle, sous la direction de S. Berstein, IEP Paris, 1986.

[51] J.-P. HONORÉ, « Jean-Marie Le Pen et le Front national (Description et interprétation d'une idéologie identitaire) », *Les Temps modernes*, no 465, avril 1985, p. 1843 sq.

[52] BRUNO MÉGRET, *La flamme. Les voies de la Renaissance*, Paris, Robert Laffont, 1990.

[53] JEAN-MARIE LE PEN, *Les Français d'abord*, Paris, Carrère/Laffont, 1984.

[54] JEAN-MARIE LE PEN, « Le Front national » in *La droite aujourd'hui*, sous la direction de Jean-Pierre Apparu, *op. cit.*, p. 173-181.

[55] NONNA MAYER et PASCAL PERRINEAU (s.d.), *Le Front national à découvert*, Paris, Presses de la FNSP, 1989.

[56] PIERRE-ANDRÉ TAGUIEFF, « Un programme révolutionnaire? » in *Le Front national à découvert, op. cit.*, p. 195-227.

[57] ANNE TRISTAN, *Au Front*, Paris, Gallimard, 1987.

[58] GILLES TORDJMANN, *Le discours de Jean-Marie Le Pen*, Mémoire de maîtrise en science politique, Paris, X. Nanterre, 1985.

# NOTES

*Chapitre I*

## 1815-1848 : QUE FAIRE
## DE LA RÉVOLUTION FRANÇAISE?

1. On l'a vu récemment et *a contrario* avec l'ouvrage de François Furet, Jacques Julliard et Pierre Rosanvallon (*La République du centre*, Paris, Calmann-Lévy, 1988) qui postule aujourd'hui la fin du mythe révolutionnaire, donc « la fin de l'exception française » et, par l'adoucissement des affrontements gauche-droite, « la normalisation de la France par rapport aux démocraties anglo-saxonnes ».

2. Voir Jean Egret, *La Révolution des notables. Mounier et les monarchiens*, 1789, Paris, A. Colin, 1950, pour les débuts de la Révolution; mais Jean-Joseph Mounier quitte la Constituante dès octobre 1789 et émigre en mai 1790. Georges Michon, *Essai sur l'histoire du parti feuillant, Adrien Duport*, Paris, Payot, 1924, est surtout utile pour 1791-1792. A compléter par Robert Griffiths, *Le Centre perdu, Malouet et les monarchiens dans la Révolution française*, Grenoble, 1988.

3. Si les Girondins reçoivent l'appui de certains royalistes lors de l'insurrection fédéraliste de l'été 1793, c'est essentiellement pour des considérations tactiques et en raison d'un attachement commun à la décentralisation : tout un courant contre-révolutionnaire que Jacques Godechot appelle le conservatisme historique, marqué par la pensée de Fénelon [2, p. 7-8], s'accroche aux « privilèges » locaux dès le XVIIIᵉ siècle, avant de s'épanouir au XIXᵉ siècle.

4. A la différence de René Rémond [1, p. 99 sqq.] qui fait du bonapartisme l'une des trois composantes de la droite, après le légitimisme et l'orléanisme, Stéphane Rials et Frédéric Bluche [48, p.41-44; 54] s'emploient à nier la définition *droitière* du bonapartisme; mais — pour la période qui nous concerne ici — la divergence est moins profonde qu'il n'y paraît car René Rémond, lorsqu'il s'intéresse au premier Empire [22, p. 223-235], souligne l'atrophie progressive de toute vie politique à ce stade.

5. Il faut tenir compte de la pacification des régions de chouannerie par le général Brune en 1800, avec la reddition de Bourmont et de Cadoudal et l'exécution du général de Frotté [19, p. 125-130].

6. Jacques Bonin et Paul Didier (*Louis XVIII, roi de deux peuples. Le premier régime parlementaire français*, Paris, Éd. de l'Albatros, 1980) analysent le tenace effort du roi pour éviter la cassure du pays.

7. Pour désigner le régime instauré en 1814 il semble préférable de renoncer à la notion de « monarchie parlementaire » qu'utilisait naguère aussi bien l'historien Félix Ponteil [20] que le juriste Paul Bastid [21] pour faire prévaloir celle de « monarchie limitée » avec Stéphane Rials [48, p. 86-125]; fondée en droit comme la monarchie absolue et incarnant comme elle l'unité de la puissance d'État, elle

soumet toutefois le monarque à certaines sujétions d'exercice qui peuvent faire obstacle à sa volonté.

8. Contre la tradition historiographique qui insiste sur l'ignorance dans laquelle se serait trouvé le peuple français quant à l'existence du prétendant Bourbon, l'Anglais Philip Mansel [33] croit à son attachement résiduel foncier à l'ancienne monarchie et signale par exemple que, dans l'été de 1813, 400 personnes ont bu à la santé du roi dans une guinguette de la banlieue marseillaise.

9. Jean Vidalenc (*Les demi-solde*, Paris, Rivière, 1955) montre que seuls quelques centaines de ces anciens officiers, sur les 20 000 demi-solde, se sont lancées dans une opposition de gauche : « Ceux qui escomptaient d'un zèle royaliste et exceptionnel une réintégration dans les cadres étaient plus nombreux que les opposants attendant le même résultat d'une conspiration réussie. »

10. Selon une suggestion initiale de Colin Lucas, « Résistances populaires à la Révolution dans le Sud-Est », in *Mouvements populaires et conscience sociale (XVI<sup>e</sup>-XIX<sup>e</sup> siècles)*, Actes présentés par Jean Nicolas, Paris, Maloine, 1985, p. 462-488, reprise par Claude Mazauric qui distingue « les oppositions populaires à la Révolution », proches de la « révolte primitive », de l'ensemble des stratégies mises en œuvre pour préparer la « dérévolution » comme on dit en l'an III (« Autopsie d'un échec. La résistance à l'Anti-Révolution et la défaite de la Contre-Révolution », in *Les résistances à la Révolution*, Actes du colloque de Rennes, Paris, Imago, 1987, p. 237-244).

11. La grande noblesse du Faubourg Saint-Germain partage les mêmes sentiments royalistes mais fait peu parler d'elle, plus préoccupée de la Cour et de la pairie que de la députation ; seuls le clan des amis de Chateaubriand (comme le duc de Fitz-James) et le clan dévot (mené par Mathieu de Montmorency et son gendre Sosthène de La Rochefoucauld) jouent un rôle politique [45, p. 235-236].

12. Cité dans Michel Denis, *Rennes, berceau de la liberté. Révolution et démocratie : une ville à l'avant-garde*, Rennes, Éd. Ouest-France, 1989, p. 258.

13. Un bon exemple de fonctionnement de cour prévôtale est donné par Jean Vidalenc, « La cour prévôtale de la Seine-Inférieure », in *Revue d'histoire moderne et contemporaine*, oct.-déc. 1972, p. 533-556.

14. Maurice Agulhon [77, p. 52] oppose la vie de salon à la vie de cercle comme une pratique plutôt aristocratique à une pratique plutôt bourgeoise, comme une pratique ancienne à une pratique nouvelle, comme une pratique réputée nationale (vieille France) à une pratique réputée importée (d'Angleterre), comme une pratique impliquant hiérarchie à une pratique égalitaire.

15. Cependant il est souvent difficile de préciser la nuance des députés les plus insignifiants, ceux qui ne prennent jamais la parole et dont on ne connaît pas les votes, alors secrets : ils constituent le « Ventre » de la Chambre (comme il y avait un « Marais » à la Convention!), prêt à voter pour le ministère quel qu'il soit.

16. Joseph Fiévée explique clairement que la masse des ruraux devenus propriétaires continue à respecter les notables auxquels elle confierait les responsabilités si elle avait le droit de vote. Il voudrait notamment reprendre la vieille tradition d'affranchissement des communes car il existe, selon lui, « un autre pouvoir que le pouvoir exécutif du chef de l'État, c'est le pouvoir municipal ». Lui qui a été préfet de la Nièvre à la fin de l'Empire, il attaque sans cesse la centralisation et l'administration préfectorale [61, p. 264-265].

17. C'est également Vitrolles qui rédige, en janvier 1816, la déclaration dans laquelle les ultras résument leurs positions : attachement à la monarchie; acceptation de la Charte; respect des « intérêts créés par la Révolution [...] mais nous n'admettons plus dans l'avenir l'application des principes qui ont créé ces intérêts »; redonner au clergé « l'indépendance, l'administration des biens et revenus qui

peuvent la lui assurer, enfin une existence civile »; restaurer la morale; limiter les pouvoirs de la police et respecter la liberté de la presse, mais en réprimer les délits; décentraliser; diminuer l'impôt foncier; autoriser les arts et métiers à former des associations libres [38, t. I, p. 303-305].

18. Burke, c'est l'anti-Sieyès : « On dit que vingt-quatre millions d'hommes doivent l'emporter sur deux cent mille, cela est vrai si la constitution d'un royaume est un problème d'arithmétique [...] La volonté du grand nombre et les intérêts du grand nombre sont rarement la même chose; et la différence sera énorme si, en vertu de sa volonté, le grand nombre fait un mauvais choix » [3, p. 200].

19. A cette époque c'est notamment Jeremy Bentham qui fait du principe de l'utilité la base de la morale et de la législation. La condition naturelle de l'homme étant la sensibilité et ses seuls sentiments éternels étant la recherche du plaisir et la fuite de la douleur, le législateur n'a pas à spéculer sur une prétendue « loi naturelle », mais il cherchera seulement la meilleure harmonisation possible des plaisirs et des peines [6, p. 74-78]. L'abaissement du gouvernement est une folie, car le gouvernement n'est pas l'ennemi des hommes. « Pour nous, Britanniques, les institutions politiques sont un peu comme une très vieille maison de famille où chaque génération ajoute quelque chose. Quand elles sont audacieuses, elles y ajoutent une aile. Quand elles le sont moins, on se contente d'épousseter les meubles, d'agrandir une fenêtre ou de raccommoder la toiture; cela suffit amplement. N'essayons pas d'aller plus loin, sinon nous mettrions tout par terre et il faudrait plusieurs générations pour recouvrer l'équilibre. »

20. En 1814 il publie également un *Essai sur le principe générateur des constitutions politiques et des autres institutions humaines*, écrit en 1809, puis il publie *Du Pape* en 1819 et *Les Soirées de Saint-Pétersbourg* en 1821.

21. Maistre a concilié son adhésion à la franc-maçonnerie avec un catholicisme profond à travers un mysticisme qui doit beaucoup à Louis-Claude de Saint-Martin et à son œuvre essentielle, *L'homme de désir* : la source du pouvoir est uniquement en Dieu, selon cet « illuminé » qui a remis au goût du jour des thèmes gnostiques et néo-platoniciens.

22. Bossuet avait déjà montré la main de Dieu dans le cours de l'histoire universelle.

23. C'est cela qui a peut-être séduit le jeune général en chef de l'armée d'Italie, Bonaparte, qui lut l'ouvrage avec sympathie.

24. « Qu'est-ce que l'état de sujet? le droit d'être gouverné. Un sujet a droit à être gouverné comme un enfant à être nourri », dit Bonald. Pour lui tout homme est un administré, sinon un rouage (« L'homme périt, mais la société se perfectionne »). Cela n'exclut d'ailleurs pas la bienveillance, les libertés. Gouverner n'est pas martyriser, mais c'est faire adhérer : « Les gouvernements sont institués pour forcer les hommes à être libres, c'est-à-dire bons. » Car l'ordre du monde impose que tout plie à une autorité supérieure et unique [10, p. 15].

25. C'est en 1816 que le Bernois Charles-Louis de Haller, admirateur et émule de Bonald, commence à publier sa *Restauration de la science de l'État* où l'autorité est assimilée à la propriété, l'État à une famille; la seule limite à l'absolutisme royal, c'est le respect qu'il doit aux autres propriétaires. Selon Haller, le droit ne se façonne pas au gré des hommes; les lois, les institutions ont leur vie autonome et elles se développent uniquement sous la poussée de forces internes.

26. Christian Maréchal (*La Mennais au Drapeau blanc. Épisode de la presse quotidienne sous la Restauration*, Paris, Honoré Champion, 1946) montre que, dès 1822-1823, Lamennais cesse d'aider la droite ultra et tend à lui opposer une politique ultramontaine et libérale.

27. Les meilleures analyses des relations entre le romantisme et la contre-

révolution ou l'aristocratie royaliste sont dues à Paul Bénichou (*Le sacre de l'écrivain*, 1750-1830, Paris, Corti, 1973) et à Pierre Barbéris [16, p. 164-182]; et surtout dans Pierre Abraham et Roland Desné, dir., *Histoire littéraire de la France*, t. IV/1, Paris, Éd. sociales, 1972.

28. Une ordonnance du 30 septembre 1818 ôte d'ailleurs à Monsieur tout pouvoir sur la Garde nationale, dont l'organisation centrale est supprimée.

29. Dans un pays qui a 30 millions d'habitants, dont 10 millions de contribuables, les électeurs sont environ 100 000 et vont même en diminuant tout au long de la Restauration, en raison de dégrèvements sur la propriété foncière opérés par calcul politique [22, p. 296-297]. En 1821 le département de la Haute-Garonne compte 391 000 habitants, mais ses quatre collèges d'arrondissement ne réunissent que 1501 électeurs censitaires; Villèle est élu à Villefranche par 161 voix sur 238 votants et 382 inscrits [36, p. 240-241]. Cela donne une idée de l'étroitesse du « pays légal ».

30. En 1827, sous le régime de cette loi, les collèges d'arrondissement désignent seulement 100 députés de droite et de centre droit contre 165 députés de gauche, mais les collèges de département nomment 123 représentants de droite et seulement 42 de gauche, de sorte que la Chambre comporte finalement une majorité de droite [45, p. 243].

31. Même chez les royalistes l'idée d'un sacre à Reims ne fait pas l'unanimité. M. de Sales, avisé et prudent, préférerait que le roi prête solennellement serment de maintenir la Charte devant les députés et les pairs, à Paris. La crainte d'une « confirmation sacerdotale » conduit le duc de La Rochefoucauld-Doudeauville lui-même à suggérer, mais en vain, que Charles X se présente à la cérémonie religieuse déjà couvert de la couronne [35, p. 58-65].

32. Ancien constituant de 1789, Montlosier a penché vers les monarchiens. Comme Voltaire il croit la religion nécessaire pour le peuple mais s'en dispense pour lui-même. Dans ses ouvrages de 1791 sur la nécessité et les moyens « d'opérer une contre-révolution », il se montre déjà hostile à tout rôle politique pour l'Église [2, p. 30-32].

33. Il rouvre les cours de Guizot et de Victor Cousin à la Sorbonne, il fait fermer plusieurs établissements d'enseignement tenus par les jésuites, il fait voter une loi sur la presse qui supprime la censure et les procès de tendance, il propose que les membres des assemblées locales soient élus et non plus nommés, mais les libéraux jugent ces réformes trop timides.

34. Créée en 1829 par Émile de Girardin comme revue du monde élégant, *La Mode* devient en 1830, à l'initiative d'Alfred Du Fougerais, une revue d'opposition, menant une guerre d'épigrammes contre Louis-Philippe, sa famille, ses ministres, sur un ton qui hésite entre la chronique mondaine et la satire politique. Malgré un prix élevé, c'est le succès : 3 000 abonnés. La direction est assurée par Édouard Walsh puis Alfred Nettement [1, p. 80].

35. C'est l'incarcération de Blaye qui arrache à Chateaubriand, « champion de la légitimité », ce cri fameux : « Madame, votre fils est mon roi! » Traduit en cour d'assises, l'écrivain est acquitté et acclamé.

36. Ainsi à Lyon deux journaux se font une guerre incessante : *la Gazette du Lyonnais*, qui est « vieille France », est combattue par *le Réparateur* qui réclame les « libertés nécessaires » [1, p. 82].

37. Le renouveau catholique de cette époque se traduit par de violentes attaques contre le monopole universitaire qui, depuis Napoléon, assume la formation des futurs cadres de la nation. L'orthodoxie religieuse ne supporte pas la variété des opinions qui s'expriment dans les collèges royaux et dans les facultés : « L'Université, vaste réceptacle de toutes les hérésies et de toutes les erreurs, de tous les

sophismes et de tous les mensonges, n'a point, ne peut avoir de doctrines. Elle ne vend que des doutes et des blasphèmes à ces innombrables enfants qui viennent lui demander le lait de la vérité et le pain de l'intelligence » [90, p. 332-334].

38. Ainsi l'année 1834-1835 est marquée par une série d'intrigues au plus haut niveau : le duc de Broglie, que le roi n'aime pas, est conduit à démissionner des Affaires étrangères après l'échec (inattendu) de la ratification d'une convention financière avec les États-Unis, sous l'effet d'une manœuvre probablement ourdie au « château ». Ses collègues Thiers et Guizot cherchent alors à obtenir la présidence du Conseil et usent à ce poste le maréchal Soult, puis le maréchal Gérard, puis le maréchal duc de Bassano, enfin le maréchal Mortier. La publication d'une brochure maladroite de Roederer qui préconise un conseil des ministres présidé par le roi — ce qui irrite beaucoup de parlementaires — rend nécessaire le rappel de Victor de Broglie et la renonciation de Louis-Philippe au pouvoir personnel. Les jalousies entre Thiers et Guizot, ou Guizot et Molé, et la constitution autour de Dupin d'un « tiers parti » sans programme original n'ont cessé de compliquer les choses [56, p. 112-116].

39. Citons aussi Casimir-Perier : « Le malheur de ce pays est qu'il y a beaucoup d'hommes qui comme vous s'imaginent qu'il y a eu une révolution en France. Non, Monsieur, il n'y a eu que changement dans la personne du souverain » [24, t. II, p. 337]. Ou encore, dans le camp opposé, le banquier Laffitte : « Le mal vient de la manière différente de juger la révolution de Juillet. Les uns n'y ont vu que la Charte de 1814 un peu améliorée et un simple changement de personne; le plus grand nombre, le triomphe du principe populaire et l'anéantissement complet de la Restauration » [60, p. 120].

Aujourd'hui on a plutôt tendance à souligner que la révolution de 1830 fut moins un aboutissement qu'un point de départ (voir notamment John M. Merriman et collab., *1830 in France*, New York, Franklin Watts, 1975) : à Paris comme à Lyon, elle enclenche pour plusieurs années un processus révolutionnaire. Mais David Pinkney (*The French revolution of 1830*, Princeton, Princeton University Press, 1972, éd. française, revue et augmentée, Paris PUF, 1988) se refuse à l'expliquer par la lutte des classes : la foule révoltée de Paris ne s'est pas recrutée parmi les plus pauvres, mais dans la couche relativement cultivée et politisée qui défendait l'idéal patriotique de 1789; à la suite de Charles Pouthas [52, p. 258], il admet que l'épuration qui a suivi Juillet a été large, mais il estime que ce sont toujours à peu près les mêmes catégories sociales qui gouvernent.

40. « Nous ne concédons à aucun peuple le droit de nous forcer à combattre pour sa cause et le sang des Français n'appartient qu'à la France », déclare Casimir-Perier; et Sébastiani a ce mot, tristement célèbre, à la suite de la répression de l'insurrection polonaise par le tsar : « L'ordre règne à Varsovie ».

41. L'expression « classe moyenne », traduite de l'anglais *middle-class*, désigne non pas ce que nous appelons aujourd'hui ainsi mais la bourgeoisie située entre l'aristocratie foncière et les couches populaires.

42. « Je ne crois ni au droit divin, ni à la souveraineté du peuple, écrit Guizot... Je ne puis voir là que les usurpations de la force. Je crois à la souveraineté de la raison, de la justice, du droit : c'est là le souverain légitime que cherche le monde et qu'il cherchera toujours, car la raison, la vérité, la justice ne résident nulle part complètes et infaillibles » [7, p. 172].

43. « Déjà en 1815 Royer-Collard regrettait que « la France n'ait que des nobles et pas d'aristocratie... capable de protéger le trône contre les entreprises sans cesse renaissantes du pouvoir populaire. » La réflexion de Guizot implique une aristocratie définie comme classe de service [68, p. 108-114].

44. Créée en juillet 1789, la Garde nationale a été réduite à un rôle médiocre sous

la monarchie légitime qui l'a dissoute en 1827; mais elle s'est reconstituée spontanément pendant les Trois Glorieuses. La loi en fait la sauvegarde du régime et de la Charte révisée, avec un double but : maintenir l'ordre à l'intérieur, contribuer à la défense du territoire. Tout rôle politique lui est interdit. Elle est placée sous les ordres des autorités civiles qui seules peuvent la rassembler. Le système électif n'est admis que pour les grades inférieurs.

45. L'expression est acceptable si on réduit la bourgeoisie aux couches supérieures des classes moyennes, à une sorte d'aristocratie nouvelle, comme a tendance à le faire Adeline Daumard [81, p. 45-63].

46. Adolphe Thiers qui, par son mariage en 1833, devient un riche bourgeois est le type même du parvenu; aussi n'est-ce pas un hasard si cet ancien adepte de la Résistance mène sous Louis-Philippe une carrière politique en marge de ses amis conservateurs, à tel point qu'il est même difficile de le classer à cette époque à droite. Son orléanisme est assez éclectique et souple; après 1840 il regrette visiblement de ne pouvoir faire évoluer le régime (sur la complexité du personnage, voir Pierre Guiral, *Adolphe Thiers ou De la nécessité en politique*, Paris, Fayard, 1986).

47. Michael Marrinan a eu la bonne idée de rééditer Léon Rosenthal, *Du romantisme au réalisme. La peinture en France de 1830 à 1848*, Paris, Macula, 1987, qui consacre un chapitre à l'esthétique du juste-milieu.

48. Un pamphlet du vicomte de Cormenin, alias Timon (*Ordre du jour sur la corruption électorale et parlementaire*), qui est réédité sept fois, assure que les députés conservateurs « mandent, dépêchent à leurs correspondants, bourses sur bourses, tabac sur tabac, postes, inspections, bustes, jugeries, promesses de salaires aux cupides, promesses de destitutions aux haineux, promesses de toute nature ». Il souligne l'intérêt d'être de la majorité : « Les moins honnêtes se coulent discrètement dans les bons profits, dans les bons chemins de fer, dans les bonnes adjudications sans adjudicataires... » En 1843 le député Gustave de Beaumont épluche le budget et montre que le ministère dispose arbitrairement de 37 millions chaque année [61, p. 329-330].

49. On peut soutenir qu'en filigrane transparaît l'originalité d'une pensée marquée par le protestantisme, favorable à la création des richesses, par opposition à la pensée catholique traditionnelle qui est passée de la défense du pauvre à son exaltation et à un certain mépris de la fortune.

50. Cela conduit à une politique tortueuse et sans gloire. Ainsi le souci louable de faire cesser progressivement l'esclavage aux Antilles conduit Guizot dans un premier temps à s'entendre avec la Grande-Bretagne pour organiser le droit réciproque de visite des navires marchands appartenant aux deux pays (seul moyen d'empêcher effectivement la traite des Noirs entre l'Afrique et l'Amérique), mais l'opinion publique est si hostile à tout abandon de souveraineté devant les Anglais qu'elle rejoint les intérêts des colons et ceux des armateurs de Nantes pour imposer à Guizot un recul humiliant [57, p. 110].

51. *De la démocratie en Amérique*, publié par Tocqueville en 1835 et 1840, est l'ouvrage d'un aristocrate qui accepte le fait démocratique, mais sans nulle passion pour lui; c'est aussi l'ouvrage d'un observateur qui constate qu'à la suite des États-Unis le monde s'oriente vers l'égalité politique des conditions. Il en résulte une longue mise en garde contre les dangers que la démocratie fait courir aux hommes, soit que l'amour de l'égalité passe avant celui de la liberté, soit que l'extinction des passions démocratiques ne conduise à se désintéresser de la chose publique et n'instaure la tyrannie de l'opinion majoritaire [3, p. 221-249].

*Chapitre II*

## 1848-1871 AUTORITÉ OU LIBERTÉ

1. Rémusat note dans ses *Mémoires* que, dès la fin mars 1848, « les conservateurs font retour à des idées et à des préjugés qui paraissent condamnés ».

2. La réunion de la rue de Poitiers serait née d'une scission avec les députés de la Montagne et les républicains modérés, les trois fractions se réunissant préalablement au Palais-National. Falloux situe à tort, selon André Tudesq, l'élargissement de la Réunion après les journées de juin 1848.

3. La procédure de la désignation est assez compliquée. Les 64 bataillons de la Garde nationale désignent chacun un délégué et ceux-ci sélectionnent ensuite 50 candidats parmi lesquels 28 sont retenus par le comité de l'Union électorale [23, p. 13-14].

4. *Idem.* Les comités départementaux coiffent de la même façon des comités cantonaux composés de délégués des communes.

5. Les auteurs estiment à 17 le nombre de préfets ayant accédé à la fonction avant 1848 et en poste à la veille et au lendemain du coup d'État. Compte tenu des départs entre 1849 et 1851, le nombre de réintégrations est supérieur.

6. Les exemples cités concernent des préfets du second Empire. Parmi ceux-ci, 17 au moins ont été nommés préfets sous le ministère Odilon Barrot sur les 32 préfets en poste au lendemain du 2 décembre, nommés par Louis-Napoléon sous la deuxième République [28, p. 22-24, 196-201, Annexe I, p. 315-334].

7. Le comte de Chambord avait fait célébrer un service funèbre à la mémoire de son cousin et la reine Marie-Amélie l'en avait chaleureusement remercié.

8. Le comité était composé, outre Berryer, du duc de Levis, du duc Des Cars, du comte de Pastoret et du marquis de Saint-Priest.

9. En obtenant la désignation d'amis et de collaborateurs tels Falloux, Benoist d'Azy Reneville, ou de personnalités modérées comme le duc de Noailles et le duc de Clermont-Tonnerre, ex-pairs de France [31, t. II, p. 21].

10. Dans le groupe des régentistes on note, outre la présence de Thiers, celle du comte Roger du Nord, d'Estancelin, Rémusat, de Mornay, de Lasterie. Falloux doute des convictions de Thiers en les chances de succès de la candidature Joinville et juge son attitude dictée par des ambitions personnelles [31, t. II, p. 71], opinion partagée par Victor de Broglie [39, p. 239]. Louis Girard minimise aussi la conviction de Thiers [10, p. 245]. Pierre Guiral estime qu'après y avoir cru, il a compris qu'il faisait fausse route [44, p. 260].

11. Selon la thèse légitimiste, le comte de Chambord était hors du droit commun et son retour ne devait pas dépendre d'une loi de circonstance. Les légitimistes n'étaient pas fâchés par ailleurs de tenir les princes d'Orléans hors de France.

12. La réalité d'un complot orléaniste à l'automne 1851 a été l'objet de jugements divers. Celui-ci n'a jamais été prouvé et on dispose de plus de présomptions que de preuves.

13. Il la reprit après une explication avec le prince-président avant de la donner à nouveau pour raisons de santé [31, I, p. 534-538].

14. Armand de Melun obtint la nomination d'une Commission d'assistance et fit voter quelques lois sur les sociétés de secours mutuel, les logements insalubres et les contrats d'apprentissage.

15. En se ralliant au suffrage universel, Louis-Napoléon prolonge l'entente entre républicains et bonapartistes.

16. Dans le Morvan, les habitants réclament un « gouverneur » [84, p. 1195-1196].

17. Un seul républicain modéré Bixio figure dans le ministère Barrot formé en décembre 1848. Il en est éliminé rapidement après un remaniement ministériel.

18. En 1855 Louis-Napoléon renonça à fonder une revue doctrinale qui eut permis peut-être de restaurer une unité idéologique [60, p. 96].

19. Elle aurait permis au président de l'Assemblée de requérir la force armée pour sa sauvegarde et fut rejetée à la fois par les bonapartistes et les républicains confiants dans « la sentinelle invisible » du peuple.

20. Dans la proclamation du 2 décembre, le prince-président dénonce l'Assemblée comme un foyer de complots, allusion aux rumeurs d'une conspiration orléaniste.

21. En 1852 ils ont imposé leur choix dans les deux tiers, voire les trois quarts des cas au ministre de l'Intérieur, parfois réticent [28, p. 201].

22. C'est le cas d'Arnaud de Maisonrouge dans le Cantal, de Dugué dans l'Aude. Remacle maire d'Arles, Dupuy de Launaguet et Montois, anciens officiers sous la Restauration, sont considérés comme ayant conservé des sympathies légitimistes [28, p. 197].

23. Ce dernier avait affirmé lors de la discussion du sénatus-consulte de 1852 rétablissant la dignité impériale : « La République est virtuellement dans l'Empire à cause du caractère contractuel de l'institution et de la délégation expresse du pouvoir au prince. »

24. L'expression fut employée par Napoléon III dans une allocution prononcée devant les Grands corps de l'État en février 1853 à l'occasion de l'annonce de son mariage.

25. Il s'agissait de l'engagement pris au nom de la France de faire respecter l'intégrité du territoire romain entre les mains du pape et de s'opposer à ce que l'Italie fît son unité aux dépens des États pontificaux.

26. Le décret du 24 novembre 1860 rétablit le droit d'Adresse pour les deux assemblées, la publicité intégrale des débats et crée des ministres sans portefeuille chargés de défendre la politique du gouvernement devant les députés et sénateurs. Le senatus-consulte du 31 décembre 1861 institue le vote du budget par section et supprime les crédits extraordinaires engagés sans l'accord préalable du Corps législatif.

27. Sur les 24 candidats officiels cléricaux combattus par l'administration, 6 seulement furent réélus.

28. Morny meurt à la veille sans doute d'une réconciliation avec le prince Napoléon et après avoir échafaudé une combinaison ministérielle regroupant Rouher, E. Ollivier et lui-même [20, p. 369-370].

29. Le discours d'Ajaccio donne une version libérale et démocratique du premier Empire et développe un programme d'action en ce sens.

30. Le libellé de l'amendement garde une portée générale mais les interventions qui l'explicitent précisent les revendications : « liberté de la presse, droit d'interpellation, liberté de réunion pendant les périodes électorales, présence de ministres à portefeuille au Parlement » [20, p. 374]. La lettre du 19 janvier 1867 satisfait dans la quasi-intégralité ces revendications.

31. Les estimations sont généralement autour de 80 députés, mais Louis Girard [20, p. 431] réduit leur nombre à une trentaine.

32. Falloux fut accusé d'avoir recherché le soutien du comte de Chambord lors d'une précédente visite à Frohdorf pour la prolongation du mandat de Louis-Napoléon. Il démissionna du comité légitimiste [31, p. 173-176].

33. Ce dernier adressa un mémoire au comte de Chambord où il définissait les principes d'un gouvernement monarchique conciliant la tradition, l'ordre et la liberté [33, p. 41-45]. Un comité constitutionnel élabora un projet d'assemblée représentative.

34. Montalembert, au cours d'un voyage en Angleterre effectué peu auparavant, avait rencontré la famille d'Orléans [55, p. 180-181].

## *Chapitre III*

### 1871-1898 : LES DROITES EN RÉPUBLIQUE

1. Cf. Philippe Levillain, « Un chevau-léger de 1871 à 1875 : Joseph de la Bouillerie », *Revue historique*, 1977, vol. 521.

2. Le nombre exact des chevau-légers fait encore l'objet de discussions. Une mise au point dans Bertrand de Viviès « Les chevau-légers à l'Assemblée de 1871 », article inédit, ainsi que dans [17 ; 22 ; 48] et Philippe Levillain, « Un chevau-léger », *op. cit.*

3. Dahirel (1848-1849), Fresneau (*idem*), Gillon (*idem*), Kéridec (1849), Kolb-Bernard (1849-1859-1862-1869), La Rochette (1848-1849), Le Monneraye (1869) et Pioger (1848-1849).

4. Se référer aux œuvres du comte de Falloux en général et plus particulièrement aux *Mémoires d'un royaliste*, 2 volumes, 1888.

5. Agé de 53 ans, élu député des Basses-Pyrénées à l'occasion d'une élection partielle (4 janvier 1872), héritier d'une industrie de draps, ultramontain. (Cf. son livre *La campagne monarchique d'octobre 1873*, 1893.)

6. Elle était ainsi composée : le général Changarnier, président, M.M. de Tartaron et Combier (extrême droite) ; le comte Daru et Charles Chesnelong (légitimistes du groupe Changarnier, favorables au drapeau tricolore) ; Numa Baragnon et le baron de Larcy (légitimistes modérés) ; duc d'Audiffret-Pasquier et M. Callet (centre droit). L'histoire de la commission des neuf a été faite par le baron de Larcy (Archives Larcy).

7. Cf. Jacques Benoist, *Le Sacré-Cœur de Montmartre, spiritualité, arts et politique (1870-1923), contestation (1870-1990)*, thèse pour le doctorat d'état, Paris IV-Sorbonne, janvier 1991.

8. Sur le corps préfectoral cf. « Sept études pour servir à l'histoire du corps préfectoral, 1800-1940 » *Administration*, 1984, notamment p. 119-137, l'étude de Christian Lobut.

9. Beaux développements dans Pierre Favre, *Naissances de la science politique en France 1870-1914*, Paris, Fayard, 1989.

10. Discours du comte Albert de Mun, *Discours politiques*, I, Paris, Lethielleux 1888, p. 29.

11. Cf. *La République française*, janvier-mars 1875.

12. Moins de dix millions d'inscrits depuis 1870.

13. Jacques Néré, *La crise économique de 1882 et le mouvement boulangiste*, thèse dactylographiée, 2 volumes, 1955.

14. Henri, marquis de Breteuil, *Journal inédit*, p. 652. Archives Henri François de Breteuil.

15. En l'occurrence marquis de Beauvoir, marquis de Breteuil, le comte de Martinprey, le baron de Mackau, Paul de Cassagnac, Albert de Mun, Jacques Piou.

16. Louis Teste, *Les monarchistes sous la troisième République*, Paris, p. 115.

17. Cité *in* [40, p. 32].

18. R. P. Lecanuet, *L'Église de France sous la troisième République*, Paris, 1910.

19. Raoul Girardet, *Le nationalisme français : anthologie 1871-1914*, Paris, Le Seuil, 1983.

20. Léon Blum, *Souvenirs sur l'Affaire*, Paris, Gallimard, 1935, rééd. 1982.

*Chapitre IV*

## 1898-1919 : L'ÉVEIL À LA MODERNITÉ POLITIQUE

1. Jacques Prévotat a rédigé, dans cette contribution, les développements consacrés à la défense religieuse, au nationalisme intellectuel, au catholicisme social et à la démocratie chrétienne.

2. Cette partie a été rédigée par Jean El Gammal.

3. Encore que Méline lui-même ait été inquiété par le nationaliste plébiscitaire Flayelle, qui le remplaça à la Chambre l'année suivante, après que l'ancien président du Conseil eut choisi de siéger au Sénat : sur la conjoncture politique dans la région, voir les intéressantes analyses de François Roth dans *La vie politique en Lorraine au vingtième siècle*, Presses universitaires de Nancy-Serpenoise, 1985, p. 12-25.

4. Voir Jacques Piou, *Le Ralliement - son histoire*, Paris, Spes, 1928, p. 103-104.

5. Voir par exemple Joseph Denais — député de la Seine de 1911 à 1919 et de 1928 à la chute de la troisième République —, *Un apôtre de la liberté - Jacques Piou*, Paris, La Nef de Paris, 1959, p. 98 *sq.*

6. Sur tout ceci, voir William D. Irvine, *French conservatism in crisis : the Republican Federation of France in the 1930's*, Louisiana University Press, 1979, p. 3-4.

7. Jacques Piou ne la mentionne pas directement, mais note la division de l'opposition : « Une fraction, à la tête de laquelle était l'Action libérale, combattit à fond le principe de la Séparation et réclama le rétablissement de rapports entre l'Église et l'État ; l'autre, effrayée de l'avenir, se contenta de réclamer une application conciliante de la loi » : *Le Ralliement - son histoire, op. cit.*, p. 136.

8. Voir Martin Schmidt, *Alexandre Ribot : Odyssey of a Liberal in the Third Republic*, La Haye, Martinus Nijhoff, 1974, p. 98 (le député du Pas-de-Calais jugeait d'ailleurs Méline trop proche des nationalistes et estimait que sa politique, depuis 1896, avait encouragé l'offensive anticléricale. Toutefois, Ribot continuait à penser que le péril principal venait des socialistes et aurait donc accepté d'être rangé à droite). Ce point de vue manque peut-être un peu de nuances.

9. Voir le *Tableau politique de la France de l'Ouest sous la troisième République*, Paris, A. Colin, 1913, p. 460 et 499. On trouvera une intéressante étude de cas dans le livre de Michel Denis, *L'Église et la République en Mayenne - 1896-1906*, Paris, Klincksieck, 1967, notamment p. 221-222.

10. Que Jacques Piou juge bien peu suivi d'effets : voir *Le Ralliement - son histoire, op. cit.*, p. 171-175.

11. Voir les commentaires incisifs de Maurice Ponthière, *Les partis de droite*, Paris, Librairie de documentation politique, 1914, p. 9-11 (l'auteur est favorable à la création d'un mouvement de droite rajeuni et non exclusif — voir p. 61). Renvoyons aussi, sur un autre registre, à l'étude de Malcolm Anderson, [39, p. 125-129].

12. Paul Beauregard (1853-1918) avait été élu député progressiste du XVe arrondissement de Paris (1re circonscription) en 1898. Au lendemain des élections de 1906, il succéda à Joseph Thierry à la tête de l'Union du commerce et de l'industrie pour la défense sociale. Cette association — fondée en 1897 — jouait, de façon tout à fait publique, le rôle de collecteur de fonds pour le compte des modérés proches de la Fédération républicaine. A la veille de la guerre de 1914, Paul Beauregard était devenu à la Chambre des députés l'un des principaux chefs de file du groupe républicain progressiste.

13. Cf. Gilles le Béguec, « Le parti », au tome II, *Cultures*, de cette *Histoire des droites en France*.

14. On trouvera beaucoup d'éléments d'information et de réflexion dans l'étude consacrée par Jean-Pierre Rioux à « L'association en politique », in *Pour une histoire politique*, s.d., René Rémond, Le Seuil, Paris, 1988, p. 87-120.

15. L'ouvrage fondamental est celui de Zeev Sternhell [40]. Voir surtout le chapitre II. Abondante bibliographie. Cf. également [38].

16. Sur les « groupements nationalistes » à la veille de la guerre de 1914, voir surtout les chapitres I et II de [3]. Importante mise au point sur la question controversée du « renouveau nationaliste ».

17. L'école nationaliste d'Action française y verra le triomphe de la philosophie allemande et exploitera le thème pendant la guerre : cf. Henri Vaugeois, *La morale de Kant dans l'Université de France*, Paris, Nouvelle Librairie nationale, 1917.

18. Émile Poulat, *Le catholicisme sous observation, entretiens avec Guy Lafon*, Paris, Le Centurion, 1983, p. 71.

19. Voir le succès des pétitions contre la loi de Séparation dans les départements de l'Ouest [11, t. II, p. 109]. La carte des Inventaires dressée par Jean-Marie Mayeur montre la concentration des « incidents graves » dans les mêmes départements [27].

20. Lettre à son ami Chavanon, citée par L. Capéran, *Histoire contemporaine de la laïcité française*, t. I, *La crise du Seize mai et la revanche républicaine*, Paris, Rivière et Cie, 1957, p. 253-254. Réflexion voisine du marquis de Vogüé lors de l'expulsion des congréganistes en octobre 1901 : « La masse du pays ne s'est pas émue... La France assiste à l'émigration de ses religieux et de ses religieuses, c'est-à-dire à son appauvrissement moral avec l'indifférence distraite d'un prodigue qui ne sait pas le prix de son or », *Le Gaulois*, 9-10-1901, Édouard Lecanuet, *Les signes avant-coureurs de la Séparation*, Paris, Alcan, 1930, p. 302-303.

21. Auteur d'un ouvrage important sur le père Ludovic de Besse, un pionnier du catholicisme social, [24, p. 203, n. 49].

22. *Le Tract populaire illustré*, n° 12, « La situation présente, Ce qu'il faut faire ».

23. Alfred Michelin, « Pour nos églises », *Le Correspondant*, 25-9-1912, p. 1153.

24. Parmi les dirigeants de ce comité, citons : Maurice Colrat, président de l'Association de défense des classes moyennes, Antoine Guillain, président de l'Union des industries métallurgiques et minières, Louis Delalande, président de l'Union centrale des syndicats agricoles, et le marquis de Vogüé, président de la Société des agriculteurs de France. Mentionnons aussi le nom de Jules Prévet, président de l'Union de l'alimentation en gros, frère du sénateur Charles Prévet, lui-même ancien président de l'Alliance des républicains progressistes du Sénat et un temps président de la Fédération républicaine. Élu député modéré de la Seine-et-Marne en novembre 1919, Jules Prévet devait remplir les fonctions de trésorier de la FR durant de longues années.

25. L'ouvrage de référence reste ici le gros travail de Pierre Barral [1]. Voir surtout les pages 79-83 et 105-116.

26. On se reportera à l'excellente orientation bibliographique établie par Ingo Kolboom. Cf., *La revanche des patrons*, éd. fr. Flammarion, 1986. Voir aussi : Georges Lefranc, *Les organisations patronales en France*, Paris, Payot, en particulier le chapitre II intitulé « De la loi de 1884 à la guerre de 1914 ».

27. Pour reprendre le titre du livre de Louis Capéran, *L'Invasion laïque, De l'avènement de Combes au vote de la Séparation*, Paris, Desclée de Brouwer, 1935.

28. Cette préoccupation intellectuelle était partagée par les « abbés démocrates », cf. René Rémond, *Les deux congrès ecclésiastiques de Reims et de Bourges, 1896-1900*, Paris, Sirey, 1964, p. 157-161, et les propos tenus par l'abbé Naudet au congrès de Bourges, cités par Jean-Marie Mayeur, « Les abbés démocrates » [9, p. 242].

29. Lettre de Maurice Blondel au chanoine Fernand Mourret, 18 septembre 1907 (*Archives Maurice Blondel*, Louvain-la-Neuve).

30. Renvoyons ici aux pages de Jean-François Sirinelli [32, p. 41-60] ainsi qu'au grand livre de Michael Sutton [42].

31. Cf. Victor Nguyen, « Un essai de pouvoir intellectuel au début de la troisième République, *La Cocarde* de Maurice Barrès », *Études maurrassiennes*, I, 1972, Aix-en-Provence, p. 145.

32. C'est en 1925 que paraîtra le recueil d'articles d'après-guerre de Barrès significativement intitulé *Pour la haute intelligence française*, Paris, Plon.

33. « Ce qui faisait le plus défaut aux intellectuels de l'époque était l'intelligence, c'est-à-dire la mise en ordre de leurs idées et de leurs principes », écrit Maurras dans la préface de l'*Enquête sur la monarchie*, édition de 1909.

34. *Les déracinés*, Paris, LGF, p. 334. Le passage se situe après la fameuse réflexion : « L'intelligence, quelle petite chose à la surface de nous-mêmes ! »

35. Comparer la manière dont Barrès évoque Chateaubriand à Combourg où il s'est rendu lors du procès de Rennes, dans *Scènes et Doctrines du nationalisme* (1902), et l'analyse de Maurras dans *Trois idées politiques, Chateaubriand ou l'anarchie, Œuvres capitales, Essais politiques*, Paris, Flammarion, 1954, p. 64-68.

36. On souscrit ici aux réserves de Raoul Girardet à propos de l'influence réelle du déterminisme biologique de Jules Soury sur Barrès, majorée par Zeev Sternhell, préface [41, p. 5]. Raoul Girardet invite à confronter le livre de Sternhell « avec l'attachant essai » de Jean-Marie Domenach, *Barrès par lui-même, Le nationalisme français, op. cit.*, p. 273. On pourra ajouter le profond et non moins attachant livre d'Henri Gouhier, *Notre ami Maurice Barrès*, Paris, Éd. Montaigne, 1928, dont les pages parues dans *La Revue des jeunes* avaient été lues par Barrès qui s'y était pleinement reconnu (*Entretien avec Henri Gouhier*, 1er mai 1992).

37. Voir Pierre Lasserre et René de Marans, *La Doctrine officielle de l'Université, critique du haut enseignement de l'État*, défense et théorie des humanités classiques, Paris, Mercure de France, 1912.

38. Voir Raïssa Maritain, *Les grandes amitiés*, Bruges, Desclée de Brouwer, 1949, p. 400-401, et les pages de Pie Duployé, *La religion de Péguy*, Paris, Klincksieck, 1965.

39. Louis Dimier salue l'encyclique *Pascendi* sous le titre « La défense de la raison », *Revue d'Action française*, 1-10-1907. Il serait intéressant de comparer les deux conceptions de l'anti-kantisme que révèlent le *Descartes* de Louis Dimier (*La vie raisonnable de Descartes*, Paris, Plon, 1926) et celui qu'avait publié, treize ans auparavant, le catholique libéral Denys Cochin (*Descartes*, Paris, Félix Alcan, 1913).

40. *Gazette de France*, 29-9-1904, repris dans *La Politique religieuse*, éd. de 1914, 25-38.

41. Ainsi la fameuse enquête d'Agathon (1913) « devait compter surtout par

"son influence" et [...] elle était en elle-même un "acte" » (Jean-François Sirinelli [32, p. 58]. Voir aussi Philippe Bénéton, « La Génération de 1912-1914, Image, mythe et réalité », *Revue française de science politique*, XXI, 5, octobre 1971, p. 981-1009). Interrogé à propos de l'influence de l'école nationaliste après-guerre dans les facultés, Pierre Renouvin confirmait que si elle était réelle en faculté de droit, elle était quasi inexistante en faculté de lettres, Témoignage à l'auteur. Cf. aussi [3, p. 30 sq.] et les nuances de Raoul Girardet [20, p. 274].

42. Son interview à René Parsy, *La Croix* du 18-1-1907, citée par C. Monsch [35, p. 218] et sa préface à *La grande pitié des Églises de France*, Paris, Émile-Paul Frères, 1914, ne doivent pas faire oublier la primauté qu'il accorde toujours à la vie intérieure : « Il ne suffit pas de garder la construction, la forme esthétique; il faut aller à la source, aux puissances du cœur. Nos facultés aimantes, telles que les modèle le catholicisme. Le catholicisme, c'est avant tout une certaine vie intérieure. Pascal, plus que Chateaubriand », *Mes Cahiers*, t. V, Paris, Plon, 1932, p. 44-45. « Je suis animal religieux », note-t-il ailleurs, *Mes Cahiers*, t. VI, p. 60. Observons le ton, différent de celui de Maurras, éloigné aussi, par bien des traits, de l'esprit scientiste de Renan : cf. Joseph Barbier, introduction à M. Barrès, *La Colline inspirée*, Nancy, Berger-Levrault, 1962, p. 37, n. 3.

43. Telle est la conviction d'Henri Gouhier, *Notre ami Maurice Barrès, op. cit.*, et *Entretien avec Henri Gouhier* des 3 avril et 1er mai 1992. Voir aussi Henri Gouhier, « Pascal et Barrès », in *Maurice Barrès*, Actes du colloque organisé par la Faculté des lettres et des sciences humaines de Nancy, Nancy, 22-25 octobre 1962, Nancy, 1963, p. 309-329.

44. Voir son discours à la Chambre des députés du 16 janvier 1911.

45. Entre autres — à deux moments différents, il est vrai —, deux catholiques démocrates, Alfred Michelin, qui rend hommage à Maurice Barrès : « Un Français de race... un des plus nobles talents d'orateur et d'écrivain de notre temps » (« Pour nos églises. La campagne du Comité catholique de défense religieuse », *Le Correspondant*, 25 septembre 1912 et 10 février 1914, p. 474) —, et, plus tardivement, Robert Cornilleau, qui rapproche son nationalisme de celui du sillonniste Henry du Roure [12, p. 305].

46. « *La Colline inspirée* — Un peu d'histoire à propos d'un roman », *Revue d'histoire de l'Église de France*, mai et juillet 1913, cité par J. Barbier, introduction, *op. cit.*, p. 37.

47. *Que lire ?*, avril 1913, cité par la *Revue pratique d'apologétique*, 1er mai 1913, « Un référendum sur *La Colline inspirée* », p. 213-215.

48. Outre la thèse de Jean-Baptiste Duroselle [16] et les travaux d'Émile Poulat, renvoyons une fois pour toutes à l'article pionnier de Jean-Marie Mayeur, « Catholicisme intransigeant, catholicisme social, démocratie chrétienne », *Annales*, mars-avril 1972, repris dans [24, p. 17-38]. Citons aussi parmi les travaux récents Paul Misner, *History of social catholicism in Europa*, Marquette University, New York, 1992, et Hans Maier, *L'Église et la démocratie, Une histoire de l'Europe politique*, Paris, Criterion, 1992. Mentionnons également quelques récents colloques à l'occasion du centenaire de la publication de l'encyclique de Léon XIII *Rerum novarum* (1891) : Lille, 7-8 décembre 1990, « Cent ans de catholicisme social dans la région du Nord », *Revue du Nord*, 290-291, avril-septembre 1991 ; *Cent ans de catholicisme social à Lyon et en Rhône-Alpes*, Paris, Éd. ouvrières, 1992; « *Rerum novarum*, Cent ans d'enseignement social catholique », *Concilium*, 237, 1991, Paris, Beauchesne.

49. [24, p. 195-196]. Roger Aubert souligne également, malgré ses traits passéistes, la modernité des conceptions sociales de La Tour du Pin, préface à [43].

50. Notamment de la part de Charles Périn, économiste libéral proche de Mgr Freppel et de l'école d'Angers : il écrit en 1879 un livre critique sur *Le socialisme chrétien*, dirigé contre l'Œuvre des cercles catholiques d'ouvriers d'Albert de Mun et de La Tour du Pin, Robert Talmy, *op. cit.*, p. 28-29.

51. Christian Ponson, *Les catholiques lyonnais et la Chronique sociale, 1892-1914*, Lyon, Presses universitaires, 1979.

52. La Commission générale a pour président Henri Lorin, assisté de deux secrétaires généraux : A. Boissard et M. Gonin; en sont membres A. Beudet, secrétaire, V. Berne, Jean Bruhnes, L. de Contenson, A. Crétinon, M. Deslandres, E. Duthoit, E. Estrangin, G. Goyau, R. Jay, Martin Saint-Léon, J. Terrel, Max Turmann (*Semaine sociale de France*, IVᵉ session, Amiens, 1907, Chronique du Sud-Est, p. 342).

53. André Latreille, « Les étapes de l'histoire du catholicisme social, 1830-1950 », *Chronique sociale*, avril 1952, p. 138.

54. Georges Goyau insiste sur ce point, « Seize ans d'histoire et d'idéal : la Chronique du Sud-Est et les Semaines sociales », *Autour du catholicisme social*, 4ᵉ série, Paris, Perrin, 1924, p. 122-142, notamment p. 130 : « La coïncidence était singulièrement émouvante entre cette discrète manifestation lyonnaise et les désastres du catholicisme français qui précisément à cette date achevaient de se consommer. »

55. « La Semaine sociale est une Université; elle est aussi une rencontre » [50, p. 92]. « Le catholicisme social a beaucoup pensé, finissant par constituer un imposant corps de doctrine » et « c'est indiscutablement la France qui a mené le jeu dans le progrès de la doctrine catholique sociale... aucun [pays] ne peut lui disputer la palme de l'effort intellectuel » (J. Folliet, *in* [7, II, p. 703 et 709]).

56. Notamment dans ses livres *Le modernisme sociologique*, Paris, 1909, honoré d'une lettre d'approbation du cardinal Merry del Val, secrétaire d'État de Pie X [26, p. 395] et *Le modernisme social*, Paris, 1911, qui est une très vive critique du livre d'Eugène Duthoit publié par *L'Action populaire*, *Vers l'organisation professionnelle*, qui rassemblait pour l'essentiel des cours professés aux Semaines sociales. Pie X ne semble pas avoir fait cas de ces critiques [15, p. 247].

57. « Autour du modernisme social », *La Foi catholique*, 15 janvier 1912, p. 49-79.

58. Lettre d'Albert de Mun à M. Lorin, Roscoff, 19 juillet 1912, *Cours de doctrine et de pratique sociales*, IXᵉ session, Limoges, 1912, p. 534.

59. René Pinon, « Henri Lorin, apôtre et théoricien du catholicisme social », *Chronique sociale de France*, avril 1952.

60. *Catholicisme social et monophorisme, Controverses sur les méthodes et les doctrines*, Paris, Bloud et Cie, 1910.

61. Chantal Millon-Delsol, *L'État subsidiaire*, Paris, PUF, 1992.

62. Pierre Trimouille, *Léon Harmel et l'usine chrétienne du Val des Bois (1840-1914). Fécondité d'une expérience sociale*, Lille, 1974.

63. Henri Rollet, *Les étapes du catholicisme social*, Culture catholique, nᵒ 3, La Colombe, 1949, p. 64-65.

64. Joseph Hours, « Un demi-siècle de vie catholique en France », *Chronique sociale de France*, avril 1952, p. 115.

65. Vincent Rogard, *La végétation touffue des œuvres : catholiques intransigeants et démocrates-chrétiens à Morlaix (1840-1914)*, thèse pour le doctorat d'histoire sous la direction de Jean-Marie Mayeur, Université de Paris-Sorbonne, Paris IV, 1991, vol. 1; vol. 2 à paraître (consultable dans sa version dactylographiée à l'Institut Marc Sangnier, 38, bd Raspail, Paris).

66. *Idem*, I, p. 369-371.

67. Alexandre Ribot était un bon connaisseur de la littérature politico-juridique anglaise. On peut, de ce point de vue, le considérer comme l'un des meilleurs héritiers de la grande tradition libérale illustrée par Guizot, Rémusat et Tocqueville.

68. Le premier numéro de *La Semaine politique et littéraire* est paru le 13 janvier 1900. Les bureaux étaient installés au 15 de la rue de la Ville-l'Évêque, c'est-à-dire au siège même de l'ULR.

69. Texte de la lettre dite des « cardinaux verts » et liste des signataires *in* [27, p. 122-125].

70. En dehors des *Souvenirs* de Charles Benoist, on se reportera à l'article de Gilles Le Béguec, « Charles Benoist ou les métamorphoses de l'esprit modéré », *Contrepoint*, n° 22-23, 1976, p. 74-95.

71. On se reportera notamment au tome III des souvenirs de l'écrivain Henry Bordeaux. Le volume a été publié sous le titre *La douceur de vivre menacée* et couvre les années 1909-1914.

72. Sur la *Revue des Deux Mondes*, on consultera l'intéressante étude de Gabriel de Broglie : *Histoire politique de la Revue des Deux Mondes de 1829 à 1979*, Paris, Librairie académique Perrin, 1979. Voir surtout les chapitres IX, X, XI, XII, XIII et XIV. Sur Brunetière, voir aussi l'ouvrage, un peu décevant, de John Clark : *La pensée de F. Brunetière*, Librairie Nizet, Paris, 1954.

73. Adolphe Carnot, frère du défunt président, avait été — modérément — dreyfusard. Ses neveux, Ernest et François, fils de Sadi, avaient pris soin de se désolidariser publiquement des initiatives prises alors par le futur président fondateur de l'Alliance républicaine démocratique. Ernest Carnot siégeait à la Chambre sur les bancs de l'opposition progressiste. Il fut, durant la guerre de 1914-1918, un des principaux dirigeants de la Ligue des patriotes.

74. Parmi les travaux les plus récents, voir surtout : Jean Bécarud, *Maurice Barrès et le Parlement de la Belle Époque 1906-1914*, Paris, Plon, 1987.

75. *Souvenirs* de Charles Benoist, t. III, *1902-1933*, Paris, Plon, 1934, p. 179-180.

76. « Je m'attendais si peu à voir mettre "du curé" là-dedans que je demeurai pantois », note-t-il, *ibid.*, p. 180. — « Si encore, il s'était adressé à un député de droite comme M. Denys Cochin ou M. Piou, on aurait pu comprendre » [12, p. 296].

77. Papiers Joseph Thierry, documents aimablement mis par la famille à la disposition de l'auteur.

78. Le propos d'Aynard semble vouloir mettre un terme à la coupure née de l'Affaire Dreyfus : « Le président du Conseil nous a fait entendre, dans sa déclaration, un langage nouveau, où il était question de justice et de liberté égale pour tous, ce qui a causé, sur certains bancs de la Chambre, une consternation que je n'oublierai jamais » [4, p. 194].

79. [*Idem*, p. 195]. Cependant, le président du groupe, Jacques Piou, tout en louant la modération du président du Conseil, avait annoncé qu'il ne voterait pas la confiance [*Idem*, p. 192].

80. L'enseignement est, il est vrai, un point névralgique en ces années où l'épiscopat, poussé par Rome, enclenche « une vigoureuse prise de tutelle sur l'enseignement catholique » ainsi qu'une « lutte contre l'école laïque » qui se traduit notamment par une surveillance des manuels scolaires en usage à l'école primaire (André Lanfrey, « L'Épiscopat français et l'École de 1902 à 1914 », *Revue d'histoire de l'Église de France*, 199, juillet-décembre 1991, p. 378-380).

81. Charles Benoist en fait l'observation, *op. cit.*, p. 183.

82. Voir, à propos de tous ces conflits, le récit très clair proposé par Eugen Weber [45, chap. 2]. A notre sens, le grand historien de l'Action française a parfois tendance à accuser le trait et à opposer de manière un peu outrancière le dynamisme des gens de l'Action française à l'inertie des « vieilles barbes » de l'ancien appareil royaliste.

83. Sur Roger Lambelin et la Jeunesse royaliste, on se reportera à Michel Denis [14, p. 484-490].

84. L'honnêteté oblige à reconnaître qu'il s'agit de deux points forts de l'argumentation de Zeev Sternhell. Ce sont aussi les aspects qui ont soulevé le plus d'objections. En ce qui concerne toutes ces controverses — extrêmement importantes —, l'auteur de ces lignes se rallie pour l'essentiel à la présentation sereine et

nuancée de Pierre Milza [29, chap. 2]. Un des grands mérites de Zeev Sternhell est d'avoir attiré l'attention sur la signification historique du « mouvement jaune ».

85. Rappelons que le siège de la Ligue antisémitique de Jules Guérin était installé rue de Chabrol, à Paris. Quand le gouvernement de défense républicaine présidé par Waldeck-Rousseau décida de briser l'agitation nationaliste et de lancer des mandats d'amener contre les principaux chefs ligueurs, Jules Guérin et ses amis refusèrent de se soumettre et se barricadèrent rue de Chabrol. Cet épisode rocambolesque a été retenu par l'histoire sous le nom de fort Chabrol. Indépendamment des péripéties de l'été 1899, l'allusion au « fort Chabrol » sert à désigner un certain style de provocation nationaliste, à la fois bravache et brouillon.

86. Sur cette affaire Thalamas, cf. Jean-François Sirinelli, *Génération intellectuelle*, Paris, Fayard, 1988, p. 220-226.

87. Rappelons que l'antisémitisme maurrassien hérite de l'antisémitisme diffus des milieux catholiques et reconnaît Drumont pour maître. Le contenu doctrinal qu'il occupe dans la synthèse contre-révolutionnaire maurrassienne lui confère une sorte de prestige intellectuel qui, sans être une situation de monopole, contribue cependant au maintien de l'imprégnation antisémite de nombreux Français, et pas seulement des catholiques, pendant la période de l'entre-deux-guerres. L'historiographie traditionnelle a longtemps privilégié l'étude de l'Affaire Dreyfus [48] : aussi la connaissance de l'influence de l'antisémitisme et de ses relais est-elle moins bien connue pour la période de l'immédiate avant-guerre. Il serait souhaitable de combler cette lacune, ainsi que de multiplier les études régionales, à l'exemple stimulant de celle, récente, de Danielle Delmaire, *Antisémitisme dans le Nord pendant l'Affaire Dreyfus*, Presses universitaires de Lille, 1991.

88. Voir surtout Jean-Noël Jeanneney, *L'argent caché. Milieux d'affaires et pouvoirs politiques dans la France du XXᵉ siècle*, Fayard, Paris, 1981, en particulier le chapitre consacré à « L'affaire Rochette (1908-1914) », p. 93-120.

89. Sur le rôle capital joué par Louis Barthou durant toute cette période, on trouvera beaucoup de vues neuves dans Robert J. Young, *Power and Pleasure, Louis Barthou and the Third French Republic*, Mc Gill-Queen's University Press, London, Buffalo, 1991. Voir surtout les chapitres 5 et 6 : une des plus récentes mises au point historiographiques et bibliographiques sur les milieux du centre et du centre droit.

90. On réserve le nom de première démocratie chrétienne à celle de 1848.

91. *Le Sillon*, 25 mars 1904, cité *in* [6, p. 274].

92. Voir la prière des journalistes de *La Démocratie* citée dans Marc Sangnier, *Autrefois*, Paris, Bloud et Gay, 1936, p. 177-178.

93. [12, p. 327, 216-217, 324 et 329].

94. Entre autres exemples, le fait que l'adhésion des républicains démocrates du Finistère à la Jeune République n'est pas durable [*Idem*, p. 327].

95. Ce terme — relativement fort — est d'utilisation courante dans la littérature politique du temps.

96. Cf. Georges Wormser, *Le septennat de Poincaré*, Paris, Fayard, 1977, en particulier le chapitre 1 consacré à l'élection de Raymond Poincaré.

*Chapitre V*

1919-1958 : LE TEMPS DES DROITES?

1. Sur ces débats parlementaires autour du Traité de Versailles et, plus largement, sur l'étude du Bloc national comme « phénomène de majorité », on se
reportera à la thèse récente de Nicolas Roussellier, *Phénomène de majorité et relation de
majorité en régime parlementaire : le cas du Bloc national en France dans le premier après-guerre
européen (1919-1924)*, Paris, Institut d'études politiques, 1992, 3 vol. dact.
    2. Pour construire ce tableau, j'ai dressé la liste des députés de droite, définis en
fonction de leur inscription aux différents groupes parlementaires. Pour 1919 par
exemple, j'ai retenu les députés inscrits aux groupes suivants : Gauche républicaine
démocratique, Républicains de gauche, Action républicaine et sociale, Entente
républicaine démocratique et Indépendants (*Journal officiel* du 31 janvier 1920). Le
fichier porte sur quelque 1 250 députés, élus lors des élections générales de 1914 à
1956. Pour les élus de la période 1945-1956, outre les renseignements fournis par le
premier volume du dictionnaire des parlementaires, j'ai complété l'état civil par les
dossiers du *Who's Who* et les « trombinoscopes » de l'Assemblée.
    Pour calculer la sur-représentation du second tableau, j'ai comparé le poids de
chaque génération de députés de droite au poids que cette génération représente lors
du recensement le plus proche. Logiquement, seuls les hommes adultes sont pris en
compte. Si le chiffre est supérieur à 100, il y a sur-représentation. Prenons un
exemple : en 1924, la génération née en 1871-1880 est deux fois plus nombreuse
(indice 201) parmi les députés de droite que parmi les hommes adultes. Au
contraire, en 1928, la génération 1891-1900 est deux fois moins nombreuse
(indice 50).
    3. La sur-représentation de la génération précédente est légèrement supérieure —
149 contre 147 —, mais elle est bien celle dont le poids est le plus important
puisqu'elle rassemble 31 % des députés contre 29 % à la génération 1861-1870. Il
n'est pas certain que la domination de cette génération sur les forces de droite soit
une spécificité de cette famille politique. Rappelons que Léon Blum et Édouard
Herriot appartiennent à la même génération.
    4. Il s'agit des groupes parlementaires à la date du 27 janvier 1925.
    5. Voir le tableau p. 297.
    6. On retient ici les indications de la séance du 15 juin 1933.
    7. Sur cette Légion, et sur les problèmes, en fait très complexes, de généalogie
entre elle, le Sol et la Milice, cf. la thèse récente de Jean-Paul Cointet, *La Légion
française des Combattants (1940-1944). Mouvement civique et parti unique sous l'État
français*, Paris, 1992, 4 vol. dact.
    8. Ne sont pas incluses dans ces statistiques les communes du Bas-Rhin, du
Haut-Rhin, du Territoire de Belfort, de la Moselle et de 348 communes des « poches
côtières ».
    9. Démissionnaire en septembre 1942, il se battit dans le maquis et fut acquitté
par la Haute Cour en 1945 [88, p. 203].
    10. Le général Giraud, pourtant élu député de la Moselle avec l'appui du PRL,
est apparenté à ce groupe.

11. Voir le tableau p. 297.

12. Membre du PRL, Charles Vallin est mort en avril 1948.

13. Jean Charlot considère que les effectifs sont sans doute de 400 000 [121, p. 86].

14. Le député Henri Lespès a joué un rôle de tout premier plan lors de la grève des cadres, organisée par la CGC dont il est un des fondateurs en mars 1946.

15. Ces deux derniers ont voté les pleins pouvoirs le 10 juillet 1940, mais ils ont été relevés de leur inéligibilité. Sur le 10 juillet 1940, voir l'article de Jean Sagnes, « Le refus républicain : les quatre-vingts parlementaires qui dirent "non" à Vichy le 10 juillet 1940 », *Revue d'histoire moderne et contemporaine*, t. XXXVIII, oct.-décembre 1991, p. 555-589.

16. Allusion à la double appartenance.

17. Certains membres de ce parti, héritier du PSF, appartiennent à d'autres organisations. C'est le cas de Guy Petit, député des Basses-Pyrénées et membre du Parti paysan, d'Aimé Paquet ou de Joseph Dixmier également membres du Parti de Paul Antier. Tenant son quatrième congrès à Lyon, les 17, 18 et 19 novembre 1949, le parti de la Réconciliation française avait exprimé des préoccupations similaires à celles que les indépendants avaient développées lors de leurs journées d'études tenues quelques jours auparavant [105, 1949, p. 199].

18. Selon les indications du *Journal officiel* du 6 juillet 1951.

19. Selon les indications du *Journal officiel* du 24 janvier 1956.

20. Selon les indications du *Journal officiel* du 27 janvier 1959.

## Chapitre VI

## 1958-1992 : LE JEU DES INSTITUTIONS

1. Dix-sept cas indiscutables sur les 19 départs qui se sont produits entre mai 1959 et octobre 1962. Cf. Didier Maus, « Démissions et révocations des ministres sous la Ve République », *Pouvoirs*, 1986, n° 41, p. 117-134.

2. Déclaration de R. Frey à *Paris-Presse* le 11 octobre 1958 citée par Jacques Fauvet, « La stratégie des formations politiques d'avril à novembre 1958 » [16, p. 9-19].

3. François Goguel, Alain Lancelot, Jean Ranger, « Analyse des résultats » [16, p. 279-391].

4. « L'UNR ne m'est rien du tout ; l'UNR ne m'intéresse pas », aurait alors déclaré le général de Gaulle [55, p. 259].

5. Albin Chalandon, secrétaire général de l'UNR, intervention aux Journées d'information des 14 et 15 avril 1959 [58, p. 14].

6. « Il faut bien reconnaître les choses telles qu'elles sont. Le général de Gaulle est notre chef clandestin. Nous sommes un peu dans la position d'agents secrets qui doivent l'obéissance à leur chef militaire, lequel chef militaire n'hésite pas à les désavouer quand les choses vont mal. » *Ibid.*

7. Parmi lesquels il faut citer en particulier le Rassemblement pour l'Algérie française et le Regroupement national pour l'unité de la République, créés successivement par J. Soustelle en 1959 et 1960, le Front national français de J. Ortiz fondé en 1959 et le Front national pour l'Algérie française lancé par J.-L. Tixier-

Vignancour et J.-M. Le Pen au lendemain du colloque de Vincennes qui a rassemblé le 20 juin 1960 les partisans de l'Algérie française toutes tendances confondues.

8. Alain Lancelot, Jean Ranger, « Analyse des résultats » [18, p. 63].

9. Cf. Jean-Marie Mayeur, « De Gaulle et le catholicisme social » *in* [39, p. 215-219] et Philippe Levillain, « La pensée sociale du général de Gaulle face à l'héritage du catholicisme social » [44, p. 41-50].

10. Nicholas Wahl rapproche ainsi la constitution de 1958 des thèses qu'André Tardieu développa sur la réforme de l'État [11].

11. Cette opposition entre démocratie et représentation renvoie de façon métaphorique à la philosophie politique du XVIIIᵉ siècle sans qu'elle implique un jugement sur le caractère plus ou moins démocratique de ces deux conceptions.

12. Conférence de presse tenue à Londres le 27 mai 1942 citée par Jean-Pierre Morelou, « La dimension démocratique du gaullisme » [39, p. 122-137].

13. La solution libérale à la contradiction ressentie entre le principe de la souveraineté indivisible et l'exigence délibérative tient dans l'idée de souveraineté latente : le peuple détient la souveraineté et ne l'exerce qu'à l'occasion d'une consultation lorsque l'intérêt général nécessite un changement d'autorité. En temps normal, la souveraineté ne se manifeste plus que par la représentation dans les pouvoirs établis. Les thermidoriens, tenants d'un rousseauisme pur, ont d'abord combattu l'idée d'un primat de la représentation sur le peuple. Robespierre déclarant en 1792 que la source de tous les maux était l'indépendance absolue où les représentants se mettent eux-mêmes à l'égard de la nation sans l'avoir consultée [48].

14. Jean-Pierre Morelou, « La dimension démocratique du gaullisme » [39, p. 122-127].

15. Allocution prononcée devant le Conseil d'État le 28 janvier 1960. Cf. Jean-Louis Bauer, « De Gaulle et la conception de l'État » [39, p. 67-82].

16. « Le président [...] est l'homme de la nation, mis en place par elle-même pour répondre de son destin. » Conférence de presse du 31 janvier 1964. Aux obsèques du président René Coty le 27 novembre 1962, le général de Gaulle interprète ainsi le sens de son retour au pouvoir : « Mais c'est alors que, n'écoutant que son patriotisme, sa clairvoyance et son désintéressement, le président Coty décida de recourir lui-même et adjura le régime aux abois de s'en remettre, comme lui, à la légitimité profonde, celle qui procède, non point de la représentation multiple, incertaine et troublée des tendances qui divisent la nation, mais bien des sentiments, des espoirs, des institutions qui tendent, au contraire, à l'unir » [1, 1962, p. 688].

17. « En vertu du mandat que le peuple m'a donné et de la légitimité nationale que j'incarne depuis vingt ans, je demande à tous et à toutes de me soutenir quoi qu'il arrive. » Allocution radiotélévisée du général de Gaulle le 29 janvier 1960 [1, 1960, p. 639].

18. Cf. Jean-Luc Parodi, « Quatre années de controverses institutionnelles », *Revue française de science politique*, vol. XII, n° 4, décembre 1962, p. 845-876.

19. On peut noter que 33 députés MRP sur 57 votent en juillet la censure au gouvernement, notamment sur sa politique européenne. Ils sont 50 à la voter en octobre sur la question de la révision constitutionnelle, ce qui montre bien que les enjeux décisifs touchent davantage aux conceptions du pouvoir qu'aux contenus des politiques.

20. François Goguel, « Analyse des résultats » [19, p. 289-428].

21. Valéry Giscard d'Estaing déclare qu'« il existe suffisamment de partis politiques. L'opinion s'est prononcée à ce sujet de façon très nette. D'autre part dans le passé, jamais les modérés ne se sont organisés en parti... 36 députés ne suffisent pas

pour créer un parti. D'ailleurs l'opinion ne comprendrait pas que nous constituions un parti nouveau, que nous lancions un parti de plus » [86, p. 46-47].

22. Les trois premières concernent le rééquilibre des pouvoirs (mise en concordance des mandats du président de la République et des députés, réforme de l'article 34 et de l'article 16). La quatrième tend à promouvoir la suprématie des droits de l'homme par la création d'une cour suprême. La cinquième réaffirme l'importance des corps intermédiaires et cherche à accroître l'importance du Conseil économique et social. Ces propositions constituent une contradiction évidente des positions gaullistes et tendent à marquer les différences qui séparent, sur la conception du pouvoir, le groupe des RI du groupe UNR.

23. « Les RI sont les continuateurs de la tradition libérale. Ils renouent ainsi avec l'œuvre de ceux qui aux côtés de Waldeck-Rousseau, de Poincaré et de leurs continuateurs, ont fait de la stabilité de l'État un moyen d'action pour le pays et de son libéralisme une sauvegarde pour l'irrédentisme de la conscience et de la pensée », écrit Valéry Giscard d'Estaing dans le *Bulletin d'information* des RI de novembre 1963 [86, p. 48].

24. Déclaration du comité directeur le 4 février 1963.

25. D. Baudouin dans *Le Journal des indépendants*, 21 octobre 1963 [88].

26. Cf. Guy Michelat, « Attitudes et comportements politiques à l'automne 1962 » [19, p. 193-289].

27. Georges Dupeux, « Le comportement des électeurs français de 1958 à 1962 » [19, p. 173-191].

28. François Goguel, « Analyse des résultats » [20].

29. François Goguel, « Analyse globale des résultats » [21, p. 315-343].

30. « Pour certains, le centrisme n'a aucun contenu intellectuel. C'est un marais, un point de convergence des opportunismes, un point central permettant tous les jeux de bascule. Nous pensons au contraire que le centrisme exprime une certaine manière d'appréhender les problèmes, caractérisée par le refus des extrêmes et le choix délibéré de l'action » [1, 1966, p. 60].

31. « Des hommes et des femmes appartenant à des familles politiques différentes attendent que nous leur fassions signe. Ce signe ne tardera pas, et nous verrons alors où est le véritable parti du centre, d'un centre qui ne sera pas le marais où on prétend nous faire patauger. » Roger Frey, discours à la conférence d'information d'Asnières, 28 février 1965 [58, p. 50].

32. Albin Chalandon affirmait que « les réformes qui se profilaient derrière l'amendement Vallon conduiraient inévitablement à la République populaire ». Cf. Jean-Claude Casanova, « L'amendement Vallon », *Revue française de science politique*, vol. XVII, n° 1, février 1967 p. 97-109.

33. L'affaire avortera en août 1967. L'ordonnance sur l'intéressement des travailleurs porte sur les bénéfices et non sur l'autofinancement, elle n'est qu'un pâle reflet du projet Vallon.

34. « Il faut que l'État admette que nos entreprises doivent gagner de l'argent... Quand on a choisi le libéralisme international, il faut aussi opter pour le libéralisme intérieur... L'État doit donc diminuer son emprise sur l'économie au lieu de chercher perpétuellement à la diriger et à la contrôler » [1, 1969, p. 16].

35. Georges Pompidou, discours du 30 octobre 1970 [133, p. 139].

36. Georges Pompidou, conférence de presse du 22 septembre 1969 [133, p. 263].

37. Georges Pompidou, entretien avec E. Behr du 12 février 1970 [133, p. 27].

38. Discours de Lunéville du 14 avril 1972 [45, p. 38].

39. Cf. l'entretien donné par René Rémond à Stéphane Rials [45, p. 21].

40. Cf. Thierry Desjardins, *Un inconnu nommé Chirac*, Paris, La Table Ronde, 1983, p. 230.

41. Sur le concept de parti d'électeurs [55, p. 63-85].

42. Cf. Patrick Guiol, Eric Neveu, « Sociologie des adhérents gaullistes » [67, p. 92-93].

43. Colette Ysmal qui emprunte le concept à William R. Schonfeld développe cette idée *in* [74, p. 70].

44. *L'Aurore*, 26 juin 1974, cité *in* [91, p. 121].

45. Valéry Giscard d'Estaing, « Discours à la Jeunesse » du 29 mars 1980 [123, p. 36].

46. Cf. par exemple [111, p. 83].

47. Cf. sur ce point Patrick Guiol, « Entre la mystique de l'unité et la lutte des classes » [39, p. 191-202].

48. Birgitta Orfali, « Le droit chemin ou les mécanismes de l'adhésion politique » [100, p. 119-134].

49. Raymond Boudon, *L'idéologie*, Paris, Fayard, 1986, p. 288.

50. Jacques Chirac, discours prononcé devant le Club 89 [115, p. 29].

51. Déclaration à « L'Heure de Vérité », Antenne 2, 13 février 1990.

52. Cité par *Le Monde*, 11 janvier 1989.

53. Pierre Rosanvallon, « Malaise dans la représentation » [73].

54. Gérard Grunberg et al., « Trois candidats, trois droites, trois électorats », « L'élection présidentielle », *Le Monde, Dossiers et documents*, mai 1988, p. 41-43.

55. Roland Cayrol, « Les citoyens centrés », *Politique aujourd'hui*, janvier 1989 (3), p. 72-84.

56. Cf. par exemple ce que dit François Léotard : « Dans les sociétés froides où nous vivons, la fonction politique, qui est également d'ordre charismatique et symbolique, est plus nécessaire que jamais. [...] François Mitterrand est l'un des rares à avoir compris que, face à la laïcisation de la société, il existe aujourd'hui une aspiration à cette parole prise au sens religieux et prophétique. » *Le Monde*, 27 janvier 1989.

57. Éditorial de la *Lettre* du courant « Pour un Nouveau Rassemblement », citée par *Le Monde*, 12 avril 1990.

58. Entretien du 8 juin 1989, *Le Monde*.

59. Déclaration au « Grand Jury RTL-*Le Monde* » du 28 janvier 1990.

60. Cité par *Le Monde*, 10 septembre 1988.

*Chapitre VII*

## 1815-1900 : L'APPRENTISSAGE DE LA PLURALITÉ

1. Voir Jacques Godechot, *La contre-révolution, 1789-1804*, Paris, PUF, 1984 (deuxième édition) et [12, en particulier l'étude de Jean-Christian Petitfils, « Les origines de la pensée contre-révolutionnaire », p. 15-34].

2. On n'aura garde d'oublier que des dirigeants plus modérés ont également pris une part active aux débats idéologiques : ainsi, Montlosier (voir Jacques Godechot, *op. cit.*, p. 30-32).

3. Encore qu'il ne faille pas en surestimer l'audience : Charles de Rémusat, orléaniste il est vrai, y insiste avec une certaine malice dans un article paru sous le Second Empire, en parlant des deux auteurs : « De leur vivant, on les louait plus

souvent qu'on les citait. Leur parti même ne les admirait qu'avec défiance. A l'époque où l'opinion dont ils étaient l'honneur et la parure semblait triomphante et près de saisir le pouvoir, elle les avait encensés, grandis, mais ne suivait pas leurs conseils; bien plus, elle ne lisait pas leurs livres. On les regardait comme des hommes qui outraient le bon droit, comme des défenseurs compromettants. On les soupçonnait d'avoir fait l'utopie du passé. » (« Du traditionalisme. Première partie : Monsieur de Bonald » *Revue des Deux Mondes*, 1ᵉʳ mai 1857, p. 48).

4. Voir *Œuvres complètes de M. de Bonald*, publiées par l'abbé Migne, tome II, Paris, 1859 : *Observations sur l'ouvrage ayant pour titre : Considérations sur les principaux événements de la Révolution française par Mme la baronne de Staël*, p. 594-660 : l'auteur affirme qu'il est « Ici sans regret pour le passé » (p. 647), et il insiste sur la nécessité de la « modération » dans l'expression (p. 660) : mais son argumentation est sans ambiguïté.

5. *Essai sur les institutions sociales dans leur rapport avec les idées nouvelles*, Paris, 1818 (cité d'après les *Œuvres de M. Ballanche*, tome II, Paris-Genève, Barbezat, 1830, p. 31).

6. Il n'existe pas d'étude satisfaisante de la presse ultra sous la Restauration : on trouve quelques éléments dans l'*Histoire générale de la Presse française*, sous la direction de Claude Bellanger, Jacques Godechot, Pierre Guiral et Fernand Terrou, tome II, Paris, PUF, 1969 (chapitre de Charles Ledré). Voir aussi [22, p. 65], et, pour les journaux légitimistes, [22, p. 79-80].

7. Voir notamment Pierre Bouretz [40, « l'héritage des Lumières », p. 37-57]. Mentionnons aussi la thèse ancienne de Charles Pouthas, *Guizot pendant la Restauration. Préparation de l'homme d'État*, Paris, Plon-Nourrit, 1923, notamment p. 299-344.

8. Ainsi, Marcel Gauchet souligne ce que doit la « rénovation historique sous la Restauration » au livre de Montlosier, paru en 1814, *De la monarchie française depuis son établissement jusqu'à nos jours* : voir « Les Lettres sur l'histoire de France d'Augustin Thierry » [5, t. II-2, p. 268].

9. Yvonne Knibiehler, *Naissance des sciences humaines : Mignet et l'histoire philosophique au XIXᵉ siècle*, Paris, Flammarion, 1973, p. 107. Voir aussi le chapitre V sur l'histoire de la Révolution française, p. 118-182 (notamment les p. 132-133 sur l'utilisation et la critique des *Considérations sur la France* de Joseph de Maistre).

10. Selon Pierre Rosanvallon, ceux-ci, aux yeux de Guizot, ne sont pas seulement opposés au souvenir de 1793, mais doivent concourir à une redéfinition des « fondements intellectuels » de la Révolution française [40, p. 64].

11. Émile Ollivier, si féru d'histoire, le souligne de bien des manières dans sa très profuse autojustification, *L'Empire libéral*, Paris, Garnier, 17 volumes, 1895-1915.

12. Ces ouvrages parurent respectivement chez Garnier, en 1850 (voir notamment les p. VI-VII de la préface et la conclusion, tome III, p. 678) et 1860, chez Dentu (voir les p. I-II du premier tome).

13. Il n'est pas toujours aisé, de plus, de l'étayer sur des travaux récents. Les questions économiques, notamment, n'entrent guère dans le cadre de cette étude. Rappelons néanmoins que l'hostilité de nombreux théoriciens légitimistes et catholiques à l'économie moderne, jugée « anglaise », est avérée (voir par exemple [21, p. 21-22]). Dans un domaine plus particulier, mais néanmoins fort vaste, la thèse de doctorat d'État de Francis Démier apporte beaucoup à propos des idées libre-échangistes et protectionnistes et de leurs tenants au cours du premier XIXᵉ siècle (*Nation, marché et développement dans la France de la Restauration*, Paris X, 1991).

14. A ce sujet, signalons les analyses intéressantes de David Higgs dans son livre, *Nobles in Nineteenth Century France : The Practice of Inegalitarianism*, John Hopkins University Press, 1987, récemment traduit sous le titre *Nobles, titrés, aristocrates en France après la Révolution 1800-1870*, Paris, Liana Levi, 1990, p. 219-223 (son

approche globale des rapports entre les nobles et la vie politique apporte également d'importants éléments de réflexion, p. 215-255, mais exagère peut-être leur opportunisme).

15. Voir « Guizot et la question du pouvoir » de Pierre Rosanvallon [40, p. 129-145]. De manière plus générale, songeons à la loi du 31 mai 1850 qui, en réservant, suite à une poussée républicaine à la faveur d'élections partielles, le droit de vote aux seuls contribuables inscrits depuis trois ans dans leur commune, réduisit d'un tiers le corps électoral [8, notamment p. 54-55] (l'auteur signale l'opposition à ces dispositions des bonapartistes et de « l'aile populiste du parti légitimiste »). Par la suite, Prévost-Paradol [42, p. 525-526] et Duvergier de Hauranne contribuent à préparer l'évolution de nombreux orléanistes [8, p. 88-89].

16. La thèse d'État de Françoise Mélonio sur l'influence de Tocqueville et l'accueil réservé à ses œuvres (*Tocqueville dans la culture française*, Paris X, 1991) permet d'en savoir beaucoup plus à ce sujet.

17. Ce qui ne signifie pas nécessairement que l'œuvre centralisatrice de l'Ancien Régime soit critiquée : elle est au contraire louée dans la conclusion de l'ouvrage de l'avocat et conseiller général du Gard, F. Béchard, *Essai sur la centralisation administrative*, Marseille-Paris, Olive et Hivert, 1836, tome 2, p. 490-491. Selon un autre publiciste légitimiste, Lourdoueix, la Réforme était coupable de la restriction des libertés provinciales, car elle avait contraint Richelieu à intervenir : voir l'analyse de *De la restauration de la société française*, Paris, 1833, donnée par André-Jean Tudesq, [24, t. I, p. 221].

18. Sur tout ceci, on se reportera au bref mais dense ouvrage de Brigitte Basdevant-Gaudemet, *La Commission de décentralisation de 1870 : contribution à l'étude de la décentralisation en France au XIXᵉ siècle*, Paris, PUF, 1973. Ajoutons que Thiers, pour sa part, était un adversaire de la décentralisation, et ce dès la Monarchie de Juillet [42, p. 89].

19. Ce qui n'est pas le cas du comte de Montlosier, passionnément réactionnaire, mais gallican déclaré, connu pour sa violente attaque contre la Congrégation en 1826 [25, p. 52 et 160-161 ; l'auteur présente aussi, d'une certaine façon, Bonald comme un gallican].

20. Voir [20, p. 281-299 : « Civilisation et démocratie chrétienne dans la théologie de l'abbé Maret en 1848-1849 »] et la thèse de Claude Bressolette, *L'abbé Maret — Le combat d'un théologien pour une démocratie chrétienne 1830-1851*, Paris, Beauchesne, 1977.

21. S'il est permis de le ranger parmi les catholiques libéraux, René Rancœur n'en insiste pas moins sur son ultramontanisme [20 : « Falloux de 1835 à 1848 », notamment p. 335].

22. Voir par exemple ce que dit François Furet de la lignée de Broglie [6, p. 433-434] ou le cas en partie différent de Prévost-Paradol : longtemps anticlérical, il devint plus respectueux à l'égard du catholicisme, par ambition et amitié avec des catholiques libéraux ; il demeura en tout cas favorable à la séparation des Églises et de l'État [42, p. 520-521] ce qui était une position rare à droite.

23. Paul Gerbod voit en lui « l'un de ces légistes gallicans qui, après 1856, retrouvent tant d'influence dans les conseils du Gouvernement et sur l'Empereur lui-même », tout en soulignant qu'il était un catholique pratiquant (*La condition universitaire en France au XIXᵉ siècle*, Paris, PUF, 1965, p. 361).

24. Rappelons à ce sujet la brillante évocation de Daniel Halévy dans *La République des Ducs*, Paris, Grasset, 1937, rééd. 1972, p. 19-26.

25. Avec quelques orléanistes, il est vrai, comme le signale Michel Cinquin dans *Deux pèlerinages au dix-neuvième siècle*, Paris, Beauchesne, 1980, p. 208-210. Plus généralement, voir Thomas A. Kselman, *Miracles and Prophecies in Nineteenth Century*

*France*, Rutgers University Press, State University of New Jersey, 1983, chapitre V, « The religious revival of the Third Republic », notamment p. 121-128.

26. Il existe un large choix de ses articles, publiés après sa mort, survenue en 1904, sous le titre *Pour Dieu! Pour la France!*, *L'Autorité*, 1905, 8 volumes.

27. On peut dire à certains égards que sur le plan idéologique, la monarchie s'était déjà enterrée avant même l'entrée dans l'alliance boulangiste, en raison des choix effectués en 1885 (liste d'union avec les bonapartistes aux élections législatives) et du manifeste du comte de Paris en septembre 1887 : sur tout ceci, cf. Philippe Levillain, *Boulanger fossoyeur de la Monarchie*, Paris, Flammarion, 1982 (dont la perspective est un peu différente).

28. A notre connaissance, il n'existe pas de grand ouvrage d'ensemble à son sujet : on peut consulter le chapitre II de la deuxième partie de [55] : « Le traditionalisme en littérature — Jules Barbey d'Aurevilly », [p. 160-207] et [54, *passim*, notamment p. 19]. On peut aussi consulter un recueil paru deux ans avant la mort du « Connétable des Lettres », *Souvenirs d'histoire*, Paris, Frinzine, 1887.

29. Voir [55, cinquième partie, « Une solitude révolutionnaire », notamment p. 579], et Jacques Petit, *Léon Bloy*, Paris, Desclée de Brouwer, 1966, p. 89.

30. Voir *Œuvres de Léon Bloy*, édition établie par Joseph Bollery et Jacques Petit, tome IV, Paris, Mercure de France, 1965, p. 68-73 (Léon Bloy trouve bien des défauts au Second Empire, mais écrit : « Néanmoins, un vague reflet de gloire crépusculaire traînait obstinément sur le pignon souillé du mauvais lieu qu'était devenue la France », p. 69).

31. Voir Marie-Claire Bancquart, *Les Écrivains et l'histoire d'après Maurice Barrès, Léon Bloy, Anatole France et Charles Péguy*, Paris, Nizet, 1966, p. 161-212 (notamment p. 186-189).

32. « L'Avertissement » (publié dans *Le Figaro* le 19 juillet 1883 et repris dans le recueil posthume *Chez les Passants*, publié en 1890 : cité d'après les *Œuvres complètes* de Villiers de l'Isle-Adam, Paris, Gallimard, Bibliothèque de la Pléiade, édition d'Alan Raitt et Pierre-Georges Castex, avec la collaboration de Jean-Marie Bellefroid, tome II, 1986, p. 526; voir la notice p. 1405-1407 et [56, p. 184-186]; sur le légitimisme de l'écrivain, voir *ibid* [p. 146-151] et sur ses conceptions politiques et historiques, le titre II de la seconde partie.

33. Il existe des cas complexes, comme celui de Huysmans : voir par exemple l'aperçu de Michel Winock, « Huysmans et la décadence » [62, p. 322-327].

34. Outre [63] voir Michael Sutton, *Nationalism, positivism and catholicism — The politics of Charles Maurras and French Catholics 1890-1914* Cambridge University Press, 1982. On peut ajouter que Léon Daudet n'éprouvait guère d'estime pour Taine : voir *Devant la Douleur*, Paris, Nouvelle Librairie nationale, 1915, p. 194-195.

35. L'ouvrage de Victor Nguyen [63] ne va malheureusement que jusqu'en 1898, et, à notre sens, ne rend pas assez compte du royalisme du théoricien. Il est vrai que les derniers chapitres de son livre posthume sont plus rapides que ceux, très étoffés, qui analysent les débuts de Maurras.

36. Et ceci bien avant l'Affaire Dreyfus, dès *La France juive* ou *La fin d'un monde. Étude psychologique et sociale*, Paris, Savine, 1889 (qui critique violemment les droites traditionnelles p. 297-378) : voir par exemple : [60, p. 196-201; 61, *passim*; 62, p. 117-144].

37. On se référera à [63] *passim*, ainsi qu'à *La République ou le roi — Correspondance inédite (1888-1923)*, Paris, Plon, 1970 (voir notamment p. 296-300 la lettre de Barrès du 22 août 1900 et la missive de Maurras, du même mois).

38. Son recueil *Vers un ordre social chrétien. Jalons de route*, Paris, Nouvelle librairie nationale, 1907, qui contient de nombreux textes antérieurs à 1900, est intéressant.

39. A la fin de son étude sur les congrès nationaux de la démocratie chrétienne à

Lyon, en 1896, 1897 et 1898, Jean-Marie Mayeur souligne l'aspect historique de cet antisémitisme : « [...] il est fréquent de voir attribuer aux juifs, alliés des francs-maçons, libérés par la Révolution, une large part dans la politique de laïcisation, et, plus généralement, dans tous les malheurs, qui, depuis 1789, frappent l'Église » [21, p. 190].

## *Chapitre VIII*

## 1900-1945 : L'ANCRAGE DES IDÉOLOGIES

1. Sur ce débat et, plus largement, la mobilisation argumentative de l'histoire, François Hartog, *Le XIXᵉ siècle et l'histoire : le cas Fustel de Coulanges*, Paris, PUF, 1988.
   2. Voir plus particulièrement sur l'antisémitisme lors de l'Affaire Dreyfus, Michel Winock, *Édouard Drumont et Cie, antisémitisme et fascisme en France*, Paris, Le Seuil, 1982 ; Pierre Sorlin, *La croix et les juifs*, Paris, Grasset, 1967, et Jean-Paul Clébert, *Fort Chabrol*, Paris, Denoël, 1981.
   3. Le livre de Raoul Girardet, *La société militaire dans la France contemporaine (1815-1939)*, Paris, Plon, 1953, reste classique. Voir aussi du Général Yves Gras, *Castelnau (1851-1944)*, Paris, Denoël, 1990.
   4. M. Barrès, *Les Déracinés*, édition établie par Jean Borie, Paris, Folio 1988, p. 96-97. Sur le professeur Bouteiller et sur Burdeau et Lagneau dont Bouteiller constitue une sorte de synthèse littéraire, cf. Jean-François Sirinelli, « Littérature et politique : le cas Burdeau-Bouteiller », *Revue historique*, t. CCLXII, 1985, p. 91-111.
   5. Sur l'école capétienne en histoire, ainsi dénommée par René Grousset, voir les observations de Philippe Ariès [31]. Jacques Bainville publie en 1924 son *Histoire de France*, un très gros succès de librairie, et Pierre Gaxotte fait paraître sa *Révolution française* en 1930 et son *Siècle de Louis XV* en 1933.
   6. En 1931, l'encyclique *Quadragesimo Anno* de Pie XI et, en 1961, l'encyclique *Mater et Magistra* de Jean XXIII mettent à jour l'enseignement catholique social.
   7. Raymond Laurent et Marcel Prelot, *Manuel politique et social*, 1928.
   8. Cette presse personnaliste et démocrate chrétienne a été l'objet de quelques études notables : Françoise Mayeur, *L'Aube, étude d'un journal d'opinion*, Paris, FNSP, 1966 ; Aline Controt, *Un courant de la pensée catholique, l'hebdomadaire Sept*, Paris, le Cerf, 1961.
   9. L'évolution de Sturzo et de Maritain doit être rapprochée de celle de Pie XI qui publie en 1931 l'encyclique *Non abbiamo bisogno*, qui rejette la prétention du fascisme à endoctriner la jeunesse, et en 1937 les deux encycliques *Divini Redemptoris* et *Mit brennender Sorge* qui condamnent les doctrines totalitaires, la première le communisme et la seconde le nazisme. *Divini Redemptoris* contient un exposé des droits de la personne humaine.
   10. Le rapprochement entre la conception catholique des droits des corps intermédiaires et la conception des droits de l'homme issus de la Révolution française s'opère alors sous l'influence de diverses personnalités : celle de Péguy d'abord, très lu durant les années trente ; puis celle de Sturzo et de Maritain, écrivains engagés ; celle, enfin, du pape Pie XI et du Cardinal Verdier surtout, archevêque de Paris qui écrit à la veille de la Deuxième Guerre mondiale : « la mission de la France est de sauvegarder la vraie liberté, l'égalité foncière de tous les

hommes et la fraternité chrétienne » (lettre de l'Assemblée des cardinaux et archevêques au président Daladier, publiée le 30 mars 1939, dans l'année du cent-cinquantenaire de la Révolution).

11. Phrase prononcée par François Mitterrand, *Libération*, 10 mai 1984.

12. Titre d'un ouvrage de Roland Maspetiol (Paris, 1946).

13. Texte cité par Pierre Barral [32, p. 133].

14. Les premières grandes thèses régionales sont celles d'Albert Demangeon sur la Picardie (1905) et de Raoul Blanchard sur la Flandre (1906).

15. Cf. André Gueslin, *Histoire des crédits agricoles*, Paris, Economica, 2 vol., 1984.

16. Ronald Hubscher, « *Le progrès agricole* : l'activisme au service de la France profonde (1887-1970) », *Revue du Nord*, janv.-mars 1982, p. 93-143.

17. Jean Vavasseur-Desperriers, *Charles Jonnart, Recherches sur une personnalité politique de la III* République*, Thèse, Université de Lille III, 1984, 4 vol. dact.

18. André Tardieu, *L'heure de la décision*, Paris, Flammarion, 1934, *La révolution à refaire*, 1) *Le souverain captif*, Flammarion, 1936 ; 2) *La profession parlementaire*, Flammarion, 1937. Cf. [61].

19. La génération des années trente a pris conscience d'une mutation idéologique comme le suggère certains titres : Daniel-Rops, *Les années tournantes*, Paris, 1931 ; Robert Aron, *La fin de l'après-guerre*, Paris, 1938. Elle a répandu des thèmes, voire des slogans, notamment l'idée de décadence, l'exigence d'une révolution, elle a diffusé un certain antiaméricanisme à l'époque de la crise mondiale, rejetant une référence américaine symbolisée par l'œuvre d'André Tardieu au pouvoir en 1929-1930. Robert Aron et Arnaud Dandieu publient coup sur coup *Décadence de la nation française* (Paris, Rieder, 1931), *Le cancer américain* (Paris, Rieder, 1931) et *La révolution nécessaire* (Paris, Grasset, 1933).

20. La « guerre des manifestes » a été étudiée à propos des affaires d'Éthiopie et d'Espagne par René Rémond, *Les catholiques dans la France des années trente*, Paris, Cana, 1979, et par Jean-François Sirinelli, *Intellectuels et passions françaises*, Paris, Fayard, 1990, p. 83-111.

21. La thèse de Richard Millman, *Les ligues catholiques et patriotiques face à la question juive en France de 1924 à 1939*, Paris, IEP, 1990, montre que les ligues, héritières du Barrès des *Diverses familles spirituelles de la France*, prolongent l'Union sacrée par l'organisation de leurs rangs et ne sont pas antisémites. Elles font parfois même une place notable aux juifs dans leurs instances dirigeantes. Les Jeunesses patriotes de Pierre Taittinger accueillent tous les Français sans distinction de religion à la différence des groupements d'Action française qui demeurent antisémites, mais elles restent, en revanche, franchement xénophobes et hostiles à l'afflux des réfugiés et travailleurs étrangers.

## Chapitre IX

## 1945-1992 : LA CRISE DES RÉFÉRENTS

1. Jean-Louis Bourlanges, *Droite année zéro*, Paris, Flammarion, 1988.

2. Sur ce point François Bourricaud, *Le bricolage idéologique*, Paris, PUF, 1980, chapitre III.

3. Ajoutons que chacune de ces traditions a un équivalent approximatif partout à l'étranger. Mais le lexique ne facilite pas les comparaisons. Ainsi les conservateurs

anglais ont été longtemps plutôt des équivalents de nos modérés que des conservateurs français dans le sens que nous donnons à ce terme. Nos populistes sont, à bien des égards, des parents et des précurseurs des autres fascistes européens, mais outre qu'ils n'ont jamais pris le pouvoir en France, il n'y a probablement aucun fasciste français qui, même pendant les années 1930, ait eu une idée aussi exigeante de l'État totalitaire qu'Adolf Hitler. Quant aux modérés, ils sont allés chercher leurs références d'abord chez les Anglais, puis plus tard chez les Américains. Dans les années 1930, André Tardieu, dont l'influence sur les constituants de 1958 n'est pas négligeable, a suggéré plusieurs emprunts à la pratique anglaise, notamment en ce qui concerne le droit de dissolution, qu'il y avait, selon lui, tout avantage à rendre discrétionnaire au président de la République. Cela dit les diverses traditions françaises ne sont pas réductibles à de stricts décalques importés d'Allemagne, d'Italie ou des pays anglo-saxons. Il est plus fructueux de replacer nos diverses familles politiques dans une *cotradition* occidentale qui réunit transversalement à travers les nœuds plus ou moins serrés les diverses traditions nationales. Ainsi l'orientation libérale (la référence aux libertés personnelles et à l'État de droit), présente dans la culture politique française, est parente du libéralisme répandu dans la culture politique anglaise, américaine ou allemande, même si les formes institutionnelles en sont différentes.

4. Auguste Comte, *Catéchisme positiviste* (1852), Paris, Garnier-Flammarion, 1966.

5. On lira sur ce point l'article de Pierre Thuillier, « Un débat fin de siècle : la "faillite de la science" », *La Recherche*, n° 134, juillet-août 1991, p. 950-955.

6. Émile Durkheim, *L'évolution pédagogique en France*, Paris, PUF, rééd. 1990.

7. Henry de Montherlant, *Romans*, Paris, Gallimard, La Pléiade, 1982, tome II, p. 1393.

8. On pourra se reporter aux hypothèses formulées par Emmanuel Todd, *La troisième Planète : structures familiales et systèmes idéologiques*, Paris, Le Seuil, 1983.

9. Charles de Gaulle, *La discorde chez l'ennemi*, Paris, Berger-Levrault, 1924.

10. Maurice Barrès, *Le roman de l'énergie nationale*, composé de : *Les déracinés*, Paris, F. Juven, 1897; *L'appel au soldat*, Paris, F. Juven, 1900; *Leurs figures*, Paris, F. Juven, 1901.

11. Alexis de Tocqueville, *Œuvres complètes*, Paris, Gallimard, 1959, Tome 9, *Correspondance d'Alexis de Tocqueville et d'Arthur de Gobineau*.

12. Henri Mendras, *La fin des paysans*, Paris, A. Colin, 1970.

13. Henri Mendras, *La seconde révolution française : 1965-1984*, Paris, Gallimard, 1988.

14. Marc Bloch, *L'étrange défaite* (1940), Paris, A. Colin, 1957; nouvelle édition Folio-Gallimard, 1990.

15. Charles de Gaulle, *Mémoires de guerre*, Paris, Plon, 1954-1959, 3 vol., Tome 1 : *L'appel*.

*Chapitre XI*

# LE GAULLISME

1. Nous n'avons pas inclus, parmi ces références fondatrices du concept, celle du 6 juillet 1952, dans l'allocution du général de Gaulle au Conseil national élargi de

Saint-Maur. D'abord parce que cette allocution ne figure pas dans l'édition définitive, établie par le général de Gaulle, de ses *Discours et Messages*. Ensuite et surtout parce qu'elle ne définit pas le gaullisme par sa *substance*, contrairement aux autres références citées, mais par son *style*. Elle n'en est pas moins intéressante, dans le contexte d'éclatement du RPF où elle est prononcée : « Quant à l'avenir, il est, je vous l'annonce, à ceux qui le méritent, même s'il y a des délais, des péripéties, des obstacles. Il est à ceux qui le veulent, pourvu qu'ils ne le veuillent pas pour eux, mais pour une grande et noble cause. Il est à ceux qui savent souffrir pour triompher. Ne croyez-vous pas que ça a été là, depuis 1940, la philosophie de ce que j'ose appeler le "gaullisme" ? » [42, p. 37].

2. Certains ont cru au contraire percevoir une différence de sens significative entre les deux termes : « Le terme "association" insiste davantage sur l'aspect structurel et organique de la société envisagée. Il répond à la question : *Quel type de société ?* Le terme "participation", lui, insiste plus sur l'aspect relationnel et psycho-logique des comportements et rapports sociaux [...] Il répond à la question : *Quel type de vie sociale ?* » [42, p. 56].

3. Les deux autres périodes creuses — 1946 et 1953-1958 — se situent à des phases d'inactivité publique du général de Gaulle : la « traversée (silencieuse) du désert » en 1953-1958 et la période intermédiaire entre la démission de janvier et le lancement du RPF en 1946.

4. Ces objectifs politiques sont tirés d'un projet de déclaration gouvernementale établi par son *brain-trust* et endossé de sa propre main, comme nous l'avons établi dans notre histoire du gaullisme d'opposition, à partir d'un document d'archives inédit du RPF [60, p. 154 sqq.].

5. La règle vaut non seulement pour son entourage politique mais aussi pour ses conseillers, les hommes de cabinet qui l'entourent lorsqu'il est au pouvoir [cf. 85 et, surtout, 86].

6. François Goguel, dans ses *Chroniques électorales*, insiste sur la différence entre la géographie électorale traditionnelle de la droite et la géographie électorale gaulliste du temps du général de Gaulle [cf. 92]. Il note en particulier la force du gaullisme dans le Nord de la France. On peut se demander si ce phénomène n'est pas largement dû à la prime donnée par le Nord au Lillois Charles de Gaulle, comme le vote du Massif central pour Pompidou puis Chirac, ou le vote aquitain pour Jacques Chaban-Delmas plus tard.

*Chapitre XII*

## LE FRONT NATIONAL : DROITE EXTRÊME OU NATIONAL-POPULISME ?

1. La décision de dissoudre Ordre nouveau en même temps que la Ligue communiste a été prise par le gouvernement Messmer en juin 1973, à la suite d'affrontements graves entre les militants de ces deux organisations.

2. Ordre nouveau développe en effet depuis le début de la décennie 1970 un programme ouvertement subversif. Dans son organe hebdomadaire, *Pour un Ordre nouveau*, on peut en effet lire ceci en mars 1972 : « La révolution consiste à détruire

totalement l'ancien régime et à réaliser intégralement l'Ordre nouveau. Nous sommes de vrais révolutionnaires car nous sommes décidés à aller jusqu'au bout de cette nécessité, quoi qu'il puisse en coûter. Renversant le régime décadent et ses valets, transformant de fond en comble une société écroulée sous ses défauts et sous ses vices, nous bâtirons un Monde nouveau, un monde libéré de l'exploitation du travailleur, un monde de beauté, de courage et de justice. »

3. Au printemps 1972, le MSI a réalisé son meilleur score depuis sa fondation en 1946, avec 8 % des suffrages et une forte percée à Rome (18 %) et dans les régions déshéritées du Sud.

4. Engagé dans la Milice en 1944 et resté fidèle au maréchal Pétain, François Brigneau était à cette date rédacteur en chef de l'hebdomadaire *Minute*.

5. Ancien secrétaire général des étudiants d'Action française, membre de l'état-major d'Eugène Deloncle au CSAR (Comité secret d'action révolutionnaire), puis chargé de mission au cabinet du maréchal Pétain, Gabriel Jeantet a été directeur de l'organe poujadiste *Fraternité française*.

6. Ancien membre de l'OAS, Roger Holeindre a été responsable du service d'ordre de Jean-Louis Tixier-Vignancour lors de la campagne présidentielle de 1965.

7. L'un et l'autre occupaient des fonctions dirigeantes importantes à Ordre nouveau au moment de la fondation du Front national.

8. Sur cette distinction, adoptée par l'extrême droite elle-même pour la période postérieure à la guerre d'Algérie, on consultera : Francis Bergeron et Philippe Vilgier, *La droite en mouvement : nationalistes et nationaux en France, 1960-1981*, Paris, éditions Vastra, 1981.

9. Au lendemain même de la fondation d'Ordre nouveau, Jean-François Galvaire avait fixé comme objectif à ses partisans de « s'insérer peu à peu dans le pouvoir... par le jeu de la démocratie parlementaire » (cité *in*. A. Rollat, *Les hommes de l'extrême droite*, Paris, Calmann-Lévy, 1985, p. 49).

10. *Le Monde*, 16-4-1985.

11. La Fédération d'action nationaliste européenne a été fondée en 1966. C'est par l'intermédiaire de François Duprat qu'elle s'est agrégée pendant quelque temps à la mouvance lepéniste avec laquelle elle va rompre à la fin de 1978.

12. Entretien paru dans *Le Monde* du 8 juin 1984.

13. Cette appellation recouvre à la fois la revue et le cercle animés dès le début des années 1960 par Dominique Venner.

14. Dominique Venner, « Sur un nouveau phénomène révolutionnaire », *Défense de l'Occident*, 26-11-1962, p. 46-52.

15. Yvon Blot, « Pour une stratégie républicaine », in *Échecs et injustices du socialisme*, Paris, 1982, p. 151.

16. *L'Événement du jeudi*, 28-3-1985.

17. Cette entreprise, la Société d'études et de relations publiques (SERP), a été poursuivie en 1965 à la suite de la mise en vente de ce disque qui contenait des discours d'anciens chefs nazis, des hymnes et des marches militaires.

18. Interrogé en septembre 1987 lors d'un « Grand Jury RTL-*Le Monde* » sur sa position dans le « débat » opposant les historiens du génocide aux représentants de « l'école révisionniste », Jean-Marie Le Pen avait cru bon d'afficher, en parlant de « point de détail » à propos des chambres à gaz, le peu de cas qu'il faisait de cet « épisode » de la Seconde Guerre mondiale. Cela ne l'a pas empêché de battre six mois plus tard tous les records du vote d'extrême droite.

19. Zeev Sternhell, « Socialisme n'égale pas fascisme », propos recueillis par A. Rollat, *Le Monde*, 11-12 mars 1984.

20. Cf. le texte du programme de 1921 du PNF *in* R. Paris, *Les origines du fascisme*, Paris, Flammarion, 1968.

21. Pierre Milza et Serge Berstein, *Le fascisme italien, 1919-1945*, Paris, Le Seuil, 1980, chapitre 11.

22. Cf. par exemple, Jean Marcilly, *Le Pen sans bandeau*, Paris, Jacques Grancher éditeur, 1984.

23. C'est le cas d'hommes tels que Roland Gaucher, François Brigneau et Alain Robert.

24. Un Jean-Pierre Stirbois, secrétaire général du mouvement jusqu'à sa mort, en novembre 1988, un Michel Collinot ou un Jean-Marie Le Chevallier.

25. Jean-Marie Le Pen, « le message de Leonidas », in *Chant funèbre pour Phnom Penh et Saigon*, Paris, Société de production littéraire, 1975.

26. Selon l'expression du philosophe et historien italien Benedetto Croce, pour qui le fascisme a été à la fois une « maladie morale » de l'Europe et une « parenthèse » dans l'histoire de l'Italie.

27. Déclaration faite à « L'Heure de vérité » d'Antenne 2, le 13 février 1983. Il est à noter que le chef du Front national se trompait, comme l'ont montré les sondages effectués lors du procès Barbie.

28. Parlant de Pierre Bousquet, trésorier pendant deux ans du Front national, Jean-Marie Le Pen disait en février 1984 devant les caméras de la télévision française : « M. Bousquet a peut-être eu les responsabilités que vous dites, il a peut-être été un ancien SS, mais moi je suis de ceux qui sont pour la réconciliation des Français. » « L'Heure de vérité », Antenne 2, 13-2-1984.

29. À l'âge de seize ans, Jean-Marie Le Pen aurait combattu pendant quelque temps au maquis de Saint-Michel.

30. Ancien directeur des relations sociales d'une entreprise de produits pharmaceutiques et cosmétologiques, Bernard Antony, dit Romain Marie, a d'abord milité à la Fédération des étudiants de Toulouse, puis aux comités Tixier-Vignancour, avant de fonder en 1976 le mensuel *Présent*, « journal d'appel au rassemblement des énergies pour la chrétienté et des forces de résistance au totalitarisme » (aujourd'hui quotidien). Il est également à l'origine des comités Chrétienté-Solidarité et du centre Henri-et-André-Charlier, dont la direction spirituelle est assurée par un disciple de Mgr Lefebvre, l'abbé François Pozzetto.

31. Joseph de Maistre, *Considérations sur la France*, 1796; nous citons l'édition parue aux éditions Complexe, Bruxelles, 1988, p. 87 (c'est de Maistre qui souligne).

32. Charles Maurras, *Mes idées politiques*, Paris, 1937; réédition Fayard, 1968, p. 122;

33. Jean-Marie Le Pen, « Pour une vraie révolution française », *National-Hebdo*, 62, 26-9-1985, cité *in* Pierre-André Taguieff, « Un programme "révolutionnaire" », *Le Front national à découvert, op. cit.*, p. 202.

34. *ibid.*

35. *ibid.*

36. *Droite et démocratie économique. Doctrine économique et sociale du Front national* (1978), 2ᵉ éd. 1984, préface de Jean-Marie Le Pen (supplément à *National-Hebdo*, octobre 1984), cité *in* Pierre-André Taguieff, « Un programme... », *op. cit.*, p. 27-61.

37. Dans ses écrits — *L'Occident en péril, Sur le chemin de la Restauration* — le Dr Lefebvre, fondateur du Mouvement pour l'instauration d'un ordre corporatif, appelait à la « grande croisade antibolchevique » et à l'avènement d'un « ordre naturel » chrétien, communautaire et corporatif, reposant sur l'armée, sur la dictature d'un chef national et sur l'action omniprésente d'une milice de croyants.

38. Avec le père Fillières, responsable de cette conversion, Georges Sauge fonda au lendemain de la guerre le Mouvement pour l'unité, lié aux revues *L'Homme nouveau* et *La Cité des jeunes*.

39. Cette officine organisait des « cours » portant sur les « courants de désagrégation nationale » (le communisme, le socialisme, les francs-maçons, les catholiques de gauche, les métèques, etc.), sur la « conception chrétienne de l'homme d'État », sur la « croisade contre les artisans inconscients du communisme », etc.

40. Raymond Aron entendait, par cet article, répondre « aux objections soulevées contre le rapprochement entre le bonapartisme du XIX<sup>e</sup> siècle et le fascisme du XX<sup>e</sup> siècle », cf. *Mémoires*, Paris, Julliard, 1983, p. 185. On lira l'article dans Raymond Aron, *Chroniques de guerre. La France libre, 1940-1945*, Paris, Gallimard, 1990, p. 763-776.

41. Jean-Marie Le Pen, « Pour une vraie révolution française », *National-Hebdo*, n° 62, 26-9-1985, p. 3.

42. *ibid.*

43. Cf. Jean-Yves Le Gallou et le Club de l'horloge, *La préférence nationale : réponse à l'immigration*, Paris, Albin Michel, 1985 ; Yvan Blot, *Les racines de la liberté*, Paris, Albin Michel, 1985 (chapitre VII, « Le modèle suisse » ; chapitre IX, « Le recours : la démocratie authentique ») ; « Rendre le pouvoir au peuple », *Lettre d'information du Club de l'horloge*, 30, 2<sup>e</sup> trimestre 1987, p. 1-9.

44. Jean-Marie Le Pen, « Pour une vraie révolution française », *op. cit.*

45. Cf. par exemple : François Brigneau, pour qui Le Pen est le « prophète inspiré » et l'incarnation du « génie breton », in *RLP/Hebdo* du 1-12-1983, ainsi que l'ouvrage de Jean Marcilly, *Le Pen sans bandeau*, *op. cit.*

46. Propos tenus lors de l'émission d'Antenne 2 du 13-2-1984, cité in *Minute*, 18/24. 2. 1984, p. 8.

47. Propos cités par Françoise Giroud, « La politique sur un plateau d'argent », *Le Nouvel Observateur*, 17/23 février 1984, p. 35.

48. « Jamais la France n'a été dans une situation plus critique », écrivait en 1890 l'auteur de *La France juive*.

49. Cité *in* Pierre-André Taguieff, « La rhétorique du national-populisme », *op. cit.* ; p. 21.

50. Édouard Drumont, *La fin d'un monde*, Paris, Nouvelle Librairie parisienne, 1889, p. III, p. 1, p.263.

51. Léon Daudet, *L'agonie du régime*, Paris, Nouvelle Librairie nationale, 1925, p. 203.

52. Maurice Bardèche, *Qu'est-ce que le fascisme ?* Paris, Les Sept couleurs, 1960, p. 184.

53. Pierre Drieu la Rochelle, *Gilles*, 1939, Paris, Gallimard, Folio, 1973, p. 494 : « Il y a une puissance de syphilis dans la France. » Cité *in* Michel Winock, *Nationalisme, antisémitisme et fascisme en France*, *op. cit.*, p. 108.

54. Dans un roman publié en 1904 et dont le titre constitue à lui seul tout un programme, *L'invasion*, Louis Bertrand écrit : « On voyait passer des individus à chevelures hirsutes qui parlaient un langage barbare : Siciliens ou Catalans, maigres bandits aux prunelles luisantes, enragés de misère et de fanatisme. » Sur l'italophobie de cette période, cf. Pierre Milza, *Français et Italiens à la fin du XIX<sup>e</sup> siècle*, Tome I, École française de Rome, 1981.

55. En amont de ces propositions, on situera l'étrange usage, lui aussi révélateur, des références historiques du Front national. Marie-France Stirbois, député du Front, prononça un discours rédigé par un haut responsable de son parti, lors de la discussion au Parlement du projet de loi Gayssot tendant à réprimer tout acte raciste, antisémite ou xénophobe, le 2 mai 1990 : son exaltation de l'exemple athénien du traitement des métèques à partir de citations faussées a fait l'objet d'une analyse magistrale de Nicole Loraux, « La démocratie à l'épreuve de l'étranger (Athènes, Paris) », in *Les Grecs, les Romains et nous. L'Antiquité, est-elle moderne ?*, s.d. Roger Pol-Droit, Paris, La Découverte, 1991, p. 164-190.

56. *La vraie opposition : le Front national*, F.N., s.d. (automne 1984), p. 12.

57. Cf. *supra*, *Le Monde*, 16-4-1985.

58. François de La Rocque, *Service public*, Paris, Grasset, 1934.

59. On sait que les Croix-de-Feu avaient tenu un meeting à la salle Wagram après le suicide de Stavisky, puis manifesté le 5 février aux abords du ministère de l'Intérieur et de l'Élysée. Dans la soirée du 6, ils se sont contentés de manœuvrer en bon ordre sur la rive gauche (les choses sérieuses se passant sur la rive droite), entre l'esplanade des Invalides et la rue de Bourgogne, sans chercher à forcer le mince barrage de police qui défendait l'accès du Palais-Bourbon. Ce légalisme affiché avait provoqué un véritable déchaînement des autres formations d'extrême droite contre le « colonel félon ».

60. « Il pense — déclarait l'ancienne épouse du président du Front national — que les régimes autoritaires donnent plus de résultats. Les régimes démocratiques, il pense qu'il faut passer par là. » *L'événement du jeudi*, 28-3-1985.

61. Pour reprendre l'expression appliquée par Jean-Pierre Azéma à la fraction technocratique du pouvoir vichyste, expression qu'il emprunte lui-même à Henri Moysset, conseiller politique de Darlan. Cf. *De Munich à la Libération, 1938-1944*, Paris, Le Seuil, 1979, p. 86, note 5.

# INDEX

BOUVILLE : 117.
BOŸS, Albert DU : 62.
BOZEL, Jean : 670, 671.
BRACKE : 292.
BRAME, Jules : 125.
BRASILLACH, Robert : 340, 552, 556, 616, 636, 709.
BRAUD, Philippe : XXXII.
BRÉCHON, Pierre : 462.
BRÉMOND, abbé Henri : 245.
BRESSOLETTE, Claude : 757.
BRETEUIL, Henri de : 185, 187, 744.
BRIAND, Aristide : 218, 271, 298, 299, 300, 306, 307, 534, 540.
BRIGNEAU, François : 694, 763, 764, 765.
BRISSON, Henri : XVIII, 202.
BROGLIE, Albert de : 135, 136, 139, 140, 154, 155, 156, 160, 162, 167, 169, 176, 177, 178, 237, 238, 257, 262, 582.
BROGLIE, Charles Louis de : 155.
BROGLIE, duchesse de : 136.
BROGLIE, Gabriel de : 140, 749.
BROGLIE, Victor de : 29, 64, 67, 68, 76, 78, 91, 102, 103, 105, 136, 137, 138, 155, 254, 499, 505, 506, 739, 741.
BROGLIE, lignée : 757.
BROSSOLETTE, Pierre : 333, 558, 654, 655.
BRUGES, Louis-André de : 16, 27.
BRUHNES, Jean : 748.
BRUN, Lucien : 159, 199, 274.
BRUNE, Charles : 366.
BRUNE, Guillaume : 22, 735.
BRUNET, Jean-Paul : 320.
BRUNETIÈRE, Ferdinand : 257, 262-263, 264, 269, 573, 749.
BRUSSET : 372.
BUCARD, Marcel : 312, 321, 322, 551, 552, 606, 616, 638-639, 702, 705.
BUFFFET, André : 531.
BUFFET, Louis : 125, 140, 141, 169, 170, 171, 197.
BUGEAUD, Thomas : 77, 82, 96.
BULOZ, famille : 262, 263.
BULOZ, François : 261, 264.
BURDEAU, Auguste : 524, 759.
BURÉ, Émile : 325, 339.
BUREAU, Paul : 252.
BURGEOT : 345.
BURKE, Edmund : 32, 33, 35, 492, 532, 737.

BURON, Robert : 550.
BURON, Thierry : 696.
BURRIN, Philippe : 320.

CADOUDAL : 735.
Cagoule (la) : 322, 634.
CAILLAUX, Joseph : 235, 278, 279, 535.
CALLET : 743.
CALMETTE, Gaston : 278.
CALONNE, Charles-Alexandre de : 16.
CALVIÈRE, Jules de : 22.
CAMBACÉRÈS, Jean-Jacques : 25.
Camelots du roi : 178, 223, 227, 244, 277, 313, 534, 535, 536, 705.
CANROBERT, Certain : 113.
CANUEL, Simon : 38.
CAPERAN, Louis : 745, 746.
CAPITANT, René : 346, 347, 355, 360, 406, 423-424, 430, 654, 671, 673, 677.
CARAYON-LATOUR, Joseph de : 157, 159.
CARNOT, Adolphe : 292, 749.
CARNOT, Ernest : 229, 749.
CARNOT, François : 749.
CARNOT, Hippolyte : 94, 105.
CARNOT, Lazare : 25, 189.
CARNOT, Sadi : 188, 189, 657, 749.
CARRÉ DE MALBERG : 406, 407.
CARREL, Armand : 66.
Cartel des gauches : XVIII, 301-306, 310, 311, 315, 551, 590, 636.
CASANOVA, Jean-Claude : 754.
CASIMIR-PERIER, Auguste : 158, 161, 167, 168, 169, 172, 203, 204.
CASSAGNAC, Bernard-Adolphe de : 222, 508.
CASSAGNAC, Paul de : 98, 172, 173, 174, 176, 189, 197, 205, 217, 222, 294, 508, 744.
CASSIN, René : 557.
CASTELNAU, général de (Édouard de Curières) : 178, 291, 296, 302, 304, 523, 541.
CASTEX, Pierre-Georges : 758.
CASTRIES, Élisabeth de : 161-162.
CATROUX, Georges : 375, 557.
CAVAIGNAC, Eugène de : 92, 96, 98, 105, 108, 112.
CAYLA, Mme de : 41.
CAYROL, Roland : IV, 674-676, 755.
CAZALÈS, Jacques de : 19.
CAZENOVE DE PRADINE, Édouard : 159.

# PLAN DES AUTRES TOMES

*tel*

## Volumes parus

1. Jean-Paul Sartre : *L'être et le néant.*
2. François Jacob : *La logique du vivant.*
3. Georg Groddeck : *Le livre du Ça.*
4. Maurice Merleau-Ponty : *Phénoménologie de la perception.*
5. Georges Mounin : *Les problèmes théoriques de la traduction.*
6. Jean Starobinski : *J.-J. Rousseau, la transparence et l'obstacle.*
7. Émile Benveniste : *Problèmes de linguistique générale, I.*
8. Raymond Aron : *Les étapes de la pensée sociologique.*
9. Michel Foucault : *Histoire de la folie à l'âge classique.*
10. H.-F. Peters : *Ma sœur, mon épouse.*
11. Lucien Goldmann : *Le Dieu caché.*
12. Jean Baudrillard : *Pour une critique de l'économie politique du signe.*
13. Marthe Robert : *Roman des origines et origines du roman.*
14. Erich Auerbach : *Mimésis.*
15. Georges Friedmann : *La puissance et la sagesse.*
16. Bruno Bettelheim : *Les blessures symboliques.*
17. Robert van Gulik : *La vie sexuelle dans la Chine ancienne.*
18. E.M. Cioran : *Précis de décomposition.*
19. Emmanuel Le Roy Ladurie : *Le territoire de l'historien.*
20. Alfred Métraux : *Le vaudou haïtien.*
21. Bernard Groethuysen : *Origines de l'esprit bourgeois en France.*
22. Marc Soriano : *Les contes de Perrault.*
23. Georges Bataille : *L'expérience intérieure.*
24. Georges Duby : *Guerriers et paysans.*
25. Melanie Klein : *Envie et gratitude.*
26. Robert Antelme : *L'espèce humaine.*
27. Thorstein Veblen : *Théorie de la classe de loisir*
28. Yvon Belaval : *Leibniz, critique de Descartes.*
29. Karl Jaspers : *Nietzsche.*
30. Géza Róheim : *Psychanalyse et anthropologie.*
31. Oscar Lewis : *Les enfants de Sanchez.*

296. Aristote : *Rhétorique.*
297. Friedrich List : *Système national d'économie politique.*
298. Emmanuel Jacquart : *Le théâtre de dérision (Beckett - Ionesco - Adamov).*
299. Alexandre Kojève : *L'athéisme.*
300. Mario Praz : *La chair, la mort et le diable dans la littérature du XIXᵉ siècle.*
301. Jean Starobinski : *L'œil vivant.*
302. Alain : *Balzac.*
303. Mona Ozouf : *Les Mots des femmes.*
304. Philippe Muray : *Le XIXᵉ siècle à travers les âges.*
305. Philippe Muray : *Désaccord parfait.*
306. Nietzsche : *Mauvaises pensées choisies.*
307. David Schoenbaum : *La révolution brune.*
308. Alfred Sauvy : *La vieillesse des nations.*
309. Charles Rosen : *Le style classique. Haydn, Mozart, Beethoven.*
310. Kostas Papaioannou : *Marx et les marxistes.*
311. Ludwig Wittgenstein : *Tractatus logico-philosophicus.*
312. Philippe Muray : *Céline.*
313. Wladimir Granoff : *Filiations (L'avenir du complexe d'Œdipe).*
314. Jean Starobinski : *La relation critique.*
315. Pierre Manent : *Les libéraux.*
316. Marc Fumaroli : *La diplomatie de l'esprit.*
317. Marcel Gauchet : *La démocratie contre elle-même.*
318. Bertrand de Jouvenel : *Arcadie. Essai sur le mieux-vivre.*
319. John Maynard Keynes & Jacques Bainville : *Les conséquences économiques de la paix. Les conséquences politiques de la paix.*
320. John Maynard Keynes : *La pauvreté dans l'abondance.*
321. Bernard de Fallois : *Simenon.*
322. Léon Bloy : *L'Âme de Napoléon.*
323. Patrice Gueniffey : *La politique de la Terreur.*
324. Denis Lacorne : *La crise de l'identité américaine.*
325. Angelo Tasca : *Naissance du fascisme. L'Italie de l'armistice à la marche sur Rome.*
326. Joseph A. Schumpeter : *Histoire de l'analyse économique,* I.
327. Joseph A. Schumpeter : *Histoire de l'analyse économique,* II.
328. Joseph A. Schumpeter : *Histoire de l'analyse économique,* III.

*Ouvrage reproduit
par procédé photomécanique.
Impression Société Nouvelle Firmin-Didot
à Mesnil-sur-l'Estrée, le 2 novembre 2006.
Dépôt légal : novembre 2006.
Numéro d'imprimeur : 80832.*

ISBN 2-07-078186-0/Imprimé en France.